한국 사람 만들기 III
친미기독교파 1

함재봉 지음

함재봉(咸在鳳)

연세대학교 정치외교학과 교수(1992-2005), 프랑스 파리 유네스코 본부(UNESCO) 사회과학국장(2003-2005), 미국 서던캘리포니아대학교(University of Southern California) 한국학연구소 소장 겸 국제관계학부 및 정치학과 교수(2005-2007), 랜드연구소(RAND Corporation) 선임 정치학자(2007-2010), 아산정책 연구원 이사장 겸 원장(2010~2019) 등을 역임했다. 미국 칼튼대학교(Carleton College)에서 경제학 학사학위(1980), 존스홉킨스대학교(Johns Hopkins University)에서 정치학 석사 및 박사학위(1992)를 취득하였다.

블로그 https://blog.naver.com/hahmchaibong
페이스북 https://www.facebook.com/hahmchaibong
유튜브 함재봉TV – 역사와 시사
카카오톡 오픈채팅 한국사람사랑방

한국 사람 만들기 III

친미기독교파 1

함재봉

머리말

　책의 출간이 많이 늦어졌다. 원래 계획보다 1년 반이, 독자들에게 약속한 것 보다 반년이 더 지체됐다. 송구스러울 따름이다. 원래 계획했던 것보다 일이 커졌다. 친미 기독교파를 한권으로 다룰 계획이었지만 결국 두 권으로 나누기로 했다. 이번에는 갑신정변이 발발한 1884년에서 1894년 청일전쟁이 발발하기 직전까지의 기간만 다룬다. 그러면서도 조선의 역사 10년을 이해하기 위해서 이 시기에 기독교가 왜, 어떻게 조선에 들어오게 되었는지를 추적하는 것은 물론 도대체 미국의 선교사들이 전교하기 시작한 「개신교」가 무슨 종교인지 알아보기 위하여 종교개혁으로 거슬러 올라간다.

　그래도 종교 개혁의 역사적 배경과 칼뱅의 전기나 사상에 대해 이토록 자세하게 들여다볼 생각은 없었다. 그러나 일단 들여다 보기 시작하니 늘 그러하듯이 질문이 꼬리에 꼬리를 물면서 책의 범위가 걷잡을 수 없이 커져버렸다. 『한국 사람 만들기』 「제 1권」에서 「친중위정척사파」의 근원을 추적하느라 중국 송나라의 정치, 경제, 사상부터 들여다 보고 「제 2권」에서는 「친일개화파」의 근원을 추적하느라 도쿠가와 일본의 정치, 경제, 사상을 들여다 보았듯이 이번 책에서는 「친미기독교파」의 근원을 추적하느라 종교개혁부터 다시 들여다 봐야 했다.

　한편, 종교 개혁을 통하여 형성된 개신교가 조선에 전파되기 시작한 바로 그 무렵 조선이 휩쓸려 들어가기 시작한 국제정치적 소용돌이가 어떻게 형성되는지 알기 위해서 1860년에 시작한 청의 자강운동과 1870년대에 본격화되는 일본의 부국강병 정책을 분석해 봤다. 중국과 일본의 지도자들과 경세가들은 어떤 시대적 고민을 하고 있었는지, 나라를 지키고 근대화시키기 위해서 어떤 노력을 기울였는지 알고 싶었다. 특히 당시 조선의 위정자들의 문제의식, 시대를 읽는 눈, 국정 운영 능력과 비교해보고 싶었다. 이와 관련하여 관심 있는 독자들에게는 「부록」도 일독할 것을 권하고 싶다. 헌법제정 과정에서 야마가타 아리토모, 이토 히로부미, 오쿠마 시게노부, 이와쿠라 토모미 등이 제출한 「건의서」, 대외전략 수립과정에서 야마가타가 제출한 「의견서」 등은 일본 메이지 시대의 젊은 지도자들이 동시대 청과 조선의 지도자들에 비해서 얼마나 많은 공부와 고민을 하였고 수준 높은 논의를 통해서 나라의 기틀을 잡아나갔는지 보여주는 자료들이다.

그러다 보니 책의 범위가 통시적으로나 공시적으로 겉잡을 수 없이 확대 되었다. 그만큼 책을 쓰는 과정이 힘들었지만 새로운 사실들을 알아내고 전에는 이해할 수 없었던 정치이론과 사회현상, 조선말 정치사의 단면을 이해하게 될 때마다 지적인 희열을 맛볼 수 있었다. 공부하는 재미, 글쟁이의 특권이다.

책을 쓰는 과정에서 많은 분들의 도움을 받았다. 1, 2권을 읽은 수많은 독자들께서 격려의 말씀을 전해주셨고 오타들도 꼼꼼히 지적해 주셨다. 이분들의 관심과 격려가 가장 큰 힘이 된다. 김성호, 이철우, 함재학 교수는 수 많은 대화를 통해 끊임없는 지적인 자극과 영감을 주었다. 정수복 박사님과의 긴 대화들 역시 필자의 생각과 주장을 보다 명확히 할 수 있는 귀중한 시간들이었다. 김명구 목사님과 김정회 목사님께서는 한국 기독교사에 대한 해박한 지식과 해석으로 많은 가르침을 주셨고 필자의 오류들을 지적해 주셨다.

필자의 끊임없는 수정 요구를 모두 받아주면서 멋진 책을 만들어준 최주호 디자이너께도 고마움을 전한다. 이번에도 아내 김유현 화백이 책 표지 그림을 그려줬다. 고마울 따름이다.

　기독교사를 들여다보니 새삼 할아버님과 아버님께 여쭤보고 싶은 것이 참 많다. 뵙고 싶다. 늘 기도로 지켜주시는 어머님께도 감사드린다. 나의 가족은 나의 보루다. 사랑하는 유현, 진호, 서호에게 늘 빚만 지고 산다. 미안하고 고맙다.

차례

서론

서론

조선은 미국으로부터 기독교(개신교)와 민주주의를 배운다. 첫 매개
는 1884년 「갑신정변」을 전후로 조선에 정착하기 시작한 미국의 선
교사들이었다.

1876년 일본과 「강화도 조약」을 맺은 조선은 1881년 일본에 「신사유
람단」을, 1882년 초에는 청에 「영선사」를 파견하여 조심스레 개국을
시도한다. 그러나 신사유람단이 귀국도 하기 전인 1882년 7월 「임오
군란」이 발발하면서 흥선대원군(興宣大院君, 1821.1.24.~1898.2.22.)이
다시 권력을 잡는다. 비록 청군이 개입하여 대원군을 청으로 압송함
으로써 고종과 민중전, 민씨 척족이 권력을 탈환하지만 개국과 근대
화에 대한 위정척사파와 쇄국주의자들의 저항이 얼마나 강했는지 보
여준 사건이었다.

「임오군란」 후 정국이 다시 안정을 찾아 가고 있던 1883년 5월 루시
어스 푸트(Lucius Foote, 1826.4.10~1913.6.4.) 초대 주 조선 공사가 한
양에 부임한다. 1882년에 체결한 「조미수호통상조약」의 후속 조치였
다. 청의 속방을 자임하던 조선은 워싱턴에 재외 공관을 개설하고 상
주 외교관을 파견하는 대신 답례로 1883년 7월 「보빙사」를 미국에 보
낸다. 조선이 구미열강에 파견한 첫 공식 사절이었다.

그러나 조선에서 기독교 전교는 여전히 엄격히 금지되어 있었다. 천
주교 박해와 쇄국 정책을 주도하던 흥선 대원군이 권좌에서 물러난지
10년이 되었고 임오군란도 실패로 끝났지만 조선 조정이 볼 때 가톨

릭이나 개신교는 모두 「양이(洋夷)」 즉, 「서양 오랑캐」가 믿는 이단이
었고 여전히 위세를 떨치던 위정척사파가 「척(斥)」하고자 하는 「사(이
비)」 종교였다.

그러나 개신교 선교사들은 조선 선교를 시작할 수 있는 뜻 밖의 기
회를 잡는다. 「갑신정변」이었다. 친일개화파의 몰락을 가져온 「갑신
정변」은 친미기독교파 형성에 결정적인 계기를 제공한다.

갑신정변과 개신교

1884년 12월 4일, 안국동 우정국 낙성식장에서 연회가 무르익던 밤
10시, 「불이야」라 외치는 소리가 들렸다. 갑신정변의 시작을 알리는
신호였다. 연회의 좌장이었던 민영익(閔泳翊, 1860~1914)이 자리에서
일어나 상황을 파악해 보겠다며 우정국 건물을 나서는 순간 기다리던
정변세력의 칼을 맞는다.

다른 참석자들과 함께 건물 안에서 기다리던 묄렌도르프(Paul Georg
von Möllendorff, 1847.2.17~1901.4.20.)는 불이 난 방향이 자신의 집이
있는 박동(수송동)인 듯하다는 말을 듣고 빨리 집에 가봐야 겠다며 건물
밖으로 나간다.[1] 그때 칼을 맞은 민영익이 그에게 다가와 쓰러진다. 묄
렌도르프가 피투성이가 된 민영익을 부축하고 들어오자 건물 안에 있
던 조선 관리들은 모두 관복을 벗어던지고 담 넘어 도망친다.[2]

묄렌도르프는 유일하게 현장에 남아 있던 미국 공사 푸트와 함께 민
영익을 지혈시키는 한편 사람을 보내 자신의 가마를 부른다. 1시간 가
량 지나 가마와 호위병들이 도착하자 묄렌도르프는 민영익을 자신의
집으로 호송한 후 곧바로 미 공사관의 의사 호러스 알렌(Horace Allen,
1858.4.23.~1932.12.11.)에게 사람을 보낸다.

칼을 7군데 맞는 중상을 입은 민영익은 알렌의 헌신적인 치료 덕분에 기적적으로 목숨을 건진다. 민중전이 가장 아끼는 조카였으며 민씨 척족의 차세대 대표로 부상하고 있던 민영익이었다. 그런 민영익을 살린 알렌은 고종과 민중전의 절대적인 신임을 얻는다. 알렌은 이 기회를 놓치지 않고 고종으로부터 병원을 열 수 있는 허가를 받아낸다. 조선 최초의 근대식 병원인 「광혜원」은 고종의 윤허와 민영익의 전폭적인 지원 하에 갑신정변이 일어난지 불과 4개월 후인 1885년 4월 9일 첫 환자를 받는다. 놀라운 상황의 반전이었다.

민영익은 본의 아니게 미국 감리교의 조선 선교에도 결정적인 계기를 제공한다. 1883년 7월 보빙사로 미국을 방문한 민영익은 9월 14일 시카고에서 워싱턴으로 가는 기차 속에서 미국 감리교의 존 가우처(John F. Goucher: 1845.7.7.~1922.7.19.) 박사를 우연히 만난다. 미국 감리교의 아시아 선교를 적극 지원하던 가우처는 보빙사 일행을 만나자 조선 선교의 때가 왔음을 직감하고 곧바로 당시 일본에서 감리교 선교를 주도 하고 있던 로버트 매클레이 목사(Robert Samuel Maclay, 1824.2.7.~1907.8.18.)에게 자금과 편지를 보내면서 조선 선교를 시작할 것을 종용한다.

갑신정변 발발 6개 월 전인 1884년 6월 부인과 함께 조선을 방문한 매클레이는 일본에서부터 구면이던 김옥균을 통해 고종으로부터 병원과 학교를 지어도 좋다는 윤허를 받아낸다. 일본으로 돌아간 매클레이는 조선에 파견할 선교사들을 속히 보낼 것을 미국 감리교 선교회 본부에 요청한다.

감리교 선교 본부는 헨리 아펜젤러 목사(Henry Appenzeller, 1858.2.6.~ 1902.6.11.) 내외와 의사 윌리엄 스크랜턴 박사(William B. Scranton, 1856.3.29.~1922.3.23.) 내외, 그리고 스크랜턴 박사의 어머니 메리 스크랜턴(Mary F. Scranton, 1832.9.12.~1909.10.8.) 여사를 조

선 선교사로 임명한다. 조선의 첫 감리교 선교사들은 1885년 2월 27일 요코하마에 도착한다. 그러나 갑신정변 직후 정정이 불안한 조선에 섣불리 건너가지 못한다.

한편 원래 인도 선교사로 파견될 것을 원했던 장로교 목사 호러스 언더우드(Horace Grant Underwood, 1859.7.19.~1916.10.12.)는 1882년 겨울 미국 뉴저지주의 뉴브런즈윅 신학 대학(New Brunswick Theological Seminary) 재학 당시 교정에서 열린 한 선교 모임에서 당시 미국과 갓 수호통상조약을 맺은 조선에 대한 논문 발표를 듣고 조선으로 파견될 것을 자청한다.[3]

미국의 장로교 선교 본부는 조선 선교가 시기상조라고 생각하여 언더우드를 조선에 보내는 것을 차일피일 미룬다. 그러나 언더우드는 결국 본부를 설득하여 조선 선교를 명 받고 1884년 12월 16일 샌프란시스코를 떠나 1885년 1월 일본에 도착한다. 그러나 그 역시 갑신정변 직후 극도의 혼란에 빠져 있던 조선에 건너가지 못한다.

미국 선교사들이 일본에서 초조하게 상황을 엿보고 있던 바로 그때 조선 정부의 적극적인 지지로 알렌의 주도 하에 광혜원이 열릴 것이라는 소식이 전해진다. 선교사들은 일제히 조선으로 건너온다. 언더우드와 아펜젤러 부부는 같은 배로 1885년 4월 5일 부활절, 조선에 도착한다. 그러나 여전히 상황이 불안하다는 판단에 아펜젤러 부부는 일단 일본으로 돌아 가고 언더우드만 한양으로 향하여 4일 후인 4월 9일 광혜원이 공식으로 개원하는 첫날부터 광혜원에서 알렌을 돕기 시작한다. 스크랜튼은 5월 3일 입국하여 광혜원에 합류하고 아펜젤러 부부와 스크랜튼의 가족들은 6월 20일 제물포에 도착한다.[4] 미국 개신교의 조선 선교는 이렇게 시작된다.

개신교 도래 전야의 조선

미국의 선교사들이 도착 할 즈음의 조선은 주자 성리학에 기반하는 봉건 질서의 이념적, 정치적, 경제적, 사회적, 문화적 모순이 극에 달하면서 몰락하고 있었다. 이념적으로는 명-청 교체기를 겪으면서 수립한「소중화」,「숭명반청」사상이 쇄국 정책과 함께 배타적이고 폐쇄적인 사유체계 속에 매몰되어 있었다. 대외적으로는 원-명-청을 통하여 수립 되었던 중화질서가 구미 열강의 도래와 일본의 근대화로 몰락하고 있었지만 명의 조공국으로, 청의 속방으로 중화질서의 한 축을 자임해 오던 조선은 문명사적 대전환에 무방비로 노출되어 있었다.

국내 정치의 난맥상은 극에 달하고 있었다. 1874년 흥선 대원군을 권좌에서 축출하고 친정을 시작한 고종은 실정을 거듭하면서 국력을 고갈시킨다. 1876년 강화도 조약을 맺었지만 그 의미도 몰랐고 대비책도 전무했다. 1882년 미국, 영국, 독일, 러시아와 수교를 하지만「개항」을 국가 개혁의 기회로 삼기에는 바깥 세상, 통상, 경제에 대해 무지했다.

1882년에는 임오군란이 발발함으로서 흥선 대원군이 8년 만에 다시 권력을 잡는 듯 했다. 그러나 청군이 개입하여 군란을 진압하고 대원군을 중국으로 압송하여 바오딩에 안치함으로써 오히려 민중전과 민씨척족의 숙적이었던 대원군이 제거된다. [임오군란에 대해서는 제 1권, 제 2부, 제 9장, 「2. 대원군의 반격: 안기영 역모 사건과 임오군란」참조.] 1884년에는 김옥균, 박영효, 홍영식, 서광범, 서재필 등 친일개화파가 갑신정변을 일으켜 민씨 척족의 거두였던 민태호, 민영목 등을 주살하지만 역시 청의 개입으로 정변이 삼일천하로 끝나면서 오히려 친일개화파가 제거된다. [갑신정변에 대한 논의는 제 2권, 제 11장: 「갑신정변과 친일개화파의 몰락」참조.]

갑신정변의 실패로 모든 권력은 당시 32세였던 고종, 33세였던 민중전, 32세였던 민영준(민영휘), 그리고 24세였던 민영익 등이 장악한다. 그 후 「청일전쟁」이 발발하는 1894년까지 10년 동안 고종과 민중전, 민씨 척족의 폭정 하에 조선은 무너진다. 경제와 외교, 국방은 물론 교육과 의료 등 정부의 가장 기본적인 책임마저 방기한 채 국가로서의 면모를 잃는다.

과거제도가 타락하고 매관매직이 절정에 달하면서 전통적 유교 교육은 유명무실해진다. 민씨 척족이 주요 관직을 독식하고 그들에게 아부하는 일부 관료들만 출세할 수 있는 상황에서 서당과 서원, 성균관 등을 통한 전통적인 사교육과 공교육은 무너진다.

경제는 수 십년에 걸쳐 지속적으로 무너지지만 조선의 지도층은 경제를 개혁할 지식도, 의지도 없었다. 조선의 친중위정척사파들은 여전히 상업을 죄악시 하면서 「사농공상」의 농본 사회를 바탕으로 한 「왕도 정치」의 이상을 고집하였다. 「왕도 정치」에서 정부의 가장 중요한 역할은 관개수리시설의 유지와 확장이었지만 19세기 말의 조선 정부는 이 의무마저 방기한다. [왕도 정치에 대해서는 제1권, 제2부, 「5. 왕도 정치 대 부국강병」 참조.] 백성들은 흉작과 기근에 시달리면서 전염병과 도적떼가 창궐하지만 조정은 속수무책이었다.

경제가 무너지는 가운데 정부의 세수를 유지할 수 있는 유일한 방법은 백성에 대한 수탈이었다. 정부에 의한 노골적인 수탈이 이어지면서 노동 생산성과 노동 윤리는 땅에 떨어진다. 생존자체가 위협당하면서 조선 사회는 기강과 윤리도덕이 무너진 적나라한 「강자존」, 「약육강식」의 「자연의 상태」로 전락한다. 「아비규환」이었다.

개신교와 칼뱅주의

미국 선교사들이 조선에 전파하기 시작한 기독교는 「칼뱅주의(Cal-vinism)」와 「복음주의(Evangelicalism)」에 기반한 개신교였다. 칼뱅주의는 종교개혁이 파생시킨 수 많은 개혁 사상 중 개신교의 신학을 이론적으로나 제도적으로 가장 철저하게 구현한 사상이다. 칼뱅주의를 「개혁 신학(Reformed Theology)」이라고도 부르는 이유다.

한편, 복음주의는 17세기 유럽에서 일기 시작한 「경건주의(pietism)」의 영향을 받아 교회의 제도나 전례 대신 개인 내면의 영성적인 변화, 회심과 회개를 중시하는 미국 특유의 개신교 운동이다. 특히 감리교 부흥 운동을 통해 미국에 전파된 복음주의는 이후 교파를 초월하여 미국 개신교의 특징으로 자리잡는다. 칼뱅주의가 제도와 규율을 통하여 중세 사회와 교회를 개혁하고 그 개혁을 추동 할 수 있는 성도(saint)를 양성하고자 하였다면 복음주의는 제도와 규율을 철저하게 내면화시키고자 하였다.

마틴 루터가 1517년에 촉발시킨 유럽의 종교개혁은 1,000년간 지속된 로마 가톨릭 교회의 유일 신앙 체제를 무너뜨린다. 14세기 초부터 시작된 자연 재해와 전쟁 그리고 세기 중반부터 창궐하기 시작한 흑사병으로 종교 개혁 전야의 유럽은 아비규환의 생지옥이었다. 유럽의 유일 종교였던 가톨릭 교회는 고통 받는 사람들에게 위안과 희망이 되어주기는 커녕 내부의 분열로 오히려 혼란을 가중시키면서 몰락하고 있었다.

종교 개혁은 말세와 같았던 중세 말기의 상황을 설명하고 극복하기 위하여 인간과 신의 관계를 새롭게 설정하고, 교회의 역할을 새로 규정하고, 새로운 형태의 교회를 건설하기 위한 제도적 대안을 마련한다. 종교 개혁가들은 당시의 참상이 빚어지고 있던 이유가 인간이 신의 뜻을 잘못 이해하고 왜곡함으로써 악의 세력이 판 칠 수 있는 여지를 주었기 때문이라고 진단한다. 그리고 신의 뜻을 왜곡하는 주범으로 로마 가톨릭교회를 지목하면서 중세 교회의 신학과 제도를 비판한다.

루터를 비롯한 종교 개혁가들은 「구원」이 가톨릭 교회의 사도직이나 제례, 전통을 통해 이루지는 것이 아니라 「오직 신앙(sola fide)」, 「오직 성경(sola scriptura)」, 「오직 은총(sola gracia)」을 통해서만 얻을 수 있다면서 중세 교회의 존립 기반을 부정한다. 일례로 당시까지만 해도 라틴어 번역본 밖에 없었고 가톨릭 교회의 사제들만이 읽고 해석할 권한을 갖고 있었던 성경을 현지어(vernacular)로 번역하여 배포 한다. 이로써 일반 신자들도 손쉽게 성경을 읽으면서 교회의 중재 없이 「하나님의 말씀」, 즉 「복음」을 직접 읽고, 듣고 해석 할 수 있도록 한다.

종교 개혁가들에 의한 자국어 성서 번역과 보급은 신자 개개인들로 하여금 직접 「하나님」을 만날 수 있게 하여주었을 뿐만 아니라 일반 대중의 문자 해독률을 급격하게 높인다. 프랑스에서는 1495년 장 드 렐리(Jean de Rely, 1430~1499)가 프랑스어로 번역한 성경이, 잉글랜드와 스코틀랜드에서는 존 위클리프(John Wycliffe, 1320~1384)의 영어 성경이 보급 된다. 때마침 구텐베르크(Johannes Gutenberg, ?~1468.2.3)가 발명한 금속활자 인쇄 기술이 대중화 되면서 현지어 성경은 유럽 전역으로 급속히 퍼진다.

개신교파들은 성경을 현지어로 번역하고 보급하는 동시에 일반 대중이 성경을 읽을 수 있도록 적극적인 교육 정책을 펼친다. 그 결과 개신교가 뿌리는 내린 독일, 스코틀랜드, 잉글랜드, 네덜란드, 미국 등은 당시 세계에서 가장 높은 문자 해독률과 교육 수준을 자랑하게 된다.

가톨릭 교회의 역할과 권위가 도전 받기 시작하자 수 많은 군주와 영주, 도시와 속지(屬地) 들이 종교적, 정치적 이유로 가톨릭 교회로부터 이탈하면서 유럽은 겉잡을 수 없는 종교적, 정치적 소용돌이에 휘말린다. 독일 농민전쟁(1524~1525), 슈말칼덴 전쟁(1546~1547), 뮌스터 반란(1534~1535), 위그노 전쟁(1462~1598), 네덜란드 독립전쟁(80년 전쟁, 1546~1648), 30년 전쟁(1618~1648), 주교 전쟁(1639~1640), 잉글랜드 내전(청교도 혁명, 1642~1651) 등 수 많은 전쟁으로 유럽은 갈갈이 찢긴다. 1648년 베스팔렌 조약으로 간신히 종교 전쟁에 종지부를 찍지만 100여 년에 걸친 처절한 이념 갈등과 전쟁으로 중세 유럽의 이념과 체제는 붕괴한다.

개혁교회

가톨릭 교회는 1,000년에 걸쳐 아우구스티누스(Augustinus Hipponensis, 354.11.13.~430.8.28.)에서 토마스 아퀴나스(Thomas Aquinas, 1224/25~1274.3.7.)에 이르는 대 사상가들을 통하여 정교한 신학 체계와 교리, 교회 제도를 완성한다. 이처럼 유구한 역사와 전통, 학문을 자랑하는 체제에 도전하는 것은 결코 쉬운 일이 아니었다. 종교 개혁 초기에는 이를 대신할 수 있는 개신교 만의 새로운 신학과 교리, 교회 제도의 청사진을 제시하는 개혁가가 없었다.

루터도 자신이 거부한 가톨릭 교회를 대신 할 새로운 교회를 설계하지 않았다. 영국의 종교 개혁을 밀어부치면서 「성공회」를 설립한 헨리 8세 역시 마찬가지였다. 루터교나 성공회는 아직도 교회 체제나 제례 양식에 있어서 가톨릭 교회의 것들을 대부분 그대로 이어 받고 있다.

반면 칼뱅은 가톨릭 교회를 대체할 「개혁교회」의 이론적, 제도적 틀을 확립하는 데 모든 노력을 경주한다. 그의 대표작 『기독교 강요(基督教綱要, 라틴어: Institutio Christianae Religionis, 기독교 신앙의 제도들)』

와 『교회법규(*Ordonnances ecclésiastiques*)』는 중세 가톨릭 교회와는 전혀 다른 모습을 갖춘 새 교회의 이론과 제도를 제시한다.

중세 봉건 사회는 「3개 신분(Three Estates)」으로 구성된 계급 사회였다. 「제 1신분」은 성직자, 「제 2신분」은 귀족, 「제 3신분」은 평민이었다. 봉건 사회에서 성직자가 얼마나 중요한 계급이었는지 알 수 있다. 뿐만 아니라 각 신분은 자체의 위계질서를 갖고 있었다. 성직자는 교황, 추기경, 주교, 일반 사제 등의 위계 질서를, 귀족은 공작, 후작, 백작, 자작, 남작, 기사 등의 위계 질서를 갖추고 있었다. 그러나 칼뱅은 교회 내에서 일체의 계급이나 신분, 서열, 위계를 거부한다.

그는 『신약성서』가 명시하는 교직은 목사(pastor), 박사(doctor), 장로(elder), 집사(deacon) 등 넷 뿐이라고 주장하면서 그 외 모든 교직을 철폐한다. 그리고 목사와 박사, 장로, 집사 등 교회에서 봉직하는 성직자들은 모두 일반 교인들이 선출하도록 한다. 다만 목사와 장로, 집사의 임명을 비롯한 교회 내부의 사안들을 책임지도록 「장로회(consistory)」를 둔다.

칼뱅이 고안한 개신교 체제는 교황청을 정점으로 하는 가톨릭 교회처럼 중앙집권화 된 체제가 아니기 때문에 모든 교회가 서로 대등했다. 교회의 모든 문제를 일사분란하게 처리해서 위로부터 집행할 수 있는 체제도, 기구도 없었기에 모든 사안은 각 교회가 목사와 장로회, 일반 교인들 간의 협의와 회의, 토론과 투표를 통해서 정할 수 밖에 없었다. 바티칸 처럼 중앙에서 모든 교회를 통솔하는 기구가 없기에 교회들 간의 문제 역시 협의와 회의, 토론과 투표를 통해서 정할 수 밖에 없었다. 철저하게 분권화되고 민주화된 체제였다.

칼뱅이 고안한 「장로회」 체제는 제네바와 같이 봉건 군주와 가톨릭 교회의 통치로부터 벗어나 독립을 꾀하던 도시, 영지, 속지 등이 적극 받아들이면서 확산되기 시작한다. 그리고 곳곳에서 종교 개혁과 정치

혁명을 일으키면서 봉건 체제를 무너뜨리고 근대 정치, 경제, 사회 체제를 발전시킨다.

개신교의 이론과 체제를 확립하고자 하는 칼뱅의 시도가 알려지면서 제네바는 종교 개혁가들의 성지가 된다. 칼뱅은 새 교회의 모델을 배우고자 하는 개혁주의자들을 적극 받아들이고 그들에게 자신의 이론과 제도를 전수 한다. 스코틀랜드의 종교개혁을 주도하면서 「장로교」를 창시한 존 녹스(John Knox, 1513~1572.11.24.), 훗날 「청교도」(Puritans)라 불리게 되는 영국의 종교 개혁가들은 모두 제네바에서 칼뱅의 새 교회 모델을 배운다.

칼뱅의 모국 프랑스의 개신교도들인 「위그노(Huguenots)」들 역시 칼뱅의 새로운 이론과 제도를 적극 받아들인다. 프랑스의 종교 개혁은 가톨릭의 반동으로 비록 실패하지만 위그노들은 인접국이었던 네덜란드와 잉글랜드, 스코틀랜드, 그리고 대서양 건너 미국으로 대거 이주하면서 그곳의 개신교 사회 건설에 동참한다.

칼뱅주의와 근대사회

스코틀랜드 출신 종교 개혁가 존 녹스는 잉글랜드에서 「피의 메리」(Bloody Mary)라 불리는 메리 1세(Mary I, 1516.2.18.~1558.11.17. 재위: 1553~1558)가 왕위에 오르자 제네바의 칼뱅에게 자신을 의탁한다. 그리고 제네바에서 2년 반에 걸친 망명 생활을 통해 칼뱅의 신학과 교회 제도론을 체득한다. 엘리자베스 1세(Elizabeth I, 1533.9.7.~1603.3.24. 재위: 1558~1603)의 즉위 후 개신교에 대한 탄압이 중지되자 스코틀랜드로 귀국하여 1560년 칼뱅에게서 배운 대로 새 교회를 설립하니 이름하여 「장로교(Presbyterian Church, Kirk)」다.

장로교가 주도한 종교 개혁으로 스코틀랜드에서 가톨릭 교회는 불법화 되고 봉건 사회의 계급, 신분, 위계질서는 모두 폐지된다. 「오직 성경으로(Sola scriptura)」라는 구호에 맞게 모든 사람들이 영어 성경을 읽을 수 있게 하기 위하여 국가 주도의 초등 교육이 보편화되면서 스코틀랜드는 당시 유럽에서 문자 해독률이 가장 높고 인구당 출판사와 서점이 제일 많은 나라가 된다. 18세기 프랜시스 허치슨(Francis Hutcheson, 1694.8.8~1746.8.8.), 아담 스미스(Adam Smith,1723.6.~1790.7.17.), 데이빗 흄(David Hume, 1711.5.7.~1776.8.25.) 등을 배출하는 스코틀랜드 계몽주의(Scottish Enlightenment)의 토대는 이렇게 마련된다.

1581년에는 네덜란드의 칼뱅주의자들이 「독립선언(Act of Abjuration)」을 하고 「네덜란드 공화국(Dutch Republic)」을 수립한다. 네덜란드는 종교의 자유와 독립을 위하여 당시 세계 최강국이었던 신성로마제국과 「80년 전쟁(1566~1648)」을 벌인다. 칼뱅주의 종교 개혁을 통해서 문자 해독률이 급격히 상승하고 국가와 사회 기강이 잡히고 합리적이고 실용주의적인 사고방식이 확산되면서 이 작은 나라는 유럽 최강의 근대 육군을 양성하여 스페인을 상대로 한 전쟁에서 승리하고, 유럽 최강의 해군을 건설하여 해양 상권을 장악함으로써 세계에서 가장 부유한 나라가 된다.

잉글랜드에서는 칼뱅주의를 받아들인 교회 개혁주의자들을 「청교도」라 칭했다. 이들은 올리버 크롬웰(Oliver Cromwell 1599.4.25.~1658.9.3.)의 주도 하에 「청교도 혁명」을 일으키고 1649년 차알스 1세(Charles I, 1600.11.19.~1649.1.30. 재위: 1625~1649)를 사형에 처한다. 역사상 처음으로 군주를 합법적으로 처형한 예다.

한편 잉글랜드의 종교 개혁이 지지부진하고 청교도에 대한 탄압이 심해지자 일부 청교도들은 네덜란드를 거쳐 신대륙으로 건너가기 시작한다. 1620년 「메이플라워호(The Mayflower)」를 시초로 미국에 건너가기 시작한 청교도들은 오늘의 매싸추세츠주에 정착촌을 건설한다. 그 후 스코틀랜드의 장로교, 네덜란드의 개혁주의자, 프랑스의 위그노 등 유럽의 칼뱅주의자들이 건너가 건설하기 시작한 새 나라는 1776년 「미합중국」으로 독립한다. 미국의 건국이념을 「청교도 정신」이라 하고 독립혁명을 일명 「장로교 혁명(Presbyterian Revolution)」이라고도 일컫는 이유다.

알렉시스 드 토크빌(Alexis de Tocqueville, 1805.7.29.~1859.4.16.)은 1835~1840에 출간한 『미국의 민주주의(Democracy in America)』에서 미국 특유의 개신교와 민주주의, 자유주의가 불가분의 관계에 있음을 분석한다. 프랑스인이었던 그는 「프랑스 혁명(1789)」이 종교를 무자비하게 탄압하고 철저한 세속주의에 기반하여 프랑스 특유의 공화주의를 낳았던 반면 미국의 민주주의는 종교적 열정에 기반하고 있었다는 사실에 주목하고 놀란다.

> 내가 합중국에 도착했을 때, 우선 나의 시선을 잡아끈 것은 바로 이 나라의 종교 양상이었다. 합중국에 오래 머물면 머물수록, 나는 이러한 새로운 양상이 얼마나 대단한 정치적 결과를 가져오는지를 알아볼 수 있었다. 프랑스에서 나는 종교 정신과 자유 정신이 거의 언제나 서로 정반대 방향으로 나아가는 것을 보아왔다. 하지만 아메리카에서 이들은 서로 긴밀하게 연결되어 있으며 같은 땅에서 함께 군림한다. 미국인들은 머릿속에 자유와 기독교를 밀접하게 연관시키고 있기 때문에 이 둘을 떼어 놓는 것은 상상조차 할 줄 모른다.[5]

그러나 「종교정신」과 「자유정신」이 「함께 군림」한 곳은 미국이 처음이 아니었다. 스코틀랜드에서는 1560년에, 네덜란드에서는 1581년에, 잉글랜드에서는 1649년에 이미 칼뱅주의자들이 절대 왕정과 가톨릭 교회를 포함한 모든 봉건 체제를 거부하면서 자유와 평등을 근간으로 하는 근대 사회의 초석을 놓는다.

막스 베버(Max Weber, 1864~1920)는 『프로테스탄트 윤리와 자본주의 정신』에서 칼뱅주의가 자본주의 특유의 「에토스」를 형성시켰음을 밝힌 바 있다. 실제로 근대 주식회사의 효시는 네덜란드 공화국이 1602년에 설립한 「네덜란드 동인도 회사」다. 역사상 최초로 왕실이나 귀족, 부호들만이 아닌 일반인들도 투자하는 「주식회사」를 만들고 주식 거래를 위한 「증권 시장」을 만든 것도 네덜란드 공화국이었다.

네덜란드 동인도 회사는 역사상 가장 큰 회사였다. 미국의 애플사는 2020년 한때 미국 증권 시장 시가 총액 1.8조 달러를 넘어 세계에서 제일 큰 회사가 된 바 있다.[6] 그러나 네덜란드 동인도 회사의 가치는 오늘의 환율로 환산해 봤을 때 전성기였던 1620년대 당시 시가 총액이 7.9조 달러를 넘었다.[7]

칼뱅주의는 로마 가톨릭 교회를 부정하는 신학을 정립하고 바티칸 체제를 대체하는 새로운 교회 제도를 고안 하고 정착시키는 과정에서 유럽의 중세 봉건 사회를 해체시키고 민주주의와 자본주의를 가능케 한 「근대적 에토스(modern ethos)」를 탄생시킨다.

조선의 봉건사회와 칼뱅주의

칼뱅주의 신학과 제도, 그리고 복음주의로 무장한 채 조선으로 건너온 개신교 선교사들은 추상적인 신학을 가르친 것이 아니라 조선의 일상을 개혁하는데 뛰어든다. 이들은 유교가 악이고 이단이라고 설파 하면서 조선의 국교인 주자성리학과 일체의 타협을 불허 한다. 고려 말에 도입된 주자성리학이 1,000년 「국교」였던 불교에 정면으로 도전하였듯이 조선 말에 도입된 개신교는 조선의 「국교」인 주자성리학에 정면으로 도전한다. 세종과 같은 조선의 군주들이 주자성리학적 질서를 확립하기 위하여 종법 제도를 도입하고 『주자 가례』에 의거한 제사를 밀어 부쳤다면 조선 말의 개신교 선교사들은 주자성리학적 질서의 주축이었던 제사를 우상숭배로 간주하고 금지한다. 「문명 충돌」이었다.

선교사들은 조선 사회의 봉건적 신분 질서를 공격한다. 신분, 성별, 나이를 불문하고 모두 같은 장소에서 설교를 듣고 찬송가를 부르고, 성경을 읽고, 간증과 토론을 하도록 한다. 예배 시작하기 전 양반 출신 교인들은 회중 앞에서 인간은 하나님 앞에 모두 평등하다는 사실을 고백하고 자신이 특권을 누려온 신분제를 비판하여야 했다. 그리고 신분과 상관 없이 서로를 「형제」, 「자매」로 불러야 했다.[8]

전교 초기 개신교로 개종한 조선 사람들은 대부분 상민이나 백정, 기생, 갖바치, 사공, 노비와 같은 천민들이었다. 이들에게 조선의 성리학적 질서는 아무런 의미가 없었다. 개신교로 개종함으로써 이들은 잃을 것이 없었다. 반면, 양반이 개신교로 개종하는 것은 매우 어려웠다. 성리학 질서를 거부하는 것은 자신의 신분과 특권, 정체성을 포기하는 것과 마찬가지였기 때문이다.

무엇보다도 개신교 선교사들은 일상 속에서 금욕적인 삶, 근면, 절제, 청결, 기강을 요구함으로써 봉건 사회의 나태함과 무질서, 미신을 극복할 수 있는 삶의 방식과 틀을 제공한다. 개신교는 혁명적인 삶의 변화를 가져온다.

개신교 선교사들은 조선에 기독교뿐만 아니라 민주주의와 자유주의의 씨앗도 뿌린다. 물론 이들이 의식적으로 민주주의와 자유주의를 전파하고자 한 것은 아니었다. 민주주의와 자유주의는 극소수의 개화파들 조차도 그저 어렴풋이 일본의 지식인들이나 서적을 통해서 들어봤을 뿐 아무도 이해하지도, 받아들일 생각조차도 하지 않던 사상과 체제였다. 그러나 개신교회가 세워지고 개신교도들이 늘어나면서 조선 사람들은 미국 기독교가 체화하고 있던 민주주의와 자본주의, 자유주의를 자연스레 습득한다.

조선 역사상 최초의 선거는 장로교회에서 일반 교인들이 장로를 선출하는 선거였다. 철저한 1인 1표제였기 때문에 교인 중 숫자가 많은 천민 출신이 장로로 선출되는 경우가 허다했다. 민주주의의 산 교실이었다. 또한 남녀 차별 없이 세례를 주고 남녀가 함께 같은 예배당에서 예배를 드리게 함으로써 「남녀칠세부동석」이라는 차별적 사고를 극복하고 남녀 평등을 실현할 수 있는 실질적인 계기를 마련한다.

개신교 선교사들은 용도폐기 되었던 한글도 재발견한다. 성서를 어느 언어로 번역할 것인가를 고민하던 선교사들은 한글이라는 놀라운 글자를 발견하고 선교 초기부터 한글 성서 번역 사업을 본격적으로 추진한다. 비록 4백 년 전에 발명되었지만 조선의 지식층과 지도층에 의해서 외면당하면서 아무런 체계도 갖추지 못하고 있던 한글이 문법과 띄어쓰기 체계를 갖추어 나가기 시작한 것은 이때부터다. 언더우드 목사가 1890년 요코하마에서 출간한 『한어문전』은 최초의 조선어 문법 사전이었다. 한글은 이렇게 다시 발견되고 사용되기 시작한다.

개신교 선교사들은 한글 성경과 교리 공부를 위한 책들을 배포하면서 한글 교육에 전념한다. 조선의 상민과 천민들이 처음으로 글을 체계적으로 배운다. 그리고 선교사들은 배재, 이화 등 근대 학교들을 설립하면서 최초로 한글을 이용한 근대 교육을 펼친다.

칼뱅주의가 유럽이 봉건에서 근대로 넘어가는 사상적 분수령이었다면 조선에서는 성리학적 봉건주의에서 근대주의로 넘어가는 촉매 역할을 한다.

청일전쟁 전야의 동아시아

개신교가 조선에 뿌리 내리기 시작한 1880년대는 청과 일본이 근대화에 박차를 가하면서 서구 열강에 대응하는 한편 재편되기 시작한 동북아시아의 국제 질서 속에서 우위를 점하기 위한 치열한 경쟁을 본격적으로 시작한 시기다. 조선이 「임오군란」과 「갑신정변」을 겪으면서 끊임없는 정치적 혼란과 심화되는 경제 침체로 무너지고 있을 때 청은 「양무운동」, 일본은 「메이지 유신」을 통해 국가제도를 새롭게 정비하고 국력을 신장시키고 있었다.

청은 1860년의 「신유정변」으로 서태후(西太后, 1835.11.29.~1908.11.15.)와 공친왕 혁흔(愛新覺羅 奕訢, 1833.1.11.~1898.5.29.)이 정권을 잡고 증국번(曾国藩, 1811.11.26.~1872.3.12.), 좌종당(左宗棠, 1812.11.10~1885.9.5.), 문상(文祥, 1818~1876.5.26.), 이홍장(李鴻章, 1823.2.15.~1901.11.7.) 등의 명신들을 앞세워 「양무운동」을 전개한다. 구미의 과학기술을 배워서 중국의 「자강」을 꾀하는 시도였다. 개항장에서 거둬들이는 막대한 해관(海關) 수입을 투자 해 무기창과 조선소를 건설하고 근대 교육기관들을 설립하여 서양 학문을 가르치면서 해외 유학생을 파견한다. 태평천국의 난을 평정하고 무슬림 반란이 일어나는 신장-위구르 지역을 수복하고 공식적으로 영토에 편입시킴으로써 오랜 내전을 종결 짓고 변방의 소요를 잠재운다.

그러나 일시적인 성공에 도취해서 프랑스와의 전쟁을 일으키면서 대패하고 속방이었던 안남(베트남)을 프랑스에 빼앗긴다. 청불전쟁(1884~1885)에서의 참패는 「양무운동」의 한계를 드러내면서 중국의 유교문명을 유지하기 위해서 서양의 과학 기술을 도구로 이용한다는 「중체서용론」의 허상도 드러낸다.

일본은 1880년대에 들어서면서 근대식 내각제와 헌정제를 도입함으로써 정치 개혁을 완성하고 근대식 조세 제도와 산업 정책을 도입하여 경제 개혁을 이룬다. 교육 제도의 근대화를 통하여 문자 해독률과 문화 수준을 급격히 높이고 프로이센의 육군과 영국의 해군을 모델로 제국군을 양성한다. 메이지 과두정에 반대하는 정치 세력과 지식인들이 「자유민권운동」을 전개하여 미국, 영국, 프랑스의 자유주의 사상과 정치 제도를 공부하고 도입하고자 하자 메이지 정부는 「메이지 헌법」을 마련하여 헌정을 출범시킴으로써 반대 목소리를 잠재운다. 1880년대 말에 이르면 국력의 신장, 근대 법률제도의 도입을 통하여 불평등 조약을 재협상하여 관철시킴으로써 구미열강과 대등한 근대 국가의 반열에 오른다. 그러나 이 과정에서 대외 팽창주의와 극우주의가 출현한다.

1880년대는 청이나 일본 뿐만 아니라 구미열강들도 근대 국가의 체제를 완성해나가는 시기였다. 미국도 1861년~1865년 남북 전쟁을 치르면서 통합의 걸림돌이었던 노예제 문제를 간신히 해결한다. 내전 중이었던 1863년 시작된 대륙 횡단철도 건설이 1869년 완성되고, 1870년부터는 미씨시피강에서 태평양 연안에 이르는 광활한 영토의 개발이 본격적으로 시작되면서 미국 경제는 폭발적인 성장을 거듭한다.

1860년 베이징 조약으로 청으로부터 연해주를 할양 받음으로써 영토가 태평양 연안에 닿게 된 러시아는 농노를 해방시키고 산업 혁명에 시동을 걸면서 개혁을 추진한다. 1880년대에 들어서면서 본격적으로 「동진」을 시작한 러시아는 시베리아 횡단 철도 건설 목표를 구체화한다.

이처럼 청, 일본, 미국, 러시아 등 조선의 주변국들 모두가 근대 국가 건설에 매진하던 시기가 1880년~1890년대였다. 반면 조선의 1884~1894년 10년은 고종과 민씨 척족이 임오군란과 갑신정변의 위기를 넘기면서 전권을 장악하고 희대의 약탈적 정권을 수립하여 실정을 거듭하면서 국력이 고갈된 시기였다.

국운이 기우는 가운데 봉건 질서를 극복하는 밑으로부터의 혁명을 일으키던 개신교는 조선의 유일한 조직된 근대화 세력으로 부상한다. 그리고 청일전쟁에서 청이 패하면서 조선이 그토록 신봉하던 화이질서가 허망하게 무너지자 개신교의 새로운 비전과 조직, 삶의 양식을 추종하는 사람들의 숫자가 급격히 늘기 시작한다.

이는 조선조의 마지막 개혁 시도였던 「독립협회」와 「만민공동회」로 이어진다. 개신교가 주도한 이 두 개혁마저 고종과 수구세력의 반대로 수포로 돌아가지만 개신교의 비전과 조직은 3.1운동에서 다시 한 번 그 진가를 발휘한다.

제 1 장
신의 한 수

제1장

신의 한 수

1. 갑신정변과 알렌

1884년 12월 4일 한양의 밤은 달이 유난히 밝았다. 호러스 알렌은 왕진을 다녀 밤 9시경 귀가 한다. 집에 도착한 그는 부인 패니(Francis, 「Fannie」는 애칭)에게 이번 달이 기울기 전에 한양의 아름다운 달밤을 같이 산책하자고 한다. 알렌 내외는 10시 30분경 잠자리에 든다. 그러나 자리에 눕기 무섭게 사람들의 고함소리, 대문을 두드리는 소리, 그리고 자신을 다급히 부르는 목소리가 들려왔다.[1]

알렌이 응접실로 나가자 푸트 공사의 개인 비서 스커더(Charles S. Scudder)가 기다리고 있다가 쪽지를 건넨다. 묄렌도르프가 보낸 쪽지였다. 사람이 죽어가고 있으니 급히 와 달라는 내용이었다. 알렌이 스커더에게 영문을 묻자 스커더는 조선 주재 외교사절들이 통리교섭통상사무아문 주최 만찬에 참석 중 화재가 발생하였다는 소리에 조선의 실권자이며 중전의 조카인 민영익이 사태를 파악하려고 밖으로 뛰어나갔다가 괴한의 칼에 맞아 쓰러졌다고 설명한다. 자초지종을 들은 알렌은 곧바로 50명의 무장 군인들의 호위를 받으며 묄렌도르프의 집으로 향한다.

다음은 1884년 12월 5일자 알렌의 일기다.

호러스 알렌

민영익

묄렌도로프 집에 당도해 보니 환자의 상태는 최악이었고 사방에 피가 낭자했다. 현장에 이미 와 있던 14명의 조선 한의사들은 환자를 살리려는 나의 모든 시도에 계속 격렬하게 반대하였다. 민영익은 오른쪽 귀 측두골 동맥에서 오른쪽 눈두덩까지 칼자국이 나 있었고, 목 옆쪽 경정맥도 세로로 상처가 나 있었지만 경정맥이 잘리거나 호흡기관이 절단된 것은 아니었다. 상처는 등 뒤로 나 있었는데 척추와 어깨뼈 사이로 근육 표피를 자르며 깊은 상처가 나 있었다. 예리한 칼자국이 난 부위는 구부러져 있었다. 나는 피가 흐르고 있는 측두골 동맥을 관자놀이로 이어 명주실로 봉합하였고, 귀 뒤 연골과 목부분, 그리고 척추도 모두 봉합했다. 환자는 너무나 탈진하였으므로 그런 식으로라도 지혈을 하지 않을 수 없었다. 팔꿈치에서 팔뚝까지 난 약 8인치의 깊은 상처도 명주실로 네 바늘 꿰매었다. 위팔은 그대로 노출시켜 놓았다. 그의 왼쪽 팔에는 손목 바로 윗부분에 한 군데, 팔뚝 부분에 한 군데 등 두 곳에 상처가 나 있었다. 손목 바로 위의 상처는 그대로 노출시켜 놓았고 힘줄과 새끼 손가락 신근을 끊어 놓앉다. 나는 이들 상처 부위를 깨끗이 소독하고 그 이상 출혈을 하지 않도록 하기 위하여 스펀지로 감싸서 곡선 모양으로 붕대로 감았는데 길이가 약 2인치나 되었다.

이렇게 환자를 임시로 응급 치료하고, 날이 밝으면 환자의 상태가 호전되는대로 완전하게 붕대로 감아서 치료 할 생각이었다. 오른쪽 귀 뒤에 자그만 상처가 나 있었는데 상처 길이가 표피 약 1인치 반이나 되었다. 넓적다리와 오른쪽 무릎에도 길이 약 6인치의 긴 상처가 나 있었는데 이것도 모두 봉합했다. 어두운 난리통에 그의 상투는 헝클어져 있었다. 그래서 나는 머리꼭지 부분에 상처가 난 것을 몰랐다. 그의 정수리에는 계란 크기만한 큰 혹이 나있었다. 이 부위의 머리를 모두 잘라내고 상투를 튼 머리카락에 매달아 놓았다. 혹은 머리 중앙 부위까지 뻗어 있었는데 이는 둔중하고 예리한 무기에 얻어 맞은 듯했다. 만약 그가 몸을 피하지 아니했더라면 목이 달아났을 것이다.[2]

알렌은 새벽 2~3시에 잠시 자신의 가족을 살피러 자택을 다녀온 것을 제외하고는 밤새 민영익의 곁을 지킨다. 그가 잠시 자신의 집에 들렀을 때 고종으로부터 전갈이 온다. 푸트 공사에게 미국 공사관의 모든 외국인들과 함께 사태가 진정될 때까지 궁으로 들어와 있으라는 전갈이었다. 고종은 1881년 임오군란때처럼 군중 봉기와 학살이 벌어질 것이라고 하였다. 그러나 알렌은 가족과 상의 끝에 자신은 집에 남기로 한다.

알렌이 일본 공사관에 군인들을 보내서 자신의 집을 지켜줄 것을 요청하자 일본 공사는 일본 군인들을 보내준다. 알렌은 만일의 경우를 위해서 부인과 아들에게 외출복을 입히고 가방을 싸서 미국 공사관으로 가도록 한다. 혹시 푸트 공사 가족이 궁으로 들어가게 되면 따라 들어갈 수 있도록 하기 위해서였다. 푸트 공사 집에는 영국 총영사 애스

패니와 호러스 알렌 자택에서. 왼쪽의 인물은 비서 스커더로 추정된다.

턴 부부도 당도해 있었다. 알렌은 부인과 아들을 푸트 공사 공관에 남겨두고 민영익을 치료하기 위해 묄렌도르프의 집으로 향한다.

나는 더운 물병들로 그의 체온을 따뜻하게 하고 테이블 스푼으로 두 스푼의 약을 틸프(Tillp) 약 10방울을 곁들여서 얼음물로 매 15분마다 복용하게 하였고, 매 반시간 마다 같은 양의 브랜디를 마시게 했다. 오전 5시에 맥박은 감지되지 아니했지만 그의 상태는 호전되었고 체온은 4시에 97°F(36.1C)에서 5시에는 98°F(36.7C)로 올라 있었다. 나는 일본 공사관부 외과 의사에게 전갈을 보내어 오전 7시에 상처를 붕대 치료하는 데 도와달라고 하였다. 일본 외과 의사는 내 청을 받아들여 내게로 왔다. 우리들은 그의 상처를 치료하기로 결정했다. 우리는 봉합한 부분을 조심스럽게 제거하고 석탄산 용액으로 상처 부위를 말끔히 씻어내고, 요도포름을 발라서 필요한 상처부위를 추가로 봉합했다. 모두 일곱 군데 상처가 나 있었는데, 그중 다섯군데는 같은 무기이거나 다른 둔기로 얻어 맞은 타박상이었다. 24바늘의 봉합을 모두 한 결찰사(結紮絲)로 결찰 봉합을 한 후 고무 고약 여덟 조각으로 붙였는데, 이를 분류해 보면 다음과 같다. 관자놀이에서 어깨뼈까지 길다랗게 깊이 베인 상처에 14바늘 봉합에 한 번의 결찰 봉합을 했고, 오른쪽 아래팔에 나있는 상처에는 4바늘 봉합을 했다. 왼쪽 팔뚝에 상처가 두 군데, 오른쪽 넓적다리에 깊은 상처가 다섯 군데 나 있었다. 머리 가죽의 상처를 깨끗이 하고 먼지낀 머리카락을 면도로 밀어 요도포름으로 소독하고서 린트천 받침대를 대고 고무 붕대로 감쌌다. 일본인 의사는 환자를 그의 집으로 옮겼으면 했으나 나는 그를 옮기지 아니했다. 그러나 친구들이 그를 옮길 준비를 하고 있는 것을 보고서 나도 내 의료 도구를 깨끗이 청소 하고서 환자의 상태가 차도 있는대로 곧 떠났다. 만약 왕진을 요청하면 이에 응하기로 하였다.[3]

5일(금요일) 저녁, 알렌은 또 한번 묄렌도르프의 집을 방문하여 민영익을 치료한다. 그리고 6일 오전에도 왕진을 다녀온다. 6일(토요일) 오후에 알렌은 가족과 함께 자신의 집에서 모처럼 조용한 시간을 보낸다. 그러나 이내 즉시 공사 관저로 들어오라는 푸트 공사의 전갈을 받고 알렌과 가족은 미 공사 관저로 향한다. 그곳에 부인과 아이를 놔둔 후 옷을 갈아입기 위해 귀가한다.

그날 밤 알렌은 중국인, 일본인 하인들과 함께 윈체스터 장총으로 무장하고 집을 지킨다. 그날 밤도 한양 시내에서는 전투가 벌어졌지만 알렌의 집은 무사했다. 그 사이에도 민영익을 치료하러 오라는 전갈이 두번이나 왔으나 푸트 공사는 알렌이 가지 못하도록 막는다.

다음 날 아침 민영익이 또 다시 사람을 보내 알렌을 찾자 알렌은 응한다. 민영익은 나름대로 잘 견디고 있었지만 매우 조급해 했다. 그때 고종으로부터 민영익을 궁으로 옮기라는 전갈이 와서 알렌은 민영익을 궁으로 보내고 자신은 귀가한다.

7일(일요일) 오후 네시 경 일본 공사관 쪽에서 격렬한 총격전이 벌어지는 소리가 들린다. 총소리는 점차 알렌 집으로 다가오다가 서대문 쪽으로 멀어진다. 일본 공사관의 일본 외교관과 군인들이 한양을 빠져나가면서 조선군, 청군과 전투를 벌이는 소리였다. 그리고 곧이어 일본 공사관이 불길에 휩싸이는 것이 보였다. 알렌은 일본인 하인들과 자신의 집을 지키러 와 준 일본 군인 4명을 숨긴다.

민영익이 그린 「노근묵란(露根墨蘭)」

그날 밤 청군으로부터 전령이 와서 민영익이 고종과 함께 청군의 진중에 있으니 즉시 그리 오라는 전갈을 받는다. 시내에는 공포에 질린 사람들이 곳곳에 모여 모닥불을 피우면서 웅성거리고 있었다. 알렌은 청군의 진중으로 향하는 길에 여러 번 시체에 발이 걸려 넘어질뻔 한다. 청군의 진중에 도착하자 정여창(丁汝昌, 1836.11.18.~1895.2.12.)과 민영익이 그를 반갑게 맞이한다. 알렌은 민영익을 치료한 후 정여창의 막사에서 잠시 눈을 붙인다. 다음 날 아침 민영익을 또 한번 치료한 알렌은 청군 장교와 함께 청군 부상자들을 치료한다.

알렌이 자신의 집으로 돌아온 것은 오후 2시 경이었다. 사방은 조용했다. 그때 제물포에 정박해 있던 영국 군함에 있던 영국 해병 8명이 갬블(Gamble) 대위의 지휘 하에 휠러(Wheeler)라는 외과 의사와 함께 당도한다. 그날 밤은 별다른 일 없이 조용히 지나간다.

9일 아침, 알렌 집에 숨어 있던 일본인들은 「스미소니언재단 수행원(Smithsonian attaché)」으로 미 공사관에 파견되어 온 해군 소위 존 버나도우(John B. Bernadou, 1858~1908)와 중국인, 조선인 군인들의 호위를 받고 제물포로 향한다. 알렌은 휠러와 함께 민영익을 보러 궁으로 향한다. 민영익을 진찰한 휠러는 민영익의 부상을 보고 그가 아직도 살아 있다는 사실에 놀라며 그러나 오래 살지 못할 것이라고 한다.

알렌은 오후 3시쯤 집으로 돌아온다. 푸트 공사 내외, 애스턴 공사 가족 등은 모두 다음 날 아침 제물포로 피신하기 위해 짐을 싸고 있었다. 그러나 알렌은 부인과 상의 끝에 한양에 남기로 한다. 그 이유는 「첫째, 우리는 이러한 일을 하기 위하여 이곳이 왔고 우리를 절실히 필요로 하는 이때 여기를 떠날 수 없다, 그리고 둘째, 이곳에는 먹을 것도 넉넉하여 오히려 편하였다.」 만일 제물포로 간다면 숙박할 곳도 마땅치 않고 식량도 넉넉하지 않을 것이 자명했다. 뿐만 아니라 어린 아기에게는 너무나 힘든 일이었다.

우리는 남아서 우리의 임무를 다하면서 하나님에게 모든 것을 맡기기로 하였다.

10일(월) 알렌은 민영익의 집으로 가서 그를 치료한다. 환자를 자신의 집으로 옮기는 과정에서 꼬맨 실밥들이 터져 상처가 덧나 있었고 환자는 심한 통증에 몸부림쳤다. 알렌이 1시간 반을 머무르면서 모르

핀 등 피하 주사를 놔 주자 민영익은 비로소 진정할 수 있었다.[4]

2. 호러스 알렌

미국 장로교 선교사 겸 의사였던 알렌이 조선에 정착한 것은 갑신정변이 일어나기 불과 3개월 전이었다. 선교는 여전히 금지되어 있었다. 알렌은 미국 공사관의 무급 의사로 신분을 숨긴 채 전교의 기회를 엿본다. 조선 최초의 서양 의사가 도착하자 당시 한양 주재 서양 외교관들은 모두 그를 반겼고 자신들의 주치의로 삼았다. 묄렌도르프 역시 마찬가지였다. 민영익이 부상을 당하자 묄렌도르프가 곧바로 알렌을 부를 수 있었던 이유다.

알렌은 1858년 4월 23일, 오하이오주 델라웨어시에서 태어나서 자라 1881년 같은 도시에 있는 오하이오 웨슬리안 대학(Ohio Weslyan University)을 졸업한다. 웨슬리안은 감리교의 창시자 존 웨슬리(John Wesley)의 이름을 딴 대학이다. 알렌은 1883년 오하이오주 씬시내티시 소재 마이애미 의과대학(Miami Medical College)을 졸업한다. 졸업과 동시에 프랜시스 「패니」 메쎈저(Frances 「Fannie」 Messenger)와 결혼한 알렌은 장로교 해외 선교 위원회(Presbyterian Board of Foreign Missions)에 선교사로 자원하여 곧바로 중국으로 파견된다.

1883년 8월 20일 델라웨어를 떠난 알렌 부부는 9월 4일 샌프란시스코를 출항하여 일본 요코하마와 상하이를 거쳐 10월 15일 임지인 난징에 도착한다. 그러나 알렌은 중국 생활에 적응하지 못한다. 현지의 외국인들과도 불화를 일으키며 알렌은 결국 1년도 안 돼 중국을 떠나기로 결심한다.

당시 중국에 있던 선교사들과 의사들은 알렌에게 1882년 갓 미국과 수교한 조선에 가 볼 것을 권한다. 이에 알렌은 당시 조선 세관에서 일하고 있던 오스트리아인 요셉 하스(Joseph Haas)에게 한양의 외국인들이 의사를 필요로 하는지 여부를 묻는 편지를 보낸다. 그리고 1884년 6월 8일에는 뉴욕의 장로교 해외선교 위원회에 조선으로 임지를 옮길 수 있도록 요청하는 편지를 보내면서 만일 위원회가 그가 조선으로 가는 것을 허락치 않을 경우 위원회와의 모든 관계를 끊을 것이라고 한다. 7월 22일, 장로교 해외선교 위원회는 알렌에게 조선으로 임지를 바꿀 것을 허락하는 전보를 보내온다.

알렌은 부인과 갓 태어난 아들을 상하이에 두고 1884년 9월 14일 「난징호(S.S. Nanzing)」로 상하이를 떠나 요코하마를 거쳐 부산에 도착한다. 당시 청과 조선을 잇는 정기 여객선이 없었기에 부득이 일본을 거쳐야 했기 때문이다. 부산에서 며칠을 머문 알렌은 9월 20일 제물포에 도착한다. 9월 22일 오전 8시에 나귀를 타고 제물포를 출발하여 오후 4시경 한강 나룻터를 거쳐 5시에 남대문에 도착한다. 한양에서의 첫 밤을 여인숙에서 지낸 알렌은 이튿날 푸트 미국 공사를 예방한다. 푸트는 의사인 알렌을 적극 환영하였고 주 조선 미국 공사관의 무급 의사로 임명한다. 같은 날 알렌은 묄렌도르프도 예방하여 차를 마시며 대화를 나눈다.

한양에서 거주할 집을 계약하고 상하이로부터 부친 짐을 제물포에서 찾은 알렌은 집수리와 정리를 중국인 청지기에게 맡긴 채 10월 11일 다시 중국으로 향한다. 나가사키를 거쳐 17일 상하이에 도착한 알렌은 부인과 아기, 중국인 유모와 함께 조선으로 출항한다. 나가사키에 들러 일본인 요리사 와타나베를 월 10달러에 고용한 알렌과 가족은 26일 제물포에 도착, 10월 27일 한양에 입경한다. 갑신정변이 발발하기 38일 전이었다.

3. 광혜원

알렌의 목숨을 건 극진한 치료로 민영익은 목숨을 건진다. 12월 26일, 고종은 알렌에게 민영익을 잘 치료해줘서 고맙다면서 선물을 하사한다.

그것은 백색 견수자로 배접하고, 그 위에 정교하게 비단실로 수를 놓고 주서 잎사귀로 태를 두른 우아한 자수 병풍이었다. 이 같은 고 미술품 감식에 조예가 깊은 폴크 서기관에 의하면 자기가 본 것 중에 이 병풍이 최상품이라고 했다. 또 다른 하사품은 둥근 고려자기인데 6, 7백년 전의 자기라고 말했다. 폴크는 이 고려자기가 진귀한 걸작품이라고 평가하였다.[5]

1885년 1월 22일, 갑신정변이 일어난지 채 두달이 안되었을 때 알렌은 병원설립을 허가해 줄 것을 요청하는 탄원서를 조선정부에 제출한다.[6] 폴크 소위가 미국 공사관의 명의로 공식 추천장을 써 준다.

미국공사관

조선, 서울, 1885년 1월 27일

본인은 미국공사관附 의사 알렌 박사가 서울에 병원을 설치하겠다는 제의를 했다는 사실을 알리면서 귀국 정부는 이에 선처해 주시기 바랍니다. 알렌 박사의 제의는 아주 훌륭한 생각이며, 그것은 순전히 비이기적인 동기 이기 때문에 귀국 국민의 복지향상에 크게 기여하게 될 것입니다. 본인은 알렌 박사가 최근 서울에서 벌인 진료사업이 훌륭한 성과를 거두었으므로 이제 새삼스레 알렌박사의 성격과 능력에 대해 찬사를 늘어놓을 필요는 없습니다. 알렌 박사의 병원 개설안을 호의적으로 수락해주기 바라며, 이는 곧 미국 국민이 조선 신민의 복지를 향상시키는 우의의 표징(a token of the friendly regard)이 될 것입니다.[7]

다음은 알렌의 병원설립허가 탄원서다.

1885년

최근 사태(갑신정변) 이래, 본인은 총격전으로 발생한 조선인 중상자 중 인체에 박혀 있는 탄환 제거 수술을 했고, 기타 부상병을 치료했을 뿐만 아니라 일반 환자들도 진료한 바 있습니다.

본인은 본인이 할 수 있는 모든 일을 다했습니다. 그러나 이들 대다수 환자들은 본인의 저택으로부터 멀리 떨어져 살고 있었으며, 더군다나 민영익을 비롯하여 청국군 부상 병정들을 치료하는 데 대부분의 시간을 할애해야 하기 때문에 멀리 떨어진 환자집까지 왕진 치료할 시간이 없었습니다.

어떤 경우에는 부유한 환자들이 기어이 나에게 진료를 받고자 내 집 근처에 있는 방을 빌려 민박해가면서 나의 진료를 기다리고 있었기 때문에 나는 이들을 손쉽게 매일 진료할 수 있었습니다. 그러나 내 저택에는 이같이 밀려드는 환자들을 수용할만큼의 적당한 병원 설비가 부족하기 때문에 대다수 극빈 환자들은 되돌아가지 않을 수 없었습니다.

본인은 미국 시민으로서 조선인을 위하여 본인이 할 수 있는 모든 일을 하고자 합니다. 만약 조선 정부가 본인에게 병원 설비를 갖추어준다면, 서양 의술로서 환자들을 치료하고 부상 병정들에게 요양처를 제공함으로써 그 은혜에 보답코자 합니다. 이와 같은 병원시설을 갖추게 된다면 이는 장차 조선 청년들에게 서양 의학 및 공중 위생학을 가르치는 교육 기관이 될 것입니다. 미국에는 도시마다 한 두 개의 병원이 있습니다. 한양에는 병원 한 개 정도는 개설해야 하며, 최소한의 비용으로도 한 개 정도의 병원을 개설 운영할 수 있을 것입니다.

본인은 조선 정부의 배려로 이 일을 주관하여 경영하되, 이에 대한 보수
는 청구하지 않겠습니다. 다만 본인에게 절실히 필요한 것은 좋은 장소에
대형 한옥 한채와 매년 병원 운영에 소요되는 경상 비용을 제공해주는 것
뿐 입니다. 비용이라야 등화 및 난방비, 조수 간호원으로 일할 사람의 급
료, 그리고 극빈 환자에게 제공할 식사비, 의약품 구입비 등 300달러 정
도입니다. 이상의 비용을 제공해 준다면 본인은 6개월 이내에 미국인 의
사 1명을 더 초빙하되, 역시 무급으로 일하도록 할 것을 약속합니다. 우리
는 미국에 있는 공제 조합으로부터 일정한 생활비를 지급받고 있기 때문
에 봉급은 필요 없습니다. 이러한 병원은 중국 베이징, 톈진, 상하이, 광
둥, 그리고 기타 중국 대도시에도 있으며, 특히 그중 2개 병원은 이홍장
자신이 비용을 지급하고 있습니다.

한양에 이러한 병원을 설립한다면, 이는 「조선왕실병원(His Corean
Majesty's Hospital)」이 될 것입니다. 그래서 조선 백성이 병이 들면 이
곳에 와서 진료를 받게 될 것이며, 이렇게 되면 일반 백성들은 대군주의

광혜원(연세대학교 내)

자애로운 처사에 더욱 존경하고 흠모하게 될 것입니다.[8]

알렌이 병원 설립 탄원서를 낸지 불과 5일 후인 1월 27일, 민영익은 감사의 표시로 알렌에게 현금 10만냥을 보낸다.[9]

오늘 민영익은 나에게 현금 10만 냥을 보내주었는데, 그는 이것이 나에 대한 우의의 표징으로 보낸 것이라는 점을 강조했다. 그는 이 돈을 내 생활비에 충당하여 쓸 것이며, 또한 손님에게 깍듯하게 내놓은 음식대접 대신으로 주는 선물로 생각해 달라는 것이었다. 그는 이 돈은 주인이 집에 찾아온 손님에게 주는 선물에 불과하다는 것, 내가 그를 치료해 준 의료 봉사에 대한 의료비와는 아무 관계가 없다는 점을 분명히 했다. 이같은 사정을 고려해서 나는 민영익이 주는 돈을 받게 되었다. 그는 최근 나에게 미국과 중국 상하이 등지를 돌아 세계 일주 여행을 다녀오라고 몇 차례 권고했다. 그리고 그는 나를 그의 친형으로 모시겠으며, 내가 없으면 아무 일도 할 수 없다고 확언하였다 (알렌은 민영익보다 2년 年長者이다). 상기한 병원 건설 안은 곧 민영익에게 전달되었고, 이 같은 사실은 세상에 널리 알려지게 되었다. 그를 비롯하여 모든 조선 친구들, 심지어 조선 한의사들까지도 나의 병원 건설안에 찬동했다. 민영익은 오늘 이 문제를 협의하기 위하여 두 사람의 관리를 나에게 보내왔다.[10]

당시 최고의 권력자 민영익의 지원으로 병원설립은 일사천리로 진행된다. 2월 14일, 알렌은 병원건설안이 「어리둥절할 만큼 급속히」 진행되고 있다는 소식을 전해 듣는다.[11] 2월 18일에는 외아문의 김윤식 독판이 미국 공사관을 방문하여 병원건물이 선정되었음을 알린다.[12]

병원으로 지정된 건물은 갑신정변 주역 중 한명이었던 홍영식의 저택이었다. 홍영식은 갑신정변 중 고종과 민중전을 수행하다 청군에 의

해 피살된다. 영의정을 지낸 그의 아버지 홍순목은 홍영식의 아들이
자 자신의 손자에게 독약을 먹여 죽이고 자신도 독약을 먹고 자살한
다.[갑신정변 후 홍영식 일가에 대한 자세한 내용은 제 2권 433 페이지 참조] 알렌
이 건물을 인수 받으러 갔을 때 역적으로 죽은 홍영식의 집은 흉가로
변해 있었다.

> 그의 집 바닥은 유혈이 낭자하여 그의 가족들이 이곳에서 살해되었음을
> 알 수 있다. 홍영식 저택은 철저하게도 약탈된 상태였다. 심지어 문짝, 창
> 문, 난로, 서류, 벽에 걸린 물건까지 노략질해 갔다. 위패 두 개가 있었는
> 데, 신주는 없어졌고 껍데기만 나뒹굴로 있었다.[13]

급진개화를 꿈꾸며 정변을 일으켰다가 실패하면서 주살된 「역적」
우정국 총판 홍영식의 집이 미국 개신교 선교의 본거지이자 조선 최초
의 근대병원이 된다. 「광혜원」은 1885년 4월 9일, 20명의 외래 환자
와 3명의 외과 수술 환자를 받으면서 개원한다.[14] 갑신정변이 일어난
지 불과 4개 월 만의 일이었다.

4. 보빙사

1882년 5월 조미수호통상조약이 체결되자 미국은 루시우스 푸트
(Lucius Harwood Foote, 1826.4.10.~1913.6.4.)를 초대 주 조선 공사로
파견한다. 변호사 출신인 푸트는 조선에 부임하기 전에는 캘리포니아
주 방위군 사령관(Adjutant General of the California National Guard:
1871~75), 주 칠레 발파라이소 영사(1878~81), 중미 특사(1882)를 역임
한다. 1883년 3월 7일 임명장을 받은 푸트 공사는 5월 13일 한양에

도착한다.[15]

푸트가 부임하자 고종은 답례로 1883년 5월 미국에 보빙사를 파견할 것을 결정한다. 이미 청이 워싱턴에 공사관을 개설한 상황에서 청의 속방인 조선이 상주외교관을 파견할 필요가 없었기에 사절단이라도 보내기로 한다. 정사(正使)에 민영익(閔泳翊), 부사(副使)에 홍영식(洪英植), 서기관에 서광범(徐光範)을 임명하고 그 외에 변수(邊

푸트 공사

樹, 邊燧), 유길준(兪吉濬), 고영철, 현광택, 최돈민, 그리고 중국인 통역 한 명 등으로 하여금 수행하도록 한다.

> 전교하기를, 「미국 공사가 국서를 가져 와서 우호 관계가 이미 도타워졌
> 으니 마땅히 답방이 있어야 할 것이다. 협판교섭통상사무(協辦交涉通商
> 事務) 민영익(閔泳翊)은 전권 대신(全權大臣)으로, 협판교섭통상사무(協辦
> 交涉通商事務) 홍영식(洪英植)은 부대신(副大臣)으로 임명하여 떠나게 하
> 라.」하였다.[16]

보빙사 파견이 결정되자 푸트 공사는 곧바로 본국은 물론 일본에 있는 미국 외교관들과도 긴밀하게 연락하면서 보빙사를 맞이할 준비를 시작한다. 푸트는 우선 국무장관 프레링휘센(Frederick T. Frel-inghuysen: 1817.8.4.~1885.5.20.)과 주일 미국 공사 빙엄(John Armor Bingham, 1815.1.21.~1900.3.19.), 그리고 미국에 있는 친구와 동료들

가마를 타고 입궐중인 푸트 공사

윤치호를 방문중인 푸트공사

에게 보빙사 일행을 극진히 맞아줄 것을 부탁한다.

　특히 자신의 고향인 캘리포니아의 지인들에게는 앞으로 조선과의 교역이 캘리포니아 경제에 큰 도움이 될 것이라면서 보빙사를 잘 영접해 줄 것을 주문한다. 그러면서 첫 기착지인 샌프란시스코에서는 보빙사 일행이 군사 시설, 조폐 시설, 세관, 우체국, 공립 학교 등을 시찰할 수 있도록 주선한다. 푸트는 조선 정부가 미국 정부에게 이러한 시설들을 조선에도 설립해 주고 운영해 줄 것을 부탁할 가능성이 높다는

모노카시호 (1902년)

점을 지적하는 것도 잊지 않는다.[17]

푸트는 마침 제물포에서 출항 준비 중이던 미국의 군함 「모노카시호」(Monocacy)에 보빙사가 승선할 수 있도록 미 해군의 허가를 받아준다. 석탄 보급을 받기 위해 나가사키로 출항 준비 중이던 모노카시호는 1871년 「신미양요」때 참전했던 군함 중 하나였다.

보빙사는 1883년 7월 16일 제물포를 출항하여 나가사키를 거쳐 요코하마로 향한다. 당시 미국의 아시아 함대 사령관 크로스비 제독(Pierce Crosby, 1824.1.16.~1899 6.15.)은 보빙사 일행이 배를 갈아타는 불편을 겪지 않게 「모노카시호」로 요코하마까지 여행할 수 있도록 편의를 제공하고자 하였으나 보빙사 일행은 사절하고 나가사키에서 일반 여객선으로 갈아 탄다.

요코하마에서는 주 일본 미국 공사관의 주선으로 일본인 미야오카 츠네지로(宮岡恒次郎, 1865~1943)를 통역관으로, 그리고 미국인 퍼시벌 로웰(Percival Lowell, 1855.3.13.~1916.11.12.)을 외무서기관(For-

아라빅 호 (SS Arabic)

eign Secretary)으로 채용한다. 보스턴의 명문가 출신인 퍼시벌 로웰은 하버드 대학을 졸업한 후 1883년 5월부터 일본에 체류 중이었다. 보빙사를 안내해 줄 것을 제안 받자 로웰은 기꺼이 승락한다. 로웰은 보빙사가 8월 18일부터 11월 14일까지 미국에 체류하는 3개월 내내 안내를 맡는다.

보빙사 일행은 미국으로 출발하기 전 거의 3주 동안 일본에 체류한다. 그러나 이 기간 동안 일본 정부는 보빙사에게 아무런 관심도 보이지 않는다. 푸트는 이에 대하여 「속 좁은 단견이다」고 한다.[18] 보빙사 일행은 1883년 8월 11일 증기선 「아라빅호(Arabic)」로 요코하마를 출발하여 미국으로 향한다.

3주에 걸친 항해 끝에 보빙사 일행은 9월 2일 샌프란시스코에 도착한다. 일행은 미국 육군 사관학교장과 국방 장관을 역임한 스코필드 장군(John McAllister Schofield, 1831.9.29.~1906.3.4.)의 영접을 받는다. 9월 4일에는 샌프란시스코 상공회의소(Chamber of Commerce)와 무역협회(Board of Trade)에서 개최 하는 환영 리셉션에 참석한다.

하버드 대학의 로웰하우스

보빙사가 귀국한 후 로웰은 고종의 초청으로 1883년 12월 20일 조선을 방문하여 3개월 동안 머무른다. 귀국 후 로웰은 당시 조선에 체류한 경험을 담은 *Choson: The Land of the Morning Calm* 이라는 제목의 책을 출판한다. 조선을 「고요한 아침의 나라」라고 이름을 지은 사람이 로웰이다. 당시 조선에서 로웰이 찍은 사진들은 귀중한 사료로 남아있다. 로웰은 그 후 갑신정변이 일어나자 미국의 저명한 잡지인 *Atlantic Monthly* (월간 애틀랜틱) 11월 호에 글을 실었다. 그는 훗날 아리조나주로 이주하여 로웰천문대를 짓고 천문학자로 명성을 날린다. 그는 특히 화성에 대한 연구에 몰두하였고 그의 저술을 읽은 웰스(H.G. Wells, 1866-1946)는 「우주전쟁(The War of the Worlds, 1898 출간)」을 쓴다. 그의 남동생 애버트 로렌스 로웰은 하버드 대학교 총장을 역임하였고(1909~1933) 여동생 에이미 로웰은 유명한 시인이었다.

보빙사 일행, 폴크촬영:
앞줄: 왼쪽부터, 퍼시벌 로웰(Lowell. P.), 홍영식, 민영익, 서광범, 중국인 통역 우리탕(吳禮堂).
뒷줄: 왼쪽부터, 무관 현흥택, 통역관 미야오카 츠네지로(宮岡恒次郎), 수행원 유길준, 무관 최경석, 수행원 고영철, 변수

로웰이 1884년 촬영한 고종 어진

존 스코필드 장군   필립 셰리던 장군

　　샌프란시스코에서　　일주일
간 체류 한 보빙사는 9월 8
일 기차편으로 시카고로 향한
다. 9월 12일 시카고에 도착
한 일행은 남북전쟁의 영웅
셰리던 장군(Philip Sheridan,
1831.3.6.~1888.8.5.)의 영접을
받으면서 1박 2일 동안 머문다.

현재 워싱턴 한국총영사관이 위치한 셰리던서클의 셰리
던 장군 동상

9월 13일에는 시카고 정부 및 국방 당국의 접대를 받고 당시 개최 중
이던 시카고 박람회를 관람한다. 그날 저녁은 셰리던 장군이 주최하는
리셉션에 참석할 예정이었지만 셰리던이 몸이 아파 취소된다. 보빙사
일행은 그날 밤 10시 기차로 시카고를 출발한다.[19]

1883년 9월 1일자 시카고 트리뷴에 실린 보빙사 기사

THE COREAN EMBASSY.

PURPOSE OF THE VISIT OF THE FIRST DELEGATION FROM THE HERMIT LAND.

From the San Francisco Chronicle, Sept. 3.

Among the passengers on the Arabic, which arrived yesterday from Yokohama, were the Corean Embassador and suite, en route to Washington. The party was composed of 11 persons— Min Yong Ik, the Envoy Extraordinary and Minister Plenipotentiary of his Corean Majesty; Hing Yong Sik, the Vice-Minister; So Koang Pom, the Secretary; Percival Lowell, Foreign Secretary; Woo Li Tang, interpreter; five attachés of the Embassy and Tsunejiro Miyaoka, a Japanese acting as private secretary to the Home Secretary. This is the first embassy ever sent from Corea, aptly styled the "Hermit Land," and is composed of especially noted men, the chiefs all being prominent officers of the Corean Government. The Minister is the nephew of the Queen and the Vice-Minister the son of the Prime Minister. The Foreign Secretary, Mr. Lowell, was secured for the embassy from Japan, where he was then residing, and he was appointed Foreign House Secretary, as well as Foreign Secretary to the Embassy, so as to heighten the tone of the mission. The visit of the embassy is in return of that of Gen. Foote, who was sent by this Government to Corea, and its object is supposed to be in connection with the new treaty being made between the two Governments, though other business, the purport of which is not known, forms part of the obligation. The stay at Washington will be of some three or four months' duration. The visitors, who are probably the first of their race ever seen on this continent, were the subject of much comment and curiosity, as their peculiar dress made them noticeable. Their head-dress is a sort of beaver, or a cross between a Quaker hat and a beaver, formed, in the case of the high functionaries, of very finely split bamboo and silk threads woven upon the frame-work thus made, the whole being a fine, transparent network. The more humble of the party wore hats, the crown of which was made of horse-hair, while the frame-work of the brim was the same, the distinction in rank being seen by the fabric of their head-coverings, the lower classes being restricted to all horse-hair hats. Their undress hats, which they wore in their rooms, had the appearance of a jelly tin, worked of the same fabric as their out-door hats. Their hair was taken up in the fashion of the Japanese of 20 years ago, with the exception that their heads were unshaven and the topknots allowed to stand erect on the crown of the head, the whole being about three inches in height. Their faces present an appearance somewhat like the Chinese and Japanese, yet differing materially from either. Long, straggling hair is on the faces of all, though being an almost beardless race, the mustache and whiskers grow very sparsely. On either side of the face hang long rows of amber beads, those of the high functionaries reaching down to the waist, while those of the attachés meet under the chin. Their dresses, as seen in the hotel, were of white silk of exquisite pattern, the coat being a short sack, with loose trousers gathered together about the calves, and the legs incased in padded stockings. The shoes were somewhat like those of the Chinese in appearance. Their outdoor costume was the same, with the exception of a long robe or tunic of gaudy colors and exquisite pattern, which completed their fantastic and eccentric make-up. To this robe there is no uniform color of sleeves. Green and red sleeves produce a singular effect on a black robe, as may be imagined. The colors do not denote any rank; the caste feature is the hat. This must be worn by all the embassy and attachés when official business is progressing and also in the presence of callers.

The following letter from Gen. Foote, United States Minister to Corea, addressed to a gentleman in this city, throws some light on the visit of the royal Coreans:

UNITED STATES LEGATION, SEOUL, Corea, July 14, 1883.

MY DEAR ——: By the United States steam-ship Monocacy two Envoys and suite go from Corea to Yokohama en route to the United States. They are accredited to our Government on a special mission, and will remain for a few days in San Francisco. Aside from their special functions, they desire to see and learn as much of Western civilization as may be. They are instructed to examine everything with a view to the necessities of their own country. They are the men of the highest rank, one being a nephew of the King and the other a son of the Prime Minister. Yon will find them fitted for any society. If San Francisco would show them the proper attention, a commendial harvest might result. She is the point where this trade should concentrate. Corea resembles California in its combination of agriculture and mining. She has a population estimated at 15,000,000, and they need everything. * * * They [the Envoys] have two interpreters, one speaking Chinese and one Japanese. They are the first of their countrymen to go abroad, and it is to be hoped that good may result from their mission. Yours truly, LUCIUS H. FOOTE.

The New York Times
Published: September 17, 1883
Copyright © The New York Times

1883년 9월 17일자 뉴욕타임즈에 실린 보빙사 기사

제1장 • 신의 한수 55

5. 폴크 소위

9월 15일 오전 워싱턴에 도착한 보빙사는 미 해군 정보국의 메이슨 중위(Theodorus Bailey Myers Mason, 1848.5.8.~1899.10.15.)와 폴크 소위(George Clayton Foulk, 1856.10.30.~1893.)의 영접을 받는다.

폴크 소위는 1856년 10월 30일 펜실베니아 주의 작은 마을 마리에타(Marietta, Pennsylvania)에서 태어나 16세 되던 1872년 매릴랜드 주 애나폴리스 소재 미 해군 사관학교에 입학한다. 1876년 졸업과 임관 후 미국 아시아 함대 소속 「알러트호(USS Alert)」에 배치되어 지중해와 수에즈 운하를 거쳐 극동에 도착한다. 「알러트호」는 아시아의 각 항을 장기 순회하면서 특히 일본에 오래 머문다. 타고난 어학 재능에 진지하게 공부하는 자세도 갖춘 폴크는 일어를 유창하게 구사하게 되고 한문을 독학으로 깨우치면서 상관들의 인정을 받는다. 그는 6년 간 아시아 함대에서 복무한다.[20]

폴크는 1882년 벤자민 버킹검 중위(Benjamin H. Buckingham, 1848. 2. 11.~1906.1.16.), 월터 매클린 소위(Walter McLean, 1855~1930.3.21.)와 함께 귀국 길에 오른다. 이들은 귀국길에 부산과 원산을 방문한다. 특히 개항한지 한달도 안된 원산을 다녀감으로써 자신을 원산 최초의 미국인 「관광객」이라고 한다. 폴크 일행은 조선을 거쳐 육로로 시베리아를 가로질러 유럽으로 여행한다. 워싱턴으로 복귀한 후에는 세 명이 공동으로 여행에 대한 보고서를 제출한다. 「Observations upon the Korean Coast, Japanese-Korean ports and Siberia, made during a journey from the Asiatic Station to the United States through Siberia and Europe, June 3 to September 8, 1882」라는 제목의 이 보고서는 미국정부출판국(Government Printing Office)에서 단행본으로 출간된다.[21]

워싱턴에서 폴크는 해군 도서관에 배치된다. 이곳에서 그는 마음껏 일어, 중국어, 조선어를 공부한다. 보빙사가 미국을 방문하게 되자 미국 정부는 당시 미군에서 조선말을 조금이나마 구사하는 유일한 군인이었던 폴크를 보빙사의 통역관으로 임명한다. 이 당시 폴크의 조선어 실력은 초보적이었다. 그러나 그는 일어를 유창하게 하였고 다행이 보빙사 일행 중에도 일어를 할 줄 아는 사람이 몇 있었기에 당장 소통에는 문제가 없었다. 폴크는 기회가 있을 때 마다 보빙사 일행들과의 대화를 통하여 자신의 조선어 실력을 급격히 향상시킨다.[22]

체스터 아서 대통령(Chester A. Arthur, 미국 제 21대 대통령, 1829.10. 5.~1886.1.18, 임기: 1881~1885)을 만나기 위하여 워싱턴에 도착한 보빙사는 아서 대통령이 뉴욕에 있다는 소식을 듣고 뉴욕으로 향한다.

1883년 9월 18일 보빙사 일행은 뉴욕의 5번가 호텔(Fifth Avenue Hotel)에서 아서 대통령을 만나 고종의 친서를 전달한다. 아서 대통령은 조선과 무역을 증진시키고 기술과 교육 교류를 증진시키면서 상호 간의 주권을 존중할 것을 촉구하는 연설을 한다.[23]

우리 공화국은 자신의 힘, 부와 자원들을 충분히 의식하고 있지만 우리의 역사가 보여주듯이 다른 민족들을 정복하거나 조정하려고도 하지 않고 그들의 영토를 탐내지도 않습니다. 그 대신 우호적인 관계와 호혜적이고 정직한 통상을 통해서 나눌 수 있는 혜택들을 추구합니다. 우리는 귀국이 우리에게 혜택을 줄 수 있다는 것을 알고 있고 귀국도 우리가 농기구와 농업 기술, 그리고 기계 기술 전반에 걸쳐 이룬 발전을 직접 보게 된다면 귀국이 우리에게 혜택을 주는 만큼 우리도 귀국에 혜택을 제공할 수 있음을 알 수 있게 될 것입니다. 그리고 우리의 교육 제도와 법 제도도 귀국이 채택 할 만한 점들이 있을 것이라고 믿습니다.[24]

미 해군사관학교 졸업 당시의 조지 폴크　　　체스터 아서 대통령

　　아서 대통령을 예방한 보빙사는 이어서 공장, 병원, 소방소, 우체국, 농장, 브루클린 해군 조선소, 뉴욕헤럴드 신문사 본부, 티파니 보석상, 웨스턴유니언 전보회사, 웨스트포인트의 미 육군 사관학교 등을 시찰한다.[25] 보빙사 종사관이었던 최경석(崔景錫, ?~1886)은 보스턴시의 박람회와 왈콧(J.W. Walcott) 시범농장을 견학하고는 뉴욕 농기구 구입 계약을 체결하고 미국 농무성으로부터 각종 종자를 입수하고 미국 국무 장관에게 농업 기술자의 조선 파견을 요청한다.[26] 귀국 후 최경석은 1884년 서울 망우리 부근에 농무목축시험장(農務牧畜試驗場)을 열고 미국에서 도착한 농기구를 이용하여 각종 농작물을 재배한다.

　　10월 12일, 아서 대통령과의 두 번째 회견을 끝으로 공식 일정을 모두 마친 보빙사 일행은 유길준을 유학생으로 남겨두고 둘로 나뉜다.[27] 일행 중 고영철(高永喆, 1853~미상), 최경석, 로웰, 우리탕, 미야오카 츠네지로 등은 홍영식의 인솔 하에 기차편으로 샌프란시스코로 되돌아가서 증기선으로 태평양을 건너 귀국한다. 미국 정부는 버나도우 해

5번가 호텔. 1860년 촬영. 맨해탄 5번가 23번과 24번 스트리트 사이에 있었음.

군 소위(John Baptiste Bernadou, 1858~1908)로 하여금 홍영식 일행을 수행하도록 한다.[28]

당시 버나도우는 폴크 소위처럼 미 해군 사관학교를 갓 졸업한 후 소위로 임관한 젊은 장교였다. 미국 스미스소니언 협회(Smithsonian In-stitute)의 베어드 협회장(Spencer Fullerton Baird, 1823.2.3.~1887.8.19.)은 버나도우 소위를 「스미스소니언 수행원(Smithsonian attaché)」로 임명하여 귀국하는 보빙사 일행과 함께 조선에 파견한다. 그의 임무는 조선의 동식물 표본을 채취하여 스미소니언에 보내는 것과 함께 18년 전에 발생한 「제너럴셔먼호 사건」을 보다 면밀히 조사하는 것이었다.[29]

한편 민영익과 서광범, 변수 등 세 명은 미국 정부의 제안으로 대서양을 건너 유럽을 거쳐 귀국 한다. 이들은 당시 미국의 전함 중 가장 컸던 3천9백톤급의 「트렌튼호(USS Trenton)」에 올라 유럽과 수에즈 운하를 통과하여 귀국한다. 민영익은 폴크에게 자신들의 귀국길에 동행해 줄 것을 요청한다. 미국 정부는 폴크를 조선 주재 미국 공사관 소속

해군 무관에 임명하여 민영익 일
행과 동행하도록 한다. 당시 해군
도 없었던 조선에 해군 무관을 파
견한 것은 파격이었다.[30]

존 버나도우

1883년 11월 9일, 뉴욕을 출항
한 민영익 일행은 아조레스, 지브
랄탈, 마르세이유, 파리, 런던, 수
에즈 운하, 아덴, 봄베이, 실론, 싱
가포르, 홍콩, 나가사키를 거치는
6개월의 여정 끝에 1884년 5월
31일 제물포에 도착한다.

여정 내내 함께한 폴크의 조선어 실력은 일취월장 한다. 폴크는 서광
범과 변수에 대해 좋은 인상을 받는다. 서광범과 변수는 폴크에게 수
없이 많은 주제에 대한 질문들을 퍼붓는다. 폴크는 이들의 질문에 답
을 하기 위해서 「언어, 정치, 종교, 관습, 다시 말해서 무한대의 주제」
에 대해 공부를 해야 했다고 회고한다.

반면 민영익에 대해서는 좋지 않은 인상을 받는다. 민영익은 여행내
내 조선에서 가져온 유교 경전을 읽는다. 폴크는 젊은 민영익을 싫어
하지는 않았지만 「나약하고 용기가 없는 사람」이라는 인상을 받는다.
폴크의 이러한 인상은 조선에서의 삶을 통해서 거듭 확인하게 된다.[31]

폴크의 일기에는 대서양 한복판에서 큰 폭풍을 만났을 때 서광범
과 변수는 「남자답게 버텼다」고 기록한다. 그러나 민영익은 「전혀 달
랐다」.

나는 배멀미를 하는 사람들을 많이 보았고 공포에 질린 사람들도 보았다.

트렌튼호

그러나 민공사는 배멀미는 별로 심하지 않았지만 내가 본 인간들 중 가장 겁에 질린 가련한 인간이었다. 그의 표정은 하도 끔찍해서 보기만 해도 괴로울 정도였다. 배를 타기 전 민영익은 자신의 용기를 자랑했으며 황해에서 겪었던 폭풍에 대한 얘기를 했었다. 그래서 이번 폭풍이 황해에서 겪은 것에 비해서 어떤지 물어봤다! 그러자 그는 놀라는 표정을 지으면서 소리쳤다. 「황해? 페이비 Paby!」 - 「베이비(baby)」는 그가 잘 아는 거의 유일한 영어 단어였다.[32]

폭풍으로 겁에 질린 민영익은 「트렌튼호」가 마르세이유에 정박하자 나머지 귀국길은 군함에 비하여 훨씬 큰 증기 우편선으로 옮겨타고 가겠다고 한다. 폴크는 민영익에게 「조선 국왕의 대표로, 미국 대통령의 손님으로」의 역할을 상기시켜주면서 「폭풍우가 아무리 무섭다 하더라도 자신의 위치에 준하는 체통을 지킬 것」을 요구한다. 폴크로부터 「심한 말」을 들은 민영익은 어쩔 수 없이 트렌튼호로 여행을 계속한다.[33]

6. 가우처

시카고에서 워싱턴으로 가는 기차 속에서 보빙사 일행은 우연히 존 가우처 박사(John F. Goucher: 1845~1922)를 만난다. 감리교 목사이며 메릴랜드주 볼티모어시 소재 가우처 대학(Goucher College)의 설립자인 그는 당시 아시아 선교에 열정을 쏟고 있었다.

가우처는 한복을 입고 있던 보빙사에게 말을 걸면서 조선에 대해 여러가지를 물어본다. 가우처와 보빙사 일행은 통역사를 통하여 기차 여행을 하는 이틀 간 많은 대화를 나눈다. 그리고 워싱턴에 도착하자 가우처는 알토데일(Alto Dale)에 있는 자신의 집을 방문할 것을 제안 한다.[34]

가우처 박사는 보빙사 일행을 만나기 전부터 조선에 대해 알고 있었다. 주로 일본에 파견된 감리교 선교사들이 보내오는 보고서들을 통해서였다. 일본의 미국 감리교 선교사들은 1881년 신사유람단의 방일 이후 조선에서 건너온 유학생들을 심심치 않게 만나게 된다. 그리고 1882년 「조미수호통상조약」이 체결되면서 감리교 선교사들은 조선 선교의 가능성에 대해 더욱 관심을 갖게 된다.

조미수호통상조약 체결 직후인 1882년 6월 1일, 당시 일본 선교를 책임지고 있던 마틴 베일(Martin Vail)은 가우처 박사에게 안식년을 이용하여 일본과 중국을 다녀 갈 것을 종용하는 편지를 보내면서 조선에 대해서도 언급한다.

> 그 나라는 더 이상 닫혀있는 땅이 아닙니다. 그리고 앞으로 몇 달 후면 그 나라에 대해서 점차 더 많은 것을 알게 될 것입니다. 목사님께서도 방문하시는 것도 좋을 것 같습니다.[35]

존 가우처   도쿄 아오야마 가쿠인 대학교의 가우처 기념관

    당시 『크리스챤 애드보케이트(Christian Advocate)』와 같은 선교 잡지들은 사설과 기사들을 통해 조선 선교를 시작하기 위한 모금 운동을 전개하고 있었다.[36] 바로 이때 보빙사 일행을 만난 가우처 박사는 조선 선교의 때가 이르렀다고 판단하고 곧바로 행동에 들어간다.

    1883년 11월 6일, 가우처 박사는 감리교 선교위원회(General Missionary Committee of the Methodist Episcopal Church) 연례 회의에서 도쿄의 「아오야마 가쿠인 대학교」의 강의동을 짓기 위한 자금을 기부하기로 하고 푸저우학령영화서원(福州鶴齡英華書院, Anglo-Chinese College in Foochow)에 대한 기부도 약속한다. 가우처 박사는 1881년과 1882년에 아오야마 가쿠인 대학 설립에도 부지 매입 비용 5천 달러와 교수 월급용으로 8백 달러를 기부한 바 있다.

    그는 동시에 부인 메리 여사와 함께 「조선 선교를 시작하는 것을 돕고 싶다」며 만일 조선에 선교 본부가 개설되고 결혼한 선교사 부부가 책임을 맡는다면 2천 달러를 기부하겠다고 한다.[37] 이에 감리교 선교

위원회는 일본 선교 본부가 조선 선교를 시작하는데 사용할 수 있도록 추가로 3천 달러를 배정하면서 투표를 통해 「5천 달러를 조선의 선교를 개시하기 위하여 일본 선교회에 배정한다. 이 금액 중 2천 달러는 존 F. 가우처 목사의 특별 기부금이다」고 의결한다.[38]

선교 위원회의 의결 직후 감리교 감독 와일리(Isaac William Wiley, 1825.3.29.~1884.11.22.)는 일본 선교를 책임지고 있던 로버트 매클레이(Robert Samuel Maclay, 1824.2.7.~1907.8.18.) 목사에게 조선을 방문하여 어떤 방식으로 조선에 전교하는 것이 좋을지 조사 할 것을 요청한다. 가우처 박사도 1884년 1월 31일, 매클레이 목사에게 편지를 보낸다.

저는 1883년 11월 6일 선교 위원회에 편지를 보내 만일 위원회가 은자의 나라(hermit kingdom)에도 전교를 하는 것이 필요하고 조선에 일본 선교회의 감독 하에 선교회를 세우는 것이 필요하다고 생각한다면 제가 2천 달러 가량을 기꺼이 보낼 의향이 있다고 했습니다. 매클레이 목사님은 혹시 조선에 직접 가서 매수할 부지를 찾아보고 선교회를 세우실 수 있겠습니까? 만일 그렇게만 된다면 우리 교회가 개신교단 중에서는 이 이방인의 땅에 처음으로 들어가는 경우가 될 것입니다. 일본이 이렇게 영예로운 역할을 할 수 있다면 묘하게 적절(peculiarly appropriate) 하다고 생각하며 만일 성공한다면 매클레이 목사님이 그 동안 교회를 위해 헌신 한 것에 걸 맞는 훌륭한 일이 될 것입니다.[39]

이 편지는 1884년 3월 매클레이 목사에게 배달된다. 그가 아오야마 가쿠인 대학의 초대 총장으로 취임하기 위하여 요코하마에서 도쿄로 거처를 옮긴 직후였다. 편지를 받은 매클레이 목사는 「가우처 박사의 편지는 내가 오랫동안 꿈꿔왔던 일을 성취할 수 있는 길을 열어주었다. 그리고 조선선교를 시작하는데 내가 할 수 있는 모든 것을 하라는 하나님의 뜻임을 알 수 있었다」고 한다.[40]

7. 매클레이

매클레이 목사는 1840년대 중국에서 선교를 할 당시부터 조선에 대해 강한 인상을 받았다. 1847년 중국에 선교사로 갓 부임했을 당시 푸저우 길거리에서 중국인들에게 구조 된 조선의 난파 선원들의 「특이한 옷과 꼿꼿한 자세, 날렵한 동작에 나는 큰 관심을 갖게 되었고 조선 사람들에게 구원의 복음을 전할 수 있게 된다면 나에게는 큰 광영이 될 것이라고 생각했었다」고 한다.[41] 1872년에는 미국 함대가 조선을 다녀왔다는 소식이 전해지면서 당시 뉴욕에 잠시 머물던 매클레이 목사는 감리교 선교회에게 잡지에 조선 선교를 시작할 것을 종용하는 글을 싣는다.[42]

1873년 일본 선교 책임자로 선임되어 요코하마에 정착한 매클레이 목사는 그곳에서도 조선인들과 교류한다.

1882년 8월, 일본인 신자 한명이 요코하마로 나를 찾아와서 조선 정부가 일본이 배우기 시작한 문명을 공부하라고 일본에 보낸 조선인 학생들에게 내 아내가 영어를 가르쳐 줄 것을 부탁했다. 내 아내는 기쁘게 승락하고 곧 조선의 젊은이들에게 많은 관심을 갖게 되었다. 그들은 매우 영민했고 영어를 배우고 싶은 열망에 불타고 있었다.[43]

김옥균도 만난다.

아내가 이들을 가르치기 시작한 직후 조선 학생들을 인솔하고 온 조선의 관리 김옥균이 찾아와 아내에게 학생들을 가르쳐주는 것에 대해 감사하면서 서양의 문명을 조선에 소개하고 싶다는 자신의 포부를 얘기했다.[44]

가우처 목사의 편지를 받은 매클레이는 곧바로 조선으로 건너갈 계획을 짠다. 그러나 1884년 3월, 조선과 일본의 미국 공사들이 조선의 정정이 불안함으로 당분간 조선을 방문하지 말 것을 종용하였다는 보고서를 선교본부에 보낸다. 그는 그러나 포기하지 않고 3개월 후, 다시 한번 주일 미국 공사인 빙엄과 주 조선 공사 푸트에게 조선을 방문하는 것이 가능한지 문의한다.[45] 긍정적인 답변을 받은 매클레이는 가우처 박사에게 조선을 2주간 방문하겠다는 편지를 보낸다. 이듬해에는 원산도 전교지로 적합한지 둘러보겠다고 한다.[46]

1884년 6월 8일, 매클레이 목사는 부인 헨리에타와 함께 영국 증기 여객선 「테헤란호」에 승선하여 요코하마를 출발, 나가사키에 들려 조선인 통역을 구한다. 그리고 다시 6월 19일 「난징호」로 나가사키항을 떠나 다음날 아침 부산 앞바다에 도착하지만 짙은 안개로 오후가 되어서야 부산항에 입항한다.

매클레이 목사는 부산에 도착한 감회를 다음과 같이 적고 있다.[47]

부산은 역사적으로나 상업적으로 중요한 곳이다. 아마도 일본을 정복하고 그 후손들이 아직도 일본을 통치하고 있는 용감한 부족이 출항한 곳도 이곳일 가능성이 높다. 확실한 것은 지난 수 백 년 동안 조선을 괴롭히고 침략해온 일본의 군대들이 이곳에 상륙했다는 사실이다. 그런데 오늘 일본으로부터 조선 사람들에게 우리 구세주에 대한 신앙을 통한 구원의 복음을 전해주고 싶어하는 사람들이 왔다는 사실을 음미해보는 것은 유쾌하고 가슴 뿌듯한 일이다.[48]

매클레이 목사 부부는 부산에서 36시간 머물면서 그곳에 상주하고 있던 일본과 조선 관리들, 일본인 기독교 신자들을 만나고 당시 부산 세관을 맡고 있던 러벳(William Nelson Lovatt) 도 방문한다. 매클레이는 부산이 아름다웠고 부산의 도로와 집들은 일본풍이었으며 많은 일본인 가족들이 거주하고 있다고 기록하고 있다.[49]

부산을 출발한 매클레이 목사 부부는 6월 23일 새벽 1시에 제물포에 도착하여 여관에 묵은 후 날이 밝자 육로로 출발하여 오후 6시에 한양에 도착한다. 한양에서는 푸트 공사 내외의 영접을 받고 주한 미국 공사관 근처의 숙소에 여장을 푼다.

그런데 한양에 도착하자마자 일본에서 고용한 통역이 달아나버린다. 당시에도 기세 등등하던 위정척사파가 두려웠기 때문이다. 그러나 매클레이는 그때 마침 「하나님의 뜻」으로 일본에서 알게 된 김옥균을 만난다. 둘은 일본어로 대화를 할 수 있었기에 통역도 필요 없었다.

새뮤얼 매클레이 목사

매클레이 목사 부부

매클레이는 6월 30일 일본어로 작성한 서신을 김옥균에게 보내 고종에게 전해 줄 것을 부탁한다. 편지는 전하지 않지만 조선에서 「의료와 교육사업」을 할 수 있도록 국왕이 윤허 해 줄 것을 부탁하는 내용을 담고 있었다고 한다.[50] 매클레이 목사는 1884년 7월 2일 가우처 박사에게 「조선의 수도에서 당신에게 이 편지를 쓰게된 것을 진심으로 기쁘게 생각합니다.」라고 쓴 편지를 보낸다.[51]

7월 3일, 매클레이는 김옥균을 직접 찾아간다.

> 김옥균씨는 나를 정중히 맞아주고 곧바로 임금께서 전 날 밤 내 편지를 면밀히 검토한 후 내가 요청한대로 우리 선교회가 조선에서 병원과 학교를 설립하는 일을 시작해도 좋다고 윤허해 주셨다고 전해줬다. 김옥균씨는 「자세한 내용은 아직 결정된 바 없으나 곧바로 일을 시작해도 좋다」고 부언하였다. 우리의 요청에 대한 왕의 호의적인 답은 너무나도 즉각적이고 전격적인 것이었기에 이는 주님의 뜻임을 알 수 있었다. 나는 김옥균씨에게 우리를 도와준 것에 대해 깊은 감사를 하고 그의 집을 나왔다. 집으로 돌아오는 사람 많은 길거리에서 나는 계속해서 되뇌었다: 「왕의 마음은 강물과 같이 주님의 손에 들어 있다. 그분은 그분이 원하시는 방향으로 마음대로 물길을 돌리실 수 있다.」[52]

윤치호는 1884년 7월 4일자 일기에 이렇게 적고 있다:

> 새벽에 예궐하여 미국 상회에 내해 운항을 허가 할 것, 미국인에게 병원 및 학교의 설립을 허가할 것, 전신 설치를 허가 할 것 등을 아뢰었다.[53]

매클레이는 7월 말 가우처에게 보낸 편지에서 비록 많은 조선 사람들이 편견을 갖고 있고 국왕 주변의 강력한 인물들이 반대하고 있지만

정동의 구 주한미국공사관 건물

조선의 국왕 자신은 조선에 학교와 병원을 개설할 선교에 대해 우호적이라고 보고 한다. 그리고 선교위원회에 보낸 편지에는 「제가 아는 한 우리교는 개혁과 진보의 길로 나가기 시작한 조선 정부가 정부를 도울 수 있는 것으로 인정한 최초의 교회다」라고 보고한다.[54]

그러나 매클레이 목사는 동시에 당시의 조선의 정황에 대한 우려도 동시에 표한다. 한양에는 1천5백 명의 중국군이 진지를 구축하고 있으며 소수의 일본군도 주둔하고 있다고 한다. 「과거에는 중국과 일본 간의 갈등이 원거리에서 이루어졌지만 이제는 조선의 수도에서 서로 얼굴을 맞대고 있습니다」. 그리고 「중국과 일본은 조선의 문제에 깊은 관심을 갖고 있으며 서로의 이해관계가 달라서 서로를 면밀하게 감시하고 있습니다」고 한다.[55]

와일리 감독은 가우처 목사에게 「조선이 열리는 대로 가급적 빨리 안전하고 좋은 때를 찾아 조선에 들어가겠다」고 하지만 가우처 박사는 교육과 의료 선교가 「실력있는 선교사들이 확보되는 즉시」 시작해야 된다고 밀어부친다. 그는 전해 11월에 자신 이 약속했던 2천 달러

기부를 다시 한번 확인하면서 1885년까지 목사 안수를 받은 선교사 부부와 선교사 의사 부부를 조선에 파견할 수 있다면 추가로 3천 달러를 한양의 부지 매입 비용으로 기부할 것을 약속한다.[56]

한양에서 가우처에게 보낸 편지에서 매클레이는 조선에 오는 첫 선교사들이 직면할 가장 큰 시련은 고독일 것이라며 「조선 사람들은 서양 국가들과의 교류를 통해서 얻게 될 유익에 대한 이해가 전혀 없다」고 한다.[57]

매클레이 목사 내외는 8월 8일 일본으로 돌아간다. 조선을 떠나기 전, 그는 푸트 공사에게 자신이 묵었던 한옥을 선교 본부 건물로 쓸 수 있도록 매입해 줄 것을 부탁한다. 1884년 가을 가우처 박사는 매클레이 목사에게 다시 서신을 보내 「서울에 우리 선교에 적합한 건물을 매입하는 자금으로 3천 달러를 보낸다」며 또 자금을 기탁한다.

8. 스크랜튼과 아펜젤러

조선 선교의 문이 열리는 것을 본 와일리 감독은 윌리엄 스크랜튼(William B. Scranton) 박사를 의사로, 그리고 또 다른 사람을 목사 자격으로 파견하기로 한다. 그러나 목사 파견자가 거절하자 헨리 아펜젤러(Henry Gerhard Appenzeller)가 추천된다. 아펜젤러는 뉴저지 주에 위치한 드루 신학교(Drew Theological Seminary) 졸업을 앞두고 있었고 일본 선교를 원하고 있었다. 그러나 이때 와일리 감독이 푸저우에서 갑자기 사망한다. 조선 선교사들의 임명은 그 후임 감독인 찰스 파울러(Charles H. Fowler, 1837.8.11.~1908.3.20.)가 하게 된다.[58]

파울러는 아펜젤러를 파견하기를 원했다. 반면 가우처는 이미 2년 전 자신의 집에서 개최한 한 행사에서 아펜젤러를 만난 적이 있었지만 처음에는 반대한다. 그 이유는 아펜젤러보다 선교 경험이 더 있는 노련한 선교사가 필요하다고 생각했기 때문이다. 그러나 결국 파울러와 가우처는 아펜젤러를 파견할 것에 합의하고 아펜젤레에게 통보한다.[59]

아펜젤러 내외와 스크랜턴 내외, 그리고 스크랜턴의 어머니 메리 스크랜턴은 1885년 2월 샌프란시스코를 출항하여 3주 후 도쿄에 도착한다. 아펜젤러는 일본에 도착하자마자 가우처 박사에게 편지를 보내 도쿄에서 조선의 관리들 두 명을 만나서 조선 선교에 관한 준비

차알스 파울러(1873~1876). 노스웨스턴 대학교(Northwestern University) 총장을 역임하였고 1876년부터는 『크리스챤애드보케트(Christian Advocate)』라는 당시 영향력 있는 감리교 정기간행물의 편집인이 된다. 1884년에 감리교 성공회(Methodist Episcopal Church, MEC)의 감독에 피선된다. 1888년에는 중국 남경에 『회문서원(滙文書院, The Nanking University)』을 설립한다. 1890년에는 베이징에 『회문대학(滙文大學, Huiwen University)』을 설립한다.

를 논하고 있으며 조선 정부가 「선교가 진행될 수 있도록 매우 열린 마음을 갖고 있다」고 보고한다.[60]

조선의 첫 감리교 선교사들은 1885년 2월 27일 요코하마를 통해 일본에 입국한다.[61] 그리고 1885년 3월 5일 아오야마 가쿠인 대학 교정에 있는 매클레이 목사 서재에서 첫 공식 회의를 개최한다.

오후 2:45에 매클레이 박사를 의장으로 회의를 속개하였다. 조선에 학교를 세우는 사업을 위해 배정된 기금 중에서 $200을 동경의 미-일 전문학교 (아오야마 카쿠인대학) 에 재학 중인 4명의 조선인 학생들을 1885년 말까지 지원하기 위해서 따로 배정하였다. 매클레이 박사가 감리교 교

리문답 1번의 조선어 판을 출판 하도록 허락하였다. 또한 리주테이씨(이수정)가 번역한 「복음서 언해」도 출판 할 것을 허가하였다. 학교 설립 기금 중 250달러를 책자와 찬송가를 번역하고 출판하는데 배정하였다. 모임에 참석한 선교사들은 매클레이 박사, H.G. 언더우드 목사 내외, W.B. 스크랜튼 목사 내외, WFMS 소속 M.F. 스크랜튼 여사.

헨리 아펜젤러

회의록에 등장하는 이수정은 1882년 수신사와 함께 일본으로 건너가 일본의 기독교인들과 교류하고 그들을 통하여 일본에서 선교활동을 벌이고 있던 미국 장로교의 조지 녹스(George W. Knox)와 감리교의 로버트 매클레이 목사를 만나 개종한다. 그 후 이수정은 재일 조선인들 사이에 포교 활동을 벌이면서 성경을 조선어로 번역하는 작업도 시작하고 미국의 선교 단체에 조선 선교를 시작할 것을 종용한다. 이수정 등의 활동으로 일본내의 미국 선교사들은 조선 선교의 중요성과 시의성을 깨닫고 이에 대한 채비를 시작하고 있었다.

1885년 3월 31일, 매클레이 목사는 샌프란시스코의 파울러 주교 (Bishop C.H. Fowler)로부터 편지를 받는다. 2월 23일 자로 된 편지에는 「당신이 조선교회의 감독의 역할을 해줄 것과 헨리 아펜젤러 형제가 당신의 지도하에 부감독을 맡아주기를 바랍니다. 스크랜튼 박사는 조선선교회의 회계를 맡을 것입니다.」 라고 적혀 있었다.[62] 이로서 미

1883년 4월 29일 녹스 목사로부터 세례를 받은 이수정은 일본 개신교 지도자들의 모임에서 연설한다.

국 감리교회의 조선 선교회가
공식적으로 결성된다.

파울러 주교는 매클레이 목
사를 조선 선교의 감독으로 임
명하고 아펜젤러를 그의 조수
(assistant)로 임명한다. 아펜젤
러와 그의 부인은 1885년 부활
절에 제물포에 입항한다. 그러
나 미국 공사관이 그들의 안전
을 보장할 수 없다고 하자[63] 아
펜젤러 목사 부부는 한양에 입
경하는 것을 포기하고 일단 일

이수정

본으로 되돌아 갔다가 6월에 다시 입국한다.[64]

반면 스크랜튼 목사는 부인과 모친을 일본에 남겨둔 채 우선 혼자 4

윌리엄 스크랜튼   메리 스크랜튼

월 28일 인천을 통하여 조선에 도착한 후 5월 3일 한양에 들어온다.
한양에 도착한 바로 이튿날 이미 고종의 윤허를 받고 불과 며칠 전 제
중원을 운영하기 시작한 알렌 박사를 만나서 함께 일할 것을 제안 받
는다. 스크랜튼 목사는 한 달 동안 알렌 박사를 도와 일하다가 감리교
가 독자적으로 운영할 병원을 세우기로 결정한다. 그리고 정동 미국
공사관 바로 옆에 한옥을 사서 병원으로 개축한 뒤 1885년 9월 10일
환자들을 받기 시작한다.

6월 초, 스크랜턴은 자신의 가족과 아펜젤러를 부른다. 스크랜턴은
가우처 박사가 보낸 기금으로 덕수궁과 미국 공사관이 지적에 있는 정
동 높은 언덕에 4에이커(약 4,900평)에 달하는 땅을 매입하여 감리교
본부 관사들을 짓는다.[65]

9. 언더우드

호러스 그랜트 언더우드는 1859년 7월 19일, 영국 런던에서 태어났다. 생모는 호러스가 6살 때 난산 끝에 세상을 떠났고 아버지가 재혼을 하게 되면서 호러스와 그의 형 프레드는 프랑스 불로뉴-슈르-메르(Boulogne-Sur-Mer)의 기숙 학교에 보내진다.[66] 호러스의 아버지가 사업에 실패하면서 1872년 전 가족이 미국으로 이민을 간다. 당시 호러스는 12살이었다.[67]

1881년 뉴욕대학을 졸업한 언더우드는 뉴저지주의 뉴브런즈윅 신학교(New Brunswick Theological Seminary)에 입학한다. 1784년 네덜란드 개혁 교회가 설립한 뉴브런즈윅 신학교는 장 칼뱅의 신학과 체제를 철저하게 따르는 미국에서 가장 오래된 독립 개신교 신학교다. 1884년 신학교를 졸업한 언더우드는 같은 해 뉴욕 대학에서 석사 학위를 받고 11월에는 뉴브런즈윅 장로회에서 목사 안수를 받는다.[68]

언더우드는 원래 인도에 선교사로 파견되기를 원했다. 그러나 1882~1883년 겨울 신학 대학에서 한 학생이 미국과 갓 조미수호통상조약을 체결한 조선에 대한 발표를 하는 것을 듣고 조선 선교사로 자원한다.

지금 동경 메이지 가쿠인(메이지 학원)에 가 있는 알버트 울트만스(Albert Oltmans)박사는 그때 학생 시절이었는데, 1882~1883년 겨울에 뉴브런즈윅에서 선교지원자들을 모아놓고 최근 서양 각국과 조약을 맺고 개국하기에 이른 은사(隱士)의 나라에 관하여 미리부터 준비하여 두었던 글 한 편을 읽어주었다. 복음을 받지 못한 천 이삼백 만명에 대한 간단한 이야기, 즉 문호 개방을 위하여 교회가 기도하고 있었던 이야기와 1882년 슈펠트제독의 조약 체결을 계기로 하여 문호가 개방되었으나 교회 측이 무

관심하여서 일년 여를 그저 보
냈다는 이야기와 연사는 흥분
되어 이 사업에 착수하려고 거
기 갈 사람들을 찾기로 결심하
였다고 하였다. 나로서는 그때
인도에 소명이 있는 줄로 믿었
기 때문에, 그리고 갈 생각으로
몇가지를 특별히 준비하여 놓
고, 1년간 의학 공부를 하였다.
그런데 조선에 가겠다는 사람
도 쉬 나타날 것이라고 생각하

호러스 언더우드

였다. 나는 남에게 조선에 헌신하는 선교사가 되라고 권하기로 하면서, 이
러저럭 1년이 지났다. 그래도 누구 한 사람도 선뜻 나서는 사람이 아직 없
었고, 어느 교회도 손댈 눈치가 보이지 않았으며, 교회를 대표하여 외국
선교 사업에 종사하는 지도자들까지도 역시 조선에 들어가는 것은 시기
상조라 기사를 쓰고 있었다. 바로 이때에 나에게 메시지가 왔다. 「너는 왜
못가느냐?」는 메시지였다. 그러나 인도의 요구, 이 땅에 대하여 가지고 있
다고 느끼던 나의 소명, 어느 정도의 준비, 이 모든 것들이 희미하게 떠올
라 나의 갈 길을 막는 것만 같았다. 조선에 가는 문이 다 닫혀 있는 것만
같았고, 처음에는 「어느 정도라도」 연다는 것은 불가능한 것 같이 보였다.
두 차례나 나는 모교회에 간청하였으나, 기금 부족으로 어쩔 도리가 없었
다. 또 나는 장로교 본부에도 두 차례나 간청하였으나, 쓸 데 없는 일만 생
각한다는 말만 들을 뿐이었다. 조선으로 가는 문은 굳게 닫혀져 있고, 본
국에 머물러 있거나 원래대로 인도로 가는 문들만이 열려져 있는 것 같았
다. 나는 이렇게 머뭇거리다가 종래에는 뉴욕의 한 교회의 초빙을 수락하
는 편지를 쓰고 말았다. 편지를 봉하고 막 우체통에 집어넣으려던 찰나

「조선에 갈 사람 없느냐?」, 「조선은 어찌할 터이냐?」 하는 소리가 쟁쟁하게 들려오는 것만 같았다. 나는 손에 쥐었던 편지를 도루 호주머니에 집어 넣고 조선에 가는 노력을 다른 방면으로 하기로 작정하고, 센터스트리트(Center Street) 23번지(옛 장로교본부 사무실)를 향해서 또 한 번 발길을 옮겼다. 때마침 안면이 있던 총무는 외출하여 없고 초면인 사람을 만나게 되었다. 그는 F. F. 엘린우드(Ellinwood)박사였다. 그는 자기도 조선 선교에 대하여 관심을 가지고 있다는 말을 하였다. 며칠 후에 그에게서 기별을 받았는데 다음 본부 회의 때에는 내가 임명될 것이라는 것이었다.[69]

장로교 선교 본부는 1884년 7월 28일 언더우드를 조선 최초의 선교 목사로 임명한다.

언더우드는 조선으로 떠나기 전 태어나서 자란 런던을 방문한다. 당시로서는 조선에 선교사로 파견될 경우 살아서 돌아 올 확률이 높지 않았기 때문이다. 조선이 천주교를 잔혹하게 박해했다는 사실은 잘 알려져 있었다. 런던에서 만난 런던 선교회 임원들 중 한 사람은 언더우드가 조선에 선교사로 파견될 것이라는 말을 듣고는 「조선, 조선이라, 보자, 우리가 아마 20여년전에 한 사람을 파견했지만 그는 다시 돌아오지 못했다」고 한다. 1866년 「제너럴셔먼호 사건」때 순교한 토마스 목사 얘기였다.[70]

미국으로 돌아온 언더우드는 12월 16일 샌프란시스코에서 일본으로 출발한다. 「거기서 어학선생을 얻는 대로 한국말 공부를 시작하고자 함이었고, 길이 열리는 대로 즉시 조선에 입국 할 수 있게끔 만반의 준비를 갖추고자 함이었으며, 그리고 부득이하면 복음을 자유롭게 설교할 수 있을 때까지는 영어학교사업이라도 하려함이었다.」 1월에 일본에 도착한 언더우드는 일본에서 장로교 선교사로 활약하고 있던 J. C. 헵번(Hepburn) 박사 밑에서 선교 사업 훈련을 받는 한편 조선인 신

자 이수정에게서 조선말을 배운다.[71]

　1885년 4월 5일 조선에 입국한 언더우드는 사흘 후 부터 광혜원에서 알렌을 도와 일하기 시작한다.[72]

제 2 장
아비규환

제2장

아비규환

개신교 선교사들이 찾은 1880년대의 조선은 아비규환의 생지옥이었다. 경제는 무너졌다. 정부는 「모든 근면성과 성실을 죽여 버리는 착취, 밑도 없고 끝도 없는 부패의 바다, 도둑질을 위한 장치」에 불과했다.[1] 나라가 앞장서서 백성들을 수탈할 뿐만 아니라 「관리, 밀수꾼, 경찰, 군인,… 매년 겨울과 봄이 되면 출몰하는 도적떼에게 돈을 바쳐야」하는 조선의 백성들은 「자포자기」한 상태였다.[2] 아무리 일을 하여도 「하루살이」 인생을 살 수 밖에 없던 조선의 백성들은 술과 도박에 빠진다. 윤리도덕은 땅에 떨어지고 거짓말, 사기, 부도덕이 판을 친다.

공중보건과 의료체계 역시 붕괴하였다. 열병과 피부병은 만성적으로 퍼져있었다. 영양실조와 치료를 받지 못해 방치되었기 때문이다. 결핵, 천연두, 안질환 역시 만연해 있었다. 성병, 특히 매독도 널리 퍼져 있었다. 여름이면 콜레라도 창궐하였다.[3] 정부에서 운영하던 「활인서」, 「혜민서」 등의 병원은 아무런 역할을 못한다. 그나마 활인서는 1743년에, 혜민서는 1882년에 닫는다. 병자, 특히 전염병에 감염된 사람들은 집에서 쫓겨나 버려진다.

조선 말기에 천민 못지 않게 착취와 차별의 대상이 되었던 것은 여성들이었다. 조선의 여자는 「남자의 반려가 아니라 노예에 불과하고, 쾌락이나 노동의 연장」에 불과하였다.[4] 양반 계층의 여성들도 마찬가지였다. 「우리는 아내와 결혼하지만 첩과 사랑을 나눈다」라는 어느 양반의 말은 당시 사대부 사회의 여성관과 결혼관을 적나라하게 보여준다.[5]

당시의 조선은 문화적으로도 암흑시대였다. 중국의 문자인 한문을 읽고 쓰는 사람들은 극소수의 사대부 지배계층에 국

마마(천연두)를 주관하는 손님신을 모시는 굿거리

한되어 있었다. 백성의 절대 다수는 글을 읽을 줄 몰랐다. 사대부들에 의해서 「여자도 배울 수 있을 정도로 쉽기 때문에」 천대 받던 「언문(한글)」을 읽는 사람들도 있었으나 이 역시 극소수였다.[6] 언문으로 된 글은 질이나 양에 있어서 형편 없었다. 19세기 조선은 자체의 문학도 문화도 없는 사회였다.

착취당하고 차별당하는 조선의 백성들에게 위안을 줄 수 있는 종교도 없었다. 불교는 오랜 탄압으로 몰락하여 형해화 된 상태였다. 승려들은 천민 취급을 받았고 도성 출입도 금지되어 있었다. 남은 것은 미신 뿐이었다. 조선 사람들은 「무수히 많은 각종의 악령 - 땅과 공기와 바다에 들끓는 각종 병마의 신들, 그리고 각양각색의 신 또는 귀신들」을 믿었고 「이들 악령들과 악마는 기도와 제물들을 바치고 북을 치고 방울들을 울리는 등 일일이 열거할 수 없이 많은 의식을 통하여 달래야만 한다고」 믿었다.[7]

1. 조선 경제의 붕괴

18~19세기 조선의 경제는 중국과 일본의 경제에 비할수 없이 낙후되었다. 중국은 이미 송대(960~1279)에 화폐 경제를 정착시키면서 고도의 상업 경제를 꽃 피웠고 일본은 에도 시대(1603~1868)에 고도의 상업화를 이루었지만 조선은 19세기 후반에 이르기까지 화폐 경제도, 상업화도 이루지 못한다.

도시화도 조선은 중국과 일본에 비하여 형편 없이 뒤쳐진다. 19세기 중엽 조선에는 인구 5천 명 이상의 도시에 거주하는 인구는 총 55만 명으로 전체 인구 1천 6백만의 3.4%, 1만 명 이상의 도시에서 거주하는 인구는 총 40만 명으로 2.5%에 불과했다.[8] 일본은 개국(1853년)을 전후로 하는 에도 시대 후반기에 전체 인구 3천 만 중 5백 만 명, 즉 인구의 16~17%가 인구 3천 명 이상의 도시에 살고 있었다. 인구 1만 명 이상의 도시에 사는 인구도 전체 인구의 12~13%인 4백 만에 달했다.[9] 19세기 중엽 중국의 도시 거주 인구는 총 2천 2백 만 명으로 전체 인구 4억 3천 만 명의 5.1%였다. 송대에 비해서는 무려 반 이상 줄어든 비율이지만 조선에 비해서는 여전히 2배가 넘는 수치였다.[10]

조선은 상업화와 도시화 뿐만 아니라 농업에 있어서도 중국과 일본에 형편없이 뒤져 있었다. 조선의 토지 생산성은 중국과 일본에 비하여 낮았을 뿐만 아니라 지속적으로 하락하고 있었다.[11] 경작지도 늘지 않는다. 정부의 세수가 줄어들면서 관개시설 확장과 보수 등 농업 생산성 개선을 위한 지속적인 투자가 이루어지지 않았다. 농업 기술 수준도 중국, 일본에 비하여 현저히 낮았다. 비료 사용도 지극히 제한적이었다. 19세기 중반부터는 실질 임금도 하락한다. 이는 소비감소로 이어진다.[12]

조선 농민의 노동 강도는 중국이나 일본 농민의 노동 강도에 비해 훨씬 낮았다. 게으름 때문이 아니라 낙후된 농업 생산 체제, 수탈적인 정부 정책 때문에 노동의 대가도, 보람도 없었기 때문이다. 일을 해봐야 간신히 목에 풀칠을 하고 그나마 나라에 빼앗기는 상황에서 노동의 능률이 오를 리 없었다. 인구의 절대 다수가 절대 빈곤 속에 기아선상에서 살아가고 있었다. 정

단원 김홍도의 벼 타작

부의 구휼과 환곡 제도가 있었다지만 환곡 제도야말로 곧 농민 수탈의 대표적인 제도였다. [19세기 조선 경제에 대해서는 제1권, 제2부, 제7장, 「1. 조선 경제의 모순」 참조.]

조선 조정의 재정은 19세기 내내 적자를 면치 못하였고 고종이 친정을 시작한 1870년대 후반에 이르러서는 최악의 상태에 이른다.[13] 고종은 친정을 시작한 1874년 청전 유통을 금지시킴으로써 중앙 조정은 물론 지방 행정 단위들도 파산위기로 몰고갔다.[14] [고종의 청전 유통 금지령에 대해서는 제Ⅰ권, 제2부, 제7장, 「6. 고종의 친정과 조선 경제의 몰락」 참조.] 조선 경제는 깊이 침체되어 있었고 발전의 가능성도 없었다. 자연 재해도 겹쳤다. 1877년과 1878년은 가뭄으로 인해 기근과 도적떼가 들끓었다. 1879년에는 삼남 지방에 홍수가 덮쳐 수 백명이 수해를 본다. 부산과 한양에서는 전염병이 돈다.

잇따른 자연 재해로 인하여 정부의 세수가 격감하면서 조정의 재정 상태는 더욱 악화 된다. 재정은 고갈되고 정부 창고들은 비어갔다. 관리들의 봉급을 줄 수 없게 되고 군인들의 배급도 중단된다.[15]

2. 마비된 정부

조정이 만성적인 재정 난에 허덕이면서 1870년 대 후반 내내 경제 정책을 둘러싼 논의가 이어진다. 그러나 어려운 경제 상황을 타개하기 위하여 조선의 정치인들과 지식인들이 한결 같이 부르짖은 것은 조정의 근검 절약뿐이었다. 사림은 끊임 없이 상소를 올려 조정의 재정은 물론 왕실과 양반들의 근검 절약을 요구한다.[16]

다음은 1882년 5월 2일 고종과 의정부 관리들이 나눈 대화다. 관료와 군인들의 봉급을 제때에 지급하지 못하고 있는 상황을 타개할 대책을 논하고 있다.

의정부(議政府)에서 아뢰기를, 「각 공계(貢契)에서 받을 값과 각 아문(衙門)에 차하하지 못한 산료미(散料米)에 대해서 묘당(廟堂)에서 모조(某條)의 전(錢) 가운데서 30만 냥(兩)에 한하여 우선 조처하여 획급(劃給)하도록 명하셨습니다. 그러나 지금 저축이 바닥나서 변통하기가 쉽지 않습니다.」[17]

그러자 고종은 김승규(金昇圭, 1861~미상)에게 다음과 같이 전교한다.

조정 관료에게 녹봉을 나누어 주는 일과 군사들에게 급료를 여러 달 동안 지급하지 못하는 지경에까지 이르렀다. 비록 재정이 어렵고 비축된 것이 고갈된 데서 비롯된 것이기는 하지만, 말이 여기에 이르면 아무리 좋은 것을 입고 잔들 어찌 마음이 편하겠는가. 현재의 급선무는 이보다 우선하는 것이 없으니, 도대체 어떻게 그럭저럭 시간만 보내고 말 것인가. 그 결핍된 원인과 해결할 방책을 호조와 선혜청(宣惠廳), 양향청(糧餉廳)의 당상관이 충분히 강구한 뒤에 묘당(廟堂)과 논의하여 좋은 쪽으로 품처하도록 하라.[18]

그러자 의정부가 다시 보고 한다.

지난번에 조사(朝士)에게 나누어줄 녹봉과 군사에게 나누어줄 요(料)가 모자라는 원인과 수습방책을 호조(戶曹)와 선혜청 당상(宣惠廳堂上) 그리고 양향청 당상(糧餉廳堂上)들이 묘당(廟堂)에 나아가 논의하여 좋은 쪽으로 품처(稟處)하라는 명을 받았으며 또 어전(御前)에서 성교(聖敎)를 듣고 재정을 맡은 여러 신하들과 조사하면서 널리 의논한 결과 친군영(親軍營), 호조(戶曹), 선혜청(宣惠廳)은 모두 군향(軍餉)과 경비를 담당하는 아문(衙門)이며 한해의 수입을 통계해보면 지출과 맞지 않습니다. 생각건대 지금 황급한 사세(事勢)는 막다른 골목에 이르러 나라가 나라구실을 하지 못하고 있으니 국계(國計)의 한심함이 어찌하여 이처럼 극도에 이른 것입니까?

「나라가 나라구실을 못하고」 있으며 「국계」, 즉 나라 정책의 「한심함」이 「극도」에 이르렀다고 한다. 조정 관료들도 나라가 몰락하고 있음을 알고 있었다. 그러나 대안은 여전히 「근검절약」 뿐이었다. 조선의 지도층이 여전히 농본사회를 이상으로 삼는 성리학적 「왕도정치」에서 아직도 한 치도 벗어나지 못하고 있음을 보여준다.

오늘날의 계책은 오직 절약하는 것뿐입니다. 연래로 그다지 긴요하지 않아서 바로잡아 정리해야 할 것은 유사(有司)의 신(臣)으로 하여금 직접 장부를 가지고 논의하여 편의에 따라 확정하게 하며, 조목조목 나열하여 부(俯)에 보고하게 하고 다시 품처하게 해야 할 것입니다.

국가가 백성들을 수탈하고 있음도 알고 있었다. 그러나 이는 그저 탐관오리들의 탓으로 돌리면서 이들에 대한 강한 처벌을 주문할 뿐이었다.

그리고 거두지 못한 것들에 대해서 말한다면 이는 다 정공(正供)입니다. 저 농사짓는 백성들이 모두 정공(正供)은 제때에 바쳐야 한다는 것을 알고 있으니 어찌 민간에서 바치지 않고 여러 해 납부를 지체시키는 일이 있겠습니까? 반드시 수령(守令)들이 법을 무릅쓰고 옮겨서 대여하고, 관리들이 법을 위반하면서 농간질하여 도적질을 하기 때문일 것입니다. 금석(金石)같은 확고한 나라의 법이 해이해진 것이 근년만한 때가 없습니다. 전후로 조정의 신칙을 태만히 하여 거행하지 않는 것에 대해 만약 한번 엄하게 징벌하지 않는다면 나라의 기강이 어떻게 진작될 수 있겠습니까? 각종 상납 중에 기한이 지나도 마무리짓지 못하는 것은 그 근본을 따진다면 바로 각 해당 도신(道臣)과 수신(帥臣)들이 엄하게 살피지 않고 독촉하지 않았기 때문입니다. 태만하여 신칙하지 않은 것은 누가 그 책임을 지겠습니까? 우선 엄하게 추고(推考)하는 형전을 시행하고, 징수하지 못한 각 읍은 모두 3개월을 기한으로 정하여 수량대로 각 아문(衙門)에 수납(輸納)하게 해야 할 것입니다. 그리고 다시 지체시키고 마무리 짓지 않는다면 해당 수령을 계문(啓聞)하여 파직시키고 잡아들이는 일을 말을 잘 만들어 각 해당 도신과 수신에게 행회(行會)해야 할 것입니다. 지금부터 수령의 해유(解由)에 대해서는 옛 법을 분명히 밝히고 전임 수령이나 후임 수령이나 따질 것 없이 한결같이 모두 철저히 하도록 양전(兩銓)에 분부하는 것이 어떻겠습니까?[19]

3. 선교사들이 목격한 헬조선

19세기 조선에 대한 가장 객관적인 묘사와 분석은 선교사들이 남긴 자료들이다. 『왕조실록』과 『승정원일기』 등의 기록들이 있지만 이는 어디까지나 조선의 지배 계층의 국가 통치사일 뿐, 일반 백성, 서민들의 삶에 대한 기록은 아니다. 일부 사료에서 특정 사건들과 관련하여 평민과 천민들의 삶의 모습이 언뜻 비추는 경우는 있지만 그들의 삶을 주제로 한 기록은 없다. 『허생전』이나 『홍길동전』, 그 밖에 구전되는 동화 등을 통해서 서민들의 삶과 애환을 유추해 볼 수 있지만 이 역시 서민들의 실질적인 삶에 대한 객관적인 묘사는 아니다.

그렇기에 19세기 조선에서 전교 활동을 벌였던 가톨릭, 개신교 선교사들의 기록들은 당시 조선 사회의 모습을 볼 수 있는 귀중한 자료들이다. 1874년에 출판된 『한국천주교회사』를 집필한 달레 신부(Charles Dallet, 1829.10.18.~1878.4.25.)의 말 대로 「이 나라에 머물며 그 나라 말을 하고 본국인들과 오랫동안 살면서 그들의 법률과 성격과 편견과 관습을 착실히 알 수 있는 서양인은 선교사들 뿐」이었다.[20] 서양의 선교사들은 최고의 특파원들이었다. 오늘의 세계적인 언론사들의 현지 특파원들보다 훨씬 더 깊게 주재국의 언어와 역사, 문화, 사상을 알아야 했다. 왜냐하면 현지인에게 전혀 낯선 새로운 종교를 소개하고 개종을 시키도록 설득하기 위해서는 누구보다도 현지의 사정과 현지인들의 사고방식, 그리고 현지인들의 애환을 잘 알아야 했기 때문이다.

선교사들은 자신들이 보고 겪은 것을 기록한 보고서를 본국에 보내야 했다. 달레의 『한국천주교회사』는 1836년에서 1863년까지 조선에서 선교활동을 벌인 프랑스 파리 외방선교회 신부들의 편지와 보고서들을 토대로 쓰여진 책이다. 조선은 한번도 방문해 본 적이 없는 달레가 파리의 외방선교회 본부에서 이 자료들을 발견하고 책을 집필하기 시작했을 때 그 편지와 보고서들의 저자들은 모두 조선의 천주교대 박해로 순교한 후였다.

신부들의 보고서와 편지는 가톨릭으로 개종한 조선인 어부들이 배를 타고 나가 서해 상에서 중국의 가톨릭 신자 어부들과 접선하여 건

샤를르 달레 신부　　　　　　　　앙뜨완 다블뤼 주교

네주고 중국인 어부들은 이를 상하이의 가톨릭 신부들에게 전하였다.
다시 홍콩의 외방선교회 주재원에게 보내진 편지와 보고서들은 파리
로 보내졌다. 조선 조정의 감시를 피하기 위하여 만들어진 이 복잡한
전달 방식은 김대건 신부가 개발한 것이라고 한다.[21]

　이러한 자료를 바탕으로 달레 신부는 19세기 조선에 대해 놀라우리
만치 자세한 묘사를 하고 있다. 책의 「서설」에서는 「조선의 제도, 정
부, 풍속, 습관」뿐만 아니라 「지금까지 동양학자들에게 거의 알려지
지 않은 조선말의 초보문법의 대강을 적었으며, 또 한 장에는 이 나라
의 공식 행정구역 일람표」도 넣었다. 1874년에 출판된 이 책은 19세
기 초-중반 조선 사회를 엿볼 수 있는 둘도 없는 사료다.

　반면 개신교 선교사들의 편지와 보고서들은 1884년 갑신정변 이후
의 조선의 사정에 대해 자세히 기록하고 있다. 개신교 선교사들은 파
리 외방선교회의 신부들보다 훨씬 자유로운 환경에서 의료와 교육, 전
교 사업을 펼치면서 조선 사회에 파고 들었다. 이들 역시 자신들이 보

고 듣고 경험한 것들을 보고서로, 편지로, 일기로, 기행문으로, 책으로 남겼다. 그 외에도 조선이 본격적으로 개방되면서 외국의 여행자들이 조선을 다녀간 기록들을 남긴다. 대표적인 것이 이사벨라 비숍 여사의 『조선과 그 이웃들』이다.

이들은 모두 가감 없이 있는 그대로, 느낀 그대로, 때로는 사회학적, 때로는 인류학적인 관점에서 조선 사회를 묘사했다. 달레 신부는 자신이 사용한 자료의 원 저자의 하나인 다블뤼(Marie-Nicolas-Antoine Daveluy, 1818.3.30.~1866.3.30.) 주교의 말을 인용한다. 「제가 보내 드리는 것은 오죽잖은 것이며, 불완전하고 착잡합니다. 또 본의 아닌 어떤 잘못이 끼어들었을지도 모릅니다. 그러나 최선을 다하였습니다.」 완벽하게 객관적인 것은 없다. 중요한 것은 다블뤼 주교의 말대로 「최선을 다하는 것」이다. 그리고 그 결과 「조선에 대한 어떤 역사적 사료보다도 조선 사회를 철저하게, 그러나 너무나 자연스럽고 자신을 의식하지 않으면서 묘사한 책.」[22]이 나온다. 이는 개신교 선교사들이나 서양의 여행객들이 남긴 조선에 대한 대부분의 자료도 해당되는 얘기다.

이러한 사료들을 토대로 재 구성해보는 19세기 조선은 「아비규환」, 「헬조선」이었다.

1) 조정의 부패

조선의 국왕은 아무런 실권이 없었고 모든 권력은 척족들이 잡고 있었다. 특히 헌종, 철종, 고종 등 「보잘것 없는 두 세명의 군주」가 연이어 왕위에 오르고 이를 외척들이 국정을 농단하는 기회로 삼으면서 조선의 국정은 문란 해 질대로 문란 해 진다. 민심의 이반은 심각한 지경에 이른다.

··· 왕의 권력이 이론상으로는 여전히 최고이나 지금 실제로는 매우 약화되었다. 여러 번 계속된 섭정 기간과 보잘 것 없는 두 세 명의 군주가 왕위에 오른 것을 이용하여 세력이 큰 양반가에서 거의 모든 권력을 손아귀에 넣었다. 조선 사람들은 임금은 아무 것도 보지 못하고 아무 것도 알지 못하고 아무 것도 하지 못한다는 말을 되풀이하기 시작한다. 그들은 현 사태를 머리와 다리는 완전히 말라 버리고 가슴과 배는 지나치게 부풀어 자칫하면 터질 것만 같은 사람의 모습으로 나타낸다. 머리는 임금이요, 다리와 팔은 백성을 나타내며, 가슴과 배는 대관과 양반들을 뜻하는데, 이들은 위로는 임금을 약화하고 무력하게 하며 밑으로는 백성의 피를 빨아먹는다. 선교사들이 이 만화를 입수하였는데, 그들은 반란의 요소가 날이 갈수록 불어가고 있으며 점점 더 착취를 당하는 백성은 약탈하라고 부추길 어떠한 반도(叛徒)에게도 쉽사리 귀를 기울이게 될 것이며, 아주 조그마한 불똥도 그 결과를 헤아릴 수 없는 화재를 틀림없이 일으킬 것이라고 말한다.[23]

나약한 왕을 이용한 척신들의 국정농단으로 국고는 빈다. 관료들에게 줄 급료도 없다. 급료를 못 받는 관료들이 백성들을 수탈하는 것은 정해진 이치였다.

궁중의 고관들은 아무런 보수도 받지 않는다. 그들의 급료는 일본과의 전쟁 후 정부에 자원이 없게 되었을 때 폐지 되었다고 한다. 오늘날은 그들이 근무할 때 매달 콩 몇 말 밖에 주지 않는다. 이것은 현 왕조의 초창기에는 나귀나 말을 먹이라고 그들 각자에게 배당되던 배급이었다. 그러니 그들이 백성을 약탈하고 상상할 수 있는 온갖 부정을 저지르는 것을 어찌 막겠는가. 그런데도 궁중의 높은 벼슬은 누구나 침을 삼킨다. 왜냐하면 그런 벼슬을 하고 있는 사람들은 조금만 재주를 부리면 얼마 안 있어 실속있는

지방 수령 자리를 얻을 가능성이 언제나 있기 때문이다.[24]

궁중의 가장 내밀한 곳까지 부패의 사슬은 이어진다.

…조선의 궁정은 매우 가난하고 국고는 더욱 더 가난하다. 내시들 및 그
들과 같이 있는 후궁과 궁녀들은 정승자리와 때때로 다른 높은 벼슬 값으
로 돈을 받는 수단이 없다면 타격을 받을 것이다. 그러므로 권력을 가진
자는 선물을 거듭하여 매일 같이 이 모든 욕심꾸러기 거머리들을 배부르
게 하여야 한다. 그러나 특히 아직 얻지 못한 총애를 얻으려 할 때에는 막
대한 금액이 필요하다.[25]

매관매직은 당연하다는 듯이 공공연하게 이루어진다.

모든 관직이 백성을 위한 것이라는 말은 옛날의 낡은 경서에나 있는 것이
고, 이제는 그렇지 않다는 것은 덧붙일 필요도 없다. 관직은 공공연하게
매매되고 그것을 사는 사람들은 자연 체면을 차릴 생각도 하지 않고 들인
비용을 빼내려고 한다. 관찰사로부터 미관말직에 이르기까지 벼슬아치
는 누구나 조세와 소송과 그 밖의 모든 것을 가지고 재주껏 돈을 만든다.
어사들까지도 더할 수 없이 뻔뻔스럽게 그들의 권력을 이용해 먹는다.[26]

부동산과 어떤 종류의 직업과 상업에 대한 보통 세금은 가혹하지는 않다.
그러나 이런 법정 세금은 실제에 있어서는 탐욕스러운 모든 계급의 수령
과 관리들이 백성에게서 빼앗아가는 금액의 작은 부분을 나타내는 데 지
나지 않는다. 뿐만 아니라 세금 징수의 기준이 되는 호구조사대장은 도무
지 믿을 만한 것이 못 된다. 선교사들도 여러 번 목격한 바이지만, 수령의
부하들이 공식 명부를 꾸미기 위하여 마을에 오면 거기에 적히고 싶지 않

은 사람은 누구나 그들에게 얼마만한 돈을 치러야 하는지를 뻔뻔스럽게도 공공연하게 결정한다는 것은 널리 알려진 사실이다. 보통 그것은 100문 또는 150문(2, 3 프랑)으로 된다. 군적(軍籍) 기재일 때에는, 그것을 면하려면 돈이 좀 더 든다. 그러나 돈만 있으면 역시 목적은 달성할 수 있다.[27]

　지방 관아의 상황도 조정 못지 않았다. 지방의 관아는 중인 계급에 속했던 「아전」 또는 「향리」들이 완전히 장악하고 있었다.

　고을마다 아전의 수는 꽤 많다. 주요한 6~8명은 대신들과 비슷한 관직명을 가지고 있고 같은 성질의 직무를 작은 규모로 수행한다. 그것은 각 지방 관청이 중앙 정부의 본을 따서 조직되어 있기 때문이다. 이리하여 그들은 많은 권력을 가지고 있으며, 평소에 그들을 하인 취급을 하면서도 그들의 하는대로 질질 끌려가는 수령보다 더 많은 권력을 가지고 있는 경우가 자주 있다. 다른 아전들은 위에 말한 아전들에게 복종하는 서기나 수위, 또는 하인들이다. 이 모든 아전들은 사회에서 하나의 계급 같은 것을 이루고 있다. 그들은 거의 언제나 자기들끼리 혼인하고, 그들의 자제들은 같은 직업을 택하며, 직무를 얻고 유지해 나가는 수완에 따라 대대로 재판소에서 높거나 낮거나 한 직무를 수행한다. 그들이 없으면 행정이 되어 가지 않는다고 주장하는 이들이 있는데, 실정을 살펴보면 옳은 말인 것 같다. 온갖 농간, 음모, 계략에 능숙하므로 그들은 백성을 착취하고 수령에 대하여 자신들을 지키는 데에 놀랍도록 정통해 있다. 파면하고, 축출하고, 모욕하고, 구타하여도 그들은 모든 것을 참아 견딜 줄 알며 복직할 기회를, 또 어떤 때는 심지어 너무 엄격한 수령들을 내쫓을 기회를 잡으려고 엿보기도 한다.[28]

　아전들은 정부로부터 정식 급료를 받지 않았다. 이는 조선 초부터 내려오는 전통이었다. 따라서 향리들은 백성들을 수탈 할 수 밖에 없었고 이를 위해서는 자신들의 상전인 고을의 수령들도 철저하게 속여야 했다. 수령에게 고을의 상황을 정확하게 알린다면 자신들의 운신의 폭은 그만큼 좁아질 수 밖에 없었기 때문이다.

앞서 말한 바 있는 노론, 남인 등 큰 정당과 거의 비슷하게 그들도 여러 파로 갈라져 자리 다툼을 하고 있기는 하나 그들 전체의 이익이 위협을 받을 때에는, 당분간 싸움을 잊고 서로 도울 줄을 안다. 그들의 근본 원칙의 하나는 언제나 수령을 속여야 하며, 그에게 할 수 있는대로 그 지방의 사정을 알리지 말아야 한다는 것이다. 이것이 그들에게 있어서는 사활문제이다. 왜냐하면, 그들은 대부분이 정규 급료가 없고, 또 급료가 있다는 자들도 그것을 받는 일은 매우 드물기 때문이다. 한편으로는 백성을 희생시켜 가며 수령의 끝없는 탐욕을 만족시켜야 하고 또 한편으로는 자기들과 가족들의 생활비로 많은 돈을 쓰지 않을 수 없으므로 그들은 그들의 이익을 위하여 행하는 사기와 주구(誅求)만으로 살아 가는 것이다. 그들이 이렇게 이용해 먹을 줄을 아는 비밀 자원을 수령에게 알게 한다면, 수령은 즉시 그것을 뺏을 것이고 자기들에게는 굶어 죽는 길 밖에 남지 않을 것이다. 어떤 날 한 아전이 다블뤼(Daveluy) 주교의 회장 한 사람에게 이런 말을 하였다. 「만약에 불행히도 한 번 원님에게 무슨 아주 좋은 것을 드릴 것 같으면, 원님은 그것을 늘 원할 것인데, 우리는 그분을 만족시켜 드리지를 못할 것이므로 그분은 우리를 때려 죽이게 하실 것입니다.」[29]

다블뤼 신부가 전하는 일화는 당시 조선의 지방 통치의 난맥상을 적나라하게 보여준다.

몇 해 전 경기도에서 일어난 다음 사건은 아전들이 어떤 자들이며 그들이 무엇을 할 수 있는지를 잘 보여준다. 꽤 큰 어떤 읍에 정직하고 유능한 수령이 부임하였는데, 그는 부하들이 직무를 다하도록 강력히 다루는 것으로 만족하지 않고, 그들이 전에 저지른 모든 독직(瀆職)행위를 조사하여 처벌 할 뜻을 밝혔다. 그들은 대부분이 크게 위태로운 지경에 놓여 있었고, 심지어 어떤 자는 사형 선고를 받을 위험까지도 있었다. 그들의 보통 농간과 술책과 위증으로는 이 타격을 막을 수 없으므로, 그들의 공포는 너무나 컸었는데, 마침 암행어사들이 도내를 두루 돌아다니고 있다는 말을 들었다. 암행어사 하나를 찾아내어 그 뒤를 밟고 그 행동을 감시하는 것은 쉬운 일이었으므로, 그들은 이내 한 음모를 꾸몄다. 영리하고 대담한 불한당들이 어사로 가장하여 고을들이 쑥밭이 되도록 금품을 강탈하는 일이 드물지 않으므로, 그들이 자취를 발견한 어사가 이런 무리 중의 하나라는 것을 수령에게 설득시켜 그를 체포할 허락을 받아 내자는 것이었다. 임금의 사자使者를 포박하는 자들은 거의 틀림 없이 사형을 당하겠지만, 그 대신, 수령도 만일 잘 다스린다면, 고관을 공식으로 체포하는 것 같은 어마어마한 무질서는 있을 수 없을 것이라는 원칙에 의하여 틀림 없이 파직 당할 것이다. 수령만 물리쳐 버리면 다른 아전들은 아무 것도 두려워할 것이 없게 될 것이다. 전체를 구제하기 위하여 희생될 사람들의 이름을 제비 뽑아, 바로 그날 밤으로 수령에게 청원을 냈다. 그는 처음에는 그것을 받기를 거부하였다. 그러나 아전들은 그런 사기꾼을 벌하지 않고 내버려두면 원은 무서운 책임을 지게 될 우려가 있고, 또 만약에 실수가 있을 경우에는 자기들의 생명에 관계가 되는만큼 이런 청원은 결코 하지 않을 것이라고 원에게 되풀이 하여 마지 않으므로, 그는 며칠 동안 망서린 끝에 체포영장에 서명을 하고 말았다. 제비로 뽑힌 아전들은 그 문서를 지니고 그날 저녁으로 어사가 투숙한 곳에 가서 달려들어 그를 죄인처럼 묶었다. 어사는 자기의 이름과 관직을 밝히고 옥새 찍힌 증명서를 보이고 신호를 하니 그의 보좌관들과 사령들이 그의 곁으로 모여들었다. 아전들은 대경실

색한 체하며, 어떤 놈들은 달아
나고 어떤 놈들은 어사의 발 아
래 엎드려 방금 모르고 저지른
무서운 죄를 갚기 위하여 죽여
주십사고 빌었다. 어사는 노발
대발하여 그들을 몹시 때리라
고 부하들에게 맡겨 두고 수많
은 수행원을 데리고 곧장 군청
으로 가서 수령을 파면 축출하
였다. 아전은 아무도 죽은 자가
없었다고 한다. 여럿이 불구가
되고 어떤 자들은 유형을 당하
였으나 그들의 목적은 이루어
졌으며, 새 수령은 전임자의 예
에 놀라 정의를 위한 그의 열성
을 본 받는 것을 삼갔다.[30]

김윤보 형정도첩 고피고원고재판

암행어사의 오마패

중앙 조정이나 지방 관아나 부정과 부패의 늪에 빠져 있었다.

정직한 관리란 조선에서는 거의 알려지지 않은 존재다. 가난한 사람들은
가여운 삶을 산다. 그들은 정기적으로 세금을 내야할 뿐만 아니라 관리,
밀수꾼, 경찰, 군인, 여기에 매년 겨울과 봄이 되면 출몰하는 도적떼에게
돈을 바쳐야 한다. 조선 사람들이 소위 게으르다고 하지만 이는 사유재산
권이 불안하기 때문에 나타나는 자포자기 현상에 불과하다. 소수의 부자
상인들과 지방에 많은 토지를 소유하고 있는 사람들을 제외하고는 대부
분의 사람들은 매우 가난하며 서양 사람들이 본다면 불가능하다고 할 정

도의 수준의 하루살이 인생(hand-to-mouth existence)을 살고 있다.[31] 모든 결정은 뇌물을 통해서 이루어졌다.

지방에는 관료주의가 만연하고 있다. 수없이 많은 집권 남용이 자행될 뿐만 아니라 모든 중앙 정부 체계는 직권 남용의 핵심부로서 밑도 끝도 없는 부패의 바다여서, 모든 산업에서 그 활력을 빼앗아 가는 착취 기관일 뿐이다. 관직과 재판의 판결은 마치 상품처럼 사고 팔 수 있으며 정부는 빠른 속도로 쇠퇴해 있기 때문에 오직 뇌물만이 살아 남을 수 있는 원리가 되고 있다.[32]

조선의 정부는 「도둑질을 위한 장치에 불과」했다.[33]

2) 의복과 주거환경

개신교 선교사들이 목격한 19세기 말 조선 백성의 삶은 처참했다.

그들의 옷은 현지의 하얀 천으로 된 짧고 헐렁한 웃도리와 길고 통이 큰 바지가 다 였다. 가난한 사람들은 기껏해야 한달에 두번 옷을 갈아 입을 수 있었다.[34]

조선 포목이 그렇게도 투박한 것은 여기에 지정한 의미의 공장(工匠)이 적어서라기보다는 오히려 모두가 공장이기 때문입니다. 집집이 여자들은 실을 잣고, 베를 짜고, 옷을 만듭니다. 따라서 아무도 늘 이 일에 종사하지는 않으므로, 이 일에 익숙해지는 사람이 아무도 없다는 결과가 나오는 것입니다. 모든 기술에 있어서도 거의 그와 같습니다. 그래서 조선 사람들은 모든 것에 있어서 매우 뒤떨어져 있습니다. 오늘이라고 옛날보다 진보

된 것이 없고, 모든 기술과 수
공업이 다시 시작된 노아의 홍
수 직후에 비해 더 진보된 것도
없습니다.[35]

주거 환경은 열악하기 그지
없었다.

당신은 어떤 때 초라한 오막살
이를 보신 일이 있을 겁니다.

김홍도의 길쌈

그렇다면 당신이 알고 있는 가장 초라한 누옥(陋屋)의 아름다움과 견고함
을 한층 더 떨어뜨려 보시오. 그러면 빈약한 조선주택에 관하여 거의 정
확한 관념을 얻을 것입니다. 일반적으로 말하여 조선 사람은 초가에 살고
있다 할 수 있습니다. 도시에나 시골에나 기와집은 하도 드물어서 2백에
하나 꼴도 안 될 것이기 때문입니다. 집을 짓는데, 벽을 돌로 쌓아 올리는
기술을 모릅니다. 아니 그보다도 대개의 경우는 그만한 비용을 들일 만한
돈이 없는 것입니다. 아무렇게나 다듬은 나무 몇 토막과 약간의 돌과 흙과
짚이 보통 건축 재료가 됩니다. 땅에 박은 네 기둥이 지붕을 떠받칩니다.
몇 개의 들보에는 대각선으로 엇갈린 다른 나무토막들이 걸려서 그물 모
양을 이루고, 그것이 두께 8내지 10cm의 토벽을 받쳐 줍니다. 조그만 창
호는 나무살을 가로 세로 지르고 유리가 없으므로 종이를 발라서 달아 놓
아, 문도 되고 동시에 창도 됩니다. 방의 흙바닥은, 중국과 인도의 것에 비
하면 아주 보잘 것 없는 자리로 덮여 있습니다. 가난한 사람들은 혹은 두
껍게 혹은 얇게 짚을 깔아 흙을 감추는 데에 만족해야 되는 일도 흔히 있
습니다. 돈 있는 사람들은 흙벽에 종이를 바를 수 있고, 서양의 마루와 타
일 대신에 방바닥에 두꺼운 유지(油紙)를 바릅니다. 층 있는 집을 찾지 마

시오. 그런 것은 조선에서는 알
지도 못합니다.[36]

그나마 제일 환경이 좋았던
수도 한양의 주택가 역시 마찬
가지였다.

좁고 더러운 골목들이 짚이나 기와로 만든 지붕을 얹은 낮은 토방집에 둘
러싸여 있는 것을 볼 수 있었다. 단층 이상의 집들이 하나도 없었기에 사
람들은 흔히 한양이 거대한 버섯군락같이 생겼다고 한다. … 대부분의 집
들은 방이 하나밖에 없으며 부엌으로 사용되는 창고 같은 것이 하나 있
을 뿐이다. 이런 집에는 대부분 창이 없으며 있더라도 아주 작은 것이 하
나 있을 뿐이고 창이나 문은 유리가 아닌 종이로 발라져 있다. 이 문들은
보통 매우 낮고 좁아서 작은 여자도 들어가기 위해서는 몸을 구부려야 했
다. 그리고 방 안에서도 중앙에 천정이 제일 높은 곳을 제외하고는 허리
를 펴고 설 수 없었다.[37] … 말할 필요도 없이 이 집들과 관련된 모든 것은
겁날 정도로 비위생적이고 대부분은 더럽고 해충이 득실거린다. 모든 하
수는 모두 길 양 옆에 파여 있는 말할 수 없이 더러운 도랑에 버려진다.[38]

조선의 궁궐 역시 당시 외국의 궁궐에 비하면 초라하기만 했다.

조선에서 왕궁이라고 불리는 것은 빠리의 좀 넉넉히 사는 연금생활자라면
살려고 하지 않을 초라한 집들이다.[39]

「거대한 버섯 군락 같은」 한양은 아무런 매력이 없는 도시였다.

한양에는 예술품이 없으며 골동품이 드물고 공원도 없다. 왕의 거둥 이외에는 볼 만한 것이 없으며 극장도 없다. 다른 도시가 가지고 있는 매력이 한양에는 없다. 한양은 유서 깊은 도시이지만 유적도, 도서관도, 문학도 없으며 최근에는 종교에 대한 무관심이 어느 때보다도 심하여 사원을 남겨 놓지 않았다. 반면에 아직도 조선 사람을 사로잡고 있는 미신 때문에 묘비 하나 남은 것이 없다.[40]

3) 교육의 붕괴

조선의 교육제도 역시 붕괴하였다.

조선의 교육은 지금까지 애국지사와 사상가, 정직한 사람을 양성하는데 실패하였다. 지금까지의 교육은 다음과 같이 진행되어 왔다. 일반적인 조선의 학교에서는 학생들이 중국 책들을 앞에 펴 놓은 채 바닥에 앉아서 상반신을 양옆으로, 또는 앞뒤로 격렬하게 흔들면서 새벽부터 저녁때까지 가장 큰 소리와 가장 높은 소리로 중국 고전들을 외우거나 낭송하고 중국 글자들을 쓰면서 자신들의 머리를 중국의 현인들과 신화와 같은 얘기들로 채우고 있다. 박학하지만 거만하고 안경을 쓴 선생은 막대기를 손에 잡은 채 앞에 책을 놓고 가끔씩 잘못된 것을 고쳐주는 말을 강력한 목소리로 내 뱉는다… 이 교육제도에는 학생들의 사고 능력을 키워주고 자신이 살고 있는 세계를 이해할 수 있도록 해 주는 것은 아무 것도 없다… 편협함, 판에 박힌, 자만심, 오만함, 거짓, 노동을 천시하는 잘못된 자존심, 관대한 공공정신, 사회적 신의를 파괴하는 이기적인 개인주의, 2000년 된 관습과 전통에 행동과 생각이 모두 노예처럼 매여 있는, 좁아 터진 지적인 지평, 얕은 도덕성, 모욕적이라고 볼 수 밖에 없는 여성에 대한 평가, 이런 것들이 조선 교육의 산물이다.[41]

가정교육 역시 마찬가지였다.

교육은 보통 어린이의 모든 뜻을 다 받아 주고, 모든 응석을 받아 주고 모든 흠과 나쁜 버릇을 조금도 고쳐 줄 생각은 하지 않고 웃어 버리는 데에 있는데, 어린이가 아들인 경우에는 더욱 그렇다.[42]

단원 김홍도의 서당도

4) 의료 체계의 붕괴

조선의 의료체계 역시 붕괴하고 있었다. 조선의 백성들은 각종 질병과 전염병에 무방비로 노출되었고 일단 병에 걸리면 방치되었다.

열병은 이곳에서 매우 흔한 질병이다. 방치와 영양실조로 인한 피부병 환자들이 수 없이 찾아온다. 결핵과 특유의 퇴행성 증상들은 매일 같이 병원에서 마주치는 질병이다. 매독도 물론 자주 볼 수 있다… 천연두는 풍토병 수준이며 하도 흔해서 눈병 등 후유증이 있는 경우에만 병원을 찾는다…. 올 여름 창궐한 콜레라는 수 천명의 목숨을 앗아갔다.[43]

아무런 의학 지식이 없던 조선의 서민들은 주먹구구식의 민간요법에 의존할 수 밖에 없었다.

사람들은 매독을 치유한다고 수은을 사용한다. 그러나 나는 수은을 사용

하다 죽은 사람 2명을 봤다. 이들은 수은을 마셨다.[44]

전염병에 걸린 사람들은 버림 받았다.

여기 조선에서는 집안에서 운명하지 못하는 것을 대단한 불행으로 여기고 있습니다. 그래서 하인 같은 사람들이 회생 불가능한 병이 들거나 전염병에 걸리면 성 밖으로 추방되어 짚으로 만든 움막 안에서 혼자 살도록 버리는데 이런 가련한 병자들에겐 집조차 제공되지 않습니다. 이런 식으로 버림받기 때문에 사망률이 더 높아진 것으로 확신합니다. 조선에는 이런 환자들을 돌볼만한 자선기관이 거의 없는 형편이라 환자들이 살아날 가능성은 희박합니다. 한양 성문 밖 어느 곳을 가보든 언제나 이처럼 버려진 환자들을 수 백 명씩 발견할 수 있습니다.[45]

다음은 스크랜튼 박사의 경험담이다.

하루는 성곽을 따라 걷고 있던 중 버려진 여자와 그 딸을 발견했다. 그들이 있던 곳은 우리 병원으로부터 그리 멀리 떨어지지 않은 곳이었다. 이들은 가마니 한 장은 깔고 앉았고 다른 한 장은 머리 위에 쓰고 있었다. 그들은 동냥을 해서 끼니를 때우고 있었다. 여인의 남편은 그들을 버리고 시골집으로 돌아가 버렸다고 하였다. 3주 후, 그 남자는 여전히 돌아오지 않았고 여자는 남편을 어디서 찾아야 할지 몰라 했다. 나는 그녀에게 앓고 있는 병명을 물었으나 아무것도 알아낼 수 없었다. 나중에 날게 된 일이지만 그 여자는 정신이 나가 있는 상태였다. 그날 밤 기온이 많이 떨어져서 나는 다시 그녀를 찾았고 지게꾼들을 불러 그녀와 딸을 병원으로 데려오도록 하였다. 지게꾼들은 그녀를 알지도 못하였지만 나에게 가엾은 사람들에게 친절을 베풀어서 고맙다면서 품삯도 받지 않았다. 3주가 지나면서 그 여인은 하루 하루 건강을 되찾아갔다. 그녀는 밝고 명랑하였으며 이렇게 불행한 사람들이 회복할 수 있는 것을 보는 것은 큰 보람이었다. 그녀의 병은 모두가 극도로 두려워하는 재귀열(이 또는 진드기에 물려서 생기는 열병)이었다. 이는 이맘때면 조선에서 매우 흔한 병이었다.[46]

조선 정부는 「아무 것도 안 한다.」

조선 정부의 병원들은 전염병이 걸린 사람들을 위해 아무 것도 안 한다. 그들은 병원 밖에서는 절대 진료를 하지 않았고 전염병이 걸린 사람들은 절대로 병원에 들이지 않기 때문이다.[47]

지금은 또 콜레라가 창궐하고 있다. 이 도시에서는 분명 매일 수 백 명이 죽어가고 있을 것이다. 알렌 박사는 정부에게 사망률을 추산해보기 위해서 매일 밤 묻기 위해 시구문을 통과하는 사체들의 숫자를 세어볼 것을 종용하였지만 그가 들은 대답은 「그럴 필요가 뭐 있나? 그들의 죽음은 어쩔 수 없는 일이다.」 뿐이었다.[48]

5) 사회 기강의 붕괴

기강이 무너진 사회에서 술주정은 일상적인 일이었다.

술의 저주 역시 조선에 널리 퍼져있다. 술에는 두 종류가 있다; 하나는 하얗고 걸쭉하며 다른 하나는 맑은 액체다. 술들은 쌀, 보리, 밀 등으로 만든다. 김치와 술을 파는 주막은 어딜 가나 있다. 질질짜는 술주정뱅이나 서로의 상투를 잡고 싸우는 술취한 사람들끼리의 싸움은 불행히도 길가에서 흔히 볼 수 있는 장면이다.

안된 얘기지만 조선에서는 술
주정이 매우 흔한 일이다. 조
선 사람들은 일본이나 중국과
달리 차를 재배하지 않는다. 가
장 부유한 사람들도 최근에서
야 차나 커피를 마시는 것을 알
게 되었고 일반인들은 그런 것

긍재 김득신의 밀희투전

을 사기에는 너무 가난하다. 우유는 이상하게도 전혀 마셔본 적이 없고 따
라서 친구들과 사교를 위해서 마실 수 있는 무해한 음료가 전혀 없다. 현
재로서는 너무나 흔히 과실주나 자신들이 직접 만드는 매우 강한 알코올
음료를 마신다.[49]

건전한 노동을 통한 대가를 받지 못하는 사회의 남자들은 도박에
빠진다.

우리가 아무렇지도 않게 사용하는 주사위는 조선에서는 도박용으로만 사
용된다. 카드도 사용하는데 한자가 쓰여 있는 손가락 정도 넓이의 가늘고
긴 나무조각을 사용하기도 한다. 도박을 하다가 사람들은 어찌나 흥분하
는지 모든 것을 다 잃은 다음에는 자신들의 부인도 걸었다가 노비로 잃는
경우도 있다고 한다.[50]

도둑질은 일상화 되었다.

엄한 처벌을 받음에도 불구하고 도둑질은 무서울 정도로 일상화되어 있
다. 도적들은 거대한 칼을 차고 다닐 뿐만 아니라 칼을 능숙하게 다룬다.

폭정과 극도의 가난 속에 온정과 신뢰는 사라지고 남은 것은 불신뿐이었다.

거짓말은 일상화되어 있다. 조선사람들은 수대에 걸친 연습으로 거짓말하는 기술을 예술의 차원으로 승화시켰다. 상인들은 모든 거래에서 끊임없이 사기를 치고 무리수를 둔다. 지금은 훌륭한 기독교인이 된 내 친구는 과거에는 아침에 깨어나는 순간부터 오늘은 누구에게 사기를 칠까? 하는 생각부터 했다고 한다. 그리고 이러한 사고방식은 대부분의 조선 사람들이 공유하고 있다고 한다.[51]

도덕은 땅에 떨어진다.

그들의 사고는 저 차원에 머물고 있다. 사회악이 사회를 압도하고, 입에 담을 수 없는 부도덕함은 일상화되어 있다. 한마디로 조선 사람들은 아편을 피우는 것 하나를 제외하고는 온순한 이교도들이 가질 수 있는 모든 부도덕함은 다 갖고 있다.[52]

6) 조선 여성의 처지

조선의 여성은 차별과 속박, 고된 노동에 허덕였다.

아시아의 다른 나라들에서와 같이 조선에서도 풍속이 무섭게 부패해 있으며, 그 필연적인 결과로 여성의 보통 처지는 불쾌하리 만큼 천하고 열등한 상태에 놓여 있다. 여자는 남자의 반려가 아니라 노예에 불과하고, 쾌락이나 노동의 연장에 불과하며, 법률과 관습은 여자에게 아무런 권리도 부여하지 않고, 말하자면 아무런 정신적 존재도 인정하지 않는다. 남편이나 부모의 지배 아래 있지 않는 여자는 누구나, 주인 없는 짐승처럼 먼저 차지하는 사람의 소유물이 된다는 것은 널리 인정되고 법정에서도 공인된 원칙으로서, 논박하려고 생각하는 사람은 아무도 없다.[53]

조선의 여성은 아무런 교육을 받지 못했다.

조선에는 여자아이들을 가르치는 학교가 없다. 조선의 여성은 글에 대한 아무런 교육을 받지 않기 때문이다. 지체가 높은 계층에서는 언문을 배우는 여자도 있지만 그 숫자는 1천 명 당 1명도 안된다. 여자들에게 부과된 영역은 글을 알 필요가 없다. 예외가 있다면 점잖은 계층에 속하지 않는 여성들이다. 남자들의 잡다한 놀이 대상이 되어주기 위하여 그들은 이야기를 읽고 낭송하거나 춤추고 노래하고 악기를 다루는 등 남자들에게 매력적으로 보일 수 있는 것들만 골라서 훈련 받는다. 이런 여성들은 신분상승을 이룰 수도 있으나 절대로 누구의 부인이 될 수는 없다. 조선의 남자들은 자신의 혈통이 도덕적으로 흠집이 나지 않게 하기 위해서 부인은 비록 하얀 벽 같이 완전히 머리가 비어 있는 여자라도 다른 곳에서 찾지 결코 점잖지 않은 계층에서는 찾지 않는다.[54]

조선의 여성들은 이름도 없는 경우가 많았다. 그저 누구의 딸, 부인, 어머니였을 뿐이다.[55]

여자는 이름이 없다. 하기는 대부분의 처녀가 어떤 별명을 받고, 나이 더 먹은 친척이나 그 집안의 친구들이 그 처녀들이 어렸을 때 그 별명으로 부르기는 한다. 그러나 그들이 과년에 이르면 부모만이 그 이름을 부를 수 있고, 집안의 다른 식구들은 남들과 마찬가지로, 아무개의 딸, 아무개의 누이와 같은 완곡한 표현을 쓴다. 결혼 한 뒤에는 여자는 이름이 없어진다. 친정쪽 친척들은 대개의 경우 그 여자가 출가 한 고을 이름으로 부르고, 시가쪽 친척들은 시집 오기 전에 살던 고을 이름으로 부른다. 때로는 간단히 아무개(남편의 성) 댁이라고만 부른다. 그 여자가 아들이 있으면, 예의상 아무개의 어머니라고 불러야 한다.[56]

자아가 없는 조선의 여성들은 아무런 교육도 받지 못할 뿐만 아니라 양반집 여자들은 이미 처녀때부터 평생을 외부 세계로부터 완전히 고립되어 살아야 했다. 이들의 사고의 틀이 좁고 미신에 빠질 수 밖에 없었던 것은 당연한 일이었다.

조선에서는 선교사의 영향이 미치는 경우를 제외하고는 자신의 딸들을 교육시키려는 생각을 가진 남자는 없다. 거의 모든 마을은 남자 아이들을 위한 중국 학교(서당)는 있지만 여자아이들을 위한 학교는 없다. 최근 안타깝게 운명한 여왕(민중전)과 같은 아주 예외적인 경우를 제외하고는 기생이 아닌 여성이 지적인 훈련(mental graining)을 받는 경우는 거의 없다. 언문을 읽은 여성을 가끔 볼 수는 있다… 어린 아이가 처음 처녀로 꽃피우기 시작할 때부터 그의 얼굴에 세월의 흔적이 보일때까지 양반집 조선 여자는 여성들의 지역 (안채)의 네 벽 안에 갇힌 죄수나 마찬가지다…. 물론 시골 마을에는 하층민 출신 중년의 여성들과 교회에 다니는 크리스천 여성들은 보다 활동이 자유롭다…. 이들은 얼마나 좁은 세계에서 일생을 살아가는가! 그리고 여성들은 모두 미신을 믿고 항상 귀신에 대한 두려움에 떨면서 산다. 이러한 사실에 비춰볼 때 조선 여성의 사고방식이 옹졸하고 (petty), 미신에 빠져 있고(superstitious), 저속(vulgar)하다는 것이 놀라울 것이 있을까? 가엾은 존재들이여![57]

가정 생활의 행복이란 것은 찾아보기 힘들었다. 결혼은 행복을 위한 것이 아니었기 때문이다.

조선에서는 행복한 결혼, 잘 어울리는 결합이라는 것이 얼마나 드물리라
는 것은 이해할 수 있다. 아내는 남편에 대하여 의무만을 지고 있는데 반
하여 남편은 아내에 대하여 아무런 의무도 지지 않는다. 부부간의 절개는
아내에게만 의무적이고, 아무리 모욕과 멸시를 당하여도, 아내는 질투하
는 태도를 보여서는 안되며, 그런 생각조차도 하지 못한다. 뿐만 아니라
부부 서로간의 사랑이라는 것은 풍습이 거의 불가능하게 만들어 놓은 희
귀한 일이다. 예절은 남편이 아내를 존경하고 적당히 대우하는 것은 허용
하나, 아내에게 참다운 애정의 표시를 하고, 아내를 일생의 반려로 사랑하
는 사람은 몹시 조롱을 받을 것이다. 체면을 지키는 남편에게 있어서 아
내는 그에게 아이를 낳아 주고, 집안 일을 보살피고, 그가 마음이 내킬 때
에는 그의 정열과 육욕을 만족시켜 줄 운명을 가진 좀 더 높은 계급의 여
자종에 불과하고 또 그래야만 한다. 양반들 사회에서는 신랑은 신부와 3,
4일을 같이 지낸 후, 그가 아내를 대수롭게 여기지 않는다는 것을 증명하
기 위하여, 꽤 오랫동안 신부와 떨어져 있어야 한다. 그는 아내를 미리부
터 과부상태에 두고 첩들로 그것을 보충한다. 이와 달리 행동하는 것은 나
쁜 취미라는 것이다. 어떤 양반들이 아내가 죽었을 때 눈물을 몇 방울 흘
렸다고 하여, 야유를 퍼붓기를 그치지 않는 친구들의 사랑방에 여러 주일
동안을 나갈 수 없었다는 예가 있다.[58]

가정의 행복은 아내가 구할 수 있는 것이 아니다. 조선 사람은 집(house)
은 있으나 가정(home)은 없다. 남편은 아내와 떨어져서 기거한다. 부부
사이의 우정과 같은 관계나 애정의 표현 같은 것은 없다. 남자의 즐거움
은 여자 친구나 기생을 통해서 얻어진다. 「우리는 아내와 결혼하지만 첩
과 사랑을 나눈다」라고 이야기 한 조선 양반의 표현으로 그들의 결혼 관

혜원 신윤복의 월야밀회

계를 간략하게 요약할 수 있다.[59]

궁중의 여성들 역시 마찬가지였다.

… 궁궐에는 여자와 내시가 가득 차 있다. 왕비들과 후궁들 밖에도 궁녀라
고 부르는 여자 하인들이 굉장히 많이 있다. 이 여자들을 전국에서 강제로
끌어모아 오며, 궁중에서 시중 들기 위하여 한번 붙잡혀 오기만 하면 중병
이나 불치의 병이 드는 경우가 아니면 일평생 궁에서 살아야 한다. 그들은
임금의 후궁이 되지 않는 한 결혼하지 못한다. 그들은 평생토록 순결을 지
켜야 하며, 만일 그것을 깨뜨렸다는 것이 증명되면 그들의 죄는 귀양의 벌
을 받으며 어떤 때는 사형으로 다스려지기까지 한다. 이 궁궐들이 엄청난
무질서와 범죄의 무대라는 것은 쉽게 짐작할 수 있으며 이 불행한 여자들
이 임금들의 정욕에 소용되고 그들의 거처가 온갖 추행의 소굴이라는 것
은 공공연한 사실이다.[60]

억압 받는 조선의 여성은 외국인의 눈에도 아름답게 보이지 않는다.

조선의 여성들은 일반적으로 말해서 아름답지 않다. 나는 이들을 그 누구 못지 않게 사랑하고 내 친 자매와 같이 생각하지만 이는 솔직히 고백하지 않을 수 없다. 비애, 절망, 고된 노동, 병마, 사랑받지 못함, 무지, 너무나 너무나 많은 경우에 수치심은 그들의 눈을 흐리멍텅하게 만들었고 그들의 얼굴을 굳어지고 상처나게 함으로서 25살이 넘은 여자들 사이에서 아름다움 비슷한 것을 찾는 것은 헛된 일이다. 아직 염려와 고된 노동의 손길이 닿지 않은 어린 소녀들이나 젊은 부인들(색시들) 중에는 이쁘고, 매력적이고, 흔치는 않지만 아름답기까지 한 얼굴을 볼 수 있는 경우도 종종 있다. 그러나 이들 불쌍한 궁중의 여인들은 그런 경우가 아니다. 굳어질대로 굳어졌고 거칠고 저속하기만 한 이들을 보면 가엾은 마음만 들 뿐이다.[61]

7) 미신

모든 것이 무너진 사회에서 종교 역시 민중에 희망이나 위안을 줄 수 있는 능력을 상실한다.

유교, 불교, 도교는 모두 이곳 사람들에게 영향력을 행사하지만 한때 갖고 있던 영향력은 대부분 상실한 상태다. 대부분의 사람들은 어떤 종교에 대해서도 신심이 거의 없다. 일종의 철학 체계에 불과한 유교는 조상숭배를 강요하는 법을 통해서 사람들에게 가장 강력한 영향력을 행사한다. 조선 사람들의 머릿속에 가장 강하고 널리퍼져 있는 미신에 의해서 뒷받침되고 있는 이 풍습은 조선 사람들을 쇠로 만든 족쇄보다 더 강하게 그들을 구속한다. 만일 가장 세세하고 철저하게 법의 가장 소소한 부분까지 철저하게 따라서 조상을 숭배하지 않는다면 분노한 영들이 끔찍한 재앙을 가져올 것이라고 믿는다. 이렇게 강요된 복종은 힘들고 지겹지만 단 한치라도 빼 놓아도 안될 뿐만 아니라 다른 종교를 믿어서 이러한 예식들을 행하지 않는 가련한 자들에게는 재앙이 있을 뿐이라고 한다. 이런 자는 고향과 친구들에 대한 배신자일 뿐만 아니라 가장 성스러운 의무를 저버리는 자가 된다.[62]

불교는 몰락하여 최근까지도 불교 승려들은 도성 안에 들어오는 것도 금지되어 있었고 그들의 신분은 이 땅에서 가장 신분이 낮은 백정들과 같은 수준이다. 몇몇 불교 사찰들은 정부의 예산이나 지원으로 유지되고 있고 여자와 아이들, 그리고 가장 무지한 사람들은 아직도 어느 정도 믿고 있다. 이 사람들은 동시에 무수히 많은 각종의 악령-땅과 공기와 바다에 들끓는 각종 병마의 신들, 그리고 각양각색의 신 또는 귀신들을 믿고 두려워 한다. 이들 악령들과 악마는 기도와 제물들을 바치고 북을 치고 방울들을 울리는 등 일일이 열거할 수 없이 많은 의식을 통하여 달래야만 한다고 믿는다.[63]

모든 숭배의 대상들의 위에는 하늘이 있고 이 보이는 하늘을 상징하는 존재는 내가 이해하는 바에 의하면 구약에 나오는 바알신과 동일한 존재다. 그러나 이러한 낡은 미신에 대한 믿음은 점점더 약해지고 있다. 이러한 숭배 의식을 행하는 것도 순전히 오래된 관습에 대한 존중과 남들의 눈을 의식 해서인 경우가 대부분이다.[64]

그들이 잡귀들을 대하는 태도를 모르고서는 조선 사람들 대부분의 내면 세계를 이해하는 것은 불가능하다. … 조선 사람이 믿기로는 이 잡귀들은 부를 가져다주거나 아니면 그와 그의 가족을 천 가지 다른 방법, 예를 들

어 재산을 빼앗거나 병이 나게 하거나 등으로 「귀신이 붙어서」 해칠 수 있
는 능력이 있다고 믿는다. 언제 그 귀신을 화나게 했는지는 절대로 알 방
법이 없기 때문에 그 또는 특히 그의 부인은 늘 공포속에 살면서 이 샘 많
고 화를 잘 내는 귀신들을 달래기 위해서 비싼 제물을 바쳐야 한다. 귀신
을 믿는 다는 것은 미래의 삶에 대한 즐거움 또는 슬픔과 연관된 것도 아
니고 사람들에게 도덕적인 삶을 살도록 하는 어떤 동기를 제공하는 것도
아니고 그저 공포심만 끊임 없이 자극한다. 추산에 의하면 조선 사람들은
매년 2백 5십 만 달러를 잡귀들을 달래는데 쓴다고 한다. 한양에만 3천
명의 무당들이 활약하고 있고 한 명 당 한달 평균 10엔을 번다고 한다. 이
정도면 조선의 기준으로는 아주 잘 사는 것이다. 이 정도면 잡귀에 대한
미신이 얼마나 사람들의 삶을 지배하는지 알 수 있다. 이는 분명히 이 나
라에서 가장 강력하고 또 가장 오래된 신앙이다.[65]

제 3 장
헬조선과 개신교

제3장

헬조선과 개신교

갑신정변이 근대화를 위한 「위로부터의 혁명」이었다면 개신교의 전파는 「아래로부터의 혁명」이었다. 갑신정변은 일본의 메이지 유신을 모델로 삼은 조선의 엘리트 관료, 지식인들이 주도했다. 그들이 혁명을 도모 하기 위해 채택한 방법은 궁정 쿠데타였다. 혁명의 대상은 국정 주도세력의 교체를 통한 정부 체제, 제도, 법령의 개혁이었다. 반면, 개신교 혁명의 주도층은 서양 선교사들과 평민, 천민, 여성, 즉 조선 주류에서 철저하게 소외된 사람들이었다. 이들이 조선을 변혁시키기 위해 채택한 방법은 의료와 교육을 통한 자선사업과 선교를 통한 조선 서민들의 신앙과 일상의 개혁이었다.

갑신정변은 「문명개화론」을 받아들이면서 국가 차원의 개조를 시도한 쿠데타였다. 반면 개신교 선교사들은 막연한 사상이나 철학, 이론 대신 구체적인 일상의 개조를 시도한다. 제사와 신분차별, 남녀차별, 축첩, 술, 도박을 금한다. 안식일을 지키게 하는 한편 생업을 갖고 근면, 성실한 삶을 살면서 자신과 가족을 봉양할 것을 의무화 한다. 당시 조선 사회의 일상에 대한 전면적인 도전이었다.

갑신정변이 실패한 이유는 조선 서민들의 지지를 얻지 못했기 때문이다. 메이지 유신을 통해 눈부시게 발전하는 일본을 모델로 하였지만 일본을 아는 조선 사람은 극소수였다. 대부분의 조선 민중들은 오히려 위정척사파의 반외세주의, 반일주의에 휩쓸렸다. 개신교는 외래 종교, 「서양 오랑캐」의 종교였다. 친일 개화파 못지 않게 반외세주의 표적이 될 가능성이 농후했다. 실제로 개신교 역시 조선 서민들의 저항에 직면한다. 1888년 「영아소동」이 대표적이다. 그러나 서민들과 밀착하여 의료, 교육, 전교 활동을 펼친 개신교 선교사들은 「양이」와 「외세」에 대한 조선 민중의 저항을 극복하면서 그들의 삶을 변화시켜 나간다.

개신교가 이토록 혁명적인 변화를 가져오는데 성공할 수 있었던 이유는 「신앙」 때문이었다. 개신교 신자들은 「개종」을 통하여 개신교가 요구하는 생활 규범들을 내재화 한다. 개신교의 규율과 규범은 외부로부터의 강제에 의한 것이 아니라 신자들이 신앙을 받아들이는 순간 자발적으로 실천에 옮기는 삶의 양식 그 자체였다. 규범의 완벽한 내재화였다.

1. 근대 의료

조선 조정은 의료정책을 포기한지도 오래였다. 전통 한의학 국립의료원이었던 혜민서(惠民署), 활인서(活人署) 등 서민들과 빈민들의 구제와 치료를 맡고 전염병이 돌 때는 환자를 수용하고 치료하던 기구들이 있었으나 활인서는 1743년에, 혜민서는 1882년에 폐지된다.

광혜원이 열린 후 존 헤론(John W. Heron), 로버트 하디(Robert A. Hardie), 찰스 빈튼(Charles C. Vinton), 올리버 에이비슨(Oliver R. Avison) 등 의사 겸 선교사들이 부임하면서 광혜원은 조선 최고의 의료 기관으로 급부상 한다. 개원 1주년을 맞아 알렌과 헤론이 1886년 작성한 「조선 정부 병원 제 1차 년도 보고서」에 의하면 광혜원은 개원 후

설립 당시 정동의 보구여관

첫 1년 동안 무려 10,460명의 양반, 평민 환자를 진료한다.

스크랜튼도 정동 감리교 선교본부 내에 작은 병원을 연다. 두 채의 집을 개조하여 한 채에는 환자 대기실, 수술실, 남자 환자용 병실 5개, 그리고 또 한 채에는 여성 환자용 병실 3개를 만든다. 병원은 개원 첫 해 2천 명 이상의 환자를 진료한다. 대부분의 환자들은 가난했고 지방에서 올라온 사람들이었다.

공간이 부족하여지자 스크랜튼은 확장 공사를 거친 뒤 1886년 6월 15일 다시 문을 연다. 이때 고종은 「시병원」이란 이름을 하사한다. 고종은 암살을 두려워하였고 알렌이 민영익을 살리는 것을 목격한 후 서양 의학의 중요성을 인지하고 있었고 그래서 스크랜튼과 알렌을 더 신임하였다.[1] 용한 의원으로 이름이 나기 시작하면서 시병원에는 조선의 환자들이 구름같이 모여들기 시작한다.

조선의 관습상 여성들이 남자 의사의 진료를 받을 수 없음을 알게 된 스크랜튼은 곧바로 감리교 여성해외선교회에 여성 의사를 조선에 파견해 줄 것을 요청한다. 1887년 감리교 여성해외선교회 북부지회는 메타 하워드(Meta Howard, 1862.6.13.~1930.7.28.) 박사를 조선에 파견한다.[2] 시카고 의대를 갓 졸업한 하워드 박사는 정동에 첫 여성을 위한 병원을 설립한다. 고종은 「보구여관(保救女館)」이란 이름을 붙여준다. 이 병원이 이화여대 의과대학의 전신이다.[3]

보구여관이 치료비를 낼 수 없는 환자들도 치료를 해 주자 수 많은 여성환자들이 찾기 시작한다. 그러나 하워드 박사는 2년 만에 건강 악화로 귀국한다.

스크랜튼 박사는 다시 감리교 여성해외선교회에 편지를 보내 하워드 박사 후임자를 보내줄 것을 간청한다. 여성해외선교회 서북지부는 1890년 로제타 셔우드 홀 박사(Dr. Rosetta Sherwood Hall, 1865.9.19. ~1951.)를 조선에 파견한다.

메타 하워드

로제타 셔우드 홀

로제타 셔우드 홀은 1865년 9월 19일, 뉴욕주 리버티(Liberty)에 있는 농장에서 3남매의 둘째로 태어난다. 아버지는 어머니 보다 24살이 많았고 전처 태생의 아이들이 있었다. 아버지는 마을 감리교회에

필라델피아에 있었던 펜실베니아 여자의과대학

서 일했다. 리버티 사범학교와 오스웨고 주립 사범학교를 졸업한 로
제타는 1883년 자신의 고향 마을에 있는 초등학교와 고등학교의 교
사로 부임한다. 1886년, 한 강연에서 인도에 의료 선교가 필요하다는
강사의 호소를 듣고는 펜실베니아 여자 의과 대학에 입학하여 3년 후
의학 박사 학위(M.D.)를 취득한다. 6개월 동안 뉴욕 스태턴아일랜드의
유아-아동병원(Nursery and Children's Hosptial)에서 인턴을 마친 로
제타는 뉴욕 남부 맨해튼의 매디슨가선교약국(Madison Street Mission
Dispensary)에서 임시로 근무한다.

　거기에서 그는 윌리엄 제임스 홀(William James Hall)을 만나서 약혼
한다. 홀은 캐나다 출신으로 약국의 의료 감독이었다. 그는 캐나다 감
리교의 선교사로 중국 선교를 떠나기로 되어 있었다. 셔우드는 홀과
함께 중국 선교를 가기 위하여 뉴욕여성외국선교회(Woman's Foreign
Missionary Society)에 신청서를 제출한다. 그러나 1890년 8월, 그는
메타 하워드의 후임으로 임명되면서 조선으로 임지가 정해진다.

윌리엄 홀은 자신의 선교회로부터 허락을 받고 셔우드와 함께 1891년 조선으로 향한다. 그들은 1892년 6월 27일 한양에서 결혼한다. 조선에서 결혼한 최초의 외국인이었다. 이듬해에는 아들을 낳는다. 아들의 이름은 셔우드였다. 윌리엄 홀은 평양을 자주 다니면서 그곳에 새로 선교 본부를 설립한다. 로제타 홀은 한양에 볼드윈 약국을 연다. 훗날 이는 릴

윌리암 제임스 홀

리안 해리스 기념병원(Lillian Harris Memorial Hosptial), 즉 「동대문 병원」이 된다.⁴

1894년 5월, 홀 가족은 평양으로 이사한다. 당시 평양은 아직도 외국인들의 거주가 금지되어 있었다. 반기독교인들의 소요와 청일전쟁의 먹구름이 덮치면서 이들은 한양으로 소환된다. 그해 9월 평양전투에서 일본군이 승리한 후 윌리엄 홀은 부상병들을 치료하기 위하여 평양을 잠시 다시 방문하지만 장티푸스에 걸려 그해 11월 한양에서 세상을 떠난다.

남편이 병사할 당시 임신 7개월이었던 로제타 홀은 아들과 함께 고향인 뉴욕 리버티로 귀향하여 부모님과 함께 산다. 1895년 1월 18일, 귀국한지 4일 후 로제타 홀은 딸 이디스 마가렛(Edith Margaret)을 낳는다. 그 후 2년 반을 미국에서 지내면서 조선 선교를 위한 강연과 모금 활동을 벌이는 동시에 남편 윌리엄 홀의 전기를 쓴다. 동시에 근처 나이엑-온-허드슨의 어린이 선교회 담당 의사로 근무하면서 뉴욕시

볼드윈 진료소(Baldwin Dispensary)

동대문 병원(Lillian Harris Memorial Hosptial)

의 국제의료선교연합(International Medical Missionary Union)에서 의학생들을 지도한다.[5]

1897년 가을 다시 조선으로 돌아온 로제타 홀은 1898년 5월 평양에서 의료 선교 사업을 다시 펼친다. 1898년 5월 23일, 딸 이디스 마가렛이 아메바성 이질로 죽은 후에도 1917년까지 평양에서 그리고

제물포에서 평양으로 떠나는 홀과 모펫(1894년)

로제타 셔우드 홀과
그의 아들 셔우드 홀과 딸 마가렛 홀

에스더 박, 박유산과 함께 한 로제타 셔우드 홀과
셔우드, 마가렛.

양화진 외국 선교사 묘역의 윌리엄 제임스 홀과 로제타
셔우드 홀, 셔우드 홀, 이디스 마가렛 홀묘비.

한양에서 의료선교를 지속한다. 1899년에는 「평양여성약국(Women's Dispensary in Pyongyang)」에 딸을 기념하는 이디스 마가렛 기념병동(Edith Margaret Memorial Wing)을 설립한다. 1906년 화재로 건물이 불타자 1908년 더 큰 「광혜여원(廣惠女院:Women's Dispensary of Extended Grace)」을 건립한다.[6]

로제타 홀은 조선 여성 의사 양성에도 심혈을 기울인다. 1890년대에는 박 에스더(1876.3.16. ~1910.4.13.)를 미국에 보내 의학 교육을 받도록 한다. 박 에스더는 조선 최초의 의학 유학생이 된다. 1928년에는 여성의료원 설립자 중 한명으로 참여하고 평양의 시각장애자, 맹아학교의 교장을 역임한다. 그는 한글에 기반한 점자를 최초로 개발한다.[7] 로제타의 아들 셔우드 홀 역시 의사가 되어 조선과 인도에서 결핵 퇴치에 일생을 바친다.[8]

1933년, 로제타 홀은 미국으로 돌아가 뉴욕 주 글로버스빌에 정착하여 새어머니의 병 간호를 한다. 그는 그 후로도 10여 년 동안 의사로 봉사하면서 글을 쓰고 강연을 하다가 1943년 감리교 선교사들을 위한 요양원에 들어가 1951년 세상을 떠난다. 로제타 홀의 시신은 화장되어 양화진 외국 선교사 묘역에 남편, 딸과 함께 합장된다.[9]

2. 근대 교육

아펜젤러는 서울에 정착하자마자 교육에 투신한다. 아직 선교활동이 금지되어 있고 조선어도 익숙하지 않은 그는 우선 2명의 조선 남학생을 가르치기 시작한다. 1885년 8월 3일에는 조선 최초의 근대 학교를 연다. 첫 학생들은 기혼자를 포함한 소수의 남학생들로서 영어를 배우는 것이 목적이었다.[10]

언더우드도 7월부터 찾아오는 아이들에게 영어를 가르치기 시작한다.

> 매일 아침 아이들 서너 명이 찾아옵니다. 저는 그들에게 영어를 가르쳐 주려고 애를 쓰고 있습니다. 학교로 사용할 수 있는 건물만 있다면 지금이라도 당장 시작해도 상당수 학생들을 불러 모을 수 있을 것입니다. 아직은 내 존재가 그다지 큰 호응을 받지 못하고 있지만 그 중에 열 두 명 정도 사내 아이들을 뽑아 가르친다면 제가 어학을 배우는 데 실천적인 도움을 줄 수 있는 인재들을 키우는 동시에 조선어를 직접 공부하는 데 소비되는 시간도 보충할 수 있지 않을까 여겨집니다.[11]

언더우드는 제중원 내에 주일학교를 시작하였고 1886년 2월에는 외무아문독판 김윤식을 통해 교육사업에 대한 공식 허가를 받고 5월 11일에 자신의 사택 사랑채에 「정동 고아원 학교」를 연다.

> 이 고아원에는 약 25명의 남자 아이들이 수용되어 있습니다. 그들은 방을 치우기도 하고 자기 먹을 음식을 마련하기도 하면서, 학교 운영에 필요한 일들을 많이 하고 있습니다. 그들은 새벽 3시 반에 일어나서 몸차림과 방을 잘 정돈해 놓고, 8시까지 한문을 공부하고, 외국인 선생들과 같이 아침 예배를 보고 나서 아침 식사를 합니다. 식사 후에 영어 공부를 조금 하고, 또 성경 공부를 합니다. 수업시간 사이에 쉬는 시간을 넣었고, 오후에는 놀기만 하고 복습도 하고 한문 공부도 조금 하게 되었는데 한문 공부는 조선인 교육에 요긴한 과목입니다.[12]

훗날 김규식과 도산 안창호가 이 학교를 졸업한다.

배제학당

고종이 하사한 배재학당 현판

　그해 여름 콜레라가 창궐하여 수백명이 죽고 사회는 공포에 떨었다. 그러나 1886년 11월 아펜젤러가 운영하는 학교에 30명의 학생이 등록한다. 이는 당시 조선에서 가장 큰 학교였다. 그러나 아직 기독교 교리를 가르칠 엄두는 내지 못한다. 영어를 가르친다는 구실 하에 종교 서적을 한 학생에게 보여주자 그는 이내 자신의 모가지가 달아날 것이라며 돌려준다.[13]

　1886년 2월 고종은 학교에 「배재학당」이란 이름을 내린다. 그리고 당시 외무독판 김윤식을 통하여 파란색 붓글씨로 쓰여진 학교 현판을

건축중인 배재학당

하사한다. 이로서 「배재학당」은 서양 선교사가 운영하는 최초의 「사액 서원」이 된다. 조선에서 국왕이 「작명하사(作名下賜)」하여 내린 「사액현판(賜額懸板)」을 내 걸 수 있다는 것은 그 기관이 국가가 인정하는 최고의 공신력을 가진 기관이란 뜻이었다.

아펜젤러의 학교가 사액현판을 받게 된 경위는 아펜젤러가 1887년 1월부터 외부 독판 김윤식 등의 정부 관리들을 자주 만나고 때로는 집으로 초청하여 식사를 대접하면서 학교에 대한 정부의 인가를 받아내고자 노력한 결과다. 김윤식은 2월 21일 외부(통리외무아문) 주사를 보내 국왕이 외부와 협의해 「배재학당」이란 이름을 지어주었다고 알린 후 3월 14일 「배재학당」이 새겨진 사액현판을 보내온다.[14]

정부의 인가를 받게 된 배재학당에는 더 많은 학생들이 등록한다.[15] 1886년 6월 배재학당이란 교명을 하사 받은 후 거행하는 첫 방학식 때는 재학생이 43명에 달했고 1년 동안 총 등록 학생 수는 63명이었다. 그 후 졸업생 중 4명이 전신국 직원(주사)으로 채용되면서 입학 지망생은 급증한다.[16]

1887년 말, 아펜젤러는 배재학당의 「대학당(College Hall)」의 초석을 놓는다. 이 건물은 「이 땅에 자유주의 기독교 교육을 펼치기 위하여 지어졌다」고 한다. 1895년이 되면 배재학당은 대학교 수업도 제공하기 시작한다.[17]

배재와 이화학당은 모두 서양교육을 실시하였지만 선교사들은 서양의 옷이나 풍습을 강요하지 않았다. 다음은 그들의 교육 철학이었다.

> 우리는 조선사람들을 더 나은 조선사람으로 만드는 것을 보람으로 여겼다. 우리는 조선사람들이 조선의 것에 대해 자랑스러워 하기를 원한다…. 우리가 여기에서 사업을 시작한지 얼마 안되는 짧은 기간동안에 우리는 점진적으로 우리가 마음속으로부터 하고 싶은 일을 하기 시작했으며 조선에는 조선의 가능성을 보여주기 시작했다고 생각한다.[18]

배재학당과 이화학당은 조선정부의 교육기관들과 달리 성이나 계급 차별을 하지 않았다. 남녀, 신분고하와 무관하게 학생들을 받아들이고 교육시켰다.

3. 신분제에 대한 도전

개신교회와 선교사들이 조선의 봉건적 신분질서를 타파하는데 얼마나 큰 역할을 했는지를 보여주는 단적인 예는 백정 출신 박성춘(朴晟春, 1862~1933)의 입교로 인한 곤당골 교회의 분열 사건이었다. 곤당골 교회(오늘의 승동교회)는 새뮤얼 무어(Samuel F. Moore, 1860.9.15.~1906) 목사에 의해 1893년 6월에 설립된다.[19]

1860년 미국 일리노이 주 그랜드릿지(Grand Ridge)에서 태어난 무

새뮤얼 무어   박서양(박봉출)

어는 몬태나대학(University of Montana)과 시카고에 있는 매코믹신학교(McCormic Theological Seminary)를 졸업하고 목사 안수를 받는다. 신학생 시절 시카고를 방문한 언더우드 목사의 설교를 듣고 조선 선교사로 자원하고 부인 로즈 엘리(Rose Ely Moore)와 함께 1892년 9월 조선에 도착한다.

무어는 한양에 도착하자마자 조선어를 배우기 위하여 곤당골 지역에 거주하면서 조선 사람들과 생활한다. 그 결과 조선에 도착한지 반년만에 「현지인 기독교인들과 대화를 나눌 정도로 그의 한국어 실력은 빠르게 향상되었다.」[20] 무어는 곤당골에서 불우 청소년들을 모아 영어와 성경을 가르치고 노방전도에 나서 길거리에서 큰 소리로 전교하였고 제중원도 매일 찾아 환자들을 상대로 한 전교활동도 벌인다.

그 결과 1893년 6월, 16명의 신자가 참석한 가운데 곤당골 교회의 첫 예배를 드리게 된다.[21] 언더우드 선교사가 세운 「새문안교회」에 이어 서울에서 두 번째로 세워진 장로교회였다.[22]

박성춘이 기독교를 처음 접한 것은 1893년 9월 경이었다. 오늘의 관철동 부근에는 백정들이 모여사는 「백정골」이 있었다.[23] 박성춘은 무어 목사가 길거리에서 전교하면서 팔던 기독교 서적을 접하고 아들 박봉출(박서양, 朴瑞陽, 1888.9.30.~1940.12.15.)을 곤당골 교회가 운영하는 학교에 보낸다. 박봉출은 학교에서 다른 책들도 빌려 아버지 박성춘이 읽도록 한다.

어느 날 박성춘이 장티푸스에 걸리자 에비슨 박사가 그를 치료하기 위해서 왕진을 가기 시작한다. 박성춘은 「어의(御醫)」였던 에비슨이 자신과 같은 천민을 치료해 준다는 것이 이해하기 힘들었다. 병이 나은 후 박성춘은 아들 박봉출의 거듭된 종용으로 교회에 나가기 시작한다.[24]

박성춘이 곤당골 교회에 나가기 시작한지 얼마 후 「청일전쟁」(1894. 7.25.~1895.4.17.)이 터지고 종전 후 조선에서는 「갑오개혁」(1894.7.27.~ 1895.7.6.)이 시작된다. 제 1차 갑오개혁은 신분제와 공사노비제도를 폐지한다. 그러자 박성춘은 제 2차 갑오개혁이 추진되고 있던 1895년 4월, 백정들도 갓과 망건을 쓸 수 있도록, 다시 말해 상투를 틀고 갓을 쓸 수 있도록 허용해 달라는 청원을 한다.

당시 백정들은 결혼을 하여도 상투를 틀고 갓을 쓸 수 없었다.

조선에서 소년은 절대로 모자를 쓰지 않으며 항상 머리를 땋아서 등뒤로 길게 늘어뜨린다. 결혼을 하면 머리를 올려서 상투를 틀고 모자를 씀으로서 어른이 된다. 남자 어른들은 남자 아이들에게 하대를 하고 아이들은 존대를 해야 했다. 나는 남자 아이들이 존대말을 정확히 하지 않는다고 뺨을 맞고 호된 벌을 받는 것을 본 적이 있다. 이러한 결례는 결코 용납되지 않지만 아이들이 존대말을 쓰고 어른들이 하대를 하는 관행이 뒤집어 지는 경우는 백정들 밖에 없었다. 백정을 제외한 다른 모든 신분의 아이들은 결혼을 한 백정에게도 하대를 하였고 백정은 아이들에게 존대를 해야 했다. 이것이야말로 조선의 백정들을 「뼛속까지 사무치게」하는 일이었다.[25]

박성철은 무어 목사에게 정부에 탄원서를 보낼 수 있도록 도움을 청한다: 「어느 날 그가(박성춘) 나에게 정부에 탄원서를 보내는 것에 대해 어떻게 생각하느냐고 물어왔다.」 무어 목사는 박성철을 도와 탄원서를 제출한다.

백정들은 긍정적인 답이 오기를 바라면서 간절히 기도했다. 탄원서 한 부는 당시 막강한 영향력을 행사하던 일본 공사 이노우 가오루에게 보냈다. 그는 백정들을 돕겠다고 하였으며 이에 백정들은 용기를 얻었다. 링컨대통령의 노예 해방 선언을 들은 흑인들도 갓과 망건을 쓰는 것을 허락한다는 포고문을 들은 백정들의 기쁨보다 더 클 수는 없었다. 어떤 사람들은 너무나 기쁜 나머지 밤에도 갓을 벗지 않았다.[26]

백정에 대한 차별은 공식적으로 철폐되지만 뿌리깊은 편견과 관습은 쉽게 사라지지 않았다.

많은 장소에 백정들에게도 갓과 망건을 허락하는 방이 붙는다. 그럼에도 불구하고 오랜 관습을 거역하는 것을 무서워한 백정들은 갓과 망건을 쓰는 것을 망설였다. 백정들의 조합 장이 된 박성춘은 기독교로 개종한 다른 백정들과 함께 동료 백정들이 갓과 망건을 쓸 수 있도록 용기를 북돋아 주고 도왔다. 그들은 다니는 곳 마다 기독교 서적들을 뿌렸고 자신들의 해방은 신의 도움으로 이루어진 것이라고 간증하고 다녔다. 수원에서 50명의 백정들이 모였을 때 박성춘은 자신이 때로는 다른 사람들과 동등하게 머리를 들고 다닐 수 있는 나라로 도망가고 싶어 한 적이 있다면서 백정들의 고난을 이집트에서 노예로 고통 받던 이스라엘 민족의 역사와 비교하였다. 「이스라엘 사람들은 물론 우리와 같은 그런 억압을 견뎌내야 하지는 않았지만 그들도 꽤 힘든 세월을 보냈고 그들을 해방시킨 것은 전능하신 하나님의 권세였다. 바로 그 하나님이 우리를 해방시켜 주셨고 그분을 제외한 그 어떤 곳으로부터도 반푼어치의 도움도 받은 것이 없다.」고 하였다.[27]

박성춘을 필두로 한 백정들은 무어 목사의 도움으로 조선 사회의 오랜 편견과 차별을 하나씩 극복해 나갔지만 정작 문제가 터진 것은 곤당골 교회에서였다. 문제의 발단은 1895년 4월 13일 박성춘의 세례였다. 백정들과 함께 교회를 다니던 곤당골 교회의 양반 교인들은 박성춘이 탄원서를 제출하고 백정들에 대한 관습들을 극복해 나가는 것을 알고 있었다. 그러나 막상 박성춘이 세례교인이 되면서 자신들과 대등한 교인이 될 것이라는 사실에 이들의 인내는 한계에 도달한다.

이 사건은 조선에서 백정들이 얼마나 차별을 받는지 보여준다. 이 관습은 조선 사람의 뇌리에 하도 깊이 뿌리 내리고 있어서 복음을 전해들은 사람들 조차도 극복하기 어려워한다. 그 당시 이 교회 교인들 중 다수는 양반 계급 출신이었다. 박성춘이 교회에 다니기 시작한지 얼마 안 된 어느 일요일 예배에 양반들이 대부분 결석하였다. 선교사가 그 중 한 사람에게 묻자 그는 다음과 같이 답했다: 「당신이 아시다시피 우리 교회에는 중대한 문제가 발생하였습니다. 우리가 이 곳에 온 것은 하나님을 경배하고 우리의 구세주를 섬기기 위해서였습니다. 우리는 조선의 많은 관습들을 버리고 상민들과 우리보다도 지체가 낮은 사람들이 우리와 함께 앉는 것을 허용하였습니다. 그러나 아직 조선의 관습이 조금은 남아 있습니다. 백정이 이 교회에 와서 우리와 함께 앉는다는 것은 우리가 받아들이기에는 조금 벅

참니다.」 그는 또 다음과 같이 말했다: 「우리는 그리스도를 버리려고 하는 것이 아닙니다. 우리가 새 교회를 지을지 아니면 어느 사랑채에서 모일지는 아직 모르겠지만 지금처럼 계속할 수는 없습니다.」[28]

결국 곤당골 교회의 양반 교인들은 1895년 여름 홍문동에 따로 교회를 세운다. 무어 목사는 큰 좌절을 맞본다: 「지금 입교인 중의 절반이 가버렸고 나는 하나님이 방황하는 양들을 다시 돌아오게 할 것이며 하나님 자신의 영광을 위하여 모든 일을 하시길 바란다. 나는 아이들과 더불어 너무나 많은 양들을 잃어버렸다.」[29] 그 후 3년 동안 홍문동 교회는 담임 목사 없이 에비슨, 밀러, 빈턴, 헐버트, 언드우드 목사 등이 번갈아 가면서 설교를 하면서 유지해 나간다.[30]

그러나 1898년 6월, 곤당골 교회가 화재로 전소되자 곤당골 교회와 홍문동 교회는 다시 합친다. 곤당골 교회의 교인들이 홍문동으로 옮겨와 예배를 드리게 되었고 무어 목사가 통합된 새 교회의 담임 목사를 맡는다. 교회 이름은 「홍문동 교회」를 그대로 유지하기로 한다.[31] 개신교를 통하여 조선은 신분질서와 뿌리깊은 계급의식, 편견을 극복해 나가기 시작한다.

4. 남녀차별에 대한 도전

개신교는 조선에 깊이 뿌리 내린 남녀 차별 의식과 제도에도 정면으로 도전한다. 첫 번째는 여성들의 교육이었다. 선교사들은 형언할 수 없는 속박과 착취와 차별에 지쳐 있는 조선의 여성에게서 놀라운 능력과 가능성을 본다.

어리석은 철학, 인위적인 종교의 교리, 애매모호한 법적인 권리, 문맹과 방치는 모두 조선에서 여성을 남성 밑의 지위에 묶어 놓았다. 그러나 조선의 여성은 이러한 억압에도 불구하고 이를 극복하면서 이론적으로는 불가능한 지위를 일상에서 차지하고 있다. 조선의 여성은 근본적으로 부지런하고 개성이 강하며 비상 상황에 능숙하게 대처할 줄 알며, 미신을 숭상하지만 끈기 있고, 불굴의 의지를 갖고 있고, 헌신적이다. 여성들의 부지런함과 성실함의 증거는 남자들의 것에 비해 훨씬 더 많이 찾아 볼 수 있다. 조선 민족의 옷을 입히는데 남자 재단사는 없다. 매우 풍성하여 마치 많은 양의 옷감을 낭비하도록 만들어진 것 같은 조선의 옷은 모두 여자들이 만든다. 그 다음에 이 모든 옷들을 세탁하는 일도 여자들의 몫이다. 매일 전 국민이 먹는 20만 가마의 쌀로 밥을 짓는 것도 여자들의 몫이다. 농촌에서는 남자의 몫을 하고 (우리는 여자가 남자와 함께 멍에를 지고 밭을 가는 것을 볼 수 있다) 수 천개의 작은 좌판에서 물건을 팔면서 능숙하게 장사도 한다. 실제로 조선의 남성들이 자신들이 장악했다고 착각하는 거의 모든 영역에서 조선 여성의 힘과 영향력을 발견할 수 있다. 고난의 시절이 찾아오고 집안이 굶주리게 되면 재빠른 바느질과 나는 듯이 빠른 세탁과 다리미질로 부인은 집안이 무너지는 것을 막는다.[32]

선교사들은 조선 여성 교육의 목표와 각오를 다음과 같이 표현하고 있다.

그들에게 실질적이고 보편적인 지식을 제공해줌으로써, 그들에게 관찰하고 결론을 도출하고 자신들이 배우는 것을 실질적으로 활용하고 적용하도록 하고, 다시 말해서 「생각」하는 방법을 배우고 자신들의 힘으로 문제를 해결하는 것을 가르치는 것, 이런 것들을 통해서 그들의 삶을 풍요롭게 해 주어야 한다. 수 대에 걸쳐 굳어진 관습을 극복하고 여자 아이들과 그들의 친구들에게 그들이 여자임에도 불구하고 공부를 한다는 것이 말이 된다는 것을 설득하고 용기를 북돋아 주는 것은 쉬운 일이 아닐 것이다. 그러나 우리의 투쟁은 거듭할수록 쉬워질 것이다.[33]

1886년 5월, 매리 스크랜턴은 감리교 선교 본부 내에 있는 아들 윌리엄 스크랜턴 집에서 조선 여성을 위한 최초의 학교를 개설한다. 당시 조선에는 서양 선교사들이 조선 어린이들을 잡아와 눈을 빼고 먼 곳에 노예로 판다는 소문이 돌고 있었다. 여학생들을 모으는 것은 지난한 일이었다.

스크랜튼은 여자 고아들을 위한 사업을 동시에 구상한다. 그러나 이 역시 여의치 않았다.

내 다음 사역은 빈민 구제가 될 것입니다. 2, 3주 전 이런 생각을 하였는데 올바른 방향이라 여기고 있습니다. 나는 버려진 고아들에 대한 이야기를 여러 번 들었습니다. 그 이야기를 듣고 당장 고아 두 명을 내 집에 데려 올 생각이었습니다. 새 집이 마련될 때까지 기다리지 않고 형편대로 곧 시작하려 했습니다. 오늘 아침까지 심사숙고한 끝에 두 명이 아니라 여섯 명을 데려다 기르기로 결심하고 내게 고아 이야기를 해준 사람에게 부탁해서 고아들을 더 데려오도록 하였습니다. 기대를 갖고 기다렸는데 그는 며칠이 지나 빈손으로 돌아와 「여자 고아들을 구하기 어렵습니다. 남자 고아들은 아주 많은데 어린 여자 아이들은 돈을 주고 사가기 때문입니다.」라고 담담하게 말했습니다. 이곳 남자들은 아주 극빈층이 아니면 부인이나 첩을 여러 명 거느리고 사는데 그런 배경에서 어린 여자 고아들을 사고 파나 봅니다.[34]

당시 조선에서는 인신매매는 당연한 것으로 받아들여졌다.

이 때 뜻밖에 학생 하나가 스스로 학교를 찾아 온다. 고위 관료의 첩실이었던 김씨 부인이었다. 그는 민중전의 영어 통역사가 되고자 하였다.

(여)학교 사업은 새 집으로 이사하기 6개월 전(1886년 5월) 스크랜턴 박사 집에서 시작하였다. 학생 한 명으로 시작했는데 그 여인은 한 관리의 첩으로서 그 남편은 이 여인이 영어를 배워 후에 왕비의 통역이 되기를 바랐다. 그러나 그 여인은 세 달 만에 우리를 떠났다. 첫 공식 학생은 10살짜리 여자아이였다. 스크랜턴은 허가없이 아이를 외국에 데려가지 않겠다는 동의서에 서명한 후에 등록시킬 수 있었다.[35] 이 김씨 부인보다 한 달 늦은 1886년 6월에 첫 항구적인 학생이 들어왔다. 의심할 나위 없이 이 소녀는 가난 때문에 우리한테 왔는데 그마저 며칠 후 그 어머니가 와서 차라리 굶을지언정 외국인에게 딸을 맡길 수 없다며 집으로 데리고 가겠다고 하였다. 동네 사람들이 그를 나쁜 어머니, 정신이 올바로 박히지 않은 여인이라고 비난하면서 「노부인」 말을 믿어선 안 된다고 하였다는 것이다. 「당분간은 잘 해줄 거다. 좋은 옷도 입혀주고 음식도 많이 줄 거다. 그러다가 미국으로 데려갈 거다. 그러면 딸의 운명이 어떻게 될지 뻔하지 않느냐」며 설득한 것이다. 결국 딸을 나라 밖으로 데려가지 않겠다는 서약서를 써준 후에야 그 어머니는 약간 안심하는 듯했고 몇 달이 지난 후에야 완전히 마음을 놓았다.[36]

1887년 1월 메리 스크랜턴은 교섭통상사무아문(외무부) 독판과 직원들을 집으로 초청한다. 조선어학 교사 겸 통역을 담당하던 교섭통상사무아문의 직원으로 부터 아문의 고위 관리들이 정동 언덕에 세워진 「대감 집보다 더 큰 집」을 구경하고 싶어 한다는 얘기를 듣고 그들을 집으로 초청하기로 결정한다.[37]

메리 그크랜튼이 첫 여학생을 받은 윌리엄 스크랜튼의 집

겨울이 끝나갈 무렵, 어머니(메리 스크랜턴)의 통역이 어머니에게 외부 독판과 직원들에게 명함을 돌릴 것을 강력하게 권하였습니다. 어머니는 처음에 망설였습니다. 그러나 외부 관리이기도 했던 통역이 그렇게 하는 것이 조선에서는 관례이고 그렇게 함으로써 우리를 알릴 수 있을 것이라 하면서 외부 독판과 관리들도 어머니의 새 집을 구경하고 또 여선교부가 무슨 일을 하려는지 보다 분명하게 알고 싶어 한다는 말을 전해 듣고 어머니는 그렇게 하기로 결심하셨습니다. 그래서 어머니는 명함을 보냈으며 통역이 중간에서 연락을 취하며 만찬 날짜를 잡았습니다.[38]

1월 말 메리 스크랜턴의 정동집에서 개최된 만찬에 김윤식 협판통상사무외에 협판 4명 중 3명이 참석한다.

이곳 여선교회 사업을 돕기 위해 본국 해외여선교회 지회 한 곳에서 보내준 환등기로 미국과 유럽의 경치, 그리고 성경 내용을 보여주었습니다. 이 그림들로 인해 우리를 불안해하던 것이 사라지는 듯 싶었습니다. 여기 서울에 있는 사람들은 아주 호기심이 많아 이 그림들을 보고는 관심이 많아 몇 번씩 보고나서 또 보려고 합니다. 그 날 저녁 초대 손님들은 아주 흡족

해 하는 것 같았습니다. 환등 상
영이 있은 후 만찬이 있었으며
그 후 여학생들이 들어와 교리
문답을 하고 찬송을 불렀습니
다. 독판과 관리들은 모든 것에
만족하여 그 어떤 때보다 기분
좋아했으며 아주 우호적인 관심
을 표명하였습니다.[39]

고종이 하사한 이화학당 현판

이 만찬에서 메리 스크랜턴은
여학교에 대한 오해와 낭설에 대
해 해명하면서 정부지원을 요청
하였고 그 자리에 있던 아펜젤러도 남학교의 학교명을 정부에서 지어
줄 것을 요청한다.[40]

만찬의 효과는 곧 나타났다.

지난 번 편지에서 말씀 드렸듯이 외부 독판은 여기 백성들로 하여금 내가
정부의 인정을 받고 있음을 알려줄 수 있는 모종의 조치를 취하겠노라고 약
속하였습니다. 그는 약속을 지켰습니다. 며칠 전 그는 우리 학교 명칭을 알
려왔는데 우리는 그것이 액자로 만들어져 전달될 것으로 기대했습니다. 여
기서는 국가에서 내린 명칭은 그렇게 액자로 만들어 보냅니다. 그리고 나서
그는 기수를 우리에게 파견하였습니다. 기수는 고위 관리들을 호위하도록
국가에서 붙여주는 병사입니다. 기수는 문서 운반과 같은 잡무도 처리합니
다. 국왕의 총애를 받는 관리라야 기수를 배당 받을 수 있습니다. 그러니 이
런 기수가 우리 선교부에 파견되어 내가 외출할 때마다 수행하는 광경이 여
기 사람들에게 얼마나 중요한 의미를 지니는지 쉽게 짐작하실 것입니다.[41]

이화학당 초기의 학생들

학교의 이름이 새겨진 사액현판은 곧 배달된다.

학교 이름은 더 없이 훌륭합니다. 학교 이름을 왕실에서 확정했다는 점
이 중요합니다. 조선 사람들은 특히 우아하고 시적인 여인을 지칭할 때
이화(배꽃)라고 부르는데 그런 연유에서 우리 학교 이름이 「이화학당
(Pear-Flower School)」이 된 것입니다. 전해들은 바로는 외부 관리들이
처음 정한 이름은 「완전한 믿음의 학당(Entire Trust School)」이었다는
데 사실 그 이름이 내 마음에는 더 들었습니다. 그런데 내 마음에 들었던
이 이름이 조선 관리들의 마음엔 들지 않았나 봅니다. 아무튼 관리들은 이
름을 바꾼 것이 다행이라 여기고 있으며 그렇게 해서 확정된 학교 간판이
지금 우리 학교 대문 위에 걸려 있습니다.[42]

사액현판이 걸린 후인 1887년 여름에는 학생 수가 11명으로, 연
말에는 18명으로 는다. 이때 45명을 수용할 수 있는 기숙사와 학사
가 완성된다.

전교를 통해 조선 여성들이 기독교를 받아들이는 과정은 동시에 여성차별에 대한 오랜 관습들을 극복하는 과정이었다. 1888년 9월 말, 이화학당에서 첫 여성 세례식이 있었다.

박 에스더

두 주 전 저녁에 부인 세 명이 세례를 받았습니다. 다른 이들도 뒤를 이을 것으로 생각합니다. 여기 조선 여인들은 이름이 없다는 점을 알려드리고 싶습니다. 부인들은 이 씨, 박 씨 같은 집안 혹은 어떤 남성의 소유일 뿐입니다. 그래서 우리는 이들이 세례를 받으러 나올 때 어떻게 불러야할지 몰라 곤혹스러웠습니다. 우리는 처음에 생각하기를 이들이 어렸을 때 불렸던 이름을 되찾아 주는 것이 좋다고 생각했습니다. 그런데 그들은 어릴 때 그저 「큰 애기」 혹은 「작은 애기」 같은 칭호로 불렸다는 것을 알았습니다. 이제 와서 그런 이름을 붙여주는 것이 적당하지 않다는 것을 알고 우리는 마르다(Martha), 미리암(Miriam), 살로메(Salome) 같은 기독교식 이름을 지어주기로 했습니다.[43]

조선의 여성들은 개신교로 개종하면서 처음으로 자신만의 이름을 갖게 된다. 비록 서양 이름이었지만 더 이상 가문이나 남편의 소유물, 누구의 어머니, 아내, 며느리로서가 아닌 자신만의 정체성을 갖게 된다. 훗날 진명여학교 학감, 경성성서학원 교수, 성결교회 전도사를 지내는 여메레(余袂禮, Mary, 1872~1933), 조선 최초의 여자 미국 유학생이자 여자 의사 박에스더(愛施德, Esther, 1876.3.16.~1910),

전삼덕 부인(앞줄 중앙)

조선 여성 최초로 미국대학 학사 학위를 취득한 하란사(河蘭史, Nan-cy, 1872.9.1.~1919.3.10.), 여성운동의 선구자이며 이화여자대학교 초대 총장을 역임한 김활란(金活蘭, Helen, 1899.2.27.~1970.2.10.), 독립운동가이며 여성운동가로 활약한 황애시덕(黃愛施德, 黃愛德, Esther, 1892.4.19.~1971.8.24.)등은 모두 개신교로 귀의함으로써 이름을 갖게 된 대표적인 인물들이다.

1890년 부터 동대문의 볼드윈 예배당에서는 남녀가 같은 예배실을 사용하기 시작한다. 주일 예배에서 남녀가 동석한 것은 조선 교회에 처음 있는 사건이었을 뿐만 아니라 수백년 간「남녀칠세부동석」의 관습을 이어오던 조선에서는 혁명적인 사건이었다. 메리 스크랜턴은 이 사건을 다음과 같이 소개한다.

남자와 여자가 같은 건물에서 예배를 드리도록 하는 것이 최선의 방법이라고 생각했습니다. 그래서 종이로 만든 칸막이를 방 가운데 길게 세워 놓고 한쪽에는 남자, 다른 한쪽에는 여자가 앉도록 했습니다. 남자와 여자들은 각기 다른 출입문을 사용하기 때문에 설교자는 함께 볼 수 있지만 남녀가 서로를 쳐다볼 수는 없습니다. 때때로 서양 남자의 얼굴을 보고서는 놀라 달아나는 여성이 있습니다만, 대체로 이 방법은 성공적으로 보입니다.[44]

1894년에는 평양에서 스크랜턴 목사가 최초로 북한지역에서 여성에게 세례를 베푼다.

하루는 평양에 있는 시크란돈 목사와 오석경(오석형), 김창식, 리은승 삼 씨가 각각 말을 타고 나를 심방하러 왔다가 우리 령감을 보고 예수 믿기를 권고하였다. 그는 본래 완고한 양반이라 여러분의 친절히 말하는 전도를 달게 받지 아니하엿스나 그때에 우리 집 다른 식구들은 다 믿기를 작정하였다. 이때 시크란돈 목사는 나에게 세례를 받으라고 하엿다. 나는 세례가 엇더케 하는 것인지 모르거니와 우리나라 풍속에는 여자는 모르는 남자와 대면하지 못하는 법이 잇스니 엇지하여야 하리닛가 하고 무르니 그가 대답하기를 그러면 방 가온대 휘장을 치고 머리 하나 내노흘 만한 구명을 낸 후에 그리로 머리만 내밀 것 갓흐면 물을 머리 우에 언저 세례를 베풀겟다고 하엿다. 나는 그의 갈아쳐주는 대로 하야 나의 적은 딸과 함께 처음으로 세례를 받게 되었다.[45]

5. 조선 최초의 선거와 자치

1887년 10월 7일, 언더우드는 다음과 같은 기록을 남긴다. 「지난주

화요일 우리는 두 명의 장로를 선출하고 그 다음 일요일 임명함으로써 장로교회의 조직을 완성하였다. 우리는 14명의 교인으로 시작하였고 일요일 한명을 더 받았다.」[46] 두 명의 장로를 「선출」하였다는 것은 투표를 했다는 얘기다. 조선 최초의 선거 기록이다.

이 역사적인 순간은 그 모임에 참석했던 존 로쓰(John Ross, 중국어: 나약한(羅約翰), 1842.8.9.~1915) 목사의 기록에도 남아 있다.

> 신약성서 문제로 뱃길로 한양으로 갔다. 뱃길은 여행을 가능하게 하였을 뿐만 아니라 쉽게 해줬다. 나는 특별한 날 저녁에 한양에 도착했다. 나를 맞아준 언더우드씨는 그날 밤 자신의 작은 예배당에 가서 그곳에서 자신의 작은 모임을 공식적인 장로교회로 조직할 것이라는 사실을 알려줬다. 어둠이 도시를 덮자 나는 그와 그의 의사 동료들과 함께 길을 나섰다…. 장지문을 살짝 두드리자 우리는 어느 방 안으로 인도 되었고 그곳에는 총명해보이는 정장한 14명의 남자들이 우리를 기다리고 있었다. 그 중의 한 명은 그날 밤 세례를 받았다. 그러나 보다 중요한 것은 그 참석자들의 투표를 통해서 그 중 두 명을 장로로 선출하는 일이었다. 그 중 두 명이 만장일치로 선출되고 그 다음 안식일에 공식으로 임명되었다.[47]

장로교에서는 회중이 장로를 선출하고 장로가 목사를 초빙한다. 모든 결정은 장로회(Presbytery, consistory)에서 결정한다. 조선의 장로교도 역시 장로를 선출한다.

> 장로교에서는 장로들은 종신직이다. 선교사들은 많은 사람들에게 장로 안수를 했다가 나중에 취소해야 하는 일을 피하고자 하였다. 그런 실수는 이미 사역 초기인 1889년에 저지른 경험이 있었다. 두 사람이 서대문 교회에서 안수를 받은 후 거의 곧바로 해임해야 했던 일이 있었다. 그러

최초의 조선인 목사 7인

나 그럼에도 불구하고 무엇인가 해야 했다. 1896년에는 26개 교회를 운영해야 했고 1897년에는 73개, 1898년에는 205개, 1901년에는 326개 교회를 운영해야 했다. 이 모든 교회의 운영을 책임질 수 있는 지도자들이 필요했다.[48]

어쩔 수 없이 일단 「영수」라고 불리는 안수받지 않은 장로들을 선교사들이 임명할 수밖에 없었다. 이들은 1년 임기로 봉직하였고 그 대신 재 선임 또는 재 선출될 수 있었다.

초기에는 선교사들이 이들을 임명하였고 「영수」는 교회가 영성적인 지도자들을 선별하는 일을 도왔다. 회중의 융화를 위하여 한 명 보다는 보통 두 명을 임명하였다.

그러나 이들의 역할은 점점 커진다.

영수들은 원래 선교사들의 수행인들이었지만 이들은 점차 교회들을 순회
하면서 운영하는 몫을 담당하기 시작하였고 교회들은 합동하여 이들의 월
급을 제공하였다. 이들은 목사와 마찬가지 역할을 하였지만 다만 안수를
받지 않았기 때문에 성찬식을 베풀 수는 없었다. 이들은 선교사들에게 보
고하였고 선교사가 교회들을 방문할 때 동행하였고 마치 목사처럼 모든
문제를 토의하는데 참여하였다. 이들의 임기는 월급을 제공하는 교회가
결정하였지만 회계년이 끝날 때 재선임 여부를 결정하였다.[49]

이처럼 조선의 장로 교회는 자체적으로 지도자를 선출하고 임기를 정
하고 재선출 여부를 자체적으로 결정하면서 자치를 배워가고 있었다.

6. 한글의 재창제

근대 한글은 개신교 선교사들에 의해 재발견되고 재창제된다. 개신
교 선교사들이 조선에 도착하기 시작했을 때 한글은 용도폐기된 상태
였다. 세종 대왕에 의해서 1446년 창제 되었지만 이후 조선의 지도층
에 의해서 완전히 외면 당하였기에 한글로 축적된 학문도, 문학도 없
었다.

정부의 8개의 큰 학교에서는 중국 문학과 중국 과학만을 연구할 뿐이고
조선어는 무시되고 업신여김을 받는다. 이 이상한 사실은 이 나라의 역사
로 설명이 된다. 두 세기도 더 전부터 조선은 너무나 중국에 예속되어 와
서 한문이 조선 정부와 상류사회의 공용어가 되기에 이르렀다. 정부의 모

든 관리는 보고서를 한문으로 써야만 한다. 국왕과 왕국의 연대기, 보고, 수령의 명령, 재판소의 판결, 과학서적, 비문, 통신, 상인들의 회계장부, 상점의 간판 등 모든 것이 한자로 쓰여진다.[50]

중국의 정복이 현 상태를 가져오기 전에 조선 사람들은 민족 문학을 가지고 있었는가, 그리고 그 민족 문학은 어떤 것이었는가, 이 문제는 매우 풀기 어렵다. 왜냐하면 조선의 옛날 책들은 완전히 망각 속에 빠져 거의 다 없어졌기 때문이다. 다불뤼(Daveluy) 주교는 오랜 세월 전교하는 중에 매우 희귀한 옛 책을 몇 권 모으는 데 성공하였다. 그런데 이 책들이 화재로 소실되었다. 오늘날 새 책은 거의 쓰는 이가 없다. 어린이와 여자들을 위한 소설, 시집, 역사책 등이 몇 권, 이런 것들이 거의 전부다.[51]

　미국의 목사이자 당대의 유명했던 동양학자인 그리피스(William El-liot Griffis, 1843.9.17.~1928.2.5.)도 이를 지적한다.

엄격하게 말하자면 조선 특유의 문학이란 존재하지 않는다. 민요나 옛날 얘기, 여자들과 아이들을 위한 소설 몇가지를 제외하고는 모두 중국식 사고의 틀 안에서 중국 문자(한문)로 표현되어 있다. 「배움」 또는 「교육」은 조선어와는 무관한 개념들이다. 조선어는 원시적인 수준에 머물러 있다. 유명한 작가나 시인들은 자신들의 언어를 사용하지 않았다. 한양에는 두 개의 책방이 있는 것으로 알려져 있는데 거기에서는 중국어 서적 밖에는 팔지 않는다. 조선어로 된 인쇄물은 찾아볼 수 없다. 왜냐하면 소위 배운 사람은 조선 고유의 문자로 쓰여진 것은 천한 것으로 간주하기 때문이다. 그런 사람들은 대개 중국식 교육에 푹 빠져 자신의 나라의 표음문자, 글에 대해서는 무지하다.[52]

그나마 찾을 수 있는 조선어 책은 내용이나 재질이 형편 없었다.

윌리엄 그리피스

조선의 평민들이 무엇을 읽는지 알고 싶다면 행길가에 널려 있는 움막 같은데 들어가거나 잡동사니를 파는 가게에 들어가 봐야 한다. 그런 곳에 가면 모자, 모자 씌우개, 그릇, 병, 기름 종이, 먹, 붓 등과 일상용품들 사이에 노래책, 짧은 소설책, 달력(almanacs) 등 대중 문학의 흔적을 발견할 수 있다. 소설들은 대부분 노란색 종이로 싸여 있으며 가로 7.5인치, 세로 9인치의 크기로 24, 또는 48페이지 정도의 길이이며 빨간색 실로 묶여 있다. 글은 순수 조선어체이며 필기체 언문, 즉 조선 고유의 표음문자로 쓰여져 있다. 저자의 이름도, 출판사나 출판된 장소 등은 이 볼품 없는 책들에 적혀 있지 않다. 종이는 가장 투박하고 싸구려의 볼품 없는 회색 빛깔이고 여기저기 구멍이 나 있고 얼룩이 나 있었고 종이에 지푸라기 조각들도 간혹 보여 더욱 볼 품 없게 만든다. 에드워드 꾸랑(Edward Courant) 씨의 두툼한 3권으로 된 「조선 문헌 목록(Bibliographie coréenne)」은 조선의 학자들이 중국어로 쓴 문학 작품들을 수록하고 있고 애스턴씨, 헐버트 교수, 게일 박사 등의 각고의 연구에도 불구하고 보통 사람들을 위한 조선어와 문학의 수준은 불행히도 조선어 책들의 수준보다 나을 것이 없다.[53]

당시 조선의 지식인들은 한글을 천시하고 철저히 무시했다.

나는 수 차례 조선의 선비들에게 자신들의 모국어를 가꿀 것을 종용해 봤
고 심지어는 영국의 작가들의 예를 들면서 수치를 느끼게끔 해보려고도
하였다. 그러나 모두 헛수고였다! 그야말로 「마이동풍」이었다.[54]

개신교 선교사들이 언문을 발견할 당시 한글의 실체였다. 그러나 선
교사들은 한글의 놀라운 잠재력을 알아본다.

선교사들은 성서와 기타 기독교 문학과 서적들을 「언문」이라 불리는 조
선의 글로 인쇄한다면 조선 사람들을 모두가 글을 읽을 수 있게 할 수 있
을 것이라는 사실을 한눈에 알아봤다. 그렇게 함으로써 「여자도 배울 수
있을 정도로」 쉽기 때문에 언문을 그토록 경멸한 사대부 계급을 일시적으
로나마 소외시킬 수 밖에 없었다. 조선의 글은 따라서 기독교를 전파하는
데 있어서 헤아릴 수 없이 값진 도구가 되었다. 무지한 남자, 여자, 아이
들도 곧 글을 읽고 쓸 수 있게 되었다. 사대부 계층이 자신들의 성경과 책
들을 굳이 중국어로 인쇄하는 것을 원한다면 그렇게 해 주겠지만 일반인
들은 한글을 사용하면 됐다. 언문은 며칠이면 배우고 곧바로 조선어 성경
을 읽고 조선의 글과 말을 배울 수 있었기 때문에 선교사들에게도 큰 축
복이었다.[55]

그럼에도 불구하고 선교사들을 뛸듯이 기쁘게 한 것은 놀라운 보물이 그
들을 기다리고 있었다는 사실이다. 「열려라 참깨」라 외치며 수 많은 보물
을 훔친 알리 바바도 언문 표음문자의 존재를 발견한 언더우드와 아펜젤
러보다 기쁠수는 없었다. 아름다운 표음문자 체계는 수 백년 전에 이미 발
명되었다. 그러나 러시아의 피터 대제가 네덜란드로부터 가져온 수 많은
발명품들이 수 백 년동안 박물관 수장고 원래 박스에 포장된 채로 그대
로 묻혀 있었듯이 언문도 마찬가지였다. 「놀라움의 계단을 통해 낙원에까

지 올라간」 복음의 전령들은 이 문자를 이용하여 서간, 소책자, 책, 그리고 궁극적으로 살아있는 신의 말씀을 그 안에 모셨다. 조선이 일본에 비하여 그토록 빨리 기독교를 받아 들인 이유에는 여러가지가 있겠지만 그 중 가장 중요한 것 중 하나는 복음이 조선의 평민들에게 가장 익숙한 말과 글을 통해서 전해졌기 때문일 것이다. 조선의 특권층 학자들은 언문을 너무 배우기 쉽다는 이유로 「더러운 글」이라고 비판할지 몰라도 선교사들은 이 경멸의 대상이던 흙그릇을 천상의 보물을 담는 용기로 만들었다.[56]

물론 오랜 세월 폐기 되었던 한글은 많은 한계를 안고 있었다.

언문과 조선의 일상어가 많은 제약을 안고 있다는 것은 사실이다. 중국 단어들을 섞지 않고는 학술적인 글을 쓸 수가 없다. 그런 의미에서 조선어는 몇 세기전 우리의 언어(영어)나 오늘의 일본어와 다를 바 없다. 심지어는 영국에서도 필사본 책의 시대에는 철자법이 아무런 의미가 없었다. 그리고 인쇄술이 도입된 이후에도 식민지 시대의 미국에서 볼 수 있듯이 철자법은 엉망이었다. 선교사들이 오기 전까지 조선어의 철자법과 띄어쓰기가 부재하였다면 이들이 개정을 하고 새로운 기준들을 만들어 낸 후에도 많은 문제점들이 남아 있었다.

그럼에도 불구하고 서양 선교사들이 「언문」을 적극 사용하기 시작하면서 한글의 잠재력이 드러나기 시작한다.

조선은 복음의 전령들이 도래하기 전까지는 자국의 문학을 갖고 있지 않는 나라들 중 하나였다. 이는 결코 외국 학자들을 우쭐하게 만들려고 괜히 하는 소리가 아니다. 조선어로 번역된 성경은 조선 사람들의 정신과 가슴을 뛰게 하였을 뿐만 아니라 그 전까지는 알려지지 않았던 새로운 사유 체계에 숨을 불어 넣었고 말과 글의 새로운 기준을 마련함으로써 진정한 의미에서의 국문이 태동할 수 있는 계기를 마련하였다.[57]

1) 로쓰와 최초의 한글 성경

최초로 한글을 이용하여 성경을 번역한 사람은 존 로쓰였다. 스코틀랜드 서북쪽의 작은 어촌에서 태어난 로쓰는 글래스고우 대학과 에딘버러 장로회신학대학(Theological Hall, Edinburgh)을 졸업한 후 1872년 스코틀랜드 연합장로교회 해외선교본부의 중국 선교사로 오늘의 랴오닝성 잉커우(營口)에 파견된다. 그 후 선양(瀋陽)으로 옮겨 1889년 「동문관 교회」를 설립한다.

로쓰는 잉커우 거주 당시인 1873년 가을 전도지 탐색을 위해 동만주를 여행한다. 이때 그는 조선-만주 국경의 통화현(通化縣)의 「고려문(高麗門)」에서 중국인들과 장사를 하기 위해서 그곳에 와 있던 조선 사람들을 처음 만난다.[58] 당시의 조선 사람들은 서양인들을 극도로 기피하였기에 로쓰는 조선에 대해서 아무것도 알아낼 수 없었다.

그러나 「조선 사람에 대해 관심이 더욱 커진」 로쓰는 이듬해 다시 조-만 국경지대를 찾는다. 조선에 대해서 배우고 싶었던 로쓰는 자신에게 조선 말을 가르쳐 줄 사람을 찾았고 이응찬을 만난다. 로쓰는 1875년부터 이응찬의 도움으로 동료 선교사 존 매킨타이어(John Mac-

존 로쓰

Intyre, 1837 ~1905)와 함께 누가복음을 조선어로 번역하기 시작한다. 이 과정에서 이응찬은 기독교로 개종한다.[59]

1878년에는 서상윤(徐相崙, 1848~1926), 서상우(서경조, 徐景祚, 1852.12.14.~1938.7.27.) 형제가 만주에 장사를 하러 간다. 그러나 돈이 다 떨어진 서상윤은 장티푸스에 걸려 자포자기한 상태였다. 로쓰와 매킨타이어는 서상윤을 잉커우의 선교 병원에 데려가 치료해 준다. 서상윤은 1879년 로쓰 목사로부터 세례를 받는다.

> 이 권서인 서상윤은 개혁교회 신앙에 입교한 최초의 조선인 개종자이다. 그는 나와 함께 몇 년 전에 「누가복음」을 조선말로 번역하였고, 번역이 끝나자마자 나에게 세례를 받겠다고 말하였다.[60]

동생 서경조는 조선으로 귀국하지만 서상윤은 로쓰와 함께 선양으로 돌아가 조선어 성경 번역과 출판 사업을 돕는다.[61] 서상윤은 번역뿐만 아니라 목판을 깎아 식자 작업까지 한다.[62] 로쓰는 1882년 가을 심양의 「문광서원」에서 『예수성교 누가복음 전서』와 『예수성교 요한복음 전서』를 출판한다.[63]

이 과정에서 로쓰는 한글의 탁월함을 깨닫는다.

> 조선의 글자는 현존하는 문자 가운데서는 가장 완전한 문자다.[64]

로쓰는 이어서 서상윤, 김진기, 이응찬, 백홍준 등의 도움을 받아 1883년에는 『제자행적』과 『예수 성교 전서 말코 복음』을, 1884년에는 『예수 성교 전서 마대복음』을 발간한다. 이때까지 로쓰, 서상윤 등이 번역한 한글 성서는 1만 5천부 넘게 팔린다. 1887년에는 신약성서 전부를 『예수 성교 전서』라는 제목 하에 출판한다.[65]

서상윤은 한글 성서가 출판되자 권서인(勸書人, colporteur)으로 조선 방방곡곡을 다니면서 전교를 하다가 황해도 장연군 송천(속칭 솔내)에 정착한다. 솔내에는 서상윤 주도로 조선 최초의 장로교회가 설립된다.[66] 동생 서경조는 1887년 한양에서 언더우드 목사에게 세례를 받고 1907년 다른 6명과 함께 목사 안수를 받음으로써 조선 최초의 장로교 목사가 된다.[67]

로쓰는 그 후에도 『한영문전입문(韓英文典入門), *Corea, Its History, Manners and Customs*(한국지: 그 역사, 생활, 관습)』 등의 책들을 출간한다.[68]

2) 이수정의 한글 성경

한글 성서 번역 작업은 일본에서도 진행된다. 이수정은 1882년 9월 29일 박영효가 이끄는 수신사의 비공식 수행원으로 일본에 건너간다.[69] 일본에서는 당시 일본 기독교의 거물로 아오야마 가쿠인 대학교, 도시샤 대학교 등 설립에 앞장 섰던 츠다 센(津田仙, 1837.8.6.~1908.4.24.)을 찾는다. 신사유람단의 일원으로 일본을 방문하여 츠다 센에게 근대 농법을 배워온 안종수(安宗洙, 1849~1896)의 적극적인 추천으로 이수정 역시 근대 농법을 배우고 싶었기 때문이다.[70] 츠다 센은 훗날 일본 최초의 여자 대학교인 츠다주쿠 대학을 설립한 친 딸 츠다 우메코(津田梅子, 1864.12.31.~1929.8.16.)를 이와쿠라 사절단 일원으로 미국에 보내기도 한 인물이다. [츠다 센에 대해서는 제 2권 제 8장 「신사유람단과 본격화되는 일본 배우기」 참조. 츠다 우메코에 대해서는 제 2권 제 2장 「이와쿠라 사절단의 여정」 참조]

이수정은 츠다 센의 집에서 한문으로 된 「산상수훈」 족자를 읽고 감명 받아 츠다로부터 기독교 교리에 대한 설명을 듣고 한문 성경을 받는다. 그후 츠다는 이수정을 쯔기츠(露月町) 교회의 야스카와 토오루(安川 亨) 목사에게 소개한다. 1882년 크리스마스 예배에 참석한 이수정은 회심 체험을 하고 회중들 앞에서 신앙 고백을 한다. 그리고 1883년 4월 29일 도쿄 로게츠쵸교회에서 미국 선교사 조지 녹스(George W. Knox, 1853~1912)에게 세례를 받는다.[71]

세례 후 이수정은 1883년 6월 한문 신약성서에 조선어 토를 단 『현토 한한 신약성서』를, 그리고 국한문 혼용체로 『신약마가복음서언해』를 번역하여 1885년 2월 요쿄하마에서 미국 성서공회를 통해 출판한다. 이어서 『누가복음서』를 번역하고 매클레이 목사의 요청으로 『감리교교리문답서』를 번역한다.[72] 1884년에는 조선어 토를 단 한문복음서 일부분과 『사도행전』 1천 부가 출판되고 1885년 초에는 한글 번역 『마가복음』이 인쇄된다.[73]

언더우드가 조선에 건너올 때 갖고 온 성서는 바로 이수정이 번역한 신약성서의 일부였다.

3) 언더우드와 아펜젤러의 한글 성경 번역

조선에 정착한 개신교 선교사들 역시 곧바로 성서 번역 작업에 돌입한다. 한글 성서 번역에 동참했던 미국 남장로교회 선교사 윌리엄 데이비스 레이놀즈(William Davis Reynolds, 이눌서, 李訥瑞, 1867.12.11.~1951)는 번역 초기의 상황을 다음과 같이 묘사하고 있다.

로쓰역과 이수정역은 원문과 조선어에 조예가 깊은 외국인의 적절한 수정이 없이 조선인 학자들만이 중국어와 일본어 성경에서 번역한 것일 수 밖에 없었다. 우리들은 언제나 이들 선구적 번역에 감사하지 않을 수 없다. 그러나 과장된 문체이며, 지나친 한문투이며, 사투리 표현이며, 빈번한 오

성서번역위원회(Board of Bible Translators). 앞줄 왼쪽에서 첫 번째가 윌리엄 레이놀즈(William Reynolds),
두 번째가 언더우드

역이며, 괴상한 철자며, 거칠은 활자 등은 초기 선교사들로 하여금 구번역
을 고쳐 만드느라고 시간을 낭비하느니보다 새로 번역하는 편이 더욱 낫
겠다는 결론을 내리게 하였다.[74]

그러나 실제로는 로쓰와 이수정의 번역본을 기본으로 새로운 번역
작업이 이루어진다. 일례로 아펜젤러는 「나는 존 로쓰가 낸 성누가복
음서를 수정하는데 상당히 많은 시간을 소비했다」고 말하고 있다.[75]

1887년 2월 한양의 개신교 선교사들은 「성서의 조선말 번역이나 또
는 그 번역의 감수를 목적으로 위원회를 구성하자는 의안에 합의」하
고 임시 헌장과 세칙을 마련한다. 이 위원회는 상임성서위원회, 번역
위원회, 수정위원회 등을 두기로 한다. 그러나 선교사들의 숫자가 제
한되어 있어서 각 위원회 위원들은 다른 위원회 위원을 겸임할 수 밖
에 없었다.[76]

결국은 언더우드와 아펜젤러가 주도하여 1890년에 『누가 복음』과
『요한 복음』의 번역을 완성한다. 1890년 부터는 언더우드와 스크랜턴

이 「2년 이내에 신약성서 전권의 시험판을 내놓을 2인 위원」에 임명된다. 그러나 이들의 작업은 계속 해서 지체된다.

이러한 지난한 과정을 거쳐 1900년에 한글 신약성서가 완역, 출판된다.

> 1900년 9월 9일, 한양의 제일 교회에서 조선어 『신약성서』의 완역에 대한 감사예배가 거행되었다. 중국에서는 「의화단」 폭동이 벌어지고 있던 바로 그 때, 그리고 그 폭동을 피해 온 사람들이 동석한 자리에서 미국 공사 알렌 박사는 기념사 후에 번역자들 한사람 한사람에게 특별히 장정한 『신약성서』를 증정하였다. 아펜젤러의 성서에는 그와 함께 그 영광스러운 번역 작업에 동참했던 동료들의 서명이 있다.[77]

7. 개종과 규율의 내재화

광혜원의 명성과 서양의약의 효험에 대한 소문은 급속히 퍼져나가고 선교사들이 설립한 학교에는 조선 학생들이 모여들지만 아직도 공개적인 선교를 하기에는 상황이 여의치 않았다. 선교사들 사이에서도 공개적인 선교활동을 할 것인지 우선 의료와 교육활동에 전념할 것인지에 대하여 격론이 벌어진다. 감리교는 의료와 교육봉사를 통한 점진적인 선교를 주장했던 반면 서민들을 대상으로 하는 선교가 목적이었던 장로교 선교사들은 보다 적극적인 선교를 주장한다.

감리교의 아펜젤러 목사는 1886년에도 「조선의 현 사회적 정치적 실정이 이러하므로 선교사들은 누구를 막론하고 공개적인 전도 사업을 시도하지 않는 것이 좋다는 것이 공론이었다」고 한다.[78] 그러나 장로교의 언더우드 목사는 1886년 7월 비밀리에 서울에서 첫 세례를 주고 이듬해에는 추가로 20명을, 그리고 1889년 4월에는 또 33명에게 세례를 준다.

이쯤 되자 감리교 선교사들도 적극적인 선교에 나선다.[79] 1887년 가을 아펜젤러는 선교사택 근처의 작은 집을 사서 베델교회라 이름 짓고 10월에 조선에서 최초로 감리교 예배를 드린다. 첫 예배에는 조선사람 신자도 4명이 참석했다.

언더우드 목사 부인의 말대로 조선의 민중들은 「목자를 잃은 양과 같이 광야에서 길을 잃은」, 「힘 없고 배고픈, 죽을 준비가 되어 있는」, 따라서 「복음이 오면 그리스도의 멍에를 짊어질 준비가 되어 있고 그분 만이 주실 수 있는 안식을 취할 지친 영혼」들이었다.[80]

1896년 가을 언더우드 내외는 내륙으로의 두 번째 전교 여행을 떠난다. 첫 번째 목적지는 행주 근처에 있는 「수도에서 11마일 정도 떨어진 강가의 더러운 작은 어촌」이었다. 행주에서의 전교는 콜레라가 휩쓸고 지나간 1895년 가을에 신화순이라는 그 동네 사람에 의해서 시작되었다. 가난했던 신화순은 본인의 고백대로 기독교에 관심 있는 척 하면서 혹시 교회와 관련해서 돈을 벌 수 있는 직책이라도 얻어 볼까 해서 언드우드 내외 주위를 맴돌고 있었다.[81]

콜레라 병원이 개원한 후 그곳에 여러 번 들린 그는 외국 여자들이 밤새도록 병든 조선의 노동자(coolie)들을 간호하는 것을 보고 놀랐다. 어느 날 그 중 한 명이 모든 노력에도 불구하고 죽자 그를 위해 목놓아 우는 것을 보고는 놀라고 감동하여 「이 종교에는 무엇인가가 저들로 하여금 우리를 이토록 사랑하게 하는 것이 있다, 자신을 잊어버리는, 내가 전에는 꿈도 못 꿔본 어떤 것, 신비로운 것, 영광스러운 것, 아, 내 것이었으면!」했다.[82]

병자들을 극진히 치료하고 간호하다가 살리지 못했을 때 슬퍼서 우는 모습이 낯설어 보일 정도로 조선 사회는 각박했고 병들어 있었다. 개신교 선교사들의 헌신적인 모습은 부패와 불신이 팽배하고 생존 경쟁에 내 몰렸던 조선의 서민들을 감동시킨다. 온정과 도움의 손길, 평화와 사랑에 굶주렸던 사람들은 개신교를 통해서 새로운 세상을 접한다.

> 그는 굶주렸었고 하나님은 그를 먹이셨다. 그는 구세주를 찾아 나섰고 이내 찾았다. 그리고 구세주를 찾은 다음에는 곧바로 다른 사람들에게 복음을 전하기 시작했다. 그는 조선사람들이 무거운 짐을 옮길 때 사용하는 지게를 지고 그는 이렇게 소박한 방법으로 밥벌이를 하면서 전도, 즉 말씀을 전하기 시작했다. 그는 행주까지도 가서 강변에서 비웃는 사람들 앞에서 하루 종일 얘기 했다.[83]

놀라운 것은 신화순의 전도로 그 마을 사람들이 개종을 하고 새로운 신을 믿게 되었다는 것 뿐만 아니라 「한때 가장 무섭고 평판이 나빴던 마을은 정직하고 존경 받는 마을이 되었다」는 사실이다.[84] 새로운 신앙을 갖게 되었을 뿐만 아니라 개종한 개개인과 그들의 공동체의 삶의 행태 자체가 근본적으로 변한다.

신화순의 마을이 변하자 하루는 그 옆 마을 사람들이 언더우드 목사를 찾아온다. 그들은 언더우드에게 행주의 기독교인들과 관련이 있느냐고 묻고 그렇다고 하자 「우리도 그들이 지금 실천하고 있는 교리가 담긴 책들을 사고 싶습니다. 우리 마을에서도 그 교리를 배우고자 합니다.」고 한다.[85]

사연을 들어보니 이들이 살고 있는 「삼위(Sam Oui)」는 신화순이 살고 있는 마을에서 3마일 정도 떨어져 있는데 과거에는 서로 간에 싸움이 잦을 날이 없었다고 한다. 행주의 아이들은 늘 삼위의 밭에서 야채와 과일, 밤 등을 서리해갔다고 한다. 그런데 「이제는 더 이상 밤을 서리하려고 나무에 오르지 않는 것뿐만 아니라 땅에 떨어져 있는 밤 조차도 줍지 않는다」고 한다.

이들이 궁금했던 것은 도대체 무슨 교리이기에 배고픈 아이들이 땅에 떨어져 있는 밤 조차도 줍지 않게 만드는가 였다. 이는 놀라운 일이었다. 물론 아이들은 도둑질이 나쁘다고 배운다. 특히 잡히면 벌을 받을 테니 훔치지 말라고 가르친다. 그러나 아이들이 훔치고 싶은 마음조차 들지 않게 하는 그런 교리와 믿음이 있다는 것을 이들은 처음 들어봤다고 한다.[86]

행주의 주막집 주인 한 명은 개종을 한 후 이웃에게 술을 파는 것은 잘못 된 것이란 사실을 알고 갖고 있던 술을 도매상이나 다른 주점에 파는 대신 길에 모두 부어 버렸다고 한다. 그는 막 노동꾼으로 일하기에는 몸이 너무 약했고 그렇다고 밥벌이를 할 다른 재주도 없었고 논밭도 없었다. 그는 일거리를 찾아 근근이 살아갔고 그와 가족들은 늘 굶주렸다. 그러나 그는 신앙을 버리지 않았다. 당시 조선 민중이 사랑과 믿음과 소망 그리고 규율과 기강이 잡힌 삶을 얼마나 목말라 했는지 알 수 있다.[87]

언더우드 목사 부부가 행주에 도착했을 때 찬송가를 부르는 동네 사람들은 마을 어귀에 나와서 찬송가를 부르면서 목사 내외를 열렬히 환영한다. 언더우드 목사 부부는 행주에 3일 동안 머무르면서 38명에게 세례를 베풀고 한 쌍을 결혼 시키고 113명과 교리문답을 하고 아기들에게 유아세례를 준다.

언더우드 목사 부인이 행주에서 여성들과 모임을 가졌을 때 조선에서 영아들의 사망률이 매우 높은 것에 대해 얘기가 나왔다. 그는 아기들이 이 세상에 있을 때는 구세주가 품에 안고 쓰다듬어 주시고 그리고 죽은 후에는 그 영혼들이 하나님의 얼굴을 뵐 수 있다고 얘기 한다.

그리고 하나님을 믿어야 죽은 후에 다시 아기들을 하늘나라에서 만날 수 있을 거라고 얘기 한다.

그러자 갑자기 여인 중에 한 명이 통곡을 하기 시작했다. 진정을 시키고 얘기를 들어보니 그 여자는 한 때 무당이었다. 그런데 무당이었을 때 갑자기 신이 들려서 안고 있던 자기 아이를 내동댕이쳐서 죽였다고 한다. 아이를 죽인 어미로서 다시 행복해 질 수 있을지, 신이 자기를 용서해 줄지, 그리고 죽은 아이를 다시 볼 수 있도록 해 줄지 물었다. 하나님은 모든 것을 용서하고 평화를 주신다고 하자 여자는 하나님을 받아들였다.[88] 당시 조선의 여성들이 무지와 미신 속에서 얼마나 불행한 삶을 살고 있었고 기독교의「복음」이 얼마나 이들에게 큰 위안이 될 수 있었을까 짐작할 수 있게 해주는 일화다.

「장로교 칠거지악」

개신교 선교사들은 막연한 신앙을 요구한 것이 아니었다. 개종이란 개신교가 요구하는 일상의 규율과 규칙을 받아들이고 내재화하는 것이었다. 장로교 선교사들은 세례를 받고자 하는 예비 교인들에게 세례의 조건으로 다음과 같은 규범과 규칙들을 준수할 것을 요구했다.

첫째, 누구든지 교인이 되려면 조상숭배를 해서는 안 된다. 교인은 오직 하나님만을 섬기고 어떤 경우에도 다른 신을 섬길 수 없다. 따라서 조상신을 섬기는 제사는 어떤 경우에도 용납될 수 없다.

둘째, 안식일을 거룩히 지켜야 한다. 주일은 안식의 날이고 거룩한 날이므로 사람이나 짐승이나 모두 안식을 취해야 한다. 생계 유지를 위해 일해서는 안 되고 엿새 동안 힘써 일하고 주일은 쉬어야 한다 (그러나 긴급을 요하는 일은 할 수 있다).

셋째, 부모를 공경하라. 살아 계신 부모에 대한 효도는 하나님의 명령이므로 살아 생전에 부모 섬기기를 주께 하듯 해야 한다.

넷째, 불법적인 혼인 관계를 금하라. 하나님께서는 일남일녀를 지으시고 부부로 삼으셨으니 서로를 버려서는 안 되고, 첩을 두거나 음란한 일을 해서는 안 된다.

다섯째, 먼저 자신의 가족에게 복음을 전하라. 모든 교리를 행하는 것은 무엇보다 중요한 것이므로 자기 가족을 설득하여 찬양하고 기도하며 일심으로 하나님을 의뢰하고 순종케 해야 한다.

여섯째, 생업에 근면하고 계명을 지키라. 하나님은 일하기 싫거든 먹지도 말라고 하셨다. 어느 누구도 일하지 않고 먹을 수 없다. 게으르지 말라. 거짓말하지 말라. 시기하지 말라. 도적질하지 말라. 정직하게 돈을 벌고, 힘을 다해 자신과 가족을 부양하라.

일곱째, 악한 범죄를 피하라. 성경은 술 취함과 노름을 금하고 있다. 이런 것에서 분쟁과 싸움, 살인과 상해가 나온다. 포도주, 아편을 만들거나, 먹거나, 팔지 말고, 도박 집을 개설하지 말고, 어떤 방법으로든지 남을 타락시키는 일을 해서는 안 된다.[89]

조선은 아래로부터 변한다.

제 4 장
종교개혁과 칼뱅

제4장

종교개혁과 칼뱅

기울어져가던 중세 가톨릭 교회에 결정타를 가한 것은 마틴 루터 (Martin Luther, 1483.11.10.~1546.2.18.)였다. 그는 인간의 구원은 교회를 통해서 이루어지는 것이 아니라 「오직 개인의 신앙(sola fide)」과 「오직성서(sola scriptura)」, 그리고 「오직 신의 무조건적인 은총(sola gracia)」을 통하여 이루어진다고 주장한다. 1,000년에 걸쳐 개발되고 세련화된 교회의 온갖 제례와 제도는 인간을 죄악으로부터 구하는데 하등 도움이 될 수 없을 뿐만 아니라 성서에서 그 근거를 전혀 발견할 수 없는 것들이라고 한다. 교황 역시 원죄를 짓고 태어난 인간이기에 결코 「무오류(無誤謬)」일 수가 없다면서 지상에서 신의 대리인 역할을 자임한 교황과 교회의 권위를 전면 부정한다.

종교개혁이 가능했던 것은 루터의 신학뿐만 아니라 그의 개인적인 카리스마 때문이기도 했다. 교회가 반격해 올 때마다 일개 수도승에 불과했던 루터는 놀라운 카리스마로 위기를 극복하고 「개신교」의 기틀을 마련하는데 성공한다.

그러나 루터는 결코 새로운 종파를 만들려고 하지 않았다. 그는 어디까지나 가톨릭 교회가 내부의 개혁을 통해서 새롭게 태어나기를 바랬다. 따라서 그는 일생을 통하여 올바른 신앙생활을 어떻게 해야 하는지, 그리고 교회의 어느 부분을 개혁해야 하는지 자신의 주장을 강

마틴 루터   장 칼뱅

력하게, 호소력 있게 개진했을 뿐 기존 교회 체제에 대한 대안을 제시
하지는 않았다.

반면 장 칼뱅(Jean Calvin, 1509.7.10~1564.5.27.)은 처음부터 가톨릭
교회를 대체할 수 있는 새로운 교회의 제도를 고민하기 시작했다. 가
톨릭 교회의 신학을 비판하는 과정에서 그는 세상을 신이 원하는 모
습으로 바꾸어야 하며 이는 혁명적인 변화를 통해서만 가능하다는 결
론에 도달한다. 그리고 이러한 혁명적인 변화를 추구하기 위해서는 교
회가 어떻게 조직되어야 하고 기독교 신앙인인 「성도」들은 어떻게 행
동해야 하는지 조목 조목 열거한다. 그리고 이를 뒷받침할 수 있는 새
로운 신학을 완성함으로써 명실상부한 「개신교」의 이론적, 제도적 청
사진을 마련한다.

「종교개혁 2세대」였던 칼뱅은 물론 「1세대」인 루터의 절대적인 영
향을 받는다. 그러나 칼뱅은 루터의 신학을 루터 보다 철저하게 그 논
리적 귀결까지 밀고 나간다. 대표적인 것이 「구원예정설」이다. 구원예
정설은 루터가 중세 가톨릭 교회의 역할을 부정하는데 사용한 핵심적
인 이론이다. 그러나 루터는 말년에 구원예정설에 대해서 모호한 입장
을 취한다. 반면 칼뱅은 구원예정설이 함축하고 있는 신의 모습, 인간

의 본성, 신과 인간의 관계, 그리고 이에 따른 인간사회의 조직 문제를 파헤치고 대안을 마련한다.

칼뱅이 혁명적인 교회를 세우고 또 이를 뒷받침하는 이론을 제시할 수 있었던 것은 그의 인문학적인 배경, 특히 법률가로서의 배경 때문이었다. 16세기 르네상스와 인문주의의 새로운 중심으로 떠오르던 프랑수와 1세(François I, 1494.9.12.~1547.3.31. 재위: 1515~1547) 치하의 프랑스에서 자라고 교육 받은 칼뱅은 중세 스콜라 철학에 기반한 가톨릭 교회의 교리와 신학을 철저하게 해부하고 비판하는 훈련을 받는다.

프랑스가 종교 개혁가들을 탄압하기 시작하자 고향을 떠난 칼뱅은 평생 제네바에서 망명생활을 하면서 고국 프랑스의 종교를 개혁할 수 있는 이론을 설파한다. 그 과정에서 칼뱅은 「개신교」의 교회-정치 모델을 완성한다. 그리고 칼뱅의 제네바는 영국, 스코틀랜드, 네덜란드, 프랑스 등 유럽 각지에서 가톨릭 교회에 저항하는 종교 개혁가들이 모여들어 「개혁교회(Reformed Church)」의 이론과 제도를 배워가는 「성지」가 된다. 존 녹스는 칼뱅의 제네바를 다음과 같이 묘사한다.

> 나는 제네바야말로 사도들의 시대 이후 지구 상에서 가장 완벽한 그리스도의 학교라고 단언하는데 조금도 주저하지 않는다. 다른 곳에서도 물론 그리스도를 진심으로 전하고 있다. 그러나 관습과 종교가 모두 신실하게 개혁된 곳은 제네바 말고는 본 곳이 없다.[1]

가톨릭 교회의 중심이 로마였다면 개신교의 중심은 칼뱅의 제네바였다.

1. 중세말의 생지옥

1315년에는 중세 유럽 최악의 기근이 시작된다. 1322년까지 이어진 대 기근으로 유럽 인구는 10~15% 감소한다. 기근은 중세 유럽의 보편적이고 상시적인 현상이었지만 도시와 농촌을 막론하고 모든 지역을 동시에 강타한 경우는 없었다.[2] 전유럽에서 폭동과 살인이 빈

백년전쟁 중 크레씨 전투

번하게 일어나고 심지어는 식인과 영아 살해도 일어난다.

1337년에 시작된 영국과 프랑스 간의 「백년 전쟁(1337~1453)」은 서유럽을 초토화시킨다. 1347년에는 흑사병이 서유럽에 상륙한다. 백년 전쟁과 흑사병으로 프랑스의 인구는 50% 감소한다. 노르망디 지방의 인구는 3/4이, 파리의 인구는 2/3가 준다.[3] 영국의 인구는 20~33% 준다. 유럽 전체의 인구는 50~60% 감소한다.

한편, 13세기까지만 해도 토마스 아퀴나스와 같은 걸출한 신학자들을 배출하고 이념적, 이론적, 제도적 안정을 기하면서 전성기를 구가하던 가톨릭 교회는 14세기에 들어서면서 분열하기 시작한다. 1309년 프랑스 아키텐(Acquitaine) 출신 교황 클레멘트 5세(1264~1314.4.20. 재위: 1305~1314)는 프랑스의 국왕 필립 4세(1268~1314.11.29. 재위: 1285~1314) 의 강력한 지원으로 교황청을 로마로부터 프랑스 아비뇽으로 옮긴다. 소위 「아비뇽 유수」의 시작이었다. 교황청은 1377년 교황 그레고리오 11세(1329~1378.3.27. 재위: 1370~1378)때 로마로 귀환하지만 1378년부터 「교회 대분열(The Great Papal Schism)」이 시작된

아비뇽의 교황궁

다. 그레고리오 11세가 로마로 귀환 한지 1년만에 선종하자 이탈리아 출신인 우르바노 6세(1318~1389.10.15. 재위: 1378~1389)가 새 교황으로 선출된다.

그러나 70년에 걸친 「아비뇽 유수」 기간 동안 교회 내에서 강력한 영향력을 행사해 온 프랑스 출신 추기경들은 이에 반발하여 제네바 출신 클레멘스 7세(대립교황, 1342~1394. 9. 16. 재위: 1378~1394)를 새 교황으로 선출한다. 그러자 우르바노 6세는 하야를 거부하고 아비뇽으로 돌아가 자신이 합법적으로 선출된 교황임을 선포한다. 이로서 아비뇽과 로마에 두 명의 교황이 공존하게 된다.

1409년 피사 공의회(Council of Pisa)는 당시 아비뇽의 교황 베네딕트 13세(대립교황, 1328.11.25.~1423.5.23. 재위: 1394~1423) 와 로마의 교황 그레고리오 12세(1326~1417. 10. 18, 재위: 1406~1415) 를 동시에 물러나게 하고 그 대신 알렉산더 5세(대립교황, 1339~1410.5.3. 재위: 1409~1410)를 선출하지만 10개월 만에 선종하고 요한 23세(대립교황, 1370~1419. 12. 22. 재위: 1410~1415)가 선출된다. 그러자 기존의 아비뇽과 로마의 교황들은 피사의 공의회가 선출한 교황을 인정하지 않는다. 이로서 교황은 3명으로 늘어난다.

기근, 전쟁, 흑사병, 교회의 분열로 유럽은 염세주의와 광신적인 종

몽생미셸

교적 열정이 동시에 확산된다. 「죽음의 무도(danse macabre)」라는 새
로운 예술 장르가 유행하는 한편 수 많은 전도사(preacher)들이 유럽
의 방방곡곡을 돌아다니면서 종말이 다가왔음을 경고하고 회개를 종
용 한다. 죽음과 말세를 경험한 수 많은 사람들은 무리를 지어 성지순
례에 나선다. 몽생미셸(Mont-Saint-Michel) 등의 성지가 유명해 지는
것은 이때다.

　교회 내에서도 일반신도들이 훨씬 적극적인 종교생활을 시작한다.
구원을 보장받기 위해서 교회의 일에 보다 많이 간여하기 시작하고 특
히 성찬예식에 적극적으로 참여하기 시작한다. 가톨릭 교회의 성찬예
식이 일반 신도들 사이에 강력한 종교적 상징으로 부상하는 것도 이
때다.[4]

　14, 15세기 유럽의 신학자들은 대재앙의 시대에 분열하면서 모든
권위를 상실하고 있던 교회의 재건을 위한 다양한 이론과 제도적 대
안들을 제시한다. 대표적인 것이 「공의회주의(公議會主義, Conciliar-
ism)」였다. 프란치스코 수도회의 수사 였던 영국 출신인 오컴의 윌리
엄(William of Ockham, Occam, 1280~1349), 이탈리아 파도바 출신으
로 파리 대학 총장을 역임한 마르실리우스(Marsilio da Padova, 라틴어:

미카엘 볼게무트(Michael Wolgemut)의 「죽음의 무도」, 1493년.

Marsilius Patavinus, 1275~1342), 프랑스 렌스(Rheims) 출신이자 역시 파리 대학(소르본느) 총장을 역임한 게르송(Jean Charlier de Gerson)등 은 교황의 무오류와 절대권을 부정하면서 교회의 공의회(council)가 최 종 권위임을 주장한다.

실제로 3명의 교황이 각자 정통성을 주장하면서 대립하는 교회의 대 분열은 결국 피사 공의회(1409), 콘스탄츠 공의회(1414~1418) 등을 통하여 해결된다. 공의회 주의자들의 주장은 궁극적으로 가톨릭 교회 에 의하여 부정되지만 루터, 칼뱅 등 종교 개혁을 주도한 개신교 신학 자들에 의해서 수용된다.

종교 개혁 이전 중세 유럽을 마지막으로 강타한 충격은 콘스탄티노 플의 함락이었다. 1453년 5월 29일, 동로마(비잔틴) 제국(395~1453)의

「죽음의 승리」. 대(大) 피터르 브뤼헐(네멀란드어: Pieter Brueghel de Oude 피터르 브뤼헐 더 아우더[*], 1525년경

수도 콘스탄티노플이 53일간의 공성전 끝에 당시 21세 였던 메흐메트 2세(1432.3.30.~1481.5.3. 재위: 1444~1446, 1451~1481) 휘하의 오스만 제국군에 함락된다. 이로써 1,500년을 이어온 로마제국은 역사의 뒤안길로 사라지고 기독교 문명의 중심이었던 콘스탄티노플은 이슬람 문명의 중심지 「이스탄불」로 다시 태어난다. 콘스탄티노플을 함락시킨 오스만 투르크 제국은 발칸 반도를 장악하고 유럽을 본격적으로 공략하기 시작한다. 서유럽은 그 후 200년 간 이슬람의 침략에 대한 공포에 떤다.

그러나 콘스탄티노플의 함락은 서유럽에서 인문주의와 르네상스를 촉발시킴으로서 중세 봉건 사회가 무너지고 근대 사회가 탄생하는 획기적인 전환점을 제공한다. 역사의 아이러니가 아닐 수 없다. 그리고 인문주의와 르네상스는 결국 교회 개혁주의자들에게 가톨릭 교회를 공격할 수 있는 새로운 이론적, 문헌적 무기들을 제공함으로써 종교 개혁을 가능케 한다.

2. 인문주의와 종교 개혁

콘스탄티노플의 함락을 전후로 동로마 제국의 종교인, 지식인들은 이슬람 제국의 통치를 피해 찬란했던 비잔틴 문명의 유산들을 안고 서유럽으로 대거 망명한다. 서유럽에서 인문주의가 꽃 피우는데 결정적인 역할을 한 것은 이들을 통해서 서유럽으로 유입되기 시작한 동로마제국의 그리스어 문헌들이었다. 대표적으로1453년 시칠리아의 지오반니 아우리스파(Giovanni Aurispa)는 콘스탄티노플에서 238종의 그리스 서적들을 갖고 온다. 그 중에는 서유럽에서는 완전히 잊혀졌던 아이스킬로스(B.C. 525/524~B.C. 456/455), 소포클레스(B.C. 497~B.C. 406)의 저작들도 있었다. 서유럽에서는 대부분 잊혀졌던 플라톤(B.C. 428/427~B.C. 348/347)의 방대한 저작들도 이때 다시 소개 된다.

당시 서유럽에서는 성직자나 지식인들 중에서도 그리스어를 하는 사람이 거의 없었다. 15세기 서유럽의 공용어는 라틴어였다. 476년 서로마제국의 멸망 후 로마 바티칸의 교황청에 본부를 두고 중세 서유럽을 풍미한 가톨릭 교회도 라틴어를 공용어로 사용한다. 가톨릭 교회의 미사는 라틴어로 진행되었고 교회의 모든 공식문서 역시 라틴어로 작성되었다. 반면 동로마제국은 그리스어를 사용하면서 고대 그리스의 문명을 이어 받고 「그리스 정교」, 소위 「동방교회」를 발전시킨다.

그리스어 서적들이 대거 전수되면서 서유럽의 지식인들은 앞다투어 그리스어를 배운다. 동시에 고대 문헌의 가치를 깨닫게 되고 문헌학이 발달하기 시작하면서 키케로(Marcus Tullius Cicero, B.C. 106.1.3~B.C 42.12.7.)와 같은 로마의 정치가, 수사학자, 철학자들의 저작도 발견되기 시작한다.

1421년에는 북이탈리아의 로디(Lodi)에 있는 성당 도서관에서 *De oratore, Orator, Brutus* 등 연설에 대한 키케로의 저작들이 발견된

「정복자」메흐메트 2세   콘스탄티노플의 함락

다. 중세 가톨릭 스콜라 학파의 무겁고 무미건조한 라틴어에 비해 키케로의 글들은 라틴어가 얼마나 유려하고 설득력있는 언어인지, 라틴시와 산문이 얼마나 아름다울 수 있는지 새삼 깨닫게 해 주면서 라틴어의 새로운 표준이 된다.[5]

그리스와 로마의 시, 서사시, 서정시, 연설문, 수사학은 고대 사회가 어떻게 작동하였는지 보여준다. 중세 유럽의 봉건 사회가 불변하는 우주 질서의 일부로 알고 있던 중세 유럽인들에게 고대 그리스와 로마의 문헌들은 중세 사회와는 전혀 다른 사회의 모습을 보여줌으로써 「문화적 차이」, 「역사의 흐름」이 무엇인지, 얼마나 중요한지 깨닫게 해준다.[6]

플라톤 저작의 재발견 역시 충격이었다. 진리는 가시적인, 계량화시킬 수 있는 현세의 뒤에 있는 「형이상학적」 세계에 감춰져 있다는 플라톤의 철학은 중세 기독교의 기둥이었던 스콜라철학을 뒤 흔든다. 아리스토텔레스의 철학에 기초하여 특유의 세세한 분류(distinctions)와

아우구스티누스   학생들을 가르치는 보이티우스

개념 정리(definitions)를 중시하던 중세 신학과는 너무나 달랐다. 그리고 플라톤의 저작을 접하면서 아우구스티누스(354.11.13~430. 8.28.), 보이티우스(Boethius, 480~524) 등 초기 기독교 교부들의 교리와 신앙이 플라톤의 영향을 얼마나 많이 받았는지 다시 발견하기 시작한다.

르네상스는 문화 전반에 걸쳐서도 일대 혁명을 일으킨다. 인쇄술이 발달하면서 글자체 자체도 바꾼다. 중세 기독교 서적에서 사용하던 「고딕(Gothic)」체 대신 「이탈릭(italic)」체가 사용되기 시작한다. 15세기 부터는 고대 그리스와 로마의 건축과 미술을 따라하기 시작하면서 유럽의 건축과 미술에도 일대 혁명이 일어난다.[7]

1) 위작들의 발견

인문주의가 확산되기 이전까지 중세의 수도승들은 엄청난 양의 가짜 내용이 담긴 책들을 쏟아 냈다. 워낙 책이 귀했던 중세 서유럽의 수도승들은 본인들이 사실이라고 느끼는 내용을 자유롭게 기술했다. 특히 수도원이 교황청이나 영주, 유력자들로부터 땅과 기부, 특권을 받아내기 위해서는 자신들의 수도원이 특별하다는 것을 보여야 했다. 중세의 수많은 위작들은 이렇게 만들어진다.[8]

그러나 르네상스를 거치면서 이러한 종류의 글쓰기는 더 이상 불가능해진다. 고대 그리스와 로마의 저작들이 쏟아져 들어오면서 어떤 것이 진짜 고대의 서적이고 어떤 것이 위작인지 구별해야 하는 문제가 생기기 시작했기 때문이다. 서적을 그 내용과 날짜, 기원, 저자의 의도, 심지어는 겉모습에 따라 구별하면서 고증하는 방법들이 발달하기 시작한다. 특히 특정 저작이 특정 시대에 나온 것으로 확인된 글들과 유사한 스타일을 갖고 있는지 등을 비교하면서 진위 여부를 가리는 기법이 발달한다. 역사적으로 진짜인지 가짜인지를 확인하는 것이 그 책의 진가를 가늠하는 기준으로 자리잡게 된다.

「근거」, 「증거」를 대는 것이 중요해지면서 저자가 아무리 저명하다고 해도 그 사람이 쓰는 모든 것이 진리일 수는 없다는 사고가 뿌리 내리기 시작한다. 「Ad fontes」, 「원천(fount, foundation)으로 돌아가자」가 르네상스 인문주의의 표어가 된다.

그리고 이는 종교개혁자들의 표어가 되면서 인문학 훈련을 받은 학자라면 수 백년이 된 권위에도 얼마든지 도전할 수 있다는 자신감을 갖게된다.[9]

대표적인 예가 「콘스탄티누스의 기증(*Donation of Constantine*, 라틴어, *Constitutum Donatio Constantini*)」이다. 이 문서는 로마 황제 콘스탄티누스 대제(272.2.27~337.5.22. 재위: 306~337)가 315년 로마 제국의 수도를 콘스탄티노폴리스로 옮기면서 로마시와 서방 제국을 교황 실베스테르 1세와 그의 후계자들에게 넘기고 자신은 동방 제국의 황제권을 보유한다는 내용을 담고 있다. 이 문서에 따르면 콘스탄티누스는 자신의 문둥병이 완치되자 회심하고 세례를 받아 기독교인 되었고 이에 대한 감사의 표시로 서로마 제국을 교회에 선물한 것이라고 한다. 따라서 교황은 황제보다 더 우위에 있으며 신성한 권력의 대표자로 교황이 세속의 황제를 결정하고 심지어 교체할 수도 있다는 주장의 근거가 되었다.

이 문서가 세상에 처음 나온 것은 8세기 중엽으로 교황 스테파노 2세(Stephanus II, 제92대 교황, 715~757.4.26. 재위: 752~757.)와 프랑크 왕국의 궁재(宮宰) 피핀 단신왕(Pepin the Short, c.714~768.9.24. 재위: 751~768)과의 협상 과정에서 나왔다. 당시 교황 스테파노 2세는 피핀을 만나 메로베우스 왕조(Merovingian dynasty, 5세기 중반~751)를 대신해 피핀의 카롤루스 왕조(Carolingian dynasty)를 새로운 왕조로 세웠고 그 대가로 피핀은 롬바르드족이 점령한 이탈리아 영토를 되찾아 교황에게 주었다. 이 영토는 이후 약 11세기 동안 교황령이 된다.

그런데 이 문서가 8세기에 조작된 가짜라는 사실을 세 명의 인문학자들이 거의 동시에 밝혀낸다. 독일의 니콜라우스 쿠자누스(Nicolaus Cusanus, Nicholas of Cusa, 1401~1464)는 1432~1433년에, 이탈리아

콘스탄티누스의 기증. 13세기 프레스코

니콜라우스 쿠자누스

로렌초 발라

의 로렌초 발라(Lorenzo Valla, 1407~1457.8.1.)는 1440년에, 그리고 영국의 주교 레지날드 페콕(Reginald Pecock 또는 Pea- cock, c. 1395~ c.1461)은 1450 년에 모두 이 문서가 가짜라는 결론에 도달한다. 그들은 「콘스 탄티누스의 기증」의 문체가 4 세기의 문체가 아니라는 것을 증명한다. 로마 교황의 권위는 큰 타격을 받는다.[10]

후안 루이스 비베스

영국여왕 메리 1세의 가정교사를 지낸 발렌시아의 인문주의자 후안 루이스 비베스(Juan Luis Vives, 1493.3.6.~1540.5.6.)는 도미니코 수도 회에서 만들어서 중세에 널리 읽힌 성인들의 위인전인 『황금의 전설 (Golden Legend)』이 가짜임을 밝힌다. 이 책은 300년 동안 중세 기독 교 신자들의 성지순례 지침서 역할을 했다. 그러나 비베스는 이 책에 대하여 다음과 같이 얘기한다.

> 『황금의 전설』이라고 불리는 성자들의 전기만큼 하나님과 기독교 신자들에게 아무런 가치가 없는 책이 또 있으랴. 나는 왜 그것을 황금 같다고 하는지 모르겠다. 이 책은 쇠로 만든 입과 납으로 만든 심장을 갖고 있는 자들이 쓴 것 처럼 보인다.[11]

2) 성경 오역의 발견

인문주의자들은 중세 가톨릭 교회가 사용하던 『성경』도 비판하기 시작한다. 말과 글의 진위 여부에 대한 인문주의자들의 집착은 성경 비평에서 그 진가를 발휘한다.

중세 가톨릭 교회가 거의 유일하게 사용한 성경은 4세기에 이에로니무스(라틴어: Eusebius Sophronius Hieronymus, 347~420.9. 30. 예로니모, 영어: Jerome)가 라틴어로 번역한 『대중 라틴어 성경(Vulgate)』이었다. 불가타란 「대중적인(common)」을 뜻한다. 1450년대부터 대중 라틴어 성경이 인쇄 돼기 시작하면서 최초로 「표준」성경이 등장 한다.

원래 성경은 라틴어로 번역되기 전에 히브리어에서 그리스어로 번역 된다. 기원전 2세기 경에 완성된 『칠십인역(septuaginta)』이 그리스어 구약성경이다. 칠십인역은 히브리어에서 번역하는 과정에서 몇가지 오역이 있었다. 그리고 이에로니무스는 이를 라틴어로 번역하는 과정에서 원래의 오역들을 그대로 옮긴다. 히브리어와 그리스어로 무장한 르네상스의 인문학자들은 이러한 오역들을 찾아낸다.[12]

「출애굽기」 34장에 모세가 시나이산에서 하나님을 만나 십계명을 받아 내려오는 장면에서 이에로니무스는 모세가 머리에 뿔이 난 것으로 묘사한다. 실제로 서방교회에서는 모세가 흔히 뿔이 난 것으로 묘사됐다. 그러나 이는 오역이었다. 모세의 머리에서 「광채가 났다」는 것을 「뿔이 났다」로 잘못 번역한 것이다. 「광채」를 뜻하는 그리스어가 「뿔」과 같은 어원을 갖고 있었기에 일어난 오역이었다.

이는 단순히 오역의 문제가 아니었다. 천년이 된 라틴(로마)교회의 모든 권위의 원천인 성경이 한 사람의 번역에 기초하고 있었다는 사실을 새삼 깨닫게 되면서 로마 교회의 권위는 원천적으로 흔들리기 시작한다.

또한 그리스어 성경이 본격적으로 소개되면서 유럽인들은 사도 바울이 거칠고 때로는 저속한 그리스어로 신앙의 문제를 논하는 목소리를 처음으로 생생히 들을 수 있게 된다. 점잖게 정제된 라틴어로만 바울의 서간들을 읽던 당시의 학자들로서 그 긴박하고 절박한 목소리를 듣는 것은 놀라운 경험이었다.[13]

성경을 해석할 수 있는 유일한 권리를 갖고 있었던 교황청의 권위

이에로니무스(예로니모)

바티칸 성베드로 대성당에 있는 미켈란젤로의 모세상. 머리에 뿔이 나 있다.

는 추락한다. 라틴 교회, 즉 서방 교회에서만 종교 개혁이 일어난 중
요한 이유 중 하나는 라틴어로만 된 성경을 읽던 서방교회가 인문주
의와 르네상스를 통하여 그리스어 성경을 처음으로 접하게 되면서 받
은 충격 때문이었다.[14]

　　로마 교회는 르네상스의 인문주의 혁명을 견뎌낼 수도 있었다. 인문
주의자들 중에는 종교 개혁을 추구하던 자들만 있었던 것이 아니다.
실제로 대부분의 인문주의자들은 오히려 중세 교회를 지지하였다. 교
황 비오 2세(1405.10.18~1464.8.14. 재위: 1458~1464)로 더 잘 알려진
실비오 데피콜로미니(Silvio de' Piccolomini)는 당대의 유명한 인문주
의자였다. 그는 *Euryalus and Lucretia*라는 베스트셀러 애정 소설도 쓴
작가였다. 그러나 그는 가장 능력있는 교황 중 하나였고 그의 명성은
인문주의를 북 유럽에 전파하는데 결정적인 역할을 한다.
　　그 후로 수 많은 주교와 추기경들이 인문주의자들을 지원하기 시작
하였고 그리스와 히브리어를 포함한 인문학을 가르치는 대학들을 앞
다투어 설립한다. 영국에서는 윈체스터의 폭스(Fox) 주교가 옥스포드
대학교 코퍼스 크리스티 칼리지(Corpus Christi College)를, 울시 추기
경이 크라이스트 처치 칼리지(Christ Church)를, 일라이(Ely)의 주교 앨
콕(Alcock)과 로체스터(Rochester)의 주교 피셔(Fisher)는 국왕 헨리 7
세의 어머니 마가렛 보우포르(Margaret Beaufort)의 지원으로 캠브리
지 대학에 지서스(Jesus), 크라이스츠(Christ's), 세인트 존스(St. John's)
등의 칼리지를 설립한다.[15]
　　한편 많은 인문주의자들은 전통적인 대학에 몸을 담는 대신 도시의
인쇄소들과 손을 잡고 상업의 중심인 큰 도시에 작업실을 만들어 책
을 쓰고 출판하기 시작한다. 또, 많은 인문주의자들은 부유하고 권력
을 쥐고 있는 사람들의 휘하에 들어가 유려한 라틴어로 공문서를 작

옥스포드대학교 코퍼스 크리스티 칼리지　　옥스포드 크라이스트 처치 칼리지　　　케임브리지 대학교 지저스 칼리지

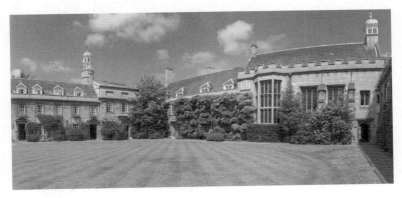

케임브리지 대학교 크라이스츠 칼리지

성해줌으로써 이들이 권위를 유지하도록 돕는 비서, 가정교사 역할도 한다.[16]

　인문주의는 중세 교회를 지탱하는데도 사용되었다. 예를 들어 도미니코 수도회의 토마스 카예탄(Thomas Cajetan, 1469.2.2.~1534.8.9. Gaetanus, Tommaso de Vio, 그리고 Thomas de Vio로도 알려짐)은 인문학을 이용하여 토마스 아퀴나스의 『신학대전』에 대한 주석을 다는 작업을 함으로써 종교 개혁 때 가톨릭교회를 지켜내는데 결정적인 역할을 한다.

토마스 카예탄과 마틴 루터

3) 에라스무스

성경을 새롭게 번역 함으로써 본의 아니게 중세 교회를 무너뜨리고 개신교의 부상을 가능케 한 것은 네덜란드 로테르담 출신 인문학자 에라스무스(Desiderius Erasmus, 1466.10.27. ~1536.7.12.)였다.

영국의 지식인들과 즐겨 교류하던 에라스무스는 영국을 방문 중 그의 친구 존 콜렛(John Colet, 1467.1.~1519.9.16.)의 성서에 대한 해박한 지식에 감동하여 그리스어를 배우기 시작 한다. 그리스어를 통하여 에라스무스는 그때 까지만 해도 잘 알려지지 않았던 초기 교회의 교부들의 저술, 그리고 기독교 사상의 원천인 신약을 본격적으로 접할 수 있게 된다.[17]

에라스무스는 그리스어에 대한 지식을 바탕으로 초기 기독교의 주요 서적들에 대한 새로운 번역을 시작한다. 대표적인 것이 1516년에 출간한 『신약성서 번역본』이었다. 그는 그리스어로 된 성서 원본을 라

에라스무스 에라스무스의 『신약성서』 서문

틴 새 번역과 나란히 보여주고 자세한 주석을 달아 성서를 읽는 독자
들에게 새로운 해석의 가능성을 제공한다. 1천년 전 이에로니무스의
번역과 주석에 대한 전면적인 도전이었다.[18] 에라스무스의 신약 성서
번역은 수 많은 교회 개혁주의자들에게 큰 자극제가 된다.

　이에로니무스에 대한 도전은 곧 서방교회가 당연한 것으로 받아들
인 성경해석 체계 자체에 대한 도전이었다. 가장 유명한 재번역은 「마
태 복음」 3장 2절에 세례자 요한이 광야에서 모인 사람들에게 「meta-
noeite」라고 외치는 장면이다. 이에로니무스는 이것을 「poeniten-
tiam agite」, 즉 「고백하라(do penance)」로 번역을 했다. 중세 교회
는 7성사의 하나인 고해 성사의 성서적, 신학적 근거를 세례자 요한의
이 「외침」에서 찾았다. 그러나 에라스무스는 요한이 외친 그리스어
는 「정신을 차려라」, 「회개하라」였다면서 이를 resipiscite 즉, 「회개
하라」로 번역한다. 이는 중세 교회 전례의 신학적 근거를 무너뜨리는
또 하나의 사건이었다.[19]

중세 교회의 성서 해석가들은 해석이 잘 안되거나 언뜻 보기에 별 뜻이 없어 보이는 구절일지라도 「그 뒤에 숨겨있는 진리를 찾기 위해서」 의역을 하는 경우가 많았다. 이들은 성경이 의역을 허락하고 있으며 그 근거로 「요한복음」 6장 63절 「살리는 것은 영이니 육은 무익하니라 내가 너희에게 이른 말은 영이요 생명이라」란 구절을 제시했다. 의역은 「영적인 의미」요 직역은 「육적인 의미」라는 것이었다. 에라스무스 역시 이 구절을 특히 좋아했다. 그러나 그는 이 구절이 성경에 대한 의역을 정당화시키는 근거로 이용되는 것에는 반대했다.[20]

에라스무스는 성경에서 은유나 비유를 접할때, 의역을 조심해야 한다고 했다. 그는 특히 중세교회가 의역을 통하여 성모 마리아의 우상화를 시도하고 있음을 지적했다. 성모 마리아에 대한 우상화의 성서적 근거는 매우 희박했다. 그러나 성모 마리아는 중세교회에게 절대적으로 중요한 존재였다. 중세 교회의 성서 주석가들은 성모 마리아에 대한 성서적 근거를 제공하기 위하여 의역을 이용하였다. 특히 구약의 『아가서』에 등장하는 「아름다운 신부」나 『집회서』에 등장하는 「지혜」가 성모 마리아를 지칭하는 것이라고 주장 하였다. 그러나 에라스무스는 이 구절들을 의역할 여지가 있다면 이는 성모 마리아를 상징하기 보다 교회와 구세주 예수와의 관계를 상징하는 것으로 보아야 한다고 주장한다. 후에 개신교 성서 해석가들도 이 점을 특히 강조함으로써 중세 교회의 성경 해석을 공격한다.[21]

에라스무스는 또 가브리엘 천사가 성모 마리아에게 나타나 성령으로 잉태하게 될 것을 알리는 「수태고지」 장면에서 원래 『대중 라틴어 성서』는 성모 마리아가 「은총이 가득하게(gratia plena, full of grace)」 천사의 「고지」를 받아들인 것으로 번역하였지만 에라스무스는 단순히 마리아가 「우아한」, 「고상한(gracious)」 모습이었다고 번역한다. 이는 성모송의 첫 구절인 「은총이 가득하신 마리아여 기뻐하소서」의 성서적 근거를 제거해 버리는 작업이었다.

중세 교회는 『누가복음』 2장 51절 「예수께서 함께 내려가사 나사렛에 이르러 순종하여 받드시더라 그 어머니는 이 모든 말을 마음에 두니라」라는 구절이 예수가 부활하여 승천 한 후에도 여전히 어머니 마리아의 전구를 들어줄 것이라는 근거로 제시한다. 그러나 에라스무스는 이 역시 어처구니 없는 해석이라고 비판한다. 이는 하나님한테 접근하기 위해서는 신도들 편에서 아들 예수 그리스도에게 대신해서 죄를 용서해 줄 것을 비는 성모 마리아와 그 밖의 성인들을 통해야 한다는 중세 교회의 핵심 교리를 부정하는 것이었다.[22]

당시 교회는 마리아가 영원히 처녀로 남았다고 믿었다. 성서에는 직접적으로 언급된 것이 없음에도 불구하고 『에스겔 서』 44장 2절 「여호와께서 내게 이르시되 이 문은 닫고 다시 열지 못할지니 아무도 그리로 들어오지 못할 것은 이스라엘 하나님 나 여호와가 그리로 들어왔음이라 그러므로 닫아 둘지니라.」를 의역하여 이 구절이 마리아가 영원히 처녀로 남았음을 뜻하는 것이라고 한다. 또한 구약의 『이사야서』 7장 14절 「그러므로 주께서 친히 징조를 너희에게 주실 것이라 보라 처녀가 잉태하여 아들을 낳을 것이요 그의 이름을 임마누엘이라 하리라」를 역시 근거로 대고 있었다.

레오나르도 다빈치의 「수태고지」

그러나 에라스무스는 이 구절들이 마리아가 영원히 처녀로 남았다는 것을 뜻하는 것이 결코 아니라고 한다. 더구나 히브리어 성서에는 「처녀」라는 말이 등장하지 않는다는 점을 지적한다.[23]

이러한 해석에 대하여 수 많은 비판이 쇄도하자 에라스무스는 자신의 입장을 다음과 같이 밝힌다. 「우리는 마리아의 영원한 처녀성을 믿는다. 그러나 이는 성서에는 적혀있지 않다.」 에라스무스는 중세교회의 권위의 중요한 부분, 즉, 성서에는 없지만 교회가 사실이라고 했기 때문에 신자들은 믿어야만 하는 것들도 있다는 사실을 인정한다.[24]

이로서 에라스무스는 종교 개혁의 핵심 논점 중 하나를 명료하게 드러낸다. 「성서는 하나님의 모든 진리를 담고 있는가, 아니면 성서에는 없지만 교회가 독자적으로 대변하고 있는 진리도 있는가?」 다시 말해서 성서에는 없는 교회의 전통이 별도로 존재할 수 있는가 하는 문제였다.[25] 「오직 성서만으로(Sola scriptura)」를 주장하는 종교개혁가들은 물론 성서에 없는 교회 전통은 존재할 수 없다고 한다.

3. 칼뱅과 프랑스의 종교 갈등

1) 칼뱅의 성장배경

장 칼뱅은 1509년 7월 10일 파리로부터 북쪽으로 100km 정도 떨어진 노용(Noyon)에서 태어난다. 원래 성은 코뱅(Cauvin)이었다. 노용은 피카디 지방의 도시였다. 피카디는 특유의 사투리를 사용하였고 칼뱅은 이 사투리를 쓰면서 자랐다. 그의 아버지 지라르 코뱅(Girard Cauvin)은 존이 태어나기 약 10년 전 쯤 부르주아 신분을 획득한다. 와인통, 물통, 목용통 등을 제조하던 제통장(制桶匠, cooper)의 아들이었던 지라르는 근면과 성실로 당시 노용의 세습 주교였던 드 앙제(de Hangest) 가문의 지원을 받아 급격한 신분 상승을 이룬다. 지라르는 같은 마을의 여관 주인의 딸 잔 르프랑(Jeanne Le Franc)과 결혼한다. 독실한 가톨릭 신자였던 잔은 아들 장에게 깊은 신앙심을 심어주지만 장이 6살이던 1515년에 세상을 떠난다.[26]

장에게는 훗날 사제가 되는 형 샤를르(Charles), 그리고 남

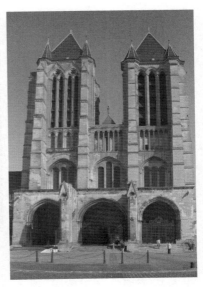

노용의 노트르담 성당

동생 프랑수와(François)와 앙뜨완(Antoine)이 있었다. 프랑수와는 어린 나이에 죽었고 앙뜨완은 훗날 장과 함께 제네바로 가서 형의 든든한 친구이자 측근이 된다. 장에게는 이복 여동생 둘이 있었으나 그중 마리(Marie) 라는 이름의 여동생이 장을 따라 제네바로 갔다는 사실 말고는 이들에 대해서 알려진 것은 없다.[27]

장은 12살때부터 노용 대성당의 라제신(La Gesine) 제단(altar)의 수입 중 일부를 받기 시작한다. 당시 프랑스에서는 노용의 드 앙제 가문처럼 마을이나 도시의 유력 가문이 자신들의 영향력을 유지하고 확대하기 위해서 성당의 수입을 이용하여 칼뱅 처럼 미래가 촉망되는 지역 청년들의 교육을 지원하는 경우가 많았다.[28]

칼뱅은 드 앙제 가문의 지원으로 노용의 콜레지 드 카펫(College de Capettes)에서 초등 교육을 받기 시작하면서 처음으로 라틴어를 배운다. 당시 초등 교육은 거칠기 짝이 없었다. 모든 것을 무조건 암송하

여야 했고 수 없이 많은 체벌이 가해졌다. 토마스 모어(Thomas More, 1478.2.7~1535.7.6.)도 1516년에 출간한 『유토피아』에서 영국의 학교 선생들은 아이들을 가르치기 보다 때리는데 집중한다고 말할 정도였다.[29]

테오도르 드 베자

칼뱅이 노용을 떠나 파리로 간 것은 1523년 경으로 알려져 있다. 칼뱅의 평생 동지이자 사후 칼뱅의 전기를 두 편 쓴 테오도르 드 베자(Théodore de Bèze ,1519.6.24.~1605.10.13.)에 의하면 칼뱅은 콜레지 드 라 마쉬(College de la Marche)에서 학업을 시작한다. 이때 그는 마츄랑 코르디에(Mathurin Cordier, 1479~1574.9.8.)로부터 라틴어를 배운다. 이는 행운이었다. 코르디에는 당시 프랑스 인문주의 교육 철학을 대표하는 학자로서 기독교적인 삶을 주창하면서 특히 젊은이들을 교육하는데 발군이었다.[30]

코르디에가 1530년 파리에서 출간한 『우리의 언설 중 왜곡된 표현들을 고치기 위한 소책자(A Little Book for the Amendment of Corrupt Phrases in Our Speech)』 서문에서 그는 교육의 목표에 대해서 다음과 같이 선언하고 있다.

내가 이 책을 쓰는 이유는 두 가지가 있다. 첫째, 모든 교육 받은 사람들이 보다 좋은 글을 쓸 수 있도록 하기 위해서, 그리고 그 다음은 젊은이들이 라틴말을 할 수 있도록 감동을 받도록 할 뿐만 아니라 보다 고귀한 삶

을 살도록 자극을 주기 위해서
다… 경건함이 없이 어떻게 학
문에 뛰어날 수 있나?[31]

학문과 신앙을 상호 보완적
으로 간주하는 이 자세는 당대
인문학의 대표인 에라스무스도
공유했다. 인문주의의 핵심적
인 신념을 코르디에를 통하여
전수 받은 칼뱅 역시 원칙을 평
생 고수한다.[32]

칼뱅은 훗날 『데살로니카 전
서』에 대한 주석을 출판하면서
서문에 코르디에에 대한 감사
를 표한다. 라틴어 실력이 아직
형편 없었던 어린 학생을 받아

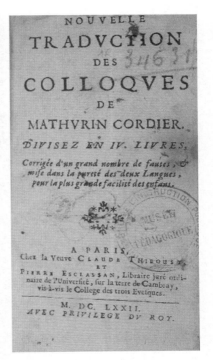

마추랑 코르디에의 강연집 표지

열정적으로, 그러나 인내심을 갖고 가르쳐 준 것을 「하나님의 놀라우
신 친절함(singular kindness on the part of God)」이라고 한다. 코르디
에는 칼뱅보다 30살 많았다.[33] 코르디에와 칼뱅은 그 후 40년 간 교류
한다. 둘은 같은 날 세상을 떠난다.

1523년 말, 칼뱅은 콜레지 드 몽테규(College de Mntaigu)로 전학한
다. 파리 대학(University of Paris)은 창립 때부터 인문(arts), 의학, 법,
신학 등 4개의 학부로 나뉘어져 있었다. 대학은 같은 고향 출신 젊
은이들의 교육을 지원하기 위하여 후견인들이 세운 40여 개의 콜레
지(college)로 구성되어 있었다. 콜레지들은 모두 파리의 라탱 지구
(Quartier Latin)에 위치해 있었다. 학생들의 악명 높은 방탕한 행동에

대한 주민들의 불편은 끊이지 않았다. 수업은 모두 각 콜레지에서 진행되었지만 가장 유명한 신학, 법학, 의학의 교수진들은 모든 학생들의 존경의 대상이었다.[34]

콜레지 드 몽테규

대학은 프랑스, 피카디, 노르망디, 독일 등 4개의 국가(nation)로 나뉘어져 있었고 프랑스는 다시 부르즈(Bourges), 파리, 렌쓰(Reims), 쌍스(Sens), 뚜르(Tours)등 다섯 지방으로 나뉘어져 있었다. 각 대학은 학장이 누구냐에 따라 특유의 성격을 갖고 있었다.

칼뱅이 공부하기 시작한 1520년대 중엽의 콜레지 드 몽테규는 학문적으로 정점에 달해 있었다. 특히 노엘 베다(1470~1537.1.8.)가   1504년~1513

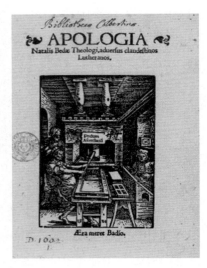
노엘 베다의 『아폴로기아』 표지

년 학장을 맡으면서 학문적 명성을 떨친다. 베다는 인문주의와 개신교를 철저하게 반대하였지만 엄격한 학문적 수준을 고수하면서 코레지 드 몽테규를 당대 최고의 대학으로 부상시킨다. 졸업생 중에는 에라스무스, 프랑수와 라블레(Francois Rabelais, 1483/1484~1553.4.9.)도 있었고 칼뱅이 재학 당시에는 훗날 예수회를 창설하는 이냐시오 데 로욜라(Ignatius de Loyola, 1491.10.23.~1556.7.31.)도 함께 재학중

프랑스와 라블레

이냐시오 데 로욜라

이었다.[35]

대부분 교회 성직자가 되는 것이 목표였던 몽테규의 200여명의 학생들은 혹독한 교과과정을 거쳐야 했다. 에라스무스는 당시 몽테규의 학업 분위기를 다음과 같이 기술하고 있다.

한겨울이면 그들은 작은 빵조각을 얻어 먹었고 물은 아침 추위에 아예 꽁꽁 얼어버렸거나 아니면 위험하게 썩은 우물에서 길어다 먹어야 했다. 나는 오늘날까지도 당시 몽테규에서 얻은 병에서 회복하지 못하고 있는 많은 사람들을 알고 있다…. 학생들이 아무 잘못도 하지 않았음에도 불구하고 얼마나 잔인하게 채찍질 당하였는지에 대해서는 얘기하지 않겠다.[36]

라블레, 칼뱅, 로욜라가 재학 당시 학장이었던 피에르 떵뻬뜨(Pierre Tempete)는 학생들에 대한 잔인함과 수도원과 같이 엄격한 규칙을 강요하는 것으로 악명이 높았다. 학생들은 새벽 4시에 기상해서 5시부터 수업을 들었다. 7시에는 미사를 보았고 아침 식사로 빵 한조각을 먹은 다음 8시부터 정오까지 수업을 들었다. 점심 식사 후에는 공개적인 토론회를 통해 토론기술을 배웠다. 저녁 식사 후에는 공부와 기도 후 9시면 취침해야 했다. 칼뱅은 이때 몸에 익힌 엄격한 생활 규칙을 평생 지킨다. 몸이 아플때를 빼고는 늘 새벽 4시에 기상해서 기도와 간단한 식사 외에는 하루 종일 일했다.[37]

1520년대 후반 칼뱅은 신학에서 법으로 전공을 바꾼다. 그가 왜 전공을 바꿨는지에 대해서는 여러가지 설이 있지만 칼뱅 본인은 아버지가 신부가 되는 것 보다는 법관이 되는 것이 돈을 더 많이 버는 길이라고 생각해서 본인에게 바꾸라고 했다는 말 밖에는 남긴게 없다. 이마저도 말년인 1557년에 한 얘기다.[38]

칼뱅은 1528년 오를레앙에 도착한다. 13세기에 건립된 오를레앙 대학은 북유럽의 가장 유명한 대학 중 하나였다. 그는 이곳에서 당대 프랑스 최고의 법학자인 피에르 드 레프왈(Pierre de L'Estoile, 1546~1611.10.8.)에게 법을 배운다. 레프왈은 오를레앙 교구의 총대리(vicar general)도 맡고 있으면서 당시 이단을 척결하는 운동에도 본격적으로 참여하고 있었다. 전통주의자였던 그는 복음주의자들을 배척하였고 교회 개혁의 필요성은 인정하였지만 그에게 개혁이란 부정부패, 직권 남용을 척결하는 것이었을 뿐 교회의 권위에 도전하는 것은 용납하지 않았다.[39]

베자의 전기는 법률을 공부할 당시 칼뱅이 얼마나 지식에 목말랐고 지적 에너지에 충만했는지 잘 보여준다.

그는 대학공부를 열심히 하였으면 아직도 살아있는 사람들 중에 그를 잘 알았던 사람들 중에는 그가 밤 12시까지 공부하고 공부하고자 하는 열정에 저녁 식사는 거의 하지 않았다는 것을 증언해 줄 사람들이 있다. 매일 아침 그는 침대에 잠시 누운 채 그 전날 공부했던 것들을 기억해 보곤 하였다.[40]

칼뱅의 혹독한 법률공부는 그의 삶 전반에 지대한 영향을 끼친다. 그의 건강은 이때부터 근본적으로 해치지만 인문학적인 방법론을 통하여 문서들을 해석하고 정확한 논지를 개발하도록 자신을 훈련시킨다. 동시에 결혼, 재산, 범죄 등 수 많은 현실적인 주제에 대한 철저한 이해를 도모한다. 그는 이때 법안을 만들고 헌법을 초안하고 법률적 자문을 할 수 있는 능력을 키운다.

이 모든 것은 훗날 그가 제네바에서 개혁 교회를 세울때 동원한 지적 자원들이다. 그가 가장 즐겨 사용하게 되는, 「증거(witness)」, 「칭의(稱義, justification)」, 「입법자(legislator)」, 「재판관(judge)」, 「영원한 변호자(perpetual advocate)」 등의 신학적 개념들은 모두 원래 법률적 용어들이다. 레프왈과 알치아티 등으로 부터 배운 문헌학적, 역사학적, 법학적 방법론들을 이용하여 칼뱅은 성서 해석에 일대 혁명을 일으킨다.[41]

칼뱅은 일반 신자들이 하나님의 뜻을 이해할 수 있는 것은 법을 통해서라고 믿었다. 교회 내에서 규율과 질서를 중요시하고 그가 하나님의 위엄(majesty)을 강조한 것도 법학 훈련을 받은 결과였다. 칼뱅은 훗날 종교개혁의 지도자가 되어서도 드 레프왈을 「프랑스 법률가들의 왕」이라고 부르면서 존경을 표했다.[42]

오를레앙에서 칼뱅은 당대의 석학으로부터 사사 받았을 뿐만 아니라 평생을 함께 할 동지들을 만난다. 프랑수와 다니엘(François Daniel), 프랑수와 드 코난(François de Connan, 1508~1551), 니코라 듀슈맘(Nicolas Duchemin, 1515~1576), 멜키오르 볼마르(Melchior Wolmar,

1497~1560.8.1.)등 특히 독일인 볼마르는 칼뱅의 첫 그리스어 선생이었던 것으로 추정된다.

칼뱅은 1529년 봄 오를레앙을 떠나 부르쥬대학(College de Bourges)로 간다. 당시 브르쥬 대학은 나바르의 마르게리트(Marguerite de Navarre)의 후원 하에 개혁주의자들의 피난처가 되어 있었다.[43]

칼뱅은 1531년 3월 다시 파리로 간다. 그러나 부친의 부고를 듣고 곧바로 고향인 노용으로 향한다. 칼뱅의 아버지 지라르 코방은 성당과의 분쟁 끝에 파문 당한채로 종부성사도 받지 못하고 1531년 5월 26일 세상을 떠난다.

장례를 마치고 파리로 돌아온 칼뱅은 콜레지 로얄(College Royal)에서 그리스어와 히브리어를 공부한다. 당시 파리대학은 보수주의자들이 장악하고 있었다. 소르본느는 성경을 공부하기 위해서는 라틴어 외에 그리스어나 히브리어 등은 공부할 필요가 없다고 선언한다.

칼뱅은 1532년 2월 그의 첫 저서인 세네카의 『디클레멘티아』에 대한 주석을 탈고하고 4월 파리에서 출판한다.[44] 그는 에라스무스가 1529년에 출판한 세네카의 『디클레멘티아』를 보완함으로써 자신도 프랑스 최고의 인문학자임을 증명하고자 한다. 이는 무엇보다도 칼뱅이 인문주의 전통에 얼마나 깊이 침잠해 있었는가를 보여준다.

그러나 그 해 가을에는 흑사병이 돌면서 모든 수업이 취소된다. 파리를 떠난 칼뱅은 오를레앙으로 돌아갔다가 1533년 가을이 되서야 다시 파리로 돌아온다.

2) 칼뱅의 회심

칼뱅은 이 때 쯤 개종한다. 훗날 그가 기술한 바에 의하면:

하나님은 나를 갑작스레 개종하게 함으로써 나의 정신(mind)을 제압하고 배울 수 있는 틀을 마련해 주셨다. 나의 마음은 젊은 나이에 맞지 않게 매우 굳어 있었다. 이렇게 진정한 신성(godliness)를 어느정도 맛 본 나는 곧바로 더 많은 것을 맛보고자 하는 강렬한 욕구에 불탔고 그렇다고 다른 공부들을 소홀히 한 것은 아니지만 전에 보다는 덜 열정적으로 공부하였다.[45]

칼뱅은 1539년 야코프 사돌레토(Jacopo Sadoleto, 1477.7.12.~1547.10.18.) 추기경에게 보낸 편지에 자신의 개종을 로마의 교회에 대한 충성에서 하나님의 말씀에 대한 충성으로 그 대상이 바뀐 과정으로 묘사한다.

개종은 한편으로 하나님의 심판에 대한 두려움, 그리고 다른 한편으로는 무거운 양심의 가책에 의해서 추동된 점진적인 과정이었다고 한다. 한편으로는 우상숭배에 대한 거부와 다른 한편으로는 성서를 공부하면서 하나님에 대한 진정한 숭배가 무엇인지 배우기 시작했기 때문이라고도 한다.

교회에 대한 존중이 어릴때부터 따르던 교회와 결별하는 것을 막았으나 교회의 권위는 가짜에 기반하고 있었으며

교황이 그처럼 고귀한 지위에 까지 오름으로 인하여 세상은 무지와 태만의 늪에 빠졌고 마침 깊은 잠에 빠진 것 처럼 되었습니다. 더구나 교황이 교회의 우두머리가 된 것은 하나님의 말씀으로 인한 것도 아니요 교회의 합법적인 절차에 의한 것도 아니며 순전히 자신이 자신을 선택한 것이었습니다.[46]

교회에 대한 충정과 다른 한편으로는 자신이 믿는 종교가 가짜라는 양심의 가책을 느끼면서 칼뱅은 점차 절망한다.

나 자신이 비참한 상태에 빠진 것에 대해 무척 놀랐을 뿐만 아니라 영원한 죽음이 내 앞에 있음을 알고 더욱 놀라게 되면서 나는 우선적으로 나를 당신의 길을 따르게 하는 것을 제 자신의 의무로 삼고 나의 과거의 삶을 거부하였습니다. 이는 신음과 눈물을 동반하는 과정이었습니다. 이제, 오 주여, 나와 같이 가련한 자에게 남은 것은

야코포 사돌레토

변명보다 당신의 말씀을 저버린 그 무서운 죄, 당신의 놀라운 선하심으로 나를 끝내 구원해주신 그 죄를 심판하시지 말아달라고 진정으로 호소하는 것 뿐입니다.[47]

칼뱅은 본래의 신앙과 결별하는 과정의 영성적인, 정신적인 고통, 양심의 가책과 하나님의 심판에 대한 두려움을 토로한다. 기존의 교회의 권위를 받아들이고 따라야 된다는 압력은 오히려 그를 교회로 부터 더 소외시킨다. 한 젊은이가 자신이 태어나고 자란 세상 속에서 갈등하고 소외감을 느끼면서 자신의 고향에서 이방인이 되어가는 모습이다.[48]

20년 후, 칼뱅은 자신의 개종에 대한 다른 묘사를 한다. 『시편해설서』의 서문에서 그는 사도 바울이 다마스쿠스로 가는 길에서 예수님을 만나 갑자기 개종하게 되듯이 자신도 갑작스러운 회심을 하게 되었다고 한다. 더 이상 고뇌하고 절망에 빠진 가련한 존재이기 보다 모세, 다윗, 예레미야, 바울 같이 자신을 하나님의 소심한 종, 수줍어하고 불

안해 하는, 그러나 그의 가르침을 원하는 사람들의 손에 끌려서 하나님을 증거하게 되는 선지자의 모습이다.[49]

그렇다면 칼뱅에게 「회심」은 무엇이었을까? 칼뱅은 초기 저작부터 기독교 신도의 삶을 여정, 성지순례에 비교한다. 회심은 여정의 끝이 아니라 출발점이다. 고뇌에 찬 과정을 통한 회심이든, 갑작스러운 회심이든 칼뱅에게 중요한 것은 하나님이 자신의 삶에 어떻게 개입하셔서 새로운 방향으로 전혀 다른 길을 가게 만드셨다는 것을 설명하는 것이었다. 중요한 것은 신이 자신의 삶을 주재하는 주재자가 되었다는 점이다.

회심에 대한 묘사는 칼뱅이 기독교인의 삶과 소명에 대해서 어떻게 생각했는지 보여준다. 공포심이야말로 신이 인간을 무기력과 권태에서 벗어나 자신을 돌아보게 만드는 기제였다. 한편 양심의 가책으로 몸부림치면서 자신이 신을 배신하였다는 것을 알게 된 인간이 평화를 찾을 수 있는 유일한 방법은 신의 약속을 통해서만이다. 그리고 신의 약속은 지적으로 수긍하는 것에 그쳐서는 안된다. 구세주의 삶과 함께 하도록 자신의 삶을 근본적으로 바꾸어야 한다.

칼뱅은 자신의 회심의 경험을 모델로 삼는다. 이는 자신이 다른 사람보다 더 뛰어나거나 신실해서가 아니라 신이 개개인의 삶에 어떻게 개입하여 새로운 길로 나아가게 하는지, 방향을 바꾸게 하는지 구체적으로 보여줄 수 있는 모델이었기 때문이다.[50]

3) 프랑스의 르네상스

칼뱅은 「백년 전쟁(1337~1453)」이 끝난지 반세기만에 태어난다. 백년 전쟁은 프랑스 전역을 초토화시킨다. 수 많은 교회와 수도원들이 불타고 약탈당한다. 사제들을 양성하는 교회의 교육제도 역시 무너진다. 교회와 수도회의 중요한 직책은 아무런 자격도 없는 귀족들과 그 자식들이 차지한다. 교회는 주교와 성당, 수도회, 대학, 그리고 의회 (Parlement)들 간의 권역 다툼으로 바람잘 날이 없었다. 의회는 중세에 출현한 지역의 입법기관들로서 법을 제정하고 칙령을 반포하는 역할을 하면서 늘 왕실과 마찰을 빚었다.[51]

중세 말기의 프랑스 교회의 근본적인 문제는 권위의 부재였다. 교회내의 직책을 임명할 권한을 누가 갖고 있는지에 대한 갈등은 교회 전체를 삼켰고 왕과 교황도 이 문제로 끊임없이 갈등하였다. 1438년 7월 7일에 선포된 「부르쥬의 실용적 재가(The Pragmatic Sanction of Bourges)」를 통하여 프랑스 교회는 교황청으로부터 상당한 자율권을 획득한다. 주교와 수도회 원장 등의 교직은 교황 대신 프랑스 내의 각 교구가 자율적으로 임명하도록 하였고 종교 재판도 프랑스 내의 모든 종교 법정의 절차를 거치기 전에는 직접 교황청에 상고할 수 없도록 하였다. 이는 「갤리카니즘(Gallicanism)」의 시발점으로 프랑스의 국왕의 권한이 교황청과 대등하다는 관념을 낳게 한다.[52]

1516년 프랑수와 1세(1494.9.12.~1547. 3.31. 재위: 1515~1547)는 교황 레오 10세(1475.12.11.~1521.12.1. 재위: 1513~1521)와 「볼로냐 합의(Concordat of Bologna)」를 통해 프랑스 교회에 대한 프랑스 국왕의 직권을 강화한다. 그러자 파리의 의회가 격렬하게 저항한다. 파리 의회를 비롯한 지방 의회들은 「부르쥬의 실용적 재가」로 지방 의회와 교구들이 부여 받았던 교직 임명권 등의 자율권을 국왕이 빼앗아 갈 것으로 생각했기 때문이다. 이들은 2년 동안이나 「볼로냐 합의」를 추인하는 것을 거부한다.

1518년, 프랑수와 1세는 강압적으로 파리 의회가 볼로냐 합의를 추인하도록 한다. 그러자 파리 대학이 들고 일어난다. 그러나 이 역시 프랑수와 1세가 가혹하게 진압한다. 프랑스의 발르와(Valois) 왕실

이 중앙집권 통치를 강화시키
는 결정적인 계기였다. 이때부
터 프랑스의 국왕은 프랑스 내
의 114개에 달하는 주교좌와
800개에 달하는 수도원장을 임
명할 권한을 갖게 된다. 교황의
재가는 형식에 불과했다.[53]

프랑수와 1세

국왕이 교회에 대한 장악력
을 강화하자 국왕과 교회의 관
계를 어떻게 설정할 것인지가
가장 중요한 정치적 문제로 떠
오른다. 르네상스에서 태동된 정치 이론, 법, 철학 그리고 인본주의가
태동시킨 종교이론 등은 모두 이 논쟁에 동원된다.

프랑스는 소위 「북부 르네상스」의 깊은 영향을 받는다. 「북부 르네
상스」는 고대 그리스와 로마의 문명과 기독교 문명이 얼마든지 조화
될 수 있다고 믿는 사조였다. 북부 르네상쓰의 가장 유명한 대변인은
에라스무스였다. 그의 『격언집(Adages)』과 『그리스어 신약』은 고대문
명과 기독교의 아름다운 조화의 가능성을 보여줌으로써 새로운 문명
의 탄생을 예고 했고 이에 유럽의 수 많은 젊은 학자들은 교회와 사회
의 발전을 위하여 인문주의를 포용한다.[54] 그러면서 고대문명에 대한
존중과 종교적인 열정이 결합되기 시작한다.

에라스무스의 친구였던 기욤 뷰데(Guillaume Budé, 1467.1.26.~
1540.8.22.)는 문학, 역사, 언어 등 인본주의가 강조하는 학문은 학자
들의 개인적인 관심사에 그쳐서는 안되고 사회를 보다 신성하게 만

드는 기제가 되어야 한다고 주
장했다. 그는 프랑스야말로 로
마법의 찬란한 전통을 받아야
한다고 생각했다. 프랑스에 새
로운 비전을 제시한 뷰데의 시
도는 수 많은 젊은이들을 법학
으로 인도한다. 그 중에는 젊은
칼뱅도 포함되었다.

기욤 뷰데

뷰데는 1513년 프랑수와 1
세에게 『군주의 제도들에 대하
여(De l'institution du Prince)』라는
책을 헌정한다. 이 책에서 그는
르네상스 군주의 통치술을 제
안한다. 그는 인본주의 학문이
군주의 권위의 토대를 제공하
여 줄 수 있다고 했다. 동시에
그는 인문주의를 배운 군주는
자연스레 정의롭고 지혜로운

콜레지 드 프랑스 교정

군주가 될 수 있기 때문에 군주의 권한을 제한할 제도는 필요 없다고
한다. 따라서 군주는 인문주의를 후원하는데 그치지 않고 본인이 인문
주의를 배워야 한다고 주장한다.[55]

프랑수와 1세는 인문주의를 적극 받아들인다. 이를 계기로 고대 문
학, 수사학, 고대 라틴은 프랑스에 널리 확산되고 뿌리 내린다. 비록
대학들은 여전히 중세의 스콜라 철학을 고수하였지만 프랑수와 1세는
「콜레주드 프랑스」의 전신인 「왕립대학(college royale)」을 설립하면서
인문학을 확산시킨다. 그는 파리를 르네상스 군주가 통치하는 세계 학

문의 중심으로 만들고자 하였다.

1517년에 뷰데는 에라스무스를 파리로 초빙하고자 시도하지만 소르본느 등 파리대학의 보수파들의 반대를 익히 알고 있던 에라스무스는 거절한다. 그럼에도 불구하고 뷰데는 인문학이 뿌리 내릴 수 있도록 지속적으로 노력하여 1530년에는 인문학을 가르치는 왕립강좌를 대학들과는 별도로 개설하는데 성공한다.[56]

4) 프랑스의 복음주의

교회 내에서 사제들이 아닌 평신도들의 역할이 점증하면서 프랑스에서는 라틴이 아닌 프랑스어로 쓰여진 종교 서적들이 대량으로 출판되고 유통되기 시작한다. 대표적인 것은 1495년 장 드 렐리(Jean de Rely, 1430~1499)가 프랑스어로 번역한 성경(비블로 이스토리알, Bible Historiale)과 1507년에 출판한 바울서간들에 대한 해설서였다. 이 책들은 모두 라틴어를 읽지 못하는 프랑스의 일반 신도들의 탐독서가 된다.[57]

1518년에는 루터가 교회의 개혁을 요구하면서 교황에 맞서고 있다는 소식이 전해진다. 루터의 저작들은 로마 교황청에 의해서 공식적으로 금지되었고 스페인령 네덜란드나 독일 쾰른 등지의 신학자들도 루터를 공격하였다. 그러나 프랑스의 반응은 상대적으로 느렸다. 소르본느가 본격적으로 루터의 저작을 금하는 조치를 취한 것은 1521년이었다. 그러나 이때쯤이면 이미 루터의 저작은 프랑스에 널리 퍼진 상태였다.[58]

1520년대 초에는 계속해서 흉년이 들고 전쟁이 지속되면서 흑사병마저 돈다. 루터의 새로운 신학은 계속해서 확산된다. 그럼에도 불구하고 루터의 영향력은 프랑스에서는 크지 않았다. 「부르쥬의 실용적 재가」와 「볼로냐 합의」를 통해 교황청으로부터 「골족의 자유」를 확보한 프랑스의 왕실이나 교회의 입장에서는 교황청을 줄기차게 공격하는 루터의 선동적인 저서들에 대해 별다른 관심이 없었다.

프랑스 가톨릭 교회에 대한 가장 큰 위협은 루터가 아니라 자크 르페브르 데따플(Jacques Lefevre d'Etaples, 1455~1536.3.)이었다. 칼뱅과 같은 피카디 출신인 르페브르는 1490년에 1507년까지 파리 대학에서 철

비블르 이스토리알(Bible Historiale)

학을 가르쳤고 그 이후 이탈리아로 가서 고대 그리스 문학과 신플라톤주의 철학을 공부했다. 그는 당대 최고의 아리스토텔레스 전문가였고 그리스어에 능통했다.

1507년부터는 자신의 제자인 기용 브리쏘네(Guillaume Briçonnet, 1472~1534.1.24.)가 원장으로 있던 파리의 제르망-데-프레(Germain-des-Prés) 수도원에 거주하면서 종교 서적들을 쓰기 시작한다. 1509년에 출간하여 1513년에 개정판을 낸 『다섯 종류의 라틴 시편(Psalterium quintuplex)』을 출간한다. 이로써 데따플의 명성은 유럽전역에 퍼진다. 이 저작은 특히 젊은 마틴 루터와 울리히 츠빙글리(Ulrich Zwingli, 1484.1.1.~1531.10.11.)가 애독한다.[59]

그는 바울서간에 대한 해설서도 출간한다. 이 해설서에서 르페브르는 영성주의적인 경향을 노골적으로 보이면서 성사를 비롯한 제도권 교회의 역할을 상대적으로 덜 중요한 것으로 묘사한다. 이 책의 개정판에서는 에라스무스의 1516년 『신약성서』도 해석이 잘못 되었다고

비판한다. 이로서 그와 에라스무스 사이의 유명한 논쟁이 벌어지기도 한다. 그는 프랑스의 지식사회를 대표하는 인물로 부상하면서 많은 프랑스인들이 그를 지지한다. 1520년대가 되면 르페브르와 유럽 전역에 산재해있던 개혁주의자들 간의 연대가 형성되기 시작한다.[60]

르페브르

한편 노엘 베다의 지휘 하에 파리의 소르본느는 복음주의자들과 개혁주의자들에 대한 저항의 기치를 올린다. 1523년에는 신학부 교수들이 모여서 루터와 에라스무스, 멜랑크톤(Philip Melanchthon, 1497.2.16.~1560.4.19.), 카롤리(Pierre Caroli, 1480~1550), 르페브르 등의 사상과 저술들을 이단으로 규정한다. 1523년 8월, 소르본느 신학부 교수들은 그리스어, 히브리어, 프랑스어로 쓰여진 모든 성서들을 금서로 정한다. 이듬해 4월에는 르

파리 대학교 박사들 회의 장면

페브르의 저술들도 모두 금서가 된다.[61] 그리고 이어서 성서를 프랑스어로 번역하는 것 자체를 금지한다.

프랑수와 1세는 진퇴양난에 빠진다. 한편으로는 그가 사랑하는 인문학을 지키고 싶었고 다른 한편으로는 자신의 왕국을 이단으로부터 지켜야 했다. 프랑수와는 인문주의는 이단의 트로이 목마라는 베다의 주장을 선뜻 받아들이지 못한다. 그럼에도 불구하고 그는 독일과 스위스의 개혁주의자들에 의해서 교회가 분열되면서 극도의 사회적, 정치적 혼란이 이는 것을 보고는 몸서리친다. 특히 1525년 독일의 「농민전쟁」은 종교 개혁이 얼마나 큰 혼란과 처참한 결과를 가져올 수 있는지 극명하게 보여준다.[62]

5) 마르게리트 드 나바르

프랑스에서 개혁주의자, 복음주의자들을 지켜준 것은 프랑수와 1세의 누나인 마르게리트 드 나바르(Marguerite de Navarre, Marguerite d'Angoulême, Marguerite d'Alençon, 1492.4.11.~1549.12.21.)였다. 나바르 공국의 앙리 2세(1503.4.18.~1555.5.25. 재위: 1517~1555)의 왕비였던 마르게리트는 남동생 프랑수와 1세와 함께 프랑스가 당대 최고의 지적, 문화적 부흥을 이루는데 결정적인 역할을 한다. 그의 손자인 앙리는 훗날 프랑스의 첫 부르봉왕가 출신 국왕 앙리 4세(1555.12.13.~1610.5.14. 재위: 1589~1610)다. 그런 의미에서 마르게리트는 부르봉 왕실의 선조다. 작가였던 동시에 인문주의자들과 교회의 개혁주의자들의 강력한 후원자였던 마르게리트는 「첫 근대적 여자」라고도 불린다.

기욤 브리쏘네(Guillaume Briconnet, 1470.1~1534.1.24.)는 1516년 「볼로냐의 합의」를 체결할 때 프랑수와 1세를 도와 교황 레오 10세와 협상에 참여한 바 있다. 이러한 공로를 인정받아 그해 모(Meaux)교구의 주교에 임명된다. 그는 당시의 대부분의 주교들과 달리 강한 신심과 교회의 개혁에 대한 신념을 갖고 있었다. 그는 설교와 성서해석을 중시하였고 그가 개혁을 통하여 추구했던 것은 영성과 도덕성의 회복이었다. 그러나 그는 자신의 교구의 사제들이 루터의 책을 소지하는 것을 금지한다. 그럼에도 불구하고 그의 개혁 시도는 소르본느의 보수주의자들의 공격을 받는다.[63]

마르게리트 드 나바르

모의 주교로 부임하면서 브리쏘네는 사제들의 수준을 높이기 위한 개혁을 추진하기 시작하면서 인문주의적 개혁주의자들을 자신의 교구로 초청한다. 1521년 르페브르가 모에 도착하였을때 프랑수와 바타블(François Vatable, 15세기 후반~1547.3.16), 제라르 루쎌(Gérard Roussel), 그리고 기욤 파렐(Guillaume Farel, 1489~1565.9.13.)등은 이미 도착하여 있었다. 이들을 「모 모임(Meaux Circle)」이라고 불렀다.[64]

르페브르는 신약성서를 프랑스어로 번역한다. 이 성서는 1523년에서 1525년 사이 파리에서만 4쇄를 거듭하고 앙베르와 바젤 등에서 2쇄, 그리고 결국 프랑스 전역에 퍼진다. 르페브르는 이어서 1524년에는 『시편』을, 1528년에는 『구약』을 프랑스어로 번역한다. 이로서 성서에 관한 출판물이 프랑스 전역에서 봇물을 이루고 이러한 출판물들을 이용하는 성서 교육이 이루어진다.[65]

훗날 칼뱅을 제네바로 초청하여 개혁교회 설립에 결정적인 역할을 하는 기욤 파렐은 「주기도문」과 「사도신경」에 대한 해설서를 1524년에 처음 출판하고 그 이듬해에는 개정판을 파리에서 출판한다. 모

모임은 무엇보다도 평신도들을
대상으로 설교하는 것에 모든
노력을 경주하였다. 그리고 예
수를 중심으로 하는 성경의 직
역을 추구하였다.[66]

그러나 이미 1523년부터 모
모임 내부에 균열이 생기기 시
작한다. 보다 급진적인 개혁을
추구하는 인물들은 모를 떠난

기욤 브리쏘네

다. 파렐은 스위스의 개혁가 울드리히 츠빙글리의 영향을 받고 급진적
인 방향으로 향한다.

이처럼 강한 개성과 다양한 성향을 갖고 있는 개혁주의자들을 하나
로 묶어둔 것은 나바르의 마르게리트였다. 신앙심이 깊고 뛰어난 재
능을 갖고 있던 마르게리트는 그의 남동생 프랑수와 1세와 함께 학문
을 사랑했다. 차이가 있다면 그는 남동생보다 종교에 더 많은 관심을
보였다는 것이다.

르페브르의 학문에 이끌린 마르게리트는 1521년부터 모 모임에 관
여하기 시작한다. 그해 마르게리트는 미셸 다랑드(Michel d'Arande,
?~?)를 궁정으로 초청하여 설교를 듣는다. 동시에 그는 르페브르의 불
어 번역 성서와 브리쏘네의 설교집들을 널리 반포한다. 마르게리트는
모 모임의 인사들과 「같은 영혼과 같은 신앙으로 뭉쳤다」고 했다.[67]

1525년 2월 24일, 프랑수와 1세가 이끄는 프랑스군은 신성로마
제국 황제이자 스페인, 오스트리아, 네덜란드, 시칠리아를 통치하는
카를 5세(1500.2.24.~1558.9.21.재위:1506~1556)의 군대와 이탈리아의
파비아(Pavia)에서 격돌한다. 4시간에 걸친 전투 끝에 프랑스군은 궤

파비아 전투

멸되고 프랑수와 1세는 포로로 잡힌다.

　프랑수와 1세가 마드리드에 포로로 잡혀 있는 동안 그의 모친 루이즈 드 사브와(Louise de Savoie, 1476.9.11.~1531.9.22.)가 섭정을 한다. 루이즈는 모 모임을 극도로 싫어했다. 마르게리트와 모 모임을 반대하던 보수세력들은 이 기회를 이용한다. 보수주의자들은 파비아 전투의 굴욕적인 패배가 프랑스가 이단들을 허용했기 때문에 진노한 신이 내린 벌이라고 한다. 파리 의회는 재판을 열어 이단들을 처벌할 것을 주장한다.[68]

　1526년부터 이단으로 의심되는 자들에 대한 탄압이 본격화된다. 책들이 금서가 되고 출판업자들과 도서상들은 위협을 받고 복음주의 책들은 공개적으로 불태워졌다. 모 모임의 주동자들은 이단으로 낙인 찍혀 처벌의 대상이 된다. 프랑수와는 마드리드의 감옥에서도 인문

주의자들을 보호하고자 하였으
나 어쩔 수 없었다. 모 모임 인
물들, 그리고 마르게리트의 보
호를 받던 수많은 인문학자와
개혁주의자들, 르페브르, 루쎌,
카롤리, 패럴, 다르망드는 신성
로마제국의 영토였던 스트라스
부르그로 망명 한다. 개혁주의
자들의 피난처였던 이곳에서
그들은 크게 환영받는다.[69]

루이즈 드 사브와

1526년 석방되어서 귀국한
프랑수와 1세는 여전히 복음주의자들을 지원한다. 모 모임은 해체
되었지만 마르게리트는 역시 복음주의자들을 전폭적으로 후원한다.
마르게리트는 브리쏘네를 왕사(royal tutor)로, 루쎌을 왕의 개인사제
(personal chaplain)로, 그리고 다르망드는 주교에 임명되도록 한다.

그러나 모든 것을 과거로 돌릴 수는 없었다. 한때의 동지들은 교회
내에서의 개혁을 주장하는 온건파와 파렐처럼 스위스식 급진 개혁을
추구하면서 로마 가톨릭 교회의 개혁에 대한 희망을 버린 두 파로 나
뉜다. 로마 교회에 완전히 등을 돌린 급진 개혁파들은 망명길에 오를
수 밖에 없었다. 패럴은 스위스의 프랑스어 지역으로 이주하여 급진
종교개혁을 추진한다.[70]

6) 종교 분열

칼뱅이 회심했을 당시 프랑스는 종교로 인하여 분열되고 있었지만
프랑수와 1세는 여전히 소르본느와 파리 의회의 보수주의자들을 제어

하고 있었다. 마르게리트 주위에 모여든 나바르파(Navarrists)들은 비록 루터의 저작을 탐독하고 그의 입장을 지지하였지만 독일에서 벌어지고 있는 잔혹한 종교전쟁을 보고 전율하면서 어떻게 해서든 프랑스 내에서 유사한 종교 분열이 일어나지 않도록 하는 것을 최우선 순위로 삼았다. 그들은 가톨릭 교회가 아무리 많은 오류를 범해도 교회를 버릴 뜻은 없었다. 그들은 여전히 내부로부터의 개혁에 희망을 걸었다.

1533년과 1534년 사순절 르페브르의 제자이자 마르게리트의 개인 사제였던 제라르 루쎌은 수 천명에 달하는 군중 앞에서 여러 차례 설교를 한다. 1533년에는 소르본느 대학의 보수파 신학 교수들이 루쎌의 저작들을 금서로 지정한다. 프랑수와 1세와 마르게리트가 개혁주의자들을 얼마나 지원해 주었는지는 소르본느의 학장이었던 노엘 베다가 1533년 파리로부터 추방된데서 알 수 있다. 루쎌의 강론은 프랑스를 종교 분쟁의 소용돌이로 넣는다.[71]

그러나 프랑수와 1세는 누이 마르게리트 만큼 신심이 두터운 사람이 아니었다. 그는 누이와 함께 르네상스 문명을 사랑하고 도입하는 한편 에라스무스 등 인문주의자들을 공격하는 소르본느에 대해 분노하였지만 그의 모든 행동과 결정은 신앙이나 신념, 원칙의 문제가 아니라 그의 숙적인 신성로마제국 황제 카를 5세와의 관계 속에서 이해해야 한다.

카를 5세는 1519는 신성로마제국 황제에 선출된다. 프랑수와 1세도 선거에 나섰지만 카를에게 패한다. 이때부터 프랑수와는 부상하는 합스부르크 왕가와의 강력한 라이벌 의식을 느낀다. 카를 5세는 신성로마제국 황제인 동시에 스페인, 네덜란드, 오스트리아, 시칠리아의 통치자였다. 프랑스를 완전히 포위하고 있었다.

프랑수와가 1531년 카를 5세에 맞서서 독일의 개신교 군주들이 맺은 「슈말칼덴」 동맹을 적극 지지한 것도 이러한 이유에서다. 적의 적

은 곧 친구였다. 이러한 상황에
서 프랑수와 1세는 프랑스내
의 종교 개혁가들을 탄압하는
것은 현명한 전략이 아니라고
생각했다. 그러나 그렇다고 그
가 종교 개혁가들을 지지한 것
은 결코 아니었다. 교황은 그
를 「가장 기독교적인 군주」라
고 칭하였고 프랑수와는 프랑
스를 이단으로부터 보호하는
것이 자신에게 주어진 역할이
라고 굳게 믿었다.[72]

카를 5세

1530년대 초반은 프랑스의 종교 개혁주의자들에게는 희망찬 시기
였다. 칼뱅도 이에 지대한 영향을 받는다. 1532년에는 프랑스의 대표
적인 인문주의 작가이자 근대 유럽 문학의 창시자 중 하나로 간주되
는 프랑수와 라블레(François Rabelais, 1483/1494~1553.4.9.)가 소르본
느의 박사들을 풍자하는 『팡타그뤼엘(Pantagruel)』을 가명으로 출간한
다. 칼뱅이 1533년 친구에게 보낸 편지에는 당시 파리의 학생들이 사
회를 풍자하는 연극을 공연함으로서 이에 대한 조사가 벌어졌던 사건
을 기술한다.[73]

이때 소르본느의 신학대학이 당시 유행하던 「죄에 빠진 영혼의 거
울」이라는 시를 금서로 지정한다. 이 시는 깊은 영적인 체험을 한 여인
이 그리스도를 아버지-오빠-연인으로 표현하면서 찾는 강렬한 신앙
고백의 시였다. 이러한 사적인 종교적인 체험은 루터가 대변하는 개
신교 특유의 것이었다. 1531년 알롱쏭(Alencon)에서 출판되고 2년 후

에는 파리에서도 출판된 이 책
은 마르게리트 드 나바르의 작
품이었다.

　마르게리트는 곧바로 동생인
국왕 프랑수와에게 이 일을 알
린다. 당시 파리 의회는 책을 금
서로 지정하는 것을 금지하고
있었다. 그럼에도 불구하고 마
르게리트의 책을 금서로 지정
한 것으로 인하여 소르본느의
신학 교수들은 비난에 휩싸이
고 조사의 대상이 된다.[74]

팡타그뤼엘 표지(1530~1532년 경)

　그러나 1533년이 되면서 상
황은 돌변한다. 그해 11월 1일「모든 성인 대축일(Toussaint)」날 파리
대학의 신임 총장으로 부임한 니콜라 콥(Nicolas Cop, 1501~1540)이 취
임 연설을 한다. 그의 연설 제목은「기독교 철학」이었다. 그러나 그 내
용은 에라스무스와 루터의 성경 해석을 따르는 것이었다. 연설의 첫 부
분은 에라스무스가 1516년 라틴으로 번역한 성경의 서문으로 쓴「파
라클레시스(Paraklesis)」의 내용을 그대로 옮겨 놓은 것이었다. 또한 마
틴 루터가「마태복음」5장 3절을 해석한 내용을 그대로 담고 있었다.

　콥은 의사였다. 그가 이러한 고차원의 신학적 논쟁을 쓸 수가 없었
다. 보수주의자들은 곧바로 이 연설문의 저자를 색출하기 시작한다.
베자는 칼뱅의 전기에서 칼뱅이 이 연설문의 저자라고 하지만 논쟁의
여지는 있다. 다만 칼뱅이 어떤 형식으로든지 이 연설문 작성에 깊이
간여했던 것만은 사실이다.[75]

　콥은 곧바로 스위스의 바젤로 망명한다. 칼뱅 역시 파리를 빠져나가

프랑스 남서쪽의 앙굴렘(Angouleme)에 있는 그의 친구인 루이 듀 틸레 (Louis du Tillet)의 집에 피신한다. 이곳에서 그는 평화롭게 연구에 몰두하고 친구들을 만나면서 지낼 수 있었다. 당시의 상황을 칼뱅은 친구에게 보낸 편지에 다음과 같이 묘사한다.

> 내가 쉽고 평화로운 삶을 살겠다고 나자신과 약속을 했을 때는 전혀 예상치 못했던 일들이 일어났고 내 상황이 안 좋아 보일 때면 내가 전혀 예상치 못하게 조용한 보금자리가 마련되어졌다. 이 모든 것은 주님의 역사하심이다.[76]

7) 벽보사건

1534년 10월 17일 밤, 가톨릭 미사는 혐오스러운 행위라고 주장하는 내용이 담긴 벽보들이 파리 곳곳에 붙는다. 소위 「벽보 사건(Affaires des placards)」이었다. 더욱 놀라운 것은 누군가가 왕의 침실문에도 벽보를 붙였다는 사실이었다. 프랑수와 1세는 격노한다. 왕은 이것이 전국적인 반란의 전조라고 생각하고 교회의 개혁을 주장하는 사람들 수 백명을 체포할 것을 명한다. 불온 서적이라고 낙인찍힌 책들을 압수하고 탄압이 벌어지면서 결국은 9명이 사형 당한다.

1535년 1월 6일, 벽보들이 또 한번 붙자 프랑수와는 탄압의 강도를 더 높인다. 10개월 동안 10명이 사형되고, 수 많은 사람들이 추방되고, 「루터주의자」73명의 명단이 발표된다. 이 중에는 3명의 인쇄소 주인, 2명의 책 제본사, 그리고 서점 주인도 포함되어 있었다. 1535년 7월 16일 프랑수와는 「쿠치의 칙령(Edict of Coucy)」을 반포하고 츠빙글리의 추종자들을 제외한 개혁주의자들을 모두 석방하지만 이는 슈말칼딕 동맹의 독일 개신교 군주들에게 잘 보이기 위한 임시적인 조치

에 불과했다.[77]

칼뱅은 빠리를 탈출하여 오
를레앙으로 간다. 이때 그는 처
음으로 해외 망명을 고민하기
시작한다. 그는 한번도 프랑스
를 떠나본적이 없었다. 1534
년 말 칼뱅과 그의 친구 틸레
는 가명 하에 프랑스를 떠나 알
자쓰를 거쳐 스트라스부르그에
가서 마틴 부처(Martin Bucer,
1491.11.11.~1551.2.28.)에게
자신들을 의탁한다.

『기독교 강요』

부처는 당시 남부 독일의 대
표적인 종교 개혁가였다. 그러
나 칼뱅은 스트라스부르그에
머물 생각이 없었다. 칼뱅은 종
교 개혁가가 되거나 새 교회의
우두머리가 될 생각이 없었다.
그는 앙굴렘처럼 자신의 연구
와 집필에 몰두할 수 있는 곳을
찾았다. 그는 스위스의 바젤로
떠난다.[78]

마틴 부처

1535~1536년 칼뱅은 바젤
의 학문적인 분위기 속에서 안정을 되찾고 그의 역작인 『기독교 강요』
를 집필하기 시작한다. 1536년 3월 『기독교 강요』 초판이 출간된다.

8) 제네바의 정치체제

1536년 3월, 칼뱅과 틸레는 르네드프랑스(Renee de France, 1510.10.25.~1574.6.12.)의 초청으로 북부 이탈리아의 페라라 공국(Ferrara)으로 간다. 프랑스의 국왕 루이 12세(1462.6.27. ~1515.1.1. 재위: 1498~1515)의 딸이었던 르네는 페라라 공작 에르콜레 2세 데스테(Ercole II d'Este, 1508.4.5.~1559.10.3.)의 부인이었으며 종교개혁가들을 적극적으로 돕고 있었다. 르네

르네 드 프랑스

는 특히 모국인 프랑스에서 탄압 받던 종교개혁가들을 페라라로 초청하여 안식처를 제공하여 주었다. 르네가 칼뱅을 초청한 것도 갓 출간된 칼뱅의 『기독교 강요』를 읽었기 때문인 것으로 추정된다.

그러나 교황 알렉산더 6세(1431.1.1.~1503.8.18. 재위: 1492~1503)의 손자였던 르네의 남편 에르콜레 2세 데스테는 종교 개혁을 반대하였다. 결국 르네가 「벽보 사건」에 연루되었던 프랑스의 급진 종교 개혁가들을 보호하고 있다는 의심을 받으면서 남편과 심하게 다투자 칼뱅과 틸레는 페라라 공국을 급히 떠나 바젤로 돌아온다.[79]

그 해 칼뱅은 프랑스로 잠시 귀국한다. 1535년 7월, 해외로 망명한 종교 개혁가들이 6개월 이내에 잘못을 뉘우치고 가톨릭으로 귀의한다는 서약을 할 경우 귀국을 허용한다는 「쿠치의 칙령」이 내려지자 칼뱅은 이 기회를 이용하여 고향을 다녀온다. 그는 노용에 남은 가족 명의

의 땅을 모두 팔고 파리에 들러 남동생 앙뜨완과 여동상 마리를 데리고 바젤로 돌아간다. 칼뱅의 마지막 프랑스 방문이었다.

파리에서 바젤로 가는 길은 보통 스트라스부르를 통해 라인 강을 따라 가는 길이었다. 그러나 이 때 프랑스의 프랑수와 1세와 신성로마제국의 카를 5세 사이의 전쟁으로 길이 막히자 칼뱅은 제네바를 거쳐가기로 한다. 원래 계획은 제네바에서 하룻 밤만 묵고 곧바로 바젤로 가는 것이었다. 그는 아무에게도 자신이 제네바에 도착했음을 알리지도 않았고 신분을 감추기 위해서 가명으로 여관에 투숙한다. 그러나 틸레는 칼뱅이 제네바에서 하룻 밤을 묵기로 했다는 사실을 기욤 파렐(Guillaume Farel)에게 알린다.[80]

모 모임의 일원이었던 파렐은 프랑스에서 종교 개혁가들에 대한 탄압이 심해지자 스위스로 망명하여 울드리히 츠빙글리 밑에서 취리히(Zurich)의 종교 개혁 과정을 지켜 본 후 스트라스부르(Strasbourg)에서는 마틴 부처(Martin Bucer)가 주도하는 종교 개혁을 목격한다. 1530년에는 뇌샤텔시(Neuchatel)가 가톨릭을 버리고 종교 개혁 편으로 넘어오도록 설득하는데 성공한다. 1532년부터는 제네바의 종교 개혁을 주도한다.

칼뱅의 잠재력을 일찍부터 알아봤던 파렐은 곧바로 칼뱅을 찾아간다. 그리고 칼뱅에게 제네바에 남아서 자신과 함께 종교 개혁을 완수할 것을 종용한다.

> 복음을 전하기 위해 놀라운 열정에 불타고 있던 파렐은 나를 붙잡기 위해서 모든 노력을 경주했다. 내가 학문에 전념하기 위해서 다른 일은 모두 거부하기로 마음을 굳혔으며 자신이 애원하여도 내가 마음을 바꾸지 않자 만일 이처럼 다급하게 도움을 요청할 때 돕는 것을 거부한다면 하나님은 나의 공부를 저주하실 것이라고 협박했다. 나는 그의 협박에 너무나 겁을

먹은 나머지 남기로 하였지만 그 대신 나 자신의 소심함과 내성적인 성격을 잘 알았기에 아무런 직책도 맡지 않을 것이라고 하였다.[81]

칼뱅은 결국 바젤로 되돌아 가는 것을 포기하고 제네바에 남는다.

로마제국의 국경 마을로 건설된 제네바는 5세기부터 주교의 통치를 받는다. 중세에는 신성로마제국령이 되면서 14기 후반부터는 자치를 공인 받는다. 그러나 거의 동시에 프랑스 남부의 사보이아 공국(Duchee de Savoie)의 영향권 안에 들기 시작한 제네바는 형식적으로는 자치를 유지하지만 중요한 결정은 사보이아 공국이 지명한 가톨릭 주교가 하게 된다.

한편 독일어를 사용하는 베른은 16세기부터 독일에서 일기 시작한 종교 개혁을 받아들여 개신교로 전향한다. 상당한 군사력을 보유하고 있던 베른은 1536년 보(Canton of Vaux)와 제네바를 무력으로 접수한다. 그리고 보와 제네바 등 프랑스어를 사용하는 지방에 개신교를 전파하고자 한다. 이를 위하여 베른의 지도자들은 스위스에 망명하여 살고 있는 프랑스 인문주의 종교 개혁가들을 찾아 지원하기 시작한다. 이들이 찾은 프랑스 출신 종교 개혁가들이 파렐과 피에르 비레(Pierre Viret, 1511~1571.5.4.)였다.

1537년 1월 16일, 파렐과 칼뱅은 제네바 시 의회에 『교회의 조직과 제네바 예배에 관한 연구(Articles concernant l'organisation de l'église et du culte à Genève)』를 제출한다. 이 문서는 성찬식의 빈도와 방식, 파문의 이유와 방법, 신앙고백을 받아들이는 요건, 전례 중 찬송가의 사용, 결혼 법 개정 등을 포함하고 있었다. 의회는 당일로 이 문서를 받아들인다.[82] 그러나 그 후 파렐과 칼뱅은 제네바 시 의회와 갈등하기 시작한다. 그리고 1538년 11월 성찬예식 문제를 둘러싼 이견으로 결국

기욤 파렐

피에르 비레

파렐과 칼뱅은 제네바에서 축
출된다.

이델렛 드 뷰르 칼뱅

　스트라스부르로 망명한 칼뱅
은 1538년에서 1541년까지 여
러 교회에서 목사로 봉직하면
서 매일 설교를 한다. 1540년에
는 『기독교 강요』 개정판도 완
성하고 로마서에 대한 주석을
출판하였고 3월에는 2명의 아
이가 있는 미망인 이델렛 드 뷰
르(Idelette de Bure)와 결혼한다.

　한편 제네바의 정치 상황은 칼뱅을 축출한 이후 급변한다. 베른과
제네바는 영토 문제로 갈등하기 시작한다. 이때 가톨릭 교회의 야코
포 사돌레토(Jacopo Sadoleto; 1477.7.12.~1547.10.18.) 추기경은 제네
바 시의회에 서신을 보내 가톨릭 교회로 돌아올 것을 종용한다. 제네
바 시의회는 제네바의 입장에서 사돌레토 추기경의 편지를 반박할 수

있는 신학적 권위를 가진 인물을 찾는다. 시 의회는 먼저 피에르 비레에게 의뢰하지만 비레는 거절한다. 그러자 의회는 칼뱅에게 답신을 써 줄 것을 요청한다. 칼뱅은 이 제안을 받아들이고 곧바로 제네바의 종교 개혁을 강력하게 옹호하는 내용이 담긴 『사돌레토에게 보내는 답신(Responsio ad Saoletum)』을 써서 보낸다.

1540년 9월 21일, 제네바 시 의회는 공식적으로 칼뱅을 제네바로 다시 초청할 것을 결정한다. 이에 칼뱅은 「나는 하루에 천 번씩 죽어야만 했던 저 십자가를 다시 지기 보다는 차라리 백 번 죽는 것을 택하겠다」고 한다. 그러면서도 그는 결국 이를 신의 뜻으로 받아들이고 제네바로 돌아갈 것을 결정한다. 1541년 9월 13일, 칼뱅은 제네바 시의회가 보낸 공식 호위병들의 호위를 받으며 가족과 함께 마차를 타고 제네바 시로 입성한다.[83]

칼뱅이 제네바에 개혁 교회 체제를 정착시키는 과정은 제네바의 세속 정부를 장악하고 있던 시민 엘리트와의 끊임없는 갈등과 타협의 과정이었다. 칼뱅이 제네바의 교회를 장악하고 이를 통해서 제네바 사회 전체의 개혁을 이끌어내고자 한 만큼 제네바의 지도층 역시 자신들이 궁극적인 권력을 행사할 수 있는 체제를 원했다. 여기에서 파생된 건설적인 긴장 관계 속에서 결국 칼뱅이 도시의 지도자들의 요청으로 만든 『교회법규(Ordonnances ecclésiastiques, Ecclesiastical Ordinances)』가 1541년에 완성된다.

칼뱅은 『신약성서』가 명시하는 교직은 목사(Pastors), 박사(doctors), 장로(elders), 집사(deacons) 등 넷 뿐이라고 주장한다. 그는 이 네 교직이 맡은 역할을 제대로 한다는 전제 하에 구체적으로 어떤 형태를 갖추는지에 대해서는 크게 신경을 쓰지 않았다.(그의 추종자들은 오히려 칼뱅보다 더 교조적으로 칼뱅의 조직을 그대로 따르고자 하였다.)

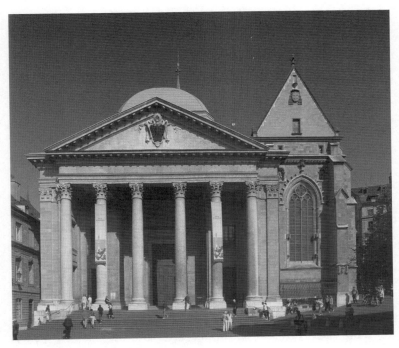

칼뱅이 설교한 제네바의 쌍피에르 성당

　목사들은 중세 가톨릭 교회의 신부들과 주교들 처럼 일반 신도들을 돌보는 것이 주된 역할이었다. 박사들은 모든 교육을 담당하였고 성경에 대한 가장 수준 높은 연구도 책임져야 했다. 목사 안수를 받지 않은 칼뱅은 자신을 박사로 간주하였다. 목사와 선임 박사들은 함께 목사 회의(Company of Pastors)를 구성하였다. 장로들은 교회의 규율을 책임졌다.[84]

　또한 칼뱅은 목사와 장로들이 함께 모여서 시민들의 규율을 책임 지는 위원회를 만들어 「콘시스토리(consistory)」라 명명한다. 콘시스토리의 역할은 세속적인 법원이 다루는 일상적인 법의 문제가 아닌 이웃들 간의 관계, 결혼 문제 등에 대해 자문해주고 지도하는 것이었다.

　집사들은 신약성경의 『사도행전』에 따라 빈민들을 구제하고 돌보는 역할을 맡는다. 종교 개혁으로 인하여 중세에 빈민구제를 전담하던 수도회들이 철저하게 해체 되면서 빈민사목 문제는 전에 없이 중요해졌다. 칼뱅은 집사들이 그리스도의 사랑을 실제로 실천하는 중요한 역할을 해야 한다고 생각했다.[85]

『교회법규』를 통해 형성된 제네바의 권력구조는 교회와 세속 정부 사이에 절묘한 균형을 이룬다. 당시 제네바는 유럽 도처에서 모여드는 종교 개혁가들로 가득 찼다. 1540년에서 1594년 사이에 제네바의 모든 교회의 목사는 단 한명의 제네바 출신도 없이 모두 프랑스인들이었다. 이에 제네바 세속 정부의 지도자들은 외부로부터 유입된 이민자들이 자신들의 권력에 저항하는 것을 막고자 한다.[86]

그들은 이미 사보이아 공국(Duchy of Savoy)으로부터 독립을 쟁취하는 과정에서 나름대로의 견고한 제도들을 고안한 바 있다. 제네바시 정치 체제의 핵심은 위원회들이었다. 그 중에서 가장 중요한 위원회는 「24인 위원회」였다. 제네바의 시민권은 제네바 출신들만이 받을 수 있으며 시민들만이 이 「24인 위원회」에 선출될 수 있었다. 반면, 이민자들에게도 제네바시의 운영에 참여할 수 있게 함으로서 불만을 미연에 방지하기 위하여 위원회는 「부르주아(bourgeois)」라는 계급을 신설하고 부르주아들은 「60인 위원회」와 「200인 위원회」 등 「24 위원회」보다는 권력이 약한 위원회의 위원들이 될 수 있는 길을 터 놓는다.

칼뱅 본인도 1559년이 되어서야 「부르주아」 신분을 획득한다. 그 전까지 그는 아무런 참정권도 없는 「거주민(habitant)」에 불과했다. 그럼에도 불구하고 칼뱅은 제네바를 자신의 비전에 따라 개혁하는데 성공한다.[87]

1541년 이후 제네바 세속 정부인 시의회 위원회들은 칼뱅이 만든 목사회의, 목사들과 장로들의 콘시스토리, 그리고 집사 회의(diaconate)와 함께 제네바 정치 체제의 양대 축을 이룬다. 『교회법규』에 따르면 모든 세속 위원회들은 교회의 장로들을 선출하는데 참여할 수 있도록 하였다. 그러나 목사를 선출하는 것은 목사들만이 할 수 있도록 못 박는다. 그 이후로 제네바의 목사회의는 완전한 자치권을 확보한다.

이는 당시 독일에서 루터교가 진화하는 것과 확연히 대비되는 현상이었다. 루터교의 목사들은 세속 군주나 시 위원회에 의해서 임명되었다. 따라서 루터교의 목사들은 일반 공무원과 같은 존재였다.[88]

결과적으로 제네바의 세속 정부는 소수의 제네바 출신 엘리트들이 독점하였던 반면 교회는 칼뱅 처럼 프랑스로부터 망명해 온 프랑스 최고의 지식인 계층이 지배하였다. 칼뱅이 고안한 이 교회의 체제는 제네바 특유의 정치 상황에 적응하는 과정에서 나온 것이다. 그러나 유럽의 수 많은 종교 개혁가들은 세속 정부로부터 완전히 독립된 제네바의 교회 체제를 모방하고자 한다. 칼뱅의 교회는 세속 정부와 나란히 사회를 다스리면서 동시에 세속 정부를 신의 이름으로 얼마든지 비판할 수 있는 권한을 갖는다. 이로서 개혁 교회가 제도적으로 완성된다.[89]

4. 칼뱅의 정치사상

칼뱅의 사상은 지옥을 방불케 하는 중세 말기의 상황을 설명하고 타개할 수 있는 신학과 체제를 고안하는데 모든 초점이 맞추어져 있다.

1) 혁명가 칼뱅

루터교인들에게 루터의 사적인 경험, 그의 영적인 체험은 매우 중요하다. 루터교인들은 루터가 경험했던 고난과 고뇌, 그리고 그가 얻는 믿음의 확신을 본인들도 경험하고 싶어 한다. 그만큼 루터 개인의 삶과 경험은 루터교인들에게 중요한 사표가 된다.

그러나 칼뱅의 개인적인 경험이나 영성적인 체험은 청교도, 장로교, 위그노 등 칼뱅주의 종파의 교인들에게는 전혀 중요치 않다. 칼뱅은 신의 존재의 오묘함, 불가사의함에 대해서 누차 강조하지만 개인적인 체험들에 대해서는 아무런 관심이 없었다.

그가 개종을 하게 된 경위와 절차도 극적인 영감이나 개인적인 고난과 고뇌를 통한 것이라기 보다 냉정하고 이지적이며 극단적으로 논리적인 한 인간의 점진적인 계몽의 과정이라고 보는 것이 정확하다. 칼뱅주의는 사적이고 감정적인 종교적 체험을 철저하게 배제한 채 중세 기독교가 무너진 후의 새로운 신학, 그리고 봉건 사회가 무너진 후의 새로운 정치, 경제, 사회 질서를 수립하고자 하는 과정에서 태동된다. 칼뱅의 사상이 루터의 사상보다 훨씬 더 널리, 멀리 전파되고 전혀 다른 정치적 상황과 이질적인 문화와 전통을 가진 사회에도 적용될 수 있었던 이유다.

그의 사상은 객관적이고 공적인 교리들에 기반하고 있었다. 그의 「견해」조차 공개적으로 토론되고 채택될 수 있는 차원의 것들이었을 뿐 루터와 같이 지극히 사적인 차원의 경험에 기반을 둔 것들이 아니었다. 루터는 만년에는 일개 시골의 노인에 지나지 않았고 정치적으로 체념하고 더 이상 야심이 없는 조용한 삶을 산다. 반면 칼뱅은 만년에 세계적인 인물이 되어 도처에서 일어나는 개혁과 혁명, 반란의 동인을 제공하였다.[90]

특정 사상이 일반 대중에게, 다양한 계층의 사람들에게 매력적인 것은 그것이 얼마나 감성적으로 깊이가 있고 강렬했는지와는 상관이 없다. 16세기 종교 개혁 당시를 살았던 사람들이 경험했던 실존적인 문제들을 보다 직접적으로, 강렬하게 체험하고 공감을 자아냈던 인물은 단연코 루터였다. 봉건 사회가 무너지는 가운데 종교적으로나 제도적으로 방향감을 상실하고 방황해야 했던 수 많은 중세 말기의 인물들 가운데 루터는 순전히 개인의 의지로 당대의 모순들과 맞부딪치며 살아나갔다. 고통과 고난의 삶을 통하여 그는 가장 극단적인 종교적 체험에 바탕을 둔 신학을 정립한다. 루터에게 중요한 것은 개인과 신의 관계였다. 그는 교회의 제도 개혁에 대해서는 아무런 관심이 없었다. 새로운 교회를 창설할 생각은 더더욱 없었다.[91]

반면 칼뱅은 처음부터 교회 전반에 대한 제도적인 혁신을 꾀했다. 그의 교회 쇄신책들은 신학보다는 사회 도덕률이나 제도 차원에서 중요했다. 그가 가장 중점을 두었던 것은 가톨릭 교회를 대신할 교회를 세우는 구체적인 방법이었다. 신의 존재의 신비, 신의 인간에 대한 은총 등 당대의 가장 중요한 신학적인 문제에 대해서 왈가왈부하는 것은 자아도취에 빠지는 죄를 범하는 것이라고 생각했다.

그의 대표작인 『기독교 강요』와 그 외의 모든 저술들은 항상 상식의 범위를 벗어나지 않는 지극히 실용적인 내용들이었을 뿐 신학적 난제에 대한 현학적인 논쟁이나, 영성적 체험에 대한 서술과는 거리가 멀었다. 신이나 신의 은총 등에 대한 신학적인 논증은 극히 드물었다. 「호기심에 빠지거나」, 「성경에서 얻을 수 있는 내용 외의 애매한 주제들에 대해서 얘기하고 생각하고 알고 싶어해서는 안 된다」고 하였다. 아무런 「확신」이나 「일상적인 효능」이 없는 「쓸데없는 억측들」을 버리고 「하나님에 대한 지식은 하나님께 맡겨두어라」고 한다.[92]

그는 구원의 문제에 대해서 고민하는 사람들에게도 냉정하였다. 그가 봤을 때 대부분의 사람들은 어차피 구원 받지 못할 운명이었다. 따라서 「보잘 것 없는 인간들이 신이 알고 있는 그 비밀들을 캐고자 그의 영역에 억지로 침입하여…. 하나님이 자신에 대해서 어떤 심판을 내리셨는지 알려고 하는 것」은 죄악이라고 하였다. 그렇게 하고자 할 경우

결과는 극도의 불안감에 빠지는 것 뿐이라고 한다.[93]

칼뱅주의는 하나님과의 화해 보다는 기강과 규율, 복종의 이념이다. 목사의 임무는 「교황주의자들이 지금까지 자랑스레 뽐내왔듯이 그리스도를 바침으로써 인간과 신간의 화해를 도모하는 것」이 아니라 「인간으로 하여금 복음에 복종하도록 함으로써 인간을 하나님의 제물처럼 바치는 것」이라고 한다.

화해보다 복종을 더 중시했다는 것은 칼뱅주의가 사적이고 종교적인 이론이라기 보다는 사회체제, 윤리도덕에 관한 이론이었음을 뜻한다. 인간이 실존적인 불안감을 극복하는 것은 종교적인 방법을 통해서가 아니라 지극히 세속적인 제도와 행동을 통해서 이룩할 수 있는 것이라고 생각했다.[94]

물론 가톨릭 교회에서도 기독교인으로서의 도덕적인 삶과 구원의 문제를 모두 중시하였다. 그러나 개신교는 보이는 교회와 보이지 않는 교회, 도덕과 구원을 점점 더 명확히 구분하기 시작한다. 루터교에서는 칭의(稱義, justification)를 경험한 신도에게 보이지 않는 교회는 확실하게 존재하는 실체가 된다. 따라서 루터교는 점차 개인들의 종교적인 경험, 신을 만나는 경험을 중시하는 경건주의 종파들을 양산한다.

반면 칼뱅주의는 신자들의 종교적 열정을 사회 기강을 잡을수 있는 현실교회를 건설하는데 사용한다. 이러한 차이가 점차 극명해지면서 개신교는 루터교와 같이 지극히 사적인 신에 대한 체험을 강조하는 교파, 아니면 칼뱅의 개혁 교회처럼 사회 제도적인 측면을 강조하는 종교가 되어간다.[95]

이러한 차이는 기존의 정치, 사회체제와 제도에 대해 극명하게 다른 처방을 낳는다. 칼뱅주의는 끊임없는 성명서, 훈계, 논쟁을 통해서 세속적이고 제도적인 문제에 전념하면서 세속을 장악하고 변화시키고자 한다. 칼뱅주의의 제도적인 표현은 「계약(covenant)」, 「집회(assemblies)」, 「회중(congretations)」, 그리고 「성스러운 공영권(holy commonwealth)」 등이었다. 반면 루터교인들은 보이지 않는 천상의 왕국을 찾아 정치로부터 돌아서면서 세속을 루터 본인의 말대로 「갖고 싶은 사람이 갖도록」 내버려 두고자 한다.

칼뱅은 전통적인 의미에서의 신학이나 철학의 문제에 대해서 무관심하였다. 그런 의미에서 그는 매우 실용적인 지식인이었다. 제네바의 정치에 휘말려 있던 프랑스 망명 지식인 칼뱅은 인간과 신의 관계에 대한 복잡한 신학 이론에도 관심이 없었고 그렇다고 세속 정치에 대해 관심을 가졌던 것도 아니다. 칼뱅이 세속을 기존의 신학자들이나 정치사상가들과는 전혀 다른 시각에서 바라볼 수 있었던 이유다.[96]

2) 신앙과 교회의 역할

칼뱅 정치사상의 출발점은 철저하게 타락하여 신으로부터 멀어진 인간이다. 칼뱅 이전까지 「신앙」의 문제는 곧 「구원」의 문제였다. 신의 모습으로 창조 된 아담과 하와는 뱀으로 변신한 사탄의 꼬임에 넘어가 신의 뜻을 거역하고 「선악과」를 따 먹음으로써 「원죄(Original Sin)」를 짓고 에덴 동산에서 쫓겨난다.

「실낙원(失樂園)」 후 인간의 삶의 궁극적인 목표는 원죄를 씻고 다시 하나님의 품으로 돌아가는 것이었다. 이를 위하여 인간은 자신의 죄를 어떻게 해서든지 용서 받기 위하여 노력한다. 신앙 생활의 목표는 죄를 용서받고 신과 화해함으로써 낙원에 다시 들어가는 것이었다. 인간의 역사는 원죄에 빠진 인간을 구원하는 신의 「구원의 역사」였다.

교회는 신이 전개하는 구원의 역사를 돕고자 인간들이 신의 대리인으로 만든 도구였다. 중세교회의 존재 이유는 실낙원 이후 결별한 인간과 신을 화해시키는 것이었다. 루터 역시 이 부분에 있어서는 가톨

아담과 이브의 실낙원

릭 교회와 동의 한다. 다만 「구
원」이 가톨릭 교회를 통해서 이
루어질 것인지 아니면 개인의
「신앙만을 통하여(sola fide)」이
루어질 것인지의 차이가 있을
뿐이다.

지옥에 떨어진 사탄. 실낙원 중에서

물론 이 차이는 중세 가톨릭
교회의 존재이유 자체에 대한
엄청난 함의를 갖고 있는 것이
었지만 인간과 신이 궁극적으
로 다시 화해 할 수 있다고 생각한 점에서는 중세 가톨릭 교회나 그
교회를 비판하면서 종교 개혁을 시작한 루터가 공히 받아들이는 명제
였다.[97]

그러나 칼뱅은 달랐다. 그는 아담과 하와의 실낙원 이후 하나님과
인간의 화해는 불가능해졌다고 생각했다. 원죄에 빠진 타락할대로 타
락한 인간이 자신의 힘과 의지, 노력으로 구원에 도달할 수는 없었기
때문이다. 구원은 오직 신이 인간을 일방적으로 구원해 주는 방법 밖

바티칸의 성 베드로 성당 지붕에서 바라본 성 베드로 광장 전경. 열쇠 모양이다. 가톨릭 교회가 천국의 문을 열고 닫는 열쇠를 갖고 있음을, 즉 누가 구원 받고 구원 받지 못하는지 결정할 수 있는 권한을 갖고 있음을 보여준다.

에 없었다. 아무런 대가 없이, 인간이 잘한 것은 아무것도 없음에도 불구하고 신이 무한한 사랑, 절대적인 사랑으로 인간을 용서하고 구하는 길 밖에 없다고 보았다. 소위 「구원예정설」이다.

어차피 인간이 자신의 노력으로 구원에 도달할 수 없다면 인간은 신과 화해할 방법을 강구하는데 시간과 노력을 허비할 필요가 없다. 그보다는 죄를 지은 결과 인간이 처하게 된 상황이 어떤 것인지, 신으로부터 소외된 인간이 살아가야 하는 사회가 어떤 모습을 가진 것인지를 살피고 어떻게 개혁해 나가면서 하나님의 구원의 손길을 기다릴 것인지에만 관심을 갖는 것이 합리적인 삶의 태도였다.

그렇다면 죄를 짓고 낙원에서 추방당한 인간들이 살고 있는 속세는 어떤 곳인가? 그곳은 공포와 근심 걱정이 끊이지 않고 불신과 반목, 살상과 전쟁이 끊이지 않는 곳이다. 이것이 낙원에서 쫓겨난 인간이 살아갈 수밖에 없는 세상의 실상이다. 이는 16세기 유럽의 실제 모습이기도 했다. 칼뱅이 실낙원의 논리를 통해서 유추한 속세의 모습은 막연한 상상의 세계가 아닌 기근과 흑사병, 전쟁과 종교 분열로 무너지고 있는 중세 말기 유럽의 적나라한 모습이었다.

『고성소(古聖所) 의 그리스도』. 히에로니무스 보스(Hieronymus Bosch) 작.

중세말기를 살던 사람들은 신으로부터만 유리된 것이 아니라 오랫동안 유지되어 오던 중세의 안정적인 사회망들이 모두 무너진 시대를 살았다. 칼뱅은 실낙원의 교리를 이용하여 당시의 시대상을 설명하였다. 칼뱅의 사상이 호소력을 가졌던 이유다.[98]

칼뱅은 비록 인간의 힘으로 신과의 화해를 도모하는 것은 불가능하다 보았지만 당시의 공포스러운 현실은 인간의 힘으로, 정치적으로 극복할 수 있다고 믿었다. 그가 정치적으로 적극적이고 능동적인 개혁가가 될 수 있었던 이유다. 그는 사적으로는 당시의 공포스러운 상황을 극복하기 위하여 극단적인 자기 제어, 자기 기율적인 삶을 살았다. 공적으로는 체계적인 규율을 통하여 불안감, 공포, 근심 걱정을 극복할 수 있다고 생각 했다. 공포, 불안에 대한 답은 신과의 화해가 아닌 신에 대한 절대적인 복종에 있다고 생각했다.[99]

실낙원한 인간은 하나님과 사회로부터 모두 소외 될 수 밖에 없었다. 칼뱅은 실낙원과 소외의 사회적 함의를 고민하였고 이를 정치, 사회 제도적으로 치유하거나 개선할 수 있는 방법을 찾았다. 그가 세속 정치를 거부하고 세속 자체를 거부한 재세례파(Anabaptists)와 격론을 벌인 이유다.

재세례파의 목적은 세속 정치 자체를 없애버리는 것이었다. 속세의 파괴가 목적이었다. 재세례파들은 법정에 가는 것도, 군대에 가는 것도 거부하면서 속세의 정치와 연결되는 모든 것을 거부하였다. 그들은 즉각적으로 신의 은총을 받고 신과 다시 하나가 되는 것이 가능하다고 생각했다.

반면 칼뱅은 극단적인 염세주의를 극복할 수 있는 유일한 방법은 기독교인들이 공동체 안에서 생활 할 때만 가능하다고 주장한다. 실낙원한 아담의 후예들을 교회와 국가를 아우르는 규율 사회에 다시 예속시키는 것이 구원의 출발점이라고 생각했다. 칼뱅이 일절 내세주의적 주장을 하지 않은 이유다.

따라서 칼뱅은 근본적으로 세속의 문제에만 집중한다. 그리고 수령(magistrate), 법령, 전쟁 등, 세속적인 방법과 관습을 동원하여 잃어버린 에덴 동산을 대신 할 속세의 질서를 건설하고자 한다.

칼뱅은 자신을 따르는 사람들이 모두 이 세속적인 정치 공동체 건설에 적극 참여할 것을 요구한다. 인간은 모두 같은 불안과 근심 걱정에 휩싸여 있는 존재들이다. 따라서 그들은 모두 이를 극복할 수 있는 정치 공동체 재건에 동참해야 했다.[100]

처음에는 왕을 대상으로하는 요구였지만 그 대상은 점차 확대되어 결국은 모든 사람들이 각자 신성한 임무를 다 하는데 동참할 것을 요구하게 된다. 칼뱅이 기독교 공동체 건설에 동참할 대상을 이렇게 확대시킬 수 있었던 이유는 그가 중세의 정치사상가들처럼 도덕성을 갖춘 군주를 찾았던 것이 아니라 아무나 하나님의 도구가 될 각오가 있는 사람을 찾았기 때문이다. 다시 말해서 칼뱅은 정치에 참여할 대상을 전통 정치사상 처럼 군주나 철인에 국한시키지 않고 일반 「신도(信徒, saints)」 모두를 포함시킨다. 정치 참여의 저변이 급속히 확대되는 근대 정치의 단초는 칼뱅이 마련한다.

그러나 칼뱅은 결코 개인에 의존하지 않았다. 원죄에 빠진 타락한 인간의 도덕성에 의존할 수 없었다. 그는 무엇보다도 제도와 조직에 의존하였고 그의 추종자들에게도 조직하는 방법과 열정을 물려줬다. 칼뱅의 부름에 응답한 사람들은 토론, 투표, 투쟁에 참여해야 했고 서서히 실낙원한 인간들을 아담의 원죄와 그 세속적인 결과로부터 해방시켜줄 수 있는 새로운 형태의 제도와 질서와 관리 방법들을 배우기 시작했다.[101] 근대 정치는 이렇게 태동한다.

중세 가톨릭 교회도 신도들을 조직하였지만 그들을 기존의 정치적, 봉건적 질서로부터, 또 혈연과 지연으로부터 분리시키려고 하지는 않았다. 사제들 간에, 그리고 수도회에 속한 사람들만 중세 봉건사회의 일상과는 전혀 다른 새로운 조직생활을 해야 했다. 그러나 칼뱅주의자들은 속세의 모든 사람들에게 중세의 사제나 수도승들에게만 강요했던 삶의 양태를 요구한다.

칼뱅주의는 봉건질서와는 양립할 수 없었다. 칼뱅주의가 만들어낸 새로운 형태의 조직과 연계망은 이미 봉건시대의 조직과 연계망과는 거리가 먼 것들이었다. 그리고 이러한 조직에 이끌려서 자발적으로 참여하기 시작한 사람들은 대부분 이미 봉건질서로부터 소외되고 떨어져 나오기 시작한 사람들이었다.

칼뱅주의자들의 독실하고 경건한, 그러면서도 매우 엄격한 일상은 그들에게 자신감을 불어 넣어주었고 그 결과 소외감을 극복할 수 있

었다. 칼뱅의 사상은 소외에서 시작하여 새로운 종교적 규율로 귀결된다.[102]

그렇다면 칼뱅주의자들이 통치하면서 종교적 규율과 기강을 강제하는 체제 밖에 있는 사람들은 어떻게 되나? 칼뱅은 이들에게는 순수하게 세속적인 억압이 필요하다고 한다. 그는 이 억압체제가 비록 잔인하고 피비린내가 난다 할지라도 하나님으로부터 떨어져 나온 인류에게는 오히려 다행한 일이라고 주장한다. 인간의 사악함은 영원히 제어하고 조정해야 한다는 것이 칼뱅식 정치사상의 기본적인 전제다. 따라서 칼뱅이 봤을때 세속국가는 절대적으로 필요하다.

만일 인간이 낙원에서 추방당하지 않았다면, 그래서 아담이 본래의 신성한 모습을 상실하지 않았다면 정치라는 현상자체가 필요 없었을 것이다. 인간이 원죄를 짓기 전에는 그의 마음 속에 법이 자리함으로서 외부로부터의 강제가 전혀 필요 없었고 따라서 인간을 규제하고 조정하는 정치 체제도 필요 없었다.[103]

그러나 죄를 짓고 낙원에서 추방 당한 인간은 제 2의 본성을 갖게 된다. 제 2의 본성은 남에게 절대 복종하지 않고 끊임없이 타인을 지배하고자 하는 욕망이다.

> 내 생각에는 인간의 본성은 각자가 이웃의 주인이 되고 상전이 되고자 할 뿐 자발적으로 타인의 지배를 받고자 하는 사람은 없다.[104]

가톨릭 교회에서는 실낙원 이후에도 인간이 아담의 순수함의 일부를 여전히 물려받고 있다고 주장했다. 인간이 일말의 합리성을 갖고 있는 것도 아담이 갖고 있었던 인간 원래의 완벽한 모습의 일부가 낙원에서 추방당한 이후에도 남아 있었기 때문이라고 믿었다. 이것이 「자연법 이론」이었다.

예를 들어 중세 교회의 신학자들은 그리스와 로마 시대를 어떻게 해석해야할지 고민했다. 이들 이교도들이 건설한 문명들도 놀라운 수준의 사회와 법체계를 자랑했기 때문이다. 이는 인간이 비록 낙원에서 추방당했지만 여전히 높은 수준의 세속 공동체, 질서 잡힌 국가나 제국을 건설하고 운영할 능력을 여전히 갖추고 있었음을 보여주는 것이었다. 그렇기에 실낙원은 종교적으로는 엄청난 타락이었지만 정치적으로는 별다른 영향을 안 미친 것으로 볼 수도 있었다. 이교도들도 법이 통치하는 사회를 건설하고 유지할 정도의 이성과 합리성은 보유하고 있었다는 뜻이다.[105]

이는 이슬람권에 대해서도 적용되는 이야기였다. 이슬람과 같은 이교도도 고도로 발달된 법체계를 기반으로 하는 사회와 제국을 건설하고 유지하고 있었다. 그렇다면 꼭 기독교가 모든 이교도를 몰아내고 기독교 국가를 건설해야만 할 필요가 있을까? 기독교 국가나 이교도 국가나 비슷한 수준의 법과 질서를 유지하는 능력을 보유하였다면, 그리고 그리스나 로마, 이슬람의 경우에는 중세 유럽보다 월등한 사회를 건설할 수 있었다면 굳이 기독교를 전파해야할 이유가 있나? 인간이 「자연법」을 인지하고 따를 수 있다는 중세 신학의 기본 명제는 이러한 문제 의식에 기반했다.[106]

그러나 칼뱅은 중세 교회가 의존하고 있던 자연법의 존재를 부정한다. 칼뱅은 그리스, 로마, 이슬람 제국이 고도로 발달 된 법치 사회를 건설하고 높은 수준의 문명을 구가할 수 있었던 것은 실낙원에도 불구하고 흐릿하게 남았던 자연법 때문이 아니라 「성령의 놀라운 선물」이었다고 못 박는다. 인간의 머리로는 도저히 그 의도를 헤아릴 수 없는 전지전능한 신이 이교도들에게 그러한 선물을 주었다는 것이다. 칼뱅은 이것이 기독교도들에게 아무런 고민거리가 되지 않는다고 생각했다.

이교도들의 문명적 성취는 그러한 선물을 하나님으로부터 받을 만큼 훌륭해서도 아니고 인간의 내면에 남아 있는 「자연법」 때문도 아니었다. 칼뱅이 볼때 아담의 원죄로 인한 낙원으로부터의 추방은 하나님이 원래 주셨던 인간의 본성을 철저하게 말살하는 사건이었다. 이교도들이 고도의 세속문명을 구가하는 것은 인간의 본성과는 아무런 연관이 없었다. 이는 이해할 수도 없고 이해하려고 해서도 안되는 전능하신 하나님의 역사하심일 뿐이다. 인간의 본성은 실낙원으로 철저하게 타락한 것이었다.[107]

낙원에서 쫓겨나면서 인간은 상호배타적이고 반사회적인, 도덕적으로 타락한 존재로 전락한다.[142] 따라서 사회나 국가는 중세의 (아리스토텔레스학파) 신학자들이 주장한 것 처럼 자연적인 공동체들이 아니었다. 사회나 국가는 가족과는 아무런 연관이 없는 조직들이었다. 부모에 대한 공경과 복종은 자연스러운 것이었지만 사회나 국가에 대한 정치적인 복종은 전혀 자연스러운 것이 아니었다.[108]

칼뱅은 16세기 당시 대부분의 철학자, 신학자, 이론가들과 달리 국가는 가족의 연장선이라던가 가족을 확대한 것이 국가이고 따라서 왕은 곧 아버지와 같다, 즉 「군사부일체」라는 사고를 근본적으로 부정한다. 정치 공동체가 가족의 연장으로 자연스럽게 형성된 것도 아니고 그렇다고 인간들의 협의와 합의, 계약에 따른 공동체도 아니었다.

실낙원 후 야만적으로 살고 있던 인간들은 훗날 홉스(Thomas Hobbes, 1588.4.5.~1679.12.4.)나 록크(John Locke, 1632.8.29.~1704.10.28.)와 같은 사회계약론자들이 주장하듯이 일말의 합리성을 바탕으로 각자의 이해 관계를 위하여 자발적으로 계약을 맺는다는 이론을 거부한다.[109]

칼뱅은 자연의 상태가 처참한 곳이고 따라서 인간들이 일말의 정치, 사회 질서를 누릴 수 있음을 감사해야 할 것이라고 한다. 「우리는 인간

토마스 홉스   존 록크

이 너무나 변태적이고 삐뚤어진 본성을 갖고 있다는 사실을 알고 있고 따라서 모든 사람은 만일 자신들을 제어하는 것이 없을 경우 자기 이웃의 눈을 다 뽑아 버리려고 할 것이라는 사실도 잘 안다.」 따라서 정부는 「빵과, 물, 공기 처럼 인간에게 꼭 필요한 것이고 훨씬 더 좋은 것이다.」[110] 그러나 그렇다고 해서 정부를 만들 능력은 인간에게는 없다.

주종 관계는 자연으로부터 주어진 것이 아니었다. 인간이 원죄를 짓고 낙원에서 추방된 후 인간의 본성이 처절하게 타락하고 무너지면서 생겨나게 되는 현상이다. 주종 관계는 낙원에서 추방된 후 가장 사납고 힘센 추장들이 나타나 다른 사람들을 모두 굴복시키면서 탄생한다. 따라서 처음에는 모든 주종 관계는 불법적인 것이었다. 그러나 오랜 세월이 흐르고 관습으로 자리잡게 되면서, 그리고 그 필요성이 인정되기 시작하면서 받아들여지기 시작한다.[111]

그러나 아무리 폭력이 무섭고 또 질서를 유지하는 것이 필요하다 할지라도 이렇게 형성된 주종 관계가 정통성이 있거나 또 종속된 사람들이 마음속으로부터 이 권력자에게 복종하게되는 것은 아니다. 사회가 아무런 정통성을 가질 수 없게 되고 사회 구성원들의 자발적인 참여를 바랄 수도 없다.

홉스가 「자연의 상태」에서 「계약」을 도출하는 이유도 바로 기존 체제의 「정통성」의 근거를 찾기 위해서였다. 그러나 칼뱅은 정통성이나 순종은 결코 인간이 만들어내는 것이 아니라고 한다. 인간의 공동체에 정통성을 부여하고 사회 구성원들에게 권력자에 대한 순종하는 마음을 갖게 하는 것은 오직 하나님 뿐이었다. 칼뱅은 한 걸음 더 나간다. 자연의 상태에서 마지못해 따르는 순종, 권력의 힘이 무서워서 어쩔 수 없이 따르고자 하는 마음조차 신이 불어넣어주지 않으면 인간의 마음 속에 생겨날 수가 없다.[112]

자연의 상태의 인간은 고독하고 무기력하기 짝이 없는 존재였다. 하나님을 배반하고 하나님의 은총으로부터 멀어진 인간은 자신들이 의탁할 기본적인 사회를 결성할 수 있는 능력조차 없었다. 실낙원한 인간은 겁에 질린 동물처럼 살았고 다른 모든 인간들은 사나운 짐승처럼 서로의 멸망만을 노렸다.

인간은 정착해서 살 수 있는 곳도 없었고 할 수 있는 일도 없었으며 「일생을 불안 속에서 떠돌아 다닌다」. 인간의 삶이란 늘 불안하고 근심걱정이 끊이지 않는 과정이었다. 재앙이 늘 도사리고 있었다. 인간을 극단적인 불안과 공포로부터 구제할 수 있는 것은 신의 은총뿐이었다. 그러나 신은 신을 믿는 사람들만이 아니라 모든 인간들을 위하여 정치, 사회질서를 만들었다. 세속의 질서는 인간을 「구원」에 이르게는 하지 못하지만 일단 「평화」와 「안전」은 제공할 수 있었다.[113]

5. 제네바의 망명객들

영국의 종교개혁은 1534년 헨리 8세(1491.6.28.~1547.1.28. 재위: 1509~1547)가 수장령(Acts of Supremacy)을 반포하여 로마의 교황 대신 영국의 왕이 「지구상의 영국 교회의 수장」임을 선포하고 성공회 (Anglican Church)를 교황청으로부터 분리시킴으로써 시작된다.

그러나 헨리의 큰 딸 메리 1세(1516.2.18.~1558.11.17. 재위: 1553.7.19.~1558.11.17.)는 어머니 카탈리나 데 아라곤(Catalina de Aragón, 1485.12.16.~1536.1.7.)의 영향으로 독실한 가톨릭 신자였다. 메리는 1553년 즉위하자 마자 영국교회가 교황청의 관할 하에 있음을 선포한다.

메리는 가톨릭으로 다시 개종하라는 자신의 명을 어긴 성공회의 지도자들을 대거 화형 시킨다. 캔터베리의 대주교였던 토마스 크랜머 (Thomas Cranmer,1489.7.2.~1556.3.21.)는 리들리주교(Nicholas Ridley,1500~1555.10.16.)와 래티머(Hugh Latimer,1487~1555.10.16.)가 화형 당하는 것을 보아야 했고 자신은 다시 가톨릭으로 개종을 했음에도 불구하고 화형을 당한다. 그는 화형 당하던 날 자신이 개신교를 버린 것은 잘못이었다면서 가톨릭 신앙을 거부한다.[114]

메리는 총 283명의 성공회 지도자들을 사형시킨다. 대부분 화형이었다.[115] 개신교에 대한 탄압은 메리가 죽을 때까지 계속된다. 메리가 「피의 메리(Bloody Mary)」로 불리게 되는 이유다.

메리 여왕의 즉위 1년 후 800여 명의 영국 개신교도들은 유럽 대륙으로 망명길에 오른다. 이 중 100명 정도는 귀족들로 영국에서의 정치적 혼란을 피해 잠시 대륙으로 피신하던 망명객들의 전형이었다. 이들은 프랑스를 거쳐 주로 이탈리아로 가서 르네상스를 체험한다.

그러나 「메리 망명객(Marion Exiles)」으로 불리는 사람들의 대부분

헨리 8세   메리 1세

은 봉건 귀족들과는 거리가 먼 사람들이었다. 이들은 프랑스에 머물
수 없었다. 프랑스는 영국으로부터의 정치적 망명객은 얼마든지 받아
주었지만 영국의 개신교도들을 받을 생각은 추호도 없었다. 메리 망
명객들 대부분은 남부 독일의 개신교 도시들이나 스위스의 제네바로
향한다.

　이들은 가는 곳마다 독자적인 종교 공동체를 형성하고 신학적 논쟁
과 종교개혁에 몰두한다. 절반 이상은 파계한 수도승, 사제, 목사 또
는 옥스포드와 케임브리지의 신학생들이었다. 학생들은 대부분 가난
했고 함께 망명길에 오른 개신교 상인들의 지원으로 근근히 생활했다.
이들은 망명공동체의 지도자 역할을 하고「메리의 망명객」공동체는
독특한 정치적, 이념적 성격을 띤다.

　망명객들은 자신들이 정착한 유럽의 도시들에 흡수되기를 거부하면
서 현 주민들과는 절연된 독자적인 공동체를 형성한다. 이들 대부분
이 독일어나 프랑스어를 전혀 하지 못했기 때문에 이들의 고립은 그만

큰 더 심화되었다. 이들은 매우 좁은 사회적 공간 속에서 강력한 공동체 의식을 형성한다.

망명 생활 5년 동안 어느 도시나 국가에도 소속되지 않은 「자유인」들이었던 이들은 마음대로 거처를 옮겨 다닐 수 있었고 무장도 할 수 있었으며 무엇보다도 자신들의 작은 공동체를 독자적으로 운영할 수 있었다. 여가 시간이 많았던 이들 영국 개신교도들은 자치 문제에 몰입하면서 새로운 정치 실험에 몰입한다.[116]

1) 소외와 과격주의

프랑크푸르트의 영국 개신교 망명객 공동체의 기록을 보면 망명 초기에는 12개 항목으로 구성된 자치 규정집을 만든다. 교회의 당직자는 8명이었고 그나마 목사가 대부분의 권한을 갖는 구조였다. 그러나 거듭된 논쟁 끝에 규정은 73개 항목으로 늘어났고 교회 당직자는 16명, 그리고 2명의 목사를 임명하지만 목사들의 권한도 철저하게 제한한다. 이들 공동체의 인원은 62명에 불과했다. 지도자의 권위를 철저하게 해체시켜서 나누게 하고 당직자의 숫자를 늘리고 「헌법」에서 세세한 문제에 이르기까지 모든 것을 명문화시킨다.[117]

이들은 다시 두 부류로 나뉜다. 첫째는 훗날 「성공회」 교도로 불리게 되는 사람들이었고 둘째는 훗날 「청교도」라 불리게 되는 사람들이었다. 이 중에서 「청교도」는 가장 극단적인 망명 생활을 경험하게 된다. 이들은 고향을 떠났을 뿐만 아니라 같이 망명길에 올랐던 영국 망명객들 대부분과도 분리된다.

대부분의 망명객들은 대륙에서도 고향의 종교예식과 전통을 지키고자 하였다. 비록 망명길에 올랐어도 자신들을 범법자들로 생각하지도 않았다. 반면 청교도들은 자신들의 신앙이 영국의 법이나 국가에 대한 충성으로 희석되는 것을 거부한 채 종교 개혁을 추구한다. 그리고 결국 프랑크푸르트의 망명객 공동체로부터도 추방되어 칼뱅의 제네바에 도착한다.

제네바에서는 자신들만의 교회를 세우고 훗날 영국 청교도가 보편적으로 받아들이게 되는 규율, 규범을 제정하고 영어 성서 번역에 착수한다. 특히 본국의 종교, 정치 상황을 과감하고 극단적으로 비판하는 수 많은 팜플렛과 책들을 출간한다.[118]

과격주의는 이들의 오랜 망명 생활이 가져다 주는 소외와 고립의 자연스러운 결과였다. 영국의 조정과 파벌, 귀족들로부터 자유롭게 된 개신교 목사들은 최초로 독립적인 지식인으로서 자신들의 견해를 마음껏 밝힐 수 있었고 영국을 과격하게 개혁하고자 하는 자신들의 열망을 마음껏 표현할 수 있게 된다. 지리적으로, 문화적으로 본국과 완전히 유리되면서 영국의 전통과 법에도 전혀 구애받지 않게 된 이들은 헨리 8세가 촉발시킨 영국 교회의 모든 개혁에 대해 비판하면서 새로운 체제를 갖춘 칼뱅의 제네바를 자신들의 모델로 삼는다.[119]

제네바 망명 시절 영국 망명객들이 번역한 『제네바 성경』의 역자 중 하나였으며 과격한 청교도 목사였던 앤서니 길비(Anthony Gilby, 1510~1585)는 헨리 8세의 종교개혁을 처절하게 비판한다.

> 그리하여 영국에는 개혁은 없이 왜곡만 있게 되었다. 이 음란한 폭군의 시대에.. 그는 종교에 대해서는 아무런 관심이 없었다…. 가장 잘 다스렸다는 때에도 교회에서는 하나님의 말씀이 선포되는 대신 「왕의 책」, 「왕의 절차」, 「왕의 설교」 밖에 없었다.[120]

이들의 말과 글에서 영국의 전통과 전례에 대한 그리움은 찾아볼 수 없었다.

「제네바 성경」, 1560년 판본

　헨리 8세의 영국에서 목사들은 교회가 임명한 관리에 불과했고 주
교에게 복종해야 하고 교회의 수장인 국왕에게 충성해야 했다. 교회라
는 제도를 떠나 개인으로 봤을 때 이들은 아무런 공식적인 지위도 없
었다. 한편 제네바의 망명객들은 영국 교회 내에서는 아무런 공식적
인 지위가 없었다. 그들이 갖고 있는 목사로서의 지위는 자신들이 건
설한 작은 공동체에서 밖에 인정 받을 수 없는 것이었다. 그들은 영국
인들을 상대로 훈계와 설교를 할 수 있는 아무런 공식 자격이 없었다.
　그러나 이들 망명객들은 영국을 상대로 새로운 종교를 설파할 수 있
는 자격을 칼뱅주의에서 찾는다.[121] 다름 아닌 구약의 「선지자」의 역
할이었다. 제네바의 망명객들은 구약의 선지자를 자신들의 모델로 삼
는다. 존 녹스(John Knox, 1513~1572.11.24.)는 자신을 「이 민족을 하
나님께 올바로 예배를 드릴 수 있도록 이끌라고 하나님이 보내신 사
람이다.」고 한다.
　녹스는 선지자를 칼뱅주의 교회의 직책의 하나로 간주하였다. 선지

자는 개인의 불완전성과 타락을 신이 내려준 신성한 지위를 통해서 극복한 사람들이었다. 녹스에 의하면 하나님의 사자들은 「인간의 아들들로 본성적으로 거짓말쟁이들이며 불안정하고 독선적이다. 그러나 그분의 영원의 말씀을 그들의 입에 넣으심으로 그들은 진리와 안정과 증거의 대사로 만들어진다.」[122]

길비는 선지자들은 「인간의 지혜, 허황된 말재주, 교묘한 논리가 아닌 신의 말씀에 기반한 절대적인 진리를 얘기한다」고 한다.[123] 역시 「메리언 망명객」의 하나였던 크리스토퍼 굿먼(Christopher Goodman, 1520~1603) 은 목사들을 「사람들에 의해서 임명 되거나 자신이 임명한 것이 아닌, 우리 구세주의 명령에 의해 임명된 신의 성스러운 신비의 관리인」이라고 한다.[124]

2) 「신의 나팔」

녹스는 자신을 「신의 나팔」이라고 하면서 「나는 비록 나의 비천하고 불완전한 자태와 보잘것없는 모습을 떨쳐버릴 수 없지만 도처에 죄악이 가득 찬 것을 보면 나는 신에게 고집스럽게 저항하는 자들에게 우뢰와 같이 겁을 줄 수 밖에 없다.」고 한다.[125]

선지자를 자처하는 이들에게 「양심(conscience)」은 절대적이었다. 양심은 이들을 전통적인 연줄로부터 벗어날 수 있게 하였고 절대자인 신을 따르도록 하였다. 선지자는 이러한 역할을 결코 기꺼이 받아들이지 않는다. 선택의 여지가 있다면 이러한 역할을 거부하려고 한다. 그러나

내가 만일 그만 둔다면 그러면 나는 내 양심을 저버리는 것이 될 것이고 나의 알고 있는 지식과도 역행하는 것이 될 것이다. 그렇게 된다면 나는

나의 질책과 훈계가 부족하여 멸망의 길에 이르게 되는 자들의 피에 대한
책임을 면치 못하게 될 것이다.[126]

칼뱅주의 개신교의 선지자는 정치적으로 중요한 함의를 지닌다. 선
지자는 하나님의 특임을 부여 받은 자로 신이 직접 점지한 자다. 그의
신분과 역할은 인간의 법 체계나 관습에 의해서 부여 받은 것이 아니
다. 그는 망명객처럼 어느 정치 체제의 제약도 받지 않으면서 법적, 사
회적 테두리를 마음껏 넘나들 수 있었다. 칼뱅은 선지자들이 군주들
도 질책하고 훈계할 수 있다고 한 바 있다.[127] 이들은 과거 군주들의 측
근들처럼 군주를 궁중에서 개인적으로 만나서 훈계하고 질책하는 것
이 아니라 팜플렛과 책들을 통해서 공개적으로, 국가 전체를 상대로
하기 시작한다.

이러한 훈계는 결국 반란을 촉발시킨다. 녹스는 영국에서 청교도 혁
명이 일어나기 90년 전인 1554년, 「우리는 한가지를 주목할 필요가
있다. 신의 선지자들은 때로는 왕에 대한 역모를 종용할 수도 있고 하
나님의 이름으로 그가 말한 말들을 따르는 자는 신을 거슬리는 것이
아니다.」고 한다.[128] 망명의 경험은 개신교 목사들에게 새로운 정체성
과 이를 기반으로 한 대담성을 부여해준다.

세상에 대한 거칠고 그칠 줄 모르는 비난과 독설은 결국 현존하는 정
치, 법, 지식 체계에 대한 총체적인 공격이었다. 제네바의 망명객들의
예언과 현실 세계 비판은 결국 현존하는 세계를 총체적으로 타락한 곳
으로 본다. 지상의 모든 권위는 훼손되고 해체되었으며 인간의 이성에
기반해서 만들어진 모든 형태의 권위와 제도는 모두 공격의 대상이 된
다. 녹스는 다음과 같이 말한다.

모든 차원에서 다 타락한 지구는 사탄에 의해서 통치되고 있으며 우리가

설교하는 존 녹스, 그 앞에 앉아 있는 인물이 스코틀랜드의 메리 여왕.

바라는 바와는 반대지만 이 지상에서는 통치하고 있으며 우상숭배에 의
해서 존경 받는 악마를 군주라 한다.[129]

이렇게 탄생하는 「성도(saint)」는 새로운 정치적 인간형이다. 이전
까지 중세시대의 저항은 군주나 영주의 폭정에 대하여 법적으로, 공
적으로 인정받는 관료나 귀족이 주도하여 자신들의 합법적인 기득권
을 공동으로 방어하는 것을 뜻했다. 왕이나 귀족을 제거하는데 암살
도 흔히 사용되었다. 중세의 암살은 개인이 의도하지 않게 갑자기 계
시를 받아서 자신을 희생하면서 열정을 발산하는 행위였다. 반면에 성
도는 혁명주의자였다.

구체제 하에서는 일개 개인에 불과했지만 새로운 법에 의거해서 공
적인 인물임을 자처한 「성도」는 왕에게 저항하는 것이 아니라 그를 폐

위시키는 것을 목표로 한다. 왕을 암살하는 것이 아니라 그를 재판에 회부하는 것이 목표였다. 그의 행위는 즉흥적인 것이 아니라 체계적이고 조직적이었다. 그는 기존의 체제와 질서 대신 자신이 상상하는 새로운 미래의 체제와 질서에 복종하는 존재였다.[130]

구체제 하에서 「성도」는 이방인이었다. 그는 망명 중인 지식인이 만들어 낸 새로운 인간형이다. 세상에 대하여 실망을 하고 환멸을 느끼는 한편 관습에 따라 복종하던 체제로부터 소외된 성직자가 영국에 대하여 「영적인 증오」를 품기 시작하고 이 「영적인 증오」가 칼뱅의 신학에 의해서 이론적인 형태를 갖추면서 나타나기 시작한 것이 바로 개신교의 「성도」였다.[131]

지리적으로 망명을 떠나면서 그는 자신을 제어하던 수 많은 정치적, 종교적 제도와 관습에서 분리되어 자신이 온전히 제어 할 수 있는 새로운 정치 질서를 창조한다. 그가 발견하는 자유는 과격한 비전과 새로운 정치적 실험을 가능케 해 준다.

자신을 선택받은 자로 규정한 「성도」가 유일하게 충성의 대상으로 삼은 것은 하나님의 말씀과 모든 사람이 하나님 안에서 하나가 되어서 살게 될 미래의 모습뿐이었다. 선지자는 「하나님 대 악마의 세계」, 「성도 대 속세의 인간」이라는 이분법을 설정함으로써 혁명주의자로 다시 태어난다.[132]

중세 시대에 「저항」이란 폭군이 정치질서를 무너뜨릴 때 그것을 막는 방어적인 행위였다. 저항은 일시적으로 필요한 합법적인 폭력을 동원하는 것을 뜻하였고 질서가 다시 회복되면 곧 중단하는 것이었다. 그러나 속세를 상대로 「성도」들이 벌이는 영구적인 투쟁은 법과 질서의 틀을 인정하지 않았다. 악마는 상상할 수 없는 수많은 방법을 동원할 것이므로 성도 역시 끊임없이 악마의 약점을 찾고 필요할 때 공격을 해야 했다. 「성도」들이 세속적 권력에 복종하는 것은 「인질이나 노예일 때」뿐이며 결코 자발적으로 또는 수동적으로 복종하지 않는다. 그들은 언제든지 반항할 준비가 되어 있었다. 「하나님의 의를 지켜내는 것이 의무」였기 때문이다.

칼뱅의 「영구적인 투쟁」이란 개념은 중세의 「저항」 개념에서 근대의 「혁명」이란 개념으로의 전환을 가능하게 해준다. 칼뱅주의는 「성도의 군대」라는 새로운 유형의 군대를 설정하는 동시에 새로운 형태의 정치 투쟁도 발명한다. 성도들은 군사였으며 군대의 규율과 흡사한 규율 속에서 살았다. 목사는 「주님의 군대의 대장」이었다. 이들은 자신들이 영원한 이방인일수 밖에 없는 적국에서 일체의 세속적 충성이나 유대감을 버리고 싸우는 존재였다.[133]

칼뱅주의 「성도」는 공적인 책임과 이념에 대한 헌신으로 무장한 채 규율을 내재화한 존재였으며 가족의 틀을 벗어나 자신과 아무런 혈연관계도 없는 사람들과 공유하는 이념만을 바탕으로 지속적인 연대를 형성할 줄 아는 사람이었다. 이들은 다시 말해서 최초의 탈 중세적 조직, 최초의 근대적인 정치 조직을 만든다. 제네바의 망명객들이 네덜란드, 잉글랜드, 스코틀랜드로 귀국하면서 근대정치는 시작된다.[134]

6. 중세 세계관의 해체

중세 봉건체제는 위계질서, 유기체적 관계, 가족 등 3가지 형태의 질서에 기반하고 있었다. 왕을 아버지로 간주하고 정치 공동체를 사람의 몸에 비유하여 설명하고 세상의 만물이 「존재의 대 사슬(The Great Chain of Being)」로 엮어져 있다는 이론들은 중세 사회를 지탱해주었다. 칼뱅주의자들은 이러한 이론들을 철저하게 해체시킨다. 그리고 봉건적 세계관을 대신하는 새로운 언어와 비유, 상징, 이론들을 개발한다. 그 과정에서 이들은 중세 사회와는 근본적으로 다른 새로운 정치, 사회 이론들, 즉 근대적 세계관을 만들어 낸다.[135]

칼뱅의 하나님은 중세의 위계질서나 권위체계와 양립할 수 없는 존재였다. 개신교의 하나님은 천사와 성모 마리아, 성인, 교황, 주교, 왕 등의 존재를 부정했다. 칼뱅의 하나님은 독단적이고 변덕스러운, 전지전능하고 전 우주를 지배하는 존재였다. 그는 그 어떤 폭군보다도 더 절대적인 복종을 요구하였고 세상의 가장 미세한 부분까지 간섭하고 지배하는 존재였다. 그렇기에 그는 인간을 수 많은 중간 단계의 세속적, 종교적 권력과 전통, 단위와 제도로부터 해방시켜 준다.

중세의 세계관은 다원주의적이었다. 천사와 별들이 천상에 있다면 교황과 왕들은 지구상에서 자연이 그들에게 부여한 자리에서 서로 조화롭게 우주적인 질서를 지켰다. 이러한 존재들은 일반적으로 하나님의 개입이나 하나님의 의지와 관계 없이 존재했다. 중세인들은 이들에게 충성과 사랑을 바쳤다. 이들은 하나님과는 별도로 독자적인 권력과 복의 근원으로 간주되었다.

반면 칼뱅의 하나님은 하나로 통합된 세계를 통치하는 존재였다. 모든 권력은 그로부터 비롯되었고 그가 직접 행사했으며 자연적으로 이루어지는 일은 아무것도 없었다. 모든 인간은 하나님의 도구였고 하나님에게 충성하든 반항하든 하나님은 이들 모두의 모든 일에 간섭하였다. 완고하면서도 주도면밀하고 독립된 개체로서 자신들의 일을 정확하게 수행하고 자신들의 판단에 대해서는 굽힐 줄 모르는 칼뱅주의자들, 청교도들은 바로 이 하나님을 닮는다.[136]

1) 존재의 대 사슬 이론

「존재의 대 사슬」이론은 신플라톤주의 이론에 기반하고 있었다. 이 이론에 의하면 자애롭고 풍요를 베푸는 신은 존재의 대 사슬을 다스렸다. 이러한 신이 창조한 세계는 그 자체적으로 풍요롭고 생산적이었다. 하나님은 가장 작은 돌멩이 하나에서 사탄에 이르기까지 이 세상의 모든 존재를 창조함으로써 이 세상을 가득 채웠다. 그리고 신이 창조한 만물은 존재의 대 사슬 속에 자신의 고유의 자리를 정확히 지키고 있었다. 천사, 인간, 동물, 식물, 돌 등은 모두 존재의 사슬로 엮어져 있었을 뿐만 아니라 각 종(種)은 우월하고 열등한 존재들의 위계질서를 갖고 있었다. 주교와 왕들 역시 이 존재의 사슬 속에 위치를 점하고 있는 존재들로 자연의 질서의 일부분이었다.[137]

그러나 「존재의 대 사슬」이론에서 상정하는 질서를 자애로운 눈으로 바라만 볼 뿐 여간해서 개입하지 않는 신은 『창세기』에서 직접적인 개입과 명령을 통해서 우주와 인간, 만물을 창조하고 인간사에 끊임없이 개입하는 신과는 거리가 멀었다. 특히 「존재의 대 사슬」이

Didacus Valades의 1579년 「존재의 대사슬」 그림

론이 설명할 수 없는 것은 하나님에 대한 사탄의 반란의 드라마였다.

신플라톤주의 철학에 의하면 사탄의 악함은 사탄의 존재의 조건이다. 악하다는 것은 곧 신으로부터 멀어졌다는 것을 뜻했고 신으로부터 멀어졌기에 악한 것이었다. 그러나 이러한 해석은 본인의 의지에 따라 의도적으로 신에게 도전하는 사탄은 설명할 수 없었다. 「존재의 대 사

슬」의 틀 속에서는 밀턴(John Milton)의 『실낙원』에서와 같은 하나님과 사탄의 대 전투, 전략과 전술, 공격과 후퇴는 설명할 수 없었다.[138]

중세의 정치 체제와 신분 질서 역시 「존재의 대 사슬」 이론에 의존하고 있었다. 신분 질서는 자연의 질서이며 인간은 존재의 대 사슬 속에서 자신의 위치를 정확히 파악하고 주어진 신분에 맞게 행동하면서 살아야 했다. 토마스 허스트(Thomas Hurste, ?~1680)는 1636년 설교에서 「신은 천당(heaven)에 천사와 대천사를 만드시고, 창공(firmament)에는 왕과 태양, 여왕과 달, 평민들과 별들을 만드셨다. 공중(air)에는 독수리와 파리를, 바다에는 고래와 멸치를, 지상에는 사자와 메뚜기를 만드셨다.」고 선포하면서 이 하나님은 인간을 불평등하게 만들었다고 한다.

따라서 왕은 평민들에 비해서 존재론적으로나 도덕적으로 당연히 우월한 존재다. 평민들이 왕을 받들고 충성해야 하는 이유다. 헨리 발렌타인(Henry Valentine, ?~1643)은 1639년 3월 27일 세인트폴 대성당에서 행한 설교에서 「왕께 경의를 표하라. 피조물 중 그 보다 위대한 존재는 없다」고 선포한다. 옥스포드 대학 세인트 에드먼드 홀의 교장을 역임한 존 롤린손(John Rawlinson, 1576~1631)은 「자연은 군주의 관상(physiognomy)을 그를 바라보는 사람들에게 공포심과 존경심을 유발하도록 만들었다」고 한다.

왕의 높은 지위는 자연스러운 것이었다. 인간의 질서는 위계질서 밖에 없었다. 사람들은 이 위계질서 속에서 각자가 주어진 본분을 다 할 때 비로소 사회에 평화와 안정이 깃들 수 있었다.[139]

그러나 인간의 역사는 「존재의 대 사슬」 이론만으로는 설명할 수 없는 부분이 너무 많았다. 특히 16세기 유럽의 역사가 그랬다. 역적, 정복자, 폭군은 수 없이 많았다. 이들은 조화로운 「존재의 대 사슬」 속에서는 찾아 볼 수 없는 자연의 법칙에 어긋나는, 괴물 같은 존재들이었다. 인간의 역사는 이러한 사람들로 가득 찼다. 아들이 아버지를 죽이고 신하가 왕을 암살하는 일은 비일비재 했다.[140]

「존재의 대 사슬」 이론에는 임의적이고 전제적인 권력이 존재할 수 없었다. 신이 창조한 우주의 만물은 서로 다투거나 충돌하지 않았다. 자신의 의지 대로, 이기적인 계산에 따라 행동하지 않았다. 따라서 질서를 유지하기 위한 절대적인 군주도 필요 없었다. 모든 존재는 자신의 위치를 알고 권위를 존경하고 질서에 순응하면서 살았다. 명령도 필요 없고 복종도 필요 없는 세계였다. 봉건 위계질서는 각자의 본분에 대한 이해와 순응에 기초할 뿐 억압과 폭력은 필요 없었다. 그러나 이러한 이론은 현실을 설명하지 못했다.

반면 인간의 타락과 죄를 강조하는 칼뱅의 인간관은 이러한 현상을 얼마든지 설명할 수 있었다. 그가 본 세계는 혼란과 무질서 그 자체였다. 조화로운 「존재의 대 사슬」이 아닌 무질서가 인간의 조건이었다. 사악함과 무질서에 대응할 수 있는 유일한 방법은 임의적이고 전제적인 권력뿐이었다.

칼뱅에 의하면 질서는 자연적인 것이 아니라 권력과 의지, 무력, 계산에 의해서 유지되는 것이었다. 이는 16세기의 급변하는 정치질서를 설명해 줄 수 있는 새로운 정치이론이었다. 그리고 이 정치이론은 토마스 홉스와 존 로크 등의 「자연의 상태(state of nature)」 이론과 이에 기반한 「사회계약론」의 신학적, 우주론적 토대를 마련한다.[141]

2) 유기체론

국가를 인간의 몸에 비유해서 설명하는 「유기체론(organic conception of state)」은 사회 구성원들 간의 상호 의존성을 강조하고 하나의 통합된 「머리」가 필요하다는 것을 강조하는 정치 이론이다. 유기체론은 통합을 가능케 해주는 군주의 중요성을 특히 강조한다. 존 롤린손은 1619년 「몸통이 머리가 없다면 곧바로 쓰러질 것이다.」고 한다.

「존재의 대사슬」 이론과 마찬가지로 「유기체론」 역시 조화로운 질서를 상정한다. 사회 구성원들과 구성체들은 서로에 대한 배려와 상식적인 차원의 자기 보호 본능으로 서로 엮어져 있다. 그리고 이러한 조화는 위계질서가 있기에 가능했다. 포셋(Edward Forset, 1553~1630)은 「발이 머리와 함께 가장 중요한 문제들을 함께 다루도록 허락할 것인가? 머리가 자신의 지위를 버리고 자신을 비하시키면서 상점에서 노동을 해야할 것인가? 그보다는 비천한 자들로 하여금 그런 경쟁을 하고 자신들에게 주어진 목표를 달성하도록 하는 것이 낫지 않은가?」라고 묻는다.[142] 성공회 사제들이 흔히 왕을 찬양하기 위해서 유기체론을 사용한 이유다.

유기체론은 반란을 허용하지 않았다. 반란은 곧 유기체의 죽음을 뜻했기 때문이다. 몸통을 구성하는 지체들은 각자에게 주어진 역할이 있으며 독자적인 행동은 불가능 하다는 것이 유기체론의 핵심이다.

각 지체는 자신의 위치를 알고 본분에 충실해야 했다. 지체들 간의 혼란은 곧 무정부 상태를 뜻했고 개인적인 야망은 무질서의 첩경이었다. 혁신과 쇄신은 예민한 신체를 갖고 있는 정치 공동체에게는 치명적이었다. 유기체에게 있어서 유일한 변화는 성장 뿐이었다. 그나마 성장도 몸의 균형을 깨뜨리지 않도록 점진적이어야 했다. 포셋은 「모든 변화는 느긋하고 여유있으며 신중한 과정이어야만 한다. 자연은 우리에게 패턴을 제공해 주었다. 우리는 그 패턴이 점진적으로 자라도록 해야한다.」고 했다.[143]

이러한 세계관은 칼뱅과 청교도들이 주장한 급진적인 개혁을 수용할 수 없었다. 기존 질서를 타락하고 부패한 것으로 간주하고 국왕을 악마의 화신 또는 대리인으로 간주하는 칼뱅과 청교도들의 정치관은 유기체론과 정면으로 충돌한다.

청교도들은 정치공동체가 병이 들었다는 비유를 사용하기 시작한 다. 1643년 5월 프랜시스 체이넬(Francis Cheynell, 1608~1665)은 의 회에서 「지금은 몸의 독소를 제거해야 하는 시대다. 교회와 정치적 몸 체의 모든 악성 종양들은 제거되어야 한다.」고 한다. 그러나 몸을 해독 시키는 것은 원래의 건강과 정상성을 회복하는 것을 뜻하였기에 이러 한 비유 마저도 혁명을 요구하는 청교도들에게는 부적합했다.

영국의 청교도 혁명 과정에서 「해독」의 비유는 「재건(reconstruc- tion)」의 비유로 대체된다. 「모두 끌어내려야 할 낡은 틀 위에 새로운 건물을 짓는 것을 경계하라. 끌어내려야 할 것에 회칠을 하는 것을 경 계하라.」 이 역시 의회에서 한 청교도가 한 얘기다.[144] 혁명은 늙고 병 든 몸을 치료하는 것이 아니라 새로운 건물을 짓는 역사였다. 청교도 혁명의 목표는 전통적인 정치체제의 부흥이 아니라 새로운 정치체제 의 건설이었다.

3) 가족

중세의 봉건 정치체제를 정당화시키기 위하여 자주 사용된 또 다른 비유는 「가족」이었다. 국가는 가족이었고 왕은 아버지였다. 아버지의 자애로운 보살핌에 기반한 자연스러운 권위를 정치 세계에서도 왕이 구현할 수 있다는 이론이었다. 백성은 어린아이처럼 힘없고 아버지를 한 없이 따르는 존재로 표현 되었고 왕은 이들의 자애롭고 신비로운 아버지로 묘사하였다.

왕이 아버지와 같은 존재라면 신하와 백성들은 그에 대한 경외심을 갖게 될 것이며 따라서 왕과 백성의 관계는 상명하복의 관계가 아니라 사랑으로 엮어진 관계가 될 수 있었다. 왕이 법을 제정하는 것도 아버지가 자식을 보살 피듯이 왕이 백성을 보살피기 위해서였다.

종교 개혁 당시의 성공회는 한 걸음 더 나아가 왕은 왕국의 남편이고 백성들의 어버이라면서 아버지의 자애로움은 항상 믿을 수 있을 뿐만 아니라 의심을 해서는 안되는 것이라고 주장한다. 엘리자베스 시대의 작가인 제프리 펜튼(Sir Geoffrey Fenton, 1539~1608.10.19.)은 정치 사회란 「가족 또는 가계로서 슬기롭고 자애로운 아버지들이 자신이 완전히 사랑하는 아이들에게 보이는 것과 같은 세심한 애정을 선한 통치자들이 자신들의 백성들을 위하여 베푸는 것」이라고 한다. 그렇게만 된다면 완벽한 사랑이 백성들 사이에 넘침으로서 관-민 관계도 극복할 수 있을 것이라고 한다.[145] 서로에 대한 사랑은 치자와 피치자의 관계 자체를 변화시킬 것이고 군주의 의지는 아버지의 지혜로움으로, 복종은 겸손으로, 그리고 정치 체제는 진정한 가족으로 화할 수 있다고 보았다.

그러나 칼뱅주의자들과 청교도들은 아버지의 권위마저 철저하게 해체시킨다. 로버트 프릭(Robert Pricke, 1669~1698)는 아버지의 권위도 하나님의 말씀에 의거하여 평가해야 한다고 주장한다. 존 스탁우드(John Stockwood)는 「사람들이 순수한 의도를 가졌다면 그들은 아버지들과 시간과 관습의 헛된 그림자에 눈이 멀지 않고 종교의 진리를 오직 하나님의 말씀에 비추어서 평가할 것이다.」고 한다.[146]

봉건적인 세계관에 의하면 인간의 이상과 가치들은 모두 고래로 물려 받은 것들이었다. 그러나 청교도들은 이를 거부한다. 허버트 파머(Herbert Palmer, 1601~1647)는 1640년대에 「유산이란 대를 이어서 거듭된 동의(consent)일 뿐이다.」고 한다. 아버지와 왕의 권위, 오래된 제도들과 관습, 관행들은 자연스러운 것도 당연한 것도 아닌 그저 사람들의 합의에 의해서 만들어진 것이고 끊임없이 하나님의 말씀에 비추어 보면서 평가 받아 마땅한 것 들이라고 주장한다.

청교도들은 지연, 혈연, 혼인 관계 등 봉건사회에서 중시한 관계들을 모두 해체시켜 버린다.

주변과 동네는 믿을 수 없다. 동맹과 혈연도 믿을 수 없다. 그러나 은총과 종교는 우리를 결코 실망시키지 않을 것이다. 우리가 하나님의 사람들의 덕성(virtue)과 선함을 믿고 따른다면 그들은 우리에게 재난이 닥치고 문제가 발생해도 결코 우리를 버리 않을 것이다.[147]

봉건적인 가족제도에 대한 청교도의 비판은 가족에 대한 새로운 관념을 탄생시킨다. 결혼과 가족은 자연적인 부계 중심의 상명하복 관계가 아니라 「덕과 선」을 위한 자유로운 동맹으로 재 규정된다. 영국과 미국의 청교도 사회에서 결혼을 민사상의 예식(civil ceremony)으로 간주하고 마을의 관리 앞에서 선서를 통해서 하게 되는 이유다. 근대 가족관의 시작이다.

대표적인 청교도이자 『실낙원』의 저자 존 밀턴은 결혼을 「비합리적인 욕구를 해소하기 위한 방편」이 아닌 두 「영혼의 연합」이라고 한다. 자발적인 동의와 계약에 기초한 결혼은 건강한 쾌락(healthful pleasures)과 재산 상의 이득(profitable commodities)을 위한 것으로 변하기 시작한다.[148]

결혼은 점차 두 개인 간의 합의에 의한 것으로 민사상의 계약일 뿐 교회가 축성해주는 「성사(聖事, sacrament)」가 아니었다. 민사적인 절차가 종교적인 신비를 대신하게 된다. 세속적인 계약관계임을 강조함으로써 결혼의 당사자들은 각자의 봉건적인 대가족과의 연계망으로부터 빠져나올 수 있게 된다.

우리의 창조주의 뜻대로 아이들은 부모의 마음을 배우고 알아야만 되지

만 나는 비록 확신하건데 신이
효도를 부정하는 어떠한 명령
도 하지 않았지만,
그리고 부모들은 자식들이 어
렸을 때 그들을 다스릴 권위를
가졌지만 그들은 자식들을 상
대로 폭정을 펼칠 수 있는 그
어떤 권한도 부여 받은 적이 없
다.[149]

존 밀턴

이처럼 가부장의 권위에 기반한 봉건 가족 질서의 해체는 근대 개인
의 탄생으로 이어진다. 가톨릭 교회에서 결혼은 성사의 하나로 한번
맺어진 이상 결코 끊을 수 없는 관계였다. 그러나 개신교도들은 결혼
을 성사로 간주하지 않았고 따라서 간통이나 배우자를 일방적으로 버
린 경우에는 이혼도 가능하게 한다. 배우자들은 서로의 구원을 위해서
노력해야지만 그래야 할 의무는 없었다.[150]

봉건 사회의 공동체들은 모두 자연질서의 일부로 여겨졌다. 청교도
들이 이들에 대한 대안으로 제시한 공동체들은 모두 인간이 인위적으
로 만든 것들이었다. 칼뱅주의자들은 끊임없이 새로운 공동체들을 고
안해 냈다. 근대사회는 이렇게 만들어지기 시작한다.

청교도들은 아버지의 권위를 정치 권력의 일종으로, 가족을 작은 시
민 공동체로 간주하였다. 정치 권력이나 가족에서 사랑은 그리 중요
치 않았다. 이들이 가장 관심을 가진 문제는 가정을 어떻게 「다스릴 것
인가(government)」였다. 청교도 이론가들이 가족에 대해서 쓴 글들의
제목은 「여자들은 어떻게 다스릴 것인가」, 「어린이들은 왜 부모에게

복종하고 존중해야 하는가」 등이 주종을 이루었다. 국가와 마찬가지로 가족도 신의 명령에 따라 만들어진 제도였고 인간은 계약을 통해서 결혼을 하고 가족을 형성하였다.[151]

칼뱅주의 네덜란드와 청교도 치하의 영국에서 결혼은 정부의 장부에 기록되기 시작하였고 세속법의 지배를 받기 시작한다. 중세의 대가족이 아닌 부부 중심의 근대 가족제도는 민사적 계약(civil contract)으로 변하기 시작하였고 근대 국가의 기본적인 단위가 되기 시작한다.

동시에 청교도 이론가들은 대가족 제도도 비판한다. 이들은 중세 봉건사회의 무질서한 대가족제도를 싫어했다. 대가족 제도를 유지하기 위해서 필요한 식솔들을 「게으르고 이기적인 사람들」이라고 비판하면서 이들이 가부장의 신임을 얻을 수 있을지는 몰라도 그들은 모두 끊임없이 의심하고 경계해야 하는 자들이라고 한다.

봉건 세계관은 종들을 친자식과 같은 존재로 묘사하였다. 제임스 1세 치세의 윤리학자이가 극작가였던 토마스 데커(Thomas Dekker, 1572~1632.8.25.)는 「부자들이여 기억하라. 당신들의 하인들은 입양한 아이들이다. 그들은 당신들과 피를 나눈 것과 마찬가지 관계가 된다. 그들에게 상처를 주는 것은 당신들의 친자식들에게 상처를 입히는 것과 마찬가지다.」[152]

반면 도드(John Dod, 1549~1645)와 클리버(Robert Cleaver, ?~1613)는 「하나님의 뜻에 따라 가정을 다스리는 법(A Godly Form of Householde Government)」이라는 책에서 「물론 하나님을 진정으로 무서워하는 그런 시종들도 가끔은 찾아볼 수 있다. 그러나 필요 이상으로 그들을 믿어서는 안된다.」고 한다.[153]

도드와 클리버는 일을 할 때도 종에게 맡기지 말고 남편과 부인이 직접 일할 것을 종용한다. 이는 본인들의 영혼을 위해서도, 가계를 위해서도 도움이 된다고 한다. 「이득을 취하는 자는 그 수고도 해야 마땅하다. 자신은 생각과 말로 지시만 내리면서 아무것도 하지 않으면서 모든 일을 하인들에게 맡기는 자들은 창피한 줄 알아야 한다.」[154]

7. 스코틀랜드의 장로교 혁명

1) 존 녹스

존 녹스는 1514년 스코틀랜드의 해딩턴이라는 작은 마을에서 태어난다. 독실한 가톨릭 신자였으며 교육을 중시한 그의 부모는 존을 해딩턴 초등학교(Haddington Grammar School)에 보낸다. 녹스는 1529년 스코틀랜드에서 가장 유서가 깊은 세인트 앤드루스 대학(University of St Andrews)에 입학하여 신학자이자 철학자였던 존 메이저(John Major) 밑에서 수학한다. 1536년 석사학위(M.A.)를 받고 졸업한 그는 가톨릭 사제 서품을 받는다. 그러나 당시 사제들이 너무 많아서 교구를 배정받지 못하고 교구의 서기로, 귀족 집안의 가정교사로 생계를 이어간다.

녹스가 정확히 언제 개신교로 개종을 했는지는 불분명하지만 1543년 정도일 것으로 추산된다. 그의 개종에는 도미니코 수도회 출신 파계승 토마스 귈렌(Thomas Guillanne)이 결정적인 역할을 하였던 것으로 알려졌다. 귈렌으로부터 개신교의 교리를 처음 배운 녹스는 「하나님께서는 교황주의의 웅덩이로부터 불러내셨다.」고 한다.[155] 그 후 2년간 녹스는 성서 연구에 몰두한다.

1543년, 녹스는 당시 큰 파문을 일으켰던 종교개혁주의자 조지 위셔트(George Wishart, 1513~1546.3.1.)를 만난다. 스코틀랜드 출신인 위셔트는 애버딘의 킹스칼리지를 졸업하고 1531년 루뱅(Louvain)대

세인트 앤드루스 대학교

학을 졸업한다. 앵거스(Angus)의 몬트로스(Montrose)에서 신학과 그리스어를 가르치지만 1538년 이단으로 지목되자 잉글랜드로 망명한다. 잉글랜드에서도 이단으로 지목되어 조사를 받자 1539년 경 독일과 스위스를 방문하고 1542년에는 케임브리지 대학으로 돌아와 연구와 강의를 한다. 1543년에는 스코틀랜드로 돌아가 1544년부터 떠돌이 목사가 되어 스코틀랜드 곳곳을 방문하면서 가톨릭 교회를 비판한다. 위셔트가 이스트 로티안(East Lothian)에 왔을 때 녹스는 그의 추종자가 된다. 녹스는 위셔트의 비서 겸 경호원이 되어 장검을 차고 다니면서 그를 지킨다.

1545년 12월, 위셔트는 구속되어 세인트 앤드루스 성에 갇힌다. 녹스가 무력으로라도 그를 지키고자 하자 위셔트는 그에게 「너의 제자들에게 돌아가라. 그리고 하나님의 축복이 함께 하기를 기도한다. 한번 제물을 바치는 데는 한명만 희생되어도 충분하다.」고 한다.

위셔트는 1546년 3월 1일 화형에 처해진다. 그는 화염이 불타 오

존 녹스

조지 위셔트

르기 시작하자 다음과 같이 부
르짖는다.

위셔트의 화형식

> 하늘에 계신 아버지시여 이들
> 의 무지와 다른 악한 마음으로
> 저에 대한 거짓을 일삼은 이들
> 을 용서하소서. 저는 진심으로
> 그들을 용서합니다. 무지로 인
> 하여 나를 죽음에 이르도록 한
> 그들을 그리스도께서 용서해
> 주시기를 간청하나이다.[156]

1546년 5월 29일, 위셔트를 화형에 처한 비턴 추기경(David Cardi-
nal Beaton, 1494~1546.5.29.)이 세인트 앤드루스 성에서 암살된다. 이

때부터 존 녹스는 학생들을 모아 성경을 가르치기 시작한다. 그리고 곧 이어 세인트 앤드루스 성의 개신교도들에게 설교하기 시작한다. 이 당시 녹스는 스코틀랜드의 아우구스티노 수도회 원장에게 불려가 개신교 교리에 대해 설명해야 했다. 그는 교황을 포함한 그 누구도 교회의 진정한 수장인 그리스도를 대신 할 수 없다고 선언한다. 그리고 가톨릭의 미사와 예식들은 성서에 기초하지 않고 있으며 따라서 가톨릭 미사는 우상숭배이며 연옥에 대한 가톨릭의 믿음 역시 잘못되었다고 신랄하게 비판한다.[157]

1547년 6월 세인트 앤드루스 성은 프랑스 함대의 공격을 받는다. 1개월에 걸친 전투 끝에 세인트 앤드루스의 개신교도들은 항복한다. 녹스를 포함한 지도자 20여 명은 프랑스 군함의 노 젓는 노예가 된다. 1547년에서 1549년까지 녹스는 거의 2년 간 쇠사슬에 묶여서 노를 저어야 했다. 이 기간 동안 녹스의 건강은 악화될 대로 악화된다.

1549년 초 영국의 개신교 국왕 에드워드 6세(1537.10.12.~1553.7.6. 재위: 1547~1553)가 프랑스와 포로 교환을 하면서 녹스는 다시 자유의 몸이 된다. 그러나 스코틀랜드로 돌아가는 것은 너무 위험한 것을 알고 런던으로 간다. 그곳에서 그는 5년 간(1549~1553) 개신교를 전파한다.[158]

1551년 녹스는 에드워드 6세의 교목으로 임명된다. 그는 점차 커지는 자신의 영향력을 이용하여 영국의 국교인 성공회의 예배 형식을 공개적으로 비판하기 시작한다. 그는 성공회가 로마의 교황청으로부터 분리되었다는 사실만으로는 개혁이 부족하다고 생각했다. 예를 들어 그는 성찬식에서 무릎을 꿇는 것을 우상숭배라고 비판한다. 당시 캔터베리 대 주교인 토마스 크랜머는 녹스의 비판을 받아들이지 않지만 이로서 녹스는 성공회의 예식을 개혁하려는 첫 개혁가, 첫 「청교도」가 된다.[159]

그러나 1553년 7월 6일, 16세의 에드워드 6세가 죽고 제인 그레

세인트 앤드루스 성의 폐허

이(Lady Jane Grey, 1537.10. ~1554.2.12.)가 9일 간 즉위했다가 처형 당한 후 1553년 7월 19일 에드워드의 이복 누이인 메리가 영국의 여왕으로 즉위한다. 헨리 8세의 첫 번째 왕비였던 카탈리나 데 아라곤의 딸이었던 메리는 부왕과 남동생의 종교 개혁을 무효화 시키고 영국을 다시 가톨릭 국가로 되돌리고자 한다. 이 과정에서 캔

에드워드 VI세

터베리 대주교 토마스 크랜머를 비롯한 288명의 개신교도들을 처형한다.

1554년 1월 20일 녹스는 영국을 탈출하여 프랑스의 디엪(Dieppe)에 도착한다. 그곳에서 잠시 머문 녹스는 다시 스위스로 향한다. 이곳에서 그는 칼뱅을 처음 만난다.

마리가 죽자 녹스는 5년에 걸친 망명 생활 끝에 1559년 5월 2일 에 딘버러의 항구인 레이트(Leith)에 도착한다. 그러나 스코틀랜드의 국교는 여전히 가톨릭이었다. 당시 스코틀랜드는 마리 드 기즈(Marie de Guise, 1515.11.22.~1560.6.11.)가 섭정으로 통치하고 있었다. 프랑스의 명문 가톨릭 가문 출신인 메리는 1538년 스코틀랜드의 제임스 5세(James 5, 1512.4.8.~1542.12.14. 재위: 1513.4.20.~1542.12.14.)와 결혼하여 딸 메리를 낳는다. 제임스 5세의 어머니는 잉글랜드의 헨리 7세의 딸이자 헨리 8세의 누나였다. 메리가 태어난지 6일만에 부왕 제임스 5세가 죽자 메리가 스코틀랜드의 왕위를 계승하니 그가 「스코틀랜드의 여왕 메리(Mary Queen of Scots)」다. 마리 드 기즈는 섭정 초기에는 스코틀랜드의 종교 문제에 개입하지 않는다. 그러나 1558년 그의 딸 여왕 메리가 프랑스의 왕세자 프랑수와(Francois)와 결혼하면서 프랑수와가 「스코틀랜드의 왕」이란 칭호도 받게 되자 스코틀랜드의 종교 개혁에 대한 강력한 제재를 시작한다. 스코틀랜드에 프랑스 군대를 주둔 시키고 아무도 가톨릭 주교의 허락 없이는 설교를 하거나 성찬예식을 거행 할 수 없도록 한다. 그리고 이를 어기는 스코틀랜드의 전도사들을 구속하여 재판에 회부한다.[160]

마리 드 기즈가 4명의 스코틀랜드 전도사들을 교권 침해와 반란 조장, 이단 전파 등의 죄목으로 구속영장을 발부한 날 녹스가 탄 배가 레이트에 도착한다. 존 녹스가 귀국한다는 소식을 이미 전해 들은 스코틀랜

마리 드 기즈

드의 가톨릭 주교들은 레이트에 집결하여 녹스를 어떻게 처리할 것인지 회의를 개최하였지만 마침 마리 드 기즈가 글래스고우에 가 있음으로 해서 결정을 내리지 못한다. 메리 드 기즈에게 녹스의 도착 소식이 전해졌을 때 녹스는 이미 레이트를 떠나 던디(Dundee)로 피신한 후였다. 녹스는 이때 다음과 같은 말을 남긴다.

하나님이 이 나라에서 앞으로 어떻게 역사하실지 아직은 불분명하다. 그러나 사탄이 사납게 준동하는 것을 보니 앞으로의 전투가 격렬할 것이라는 것은 알 수 있다.[161]

녹스는 1559년 5월 던디에서 퍼스(Perth)로 이동한다. 퍼스는 스코틀랜드 「종교 개혁의 중심」이라고 불렸다. 윌리엄 틴데일(William Tyndale, 1494~1536.10.6.)의 영어 성경이 1527년 스코틀랜드에 몰래 반입된 것도 퍼스를 통해서였고 녹스의 스승 조지 위셔트가 1544년 순교 전에 마지막으로 설교를 한 곳도 퍼스였다. 이곳에서 녹스는 본격적으로 설교하기 시작함으로써 마리 드 기즈의 영을 정면으로 거역한다.[162]

녹스는 가톨릭 교회를 이단으로 공격하면서 가톨릭 미사를 우상숭배로 규정한다. 녹스가 5월 11일 「우상숭배에 대한 비판(Vehement Against Idolatry)」이라는 제목의 설교를 끝낸 직후 가톨릭 사제가 미사를 집전하기 위하여 녹스가 설교했던 교회에 들어온다. 그러자 녹스의 설교를 들었던 신도들은 폭동을 일으켜 교회의 제단과 동상, 장식들을 모두 부순다. 녹스는 이러한 행동을 「불량한 군중」의 소행으로 비판하지만 아무도 이들을 막을 수 없었다. 몇 주 안에 세인트 앤드루스, 에딘버러, 글래스고우 등의 수도원들이 폭도들에 의해 모두 파괴된다.[209]
격노한 마리 드 기즈는 2천 명의 프랑스 군사들을 폭동 진압에 투입한다. 스코틀랜드의 귀족들도 곧바로 군사를 일으켜 프랑스군과의 전투를 준비한다. 양측은 휴전에 합의하지만 며칠 후 마리 드 기즈는 합의를 어기고 퍼스에 군대를 투입한다. 이에 스코틀랜드의 귀족들은 마리 드 기즈를 격퇴하고 스코틀랜드의 종교개혁을 완수할 것을 맹세한다.[163]

녹스는 파이프(Fife) 지역을 순회하면서 마리 드 기즈를 비판하는 설교를 한다. 가는 곳 마다 「우상파괴」 폭동이 일어난다. 녹스는 그 다음 자신이 목사 안수를 받은 세인트 앤드루스로 향한다. 당시 프랑스 군대가 그곳에 진주해 있었고 세인트 앤드루스의 존 해밀턴 대주교(Dr. John Hamilton, 1512.2.3.~1571.4.6.)는 녹스가 세인트 앤드루스에서 설교를 시도할 경우 「장총 세례를 받도록 하겠다」고 한다. 녹스의 측근들은 녹스가 세인트 앤드루스에 가는 것을 반대한다.

그러나 녹스는:

> 나의 목숨은 내가 드높이고자 하는 그분의 손에 달렸다. 따라서 나는 그들의 으스댐과 폭정을 겁낼 수도 없고 그분이 한량없는 자비하심으로 나에게 이러한 기회를 주셨을 때 나의 임무를 저버릴 수도 없다. 나는 나를 지키기 위한 그 누구의 도움이나 무기도 원치 않는다.[164]

녹스는 6월 11일, 일요일, 세인트 앤드루스 교회의 단상에서 설교한다. 주제는 예수가 회당에서 장사꾼들을 모두 쫓아내는 내용이었다. 그는 스코틀랜드의 교회가 가톨릭의 모든 흔적을 지워버릴 것을 종용한다. 그의 강력한 설교는 수 많은 사람들을 움직인다. 3일에 걸친 설교를 듣고 수 많은 사람들이 가톨릭 신앙을 버린다. 그 중에는 21명의 가톨릭 사제도 포함되어 있었다.[165]

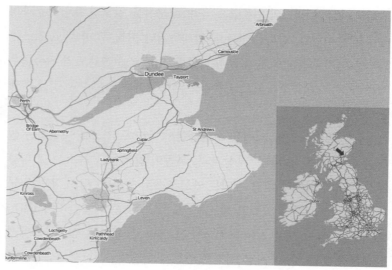

세인트 앤드루스

우리는 그저 여리고성에서처럼 하나님이 주시는 힘으로 나팔을 불면서 오
직 그분의 권능으로 승리를 얻기를 희망할 뿐이다.[166]

녹스의 설교는 가는 곳마다 놀라운 효과를 나타낸다. 녹스 자신도 놀
란다. 칼뱅도 녹스에게 편지를 보낸다.

우리는 이렇게 짧은 기간 동안 이 처럼 놀라운 결과를 창출한 것에 놀라
움을 금할 수 없습니다.[167]

1559년 7월 7일, 스코틀랜드로 귀국한지 2달 만에 녹스는 에딘버러
의 성 자일스(St. Giles)교회의 담임 목사로 임명된다. 스코틀랜드에서
가장 중요한 교회였다. 이곳에서 녹스는 때로는 3천 명에 달하는 신도
들을 상대로 설교를 한다.

성 자일스 교회

아, 스코틀랜드여. 그대는 정의와 평등, 자비로 통치하는 군주를 원하는
가? 그렇다면 당신의 주 하나님께 복종하고 그의 계명들을 따르라. 그리
고 「이것이 바른 길이니 너희는 이리로 가라」(이사야 30:21)라며 그대를
부르는 그 말씀을 새겨 들어라. 만일 그리하지 아니 한다면 오만하지 말
아라; 유대 지방과 예루살렘을 벌하신 하나님의 정의가 그대 스코틀랜드,
그대 에딘버러에 내릴 것이다. 선지자 예레미야가 말 했듯이 이 나라의 그
어느 지방도 거역하는 곳은 벌 받을 것이다(예레미야 9).[168]

그러나 스코틀랜드의 개신교 귀족들의 군사는 레이트를 공략하는
데 실패한다. 개신교 군대는 패색이 짙어졌다. 이때 녹스는 에딘버러
를 떠나 레이트에서 후퇴하는 개신교 군대들과 함께 스털링(Stirling)
으로 간다. 스털링의 성 루드 교회(Church of the Holy Rude)에서 『시
편』 80편 4~8절에 대한 설교를 하면서 녹스는 개신교 군대에게 다시

금 희망을 불어 넣는다.

> 나는 우리의 대의(大義, cause)가 사탄의 노력에도 불구하고 스코틀랜드
> 에서 승리할 것을 의심치 않습니다. 그 대의가 아무리 공격을 받더라도
> 영원하신 하나님의 영원한 진리가 궁극적으로 승리하듯이 승리할 것이
> 기 때문입니다.[169]

이 설교로 개신교는 다시 힘을 얻는다. 1559년 11월 칼뱅은 녹스에
게 보낸 편지에서:

> 나는 당신이 사람들을 격려하기 위해서 얼마나 노력하고 있는지 잘 압니
> 다. 그리고 하나님께서 당신에게 이 임무를 수행하기 위해서 얼마나 놀라
> 운 능력과 힘을 주셨는지도 알고 있습니다.[170]

희망이 없어 보이던 상황에서 1560년 6월 11일, 스코틀랜드의 섭
정이었던 마리 드 기즈가 에딘버러에서 갑자기 사망한다. 그해 7월 5
일 잉글랜드의 엘리자베스 여왕이 임명한 위원들이 스코틀랜드 「개신
교 귀족(Lords of the Congregation)」의 동의 하에 스코틀랜드의 여왕
메리의 남편인 프랑스의 프랑수와 2세가 보낸 대표들과 레이트의 공
성전을 종결시키는 「에딘버러 조약」을 체결한다. 이로서 마리 드 기
즈를 지원하던 프랑스 군대는 스코틀랜드에서 철군한다. 그리고 스코
틀랜드의 모든 종교 문제는 스코틀랜드 의회가 결정하도록 합의한다.
스코틀랜드 의회는 곧바로 가톨릭 교회를 폐지하는 법안을 통과시
키고 개신교를 국교로 선포한다. 교황의 모든 권한은 말소되고 가톨
릭 미사는 불법화 된다. 미사에 참여하는 사람들은 재산을 몰수하고
구금하도록 하였고 반복할 경우 귀양 또는 사형에 처하도록 한다.[171]

성 루드 교회

『스코틀랜드의 신앙고백』

존 녹스의 지도하에 소위 「6명의 존(Six Johns)」들이 『스코틀랜드의 신앙고백』을 발표한다. 스코틀랜드 의회는 1560년 8월 17일 이를 비준한다. 과거 개신교도들을 「이단」으로 규정했던 모든 규정과 포고문들은 무효화 된다. 이로서 스코틀랜드는 개신교 국가로 다시 태어난다.

2) 장로교 사회

존 녹스는 스코틀랜드인들을 하나님의 선택받은 민족으로, 스코틀랜드를 새 예루살렘으로 만들고자 하였다. 이를 위하여 그는 가톨릭 교회와의 철저한 단절을 주문한다. 녹스는 가톨릭이 남긴 모든 흔적을 지우고자 하였다. 수도원, 주교와 사제들의 의상, 성물(holy relics), 길거리의 십자가는 물론 성당의 스테인드글라스와 성인들의 동상을 모두 부수고 내진(內陣, Choir)을 뜯어내고 제대를 뒤엎었다. 수백년 동안 스코틀랜드의 종교 전통을 상징하던 이 유물들과 예술품들도 녹스

에게는 「사탄의 회당(synagogue of Satan)」을 상징하는 「우상」에 불과했다.[172]

녹스와 그의 추종자들은 칼뱅의 안식일 규범을 스코틀랜드에 강요한다. 일요일에는 일하는 것과 춤이 모두 금지되었으며 악기도 연주해서는 안되었다. 놀음, 카드놀이, 극장 역시 금지되었다. 목사의 허가 없이는 자신이 속한 교구에서 이사를 갈 수도 없었다. 녹스의 장로교는 카니발, 오월축제, 크리스마스 가면 축제(mumming), 심지어는 예수의 수난극(passion play)도 금지하였다. 간음한 자는 사형에 처해졌다.

이처럼 엄격하게 규제된 사회에서 사는 대신 스코틀랜드의 개신교도들은 하나님과 직접 교통할 수 있는 권리를 얻는다. 성찬예식에 참여할 수 있는 권리도 이제는 남녀노소, 신분에 관계 없이 누구나 갖게되었다. 가톨릭 교회에서는 「닫혀있는 책」이던 성경은 아무나 읽을 수 있었고 다른 사람이 읽는 것을 들으면서 하나님의 말씀을 경청할 수 있었다. 일요일이면 교회당은 시편 찬송가와 성경구절 낭독소리가 울려퍼졌다. 성찬예식은 공동체 전체의 축제가 되었다.[173]

교회 공동체는 모든 것의 중심에 있었다. 교회는 장로회를 자체적으로 선출하였고 목사도 자신들의 손으로 뽑았다. 장로회는 가난한 사람들과 병자들, 고아들을 돌봤다. 너무 가난하여 혼수를 장만할 수 없었던 소녀들은 장로회의 도움으로 혼수를 장만하고 결혼할 수 있게 되었다. 스코틀랜드 교회 공동체는 자신들이 하나님의 선택을 받은 자들이라는 확신을 갖고 있었다. 녹스는 「우리는 하나님의 작품이기 때문에 하나님은 우리를 사랑하신다」고 하였다.[174]

스코틀랜드의 국왕 제임스 6세의 왕사(王師)에 임명된 스코틀랜드 최고의 인문학자이자 칼뱅주의자였던 조지 뷰캐넌(George Buchanan,

1506.2.~1582.9.28.)은 녹스와 마찬가지로 정치권력은 신이 제정하는 것이지만 권력은 왕이나 귀족의 것이 아닌 인민의 것이라고 한다. 장로교인들이 하나님과 맺은 언약을 지키기 위해서는 이 언약을 침해하는 그 어떤 권력과도 싸워야 했다.

조지 뷰캐년은 유럽 최초로 주권재의 이론을 설파한다. 스코틀랜드 중부의 스털링샤이어(Stirlingshire)에서 태어난 뷰캐년은 세인트앤드루스 대학교를 졸업한 후 파리 대학에서 수학한다. 그리스어와 라틴어에 있어서 당대 가장 탁월했던 학자였던 그는 스코틀랜드 장로교회의 창립자 중 하나다. 그는 초대 스코틀랜드 교회 총회 의장을 역임한다. 목사가 아닌 일반 신도로 유일하다.

1579년 뷰캐년은 그의 대표작인 『스코틀랜드인들의 정부에 관한 법(De Jure Regni apud Scotos)』을 출간한다. 이 저작에서 뷰캐년은 모든 정치적 권위는 궁극적으로 인민들의 소유이며 이들이 왕이나 의회 등을 선출하여 자신들의 일을 다루도록 한다고 주장한다. 따라서 인민은 자신들이 선출한 통치자들보다 항상 더 우위에 있으며 통치자들을 마음대로 해고할 수 있다고 한다. 「인민은 자신들이 원하는 자에게 왕권을 부여할 수 있는 권리가 있다」고 한다. 뷰캐년은 통치자들이 인민의 이해관계를 지켜주지 못할 경우 모든 시민들은 「가장 낮고 비천한 사람이라도」 그 폭군에게 저항하고 심지어는 죽일 수 있는 천부권을 갖고 있다고 한다.[175] 존 로크 보다 1세기 앞서서 설파한

조지 뷰캐년

주권재민론이다.

뷰캐넌의 정치이론은 당시 정치에는 반영되지 않았지만 스코틀랜드 교회는 이를 그대로 반영한다. 스코틀랜드 교회는 당시 유럽에서 가장 민주적인 체제를 갖춘다. 목사도 장로회에서 선출하였고 장로들은 자신들의 대표를 총회에 파견하였다. 스코틀랜드 교회는 철저한 대의 민주주의를 실현하고 있었다.

3) 스코틀랜드의 「국가 언약」

스코틀랜드의 장로교는 스코틀랜드를 통치하던 스튜어트 왕조와 불편한 공존을 이어갔다. 스튜어트 왕조의 왕들은 왕권신수설을 믿었지만 장로교는 하나님과 그의 백성이 통치권을 갖고 있다고 생각했다. 제임스 6세(1566.6.19.~1625.3.27. 재위: 1567~1603)는 1603년 엘리자베스 여왕의 사후 영국의 제임스 1세(재위: 1603~1625)로 즉위하면서 스크틀랜드와 잉글랜드를 동시에 통치한다. 그는 종교 개혁 문제를 건드리지 않았다. 그러나 그의 아들 차알스 1세(1600.11.19.~1649.1.30. 재위: 1625~1649)는 스코틀랜드 장로교로 하여금 성공회를 따르게 강요하면서 『성공회 기도서』를 사용할 것을 명한다.

1637년 7월 23일, 에딘버러의 세인트자일스 교회에서 아침 예배때 『성공회 기도서』를 사용한다. 그러자 회중의 여성들이 소리치면서 이를 비난하기 시작한다. 다른 사람들은 의자를 내 던지면서 자리를 박차고 일어나서 교회를 나가 버린다. 폭동의 시작이었다. 몇 달 간 지속된 폭동으로 에딘버러의 주교는 도시를 탈출한다. 1638년 2월, 스코틀랜드의 목사, 귀족, 시민들은 「국가 언약(National Covenant)」을 선포한다.[176]

스코틀랜드의 「국가 언약」은 장로교 민주주의의 역동적인 모습을

스코틀랜드인들이 「국가언약」에 서명하는 장면

보여준다. 종교의 이름으로 국왕의 통치권에 정면으로 맞서면서 모든 법은 스코틀랜드 인민들이 의회를 통해서만 만들 수 있음을 다시 한번 확인한다. 언약에 서명한 모든 사람들은 장로교를 지킬 것을 맹세하면서 「우리의 생명이 다 하는 날까지 하나님이 우리 손에 쥐어주신 그 권한을 지키기 위해서 모든 것을 바칠 것」을 맹세한다.

　스코틀랜드 전역에서 「국가 언약」에 서명하는 운동이 일어난다. 11월 글래스고의 총회에서는 「사탄의 왕국과 적그리스도」에 대한 선전포고를 한다. 차알스 1세에 대한 선전포고로 「주교 전쟁(Bishop's

Wars)」이 일어난다. 수 많은 「언약도(言約徒, Convenanters)」들이 자원 병으로 나서면서 스코틀랜드는 차알스 1세와의 전쟁에서 승리한다. 주교 전쟁은 청교도 혁명(1642~1651)의 기폭제가 되면서 결국 차알 스 1세는 1649년 1월 30일 참수되고 영국은 호국경 올리버 크롬웰 (Oliver Cromwell, 1599.4.25.~1658.9.3.)이 다스리게 된다.[177]

영국에서는 이로서 절대왕정이 폐지되고 입헌군주국으로 다시 태 어나게 된다. 녹스와 뷰캐넌, 언약도들의 「주권재민론」은 이렇게 현 실화 된다.

아담 스미스와 함께 스코틀랜드 계몽주의(Scottish Enlightenment)를 대표하는 스코틀랜드 출신 철학자 데이빗 흄(David Hume, 1711.4.26. ~1776.8.25.)은 1762년에 출간된 그의 대작 『영국의 역사(The History of England)』 제 1권에 「언약도 운동」에 대해서 다음과 같이 말한다.

> 그 당시 스코틀랜드를 휩쓸고 잉글랜드에서도 조용히 퍼지고 있던 그 종 교의 기발한 점은 주교주의자들에 대한 존경이나 복종을 증진시키기는 커 녕 개개인에게 최고 경지의 종교적 환희와 황홀경을 체험할 수 있게 함으 로써 말하자면 개개인을 모두 신성하게(consercrate) 만들었고 각 개인 이 볼 때 자신에게 그 어떤 형식이나 제례도 강요할 수 없는 인격(char-acter)을 부여해 주었다.[178]

철학자이자 역사학자였으며 솔스베리의 주교를 역임한 길버트 버넷 (Gilbert Burnet, 1643.9.18.~1715.3.17.)은 「우리는 그토록 가난한 평민 이 정치에 대한 문제, 특히 군주들의 권력을 제한하는 것에 대한 논리 를 그토록 정연하게 펴는 것을 보고 놀라지 않을 수 없었다.」고 한다. 「그들은 어떤 주제가 되었든지 성경구절을 인용할 줄 알았고 어떤 질 문을 던져도 대답할 준비가 되어 있었다.」면서 「이러한 수준의 지식

데이빗 흄

로버트 번스

은 가장 비천한 오두막에 사는 사람들이나 하인들 사이에도 퍼져 있었다」고 한다.[179]

스코틀랜드의 「국민 시인(national poet)」이라 불리는 로버트 번스 (Robert Burns, 1759.1.25.~1796.7.21.)는 「그럼에도 불구하고 사람은 사람이다(A Man's A Man for A' That)」라는 시를 쓴다.

> 우리는 비록 보잘 것 없는 것을 먹고
> 거친 옷을 입지만 그럼에도 불구하고;
> 어리석은 자들에게 비단 옷을 주고 못된 자들에게 포도주를 줘라,
> 그럼에도 불구하고 사람은 사람이다.
> 그럼에도 불구하고 그럼에도 불구하고,
> 그들의 번쩍거리는 것에도 불구하고;
> 정직한 사람은 아무리 가난하다 하더라도,
> 그럼에도 불구하고 사람들 중의 왕이다.[180]

1696년 스코틀랜드 의회는 「학교설립법」을 통과시킨다. 이 법으로

스코틀랜드의 모든 교구에는 학교가 설립된다. 이 법은 교사의 월급도 「100마르크 이상, 200마르크 이하」로 지정한다. 학교가 필요했던 것은 모든 어린이들은 성경을 읽을 수 있어야 했기 때문이다. 이 법으로 인하여 18세기 말에 이르면 스코틀랜드의 문자 해독률은 세계에서 가장 높아진다. 잉글랜드인 한 사람은 「스코틀랜드에서는 일반적으로 가장 가난한 자들에게도 글을 가르친다.」며 놀라움을 금치 못한다. 1720년대에 문자 해독률이 55%에 달했고 1759년대에는 75%에 달했다는 주장도 있다. 반면 같은 시기 잉글랜드의 문자 해독률은 53%였다. 잉글랜드가 스코틀랜드를 따라잡는 것은 1880년대에 이르러서다.[181]

이너페프리(Innerpeffray)라는 마을의 도서관에는 1747년에서 1800년 사이에 누가 어떤 책들을 빌려 봤는지 기록이 남아 있다. 기록에 의하면 도서관에서 책을 대출한 사람들은 빵굽는 사람(baker), 대장장이(blacksmith), 통 제조업자(cooper), 염색업자(dyer), 염색업자의 견습생(apprentice), 농부, 채석공(stonemason), 재단사(tailor), 하인들도 포함되어 있었다. 가장 많이 대출 된 책들은 종교 관련 서적들이었지만 절반 이상은 존 록크, 프랑스의 생물학자 드 부퐁(George-Louis Leclerc de Buffon, 1707.9.7.~1788.4.16.), 스코틀랜드 계몽주의 역사학자 윌리엄 로버트슨(William Robertson, 1721.9.18.~1793.6.11.)등이 쓴 세속적인 주제의 책들 이었다.[182]

출판업은 에딘버러 경제의 중추적인 역할을 하였다. 1736년 인구 6만의 도시 에딘버러에는 6개의 출판사가 성업중이었다. 1790년에는 16개가 있었다. 제지업 역시 스코틀랜드 경제의 주력 산업 중 하나였다. 1795년 통계에 의하면 당시 150만의 인구 중 20%가 출판 관련업종에 종사하고 있었고 10,500명이 학교에서 일하고 있었다. 상대적으로 가난하고 작은 인구를 가졌음에도 불구하고 스코틀랜드는 유럽에서 가장 교육수준이 높은 나라였다.[183]

스코틀랜드의 대학들 역시 당대 유럽 최고의 학문 중심지가 된다. 스코틀랜드의 대학들은 작은 규모에도 불구하고 유럽의 개신교도들과 잉글랜드, 울스터(북 아일랜드)의 개신교도들의 지성의 전당이 된다. 더구나 18세기까지만 해도 옥스포드와 케임브리지 대학, 더블린의 트리니티 대학에는 성공회 신도들만 다닐 수 있었기에 스코틀랜드 대학에는 수 많은 개신교 학자들과 학생들이 모여든다. 그리고 1740년에서 1830년 사이 글래스고우 대학의 학생의 절반 이상은 중산층 출신들이었다.[184]

아담 스미스는 『국부론』에서 스코틀랜드의 교육제도가 「일반인들거의 전부에게 글을 읽게 해 주었고 그 중 많은 사람들은 글도 쓰고 회계도 볼 수 있게 되었다.」고 기록하고 있다.[185]

8. 네덜란드 공화국

서양 고전 음악의 백미인 「베토벤 9번 교향곡」, 제 4 악장의 「환희의 송가」의 저자인 독일의 대 문호 프리드리히 실러(Johann Christoph Friedrich von Schiller , 1759.11.10.~1805.5.9.)는 1788년 『스페인의 통치에 대한 네덜란드 연합의 저항의 역사』라는 책을 출판한다. 그는 서문에 이 책을 쓰게 된 이유를 다음과 같이 적고 있다.

정치사에 있어서 가장 놀라운 일 중 하나는 네덜란드가 자유를 획득한 일이라고 생각한다. 이로써 16세기는 역사상 가장 찬란한 세기가 되었다. 우리는 명예를 추구하는 자들의 찬란한 업적을 추앙하고 파괴적인 권력욕의 화신들을 영웅으로 대접 한다. 그렇다면 억압된 사람들의 고귀한 권리를 위하여 투쟁 하는 모습, 대의명분을 갖춘 사람들이 놀라운 무력도 갖추고, 결국 단호하고 필사적으로
중과부적의 싸움에서 전제주
의의 가공할 실력에 맞서서 이
를 물리치고 승리하는 모습을
볼 수 있다면 이 어찌 우리가
찬양하지 않을 수 있으랴. 왕정
주의자들의 노골적인 권력 장
악에 맞서 궁극적으로 해결책
을 찾을 수 있고, 인간의 자유
를 억압하려는 그들의 가장 치
밀한 계획들을 무너뜨릴 수 있
고, 용맹한 저항으로 폭군의 팔

프리드리히 실러

마저 늘어뜨릴 수 있으며, 영웅적으로 모든 것을 견뎌내면서 결국 폭군의
가공할 힘을 모두 소진시켜 버릴 수 있다는 사실은 우리에게 큰 위안을
준다. 스페인의 왕실로부터 네덜란드 연합(United Netherlands)을 영원
히 분리시킨 그 기념비적인 투쟁의 역사만큼 이를 나에게 확실하게 각인
시켜 준 것은 없다. 그렇기에 나는 평범한 시민들의 힘을 기리는 이 아름
다운 기념비를 세움으로써 나의 독자들의 가슴에 자신들 개개인의 중요
성에 대한 환희에 찬 자각을 일깨우고, 인간이 목표를 위해 모든 것을 희
생할 각오를 하고 단합 할 수 만 있다면 얼마나 놀라운 일을 이룰 수 있
는지 보여주는 가장 확실한 예를 제시하는 것이 중요하다고 생각했다.[186]

영국의 미술사가, 번역가, 외교관이었던 윌리엄 애글리온비(William
Aglionby, 1642~1705)는 1669년 네덜란드 지방은 유럽의 국가들 중에
서 하도 눈에 띄고 뛰어나서 지식인들의 대화중에 이 작은 국가의 놀
라운 발전상만큼 자주 등장하는 주제도 없다고 쓰고 있다. 네덜란드

의 발전상이 더욱 놀라운 이유는 「그나라는 서구세계의 가장 강력한 왕(스페인의 필립 2세)과 내내 전쟁중이었다는 사실이다.」 애글리온비는 네덜란드의 독립전쟁(Dutch Revolt)이 「이 국가의 헌법을 더 강하고 활기차게 만들었다」고 한다.

건국 초기부터 끊임없이 전쟁의 소용돌이에 휘말렸지만 네덜란드는 중앙집권화 되어 있지도 않았고 관료제도가 발달되지도 않았다. 네덜란드 공화국은 작은 영토와 적은 인구에도 불구하고 막강한 육군과 해군을 유지하였고 광대한 식민제국을 경영하였다. 그리고 훨씬더 큰 영토를 갖고 있고 인구도 많은 스페인, 프랑스, 영국 등의 이웃과의 경쟁에서 결코 밀리지 않았다. 그리고 이처럼 대외적인 국력 못지 않게 네덜란드 공화국은 유럽에서 가장 안전하고 안정적이고 잘 사는 나라였다.[187]

네덜란드 공화국은 스페인과 「저지대 국가(영어: Low Countries, 네덜란드어: Nederlanden)」 간의 「80년 전쟁(1568~1648)」, 특히 「더치 반란(The Dutch Revolt, 1565~1589)」 중에 탄생한다. 이 반란으로 인하여 저지대 국가가 분단되어 오늘의 벨기에에 해당하는 남부는 스페인에 영속되고 북쪽에는 오늘의 네덜란드에 속하는 입헌 공화국이 탄생한다.

1) 80년 전쟁

16세기 전반기에 스페인의 합스부르그 왕실은 저지대 국가의 17개 주(province)에 대한 통치권을 공고히 하고자 노력한다. 신성로마제국 황제 카를 5세(1500.2.24.~1558.9.21. 재위: 1506~1558)의 통치 하에 브뤼셀의 중앙행정부는 재편되었고 저지대 국가 고유의 국가 의회(Staten-Generaal)와 지방 의회(Estates General)의 권력은 점

차 축소된다. 그의 아들 필립 2
세(1527.5.21.~1598.9.13. 재위:
1556~1598)는 프랑스와의 전
쟁에 필요한 재정을 대기 위하
여 저지대 국가 의회의 합의 없
이 새로운 세금을 거둬들인다.
1559년 필립 2세는 교회를 재
정비하여 새로운 주교좌를 만
들 계획을 선포한다. 저지대 국
가의 귀족들은 교회의 직책을

저지대 국가

자신들의 세습특권으로 간주하였다. 필립의 계획은 저지대 국가에 절
대왕정을 실시하는 것이었다.[188]

르네상스 시대의 군주들과 의회들 간의 갈등은 새삼스러운 것이 아
니었다. 그러나 저지대 국가의 경우에는 정치 체제를 둘러싼 오랜 투
쟁에 급격한 개신교의 부상이 겹친다. 1550년대 초부터 떠돌이 칼뱅
주의 목사들이 프랑스로부터 저지대 국가로 흘러들어오기 시작한다.
1560년대 초가 되면 칼뱅주의는 저지대 국가 전역에 퍼지면서 본격적
으로 신앙의 자유를 요구하기 시작한다. 이에 대하여 필립 2세는 반-
개신교 칙령들을 재 반포하는 한편 종교 재판소를 다시 가동 시킨다.

1556년 봄, 저지대 국가의 귀족들이 필립 2세가 임명한 총독, 마
르게리타 드 파르마(1522.7.5. ~1586.1.18.)의 방에 쳐들어가서 개신
교를 탄압하는 칙령을 거둬들일 것을 요구한다. 마가렛은 온건정책
을 약속한다. 칼뱅주의자들은 마가렛이 종교의 자유를 선포한 것으
로 받아들인다. 1567년 여름 네덜란드의 수 많은 마을에서는 수 천
명의 개신교 신도들이 모여서 야외 예배를 본다. 8월에는 우상파괴
운동(Beeldenstorm)의 광풍이 몰아치면서 칼뱅주의자들이 가톨릭 교

스페인의 펠리페 2세

마르게리타 드 파르마

회의 동상과 벽화 등을 모두 파괴한다. 가을에는 브레데로도 공작(Hendrik van Brederode, 1531.12. 20.~1568.2.15.) 휘하의 귀족들이 무장 반란을 일으킨다.[189]

알바 대공작

이에 필립 2세는 마가렛을 해임시키고 그 대신 알바 대공작(페르난도 알바레스 데 톨레도 이 피멘텔 데 알바 데 토르메스 공작, Fernando Álvarez de Toledo y Pimentel, III duque de Alba de Tormes, 1507.10.29.~1582.12.11.)를 네덜란드의 새 총독으로 임명한다. 스페인의 명장으로 오토만-합스부르크 전쟁에서 전공을 떨친 알바 대공작은 브레데로드 공작의 반란군을 쉽게 진압한다. 그리고 알바공은 개신교도들을 철저하게 탄압하기

네덜란드 반란 중 우상파괴 장면

시작한다. 특별 재판소를 열어
이단과 반란을 일으킨 자들 수
천 명을 처형하자 훗날 반군의
지도자가 되는 오렌지공 윌리
엄(네덜란드어: Willem van Or-
ange, 영어: William I, Prince of
Orange(1533.4.24.~1584.7.10.
William the Silent, William the
Taciturn)을 비롯한 수 많은 사

우상파괴운동 당시 훼손된 위트레히트 성마틴 성당의 부조

람들이 망명길에 오른다. 한편 수많은 네덜란드 귀족들이 ·브뤼셀 중
앙정부의 요직에서 축출되고 스페인 사람들이 그 자리를 차지한다. 새
주교들을 임명하는 계획이 다시 추진되기 시작하였고 세금이 다시 일
방적으로 부과되기 시작하였다.[190]

칼뱅주의자들은 저지대국 내외에서 스페인의 통치에 저항하는 민중
봉기를 조직한다. 오렌지공 윌리엄 1세는 주변 군주들의 군사적 지원

을 얻고자 백방으로 노력한다.

1572년에는 「바다의 거지들
(영어: Sea Beggars, 네덜란드어:
Watergeuzen)」이 베일러(네덜란
드어: Brielle, 영어: Brill)를 함락
시킨다. 「바다의 거지들」은 알
바공의 스페인군에게 쫓겨나
바다에서 마치 해적과 같이 떠
돌아 다니고 있던 칼뱅주의 귀
족들과 그의 추종자들이었다.
베일러를 함락시킬 당시 이들
의 숫자는 불과 1,100명에 불

오렌지공 윌리엄 1세

과하였다. 그러나 마침 베일러는 아무도 지키고 있지 않았기에 이들이
함락시킬 수 있었다. 베일러의 함락으로 칼뱅주의 반란군은 처음으로
육상 교두보를 마련하게 된다.

바다의 거지들은 곧 현지 주민들의 도움으로 북부 네덜란드 대부분
을 점령한다. 이들은 개신교회를 열고 예배를 보면서 현지의 관리들을
자신들의 사람들로 모두 바꾼다. 오렌지공 윌리엄도 급히 군사를 모아
남쪽으로부터 북진한다. 그러나 그의 군대는 곧 밀리기 시작하면서 이
미 칼뱅주의자들이 점령한 홀란드(Holland)와 질란드(Zeeland)가 있는
북쪽으로 후퇴할 수 밖에 없었다.[191]

이때 마침 스페인이 재정난에 봉착하면서 필립 2세는 평화협정을
제안할 수밖에 없게 된다. 그러나 협상은 곧 종교문제로 난관에 봉착
한다. 필립 2세는 「이단(heretics)」들에게 어떠한 양보를 하는 것도 거
부하였고 오렌지공 윌리엄 역시 한발자욱도 물러서지 않았다.

협상이 결렬되자 스페인군은 다시 한번 저지대국의 북쪽에 대한 공

바다의 거지들과 스페인함대 간의 해전

세를 시작한다. 스페인군은 네덜란드의 총독으로 임명된 루이 데 레퀘센(Luis de Requeesens y Zuniga, 1528~1576.3.5.) 지휘 하에 파죽지세로 네덜란드 반군을 격파해 나간다. 그러나 다시 한번 스페인 왕실의 재정난은 스페인군의 공세를 멈추게 한다.

이듬해 봄에 레퀘센이 사망하자 다시 한번 평화협정을 할 수 있는 기회가 생긴다. 레퀘센의 죽음으로 권력은 네덜란드를 통치하는 기구인 「국가위원회(Council of State)」로 이양된다. 당시 국가위원회는 가톨릭이면서도 온건파였던 아에르쇼트 공작(3rd Duke of Aarschot, Philippe III de Croy, 1526.7.10.~1595.12.11.)이 장악하고 있었다.

아에르쇼트와 위원회는 홀란드, 질란드와 합의를 도출한다. 합의에 의하면 종교의 문제는 지방의회들에게 맡기기로 한다. 이른바 「겐트의 평화(Pacification of Ghent)」였다. 레퀘센의 후임인 돈 후안 데 오스트리아(Don Juan de Austria, 1547.2.24.~1578.10.1.)가 1577년 저지대국가에 도착했을 때 국가의회(States General)는 그가 「겐트의 평

레퀘센 공작

아에르쇼트 공작

화」의 내용을 받아들이는 것을 전제로 총독임을 인정하겠다고 한다. 그는 어쩔 수 없이 이를 받아들인다.[192]

2) 독립선언

이때 오렌지공 윌리엄은 북쪽의 도시들을 장악해 나가고 있었다. 1579년에는 북쪽의 7개 주가 공동방위조약을 맺는다. 이른바 「위트레흐트 동맹」(Union of Utrecht)이다. 1581년 7월 26일 북쪽의 7개 주들은 필립 2세가 더 이상 자신들의 주

돈 후안 데 아우스트리아

군이 아님을 선포한다. 「네덜란
드 독립선언(act of abjuration)」
이었다.

> 군주가 목동이 양들을 지키듯
> 이 신민들을 억압과 폭력으로
> 부터 지키지 않고 오히려 그 반
> 대로 그들을 억압하고 그들의
> 고대로부터 내려오는 관습과
> 특권을 침해하고, 노예와 같은
> 복종을 요구한다면 그는 더 이
> 상 군주가 아니고 폭군이며 그

네덜란드 공화국의 「독립선언서(Plakkaat van Verlatinghe)」

신민들은 그를 그렇게 밖에 볼 수 없다. 특히 이것이 국가의 허락없이 의
도적으로 이루어진다면 신민들은 군주의 권위를 거부하는 것 뿐만 아니
라 합법적으로 자신들을 지켜줄 수 있는 다른 군주를 선택할 수 있다.[193]

바야흐로 스페인과 7개의 연합주들간의 「80년 전쟁」이 시작된다.
1578년 10월, 돈 후안이 흑사병으로 죽고 그의 후임으로 뛰어난 외
교관이자 군인이었던 파르마 공작 알레쌴드로 파르네세(Alessandro
Farnese, 1545.8.27.~1592.12.3.)가 반란군 진압에 나선다. 독실한 가톨
릭 신자였던 그는 지속적인 포위작전으로 네덜란드 남부 대부분을 수
복한다. 1585년이 되면 홀란드와 질란드와 그 주변부 일부 주만이 아
직도 반군 수중에 남아 있었다.[194]

갈수록 상황이 절망적이 되자 「국가의회(States General)」는 강력한
군사력을 보유한 외국의 보호자를 찾는다. 오렌지공 윌리엄은 우선 프
랑스의 국왕 앙리 2세의 동생인 앙주공 프란시스(Fancis, Duke of An-

네덜란드의 독립선언

jou, 1555.3.18.~1584.6.10.)를 자신들의 군주로 초빙한다. 1580년 9월 29일, 질란드와 홀란드를 제외한 네덜란드의 「국가의회」는 프란시스와 「플레씨-레-투어(Treaty of Plessis-les-Tours)」 조약을 체결하여 그를 「네덜란드의 자유의 수호자(Protector of the Liberty of the Netherlands)」에 임명한다.

1582년 2월 10일 네덜란드에 도착한 프란시스는 브뤼허(Bruge)와 겐트에서 시민들의 열렬한 환영을 받으며 브라반드공(Duke of Brabant)과 프랑드르의 백작(Count of Flanders)에 봉해진다. 많은 네덜란드인들은 가톨릭이자 프랑스인인 프란시스를 반대하지만 오렌지

알레싼드로 파르네세

공 윌리엄은 끝까지 그를 지지한다. 그러나 프랑시스는 자신에게 주어진 권한이 너무 제한적이라 여긴 나머지 네덜란드를 군사력으로 점령하고자 한다. 그러나 그와 그의 프랑스 군은 안트베르펜(Antwerpen)에 입성하면서 안트베르펜 민병대의 공격을 받고 전멸한다. 프랑시스 본인도 간신히 목숨만 건져 도망친다.

그 다음 네덜란드는 영국의 엘리자베스 1세의 총애를 받던 로버트 더들리(Robert Dudley, 1st Earl of Leicester, 1532.6.24.~1588.9.4.)를 초빙한다. 그러나 그 역시 쿠데타를 시도 하다가 해임된다. 그 이후 네덜란드 의회는 아무도 후임자를 임명하지 않는다. 군주가 없는 네덜란드 북부의 7개 주들은 공화국이 된다.[195]

네덜란드 북부 7개 주가 군사적으로 절망적인 상황에 처해있던 1588년 8월, 영국을 침공한 스페인의 무적함대가 태풍에 침몰하면서 네덜란드의 반군들이 정치적으로, 군사적으로 다시 일어설 수 있는 기회를 얻는다. 그 후 네덜란드 공화국의 재정과 행정은 32년간 네덜란드 정부의 최고위직인 「홀란드 땅의 변호인(Land's Advocate of Holland)」을 역임한 요한 판 올덴바나벨트(Johan van Oldenbarnevelt,

앙주공 프란시스

로버트 더들리, 레스터 후작

1547.9.14.~1619.5.13.)라는 유
능한 지도자에 의해서 반석위
에 올려진다.

한편 네덜란드 군은 오렌지
공 윌리엄 1세의 아들 오렌지공
모리스(네덜란드어: Maurits van
Nassau, 영어: Maurice of Nas-
sau, Prince of Orange, 나쏘우의
모리쓰, 1567.11.14.~1625.4.23.)
는 당대의 걸출한 수학자이자
공병 기술자였던 시몬 스테빈
의 도움으로 군대에 기강과 규
율을 불어 넣음으로써 네덜란
드 군은 당시 유럽에서 가장 막
강한 군대로 태어난다.

요한 판 올덴바네벨트

스페인과의 전쟁은 1609년
까지 지속되지만 1600년이 되
면 「합중주(United Provinces)」
는 이미 실질적인 독립국이 된
다.[196] 네덜란드 공화국은 이렇
게 태어난다.

3) 정치체제

오렌지공 모리스

저지대국가 북부의 7개 주(홀란드, 질란드, 위트레히트, 프리슬란트, 드
렌터, 오버레이설 등 6개 주와 플랑드르와 림버그의 일부)의 정치 체제는 연

뉴포트 전투에서 네덜란드군을 이끄는 모리스 공

방제 헌법에 기반하였고 최고권력은 「국가의회(States General)」가 갖고 있었지만 법적으로나 실질적으로 「스타드허우더(Stadhouder, 총독, 통감)」였던 오렌지공, 각주의 의회, 그리고 각 도시의 시장들과 권력을 나눈다.

종교적으로는 다종교 사회였지만 칼뱅주의 개혁교회가 법적으로, 재정적으로 많은 특권을 부여 받았고 결국 인구의 대부분이 칼뱅주의자들이 된다. 그러나 가톨릭과 같은 여타 종파도 끝까지 신앙의 자유를 보장 받는다.

네덜란드 공화국의 정치체제는 중앙집권제와는 거리가 멀었다. 오히려 분권화가 심한 나라였다. 각 지역의 기본적인 통치 단위는 마을과 대관소(代官所, 영어: bailiwick 베일리위크)였다. 지역마다 모두 고유의 제도를 갖고 있었기 때문에 편차가 심했지만 기본적인 통치구조는 비교적 단순했다. 일반적으로 법은 「시의회(vroedschap)」를 만들고

「부르고마스터(Burgomaster, burgmeester)」라고 불리는 촌장 또는 시장이 집행하고 보안관(sheriff) 또는 관리(magistrates, schepen)가 탈법을 감시하였다. 관리들과 시의원들은 각 마을이나 시의 유지들 중에서 선출되었고 촌장과 시장, 보안관 등은 시의원 중에서 선출되었다. 각 마을의 통치체제는 일종의 과두정 형태였다.[197]

주 단위로 보면 주 의회가 가장 중요한 통치 기구였다. 홀란드의 경우에는 주 의회가 한 표씩을 행사하는 귀족들과 투표권을 갖고 있는 도시 들이 도합 18표를 갖고 있는 구조였다. 이들은 주에 사안이 있을 때마다 모였다.

네덜란드 공화국은 군주가 없었기 때문에 국가 단위의 가장 중요한 기구는 역시 대의 기구인 「국가의회(States General)」였다. 네덜란드 공화국의 헌법은 국가 의회에 조세권, 군사권, 외교권을 부여하였지만 실제로는 지방 의회들과의 협의를 통해서만 권력을 행사할 수 있었다. 군사, 종교 문제 역시 각 지방 의회들이 강력한 영향력을 행사하였다. 사회규범에 대해서도 각 주의 의회들이 결혼, 성, 범죄, 빈민구제, 실업, 교육 등을 책임졌다.

이처럼 네덜란드 공화국은 정치적으로 뿐만 아니라 행정적으로도 지방 분권화가 극에 달했다. 18세기 초 국가 의회가 고용한 관리의 숫자는 평균 200이었던 반면 홀란드주(주)는 300명, 암스테르담시(시)는 무려 3,000명을 고용하고 있었다. 대부분의 행정은 국가로부터 봉급을 받는 관료 대신 지방의 유지들과 그들의 고용인들, 다양한 개인 사업자들에 의해서 처리되었다.[198] 합리적이고 일관된 관료체제와는 거리가 멀었다.

이처럼 극도록 분권화 되었있던 네덜란드 공화국이었지만 막강한 국력을 자랑했다. 중앙집권화와 관료제도의 발달이 근대국가의 출발점이라는 이론들을 무색하게 하는 경우다.

17세기 네덜란드의 전형적인 부르고마스터 가정

  네덜란드 공화국의 국력이 절정에 달했던 17세기와 18세기에 공화국은 평시에 5만의 군대를 유지하였다. 전쟁 중에는 12만까지도 늘었다. 해군은 평시에 70~80척의 전함을 유지하였다. 절대적인 숫자로 볼 때 이는 그리 많은 숫자가 아니다. 영국 해군은 평시에도 120척의 전함을 유지하였고 육군의 규모는 평균 9만이었다. 프랑스는 100척이 넘는 전함을 보유하였고 육군은 40만에 달한 때도 있었다.

  그러나 이를 인구비율로 따져보면 네덜란드의 군사력은 놀라운 수준이었다. 17, 18세기 당시 네덜란드의 인구는 2백 만을 넘지 않았다. 반면 같은 시기 영국의 인구는 5백 5십만, 프랑스는 2천만이 넘었다. 비율로 본다면 네덜란드는 시민 17명 당 1명의 군인이 있었고 2만 5천명당 전함 1척을 유지한 셈이다. 반면 영국은 61명의 시민 당 1명의 군인과 4만 5천명 당 전함 1척을, 프랑스는 시민 50명 당 군인 1명, 166,000명 당 전함 1척을 유지하였다. 네덜란드의 군사 동원력은 놀라웠다. 오늘의 이스라엘에 비견할 수 있는 수준이었다.[199]

네덜란드 공화국의 사회 기강과 규율 역시 고도의 수준을 유지했다. 네덜란드 공화국은 유럽에서 가장 낮은 범죄율을 자랑했다. 당시 사람들은 북부 네덜란드의 범죄율이 유난히 낮다는 사실을 언급하고 있다. 한 영국인 여행자는 암스테르담에 대하여 「이 도시에는 다양한 사람들이 거주하고 이방인들도 많지만 밤에 불법이 자행되었다는 얘기는 거의 듣지 못한다.」고 하였다. 한 독일인은 홀란드 제 2의 도시인 레이턴(Leiden)에 대하여 「레이턴에서는 총이 없이 다녀도 되고 여러 날 길을 떠날 때도 문을 잠그지 않아도 된다.」고 하였다. 반면 스페인령 네덜란드를 방문한 프랑스 사제 샤를 르메트르(Charles Lemaitre)는 무장 경비원을 고용하도록 강요 당하였다고 한다. 무장 강도들에게 사기를 당했던 것이다. 영국의 귀족 부인 역시 프랑스의 깔레(Calais) 여행 당시 유사한 경험을 한다. 존 로크는 남부 프랑스의 높은 범죄율에 놀란다. 파리 대학의 학생 갱단들도 악명이 높았다.

스페인도 마찬가지였다. 애글리온비는 「밤에 이방인이 길거리를 다니기에는 마드리드는 리스본 만큼 위험하다. 반면 홀란드에서는 낮이나 밤이나 강도나 치한들을 만날 걱정 없이 여행할 수 있다.」고 한다. 북부 라인랜드는 지리적으로나 문화적으로 네덜란드와 가장 유사하였지만 서유럽에서 가장 위험한 지역으로 악명이 높았다.[200]

구체적인 통계도 네덜란드의 사회규범이 얼마나 잘 확립되어 있었는지 증명해 준다. 레이턴은 17세기 첫 4반세기 동안 살인죄로 유죄 판결을 받은 사람은 100명이 채 안 되었다. 그 다음 25년 동안에는 70명 이하로 줄었고 그 다음 25년 동안에는 20명으로 떨어진다. 18세기 중엽에는 10명도 안 되었다.

암스테르담 역시 마찬가지였다. 1500년에서 1670년 사이 암스테르담에서 살인죄로 재판을 받은 사람의 숫자는 매년 평균 1명 정도였다. 암스테르담의 인구가 1500년 1만 5천명에서 1670년에는 20만으로 급증한 것을 감안 할 때 1500년에는 인구 10만명 당 6.6명이 살인죄로 재판을 받았던 반면 1670년에는 그 숫자로 0.5명으로 급감한다. 이는 네덜란드의 다른 지역에서도 마찬가지였다. 18세기 중반의 할렘에서는 숫자가 0.7명이었다.

반면 유럽의 다른 지역의 살인 율은 훨씬 더 높았다. 16세기 중반 스톡홀름에서는 인구 10만 명 당 평균 20회의 살인관련 재판이 열렸고 1620년대에는 32회로 는다. 1643년 파리에서는 살인 관련 재판 횟수가 10만 명 당 75회였다. 1644년 6월에는 하루에 14건의 살인 사건이 있었다.

이는 치안체제의 문제가 아니었다. 파리는 당시 가장 크고 진화된 경찰을 갖고 있었다. 17세기 파리의 경찰의 숫자는 평균 3천 명에 달했다. 반면 네덜란드의 경찰의 숫자는 훨씬 적었을 뿐만 아니라 경찰 제도 자체도 프랑스에 비해서 훨씬 덜 발달되어 있었다. 같은 시기 암스테르담의 경찰 숫자는 20명 정도에 불과했다.[201]

사회규범의 강도를 가늠해 볼 수 있는 또 다른 척도는 혼외정사의 빈도수다. 혼외정사의 빈도를 측정할 수 있는 방법은 사생아들의 출산 횟수를 보는 것이다. 이 척도에서도 네덜란드는 당시 유럽에서 가장 윤리도덕이 잘 확립된 나라라는 명성이 자자했다. 네덜란드의 시골에서는 사생아 출산율이 18세기 말까지 평균 1%를 밑돌았다. 로테르담과 같은 도시에서는 조금 높아서 1770년에는 3%에 달한다. 같은 시기 청교도 혁명을 겪고 있던 영국에서도 사생아 출산율은 무척 낮았다. 올리버 크롬웰이 집권하고 있던 1650년대에는 1% 정도였고 18세기 말이 되면 5% 정도가 된다.

반면 프랑스 파리에서는 사생아 출산율이 1710년대에는 8%, 1770년대에는 25%에 달한다. 같은 기간 동안 낭트의 사생아 출산율은 3%

에서 10%로 증가한다. 프랑스에서는 사생아들의 50% 정도가 버려졌고 50%정도 만이 유아세례를 받았다는 사실을 감안할 때 프랑스의 사생아 출산율은 통계보다도 훨씬 더 높았을 것으로 추산된다.[202]

칼뱅주의가 어지럽던 봉건 사회를 극복하고 새로운 질서를 확립하는데 결정적인 역할을 보여주는 객관적인 증거들이다.

4) 동인도 회사

송나라 당시만 하더라도 중국의 경제는 세계에서 가장 부유하고 가장 선진화된 경제였다. 그러나 15세기 르네상스 시대의 북부 이탈리아의 도시국가들은 개인소득 면에서 중국을 추월하기 시작한다. 16세기의 네덜란드는 당시의 명나라 보다 훨씬 높은 개인 소득을 자랑한다.[203]

1595년, 프레드릭 드 하우트만(Frederik de Houtman, 1571~1627. 10.21.)이 이끄는 4척의 선단이 반텐(Banten)으로 향한다. 반텐은 당시 자바의 후추를 수출하는 가장 큰 항구였다. 네덜란드 선단은 이 지역의 패권을 잡고 있던 포르투갈 상인들, 그리고 원주민들과 치열한 전투를 벌이면서 후추를 실어오는데 성공한다. 이 과정에서 선원의 절반이 목숨을 잃는다. 그럼에도 불구하고 1596년 네덜란드로 귀항한 선

인도네시아 반텐

단은 큰 이윤을 남긴다.[204]

야콥 반 넥

선주들은 이윤을 투자하여 또 다른 선단을 출항시킨다. 8척으로 구성된 두 번째 선단은 야콥 반 넥(Jacob Corneliszoon van Neck, 1564~1638.3.8.)의 지휘 하에 1598년 5월 텍셀(Texel)에서 출항 한다. 이들의 목표는 그 당시까지만 해도 향료 무역의 중개인 역할을 한 자바의 상인들과 포르투갈 상인들을 우회하여 직접 향료를 구입하여 오는 것이었다.

반 넥의 선단은 출항 6개월 후인 1598년 11월 25일 반텐에 도착한다. 향료를 가득 실은 4척의 배가 우선 1598년 12월 31일 반탐항으로 귀항한다. 반 넥은 나머지 4척의 배를 이끌고 1599년 7월 암스테르담에 입항한다. 그의 배에는 4백만 파운드(약 1,800톤)의 후추와 정향(clove), 육두구(nutmeg), 메이스(mace), 계피 등이 실려 있었다. 반 넥의 선단은 암스테르담 시민들의 열렬한 환영을 받는다.[205] 이 항해로 선단에 투자했던 사람들은 400%의 이윤을 본다.[206] 이때부터 네덜란드는 인도양의 향료 무역을 장악해 나간다.

1602년까지 향료 선단들은 모두 자본금을 모아서 선단을 갖추고 항해에 나섰다. 귀항을 하면 자본금을 댔던 회사는 곧바로 해체되었다. 그러나 항해가 거듭될수록 막대한 비용이 소요됐다. 선단에 투자하는 것은 위험 부담이 컸다. 날씨, 질병, 난파선, 반란, 해적 그리고 예측 불가능한 시장 상황은 모두 향료 무역에 투자하는데 있어서 큰 위험 요인들이었다. 특히 한 투자자가 배 한 척, 또는 한 선단에 투자하는 것

귀항하는 반 넥의 선단

은 배와 선단이 모두 향료를 가득 싣고 무사히 귀환 할 경우 엄청난 부를 안겨주지만 배가 침몰하거나 해적의 공격을 받아서 귀환하지 못할 경우 투자자는 모든 것을 잃을 수 밖에 없었다.

따라서 가장 합리적인 방법은 카르텔을 형성하는 것이었다. 이는 영국의 동인도 회사가 가장 먼저 개발한 방법이었다. 막대한 재원을 모두 한데 묶음으로서 영국의 상인들은 무역을 독점할 수 있게 된다. 네덜란드의 상인들도 이 방법을 따른다.

1602년 네덜란드 공화국 정부는 「연합 동인도 무역 회사(VOC, Verenigde Oostindische Comapgnie)」를 출범시킨다. 정부는 동인도 회사가 아시아의 무역을 독점할 수 있도록 한다. 그리고 기지를 건설하고 군대를 투입하고 아시아의 왕이나 영주들과 조약을 체결할 수 있는 권한을 준다.[207]

네덜란드 동인도 회사는 암스테르담 증권시장을 개설한다. 그 이전에도 베니스 등이 증권시장을 개설했지만 그 규모나 유동성, 그리고 거래의 자

동인도 회사의 로고

암스테르담 증권 시장

유 등에 있어서 암스테르담 증권시장은 타의 주종을 불허했다. 많은 경제사가들이 암스테르담 증권시장을 진정한 의미에서 최초의 자본주의 증권시장으로 부르는 이유다.[208]

증권시장은 네덜란드 동인도 회사에 막대한 자금을 조달해 준다. 영국의 동인도 회사도 투자금 유치에 있어서 네덜란드 동인도 회사를 따라가지 못한다. 다른 증권시장은 국왕이나 귀족, 거상 등 부유한 계층의 투자금을 유치했다. 그러나 네덜란드 동인도 회사는 일반 대중에게도 주식을 살 수 있도록 시장을 개방함으로써 막대한 자본을 끌어들일 수 있었다. 이로서 네덜란드 동인도 회사는 경쟁자들에 비하여 훨씬 더 큰 최신식 배들을 건조하고 막강한 군대를 키우고 해외에 거대한 기지들을 건설할 수 있었다.

뿐만 아니라 VOC는 최초로 다른 나라 사람들도 고용하는 회사가 된다. 당시 영국의 동인도 회사는 영국 사람들만 고용하였다. 그러나

암스테르담의 네덜란드 동인도 회사 본부

암스테르담의 네덜란드 동인도 회사 본부

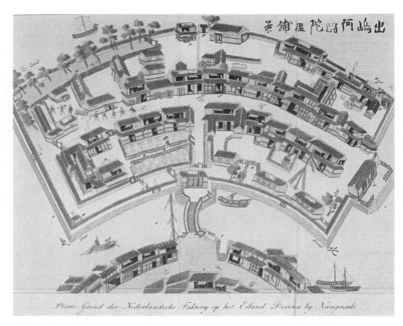

나가사키의 데지마 섬

VOC는 유럽인들은 물론 아시아인들도 고용하면서 인건비를 절약할 수 있었다. VOC의 전성기인 17세기 중 후반에는 전 세계에 평균 2만 5천 명을 고용하고 있었고 항상 1만 1천 명 이상이 항해중이었다고 한다. 1669년, VOC는 150척의 상선과 40척의 군함을 거느리고 5만 명의 고용인과 1만의 군대를 갖고 있었다.[209]

환율과 인플레를 고려하여 오늘의 돈으로 환산했을 때 당시 동인도 회사의 시총은 7조 달러에 달했다.(미국의 애플사가 2020년 1조 달러를 넘었을 때 세계에서 가장 큰 주식회사라고 하였다.)

VOC는 세계 곳곳에 무역기지를 건설하여 전 세계 교역을 장악하였다. 17세기 말에는 아프리카에 5개, 중동에 6개, 동남아시아에 34개, 극동에 21개의 기지를 운영하고 있었다. 이 중에는 일본의 란가쿠(난학, Dutch Studies)의 발생지인 나가사키의 데지마도 포함되어 있었다.

네덜란드의 「황금기」라고 불리는 1630~1670년 기간 동안에 VOC
의 연평균 이윤은 2백 10만 길더였다. 오늘의 돈으로 환산했을 때 이
는 미화 700억 달러(약 78조원)에 달한다. 참고로 미국의 애플사가 가
장 많은 이윤을 남겼던 2019년 이윤은 600억(약 67조원)달러였다. 당
시 네덜란드의 인구는 1백 20만에 불과했다.

9. 영국의 청교도 혁명

이 선동을 일삼는 1천 명도 안 되는 목사들이 설교를 시작하기 전에 모두
죽여 버렸다면 차라리 훨씬 좋지 않았을까? 고백하건데 그것은 대 학살
이 되었겠지만 10만 명을 죽이는 것은 더 큰 학살이다.[210]

『르바이어단』의 저자이며 근대정치 사상의 태두라 일컫는 토마스
홉스(Thomas Hobbes, 1588.4.5.~1679.12.4.)는 영국 내전의 원인을 청
교도 목사, 즉 칼뱅주의 목사들이라고 믿었다. 실제로 영국의 내전은
이들 청교도 목사들과 그들의 이데올로기가 당시 영국의 중산층과 새
롭게 부상하기 시작한 상인 계층, 그리고 전문가 계층에 전파되면서
일어났다.

「메리의 망명객」이었던 청교도 목사와 전도사들은 봉건사회의 연
줄로부터 벗어나 독립적이고 강력한 결속력을 가진 집단이었다. 이
들은 대부분 상민(commoner) 계층 출신들이었으며 1599년, 엘리자베
스 1세의 즉위와 함께 귀국한 후에도 고향인 영국의 상황에 제대로 적
응하지 못한다. 쮜리히에서 망명생활을 한 쥬얼(John Jewel, 1522.3.24.
~1571.9.23.)이라는 목사는 「아 쮜리히, 쮜리히, 나는 쮜리히에 살면서
영국을 생각했던 것 보다 영국에 있으면서 쮜리히를 훨씬 더 많이 그

린다.」고 한다.[211] 청교도 목사들과 전도사들은 귀국 후에도 정신적으로, 이념적으로 고립되어 있었다. 이들과 당시의 영국 사회와는 공유하는 것이 아무것도 없었다.[212]

1) 제네바 망명객들의 귀환

청교도 목사와 전도사들은 독일과 스위스 등지의 개신교 중심지에서 망명생활을 하면서 본인들의 원래의 전통적인 사회로부터는 완전하게 격리된 삶을 산다. 그들은 제네바나 쮜리히와 같이 목사와 전도사들이 통치하고 하나님의 말씀을 따르고 규율과 기강이 잡힌 평민들이 함께 살아가는 그런 사회, 혈연이나 왕권, 봉건적인 관습의 손길이 전혀 미치지 않는 그런 사회에서 살았다. 그리고 목사와 전도사들은 자신들의 작은 공동체의 규정과 규율, 헌법을 자신들이 직접 초안하였다.

고향에서 쫓겨난 교사와 교수, 목사와 지식인, 학생과 젊은 신사계층 출신의 젊은이들이 주류를 이루는 한시적으로 형성된 공동체에서 권위와 권력은 지식과 성경에 대한 지식에 달렸다. 제네바의 망명 목사들은 자신들이 평생 귀국할 수 있을지 여부조차 불확실한 상황에서 극단적인 이데올로기를 형성하였고 그들의 망명객 신분은 자신들의 이념에 대해 더욱 극단적이게 급진적인 신념을 갖도록 만들었다.

그러나 그들이 돌아온 영국은 여전히 모든 것을 왕과 국가가 좌지우지하는 곳이었다. 모든 종교적인 문제에서 왕의 말, 왕이 정해주는 기도문, 왕이 정해주는 예배 절차가 절대적인 것으로 받아들여지는 사회였다. 제네바와 쮜리히 등 개신교 공동체에서의 경험을 안고 귀국한 칼뱅주의 목사들이 참여하거나 주도할 수 있는 교회 개혁 운동 같은 것은 없었다. 평신도들이 목사를 선출하면서 서로 평등하고 대등한 관계를 유지하는 그런 교회 공동체나 사회 공동체도 영국에서는 찾아 볼 수 없었다. 영국에서는 아직도 철저한 위계질서에 기반한 봉건교회가 그대로 유지되고 있었다.[213]

이들은 귀국을 준비하면서 제네바를 떠나기 전 영국의 전통적인 교회질서에 도전할 것을 결의하기도 하였다.

> 우리가 비록 많은 적과 반대세력에 직면하게 될 것은 자명한 일이지만 이 곳 망명지에서 배운 대로 하나님의 말씀에 대한 진정한 지식을 가르치고 실천할 수 있도록… [214]

그러나 그들이 귀국하여 직면한 것은 성공회라는 성격이 애매한 교회였다. 엘리자베스와 당시 지도층은 개혁교회의 방식으로 영국민들을 교육시키거나 규율시킬 능력도 의지도 없었다. 그렇다고 메리 여왕 시대와 같이 국왕과 성공회에 전면적으로 저항할 수도 없었다. 엘리자베스는 명색이 개신교도였고 성공회도 개신교였다. 1580년대에는 엘리자베스가 개신교의 수호자로 자처하고 나선다. 스페인과의 전쟁으로 인한 애국심이 고취된 상황에서 청교도 목사들의 입장은 한편으로는 엘리자베스와 영국 정부를 지지하지만 다른 한편으로는 영국의 교회에 대한 비판적인 시각을 유지할 수 밖에 없었다.[215]

청교도 교리의 궁극적인 목표는 전통체제의 폐기였다. 망명지에서 귀국한 청교도 목사들은 가톨릭 교회의 잔재들에 대하여 신랄하게 비판한다. 예식, 제례를 위한 장식품들, 사제들이 입는 제의(祭衣)에 이르기까지 모호하게 봉건 교회의 잔재들이 남아 있다고 비판한다. 존 녹스의 친구였던 앤서니 길비(Anthony Gilby)는 가톨릭 사제들이 전통적으로 입었던 중백의(surplice)를 「적그리스도의 더럽혀진 예복(defiled robe of Anti-Christ)」 라면서 이는 마음이 약한 사람들로 하여금 우상

숭배와의 완전한 결별을 막고 있다고 한다.[216]

또 다른 청교도 목사는 「목사들의 패션과 모양이 다른 사람들의 것과 꼭 달라야 하는 이유가 도대체 무엇인가?」라고 힐문한다.

엘리자베스가 이러한 교회내의 전통적인 제의와 예식들을 유지하고자 한 이유는 물론 그것들이 권위에 대한 존경과 복종, 그리고 그것을 가능케 하는 전통적인 위계질서와 신분질서를 상징하기 때문이었다. 엘리자베스와 추밀원(Privy Council)이 지방 사제들의 「미신」과 「무지」를 시정하고자 하는 노력을 게을리 한 것 역시 전통질서를 유지하고 싶었던 영국 정부 정책의 일환이었다.[217]

그러나 청교도들은 이들 시골의 사제들을 무자비하게 비판한다. 당시 전통적인 교회의 시골 사제들은 설교를 거의 하지 않았다. 가톨릭 교회 사제의 권위는 미사 중에 성찬 예식을 통해서 빵을 예수의 몸으로 만드는 기적을 행하는데서 비롯되었다. 그러나 종교 개혁을 통해서 성공회에서도 그러한 기적을 인정하지 않게 되면서 시골 사제들의 역할은 그저 정부가 보급하는 기도문들을 읽어주는 것 밖에는 없게 된다.

물론 당시 대부분의 영국 시골 신자들은 이러한 교회와 사제들의 역할에 대하여 큰 불만이 없었다. 이들은 전통 신앙체제가 흔들리는 것을 극도로 싫어했다. 반면에 청교도 목사들이 요구하는 대로 모든 예식과 예복, 제도를 바꾸는 것은 혁명적인 일이었다. 청교도 목사들은 강제로라도 개신교의 제도와 제례를 도입할 것을 요구하지만 엘리자베스는 정치적인 안정을 이유로 이에 대하여 지극히 소극적이었다.

청교도 개혁주의자들이 요구한 가장 중요한 것은 성찬식을 주재하는 사제직을 설교하는 목사들로 대체하는 것이었다. 이는 교육 수준이 높은 목사들을 필요로 했다. 16세기 청교도들에게 목사는 영웅이었다. 하나님의 말씀에 대한 깊이 있고 광범위한 지식으로 무장한 목사들은 교회의 선지자들이었다. 더들리 페너라는 청교도 목사는 「하나님의 진리를 설명하기 위해서 성서를 해석할 수 있는 예언자적 권능」을 갖고 있는 자들은 「목사들」 밖에 없다고 하였다. 「교회를 다스리는 일 만큼 고도의 능력을 요하는 것도 없다. 따라서 이러한 일을 맡을 수 있는 사람은 전문가적인 지식이 있고 똑똑한 사람이어야 한다.」[218]

그러나 청교도 전문가들이 다스리는 교회는 전통적인 교회와는 전혀 다른 체제를 요구했다. 봉건 가톨릭 교회가 성직자의 서열을 전제로 한 위계질서를 갖춘 반면 청교도들이 요구하는 개신교적 질서는 이러한 위계질서를 인정하지 않았다. 그러나 그뿐만이 아니었다. 더 중요한 것은 전통교회의 서열은 「지식」을 기준으로 하는 것이 아니었다는 사실이었다.

청교도들이 요구하는 성서적 지식이란 전통적으로 이어내려오는 공식에 의존하는 것도 아니었고 전통적인 체제를 통해 관리할 수 있는 것도 아니었다. 「메리의 망명객들」은 이미 대륙 망명 당시 책을 밀수해보고 불법 출판도 해 봤다. 그들의 배움은 독자적으로, 위험을 무릅쓰고 때로 외국의 대학에서 어렵게 습득한 것이었다. 따라서 이들은 교회의 서열이 정해주는 추기경이나 주교에게 복종하는 것을 거부하였고 교회가 정해주는 기도문들을 읽거나 암송하는 것도 거부하였다. 청교도 목사들은 「인간이 만든 어떤 형태의 기도문에도 얽매이지 않을 것」임을 천명하였다. 그들은 그 대신 「성령이 자신들을 인도하는 대로, 자신들의 마음에서 우러나는 간구를 하나님께 바치는 것」이 참된 기도라고 주장한다.[219]

이것이야말로 청교도 목사들의 설교(sermon)와 천주교나 성공회 사제들의 강론(homily)의 가장 근본적인 차이점이었다. 독학으로, 고학으로 성서에 대한 지식을 습득한 개신교 목사는 전통사회에서는 설 땅이 없었다. 그에게 필요한 것은 전혀 다른 체제였다.

청교도들은 성공회의 주교들을 격렬하게 비판한다. 이들은 교회가 신분보다는 능력을 갖춘 사람들에 의해서 다스려질 것을 요구하였고 자신들이야 말로 교회를 책임질 수 있는 적임자라고 생각하고 이를 관철시키기 위해서 끊임없이 투쟁하였다.[220]

1570년대가 되면 청교도 목사들은 공개적으로 교회 서열제도의 철폐와 이를 대신해서 목사들이 선출하는 감독관이 주재하는 목사들의 회의로 대체할 것을 요구한다. 모든 결정은 긴 토론과 논쟁, 그리고 투표를 통해서 결정할 것을 요구한다. 그리고 어두운 색깔의 장식이 전혀 없는 옷을 입을 것을 요구한다. 이러한 옷은 신분이 아니라 성직자의 지식이 더 중요함을 나타내기 위해서였다.

자신들이 사목하는 교회에서도 목사들은 가톨릭이나 성공회 사제와는 달리 특별한 예식을 전담하는 존재가 아닌 성서의 전문가로서, 오직 자신들만의 지적인 능력에 의해서 평가 받는 그런 사목을 하는 성직자가 될 것을 요구했다. 이것이야 말로 이들이 대륙으로부터 배워온 새로운 목사의 상이었다. 그리고 이들은 이러한 목사의 모습과 역할을 영국의 젊고 야심만만한 대학생들에게 가르치기 시작한다.[221]

청교도 목사들이야말로 최초의 「고급 지식인」들이었다. 그들은 망명생활을 통해서 자유로운 지식인의 삶을 터득한다. 무엇보다도 전통사회의 권위와 관습에서 벗어난다. 그리고 오직 성경의 「말씀」만을 유일한 권위로 받아들임으로써 제도권 교회로부터 탈출하여 자급, 자족하는 지식인의 모습을 갖춰나가기 시작한다.

이들은 「교회의 결정이 말씀에 부합하는지 여부를 판단하고 그렇지 않다고 거부하는 것」은 합법적이고 당연한 일이라고 하였다. 그리고 이러한 판단을 내릴 수 있는 권한을 획득하기 위하여 서로 뭉친다. 이들은 파벌, 문벌 등의 혈연 관계를 기반으로 한 전통정치를 거부하고 정치투쟁이 더 이상 사적인 이익을 위한 것이 아닌 객관적이고 숭고

한 목적을 위한 것으로 재 규정한다. 봉건 정치가 근대 정치로 넘어가는 순간이다.

웨일스의 청교도 목사 존 펜리(John Penry, 1563~1593.5.29.)는 자신에 대한 구속영장이 청구되자 곧바로 논문을 발표한다. 그는 「만일 죄목이 나 개인을 대상으로 한 것이었다면 국가의 안녕을 위해서라도 나는 조용히 따랐을 것이다. 그러나

존 펜리

이는 나 개인을 대상으로 하는 것이 전혀 아니고 하나님이 나 같이 나약하고 더러운 존재를 통해서 지키고자 하시는 진리에 대한 공격이기 때문에」 자신은 구속에 응할 수 없다면서 피신한다. 정치 투쟁의 목적이 개인적인 것이 아닌 진리, 하나님의 말씀, 정의 등 객관적인 것, 숭고한 목적을 위한 것으로 변하기 시작한다.[222]

청교도 목사들의 결사체는 봉건적인 공동체가 아니었다. 이들은 서로를 잘 알아서가 아니라 모두가 성경을 잘 알았기에 모인 사람들이었다. 학연, 혈연, 지연이 아닌 성경이 이 공동체의 매개였다. 이들은 이러한 공동체만이 진정 안전하다고 한다. 지연이나 혈연은 늘 실망시키지만 「덕성과 경건성」을 매개로 형성된 동지들은 믿을 수 있다고 한다. 토마스 테일러(Thomas Taylor, 1576~1632)는 「특히 복음으로 맺어진 친교에 충직하라」고 한다. 청교도가 퍼질수록 봉건적인 연고주의에 기반한 관계망이 파괴되면서 이를 복음을 매개로 한 관계망이 대체하기 시작한다.

청교도 목사들에게는 사적인 관계와 연고에 충성하기 보다는 이념

에 충실한 것이 더 중요해진다. 그리고 청교도 성직자들이 형성하기 시작한 공적인 조직(impersonal organizations)들은 새로운 삶의 방식을 지탱해 주기 시작한다. 이들은 무너지고 있던 봉건사회의 관계망, 연고를 대체할 수 있는 새로운 형태의 사회조직, 사회망을 발명한다.

청교도 목사들은 제도권 교회와 봉건체제로부터만 소원해진 것이 아니라 급속히 발전하고 있던 런던의 세속적이고 귀족적인 문화로 부터도 소외된다. 르네상스는 봉건 가톨릭 교회와 별다른 마찰을 일으키지 않는다. 종교를 개혁하거나 사회를 개조하는 그런 움직임은 르네상스로부터 나온 것은 없었다. 르네상스는 오히려 전통 정치와 종교 체제가 서서히 무너지면서 나오기 시작하는 무질서를 더 조장하는 경향이 있었다. 전통 체제의 권위와 관습이 무너지면서 「천재적」이고 「기이」하고 「환상」적인 개인들의 특성이 마음껏 나타날 수 있게 되었다. 르네상스가 「천재」들이 많이 배출한 이유다. 그러나 이러한 경향이 새로운 규율과 기강, 체제를 배태시키지는 못했다.[223]

청교도 지식인들은 런던의 극장과 르네상스 식의 사치스러운 의복을 신랄하게 비판한다. 개인의 패션과 스타일에 집착하는 경향, 노골적인 과시 소비에 대하여 청교도 목사들은 끊임없이 공격한다.

직설적인 언행과 교육과 독자적인 판단력을 중시하는 이들의 태도, 교회 체제 외부에 자신들이 결성한 공동체를 중시하는 태도, 목표를 향하여 주도면밀하고 체계적이고 조직적으로 접근하는 삶의 태도, 질서와 규율을 중시하고 감정에 치우치지 않는 냉정한 태도, 이 모든 것들은 중세 봉건영주, 르네상스의 정치꾼, 성공회의 주교와는 전혀 다른 삶의 방식을 추구 하는데서 나온 것들이다.

이들은 자발적인 결사체들을 형성하고 자신들의 목소리를 반영시키기 위해서 공개적으로 탄원을 하고, 집단 압력을 행사하고 여론을 움직이고자 한다. 물론 이 모든 것은 엘리자베스 여왕 치하의 영국에서는 불법적인 것들이었다. 그러나 청교도 목사들은 고의적이고 계획적으로 기존의 법을 어겼고 그렇게 함으로써 새로운 세계를 만들어 나가기 시작한다.

17세기 영국의 청교도 목사들은 대부분 케임브리지나 옥스포드 대학에서 시작했다. 이 대학들은 청교도 목사들과 일반 성도들이 만날 수 있는 사회적 공간을 제공했다. 대부분의 청교도들은 대학생 때 「영적인 투쟁」을 경험하고 개종을 경험하게 된다. 당시 케임브리지와 옥스포드의 교과 과정은 여전히 중세의 토미즘을 기반으로 한 신학과 중세 세계관을 가르치고 있었다. 그러나 16세기말에서 17세기 초 영국의 소지주 계급의 자제들이 대거 대학에 들어가기 시작하면서 청교도 목사들과 대학의 신학생들 간에는 성공회의 틀 밖에서 새로운 관계와 공동체들을 형성할 수 있는 기회가 생기기 시작한다.[224] 청교도 목사와 전도사들은 케임브리지나 옥스포드 등 대학 마을에 정착하기 시작하면서 하숙을 치는 경우가 많았다. 이들 대학에 다니는 학생들은 청교도 목사와 전도사들의 하숙집에 기거하면서 칼뱅주의 사상과 삶을 배우기 시작한다.

이러한 과정을 통해서 영국의 전통 사회로부터 소외되기 시작한 청교도 목사들의 삶의 양태, 태도는 점차 수많은 젊은 소지주 자제들 사이에 확산되기 시작한다. 그들은 청교도로 부터 성경 말씀에만 의거하면서 과묵하고 경건하면서 감정에 치우치지 않는 삶의 모습들을 배우기 시작한다. 그리고 이들은 이러한 금욕적인 삶의 태도를 점차 사회에 확산시키면서 교회와 사회의 개혁이라는 목표를 향하여 전진한다.

이 대학생들은 최초의 청교도 성직자가 아닌 일반 청교도 지식인들이 된다. 『실낙원』의 저자 존 밀턴(John Milton, 1608.12.9.~1674.11.8.)은 1620년대에 케임브리지의 크라이스트 처치 칼리지를 다녔다. 그는 원래 사제가 되려고 하였지만 청교도가 되면서 혁명을 꿈꾸게 된

영국 르네상스 복식을 보여주는 엘리자베스 1세 초상화

다. 올리버 크롬웰(Oliver Cromwell, 1599.4.25.~1658.9.3.)은 케임브리지 대학에 오기 전에 이미 청교도 목사였던 토마스 베어드(Thomas Beard, 1568~1632)로부터 가정교사 교육을 받았고 사회개혁을 위한 강력한 신념을 갖게 된다.

1638년 사촌에게 쓴 편지에서 당시 39세였던 올리버 크롬웰은 「당신은 지금까지의 내 삶이 어땠는지 잘 알고 있죠. 아, 나는 어두움을 사랑했고 그 속에서 살면서 빛을 싫어했습니다. 나는 죄인 중의 죄인이었습니다.」라고 쓴다. 영국 상류층의 일원으로 당연한 것으로 받아들이면서 살았던 삶이 갑자기 모두 기괴한, 죄악에 가득찬 삶이었다는 인식이 생긴다. 종교적으로 다시 태어난 크롬웰이 과거 자신의 삶과의 괴리를 얼마나 심하게 느꼈는지 알 수 있는 대목이다.

> 이제부터 나의 영혼은 장자(first born)들의 회중과 함께할 것이며 나의 몸도 희망에 의지해서 쉬고 있습니다. 그리고 내가 현세에서 행동이나 고난을 통해서 하나님께 영광을 돌릴 수 있다면 나는 매우 기쁠 것입니다.[225]

그러나 아직 영국에서는 크롬웰이 할 수 있는 일이 없었다. 청교도들의 높은 이상과 자아의식은 오히려 좌절과 분노를 안겨줬다. 크롬웰의 정신적 여정은 전통적인 영국과 완전히 단절하면서 내면세계로 깊이 침잠해 들어간다.

2) 스튜어트 왕조

1603년 튜더왕조가 끝나고 스튜어트 왕조가 시작된다. 그해 5월 24일 엘리자베스 1세가 서거하면서 그의 사촌 동생인 스코틀랜드의 제임스 6세가 영국과 아일랜드의 제임스 1세로 즉위한다. 역사상 처음으로 잉글랜드, 아일랜드와 스코틀랜드 등 세 왕국이 같은 왕의 통치를 받게 된다. 전혀 다른 역사와 전통과 관습, 종교와 언어를 가진 3왕국을 통치하는 것은 결코 쉬운 일이 아니었다. 특히 세 왕국 간에는 수없이 많은 피를 흘린 과거를 갖고 있었다.

세 왕국은 왕과 국가에 대해서도 서로 판이하게 다른 생각을 갖고 있었다. 스코틀랜드의 왕권은 강했다. 의회가 있었지만 국왕의 장악력은 절대적이었고 따라서 스코틀랜드의 왕은 별다른 저항 없이 통치할 수 있었다. 그러나 잉글랜드는 전혀 다른 전통을 갖고 있었다. 제임스는 잉글랜드의 왕위에 오른 후 의회가 왕권을 수 없이 제한하고 특히 국가 재정에 대해서도 왕의 권한을 제어하는 것에 놀라고 분노한다. 사치를 좋아하고 과시와 화려한 것을 좋아한 제임스는 재위 기간 내내 재정에 쪼들렸고 그가 요구하는 대로 재정을 제공하는 것을 거부하는 의회와 수 없이 부딪친다.[226]

세 왕국은 종교도 달랐다. 잉글랜드는 성공회가 주류였던 반면 스코틀랜드는 칼뱅주의가, 아일랜드는 가톨릭이 주류였다. 각 왕국에는 소수지만 정치, 사회적으로 큰 영향력을 행사하는 다른 종교들도 공존하고 있었다.

스코틀랜드 사람들과 잉글랜드 사람들은 서로를 숙적으로 간주하였다. 제임스의 어머니 메리는 엘리자베스를 암살하기 위한 수많은 음모에 가담하였고 결국 엘리자베스의 명으로 참수된다. 제임스는 이처럼 복잡하게 얽힌 집안 사정을 잘 알고 있었다. 잉글랜드의 왕위를 계승하기까지 제임스는 전전긍긍하였고 결국 엘리자베스가 자신의 왕위를 제임스가 물려받는데 반대하지 않을 것이라는 확약을 받을 수 있었다. 제임스는 헨리 8세의 누나인 마가렛 튜더의 손자이자 튜더 왕실의 개조인 헨리 7세의 증손자였다. 따라서 엘리자베스가 후사 없이 죽자 튜더 왕실의 대가 끊기면서 스코틀랜드 스튜어트 왕실의 제임스가 잉글랜드의 왕위를 잇게 된다.

제임스는 스코틀랜드보다 훨씬 부강한 잉글랜드의 왕위를 물려받게 된 것을 운 좋게 생각하고 즐겼다. 제임스는 언어장애가 있었고 가끔 대소변을 가리지 못했다. 동성애도 즐겼다. 경미한 뇌성마비를 앓았다고 현대의 의사들은 말한다. 제임스의 잉글랜드 신하들은 그의 심한 스코틀랜드 억양을 알아듣기 힘들어 했고 스코틀랜드인이 자신들의 국왕이 된 것을 불편해 했다.

제임스는 잉글랜드의 왕위에 오르자마자 성공회를 적극 지지한다. 가톨릭 교도들은 모두 실망한다. 잉글랜드의 왕위를 계승하는 과정에서 제임스는 가톨릭의 지지를 요청하였고 왕위에 오른 다음에는 가톨릭을 우대할 것을 약속한 바 있었기 때문이다.[227]

잉글랜드의 왕위에 오르기 전 제임스는 법을 어기지 않는 한 종교에 대하여 관대할 것을 약속한다. 그러나 제임스는 왕위에 오른 후 이 약속을 지키지 않는다. 그는 잉글랜드의 가톨릭들을 심하게 탄압한다. 1605년에 일부 가톨릭들은 「화약 음모 사건(The Gunpowder Plot)」을 일으켜 제임스가 의회를 방문하는 동안 영국 의회 건물을 폭파시키고자 한다. 음모는 실패하지만 이는 당시 영국에서 종교갈등과 분쟁이 얼마나 심했는지 적나라 하게 보여주는 사건이었다.[228]

청교도들도 실망한다. 청교도들은 제임스가 철저한 칼뱅주의에 기반한 스코틀랜드의 장로교를 잉글랜드에 전수 할 것으로 기대했다. 제임스는 자신을 개신교도로 생각했고 설교를 듣는 것을 즐겼다. 그리고 1604년에는 청교도들을 햄튼코트에 있는 궁에 소집하여 그들의 요구사항들을 듣는다. 그러나 제임스는 청교도들의 교회개혁에 대한 개혁 안들을 무시한다. 그가 청교도들의 요구 사항 중 유일하게 들어준 것은 성경을 새롭게 영어로 번역하는 작업을 지원하는 것이었다. 그 결과가 아직도 영어권에서 가장 권위있는 성경번역으로 간주

되는 『킹 제임스 성경(The King James Version)』이 1611년에 출간된다.[229]

그럼에도 불구하고 제임스의 치세는 상대적으로 평화로왔다. 제임스는 자신이 통치하는 연합왕국(United Kingdom)이 해외에서 일고 있는 전쟁에 끌려들어가는 것을 막고자 애썼다.

3) 차알스 1세

어린 시절의 제임스 1세. 1574년 작

1625년 제임스 1세가 죽고 그의 둘째 아들 차알스 1세가 왕위에 오른다. 차알스는 치세 초기부터 수 많은 적을 만든다. 왕자때부터 이미 매섭고 거만한 것으로 악명이 높았던 차알스는 아버지 제임스 1세와는 달리 즉위하자마자 곧바로 대륙에서 일고 있던 「30년 전쟁」에 적극 개입한다.[230]

전쟁 비용을 조달하기 위하여 차알스는 1625년부터 잉글랜드의 의회로부터 많은 예산을 요구하기 시작한다. 그러나 의회는 차알스의 요청을 거부한다. 차알스가 1625년 독실한 가톨릭 신자였던 프랑스의 헨리에타 마리아와 결혼하자 의회는 차알스가 가톨릭의 편에 서는 것으로 의심하기 시작하면서 전쟁비용을 대는 것을 거절한다.

1626년과 1627년, 차알스의 오른팔이었던 버킹검 공작(Charles Villiers, 1st Duke of Buckingham, 1592.8.28.~1628.8.23.)은 의회의 예산지원 없이 대륙에서의 전쟁을 이어가지만 계속해서 참패한다. 의회가 계속해서 예산 지원을 거부하자 차알스는 전쟁비용을 조달하기 위해서 국왕의 직권으로 징수할 수 있는 새로운 세금들을 만들어서 걷기 시작한다. 의회는 격분하였고 영국의 지주들은 자신들의 사유재산이 위협받는 것으로 느끼기 시작하였다. 버킹검은 결국 암살된다. 그러나 차알스에 대한 여론은 악화될 대로 악화된다.

차알스는 그의 부왕 제임스 1세와 마찬가지로 「왕권 신수설」의 신봉자였다. 왕들은 「지상의 작은 신」들이었고 자신의 왕국을 통치할 수 있는 절대적인 권한을 신으로부터 부여 받았다고 굳게 믿었다.[231]

1629년 3월 10일, 잉글랜드 의회의 하원은 3개의 결의안을 통과시킨다. 첫째, 교회를 개혁하고자 하는 안을 제시하는 자는 왕국의 주적이고 둘째, 의회의 명시적인 동의 없이 선박세금을 매기는 자는 왕국의 주적이었고, 이러한 세금을 내는 상인은 「잉글랜드의 자유를 배신하는 자」라고 선포한다. 그러자 차알스는 의회를 해산시켜 버린다. 그 후 1640년까지 11년간 차알스는 의회를 개원하지 않고 통치한다. 이 기간을 「사적인 통치(personal rule)」 또는 「11년의 폭정(Eleven Years' Tyranny)」 이라고 한다.[232]

이 기간 동안 차알스는 점차 더 인기를 잃어갔다. 재정을 충당하기 위하여 오래전에 폐지되었던 각종 세금들을 부활시킨다. 특히 「선박세(Ship Money)」는 많은 사람들의 공분을 산다. 국왕이 의회의 동의 없이 징수 할 수 있었던 세금 중의 하나로 원래 항구와 해안가에 거주하는 사람들로부터 징수하는 세금으로 해군을 유지하는데 썼다. 그런데 차알스는 1635년부터 「선박세」를 내륙에 사는 주민들로부터도 걷기 시작한다.

같은 해 차알스는 성공회에 손을 대기 시작한다. 차알스의 왕비 헨리에타 마리아도 가톨릭이었고 차알스의 측근이자 캔터베리 대주교에 임명된 윌리엄 로드(William Laud, 1573.10.7.~1645.1.10.) 역시 가

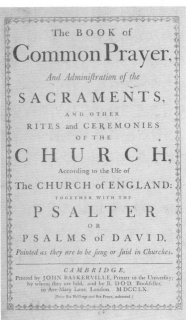

차알스 1세. 반 다이크(Anthony van Dyck,1599.5.22. 1662년 판 『성공회 기도서』
~1641.12.9.) 작품

톨릭이었다. 영국의 많은 개신교도들, 특히 청교도들은 이 모든 것이
차알스가 가톨릭 교회를 재건하려는 것으로 의심하면서 저항하기 시
작한다.

　차알스의 결정적인 실수는 『성공회 기도서』를 스코틀랜드의 교회에
서도 사용하도록 한 결정이었다. 스코틀랜드 전역에서 폭동이 일어나
면서 「국가 언약」 운동이 일어난다.

　차알스는 군대를 보내지만 스코틀랜드의 「언약도(Convenanters)」들
은 「1차 주교들 전쟁」에서 차알스의 군대를 격파한다. 1639년 6월 평
화조약을 서명하였음에도 불구하고 차알스는 다시 잉글랜드 의회를
개회한다. 11년전 차알스의 전쟁자금을 조달하는 것을 거부했다는 이
유로 해산했던 의회를 이번에는 스코틀랜드와의 전쟁 자금을 조달하

기 위해서 개원한다. 의회는 차알스의 전쟁 예산을 지원할 것을 약속하지만 그 대신 조건을 제시한다. 그러나 차알스는 의회가 제시한 조건들에 격노하면서 개원한지 3주 된 의회를 다시 해산시킨다. 이 의회가 「단기의회(短期議會, Short Parliament)」다.[233]

그러나 「제 2차 주교들 전쟁」에서 차알스는 또 한번 크게 패한다. 스코틀랜드의 「언약도」들은 1640년 8월 28일 뉴번 전투(Battle of Newburn)에서 차알스의 잉글랜드 군을 격파한 후 잉글랜드 북부의 뉴캐슬(Newcastle)을 점령한다. 굴욕적인 패배를 당하고 전쟁자금도 다 떨어진 차알스는 어쩔 수 없이 잉글랜드의 의회를 다시 한번 소집한다.

한편, 차알스가 아일랜드를 다스리기 위하여 아일랜드 총독으로 파견한 스트래포드의 폭정으로 아일랜드에서도 반란이 일어난다. 스트래포드는 모든 아일랜드인 들로 하여금 성공회를 받아들이도록 강요하였다. 그리고 영국인들이 운영하는 장원(plantation)들을 설립하여 아일랜드인들의 땅을 빼앗았다. 이 모든 것을 웬트워스는 아일랜드 사람들을 「개명(civilize)」 시키기 위해서 라고 하였다. 당시 이미 가톨릭과 개신교로 나뉘어서 극심한 내분을 겪고 있던 아일랜드 사람들은 웬트워스에 대한 증오로 모처럼 뭉친다.[234]

차알스가 1640년 11월 3일 의회를 소집하면서 아일랜드의 개신교와 가톨릭, 스코틀랜드의 언약도들, 그리고 잉글랜드의 반-차알스 주의자들은 모두 공동전선을 펼칠 기회를 잡는다. 스튜어트 왕가의 지배를 받는 이들 세 분파들은 모두 토마스 웬트워스를 탄핵하는데 단합하여 결국 차알스로 하여금 웬트워스를 사형에 처하게 한다.

그러나 공동의 적인 웬트워스가 제거되자 아일랜드의 가톨릭들과 영국과 스코틀랜드에서 이주해 간 개신교도들은 다시 서로 반목한다. 결국 1641년 「울스터 반란(아일랜드 반란)」으로 수 천 명의 민간인들이 잔인하게 학살된다.

영국 내전의 가장 직접적인 기폭제는 아일랜드 반란이었다. 차알스와 잉글랜드 의회는 아일랜드의 반란을 진압하는 군대를 누가 지휘할 것인지를 놓고 대립한다. 의회는 의회가 동의하는 지휘관을 임명할 것을 요구하면서 앞으로는 국왕이 아닌 의회가 잉글랜드의 군권을 가질 것을 요구한다. 왕권신수설의 신봉자였던 차알스는 이를 받아들일 수 없었다. 그는 이러한 제안을 한 사람들을 파면시키고 종교에 대한 새로운 포고령을 내린다. 의회가 이에 반발하자 차알스는 1642년 8월 22일 의회의 동의 없이 노팅엄(Nottingham)에서 왕당파 군대를 일으킨다.[235] 영국 내전은 이렇게 시작한다.

4) 영국 내전

내전의 가장 큰 쟁점 중 하나는 영국의 국교인 성공회의 개혁 문제였다. 의회주의자들은 성공회가 왕권의 도구로 전락하고 있다고 생각하여 성공회 자체를 거부한다. 그러나 의회주의자들 사이에서도 성공회를 대체할 교회에 대한 의견이 갈리기 시작한다. 특히 「장기 의회(Long Parliament)」에서 다수 의석을 차지한 장로교파는 스코틀랜드의 종교개혁을 따라 잉글랜드에도 장로교 체제를 도입하고자 한다. 반면 「독립파(Independents)」는 중앙 집권화를 최소화 한 느슨한 형태의 교회 체제를 원했다.[236]

1643년 7월 1일, 잉글랜드 의회는 성공회의 개혁을 논의하기 위하여 장로교파들의 주도로 「웨스트민스터 총회(Westminster Assembly)」를 개최한다. 스코틀랜드 장로 교회에서 파견한 참관인 7명도 참석한 이 총회에서 참석자들은 교회의 체제와 예배의 순서를 논의하고 「웨스트민스터 신앙고백」과 「웨스트민스터 교리문답」을 채택한다.

그러나 「독립파」는 군대의 지지를 받고 있었다. 왕당파를 상대로 하는 전쟁에서 점차 승기를 잡아 가면서 군대의 목소리도 점차 커지기 시작한다. 1646년 차알스의 군대가 완전히 패하고 차알스가 의회군의 포로로 잡히면서 군대의 영향력은 거의 절대적인 것이 된다. 결국 1648년 신군대는 쿠데타를 일으켜 의회를 장악하고 자신들에게 반대하던 의원들을 제명시키고 45명을 구속한다. 구테타의 목적은 차알스를 사형에 처하는 것에 반대하던 온건파들의 제거였지만 제거된 자들 중에는 다수의 장로교파도 섞여 있었

장기의회에서 차알스 1세가 의회의 동의 없이는 의회를 해산 할 수 없다는 법안에 서명하는 장면

다. 결국 장로교파의 영향력은 의회에서 제거되고 차알스는 1659년 1월 처형된다.[237] 아울러 잉글랜드의 교회를 장로교 모델에 따라 개혁하려던 시도도 수포로 돌아간다.

차알스를 처형한 후 1649~1660년의 11년간은 소위 「공위 기간(空位期間, interregnum)」이라 불린다. 영국은 실제로 공화국이 된다. 그러나 크롬웰을 비롯하여 차알스를 처형시키고 권력을 잡은 청교도들은 「공화국」이라는 호칭을 애써 피하면서 「공영권(commonwealth)」이라는 이름을 사용한다.

그러나 스코틀랜드와 아일랜드는 잉글랜드의 군대가 자신들을 통치하는 것을 거부한다. 크롬웰의 군대는 아일랜드 가톨릭들의 반란을 잔인하게 진압하지만 강력한 주둔군 없이는 평화가 유지될 수 없었다.

웨스트민스터 총회

잉글랜드인들도 끊임 없는 전쟁에 진저리를 치면서 전쟁 전의 상태로의 회귀를 갈망한다. 특히 군대에 대한 반감은 폭발적으로 늘어난다. 크롬웰은 다양한 종류의 의회 제도를 실험해보지만 결국은 모두 실패하고 군사 독재를 실시할 수 밖에 없게 된다. 결국 1653년 12월 16일 크롬웰은 「잉글랜드, 스코틀랜드, 아일랜드 공영권의 호국경(Lord Protector of the Commonwealth of England, Scotland and Ireland)」이라는 칭호를 받고 독재를 시작한다.[238]

1658년 9월 크롬웰이 죽자 「공영권」은 무너진다. 군대 내에서 그를 대체할 인물이 없는 상황에서 군대는 처형된 차알스 1세의 아들 차알스 2세(1630.5.29.~1685.2.6.)를 복위시키기로 한다. 차알스 2세의 복위와 함께 내전 이전의 성공회는 완벽하게 재건된다. 기도서와 주교제를 근간으로 하는 교회체제가 다시 살아난다. 성당들과 모든 교회의 재산들은 모두 되돌려준다. 잉글랜드 사람들이 크롬웰의 통치기간에 대해 얼마나 깊은 반감을 갖고 있었는지 알 수 있는 대목이다.

동시에 성공회는 장로교, 침례교 등 개신교에 대한 탄압을 시작한

차알스 1세의 처형

다. 영국에서 공직자가 되기 위해서는 성공회의 성찬식에 참여 해야 했다. 다른 곳에서는 볼 수 없었던 개신교에 대한 개신교회의 탄압이 었다.[239]

차알스 2세는 죽기 직전에 가톨릭으로 개종함으로써 자신을 옹립하고 그토록 지지한 성공회를 배반한다. 그리고 그의 뒤를 이어서 그의 친 동생인 제임스 2세(1633.10.14.~1701.9.16.)가 즉위한다. 제임스는 공공연한 가톨릭 신자였다. 결국 1688년 「명예혁명」이 일어난다. 제임스 2세의 딸 메리와 사위 네덜란드의 오렌지 공 윌리엄이 군대를 이끌고 영국을 침공하여 영국인들의 환영을 받고 즉위한다.

영국의 절대왕정제의 폐지와 입헌군주제의 도입은 25년에 걸친 청교도 혁명과 내전, 성공회와 가톨릭의 반격 끝에 결국 네덜란드의 칼뱅주의자를 국왕으로 초빙하면서 일단락 된다. 칼뱅주의의 승리였다.

제 5 장
미국의 청교도 혁명

제5장

미국의 청교도 혁명

미국이 역사상 유례가 없는
특이한 사회라는 사실은 알렉시
스 드 토크빌(Alexis de Tocque-
ville, 1805.7.29.~1859.4.16.)이
『미국의 민주주의』에서 이미
지적한 바 있다. 그가 특히 경
이롭게 생각한 것은 종교와 정
치의 관계였다.

알렉시스 드 토크빌

영국계 아메리카 문명은 뚜렷
이 구별되는 두 요소의 결합물
이다(이 점을 늘 염두에 두도록 하자). 이 두 요소는 다른 곳에서는 서로 자
주 충돌했지만 아메리카에서는 말하자면 하나가 다른 하나 속에 뒤섞여서
훌륭하게 결합되었다. 이 두 요소란 바로 「종교정신」과 「자유정신」이다.[1]

프랑스 대혁명(1789)은 「종교」와 「자유주의」가 충돌한 대 사건이었
다. 반면, 미국의 기독교는 민주주의를 완벽하게 체화하고 있었다. 프
랑스 혁명의 논리로 봤을 때 역사의 진보와 인간의 「계몽」은 종교라는

미몽, 미신에서 벗어날 때 가능했다. 자유는 곧 종교의 구속으로부터 벗어나는 것을 뜻했다. 그러나 미국에서는 전혀 다른 역사가 전개되고 있었다. 미국의 자유와 종교는 대립하고 충돌하기는커녕 상호 보완적으로 진화하고 있었다. 충격이었다.

토크빌이 그토록 놀란 자유와 종교의 조화는 그와 같은 프랑스인인 칼뱅이 300년전 제네바에서 실험하고 『교회법규(Ordonnances ecclésias-tiques)』와 『기독교 강요』를 통해 완성한 바로 그 체제였다.

미국의 시민 종교

자유와 종교의 완벽한 조화에 대한 신념은 조지 워싱턴(George Washington, 1732.2.22.~1799.12.14. 미국의 초대대통령, 재직:1789~1797)의 첫 취임사에서부터 나타난다. 워싱턴은 취임사 말미에 「인류의 자애로운 아버지」, 「하나님」께 감사의 기도를 드린다.

> 우리를 한 자리에 모이도록 해준 이 행사에 의해 촉발되었던 제 감회를 이렇게 여러분에게 전하였으니 이제 마무리를 하고자 합니다. 그러나 그 전에 한 번 더 인류의 자애로운 아버지께 다음과 같은 겸허한 간구를 드리는 일을 빠트릴 수는 없을 것입니다. 하나님께서 미국인들에게 완벽한 평온 속에서 토론할 수 있고, 그들의 연방의 안전과 행복 증진을 위한 정부의 형태에 관하여 완벽한 평온의 상태에서 숙고할 기회와 유례 없는 만장일치로 결정할 수 있는 심성을 즐거이 허락하셨기에 이 정부의 성공을 가름 할 드넓은 전망, 절도 있는 협의 및 현명한 법안들에도 신성한 축복이 똑같이 깃들기를 빕니다.[2]

그 후 미국의 역대 대통령들은 취임사를 통해서 미국 특유의 「제정일치」 체제를 재확인 한다. 존 애덤스(John Adams) 제 2 대 대통령은 취임사 마지막 문장을 신의 축복을 기원하는 기도로 장식 한다.

> 모든 것을 주재하는 그 존재, 모든 질서의 후원자, 정의의 샘, 그리고 도덕적인 자유의 세계를 만세에 **지켜주는 보호자**가 이 나라와 그 정부를 계속해서 축복하시고 **그분의 계시의 목적**에 부합하는 모든 성공과 지속성을 주시기를 바랍니다.

제퍼슨(Thomas Jefferson)역시 마찬가지다. 그는 첫 취임사를 다음과 같이 끝 맺는다.

> 여러분 성원에 힘입어 저는 충직하게 직무를 향해 갑니다. 여러분이 훨씬 더 좋은 선택을 할 수 있는 힘을 가지고 계신 것을 알게 될 때면 언제든지 대통령직에서 물러날 용의가 있습니다. 우주의 **명운(命運)을 다스리는 하나님의 무한한 권능**이 우리의 모임을 최고의 선(善)으로 인도하셔서 여러분에게 평화와 번영을 가져오기를 기원합니다.[3]

남북전쟁이 끝나갈 즈음 링컨(Abraham Lincoln) 은 그의 두 번째 취임사에서 정의와 신의 당연한 조화를 언급한다.

> 어느 누구에게도 원한을 품지 않고, 모두에 대해 자비를 품고서, **하나님이 우리에게 깨우쳐 주시는 대로의 정의를 굳게 믿고서**, 우리가 하고 있는 과업을 끝맺읍시다. 이 나라의 상처에 붕대를 감고 싸움터에서 쓰러진 사람과 그 미망인과 고아를 보살피며, 우리 자신들 사이에서 그리고 모든 나라들과의 관계에서 바르고 지속적인 평화를 이룩하고 소중히 간직할 수 있도록 모든 일을 다하고자 계속 분발합시다.[4]

현대의 미국 대통령들 역시 마찬가지다. 케네디(John F. Kennedy)의 취임사 마지막 문장이다.

마지막으로, 여러분이 미국 국민이건 세계 시민이건 간에 여기 있는 우리 에게 우리가 여러분에게 요청하는 것과 똑같이 높은 수준의 힘과 희생을 요청 하십시오. 가책 없는 양심을 유일하고 확실한 보상으로 삼고, 역사 를 우리 행위의 궁극적 심판자로 삼고 **그분의 축복과 그분의 도움**을 청하 면서 그렇지만 여기 이 지상에서는 **하나님이 하시는 일**이 우리 자신의 일 이 된다는 것을 명심하면서 우리가 사랑하는 이 땅을 이끌어 나아갑시다.[5]

오바마 대통령(Barack Obama)의 첫번째 취임사다.

미국이여. 우리는 공동의 위협 앞에서, 이 고난의 겨울 속에서, 영원불멸 의 말들을 새겨봅니다. 희망과 도덕성으로 이 얼음 같은 조류를 헤치고 나 가면서 앞으로 닥칠 어떠한 폭풍도 견딥시다. 그래서 우리 자식의 자식들 이 우리가 시험 당했을 때 이 여정이 끝나는 것을 결코 용납하지 않았고, 뒤돌아서지 않았고, 흔들리지도 않았다고. 그리고 지평선에 시선을 고정 시키고 **하나님의 은총**을 받으면서 그 위대한 자유의 선물을 지고 나가면 서 미래의 세대들을 위하여 안전하게 배달했다고. 감사합니다. **하나님의 축복**이 함께 하시기를 빕니다. 그리고 하나님이 **미합중국을 축복**하시기 를 기원합니다.[6]

미국의 건국이념과 체제는 종교와 정치를 엄격하게 구분한다. 미국 의 「수정헌법」 제 1조는 「의회는 종교를 세우거나 종교를 자유롭게 믿 는 그 어떠한 법도 제정하지 않을 것」을 명시하고 있다. 종교, 신앙에 관련된 것은 일체 개인의 사적인 선택의 문제로 공적인 영역, 즉 정치와는 하등의 상관이 없다고 못박는다. 미국 독립선언서의 초안자이자 제 3대 대통령을 역임한 토마스 제퍼슨은 종교와 정치가 서로 아무런 상관이 없다는 것을 강조하기 위하여 다음과 같이 말한다.

정부의 합법적인 권한은 다른 사람들에게 해를 입히는 행위들만 규제할 수 있다. 그러나 내 이웃이 신이 20명이 있다고 하던, 신은 없다고 하던 이는 나에게 아무런 해를 끼치지 않는다. 그러한 발언은 내 돈을 뺏어가는 것도 아니고 다리를 부러뜨리는 것도 아니다.

미국 건국이념은 제정 분리의 원칙에 충실하였지만 미국 정치가 지극히 종교적인 색채를 띠는 것 까지는 막지 못한다. 미국정치는 지극히 종교적이다. 이름하여 「시민 종교(civil religion)」라고 한다.

미국인 대부분은 건국초부터 특유의 종교적인 성향을 공유해 왔다. 그리고 이러한 종교적인 성향은 정치를 포함한 미국인들의 삶 전반에 깊은 영향을 미쳐왔다.

미국인들의 종교적인 색채는 그들의 정치적 상징체계, 전례를 통하여 표현된다. 대표적인 전례가 미국의 대통령 취임식이다. 미국 대통령 취임식은 미국 최고 권력에 종교적 정통성을 부여하고 재확인하는 예식이다.

미국의 정치철학에 의하면 미국의 주권은 물론 국민에게 있다. 그러나 실제로는 궁극적인 주권은 신에게 있는 것으로 표현된다. 미국의 공식적인 표어이며 모든 지폐에 적혀 있는 「In God we trust」라는 표현은 이를 보여준다.

미국 정치 권력의 정통성을 뒷받침하는 제도는 선거다. 그러나 선거는 궁극적인 옳고 그름의 기준이 될 수는 없다. 유권자들의 의사가 선악의 궁극적인 기준이 될 수는 없기 때문이다. 유권자들이 틀릴 수도 있기에 다수의 유권자들의 의지를 심판할 수 있는 보다는 높은 차원의 기준이 필요하다. 미국 대통령이 선서 할 때에 신을 꼭 언급하는 이유는 바로 그 궁극의 권위에 의지하고 신에게 책임을 져야 하기 때문이다.[7]

미국의 전통은 개인이든 공동체든 지상에서 하나님의 뜻을 실천하는 것이다. 이는 미국의 「국부(Founding Fathers)」들을

워싱턴이 직접 손으로 쓴 고별사

추동한 정신이고 그 이후의 모든 세대가 이어 받은 정신이다.[8] 미국의 초대 대통령 조지 워싱턴은 「고별사」에서 다음과 같이 말한다.

정치를 흥하게 하는 관습들 중 종교와 도덕은 필수적인 기둥들입니다. 애국심이 중요하다고 하는 사람들도 있지만 애국심은 종교와 도덕 같이 인류행복의 기둥, 인간과 시민의 의무를 뒷받침해주는 가장 강력한 지지대입니다. 정치인은 도덕적인 사람들처럼 종교와 도덕을 귀하게 여기고 존중해야 합니다. 종교와 도덕이 개인이나 공동체의 행복과 어떻게 연관되어 있는지는 책을 한권 쓰더라도 다 담지 못할 것입니다. 우리는 다만 이 질문을 해 볼 뿐입니다. 만일 정의를 심판하는 법정에서 판결을 내리는데 가장 중요한 순서인 선서(oath)에서 종교적 의무감이 제거되어버린다면 과연 무엇이 우리의 재산과 명예, 생명을 지켜 줄 수 있겠습니까? 그리고 우리는 종교 없이도 도덕이 유지될 수 있다고 너무 쉽게 생각해서는 안될 것입니다. 물론 일부 사람들은 고등 교육만으로도 도덕률을 지키면서 살아갈 수 있다는 것을 인정합니다. 그러나 이성과 경험은 종교적 원칙이 없

이 국가의 도덕성이 유지될 수 있다고 생각해서는 안된다는 것을 우리에게 가르쳐 줍니다.[9]

미국의 국부들과 초대 대통령들의 언행은 그 이후 지금까지도 미국의 이념을 형성하고 있는 「시민종교」의 형식과 내용, 특유의 풍을 규정하고 있다. 미국의 시민종교의 많은 개념과 단어, 이론들은 분명 기독교에 기반하고 있지만 미국의 시민종교는 기독교가 아니다. 워싱턴이나 애덤스, 제퍼슨은 연설에서 「그리스도」나 「예수」를 절대 언급하지 않는다. 그 후 역대 미국 대통령들도 중 단 한사람도 취임사에서 「신」, 「하나님」을 빠뜨리지 않으나 「그리스도」나 「예수」를 언급하는 사람도 없다. 미국의 시민종교의 하나님은 「구원」과 「사랑」의 하나님이라기 보다는 질서와 법, 권리를 강조하는 매우 엄격한 신이다. 칼뱅의 하나님이다.[10]

그렇다고 미국의 시민종교가 신봉하는 이 「신」이 이신론(deism)자들이 얘기하는 「시계공」 하나님은 아니다. 즉, 시계공이 시계를 만들어서 태엽을 감은 뒤 혼자 작동하게 놔두는 것과 같이 세상을 창조한 뒤 자동으로 돌아가게 놔두는 방관하는 하나님은 아니다. 미국의 「시민종교」가 믿는 하나님은 역사에 끊임없이 관심을 보이고 개입하는, 그리고 미국에 대해 특별한 애정과 관심을 보이는 그런 신이다. 그런 의미에서 자연법의 신이라기 보다는 구약의 신에 더 가깝다. 칼뱅의 신이다.[11]

미국은 청교도들이 뉴잉글랜드에 정착할 때부터 신성한 것에 대하여 공유하는 신념과 상징, 제례를 갖고 있었고 이것이 청교도와 장로교 등 칼뱅주의 교파들 특유의 종교-정치 체제를 통해서 제도화 된다. 이 종교는 기독교에 반하지도 않고 기독교와 많은 점을 공유하면서도 종파적이지도 않고 딱히 기독교적이라고도 할 수 없었다.

이는 미국을 건국한 사람들이 당시 적실하다고 생각한 것들, 개인과 공동체의 사유방식을 담은 것이다. 그렇다고 보편적인 종교나 믿음체계도 아니었다. 미국의 시민종교는 어디까지나 지극히 미국적이었다. 그렇기 때문에 미국의 시민종교는 공허한 형식주의에 빠지지 않고 미국민들에게 깊은 국가적, 종교적 자기이해와 정체성을 제공해 주고 있다.[12]

그렇다고 미국의 지도자들 중 그 누구도 미국의 시민종교가 기독교의 대안이라고 생각하지 않았다. 시민종교와 기독교는 명확한 역할 분담을 하고 있다는 것을 모두가 명확히 인식하고 있었다. 종교의 자유라는 원칙 하에 개인이 신앙과 사회 봉사 활동 등에 있어서는 교회에게 그 어느 체제보다도 많은 공간을 제공했다. 그러나 교회들은 국가를 조정할 수도 없었고 국가에 의해 조정받지도 않았다. 국가의 녹을먹는 사람은 그의 개인적인 종교관이 무엇이든 공직을 수행할 때는 시민종교의 틀 속에서 행동한다. 이는 개신교 교파들이 미국 종파의 절대다수였고 계몽주의라는 특정한 사상이 강력한 영향력을 행사하던 특정한 시대의 산물인 것은 분명하지만 그 이후의 수많은 문화적, 종교적 변화에도 불구하고 지금까지도 면면히 이어내려오고 있다.[13]

이러한 이데올로기는 17세기 뉴잉글랜드에서 그 기초가 마련된다.[14] 뉴잉글랜드에서 청교도들이 건설한 사회는 새로운 종류의 위계질서에 기반하였다. 구세계의 사회체제처럼 농민에서 귀족, 왕실로 구성된 그런 위계질서가 아니라 상대적으로 계층간 이동이 가능한 자유시장체제내의 저소득층과 고소득층의 위계질서였다.[15] 뉴잉글랜드 청교도들이 건설한 이러한 이데올로기는 모든 사고방식과 행동양식에 절대적인 영향을 미친다.[16] 그런 의미에서 미국은 특정한 영토와 체제를 갖춘 국가라기보다 미국인들이 여러세대를 거치면서 미국적인 삶을 설명하고 정당화시키는 과정에서 형성한 「의미의 망(webs of significance)」 또는 「이데올로기」를 공유하는 문화공동체다.[17] 그리고 그 중심에는 「아메리카」라는 신화가 자리잡고 있다.

1. 청교도와 신세계

신세계(New World)의 발견(1492)과 종교개혁(1517)은 거의 동시에 일어난다. 당시의 유럽인들이 볼 때 이는 결코 우연이 아니었다. 신대륙의 발견이 신의 섭리라는 인식은 콜럼부스가 서인도제도를 처음 발견했을 때부터 유럽인들의 뇌리에 깊이 뿌리내린다. 스페인과 포르투갈의 군주들은 신세계를 정복하고 이교도들에게 신앙을 전파하는 것이 가톨릭 교회를 대표하는 자신들에게 주어진 신성한 의무라고 생각했다.[18] 물론 정복의 목표는 경제적 수탈이었다. 실제로 대부분의 가톨릭 군주들은 신대륙을 약탈과 착취의 대상으로 생각했고 특히 남미의 금과 은을 비롯한 보물들을 유럽 본국으로 가져오는 것이 주된 목표였다. 전교 활동도 이루어졌지만 이는 부차적인 목표였을 뿐만 아니라 그나마 그 결과는 신앙의 전파보다는 이교도의 학살이었다.[19]

유럽의 개신교도들은 가톨릭에 비하여 신세계 탐험에 뒤늦게 나선다. 종교 개혁이 어느 정도 성공을 거두어 개신교를 채택한 왕실과 국가들이 신세계 탐험에 관심을 돌릴 정치적, 경제적 여유를 확보하는데는 많은 시간이 필요했기 때문이다. 특히 영국은 아일랜드에서 가톨릭 교도들을 학살하고 그들의 땅을 약탈하면서 개신교를 뿌리 내리려고 시도하는 동안 신대륙 진출이 늦어진다. 청교도 혁명을 통하여 정권을 장악한 프로테스탄트들이 식민지 정복과 개신교 전파의 일차적 대상으로 잡은 것은 신대륙이 아니라 바로 옆의 가톨릭 국가였던 아일랜드였기 때문이다.

스페인의 해외 식민지에 처음 도전한 것은 프랑스의 프로테스탄트들인 위그노(Hugueonots)들이었다. 이들은 1550년대와 1560년대에 프랑스에서의 박해를 피해 브라질과 플로리다에 식민지를 건설한다. 영국의 청교도들과 달리 대부분이 귀족 출신이었던 프랑스의 개신교도들은 해외 식민지 개척 과정에서 프랑스 왕실의 지원도 받는다. 비록 가톨릭을 옹호한 프랑스의 왕실이 본국에서는 위그노들을 탄압했지만 이들이 해외에서 스페인의 합스부르크 왕가에 도전하는 것은 기꺼이 지원했다. 그러나 브라질과 플로리다의 식민지들은 실패로 돌아가고 수십년 간 내전을 겪던 프랑스는 해외 식민지 건설을 적극 지원할 겨를이 없었다.[20]

영국은 1580년대부터 신대륙 스페인령의 북쪽에 식민지를 건설하기 시작한다. 기후가 너무 춥고 스페인이 개발하지 않은 곳들이었다. 북미 대륙에 식민지를 건설하려는 영국의 초기 시도들 역시 모두 실패한다. 그러나 인명과 재산 상의 숱한 피해를 본 후 1607년 이후부터는 북미대륙에 식민지를 정착 시키는데 성공한다.

첫 성공 사례는 「처녀 여왕(Virgin Queen)」으로 불렸던 엘리자베스 1세를 기려 「버지니아(Virginia)」로 명명한 식민지였다. 버지니아 건설자들은 처음부터 성공회 사제를 보내고 교구를 설립한다. 차알스 1세가 처형된 이후에도 버지니아는 성공회에 충성한다. 그러나 1660년 이후 사제들 보다 세속 지도자들의 영향력이 더 강해지면서 과도하게 종교적이지 않으면서 지주계층들이 점잖게 다닐수 있는 교회를 건설한다. 버지니아는 북미대륙의 영국 식민지 중 가장 영국 성공회와 비슷한 교회를 세운다.[21]

한편 스튜어트 왕조 하에서 성공회가 진정한 하나님의 교회로 다시 태어나는 것은 불가능하다는 결론을 내린 청교도들은 해외 이주를 선택한다. 영국 청교도들의 첫 선택은 북미대륙이 아닌 당시 칼뱅주의의 보루였던 네덜란드였다. 그러나 네덜란드는 땅도 좁았고 인구도 많았다. 아일랜드로도 이주 하지만 1632년 더블린의 정부를 장악한 스트래포드(Thomas Wentworth, 1st Earl of Strafford, 1593.4.13.~1641.5.12.)는 아일랜드의 가톨릭 교도들과 타협한다. 청교도들은 이제 북미대륙으로 향할 수 밖에 없었다.[22]

1) 뉴잉글랜드

영국은 비록 종교 개혁 때문에 스페인과 프랑스에 비하여 뒤늦게 신세계 탐험에 나서지만 신대륙을 선교나 착취의 대상으로만 보지 않았다. 영국인들도 신세계에 기독교를 전파하는 것이 자신들의 사명이라고 생각했고 신세계가 경제적 잠재력을 지니고 있다는 것도 알았다. 그러나 동시에 신세계의 발견 뒤에는 단순히 이교도들에게 신앙을 전파하고 경제적인 이익을 얻는 것보다 훨씬 더 원대하고 오묘한 신의 섭리가 작동하고 있다고 믿었다. 특히 청교도들이 그랬다.[23]

청교도들의 북미 이주는 스페인, 포르투갈의 식민지 개척과는 전혀 다른 새로운 방식의 식민지 개척사의 시작이었다. 미국의 영국 식민지의 가장 큰 특징은 자원을 수탈하기 위한 임시 정착촌이나 거점이 아닌 영구 거주 목적으로 이주한 주민들의 공동체였다는 사실이다. 이는 세계 경제사에서도 획기적인 사건이었다.

유럽의 다른 제국들은 막대한 양의 자원을 남북미의 식민지로부터 약탈해 갔지만 이는 유럽의 왕실과 귀족, 일부 식민지 정복자들의 호화스러운 생활양식을 지탱해 주었을 뿐 장기적인 경제발전에는 기여하지 못한다. 반면 영국의 북미 식민지는 「정착민 혁명(settler revolution)」을 촉발시킨다. 그리고 영국의 북미 식민지들은 지하 자원을 수탈하여 유럽으로 나르는 거점이 아니라 유럽의 산업 생산품을 소비하는 거대한 경제로 부상한다. 영국과 미국, 호주를 아우르는 거대한 정착촌들은 영국의 산업 혁명을 견인한다.[24]

청교도들은 신세계에서 처음 개척한 땅을 「뉴잉글랜드」라 명명한다. 오늘날도 미국의 동북부를 지칭하는데 사용되는 이 명칭은 청교들이 떠나온 「잉글랜드」를 기리기 위해서 붙인 것이 아니다. 「잉글랜드」라는 지명은 원래부터 강력한 종교적 상징성을 띠고 있었다. 영국의 개신교도들은 잉글랜드가 유럽과 지리적으로 분리되어 있을뿐만 아니라 영성적으로도 전혀 다른 곳이라고 생각했다. 종교 개혁 이후에도 여전히 타락한 가톨릭 군주들과 교도들이 다수를 차지하고 있는 유럽대륙과 달리 잉글랜드는 진정한 신앙이 뿌리내리고 신의 뜻이 온전히 이루어지는 성스러운 땅이었으며 진정한 신앙을 전 세계로 전파하는 전초기지였다.[25]

후대의 작품이지만 윌리엄 블레이크(William Blake, 1757.11.28.~1827.8.12.)의 유명한 시 「아득한 옛날 그분의 발길이(And did those feet in ancient time)」는 영국이 하나님의 선택을 받은 땅이라는 인식을 잘 표현하고 있다. 1916년 휴버트 페리경(Sir Hubert Parry)이 곡을 지어 붙인 이후로 「예루살렘」이라는 곡명으로 더 유명한 이 시는 예수가 소년시절 아리마태아의 요셉과 함께 영국을 다녀갔다는 전설에 기반하고 있다.

아득한 옛날 그분의 발길은
잉글랜드의 푸른 산 위를 거닐었는가?
거룩한 주의 어린양이
잉글랜드의 아름다운 들녘에 나타나셨었는가!
그 성스러운 얼굴이

우리의 구름덮인 언덕에 빛을 비추셨는가?
정녕 예루살렘이 이 곳에 세워졌던가,
이 어두운 사탄의 공장들 사이에?

불타는 금으로 만든 나의 활을 가져오라
나의 염원으로 만들어진 화살을 가져오라
나의 창을 가져오라, 오 구름이 갈라친다!
내 불의 전차를 가져오너라!

나는 정신적 전투를 멈추지 않을 것이다,
나의 검도 결코 내 손에 잠들어 있지 않으리라
우리가 예루살렘을 건설할 때까지
잉글랜드의 푸르고 아름다운 땅에

　영국의 청교도들 역시 「잉글리쉬」의 선민의식을 공유한다. 영국의
종교 개혁은 가톨릭으로부터 완전히 해방된 순수한 신도들의 진정한
새 예루살렘을 잉글랜드에 건설하는 것이 그 목적이었다.[26]
　청교도들은 성공회가 로마 가톨릭교회의 잔재들을 완전히 제거하여
「순결한(pure)」 교회를 세울 것을 강력하게 주장한다. 특히 거창한 위
계질서가 없는 보다 「순수한」 교회를 원했다. 그러나 성공회는 전례와
교리, 제도 등 많은 면에 있어서 구교와 완벽하게 결별하지 못한다. 청
교도들이 볼 때 이는 결국 사탄의 세력과 타협하는 것이었다. 청교도
들은 성공회를 신랄하게 비판하고 영국 왕실과 조정은 청교도들을 탄
압한다.[27] 그러나 청교도들은 점차 영국의 종교개혁에 대해 실망한다.

2) 메이플라워와 애라벨라

새 예루살렘은 이제 영국이 아닌 다른 곳, 가톨릭의 전통과 구습에 오염되지 않은 곳, 구세계의 영향권 밖에 있는 곳을 찾아 세울 수 밖에 없었다. 신대륙의 발견이 결코 우연이 아니었다는 사실을 청교도들이 깨닫는 순간이다. 새 예루살렘을 세우기 위해서는 신세계에서 다시 시작하는 방법 밖에 없었다.[28] 청교도들이 「잉글랜드」를 버리고 「뉴잉글랜드」로 떠나는 이유다.[29]

플리머스만에 도착한 메이플라워호. 윌리엄 핼설 (William Halsall)의 1882년작.

플리머스에서의 첫 추수감사절. 제니 브라운스콤 (Jennie A. Brownscombe) 의 1914년 작.

1620년 11월 19일, 청교도들을 포함한 102명의 승객과 30명의 선원을 태운 「메이플라워(Mayflower)」호가 오늘의 매싸추세츠 주 케이프 코드만(Cape Cod Bay)에 도착한다. 종교적인 이유로 구세계를 떠나 신세계로 건너온 최초의 이민이다.[30]

1620년대 중반부터 영국의 정정은 청교도들에게 더욱 불리하게 전개된다. 1625년 3월 왕위에 오른 차알스 1세(1600.11.19.~1649.1.30. 재위: 1625.3.27.~1649.1.30.)는 같은 해 5월 프랑스의 앙리 4세의 딸이자 루이 13세의 여동생인 헨리에타 마리아(Henrietta Maria, 1609.11.25.~1669.9.10.)를 왕비로 맞이한다. 가톨릭 교회를 대표하는 프랑스의 부르봉 왕실의 딸을 왕비로 맞이하는 것은 영국의 종교 개혁에 역행하는 행위였다. 차알스 1세는 성공회의 수장으로 가톨릭을 공개적으로 옹호할 수는 없었지만 가톨릭과 여전히 많은 유사성을 지니고 있던 성공회를 절

차알스 1세와 헨리에타 마리아, 왕세자 차알스(훗날의 차알스 2세), 매리 공주. 1633년 밴다이크 작.

대적으로 지지하면서 청교도를 비롯하여 성공회의 지속적인 개혁을 요구하는 종파들을 탄압한다.[31]

신세계로 향한 청교도들의 이주가 본격적으로 시작된다.[32] 1628년에는 청교도들이 신세계의 식민지에 투자하여 「매사추세츠만회사(Massachusetts Bay Company)」를 설립하고 식민지를 직접 경영할 수

있는 왕실의 인가(charter)를 받는다. 1629년 3월 차알스 1세가 의회를 해산시키면서 가톨릭으로 기우는 왕을 제어하고자 하는 의회와 국왕 간의 갈등이 격화된다. 그해 10월 존 윈스럽(John Winthrop, 1588. 1.12.~1649.3.26.)이 매사추세츠만 회사 주주 총회에서 새 총독에 당선되고 곧 미국으로의 이민을 준비한다.[33]

존 윈스럽

약 반년에 걸친 준비 끝에 1630년 4월 8일, 윈스럽과 청교도 이민들은 4척의 배에 나눠 타고 와이트 섬(Isle of Wight)을 출발한다. 이들은 곧 7척의 다른 배들과 합류하여 신세계로 향한다. 2달에 걸친 항해 끝에 총 700명의 청교도들이 6월 세일렘에 도착한다.

1685년 출판된 「뉴-플리머스 행정구역의 주민들을 위한 일반법」(The Book of the General Laws of the Inhabitants of the Jursidiction of New-Plimouth)

하선 직전 윈스럽은 설교를 한다. 하나님과의 언약을 지키기 위하여 자신들이 새 땅에 왔고 이 땅에 언약에 따른 공동체를 건설한다면 그 공동체는 뉴잉글랜드, 즉 새영국이 될 것이며 모두의 모범이 되는 「언덕 위의 도시」 새 예루살렘이 될 것이라고 한다. 윈스럽은 자신들의 새로운 공동체를 예수의 산상수훈에 나오는 「언덕 위의 도시」에 비유하였을 뿐만 아니라 「뉴잉글랜드」라는 새로운 명칭도 만들어낸다.

윌리엄 브래드포드 일기의 첫장. 메이플라워호를 타고 미 국에 건너와 플리머스 식민지를 건설한다.

플리머스를 떠나 코네티컷에 도착한 후커와 그 일행. 후커는 「코네티컷의 아버지」로 불린다.

  윈스럽의 이주를 시작으로 1630년대와 1640년대를 거치면서 뉴잉 글랜드에는 2만에 가까운 이민자들이 영국으로부터 이주해 온다. 대 부분이 청교도들이었다.[34]

  윈스럽과 함께 매싸추세츠로 이주해온 청교도들 중에는 대학 교육 을 받은 목사들이 다수 포함되어 있었다. 이들은 성공회로부터 추방을 당하였거나 성공회에서 목회 활동 하기를 거부 한 사람들이었다. 이들 은 1636년 본국의 유명 대학 마을의 이름을 따서 명명한 케임브리지 에 목사들을 양성할 대학을 설립한다. 초기 기부자의 이름을 따서 「하버드(Harvard)」로 개명하게 되는 이 대학은 처음부터 출판부를 갖 춘다.[35] 칼뱅주의자들 다운 결정이었다. 북미의 영국 식민지는 당시 세 계에서 가장 높은 문자 해독율을 자랑하는 지역이 된다.

  이들은 케임브리지 외에도 매싸추세츠에 건설하는 새로운 마을들에 보스턴, 데드햄, 입스위치, 브레인트리 등 영국 도시와 마을의 이름을

존 코튼

존 대븐포트. 친구였던 테오필러스 이튼과 함께 뉴헤이븐 식민지를 설립한다.

붙인다. 이는 고향을 그리는 마음에서 한 것이 아니라 성공회의 폐단으로 오염되어 버린 성스러운 땅 잉글랜드를 신대륙에 다시 건설하려는 의도에서였다.[36]

토마스 셰퍼드. 뉴잉글랜드의 가장 큰 교회의 하나였던 캐임브리지 제 1 교회 (First Church in Cambridge)의 목사와 하버드 대학교 초기 교목을 역임하였다.

청교도들은 자신들의 신앙과 교리에 충실한 공동체를 신세계에서 건설하는 것이 과연 가능한지 본격적인 실험을 감행한다. 뉴잉글랜드에는 영국에서와 달리 청교도를 공격하고 탄압하는 외부의 적이 없었다. 청교도들이 유럽으로부터 가져온 전염병으로 뉴잉글랜드의 인디언들은 거의 전멸하다시피 하였고 뉴잉글랜드에는 유럽의 열강들이 탐내는 자원도 없었다.[37] 청교도들이 자신들의 원리와 원칙에 충실한 사회를 기획할 수 있었던 이유다.

뉴잉글랜드는 뛰어난 지도자들도 배출한다. 매싸추세츠의 존 코튼(John Cotton, 1594.12.4.~1652.12.23.), 토마스 셰퍼드(Thomas Shepard, 1605.11.5.~1649.8.25.), 존 윈스럽(John Winthrop, 1588~1649), 세일렘의 윌리엄 브래드포드(William Bradford, 1590.3.19.~1657.5.9.), 코네티컷의 토마스 후커(Thomas Hooker, 1586.7.5.~1647.7.7.), 뉴헤이븐의 존 대븐포트(John Davenport, 1597.4.9.~1670.5.30.) 등은 청교도의 신앙과 교리에 충실한 새로운 공동체를 건설하는데 성공한다.

2. 청교도의 신학

선택과 언약

청교도 교리의 핵심은 자신들이 하나님과의 계약(covenant)을 통하여 선택받은 민족이 되었다는 선민의식이다. 이는 보스턴 항에 하선하기 직전 조너선 윈스럽이 아라벨라호(Arrabella) 선상에서 동료들에게 한 설교에서 명확히 나타난다.

여기에 하나님과 우리 사이의 목적이 있습니다. 우리는 이 일을 그분과 함께 하기 위해서 언약을 맺었고 임무를 받았습니다. 만일 주께서 우리의 말을 들으시고 흡족해하시면서 우리가 원하는 장소로 평화롭게 인도해주신다면 주께서는 우리와의 언약을 받아들이시고 우리의 임무를 부여해주셨음을 뜻하며 그 언약에 포함된 모든 조항들을 우리가 철저하게 준수할 것을 요구하실 것입니다…. 그리고 우리가 우리의 임무를 다 한다면 이스라엘의 하나님이 우리 가운데 계시다는 것을 알 수 있을 것이며 우리 수십 명이 우리의 적 수천에 맞설 수 있게 되고, 후세들이 우리를 칭송하고 우리의 영광을 기리게 하실 것입니다. 주께서는 우리를 뉴잉글랜드(New England)로 만드실 것이며 우리는 모든 사람들이 바라보는 언덕위의 도시(City upon a Hill)가 될 것이라는 점을 명심해야 합니다.

선민의식은 유대교 신앙의 근간이기도 하다. 신은 원죄를 짓고 에덴동산에서 쫓겨나 타락한 세상에서 살아가는 아담과 이브의 후손들 중 이스라엘 민족을 선택한다.

너희가 내게 대하여 제사장 나라가 되며 거룩한 백성이 되리라. 너는 이 말을 이스라엘 자손에게 전할지니라. (출애굽기 19장 6절)

그러나 엄밀히 말하면 이는 신의 일방적인 선택이 아닌 신과 이스라엘 쌍방간의 「계약」이다. 신의 제안은 이렇다: 이스라엘 민족이 하나님의 법을 따르고 다른 신을 찾지 않을 것을 약속한다면 하나님은 이스라엘 민족을 사전에 점지해 둔 젖과 꿀이 흐르는 땅으로 인도할 것이다. 그리고 원래 그곳에 살고있는 이민족들을 몰아내고 그 땅에 영원히 살 수 있도록 해줄 것이다. 이스라엘은 신의 제안을 받아들인다. 하나님과 이스라엘 쌍방간의 계약은 이렇게 성립된다.

신의 선택을 받은 이스라엘이 신과의 계약을 이행하기 위해서는 약속된 땅으로 이민을 떠나야 했다. 그런데 노예생활을 하던 이집트를 떠나 약속된 땅인 가나안으로 가기 위해서는 광야(wilderness)를 지나야 한다. 40년에 걸친 광야에서의 기나긴 여정은 이스라엘 민족이 하나님을 만나고 배우는 과정이다. 하나님은 광야에서 자신을 이스라엘 민족에게 수 없이 드러낸다. 다시 말해서 약속된 땅에 도착하는 것만

이 중요한 것이 아니다. 광야를 헤매면서 하나님을 만나고 배우는 것 자체가 신과의 약속을 지키는 과정이다. 광야는 선택된 민족이 지나야만 하는 과정으로 신의 섭리의 일부분이다.[38]

광야를 건너 약속된 땅을 차지하는 것으로도 선민의 과제는 끝나지 않는다. 신은 이제 이 새로운 이스라엘을 통해서 보편적인 정의를 선포하고 전 세계의 모든 민족을 구원한다. 하나님과 이스라엘 민족뿐만 아니라 온 인류가 화해를 이루어야 한다.[39] 아담과 이브의 실낙원으로 깨진 신과 인간의 관계는 출애굽과 광야에서의 40년, 가나안의 정복, 그리고 인류의 구원을 통하여 다시 화해에 이를 수 있다.

선택과 배교

하나님과의 계약을 준수하기 위하여 이스라엘이 해야 할 일은 하나님의 뜻을 따르는 것 뿐이다. 그러나 이스라엘 민족은 광야를 지나는 동안 신과의 약속을 무수히 깨뜨린다. 그럴 때마다 신은 벌을 내리지만 이스라엘 민족의 선택을 강제할 수는 없다. 하나님과 이스라엘의 약속은 쌍방간의 자발적인 계약이기 때문이다. 유대 사관에서 볼 때 역사란 신과의 약속을 지킬 것인가 말 것인가, 옳고 그름 사이에서 끊임 없이 시험 당하고 선택하는 과정이다.

선택된 민족의 선택에 온 인류의 미래가 걸려있기 때문에 그들의 책임은 막중하다. 끊임 없는 번민과 죄의식, 처절한 자아 성찰과 반성이 필요한 동시에 세상이 잘 못 되어 갈 때에는 정의의 편에서 적극 개입하여 세상을 올바른 길로 이끌어야 하는 것이 선택된 민족의 과제다.

청교도들은 유대교의 선민 사상을 자신들의 것으로 재 해석한다. 존 윈스럽의 설교에서도 나타나듯이 자신들을 이끄시는 하나님은 곧 「이스라엘의 하나님」이다. 청교도들도 역사란 시간 속에서 신과의 약속을 지키고자 끊임없는 선택을 하면서 구원(salvation)과 구속(redemp-tion)을 향해 나아가는 과정이라고 본다.

그러나 청교도들이 보았을 때 신과 선민 간의 계약은 이미 여러차례 되돌이킬 수 없게 파기된다. 유대인들은 신약을 받아들이지 않음으로써 결정적으로 신의 뜻을 거역했고 초기 기독교인들도 결국 하나님으로부터 멀어졌기에 종교 개혁이 일어날 수 밖에 없었다. 종교 개혁을 통하여 탄생한 청교도들이야말로 진정한 기독교인이었다. 하나님이 청교도를 선택하시고 계약을 맺으신 것은 청교도로 하여금 타락한 유럽을 떠나 약속된 새로운 땅으로 가서 하나님의 뜻을 이루게 하기 위함이었다.[40]

예언, 계시(revelation), 종말

청교도들은 종교 개혁을 통하여 새롭게 선택받은 민족이다. 선민들의 의무는 하나님의 복음을 회복하는 것, 수 백년에 걸친 교황주의자들의 왜곡과 오류에 가려진 하나님의 말씀을 되찾는 것이다. 따라서 청교도가 되기 위해서는 하나님의 계시가 담겨 있는 『성경』을 통하여 신이 역사 속에 어떻게 개입하는지를 알아야 한다. 속세에서 일어나는 모든 일은 『성경』의 완성 내지는 재연이기에 역사 속에서 구현되는 하나님의 뜻, 하나님의 손길을 『성경』에 의거해서 분별하고 해석할 수 있어야 한다. 이를 못하는 것은 곧 무신론자나 배교자가 되는 길이다.

청교도들이 「예언」을 그토록 중시했던 이유다. 예언을 분별해내고 이해한다는 것은 역사가 어느 방향으로 흐르고 있는지를 안다는 것을 뜻한다. 그리고 역사가 어느 방향으로 흐를지를 알아야 신의 섭리를 이해하고 이에 협조할 수 있다. 청교도가 말하는 인간의 「자유」란 자신의 운명(destiny)과 역사의 방향, 신의 뜻을 알고 이에 자발적으로 따르는 것을 뜻한다. 「우리의 운명을 우리가 선택한다(make our destiny our choice)」라는 당시 유행어에 담긴 의미다.

운명이란 합리적이고 예정되어 있는 것이기 때문에 알 수 있다. 특히 인간은 운명을 이해할 수 있는 『성경』이라는 열쇠를 갖고 있다. 그리고 운명이 무엇이고 역사의 방향이 무엇인지 알게 된다면 그 운명을 거역하지 않고 선택하고 따를 책임이 개인에게 주어진다.[41]

예언을 위해서 가장 중요한 텍스트는 『요한 묵시록(계시록)』이었다. 수 많은 모호한 암시를 담고 있는 묵시록은 역사의 종말과 그 후에 펼쳐질 일에 대한 비전을 제시하고 있다. 『묵시록』은 선과 악의 사투의 이야기이며 수 많은 단계를 거쳐 선이 승리하고 메시아가 다시 출현하는 얘기다. 계시록 중에서도 청교도들에게 특히 주목한 것은 「천년 왕국」, 「밀레니움」에 관한 부분이었다. 천년 왕국은 종말 전의 마지막 단계다.

수 차례의 사투 끝에 사탄의 세력은 아마겟돈의 전투에서 하나님에게 패하고 사탄은 지옥에 갇힌다. 이때 그리스도가 부활한 순교자들과 진정한 기독교인들과 함께 세상을 통치하면서 천년 간의 평화가 이어진다. 천년 왕국이 끝나면 사탄이 지옥에서 탈출하여 마지막 전투가 벌어지고 이때 악의 세력은 영원히 궤멸된다. 이때가 되면 천국이 열리고 정의의 심판이 내려지고 죄 사함을 받지 못하는 자들은 지옥의 불덩어리에 영원히 던져진다. 이때 지옥에 영원히 떨어지지 않는 유일한 길은 『성경』에 실려 있는 하나님의 계시를 올바로 이해하고 따름으로서 역사의 바른 편에 서는 것이다.

『묵시록』은 영국의 개신교도, 특히 청교도들에게 자신들의 역사적 의무, 신의 섭리가 무엇인지를 명확히 해 준다. 종교 개혁은 아마겟돈으로 가는 과정이거나 아마겟돈 그 자체로 해석되면서 종말이 다가오고 있음을 보여주는 분명한 계시였다. 그리고 구세계(Old World)인 유럽이 「종교 개혁」이라는 정화의 과정을 거치면서 청교도들이 탄생하고 있던 바로 그때 태고부터 감춰져 있던 신대륙이 발견되었다는 것은 결코 우연일 수 없었다. 신비스럽기만 하던 『묵시록』도 당시 일어나고 있던 역사적인 사건들을 정확하게 예언하고 있었던 것이다.[42]

『묵시록』은 위기, 재난, 종말이 곧 다가올 것과 그 후에는 지상의 타락한 질서가 성스러운 질서로 바뀔 것을 예시하고 있다. 이는 하나님이 계획에 따라 사전에 준비해 놓은 것이다. 그렇기 때문에 이는 단순히 계시에 그치는 것이 아니라 신과 선택된 민족 간의 약속을 지켜야만 하는 당위, 하나님과 하나님의 법을 따르기 위해서 항상 회개하는 삶을 살아야만 하는 당위를 보여주고 있다. 종말은 신이 역사에 개입하는 마지막 위기이다. 인간은 이 때에 올바른 선택을 하여 구원을 받아야만 한다. 『성경』에 나타난 하나님의 섭리와 계시를 인간이 이해해야만 하는 이유다.[43]

영토, 선교, 공동체

초기 기독교는 유대 민족이 아닌 인류 전체의 구원을 목표로 삼으면서 유대교와 결별한다. 하나님의 섭리를 구현하는 도구는 더 이상 유대 민족의 약속의 땅인 가나안도, 이스라엘도 아니었다. 구원은 더 이상 지리적으로 특정한 지역에서 일어나는 것이 아니었다. 물론 기독교가 유럽을 중심으로 전파되면서 유럽과 기독교는 역사적으로 불가분의 관계를 갖게 된다. 그리고 기독교가 유럽이라는 특정한 지리적 중심을 갖게 되면서 기독교의 땅과 이방인의 땅과의 관계는 긴장과 투쟁의 관계가 된다. 그럼에도 불구하고 「가나안」과 「새 예루살렘」은 진정한 성도들이 하나님의 계시에 따라 어디에든 건설할 수 있었다. 북미 대륙이라는 「신세계」가 새로운 약속의 땅이 될 수 있었던 이유다.

한편 가톨릭 교회에서는 교회가 하나님의 섭리를 대신하는 것으로 간주된다. 교회가 속세에서 하나님의 뜻을 대변하는 기관이 되어버리면서 유토피아를 지향하고 세속을 초월하고자 하는 기독교의 특성은 수도사들에 의해서 수도원에서만 유지된다. 가톨릭 교회가 속세의 교구들을 관리하는 사제들과 속세를 떠나서 수도에 전념하는 수도승의 이분법적 제도를 갖게 되는 이유다.

그러나 개신교는 이러한 이분법을 무너뜨린다. 개신교는 다시 한번 성과 속을 하나의 틀에 넣어서 융합시켜 버림으로서 기독교에 내재하고 있던 유토피아적인 경향이 속세에서 새롭게 분출되는 계기를 마련한다. 이 과정에서 청교도들은 유대인들의 선민 개념, 약속의 땅으로의 이민, 그리고 구속의 개념을 재 해석하면서 동시에 신대륙으로의 공간적인 분리를 통한 하나님의 사업을 완수하는 과업을 만들어낸다.

따라서 천년 왕국은 이제 「신세계(New World)」라는 지리적인 위치를 특정할 수 있게 된다. 신세계는 종말, 마지막 전쟁을 하면서 신의 섭리가 무엇인지 드러나는 곳이다. 신대륙은 단순히 유럽 문명의 전초기지, 연장이 아니라 하나님의 섭리가 드러나는 성스러운 시험의 장이다. 개인과 공동체 모두가 사탄과 이방인들을 상대로 최후의 전쟁을 벌이는 곳이었다. 성인들의 공동체는 이 결정적인 순간에 끊임없는 노력, 자기 희생을 통하여 현세에서 하나님의 영광을 드러낼 수 있도록 노력하는 것이다.[44]

따라서 중요한 것은 공동체의 순수성이었고 늘 누가 이 순수한 공동체에 속할 수 있는지 아니면 이방인인지를 가리면서 일탈자들을 가려내는 것이었다. 기준은 하나님의 율법, 그리고 그 중심에 있는 하나님과의 계약이었다. 성과 속을 철저하게 구분하는 동시에 엄격한 율법주의가 합치면서 강력한 정체성을 만들어내고 역동적으로 주어진 역사적 목적을 구현하기 위하여 앞으로 나아가는 공동체 상이 나온다.

그렇기에 이 공동체 밖에 있는 이교도는 하나님의 뜻에 따라 기독교도가 되든지 멸망하는 길 밖에 없었다. 뉴잉글랜드의 인디언들은 하나님과 그의 선택된 민족에게 복종하든지 멸망 당할 수 밖에 없었다. 청교도들에게 바깥 세상은 신성 모독적인 것이었고 신성 모독적인 것은 극복되고 정복되고 파괴되어야 했다. 그리고 신성 모독적인 것들이 제거된 영토는 선민의 땅이 되어야 했다. 1630년대에 천연두가 돌아서 주변의 인디언들이 몰살했을 때 존 윈스럽은 이를 하나님이 청교도들을 지켜주시는 표식이라고 한다. 「하나님은 기적적인 역병을 통해 토인들을 집어삼키셨고 그결과 나라의 대부분이 거주민이 없는 상태가 되었다.」

청교도들이 뉴잉글랜드의 바깥 세상을 신성 모독적인 것으로 생각했다고 해서 무조건 영토를 확장해 나가야 한다는 것은 아니었다. 청교도들은 대체적으로 신이 점지한 신가나안의 영토가 어디까지를 포함해야 하는지에 대해서는 불분명했다. 그들은 특히 자신들의 정착지 바깥을 「끔찍하고 황량한 야생의 괴물들과 야만인들이 사는 황야」로 사탄이 실낙원 후 마음대로 배회할 수 있도록 하나님이 놔두신 곳으로 생각했다. 따라서 바깥 세상은 자신들이 살고 있던 「광야」, 즉 하나님의 정의를 따르고자 하는 사람들이 부패한 유럽으로부터 탈출하여 하나님의 섭리를 실행하고자 만든 곳과는 다른 곳이었다.[45]

3. 청교도의 정치

메이플라워호의 원래의 목적지는 버지니아였다. 그러나 도중에 폭풍을 만나 케이프코드(Cape Cod)로 항로를 바꿀 수 밖에 없었다. 폭풍을 잠시 피한 후 버지니아로 항해를 계속하자는 의견도 있었으나 식량과 보급품이 달리는 상황에서 다시 버지니아로 향하는 것은 위험하다는 판단 하에 하선하기로 한다. 메이플라워호의 승객들은 1620년 11월 21일 오늘의 플리머스 해변에 발을 디딘다. 하선하기 전 승객들 중 41명은 「메이플라워 서약(Mayflower Compact)」에 서명한다.[46]

> 하나님의 영광과 기독교 신앙의 진흥 및 국왕과 국가의 명예를 위해 버지니아 북부에 최초의 식민지를 건설하기 위해 항해를 했고, 보다 나은 질서를 확립하고 우리 자신들을 보전하기 위해, 그리고 앞서 언급한 목적의 촉진을 위해서 하나님과 서로의 앞에서 엄숙하게 계약을 체결하며, 우리 스스로 시민 정치 공동체(civil Body Politik)를 결성한다. 이를 통하여 우리 식민지 전체의 이익을 가장 잘 충족시키고 필요하다고 생각 되는 정당하고 평등한 법률, 조례, 법, 헌법이나 직책을 때때로 만들고, 이에 복종하고 따를 것을 약속한다.

이는 정치사에 있어서 획기적인 문서다. 종교적인 탄압을 피하여 이민온 사람들이 종교공동체가 아닌 「시민 정치공동체」, 즉 세속 정치체제를 수립한다. 신세계의 첫 식민지는 종교적인 목적을 위하여 설립되지만 제도적인 측면에서 본다면 설립자들의 말 그대로 시민 정치공동체, 즉 세속적인 정치체제였다. 종교개혁을 통하여 탄생한 개신교, 그 중에서도 칼뱅주의자들이었던 청교도들 특유의 신학이 반영되었기에 가능한 체제다.

중세 가톨릭은 신정체제였다. 교황은 종교적인 지도자인 동시에 가톨릭 국가인 「바티칸」의 국가원수다. 그러나 천주교는 어디까지나 종교 공동체다. 따라서 중세 내내 세속 국가의 군주들과 바티칸의 군주인 교황과의 치열한 영역 다툼이 일 수밖에 없었다. 그러나 종교 개혁으로 탄생한 칼뱅주의는 독립적인 체제를 갖고 있는 교회를 인정하지 않는다. 그렇다고 종교를 버리는 것은 물론 아니다. 해결책은 종교적인 목적으로 세속 국가를 건설하는 것이다.

이는 교회와 세속 국가가 긴장을 유지하는 채 밀접하게 연관된 칼뱅의 개혁교회 체제를 그대로 답습하는 체제였다. 메이플라워 서약은 150년 후에 수립되는 미 합중국의 기초를 제공한다.

청교도 사회에는 두 가지 상이한 체제가 공존하고 있었다. 하나는 교회 공동체, 다른 하나

청교도 지도자였던 윌리엄 브래드포드의 메이플라워 서약 필사본

는 세속 정부였다. 토크빌이 말 한 대로 이 두 체제는 절묘하게 조화를 이루었다. 교회의 영향력이 강하였지만 교회가 우선하는 신정 통치 체제는 아니었다. 그렇다고 세속 정부가 우위를 차지하는 세속 국가도 아니었다.

미국 식민지 공동체의 법에는 구약 성서에 나오는 율법들도 물론 반영 되었다. 그러나 그 보다는 오히려 영국의 일반법(common law)이 더 많이 반영 되어 있었다. 법을 집행하는데 있어서도 교회와 세속의 제도들은 엄격하게 구분되어 있었다. 장로들이 사회의 질서를 유지하는 역할을 맡을 때도 있었지만 그들이 사용할 수 있는 방법은 훈계와 회개, 그리고 심할 경우에 파문 등이었을 뿐 이들에게 세속법을 집행할 수 있는 권한은 주어지지 않았다. 더구나 청교도의 장로들은

「사제」가 아니었다. 교회의 장로로서 세속적인 관직에 임명된 사람들이었을 뿐이다.

목사들은 시장 등 세속 관직을 겸임할 수 없었고 세속 국가의 관료들은 목사를 겸임할 수 없었다.[47] 유럽의 개신교 지역에서는 제정 일치가 이루어졌지만 미국 식민지에서는 교회와 관가의 기록들이 항상 따로 기록 되었다. 영국 왕실과 성공회 간의 밀접 한 관계의 폐해를 너무 많이 보고 겪은 청교도들은 당시 영국에서 처럼 세속 질서와 교회 질서가 혼합 되는 것을 절대로 원치 않았기 때문이다.

그러나 그렇다고 해서 뉴잉글랜드의 식민지들이 완벽한 세속 질서를 추구한 것도 아니었다. 식민지 공동체의 세속 정치 질서를 규정하는 언약들 속에는 늘 성서적인 언어와 표현들이 등장했다. 매싸추세츠 초기 공동체에서 시민권은 교회의 신자들에게만 부여되었다. 신자가 아니었던 「거주민(inhabitants)」은 투표권도 없었고 관직에 피선될 권리도 없었다.

또한 목회자들이 관직을 겸하는 것은 금지되었으나 그렇다고 해서 그들이 정치로부터 완전히 배제된 것은 아니었다. 그들은 선거일 날 공식적으로 설교를 하였으며 법안들을 입안 할 때도 세속법과 교회법이 상충되는 일이 없도록 자문을 하도록 했다. 더 중요한 것은 그들의 봉급이 정부 예산에서 지급되었으며 교인이 아닌 사람들도 돈을 내야 했다는 사실이다.[48]

또 관직을 맡은 사람들과 교회직을 맡은 사람들은 비공식적으로도 긴밀하게 협력하였다. 술주정이나 가정 폭력을 일삼는 사람들의 경우 벌금도 물게 했지만 보다 중요한 것은 자신의 죄를 뉘우치도록 하는 일이었다. 이 모든 것은 관리와 목회자의 협의와 상호 협력이 요구되는 일들이었다. 뉴잉글랜드에서는 유럽에 비해서는 교회와 국가간의 구별이 보다 명확하였지만 그렇다고 해서 그 구별이 완벽한 것도

아니었다.[49]

이러한 교회-국가 간의 역학 관계는 16세기 영국에서 칼뱅주의를 바탕으로 태동되기 시작한 「회중주의(Congregationalism)」 고유의 것이었다. 매싸추세츠 식민지에서 교회-국가 간의 역학 관계를 회중주의에 입각하여 정립함으로써 소위 「뉴잉글랜드 방식(New England Way)」을 정립한 것은 존 코튼(John Cotton)이었다. 코튼은 회중 주의를 다음과 같이 정의 한다.

> 하나님은 교회와 시민사회(Ecclesiastical and Civil) 등 두 개의 행정부를 만들고 임명하셨다. 각 행정부는 사람들로 하여금 법을 따르도록 강제할 수 있는 나름대로의 법과 관리(officers)들을 보유하고 있고 각기 다른 목적을 갖고 있다. 시민 공동체(civil polity)의 목적은 생명의 유지 처럼 자연이 부여해 주는 공공의 이익과, 인간적인(humane) 사회에서의 정의와 정직 처럼 도덕적인 공공의 이익, 그리고 평화, 자유, 상업 처럼 시민사회의 공공선, 아니면 교회를 지키기 위한 영적인 공공선, 비록 때로는 외적인 평화와 순수의 질서와 행정을 위한 공공선이다.[50]

교회의 영적이지만 외적(outward)인 거버넌스란 무엇인가? 1648편에 공표된 「케임브리지 강령(Cambridge Platform)」은 다음과 같이 명시하고 있다.

> 우상숭배, 신성모독, 이단, 근본을 무너뜨리는 부정하고 사악한 견해를 피력하는 행위, 설교 말씀을 공개적으로 경멸하는 행위, 주의 날을 불경스럽게 하는 행위, 하나님에 대한 숭배와 성스러운 일들을 위한 평화로운 행정을 방해하는 행위 등은 모두 억제되어야 하며 시민사회의 권위로 처

벌해야 한다. 만일 교회들이 분열을 조장하면 관리는 자신의 공권력을 동원해야 한다.[51]

시민사회가 영적인 삶을 관리하는 외적인 거버넌스를 위해 적극적으로 역할을 맡아야 하듯이 교회는 시민사회 「내면」의 거버넌스를 위한 역할을 담당해야 했다. 가장 중요한 것은 교회들이 「유능한 판관」들과 「좋은 통치자」들을 배양해야 하는 것이었다.[52]

코튼은 교회와 시민 사회가 서로 중첩되는 부분이 있는 것은 인정하였지만 그 둘이 영국에서처럼 혼동되는 것은 반대하였다. 그는 시민 사회의 통치자들이 「교회의 뿔들을 잡으면」, 「교회를 괴물로 만들어버린다」고 하였다. 영국에서 겪은 종교 탄압에 대한 기억과 경험은 미국의 시민 사회와 종교 사회를 건설하는 사람들 사이에 자칫 정치와 종교가 뒤섞이면서 정부와 교회가 권위주의적으로 흐를 수 있는 경향을 차단하도록 역할을 한다.[53]

코튼은 교회와 국가가 지나치게 밀접 해지면 국가에도 해악을 끼칠 것이라고 경고한다. 통치자들은 자신들의 권력을 남용할 가능성이 항상 농후하기 때문에 「그 어떤 인간에게도 절대적인 권력을 주어서는 안된다」고 한다. 시민사회와 교회의 통치를 명확히 구분하는 것은 폭정을 미연에 방지하는 방편이었다. 따라서 교회와 국가의 관계는 철저하게 「시민 사회적(civil)」이어야 한다고 코튼은 결론 짓는다. 교회의 성도들이 시민 사회의 통치에 참여하는 것은 교회 신도로서가 아니라 시민의 자격으로 하는 것이고 시민들이 교회의 통치에 참여하는 것은 시민으로서가 아니라 교회의 성도의 자격으로 해야 하는 것이었다.

이처럼 코튼은 세속 정부와 교회 정부를 별개이면서도 상호 연관된 것으로 간주하였다. 「신의 제도들(교회와 공영권의 통치)은 서로 밀접한 것이고 따라서 서로 협력해야 하는 것이지만 그렇다고 서로 헛갈

려서도 안 된다.」[54] 코튼이 꿈꿨
던 이상적인 국가-교회 관계는
역동적이고 중첩되면서도 긴장
관계를 유지하는 것이었다. 이
는 미국의 「시민 종교」의 토대
가 된다.

존 코튼

청교도들이 건설한 시민 종
교는 「신성 공화주의(godly republicanism)」이라고 부를 수 있다. 「신
성」인 이유는 이들이 언약을 맺은 신약의 그리스도가 아닌 구약의 신
이었다. 그리고 이들이 그린 공화국은 「성도(聖徒, saint)」들의 공화
국이었다. 청교도들이 세운 정치 체제가 「공화정」인 이유는 공화주의
의 핵심 개념인 주권재민의 원칙, 혼합 정체(mixed government: 민주정
과 과두정, 참주정이 공존하는), 절대권력에 대한 반대, 통치자들을 제어
하는 헌정질서의 확립, 부와 사치가 시민을 타락시킨다는 신념, 시민
들의 「덕성(virtue)」이 필수라는 사고 방식 등을 강조하였기 때문이다.
그런 의미에서 청교도의 이상적인 국가-교회 체제는 공화주의였다.[55]

18세기 초가 되면 뉴잉글랜드의 청교도식 사회는 사라지기 시작한
다. 경제적, 지적 변화, 교회들간의 갈등, 민주주의와 공화주의 사상
의 도래 등은 청교도 「계약사회」를 약화시킨다. 그러나 청교도의 진지
함, 종교적 열정, 도덕적 완벽주의는 미국에 지대한 영향을 미친다.[56]

4. 영적 대각성 운동

1658년 영국의 청교도 혁명의 지도자이며 호국경(護國卿, Lord Pro-
tector)이었던 올리버 크롬웰(Oliver Cromwell, 1599.4.25.~1658.9.3.)이

죽고 1660년 왕정이 복구되면서 뉴잉글랜드의 청교도의 열기도 식는다. 영국의 청교도 혁명이 실패로 돌아간 것이 명확해졌기 때문이다. 뉴잉글랜드의 청교도들은 비탄에 빠진다.

그 후 수십년동안 뉴잉글랜드의 종교지도자들은 뉴잉글랜드가 얼마나 타락하였고 신과의 언약을 지키지 못하였고 따라서 하나님의 분노가 내리고 있다는 것을 질타한다. 「필립왕의 전쟁(1675. 6.20.~1678.4.12.)」, 뉴잉글랜드 헌장(charter)의 취소, 세일렘마녀재판(1692~1693), 가뭄, 혹독한 겨울 등은 모두 뉴잉글랜드인들이 하나님과의 언약을 지키지 않았기 때문에 분노한 신이 내린 재앙이라고 생각했다.[57]

북미 식민지의 청교도들은 자신들의 신앙을 탄압하는 구세계와 영국을 피하여 왔지만 외부로부터의 적들이 없는 상황에서 종교적인 열정을 유지하는 것은 영성의 문제라는 사실을 깨닫기 시작한다. 뉴잉글랜드 청교도 2세, 3세들은 1세대의 종교적 열정을 유지하고자 애를 쓴다. 종교지도자들은 사회의 욕심과 부도덕성을 질타하면서 하나님의 심판이 임박했음을 경고한다.[58]

1720년대가 되면 수많은 목사들이 성령이 임하여 교회가 다시 「부흥」하여 교회를 새롭게 하고 더 많은 영혼이 구원받을 수 있게 되기를 간절히 기도하기 시작한다. 청교도를 비롯한 수 많은 개신교도들은 개개인이 하나님의 구원의 약속을 받아들여야만 죄 사함을 받고 죽은 후에 천국에 들 수 있다고 믿기 시작한다. 「부흥」 운동이 일기 시작하면서 교회 지도자들은 점차 개개인의 구원의 경험, 즉 「신생(born again)」을 중시하기 시작한다.

영국 성공회의 부흥 전도사 조지 화이트필드(George Whitefield, 1714.12.16.~1770.9.30.), 매싸추세츠 노스햄턴의 조너선 에드워즈

(Jonathan Edwards, 1703.10.5.~1758.3.22.)와 같은 신학자들은 「신생」의 개념에 주목하면서 교회의 제도나 절차, 전례가 아닌 영성적인 변화, 개인의 회개의 경험을 중시하기 시작한다. 1730~1740년대 북미 식민지를 휩쓴 제 1차 대각성(The 1st Great Awakening)은 이렇게 시작된다.

대각성은 식민지 미국의 기독교를 뿌리채 뒤 흔든다. 종교적인 열정을 되살리는 한편 기존의 종교 체제를 위협한 대각성은 1776년의 정치 혁명을 예견하는 종교 혁명이었다. 대각성은 종교의 권위주의적 위계질서와 사제 중심의 제례를 뒤엎는다. 예배의 참석을 강제하고 교회의 좌석 배치도 사회적 신분질서를 반영하던 기존의 전통들도 모두 휩쓸어버린다.

화이트필드와 같이 길면서도 신학적으로도 세련된 설교들을 통하여 젊은 관중을 사로잡는 설교자들이 등장하면서 예배를 드린다는 것 자체가 과거와는 전혀다른 경험이 되기 시작한다. 화이트필드는 그의 파격적이고 격정적인 설교를 교회 밖의 들판에서 행하면서 참석자들의 「신생」, 다시태어남을 요구했다.[59]

화이트필드는 미국 식민지에서 전무후무한 센세이션을 일으킨다. 그의 설교들은 신문광고를 통해서 예고되었고 그는 자신의 일기를 신문을 통해 공개했다. 화이트필드를 비롯한 복음주의자들은 기존의 목사들이나 사제들이 실제로 「다시 태어남」을 경험하지 못했을 수도 있고 따라서 진정 회개한 기독교 신자가 아닐 수도 있다고 비판한다. 그때까지만 해도 절대적인 권위를 갖고 회중 위에 군림하던 목사와 사제들에 대한 비판들이 봇물 터지듯 쏟아져 나오면서 그들의 권위를 무너뜨린다.

대각성은 일반 대중들에게도 새로운 영적인 세계를 열어주었다. 일반 신자들이 자신들의 신앙에 대해서 이처럼 자유롭게 자신의 입으로 얘기할 수 있는 때는 없었다. 교회사에서 처음있는 일이었다. 여자, 어린이, 흑인, 인디언, 가난한 사람들을 막론하고 종교학이나 신학 교육을 전혀 받지 않은 사람들도 간증을 통하여 청중들에게 회개할 것과 다시 태어날 것을 종용하였다.[60]

18세기 초가 되면서 북미 영국 식민지 내에 교파의 숫자가 급격하게 늘어난다. 유럽식 기독교를 그대로 이식하기에는 신세계에 건설되고 있던 사회가 구세계의 사회와는 너무나도 달랐다. 우선 교회의 숫자보다 인구가 훨씬더 급격히 는다. 회중(congretation)의 숫자도 급속히 늘고 있었지만 회중 당 신도의 숫자는 더 빨리 증가한다. 영토도 급속히 팽창하면서 인구의 지리적 분포도 급속히 확대된다. 한 교회가 책임지는 인구 숫자나 지리적 범위가 모두 급속히 팽창한다.[61]

이는 북미대륙의 지식사회에도 크나큰 도전이었다. 유럽과는 판이하게 다른 상황에서 유럽에서는 일찍이 경험하지 못한 새로운 종교적인 판도가 벌어지고 있었다. 이것을 어떻게 이해하고 어떻게 정치적으로, 제도적으로 수렴할 것인지는 큰 신학적, 지적 숙제였다.

북미대륙 식민지의 교육은 개신교단들이 완전히 장악하고 있었다. 뉴잉글랜드의 하버드대학(Harvard)과 예일대학(Yale)은 회중교회(Congretationalism)가, 뉴저지의 프린스턴대학(Princeton)은 장로교회가, 버지니아의 윌리엄앤메리대학(William and Mary)은 성공회가, 그리고 필라델피아의 펜실베이나대학(University of Pennsylvania)은 다양한 개신교단이 장악하고 있었다.

그러나 17세기 말부터 영국에서 신과 세속의 관계, 성삼위일체설, 인간의 본성 등에 대한 새로운 이론들이 신세계에 전파되기 시작한다. 대표적인 것이 1696년에 출판된 존 톨란드(John Toland)의 『기독교는 신비롭지 않다(*Christianity Not Mysterious*)』였다. 톨란드는 전통적

으로 신이 행한 것으로 알려진 초자연적인 사건들은 인간의 이성으로
도 충분히 이해할 수 있는 것이라고 주장한다. 이러한 이신론(deism)
은 토마스 페인(Thomas Paine), 벤자민 프랭클린(Benjamin Franklin,),
토마스 제퍼슨(Thomas Jefferson) 등의 북미대륙 엘리트들 사이에 널
리 읽힌다.[62]

그러나 북미대륙의 개신교회가 직면한 가장 큰 도전은 종교적, 종파
적 다원주의였다. 유럽의 교회 조직은 구교, 신교를 막론하고 한 지역
당 한 교회의 원칙을 고수하고 있었다. 뉴잉글랜드의 청교도나 버지
니아의 성공회는 이러한 원칙을 당연시 하였다. 그러나 18세기 중엽
에 이르면 이러한 원칙은 무너진다. 침례교, 장로교, 감리교 등의 개
신교파들은 이미 청교도나 회중 교회가 뿌리 내린 뉴잉글랜드, 성공
회의 버지니아, 뉴욕, 뉴저지, 펜실베니아에 우후죽순처럼 늘어난다.

그리고 이들 새 교파들은 토마스 제퍼슨이나 제임스 매디슨 같은 정
치인들의 지지를 얻어내는데 성공한다. 제퍼슨이나 매디슨이 이들 신
생 교파들을 지지한 것은 특정 종교나 종파를 지지해서가 아니라 종교
의 자유라는 원칙에 입각한 것이었다. 그러나 결과적으로 북미대륙에
서는 특정지역을 특정 교회나 교파가 전담하는 「교구」를 중심으로 하
는 유럽형 교회조직이 뿌리내리지 못한다.

1700년에는 당시 북미대륙의 13개 영국 식민지 교회중 2/3가 회
중 교회이거나 성공회였다. 1780년에는 회중 교회와 성공회의 비율
이 1/3로 줄어든다. 회중 교회와 성공회가 성장을 멈췄기 때문이 아
니었다. 1700년에서 1780년 사이 회중 교회의 숫자는 146에서 749
개로 대폭 늘어난다. 그러나 다른 교파의 교회는 더 급속히 성장한다.
1700년에는 54개에 불과하던 장로교, 독일 개혁교회, 네덜란드 개혁
교회의 숫자가 1780년에는 823개로 증가한다.[63]

미국 독립혁명 이전 북미대륙의 교회는 개신교가 압도적으로 많았

다. 미국 독립 당시에도 가톨릭교회는 북미대륙 13개 식민지에 통틀어 50개 밖에 없었다. 유대교 사원(synagogue)은 뉴욕, 로드아일랜드, 필라델피아 등에 극소수가 있었을 뿐이다.

이때 기독교는 근본적인 변화를 겪는다. 유럽 대륙에서는 「경건주의(pietism)」라고 하고 영국과 북미대륙에서는 「복음주의(evangelicalism)」로 불리는 이 종교 개혁운동은 개신교의 성격을 근본적으로 바꾼다. 이는 비단 교파와 인구, 영토의 팽창 같이 외형적인 데서 기인한 변화가 아니었다.

18세기부터 기독교는 경건주의를 통하여 형식과 제례, 전통을 중시하는 전통적인 종교에서 지극히 사적이고 내면적이고 감성적인 종교로 바뀐다. 복음주의의 도래는 북미 영국 식민지에서 폭발적인 종교 부흥을 불러일으킨다.

북미식민지에 복음주의를 전파하는데 가장 중요한 역할을 한 인물은 조지 화이트필드(George Whitefield, 1714.12.16.~1770.9.30.)였다. 화이트필드는 옥스포드대학 학생시절 감리교의 창시자 존 웨슬리(John Wesley, 1703.6.28.~1791.3.2.)와 그의 동생 차알스 웨슬리(Charles Wesley 1707.12.18.~1788.3.29.)가 조직한 「신성한 클럽(Holy Club)」의 일원이 된다.[64]

화이트필드는 파격적으로 교회 밖이라도 군중들이 모이는 곳이라면 어디에서든지 설교를 했다. 또한 일요일이 아닌 날에도, 어느 시간대, 낮이든 밤이든 설교를 했다. 그는 성공회 사제였지만 침례교, 장로교, 회중교회, 모라비안, 초기 감리교회 등 수 많은 다른 개신교파들과 적극 교류한다. 설교를 철저히 준비하였지만 당시의 관습과 달리 원고를 읽지 않고 관중들과 직접 대화하는 방식으로 설교를 했다. 그는 또한 당시에 대중적으로 보급되기 시작한 신문, 팜플렛 등 최신 미디어를 활용한다.[65]

타고난 대중 연설자였던 화이트필드는 「신생(New Birth)」이라는 개념을 이용하여 대중들의 회개를 종용한다. 그는 잉글랜드와 스코트랜드, 웨일스, 아일랜드를 다니면서 설교를 하였고 북미 식민지를 7차례 방문하면서 설교를 했다.

조지 화이트필드

1740년, 두 번째 북미 대륙을 방문한 화이트필드는 조지아주의 사바나, 사우스캐롤라이나의 차알스톤, 필라델피아, 뉴욕, 보스턴과 그 외의 수 많은 작은 도시들을 다니면서 전교 활동을 벌인다. 화이트필드가 그 해 가을 뉴잉글랜드에서 벌인 전교 대회는 미국 종교사에서 기록될 만한 사건이었다. 그는 한 달이 넘는 기간 동안 하루도 빼놓지 않고 매일 설교를 한다. 때로는 8천명에 달하는 관중이 그의 설교에 매료된다. 참고로 당시 보스턴의 인구가 8천명 정도였다.[66]

북미 개신교의 주류가 청교도에서 복음주의로 바뀌고 있었다. 복음주의는 특정한 교회에 대한 소속감이나 충성심 보다는 신도 개개인의 「신심(信心)」을 중시하였다.

복음주의는 뉴잉글랜드에서는 교회를 분열시키는 효과를 가져왔지만 반대로 그 외의 지역에서는 새로운 교회들이 만들어지는 계기를 제공한다. 복음주의에 기반해서 설립된 교회들은 전통적인 교회-국가의 관계에 대해서는 무관심했다. 남부에서는 침례교가, 버지니아에서는 장로교가, 펜실베니아에서는 독일이민들의 교회가, 그리고 도처에 감리교회가 설립된다.

화이트필드의 설교 장면

　이 새로운 형태의 개신교는 유럽의 전통적인 교회-국가 간의 안정된 관계를 유지하는데는 부적합하였지만 당시 북미 식민지에서 급속히 팽창하기 시작한 시장주의 사회에는 안성맞춤이었다. 화이트필드와 같은 부흥회 전도사들은 노련하게 언론을 이용하면서 역동적인 복음주의 기독교를 전교한다.[67]

　복음주의의 전파로 교파들은 침례교처럼 국가의 통제로부터의 자유를 강조하기 시작하거나 감리교처럼 교회-국가 관계에서 교회가 주도권을 쥐어야 한다고 생각했다. 교회에서의 찬송가도 새롭고 경쾌한 멜로디와 감성에 호소하는 가사 등으로 예배의 분위기를 북돋았다.

　화이트필드의 부흥회를 통해 전파되는 복음주의 기독교는 급격히 팽창하는 미국의 서부와 같은 환경에 쉽게 적응할 수 있었다. 열정적인 전도사와 신앙과 구원의 문제에 관심을 갖고 있는 군중만 있으면 부흥회는 언제, 어디에서든지 열 수 있었다. 전통적인 교회들은 서부로 교세를 확장하는데 어려움을 겪지만 부흥주의자들은 기존의 교회

체제를 거부하고 목사나 전도사들이 특정 교육요건을 갖출 것조차 요구하지 않는다.[68]

제 1차 대각성때도 청교도의 교리와 마찬가지로 천년왕국과 종말론에 대한 테마들이 분출하지만 그 강도에 차이가 나타나기 시작한다. 종말에 대한 얘기보다는 점진적으로 개선이 되어가는 얘기들, 보다 질서있는 진보를 통하여 천년 왕국을 건설해야 한다는 점진주의적 분위기가 지배하기 시작한다. 천년왕국이 이미 도래한 것으로 간주하기 시작한다.

조너선 에드워즈(Jonathan Edwards, 1703.10.5.~1758.3.22.)는 부흥회의 원리를 설명하고 교회의 분화를 장려한다. 화이트필드의 부흥회에 참석하여 「신생」을 경험한 사람들은 자신들의 마을의 회중교회를 떠나 침례교와 같이 자신들의 삶 속에 신의 은총이 어떻게 작동하는지 간증할 수 있는 사람들의 공동체를 형성한다.[69]

에드워즈는 성-속의 관계를 진보하는 시간으로 재 해석한다. 천국과 속세는 궁극적으로는 하나가 될 것이지만 이는 시간이 걸리는 일이다. 그리고 예수가 재림하는 그날까지는 「세상이 천국과 보다 비슷해질 가능성이 높다」고 한다. 그리고 그는 「이 사업은 미국에서 시작될 가능성이 높다」고 하면서[70] 선교의 대상을 영국령 「아메리카」 전체로 확대해석하면서 미국을 천년왕국의 약속을 실현해 나가는 번영하는 땅으로 재 규정한다.[71] 그 이후에는 「완벽한 평화(perfect peace)」가 미국 땅에 도래하고 궁극적으로는 전세계가 완벽한 평화를 누리게 될 것이라고 한다.

너무나 많은 기계들과 발명품들이 나와서 필요한 세속적인 사업을 더 쉽게, 빠르게 처리할 수 있도록 만들어 줌으로써 사람들은 더 숭고한 일들을 할 수 있는 시간을 더 많이 벌 뿐만 아니라 전 지구가 서로를 도울 수 있는

빠르고, 쉽고, 안전하게 소통
할 수 있는 기계들이 나올 것이
다. 항해사의 나침반은 하나님
이 바로 이러한 목적을 위해 세
상이 발명할 수 있도록 해 주신
것이다. 그리고 이 하나가 얼마
나 소통을 확대시키고 쉽게 만
들었는가.

조너선 에드워즈

따라서 지구의 양극에 있는 나
라들도 더 이상 우리에게 숨겨
져 있을 필요가 없다. 이제 전
지구는 하나의 공동체이고 그
리스도 안의 한 몸이다.

교역의 성격이 바뀌면서 미국
의 보물이 전세계에 제공되고
있는 것은 영성적으로도 미국
이 전세계에 영성적인 보물을
제공할 날이 올 것을 예시하고
있다.[72]

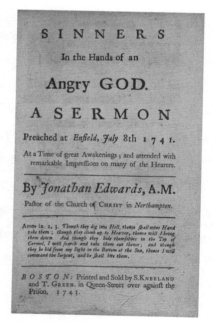

조너선 에드워즈가 1871년 7월 8일 행한 설교 「진노하신
하나님 손 안에 있는 죄인들」의 인쇄물

　에드워즈는 세속의 발전도
성경의 틀 속에 집어 넣었고 청
교도의 족보에 모든 미국 백인
들을 포함시킴으로써 미국이라는 새 나라의 건국신화를 예비해 놓는

다.[73] 그리고 동시에 미국이 새천년 시대를 준비하기 위하여 앞장서서 전 지구를 「그리스도 안의 한 몸」으로 만들기 위한 선교에 나서야 한다는 것도 암시한다.

　미국의 복음주의 기독교의 탄생은 기존의 체제, 위계 질서에 대한 대중의 봉기였다. 그리고 이 복음주의 기독교는 미국 독립혁명의 일익을 담당하게 될 「애국자(patriot)」 운동의 기폭제가 된다. 1740년대와 1750년대에는 급진적인 복음주의자들이 매싸추세츠나 코네티컷 처럼 식민지 정부의 공식적인 허락 없이는 교회를 설립할 수 없었던 지역에 불법적으로 「분리(Separatee)」 복음주의 교회를 세운다. 「분리」 교회들은 벌금을 비롯하여 다양한 제재를 감수해야 했고 특히 자신들이 원래 속했던 공식교회에 십일조를 내지 않으면 탈세로 처벌도 받았다.[74]

　불법적인 복음주의 공동체들의 「분리운동(Separate movement)」은 급진적인 침례교회들의 설립으로도 이어진다. 침례교회는 대각성 이전에도 존재하였지만 대부분 작은 규모였고 새로 생겨나기 시작한 침례교회들과는 별다른 관계도 없었다. 청교도를 포함한 대부분의 개신교회들은 유아세례를 행했다. 그러나 분리운동으로 파생된 일부 급진주의적 복음주의 교회들은 자신의 의사에 따라 회개한 어른들만 세례를 주는 것이 옳다고 믿는다.

　침례교의 관점에서는 회개하지도 않고 본인의 의사에 따라 신앙을 받아들이지도 않은 유아들에게 세례를 베푸는 것은 잘못이었다. 회개를 하고 새로 태어나고 물에 온 몸이 들어가 세례를 받는 것이 진정한 세례였다. 새 침례교회들은 뉴잉글랜드는 물론 남부, 특히 버지니아의 식민지 정부들로부터 지독한 탄압을 받는다. 기존의 많은 교파와 교회들은 유아세례야말로 유아들을 교회의 힘으로 보호하는 방법이라고 생각했고 세례를 안 주는 것은 매우 잔인한 일로 생각했다.

종교 때문에 몇 십년 동안 정부의 탄압을 받은 「분리」와 침례교 복음주의 지도자들은 교회와 정부의 통합은 교회와 정부 모두 타락하는 길이라고 믿기 시작한다. 혁명의 시대에 들어오면서 복음주의자들, 자유주의 기독교인들, 범신주의자들은 교회와 정부를 분리해야 한다는데 합의를 보기에 이른다.[75]

대각성이 미친 영향은 지역에 따라 편차가 있었다. 토마스 제퍼슨, 벤자민 프랭클린, 패트릭 헨리, 톰 페인 등 많은 미국독립 혁명의 지도자들은 복음주의를 거부했다. 그러나 대각성은 독립혁명 전야의 식민지 미국의 문화에 지대한 영향을 끼친다. 부흥회 전도사들은 대중들과 소통하는 새로운 방식을 발명해 낸다. 새로운 방식이란 시민들에게 일상적인 화법으로 직접적으로, 성경을 인용하면서 호소하는 방식이었다. 톰 페인과 같이 기독교를 믿지 않는 지도자들도 이러한 연설방식을 채택하면서 영국으로부터의 독립을 호소한다.[76]

5. 개신교와 근대국가

종교개혁이 휩쓸던 유럽에서는 교회 건설과 국가 건설은 일맥상통하는 과정이었다. 교회의 지도자들은 국가의 지원 없이는 다른 종파들을 억누르고 획일적인 교리와 제도를 강제할 방법이 없었다. 국가 지도자들의 입장에서는 종교적 통합이야 말로 정치적인 안정을 기할 수 있는 가장 확실한 방법이었다. 「종교는 사회를 하나로 묶어 주는 끈이다.(religio vincula societatis)」는 당시 유행했던 관용구다.

베스트팔렌 조약(Peace of Westphalia, 1648)을 통하여 군주와 영주들은 자신들이 통치하는 영토 내에서 어떤 종교를 받아들일 것인지 정할 수 있는 권한을 갖게 된다. 「1 국가 = 1 종교」의 공식이 성립 되면서 서방세계 전체를 아우르던 「가톨릭」, 즉 「보편적인」 교회는 사라지고 각 나라는 자신의 종교를 선택할 수 있게 된다. 이런 상황에서 국가를 단위로 하는 통합된 교회의 건설은 곧 국력이었다.[102] 교권과 왕권이 팽팽히 맞섰던 중세와는 달리 이제 교회에 대한 국가의 통제가 강화 되면서 국가는 더욱 강해진다. 근대 국가의 토대는 이렇게 마련 된다.

루터교가 자리잡은 나라에서는 통치자가 「비상 주교」의 자격으로 교회를 장악한다. 칼뱅주의 영토에서는 교회가 상대적으로 독립을 유 지할 수 있었지만 대부분의 경우 각 회중을 운영하는 장로회(consis-tory)에 관료들이 참여함으로써 국가의 영향력이 직간접적으로 미쳤 다.[77]

교회는 사회의 미풍양속, 도덕률을 관리하고 사회를 규제하는 새로 운 제도들을 소개함으로써 국가의 권력을 강화하는데 간접적으로 기 여한다. 백성들의 기강을 바로잡고 규율을 통하여 통치하는 것은 종교 개혁 이전에도 통치자들의 일반적인 역할이었지만 중세 봉건 사회에 서는 사회를 규제할 수 있는 국가의 힘, 행정력이 극히 제한되어 있었 다. 그러나 종교개혁은 결정적인 변화를 가져온다.

종교에 대한 열정으로 무장한 루터교 목사, 반종교개혁을 주도한 가 톨릭 사제들, 그리고 칼뱅주의 장로와 목사들은 새로운 도덕-윤리, 정 치-법 규범 체제를 사회에 깊숙이 뿌리내리는데 결정적인 역할을 한 다. 가정방문, 교회기강, 종교재판소 등을 통하여 이들은 가장 고립되 어 있던 작은 마을에 있는 가정까지 침투하면서 일상생활의 행동거지 를 감시하고 규율하기 시작한다.[78]

종교개혁은 사회개혁을 막던 장애물들도 제거한다. 중세에는 도 시빈민들을 구제하고자 하는 시도가 가톨릭 교회, 특히 「탁발수도회 (mendicant orders)」에 의해 거부되었다. 가난을 신성한 것으로 간주하던 도미니코, 프란치스코, 성 아우구스티노, 가르멜 등의 수도회들 때문이었다. 그러나 이 수도회들이 대거 폐쇄되면서 종교개혁가들은 가난한 사람들을 더 이상 신성한 존재로 간주하기를 거부하면서 불공평하고 비효율적이었던 중세의 사회복지 체제를 철저하게 개혁한다. 1520년대부터 유럽의 도시들은 빈민구제 규정과 조례들을 만들면서 도시의 관료들에게 빈민구제를 위한 구호금과 구호물품을 나눠줄 수 있는 권한을 이양하는 한편 어린이, 노인, 병자와 같이 진정 구제가 필요한 사람들과 가난하지만 일을 할 수 있는 사람들을 엄격하게 구별하여 전자에게는 구호의 손길을 뻗치는 한편 후자는 일을 하도록 하였다.[79]

종교개혁은 교육개혁도 추동하였다. 개신교 지역에서는 빈민들을 위한 초등학교들이 건립되면서 성경읽기를 필두로 광범위한 교육이 펼쳐지기 시작한다. 가톨릭 지역에서도 반종교개혁의 상징인 예수회 주도로 상류층을 교육시키기 위한 특별 학교들이 설립된다. 뿐만 아니라 사제들의 교육 수준을 높이기 위하여 유럽 곳곳에 대학들이 설립된다. 성과 결혼에 대한 규율 역시 가톨릭, 개신교 지역을 막론하고 강화된다. 결혼에 관련된 규정과 조례들이 공개적으로 반포되는 동시에 교회와 교구가 세례와 결혼을 처음으로 기록하기 시작한다.

특히 칼뱅주의자들은 종교와 사회 규율을 강조하였다. 칼뱅주의자들은 특히 교회와 사회 전체가 성서의 율법을 철저하게 따를 것을 요구한다. 이는 칼뱅의 신학에서 비롯된다. 칼뱅과 그의 추종자들은 「칭의(稱義)」 또는 「의화(義化, justification)」를 구원의 징표로 중시하였다. 칭의란 「하나님의 성령으로 인하여 우리가 새로운 영성(靈性, spiritual nature)을 갖도록 다시 태어나게 되는 것」을 뜻하였고 이로 인하여 인간은 신의 뜻을 완벽하게 따르면서 살 수 있게 되는 과정을 뜻하였다.[80]

다시 말해서 칼뱅은 인간이 영적으로 성숙한다는 것은 하나님을 따르고자 하는 자발적이고 내재적인 복종심이 생기는 것이라고 하였다. 신이 죄에 찌든 인간을 사랑하여 자신에게 복종하도록 은총을 베풂으로써 영성을 갖고 다시 태어나게 하지만 이렇게 다시 태어난 인간은 하나님을 따르고자 하는 복종심이 마음속에서 저절로 솟아나야 하며 그렇게 된다면 하나님의 율법을 따르는 것은 강요에 의한 것이 아닌 자발적이고 것이 된다. 이렇게 될때 율법과 인간의 욕망이 일치하게 되는 것이다. 율법을 자발적으로 따르고 싶게 되는 것이다.

이는 철저한 자기규율(self-discipline)을 요구한다. 칼뱅주의자들은 이러한 자기규율을 위한 다양한 방법들을 개발한다. 성경읽기, 일기쓰기, 영성일기쓰기, 시간 절약하기 등이다. 칼뱅주의는 이처럼 자기규율을 강조하는 새로운 윤리체계와 행동요령들을 개발한다.[81]

칼뱅은 특히 교회의 역할을 강조한다. 칼뱅이 「규율」을 얘기할 때는 개인 보다는 교회의 틀 속에서의 규율을 뜻하였다. 칼뱅은 규율과 기강이 잡힌 교회(eglise dressee)란 서로에게 하나님의 율법을 따르도록 권면하고 규제하는 회중을 뜻하였다. 칼뱅은 『기독교 강요』에 교회의 규율과 기강을 유지하기 위한 제도적 장치를 나열한다.

각 회중은 선출된 장로들과 교회의 목사로 구성된 장로회를 두도록 한다. 장로회의 가장 중요한 역할은 회중의 윤리와 도덕을 바로잡는 일이다. 이를 위하여 장로회는 새로운 신도들을 받아들이기 전에 그들을 면담하도록 하였다. 그리고 매년 여러 차례에 걸쳐서 신도들 개개인을 면담하면서 이들이 「성찬」에 참여할 자격이 있는지 여부를 심사하였다. 술주정뱅이, 간음한 자, 가정 폭행을 일삼는 자, 탈세자 들은 잘못을 바로잡을 때까지 성찬예식에 참여하는 것을 금지토록 한다. 그리고 잘못을 반복하는 자는 파문을 하도록 한다.[82]

이러한 규율의 궁극적인 목적은 죄를 짓는 사람들을 벌주기 보다는 기독교 공동체로부터 죄악을 제거하기 위해서였다. 칼뱅은 규율이 잡힌 교회야 말로 하나님이 이 세상에서 자신의 영광을 드러내는 증표의 하나로 간주하였다. 따라서 그는 교인 개개인의 도덕성 보다는 교회 전체의 정결을 중시하였고 개개인의 탈선 보다는 교회의 명성에 해악을 끼칠 행위들을 더 죄악시 하였다. 그는 교회의 신자 개개인들이 죄를 짓는 듯한 인상을 남기는 것 조차 비판하였다. 교회가 그 어떤 비난도 책망도 받지 않을 때 비로소 하나님을 간증할 수 있다고 생각하였기 때문이다.

따라서 개인 신자들은 자신들의 행동거지를 조심하여야 할 뿐만 아니라 회중의 다른 신도들에 대한 감시도 게을리 하지 말아야 하였고 죄의 길로 가는 신자들이 있을 때 즉시 충고하고 타이를 의무가 있었다. 개혁교회는 개개인들이 자신들의 순수성만 지키는 데 그치는 것이 아니라 교회 전체의 순결을 지키는 의무도 동시에 부과한다. 서로가 서로를 철저하게 감시하여야 했다.[83]

칼뱅은 교회를 신의 선택받은 자들의 영성적인 공동체로 간주하였지만 그렇다고 해서 속세와 절연해야 한다고는 생각하지 않았다. 그는 교회를 기독교 공동체, 기독교 정치체제(res public christiana)의 영성적인 무기로 간주하였다. 세속적인 권세는 세속국가의 관리들의 소유였다. 하나님을 따르는 관리들의 역할은 진정한 신앙을 지키고 사회 전체에 기독교의 규율과 기강을 강제하는 것이었다.

하나님을 따르지 않는 자들은 구원 받을 수는 없더라도 최소한 하나님의 율법을 강제적으로 따르도록 할 필요는 있다고 보았다. 개개인의 구원의 문제라기 보다는 기독교 공동체 전체의 규율과 기강이 더 중요했기 때문이다. 따라서 기독교를 믿던 안 믿던 기독교 공동체에서 살고 있는 이상은 기독교의 율법을 강제로라도 따라야 했다. 교회와 세속의 관리들은 함께 속세의 일상이 기독교 율법을 철저하게 따르게 함

으로써 「기독교 정체(政體) (res publica christiana)」를 설립해야 했다.[84]

칼뱅주의자들은 사회개혁의 열렬한 주창자들이 되면서 대중교육과 빈민구제를 위한 개혁을 주도한다. 학교와 구빈원(救貧院, workhouse)들이 설립되면서 장로회의 도덕적 감시와 사회규율을 강조하는 방법과 제도들을 도입한다. 학교와 구빈원은 개혁교회의 규율과 기강을 사회 전체에 확산시키려는 시도였다. 칼뱅주의자들이 추구한 것은 사회전체의 도덕 규범과 사회 기강을 세우려는 규율혁명(disciplinary revolution)이었다.[85]

막스 베버 역시 칼뱅주의 개혁교회의 제도적인 측면(Kirchenver-fassung)을 강조한다. 그는 프로테스탄트 윤리와 자본주의 정신에서 개신교 특유의 물질주의와 검약주의의 조합이 자본주의의 문화적 밑바탕이 되었음을 설파하였다. 그런데 이러한 경향은 특정한 교리나 신학에 기반한 것이 아니라 개혁교회의 제도에서 비롯된다고 한다. 베버는 『The Protestant Sects and the Spirit of Capitalism』이라는 논문에서 개신교 교회의 가장 중요한 특징은 회중의 규율과 기강을 잡는 강력한 제도와 체제를 유지하고 있다는 점이라고 한다. 이는 가톨릭 교회나 루터교, 성공회와 같이 사제 중심(hieracratic)의 교파들과는 전혀 다른 체제였다.

개혁교회 내에서는 규율과 기강을 강제하는 것은 일반 신도들이었고 공동체 전체의 의무였으며 신도 개개인의 윤리-도덕은 쉴새없이 강조되었다. 반면 사제 중심의 교파에서는 규율과 기강을 강제하는 것은 사제의 역할이었으며 권위주의적이었고 특정한 죄를 저지를 때만 작동하였다. 따라서 사제 중심의 교파에서의 규율과 기강은 사적인 것이었으며 사제들에 의해서 집행되었다. 개혁교회의 규율과 기강이 사제중심의 교파에 비해서 훨씬 더 포괄적이고 철저할 수 밖에 없었던 이유다.[86]

칼뱅주의자들은 교회의 규율과 기강을 정립하는데 만족하지 않고 사회 전체의 규율과 기강을 세우고자 하였다. 특히 빈민구제가 중요한 방편이었다. 베버는 칼뱅주의자들이야말로 최초로 빈민구호를 일방적으로 받는 것에서 보다 합리적인 빈민 구제 체제로 바꿨으며 특히 「구빈법(救貧法)」을 노동윤리와 기강을 세우는데 사용하였다고 한다.

베버는 금욕주의적인 개신교 혁명과 근대 정치 혁명을 연결한다. 물론 구약이나 중세에도 속세에서 벗어나 금욕주의적인 삶을 살던 고행자들이 속세에 나타나 선지자로서 사회의 정화를 부르짖는 경우가 종종 있었다. 이들은 자신들이 고행을 통하여 터득한 「체계적이고 합리적인 자기-규율과 절제」를 속세에도 강제하기 위하여 「속세의 윤리적 질서를 바로잡고 기강을 세우고자」하였다.[87]

그러나 칼뱅주의자들은 이보다 한 걸음 더 나가 「교회내의 종교적, 영성적 지도자들을 정치적으로 장악」하고 「신의 율법을 속세에 강요」하고자 하였다. 이러한 시도는 네덜란드의 독립전쟁과 영국의 청교도 혁명, 그리고 미국의 독립혁명을 가능케 한다.

또한 미국의 민주주의는 흔히 잘못 알고 있듯이 「개인들의 모래성」이 아니라 「지극히 배타적인 동시에 자발적으로 결성된 조합(組合) 또는 결사체로 엉켜있는」공동체다. 이러한 자발적인 결사체들은 회원들의 삶을 철저하게 감시하고 명예, 사업기회 등 사회적, 물질적 기회를 제공하거나 빼앗을 수 있는 권한을 갖고 있다. 이는 교회의 기강과 규율을 강조하는 칼뱅주의 전통에 뿌리를 두고 있으며 미국의 민주정과 정치적 안정을 보장해 주는 기제다.[88] 근대국가를 가능케한 칼뱅주의는 19세기 말 개신교 선교사들을 통해 조선으로 건너온다.

제 6 장
청의 자강운동

제6장

청의 자강운동

역사가들은 흔히 제 1차 아편전쟁(1839~1842)이 중국 근대사의 변곡점이라고 한다. 그러나 시대상황이 예사롭지 않다는 인식이 중국의 사대부들 사이에 본격적으로 확산되기 시작한 것은 제 2차 아편전쟁(1856~1860)이후다.

유럽에 대한 본격적인 연구를 바탕으로 점증하고 있던 구미열강의 위협을 정확히 분석하면서 청의 「자강」을 최초로 주문한 것은 위원(魏源, 1794~1857)이었다. 그는 제 1차 아편전쟁 직후인 1842년 출간한 『해국도지』에서 「양이들의 특히 강한 기술들을 배워 그들을 다스려야 한다」면서 해군을 기를 것과 서양의 총포기술을 받아들일 것을 제안한다. 그러나 제 1차 아편전쟁 당시의 조정은 극단적인 보수주의자들 일색이었다. 황제인 도광제(道光帝, 1782.9.16.~1850.2.26. 재위: 1820~1850) 역시 극렬한 반-서양주의자였다. 이들은 일체의 근대화를 거부하고 기독교를 탄압하면서 중국의 전통 체제를 고수하고자 한다. 위원의 목소리는 묻힌다.

제 2차 아편전쟁으로 영국-프랑스 연합군이 베이징을 점령하고 원명원을 불태우자 청의 관료와 지식인들은 구미열강의 도래가 일시적인 현상이 아님을 깨닫기 시작한다. 그리고 서세동점의 시대가 가져올 근본적인 변화와 중국이 직면하게 될 전방위적인 도전의 성격을 가늠

원명원의 폐허

해보고 이에 대처 할 방법을 모색하기 시작한다.

제 2차 아편전쟁 당시의 함풍제와 주변인물들 역시 극단적인 보수주의자들이었다. 그럼에도 불구하고 중국이 종전과 함께 근대화 운동인 「양무운동」을 출범시킬 수 있었던 것은 1861년 서태후(西太后, 1835.11.29.~1908.11.15.)와 공친왕 혁흔(愛新覺羅 奕訢, 1833.1.11.~1898.5.29.) 이 「신유정변」이라 일컫는 궁정 쿠데타를 일으켜 정권을 잡을 수 있었기 때문이다. 「메이지유신(1868년)」이 일본 근대화의 출발점이었다면 중국 근대화의 출발점은 「신유정변」이었다.

1860년 9월, 영국-프랑스 연합군이 베이징으로 진격해오자 혼비백산한 함풍제(咸豊帝, 1831.7.17.~1861.8.22. 재위: 1850~1861)와 그의 조정은 만리장성 밖 러허(열하, 熱河)로 피신 한다. 베이징을 점령한 영국-프랑스 연합군은 청 황제들의 거처인 「원명원」을 약탈하고 불태운다.

러허의 피서산장(避暑山莊)으로 피신하기 직전, 함풍제는 이복동생 공친왕 혁흔에게 베이징에 남아 영국-프랑스 연합군과 협상할 것을 명한다. 혁흔이 구미 열강들과 수 차례 협상을 하면서 어느 정도 신뢰를 쌓았기 때문이다.[1] 협상을 맡은 공친왕은 영국-프랑스 연합군의 모든 요구를 다 들어준다. 「베이징 조약」은 1860년 10월 18일 체결된

다. 영국군과 프랑스군은 톈진과 다쿠포대에 6천의 병력을 남겨 놓은 채 철수한다.[2]

베이징 조약이 체결되고 영불군이 베이징에서 철군한 후에도 환도를 계속 미루던 함풍제는 1861년 8월 열하에서 30세를 일기로 세상을 떠난다. 황위는 그의 5살난 아들 애신각라 재순(愛新覺羅 載淳)이 이어 받으니 그가 동치제(同治帝, 1856.4.27.~1875.1.12. 재위: 1861~1875)다. 함풍제는 자신을 가까이에서 보좌하던 8명을 「보정대신」에 임명하여 어린 황제를 보필할 것을 부탁한다.

그러나 그해 11월 함풍제의 후궁이자 어린 새 황제의 생모였던 서태후와 함풍제의 이복동생 공친왕 혁흔이 함께 손을 잡고 「신유정변」을 일으켜 함풍제가 임종 직전 임명한 보정팔대신을 제거하고 권력을 장악한다.[3] 궁정 쿠데타로 권력을 장악한 서태후와 공친왕은 상군과 회군을 일으켜 태평천국의 난을 평정한 증국번(曾国藩, 1811.11.26.~1872.3.12.), 좌종당(左宗棠, 1812.11.10~1885.9.5.), 이홍장(李鴻章, 1823.2.15.~1901.11.7.) 등과 문상(文祥, 1818.10.16.~1876.5.26.)을 비롯한 만주족 명신들과 함께 어린 황제를 보좌하여 청의 중흥을 이룬다. 이른바 「동치중흥(同治中興)」이다.

19세기 중반의 반란들을 성공적으로 평정한 청의 지도자들은 끈기와 능력, 품격을 두루 갖추고 있었다. 이들은 청이 새 시대의 도전들을 극복하고 새로운 활력을 되찾을 수 있는 잠재력을 갖고 있음을 보여준다. 개방적인 사고방식을 가진 지도자들은 한족이든 만주족이든 서로 협력하면서 중국문명의 가장 우수한 전통을 보전하는 동시에 필요한 만큼 서구의 과학기술을 배워오는 능력을 보여준다.

이들은 「총리아문」을 만들어 구미 열강과의 새로운 외교 관계를 수립하면서 청을 근대 국제질서 속에 편입시킨다. 국제 무역을 권장하고 이를 통하여 거둔 막대한 관세를 근대식 무기창과 조선소 건설에 투자하면서 군사력을 키운다. 근대식 학교를 설립하여 서양의 과학 기술과 국제법을 가르치고 서양에 유학생들을 파견한다.

정원의 함풍제

「양무운동」은 놀라운 효력을 발휘하면서 중국의 새로운 미래를 여는 듯이 보였다.[4] 처음에는 「기독교」를 자처하는 태평천국을 지지할 것을 고려하던 구미 열강들도 태평천국군의 진면목을 보고 또 양무운동을 통하여 적극적인 개혁의지를 보이던 청 조정과 협력하기 시작한다.[5]

1860년대 말이 되면 청의 지식인들은 동치제의 치세(1862~1874)를 「중흥」이라고 부르기 시작한다. 중국의 전통사관에서 「중흥」이란 왕조가 수립되고 백년 정도가 지난 시점에서 명군과 명신들이 출현하여 기우는 왕조를 다시 세우는 것을 일컫는다. 대표적인 것이 「왕망의 난」으로 전한이 멸망 한 후 다시 후한(25~220)을 일으킨 「광무중흥(光武中興)」과 「안녹산의 난(755~763)」으로 기울던 당을 다시 일으킨 「원화중흥(元和中興, 805~820)」 이다.[6]

그러나 1870년대에 이르면 양무운동을 일으켜 청의 부흥을 주도한 지도자들이 모두 죽거나 권력에서 축출된다. 공친왕은 1869년 공동섭정을 하던 서태후와 충돌한다. 둘 사이의 갈등은 공친왕이 서태후가 가장 아끼던 내관을 권력 남용 죄로 처형하면서 노골화 된다. 서태후는 그 후로 공친왕의 권력을 약화시키는데 주력한다. 서태후와 공친왕의 갈등은 양무운동 주도세력을 분열시킨다.

상군을 일으켜 태평천국군을 격퇴한 후 무기창과 조선소를 건설하면서 양무운동을 주도하던 증국번은 1872년에 세상을 떠난다. 내치와 외교에서 모두의 존경을 받으며 보수파와 개혁파 등 다양한 당파 간의 조화를 유지하는 가운데 양무운동을 뒷받침 하던 문상은 1876년에 세상을 떠난다. 증국번과 함께 태평천국의 난을 평정하고 「니엔난」, 「둥간의 난」, 「야쿱벡의 난」을 평정하여 신장을 청의 영토로 편입시킨 좌종당은 정치에 환멸을 느낀 나머지 1881년 조정에서 물러나 푸젠의 해양방어에 힘쓰다 1885년 세상을 떠난다. 유일하게 남아서 청의 양무운동과 외교와 통상을 주도한 것은 이홍장이었다.

한편, 양무운동에 대한 보수파의 저항은 거세진다. 양무운동의 한계도 드러나기 시작한다. 개혁파들의 목표 역시 중국의 유교문명을 지키는 것이었다. 방법이 달랐을 뿐이다. 보수주의자들이 중국 문명을 지키기 위해서 일체의 근대화를 거부해야 한다고 주장하였다면 양무운동파는 오히려 서구의 군사, 과학기술 등을 도입하여야 한다고 주장했다. 소위 「중체서용론」이다.

서양의 무기와 증기선, 과학기술이 유교에 기반한 전통체제를 유지하는데 활용될 수 있다는 주장은 언뜻 그럴듯하게 들렸지만 실제로는 불가능한 일이었다. 극단적인 전통주의자들이 이미 간파하였듯이 서양의 군함과 방직공장은 그 자체의 철학과 가치관, 세계관을 수반하였고 이는 전통 사상과 제도, 체제를 뿌리채 흔들었다.

그럼에도 불구하고 양무운동파에게는 이것이 유일한 대안이었다. 극단적인 전통주의자들이 일체의 근대화, 서양화를 반대하는 상황에서 「중체서용」이라는 환상적인 설정 하에서라도 부분적인 근대화를

시도할 수 밖에 없었다.[7]

양무운동의 한계가 결정적으로 드러난 것은 1884년의 「청불전쟁」
이었다. 전쟁의 첫 전투였던 마강해전(馬江海戰)에서 청의 「남양함대」
는 단 1시간 만에 프랑스 해군에 궤멸되고 양무운동의 상징이었던 마
미선정창은 철저하게 파괴된다. 그리고 1894년의 「청일전쟁」에서의
패배는 끝까지 양무운동을 추진하던 이홍장의 실각을 가져온다. 양무
운동은 실패로 끝난다.

1. 신유정변

러허(열하, 熱河) 피서산장의 함풍제는 원명원이 약탈당하고 불탔다
는 소식을 듣고 몸져눕는다. 그러나 와병 중에도 베이징의 공친왕과
긴밀히 연락하면서 국사를 돌본다. 천자에게는 매일 전국 각지로부터
수십개의 상소, 보고서 등이 답지했다. 전령들은 보고서의 중요도에
따라 느리거나 빠른 말을 타고 전달했다. 가장 급한 보고서는 베이징
에서 러허까지 이틀이면 도착했다.[8]

함풍제는 영국-프랑스 연합군이 베이징에서 철수하는 대로 환궁할
계획이었다. 대신들도 황제에게 하루 속히 환도할 것을 종용한다. 황
제와 조정이 수도를 비워놓고 있는 것은 심각한 정치적 불안 요인이
었기 때문이다.

그러나 함풍제는 환궁을 선포한 뒤 취소하기를 거듭한다. 그가 환궁
을 망설인 이유는 잿더미로 변해버린 원명원을 차마 대할 수 없었기
때문이었다. 보다 근본적으로는 그해 10월 18일에 체결된 베이징 조
약으로 수도 베이징에 상주하게 된 서양 외교관들을 상대하기 싫어서
였다. 서양 오랑캐들이 삼궤구고두례도 하지 않고 조공도 안 바치면서

러허의 〈피서산장〉

뻣뻣한 자세로 자신을 대하는 것은 「화이질서」를 여전히 신봉하던 함풍제로서는 용납할 수 없었다.[9]

함풍제는 결국 러허에서 겨울을 나기로 한다. 그러나 베이징으로부터 200km 북쪽에 위치한 피서산장은 말 그대로 여름의 더위를 피해 잠시 다녀가는 곳이었다. 황제와 조정이 도착한 9월 말의 러허는 이미 늦가을로 접어들고 있었다. 더구나 수 십년 동안 장기 체류자가 없었던 피서산장은 추운 겨울을 날 채비가 전혀 되어 있지 않았다.

함풍제는 북 중국의 맹추위를 견디지 못하고 1861년 2월 피를 토하며 쓰러진다. 초 여름이 되어 건강이 호전되는 듯 했으나 8월 20일 다시 쓰러진다.[10] 함풍제는 임종 직전까지 몸이 아파서 누워있을 때를 제외하고는 계속해서 국사를 돌보고자 한다. 그러나 전처럼 모든 보고서에 대해 자세한 답을 적어 보내지는 못한다. 그 대신 그는 늘 즐기던 경극과 음악에 심취한다.

죽기 몇 달전 부터는 거의 매일 경극 공연을 본다. 경극 배우들을 베이징으로부터 끊임없이 차출하여 러허에 도착하는 즉시 공연을 하도록 한다. 함풍제는 그 해 겨울을 200여 명의 경극 배우들과 함께 난다. 경극 배우들과 함께 노래를 선정하고 배역을 정하고 특정 곡의 해석에 대해 논쟁도 하고 자신이 작곡한 곡들을 공연하게 하기도 한다. 생의 마지막 16일 중 11일은 하루 몇 시간씩 경극을 감상한다. 죽기 이틀 전에도 오후 1:45에서 6:55분까지 경극을 감상한

숙순

다. 다음 날 함풍제는 의식을 잃는다. 그 날의 경극 공연은 취소된다.[11]

8월 22일 저녁, 의식을 회복한 함풍제는 최측근 대신 8명을 불러 제위를 외아들 재순(載淳)에게 물려주겠다고 통보한다. 그리고 이들을 「보정대신」에 임명하면서 어린 새 황제를 부탁한다. 몇 시간 후 함풍제는 서거한다.[12] 베이징으로 진격해오는 영국-프랑스 연합군에 쫓겨 러허로 피신 온지 11개월만이었다.[13]

5세의 동치제가 황위를 이어받자 실질적인 권력은 「고명지신(顧命之臣)」인 「보정팔대신」이 장악한다.[14] 보정팔대신은 청황실인 애신각라 가문의 방계 출신인 이혁친왕(怡革親王) 재환(愛新覺羅 載垣, 1816.10.16.~1861.11.8.), 단화(愛新覺羅 端華, 1807.8.8.~1861.12.15.), 숙순(愛新覺羅 肅順, 1816.11.26.~1861.9.10.), 칭쇼우(Ching-shou)와 4명의 군기대신(軍機大臣) 등이었다.[15]

이들은 모두 극단적인 반-서양주의, 보수파들이었다. 셍게린첸의 팔기군과 녹영군이 영국-프랑스 연합군에 격파되자 외국의 외교관들이 베이징에 상주하는 것은 받아들일 수 밖에 없었다. 그러나 외교사

절들이 천자에게 삼궤구고두례를 안한다는 것은 이들로서는 용납할 수 없었다. 영국-프랑스 연합군이 베이징으로 진격해오자 함풍제로 하여금 수도를 버리고 러허로 피신하도록 종용한 것도 이들이었다.[16] 뿐만 아니라 엘긴 경이 보낸 영국-프랑스 연합군의 협상단을 잡아서 고문하고 죽이도록 명함으로써 엘긴을 격분시켜 원명원 파괴의 빌미를 제공한 장본인들이었다.[17] [원명원의 파괴에 대한 자세한 논의는 제 1권, 제 2부, 제 5장, 3. 베이징 함락과 원명원 약탈 참조]. 이들이 권력을 잡고 있는 한 도광제와 함풍제로 이어진 청의 극단적인 반외세, 반서구 정책은 지속될 것이 분명했다.

새황제인 동치제의 친모는 서태후였다. 영민할 뿐만 아니라 강철 같은 의지를 소유하고 있었고 필요할 때는 무자비했던 서태후는 청의 역사상 유일하게 권력의 최정점에 오른 여인이었다. 서태후의 아버지 예허나라 후이정(葉赫那拉 惠徵, 1805.7.2.~1853.7.8.)은 만주의 명문인 예허나라 부족(葉赫那拉氏) 출신으로 팔기군 양람기인(鑲藍旗)이었지만 평범한 관료였다.

1850년 도광제의 뒤를 이어 황위에 오른 함풍제는 이듬해 후궁들을 간택한다. 청 황제의 후궁은 만주족이나 몽골족이어야 했다. 1851년 후궁으로 간택되어 입궐한 서태후는 1856년 왕자를 순산함으로써 황제의 총애를 받기 시작한다. 또, 서태후는 당시 만주족 출신 여인으로는 보기 드물게 글을 읽을 줄 알았다. 그런 그에게 함풍제는 상소문들을 보여주면서 함께 정사를 논하기도 했다. 1860년 영국-프랑스 연합군이 베이징으로 진격해오자 서태후는 함풍제와 함께 열하의 피서궁으로 피신한다.[18]

그러나 서태후는 비록 아들이 황제가 되었지만 아무런 실권이 없었다. 후궁이었기에 공식적으로는 황제의 모후도 아니었다. 동치제의 모

서태후

동태후(효정현황후)

후는 함풍제의 황후였던 효정현황후(孝貞顯皇后, 1837.8.20. ~1881.4.8.)였다. 동치제 즉위 후 효정현황후에게는 자안황태후(慈安皇太后)라는 존호가 내려지지만 서태후는 아무런 존호도 받지 못한다. 동치제가 부황 함풍제에게 이별을 고하는 마지막 예식에도 서태후는 참석하지 못한다.

서태후가 자신에게도 황태후의 존호를 내려줄 것을 자안황태후에게 요구하자 원래 친했던 둘 사이는 갈라진다. 그러나 1662년 강희제가 보위에 오를 때 그의 친모였던 후궁 동악씨에게 효헌단경황후(孝獻端敬皇后)라는 황태후의 존호를 내림으로써 동시에 두명의 황태후가 존재했던 전례를 따라 서태후 역시 「태후」의 존호를 받을 수 있게 된다.[19]

1861년 8월 22일, 보정대신들은 서태후에게 자희태후(慈禧太后)라는 존호를 내린다.[20] 그리고 두 태후를 구별하기 위하여 거처가 자금성의 동쪽에 있었던 자안태후는 「동태후」, 서쪽에 있었던 자희태후는 「서태후」로 불린다. 태후 존호를 받을 당시 26세였던 서태후와 25세였던 동태후는 서로 화해 한 후 평생을 협력하면서 정치적 동지로 지낸다.[21]

태후 존호를 받음으로써 황실내에서의 입지를 공고히 한 서태후는 권력 장악에 나선다. 그는 보정팔대신들이 실권을 잡고 있는 한 자신과 동태후는 평생을 궁궐 후원에 갇혀 늙어가야 한다는 것을 알았다. 또한 청이 극단적인 반서구주의에 기반한 쇄국 정책을 고수하는 것은 불가능하다는 것을 알았다. 서태후는 동태후와 거사를 모의하기 시작한다.

우선 두 태후는 정사에 직접 간여 할 방법을 찾는다. 강희제 이후 청 황실과 조정에는 모든 칙령과 칙어에 황제만이 사용할 수 있는 붉은 색 먹으로 황제가 직접 최종 날인하는 관례가 있었다. 그러나 즉위 당시 5세에 불과했던 동치제는 아직 이 관례를 따를 수 없었다. 이에 서태후는 보정팔대신에게 함풍제가 임종하기 직전 어린 동치제에게 인장을 하나 주었고 비슷한 인장 또 하나를 자안태후에게 주었다면서 모든 문서에 어린 황제의 날인 대신 두 인장을 찍을 것을 제안한다. 보정팔대신들은 이 제안을 받아들인다.

그 후 보정대신들은 황제의 최종 날인이 필요한 서류들을 작성한 후 의례적으로 두 태후를 알현하여 날인 받아 간다. 함풍제와 함께 상소문을 읽으면서 국사를 챙겨 본 경험이 있는 서태후는 보정대신들에게 인장을 내어주기 전에 모든 칙령과 칙어의 초안들과 상소문들을 자신에게 먼저 보일 것을 요구한다. 또한 고위직 대신을 임명 할 때도 두 태후의 도장을 받도록 한다. 보정대신들은 마지 못해 합의 한다. 그 대신 태후들은 어전 회의에는 참석하지 않고 국사도 보정대신들 하고만 논하는 것에 동의 한다.[22] 이로써 서태후는 동태후와 함께 청 조정의 모든 주요 결정에 직접 참여하고 결제하는 권력을 갖게 된다.

다음, 두 태후는 공친왕 혁흔(愛新覺羅 奕訢, 1833.1.11.~1898.5.29.)과 손을 잡는다. 도광제의 6째 아들이자 함풍제의 이복 동생인 혁흔은 황족 중에서 가장 유능 한 것으로 정평이 나 있었다. 도광제는 한때 혁흔에게 제위를 물려줄 것을 고려했지만 서양 오랑캐들에 대한 적개심

이 부족하고 그들과 타협하려
는 경향이 있다는 이유로 결국
그의 이복형 이주로 하여금 황
위를 계승하도록 한다.

많은 조정 대신들은 당시 27
세였던 공친왕이 새 황제의 섭
정이 되었어야 한다고 생각했
다. 보정팔대신은 황제를 잘못
보필하여 나라를 파탄으로 이
끈 반면 공친왕은 외교를 통하
여 영국-프랑스 연합군을 베이

공친왕 혁흔

징으로부터 철수시키고 다시 평화를 가져온 인물이었다. 군대 역시 공
친왕을 지지하고 있었다. 공친왕 본인도 서양과의 관계가 지금까지와
는 근본적으로 달라져야 한다고 믿고 있는 것으로 알려졌다.[23]

함풍제 서거 당시 공친왕은 베이징에 머물고 있었다. 베이징 조약
이 체결된 후에도 함풍제는 공친왕에게 베이징을 떠나지 말것을 명한
다. 함풍제가 몸져 눕자 공친왕은 러허로 황제를 알현할 수 있도록 윤
허 해 줄 것을 요청하지만 함풍제는 이마저 거절한다.[24] 자신의 사후
공친왕에게 섭정을 맡기지 않기로 내심 결정했기 때문이다. 극단적
인 반-서양주의자였던 함풍제는 부황 도광제와 마찬가지로가 공친왕
이 지나치게 친-서양적이라고 생각했다. 그를 아들의 섭정에 임명할
수 없었던 이유다.[25]

함풍제가 서거하자 서태후는 곧바로 보정대신들로 하여금 공친왕을
러허로 불러 선황제를 문상케하는 칙령을 내리게 한다. 공친왕이 열
하에 도착하여 문상을 마치자 두 태후는 곧바로 공친왕을 부른다. 대
신들은 시동생이 상을 당한 형수를 만나는 것은 금지되어 있다며 극구

반대하지만 두 태후는 거듭 내관을 보내 공친왕을 부른다. 공친왕은 보정대신들과 함께 가겠다고 하지만 두 황후는 단호히 거절하고 공친왕만 혼자 올 것을 명한다. 공친왕은 결국 두 태후를 만난다.[26]

첫 만남에서 서태후와 동태후가 공친왕에게 궁정 쿠데타를 일으킬 것을 종용하지는 않은 것으로 보인다. 그러나 조정을 보정팔대신에게 맡겨서는 안되며 자신들이 국사에 직접 참여할 수 있는 방안을 함께 논의한 것으로 보인다. 이들의 만남은 2시간 동안 계속되었다.[27] 공친왕은 만남이 길어진 이유가 두 태후들이 서양오랑캐들을 무서워 하여 환도하는 것을 겁내 설득하느라 시간이 오래 걸렸다고 둘러댄다.[28]

두 태후와의 만남 직후 공친왕은 베이징의 휘하에게 두 태후로 하여금 수렴청정을 하도록 건의하는 상소를 올리도록 한다. 이 상소가 러허에 도착하기 전 공친왕은 베이징으로 떠난다. 그러나 러허를 떠나기 전 두 태후들을 다시 한번 만나 상소가 보정대신들에 의해서 거부될 경우에 어떻게 할 것인지를 논의한다. 보정대신들이 태후들의 수렴청정을 반대할 것은 자명한 일이었다.[29]

공친왕은 필요하다면 무력으로 보정대신을 제거할 수도 있지만 그러기 위해서는 명분이 필요하다고 한다. 그러나 쿠데타가 성공했을 경우 공친왕이 무슨 역할을 맡게 될 것인지에 대해서는 아무런 논의가 없었던 것으로 봐서 공친왕은 이때까지만 해도 두 태후가 실제로 쿠데타를 일으킬 것이라고는 생각하지 않았던 것 같다.[30]

공친왕이 러허를 떠난지 3일 뒤인 9월 14일, 도찰원(都察院)이 올린 상소가 러허에 도착한다. 예상대로 보정대신들은 청 역사에 태후들이 수렴청정한 전례가 없다며 이 제안을 거부한다.[31] 그러자 서태후는 동태후와 함께 섭정들을 부른다. 두 태후는 어린 황제를 품에 안은 채 보정대신들과 상소에 대한 논쟁을 벌인다. 논쟁이 점차 격렬해지자 보정대신들은 흥분하면서 자신들은 두 여인들의 영을 받들 이유가 없다며 두 태후를 힐난한다. 보정대신들이 목소리를 높이자 어린 황제는 겁을 먹고 울기 시작하면서 오줌을 싼다. 격론 끝에 서태후는 섭정들의 판단을 받아들이는 듯한 자세를 취한다. 상소는 결국 황제의 이름으로 공식적으로 거부된다.[32]

순친왕 혁현

논쟁 직후 서태후는 자신의 손으로 황제 명의의 칙령을 쓴다. 보정대신들이 어전에서 소리를 지르고 불손하게 굴어 어린 황제가 놀랐다는 내용이었다. 서태후는 자신이 초안한 칙령을 문장이 뛰어났던 순친왕 혁현(愛新覺羅 奕譞, 1840.10.16.~1891.1.1.)에게 보내 수정해 줄 것을 요청 한다. 당시 20세였던 혁현은 도광제의 7번째 아들로 함풍제와 공친왕의 이복동생이었고 그의 부인은 서태후의 친동생이었다. 그는 영국-프랑스 연합군이 베이징으로 진격해 올 당시 함풍제가 열하로 피신하는 것에 극구 반대하면서 끝까지 싸울 것을 종용하였고 자신에게 군대만 주면 끝까지 항전하겠다고 하였지만 함풍제는 이를 허락하지 않았었다. 그 후 혁현은 함풍제의 측근들이 황제를 잘 못 보필하고 있다면서 이들을 제거할 기회를 노리고 있던 참이었다.[33]

내관을 통해서 서태후의 칙령 초안을 전달 받은 순친왕은 바로 다음 날 유려한 문장으로 칙령을 수정하고 보정대신들을 즉각 해임한다는 내용을 추가하여 서태후에게 돌려보낸다. 동봉한 편지에는 서태후가 움직이는 것이 나라의 홍복이며 자신은 무슨 일이 있더라도 서태후를 지지할 것을 약속한다는 내용도 담는다. 칙령은 동태후의 옷 안

감 속에 꿰메어 넣는다. 거사는 공친왕이 있는 베이징에 도착한 후 하기로 한다.[34]

쿠데타 준비를 마친 서태후는 환도를 위한 채비를 한다. 함풍제의 상여는 10월 26일 러허의 피서산장을 출발하고 새 황제의 즉위식은 11월 11일 베이징에서 거행하기로 한다.[35]

관건은 두 태후가 선황제의 상여보다 먼저 베이징에 도착하여 공친왕과 구체적으로 거사를 준비 한 후 상여와 보정대신들을 맞이하는 것이었다. 순친왕은 어린 황제가 함풍제의 상여와 함께 가기 보다는 지름길로 먼저 베이징에 가도록 해야 한다면서 보정대신들을 설득한다. 모두 어린 황제가 베이징까지의 긴 여정을 천천히 움직이는 상여와 함께 한다는 것은 무리라는 점에 동의하고 보정대신 중 4명은 상여와 함께, 나머지 4명은 어린 황제와 두 태후와 함께 환도하기로 한다.[36]

동치제의 어가는 길을 재촉하여 러허를 출발한지 6일 만인 11월 1일, 상여 보다 4일 먼저 베이징에 도착한다. 서태후는 베이징 외곽에 도착하자마자 공친왕을 불러 그에게 자신이 작성하고 순친왕이 수정한 칙령을 보여준다. 공친왕은 자신을 치하 하는 부분을 삭제하고 「양이(洋夷)」, 즉 「서양 오랑캐」 대신 「외국」이라는 단어로 대체한 후 군사를 동원한다.[37]

서태후와 공친왕은 곧이어 공친왕의 장인이자 직례총독인 계량(桂良, 1785~1862),[38] 공친왕과 함께 영국-프랑스군과 베이징 조약 협상을 주도한 문상(文祥), 호부한상서(戶部漢尙書) 주조배(周祖培, 1793~1867) 등을 소집한다.[39] 그리고 이들에게 칙령을 보여주면서 보정대신들이 어린 황제를 능멸하였음을 눈물로 호소한다.

동치제, 서태후 일행과 함께 일찍 베이징에 도착한 보정대신 재원과 단화는 곧바로 달려와 두 태후들이 남자 대신들을 끌어들여 법도를 어겼다면서 격렬하게 저항 한다. 서태후는 그 자리에서 보정대신

들을 체포하라는 칙령을 내린다. 공친왕은 저항하는 보정대신들을 체포한다.[40]

순친왕 혁현은 군사를 이끌고 곧바로 함풍제의 상여를 호위하여 베이징으로 향하고 있던 다른 보정대신들을 체포하러 간다.[41] 혁현은 첩실 둘과 함께 자고 있던 숙순의 숙소에 들이 닥친다. 보정 대신의 지도자였던 숙순은 격렬하게 저항하지만 결국 체포된다. 숙순이 황제의 상여를 호송하는 중 첩실들과 잤다는 사실, 그리고 그를 체포하라는 칙령에 저항했다는 사실은 그를 처형하기에 충분한 구실을 제공한다.[42]

11월 7일 8명의 보정대신은 모두 반역죄로 능지처참형을 언도 받는다. 그 다음 날 서태후는 선황제가 보정대신들로 하여금 어린 새황제를 보좌하라고 한 것은 보정대신들이 꾸민 거짓말이었으며 숙순은 두 태후를 이간질하려 하였고 남몰래 황좌에도 앉아보는 대역죄를 범했다는 내용을 담은 칙령을 반포한다. 그러나 서태후는 숙순만 참형에 처하게 하고 숙순의 친형인 단화, 그리고 역시 황실 출신인 재환에게는 비단 끈을 보내 자결토록 한다. 나머지 보정대신들은 해임만 시키고 목숨은 살려준다.[43]

환궁한지 이틀 후인 11월 2일, 두 태후의 수렴청정을 간청하는 두 건의 상소가 올라온다. 서태후는 조정 대신들에게 수렴청정의 가능성을 논하도록 한다. 11월 9일 두 태후의 수렴청정을 윤허하는 칙령이 공표된다. 군사문제를 포함한 모든 상소는 두 태후가 먼저 본 후 공친왕과 순친왕, 그리고 군기처가 검토케 한다. 상소에 대한 답은 어전 회의에서 논한 뒤 작성하기로 한다. 지방관에 임명된 관리들이 의무적으로 황제를 알현 할 때도 두 황태후는 황좌 뒤 8첩의 황색 수렴 뒤에 앉도록 한다.[44]

이로써 서태후는 남편 함풍제가 죽은지 2달 만에 청의 실권자가 된다. 그의 나이 25세였다. 정변 과정에서 황실 출신의 보정대신 3명

만 죽었을 뿐 그 외의 아무런 피
흘림이나 혼란도 없었다.[45] 엘
긴 경의 동생이자 초대 주 베
이징 영국 공사였던 프레드릭
브루스(Sir Frederick William
Adolphus Wright-Bruce, GCB,
1814.4.14~1867.9.19)는 당시
상황을 다음과 같이 본국에 보
고 한다.

프레데릭 브루스

　　그토록 오랜 동안 권력을 장악
　하고 있으면서 나라의 재정과 인사를 좌우 하던 남자들이 총 한번 못 쏴
　보고 그들을 변호하는 목소리를 내는 사람이나 손을 들어주는 사람 단 한
　명도 없이 무너진다는 것은 전무후무한 일입니다…. 제가 파악하는 한도
　내에서 여론은 만장일치로 숙순과 그의 동료들을 비난하고 있고 그들이
　받은 처벌이 당연하다고 여깁니다…. 뿐만 아니라 쿠데타는 주도면밀하
　게 이루어졌으며 관청하나 바꾸는 것 외의 어떠한 혼란도 야기된 것이 없
　습니다.[46]

여기서 「관청하나 바꾸는 것」이란 서태후와 공친왕이 구미열강과의
외교를 위하여 설치한 「총리아문」을 일컫는다.
　당시 태평천국의 난을 평정하기에 여념이 없던 증국번도 자신의 일
기에 다음과 같이 쓴다.

　　나는 과거의 위대한 황제들도 이루지 못한 황태후의 슬기롭고 결단력 있
　는 행동에 놀라움을 금치 못하겠다. 나는 존경과 경외심에 몸둘 바를 모

르겠다.[47]

서태후의 26번째 생일 하루전인 1861년 11월 29일 황제의 칙령이 선포된다.

지금부터 모든 국사는 두 황태후에 의해서 직접 결정될 것이며 이분들의 명령은 군기처(軍機處)가 집행할 것이다.[48]

동치제의 즉위식도 같은 날 자금성 태화전(太和展)에서 거행된다. 문장이 뛰어나고 서화에도 능했던 서태후는 수렴청정을 하면서 국사를 샅샅히 챙긴다. 정치적으로는 보수적이었고 사치를 즐겼지만 증국번, 좌종당, 문상, 이홍장 등의 자강운동을 지원하기도 했다. 그리고 그는 무엇보다도 청 황실의 권력과 권위를 지키고자 노력한다.[49] 서태후는 1908년 서거할 때까지 47년간 절대권력을 행사한다.

2. 위원의 「자강」

제 1차 아편전쟁을 전후로 청이 직면한 상황이 예사롭지 않음을 가장 먼저 인식하고 보다 근원적인 처방을 주문하기 시작한 것은 위원(魏源, 1794.4.23.~1857.3.26.)이었다. 『해국도지』를 저술하여 당시 일본과 조선의 개화파에게 막대한 영향을 끼친 위원은 청말의 대표적인 「경세학파(經世學派)」 지식인이었다. 「경세지학」이란 형이상학이나 윤리, 도덕론 보다 국가와 사회가 직면하고 있는 현실과 실질적인 문제에 대한 해결책들을 제시하는 것이야말로 학문의 궁극적인 목표임을 주장하는 학파였다. [위원과 후난학파에 대한 자세한 논의는 제 1권 제 2부,

제 5장, 4. 태평천국의 난과 후난학파 페이지 참조.]

위원

후난성 샤오양현(邵陽縣)에서 태어나 어려서부터 학문에 뛰어난 재능을 보인 위원은 「악록서원(岳麓書院)」에서 수학한다. 악록서원은 「태평천국의 난」과 「니엔난」, 「동치회변(둥간반란)」을 평정하고 자강운동과 양무운동을 이끌면서 동치중흥을 이룬 증국번, 좌종당, 호림익(胡林翼, 1812.7.14.~1861.9.30.), 곽숭도(郭嵩燾, 1818.4.11.~1891.7.18.) 등 기라성 같은 인물들을 배출한다.

이들보다 1세대 앞선 위원은 악록서원의 동문수학인 하장령(賀長齡, 1785~1848), 도주(陶澍, 1779.1.17.~1839.7.12.)등과 함께 도광제 연간 (1820~1850)의 개혁을 이끈다.

위원은 1822년 향시(지방시험)인 거인(擧人)에 합격 하고 1842년에 진사에 합격하지만 평생을 중앙정부의 관료가 아닌 「막우(幕友)」로 지낸다. 막우란 명대(明代) 말기부터 생긴 제도였다. 명말의 환관 정치가 극에 달하면서 부정부패를 일삼지 않고서는 승진은 커녕 관직을 유지하기도 점차 힘들게 되자 사대부들은 관료가 되는 것을 기피하기 시작한다. 당파 싸움과 송사가 일상화되면서 언제 역적으로 몰리거나 삭탈관직 당할지 알 수 없었다. 끝없이 일어나는 민란을 진압해야 하는 것도 관료들의 몫이었다.[50] 왕양명처럼 대학자이면서 군 사령관으로 반란을 진압하고 행정가로서 이름을 떨친 사람도 있었지만 이는 극소수에 불과했다.[왕양명에 대한 자세한 논의는 제 1권, 제 2부, 제 2장, 「1. 중국 지

그러자 많은 학자들이 중앙정부의 관직을 마다하고 유력한 지방관들과 지방 유지들의 「막부(幕府)」에 들어가 비서나 고문 역할을 하면서 법, 재정 등의 문제를 다루는 개인 참모 역할을 한다. 이들은 사적으로 고용되었기에 월급도 중앙정부가 아닌 자신들을 고용한 지방관들이나 지방 유지들로부터 받았고 상관이 임지를 옮기면 같이 따라다녔다.

청대(淸代) 중반부터 지방관들의 역할이 증대하기 시작하면서 막부의 규모도 커지고 막우의 숫자도 급증하여 18세기 말이 되면 7,500명에 이른다.[51] 19세기 중반 태평천국의 난을 평정하는 과정에서 증국번, 좌종당, 이홍장 등 지방관들의 책임과 역할이 전에 없이 막중해지면서 막우들은 주요 정책을 입안하고 추진하는데 결정적인 역할을 한다. 이홍장도 증국번의 막우로 출발하여 그의 강력한 천거로 중앙 조정의 요직을 맡게 된다. 프랑스에 유학하여 법학을 공부하고 귀국 후 이홍장의 명령으로 「조미수호통상조약」을 초안한 마건충은 이홍장의 막우였다.[52]

1824년~1826년 장쑤성(강소성)의 홍쩌호(洪澤湖, 홍택호)의 둑이 무너짐으로써 이 곳을 지나는 대운하의 회하-황하 구간이 막힌다. 강남에서 세금으로 거둔 곡물을 운반하는 세곡선(稅穀船)들의 운항이 점점 힘들어지면서 수도 베이징에 도착하는 세곡(稅穀)의 양이 평년의 ¼로 줄어든다.

이 위기를 타개하는데 앞장선 것이 당시 장쑤성 총독 도주(陶澍, 1779.1.17.~1839.7.12.)와 장쑤성의 재정을 전담하는 강소포정사(江蘇布政使) 하장령(賀長齡, 1785.3.18.~1848.7.6.)이었다. 위원은 하장령의 막우로 일하고 있었다.

이 세 악록서원 출신 경세가들은 수백 년 동안 대운하로 세곡을 실

도주   하장령

어 나르던 세곡선들로 하여금 상하이에서 베이징까지 해안을 따라 운항하게 함으로써 정부의 재정난을 타개하는 공을 세운다. 하장령은 이를 다음과 같이 기록하고 있다.

도광(道光) 4년(1824) 겨울에 회수(淮水)가 고언(高堰)으로 연결되자 운하(運河)가 말랐다. 천자께서 바다와 수로가 서로 소식(消息, 함께 줄어들었다가 늘어남)하는 것을 깊이 생각하시어 고도(故道, 옛 물길) 에 관해 좌우(가까운 신하)에 주자(疇咨, 신하의 의견을 널리 물어서 채택함)하셨다. 그때 보필하는 신하들이 힘껏 돕고 대부(大府, 공부(貢賦), 상급 관부)가 한마음으로 찬동하였다. 신(臣) 장령(長齡)이 마침 남복(南服)을 지키고 있었는데, 해국(海國, 근해 지역) 을 조공(漕貢, 공미(貢米)를 조운(漕運)하는 것)으로 연결하였다. 이에 함께 의론을 내고, 비용을 계산하고, 인원을 선발해서 파견하고, 양식을 모으고, 선박을 소집했으며, 속료(屬僚, 하급 관료)가 힘을 모으고 문무(文武)가 마음을 모았다. 그 이듬해에 마침내 쌀 150만 석을 항해로 경사(京師)에까지 운송했다. 6년(1826) 여름 마침내 공사가 완성되자 모두 「이 공사는 나라가 편하고, 백성이 편하고, 상인이 편하고, 관(官)이 편하고, 강(河)이 편하고, 조운(漕)이 편하니 고금에 처음 있는 일입니다.」라고 하였다. 나는 일어나서 말한다. 시기가 도래하지 않으면 비록 성인이라도 하늘의 뜻에 앞서 사람을 개도(開導)하지 못하니, 반드시 금일에 해운(海運)을 행함은 아마도 지극히 새로운 것이자 또 지극히 원인이 있을 것이다! 옛날의 제왕은 모두 바다를 등지고 도읍을 정하지는 않았다. 간혹 바다를 등지고 도읍을 정하기도 했지만, 해도(海道)가 아직 통하지 않고 해분(海氛, 연해의 동란(動亂))이 평정되지 않고 해상(海商, 해상무역에 종사하는 상인)과 해박(海舶, 대양을 항행하는 선박)이 갖춰지지 않았으므로 바다를 이용하고자 해도 할 수 없었다. 그러므로 삼대(三代)엔 공도(貢道, 공물을 운송하는 길)는 있었지만 조운(漕運)이 없었고, 한(漢)·당(唐) 때는 조운은 있었지만 해운(海運)이 없었고, 원(元)·명(明) 때는 해운(海運, 해로를 통한 공미(貢米)의 수송)이 있었지만 관운(官運)만 있을 뿐 상운(商運)은 없었던 것이다. 바다가 하천을 대신하고, 상인이 관(官)을 대신한 것은 반드시 우리 도광 5년(1825)에 천시(天時)와 인사(人事)가 지극히 순조로울 때를 기다렸다가 행해야 했다. 그러므로 풍랑과 도적과 울습(瓠濕, 조수로 인해 곰팡이가 생기는 것)의 의심이 없었던 것이요, 장정을 모집하고 배를 건조하고 길을 찾는 비용과 노고가 없었던 것이다. 천시(天時)와 인사(人事)가 번갈아 핍박할 때 행한다면, 하구에 재앙이 생겼을 때 바다가 아니면 어쩔 도리가 없으며, 관(官)이 고갈되었을 때 상인이 아니면 공을 세울 수 없다. (후략)[53]

위원, 도주, 하장령은 모두 「사농공상」의 전통적인 봉건 왕도정치의 이념에서 벗어나 실용주의적 사고를 하는 경세치용 학파의 관료, 학자답게 필요와 때에 따라서는 굳이 대운하를 고집하지 않고 바다를 이용할 수 있음과 관리보다 상인들의 역할이 중요할 수 있음을 지적한다.

그러나 이들의 실용주의적 개혁은 대운하를 통하여 수백 년 동안 막대한 양의 세곡을 나르던 상인, 중개인, 현지 관리, 사공 등 사이에 형성된 거대한 기득권 세력의 반발에 부디친다. 도광제는 결국 대운하 기득권 세력의 압력으로 해운을 통하여 세곡을 운반하는 것을 중단시키고 다시 대운하를 사용토록 하지만 1845년 대운하가 다시 한번 막히면서 베이징에 식량보급이 중단되고 1848년에는 「아편전쟁」이 발발함으로써 대운하로 세곡을 운반하는 시대는 막을 내린다.

1825년, 하장령은 동문이자 막우인 위원으로 하여금 『황조경세문편(皇朝經世文篇)』을 편찬하도록 한다. 청대 경세가들의 글을 모으는 작업이었다. 8부, 120장으로 구성된 이 방대한 저작의 첫 두 부는 중국의 정치체제에 대한 이론적인 탐색이었고 나머지 여섯 부는 정부의 6부(6조)가 담당하는 영역에 따라 재정, 특히 세곡, 치수 등 대규모 토목사업, 군사행정 등의 내용을 다룬 역대 학자와 개혁가들의 글을 모았다.[54] 가장 많이 인용된 학자는 위원을 비롯한 당대의 개혁가들이 가장 존경한 고염무(顧炎武, 1613.7.15.~1682.2.15.)였다. [고염무의 사상에 대한 논의는 한국 사람 만들기 제 1권, 제 2부, 제 3장 「고염무와 왕부지, 안원의 주자성리학 비판」 참조.] 명말청초의 대학자 고염무는 중앙집권제에 대한 비판과 지역 엘리트들의 적극적인 정치참여를 종용하는 한편 냉철하고 깊이 있는 정책 분석으로 위원과 같은 경세치용학파들의 귀감이었다.[55] 이 책은 청 말기의 개혁가들이 가장 많이 찾는 책이 된다.

1831년 위원은 바로 그 전 해에 양강총독(兩江總督: 장쑤성(강소성, 江蘇省), 안후이성(안휘성, 安徽省), 장시성(강서성, 江西省) 총괄에 임명된 동문 도주의 막우로 청의 소금 전매 제도 개혁을 시도한다. 청은 명대의 소금 유통 제도를 그대로 물려받았다. 명은 전국을 「염구」라 불리는

11개의 구역으로 나누었다. 그 중 가장 큰 양회 염구는 회하 하류에 위치한 약 30여개의 염장에서 생산된 소금을 강소성, 안휘성, 하남성, 강서성, 호북성, 호남성 등 양쯔강 중, 하류 지역의 260여 개 주와 현에 보급했다. 양주는 바로 양회 염구의 중심이었다.[56] 양주가 번성했던 이유다. [양주에 대해서는 제 1권, 2부, 「9. 양주십일기의 기록」 참조.]

위원은 화북의 소금전매제와 세제 개혁을 주도하면서 실질적인 정책을 중시하는 경세학파의 면모를 다시 한번 과시한다. 위원은 특히 상인들에게 자율권을 줄 것을 주장했다. 정부가 독점해 온 염전 사업을 개혁하여 상인들이 자유롭게 투자하고 매매할 수 있게 함으로써 기존의 10여 개 세습 가문이 독점 하던 사업에 2천여 명의 상인들도 참여할 수 있도록 한다.[57] 소금 시장의 전격적인 개방으로 소금 밀매를 없애고 소금 가격을 내리고 정부의 세수는 늘리는데 성공한다.

그는 『해운전안서(海運全案序)』에서도 상인들의 능력을 빌려서 정부가 자체적으로 해결하지 못하는 문제들을 풀게 하도록 종용한다. 그는 「관리들은 지쳤다. 상인들이 없이는 아무런 결과도 얻지 못한다.」고 한다. 세곡선을 해안을 통해 운반할 것을 제안했을 때와 같은 실용주의적인 사고다.[58]

자강

제 1차 아편전쟁(1839~1842) 직후 구미 열강과 맺은 정전 조약에 대한 글에서 위원은 중국이 당면한 국난을 극복하기 위해서는 「지속자강」이 필요함을 역설한다. 격변기의 중국 지식인들이 늘 그랬듯이 위원 역시 자신이 처한 시대상을 이해하고 대응할 수 있는 방법을 강구하기 위하여 『역경(易經)』을 찾는다. 특히 『역경』, 「계사전」의 「궁즉변 변즉통 통즉구(窮卽變 變卽通 通卽久: 궁하면 변하고 변하면 통하고 통하면 오래간다)」는 구절은 격동기의 중국 지식인들이 가장 즐겨 인용하는 문구가 된다. 그리고 위원은 『역경』(易經) 「건괘(乾卦)」·「상전(象傳)」에 나오는 「천체의 운행은 건실하다[天行健]. 군자는 그것으로써 스스로 힘쓰고 쉬지 않는다[君子以自强不息]」라는 구절에서 「자강」을 찾는다.[59] 「자강」은 송대(宋代)에 여진족을 대적하면서 강조하던 구호이기도 하다.

　나는 말한다. 춘추지의(春秋之誼)는 비단 나라 안을 바깥보다 더 소상히 다스릴 뿐 아니라 또한 현명한 자에게 범용한 자보다 더욱 구비(具備)할 책임을 지우니, 참으로 외적(外敵)을 소상히 다스릴 필요가 없다면 범용한 무리들에게도 책임을 질 것이 없다. 내가 「갑자기 무역을 중단해선 안 된다.」라고 하자, 세속에서도 「무역을 중단해선 안 된다.」라고 한다. 하지만 세속에서 무역을 중단하지 말자고 하는 것은 종기를 키우는 것일 뿐이다. 「영국인들이 뜻하는 바는 통상(通商)에 불과하며, 통상은 반드시 흔단(釁端)을 빚지 않는다. 하지만 아편은 중국의 진액을 고갈시키는 것인데, 어떻게 그것이 들어오지 않게 막겠는가?」라고 물으면 계책을 세우지 않는다. 「만약 평수길(平秀吉, 도요토미 히데요시)이나 정성공(鄭成功, 명말청초의 군벌. 남명에 충성하여 끝까지 청에 대항. 대만을 네덜란드로부터 탈환)과 같은 효웅(梟雄)이 그 사이에 나와서 우리 연해의 대비가 소홀한 것을 우습게 보고는, 그 뜻하는 바가 통상을 넘어선다면 또 어떻게 대응하겠는가?」라고 물으면 또한 계책을 세우지 않는다. 이는 내가 「무역을 중단하지 않음으로써 자수자강(自修自强)해야 한다.」라고 하는 것과는 천양지차가 있다. 내가 바라는 것은 깊고, 구하는 것은 두루 갖춰진 것이니, 어찌 낭와(囊瓦)·근상(靳尙)과 같은 무리와 고하(高下)를 견줄 겨를이 있겠는가? 천하의 대란(大亂)을 평정하는 자는 매번 일신이 천하의 지극한 위험(至危)에 빠지며, 천하의 지극한 위험을 범하려는 자는 반드시 미리 천하의 지극한 태평(至安)에 대해 계획을 세워야 한다. 옛날 군자는 비상한 거사를 할 때 안으로 자기에게서 살피고, 또 반드시 밖으로 그 시대를 살펴서, 같은 시대의 인재들이 모두 큰 일을 감당할 수 있으면 하고, 국가의 무력이 넉넉하면 하고, 사권(事權, 직권, 권력)을 모두 내가 통제할 수 있으면 했다. 오랜 태평성대 끝에 인심이 안일하여 내수외양(內修外攘)이 무엇인지도 모르고, 1개 섬이 깨지면 1개 성(省)이 전율하고, 1개 성이 소란하면 각 성이 전율해서 머리를 싸매고 쥐떼처럼 달아나 벌벌 떨기에도 겨를이 없는데, 맨발로 황하를 건너고 호랑이를 맨손으로 때려잡겠다고 큰 소리만 치는 자는 공허하고 교만할 뿐 실질이 없다. 사정이 이와 같은데도 사태를 진정시켜 굳게 수비하고 접제(接濟, 변방의 백성이 국법을 어기고 외국인과 접촉해서 땔감이나 식수 등을 제공하는 일)를 엄단하며, 안으로는 선계(船械, 선박과 기계)가 모이는 것을 기다리고 밖으로는 속국(屬國)의 군대와 연합하고자 한다면, 반드시 연해(沿海)의 수신(守臣, 변방을 지키는 장군, 신하)들이 모두 임공(林公, 임칙서)처럼 되고, 당축(當軸, 주요 당국자)과 병균(秉鈞, 집권자)이 모두 임 공처럼 된 뒤에야 가능할 것이다. 처음에 중국의 법령이 외양(外洋)에 적용되기를 바랐으니, 이어서 또 범용한 무리들이 호걸의 유위(猷爲, 뛰어난 업적을 세움)를 행하기를 바란다면, 쇠퇴함으로부터 구제되는 날이 또한 멀지 않을 것이다.[60]

고전은 여전히 중요하지만 공부의 결과는 늘 현재에 직면하고 있는 문제들을 해결할 수 있어야 한다. 그것이 「경학」이다. 정부의 역할도 이러한 실질적인 문제를 해결하는 것이었다. 그것이 「경세」다.[61]

무엇을 일러 도(道)의 기(器)라고 하는가? 예악(禮樂)이다. 무엇을 일러 도(道)의 단(斷)이라고 하는가? 군대와 형벌(兵刑)이다. 무엇을 일러 도(道)의 자(資)라고 하는가? 식량과 재화(食貨)이다. 도(道)가 일에 구현되는 것을 일러 치(治)라고 한다. 그 붓을 쓰는 방책으로써 천하후세로 하여금 도(道)를 구해 중요한 일을 처리하게 하는 것을 일러 경(經)이라고 한다.[62]

위원은 유교 정치의 이상인 「왕도 정치」가 얼마나 「부국강병」을 가로막는지 잘 안다.

예로부터 왕도를 지키지 않고 부강하게 된 자는 있어도, 부강하지 않고서 왕도를 이룬 자는 없다. 왕도와 패도의 구분은 그 마음에 달려 있을 뿐, 그 공적(迹)에 달려있지 않다. 마음에는 공(公)과 사(私)가 있지만 공적에는 큰 차이(胡越)가 없다.

생산과 재정의 중요성을 강조하면서 효용성과 공리성을 강조한다.

『주역(周易)』 13괘는 옛 성인이 농사와 고기잡이로부터 쟁기와 보습, 교역을 제작(制作)하셨음을 서술했다. 또 배와 수레로 멀리까지 이동하여 서로 통하게 하고, 격탁(擊柝)[63]과 호시(弧矢)로 호위케 하셨다. 우왕(禹王)은 수토(水土)를 평정한 후 곧바로 공부(貢賦)[64]를 만들어 무위(武衛)를 떨쳤다. 홍범(弘範)의 여덟 가지 정치(八政)[65]는 식량(食)과 재화(貨)에서 시작해서 사절을 맞이하는 것[賓]과 군대를 양성하는 것[師]으로 끝나니, 모두가 식량과 군대를 풍족하게 만드는 것(足食·足兵)을 천하를 통치하는 도구로 삼는 것이다. 그런데도 후세의 유학자들은 특히 맹자의 의(義)·리(利)와 왕(王)·패(霸)의 구분을 인용하면서 마침내 군대와 식량을 오패(五伯)에게 돌리며 감추고 언급하지 않으니, 또한 한번이라도 백성을 풍요롭게 만들고 조세를 거두는 일(治賦)이 모두 성문(聖門)의 일이며, 농(農)·상(桑)·수(樹)·축(畜)이 바로 맹자의 말씀임을 생각해본 일이 있는가?[66]

제 1차 아편전쟁(1839~1842) 직후 위원은 『성무기』와 『해국도지』
를 출간한다. 『성무기』는 청의 주요 전쟁들을 기록하는 한편 나라와
백성을 부강하게 해줄 재정 정책과 경제 정책도 제안하고 있다.

무엇을 일러 근원을 여는 이익(開源之利)이라고 하는가? 식량의 근원(食源)
은 백성을 모아 황무지를 개간하는 일(屯墾) 만한 것이 없고, 재화의 근원
(貨源)은 금을 캐고(采金) 화폐제도를 변경하는 일(更幣) 만한 것이 없다.[67]

「금이 살면 곡식이 죽는다」는 교훈과 「중본억말」(重本抑末)의 뜻을 말하
면 식량이 재화보다 우선이라는 것이요, 완본급표지법(緩本急標之法)을
말하면 재화가 또 식량보다 우선하게 된다.[68]

위원은 또 개인들에게 금광과 은광 사업을 맡길 것을 제안한다. 정
부는 세금만 유연하게 부과하면 되고 그렇게만 한다면 은과 금의 생산
량이 급증하여 정부의 세수도 넘칠 것이라고 주장한다.

운남·귀주의 동광(銅鑛)은 대부분 고갈되었지만 은광(銀鑛)은 왕성(旺盛)
하다. 은(銀) 가운데 채굴에서 나오는 것이 30~40%, 번박(番舶)에서 오는
것이 60~70%이다. 중국의 은광 중에 이미 채굴된 것이 30~40%, 아직 채
굴되지 않은 것이 60~70%이다. 천지(天地)의 기운은 한번 쇠퇴했다가 한
번 소생하고, 한번 썰물이 있으면 한번 밀물이 있다. 은(銀)이 번박(番舶)
을 통해 온 지 수 천년이 되었는데 이제 다시 번박이 이를 거둬가 버린다.
그렇다면 수천 년 동안 산천(山川)에 숨겨져 있던 중국의 보물(寶氣) 또한
반드시 금일 개발해야 한다. 중국이 다투어 서양의 은전(銀錢)을 써서 내
지(內地)의 은의 가치보다 높아졌다. 그렇다면 수백 년 동안 시행된 중국
의 은폐(銀幣) 또한 반드시 시대에 따라 변화해야 한다.[69]

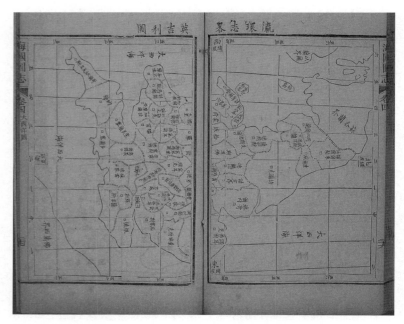
『해국도지』의 영국 지도

1850년대 초 일본의 사쿠마 쇼잔(佐久間象山, 1811.3.22.~1864.8.12.)
이 읽고 감명 받았고 1874년 박규수가 우의정을 사직하고 재동 사저
에서 김옥균, 박영효 등의 젊은 사대부들을 모아 강의했던 『해국도지』
는 그 당시까지 동양인이 유럽에 대하여 쓴 연구서 중에서 독보적이었
다. [사쿠마 쇼잔과 『해국도지』에 대한 논의는 제 2권, 제 1장, 「4) 바쿠마츠의 안보
지식인」 참조. 박규수와 『해국도지』에 대한 논의는 제 2권, 제 7장, 「1. 김옥균」 참
조.] 동시에 점증하고 있던 구미열강의 위협에 대한 정확한 분석과 이
에 대응할 수 있는 방법을 제시하고 있다. 위원은 특히 「양이들의 특히
강한 기술들을 배워 그들을 다스려야 한다」면서 해군을 기를 것과 서
양의 총포기술을 받아들일 것을 제안한다.

그러나 위원은 중국이 서양보다 결코 열등하다고 생각하지 않았다.

그는 여전히 전통 유교 체제의 우월성을 믿었다. 따라서 중국이 자강을 통하여 서양을 궁극적으로 따라 잡을 수 있다고 생각했다.[70] 위원은 중국이 겪고 있는 위기가 청조의 무능 때문이라고 생각하지 않았다. 오히려 청의 치자들이 명대의 잘못 한 것들을 시정하여 왔다고 봤다. 명대의 가장 큰 문제였던 환관 정치와 과도한 세금 문제도 청조에서는 일어나지 않았다. 청조는 백성들의 세금을 감면해 주었을 뿐만 아니라 명조와 달리 황하 등의 치수 사업과 토목 사업에도 백성들을 동원하지 않았다. 또한 변경 지방을 모두 평정하였다. 조정에서도 관리들이 자유롭게 상소를 올릴 수 있었다. 청이 명에 「비할나위 없이 우월한」 이유였다.[71]

물론 「예상치 못한 재난」이 거듭 닥친다. 대운하가 막히고 군비가 낭비되고 있고 관료제도는 정체되고 외국과의 교류로 인하여 아편이 수입되고 은이 해외로 유출되는 한편, 세곡 제도와 소금 전매 체제가 부패했다. 이는 이전의 왕조에서는 볼 수 없었던 일들이었다.[72] 그러나 이 역시 청 조정이 무능하거나 악해서가 아니라 중국이 지금까지 겪어보지 못한 상황이 도래하였기 때문이다. 구미열강의 군사적 침략, 경제적 침투는 중국이 일찍이 경험해보지 못한 상황이었다. 황하에 토사가 쌓여서 범람하게 되는 것은 인구증가로 인하여 산림이 황폐화되면서 일어나는 현상이었다.[73]

이러한 문제들은 훌륭한 인재들을 뽑아 적재적소에 배치한다면 얼마든지 해결할 수 있는 문제였다. 군사, 특히 장교들의 질을 높이는 것이 국가를 부강하게 만드는 지름길이었다. 서양과 같이 해군을 기르고 화폐개혁을 통해서 조정의 재정적자를 메우면 다시 부강한 나라를 세울 수 있다고 생각했다.[74]

위원은 무엇보다도 중국의 사대부들이 쓸모 없는 공부와 학문에 시간과 정열을 쏟아붓는 것을 신랄하게 비판한다. 과거제도는 문헌학에만 치웠고 관리들은 아무런 쓸모없는 기준에 의해서 평가 받고 최고 기관인 한림원은 「서예 실력」으로, 행정관료들은 「사무직원들을 얼마나 잘 관리하고 기록을 잘 하는지」로 평가 받았다. 관건은 기본적으로 훌륭한 체제를 갖춘 중국이 「자강」을 통하여 새로운 도전들을 극복할 수 있는 실력을 기르는 것이었다.

그러나 함풍제와 그를 에워싼 극단적인 반서양주의 보수주의자들은 서구와의 일체의 교류나 타협을 거부한다. 위원이 1840년대에 주창한 자강을 위한 구체적인 정책들은 제 2차 아편전쟁이 끝나고 신유정변으로 서태후와 공친왕이 권력을 잡고 문상, 증국번, 좌종당, 이홍장 등이 적극적으로 국사에 참여 할 때를 기다려야 했다.

3. 양무운동

제 1차 아편전쟁의 패배 후 「남경조약」을 체결하기 위해 영국과의 협상을 주도한 황은동(黃恩彤, 1801~1883)은 중국이 수 백 년 이래 최대의 도전에 직면했다면서 당시 상황을 「변동(變動)」이라 표현한다. 『성경』을 비롯한 수 많은 서양 서적을 중국어로 번역하고 제임스 레게(James Legge, 1815.12.20.~1897.11.29.)를 도와 중국 고전을 영어로 번역한 왕도(王韜, 1828~1897)는 서양인들이 중국에 몰려드는 것을 경이로운 눈으로 바라보면서 이를 「창사(創事)」, 즉 「전무후무한 일」이라 한다.

영국, 프랑스, 독일, 스페인 4개국 참찬(參贊)과 주일 공사를 역임한 여서창(黎庶昌, 1837~1896)은 「변단(變端, 변곡점)」이란 용어를 사용 하였고 증국번과 이홍장의 막우로 푸저우(福州)의 마미선정창(馬尾船政廠)을 건설한 정일창(丁日昌, 1813~1882)은 중국과 서양 사이의 급격한

교류 증대야말로 지난 수천 년
간 있었던 그 어떤 변화보다도
근본적인 것이라고 하면서 이
를 「창국」(創局)이라 일컫는다.
증국번의 큰 아들이자 주 영국,
프랑스, 러시아 공사를 역임한
증기택(曾紀澤, 1839~1890) 역
시 「창국(創局)」이란 용어를 사
용하면서 중국이 직면한 도전
이 지난 5천 년 이래 가장 큰 변
화라고 한다.

왕도

　그러나 가장 보편적으로 사용된 용어는 이홍장, 공친왕 혁흔, 그리
고 외교관이자 양무운동의 주요 지도자로 서양기술의 도입을 적극 주
장한 설복성(薛福成, 1838~1894) 등이 채택한 「변국(變局)」이었다.[75] 이
홍장은 1872년, 서양의 침략이 빚은 「변국」은 지난 3천 년만에 최대
의 도전이라고 한다. 더구나 이러한 변화는 과거의 경험만으로는 설명
할 수 없는 근본적인 변화였다.[76] 설복성은 증기선 덕분에 세계의 모든
해양국가들이 이웃이 되어가고 있다면서 놀라움을 금치 못한다.[77] 여
서창의 말처럼 중국은 외부 세계와의 교류에 있어서 전혀 새로운 장
을 열고 있었다.[78] 표현은 어떻게 하든 청이 직면한 상황이 중국의 긴
역사 속에서도 전례를 찾아볼 수 없는 국면이란 점에 있어서는 대부
분 동의하였다.

　「양이」, 즉 서양오랑캐의 도래가 「전무후무한 일」이었던 가장 중요
한 이유 중 하나는 구미열강의 가공할 군사력이었다. 중국은 늘 외적
의 침략에 시달려왔다. 역대 왕조들이 만리장성을 쌓고 끊임없이 확장
시켜온 이유다. 그러나 중국이 구미열강으로부터 느끼는 위협은 과거

오랑캐들로부터 느꼈던 위협과는 차원이 달랐다. 서구와 중국의 군사력 격차가 너무나 컸기 때문이다.

이홍장은 구미열강의 대포들이 중국의 가장 강한 요새들도 초토화시킬 수 있기 때문에 중국의 해양 방어력은 전무하다고 토로한다. 더욱이 서구의 군사적 우위는 증기선과 같은 수송 수단과 전보와 같이 놀라운 통신 수단으로 뒷받침 되고 있었다. 서구는 중국이 지난 수천 년 동안 상대해야 했던 그 어떤 외적보다도 강했다.[79]

과거 중국을 침략한 흉노, 거란, 여진, 몽골 등 오랑캐들은 모두 유목민족들이었다. 그러나 서양 오랑캐들은 모두 해양세력이었다. 이홍장은 1874년 상소에서 다음과 같이 말한다:

중국의 변방문제는 주로 중국의 힘과 침입자의 힘이 균형을 이루는 서북 지역에서 일어났습니다. 뿐만 아니라 중국과 외국을 구분해 주는 선(만리장성)이 있었습니다. 그러나 오늘날 우리의 동남해안은 10만리도 넘지만 이는 외국인들의 교역과 선교에 무방비로 노출되어 있습니다. 그들은 때로는 수도를 포함한 내륙 지방에까지 침입합니다. 이는 우리가 지난 수천 년 이래 한번도 경험한 적이 없는 상황입니다.[80]

구미열강의 행태가 과거의 오랑캐들과 또 다른 점은 한 열강이 중국으로부터 양보를 받아내면 다른 열강들도 곧바로 같은 대우를 요구한다는 점이다. 황은동은 1865년 다음과 같이 쓴다:

영국이 중국을 개국시키고 조약을 체결하자 미국과 프랑스가 곧바로 그 뒤를 이었다. 그들은 모두 우리로부터 특권을 받아냈다. 작은 나라들까지도 이들의 뒤를 따랐다. 이는 지난 수백년 동안 볼 수 없었던 변화다.[81]

이홍장 역시 같은 점에 주목
한다.

정일창

　이들은 모두 화평과 친선을 말
　하지만 그들이 진정 원하는 것
　은 중국을 빼앗아 소유하는 것
　이다. 한 나라가 우리와 문제를
　일으키면 다른 나라들도 마찰
　을 일으킨다. 이는 지난 수천
　년간 볼 수 없던 일이다.[82]

　정일창(丁日昌, 1823~1882)은 1874년 상소에서 중국이 서구 열강에
게 완전히 포위되어 있는 상황을 걱정한다. 당과 송대에는 서북쪽 변
방만 지키면 됐다. 명대에는 동북 변방만 지키면 됐다. 그러나 당시 안
남을 차지한 프랑스는 광서, 운남, 귀주를 위협하고 있었고 인도를 점
령한 영국은 사천과 운남을, 러시아는 신장과 감숙, 섬서, 그리고 만주
를 위협하고 있었다. 동남해안의 일곱개 성 역시 구미열강의 해군의
위협에 상시 노출되어 있었다. 중국이 내륙과 바다로부터 동시에 위협
을 받는 것은 전례가 없었다.[83][84]

　변국의 또 다른 특징은 구미열강의 경제적 침투였다. 송이나 원처럼
중국 역사상 가장 개방적인 체제를 유지하면서 국제무역을 장려했던
왕조들도 대외 무역이 경제에서 차지하는 비중은 보잘 것 없었다. 그
러나 중국이 근대 국제교역 체제에 강제로 흡수되기 시작하면서 중국
의 대외 교역이 내수에서 차지하는 비중은 비율로나 절대규모에 있어
서 역사상 전례 없이 커지고 있었다.

그리고 중국의 관료와 지식인들은 구미열강이 중국을 떠나지 않을 것이라는 사실을 깨닫기 시작한다. 과거의 오랑캐들은 대부분 중원을 약탈 한 후 만리장성 밖의 본거지로 되돌아갔다. 간혹 남아서 중원을 통치하는 오랑캐들도 있었으나 그들은 이내 중화문명에 흡수되어 버렸다. 그러나 「양이」들은 달랐다. 그들은 약탈한 후 떠나지도 않았고 그렇다고 중국을 직접 통치하려 하지도 않았다. 풍계분(馮桂芬, 1809~1874)은 중국이 태평천국의 난이나 둥간반란은 진압할 수 있어도 구미열강을 중국으로부터 몰아낼 방법은 없을뿐만 아니라 서양사람들은 중국을 떠나지 않을 것이라는 점을 이미 1860년에 지적한다.

동치중흥의 지도자들은 역사상 초유의 「변국」을 극복하기 위해서 20년전 위원이 제안했던 「자강」을 본격적으로 실행에 옮기기 시작한다. 1861년 7월, 공친왕 혁흔은 「자강지계(自强之計)」에 대한 상소를 올린다.

신 등이 생각건대 월역(粤逆, 태평천국군)이 사단을 일으킨 이래로 7, 8개 성(省)에 널리 퍼져서 소란을 일으킨 지 십여 년이 되었습니다. 그 근원을 따져보면 도광(道光) 연간에 연해가 평정되지 않은 데 있습니다. 당시 해산된 조용(潮勇, 조주(潮州)에서 모집한 병사. 대부분 수군에 편입됨.)과 반역에 가담한 한간(漢奸, 원래는 청나라 때 만주족과 내통한 한족(漢族)을 가리키는 말이었으나, 후대에는 서양인과 내통한 매국노를 뜻하는 말로 사용됨.)이 국가의 병력이 부족함을 엿보고는 패거리를 모으고 선동하여 틈을 노려 한 번 일어나자 갑자기 제압하지 못했습니다. 용병(用兵)한 것이 오래되자 재용(財用)이 점차 고갈되었고, 이에 따라 외국이 야심을 품고 한 걸음씩 나와(得步進步, 한 치의 땅을 얻으면 또 한 치의 땅을 취하려고 하다) 요구가 끝이 없었습니다. 이는 월비(粤匪)의 환난이 외국으로 인해 싹을 틔운 것이며, 금일 외국의 확장이 또 비적(匪賊)의 우환을 이용한 것이니, 그 일은 마치 서로 관련이 없는 것 같지만 그 해(害)는 실로 서로 이어지고 있는 것입니다. 신 등은 지난 가을에 이를 처리한 이후로 대국(大局)을 보전하기 위해 기미(羈縻)에 온 마음을 쏟았습니다. 비록 영국과 프랑스가 점차 신복(信服, 믿고 복종)해서 우리를 친하게 대하며 접근하려는 뜻을 보였지만, 국가를 위해 영구히 평안할 수 있는 계책을 도모한다면 우환을 예방하는 방법을 탐구하지 않을 수 없습니다.

엎드려 생각건대 외우내환이 지금 극에 달했습니다. 비유하자면 나무가 썩어 벌레가 생겼을 때 이를 잘 다스리는 자는 반드시 먼저 나무의 뿌리를 배양(培養)하니, 뿌리가 굳건하면 해충이 저절로 사라지는 것과 같습니다. 신 등은 외국의 각 사무를 처리할 때 그 지엽(枝葉)만을 다스리는데 불과하여 아직 해충을 모두 제거하지 못했으니, 발본색원(拔本塞源)하는 방법이 아니었습니다. 그러므로 작년에 증국번(曾國藩) 등에게 칙명을 내리시어 외국의 선박과 대포를 구매하고, 아울러 대원(大員)을 파견해서 경병(京兵)을 훈련시키도록 하실 것을 주청(奏請)했던 것입니다. 이는 모두 자강지계(自強之計)를 행해서 타국인의 통제를 받지 않게 하려는 것이었습니다. (후략) [85]

자강을 위해서는 서양의 기술을 배워야 한다는 사실도 깨닫는다. 1864년 봄, 이홍장은 총리아문에 다음과 같은 글을 올린다.

지금의 일본은 바로 명(明)나라 때의 왜구입니다. 서양국가와는 거리가 멀고 중국과는 가깝습니다. 우리가 자립할 수 있다면 장차 고려로 하여금 우리를 따르게 하고,[86] 서양인의 단점을 노릴 수 있을 것입니다. 우리가 자강(自強)하지 못하면 일본은 또한 저들을 효우(效尤)해서[87] 서양인의 이수(利藪)[88]를 나눠가질 것입니다. 일본은 해외의 보잘 것 없는 소국인데도 오히려 때에 맞게 전철(前轍)을 고쳐서 법을 모방할 줄 압니다. 그렇다면 우리 중국은 궁합(窮)이 극에 달하면 통하는 이치를 깊이 생각해야 아마도 성대하게 계획을 변경할 수 있을 것입니다. (중략)

저는 생각건대 중국이 자강(自强)하길 원한다면 외국의 이기(利器)를 학습하는 것이 최선이요, 외국의 이기를 학습하고자 한다면 기계를 만드는 기계(製器之器)를 구하는 것이 최선입니다. 그러나 그 제조법만 배울 뿐, 그 기술자들을 모두 등용할 필요는 없습니다. 기계를 만드는 기계와 이를 제조하는 사람들을 찾고자 한다면, 혹은 일과(一科)를 전설(專設)하여 선비를 취할 수 있을 것입니다. 선비들을 죽을 때까지 부귀공명의 목표(鵠)로 유혹한다면, 사업을 이루고 기술을 정밀하게 연마하며, 재주를 가진 자들 또한 모을 수 있을 것입니다.[89]

총리아문은 이홍장의 글을 다음과 같이 요약하여 황제에게 올린다.

생각건대 치국지도(治國之道)는 자강(自强)에 달려 있습니다. 시대와 형세를 살펴보건대 자강의 요체는 연병(練兵)에 있고, 연병은 또 기계의 제조(製器)를 최우선으로 합니다. 서양인들이 흔단(釁端)을 빚은 이래 지금까지 10여 년이 지났습니다. 함풍(咸豊) 연간에 이르러 내환(內患)과 외모(外侮)가 동시에 닥친 것이 어찌 모두 무신(武臣)들이 군대를 잘 다스리지 못해서 그런 것이겠습니까? 대체로 적을 제압할 병사는 있었지만 적을 제압할 기계가 없었습니다. 그러므로 향하는 곳마다 무적이 되지 못했던 것입니다. 영국과 프랑스 등 외양(外洋)의 여러 나라들에 대해, 유세하는 자들은 모두 저들이 단지 선박의 견고함과 대포의 예리함만을 믿고 해외를 횡행한다는 사실을 알고 있습니다. 하지만 선박이 어떻게 견고해지며, 대포가 어떻게 예리해지는지에 관해선 놓아둔 채 강구(講究)하지 않습니다. 설령 이 일에 마음을 쓰는 자가 있더라도, 서양인들이 그 교묘한 기술을 비밀로 해서 쉽게 다른 사람에게 전수하지 않기 때문에 끝내 그 방법을 엿볼 도리가 없습니다. 신 등은 함풍 10년(1860) 겨울에 팔기(八旗) 병정을 훈련시킬 것을 청한 바 있습니다. 그 주접(奏摺)에서 성명하기를, 「서양의 총·화약·대포 등을 외국이 모두 판매하고 또한 인원을 보내서 각종 화기의 제조법을 교도(敎導)하려고 합니다. 상하이(上海) 등지에서 어떻게든 방법을 마련해서 서양인을 고용하여 이를 주조(鑄造)하고 교도(敎導)시켜야 하니, 부디 해당 독무(督撫)에게 방안을 마련하도록 명하십시오.」라고 하였습니다. 이에 대해 시행을 윤허한다는 유지(諭旨)가 내렸습니다. 그리하여 신 등은 여러 차례 해당 성(省)에 서함을 보내서, 방법을 마련하고 널리 조사해서 실용(實用)을 얻을 것을 부탁했습니다. 마침 근년에 강소(江蘇)에서 군대를 쓸 일이 생겼는데, 영국·프랑스의 서양인 교관을 고용해서 병용(兵勇)을 교련시켰습니다. 이 서양인 교관들은 마침내 제 나라의 적을 제압하는 화기(火器)를 가져와 운영하고 응용하면서 우리에게서 많은 비용을 뜯어갔습니다. 무신(撫臣) 이홍장은 많은 재물을 아끼지 않고 국(局)을 설치하고 사람을 보내 제조법을 배우게 한 후, 계속해서 각 영(營)에서 사용하도록 도왔습니다. 이 이기(利器)를 얻음으로써 충분히 견고한 성루를 파괴하고 향하는 곳마다 승리를 거두어 대강(大江: 양쯔강) 이남을 마침내 평정할 수 있었으니, 공효(功效)의 신속함이 이보다 더한 일이 없었습니다. (후략)[90]

자강을 위해서는 서양의 군함과 총포만 들여오는 것이 아니라 서양의 기술까지 습득해야 된다는 인식이 퍼지면서 서양과의 접촉이 급격히 늘기 시작한다. 그리고 급격히 확대되기 시작하는 서양과의 교류를 「양무(洋務)」라고 한다.

「양무」라는 용어가 처음 사용된 것은 1840년대 부터였다. 당시에는 오랑캐들과의 관계를 다루는 「이무(夷務)」와 동격으로 사용되었다. 그러나 1860년대 이후로는 러시아를 포함한 서양과의 관계를 다루는 것을 뜻하게 된다. 그리고 점차 서양과의 공식적인 관계 뿐만 아니라 서양의 기술과 기계를 다루는 사무를 통칭하게 된다.

자강의 구체적인 방법으로서의 「양무」는 서양의 기술을 받아들이고 사용하는 것이었다. 다시 말해서 서양의 방법들을 흉내내기, 따라하기였다. 청의 관료들이 추구한 것은 「자강」이었지만 구체적인 방법은 서구화였다. 자강운동이 이론적으로는 대내적인 개혁도 포함하였지만 실제적으로 강조된 것은 서양기술의 모방이었다. 이것이 양무운동의 본질이다.[91]

양무운동이 본격적으로 시작되면서 서양의 책들이 중국어로 번역된다. 1851년에 출판된 위원의 『해국도지』는 당시 번역되었던 외국책 20여 종의 내용을 담고 있었다. 그러나 양무운동이 시작되면서 「강남기기제조총국(江南機器制造總局)」과 「동문관(同文館)」에서 번역서들이 출판되고 관료와 지식인들 사이에 널리 배포된다. 강남기기제조총국은 1868~1879년 사이에 98개 번역서들을 출판한다. 총 판매부수는 31,111부에 이르렀다.[92]

서양 문명에 대한 이해가 중요하다는 인식이 퍼지면서 외국어, 기술, 전신, 탄광, 조선, 군사학 등 소위 「서학(西學)」 또는 「신학(新學)」을 가르치는 학교들이 설립되고 이러한 학교들을 통해서 서양의 과학과 기술에 대한 관심이 특히 개항항의 사대부들과 상인들을 중심으로 급속히 퍼진다.[93] 공식, 비공식적으로 해외여행을 다녀 오는 사람들의 숫자가 급증하면서 이들이 출판하는 여행기, 유학생 수기 등이 널리 읽힌다. 1866년부터 1900년 사이 해외에서 경험한 내용을 담은 수기들은 61명의 저자가 낸 158종에 이른다.[94]

1880년대에 들어서는 상업과 산업, 농업에 대한 관심이 급증한다.

1879년 설복성은 양무에 관해서 「용(用)」은 상업이 되어야 하지만 그 「체(體)」는 산업화가 되어야 한다고 주장한다. 이때부터 무기와 군함 등 군수산업 뿐만이 아니라 민간 부문의 산업화 역시 중요하다는 인식이 퍼지면서 양무운동파는 해상수송, 탄광, 방직, 철도, 화폐, 철강 생산 등을 주도하면서 이를 위한 서양 기계들을 도입한다. 농업의 근대화도 중요하다는

정관응

인식이 확산되면서 정관응(鄭觀應, 1842.7.24.~1922.5.27.)의 자문을 받은 좌종당은 1877~1881년 감숙성에 새로운 농법을 도입한다.[95]

서구로부터 「양무」를 배우는 목적은 중국의 「부국강병」이었다. 「부국강병」은 1860년대와 1870년대 중국에서 매우 널리 퍼진 구호였다. 그러나 1870년대 중반부터는 「부민」 또는 「이민」, 즉 백성들을 부유하게 하고 이롭게 하는 것이 중요하다는 인식이 퍼진다. 곽숭도는 1875년 공친왕 혁흔에게 보낸 편지에 정부가 인민들에게 근대 해상운송과 제조업을 적극 권장할 것을 제안하면서 국가의 부와 국민들의 부는 불가분의 관계에 있음을 설파한다. 정관영, 왕도, 이홍장, 그리고 특히 마건충도 이 점을 수 없이 강조한다.[96]

물론 중국의 사대부들도 전통적으로 「위민(爲民)」을 강조했다. 그러나 이는 어디까지나 「왕도정치」의 틀 내에서의 「위민」일 뿐이었다. 즉, 세금과 부역을 줄여 줄 뿐 나머지는 백성들에게 맡기는 정책, 백성들

이 생업에 종사할 수 있도록 정부의 개입을 줄이는 지극히 소극적인 정책이 소위 「왕도정치」였다. [왕도정치에 대한 자세한 논의는 제 1권, 제 7장, 「5. 왕도 정치 대 부국강병」 참조.] 그러나 「부민」(富民)이라는 새로운 개념은 국가와 국민들의 관계가 불가분의 관계이고 부유한 국민이 부유한 국가를 만든다는 인식에 기반한다. 국가가 강하기 위해서는 국민이 부유해야 하는 것이다.[97]

서양의 기술을 도입하고 모방하는 과정에서 그 기술을 가능케 하는 서양 문화의 중요성에 대한 인식도 싹트기 시작한다. 그러면서 사고방식과 관습, 제도 자체에 대한 논의가 시작된다. 이는 곧 「변법(變法)」에 대한 논의로 이어진다. 변법은 전통적으로 국가경영에 대하여 관심을 가진 소수의 정통 관료들이 국가 통치기구에 대한 근본적인 개혁을 요구할 때 사용하는 용어다. 북송의 왕안석, 명말청초의 고염무 등이 「변법」을 주장한 대표적인 학자, 관료들이었다.

이홍장은 1864년 군사제도를 개혁하는 것을 「변법」이라고 명명한다. 정일창은 보수주의자들이 중국 체제의 가장 신성한 제도인 과거제도를 개혁하여 서양의 시사, 군사학, 자연과학, 외국어, 외교 등의 과목을 신설할 것을 주장한다.[98] 1874년 동치제에게 올린 상소에서 이홍장은 해양방어의 중요성을 강조하면서 「오늘의 상황에서 우리가 해양방어를 강화하기를 원한다면 변법과 능력있는 인재들을 등용하는 방법 밖에는 없습니다」고 한다. 이홍장은 1881년 1월 경세치용을 주창한 공양학(公羊學)의 거두 왕개운(王闓運)에게 보낸 편지에서 「우리 내정에 있어서는 변법이 필요하다」고 쓴다. 변법의 중요성은 곽숭도, 설복성, 왕도 등 수 많은 양무파들이 주장한다.

그러나 양무운동 당시의 변법은 중국 고유의 제도들을 근본적으로 개혁하기 보다 서양의 기술적, 경제적 도전에 대응하기 위하여 중국의 제도들을 일부 조정하는 것을 뜻했다. 실제적으로 양무운동의 일환으로 도입된 개혁들은 대부분 표피적이고 체계도 없었다.

이는 자강운동의 이름으로 설치된 새로운 정부 사무처들이 대부분 「국」(局)이었다는 사실에서도 여실히 드러난다. 「국」이란 원래 특별한 상황에 대처하기 위해서 일시적으로 설치되는 관청을 뜻하였다. 이홍장이 1872년에 해양수송과 무역을 담당시키고자 설립한 「윤선초상국 (輪船招商局)」처럼 「국」들은 설립한 정부 고관의 힘과 보호에 의존할 수밖에 없었고 곧잘 다른 관리들의 공격의 대상이 되곤 했다.[99]

자강운동의 일환으로 시작된 대부분의 사업은 비싼 수입기계류, 새로운 지식과 운영방식을 필요로하였다. 청은 늘 재정과 기술력, 인적자원의 부족에 허덕일수 밖에 없었다. 재정은 중앙 조정에서 막강한 영향력을 행사할 수 있어야 해양세관의 세수를 일부나마 배분 받을 수 있었다. 인적자원은 절대적으로 부족했다. 기기창(機器廠)은 기계공업 뿐만 아니라 석탄과 도로를 필요로 하였고 기술자, 기계공, 과학자, 선장, 기능공과 광부가 필요했지만 이 모든 것은 늘 부족했다.[100]

자강운동이 그나마 가능했던 것은 조정의 강한 지지세력과 외국인 기술자들의 대규모 참여, 외국인들로부터 놀랍게 빨리 기술을 습득한 수 많은 중국인 기술자들이 있었기 때문이다. 사실 당시의 정치적, 재정적, 기술적, 인적자원을 볼 때 자강운동을 시작할 수 있었다는 사실 자체가 기적에 가까운 일이었다. 그러나 보다 큰 문제는 일단 출범한 사업들이 자생력을 가질 수 있는가, 그리고 그것들이 지속될 수 있도록 제도적 정치적 환경에 근본적인 변화가 일어날 수 있는가였다.[101]

자강운동은 조약항(treaty port)들을 총괄하던 남양통상대신과 북양통상대신이 주도한다. 1842년 제 1차 아편전쟁에서 패한 청은 영국과 남경조약을 체결한다. 청은 이미 1760년부터 광동(Canton)에서 외국인들의 제한적인 교역을 허가한바 있다. 그러나 남경조약으로 광동 이외에 샤먼, 푸저우, 닝보와 샹하이 등 5개 항구를 외국상인들에게 개방한다. 통상대신은 이 조약항들을 총괄하는 자리였다. 1860년에는 청이 제 2차 아편전쟁에서 패하면서 양쯔강 유역의 항구들을 추가로 개방한다.

조약항의 숫자가 늘자 이들 항구들을 보다 효율적으로 관리하기 위하여 통상대신을 「남양통상대신」과 「북양통상대신」으로 나눈다. 원래의 5개 조약항과 제 2차 아편전쟁 이후 추가로 개항한 양쯔강 유역의 조약항들은 남양통상대신이 감독을 맡는다. 반면 북양통상대신은 1861년 개항하는 톈진과 옌타이(煙臺, 연태, 옛 지명은 芝罘, 츠푸) 그리고 1864년에 개항하는 잉커우(營口, 니오촹, 우좡) 등 세 조약항을 총괄한다.[102] 통상대신들은 서구와의 교류와 관련되는 모든 사안을 책임진다. 동시에 서구의 기술과 지식을 배우고 응용하는 과제도 책임을 지게 된다.

이홍장은 1863~1866까지 강소성 총독과 남양통상대신을 겸한다. 1866년부터는 증국번이 남양통상대신을 맡는다.[103] 이홍장은 1870년 즈리의 총독이 되면서 동시에 북양통상대신을 겸한다. 그는 주로 북양통상대신의 거점인 톈진에 거주하지만 겨울에는 즈리의 수도 바오딩에 거주한다.[104]

역대 북양 통상대신
李鴻章(1871~1883) (1884~1895) (1899~1900) (1900~1901)
王文韶(1895~1898)
栄禄(1898)
袁世凱(1901~1907)

역대 남양 통상대신

曾国藩(1860~1868) (1870~1872)

李鴻章(1862~1865)

左宗棠(1881~1884)

沈葆楨(1875~1879)

张之洞(1894~1896) (1902~1903)

劉坤一(1879~1881) (1891~1894) (1896~1902)

端方(1906~1909)

4. 총리아문의 설치

화이질서론(華夷秩序論)에 의하면 세계의 중심이자 문명의 정점에 있
는 중국은 주변의 모든 이민족, 오랑캐들을 문명으로 교화시키고 다스
렸다. 모든 이민족들은 유교문명을 받아들인 정도와 수준에 따라 그
우열이 정해졌다. 조선이나 안남 처럼 유교를 받아들인 「속방」들에게
는 「내지(內地)」에 준하는 문명적, 물질적 혜택을 베풀었고 속방들은 조
공을 바침으로서 중국이 베푸는 문명의 이기에 대한 감사를 표시하는
동시에 중국이 세계와 문명의 중심임을 인정하였다. 중화문명을 받아
들이지 않은 「동이」, 「서융」, 「남만」, 「북적」 등의 「오랑캐」들은 때로
는 교화로, 때로는 무력으로 다스렸다. 그러나 화이질서론에 의하면
아무리 오랑캐라도 「(유)교화(儒)教化)」를 통해서 「문화(文化: 문명으로 변
함)」를 이룰 수 있다고 보았다.[105]

청의 대외관계 역시 화이질서론에 기반하였다. 「강건의 치」로 일컫
는 강희, 옹정, 건륭 시대의 정복전쟁으로 신장, 티벳, 대만을 포함한
거대한 영토를 편입시키고 수 많은 주변 족속들을 복속시킨 청은 명실

공히 세계의 중심, 문명의 중심이었다.

화이질서는 청의 조정만 고수한 것이 아니었다. 태평천국군 역시 화이질서를 고수했다. 닝보의 태평천국군이 진압된 후 이곳을 방문한 영국 군함은 태평천국의 외교 관련 칙령을 입수한다. 이 문서에 의하면 태평천국의 지도부는 태평천국 황제를 정점으로 하는 세계질서를 꿈꿨다. 외국에는 태평천국의 황제가 인정하는 현지의 세습 총독을 두되 중국의 해외관계 담당관의 감독을 받는다고 되어 있었다.[106]

구미열강의 도래는 화이질서를 뿌리째 흔든다. 근대 서구의 국제질서관에 의하면 국제사회는 기본적으로 「자연의 상태」, 즉 무정부 상태다. 「약육강식」과 「강자존」의 원칙이 지배하는 무정부 상태에서 각국 정부는 자국을 보호 하는데 필요한 무력을 행사할 수 있는 권한이 있다. 물론 이 무력은 자국의 이해를 극대화시키기 위해서 이웃을 공격하는데 사용할 수도 있다. 「30년 전쟁」의 참상 끝에 체결된 「베스트팔렌 조약」 이후 각 국가는 자국의 영토 내에서 절대적인 주권을 인정받게 된다. 그리고 산업혁명으로 국제 교역이 폭발적으로 증가하면서 절대주권을 가진 「대등한」 국가 간에 조약을 통해서 통상을 보호하는 관행이 생긴다. 물론 아편전쟁에서 볼 수 있듯이 국제 통상을 위해서는 이를 거부하는 국가를 무력으로 「개국」시키는 것은 당연한 것으로 받아들여졌다.

구미열강은 화이질서와는 판이하게 다른 국제질서를 따랐을 뿐만 아니라 중국을 대하는 태도나 방식에 있어서도 과거의 외적들과는 전혀 달랐다. 구미열강은 군사적으로 청을 압도했을 뿐만 아니라 문화적으로도 청의 수월성을 인정하지 않았다. 과거의 오랑캐들과는 달리 「서양 오랑캐」들은 중국을 침공한 후 돌아가지도 않았다. 그렇다고 중국을 점령-통치하려고 하지도 않았다. 그 대신 중국과 전면적이고 항구적인 교역관계를 구축하고 자신들의 종교인 기독교를 전파할 수 있도록 허용할 것을 요구한다.

화이질서에 의하면 구미열강들이 중국을 상대로 이런저런 것을 요구하는 것은 불경죄에 해당하는 것이었고 무력을 동원할 경우에는 반란으로 받아들여질 수 밖에 없었다. 1859년, 주청 공사 프레드릭 브루스는:

> 중국에 거주하는 외국인들은 모두 야만부족의 일원으로 간주되고 있고 (중국에서는 가장 천시되는) 장사를 생업으로 하고 있으며, 문화란 없고, 이성의 법칙을 모르며, 따라서 나라의 주변부에만 거주를 허용한다. 중국 정부의 관례에 따르면 외국인들은 황제가 특별하게 허락해주는 것 외에는 아무런 권한이 없으며 비록 상황이 그래서, 또는 청 조정이 허약해서 어쩔 수 없이 상당한 특권을 먼 변방에 있는 항구의 외국인들에게 양보하기는 하였지만 여전히 외국 정부들이 자신들의 국민들을 보호하기 위하여 무력을 사용할 경우 이를 모두 반란으로 간주하는 전통은 여전히 조금도 약화되지 않고 있다는 사실이 놀랍다.[107]

제 1차 아편전쟁에서 제 2차 아편전쟁까지의 20년 간 청과 구미열강은 서로 다른 국제질서관으로 인하여 끊임없는 마찰을 빚는다. 구미열강의 입장에서는 자신들의 이해를 보호하기 위해서 계속해서 무력을 사용해야 했다. 이는 매우 큰 비용이 들뿐만 아니라 효과적이지도 않았다. 청의 입장에서는 구미열강이 화이질서를 받아들이지 않기 때문에 아무런 외교적 수단도 없었고 어떤 정책도 사용할 수가 없었다.[108]

영국은 결국 제 2차 아편전쟁을 일으켜 중국으로 하여금 화이질서를 포기하도록 한다. 함풍제와 그를 둘러싼 극단적인 보수파들은 끝까지 싸울 것을 주장하지만 황제와 조정이 열하로 피신하고 베이징이 영국-프랑스 연합군에 점령당하고 원명원이 불타자 항복할 수 밖에 없었다.

청은 최악의 여건에서 영국군의 사령관인 엘긴(James Bruce, 8th Earl of Elgin and 12th Earl of Kincardine, 1811.7.20.~1863.11.20.)과의 협상에 임한다. 영국-프랑스 연합군이 톈진을 함락시키고 베이징으로 진격해 오고 있을 1860년 여름은 태평천국의 난이 최고조에 달하고 있던 때였다. 그로부터 불과 3개월 전인 1860년 5월 청의 정규군인 녹영군의 강남대영은 태평천국의 수도인 난징 포위작전 끝에 태평천국군의 반격으로 궤멸된다. 청의 조정은 다급한 나머지 증국번을 양장총독 겸 흠차대신에 임명하여 군권과 재정권 등 전권을 맡기면서 태평천국의 난을 평정할 것을 명한다. 팔기군도, 녹영군도 아닌, 만주족도 몽골족도 아닌 한족의 문신에게 모든 군권을 맡긴 것은 청조 건국 이래 초유의 사건이었다. 그만큼 사태가 심각했다.[태평천국의 난과 증국번에 대한 자세한 논의는 제 2권, 제 2부, 제 5장, 「5. 상군의 결성」, 「6. 상군의 성공 요인」 참조.]

당시 청의 지도부는 태평천국의 난과 니엔난을 「청의 목숨을 위협하는 병마」로 표현 하였다. 반면, 청의 변방영토를 야금야금 침범해 들어오는 러시아는 중국의 「가슴」을 위협하는 것으로 묘사한다. 이에 비해 교역의 확대를 요구하는 영국은 「사지」를 위협하는 질병에 불과했다. 영국과 프랑스의 요구를 들어주는 것은 어찌 보면 당연한 일이었다.[109]

제 2차 아편전쟁을 겪으면서 중국은 외적을 유교문명의 문화적, 도덕적 우위에 기반한 권위로 제압하고 길들이는 시도를 포기한다. 무력으로 서양인들을 축출할 실력이 없다면 과연 그들과 어떻게 평화로운 관계를 유지할 것인지가 시급한 일이 될 수 밖에 없었다.[110] 황은동이 말하였듯이 아편전쟁 이후 청 조정의 가장 중요한 과제 중 하나는 「먼

나라에서 오는 외국인들과 평화로운 관계를 유지하는 것」이었다.[111]

청은 서양인들이 따르는 도덕적 기준에 호소하기로 전략을 바꾼다. 중국인들이 서서히 깨닫기 시작한 것은 구미열강이 국제법, 공법, 계약을 엄수하고 나름대로 「상식」이라고 생각하는 정의관을 갖고 있다는 사실이었다. 함풍제가 러허로 피신한 후 베이징에 남아서 영국-프랑스 군과 협상을 해야했던 공친왕은 서양 오랑캐들도 일단 약속한 것은 지킨다는 것을 알게 된다. 따라서 우선은 구미열강과 평화공존 할 수 있다는 사실을 깨닫는다.[112] 이러한 깨달음을 바탕으로 동치중흥기의 청은 서양의 법과 윤리체계를 이용하여 구미열강을 제어하는 새로운 외교정책을 채택한다. 그리고 이 새 외교정책을 추진하기 위해서 「총리아문」을 설립한다.

1861년 이전에는 중국의 대외관계를 전담하는 기관이 없었다. 예부(禮部)가 조선과 같은 속방들과의 관계를 담당하였지만 이는 예부의 역할의 극히 작은 부분에 불과했다. 「리판유엔(理藩院, 이번원)」은 몽고와의 관계를 전담하고 있었고 러시아와의 관계를 다루는 부서들도 있었지만 모두 근대적인 의미에서 「외교」를 전담하는 부서는 없었다.

제 2차 아편전쟁 중 구미열강과 협상을 벌이는 과정에서 외교 전담 부서의 골격이 자연스레 갖춰지기 시작한다. 영국과 프랑스 군과의 협상을 맡은 공친왕과 계량, 문상은 자신들 밑에서 일하던 유능한 관리들을 불러모아 협상에 임한다. 그러자 전국 각지에서 중국의 대외 관계에 대한 상소들이 쏟아져 들어오기 시작한다. 「톈진조약」이 체결되고 외국의 외교사절들이 베이징에 상주하기 시작하면서 이 부서는 더 바빠진다.[113]

1861년 1월 공친왕과 문상, 계량 등은 서양 오랑캐들의 문제를 다루기 위한 새로운 외교 정책과 새로운 외교 전담 부서의 필요성을 논하는 상소를 올린다.

> 신 등이 대국(大局)을 작의(酌議) 한 장정(章程) 6개조의 요점은 적을 신중
> 히 살펴서 변방을 방어함으로써 후환을 막는 데 있습니다. 그러나 이는
> 그 말단만을 다스릴 뿐 근원은 아직 찾지 못한 것이니, 근원을 찾는 방책
> 은 자강(自强)에 달려 있습니다. 그리고 자강지술(自强之術)은 반드시 연
> 병(練兵)을 우선해야 합니다. 현재 적을 어루만지는 논의(撫議)가 비록 이
> 뤄졌지만, 국위(國威)를 아직 떨치지 못하고 있으니 마땅히 신속하게 진흥
> (振興)할 것을 힘껏 도모해야 합니다. 그렇게 한다면 가령 저 오랑캐들이
> 천명에 순응한다면 서로 평안할 수 있을 것이요, 천명을 거스르더라도 준
> 비가 있어서 기필코 오래 지나도 우환이 없을 것입니다. (후략)114

동치제는 1861년 1월 20일, 외교관계를 전담하기 위한 공식적이고
항구적인 새 기관을 설립하라는 칙령을 내린다.

총리아문이 설립됨으로써 중국은 역사상 처음으로 구미열강과의 모
든 관계를 전담하는 정부 관청을 갖게된다. 「톈진조약」과 「베이징조
약」으로 개항된 우장(현재의 잉커우시), 톈진, 등주(현재의 웨이하이시
와 옌타이시 북부)의 통상 사무를 담당 하는 삼구통상대신(三口通商大
臣)과 1844년(도광 24년)에 난징조약으로 개항된 다섯 항구(五口), 즉 광
저우, 푸저우, 샤먼, 닝보, 상하이의 대외 통상과 외교를 담당하는 오
구통상대신(五口通商大臣)은 모두 총리아문이 관할하게 된다.115

전담부서의 탄생으로 외교와 통상이 전에 없이 활성화되면서 청과
구미열강 사이에는 공통의 이해관계가 싹튼다. 특히 양측의 외교관들
은 상호의존적이게 된다. 공친왕이 1868년 주 청 영국공사 앨콕(John
Rutherford Alcock, 1809.5.25.~1897.11.2.)에게 보낸 편지는 이를 여실
히 보여준다.

중국 상인의 목적은 외국인들에게 최소한만 양보하면서 자신의 이해관계만을 추구하는 것입니다. 외국 상인의 목적도 중국 상인의 안녕에 대해서는 관심 없이 오직 자신의 이해관계를 추구하는 것입니다. 한마디로 각자는 자신의 이해관계에 대해서는 조심을 하지만 상대방의 안녕에 대해서는 관심이 없습니다…. 상인들의 사고

앨록

방식이 이럴진대 관리들의 역할은 정의의 원칙에 따라 어느 한쪽에 기울지 않고 양측의 입장을 다 헤아리면서 행동함으로써 보다 빨리 합의에 도달할 수 있게 하는 것이지 않겠습니까?[116]

공친왕을 비롯한 총리아문의 청 관리들은 비로소 근대국제관계를 이해하기 시작한다.

동치중흥을 주도하면서 총리아문을 출범시킨 인물들은 아편전쟁과 태평천국의 난, 니엔난 등 수십년에 걸친 반란과 내전으로 무너진 조공체계를 완벽하게 재구축하는 것은 불가능하다는 것을 알았다. 구미열강으로 하여금 화이질서와 조공체제를 받아들이도록 하는 것이 불가능하다는 것도 알았다. 그럼에도 불구하고 주변국들과 전통적인 관계를 유지하는데는 속방체제가 여전히 유효하다는 사실을 깨닫는다. 따라서 구미열강과는 새로운 외교체제를 구축하는 동시에 아시아의 주변국들을 다루는데 있어서는 조공질서를 재구축 한다.[117]

청은 오랜 전쟁으로 끊겼던 조공 사절단을 다시 받기 시작한다. 서양인들은 청이 여전히 속방체제를 유지하면서 조공질서를 재구축하는 모습을 경이로운 눈으로 바라본다. 중국이 먼 곳에 있는 민족들을 여전히 문화의 힘으로 압도하는 한편 수 많은 변방 민족들이 「내용이 이미 사라진지 오래고 그 그림자만 남아있음에도 불구하고 여전히 추종하는 모습」을 보고 놀란다.[118] 상하이에 본부를 두고 1850년부터 발행되기 시작한 주간지 『노스차이나해럴드(*North China Herald*)』는 1864년 11월 19일자 기사에서 「물리적 힘이 그토록 약화되었음에도 불구하고 중국의 정부는 여전히 과거 더 정열적이었던 황제들이 주변국을 호령할 때 구축한 종주권(suzerainty)를 여전히 그대로 행사하고 있다는 것은 놀라운 일이다.」고 한다.[119]

5. 해관의 설립

양무운동의 가장 중요한 재원은 개항항(Treaty Ports, 조약항)의 해관(海關)에서 징수하는 관세였다. 국제교역에 대한 기본적인 이해가 없던 청의 쇄국주의자들은 개항을 통한 외세와의 교역은 막대한 국부의 유출을 초래할 뿐이라고 주장했다. 구미열강이 전쟁을 치르면서까지 청의 개항을 강요한 것은 교역을 통하여 중국에 대한 수탈과 착취를 본격화하기 위해서라고 했다. 그러나 외적의 무력에 굴복하여 어쩔 수 없이 개항시킨 개항장들은 「청의파」와 같은 쇄국주의자들이 주장했던 것과는 달리 경제적으로 몰락하고 있던 청이 반세기를 더 지탱할 수 있는 막대한 국부의 원천이 된다.

1858년 6월에 체결된 텐진조약의 후속으로 그해 10월에 열린 「상하이관세회의(Shanghai Tariff Conference)」는 청의 수출입 관세를 5%

로 결정한다. 또, 상하이의 「외
국인세무감독(Foreign Inspec-
torate of Customs)」의 관할권
을 다른 조약항으로도 확대하
는 한편 개항장의 세무를 총괄
하기 위해서 새로 「해관」을 설
립한다. 해관을 총괄하는 「총세
무사(Inspector General)」는 청
조정이 임명하는 외국인이 맡
기로 한다.

래이

초대 총세무사는 영국 켄트 출신 호레이시오 레이(Horatio Nelson
Lay, 1832.1.23.~1898.5.4.)였다.[120] 생물학자 겸 선교사였던 레이의 부
친 조지 레이(George Tradescant Lay, 1800.?.?.~1845.11.6.)는 중국의
개항항 아모이(샤먼)의 영국 영사로도 봉직했다. 그러나 그는 호레이
시오가 13세 때 갑자기 세상을 떠난다. 영국에서 어머니와 살던 호
레이시오는 15세가 되던 1847년 두 살 어린 동생과 함께 홍콩으로
가 독일인 선교사 귀츨라프(Karl Friedrich August Gutzlaff, 1803.7.8.
~1851.8.9.) 밑에서 중국어를 배운다. 중국어를 완벽하게 구사하게 된
레이는 1854년 상하이의 부영사, 그리고 이듬해 갓 설립된 중국해관
초대 총세무사에 임명된다. 그 후 그는 광동과 스와터우(Swatow)에도
해관을 개설하면서 중국 근대해관의 기초를 놓는다.

1861년, 공친왕 혁흔은 레이에게 톈진에도 해관을 개설할 것을 명
한다. 「제 2차 아편전쟁」 후 영국과 프랑스에 지불해야 할 배상금을
마련해야 했을 뿐만 아니라 10년째 계속되고 있던 「태평천국의 난」
과 「니엔난」 등의 내란을 평정하는데도 막대한 재원이 필요했기 때
문이다. 그러나 「태평천국의 난」이 절정에 달하면서 청이 멸망할지

도 모른다고 생각한 레이는 공친왕에게 해관을 추가로 개설하는 것을 잠시 보류할 것을 제안한다.[121] 그리고는 건강 악화를 이유로 영국으로 장기 휴가를 떠난다.

로버트 하트

레이는 휴가를 떠나기에 앞서 1859년부터 광동 해관의 부세무사로 일하고 있던 로버트 하트(Robert Hart, 1835.2.20.~1911. 9.20.)를 베이징으로 보내 공친왕을 만나게 한다. 1835년 북아일랜드에서 태어난 로버트 하트는 벨파스트의 퀸스칼리지(Queen's College, Belfast)를 졸업한 후 19세의 나이에 주 청 영국 영사관에 통역사로 부임한다. 그 후 닝포 주재 영사, 광동 주재 영국 영사과 통역관 등을 역임한 후 1859년 5월 광동 해관의 부세무사로 부임한다.[122]

1861년 6월 5일 베이징에 도착한 하트는 곧바로 문상과 공친왕을 만난다. 하트와의 첫 만남에서 강한 인상을 받은 공친왕은 1863년 11월 하트를 레이의 후임으로 「대청황가해관총세무사(大淸皇家海關總稅務司)」에 임명한다. 당시 주 청 영국 공사 브루스(Sir Frederick William Adolphus Wright-Bruce, 1814.4.14.~1867.9.19.)는 공친왕과 하트의 관계에 대해서 다음과 같이 증언하고 있다.

공친왕 본인이 매우 친근하고 친절하게 대해줍니다. 하트의 정직함과 솔직함은 그에게 매우 좋은 인상을 남겼으며 공친왕은 하트에게 베이징에 남아서 청 조정의 여러가지 문제에 대해 도와달라고 강하게 제안하였습니다. 공친왕은 그를 늘 「우리의 하트」라고 부르면서 좋은 제안이지만 집행하기 어려운 문제에 봉착하기만 하면 「100명의 하트만 있었다면 우리가 당장 해결할 수 있다」고 합니다.[123]

하트가 부임하기 전까지만 해도 청의 세관은 악명 높은 부패의 온상이었다.[124] 그러나 청조로부터 해관에 관련해 절대적인 권한을 부여받은 하트는 이후 1911년까지 근 반세기 동안 해관 총세무사를 역임하면서 근대식 해관을 구축하고 효율적으로 운영함으로써 청 조정에 막대한 재원을 제공한다.

하트는 1861년에서 1865년 사이에 3천 2백만 냥의 관세를 거둬들여 청조정에 납부한다. 하트가 거둬들이는 관세 덕분에 청은 「제 2차 아편전쟁」 배상금 1천 6백만 냥(영국과 프랑스에 각 8백만 냥)을 별다른 재정적 타격 없이 1866년 중반에 완납한다.[125]

1865년에는 해관총세무사의 본부를 상하이에서 베이징으로 옮긴다.[126] 이때부터 해관은 각 지방관의 관할이 아닌 총리아문의 직속이 되면서 하트는 공친왕의 절대적인 신임을 배경으로 중국해관을 총괄한다.[127]

하트는 거둬들이는 관세를 중국세관은행에 정확히 납부한다. 징수된 관세에 대한 자세한 회계보고서는 하트 휘하의 직원들이 직접 작성함으로써 정확한 회계가 이루어지면서 밀수가 근절된다. 1875년에는 세관의 직원수가 서양인 408명, 중국인 1417명으로 늘고 1885년에는 서양인 524명, 중국인 2075명으로 는다. 1865년 당시 830만냥이었던 관세는 1875년에는 1,200만냥, 1885년에는 1,450만냥에 달한다.[128]

하트 덕분에 개항항의 무역은 급격하게 신장한다. 가장 큰 수혜자는 청 조정이었다. 하트 휘하의 해관 직원들은 중국의 무역과 지역경제에 대한 정확하고 막대한 양의 통계도 축적한다.[129] 정확한 회계로 청조는 관세가 얼마나 걷혔는지 파악할 수 있었고 따라서 지방관들의 부패를 막을 수 있었다.

1870년 말 청조의 재정은 총 6천만 냥 정도였다. 가장 큰 세수원은 토지세였고 그 다음은 리진세가 1천8백만 냥으로 전체의 30% 정도를 차지하였고 [리진세에 관해서는 제 1권, p. 304 참조] 해관의 수입은 1천2백만 냥으로 청조 전체 재정의 약 20%를 차지한다.[130]

토지세나 리진과 같은 전통적인 세수원은 1860년대 초부터 고정적인 지출에 묶여 있었기 때문에 청 조정은 새로운 사업을 펼칠 수 없었다. 해관의 세수는 청의 조정에게 새로운 사업에 필요한 재원과 예상하지 못한 사태가 발생했을 때 필요한 비상금을 제공해 주었다. 해관의 세수는 베이징의 「동문관」, 「신기영(神機營, 베이징 수비를 맡은 근대식 군대, Peking Field Force)」, 「강남」과 「톈진기기제조총국」, 푸저우(福州)의 「마미선정창(馬尾船政廠)」, 미국에 유학생을 보내는 비용, 그리고 1875년 이후의 새로운 해군 보강사업에 사용된다.[131]

해관 세수의 사용처는 조정이 결정하였기 때문에 세수를 이용한 사업은 모두 황제의 재가를 받아야 했다. 세수의 60%는 성에 배분되어 군비증강, 또는 황실이 필요로 하는 건축사업에 투입된다. 나머지 40%는 베이징의 호부(戶部)의 몫이었지만 특별한 요청은 황제가 직접 재가하기도 한다.[132]

예를 들어 1874년 이홍장은 해양방어를 위해 4백만 냥을 요청한다. 황제는 이를 재가하지만 곧 다른 곳에 우선 사용해야 한다며 취소한다. 좌종당이 서북부에서 전쟁을 치르는데 우선 필요했고 베이징 인근의 황실이 사용할 건물 건축에 사용되어야 했기 때문이다. 좌종당의 신장 원정이 성공할 수 있었던 것은 정부의 세수와 해관관세를 담

보로 영국 은행들로부터 1천 4
백 70만 냥을 빌릴 수 있었기
때문이다.[133]

노년의 로버트 하트

하트는 청 조정의 재정을 뒷
받침하였을 뿐만 아니라 총리
아문의 고문으로도 활약한다.
그는 중국의 사절단을 해외로
파견하는데 결정적인 역할을
하고 「동문관」에 수학과 과학
학과를 설치할 것도 설득한다.
총리아문은 외국과의 모든 협
상에 하트의 자문을 받는다.[134]

특히 1868년은 1858년 체결된 「톈진조약」을 재협상하기로 되어 있
는 해였다. 총리아문은 당시 주청 영국 공사인 러더포드 앨콕(Ruther-
ford Alcock)과 조심스럽게 재협상을 시작한다. 이때 앨콕과 하트는 각
기 총리아문에 중국이 필요로 하는 행정, 교육, 예산 등 각 분야의 개혁
에 대한 보고서를 제출한다. 베이징 주재 외교관들은 좋은 관사로 모
두 옮겨줬다.[135] 청이 근대식 외교를 받아들이고 구미열강과의 관계를
증진시키는 가운데 불평등 조약을 재협상하는 것이 목표였다.

하트는 중국의 고위관료들을 이끌고 유럽을 방문하면서 서구의 정
치제도들을 시찰한다. 청 조정은 전에 주 청 미국공사를 역임한 앤슨
벌링검(Anson Burlingame)을 미국, 유럽과의 조약협상에 중국측 협상
대표로 고용한다. 그러나 1870년 영국의 의회는 「톈진조약」의 재협
상안을 부결시킨다.[136]

청 조정의 보수성은 하트의 다른 제안들을 모두 거부하게 만든다. 그
는 청 조정에 근대적인 조폐국을 설치할 것을 종용하지만 받아들여지

지 않는다. 중국 전국을 연결하
는 우편체제를 설립할 것도 제
안하지만 이 역시 거부된다. 다
만 해관을 연결하는 우편서비
스는 설립하도록 허락한다. 그
는 중국의 교육제도와 과거제
도도 개혁할 것을 제안하지만
이 역시 무시된다.[137]

그러나 그는 청의 근대해군
건설에는 기여할 수 있었다.
1870년대 초부터 그는 이홍장
을 도와 영국의 군함들을 도입
한다. 그는 중국해관의 런던지
사 대표인 캠벌(James Duncan
Campbell, 1833~1907)을 통
하여 영국의 암스토롱사(Arm-
strong and Company)로 부터

1894년 12월 호 Vanity Fair에 실린 하트 풍자 삽화:
「Chinese Customs」. 「Customs」가 세관이란 뜻과 동시
에 「풍습」이란 뜻도 있음을 이용하여 풍자한 것

청이 군함을 사고 중국 연안에 등대를 설치하고 일기예보 체제를 구
축하고 프랑스와 파리 등 국제박람회에 중국 대표단이 참석할 수 있도
록 주선한다.[138]

6. 병기창의 건설

장쑤성(강소성, 江蘇省) 출신인 풍계분은 1840년 진사시에 합격 하여
한림학사를 역임한다. 태평천국군이 고향인 쑤저우(소주, 蘇州)를 공

격하자 작은 의병대를 일으켜 방어에 나서지만 소주가 함락되면서 1860년 상하이로 피신하여 증국번의 막우가 된다. 상하이에서 서양의 무기들을 처음 보고 놀란 풍계분은 1860년 증국번에게 서양식 조선소와 무기창을 지을 것을 제안한다.[139]

풍계분

그는 중국이 땅덩어리로 보면 프랑스 보다 100배 크고 영국보다는 200배가 큰데도 불구하고 「왜 그들은 그렇게 작으면서도 그토록 강한가? 우리는 왜 이토록 크면서도 이토록 약한가?」라고 물으면서 외국인들은 중국보다 4분야에서 우월함을 지적한다: 인력을 개발하고 적재적소에 배치하는 것, 땅을 완벽하게 개발하여 사용하는 것, 통치자와 피치자 사이에 친밀한 관계를 유지하는 것, 그리고 말과 행동이 일치하는 것 등이다.

풍계분은 중국도 우선 외국어, 수학, 과학 등을 학생들에게 가르침으로써 자강을 꾀해야 한다고 주장한다. 그리고 「우리가 양이로부터 배울 것은 단 하나다. 튼튼한 배와 효율적인 총포다.」[140]라면서 무엇보다도 조선소와 무기창을 짓고 외국인 고문들을 초빙하여 중국의 장인들을 훈련시킬 것을 주장한다.[141]

증국번은 풍계분의 제안을 받아들인다. 중국 최초의 서양식 기계공장은 1862년 증국번이 태평천국의 난 최대 격전지였던 안칭(安慶, 안경)을 수복한 후 설치한 「안칭기기제조총국(安慶器機製造總局)」이었다. 증국번은 이곳에서 포탄과 증기선을 제조하도록 하지만 결과는 실망스러웠다.

그러자 증국번은 1863년 용굉(容閎, 1828.11.17~1912.4.21.)을 미국에 보내 무기창 건설에 필요한 기계들을 구입해 오도록 한다.[142] 광동의 가난한 집안 출신인 용굉은 미국 선교사들의 도움으로 미국으로 유학을 떠나 1854년 예일대학을 졸업한다. 중국인 최초로 미국 대학을 졸업한 용굉은 귀국 후 상하이에서 사업을 하다가 증국번에게 소개된다. 용굉은 증국번에게 중국이 필요한 것은 총과 대포, 증기선 보다는 그런 것들을 생산할 수 있는 공장, 즉, 「기계를 만들수 있는 기계」라고 역설한다. 용굉은 1864년 1월, 이홍장이 제공한 자금을 갖고 미국으로 향한다.[143]

이홍장도 이때쯤 상하이에 작은 무기제조공장들을 설립한다. 하나는 정일창(丁日昌)에게 맡겼고 또 하나는 영국군 군의관 출신 핼리데이 매카트니(Sir Samuel Halliday Macartney, 1833~1906)에게 맡긴다. 1865년에는 미국인이 경영하던 상하이 소재 토마스 헌트 회사(Thomas Hunt and Company) 소유의 기계공장과 조선소를 인수한다.[144]

매카트니가 설립한 무기제조공장은 쑤저우(소주)에서 난징으로 이전하여 「금릉제조국(金陵製造局)」으로 명칭을 바꾼다.[145] 「금릉제조국」은 매카트니가 실질적으로 운영하면서 이홍장이 연간 5만 냥의 예산을 배정하여 안휘군이 필요로하는 발화선(fuses), 탄피, 대포발사에 필요한 마찰 화관(friction tubes), 소형 대포 등을 제조하였다. 1867~1868에는 새로운 기계가 설치되고 영국인 기술자들을 추가로 고용한다. 1869년부터는 로켓과 대형포도 제조하기 시작한다. 매카트니 본인도 인정하였듯이 이는 증국번과 이홍장의 지원이 있었기에 가능한 일이었다.[146]

1865년 9월, 이홍장은 동치제에게 상소를 올려 본격적인 「기기제조

용굉   예일대학 졸업앨범의 용굉 사진

총국」의 건설을 제안하면서 이곳이 무기 뿐만 아니라 「농사와 직조기
기, 인쇄와 그릇을 만드는 기기」도 생산하도록 할 것을 제안한다. 그렇
게만 한다면 중국이 수십 년 안에 서양의 기술을 완전히 습득하고 「부
농과 상인들 사이에서는 자신들의 이익을 위하여 서양의 기계생산을
따라하는 사람들이 필이 나올 것」이라고 예측한다.

> 신은 또한 아뢸 것이 있습니다. 서양기기(西洋機器)는, 경직(耕織, 경작과
> 방직)·쇄인(刷印, 인쇄)·도식(陶埴, 도예)의 여러 기구를 모두 제조하여 민
> 생(民生)의 일용(日用)에 도움이 될 수 있으니, 원래 오직 군화(軍火, 무기
> 와 화약)만을 위해 만들어지지 않았습니다. 묘(妙)는 물과 불의 힘을 빌려
> 사람과 사물의 노고와 비용을 줄이는 데 있습니다. 기괄(機括, 활에서 쇠
> 뇌의 시위를 걸어 화살을 쏘는 장치)의 견인(牽引)과 윤치(輪齒, 바퀴와 톱
> 니)가 서로 밀치고 눌러서 한번 움직임에 전체가 모두 움직이는 것에서 벗

어나지 않으니, 그 형상(形象)은 본디 환히 알 수 있고, 그 이치와 법도 또한 확연히 이해할 수 있습니다. 다만 예전에는 중화(中華)와 서양이 멀리 떨어져 있어서 비록 중토(中土)의 지혜롭고 총명한 선비라도 근거 없이 이야기할 수가 없었습니다. 하지만 시간이 오래 지나자 풍기(風氣)가 점차 열렸습니다. 무릇 인심의 지혜는 같으니, 장차 스스로 그 숨겨진 이치를 드러낼 것입니다. 신은 생각건대 수십 년 뒤엔 중국의 부농(富農)과 대고(大賈, 대상인) 가운데 반드시 서양기기(西洋機器)를 모방해서 만들고 기구를 제작함으로써 스스로 이익을 구하는 자들이 있을 것입니다. (후략)[147]

황제의 재가를 받은 이홍장은 상하이에 「강남기기제조총국(江南器機製造總局)」을 설립한다. 같은 해 용굉이 미국에서 구매한 기계들이 도착하자 이곳에 설치한다.

「강남기기제조총국」은 「금릉제조국」에 비해 훨씬 규모가 컸다. 당시 최고의 경영인과 기술자들을 불러 모아 첫 해에만 상하이에서 거둬들인 관세 25만 냥의 예산을 쏟아부어 최신 설비들을 들여온다. 상하이의 도독이었던 정일창(丁日昌), 안휘군의 군수참모였으며 후일 일본의 대만정벌 당시 청군의 사령관을 맡게 되는 심보정(沈葆楨), 미국인 기술자 폴스(T.F. Falls)가 장목(匠目)을 맡았고 폴스 밑에 8명의 서양 기술자들을 고용한다. 1867년 중반에 이르면 「강남기기제조총국」은 매일 15정의 장총과 100개의 12파운드 포탄을 생산하고 매달 18개의 12파운드 대포를 제조함으로써 이홍장이 「니엔난」을 평정하는 데 기여한다.[148]

남양통상대신 좌종당 역시 1866년 황제의 재가를 받아 푸저우에 프랑스인들을 고용하여 조선소를 짓는다. 푸저우(福州)의 「마미선정창(馬尾船政廠)」에 투입된 예산은 「강남기기제조총국」에 투입된 예산보다도

금릉제조국

훨씬 더 컸다. 좌종당의 계획은 우선 첫 5년 간 3백만 냥의 예산을 투입하는 것이었다. 16척의 증기선 건조와 중국인 조선기술자와 항해사들 교육훈련은 프로스페르 지켈(Prosper Marie Giquel, 1835~1886) 과 폴 데이그벨(Paul d'Aiguebelle) 등 두 명의 프랑스군 소속 기술자들의 주도로 추진된다.[149] 민강 유역의 마미항(馬尾港)에 조선소를 짓고 2천 명의 중국인 기술자와 9백 명의 노동자, 2천 톤에 달하는 프랑스 기계 설비를 설치하고 건물들을 짓는다. 지켈은 1867년 프랑스로 돌아가 45명의 유럽인 기술자들을 추가로 데려온다.

1867년에는 숭후(崇厚, 1826.10.7.~1893.3.26.)가 공친왕과 이홍장의 지원으로 「톈진기기제조총국(天津器機製造總局)」을 설립한다. 「톈진기기제조총국」은 황제의 재가를 받아 1871~72년 톈진과 옌타이에서 징수한 관세 25만 6천 냥을 투자하여 새로운 공장과 설비를 들여온다. 심보정을 「강남기기제조총국」에서 「톈진기기제조총국」으로 보내 관리하게 하고 3개의 공장을 추가로 건설하고 외국인 기술자들도 추가로 초빙한다. 1874년에 이르면 「톈진기기제조총국」은 하루에 1톤의 화약, 대량의 탄창과 포탄을 생산하기 시작한다.

그러나 엄청난 재원을 투자하여 설립한 무기창들과 조선소들은 모

푸저우(福州)의 마미선정창(馬尾船政廠)

두 기대에 못 미친다. 1875년에는 「금릉기기제조총국」에서 매카트니의 지휘 하에 생산한 68파운드 대포를 다쿠 포대에서 시험하지만 시험발사 중 폭발해버린다.[150]

「강남기기제조총국(江南機器制造總局)」도 이홍장의 기대에는 미치지 못한다. 이홍장은 처음부터 「강남기기제조총국」이 레밍턴식의 후장 장총(breech-loading rifle)을 생산하기를 원했다. 전통적인 총포는 모두 총구에 총탄을 장전하는 방식이었지만 미국의 남북전쟁 당시 개발된 후장 장총은 전쟁의 성격을 바꿀 정도로 혁명적이었다. 「강남기기제조총국」은 1871년 최신식 기계류와 외국인 기술자들을 추가로 도입함으로써 비로소 후장 장총 생산을 시작할 수 있었다.

그러나 1873년 4,200정의 후장 장총이 생산되었지만 생산비가 높았을뿐만 아니라 성능도 레밍턴 장총에 비하여 현저하게 낮았다. 이홍장의 안휘군은 강남기기제조총국에서 생산한 장총 사용을 거부한다. 이홍장은 결국 장총은 수입하되 레밍턴 장총과 독일의 크럽(Krupp) 대포에 필요한 탄창과 총탄, 포탄을 자체 생산하기로 하고 이에 필요한

푸저우의 마미선정창을 건설한 프로스페르 지켈　헬리데이 매카트니

생산할 설비를 도입한다.[151]

　조선 산업 역시 무기 산업만큼 실망스러운 결과를 낸다. 1866년 7월, 이홍장은 「강남기기제조총국」에서 해안경비를 위한 소형 경비정을 생산할 수 있도록 조정의 허가를 받아낸다. 그 이듬해, 증국번은 정일창의 제안으로 좀 더 큰 전함들을 건조하게 한다. 1867년부터 증국번은 상하이에서 징수하는 관세의 10%를 「강남기기제조총국」에 사용할 수 있도록 조정의 허가를 받아낸다. 그 이듬해 부터는 관세의 20%를 투자할 수 있게 되면서 매년 45만냥의 예산을 사용한다.

　1867년 말에는 「강남기기제조총국」을 상하이 남쪽으로 이전하고 배를 건조할 수 있는 드라이도크와 조선에 필요한 기계들을 도입하고 영국과 프랑스의 조선 기술자들을 추가로 고용한다. 1868년 8월, 중국 최초의 증기선이 진수된다. 600톤의 이 증기선은 「티엔치(天氣)」라 명명된다. 엔진은 외국에서 수입했지만 보일러와 목제 선체는 「강남기기제조총국」에서 자체로 제작했다. 그 후 5년 간 600에서 2,800

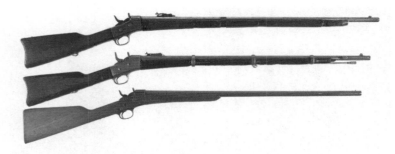

레밍턴 후장 장총

중국에서 사용된 크럽 대포

톤에 이르는 증기선 5척이 건조된다. 또, 각기 두개의 프로펠러를 갖춘 작은 철갑선 3척이 건조된다. 이 중 2척의 엔진 역시 자체 제작하는데 성공한다.[152]

그러나 이 배들은 건조비용이 너무 높았을 뿐만 아니라 모두 너무 느리고 그나마 엔진도 비효율적이어서 많은 석탄을 소비하였다. 1875년 조선사업이 중단될 때까지 배의 건조비용과 유지비용은 「강남기기제조총국」 연간 예산의 50%를 차지했지만 건조된 배들은 영국에서 직접 구매하였을 경우보다 최소한 2배는 비쌌다.[153]

「강남기기제조총국」이 이처럼 고비용체제를 유지할 수 밖에 없었던

1872년 푸저우 마미선정창에서 건조한 청의 전함 양우(楊武)호

이유는 모든 재료와 부속, 부품을 수입하여야 했고 인건비가 너무 높았기 때문이다. 1870년대 중반에는 기기제조총국의 연간 예산의 50%는 부품과 재료비, 30%는 인건비였다. 인건비가 이토록 높았을 뿐만 아니라 지속적으로 증가한 이유는 특히 많은 월급을 받던 외국인 기술자들의 숫자가 늘었던 측면도 있었지만 무엇보다도 중국인 행정직의 숫자가 늘었기 때문이다. 1870년 초에는 40명이었던 중국인 「관리인」들은 10년 후에는 두배가 된다. 이들은 대부분 유력자의 청탁으로 자리를 얻은 소위 「낙하산」들이었다.[154]

「마미선정창」에서는 1869년 6월 「만년청(萬年清)」이라 명명한 1,450톤짜리 프로펠러 동력 수송함이 진수되고 그 후 5년 간 14척의 증기선이 건조된다. 1871년 이후에는 자체 제작한 엔진을 장착한 1,000에서 1,450톤에 이르는 배 10척이 건조된다. 「마미선정창」에서 건조된 배들은 강남기기제조총국에서 건조된 것들 보다는 품질이 좋았다고 하지만 여전히 느리고 운항비가 높았다. 그리고 목제 선체

푸저우(福州)의 마미선정창(馬尾船政廠)

와 유럽에서는 이미 용도폐기된 구형 증기 엔진(single-beam engine)을 장착하고 있었다.[155] 「마미선정창」 역시 예상을 훨씬 뛰어넘는 고비용, 과도한 인건비, 부패로 인하여 기대했던 성과를 내지 못한다.

7. 근대교육

상하이의 「강남기기제조총국」과 푸저우(福州)의 「마미선정창」, 난징의 「금릉제조국」, 톈진의 「톈진기기제조총국」 등은 모두 구미열강의 힘의 비밀을 배우고자 하는 이홍장과 좌종당 등의 시도였다. 이 기기창들은 무기와 군함을 생산하기 위한 것이었지만 「강남기기제조총국」과 「마미선정창」 내에는 중국인들에게 무기를 제조하고 배를 건조하는 신기술을 가르칠 수 있는 학교들도 설립된다.[156] 이에 수백 명의 중국인 장인들과 학생들이 조선소와 무기창에서 서양인들의 지도 하에 기술을 연마한다. 당시 중국인들의 놀라운 기술 습득력은 외국인들 사

베이징의 동문관

이에 화제가 될 정도였다.

　그러나 가장 난제는 수백 년에 걸쳐 정교하게 다듬어져온 중국의 전통 교육 제도를 근대 교육과 접목시키는 일이었다. 과거제도의 핵심은 유교경전을 공부한 젊은이들 간의 경쟁을 통해서 국사를 돌볼 인재들을 선발하는 것이었다. 만일 「외교」와 같은 새로운 영역을 담당할 젊은 인재들도 과거제도를 통해서 선발할 수 있다면 전통 제도도 유지하면서 새 시대가 필요로하는 인재들과 이들이 습득해야 할 신교육을 전통 교육 체제 속으로 흡수할 수 있었다. 그러나 양무운동을 주도한 인물들은 전통 교육 제도를 유지하면서 서양의 기술을 습득하는 것은 불가능하다는 사실을 알았다.

　총리아문은 1862년 베이징에 「동문관(同文館)」을 설립한다. 원래 의도는 팔기군 집안의 자제들을 선발하여 구미열강과의 외교를 위해 필요한 통역사들을 훈련시키는 것이었다. 이는 18세기에 러시아와의 외교를 담당할 전문가들을 배출하기 위해 설립된 「아라사관(俄羅斯館)」의 전례를 따른 것이다. 「동문관」의 1862년 규정에 의하면 만주족 팔기군 가문의 자제들 24명을 선출하여 이들에게 중국의 전통 학문을 가르치는 동시에 서양어를 가르치도록 한다.[157]

1863년에는 이홍장이 상하이에 「광방언관(廣方言館)」을, 1864년에는 당시 양광총독인 서련(뤠이린, 瑞麟, 1809~1874) 이 광둥에 「서학관(西學館)」을 설립한다. 1866년에는 좌종당이 푸저우의 「마미선정창」에 영어, 불어, 해양술, 공학을 가르치는 학교를 연다.[158]

총리아문은 동문관에서 영어나 불어를 가르칠 수 있는 중국인 교사들을 찾지만 실패하고 어쩔 수 없이 영국 선교사 부르돈(John Shaw Burdon, 包爾騰; 1826~1907.1.5.)을 고용하여 영어를 가르치도록 한다. 전교활동은 하지 않는다는 조건 하에서였다. 1863년 4월에는 프랑스 신부와 러시아 통역사를 고용하여 프랑스어와 러시아 학과를 개설한다. 한편 아라사관은 문을 닫는다. 러시아어를 가르치던 만주족 교사들이 러시아어를 모른다는 사실이 밝혀지면서였다.[159]

1866년, 로버트 하트가 최초의 청 대표단을 이끌고 유럽에 갈 때 동문관 학생 3명도 선발되어 동행한다.[160]

1863년 4월, 이홍장은 조정에 베이징 「동문관」과 유사한 외국어 학교를 상하이와 광둥에서 설립할 것을 제안한다. 물론 이홍장은 외국어뿐만 아니라 수학과 과학도 가르치고자 한다.

> 통상(通商)의 강령(綱領)은 본디 총리아문에 달려 있으나, 중외교섭사건(中外交涉事件)은 두 항구에 도리어 많으니 형편상 팔기학생(八旗學生)으로 겸고(兼顧)[161]할 수 없습니다. 생각건대 다방면으로 취하고 도처에서 구한다면 서양 언어와 문자를 익히는 자들이 반드시 많아질 것입니다. 사람 수가 많아지면 그 안에서 인재가 나오는 법입니다. 저 서양인들이 장기로 자랑하는 추산지학(推算之學: 수학), 격물지리(格物之理: 화학과

물리학), 제기상상지법(制器尚
象之法: 제조술)[162]은 모두 정
수(精髓)를 구하고 실질(實質)
에 힘을 써서 책으로 기록해 놓
았는데, 번역된 것은 열에 겨우
한둘에 지나지 않으니 반드시
아직 번역되지 않은 서적을 모
두 읽을 수 있어야 비로소 그
오묘한 이치를 탐색해서 조악
하고 피상적인 것으로부터 정

부르돈

밀하고 은미한 것에까지 들어갈 수 있을 것입니다. 우리 중화(中華)의 지
교(智巧)[163]와 총명이 어찌 서양인보다 못하겠습니까? 과연 서양문자에 정
통하고 숙달되어 더욱 전습(傳習)한다면 윤선(輪船)·화기(火器) 등 일체의
기교를 조금씩 익혀 나중엔 환히 깨달을 것이니, 중국의 자강지도(自強之
道)에 보탬이 될 듯합니다. (후략)[164]

이홍장의 제안이 받아들여져 1864년 7월에는 「상하이 동문관」이
문을 연다. 상하이 도독의 관리 하에 문을 연 이 학교는 처음에는 학
생 숫자를 14세 미만의 학생 40명으로 제한 하지만 곧 이어 나이도
더 많고 한학을 이미 익힌 학생 10명을 추가로 선발한다. 학생들은
모두 명망있는 관료나 사대부들의 추천을 받아서 뽑도록 한다. 이들
은 유교 경전을 배우는 한편 미국인 선교사 영 알렌(Young J. Allen,
1836.1.3.~1907.5.30.)으로부터 영어를, 중국인 교사로부터 수학을 배
운다.[165]

「광둥 동문관」은 1864년 여름에 문을 연다. 광둥의 팔기군 장군이
관리감독을 맡은 이 학교는 선교사를 고용하여 영어와 수학을 가르치

게 하지만 아직도 「제 2차 아편
전쟁」 직후인지라 오히려 서양
의 영향을 어떻게든 차단 하고
자 한다. 학생은 24명으로 제한
하였고 그중 16명은 현지 팔기
군 집안의 자식들이었고 10명
의 상급생들은 만주족이든 한
족이든 가리지 않고 선발했다.
「상하이 동문관」과 유사한 학
사 규정을 갖고 있었지만 실질
적으로는 전통적인 팔기군 학

영 알렌

교와 동일한 방식으로 운영되었다.[166]

보다 근본적인 문제는 청의 전통적인 과거제도가 그대로 유지되고
있었다는 사실이다. 신식학교 졸업생들에게도 과거 급제자가 제수 받
는 관직을 수여하지 않는 한 아무도 「동문관」에 지원할리가 없었다.
따라서 이홍장 등은 「아라사문관」의 전례를 들어 「베이징 동문관」의
3년 과정을 우수한 성적으로 졸업한 학생들은 정 8품이나 정 9품의 관
직에 천거될 수 있도록 조정에 요청하여 허가를 받아낸다. 졸업 후 시
험을 쳐서 통과한 경우에는 정 7품까지, 그리고 「주사(主事, 정 6품)」에
까지 오를 수 있도록 한다.

그러나 상하이나 광동의 동문관 졸업생들에게는 이러한 특혜도 없
었다. 「상하이동문관」에서 3년 과정을 우수한 성적으로 졸업한 학생
들에게는 「부생(附生: 하급생원으로 일반 성 단위 과거시험에 응시할 수 있는
자격이 주어졌음)」의 자격을 부여해 줄 것을 제안한다. 「광동 동문관」은
팔기군 학교들의 전례에 따라 졸업생들에게 역관의 학위를 주거나 명

예직인 「감생(監生)」을 수여할 것을 제안하지만 모두 무시된다.[167]

1864년 이홍장은 과거제도에도 새로운 과를 신설하여 기술을 전공하는 학생들에게도 과거를 볼 수 있도록 해줄 것을 총리아문에 제안한다. 그러나 이러한 제안 역시 무시된다. 그러자 상하이와 광둥의 동문관 학생들은 영어나 수학 대신 모두 과거 준비에만 열중 한다.[168]

1866년 초, 하트가 휴가차 영국에 일시 귀국했을 때 공친왕과 문상은 하트에게 베이징 동문관에 「역산학(천체와 수학)」을 가르칠 수 있는 서양인 교사들을 모집하도록 한다. 역산학은 중국의 역대 왕조들이 서양으로부터 적극적으로 받아들이는 전통이 있었다. 마테오 릿치, 아담 샬 등이 「흠천감」을 역임하면서 서양의 달력을 명, 청에 도입한 것이 대표적인 예다. 이홍장과 문상은 전통적인 「역산학」이라는 이름 하에 화학과 기술 등 서양의 최첨단 학문을 가르치고자 한다.[169]

1866년 겨울, 공친왕과 문상은 보다 근본적인 교육제도 개혁을 시도한다. 이들은 서양 학문을 「동문관」의 교육 과정에 포함시키는데 만족하지 않고 중국의 정통 교육 과정에 포함 시키고자 한다. 총리아문은 1866년 12월 상소에서 거인(擧人)에 합격한 학자나 관료들은 「동문관」에 새로 개설 되는 과정에 입학하도록 권장 할 것을 제안한다. 1월 28일에는 공친왕이 진사과에 합격한 사람들, 특히 편수(編修) 등 한림학사들에게도 「동문관」 입학을 권장할 것과 이들이 3년 학위과정을 마칠 경우 「우보반차(優保班次)」라는 특별 승진을 받도록 공식 추천 해줄 것을 주청한다.[170]

하나, 정도(正途) 인원을 모두 취하여 이습(肄習: 학습, 연습)을 돕게 하십시오. 생각건대 천문(天文)·산술(算術)은 뜻이 정밀하고 심오하여 일찍부터 지식이 있고, 배움에 근면하고, 마음을 다하는 사람이 아니면 상세한 이치를 점차 깨닫기 어려우니, 서양의 언어·문자만 배우는 학생과 같지 않습니다. 지난 상소에서 거인(擧人)을 비롯하여 은(恩)·발(拔)·부(副)·세(歲)·우(優)의 공생(貢生) 및 이들 항목의 출신자들을 모두 취해야 함을 논했습니다. 이제 생각건대 모든 한림원(翰林院)의 서길사(庶吉士)·편수(編修)·검토(檢討)까지 확대하고, 아울러 5품 이하 진사(進士) 출신의 경외(京外) 각 관리로 충원해야 합니다. 이들은 평소 경사(經史)를 연구하고 마음을 잘 쓰니, 이를 이용해서 전일(專一)하게 힘을 쏟게 한다면 공을 기대하기가 저절로 쉬울 것입니다. 관직에 복무하는 자는 경외 각 아문에서 천거해서 보내고, 아직 관리가 아닌 자는 동향(同鄕) 출신 경관(京官)의 인결(印結)과 본기(本旗)의 도편(圖片)을 구비하여 곧장 신(臣)의 아문(衙門: 총리기무아문)으로 와서 보고하면, 시기를 정해 책론(策論) 등의 과목으로 시험을 치러 합격자를 「동문관」으로 보내 학습시킬 것입니다. 각 성(省)에서 천거해 보낸 인원들은 거리가 같지 않아 오래 대기하기 어렵습니다. 그러므로 지연되는 일이 없도록 자송(咨送)이 도착할 때마다 계속해서 평가를 시행하여 지연을 피할 것입니다. 경외 각 아문에서 자송(咨送)하는 이 부류의 인원은, 나이가 30세 이하인 자들로 선발해야 비로소 자송(咨送)할 수 있습니다. 만약 평소에 천문·산학을 익혀서, 동문관에서 학습하고 인증(印證: 인가)을 얻어 그 업(業)에 정통하기를 자원하는 자의 경우에는 그 나이에 구애되지 않습니다.

하나, 모든 인원을 「동문관」에 상주시켜서 강습(講習)에 도움이 되게 하십시오. 생각건대 성사(成事)는 반드시 한 자리에서 공부하는 데서 말미암고, 역학(力學: 학문에 힘씀)의 급무는 스승을 가까이 하는 데 있습니다. 「동문관」에서 유학(留學)하는 모든 인원은 반드시 아침부터 밤까지 있으면서 배우고 어려운 문제를 상의해야 비로소 차근차근 실력을 쌓아 공(功)을 이룰 수 있을 것입니다. 만약 아침에 나가 저녁에 복귀해서 이리저리 배회한다면 새벽과 저녁에 공부를 폐기하는 것이 적지 않고 마음 또한 온전히 쓰지 못할 것입니다. 이제 논의건대, 「동문관」에서 학습하는 인원은 경외(京外)를 막론하고 모두 합숙시켜야 합니다. 그리고 식사는 신의 아문(총리기무아문)에서 공급하며, 그 출입은 「동문관」의 제조(提調)가 호부(號簿: 장부)를 만들어 수시로 기록하여 계사(稽査)를 편의하게 할 것입니다. 다른 아문과 본 아문에 차사(差使)를 보낼 일이 생겨서 시험 등의 일에 영향을 미치는 경우에는 관례대로 처리하여 지장이 없게 할 것입니다.

하나, 매달 시험을 쳐서 성실성을 평가하십시오. 생각건대 「동문관」에서 학습하는 인원들이 과연 전심치지(專心致志)할 수 있다면 저절로 날마다 효과가 있을 것입니다. 다만 그 중에 누가 근면하고 누가 나태한지를 수시로 살펴서 그에 따라 책려(策勵: 독려)해야 합니다. 이제 논의하건대, 해당 인원은 반년 간 학습한 후 매달 한 차례씩 문제를 내서 시험을 치고, 신(臣) 등이 직접 교열(校閱: 평가)하여 갑을(甲乙: 등급)을 분별할 것입니다. 우수한 자는 공(功)을 기록하고 열등한 자는 과(過)를 기록한다면 공과가 나뉨에 근면하고 태만함이 드러날 것이니, 서로 비교한 다음에는 분려(奮勵)가 더욱 생길 것입니다.

하나, 연한을 정해 평가를 시행해서 성효(成效: 성적)를 관찰하십시오. 생각건대 삼재고적(三載考績)은 조정에서 관리의 고과를 매기는 방법이니, 참으로 공력을 쌓은 지 3년이 되면 우열이 모두 바로 드러납니다. 이제 논의하건대, 3년마다 대고(大考) 1회를 실시해서 등급을 나눕니다. 그리하여 등급이 높은 자는 즉시 황제께 상주하여 상을 내리며 또한 역량을 헤아려 파견해서 한번 임용해 보고, 등급이 낮은 자는 평상시 학습을 참작해서 다음 평가를 기다렸다가 다시 살펴보아야 합니다.

하나, 신수(薪水: 봉급)를 후하게 지급해서 반드시 학업에만 집중하게 하십시오. 이번에 유학(留學)하는 인원 중에 한준지사(寒畯之士)가 없으리라고 장담하기 어려우니, 반드시 체휼(體恤)을 넉넉히 주어야 비로소 그 뜻이 분산되지 않을 것을 기대할 수 있습니다. 이제 논의하건대 「동문관」에 있는 모든 인원에게는 신(臣)의 아문에서 제공하는 음식을 제외하고, 매달 신수은(薪水銀: 봉급) 10냥씩을 지급해서 진첩(津貼: 생활비)에 보태게 해야 합니다. 그리하여야 거의 집안일에 근심이 사라져서 마음이 더욱 전일(專一)해 질 것입니다. 하나, 충분히 장서(獎敍: 장려함)함으로써 고무하고 격려하십시오. 이 인원들이 3년 간 학습한 후 시험에서 높은 등급에 오르면 평소의 마음가짐과 노력이 시종 해이해지지 않았음을 충분히 알 수 있습니다. 따라서 마땅히 파격적으로 우대해서 뒤따라 유학(留學)하는 자들을 권면해야 할 것입니다. 이제 논의하건대 이러한 인원은 모두 규정 외의 「우보반차」(優保班次)로 진급을 허락하셔서 고무함을 보이고 널리 인재를 불러들여야 할 것입니다.[171]

이 두 상소는 모두 받아들여진다. 베이징의 관료들도 이러한 제안을 모두 받아들이는 분위기였다. 그러나 3월이 되자 도찰원(都察院: 명청시대의 기관으로 조선의 사헌부에 해당하는 관청)의 도어사(都御使) 장성조(張盛藻)가 상소를 올려 「자강」이란 대포나 군함이 아닌 올바른 정치에 달렸고 천문학과 수학 같은 「기교(技巧)」는 사대부의 윤리와 도덕에 해악을 끼칠 수 있다고 주장한다.

과갑(科甲)과 정도(正途)는 책을 읽고 도(道)를 배워야 하니 어찌 반드시 그들로 하여금 기교(機巧)를 익히게 할 필요가 있겠습니까? 사습(士習)과 인심에 크게 관계될 것입니다.[172]

그리고 「동문관」에서 서양학문을 배우는 학생들에게 재정적 지원과 승진혜택을 주는 것은 사대부와 관료들의 사기를 꺾는 일이라며 반

대한다.[173]

그러나 동치제는 3월 5일 다음과 같은 칙령을 내린다.

조정에서 「동문관」을 설립하고 정도(正途)를 취하여 학습시킨 것은, 천문·
산학은 유자(儒者)가 마땅히 알아야 할 바라고 간주했기 때문이니 이를 기
교(機巧)라고 지목해선 안 된다. 정도(正途) 인원은 생각하는 것이 비교적
정밀하니 학습이 자연히 쉽고, 또한 책을 읽고 도를 배움에 있어 일방적으
로 한 쪽을 버리는 일이 없다. 그러므로 서계여(徐繼畬)를 파견해서 이 일
을 총관(總管)하게 하고 전적으로 책임을 맡긴 것이다. 이는 서법(西法)을
빌려 중법(中法)을 인증(印證) 한 것에 지나지 않으며, 성인의 길(聖道)을
버리고 잘못된 길(歧路)로 접어드는 것이 전혀 아니니, 어찌 인심과 사습
에 장애가 생기겠는가? 그 어사(張盛藻를 가리킴)가 조정 신하들에게 타당
하게 의논케 해 줄 것을 청한 일은 다시 논의하지 말라.[174]

그러자 총리아문에 동문관의 새 과정 입학 신청서가 쇄도한다.[175]

그러나 3월 20일, 이번에는 대학사(大學士) 왜인(倭仁: 1804~1871)의
상소가 올라온다.[176] 팔기군의 몽고 정홍기(蒙古正紅旗) 출신인 왜인은
추앙받는 당대 정주학의 대가로 1867년에는 문연각대학사(文淵閣大學
士)로 동치제에게 강독(講讀)한 대학자였다.

어제 어사(御史) 장성조(張盛藻)가 천문·산학은 정도(正途)를 초집(招集:
불러 모음)할 필요가 없음을 논한 상주문을 보았습니다. 그런데 이에 대
한 상유(上諭)를 받으니, 「조정에서 「동문관」을 설치하고 정도(正途)를 취
하여 학습시킨 것은, 천문·산학은 유자(儒者)가 마땅히 알아야 할 바라고
간주했기 때문이니 이를 기교(技巧)라고 지목해선 안 된다. 책을 읽고 도
를 배움에 있어 일방적으로 한 쪽을 버리는 일이 없다.」라고 하셨습니다.

수(數)가 육예(六藝: 고대 중국에서 학생에게 가리킨 6개의 교과목을 뜻하는 말로, 禮·樂·射·御·書·數를 말한다)의 하나가 됨은 참으로 성유(聖諭)와 같이 유자(儒者)가 마땅히 알아야 할 바이니 잘못된 길(歧路)에 비할 바가 아닙니다. 다만 어리석은 신의 소견으로는, 천문·산학은 이익이 매우 작고 서양인이 정도(正途)를 교습하는 것은 손해가 매우 크니, 심사숙고하지 않을 수 없는 것입니다. 부디 우리 황상(皇上)을 위해 이를 설명하게 해주시옵소서. 제가 듣건대 입국(立國)의 도(道)는 예의(禮義)를 숭상하고 권모(權謀)를 숭상하지 않는 데 있으며, 근본이 되는 계획(圖)은 인심에 달려있지 기예(技藝)에 달려 있지 않습니다. 이제 이를 말단에 불과한 일예(一藝: 수(數)는 육예(六藝)에서도 마지막이라는 뜻이다)에서 구하고 또 오랑캐를 스승으로 받든다면, 오랑캐의 궤휼(詭譎: 교묘한 속임수)은 논외로 하더라도, 반드시 그 정교(精巧)함을 모두 전수해주지는 않을 것입니다. 설령 가르치는 자가 성실하게 가르치고 배우는 자가 성실하게 배우더라도 얻는 것은 술수(術數)나 하는 선비에 불과할 것이거늘, 고금 이래로 술수에 기대어 쇠약한 것을 다시 떨쳐 일어나게 할 수 있는 자가 있다는 말은 듣지 못했습니다. 광대한 천하는 인재가 없음을 근심하지 않는 법입니다. 만약 천문과 산학을 반드시 강습(講習)하고자 할진댄, 널리 인재를 구해서 채용한다면 반드시 그 술(術)에 정통한 자가 있을 것이니, 어찌 반드시 오랑캐여야 하며 어찌 반드시 오랑캐를 스승으로 섬길 것이 있겠습니까? 또 오랑캐는 우리의 원수입니다. 함풍(咸豊) 10년(1860)에 순리를 거슬러 전쟁을 일으켜서 우리 기전(畿甸)을 침범하고, 우리 종사(宗社)를 두려움에 떨게 하고, 우리 원유(園囿: 궁궐 안에 있는 동산. 여기선 원명원(圓明園)을 가리킨다)를 불태우고, 우리 백성을 살해했습니다. 이는 우리 조정에서 200년 간 겪지 못한 치욕이니, 학사대부(學士大夫)가 모두 마음 아파하고 골치를 썩이면서 지금까지 한탄을 삼키고 있습니다. 조정 또한 어쩔 수 없이 저들과 강화(講和)했을 뿐이니, 어찌 하루라도 이 원한과 치욕을 잊을 수 있겠습니까? 강화(講和)를 논의한 뒤로 예수교가 성행해서 무식한 백성의 반이 이미 미혹되었습니다. 의지할 만한 독서하는 선비(讀書之士)는 의리를 강명(講明)해서 혹 인심(人心)을 유지할 수 있지만, 이제 다시 국가가 훗날의 쓰임을 위해 배양한 총명하고 준수(儁秀: 출중함)한 자들을 모두 오랑캐를 따르게 한다면, 정기(正氣)가 이 때문에 펴지지 못하고 사기(邪氣)가 이로 인해 더욱 거세질 것이니, 몇 년이 지나면 중국의 백성을 모두 몰아다가 오랑캐에게 귀의시키기 전까진 그치지 않을 것입니다. 성조인황제(聖祖仁皇帝: 강희제)의 『어제문집』(御製文集)을 읽어보니 대학사(大學士)와 구경(九卿)과 과도(科道: 과도관(科道官)의 준말로 명·청 때 급사중(給事中)과 각 도(道)의 감찰어사(監察御史)를 총칭하는 말이다)에게 효유(曉諭)하시길, 「수백 년 뒤 중국은 반드시 서양 각국 때문에 우환을 입을 것이다.」라고 하셨습니다. 성려(聖慮)의 심원함을 우러러 보건대, 비록 그 법(서양의 학술과 기술)은 사용하셨지만, 실제로 그 사람(서양인)은 미워하셨던 것입니다. 이제 천하가 이미 그 피해를 입었습니다. 그런데도 다시 그 파도를 일으키고 그 불길을 크게 할 수 있겠습니까? 제가 들으니, 오랑캐는 전교할 때 항상 독서인(讀書人)이 선뜻 교리를 배우려고 하지 않음을 한스럽게 여긴다고 합니다. 이제 정도(正途)로 하여금 저들을 좇아 배우게 한다면, 아마도 학습은 반드시 정통하지는 못할 것이요, 독서인은 이미 저들에게 미혹되었을 것이니, 단지 그 술책에 빠질 뿐입니다. 엎드려 바라옵건대 황제 폐하께서는 독단을 내리시어 예전의 논의를 즉시 폐기하여 대국(大局)을 유지하고 큰 우환을 막으십시오. 그리하시면 천하의 큰 다행일 것이옵니다.[177]

왜인의 상소가 공개되자 베이징의 사대부들과 관료들은 흥분하기 시작한다. 총리아문이 반역을 꾀한다는 소문도 퍼지기 시작하는 한편 「동문관」에 입학신청서를 낸 학사들은 비웃음의 대상이 된다.[178] 사대부와 관료 사이에는 「동문관」에 절대 유혹되지 않겠다고 맹세한 사람들의 모임도 생긴다. 4월 말, 공친왕은 왜인의 상소 이후 「동문관」에 입학신청서를 제출한 자가 단 한명도 없다는 보고를 올린다.

총리아문은 결국 서양의 신학문을 과거제도에 반영하려는 계획을 포기한다. 다만 이미 「동문관」에 지원한 사람들에게만이라도 새로운 교육과정을 제공하는 것을 허락해 달라고 한다.[179]

> 신(臣)의 아문(총리각국사무아문)에서 「동문관」을 설립하고 천문·산학을 초고(招考)한 것과 관련하여 전에 왜인(倭仁)이 조목 별로 상주하기를, 「이 일은 지장이 많아 실행하기 어렵다.」라고 했습니다. 이에 신 등은 이를 실행한 사정에는 실로 부득이한 고충이 있으며, 또한 각 성(省)의 강신(疆臣)과 마음을 다해 상의한 결과이지 신 등의 사견(私見)이 아님을 낱낱이 진술했습니다. 그러므로 증국번(曾國藩) 등의 상주문과 서신을 초록(鈔錄)해서 왜인(倭仁)에게 이를 읽고 세밀한 속사정을 알게 해달라고 청했던 것이니, 이는 반드시 그 의심을 해소해서 함께 시국의 어려움을 해결하고자 한 것이었습니다. 그런데 이제 왜인(倭仁)과 아직 체회(體會)하지 못한 여러 독무(督撫) 등이 각 건(件)에 관해 진술한 뜻은 여전히 시행하지 않음이 옳다고 하고 있으니, 신의 아문에서 초록한 각 문건을 전혀 훑어보지도 않은 듯합니다.
>
> 엎드려 생각건대 신의 아문에서 정도(正途)를 초고(招考)해서 천문·산학의 연구를 신속하게 거행해야 하는 이유는 지난 번 상주에서 이미 자세히 아뢰었으므로 거듭 말씀드릴 필요가 없을 것입니다. 오랑캐의 근심이 일어난 것이 비단 하루 이틀의 일이 아닙니다. 그럼에도 당시 내외 신료들은 어제(御製)의 실제(實際)를 구하지 않고 한갓 빈 말로 책임만 면하려 하다가 마침내 경신년(1860)의 변고를 초래했습니다. 이제 복지(腹地)가 채 안정되지 않고 군대와 재정이 번갈아 곤궁합니다. 비록 온 힘을 다해 강구

하더라도, 자강(自强)할 것을
생각하면 수십 년 내에 다행히
효과를 거두겠지만, 만약 예전
처럼 구차히 편안하고자 하여
보저(補苴)할 것을 생각하지
않는다면 몇 년, 몇 십 년 안에
혹시 큰 환난이 생길 수도 있습
니다. 단, 신 등의 말이 틀려서
국세(國勢)가 길이 경사롭고 태
평하기만을 바랄 뿐, 결코 요행
히 적중하기를 원하지 않습니

왜인

다. 그런데도 조정은 조금도 대비가 없으니, 이것이 신 등이 두려워하고
지나치게 근심해서 감히 도학(道學)을 높이 외치지 않고, 단지 목전의 일
만 돌아보며 수고로움과 원망을 감수하는 이유입니다.

좌종당(左宗棠)은 「비상(非常)한 조처에는 헐뜯는 의론이 쉽게 일어나
므로 아무도 나서서 의견을 제시하지 않는다.」라고 말한 바 있습니다. 당
시 부의(浮議)가 비등함이 과연 그의 예견에서 벗어나지 않았습니다. 이
시세(時勢)에 따른 임기응변의 조처와 적을 제압하기 위해 미리 준비한 방
략에 관해선, 이미 강신(疆臣) 증국번·좌종당·이홍장(李鴻章)·광숭도(郭
嵩燾)· 장익풍(蔣益灃) 등이 신 등과 더불어 서한을 주고받으며 상의했으
니, 필시 이를 입수했을 것입니다. 더구나 서양인을 고빙하는 것은 함께
그 법(法)을 강구(講究)하는 것에 지나지 않으며, 제자의 예(禮)는 행하지
않음을 분명히 상주했습니다. 이 상주문은 이미 초록이 나왔습니다. 그런
데도 왜인(倭仁)은 어째서 알지 못하고 도리어 처음에는 「오랑캐를 스승
으로 섬긴다.」라고 했다가, 다음에는 「오랑캐를 스승으로 받든다.」라고
하여 매번 스승이란 이름을 상상 속에서 날조하여 다른 사람의 가는 길

을 막는 것입니까?

예전에 어사 장성조(張盛藻)가 이 일에 관해 조목 별로 상주하고 그에 대해 분명한 유지(諭旨)가 내렸을 때는 신의 아문에 응시(投考)하는 자가 그래도 없지 않았는데, 왜인(倭仁)이 창의(倡議)한 이래로 경사(京師)와 각 성(省)의 사대부들이 무리지어 사의(私議)를 일삼고 약속된 법을 저지하며, 심지어는 또 황당무계한 요언(謠言: 뜬소문)으로 인심을 선동하고 현혹해서 신의 아문에 마침내 응시하는 자가 없게 되었습니다. 이는 인심을 잃는 이유가 신 등에게 있는 것이 아니요, 뜬소문을 퍼뜨리는 자들이 잃게 만든 것입니다. 법령의 시행을 생각할 때는 원래 기꺼이 따르기를 기대하는 법입니다. 이제 인심이 이미 뜬소문에 흔들리고 있으니 신 등은 힘을 쓸 방법이 없습니다.

생각건대 현재 응시한 자들은 날짜를 정해 고선(考選)해서 합격자를 「동문관」에 입관시켜 연구하게 하며, 때때로 조사해서 혹시 폐단이 있으면 즉시 철폐할 것을 주청(奏請)하겠습니다. 왜인(倭仁)의 상주문에 있는 「과유파악(果有把握)」등의 말과 관련해서는, 신 등은 단지 일이 마땅히 처리해야 할 일이고, 힘이 이를 처리할 만하면 마음을 다해 처리할 뿐입니다. 성패(成敗)와 이둔(利鈍)은 제갈량 같은 한(漢)나라 신하도 예측을 어려워했으니, 하물며 신 등의 경우에 있어서겠습니까? 이번 조처의 파악(把握)은 본디 예기(豫期)하기 어렵습니다.

왜인(倭仁)의 창의(倡議)로 인해 조체(阻滯)됨이 더욱 많아졌습니다. 시세(時勢)의 어려움이 마치 불을 놓은 장작더미 위에 있는 것과 같습니다. 뜬소문으로 인해 인심이 선동되고 현혹되는 것을 홀로 느슨하게 놓아둘 수 없지만, 단지 어리석은 정성을 다하여 감히 조금이라도 해이한 뜻이 싹트지 않게 할 뿐입니다.[180]

그러나 왜인과 보수파의 완벽한 승리였다. 조정은 왜인에게 중국인

리샨란과 동문관의 제자들

수학 선생들로만 구성 된 학교를 세우라고 명한다. 왜인이 상소에서
「만약 천문과 산학을 반드시 강습(講習)하고자 할진댄, 널리 인재를 구
해서 채용한다면 반드시 그 술(術)에 정통한 자가 있을 것이니, 어찌 반
드시 오랑캐여야 하며 어찌 반드시 오랑캐를 스승으로 섬길 것이 있겠
습니까?」라고 호언 한 바 있기 때문이다. 그러나 조정의 명령을 받은
왜인은 몸이 아프다는 핑계로 사양한다.[181]

문제는 서태후였다. 실권자였던 서태후는 공친왕을 밀어주지 않는
다. 서태후는 막강한 권력을 갖고 있으면서 조정은 물론 외국인들 사
이에서도 신망을 얻고 있던 공친왕을 견제할 기회를 놓치지 않는다.[182]
그러나 이로써 서양의 첨단 과학기술과 학문을 중국의 엘리트 교육과
정에 접목시킬 수 있는 절호의 기회는 사라진다.

결국 「동문관」에는 불과 27명이 응시한다. 이들 대부분은 중년의

실직자들이었고 「동문관」에 입
학하면 제공한다는 학업보조비
를 타려는 사람들이었다. 3년
후 정규과정을 이수하고 졸업
한 것은 5명뿐이었다.

　그럼에도 불구하고 공친왕
과 문상은 황제의 재가를 받아
상하이와 광둥의 「동문관」에
서 가장 우수한 학생들을 베이
징의 「동문관」에 보내도록 한
다.[183] 그리고 「동문관」에 서양
교사들을 초청한다. 1868년에

윌리암 마틴: 1898년 광서제에 의해 오늘의 베이징대학의
전신인 경사대학당(京師大学堂)의 초대총장에 임명된다.

는 하트가 유럽에서 계약한 서양 교사 2명이 도착한다. 중국과 서양
의 수학에 모두 정통한 리샨란(李善蘭, 1810~1882)이란 뛰어난 학자는
수학선생으로 고용된다. 영어는 영국에서 갓 도착한 오브라이언(M.J.
O'Brien)이, 화학은 프랑스인 아나톨 비예킹(Anatole Billequin)이, 물리
학은 이미 1864년부터 「동문관」에서 영어를 가르치고 있던 마틴(Wil-
liam Alexander Parsons Martin, 중국명: 丁韙良, 1827.4.10~1916.12.17.)
이 맡는다.[184]

　1869년, 「동문관」의 「총교습(總教習)」에 임명된 마틴은 동문관을 유
럽 언어, 수학, 물리학, 화학, 지리학, 국제법과 국제정치경제 등을 가
르치는 8년 과정으로 재편한다. 1872년에는 영국인 의사겸 선교사인
존 더젼(John Dudgeon, 1837~1901)이 해부학과 생리학을 가르치기 시
작한다. 당시 100명 정도였던 학생들은 대부분 팔기군 집안 출신들이
었지만 가장 우수한 학생들은 「상하이 동문관」에서 추천 받아 온 학
생들이었다.

「동문관」은 출판도 시작한다. 대표적인 서적들은 마틴이 쓴 과학 개론서인 『격물입문(格物入門)』과 비에캉의 화학개론서인 『화학지남(化學指南)』 등이다.[185] 일부 학생들은 졸업하기도 전에 총리아문에 고용되어 외교와 통역 분야에 종사한다. 그러나 대부분의 학생은 과거시험 준비에 여념이 없었다.[186]

8. 해외유학생 파견

총리아문은 1864년부터 해외 유학생 파견을 준비한다. 일본이 유럽으로 유학생을 파견하여 총포를 만들고 배를 건조하는 기술을 배우고 있다는 사실을 알게 된 총리아문은 해외의 병기창에 견습생들을 유학 보내는 문제를 이홍장과 상의한다. 이홍장은 유학생을 파견하는 것도 필요하지만 우선은 중국내에 병기창을 건설할 것을 종용한다.[187]

2년 후 정일창(丁日昌)이 장쑤성(江蘇省) 순무(巡撫)에 임명되자 용굉은 정일창을 찾아가 중국의 어린 학생들을 미국에 유학보낼 계획을 제출한다. 정일창은 적극 찬동하면서 용굉의 제안을 증국번에게 곧바로 보고한다. 증국번도 이 제안에 동의한다. 1870년 10월 1일, 「톈진교안(天津教案)」을 수습하던 증국번을 돕기 위해 톈진에 간 정일창은 젊은 학생들을 미국의 대학과 육군사관학교, 해군사관학교 등에 유학 보내는 안을 조정에 제출해 줄 것을 증국번에게 요청한다. 당시 총리아문 대신이었던 정일창은 본인도 직접 상소를 올린다.

> 이른바 함선, 대포 등의 제조법을 학습하는 사안과 관련해서는, 생각건대 외국의 선박과 대포 제조법이 중국에 비해 실제로 정교합니다. 일본에서는 어린 아이들을 러시아와 미국 두 나라에 나눠보내서 학습시키고 있으

니 신 등도 이미 풍문을 들었으며, 또한 관원을 특파해서 조사시킨다는 말도 들었습니다. 엎드려 생각건대 외국의 선박과 대포를 구매할 때 외국에서 인원을 보내서 교습케 할 경우 각 독무(督撫)의 조처가 온당치 않으면 폐단이 원래 많으니, 참으로 관원으로 하여금 인원을 인솔하여 외국에 나눠보내서 학습시키는 것의 편리함만 같지 못합니다. (후략)[188]

마침 청이 1868년 미국과 체결한 「벌링게임 조약(Burlingame Treaty)」에는 중국 학생들이 미국 학교에 유학 할 수 있다는 조항이 포함되어 있었다. 정일창은 미국에서 대학을 졸업한 용굉이 이 일을 맡을 적임자라고 생각하여 추천한다. 그리고 조정의 보수파들을 설득하기 위하여 중국의 정통교육을 받은 인물을 용굉과 함께 동행시키면 되겠다고 생각한다. 마침 정일창의 막우 중에 광동출신으로 진사시에 합격후 조정에서의 직책에 만족하지 못하고 정일창 휘하에서 일하고 있던 진란빈(陳蘭彬, 1816.12.11.~1895.6.24.)이라는 인물이 있었다. 정일창은 진란빈이야말로 적임자라고 생각하여 추천한다.[189]

그러나 정일창의 제안에 대해서 조정에서는 아무런 반응이 없었다. 1870년 12월 이홍장이 즈리 총독에 임명되자 정일창은 그에게 미국에 유학생을 파견하는 계획이 조정내에서 어떻게 논의되고 있는지 묻는다.

(전략) 서양인이 우리에게서 노리는 것은 이익(利)이며 권세(勢)이니, 참으로 우리 토지를 빼앗길 원하는 것이 아닙니다. 주(周)·진(秦) 이후로 외부를 다스리는 방법은, 정전(征戰)하는 자는 뒤가 반드시 이어지지 않고 기미(羈縻)하는[190] 자는 일이 반드시 장구하니, 지금 각국이 또 어찌 이와 다르겠습니까? 생각건대 군사훈련(練兵)과 기기 제조(製器)는 크게 차이가 나니 모름지기 고생스럽게 하학공부(下學工夫)[191]를 해야 하지만, 어

디 가서 할 것이며 어디 가서 말을 하겠습니까? 우리 사제(師弟)는 하루라도 관직에 있으면, 하루 동안 여기에 온 힘을 다 쏟지 않을 수 없습니다. 저(이홍장)는 예전에 톈진기기국(天津機器局)을 맡았을 때 1편(篇)을 창론(暢論)[192]한 바 있습니다. 조금 늦더라도 보완해서 호(滬)·녕(甯)[193] 양국(兩局)에 다시 올릴 것이니, 부디 몇 배로 더욱 제창해주시기 바랍

진란빈. 초대 주미 중국대사
(재임: 1878~1881. 주 스페인과 페루 대사 겸임)

니다. 그리하시면 제가 비록 멀리 떨어져 있지만 감히 소홀히 대하지 못할 것입니다. 진려추(陳荔秋)[194]와 용굉(容宏)이 총명한 자제들을 선발해서 서국(西國)에 보내 학습시키자고 건의한 것은 존소(尊疏)에서 전에 이미 대략 진술하셨습니다. 안에서는 왈가왈부가 없었습니까? 명확하게 알지 못하는 것이요, 하지 않는 것이 아닙니다. 이 일은 우선 조관(條款)을 의정(議定)하고 경비를 미리 마련해야 합니다. 남쪽 지방에 외국 사정을 잘 아는 자가 오히려 많을 것이니, 부디 의논을 모아 전면적으로 계획하게 하시기 바랍니다. 만약 가망이 있으면 부디 선생님께서 제 관함(官銜)을 휴대해 주십시오. 회주(會奏)는 결코 바라지 않습니다. 이 일은 제 마음 속에서 나온 것입니다. 문공(文公)은 병으로 끝내 지탱하지 못하고, 순친왕(醇親王)은 강경하게 사퇴하려고 하니 누구와 함께 원려(遠慮)를 도모해야겠습니까? 하루아침에 변고가 생기면 선생님과 저는 끝내 그 책임을 피하지 못할 것이니, 때가 왔을 때 도모함만 같지 않을 것입니다. 그렇게 한다면 혹시 성취가 없더라도 유감이 없을 것입니다. 선생님의 뜻은 어떠

하십니까? (후략)[195]

이홍장은 정일창에게 미국 유학생 파견 계획을 다시 보내라고 한다. 본래 용굉의 제안은 12~20세 사이의 젊은이들 120명을 미국으로 보내 15년 간 유학하도록 하는 것이었다. 이홍장도 「깊이 공부(深造)」하기 위해서는 15년은 필요하다는 것에 동의하면서 20년 간 120만 냥을 이 사업에 투자할 필요가 있다고 한다. 이홍장은 유학생들이 떠나기 전 「감생(監生)」을 제수하기를 제안하기도 하지만 결국은 귀국 후에 공직에 임용하는 것에 동의한다. 1871년 6월 이홍장은 정일창과 함께 이러한 내용이 든 제안서를 총리아문에 제출하고 3달 후에는 정일창과 공동 명의의 상소를 올린다.

아동의 선발 및 서양 상주 위원이 처리해야 할 일[批選幼童及駐洋應辦事宜]

하나, 아동을 선발할 때는 한족과 만주족의 자제를 구분하지 않고 모두 12세부터 20세까지를 한도로 하여 수록(收錄)해서 입국(入局)시킵니다. 호국위원(滬局委員: 호(滬)는 상하이(上海)를 가리킨다. 호국(滬局)은 강남기기제조총국을 뜻하는 것으로 보인다.)은 중학(中學)과 서학(西學)을 검토한 후 분별해서 교도(教導)하며, 서양으로 나간 뒤엔 서학을 학습하는 한편 중학도 계속해서 겸하여 익히게 합니다. 『효경(孝經)』・『소학(小學)』・오경(五經) 및 『국조율례(國朝律例)』등의 책으로 학습하되 자질의 고하(高下)에 따라 차례차례 점차 올라가게 합니다. 방일(房日)・허일(虛日)・묘일(昴日)・성일(星日) 등의 날에는 정(正)・부(副) 두 위원이 아동들을 소집해서 『성유광훈(聖諭廣訓)』(옹정제가 민중 교화를 위해 포고한 교훈을 담은 책)을 선강(宣講)하여 존군친상(尊君親上)의 뜻을 드러내면 아마도 이학(異學: 異教)에 국한되지 않을 것입니다.

하나, 일단 아동을 선정하면 나이·용모·본적·고향 및 친족의 보증서[甘結]를 모두 갖추어 호국(滬局)의 장부에 등기합니다. 호국(滬局)에서의 학습은 6개월을 기한으로 하며, 발전 가능성을 관찰한 뒤에야 비로소 자송(資送)하여 서양으로 떠나는 것을 허락합니다. 그리고 호국(滬局)에서는 이 책자를 통상대신(通商大臣)에게 보고하며, 이를 다시 총리아문에 자문(咨文)으로 보내서 살펴볼 수 있게 합니다. 양국(洋局)의 교육과정에 관해서는, 4개월마다 1번씩 시험을 치고 연말에 등급을 나눈 후 보고합니다. 그 성공은 15년을 한도로 합니다. 중간에 예(藝)가 완성된 다음에는 2년 간 유력(游歷: 유람)하며 학습한 것을 실제로 경험하게 합니다. 그런 뒤에 내지(內地: 본국)로 돌아와 대기하면서 총리기무아문에서 역량을 헤아려 등용[器使]하기를 기다리며, 상주를 거쳐 임용합니다. 이들은 선발된 관생(官生)이니, 중도 포기를 허락하지 않으며, 또한 외양(外洋)에 입적(入籍)할 수 없습니다.(외국 국적을 취득할 수 없다는 의미) 학문이 완성된 후 화양(華洋: 중국과 서양)에서 임의로 다른 일을 계획하는 것도 허락하지 않습니다.

하나, 출양위원(出洋委員, 서양에 파견되는 감독관)과 주호판사(駐滬辦事, 실무를 처리하는 하급관리)는 내외에 왕래하는 모든 문건에 관방(關防: 임시파견 관원이 사용하는 직사각형의 관인(官印))을 날인해서 발급해야 합니다. 양국(洋局)의 문서는 「奏派選帶幼童出洋肄業事宜關防」이라고 하고, 호국(滬局)의 문서는 「總理幼童出肄業滬局事宜關防」이라고 합니다. 이는 모두 신(臣: 공친왕)이 판목으로 간행해서 지시함으로써 성실히 준수하게 할 것입니다.

하나, 매년 8월에는 시헌서(時憲書, 시헌력(時憲曆))를 나누어 줍니다. 강해관도(江海關道)가 세무사(稅務司)에 보내면, 다시 이를 양국(洋局)에 전달할 것입니다. 삼대절(三大節, 설날·동지·만수성절(황제의 생일)), 삭망(朔望, 음력 초하루)과 보름 등의 날이 되면 서양에 주재하는 관원이 모든 인원 및 아동들과 함께 망관행례(望闕行禮)를 망관행례(望闕行禮, 외관(外官)이 특정한 날 임금 대신 궐패(闕牌)에 하례를 하는 예식)를 거행함으로써 의절(儀節: 예절)을 익히게 하고 성경(誠敬: 정성과 공경)을 밝힐 것입니다.

하나, 출양판사(出洋辦事)는 정(正)·부(副) 2명의 위원 외에 번역(繙繹: 번역관) 1명, 교습(敎習) 1명을 고용합니다. 살펴보니 오품함(五品銜) 감생(監生), 증항충(曾恒忠)이 산학(算學)을 전심으로 연구하고, 겸하여 연해 각 성(省)의 사투리에 밝으니 번역 업무를 충분히 감당할 수 있습니다. 광록시(光祿寺) 전부(典簿) 부속 감생 엽원준(葉源濬)은 또 필력이 창달(暢達)하고 시무(時務)에 뜻을 두고 있으니 서양에 나가 교습하는 일을 충분히 감당할 수 있습니다. 이미 신(臣)이 서신을 보내어 지시해 두었으니, 때가 되면 정·부 위원과 함께 떠날 것입니다.

하나, 매년 수용(需用)할 경비에 관해서는, 상주해서 결정된 장정(章程)을 보니 강해관(江海關: 상하이 해관)의 양세(洋稅: 수입관세) 항목에서 지급하게 되어 있습니다. 양국(洋局)의 경비는 다음 해에 필요한 비용을 그 전년 6월 전에 상해도(上海道)가 은냥(銀兩)을 마련해서 세무사 입회하에 외양(外洋)에 회기(匯寄, 은행이나 우전국(郵電局)을 통해 어음으로 보내는 것)한 후, 주양지원(駐洋之員)에게 교부해서 험수(驗收: 점검한 후 접수함)하게 합니다. 호국(滬局)의 경비는 즉시 호국총판(滬局總販)에게 교부해서 사용하게 합니다. 다만 원래 상주문에서는 20년 내의 경비가 총 1백 20만 금(金)으로 되어 있으니, 대략 매년 6만 냥(兩)이 필요합니다. 그러나 상세하게 추산하면, 매년 써야 할 경비에 조금씩 차이가 있어서 균등하지 않으므로 6만이라는 수치에 똑같이 맞출 수 없습니다. 예컨대 처음 몇 년은 상하이에 국(局)을 설치하고 아동들이 함께 유학을 떠나므로 비용이 비교적 크며, 4년째는 마침내 89,600여 냥에 이릅니다. 하지만 마지막 몇 년에는 아동들이 이미 귀국했으므로 비용이 조금 감소돼서 19년째는 겨우 23,400여 냥이 필요합니다. 이 밖에 매년 교체하는 데도 모두 큰 차이가 있습니다. 이에 진란빈(陳蘭彬) 등에게 상세히 조사해서 명세서[淸單]를 작성시켰습니다. 모년(某年)에 필요한 경비를 강해관도(江海關道)의 관서(官署)로 보내서 보존하다가 그 해에 맞게 서양으로 부친 후, 강해관도로 하여금 이를 분석해서 문서로 보고하게 하여 감사를 시행하겠습니다.[196]

황제가 이 제안에 대해서 총리아문의 의견을 묻자 총리아문은 유학생들의 나이를 12~16세로 낮출 것을 제안한다. 귀국 전에 부모들이 세상을 떠나는 확률을 낮추기 위해서였다. 총리아문은 미국의 유학생 본부에 공자묘를 세울 것도 제안한다. 황제는 이러한 안을 재가한다.[197]

증국번은 상하이에서 유학생들을 모집하는 관청을 열도록 허가한다. 1872년 유학생 모집 공모에 30명의 남학생이 응한다. 이중 27명은 광둥출신이었고 안훼이와 산둥, 푸젠 출신들이 각각 1명씩이었다.

용굉은 학생들보다 한달 먼저 미국으로 향한다. 그는 코네티컷(Connecticut)주 교육위원회의 협조로 하트포드(Hartford)에 중국 유학생 본부를 차린다. 유학생들은 그 지역의 미국인 가정에 일정 금액을 주고 맡기기로 한다. 그리고 학생들은 그 지역의 학교를 다니도록 한다.

진란빈이 학생들과 도착한 후 용굉과 진란빈은 휴일에는 하트포드의 유학생 본부에 학생들을 불러모아 중국의 정통학문 수업을 받도록 한다. 그 후 3년 간 매년 30명의 중국 유학생이 추가로 와서 1875년에는 전체수가 120명에 이른다.[198]

FIRST GROUP OF CHINESE BOYS DEPARTING FOR HARTFORD, 1872. Thirty students ar
shown in front of the China Merchants Steam Navigation Company in Shanghai before thei
departure for the Chinese Educational Mission in 1872. The average age of the students wa
about 12. (Courtesy of Manuscripts, Archives, and Special Collections, Washington Stat
University Libraries.)

하트포드에 도착한 중국 유학생들

CHINESE CLASSROOM IN HARTFORD, 1878. Harper's Weekly featured the young students, all boys
in their traditional mode of learning, either seated at their desks or standing to talk with thei
teacher. The Chinese teacher's responsibility was to assure that students would retain their Chines
language and culture in the United States. (Courtesy of Connecticut Historical Society.)

중국 유학생들 수업 장면

Illustration 9.1 Phillips Academy baseball team, Andover, Mass., 1881, with Liang Pixu (#102) in front row on right. Courtesy of Archives and Special Collections, Phillips Academy, Andover, Mass.

미국의 명문 사립 고등학교 필립스 아카데미 앤도버의 야구팀 사진. 앞줄 맨 오른쪽이 하트포드로 유학 온 중국 유학생.

중국 유학생들은 『효경』과 『대학』, 『오경』과 『대청률(大淸律)』을 배워야 했고 청황제들의 칙령들을 공부하고 정기적으로 베이징의 황제를 향하여 예를 올린다. 1876년 9월 하트포드를 방문한 리궤일이라는 중국인 여행객은 학생들이 3달에 한번 2주씩 하트포드에 모여 중국 선생들과 중국 고전을 배우고 붓글씨와 작문을 배운다고 보고한다.[199]

그러나 어린 학생들은 시간이 지날수록 점차 미국화 되어 간다. 서구 옷을 입고 변발 대신 서양식 두발을 하고 야구를 즐기고 미국 여교사들의 인솔 하에 교회를 다니는 경우도 있었다. 용굉은 미국 여교사와 결혼 한다.[200]

1877년 말, 이홍장은 앞으로 1~2년 후면 유학생들 중 몇 명이 미국

대학에 입학 할 수 있을 것이라고 조정에 보고한다. 조정은 9년 간 사용할 자금 289,900냥을 추가로 배정한다.[201]

그러나 1881년, 코네티컷에 유학하고 있던 중국 학생들은 모두 귀국하라는 명령을 받는다. 미국 정부는 코네티컷에서 고등학교를 졸업한 중국인 유학생들에게 미국 육군사관학교와 해군사관학교에 입학할 허가를 내주지 않았기 때문이다. 청 조정의 보수파는 미국의 유학생 파견 사업을 접고 모든 학생을 귀국시키도록 한다. 학생들은 1881년 8월 샌프란시스코를 거쳐 귀국한다.[202]

같은 시기에 심보정은 푸저우(福州)의 「마미선정창(馬尾船政廠)」 졸업생들을 유럽에 유학보내기 시작한다. 1875년 푸젠순무(福建巡撫)로 푸젠선정국(福州船政局)을 맡고 있던 정일찬은 마미선정창의 최우수 졸업생 5명을 프랑스로 귀국하는 지켈과 함께 유럽으로 보낸다.

예전에 아이들을 해외로 보내는 일에 관해서는 신(臣)[203]이 이미 상주하여 자세히 아뢰었으며, 칙지에 따라 이홍장 등에게 의논한 후 의견을 제시하도록 했습니다. 이제 6가지 일의 계획이[204] 아직 결정되지 않았으니 감히 외람되게 아뢸 수 없고, 또 거액을 마련할 길이 없으니 대번에 소원대로 하기 어렵습니다. 그러나 이번 선공(船工)이 재개될 때 마침 지켈[Giquel, 日意格]이 서양으로 돌아갑니다. 만 리나 깊은 바닷길에 안내자가 있으니 생도 등이 편승하기에 좋을 것입니다. 함께 구주를 두루 경험하여 이목을 넓힌다면 구학(舊學)을 인증(認證)한 뒤에 또 심사(心思)를 넓힐 수 있을 것입니다. (중략) 전학당(前學堂)[205]에서는 위한(魏瀚)·진조고(陳兆翱,·진계동(陳季同) 등 3인, 후학당에서는 유보섬(劉步蟾)·임태증(林泰曾) 등 2인을 파견해서 지켈과 함께 영국 및 프랑스 등지를 유력(遊歷)한 후, 기선(機船)·철협(鐵脅)[206]·신식기계 등의 조사 구매가 편의하게 된 다음에 지켈과

(구) 영국 왕립해군학교

파리국립광업학교

함께 귀국하게 할 것입니다.[207]

1877년 1월 북양대신 이홍장과 남양대신 심보정은 공동 명의의 상소를 올려 마미선정창(馬尾船政廠) 부설 해군학교의 가장 우수한 학생 30명을 선발하여 최소한 3년 간 유럽에 유학 보낼 것과 이를 위해서 푸젠성의 리진과 해관 수입 20만 냥을 배정할 것을 청한다. 이홍장과 심보정은 황제의 재가를 받자 2달 만에 30명의 유학생을 유럽으로 보낸다.

미국에 보낸 학생들보다 유럽에 보낸 학생들의 유학 기간이 짧게 설

파리국립광업학교의 도서관

정된 이유는 이홍장의 입장에서 가장 시급한 것은 유럽의 조선소에 발
주한 전함들을 지휘할 함장과 선원들을 훈련시키는 일이었기 때문이
다. 결국 6명의 마미선정창(馬尾船政廠) 부설 해군학교 졸업생은 그렌위
치의 「왕립해군학교(Royal Naval College at Greenwich)」에 입학한다.
입학생 중에는 옌푸(嚴復, 엄복, 1853~1921)도 있었다.[208]

　4명은 프랑스 셰르부르(Cherbour)의 해군 조선학교(Ecole de Con-
struction Navale)에 그리고 5명은 툴롱(Toulon)의 해군 조선소에 입학
한다. 5명은 파리국립광업학교(École nationale supérieure des mines de Paris)
에 입학 한다. 마건충도 같은 시기에 파리에서 유학한다.[마건충에 대한
논의는 제 2권 p. 293 참조] 이때 영국과 프랑스에 유학한 학생 중 2명은
훗날 청일전쟁 당시 북양함대 소속 전함의 함장을 지낸다.[209] 그 이후
로도 1882년, 1886년, 1887년에 마미선정창 부설 해군학교 졸업생
들이 3년, 혹은 6년 과정으로 유럽 유학을 떠난다.[210]

9. 해양방어 대 내륙방어

일리(伊犁, 러시아어로 쿨자)는 신장 북부의 러시아령 투르키스탄과 접경하고 있는 지역으로 청이 「준부(準部, 일명 중가르 지역)」라는 행정구역을 설치하여 다스리고 있었다. 일리 강 유역은 땅이 비옥하고 광물도 풍부할 뿐만 아니라 전략적 요충이었다. 무자르트(木扎尔特) 협곡은 신장의 남북부를 잇는 길목이었다. 신장을 통치하기 위해서는 필히일리를 차지하여야 했다. 서구의 군사전략가들이 일리를 「중국령 투르키스탄의 요새」라고 부른 이유다.[211]

건륭제가 1759년 신장을 정복한 이래 청은 일리에 2만 명의 군사를 주둔시켜 현지인들인 위구르 무슬림들을 통치하였다. 일리를 통치하는 청의 군정관과 그 휘하의 관리들은 대부분 만주 팔기군이었다. 이들은 「벡(伯克)」이라고 불리는 부족장들을 통하여 현지인들을 통치

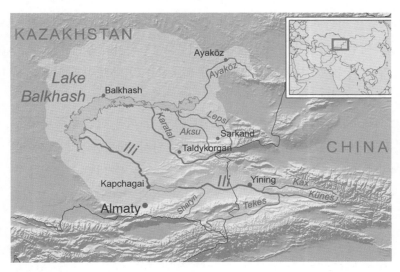

이리 유역 지도

이리강

하였다.[212] 청의 관리들은 터키어를 하는 무슬림들을 야만인으로 취급
하면서 약탈적 징세와 가혹한 착취를 통해 사치스러운 삶을 영위하였
다. 한때 이 지역을 통치하다가 청에 의해서 쫓겨나 코칸드에서 유배
생활을 하던 마크둠자다 가문은 호시탐탐 복귀할 기회를 노리면서 신
장 내부의 반란을 부추기는 한편 외부로부터의 침공을 준비한다.[213]
청이 신장을 정복한 이후 100년간 최소한 12번의 반란과 침공이 일
어나는 이유다.

1864년, 청의 쇠퇴와 중국 북서부의 둥간 회족 반란을 틈타 신장
의 무슬림들도 또 다시 반란을 일으킨다. 당시 「태평천국의 난」과 「니
엔난」을 평정하는데 여념이 없던 청조는 손을 쓸 겨를이 없었다.[214]
1870년에는 야쿱벡(1820~1877. 5. 30.)이라는 코칸드 출신 무슬림
지도자가 신장을 침공하여 카슈가리아와 북부 신장의 통치자로 부상
한다. 당시 러시아와 소위 「더 그레이트 게임(The Great Game)」을 벌
이고 있던 영국은 러시아가 야쿱벡을 이용하여 중앙 아시아로 침투하

는 것을 막기 위해 그에게 무기를 제공하고 사절단을 보내는 등 적극 지원한다.[215]

중동과 중앙아시아에서 영국과 대치하던 러시아는 야쿱벡의 제국이 영국의 주도하에 건설되는 것을 묵과할 수 없었다. 러시아는 1851년 청과 체결한 「쿨자(Kuldja)조약」으로 이리에 영사관을 개설하고 면세로 교역을 할 수 있게 된 바 있다. 그 후 청과 러시아간의 교역은 급

야쿱벡

증하였고 러시아의 중앙아시아 침투는 심화되고 있었다. 신장의 변란이 이 지역에서 러시아의 경제적 이익에 심각한 타격을 입히기 시작하자 러시아 통치 하의 카자흐족과 키르기즈족이 동요하기 시작한다.

러시아의 군과 관료들은 모두 일리를 점령할 것을 강력히 주장하지만 러시아 조정은 청 조정이 신장의 반란을 평정 할 때까지만 일리를 점령하기로 한다. 청이 일리를 다시 평정 한 후에는 점령했던 영토를 돌려주는 대가로 중국 서부에 새로운 무역 교두보와 국경 조정을 요구하기로 한다. 이러한 계획 하에 1871년 7월, 러시아령 투르키스탄의 초대 총독 카우프만(Konstantin Petrovich von Kaufman, 1818.3.2~1882.5.16.) 장군 휘하의 러시아군이 일리를 점령한다.[216]

러시아는 일리를 점령함으로써 어려움을 겪고 있는 중국을 돕는 것이라고 강변하지만 내심으로는 허약해진 청이 다시는 신장을 수복할 수 없을 것이라고 생각하고 일리에 대한 통치를 강화한다. 1872년에는 혼란을 가중시켜 일리점령을 연장시킬 명분을 찾기 위해 야쿱벡

과 통상조약을 맺는다. 그러자
영국도 그 이듬해 야쿱벡과 조
약을 체결한다. 러시아와 영국
은 야쿱벡의 제국을 주권국으
로 인정해주는 대가로 유리한
교역 조건을 받아낸다.[217]

청은 1864년이 되어서야 10
여 년 간 나라를 뒤흔든 「태평
천국의 난」을 간신히 평정한
다.[태평천국의 난에 대한 자세한 논
의는 제 1권, 제 5장 참조] 그러나
1855년부터 장쑤성과 후난성

콘스탄틴 폰 카우프만

을 초토화시킨 「니엔난」은 아직도 진행중이었다. 여기에 샨시와 깐수
성의 둥간 무슬림 반란도 진압해야 했다. 청 조정은 1866년 좌종당을
샨시와 깐수의 총독으로 임명하고 난을 평정할 것을 명한다. 좌종당은
1868년 「니엔난」을 평정한 후 「둥간 반란」 진압에 나선다.[218] 1873년
「둥간반란」을 진압한 좌종당은 드디어 신장으로 진격할 준비를 한다.

이때 일본이 대만정벌에 나선다.[219] [일본의 대만정벌에 대한 자세한 내용은
제 2권, 제 4장 참조] 일본의 대만정벌은 청의 해양방어가 얼마나 취약한
지 여실히 보여준다. 자강운동을 시작한지 10년이 지난 후에도 중국
의 해양방어 능력이 얼마나 허약한지 절감한 것은 공친왕과 문상, 이
홍장 등이었다. 이들은 러시아보다 일본의 위협이 더 시급하다고 생
각했다. 따라서 최소한 48척의 전함을 보유한 해군을 양성하고 이를
3개의 함대로 나눠 중국 해안의 북쪽, 중앙, 남쪽의 방비를 맡길 것을
조정에 종용한다.

이홍장은 한 걸음 더 나아가 신장반란 진압작전을 아예 포기하고 모

사마르칸트에 입성하는 카우프만 휘하의 러시아군

든 재원을 해양방어에 쏟을 것을 주장한다.[220] 그는 해양방어가 내륙방
어보다 시급한 이유 다섯 가지를 댄다. 1) 수도 베이징은 해안으로부
터는 가까운 반면 신장으로부터는 멀리 떨어져 있다. 2) 재정이 절대
적으로 부족하고 군사적으로 신장을 수복하는 것이 과연 가능한지 확
실하지도 않은 상황에서 진압에 나서는 것은 무모하다. 3) 신장의 땅
은 황무지에 가깝기 때문에 굳이 그 많은 비용을 들여 수복 하려고 할
필요가 없다. 4) 비록 난을 평정하는데 성공하더라도 강한 인접국들에
둘러싸여 있는 신장을 오래 지키는 것은 어렵다. 5) 신장 수복을 뒤로
미루는 것은 선대 황제들이 평정한 영토들에 대한 주권을 포기하는 것
이 아니라 훗날을 위해서 힘을 비축하는 것이다.[221]

　반면 좌종당은 해양방어도 중요하지만 내륙의 국경수비를 포기해서
는 안된다고 주장한다. 상군의 명장으로 증국번과 함께 「태평천국의
난」을 진압한 후 이홍장의 뒤를 이어 남양통상대신을 맡아 역시 자강
운동을 이끌고 있던 좌종당이었다.[좌종당과 상군의 결성에 대해서는 제 1권,
제 5장 참조] 그는 신장의 반란을 진압하지 못할 경우 러시아는 계속해
서 중앙아시아로 침투해 들어올 것이고 그렇게 되면 그 틈을 타서 열

강들이 바다로부터 공격해 올 수도 있다고 주장한다.

좌종당은 러시아가 일본이나 구미열강보다 더 큰 위협이라고 생각하는 이유를 댄다. 1) 바다를 통해서만 침공해 올 수 있는 일본이나 구미열강은 중국의 팔과 다리를 위협하는 형세지만 중국과 국경을 맞대고 있는 러시아는 중국의 심장부를 겨냥하고 있는 형세다. 2) 구미열강은 교역을 하고자 전쟁을 일으키는 반면 러시아는 경제적 이권 뿐만 아니라 영토도 노리기에 더욱 위험하다. 신장을 빼앗기면 러시아가 베이징 방어에 필수인 몽고를 직접적으로 위협하게 될 것이다. 3) 구미열강은 당장 침공해올 기미가 없는 반면 러시아의 신장 침공은 이미 현실화되고 있기에 이를 우선적으로 막아야 한다.[222]

청 조정은 좌종당의 손을 들어준다. 좌종당은 1875년 4월 23일 「흠차대신」에 임명되어 신장의 난을 평정할 것을 명 받는다.[223] 1년 간 진압작전을 수립하고 군대 조련을 마친 좌종당은 1876년 3월 지휘부를 쑤저우(숙주)로 옮기고 전투를 준비한다. 류진탕 장군(劉錦棠, 1844~1894) 휘하의 청군은 8월부터 북부 신장의 야쿱벡의 군대를 공격하기 시작한다.

다급해진 야쿱벡은 1877년 늦봄 영국 측에 사절단을 보내 영국의 중재를 요청하면서 자신이 중국의 속방이 되겠다는 제안을 청 측에 전달해 줄 것을 요청한다. 그러나 좌종당의 군대는 빠르게 반란군을 제압해 나간다. 1877년 5월 29일, 청군이 야쿱벡의 남은 군대를 격파하자 야쿱벡은 자결 한다. 그의 아들들이 저항을 계속하지만 반란군은 내부의 분열로 자멸하면서 1877년 말, 청군은 러시아가 점령한 일리를 제외한 신장 전체를 수복한다.[224]

청은 회족의 반란을 진압하고 신장을 수복함으로써 러시아로부터 일리를 되돌려 받을 조건을 충족시킨다. 청군이 예상치 못한 성공을 거두자 애초부터 일리를 청에게 반환할 의사가 없었던 러시아는 일리

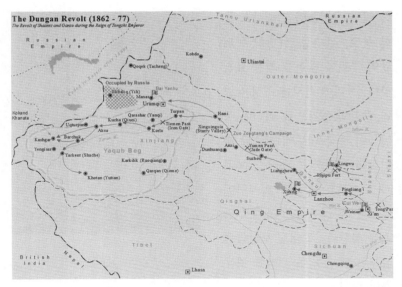

The Dungan Revolt (1862 - 77)
The Revolt of Shaanxi and Gansu during the Reign of Tongzhi Emperor

1862~1877 샨시와 깐수, 신장의 이슬람 회족들의 반란인 「동치회변」(同治回變, 일명 「둥간반란」東干反亂)을 평정한 좌종당 휘하의 청군의 이동경로와 격전지.

반환에 대한 논의를 차일피일 미룬다. 그러자 총리아문은 숭후(崇厚, 1826.10.7.~1893.3.26.)를 주 러시아 중국 공사 겸 흠차대신에 임명하여 러시아와 일리 반환 협상을 시작할 것을 명한다.[225]

만주 귀족 출신 숭후는 1860년 공친왕 혁흔을 도와 영국-프랑스군과 톈진조약을 협상하였고 이 조약으로 개항한 우장(잉커우), 톈진, 등저우(웨이하이, 옌타이)를 관할하는 삼구통상대신(三口通商大臣)을 역임한다. 1867년에는 「톈진기기제조총국」을 설립함으로써 외교와 통상, 산업 등 다방면에서 능력을 발휘한다. 청 조정이 러시아와의 협상을 맡긴 이유다.

예상치 않게 일리를 되돌려주게 된 러시아는 청으로부터 최대한의 이권을 받아내고자 한다. 러시아의 상공인들은 중국 서부의 광대한 지하자원에 대한 채굴권만 얻으면 당시 장기불황(1873~1876년)에 허덕이던 러시아 경제에 활력을 불어 넣을 수 있을 것이라며 아직 미국이

나 영국 상인들이 진출하지 못한 몽고, 깐수성, 샨시성 등의 교역 루트를 뚫어줄 것을 요청한다.[226] 이에 러시아 조정은 일리 반환의 조건으로 러시아 상인들이 중국 내부에 진출할 수 있도록 허락하고 테케스 계곡과 무자르트 협곡을 러시아에 양도할 것 등을 요구하기로 방침을 정한다. 그 대신 보상금을 요구는 하되 청이 거절할 경우 굳이 받지 않기로 한다.[227]

숭후

숭후는 아무런 준비 없이 협상에 임한다. 일리의 지리와 지정학에 대한 지식이 없던 그는 러시아를 과대평가하는 한편 청의 실력은 과소평가 하고 있었다. 「우리의 군대는 지쳐있었고 우리의 재정은 바닥이 나 있었고 우리의 변방 방어 능력은 믿을 수 없었다. 따라서 나는 우리의 국익을 지키기 위해서는 압력 하에 모든 것에 동의하는 방법 밖에 없었다.」 더구나 러시아는 숭후가 상트페테르부르그에 도착한 순간부터 그를 극진하게 환대했다. 러시아를 두려워하고 개인 사정으로 빨리 귀국할 생각만 하고 있던 숭후는 러시아의 모든 요구조건을 들어주면서 서둘러 조약을 체결한다.[228]

1879년 10월 2일, 크림반도의 얄타시에 위치한 차르의 여름 별장이었던 리바디아궁에서 조인된 「리바디아 조약」으로 중국은 일리의 70%를 러시아에 넘기고 테케 계곡과 무자르트 협곡도 러시아에 양도한다. 또한 청은 5백 만 루블에 달하는 보상금을 러시아에 지불하는 동시에 러시아에게 중국 서부의 핵심 지역 7곳에 영사관을 개설할

권한과 신장과 몽고에서 관세
없이 교역할 수 있는 권한을 준
다. 이에 더하여 러시아 상인들
은 양쯔강에서 자유롭게 무역
할 수 있는 권한과 만주의 쑹화
강을 이용할 권한도 얻는다.[229]

숭후가 보낸 전문을 통하여
조약의 내용을 파악 한 총리아
문은 숭후에게 급히 답신을 보
내 조약에 서명하지 말것을 명
한다. 그러나 숭후는 모든 협의
가 이미 끝났고 재협상은 불가

리바디아 조약문

능하다고 답한다. 실제로 숭후는 조약에 서명 한 후 황제의 재가도 받
지 않은 채 귀국한다.[230]

청의 조야는 발칵 뒤집힌다. 총리아문은 이런 조약은 안 맺느니만
못하다고 한다. 좌종당은 천신만고 끝에 신장을 되찾은 것이 결국 숭
후의 무지와 무능 때문에 물거품이 되었다고 분노한다. 그는 러시아와
협상을 다시 할 것을 요청하면서 만일 러시아가 재협상을 거부할 경우
다시 한번 군대를 이끌고 전쟁에 나서겠다고 한다. 신장 수복 전쟁에
처음부터 반대했던 이홍장은 숭후에게 전권을 준 것도 총리아문이었
기에 남을 탓할 일이 아니라고 한다.[231]

숭후를 벌할 것과 조약을 파기할 것을 주장하는 상소가 빗발친다. 대
표적인 것은 당시 한림원편수(翰林院編修)였던 장지동(張之洞, 1837.9.4.
~1909.10.5.)의 상소다. 그는 숭후의 목을 벨것과 전쟁을 불사하고 조
약을 파기하는 결의를 보일 것을 요구한다.[232]

러시아인들의 요구가 지극히 탐욕스럽고 횡포하거늘 숭후(崇厚)는 이를 승낙했으니 지극히 그릇되고 어리석으며, 황태후(皇太后)와 황상(皇上)께서는 크게 진노하시어 사신을 파견하시고 조정의 의논에 부치셨으니 지극히 명철하고 과단성이 있다고 할 만합니다. 위로는 추신(樞臣) 과 총서(總署) 왕대신(王大臣)들로부터 말단 관리들에 이르기까지, 사람들이 모두 그것이 불가함을 알고 있지만 감히 공개적으로 말을 꺼내 논의를 다시 하지 못하는 이유는, 참으로 한번 조약을 변경하면 혹시 흔단(釁端)을 초래할까 두려워하기 때문입니다. 그러나 신은 두려워할 필요가 없다고 생각합니다. 이 논의를 다시 하더라도 반드시 사단이 생기는 것은 아니며, 다시 하지 않는다면 나라라고 할 수 없습니다. 논의를 다시 하는 방도를 아뢰고자 합니다. 그 요점은 네 가지이니, 첫 번째는 방침을 결정하는 것이요[計決], 두 번째는 사기를 진작시키는 것이요[氣盛], 세 번째는 논리를 타당하게 세우는 것이요[理長], 네 번째는 계략을 정하는 것입니다.[謀定] 방침을 결정한다는 것은 무엇입니까? 무리한 조약을, 사신은 허락했지만 조정에서는 허락한 적이 없습니다. 숭후가 나랏일을 망치고 적에게 아첨해서 제멋대로 허락하고 돌아왔으니, 나라 사람들이 모두 죽일 놈이라고 하고 있습니다. 부디 그를 체포해서 형부(刑部)에 보내시어 전형(典刑)에 따라 사신의 죄를 다스리신다면 러시아인들의 입을 막을 수 있을 것입니다. 『만국공법(萬國公法)』을 보더라도 사신이 훈령을 위반하여 월권한 조약을 비준하지 않은 사례가 있으니 다시 무슨 가타부타할 말이 있겠습니까? 그리고 조정의 법조문에 있어서도 숭후가 밀함(密函)을 따르지 않고 유지(諭旨)를 청하지 않은 죄가 기영(耆英)을 투옥시킨 전례에 부합됩니다. 성헌(成憲)이 환히 빛나고 있습니다. 그러므로 숭후를 즉시 죽인다면 방침이 결정되는 것입니다.[233]

젊은 장지동은 일약 청류파의 지도자로 부상한다.

청 조정은 숭후를 사형에 처할 것을 결정하고 당시 영국과 프랑스

얄타의 리바디아 궁. 1945년 〈얄타 회담〉이 열린 장소다.

주재 공사였던 증기택(曾紀澤, 1839~1890.4.12.)을 단장으로 하는 사절 단을 러시아에 보내 조약을 재협상하도록 한다. 그러나 승후에 대한 사형 언도는 영국, 프랑스, 독일, 미국 외교관들의 거센 반대에 부디 친다. 결국 영국의 빅토리아 여왕이 직접 서태후에게 간청하여 승후 는 사형을 면하지만 그 대신 옥에 갇힌다. 30만 냥의 몸값을 내고 석 방된 승후는 다시는 벼슬길에 나서지 못하고 1893년 잊혀진 채 쓸쓸 히 죽는다.[234]

러시아는 23척의 전함을 중국으로 보내 무력시위를 한다. 청은 러시 아가 시베리아로부터 만주를 통해 공격을 개시함과 동시에 함대로 해 안을 공격해 올 것으로 예상 하여 공포에 휩싸인다. 청 조정은 전쟁을 원치 않았지만 청류파의 강경론에 밀려 어쩔 수 없이 전쟁으로 기운 다. 전쟁을 대비해「태평천국의 난」과「동치회변」을 평정하는데 공을 세운 상군의 명장들을 다시 소집하는 한편 로버트 하트(Robert Hart)를

장지동   증기택

통해 상승군을 이끌었던 차알스 고든(Charles Gordon)도 다시 중국으로 부른다. [차알스 고든과 상승군에 대해서는 제 1권, 제 5권 참조]

1880년부터 인도의 영국 총독 비서로 일하고 있던 고든은 청 조정의 초청을 받자 곧바로 사직서를 내고 달려온다. 톈진에서 이홍장을 만난 고든은 중국이 무책임하게 전쟁으로 휘말려 들어가고 있다는 이홍장의 견해에 동의한다. 고든은 청이 러시아와 같은 군사 강국과 전쟁을 시작하는 것은 무모하다며 특히 톈진의 다쿠기지는 쉽게 무너질 것이고 그러면 베이징을 사수할 방법이 없다고 경고한다. 그럼에도 불구하고 청이 전쟁을 불사 하겠다면 우선 수도를 내륙으로 옮기고 장기전을 준비해야 한다고 한다.

결국 고든은 청 조정에 전쟁의 무모함을 설득하는데 성공한다. 이홍장은 고든을 이용하여 러시아와의 승산 없는 전쟁을 막는 동시에 전쟁이 일어나더라도 영국이 청을 도울 것이라는 인상을 심는데 성공한다.[235] 한편 증기택은 러시아와의 재협상 준비를 한다. 영국의 외무성은 비공식적으로 청을 돕기로하고 주 러시아 영국 대사에게 증기택이 러시아에 도착하는 즉시 자문을 해주라는 지시를 내린다.[236]

러시아 역시 내심 전쟁을 원치 않았다. 1876~1877년 오스만 터키 제국을 상대로 「러시아-튀르크 전쟁」을 치른 러시아는 전쟁에서는 이겼지만 종전 협정인 1878년의 「베를린 회의(Congress of Berlin)」이

차르 알렉산더 2세

후 국제적으로 고립되어 있었다. 청과의 전쟁이 일어날 경우 대중 무역에 타격을 입을 것을 걱정하는 유럽과 미국이 중국의 편에 설 것으로 예상됐다.

더구나 영국과 「그레이트게임」을 벌이고 있던 러시아가 중국과 전쟁을 시작한다면 그렇지 않아도 중국을 적극 지원하고 있는 영국이 중국의 편에서 개입할 것은 불을 보듯 뻔한 일이었다. 실제로 「러시아-튀르크 전쟁」 당시에도 영국해군의 개입이 없었다면 러시아는 오스만 터키 제국의 수도인 이스탄불도 점령할 수 있었다.

국내 정정도 불안했다. 러시아 경제는 심한 불황에 빠져 있었고 반란과 혁명의 위협이 고조되고 있었다. 청과 전쟁을 치를 상황이 아니었다. 관건은 체면을 깎이지 않고 일리사태에서 헤어날 방법을 찾는 것이었다.

결국 반년에 걸친 소모적인 협상 끝에 차르 알렉산더 2세(1818.4.29.~1881.3.13. 재위: 1855~1881)는 테케계곡과 무자르트협곡을 포함한

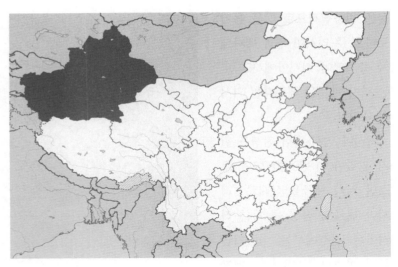

오늘의 신장-위구르 자치구

이리 전체를 청에 반환하기로 결정한다. 중국 서부 요충에 개설하기로
한 러시아 영사관도 7개에서 2개로 줄인다. 그 대신 보상금은 5백만
에서 9백만 루블(약 5백만 냥)로 올린다. 청과 러시아는 1881년 2월 24
일 「상트페테르부르그 조약」을 체결한다.[237]

 전통적으로 「서역」이라 불리던 신장은 당과 같은 정복 왕조 때는 중
국의 영토로 편입되었다가 송이나 명처럼 군사적으로 약한 왕조 하에
서는 중국의 통치가 미치지 않던 지역이다. 「상트페테르부르크 조약」
이후 청 조정은 좌종당의 건의를 받아들여 1884년 신장을 성으로 격
상시키고 청의 영토로 공식 편입시킨다. 첫 총독으로는 신장 수복에
혁혁한 공을 세운 젊은 장군 유진탕이 임명된다.[238]
 한편, 청이 굴욕적인 「리바디아 조약」을 재협상하는데 성공하고 신
장을 영토로 편입시키는데 성공하자 청의 보수파들은 서구 열강을 상
대로 승리했다며 들뜨기 시작한다. 증기택은 이들에게 경거망동하지

말 것을 경고하지만 중국의 「청류파」 관료들은 청의 힘을 다시 한번 과신하기 시작한다.[239]

10. 청불전쟁

일리 사태가 진정되기 무섭게 프랑스의 안남 침략이 시작된다. 한때 「월남」으로 불렸던 안남은 한무제가 기원전 111년 북부 안남을 정복함으로써 본격적으로 중국의 영향권에 들기 시작한다. 「안남」이란 명칭은 당나라가 이 지역에 세운 「안남도호부(安南都護府)」에서 비롯된다. 명, 청 시대에는 조선과 함께 중국의 중요한 속방이었다.

안남과 프랑스가 최초로 만나게 되는 것은 17세기 초반 프랑스의 예수회 신부들이 안남에서 선교활동을 벌이기 시작하면서 부터였다. 그러나 유교 전통이 깊이 뿌리내린 안남에서 가톨릭 선교사들은 별다른 성공을 거두지 못한다. 프랑스 동인도회사도 안남에서 무역을 시도하지만 실패하고 철수한다. 프랑스가 안남에 대한 영향력을 확보하게 된 결정적인 계기는 18세기 말 프랑스의 선교사와 용병들이 안남의 내전에 적극 개입하면서부터다.

16세기부터 안남의 남부(오늘의 베트남 중부)는 완주(阮主, 완씨가문)의 「광남국(阮氏廣南國 또는 阮南朝, 1558~1777)」이 통치하였다. 그러나 1777년 완주에 반기를 든 「떠이선 왕조(西山朝, 베트남어: Tây Sơn, 1778~1802)」에 의해 광남국이 멸망하고 완씨는 멸문지화를 당한다.

광남 완씨 중 유일하게 살아남는 것은 당시 15살이었던 응우옌푹아인(阮福映, 1762.2.8.~1820.2.3.)이었다. 응우옌푹아인은 남쪽으로 피신하여 안남 남부에서 선교를 하고 있던 피뇨 드 베아인 신부(Pigneau de

Béhaine, 본명 Pierre Joseph Georges Pigneau, 1741.11.2.~1799.10.9.) 가 운영하고 있던 수도원에 피신한다. 이때부터 피뇨 드 베아인 신부는 프랑스 정부와 프랑스 용병들을 설득하여 응우옌푹아인을 적극 돕는다. 오랜 전쟁 끝에 1802년 응우옌푹아인은 「떠이선 왕조」를 타도하고 「응우옌조(阮朝, 완조)」를 개창하여 후에(城庸化)에 수도를 건설하고 가릉제(嘉隆帝)로 제위에 오른다.[240]

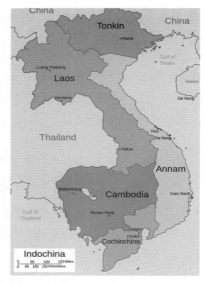
프랑스령 인도차이나

비록 프랑스의 도움으로 건국을 하였지만 보수적인 유교주의자들이었던 가릉제와 그 후예들은 프랑스의 선교사들과 천주교 신자들을 박해한다. 1858년 응우옌 왕조의 제4대 황제인 사덕제(嗣德帝, 뜨득데, 재위: 1847년~1883년)가 프랑스의 영향력이 커지는 것을 우려하여 천주교 선교사들을 추방하려 하자 프랑스의 루이 나폴레옹(프랑스 제2공화국의 대통령, 재임: 1848~1852, 프랑스 제국의 황제 나폴레옹 3세, 재위: 1852~1870)은 가톨릭 선교사와 신자들을 지킨다는 명분 하에 3천 명의 프랑스군과 스페인이 보내준 3천 명의 필리핀군을 사이공에 파병한다. 프랑스 원정군은 1858년 9월 다낭을 함락시키고 1859년 2월 사이공을 함락시킨다. 안남의 사덕제는 남부의 3개 성을 프랑스에 할양하고 가톨릭을 보호할 것을 약속한다. 1862년, 사덕제가 약속을 지키지 않자 루이 나폴레옹은 다시 한번 군사를 보내 1862년 6월 5일

가륭제를 도와 떠이선 왕조를 멸망시킨 피뇨드베아인 신부　가륭제 휘하에서 복무한 프랑스 해군장교 장-바티스트 샤이노(1805년 베트남 초상화)

「사이공 조약」을 체결한다.

이 조약으로 응우옌 왕조는 프랑스에 4백만 달러의 보상금을 지불하고 외교권을 박탈 당하면서 프랑스의 보호령으로 전락한다. 프랑스는 안남과 통킹(東京)에 조약항들을 개항하고 안남에서 자유롭게 무역과 포교를 하기 시작한다. 1864년에는 코친차이나(交趾支那) 역시 프랑스령이 된다.

루이 나폴레옹

1874년 3월 5일 체결된 「제 2차 사이공 조약」은 「제 1차 사이공 조약」의 내용을 재 확인하고 통킹의 홍강에 프랑스 배들이 자유롭게 다닐 수 있도록 한다. 이처럼 안남이 프랑스의 보호령이 되어가지만 일본의 대만정벌과 「마가리 사건」 [한국 사람 만들기 제 2권, 친일개화파, p.

가륭제가 건설한 후에의 성문

504 참조.] 으로 여유가 없던 청은 안남이 청의 속방이라고 주장하지만 전혀 손을 쓰지 못한다.[241]

1880년 프랑스는 「제 2차 사이공 조약」에 따라 통킨의 하노이와 하이퐁항에 군대를 주둔시키고 홍강을 따라 요새들을 구축한다. 응우옌 왕조는 프랑스를 견제하고자 청에 조공을 바치면서 관계를 강화한다. 또한 흑기군(黑旗軍)에 지원을 요청한다.[242] 흑기군은 「태평천국의 난」 당시 량광지역(중국의 광둥과 광시를 일컬음)에서 활약했던 유영복(劉永福, 류용푸, 1837~1917)이 이끄는 「천지회(天地會)」 계통 잔당 중 일부였다. 이들은 칠성흑기(七星黑旗)를 앞세우고 활동하면서 「흑기군」이란 이름을 얻으면서 청의 통치에 저항한다.

1867년 「흑기군」은 청나라 관군의 공격을 피하여 베트남 북부의 보승(保勝, 현재 베트남 라오까이) 일대로 이동하여 머물고 있었다. 여기에 「태평천국」의 잔여부대와 「천지회」 인물들이 모여들어 그 세력이 상

류용푸   흑기군 병사(1885)

당히 커진다. 유영복의 「흑기군」은 응우옌왕조를 도와 베트남 북부의
반란을 평정하고 왕조가 잃었던 지역을 수복한다. 응유옌왕조는 유영
복을 「홍화보승방어사」에 임명한다.[243] 1882년 「흑기군」은 프랑스군
과의 교전을 시작하고 이듬해에는 청조가 응우옌왕조를 돕기 위하여
정규군을 통킨에 투입한다.[244]

   그러나 이홍장은 청의 해군이 충분한 실력을 갖추기 전에 프랑스를
자극해서는 안된다며 청의 정규군을 안남에 투입하는 것에 반대한다.
청은 프랑스가 선제공격을 해오는 불가피한 경우에만 응전해야 하고
만일 그러한 사태가 벌어지더라도 어떻게 해서든지 빨리 협상을 시작
하여 화친을 맺어야 한다고 주장한다. 총리아문의 공친왕 역시 중국이
프랑스에 도전하는 것은 무모한 일이라고 한다.[245]

   그러나 이들은 조정내의 자칭 「청류당」 소속 젊은 관료들의 거센
공격을 받는다. 이들 젊은 관료들은 이리사태 이후 청의 실력을 과신
하면서 프랑스에 대한 무력 대응을 주장한다. 학문적으로는 뛰어났

지만 외교나 군사문제에 있어
서는 아무런 경험도 없는 이상
주의자들이었던 청류당은 격
정적인 상소문들을 올려 프랑
스에 대한 강경 대응을 주문한
다.246 이들은 프랑스와 화친하
는 것은 오히려 프랑스가 청을
얕잡아 보게 함으로써 더 많은
것을 요구하도록 장려하는 꼴

1885년 3월 2일 호아목 전투에서 프랑스군이 노획한 흑기군기

이 될 것이라 한다. 또한 전쟁
은 무기로 이기는 것이 아니라 용기와 덕으로 이기는 것이라고 한다.
그러면서 프랑스와의 대결을 반대하는 이홍장은 남송의 매국노 진회(
秦檜, 1090~1155)와 같다면서 격렬하게 비난한다.247

주 프랑스 공사를 역임하고 「이리 사태」 당시 러시아와의 굴욕적인
「리바디아 조약」을 성공리에 재협상한 증기택의 입장은 특히 중요하
였다. 증기택은 이홍장에게 프랑스가 정정 불안과 유럽내에서의 고립
으로 인하여 원정 전쟁을 치르기 힘든 입장이라고 설명하면서 프랑스
를 너무 소심하게 대하지 말것을 당부 한다. 또, 프랑스는 강자를 존중
하고 약자를 업신여기기 때문에 중국이 전쟁을 할 결기를 보여준다면
오히려 전쟁의 가능성이 줄어들 것이라고 한다.

반대로 우유부단하게 시간을 끌면서 타협하는 모습을 보일수록 중
국의 입장은 더욱 어려워질 것이라고 한다. 따라서 프랑스를 대할 때
는 강하게 밀어부치는 것이 중요하다고 충고한다. 프랑스가 탐내는 것
은 광동의 석탄광과 원남의 금광이기 때문에 만일 안남을 내주게 된다
면 프랑스의 욕구를 충족시키기는커녕 오히려 중국의 남쪽 국경을 더
욱 약화시키는 결과만 가져올 것이라고 한다. 그리고 통킹을 프랑스에

게 내 주재될 경우에는 영국은 티벳을, 러시아는 조선을 빼앗으려 할 것이라고 한다.[248]

제임스 캠블

그러나 청 조정은 전쟁이냐 화친이냐 사이에서 결정을 못하고 갈팡질팡 한다. 당시 중국 해관의 영국 지부장이었던 캠블(James Duncan Campbell)이 보내온 보고서에 의하면 안남의 프랑스군은 전면전을 개시할 가능성이 낮으며 프랑스 상인들에게 하노이와 홍강을 개방하고 항해의 자유를 보장한다면 프랑스와의 갈등은 해결될 수 있을 것이라고 한다.

이에 청 조정은 이홍장에게 프랑스 공사와 협상을 시작하도록 한다. 이홍장이 첫번째 제시한 협상안은 안남을 중국과 프랑스의 공동 보호령으로 만드는 것이었지만 이는 프랑스측이 거부한다. 협상이 결렬되자 프랑스는 곧바로 안남에 원정군을 보낸다. 청의 정규군과 프랑스 원정군은 통킹에서 전투를 벌이지만 청군이 패하면서 프랑스군은 중국 본토를 침공하기 시작한다. 이에 진노한 서태후는 공친왕과 군기처(軍機處: 청나라 최고의 정무기관) 군기대신 4명을 해임한다.[249] 그리고 화친파였던 공친왕 대신 광서제의 생부이자 강경파였던 순친왕(醇親王) 혁현(奕譞, 1840.10.16.~1891.1.1.)에게 총리아문을 맡기고 이홍장에게는 프랑스와 강화를 맺을 것을 명한다.

1884년 5월 11일 이홍장과 프랑스의 푸르니에(F.E. Fournier, 1842~1934) 함장은 「톈진협약(Tientsin Accord 또는 Li-Fournier Convention이라고도 함)」을 체결한다. 이 협약으로 청은 프랑스와 안남이 체결한 모든 조약을 인정하고 청군을 통킹에서 철수하기로 합의한다. 그 대신 프랑스는 중국으로부터 일절 보상금을 요구하지 않고 중국을 침공하지도 않으며 앞으로 안남과의 모든 조약에서 중국에 굴욕적인 내용을 넣지 않을 것을 약속한다.[250]

순친왕 혁현

그러나 「톈진협약」의 내용이 조정에 전해지자 청류파는 협약에 격렬하게 반대하면서 이홍장을 탄핵하라는 상소를 올리기 시작한다. 혼란 중에 이홍장은 청군을 통킹으로부터 철수하기로 프랑스와 약속한 날짜를 청 조정에 미처 알리지 못한다.[251] 조정으로부터 철군 명령을 받지 못한 통킹의 청군은 프랑스군이 철군을 요구하자 다시 전투를 시작한다.

프랑스는 청이 약속을 어겼다며 1884년 7월 12일 최후통

푸르니에

첩을 보내 이홍장과 푸르니에 간의 합의를 당장 이행할 것을 요구하는 동시에 막대한 보상금도 아울러 요구한다.[252] 이에 청 조정은 청류파인 장지동을 광동의 총독으로, 그리고 역시 당시 유명한 청류파

였던 장패륜(張佩綸, 1848.11.24.
~1903.2.4.)을 흠차대신에 임명
하여 복건함대(福建艦隊, 또는 복
건수사 福建水师)를 통솔하도록
한다.[253] 이로서 조선에서 김옥
균과 박영효 등 친일개화파들
이 갑신정변을 일으키게 되는
요인 중 하나인 「청불전쟁」의
막이 오른다.

8월 23일 푸저우에서 쿠르베
제독(Admiral Anatole-Amédée-Pros-
per Courbet, 1827~85)이 지휘하
는 프랑스 극동함대가 청의 푸
젠함대가 정박하고 있던 푸저
우의 마미항에 모습을 드러낸
다. 프랑스 함대는 8척의 전함
과 2척의 어뢰정을 갖고 있었
으며 70문의 첨단 포와 기관총
으로 무장하고 있었다. 반면 청
의 푸젠함대는 자강운동을 통
해 건조한 11척의 근대식 전함
을 갖고 있었다. 그러나 11척
중 단 2척만이 철제선체를 갖

장패륜

쿠르베 제독

고 있었을 뿐 나머지 전함들은
목조선체를 갖고 있었다. 또한 푸젠함대는 45문의 신식 포로 무장하
고 있었으나 대부분 소구경 포들이었다.[254]

마강해전 전날 청의 전함 양무(왼쪽)와 푸싱(오른쪽)

마강해전 전날 청의 전함 양무(왼쪽)와 푸싱(오른쪽)

프랑스 함대는 오후 1시 56분 공격을 개시한다. 「마강해전(馬江海戰)」
의 시작이었다. 마강해전은 역사상 처음으로 어뢰정들이 투입된 전투
였다. 청 해군의 기함인 「양무(揚武)」는 개전 1분 만에 프랑스 어뢰에
격침된다. 그리고 전투개시 7분 만에 나머지 청 전함들도 피격 당한
다.[255] 프랑스 함대는 1시간 만에 11척의 청 전함들을 격침하고 청이

격침된 양무호

1884년 청불전쟁 당시 푸저우 항구에 정박해 있는 프랑스 순양함 「Duguay-Trouin」

프랑스인 지켈(Giquel)의 도움으로 건설한 당시 중국 최대의 무기창이 자 조선소였던 푸저우(福州)의 「마미선정창」을 포격하여 완전히 파괴한다. 프랑스군은 5명이 전사한 반면 청군은 521명이 전사하고 51명이 실종된다.[256]

장패륜은 전투개시와 함께 도망간다. 그러나 그가 조정에 제출한 「마강해전」 보고서는 너무나 유려한 문장으로 상황을 왜곡하고 있어 청 조정은 청이 승리한 것으로 오해한다. 그러나 이내 청이 참패하였다는 사실이 밝혀지자 장패륜은 내륙 변방지역으로 유배되고 청 조정은 프랑스에 선전포고를 한다.[257]

그러나 이홍장은 휘하의 북양함대를 청불전쟁에 투입하지 않는다. 그는 조선에 대한 청의 종주권을 지키기 위해서는 북양함대가 절대적으로 필요하다고 보았고 프랑스와의 전투에서 함대의 전력을 소모하거나 푸젠함대 같은 피해를 보아서는 안된다고 생각했다.[258]

서태후는 푸젠함대가 「마강해전」에서 프랑스 함대에 대패한 후에도 1884년 11월까지 3개월 간 전쟁을 적극 지원한다. 그러나 12월부터 서태후의 마음이 흔들리기 시작한다. 통킹에서의 전투가 지속되고 프랑스가 대만을 봉쇄하고 프랑스군이 중국의 남부로부터 베이징으로 올라오는 조공물 차단을 시도하면서부터다.

청은 영국과 독일의 개입을 내심 기대하였지만 이 두 나라는 꼼짝도 하지 않았다. 오히려 러시아가 서북쪽 국경을 다시 침공할 조짐이 보이기 시작했고 일본은 조선에 진주할 듯한 움직임을 보이고 있었다. 마침 불안한 국내정정과 장기간 지속된 해외 원정으로 인하여 프랑스의 루이 나폴레옹 정부도 부담을 느끼고 있었다.[259]

이에 중국해관의 런던지부를 맡고 있던 캠벨은 파리에서 프랑스 측과 비밀리에 협상을 시작한다. 마침 1885년 3월 23~24일 통킹-광서성 국경의 「진남관(鎭南關)전투(Battle of Bang Bo)」에서 청군이 프랑스

진남관

군을 격파하자 청도 체면을 세울 수 있는 계기가 생긴 반면 프랑스는 전의를 상실한다.

　1885년 6월 이홍장과 주 중 프랑스 공사는 공식적인 합의를 도출한다. 청은 안남의 모든 프랑스 영토를 인정하는 대신 프랑스는 전쟁 중 점령한 대만과 펑후(澎湖)제도로부터 철군하기로 한다. 전쟁 배상금은 없었다. 그러나 이 전쟁으로 청은 1백만 냥 이상을 사용하고 2천만 냥 이상의 빚을 지게된다.[260]

　청 조정의 우유부단함은 참담한 결과를 가져왔다. 특히 청류파의 감정적이고 비현실적인 반응은 재앙을 초래했다. 증기택의 제안처럼 처음부터 강경한 자세를 취했었다면 오히려 프랑스의 개전을 막았을 수도 있었다. 반대로 일관되게 화친 정책을 취했었다면 푸젠함대의 전멸과 「마미선정창」의 파괴도 막을 수 있었다. 그러나 청은 푸젠함대와 「마미선정창」, 안남을 모두 잃고 만다.[261]

「청불전쟁」은 청의 20년에 걸친 「자강운동」이 실패로 돌아갔음을 보여주었다. 군사와 기술에 국한 된 제한적인 개혁과 근대화로는 외세를 격퇴할 힘을 기를 수 없음이 확실해졌다.

청의 군사력이 얼마나 허약한지를 확인한 영국은 1885년 청의 또다른 속방이었던 버마를 침공하여 1886년 영국의 보호령으로 만든다. 영국은 버마로 하여금 10년에 한번씩 청에 조공을 바치게 함으로써 명목상으로 청의 속방지위를 유지하게 한다.[262] 그러나 버마를 청의 속방으로 여기는 사람은 아무도 없었다. 남쪽의 속방을 모두 잃은 청에게 남은 것은 이제 동북의 속방인 조선 뿐이었다.

11. 반외세주의와 보수주의

중국의 반외세주의는 구미열강과 접촉하기 시작한 초기부터 나타난다. 그러나 조정의 정책에 영향을 미칠 정도로 확산되기 시작한 것은 1860년대에 「양무운동」이 본격화 되기 시작하면서부터였다. 중국의 반외세주의에는 여러 종류가 있었다. 서양은 싫어하지만 서양과 싸우기 위해서는 서구의 문물을 도입해야 한다고 생각하는 사람들이 있었던 반면, 기독교와 근대 과학기술 등 서구와 관계된 일체에 반대하는 사람들도 있었다.[263] 반대하는 이유도 여러 가지였다. 가장 일반적인 이유는 중국이 서양을 따르고 모방할 하등의 이유가 없다는 것이었다.

특히 「양무운동」에 반대한 관료와 지식인들은 서구의 기술이란 겉으로만 화려 할 뿐 중국이 진정 필요로 하는 것이 아니라고 한다. 부국강병을 위해서는 서양의 무기나 기술을 도입하는 것보다 백성들의 정신과 사기를 진작시키는 것이 훨씬 더 중요 하다고 한다.

청의 「위정척사파」라고 할 수 있는 「청류파」의 대표 왜인(倭仁,

1804~1871.6.8.)은 서양 오랑캐
들이 겁내는 것은 중국의 대포
나 전함이 아니라 중국 백성들
의 민심이라고 주장했다. 서양
을 모방하는 것은 서양을 격퇴
하는데 아무런 도움이 안 될 뿐
만 아니라 조정에 대한 민심의
이반만 조장 할 뿐이며 민심을
잃은 나라는 오래갈 수 없다고
경고 한다. 따라서 조정은 백성

유석홍

들의 사기를 북돋는데 모든 노력을 경주 할 뿐 야만인들의 기술을 모
방하는데 국력을 낭비해서는 안된다고 했다. 나라가 약할 때 그것을
기술력으로 만회 하고자 하는 것은 결코 성공할 수 없음을 역사는 보
여준다고 했다.[264]

유석홍(劉錫鴻, ?~1891)은 곽숭도 밑에서 초대 주 영 부사와 주 독일
공사를 역임하였음에도 불구하고 대표적인 반-양무운동파였다. 그는
미국도 독립혁명 당시 해군이 없으면서도 영국을 격퇴하였고 러시아
는 해군력이 미미하였음에도 불구하고 대영제국에 성공적으로 저항하
고 있다면서 중국도 해양방어를 위해서 서양의 무기체계를 도입할 필
요가 없다고 한다.[265]

이들은 모두 중국이 서양 오랑캐의 군사기술을 배우는 것은 중국도
오랑캐가 되는 길이라고 경고한다. 만리장성 밖의 북적(北狄)이 비록
기병대는 우월하였지만 문화적으로는 열등하였고 나라를 다스릴 역
량도 없었던 것과 마찬가지라고 한다.[266] 야만인들을 감동시키고 굴복
시키는 유일한 방법은 유교의 전통가치인 인의예지를 지키는 것 뿐이
라고 한다. 만일 사대부들이 계속해서 서양의 야만인들로부터 배운다

면 수오지심을 잃게 될 것이고 중국이 전통 유교가치를 상실한다면 아무리 서양의 군사기술과 과학기술을 배운다 하더라도 아무런 소용이 없을 것이라고 한다. 광서제와 함풍제의 스승이었던 옹동화(翁同龢, 翁同和, 1830~1904)는 늘 「정(正)」과 「이(利, 이익)」의 차이를 구분할 줄 아는 것이 중요하다는 것을 황제들에게 끊임없이 주입시켰다.[267]

옹동화

개혁주의자들은 서양의 과학기술이 실용적이라고 주장하였지만 반외세주의자들은 실용주의는 표피적이고 피상적인 것이며 단견이라고 한다. 더구나 중국과 서구는 너무 달랐기 때문에 서양 오랑캐들에게 좋은 것이 꼭 중국에게도 좋으란 법은 없다고도 주장한다. 예를 들어 인구가 부족한 서양은 노동력을 보강하기 위해서 기계를 발명 해야 했지만 중국과 같이 인구가 많은 나라에서는 기계를 사용하기 시작한다면 이는 곧바로 대규모 실업(失業)을 야기할 것이라고 한다.

철도 역시 마찬가지였다. 철도의 효용가치는 그 나라의 군사력에 달렸다. 서구는 군사적으로 강하기 때문에 전쟁이 났을 경우 빠른 이동을 위하여 철도를 사용하는 것이 유리하다. 그러나 철도를 지킬 수 있는 힘이 없는 중국이 철도를 부설한다면 유사시 오히려 외적에게 중국내에서 군대를 자유자재로 이동시킬 수 있는 교통수단을 제공함으로써 보다 효과적으로 중국을 유린하게 하는 결과만 초래할 것이라 한다.[268]

중국 최초의 철도는 1865년 영국 상인이 자금성의 선무문(宣武門) 밖에 부설한 600m 길이의 협궤 철로였다. 청 황실에 철도의 효용과 중요성을 보이기 위해서였다. 그러나 서태후는 「수심해괴(殊甚駭怪)」, 즉 「해괴하기 그지없다」면서 곧바로 해체시킨다.[269] 1876년 7월에는 「오성철로(吳淞鐵路)」가 개설된다. 상하이의 미국 조차지와 자베이구(갑북구, 閘北區)를 연결하는 이 철로는 영국의 자딘매터슨(Jardine, Matheson and Co.)이 부설하였지만 청 정부의 허가를 받지 않았다는 이유로 청 정부가 철도 운영권을 돈을 주고 산 다음 1877년 10월 해체시킨다.

1875년 겨울, 이홍장은 공친왕에게 강소성과 베이징을 잇는 철도를 건설하여 중요한 보급로를 확보할 것을 종용한다. 그러나 조정은 아무런 결정을 내리지 않는다.

> 그 해 겨울 베이징에 가서 재궁(梓宮)[270]을 알현한 후, 공친왕에게 가서 철로의 이익을 온 힘을 다해 아뢰고 우선 시험 삼아 칭장(淸江)에서 베이징까지 철로를 설치해서 남북의 화물 이동을 편하게 해볼 것을 청했습니다. 공친왕께서는 이 말을 옳다고 여기면서도, 누구도 감히 이 일을 주관하지 못할 것이라고 하셨습니다. 다시 한가한 틈을 타서 양궁(兩宮)께 말씀드려볼 것을 청해봤지만, 양궁도 이렇게 큰 계획은 결정할 수 없다고 하셨습니다.[271][272]

중국이 서양의 군사제도를 배우려 해도 서양이 자신들의 힘의 비밀을 가르쳐 줄 리 없다고 한다. 왜인은 1867년 상소에서 서양 오랑캐들은 사악하기 때문에 그들이 중국이 원하는 과학기술을 가르쳐줄 리 없다고 한다. 설사 무기를 팔더라도 가장 좋은 무기는 팔지 않을 것이라고 한다.[273]

왕개연은 석탄에 의존할 수 밖에 없는 증기선들은 석탄 공급이 끊

오송철로 개통식 사진

기면 무용지물이 될 것이기 때문에 필요 없다고 한다. 더구나 증기선
들은 강에서 전투가 벌어질 경우 그 효력이 떨어지고 육지에서는 아
무 쓸모가 없다고 한다. 서양의 포들도 너무 무겁기 때문에 이동이 용
이치 않아 전투 중에는 소용이 없어진다고 한다. 중국이 부강 할때에
는 그런 무기들을 호기심 충족용으로 사들일수는 있으나 지금처럼 중
국이 재정난에 처해있을때 서양의 대포들을 사들이는 것인 재정낭비
라고 한다.[274]

이뿐 아니었다. 보수주의자들은 탄광을 개발하고 철로를 놓고 전신
망을 부설하고 교회 건물을 짓는 것은 모두 풍수를 해치고 우주의 운
행을 방해함으로써 농업을 망치게 하고 백성들의 안녕을 해친다고 주
장한다. 홍수와 기근, 지진 등의 자연재해가 일어나고 황궁에서 화재
가 일어나는 것은 서양기술이 우주의 운기를 해쳤기 때문이라고 한
다.[275]

이홍장은 1872년 「윤선초상국(輪船招商局, China Merchants Steam
Navigation Company)」을 설립하여 양쯔강 삼각주의 곡창에서 거두는

상하이의 윤선초상국 건물

세곡을 수도 베이징으로 운반하기 시작한다. 1415년 이후 세곡은 매년 대운하를 오가는 세곡선으로 운반되었다. 이홍장은 증기선을 이용하여 상하이에서 톈진으로 세곡을 운반하는 것이 훨씬 비용도 절감되고 시간도 절약된다는 사실을 알았다. 그리고 「윤선초상국」의 증기선들이 필요로하는 석탄을 공급하기 위해서 1878년에는 톈진 북부의 카이핑광산(开平矿务局)을 설립한다. 카이핑광산의 석탄을 운반하기 위해서 카이핑과 톈진 사이에 철도를 부설한다.

그러나 관리자들의 부정과 부패로 「윤선초상국」은 영국의 해운 회사들과의 경쟁에서 지고 「카이핑 광산」은 결국 해외 부채에 시달리다가 1900년 허버트 후버(훗날 미국 대통령)가 매입한다. 중국에 철도 건설이 본격화되기 시작하는 것은 1895년 「청일전쟁」에서 패하고 구미 열강들이 중국에 대한 침탈을 본격화 한 후였다.[276]

장기적으로도 서양 기술은 수 많은 폐단을 가져올 것이라고 한다. 자원을 너무 많이 사용하기 때문에 제한된 자원을 고갈시키고 기계를 사용하는 자들과 사용하지 못하는 자들 사이의 빈부격차를 격화시킴으로써 사회 정의에 역행하고 궁극적으로 사회불만을 야기하여 민란을 조장할 것이라고 한다. 따라서 중국의 이익을 극대화시키고자「양무」를 도입하는 것은 오히려 사회 혼란과 반란만 조장할 뿐이라고 한다.「이윤」을 추구하는 것은 결코 아무런 이윤을 가져다 주지 못할 것이라고 한다.[277]

중국의 반외세주의자들이 가장 두려워 한 것은 서양 사람들이 중국을 점진적으로 침략해 들어와 내부로부터 붕괴시킨 후 식민지로 만들어버리는 것이었다. 설복성 등 대표적인 전통유교주의자들은 서양이 누에가 뽕나무 잎사귀를 갉아 먹어 들어가듯이 중국을「잠식(蠶食)」해 들어가는 전략을 구사하고 있다고 한다. 서양의 제국주의자들은 중국을 식민화하기 전에 먼저 경제적으로 착취하고 사회질서를 무너뜨리고 법망을 흔든 다음 도덕적으로 타락시키는 전략을 구사하고 있다고 한다. 서양사람들이 굳이 중국에 오는 이유는 침략의 준비 단계로 중국의 지리와 사회를 조사하기 위해서라고 한다. 그렇지 않다면 자신들의 나라에서도 신을 숭배할 수 있는 선교사들이 굳이 중국까지 올 이유가 없다고 한다.[278]

전통주의자들은 양무파들을 끊임없이 공격하였다. 조정의 감찰을 맡았던 도찰원은 공친왕 혁흔, 증국번, 이홍장은 물론 마건충, 정일창 등 양무파 인사들을「소인배」라 부르며 끊임없이 비판한다. 정일창은 푸젠 순무를 마지막으로 1878년 55세의 나이에 모든 관직을 버리고 낙향 한다. 1885년 대만의 초대 총독에 임명된 류명찬도 열정적으로 근대화 정책을 추진하지만 결국 청류파들의 공격으로 1891년 해임 된다.

청류파의 가장 큰 공격의 대상은 곽숭도였다. 1876년 곽숭도가 초대 주 영 공사로 부임하자 청의
보수파들은 그를 성인의 나라
를 떠나 「양귀(洋鬼, 서양귀신)」
들의 수하로 들어갔다고 비판
하였고 그의 고향 사람들은 그
를 동네의 수치라고 하면서 그
의 집을 부수려고 한다. 곽숭도
는 양무운동과 근대식 외교의
필요성을 논하는 책을 쓰고자
하였으나 보수파들의 비난이
두려워 포기한다. 1877년 서

곽숭도

구 문명을 칭송하는 내용이 담긴 그의 일기가 총리아문에서 출판되지
만 보수파의 공격이 심해지자 조정은 결국 책의 목판을 모두 파괴하
도록 한다. 런던에 부임하여 서양의 과학기술과 정치제도, 교육제도
를 칭송하는 보고서들을 보내자 청조와 중화문명의 배신자로 탄핵 당
하고 결국 1879년 관직에서 물러난다. 영국에서 귀국한 곽숭도는 낙
향한다.[279]

12. 중체서용론의 실패

「아편전쟁」을 치르면서 구미열강의 기술적, 물리적 우위를 절감하
기 시작한 중국의 관료와 지식인들은 개혁을 주장하기 시작한다. 그러
나 이들이 주장한 개혁은 어디까지나 중국문명을 지키기 위한 것일 뿐
버리기 위한 것이 아니었다. 개혁주의자들은 개혁에 대한 거부는 곧바
로 중국 문명의 붕괴로 이어질 것이라고 했다. 외세에 의해서 중국이

정복 당하고 중국 문명이 파괴되는 것을 막기 위해서는 충실한 유교주의자들이 제한적인 개혁을 추진하는 방법 밖에 없다고 한다.

그런 의미에서 양무운동파나 보수파들은 방법만 달랐을 뿐 같은 목표를 갖고 있었다. 양무파가 근대식 개혁만이 유교문명을 보전할 수 있는 방법이라고 생각했다면 보수파는 중국문명을 유지하기 위해서는 중국문명을 하나도 고치지 않고 있는 그대로 지켜야 한다고 생각했다.[280]

양무파는 자신들의 목표 역시 중국의 우월한 문명을 지키는 것임을 강조하기 위하여 서양식 개혁은 「실용적」인 측면의 개혁일 뿐 중국 유교문명의 「본체」와는 무관하다고 주장한다. 서양의 지식은 중국문명의 본체를 지키는데 사용될 뿐 결코 해치거나 대체하지 않을 것이라고 한다. 이는 임칙서(1785~1850)에서 장지동(1837~1909)에 이르기까지 모든 「자강운동」과 「양무운동」 주창자들이 신봉하는 논리였다. 소위 「중체서용론(中體西用論)」이다.[281]

중체서용론이 중국의 지식인들에게 그토록 매력적이었던 이유는 서양의 과학기술 문명을 받아들이면서도 중국문명이 우월하다는 심리적 위안을 제공해주었기 때문이다. 아무리 서양을 따라 해도 중국이 「본체」이고 서양은 「실용」에 불과하기 때문에 중국은 여전히 서양보다 앞서 있었고 따라서 중국의 문명자체를 바꿀 필요도 없었다.[282]

그러나 역설적인 것은 서양문명의 이기 중에서도 과학기술만큼 중국의 지식인들이 중체서용론을 적용하기에 부적절한 분야도 없었다는 사실이다. 철학이나 윤리, 도덕, 예술과는 달리 과학기술은 경험적으로 증명함으로써 그 객관성을 확인할 수 있었기에 문화적 상대주의를 적용 할 수 없었다. 뿐만 아니라 과학기술은 너무나 유용하기 때문에 더더욱 「중국 문명」이나 「중체」의 이름으로 그 효용성과 가치를 제한할 수 없었다.[283]

그렇기 때문에 「중체서용론」은 서양의 과학기술을 중국의 과학기술 대신 중국의 윤리도덕에 비교하면서, 그 자체가 목적이 아닌 수단에 불과한 것이기에 윤리도덕 보다 열등하다는 논리를 편다. 중국의 문명은 목적이고 서양의 과학기술은 수단이라는 것이다.[284]

　　「중체서용론」은 결국 보수주의자들과 근대주의자들 모두의 공격을 받는다. 보수주의자들은 중체서용론이 너무 서양을 많이 수용한다고 비판했고 근대주의자들은 너무 보수적이라고 비판했다. 중체서용론은 보수파, 근대주의자들 모두로부터 버림 받는다. 중국문명에 대한 강한 자부심을 느끼게 해주지도 못했고 그렇다고 과감한 근대개혁을 지지하는 것도 아니었다.

　　보다 근본적인 문제는 중체서용론이 채용하고 있는 「체」와 「용」의 이분법 자체가 논리적 모순에 기반하고 있다는 사실이었다. 유교 문명은 중국 사회에서 「체」로만 작동해 온 것이 아니었다. 유교 문명이 그토록 융성할 수 있었던 것은 중국문명에 「체」만 제공해 준 것이 아니라 「용」으로도 작동했기 때문이다. 중국에서 출세를 하기 위해서는 유교를 공부하고 유교로 시험을 치고 유교로 다스려야 했다. 즉 유교는 중국 특유의 문명을 작동시키는 최고의 실용적인 제도이자 절차이자 관행이었다. 실세계에서 사용될 수 있고 가장 효용성이 있는 것이 유교였기에 유교가 중국문명의 핵심, 본체가 될 수 있었던 것이다. 유교는 중국의 「체」인 동시에 「용」이었다.

　　체와 용은 따로 떼어낼 수 있는 것이 아니었다. 체와 용이 불가분의 관계라는 사실은 「중체서용론」을 바탕으로 한 개혁을 추진하는 과정에서 여지 없이 드러난다. 서양의 지식을 중국의 「체」를 보조하는 「용」으로 받아들이기 시작하자 서양의 「체」가 중국의 「체」를 대체하기 시작한다. 그리고 유교가 더 이상 「용」이 될 수 없게 된 순간 유교는 무너지기 시작한다.

서구의 과학기술이 실제 삶의 유용한 도구가 되고 사람들에게 힘이 되기 시작하자 유교는 더 이상 「체」일수가 없었다. 유교의 세계관에 서양의 과학기술을 접목시키는 것이 아니라 유교의 세계관이 서양의 과학기술에 의해서 완전히 변하면서 유교의 고전들은 그 효용성을 상실하면서 스러져갔다. 유교는 더 이상 실생활에 유용한 보편적인 가치체계나 문화의 역할을 하지 못하는 대신 「전통」, 변치 않는 「중국문명의 핵심」으로 재 해석되면서 서양 문명에 굴복할 수 없다는 반동적, 심리적 기제로 전락하고 만다.[285]

한림원 편수를 역임한 청말의 대학자 유월(俞樾, 1821~1907)은 「관리들은 유교경전을 읽지만 그들이 실제로 열심히 추구하는 것은 외세의 학문이다.」고 한탄한다. 유월이 간파하였듯이 유교의 도(道)는 형식적으로만 유지되고 있을 뿐, 서양의 배움이 「필요한 학문」이 되어버린다.[286] 반면 사대부들이 서양의 과학기술을 배우면 배울수록 사대부의 사고방식을 오염시키고 유교의 중요성에 대한 믿음을 약화시킨다. 사회에서는 상업과 산업의 중요성이 증대하면서 자본가와 산업가의 삶이 사대부의 삶 못지 않게 의미있고 중요한 것으로 되면서 유교의 가르침과 가치체계는 점차 그 적실성을 상실해 갔다.[287]

처음에는 서양오랑캐로부터 중국을 지키기 위하여 군함과 대포 등 군사기술만 배우면 된다고 하였지만 이내 산업과 상업, 광업, 철도, 전보 등 없어서는 안될 서양의 「용」들이 급격히 늘어난다.

그리고 서양의 문물을 받아들인 사람들은 지키고자 하였던 중국 문화를 너무나 쉽게 버린다. 풍계분이나 설복성 같은 양무운동파들은 자신들이 평생을 공부하여 과거 급제를 통하여 얻은 진사 자격 등을 하찮게 생각하고 서양의 상업과 산업을 적극 받아들인다.[288] 중국의 「체」는 서양의 「용」에 의해서 보호되기 보다는 급격히 오염되기 시작한다.

「중체서용론」의 모순을 일찍이 간파한 대표적인 보수주의자 왜인은 일체의 「서용」을 거부한다. 그는 서구문명을 중국문명에 도전하는 또 하나의 「체」, 즉 문명본체로 이해한다. 그러나 그 역시 중국 문명의 우월성을 주장할 수 있는 논리를 찾는다. 그는 서구문명의 기원을 중국사에서 찾는다. 그리고 서구문명이 이미 중국문명사에 등장하였지만 중국인들에 의해서 거부당한 문명이라고 주장한다. 다시 말해서는 그는 중국문명의 특수성을 강조하기보다 중국사에서 모든 문명적 대안이 출현하였었고 그 중 중국인들이 선택한 것이 유교문명이라고 한다. 중국문명을 지켜야하는 이유는 그것이 「중국의 것」이기 때문이 아니라 「보편타당한 것」이기 때문이라는 논리다.

장지동과 같은 양무파는 중국문명과 서구문명의 기원이 근본적으로 다르다고 주장한 반면 왜인은 오히려 같다고 주장한다. 장지동은 「서학」이 외국에서 기원하여 발전한 것이라고 하면서 중국이 손쉽게 채용할 수 있는 「용」, 즉 유용한 도구에 불과하다고 한다. 반면 왜인은 「서학」역시 중국사에서 이미 하나의 문명적 대안, 또 하나의 「체」로 등장하였다가 중국인들에게 거부당한 것이라고 한다. 그렇기 때문에 서구의 과학기술이 유교를 도울 수 없었다. 서학은 이미 유가들에 의해서 거부당한 것으로 서학과 유교는 결코 서로 공존할 수 없는 서로 다른 「체」였다.[289]

왜인은 서구문명의 이기를 중국이 받아들이기 시작한다면 중국문명을 지켜야 할 당위가 점점 약해질 것임을 알았다. 서구문명이 확산될 수록 중국문명을 지켜야 하는 이유는 보편타당해서가 아니라 「중국적」이기 때문이라는 옹색한 변명 밖에 할 수 없게 될 것임을 그는 간파하고 있었다. 왜인은 「중체서용론」이 중국문명의 정체성을 지켜주기 보다는 오히려 서구문명의 침투를 용이하게 함으로서 중국문명을 해체시키는 「트로이의 목마」라는 점을 알았다.[290]

따라서 왜인은 유교의 「인(仁)」과 서양의 「술(術)」을 대비시키고 그 차이를 강조한다. 중국은 이미 그러한 「술」을 갖고 있었으나 「인」의 이름으로 거부하였다. 그는 중국의 지식인들이 수학과 천문학을 공부하는 것은 수치스러운 일이라고 하였다. 굳이 그러한 「술」을 공부한다고 하더라도 서양사람들로부터 배울 필요가 없다고 한다. 왜냐하면 중국사람들이 이미 그 누구보다도 이러한 「술」에 대해서 잘 알고 있기 때문이라고 한다. 천문학과 수학은 『주비산경(周髀算經)』과 『춘추』에서 비롯된 것이고 화학은 『서경』 「주서(周書)」 「홍범편」과 『회남자』에서 나온 것이라고 한다. 물리학은 『항창자(亢倉子)』에서 나왔고 광물학은 『서경』에서, 광학과 기계학은 『묵자』에서, 전기는 『관음자』에서 나온 것이라고 한다.[291]

자강과 「중체서용」의 명분 하에 서양의 무기와 기계를 받아들이기 시작하였지만 기계를 운용하기 위해서는 기술 자체를 습득해야 했고 과학을 배우기 위해서는 서양 학문 전반을 배워야 했다. 이를 위해서는 새로운 개념들을 도입해야 했고 제도를 바꿔야 했고 결국은 헌정을 받아들이고 공화주의 혁명으로 이어지는 근대화의 소용돌이에 빨려들어갈 수 밖에 없었다. 중국의 전통체제의 입맛에 맞는 절반의 근대화, 기술은 받아들이되 정신은 받아들이지 않는다는 것은 모순임을 일찍 간파한 것은 전통유학자들이었다. 그래서 이들은 오히려 서양의 모든 것을 거부한다.[292]

1860년 「신유정변」으로 집권한 세력이 추진하기 시작한 「양무운동」은 화려하게 출발하지만 1870년대에 들어서면 이미 그 한계를 드러내기 시작한다. 1885~1895 사이에 청에 설립된 새 공장과 기업체들은 방직공장 7개, 철공소 3개, 성냥공장 2개, 조폐공장 2개, 제지공장 1개, 광산 3개(금광, 탄광, 철광 각 1개)가 전부였다. 근대화 추진에 있어서 중국과 일본의 격차는 더욱 벌어진다.[293]

자강파들은 변화를 장려하기는 커녕 반대만 하는 체제 하에서 일해야했다. 근대산업과 경제를 일으킬 수 있는 법령과 행정체제는 전무했다. 전통적인 금융제도로는 산업을 일으킬 수 있는 장기융자가 불가능했고 근대적인 금융제도를 도입하려는 시도는 전통주의자들의 반대로 모두 실패한다. 일부 젊은 사람들을 해외에 유학 보냈지만 서구나 일본의 산업혁명에 필적할 산업혁명을 일으킬 수 있는 숙련된 기술자, 관리자, 기업가정신을 갖춘 젊은이들은 절대적으로 부족했다.

자강파들도 자신들의 엘리트 신분을 보장 해 주는 전통 유교체제를 전면으로 부정할 수 없었다. 서구의 산업혁명은 새로운 「기업가(entrepreneur)」들이 주도하였다면 청의 산업화는 증국번, 이홍장과 같은 전통 엘리트 유교 관료에 의해서 추진되었다. 그들의 사업은 결국 그들의 관직에 기반하고 있었다. 모든 투자는 황실의 재정 지원으로 가능했다. 황실의 허가와 지속적인 지원 없이는 지속 불가능한 사업들이었다. 그리고 전통주의자들의 입김이 조금만 강해지면 황실의 지원은 언제든지 그칠 수 있었다.[294] 청의 양무운동을 일컬어 「방어적 근대화(defensive modernization)」라고도 하는 이유다.[295]

더구나 증국번, 이홍장과 같은 자강파들은 특정한 지역의 「총독」으로 자신들이 관리를 맡은 지역에서만 「양무」를 추진할 수 있었다. 이홍장이 직례총독으로 자리를 옮기게 되자 「강남기기총국」은 결국 그의 손을 떠날 수 밖에 없었다. 양무운동은 국책사업이 아닌 특정 지역에서 특정인이 추진하는 사업일 뿐이었다.[296]

동치중흥의 지도자들은 「자강」과 「양무」를 결코 「부국강병」과 동일시하지 않았다. 그들은 명말청초의 고염무, 황종희와 같이 「경세치용」을 중시하였지만 그렇다고 「왕도정치」의 이상을 버리지는 않았고 여전히 농업을 기반으로 하는 이상적인 유교국가를 꿈꿨다. 청이 하은주

시대의 이상적인 봉건제도에 비해서는 과도하게 관료화 되고 중압집권화 된 체제를 갖고 있는 것은 사실이었지만 정부의 역할은 여전히 백성들의 세금을 줄여주고 간척을 통하여 경작지를 넓히고 홍수에 대비하는 등 치수사업에 집중하는 것이었다. 청빈한, 절약하는 검소한 생활은 계층을 불문하고 사회의 이상이었으며 상업을 천시하는 자세역시 여전히 유지되고 있었다.[297]

「강남기기제조총국」과 푸저우의 「마미선정창」 등 서양식 무기창과 조선소를 건설하고 서양의 학문을 가르치는 「동문관」과 「총리아문」을 설립하여 구미열강과 근대식 외교관계를 시작한 것도 모두 「경세치용」을 중시하는 유교적 「왕도정치」의 틀 속에서 이해되고 이행되었다.[298]

청 보수파 유학자들의 끊임 없는 반대와 「중체서용론」의 근원적인 모순은 결국 「청불전쟁」과 「청일전쟁」에서의 패배, 그리고 「양무운동」 자체의 실패를 낳는다. 「강남기기창」에서는 영국인 존 프라이어 (John Fryer)와 중국학자들이 서양의 최신 과학기술관련 서적 100여권을 번역한다. 이 과정에서 이들은 서양의 개념들을 중국어로 표현하기위해서 수 많은 신조어들을 만들어내면서 각고의 노력 끝에 번역서들을 낸다. 그러나 이 책들을 읽은 중국의 학자들은 거의 없었다.[299] 근대학문을 가르치기 위해서 설립된 「동문관」 역시 전통주의자들의 끊임 없는 반대로 기대했던 효과를 내지 못한다.

용굉은 1847년 미국의 선교사들의 지원으로 미국으로 건너가 1854년 중국인 최초로 예일대학을 졸업하지만 귀국 후 10년이 지난 후에야 증국번에게 고용되어 「강남기기국」에 필요한 기계를 도입하고 통역관으로 일할 수 있게 된다. 중국 유학생들을 미국에 파견하자는 그의 제안은 15년 후에야 이홍장에 의해서 받아들여진다. 1872년 120

명의 어린 중국학생들을 데리고 코네티컷주 하트포드시에 가지만 유학을 가르칠 교사들도 따라간다. 이 학생들이 미국에서도 과거시험을 준비해야 한다는 미명 하에서였다. 이들이 귀국해서 청 사회에 의해서 받아들여지기 위해서는 과거에 급제해야만 한다고 생각했기 때문이다. 그나마 이 실험은 9년 만인 1881년에 끝나고 학생들은 모두 귀국한다.[300]

산업화 과정도 전통유학자들의 강력하고 지속적인 반대에 직면한다. 전통주의자들은 광산과 철도, 전선이 풍수를 해치고 선조들의 묘자리를 해침으로써 액운을 가져오고 짐꾼들과 뱃사공의 실직을 가져오고 정부의 예산을 잡아먹으며 서양의 기계와 기술자에 의존하게 된다고 한다.

이러한 반대를 무릅쓰고 「양무운동」을 지속하더라도 그 다음에는 기업가정신(entrepreneurship)과 자본의 부족에 허덕여야 했다. 모든 사업은 정부고관들이 관리해야 했고 상업인들은 관리들의 지휘 하에서 일해야했다. 결국 정부관리와 상인들은 모두 자신들이 맡은 사업을 철저하게 약탈할 뿐 이윤을 재투자하는 경우는 거의 없었다. 지속가능한 산업화는 일어날 수 없었다.[301]

제 7 장
일본의 부국강병

제7장

일본의 부국강병

　메이지유신으로 일본은 쇄국에서 개국으로, 막부정치에서 중앙집권국가로, 봉건사회에서 근대사회로의 대 전환을 이룬다. 12세기 가마쿠라 막부가 설립된 후 600년 간 지속된 봉건체제 하에서 270개에 달하는 세습 영주들이 할거하면서 분권화가 극에 달했던 나라가 불과 20여 년만에 강력한 중앙집권 국가로 다시 태어난다. 오랫동안 국제사회로부터 고립된 채 유지 해 온 관습과 제도, 근대 사회로의 발전을 가로막는 옛 것들은 가차없이 휩쓸어 버리는 급진개혁이 이루어진다.

　뿌리 깊은 신분제도를 과감하게 철폐하고 근대교육의 급격하고 광범위 한 보급을 통해 능력 본위의 사회로 탈바꿈한다. 전근대적 농업 경제에 기반한 저발전 후진국이 사유 재산제와 근대 화폐경제를 도입하고 전통 상업의 과감한 통폐합과 다변화를 통해서 근대 산업국가의 길로 들어선다. 구미열강의 무력 앞에 무릎을 꿇으며 개국을 강요 당하였지만 국난에 임하여 오히려 전통 무사계급을 철폐하고 징병제에 바탕을 둔 근대군을 일으켜 동아시아 최강국으로 급부상한다. 불평등 조약의 굴욕에서 벗어나기 위해 근대 법제도를 급진적으로 도입하여 서구와 대등한 수준의 근대법 체계를 갖춘 후 서구 열강들과의 불평등 조약을 재협상하여 관철시킨다.

「메이지 과두」

　개혁을 이끈 것은 「메이지 과두(Oligarch)」들이었다. 메이지유신을
이끈 「유신삼걸」은 혁명이 성공한지 10년 만에 모두 세상을 떠난다.
사이고 다카모리(西鄕隆盛)와 기도 다카요시(木戶孝允)는 1877년에, 오
쿠보 도시미치(大久保 利通)는 1878년에 죽는다.

　그 뒤를 이어 유신정부의 새 지도층을 형성한 것은 조슈 출신의 이
토 히로부미(伊藤博文, 1841.10.16.~1909.10.26.), 이노우에 가오루(井上 馨,
1836.1.16.~1915.9.1.), 야마가타 아리토모(山縣有朋, 1838.6.14.~1922.2.1.),
사쓰마 출신의 마쓰카타 마사요시(松方 正義, 1835.2.25.~1924.7.2.)등이었
다. 도사의 이타가키 다이스케(板垣退助, 1837.5.21.~1919.7.16.)와 고토 쇼
지로(後藤象二郎, 1838.3. 19.~1897.8.4.), 사가의 오쿠마 시게노부(大隈重
信,1838.3.11.~ 1922.1.10.) 등도 초기에는 유신정부의 핵심 세력이었지만

이내 조슈와 사쓰마 출신들에게
밀려난다. 메이지유신이 성공할
수 있었던 것은 「삿초동맹」의 군
사력 덕분이었다. 이 두 한(藩) 출
신들에게 권력이 쏠리는 것은
당연했다.

　조슈와 사쓰마 출신의 새 지
도자들은 모두 바쿠후와의 전
쟁에 직접 참여한 인물들이었
다. 이들은 유신정부 출범 초기
부터 상기(參議, 참의)로 국정에
깊숙이 간여한다. 특히 실질적
인 권력을 장악한 오쿠보의 신

도쿄 우에노 공원의 사이고 다카모리 동상

기도 다카요시   오쿠보 도시미치

임과 지도 하에 국정 경험을 쌓기 시작한다. 그리고 오쿠보가 암살되자 곧바로 전면에 나서 국정을 장악함으로써 혼란을 방지하고 정책의 연속성을 유지할 수 있었다.

이들의 또 하나의 공통점은 모두가 유학파였다는 사실이다. 이토와 이노우에는 1863년 「조슈 5」의 일원으로 영국에 밀항하여 유학하였고 유신정부 수립 후 이토는 이와쿠라 사절단의 일원으로 1871~1873년까지 2년 간 해외 시찰을 다녀온다. 야마가타는 1869년 6월부터 1870년 8월까지 유럽 각국의 군사제도를 공부하고 온다. 마쓰카타는 1877-1878 프랑스 등 유럽국가에 체류하면서 근대국가의 재정을 배운다.[1]

이들은 특정 분야의 전문가도 아니었고 정부 내에서 고유의 분야를 고집하지도 않았다. 성장 배경과 경험, 가치관이 너무나도 흡사했던 이들은 각자가 국내정치, 군사, 외교 등 국정의 전반에 걸쳐 고루 참여할 권한이 있다고 생각하였고 실제로 모든 문제를 서로 상의하면서 헤쳐나간다.[2] 이들을 「메이지 과두(Meiji Oligarchs)」라 일컫는 이유다.

물론 어느 정도의 특화와 분업은 이루어진다. 이토는 「화족제도」와 내각제를 도입하고 근대적 관료제를 정착시켰으며 「메이지 헌법」을 초안하여 헌정을 수립하는 등 정치개혁을 주도한다. 이노우에는 1876년 조선과 일본이 「강화도조약」을 체결할 때부터 외교분야에 간여하기 시작하면서 수차례 외무경을 역임한다. 마쓰카타는 1881년에서 1891년까지 10년간 대장상을 역임하면서 일본 근대 경제의 초석을 놓는다. 야마가타는 일본 제국군과 근대경찰을 창설한다.

메이지 유신으로 정권을 잡았을 당시 이토는 27세, 이노우에는 32세, 야마가타는 30세, 마쓰카타는 33세였다. 1878년 오쿠보가 암살되었을 당시 이토는 37세, 이노우에는 42세, 야마가타는 40세, 마쓰카타는 43세로 이미 10년간 국정을 이끈 경험을 쌓은 후였다. 이들은 유신 당시 불과 16세였고 오쿠보 암살 당시 26였던 젊은 메이지 천황을 지근거리에서 보좌하면서 강력한 근대 국가를 일으킨다.

1. 정치개혁

메이지 유신 초기의 가장 큰 과제는 신-구 지도층 간의 조화와 권력 분점이었다. 비록 「판적봉환」과 「폐번치현」 등의 개혁을 통해 봉건질서가 급격히 해체되고 있었지만 각 한의 다이묘, 교토의 귀족 등 세습을 통해 신분을 유지해 온 전통 권력층의 영향력은 결코 무시할 수 없었다. 반면 구체제를 무너뜨리고 새로운 질서를 수립하는데 앞장 선 신 지도층은 군권을 장악하고 천황의 신임을 받고 있었지만 하급 사무라이 출신이라는 신분적 한계를 완전히 극복할 수 없었다. 그러나 이들은 다이조칸(太政官, 태정관)에서 시작하여 가조쿠(華族, 화족)제도, 내각제도, 헌정제를 도입하면서 자신들의 권력기반을 공고히 하는 한편 강력한 중앙집권 국가를 건설한다.

1869년 8월 15일 「판적봉환」을 통하여 천황의 「친정」이 선포되자 모든 권력은 「다이조칸(太政官)」으로 쏠린다. 「다이조칸」은 8세기 경 고대 일본이 당(唐, 618~907)의 「율령제」를 도입하면서 정착시킨 국가 통치제도로 당의 「상서성(尙書省)」에 해당하는 기관이었다. 12세기부터 막부정치가 시작되면서 점차 무력화되고 도쿠가와 시대에 이르러 완전히 유명무실해진 다이조칸은 메이지 유신으로 「왕정복고」가 이루어지면서 다시 한번 권력의 핵으로 떠 오른다. 「다이조칸」은 다이조다이진(太政大臣), 사다이진(左大臣), 우다이진(右大臣)과 상기(參議)로 구성된 「세이인(正院, 정원)」과 장관과 부장관으로 구성된 「우인(右院, 우원)」, 그리고 의원으로 구성된 「사인(左院, 좌원)」의 보좌를 받았다.[3]

유신 세력은 다이조칸에 「쿠게(공가: 교토의 전통적인 귀족)」와 다이묘 출신, 그리고 유신을 주도 한 하급 사무라이 출신들을 골고루 배치하여 이들 간의 정치적 균형을 맞추고자 한다. 정부의 최고위직은 우다이진(右大臣, 우대신)으로 쿠게 출신 산조 사네토미가 맡는다. 그 바로 밑에는 역시 쿠게 출신인 이와쿠라 토모미와 히젠의 다이묘였던 나베시마 나오마사가 대납언(大納言)을 맡는다. 그 밑으로는 오쿠보 도시미치, 사이고 다카모리, 기도 다카요시, 이토 히로부미, 야마가타 아리토모, 이타가키 다이스케, 고토 쇼지로 등 유신을 주도한 조슈와 사쓰마, 도사, 히젠의 하급 사무라이 출신들이 상기(參議, 참의)를 맡는다.

행정은 오쿠라쇼(大蔵省, 대장성), 밈부쇼(民部省, 민부성), 가이무쇼(外務省, 외무성), 효부쇼(兵部省, 병부성), 교부쇼(刑部省, 형부성), 그리고 쿠나이쇼(宮內廳, 궁내청) 등의 6개 성이 맡는다. 각 성의 장은 대부분 귀족이나 다이묘 출신들이었지만 「다이조칸」의 상기(參議)들이 부성장을 겸직하면서 실권을 장악 한다.[4]

유신 세력은 비록 신분 배경은 다양 했지만 혁명 주체 세력으로서의 연대감과 개인적 친분을 바탕으로 강한 응집력을 발휘 한다. 「다이조 칸」은 정치적 타협의 산물이었지만 공동의 목적 의식, 소명 의식을 공유 한 유신 세력이 열린 토론과 타협, 합의를 통해서 국사를 결정하는 제도였다. 반면, 이러한 태생적 한계 때문에 「다이조칸」의 정책 결정 과정은 느렸고 강력한 지도자가 부상할 수도 없었다.

「세이난 전쟁」(1877년)은 「다이조칸」 체제가 그 취약성을 여실히 드러내는 계기가 된다. [세이난 전쟁에 대해서는 제Ⅱ권, pp. 280-288 참조]. 전쟁은 보다 신속한 결정 과정, 명확한 명령 체계, 그리고 강력한 추진 력과 집행력을 요구하였다. 더구나 1877년 세이난 전쟁에서 사이고 가 자결하고, 같은 해 기도가 병사하고 이듬 해에는 오쿠보가 암살 당 한다. 1883년에는 이와쿠라 마저 사망하면서 메이지 유신 1세대는 역 사의 무대에서 모두 퇴장한다. 유신 세력 간의 응집력은 급격히 떨어 지고 정부 정책의 조정과 집행 과정에서도 일관성이 떨어지면서 혼선 을 빚기 시작 한다.

1884년 조선에서 발발한 「갑신정변」은 메이지 정부의 대 조선 정책 이 얼마나 혼란스러운지를 보여준 것은 물론 다이조칸의 난맥상을 다 시 한번 적나라하게 드러낸다. 아무도 의도하지도 않았고 원치도 않 았음에도 불구하고 일본이 청과의 전쟁 일보 직전까지 갔던 것은 「다 이조칸」의 정책 결정 과정과 위기 대응 능력이 얼마나 부족한지 보여 줬다.[5]

메이지 지도부는 새로운 정치 체제의 필요성에 공감한다. 개혁의 목 표는 보다 강한 정부라는 점에도 동의한다. 그리고 이러한 목표를 달 성하기 위해서는 서구의 정치 제도를 도입해야 한다는 점에 대해서도 합의가 이루어진다.

「화족제도」

「다이조칸」을 대체 할 새로운 통치 기구는 이토 히로부미의 주도 하에 만들어진다. 이토는 우선 서양의 귀족제도를 모방하여 일본의 전통 귀족제도인 쿠게(公家)와는 전혀 다른 「가조쿠(華族, 화족)」 제도를 만든다. 1884년(메이지 17년) 7월 7일, 메이지는 다음과 같은 조칙(詔勅)을 내린다.[6]

> 짐이 생각컨대, 화족훈주(華族勳冑)는 나라의 첨망(瞻望)이니, 마땅히 영작(榮爵)으로 총광(寵光)을 보여주어야 할 것이며, 문무제신(文武諸臣) 가운데 위업을 이룰 수 있도록 돕고[翼贊] 국가에 큰 공[大勞]이 있는 자는 마땅히 이에 따라 우열을 나누어 은혜[殊典]을 베풀어야 할 것이니, 여기에 다섯 작위[五爵]를 수여하여 그 예를 바로 잡으니, 경 등은 더욱 충정을 도탑게 하고 자손으로 하여금 오래도록[世々] 그 덕을 잇도록[濟美] 하라.[7]

그 구체적인 내용은 이토 히로부미 명의의 「화족령」이 밝힌다.

> 제1조. 무릇 작위 수여는 칙지(勅旨)에 따르고 궁내경(宮內卿)이 이를 봉행(奉行)한다
>
> 제2조. 작위를 공후백자남(公侯伯子男)의 5등급으로 나눈다
>
> 제3조. 작위는 남자적장(男子嫡長)의 순서에 따라 이를 세습한다. 여자는 작위를 세습할수 없다. 단, 현재 여자가 호주(戶主)인 화족은 장래 상속할 남자를 정하도록 할 때, 친척 중 동족인 자의 연서(連署)에 따라 궁내경을 경유하여 작위 수여[授爵]를 청원해야 한다.
>
> 제4조. 작위를 가진 자의 후손[嗣] 또한 호주가 사망한 후, 남자로 상속할 자가 없을 때에는 화족의 영전(榮典)을 상실하게 된다.

제5조. 작위를 가진자의 부인은 그 남편에 준한 예우와 명칭을 누린다.

제6조. 화족 호주의 호적에 속하는 조부모, 부모, 처, 적장자손(嫡長子孫) 및 그 처는 함께 화적의 예우를 누린다.

제7조. 본인 생존 중에 상속인으로 하여금 작위를 세습하게 할 수 없다. 단, 형법 혹은 징계처분에 의해 작위를 박탈하거나 혹은 족적(族籍)을 삭제하면서 특별 교지[特旨]에 따라 상속인에게 이를 수여한 경우는 여기에 해당하지 않는다.

이토 히로부미

제8조. 화족의 호적 및 신분은 궁내경이 관장한다.

제9조. 화족 및 화족의 자제가 혼인 하거나 혹은 양자로 삼으려 할 경우에는 먼저 궁내성의 허가를 받아야 한다.

제10조. 화족은 그 자제가 상당한 교육을 받도록 할 의무를 져야 한다.[8]

공작, 후작, 백작, 자작, 남작 등의 작위를 받은 사람들은 총 500명이었다. 대부분은 쿠게와 다이묘 출신들이었다. 그렇지만 그 중 30명은 부처 장관, 장군, 제독 등 명치유신을 주도한 하급 사무라이 출신들이었다. 이들은 드디어 귀족과 다이묘와 같은 신분을 획득한다.[9] 이토 본인을 포함한 하급 사무라이 출신의 유신 주도세력이 신분을 「세탁」하면서 전통 봉건체제 최상류 계층과 대등한 신분을 획득 할 수 있는 방법을 고안한 것이다. 동시에 다양한 계층 출신의 메이지 유신 지도층 간의 결속을 기할 수 있었다.

「내각제도」

유신 세력간의 연대감을 강화시키는 제도적 장치를 마련한 이토는
이어 「다이조칸」을 서구식 내각제로 대체 할 것을 제안한다. 「다이조
칸」을 해체할 경우 사쓰마와 조슈 파벌 간의 세력 균형이 무너질 것
을 염려한 우다이진(우대신) 산조 산네토미가 반대한다.[10] 1884년 12
월 조선에서 「갑신정변」이 발발하고 그 후속 조치로 이토가 이홍장과
「톈진조약」을 체결하기 위하여 톈진을 다녀 오느라 내각제에 대한 논
의는 잠시 미뤄진다. [톈진 조약에 대한 자세한 논의는 제 2권, pp. 429-431
참조할 것].

톈진을 다녀온 이토는 1885년 초 산조의 반대를 무시하고 자신의
법률자문 이노우에 고와시(井上 毅, 1844.2.6.~1895.3.15.)에게 내각제
초안을 마련하도록 지시한다.[11]

이노우에의 초안은 그 때까지만 해도 귀족들만 오를 수 있었던 「대
신」, 즉 장관의 지위에 사무라이 출신들도 오를 수 있도록 한다. 그리
고 천황이 내각회의에 참석함으로써 정부를 총괄하도록 한다. 그러나
이토는 산조와 상의 끝에 천황이 내각회의에 참석하도록 하는 조항을
삭제한다. 그리고 정부의 정책방향을 책임지면서 모든 정부 부처를 총
괄하는 역할은 천황이 아닌 「소리다이진」(총리대신)이 맡도록 한다. 총
리대신은 모든 부처의 보고를 받고 모든 법령과 조례는 담당부서의 대
신과 총리대신이 함께 서명하도록 한다. 이론적으로 대신들은 여전히
천황에게 직접 보고하도록 되어 있었지만 실질적으로 모든 정부 부처
와 대신들은 총리대신에게 완전히 복속된다. 이는 1810년 프로이센
의 내각제 모델을 그대로 모방한 것이다.[12]

1885년 12월 22일 다이조칸의 「관보」는 다이조칸의 폐지와 내각제의 출범을 공표한다.

금번 태정대신(太政大臣), 좌우대신(左右大臣), 참의(參議), 각성경(各省卿)의 제도를 폐지하는 한편, 내각총리대신 및 궁내(宮内), 외무(外務), 내무(内務), 대장(大藏), 육군(陸軍), 해군(海軍), 사법(司法), 문부(文部), 농상무(農商務), 체신(逓信)의 여러 대신(大臣)을 설치한다.[13]

천황의 칙령도 반포 된다.

짐이 생각컨대, 경국(経国)의 핵심[要]은 관(官)이 그 제도[制]를 정하여 기관(機関)이 각각 그 맡은 바[所]를 할 수 있게 하는 데 있다. 내각은 정무[萬機]를 직접 재결[親裁]하고 오로지 통일(統一), 간첩(簡捷)을 핵심으로 삼아야 한다. 지금 그 조직을 개정[改]하니, 여러 대신이 각기 중책을 담당하게 하고 내각총리대신이 이를 총괄하게 하여, 종전 각 성(省)이 태정관에 예속되어 상신하행(上申下行), 경유번복(経由繁複)하던 폐단을 면토록 한다. 즉, 각 부(部)에 이르러서는 직무[官守]를 분명히 하여 폐단[濫弊]을 제거하고, 임용[選叙]을 소상히 하여 재능 있는 자를 기다리고, 번문[繁文]을 반성하여 오랜 적체[淹滯]를 해소하고, 비용[冗費]을 절약하여 갑작스러운 지출[急要]을 없애고, 규율을 엄격히 하여 관기(官紀)를 엄숙히[肅] 하니, 이로써 시설(施設)의 정리(整理)를 꾀하는 것이다. 이것이 짐이 여러 대신들에게 바라는 바이니, 중흥(中興)의 개혁[改]이 한 때는 나아가고 한 때는 물러서서는 안될 것이다. 허식[華]을 버리고 실리[実]에 힘써, 자연히[網挙リ目張リ] 영원토록 이어지게 해야 할 것이다. 여러 신하들 모두 짐의 뜻을 몸에 새겨 봉행(奉行)하도록 하라[14]

초대 총리대신에 취임한 이토는 전권을 장악한다. 우다이진(우대신)으로 정부의 최고위직에 있었던 산조 사네토미는 궁내부대신으로 물러 앉는다. 그러나 궁내부대신은 내각 회의에 참여하지 못하도록 한다. 이로서 천황은 정치에 직접 참여하지 못하게 된다.[15]

내각제의 출범과 동시에 새로운 관료 제도도 만들어진다. 일본의 관료는 차관, 현 지사 등 천황이 직접 임명하는 초쿠닌(勅任, 칙임), 장관의 추천으로 임명되는 중간계급 관료인 소닌(奏任, 주임), 그리고 장관이 임명하는 하급관료인 한닌(判任, 판임)등으로 나뉜다. 1884년 이토는 관료들을 시험을 통하여 충원하는 안을 올린다. 시험 과목은 법, 경제학, 정치학 등으로 한다. 당시 일본은 구미열강과의 불평등 조약을 재협상하고 있었다. 따라서 특히 법의 중요성을 모두 인식하고 있었다.

1886년 이토는 가네코 겐타로를 시켜 새로운 안을 만든다. 소닌과 한닌급의 관료는 시험을 통해서 충원할 것과 시험 볼 자격을 얻기 위해서는 국립학교를 졸업해야했다.[16] 이 안은 너무 엄격하다는 이유로 강력한 반대에 부딪친다. 그러나 이토는 결국 1887년 7월 이 안을 관철시킨다.[17]

이로써 일본은 신분제를 완전히 벗어난다. 그러나 「능력본위」 제도에 대한 저항은 거셌다. 봉건적 신분질서에 의지하던 계층과 보수주의자들은 일본의 전통이 사라진다며 반대하였다. 지주나 상인 처럼 능력본위 제도가 도입되면서 가장 많은 혜택을 보게 된 계층도 새 제도가 자신들에게 기회를 제공해 준다고 생각하기 보다는 메이지 정부의 권위주의적인 면모를 비판하는데 초점을 맞춘다.

정부에 대한 비판을 줄이고 각계 각층의 지지를 받기 위해서는 또 다른 정치제도가 필요했다. 이때부터 유신세력은 입헌정치제도의 도입을 심각하게 고려하기 시작한다.[18]

2. 경제개혁

진정한 중앙집권화를 이루고 효율적인 국가 통치를 위해서는 무엇보다도 근대적 조세 제도가 필요했다. 「판적봉환」과 「폐번치현」을 통하여 다이묘의 영지들이 중앙정부의 통제로 들어왔지만 조세 제도는 여전히 봉건적인 제도를 유지하고 있었다. 각 한(藩, 번)은 켄(県, 현)으로 통-폐합되었지만 고유의 세금 제도와 조세 전통, 특유의 세금 감면 제도 등을 그대로 유지하고 있었다.

각 지역 마다 고유 형태의 재래 시장이 형성되어 있었고 따라서 물품의 가격도 지역 시장에서 결정되었다. 세금 역시 여전히 주로 현물로 납부되는 봉건적인 관례를 따르고 있었다. 국가의 세수가 얼마인지 예측하고 계산 하기조차 힘들었다. 그나마 걷힌 세금 마저도 거의 전부 신분제 폐지로 봉토와 녹봉을 빼앗긴 「사족」(1869년 이후로는 사무라이 출신들을 「시조쿠」(士族, 사족)라 불림)들의 연금으로 소진되었다. 조세 제도의 개혁 만큼 중요한 과제가 없었다.

대장성의 간다 고헤이(神田 孝平, 1830.10.13.~1898.7.5.)는 1869~70년 토지조사를 실시하여 토지에 대한 정확한 가치를 산정한 후 모든 세금을 현금으로 받는 안을 내 놓는다. 세수를 정확히 예측하고 이를 바탕으로 안정적인 국가 재정운영을 가능케 하기 위한 안이었다. 반면 현의 지방관들은 무조건 농민들의 동요를 막을 수 있는 세재의 도입을 요구하고 있었다. 1868년에서 1873년 민란이 무려 177회 발생한다. 당시 히타현(日田県) 지사를 맡고 있던 마쓰카타 마사요시는 세금감면과 동시에 모든 지역과 지방의 세율을 일원화하는 안을 제시한다.[19]

중앙정부의 부름으로 대장성에 온 마쓰카타는 도쿠가와 바쿠후 시절 금지되어 있던 토지의 매매를 1872년부터 허용하고 토지대장과 토지문서를 발행하기 시작한다. 그 결과 정부는 안정적인 세수원을 확보

하였고 도쿠가와 시대에는 허
용되지 않던 지주가 생기기 시
작한다. 마쓰카타 토지개혁의
가장 중요한 특징은 과거 영지
를 소유하고 세습하던 다이묘
와 사무라이들의 소유권을 인
정하지 않은 점이다.

마쓰카타 마사요시

1880년대 일본 정부의 가장
큰 과제는 재정건전성의 확립
이었다. 정부는 1871년 「폐번
치현」 직후 각 한이 지고 있던 빚을 모두 떠 안는다. 그리고 신분과 소
득을 모두 상실한 사무라이들의 연금도 중앙정부가 주기로 한다. 다이
묘들과 사무라이들은 봉건 체제하에서 소유하던 토지에 대한 보상을
받는다. 다이묘들은 자신들의 영지의 소득의 1/10을 연소득으로 받
았고 사무라이들은 더 이상 의무는 없이 과거에 받던 연금을 계속 받
도록 한다. 그러나 이는 예상했던 것 보다 정부예산에 훨씬 큰 부담이
된다. 1871년 말, 다이묘와 사무라이 계급출신들도 농업이나 상업에
종사하거나 다른 직장을 가짐으로써 수입을 보충할 수 있도록 허락한
다. 과거에는 이들 계급은 이윤추구행위가 철저히 금지 되어 있었다.[20]

사무라이 연금은 당시 일본 정부 예산의 1/3을 차지하였고 이러한
부담을 덜기 위하여 연금을 지속적으로 줄이는 한편 채권으로 대체시
키는 과정에서 결국은 「세이난 전쟁」에서야 종지부를 찍는 사무라이
반란이 일어나게 된다.[21] 사무라이들의 반란을 평정하는 과정에서 일
본 정부는 화폐를 계속해서 발행할 수 밖에 없었다. 중앙정부는 과거

각 한이 운영하던 독점 사업들은 인수하였지만 대부분 부도가 난다.

정부가 화폐를 남발하면서 인플레가 일어났고 도시 거주민과 사무라이들이 직격탄을 맞는다. 1880년에 이르면 사무라이들이 정부로부터 연금 대신 받았던 채권의 시장가격은 액면가의 7%로 폭락한다.[22] 반면 1873년부터 시행한 토지개혁은 토지의 자유로운 매매를 가능케 하였고 세수는 고정되어 있는 상태에서 정부의 화폐발행으로 통화량이 3년 간 30% 증가하면서 농산물 가격이 급등하자 농민들은 모두 큰 이익을 볼 수 있었다.[23]

마쓰카타는 사무라이 연금(1876)과 「세이난전쟁」 비용으로 정부 재정이 적자로 돌아서고 인플레가 일기 시작하자 정부 지출을 과감하게 삭감하고 담배와 사케에 대한 징세로 정부재정을 다시 안정시킨다. 1877년에는 「일본 중앙은행」과 「우정국 은행」이 설립되면서 국민의 세금을 투자로 돌릴 수 있게 된다.[24]

구미열강과의 불평등조약으로 인하여 관세를 징수할 수 없었던 일본은 무역 역조를 바로잡기 위해서 다른 방법을 찾을 수 밖에 없었다. 일본정부는 주력 수출품목인 비단과 차의 생산을 증진시키는 정책을 추진하는 한편 품질과 기준을 높인다. 1873년 비단실 뽑는 제사(製絲) 기준을 제정하고 마에바시(前橋)와 토미오카(冨岡)에 정부 보조로 제사공장들을 설립하여 일본인들에게 서구의 제조기술과 공장 생산 방식을 가르친다. 유럽에 유학생들을 파견하여 유럽의 비단 산업을 배워오도록 하고 양잠업에 대한 팜플렛을 전국에 배포하고 양잠 기술자들을 각 지방에 파견하여 현지의 양잠업을 지원하도록 한다. 그 결과 1868년에서 1883년 사이 일본의 비단 생산은 60%늘고 수출은 100% 증가한다. 수출의 반 이상은 미국으로 향했다.

일본 정부는 수입 대체 산업도 일으킨다. 1871년에는 기계공장(ma-

마에바시의 미쓰이 제사장

토미오카제사장(富岡製糸場) 내부

토미오카제사장(富岡製糸場) 전경

chine factory)을 설립하여 기계공을 훈련하기 시작하고 1875년에는 시멘트, 1876년에는 유리, 1878년에는 흰 벽돌 공장을 설립한다. 조선 산업에도 적극 투자한다. 막부 말기에 나가사키와 요코스카 등지에 설립 된 조선소들은 규모나 기술에 있어서 국제 경쟁력을 갖추지 못하고 있었다. 메이지 정부는 이들 조선소를 확장시키는 한편 효고(고베)에도 새 조선소를 건립한다. 요코스카 조선소는 해군 조선소로 키우고 나가사키와 고베 조선소는 민간용 선박도 건조하기 시작하여 1885년부터는 작은 증기선들을 건조한다.[25]

교통과 산업에도 막대한 예산을 투자한다. 정부 재정긴축을 추진한 마쓰카타는 1882년 3월 정부 소유의 공장들을 민간에 팔기로 한다. 정부가 개입해서는 안되는 사업에서 손을 떼기 위해서라는 이유를 댄다. 「일본 은행 창립취지 설명」이라는 글에서 마쓰카타는 다음과 같이 말한다.

무릇 정부의 본분[本務]은 국가의 강녕을 보전하고, 국민[民庶]의 치안을 도모하는 것에 있다. 결코 인민과 이익[利]을 다투는 것에 있지 않은 것이다. 따라서 교육, 외교, 해·육군비(海陸軍備), 경찰보호 등 국가안보[國安]를 유지하고 통치[民治]를 보위하는 사업은 본디 정부가 실로 스스로 해야 할 의무인 것이다. 그 상업무역 등과 같이 인민과 직접적으로 이익을 다투

나가사키의 미쯔비시 조선소 (1885)

는 사업은 정부가 감히 스스로 해야 할 것이 아니다.[26]

물론 보다 중요한 이유는 계속 적자를 내는 기업들을 팔기 위해서였다. 이 때 정부가 민간에 판 기업들은 훗날 일본 자이바쓰(재벌)의 모태를 이룬다. 토미오카 비단 조사공장은 미쓰이에게, 나가사키 조선소는 미츠비시에게, 시멘트와 흰벽돌공장은 후루카와에게, 많은 광산들은 아사노와 구하라 등에게 판다.[27] 그럼에도 불구하고 마쓰카타는 시장경제의 원리, 특히 국가와 시장의 역할분담에 대해 정확히 이해하고 있었다.

정부는 농업학교와 농업협동조합을 설립하여 농업을 활성화 한다. 1875년에는 삿포로에, 1877년에는 고마바에 농업학교가 설립되고 1885년에는 농업시험장이, 그리고 1881년에는 농업협동조합이 설립된다.[28]

메이지 정부의 지도자들은 일본경제에 대한 외국 자본의 침투를 극도로 경계했다. 정부는 외국인의 투자를 막는데 총력을 기울인다. 해외 차관도 도입하지 않는다. 이들이 유일하게 도입한 차관은 도쿄에서 요코하마를 잇는 18마일 길이의 철도를 놓기 위해서였다. 1877년까지만 해도 일본의 철도는 모두 합쳐 64마일에 불과했다. 연안무역도 외국의 해운회사들의 시장 침투를 막기 위해서 정부가 과

이와사키 야타로

거의 바쿠후와 한 소유의 선박들로 결성한 준국영기업을 운영하였지만 곧 부도가 난다.

일본 정부의 해운 정책의 가장 큰 수혜자는 도사출신의 사무라이 이와사키 야타로(岩崎 弥太郎, 1835.1.9.~1885.2.7.)였다. 이와사키는 1871년 도사 한이 폐번치현으로 폐지되자 한 소유의 배들을 인수한다. 그후 도쿄와 오사카를 오가는 해운사를 인수하고 1874년에는 정부가 대만정벌을 위하여 구입하였던 배들을 인수하여 일본과 홍콩을 잇는 정기여객선 항로를 개설한다.

1875년 명치정부는 소유하고 있던 배 35척을 이와사키가 시작한 「미쓰비시」에 무상으로 넘기고 대규모 운용비를 대준다. 세이난 전쟁에서도 유신정부를 도우면서 공을 세운 미쓰비시는 이후 정부의 지원으로 사세를 키워 결국은 개항장에 기반을 두고 일본해안 무역을 장악해 가던 미국과 영국의 해운해사와 경쟁할 수 있는 실력을 기른다.[29]

1881년에는 블라디보스톡을 잇는 정기항로를 개설한다. 「미쓰비시」는 1885년 정부의 압력으로 다른 해운회사와 합병을 통해 「니

폰유센카이샤(NYK)」를 설립한
다. NYK는 58척을 거느린 회
사로 정부가 연 8%의 이익을
보장하는 조건으로 설립한다.
또한 우편배송을 비롯하여 각
종 정부 보조를 받는 대신 정부
의 감독을 받는다.[30]

오쿠보가 가장 심혈을 기울
인 것은 도로와 통신 등 국가기
간산업이었다. 1871년 도쿄와
오사카 간의 우편서비스를 시
작으로 3년 만에 전국에 3,000

일본의 우체국 제도를 묘사한 포스터 (1881년)

개의 우체국을 설립한다. 전국을 연결하는 전보망도 구축한다.[31] 전보
의 중요성을 일찍 깨달은 메이지 정부는 1877년까지 4,500km의 전
보선을 건설한다. 전보는 정부가 「세이난 전쟁」 중 사이고의 반군을
격파하는데 결정적인 역할을 한다.[32]

철도는 처음에는 국가가 주도하여 부설하였지만 19세기 말에 이르
면 전국 철도망의 2/3가 사기업 소유가 된다. 1877년이 되면 도쿄는
요코하마, 오사카와, 교토는 고베와 철도망으로 연결됨으로써 주요 대
도시가 근처의 가장 큰 항구도시와 연결된다. 1889년에는 도쿄, 요코
하마, 오사카를 잇는 철도망이 완성되고 1891년에는 도쿄와 혼슈 북
단의 아오모리를 잇는 철도가 완성된다.[33]

일본 산업발전의 가장 큰 걸림돌은 불평등 조약이었다. 서구 열강
과의 불평등 조약은 일본으로 하여금 유치산업(infant industry)을 보호
할 수 있는 힘을 박탈하였다. 이는 이토 히로부미가 이와쿠라 사절단

요코하마의 기차 (1874)

동료들에게 보낸 메모에 적혀있다. 그는 영국인들은 말로는 자유무역을 주창하지만 일본사람들은 이에 대응할 수 있는 논리를 개발하는 것이 중요하다고 한다. 그는 특히 유교적인 윤리관을 버리고 근대 문명을 받아들일 것을 종용한다.[34]

　　그러나 우리 물산이 그들의 물산보다 저렴하지 않으면, 우리 국민이 이를 원하지 않기 때문에, 수입세를 무겁게 하여 그들의 물산을 고가로 만드니, 이를 방어세(防禦税)라 한다. 이는 오직 정부가 세입(歳入)을 탐하기 위함이 아니라, 국민으로 하여금 물산을 일으키도록 하기 위함이다. 따라서 방어세라 명한 것이다. 우리나라 처럼 아직 완전한 개화에 이르지 못한 국가는 무엇보다 그 법을 행하지 않으면, 문명화의 시기를 지연시키게 된다. 가령 서적, 기계와 같은 필수품은 그 세금을 가볍게 하고, 비단, 술,담배와 같은 것은 이를 무겁게 하여, 우리 물산을 일으키는 바를 도와야 하는 것이다. 이미 미국의 경우에는 지금 오로지 이 법을 이용하여, 술, 담배류에 대해서는 원가와 세액을 거의 비슷하게 하니, 국민이 크게 물산을 일으키는 시기에 이를 수 있었다. 이러한 상황은 실리에 따라 자리 자득(自利自得)을 모색하는 것이니, 보통의 정리(正理)를 잃은 것과 같다고도 할 수 있겠으나, 국가를 부유하게 하고 국가를 성대 하게 하는데 있어 실로 불가결한 수단인 바, 모두 이 법을 채용하며 감히 이의를 제기하는 자 없으니, 이것이 전국경제의 핵심적 이치인 것이다. 영국의 부강함도, 처음에 이 법에 따라 성대히 물산의 제조를 일으키고, 마침내 타국에서 수입한 나쁜 물건을 제조를 통해 좋은 물건으로 하였으며, 또한 이를 타국에 수출하고 이익을 축적하며 국가를 부유하게 하여, 오늘날의 성대함에 이르게 된 것이다.[35]

이토는 문제를 정확히 인식하고 있었다. 개발도상국가들은 유치산업들을 보호해야 하지만 일본의 경우에는 불평등 조약 때문에 이것이 불가능했다. 따라서 일본이 할 수 있는 것은 아무리 어렵더라도 자력으로 산업을 일으키는 방법 밖에 없었다.[36]

1877년, 「세이난 전쟁」 진압 직후 마쓰카타는 일본 대표단을 이끌고 파리박람회를 방문한다. 프랑스에서 그는 당시 프랑스의 재무상을 하던 레옹 세(Leon Say)를 만나 친분을 쌓는다. 세는 유명한 자유무역주의자 장-바티스트 세(Jean-Baptiste Say, 1767.1.5.~1832.11.15.)의 손자였다. 그러나 세는 프랑스가 프로이센-프랑스 전쟁(보불전쟁, 1870~1871)에 패한 후 독일에 지불해야 하는 전쟁 보상금을 마련하기 위하여 관세를 대폭 인상한 바 있다. 마쓰카타는 일본 역시 하루빨리 보호주의 정책을 채택할 수 있는 권리를 회복하는 것이 무엇보다도 시급한 일이라는 것을 깨닫는다.[37]

그러나 일본은 구미열강과 맺은 불평등 조약 때문에 마음대로 관세를 인상할 수 없었다. 이러한 상황에서 일본이 무역적자를 조금이라도 줄이는 방법은 뼈를 깎는 긴축 정책 밖에 없었다. 만성적인 인플레로 인하여 정부의 재정은 줄어들고 정부의 채권 값은 폭락하는 반면 토지 가격은 급등하고 있었다. 거품경제에 대응할 수 있는 것은 긴축 정책

밖에 없었다.[38] 마쓰카타는 온
갖 반대에도 불구하고 강력한
긴축 정책을 밀어부친다.

레옹 세

그 결과가 1881년에서 1885
년까지 4년 간 이어진 「마쓰카
타 디플레이션」이었다. 정부의
재정은 대폭 삭감하고 국유기
업들은 모두 팔아서 사유화시
킨다. 세금은 대폭 인상하고 통
화량은 대폭 줄인다. 마쓰카타
의 긴축 정책의 결과 소농들은
채권자들과 세리들에게 땅을 빼앗겼고 개인파산률이 급증하고 수 많
은 농부들은 소작농으로 전락하였다. 1880년대는 일본의 농민들에게
는 고통의 세월이었다.[39] 그러나 경제 논리로만 본다면 이러한 정책은
정부의 재정을 보전하고 은행체제를 강화시켰으며 경쟁력을 갖춘 경
제주체들에게 유리하였다. 이때 탄생하는 것이 일본의 「자이바쓰(財閥,
재벌)」다. 「미쓰이」, 「미쓰비시」, 「스미토모」, 「야스다」 등 일본을 대표
하는 자이바쓰들은 모두 이때 만들어진다.

1880년대는 메이지 정부의 지도자들이 경제발전에 매진하기 시작
하면서 그 초석을 놓던 시기다. 「후고쿠교헤이(부국강병)」의 기치하에
근대과학과 기술을 적극 도입하여 산업생산에 적용하기 시작하면서
생산성이 향상되고 인구가 팽창하기 시작했다. 메이지 지도자들은 극
도로 불리한 국제정치 상황과 대외관계를 충분히 인식하는 가운데 경
제발전을 이루어낸다.[40]

3. 자유민권운동

일본의 「자유민권운동」은 메이지 과두정(Meiji Oligarchy)에 대한 저항에서 출발했다. 1873년 「정한론」을 둘러싼 갈등으로 메이지 정부의 지도부가 분열하면서 에토 신페이는 「사가의 난」을, 사이고 다카모리는 「세이난 전쟁」을 일으킨다. 한편 도사 출신의 이타가키 다이스케와 고토 쇼지로 등은 조슈와 사쓰마 파벌의 권력 독점에 대한 저항의 수단으로 무장봉기 대신 「민권 운동」을 벌인다. 이타가키와 고토는 1874년 1월, 에토 신페이, 소에지마 타네오미 등과 함께, 「아이고 쿠고토(愛国公党, 애국공당)」를 결성하고 「민선의원설립건백서(民撰議院 設立建白書)」를 정부에 제출한다. 이들은 「천부 인권설」을 주장하면서 기본 인권을 보호하기 위해서는 국민이 직접 뽑는 의회가 있어야 한다고 주장한다.[41]

「건백서」는 비록 정부에 의해서 거부되었지만 일본에서 「자유민권운동」의 기치를 올리는 계기가 된다. 자유민권운동은 메이지 유신세력의 일부, 지식인, 도시 거주민과 농민, 사족(사무라이 출신)과 부농 등 자산가, 그리고 극단주의자와 빈곤층 등 다양한 계층을 엮어서 메이지 과두정에 도전하기 시작한다.[42]

「세이난 전쟁」에서 정점에 달하는 사무라이들의 반란은 메이지 유신 이후의 개혁에 대한 저항이 얼마나 컸는지 단적으로 보여준다. 사무라이들의 저항은 세이난 전쟁에서 사이고 다카모리가 이끄는 반군이 오쿠보의 정부군에 의해서 진압됨으로써 꺾이지만 메이지 정부에 대한 저항은 오히려 다른 계층으로 확산된다.

메이지 정부에 대한 조직적인 반대는 이타가키 다이스케에서 출발한다. 도사의 사무라이로 사카모토 료마와 함께 명치유신의 성공에 혁

「민선의원설립건백서」서문

혁한 공을 세운 이타가키였지만 사이고와 함께 정한론을 주장하다 좌절되자 메이지 정부를 떠난다.

1874년 1월 13일, 이와쿠라 토모미가 황궁에서 천황과 만찬 후 귀가 중 아카사카에서 8~9명의 사무라이들에게 피격 당한다. 부상을 입은 이와쿠라는 타고 가던 마차에서 탈출하지만 길 옆의 해자에 빠진다. 그는 간신히 기어 나와 수풀 뒤에 숨어서 목숨을 건진다. 메이지는 부상 당한 이와쿠라를 황궁으로 옮겨와 치료를 받도록 하고 1월 17일까지도 범인들이 안 잡히자 산조 사네토미, 오쿠보 도시미치 등을 불러 범인을 왜 체포 못하는지 추궁한다. 그날 밤 범인 9명이 체포된다. 이들은 모두 고치(高知) 출신들로 이타가키 다이스케의 추종자들이었다. 이타가키와 사이고의 정한론이 무산된 것에 분노한 이들은 이와쿠라를 암살하면 정부가 결정을 번복할 수도 있을 것이라고 생각했다고 자백한다. 이들은 7월 9일 사무라이 신분을 박탈 당하고 교수형에 처해진다.[43]

자신의 추종자들이 테러로 메이지 정부에 저항했지만 이타가키는 다른 방식으로 정부에 맞설 것을 제안한다. 「사이고는 무기로 정부를 싸우지만 우리는 민권으로 정부를 싸울 것이다」.[44]

이와쿠라 토모미

1874년, 정부를 떠난 직후 이타가키는 천황이 1868년 4월 6일 선포한 「오개조의 서문」에서 언급한 「공론정치」가 필요하고 이를 위하여 의회 신설의 필요성을 역설하는 「민선의원설립건백서」를 고토 쇼지로, 소에지마 다네오미, 에토 신페이 등과 함께 올린다. (「오개조의 서문」에 대해서는 제 2권 p. 142 참조)

이들은 「이와쿠라 사절단」이 서구의 정부제도를 시찰하고 돌아오면 일본에서도 대의제 정부를 수립하는 논의가 전개될 것을 기대하였지만 사절단이 귀국한 후 몇 달이 지났어도 아무런 조치가 취해지지 않고 있다고 한다:

저희가 별지에서 건언(建言) 올리는 것은 평생의 지론으로, 저희가 관직에 있을 때 누누이 건언 올린 바 있는 것입니다. 구미 동맹각국에 대사를 파견하여, 실지 상황을 목격하게 되면, 그 사정을 참작[斟酌]하여 시설(施設)할 수 있게 될 것이라는 평의(評議)도 있었습니다. 그런데 일찍이 대사가

이타가키 다이스케

고토 쇼지로

소에지마 타네오미

에토 신페이

　　귀국한지 수 개월이 지났음에도, 하등의 시설도 삼가 들은 바 없으니, 작금 민심이 흉흉하고, 상하가 서로 의심하니, 자칫하면 토붕와해(土崩瓦解)할 지경이 아니라고 할 수 없는 상황에 이르렀습니다. 이는 필경 천하 여론,공의(公議)가 옹색한 것에서 비롯된 일이라고, 실로 애석하게 말씀 올립니다. 이 평의(評議)를 살피시기를 삼가 바라옵니다.[45]

신(臣)들이 엎드려 오늘날 정권이 귀속된 곳을 살피니, 첫째로 황실에 있지 않고, 둘째로 인민에 있지 않으니, 오로지 관리[有司]에게 있습니다. 관리가 황실을 존중하지 않는다는 말은 아니지만, 황실이 점차 그 존영 (尊榮)을 잃고, 인민을 보호하지 않는다는 말은 아니지만, 온갖 정령[政令 百端]이 아침에 나와 저녁에 바뀌고 있습니다. 정사[政情]가 실로 이루어 지기를, 상벌(賞罰)이 애증(愛憎)에서 나오고, 언로(言路)가 옹폐(壅蔽)하 여 곤란[困苦]을 말하지 못하니, 어찌 이와 같이하여 천하의 치안(治安)하 기를 바라겠습니까? 삼척 동자도 그 불가함을 알 것입니다. 이를 고치지 않고서야, 국가가 토붕(土崩)의 지경[勢]에 이를까 두렵습니다. 신들이 애 국하는 마음[情]이 그치지 않아, 이를 진구(振救)할 방도를 강구하였으니, 오직 천하의 공의(公議)를 펼치는 것뿐이며, 천하의 공의를 펼친다는 것 은 곧 민선의원을 세우는 것뿐입니다. 이는 곧 관리의 권력[權]을 제한하 는 것이니, 상하가 그 안전, 행복을 얻을 것입니다. 청컨대 이에 대해 아 뢰고자 합니다.

인민이 정부에 대해 조세를 납입하는 의무가 있는 것은, 또한 그 정부의 일에 관여하여 가부(可否)할 권리(權理)가 있기 때문입니다. 이는 천하의 통론(通論)이니, 신들이 다시금 이에 대해 췌언(贅言)할 필요도 없을 것입 니다. 이에 신들이 간절히 바라는 바는, 관리 또한 이러한 대리(大理)에 저 항하지 못하게 하는 것입니다. 지금 민선의원을 세우자는 의론에 반대하 는 자가 말하기를, 우리 국민은 아직 불학무지(不學無智)하고 개명의 지경 [域]에 이르지 못했으니, 이에 오늘 민선의원을 세우는 것은 아직 이르다 고 합니다. 신들이 생각컨대, 혹여 실로 그렇게 말한다면, 이를 가르쳐 알 게 하고, 하루빨리 개명의 지경에 이르게 할 방도가, 바로 민선의원을 세 우는 것에 있습니다. 왜냐하면 다시 말해 오늘 우리 인민이 배워 알아 개 명의 지경에 이르게 하려면, 먼저 그 통의권리(通義權理) 보호하여, 이를 자존자중(自尊自重)하도록 함으로써, 천하와 우락(憂樂)을 함께하는 기상을 일으키고, 천하의 일에 참여하게 하는데 있습니다. 혹여 인민이 그 고루함(固陋)에 안주하여, 부학무식(不学無識)하게 자감[自甘]한다면, 아직 이를 이루지 못할 것입니다. 지금 그들이 스스로 배워 알게 하고, 스스로 개명의 지경에 들어가기를 기다린다면, 이는 백년하청(百年河清)을 기다리는 것과 같은 것입니다.

심하게는 지금 급히 의원을 세우는 것은, 천하의 걱정[愚]를 모으는 것에 지나지 않을 뿐이라고 합니다. 아아 이 어찌 심히 오만하게도 그 인민을 멸시하는 것입니까? 관리 중에 지공(智功)이 확고하여 다른 사람보다 뛰어난 자가 없으니, 어찌 학문, 유식한 사람이 함께 할 것이며, 세간 사람들 중에 뛰어난 자가 없다는 것을 알겠습니까? 천하의 인민을 이처럼 멸시할 수 없는 것입니다. 혹여 멸시할 만하다 한다면, 관리 역시 그 중의 한 사람으로, 마찬가지로 부학무식한 것이 아니겠습니까?

몇몇 관리의 부재(専裁)와 인민의 여론·공의를 비교하면, 그 현우부초(賢愚不肖)가 과연 어떠하겠습니까? 신들이 생각컨대, 관리의 지식[智] 역시 유신 이전을 봤을 때, 반드시 진보한 것은 아닙니다. 왜냐하면 인간의 지식은, 반드시 이를 이용함에 따라 진보하는 것이기 때문입니다. 따라서 민선의원을 세우는 것은, 즉 인민을 배워 알게 하는 것이며, 나아가 하루빨리 개명의 지경에 이르게 하는 방도라고 할 수 있을 것입니다. 정부가 직분[職]으로, 이를 받들어 목적으로 삼는 것이, 곧 인민이 진보할 수 있도록 하는 것입니다. 초매(草昧)한 세상[世], 야만적 풍속[俗]으로 그 백성이 용맹폭한(勇猛暴悍)하여, 따르는 바를 알지 못할 경우, 정부의 직분은 그 따르는 바를 알게 하는 것입니다. 지금 우리나라는 이미 초매하지 않고, 우리 인민의 종순(従馴)함은 이미 지나칠 정도입니다. 따라서 오늘날 우리 정부가 반드시 목적으로 삼아야 할 것은, 바로 민선의원을 세워, 우리 인민에게 과감[敢為]한 기세[気]를 일으키고, 천하를 분담하는 의무를 알게 하고, 천하의 일에 참여할 수 있도록 하는데 있으니, 전국[闔国] 인민이 한 마음이 될 것입니다.

정부의 강함은, 무엇으로 이룰 수 있겠습니까? 천하 인민이 모두 한 마음이 되면 됩니다. 신들이 필히, 멀리 오래된 일을 인용하여 이를 논증할 필요도 없습니다. 지난 10월 정부의 변혁을 들어 이를 검토하자면, 당시 위기가 얼마나 대단했으며, 우리 정부의 고립(孤立)은 또 어떠했습니까? 그런데 지난 10월 정부의 변혁 당시, 천하 인민 가운데 이에 기뻐하거나 슬퍼한 자가 얼마나 있었습니까? 단지 이에 기뻐하거나 슬퍼하지 않았을 뿐만 아니라, 천하인민 가운데 멍하게 이를 알지 못한 자가 열에 여덟이니, 단지 병대(兵隊)의 해산에 놀랄 뿐이었습니다. 지금 민선의원을 세우는 것은, 즉 정부와 인민의 사이에, 정실[情実]을 유통(融通)하여 서로 한 몸이 되는 것입니다. 나라가 마침내 강해질 것이며, 정부가 마침내 강해질 것입니다.

신들은 이미 천하의 대리(大理)에 따라 이를 궁구하고, 우리나라 오늘날의 시세[勢]에 따라 이를 실증[実]하고, 정부의 직분에 따라 이를 논하고, 또한 지난 10월 정부의 변혁에 따라 이를 검토하였습니다. 신들 스스로 신들의 의견[説]에 대한 믿음이 더욱 대단해졌으니, 간절히 아뢰옵건대, 오늘날 천하를 유지진기(維持振起)하는 방도는, 오직 민선의원을 세우고, 천하의 공의를 펼치는 것에 있을 뿐입니다. 신들이 필히 이를 더 자세히 말하지 않는 것은, 대저 십 수 장[十数紙]으로도 능히 이를 다할 수 없기 때문입니다. 단, 신들이 가만히 듣건대, 오늘날 관리가 특중한 설[特重の説]에 기대어, 매사가 인순(因循)에 빠져 있으니, 세상의 개혁을 말하는 자를 급격한 진보로 간주하고, 이를 시기상조[尚早き]라는 두 글자로 거부한다고 합니다. 청컨대 신들은 이에 대해 다시 변론하고자 합니다.[46]

도사번(土佐藩)의 수도인 고치(高知)로 낙향한 이타가키는 릿시샤(立志社)라는 단체를 창설한다. 릿시샤는 스코틀랜드의 저명한 작가이자 개혁가였던 새뮤엘 스마일스(Samuel Smiles, 1812.12.23.~1904.4.16.)의 대표 저작 「자조론(自助論, Self-Help)」에서 이름을 빌렸다. 근면과 절약을 강조하면서 빈곤은 잘못된 생활태도 때문임을 강조한 스마일스는 당시 영국 정부의 자유방임적인 정책도 비판하였다. 『자조론』은 「빅토리아시대 자유주의의 성경」이라고 일컬어졌다. 릿시샤 본래의 목적은 의회정치 보다는 사무라이들의 교육과 자립갱생이 목표였다.[47] 릿시샤는 모든 지도자를 선거를 통하여 선출하면서 과거의 사무라이들이 자립갱생할 수 있는 협동조합인 동시에 교육기관이었다.[48]

릿시샤의 헌장은 모든 일본인들은 생명, 자유, 재산, 생업, 그리고 행복을 추구할 수 있는 그 누구도 빼앗을 수 없는 권리를 갖고 있다고 선포한다. 당원들을 교육하기 위하여 이들은 록크, 밀, 루소와 벤담을 강연한다. 도사의 사족들의 열렬한 지지를 받은 릿시샤가 1875년 「아이고쿠샤(愛國社, 애국사)」를 결성한다.

메이지 지도층은 권력을 양도할 생각이 추호도 없었다. 그러나 자유민권운동이 자칫 본격적인 반정부 세력화 할 수 있다는 사실을 간파한 이들은 특히 이타가키 다이스케를 걱정하였다. 이타가키는 사이고 다음으로 추앙받던 메이지 유신의 무장 영웅이었다.[49]

오쿠보 도시미치는 천황의 칙령을 통하여 민선회의를 도입할 것을 약속한다.[50] 그 결과 이타가키와 고토 쇼지로 등이 다시 정부에 합류한다. 이것이 1875년 1월에 개최된 「오사카 회의」였다.

그러나 오쿠보가 약속한 민선의회 도입이 계속 지연되자 이타가키는 10월 또다시 정부를 나와 도사로 낙향하여 자유민권운동에 다시 투신한다. 1875년 이전만 하더라도 이타가키는 사족, 즉 사무라이 출신, 들만 모았다. 그러나 이타가키가 다시 자유민권운동을 일으키고자 할때는 부농과 지역 유지 등이 호응하기 시작하면서 운동의 성격이 근본적으로 바뀌기 시작한다.

1879년 여름, 치바 현의 사쿠라이 시즈카라는 농부가 정부가 대의제를 도입하지 않는 것을 비판하면서 전국의 시민들에게 새로운 운동을 일으킬 것을 제창한다. 사쿠라이는 자신의 호소문을 도쿄의 『조야심분(朝野新聞, 조야신문)』에 내고 수천 개의 삐라를 돌린다. 반응은 놀라웠다. 전국적으로 대의제를 요구하는 운동이 불같이 일어나기 시작한다. 도쿄를 둘

1879년 6월 7일자 『조야신문』

러싼 6개 현에서만 303개의 단체가 결성되고 북동쪽에 120개, 서쪽과 서남쪽에 200개가 형성된다.[51]

1880년초, 도쿄 북서쪽 니시타마 현의 작은 도시 이쯔카이치(五日市町)의 시장과 유지들은 「권능학교(勸能学校)」를 세워 서양의 서적들을 번역하여 학생들을 가르치기 시작한다. 이 학교를 졸업한 대표적인 학생 치바 타쿠사부로(千葉 卓三郎, 1852.6.17.~1883.11.12.)는 혼자서 완벽한 헌법을 썼다. 이 당시 일본 각지의 민권운동가들이 쓴 헌법만 30개가 아직도 전한다.[52]

대부분 사무라이 출신인 지식인들도 민권과 대의제 정치제도의 중요성을 대중에게 계몽시키고 정치개혁의 열망을 불러일으키는데 일조한다. 후쿠자와 유키치와 나카무라 마사노(中村 正直, 1832.6.24.~1891.6.7.) 등은 서구의 문명과 정치제도를 소개함으로써 메이지 시대의 「문명개화」를 주도한다. 우에키 에모리, 나카에 초민, 오이 겐타로 등은 보다 과격한 이념을 주창하면서 정치에 뛰어든다.

치바 타쿠사부로

나카무라 마사노

나카에 초민

우에키 에모리

　메이지 유신 당시 세계적으로 도시화 비율이 높고 문맹률이 낮았
던 일본이었기에 정치적 야심은 있으나 정부에 들어가지 못한 많은
젊은이들은 언론계에 투신한다. 누마 모리카즈(沼間 守一, 1843.12.2.
~1890.5.17.)는 1873년 서양의 사법제도를 연구하기 위하여 결성

된「오메이샤(嚶鳴社)」라는 단
체의 회원으로 전형적인 도시
의 지식인이었다.

누마 모리카즈

누마는 보신전쟁에서 도쿠가
와 바쿠후 편에서 싸웠다. 그
는 1879년 『요코하마마이니
치심분(横浜毎日新聞)』을 사서
『도쿄-요코하마마이니치신분
(東京横浜毎日新聞)』으로 이름을
바꾼 후 헌정주의를 주장하는
매개체로 사용하기 시작한다.
1879년 11월과 1880년 1월 사이에만 무려 27개의 사설을 통하여 의
회주의를 주장한다.[53]

오메이샤 회원들은 전국의 농촌 마을과 지방 도시들을 순회하면서
의회주의를 주장하는 연설을 한다. 1880년 말, 의회청원 운동이 본격
적으로 시작된지 불과 1년반 만에 60개의 청원과 250만 명의 서명을
받아낸다.[54]

메이지 정부에게 자유민권운동은 지금까지와는 전혀 다른 도전이었
다. 사무라이의 반란이나 민란은 있었지만 전국적인 차원에서 여론 자
체가 불리하게 돌아가기 시작한 것은 처음 있는 일이었다. 더구나 자
유민권운동은 계급과 지역, 신분의 벽을 넘으면서 전국적인 운동으로
확신되고 있었다.

메이지 정부는 언론의 자유를 탄압하기 시작한다. 1875년과 1877
년 사이, 정부는「명예 훼손죄」,「언론법」 등을 제정하면서 비판적인
언론에 재갈을 물리기 시작한다. 구속되는 인사들의 숫자도 급증하
여 1875년에는 60명이었던 것이 1880년도에는 3백명이 넘는다.[55]

1880년 4월 5일에는 「집회법」
이 제정되어 집회를 금지하기
시작한다.[56] 모든 단체들은 회
원 명부와 단체의 헌장을 제
출하고 집회 허가를 받아야 했
다. 모든 군중집회와 강연회에
는 정복을 한 경찰의 참관 하
에 이루어졌고 조금이라도 사
전에 허가 받은 주제에서 벗어
나는 발언을 할 경우 즉시 구속
하였다. 그리고 군인, 경찰, 교
사, 학생은 정치 집회에 참가할
수 없도록 한다.[57]

오쿠마 시게노부

1881년 이타가키와 그의 추종자들은 다시 한번 상소를 올리고 오
사카 양조장 업주들의 집회에서 「자유당」을 결성한다. 당시 마쓰카타
긴축정책의 일환으로 새로 제정된 주세에 반대하는 지방의 양조장과
상인들은 자유당 결성에 적극 참여한다. 그리고 이타카키와 고토 등
은 전국 순회 강연을 시작한다. 당시 급속히 자라기 시작한 신문사들
의 기자들은 이 운동에 덩달아 휩쓸리기 시작한다. 정부는 강한 언론
통제와 경찰을 동원하여 민권운동을 제지하려 하지만 농촌과 지방 소
도시 사람들은 이 새로운 사상과 운동에 열광한다.[58] 1882년 이타가
키는 감시하던 경찰의 손에 암살당할 뻔 하지만 천황은 정부의 의사를
보내 그를 치료하고 보상금도 지불하도록 한다.[59]

오쿠마 시게노부(1838~1922)는 사가 출신의 사무라이로 일찍이
손노조이파에 합류하여 메이지 유신의 성공에 혁혁한 공을 세운다.

그는 유신정부 초기인 1871년부터 상기(參議, 참의)로 참여하였고 1873~1880년까지 대장상을 역임한다. 그는 메이지 정부에서 가장 급진적인 근대개혁을 주창하였다. 오쿠보 도시미치가 암살된 후에는 메이지 정부의 주도권을 놓고 이토 히로부미와 충돌한다. 오쿠마는 헌법 제정 문제로 이토가 주도하는 조슈-사쓰마 연합에 맞서다 결국 메이지 정부를 떠난다. 정부를 떠난 오쿠마는 1882년 봄, 「리껜카이신토(立憲改進党, 입헌개진당)」를 창당한다.[60]

오쿠마의 「리껜카이신토」는 영국의 헌정주의를 받아들인다. 반면 「지유토」는 프랑스혁명의 전통을 이어받는다. 지유토를 대표한 지식인은 나카에 초민(中江兆民, 1847.12.8.~1901.12.13.)이었다. 도사 출신인 초민은 나가사키와 에도에서 프랑스어를 공부하였다. 그는 주 일본 프랑스 공사 레옹 로시의 통역으로 일하다가 이와쿠라 사절단의 일원으로 합류하여 프랑스에 3년 간 유학한다. 귀국 후 겐로인(元老院, 원로원)에서 잠시 일하지만 일본의 헌법제정이 지연되는데 불만을 품고 곧 사직한다.

그는 프랑스의 법전은 물론 루소의 『사회계약론』도 일본어로 번역한다. 귀족 출신이며 역시 프랑스 유학을 다녀온 사이온지 긴모치(西園寺公望, 1849.12.7.~1940.11.24.)와 함께 『토요지유신분(東洋自由新聞, 동양자유신문)』을 창간하지만 곧 정부에 의해 폐간되자 이타가키의 「지유토」에 합류한다. 지유토의 지도층은 이타가키와 같은 사무라이출신들이 주류를 이루었으나 당원은 양조장 주인들과 지방유지들을 대거 포함하였다. 나카에 초민과 우에키 에모리는 대표적인 지유토 지식인들이었다.[61]

카이신토 당원들은 주로 도시 거주민들이었다. 「카이신토」의 지도층 역시 주로 사무라이 출신이었으며 동시에 후쿠자와 유키치의 「게

이오기쿠주」출신들이 주류를 이루었다. 그리고 출판인과 신문인들의 지지를 받았다.[62]

헌법주의자들의 운동은 급속하게 세를 불려나간다. 1880년 이타가키가 「지유토」를 창당하기 위하여 정부에 청원을 낼 당시 22개 현에서 10만 명의 서명을 받는다. 가나카와 현에서는 23,555명이 서명하여 후쿠자와 유키치에게 정부에 의회 결성을 촉구하는 진정서를 써 줄 것을 요청하기도 한다.[63] 마쓰카타의 긴축정책이 심화되면서 민권운동은 농촌의 경제적 어려움을 대변하기 시작한다.

「오사카 회의」 당시 이타가키를 정부로 불러들이기 위하여 만든 「원로원」은 헌법 초안을 작성하기로 하고 2년 후 초안을 제출한다. 그러나 이토와 이와쿠라 등은 헌법이 천황과 의회가 권력을 분점한다는 점과 천황의 칙령이 곧 법이 될 수 있는 방도를 마련하지 않았다는 점에 반대하여 초안을 거부한다. 결국 정부는 직접 헌법을 제정하기로 한다.[64]

1881년 10월, 메이지 정부는 1880년대가 끝나기 전 헌법을 제정하고 의회를 열 것을 천황의 이름으로 약속한다. 이로써 자유민권운동은 결정타를 맞는다. 정부가 자유민권운동가들이 요구하는 것을 전격적으로 수용하는 모습을 보이자 운동은 급속히 힘이 빠지기 시작한다.

이타가키나 고토 쇼지로가 자유민권운동의 기치를 들었던 일차적인 이유는 자신들을 축출한 조슈, 사쓰마 파벌의 권력 독점을 비판하기 위해서였다. 따라서 이들이 과연 얼마나 자유주의와 민권사상을 이해하고 신봉 했는지는 의문의 여지가 있다.[65] 가장 적극적으로 헌법제정과 의회정치를 요구하는 자들도 헌법이 구체적으로 어떤 내용을 담아야 할지, 또 의회는 어떻게 구성해야 되는지에 대한 내용을 생각해보거나 구체적으로 제시한 경우는 드물다.[66]

또한 이들은 강한 국수주의적인 성격을 띠었으며 메이지 정부의 외교정책이 나약하다고 끊임없이 비판하였다. 이들은 서구와의 불평등 조약 재협상을 밀어부칠 것을 요구하였고 아시아에서 일본의 국익을 확대시킬 것을 강력하게 요구하였다. 그러나 동시에 이들은 높은 세율, 특히 높은 토지세율을 반대하였다.

대의제에 대한 욕구는 사무라이 출신 계층을 넘어 광범위하게 퍼진다. 「자유민권운동」은 당시 번역되어 소개되기 시작한 서구의 정치사상의 확산을 통하여 더욱 확산된다.[67] 새로운 사상과 이론, 개념들이었기에 서구의 맥락에서의 의미들을 이해하는데는 많은 시간이 걸렸다. 자유라는 개념은 도교적인 의미가 강하게 배어나왔고 많은 사람들은 이기주의와 동일시 하였다. 민권은 나라의 권리 또는 폭정에 대항하는 백성들의 권리로 생각하였지 침해할 수 없는 개인의 권리로 이해되는 경우는 드물었다.[68]

4. 메이지 헌법

일본에서는 헌정(憲政)과 의회정치에 대한 논의가 도쿠가와 바쿠후 말기부터 다양한 형태로 전개 되었다. 바쿠후는 유신 세력에게 권력을 완전히 이양하기 직전 도쿠가와가 의장이 되는 다이묘들의 「의회」를 타협안으로 제시하기도 했다. 도사와 사가(에키젠) 처럼 메이지 유신에 적극 기여 하였으면서도 막강한 조슈, 사쓰마와 권력을 나눠야 했던 작은 한들에게 헌정과 의회정치는 조슈와 사쓰마의 독주를 막을 수 있는 기제로 매력적일 수 밖에 없었다. 도사 번 출신이었던 사카모토 료마가 일본 헌법의 효시로 간주되는 「선중팔책」에서 의회정치를 제안 한 것도 바로 그런 이유 때문이다. [「선중팔책」에 대한 자세한 논의는 제2권, 제1장 참조]

메이지 유신을 주도한 하급 무사들의 입장에서도 수 백년 세습 해온 부와 권력을 양보해야 했던 귀족, 다이묘, 사무라이들의 지속적인 협조를 구하기 위해서는 이들의 목소리를 반영하는 정치제도가 필요했다. 1868년 왕정복고 후 메이지 천황의 첫번째 칙어인 「5개조의 서문」에서 「널리 회의를 열어, 공론에 따라」 정치를 할 것임을 표방한 것도 이러한 이유에서다. [「5개조의 서문」에 대한 자세한 논의는 제 2권, 제 3부, 제 1장, 「19. 판적봉환과 메이지 유신 체제의 형성」 참조.]

다른 이유도 있었다. 헌정과 의회정치의 도입은 일본이 선진국으로 도약하고 있음을 보여 주는 중요한 척도였다. 료마, 바쿠후, 유신세력을 막론하고 당시 일본의 모든 정치세력들은 미국과 1854년에 체결한 「일미화친조약(가나가와조약)」을 시초로 구미열강과 맺은 불평등 조약들을 치욕으로 간주하였고 이를 재 협상하는 것을 최우선 과제로 생각했다.

그러나 불평등 조약의 재협상을 요구하려면 일본도 「문명개화」를 통해 모든 면에서 서구의 선진 문명을 따라갈 수 있음을 보여 주어야 한다고 생각했다. 불평등 조약은 치욕적이었지만 서구의 문명이 앞선 것이라는 사실은 인정할 수 밖에 없었다. 따라서 맹목적으로 재협상을 요구하기 보다는 일본의 법과 제도를 선진국 수준으로 끌어 올리는 것이 선결 과제였다. 전제정치를 폐하고 헌정과 의회정치를 도입하는 것이야말로 일본이 선진국으로 도약하였음을 보여줄 수 있는 가장 중요하고 확실한 척도였다.[69]

이처럼 헌정과 의회정치는 특정세력의 독주를 막고, 새 정부에 대한 각계 각층의 지지를 확보하고, 일본의 법과 제도를 선진화시켜 구미열강과의 불평등 조약 재협상을 가능케하는 등 메이지 유신 당시 일본이 직면한 국내외의 과제들을 해결하는데 필수적인 것으로 널리 인식되었다.[70]

일본 최초의 「의회」는 1869
년에 설립된 「코기쇼(公議所. 공
의소)」였다. 코기쇼는 각 한의
대표들로 구성된 의회로 다이
조칸(태정관)에서 선정하는 의
제들을 논의하는 역할을 하였
다. 코기쇼는 곧 해산되지만 의
회 모델이 여러 한으로 전파되
는 계기를 마련한다.[71]

그러나 헌정과 의회정치에
대한 논의가 본격적으로 전개
되는 계기는 이와쿠라 사절단

아오키 슈조

으로 떠났던 유신 주도세력 내부의 분열이었다. 특히 오쿠보 도시미
치와 기도 타카요시 사이에 일본을 어떤 방향으로 끌고 나갈지 의견
이 갈리기 시작한다. 오쿠보는 영국의 산업경제와 비스마르크의 강권
통치를 메이지 일본의 모델로 삼고 싶어했다. 반면 기도는 미국과 영
국의 헌정과 의회정치에 깊은 감명을 받는다. 그는 국민의 동의와 참
여가 국가 통합의 기반이며 이를 위해서는 헌법이 필요하다는 사실을
깨닫는다.[72]

기도는 사절단이 독일에 들렸을 때 당시 독일 유학 중이던 아오키 슈
조(青木周蔵, 1844.3.3.~1914.2.16.)에게 일본 헌법의 초안을 마련하도
록 한다. 1873년 귀국한 기도는 헌법제정을 적극적으로 주장하기 시
작한다. 일본이 세계의 존경을 받는 나라가 되고 국내의 분열상을 극
복하기 위해서는 헌법을 제정해야 한다는 논지의 긴 글을 발표하고 동
료들에게 아오키의 헌법 초안을 회람 시킨다.[73]

아오키의 헌법 초안에는 천황이 실권을 장악하고 있으면서 다이조

칸을 통해 권력을 행사하도록 되어 있었다. 그러나 입법권은 천황과 상-하 양원으로 나뉘어진 의회가 분점하도록 하였다. 상원인 「겐로인(元老院, 원로원)」은 천황이 임명한 「초쿠닌(칙임, 勅任)」 중에서 임명 되고 하원인 기인(좌원, 左院)은 장기적으로는 선거를 통해서 선출되지만 우선은 귀족과 현 지사 중에서 선출되는 것으로 했다. 천황은 법안을 거부할 수 있는 권한과 의회를 해산할 수 있는 권한이 있지만 헌법을 개정 할 때는 양원의 동의를 받아야 했고 국가 예산은 하원이 통과시켜야 하는 것으로 했다. 장관들은 의회가 아닌 천황의 영을 따르도록 규정했다.[74]

오쿠보 「의견서」

기도만큼 적극적이지는 않았지만 오쿠보 도시미치 역시 국가통치에 민의를 반영하는 것이 정치적 안정에 도움이 된다는 사실은 알고 있었다. 그러나 그는 천황의 절대권이 유지되어야 한다고 주장하면서 아오키의 초안에 반대한다. 다이조칸과 가장 강력한 부처인 내무성을 장악하고 있으면서 천황의 이름으로 권력을 행사하는 오쿠보로서는 강력한 의회가 좋을 리 없었다.

오쿠보는 민주정이야말로 「천리(天理)의 본연을 완전히 갖춘」 정치체제임을 인정한다. 그러나 각 나라는 고유의 전통과 관습, 그리고 국민의식과 사회발전의 정도에 맞는 정치체제를 갖춰야 하며 민주정을 하기에는 일본이 전통도, 관습도, 국민의식도, 사회발전의 정도도 미흡하다고 주장한다. 오쿠보는 이러한 내용을 담아서 1873년 11월 「오쿠보 참의 기초 정체에 관한 의견서」를 제출한다.

세상의 정체(政體)를 논의하는 자가 흔히 말하기를 군주정치(君主政治) 혹은 민주정치(民主政治)라 한다. 민주(民主)는 아직 취할 수 없으며, 군주(君主)도 역시 아직 버릴 수 없으니, 이 정체(政體)는 실로 건국(建國)의 기둥[楨幹]이자 위정(爲政)의 본원(本源)으로 지대지고(至大至高)한 것이다. 그 정체[體]가 확립되지 않으면 곧 나라를 무엇으로 세울 것이며, 정치[政]는 무엇으로 삼을 것인가? 민주정은 천하를 한 사람이 사사로이 하지 않고 널리 국가의 홍익(洪益)을 꾀하여 널리 인민의 자유를 이루고자 하는 것이다. 법과 정치[法政]가 취지[旨]를 잃지 않고 수장(首長)이 책임[任]을 어기지 않으니, 실로 천리(天理)의 본연을 완전히 갖춘[完具] 것이다. 오늘날[目今] 미국[合衆], 스위스[瑞西蘭土], 기타 남아메리카[南亞墨理駕] 지방에서 행하고 있다. 이 정체는 신생국[創立ノ國]의 새로운 인민[新徙ノ民]에게 시행할 수 있는 것으로, 구습에 길들여져[馴致] 폐습[宿弊]에 고착된 국민에게는 적용할 수 없다. 스위스는 옥토[沃饒]와 요새[四塞]를 하늘로부터 받은[天賦] 나라로, 일국의 향배가 유럽[欧州] 전세력[全勢]에 경중(軽重)을 가하니, 이에 따라 각국이 서로 약속하고 서로 억제하여 이를 탐하지[覬覦] 않는다. 한편, 합중국은 건국이 아직 백 년도 되지 않았으며, 당초 군주 정치의 압제를 괴로워하여 민주로 그 나라를 세운 것으로, 그 외 모두 신생국의 새로운 인민이기 때문에 이 정체(政體)를 시행할 수 있는 것이다. 그러나 폐당(弊黨)을 세우고[樹] 동류[類]를 결집시키니 차츰 토붕퇴패(土崩頽敗)의 우환을 피할 수 없다. 지난날[往時] 프랑스[佛蘭西] 민주정치의 흉폭잔학(兇暴殘虐)함이 군주전제[擅制]보다 심했던 것처럼 명실(名実)이 서로 배반하기에 이르기는 또한 이와 같으니, 이 역시 가장 좋은 [至良] 정체라고 말할 수 없을 것이다. 혹 군주정에서 인민[民]이 몽매무지(蒙昧無智)하다면 명령,약속으로 이를 다스릴 수 없다. 따라서 재력(才力)이 민중[衆]보다 뛰어난 자에게 그 위력(威力)과 권세(権勢)를 위임하여, 그 자유를 속박하고 그 통의(通義)를 압제하여 이를 마음대로 하는[駕御] 것으로, 이 방법[方]은 일시적으로 좋은 정치[至治]로 활용될 수 있다.

그러나 위에 명군(明君)이 있고 좋은 신하[良弼]가 있을 경우에는 인민[民]이 그러한 재앙[禍]을 겪지 않고 국가가 그 재앙[敗]을 일으키지 않을 수 있지만, 한편으로 내외의 정치[政]가 조변모화(朝変暮化)하고 백사환산(百事渙散)하는 폐단[弊]을 면할 수 없다. 혹여 다시 한 번 폭군(暴君),오리(汚吏)가 그 권력을 단단히 하는 날에는 생살여탈(生殺与奪)을 오로지 뜻대로 행하기 때문에, 민중이 분노[衆怒]하여 나라를 원망[國怨]하게 되어, 군주의 일신에 폐립찬탈(廃立簒奪)의 변이 있을 것이다. 법과 정치[法政]가 대개 인위(人為)에서 나오고 천리(天理)에 맡기지 않으니, 그 인정(人情),시세(時勢)에 따라 오래도록 유지[持守]할 수 없는 것이다. 곧 영국 「크롬웰」[Oliver Cromwell] 및 프랑스[佛國] 1700년대의 혁명이 그 전철[覆轍]인 셈이니, 역시 이로 검증[徵]된 것이라 하겠다. 억압[抑政]의 정체[體]인 군주와 민주가 다른 점이 있다고 하나, 대저[大凡] 토지,풍속,인정,시세에 따라 자연히 성립되는 것으로서, 감히 지금 이를 구성(構成)할 수 있는 것이 아니며, 또한 감히 오래된[古] 것이라 하여 이를 묵수(墨守)할 수 있는 것도 아니다. 러시아[魯國]의 정체를 영국에 실시[施]할 수 없으며, 영국의 정체를 미국[亜國]에 통용할 수 없으니, 미국[亜],영국[英] , 러시아[魯]의 그 정체를 우리 나라에 행할 수 없는 것이다. 따라서 우리나라의 토지,풍속,인정,시세에 따라 또한 우리의 정체를 세우지 않을 수 없다. 유신 이래 천하[宇内]를 총람(総覧)하고 널리 사해(四海)를 통하여 우리나라가 모든 나라[萬邦] 보다 탁월해지기를 바라니, 그 정치[政]는 의연한 관습[舊套]에 인습(因襲)하여 군주 전제[擅制]의 정체[體]를 알고 있으니, 이 정체[體]가 오늘날 마땅히 적용해야 하는 것이다. 토지는 만국통항(萬國通航)의 요충을 점하고 있으며, 풍속은 진취경분(進取競奔)의 기풍[気態]이 있고, 인정이 이미 구미(欧米)의 풍속[餘風]을 모방하니, 시세 반개화의 지위에 임한 장래에는 이를 고수할 수 없게 될 것이다. 그렇다면 곧 정체를 민주로 삼을 수 있는가? 답은 불가(不可)이다. 신미(辛未)의 가을, 폐번령을 내리고 천하가 점차 군현에 귀속되어 정령이 한 곳[一途]에서 나온다고 하나, 인민이 오래도록 봉건의 압제에 익숙하고, 오랫동안 편벽(偏僻)한 누습(陋習)으로 성정[性]을 이룬 것이 거의 천 년이니, 어찌 풍속,인민에 따라 이를 적용할 나라이겠는가? 민주는 본디 적용할 수 없고 군주도 역시 고수할 수 없으니, 우리나라의 토지,풍속,인정,시세에 따라 우리 정체를 세우는 일은 마땅히 정률국법(定律國法)을 목적으로 삼아야 하는 것이다. 영국은 유럽[欧州]의 일개 섬나라[島國]로 그 면적[幅員]이 20,500방리(方里), 인구 3,200만여이다. 「노르망디 윌리엄」[William I] 입국 이래 겨우 800여년으로, 국위(國威)를 해외에 떨치고 모든 나라[萬邦]를 슬하에 두는 오늘날의 융성함에 이른 것은 아마도 3,200여만의 인민[民] 각각이 그 권리를 이루기 위해 그 나라의 자주를 모색하고 그 군장(君長) 역시 인민의 재력(才力)을 밝히는[通暢] 좋은 정치[良政]를 행하였기 때문이다. 우리 일본제국도 역시 아시아주의 일개 섬나라로 면적[幅員] 23,000방리(方里), 인구 3,100여만이다. 텐지천황[天智帝] 중흥 이래 1,000여년, 영국과 같은 융성함에 이르지 못한 것은 다름 아니라 3,100여만의 인민[民] 가운데 애군우국(愛君憂國)의 뜻 있는 자가 만 분의 1에 불과하고, 그 정체의 경우에도 재력을 속박하고 권리를 억제하는 폐단[弊]이 있기 때문이다. 국가를 부담(負擔)하는 인력(人力)과 그 인력을 애양(愛養)하는 정체에 따라 국가가 성쇠[隆替]함이 명백하기가 이와 같다. 본디 우리 조종(祖宗)이 국가를 세울 때 어찌 그 인민[民]을 경시[外] 하는 것을 그 정치[政]로 삼았겠는가? 인민[民]이 정치[政]를 존중하니 또한 어찌 그 군주[君]를 경시[後] 하고 그 나라[國]를 보호할 수 있겠는가? 따라서 정률국법은 곧 군민공치(君民共治)의 제도[制]로서, 위로는 군권(君權)을 정하고 아래로는 민권(民權)을 제한함으로써, 지공지정(至公至正)함을 군민이 얻으니, 사사로울 수 없다. 각기 사람 간에 교류[相交]가 있을 때에는 사람 사이에 경쟁[相競]이 있으니, 군민이 교류할 때 상하 역시 서로 경쟁[相競]하는 것으로, 상하가 서로 경쟁[相競]하고 교류[相交]할 때에는 시비곡직(是非曲直)과 선악사정(善惡邪正)의 직분[分]을 재결(裁決)하지 않을 수 없는 것이다. 그 특권이 군주[君]에게 있을 때 군주정[君主]이라고 하고, 인민[民]에게 있을 때 민주정[民主]이라고 하며, 군민이 함께 이를 가지는 것을 군민공치라고 한다. 이처럼 상하가 각기 공권(公權),통의(通義)를 보전창달(保全暢達)하기 위해 군민공의(君民共議)로 확고부동[確乎不拔]한 헌법[國憲]을 제정하여 모든 일[萬機]을 결정할 때 이를 근원율법(根源律法)이라고 한다. 또한 이를 정규(政規)라고도 하니, 곧 소위 정체(政體)에 최상위[全國無上] 특권(特權)인 셈이다. 이 정체[體]가 한번 확립되면 곧 모든 관리[百官有司]는 억단(臆斷)으로 사무를 처리하지 않고, 시행하는 일마다 일관된[一轍] 준거가 있으니, 변화환산(変化換散)의 우환[患]이 없다. 민력(民力)과 정권(政權)이 병치(並馳)하여 개화가 허행(虛行)하지 않으니, 이는 건국의 기둥[楨幹]이자 위정의 본원[本源]으로 오늘날 모든 임무[務]에 종사하는 자 한걸음 한걸음 이에 주의하지 않으면 안 되는 것이다. 그렇다 하더라도 오늘날 이러한 의견[議]에 따라 곧바로 천황폐하의 대권(大權)을 경중(軽重)할 수 있는가? 답은 불가(不可)이다. 천자(天子)의 대권이 외모익중(外貌益重)하여도 그 실권은 점차 경시될 수 있다. 마사카도[다이라 마사카도(平 將門)]가 균점[均]하기에 이르렀을 때, 천자가 대궐[九重] 안에 머물렀으나, 위엄 당당하게도 하민(下民)이 우러러 신으로 삼았으니, 천자에게는 약간[尺寸]의 권한[権]도 없었다. 친정[親]으로 모든 일[萬機]을 결재[載]하게 되었을 때, 하민이 비로소 아메노히와시노카미[天日鷲神]를 숭배하고 지존(至尊)도 역시 이 사람임을 알게 된 것이다. 이처럼 외모(外貌)의 권위[威]가 점차 손실되고 인정,시세가 나날이 개명에 이르는 것은 물에 젖는 것과 같은 물리의 자연으로, 인력이 미치는 바가 아니다. 지금 이를 고찰하지 않고 그 외모(外貌)의 대권을 강제로 유지[強持]하려 하는 것은 곧 천자가 빈 그릇[空器]에 앉아 있던 옛날[昔時] 마사카도(将門)의 때와 다르지 않을 뿐만 아니라, 천위(天位) 역시 장차[將] 위험해지게 하는 일이다. 따라서 위로는 군권을 정하고 아래로는 민권을 제한하는 것이야 말로 국가애우(國家愛憂)의 지극한 정[至情]에서 비롯된 것으로, 인군(人君)으로 하여금 만세불후(萬世不朽)한 천위(天位)를 안정시키고, 생민(生民)으로 하여금 자연 고유한 천작(天爵)을 보호하도록 하는 방도[所以]인 것이다. 따라서 즉 오늘날 가장 중요한 직무[要務]로 우선 우리의 국체를 의논[議]하는 것 보다 더 급한 것은 없다. 그러나 이를 의논[議]하는 순서[序]가 있으니, 망령되게 유럽[歐州] 각국의 군민공치 제도[制]를 흉내 낼 수는 없는 것이다. 우리나라 스스로 황통일계(皇統一系)의 법전(法典)을 가지고 있으며, 나아가 인민 개명의 정도가 있으니, 마땅히 그 득실리폐(得失利弊)를 심안작려(審按酌慮)하여, 이로서 헌법초안[法憲典草]을 정립[立定]해야 한다. 치국(治國)의 방법[道]인 그 정부의 체재(躰裁)에 대해서는 각기 나라마다 고래(古來)의 풍습, 인정에 따라 혹은 입군독재 혹은 군민공치 혹은 공화정치 등 차이가 있다고 하나, 나라 안의 모든 일[國中百端]의 사무를 의정,시행함에 있어 반드시 독립불기(獨立不羈)의 권리[権]를 가지는 바가 있으니, 이로서 단연 이를 행하지 않으면 모든 사람의 서로 다른 의견이 분분하니, 끝내 정해진 기준[定基]없이 사람마다 자기의 사론(私論)을 주장하여 착수하게 된다. 방향이 잘못되고 순차를 잃어, 나아가려고 하면 물러나게 되고 급히 하려 하면 완만[緩]하게 되는 폐단[弊]을 낳게 되니, 국정부진(國政不振) 기초불립(基礎不立)의 우환[憂]에 이르게 된다. 소위 3종의 정체(政體) 가운데, 입군독재라 함은 곧 나라에 종래 정해진 법[定法]이 없이 단지 군주[國君]의 뜻에 따라 이를 국법으로 삼으니, 그 군권(君権)이 한정[定限] 없는 것을 말한다. 군민공치라 함은 종래 정해진 규칙[定規]에 따라 군민 사이에 각기 권한을 정해 이로서 법을 세우고, 군주가 이를 인정하여 스스로 국정을 다스리는 것을 말한다. 공화정치(인민공치(人民共治)라 하는 편이 지당할 것이다)에 이르러서는 인민이 서로 함께 힘을 모아 이로서 헌법[法憲]을 정하고 정해진 취지의 헌법[法憲]에 따라 국정을 다스릴 사람을 선출하여 그로 하여금 국무(國務)를 봉행(奉行)하도록 하는 것이다. 그러나 각기 불기독립의 권세(権勢)를 가지는 바가 있으니, 모든[百端] 국정을 결재[裁決],시행하는 뜻은 하나인 셈이다. 입군독재의 나라에서는 군주의 뜻[君意]을 확연하고 침범할 수 없는 것[確然不可犯者]로 삼고, 군민공치,인민공치의 나라에서는 정해진 헌법과 법률[定憲定法]을 확고부동[確乎不拔]한 것으로 삼는 것이다. 지금 우리 정체를 살펴보면 스스로 이 세 가지를 참작절충[斟酌折衷]한 것으로, 능히 국풍(國風)에 호응[應]하고 시세에 적합한 것이라 할 수 있으나, 실제에 있어 적절하여 폐단[弊]이 없다고 할 수 없는 바가 있다. 그것이 무엇인고 하니, 명령이 나오는 곳에 실권(實権)이 없으니, 이들이 하나가 되지 않은 것에서 기인하는 바이다. 이를 사람 몸[人身]에 비유하자면, 손발이 서로 움직이려 하여, 그 바라는 바를 하는 한편 그 바라는 곳으로 가려고 하니, 그 주재(主宰)를 잃어 기맥상통(気脉相通)하지 않고 수미상응(首尾相応)하지 않는 것과 같다. 따라서 지금 깊이 이를 주의하고 깊이 시세를 헤아려, 간절히 다음과 같이 의견[擬議]를 제출하는 바이다.[75]

실권을 장악하고 있던 오쿠보의 강력한 반대로 의회문제는 더 이상 진전을 보지 못한다.

이때 이타가키가 「건백서」를 올리면서 헌정에 대한 논의에 다시 불을 지핀다. 이타가키는 사무라이 외에도 「부농과 상인」들에게도 투표권을 줄 것을 주장한다. 당시 일본의 지방에서는 높은 세율과 지주들의 횡포, 농업의 상업화 등으로 농민들이 민란을 일으키는 등 크게 동요하고 있었다. 지방의 엘리트들의 정치참여를 도모하지 않고서는 과거 막부 말기와 같은 정치적 혼란이 올 수 있었다.

자유민권운동은 지금까지 정치참여가 근원적으로 봉쇄되어 있던 새로운 계층에 정치참여의 길을 열어주는 것이 필요하다는 것을 일깨운다. 정부 역시 사무라이 반란과 민란을 제압할 수 있는 능력이 향상되면서 오히려 이들에게 정치 참여의 길을 제한적으로나마 열어 줘야 한다는 사실을 깨닫게 되었고 일본이 구미열강과 같이 강한 국가가 되기 위해서는 국민의 보다 폭넓은 지지가 필요하다는 것을 알게 된다. 그리고「자유민권운동」과 정당의 출현은 메이지 정부가 실패할 경우 그들을 대신할 대안 세력이 존재한다는 사실도 일깨운다. 메이지 지도부는 결국 헌정을 도입하기로 결정한다.[76]

1875년 오쿠보와 기도는 현지사들의 협의체인「치호칸카이기(地方官會議, 지방관회의)」를 설립하여 지방의 의견을 수렴하기 시작한다. 그리고 귀족, 정부고위관료, 법 전문가로 구성된 겐로인(원로원, 元老院)이라는 자문기구를 설치하여 헌법초안을 맡긴다.[77]

그러나 1877년 기도가 병사하고 사이고가 그해 일어난「세이난 전쟁」에서 죽고 그 이듬해인 1878년에는 오쿠보마저 암살되면서 메이지 유신의 1세대 지도자 중에는 이와쿠라만 남는다. 그 뒤를 이어 이와쿠라와 함께 헌정제 도입을 주도한 것은 오쿠마 시게노부, 이토 히로부미, 야마가타 아리토모 등이었다.[78]

이들이 가장 쉽게 합의할 수 있었던 것은 지방의회의 도입이었다. 1878년 부(대도시)와 현 의회가 설립되어 지방정부 용으로 배정된 세금의 사용처를 결정하도록 하였고 그 외에 현지사가 요청하는 사안들을 심의하도록 한다. 현 지사는 거부권을 갖는다. 투표권은 국세를 일정 액수 이상 내는 25세 이상의 남성에게만 부여되고 의원은 4년 임기로 2년마다 50%가 새로 당선되도록 한다. 1880년 4월에는 가장 작은 행정단위인 초(町, 정)와 손(村, 촌)에도 자문회의를 설치하여 정과 촌의

장들을 선출하도록 한다.

한편 겐로인은 1878년 6월 헌법초안을 완성한다. 지방의회의 선거
제도와 유사한 방법으로 국회를 구성하는 안이었다. 그러나 다이조칸
은 이에 반대한다. 특히 이와쿠라와 이토는 천황의 권한을 훨씬 더 강
화시키는 헌법을 원했다. 이토는 정부를 비판하는 사람들을 달래는 것
은 중요하지만 그렇다고 실질적으로 권력을 이양해서는 안된다고 했
다. 야마가타는 국회 의원들을 임명직으로 하거나 지방의회가 간접적
으로 선출하도록 하는 안을 원했다. 겐로인의 헌법 초안은 결국 1880
년 이토와 이와쿠라에 의해 거부된다.

그러자 메이지는 내각 대신들에게 헌법에 대한 의견을 묻는다. 대부
분의 대신들은 헌법은 필요하지만 천황의 권한은 유지되어야 하고 헌
법과 의회는 점진적으로 추진할 것에 동의한다. 그리고 이토와 야마
가타, 오쿠보 등은 헌정에 관한 장문의 「의견서」를 천황에게 올린다.

야마가타 「건의서」

야마가타는 1879년 12월 「입헌정체에 관한 건의」를 올린다. [전문
은 부록1 참조]. 헌정은 필요하지만 점진적으로 해야 하며 외국의 정치
체제를 도입할 때는 일본 고유의 상황과 풍습을 고려할 것을 권한다.

유신 이래 해외의 법제를 모방하니, 천하가 당연[翕然]히 법률로 사회를
유지해야 한다는 것을 알 것이나, 이에 따라 도덕, 습관을 진정한 사회의
법도[綱紀]로 삼아야 한다는 것에 대해서는 일절 망각하게 되었습니다. 무
릇 그 폐풍(弊風)이 선양하는 바,
　그 해악은 한 가지로 그치지 않으니, 소년, 자제가 이에 교화[観化]되어,
안으로는 부형(父兄)을 모욕[軽侮]하고, 밖으로는 장상(長上)을 멸시하기

에 이렀으니, 곧 사제 간의 경우에도 오히려 고용인[雇人]으로 스승[師]을 만나는 상황[狀]입니다. 더욱이 풍속이 야박[漓薄]해짐에 따라, 재물[財利]에 대해 경쟁하여 일고, 권리[權義]를 다투니, 어찌 아주 작은 것[錙銖]에 비하겠습니까? 더욱이 해외 자유설이 인구에 회자되어 오만자사(傲慢自肆)를 착각하여 진정[眞個]한 자유의 주의라 하며 따르니, 능

야마가타 아리토모

히 자기 한 사람의 신체[身]를 다스려[律] 일을 간수[幹]하지 못하는 자인데, 관리에 항론하고 장상[尊長]을 능멸[凌轢]하며 스스로 득의한 기세[得色]를 가지는 것입니다. 그들이 충후측달[忠厚惻怛]하여 위를 사랑하고 사람을 궁휼히 여기는 정(情), 일소(一掃)되어 땅에서 떨어졌고, 부조투박(浮躁偸薄)한 풍속[風]이 만연[一般]하니, 역시 무엇으로 예의염치(禮義廉恥)를 논하겠습니까? 위가 명령하여 이리 된 것이 아니라고 하나, 법률로 파지(把持)하는 것의 폐단으로 점차 이러한 지경에 이르렀을 따름입니다. 서리[履霜]를 경계하지 않으면 장차 얼음[堅氷]에 이르게 되니, 이 네 가지는 어떻겠습니까? 무릇 이러한 바, 앞서 언급 바와 같이, 소위 민심의 향방[歸向]이 정부를 봉대(奉戴)하지 않고, 정령에 감복(甘服)하지 않으며, 자칫하면 의심[猜疑]을 품게 된 근원[源]에 지나지 않는 것입니다.[79]

정치[政]를 행함에 있어 민심을 정부로 돌리는[歸向] 일, 반드시 신기(新奇)에서 비롯되는 바가 아니니, 그저 심상인토(尋常人士)가 항시 말하

는 바를 적절히 행하는 것에 다름 아닙니다. 이는 곧 국헌을 확립하는 것뿐으로, 정부에서 또한 이에 대해 살피는 바 있으니, 메이지 9년(1876) 모월 원로원에 하문하여 헌법을 초안 하라고 한 조칙[詔]을 꼽을 수 있을 것입니다. 이는 마땅히 조만간 제정에 되어야 할 바이나, 그 일 역시 용이(容易)하지 않습니다. 헌법[國憲]은 천하제도의 대강령[綱紀]에 의거하여 확립하고, 만세에 드리워 후세 성자신손(聖子神孫)이 그 백성과 함께 이를 지키며, 움직일 수 없는 지극[元極]한 바로서, 본디 일조일석(一朝一夕)에 제정을 이룰 수 있는 것이 아닙니다. 때에 이르러 대략 그 강령을 정하고, 내각추기(內閣樞機)의 정치[政]와 여러 관(官), 성(省)의 권한 역시 이에 의존하도록 하여 그르치는 바 없도록 하면, 방략[廟謨]의 방향 역시 일정해지니, 민심을 돌릴[歸向] 수 있을 것이라 기약할 수 있을 뿐입니다. [전문은 부록1 참조]

이토 「건의서」

이토는 1880년 12월 「입헌정체에 관한 건의」를 천황에게 올린다. [전문은 부록 참조] 이토 역시 헌정의 필요성은 인정하지만 결코 서두르지 말 것을 권한다.

신(臣)이 간절히 아뢰옵건대, 국회는 아직 급히 일으킬 수 없는 것입니다. 신(臣) 등은 맹세컨대, 추호[一毫]도 권력[權]을 탐하거나 직위[位]를 굳건히 하려는 마음[念]을 흉중(胸中)에 품은 적 없습니다. 오직 국회(國會)를 일으켜 군민공치(君民共治)의 대국(大局)을 성취함은 심히 바랄만한 일이라 하겠습니다만, 이는 국체의 변경에 관계된 실로 전례없는[曠古] 큰 일로서, 결코 급조하여 이룰 수 있는 일이 아닙니다. 이에 지금 먼저 기초[基址]를 단단히 하고, 다음으로 주춧돌[柱礎]을 구축하여, 끝으로 집과 지붕[屋葟]을 세우는 것처럼, 거행의 순서[次序]에는 무릇 완급이 있습니다. 이는 이미 폐하께서 밝게[明睿] 비추신[洞照] 바임은 부언할 필요도 없을 것입니다. 신(臣)이 삼가 유럽[欧洲]의 입헌국을 관찰하건대, 상하양원은 마치 차의 양 바퀴와 같아서, 둘이 서로를 제어[制]함으로써 평형을 이루게 됩니다. 제왕국의 경우에는 원로원#즉 상원#을 설치하니, 이는 국가를 보호[保持]함에 있어 가장 긴요[要用]한 것으로, 대저 유럽[歐洲] 각국에서는 이를 서민 중에 노련한 자[老成]에서 선출하거나, 훈망석학(勳望碩學)에서 취하지만, 제왕국에서는 대개 이를 귀족 중에서 취하니, 이는 곧 황실[帝室]을 부지(扶持)하고 옛 것을 보수(保守)하기 위함[所以]입니다.[80]

의회 정치를 한다는 것은 곧 천황이 입법권을 의회와 함께 나눠야 한다는 것을 상기시키면서 역시 완급 조절을 권한다.

또한 입법의 대권[大柄]을 나누어 인민과 이를 공유[公]하는 일은 그 여탈(予奪)의 권한[權]이 첫째로 오직 폐하께서 전유하시는 것이라는 점은 신하로서 감히 의의(擬議)할 바가 아니며, 그 완급조만(緩急早晚)에 대해서도 역시 오직 폐하께서 시기(時)를 헤아려 적절히 제어[制]하시는 것이니, 이에 대해 인민이 감히 쟁경핍박(爭競逼迫)할 수 있는 바가 아닌 것입니다. 폐하께서 앞서 점차 입헌의 정치[政]를 시작할 것이라는 조칙[詔]을 내리셨으니, 속행의 시기[期] 역시 이에 따라 세월이 누적[積累]된 후에 있을 것이며, 그 간의 조종(操縱) 역시 손에 있는 것입니다. 신 간절히 생각컨대, 이는 폐하께서 반드시 중시하여 스스로 임하시는 바이니, 지금 실로 성조(聖詔)를 환발(渙發)하여, 대의(大義)를 조시(昭示)하시면, 천하의 신민 가운데 마음을 왕실에 두는 자는 반드시 그 향하는 바를 알게 될 것이고, 이에 무지한 백성 역시 그를 좇아 광폭한 말에 혹하게 되는 일을 면하게 될 것이니, 이는 신(臣)이 참으로 바라 마지않는 바이옵니다. [전문은 부록2 참조]

오쿠마 「건의서」

　오쿠마 시게노부는 1881년 3월에야 비로소 의견서를 제출한다.[전문은 부록 참조]. 그의 안은 급진적이었다. 당장 1882년에 선거를 실시하여 1883년에 의회를 개원할 것을 주장하고 이에 더하여 영국 의회 모델을 도입할 것을 주장한다. 그는 「헌정이란 정당정치다. 그리고 정당 간의 투쟁은 원칙에 대한 투쟁이다.」라면서[81] 권력은 정당들 간의 경쟁에 의해서 결정되고 정부의 수반은 의회에서 다수를 차지하는 당의 당수가 되는 것이 당연하다고 주장한다.

　작년[去歲] 이래 국회[國議院]의 개설을 청원하는 자가 적지 않으며, 그 인품소행(人品素行)에 대한 여러 품평이 있으나, 요약컨대 인민이 그와 같이 청원하도록 이르게 된 것은 곧 인심이 점차 나아가고 있다는 징조[兆候]이니, 충분히[自餘] 일반의 인심을 살피건대, 그 뒤쳐진 바 역시 심히 희소하다 할 수 있습니다. 이는 곧 법제를 개진하여 국회[國議院]를 세울 시기가 점차 이제 무르익었다고 말할 수 있는 것입니다.

　인심이 점차 나아가고 법제가 점차 뒤쳐질 경우, 인심이 첫째로 주목[注著]하는 바가 바로 법제의 개진이 되었습니다. 이에 따라 인민에게 긴요한 외국에 대응[對峙]하는 사상(思想)이나 내국(內國)을 개량하는 사상은 거의 그 마음 속[胸裏]에서 멀어지게[放離] 되고, 오직 법제 개혁의 한 가지[一途]에 열중하기에 이르게 되니, 이 역시 국가에게 불이익[不利]인 바입니다.

　따라서 민지(民智)의 수준[度位]을 살펴 국내의 태평[淸平]을 모색하고, 법제를 개진함으로써 점차 입헌의 정치[政]를 베푸는 성칙(聖勅)의 결행이 있어야 하는 것입니다. 이것이 바로 오늘날에 응당 거행해야 할 대강령[大綱]이며, 응당 세워야 할 근본인 것입니다. 청컨대 속히 국회[議院] 개설

[開立]의 년월일을 포고하고, 헌법제정의 위원을 정하며, 의사당의 창건 [創築]에 착수[著手]하도록 하시옵소서.

야마가타나 이토와 달리 오쿠보는 일본 「민지의 수준」, 즉 민도가 결코 낮지 않으며 따라서 책임있는 의회정치가 이루어질 수 있는 분위기가 충분히 무르익었다고 주장한다. 따라서 곧바로 영국의 의회제도를 본따 정당정치와 정당에 의해 구성되는 내각제를 요구한다.[82]

입헌정치의 진체(眞體)는 정당의 정치[政]이니, 입법,행정의 양부(兩部)를 일체(一體)로 삼아 정사(庶政)가 한 곳에서 나올 경우, 좋은 결과를 얻게 될 것임은 이미 이미 전술한 바입니다. 필경 입법의 정치[政]란 세상[社界] 질서를 문란하게 하지 않고 국민이 사상을 평온하게 표시하도록 함에 있는 것입니다. 지금 국내에 정당이 없을 때 돌연[卒然] 국회[國議院]를 열면, 가령 하루 아침에 허다[幾多]한 정당이 생겨[生出]나게 되겠지만, 그 근본이 견고하지 않고 일반 인민 역시 어떤 정당이 어떤 주의를 주장[持張]하는 지 알지 못하여, 정당의 위세[勢威]가 빈번히 부침하게 될 것입니다. 이에 따라 그 혼란분봉요(混亂紛縫擾)한 참태(慘態)가 정치 상에 출현[現出]하게 되는 것이니, 사회의 질서를 유지[保持]하는 수단[治具]이 오히려 이를 문란하게 할 우려가 되는 셈이니 어찌 삼가[戒愼]하지 않을 수 있겠습니까?

정당이 설립[峙立]되지 않은 것은 대개 이를 만드는 방법[地所]가 없기 때문으로, 입헌의 정체[治體]가 정해졌음이 공시(公示)되면, 정당 맹아의 발생도 응당 빨라지게 될 것입니다. 이리하여 한 해 혹은 한 해 반의 년월을 경과하게 되면, 각 정당의 주장[持說]이 크게 세상에 나타날 것이고, 국민 역시 갑을피차(甲乙彼此)의 득실을 판정하여 각자 스스로 그 유파(琉派)를 세우기에 이를 것이니, 이 때 의원(議員)을 선거[撰擧]하여 국회[議院]를 개설[開立]하면, 능히 사회의 질서를 유지[保持]하고 입헌 정체[治體]의 진리(眞利)를 얻을 수 있을 것입니다.

따라서 국회개설[議院開立]의 포고는 크게 조속하지 않을 것을 요하니, 개설[開立]의 시기를 졸연급거(卒然急遽) 해서는 안될 것입니다. 이러한 사항을 이치[理]에 따라 고찰하건대, 올해 헌법을 제정하여 15년 초 혹은 올해 말에 이를 공포(公布)하고, 15년 말에 의원(議員)을 소집하여 16년 초를 최초 개설[開立]의 시기[期]로 정할 것을 기망(冀望)하는 바이니, 이와 같이 하여도 큰 문제[大過] 없을 것으로 사료되옵니다. [전문은 부록3 참조]

오쿠마는 사쓰마와 조슈 파벌에 정면으로 도전한다. 이토 히로부미는 오쿠마의 제안 중 어느 한가지라도 채택된다면 본인은 사임할 것이라고 위협한다. 오쿠마는 자신의 이러한 제안이 여론의 지지를 받아 자신이 정권을 잡을 수 있을 것으로 기대한 듯하다. 그러나 7월, 이와쿠라가 「의견서」를 제출하여 오쿠마의 「급진론」을 강력하게 비판한다.

오늘날 급진론이 점차 조야(朝野)의 사이에 침염(浸染)하여, 일시(一時)에 풍조(風潮)의 세력[勢]이 누적[積重]된 것에 편승하여, 반드시 최상극점(最上極點)에 이르러서야 그 후 멈추려 하는 것입니다. 이에 깊이 우려하는 바는 당국자가 혹 이론에 심취하여, 깊이 각국의 상이[異同]함을 궁리하지 않고, 영원한 결과를 생각하지 않은채, 단지 눈 앞의 신기(新奇)에 열중하여, 내각의 조직을 중의(衆議)가 좌우하는 바에 맡기기를 바라는 일이 있는 것입니다. 한번 부여한 권리는 흐르는 땀[流汗]을 다시 돌릴 수 없는 것처럼, 단지 국체를 망가뜨리는 일이 있을 뿐만 아니라, 이 세상[世]의 안녕과 국민의 홍복(洪福)을 계획함에 있어, 역시 혹 장래 공리억상(空理臆想)의 바깥으로 빠져 나와 후회해도 돌아갈 수 없는 지경에 이르게 될 것입니다.

입헌의 대사(大事)는 실로 비상(非常)한 변혁으로서, 조정의 계획[廟猷]이 원대하고 일정하여 돌이킬 수 없는 것이 아니라면, 중의분요(衆議紛擾)를 무엇으로 저지할 수 있을 지 알 수 없습니다. 점진주의는 일시(一時)에 세론(世論)이 만족하지 못하는 바이니, 앞의 의견 3항에서와 같이, 이를 실제로 시행함에 있어 물의(物議)를 격동시키고, 시끄럽게[囂々] 싸우고[喧嘩], 팔을 들어 서로 다투는 일 역시 헤아릴 수 없습니다. 그 확연불발(確然不拔)하여 영구히 확고함은, 오직 우리 천황의 성단(聖斷)과 상보[輔相]하여 대신(大臣) 계책[畵策]이 잘못되지 않음에 의지할 뿐이니, 앞서 구구히 말씀드린 바[衷實] 실로 앙망(仰望)하기 그지 없습니다. [전문은 부록4 참조]

오쿠마는 결국 정부에서 밀려난다. 거의 동시에 이와쿠라, 이토, 야마가타는 다이조칸 명의로 9년 후에 헌법이 마련될 것을 공표하고 1881년 10월에는 급격한 변화와 폭력적인 방법으로 변화를 요구하여 평화를 해치는 행위는 엄벌에 처할 것이라는 천황의 칙령을 반포한다.[83]

「국회개설의 칙유」

이토는 이와쿠라와 협의를 통해 헌정에 대한 새로운 제안을 만든다. 7월 5일 다이조칸 이와쿠라의 명의로 제출된 헌정에 대한 원칙을 열거한다. [전문은 부록 참조]. 1881년 10월 11일, 다이조칸은 이와쿠라의 「원칙」을 채택한다. 다음날 태정대신 산조 사네토미는 천황이 1890년까지 헌법을 제정할 것을 약속하는 「국회개설의 칙유(勅諭)」를 반포한다.

짐이 조종 2,500여년의 계통[鴻緖]을 이었으니, 중고(中古)의 매듭을 푸는 방침[乾綱]을 베풀[振張]고, 대정(大政)의 통일을 총괄[総攬]하였으며, 또한 일찍이 입헌의 정체를 세워, 후세 자손이 이어나가야 할 업(業)을 이루기를 위함이었다. 앞서 메이지 8년(1875)에는 원로원을 설치하였고, 11년(1878)에는 부현회(府県会)를 열었으니, 이는 모두 점차 기반을 세워 순서대로 진보하는 방법[道]에 다름 아닌 것이다. 너희 역시 짐의 마음을 살필지어다. 돌이켜 보니 국체를 세우는 일은 각국의 상황[宜キ]에 따르니, 비상(非常)한 사업(事業)은 실로 경거(經擧)에 편치 않은 것이다. 우리 조종께서 통치[照臨]하신 위에 있으나, 후세에 길이 남을 유업[遺烈]을 떨치고 모범[洪模]을 넓히며 고금(古今)을 변통(變通)하니, 결국 이를 행할 책임은 짐에게 있다. 바야흐로 메이지 23년(1890)을 기점으로, 의원(議員)을 불러 국회를 열어 짐의 초지(初志)를 이루고자 한다. 지금 재정신료(在廷臣僚)에게 명하니, 임시로 시일을 정하고, 계획[經畫]을 세울 책임을 담당하도록 하라. 그 조직의 권한에 대해서는 짐이 친히 정성스럽게 재정[載]하여 때에 이르러 공포하는 바 있을 것이다. 짐이 생각컨대 인심(人心)이 편중되어 국회 개설의 시기[時會]를 속히 하기를 다툰다는 소문[浮言]이 떠돌고 있으니, 마침내 대계(大計)를 남기니, 부디 지금부터 모훈(謨訓)을 명징(明徵)하게 하여 조야신민(朝野臣民)에게 공시해야 할 것이다. 혹여 이로 말미암아 더욱 조급(躁急)을 다투고 사변(事變)을 선동하여 국가의 안위[國安]를 해하는 자가 있을 경우 국전(國典)에 따라 처벌할 것이다. 특히 이를 분명히[言明] 하여, 너희에게 훈유[諭]하노라.[84]

며칠 안으로 이타가키 다이스케와 고토 쇼지로는 「지유토(자유당)」를 만들어 헌법제정 과정에 영향력을 미치는 동시에 헌법이 통과되면 본격적으로 참정할 수 있는 길을 만들고자한다. 지유토의 지역기반은 도사였으며 이념적으로는 프랑스의 급진사상, 그리고 지지층은 농촌 지역을 기반으로 하였다. 정부에서 밀려난 오쿠마 시게노부는 히젠에 지역기반을 두고 영국의 자유주의 사상을 기반으로 하는 「카이신토(개혁당)」를 만든다. 카이신토의 지지층은 도시의 상인들이었다. 그러나 메이지 정부는 언론법을 제정하여 이들을 억압한다.[85]

메이지 정부는 이미 1875년에 「신문지조례」를 제정한바 있다. 당시 창간되기 시작한 신식 신문들은 대부분 정부에 대하여 비판적인 논조를 유지하였기 때문이다. 언론법은 언론사주, 편집인, 발행인이 모두 정부에 등록하고 모든 사설과 논지들은 필자를 밝히고 편집인은 정부를 비난하거나 모욕하는 모든 기사에 대한 책임을 지도록 한다. 그리고 「기존의 법을 증오하거나 국민들의 의무를 지키는 것을 헷갈리게 하는」 모든 내용에 대한 책임도 지도록 한다.[86]

> 제1조. 무릇 신문지 및 때때로 발행[刷出]하는 잡지·잡보(雜報)를 발행하려는 자는 지주 혹은 사주가 관할 부현청(府縣廳)을 경유하여 원서(願書)를 내무성에 제출하고 승인을 받아야 한다. 승인을 받지 않고 발행하는 자는 법원[法司]에서 죄를 논하여 #무릇 조례를 위반한 자는 부현청에 의해 지방 법원에서 죄를 논한다# 발행을 금지하며, 지주 혹은 사주 및 편집인·인쇄인에게 각각 벌금 100엔을 부과하고, 거짓으로 관의 승인을 꾸며낸 자는 각각 벌금 100엔 이상 200엔 이하를 부과하고 또한 인쇄기를 몰수 한다.
>
> …
>
> 제13조. 정부를 변괴(變壞)하고 국가를 전복(顚覆)하려는 논의를 게재하여 소란을 선동하려 한 자는 금옥 1년 이상 3년 이하를 부과한다. 실제 범죄를 저지른 자는 주범과 동일하게 간주한다.
>
> 제14조. 성법(成法)을 비방[誹毀]하여 국민의 준법 의의[義]를 어지럽히거나, 또한 분명히 형률(刑律)에 저촉된 범죄를 곡비(曲庇)하는 논지를 펼친

자는 금옥 1개월 이상 1년 이하와 벌금 5원 이상 100원 이하를 부과한다.

제16조. 정부기관[院省使廳]의 허가를 경유하지 않고 상서(上書)·건백(建白)을 게재할 수 없다. 이를 위반한 자의 죄는 앞의 조와 동일하다.[87]

1877년에 개정된 법은 내무상에게 신문의 발행을 금지하거나 지연시킬 수 있는 권한을 부여한다. 1880년 4월에는 모든 정당과 유사 단체들의 활동도 금지할 수 있는 권한을 내무상에게 부여한다. 모든 정치집회는 경찰의 감독을 받아야 하고 군인, 교사와 학생은 정치집회에 참석을 금지한다. 정치적인 목적으로 결성된 단체들은 모임을 공고하거나 공개적으로 회원모집하거나 다른 지방의 유사한 단체와 교류하는 것을 금지한다.[94]

1887년 12월에 공표된 「호안조레이(保安条例, 보안조례)」는 경찰이 도쿄내와 근교에서 「공공의 안녕을 저해하는 일을 도모하는 사람」들을 일체 금지할 수 있도록 한다.

짐이 생각컨대 오늘날 대정(大政)의 진로(進路)를 개통하고 신민의 행복을 보호하기 위해, 방해를 제거하고 안녕을 유지해야 할 필요를 인식하고 여기에 다음의 조례를 재가(裁可)하여 이를 포고케 하노라.

제1조. 무릇 비밀 결사 혹은 집회를 금지한다……

제2조. 옥외 집회 혹은 군집(群集)은 사전 허가 여부를 불문하고 경찰관이 필요하다고 생각 할 때 이를 금지할 수 있다……

제3조. 내란을 음모하거나 혹은 교사하거나 혹은 치안을 방해할 목적을 가지고 문서 혹은 도서를 인쇄 혹은 출판[板刻]한 자는 형법 혹은 출판조례에 의거한 처분 외에, 이 범죄에 활용한 일절의 기기를 몰수한다. 인쇄자는 그 사정을 알지 못하였을 경우에는 전 항의 처분을 면할 수 있다.

제4조. 황거(皇居) 혹은 행궁[行在所]에서 3리 이내의 토지에 주거 혹은 기숙하는 자로서, 내란을 음모하거나 혹은 교사하거나 혹은 치안을 방해할 우려가 있다고 생각될 때, 경시총감 혹은 지방장관은 내무대신의 허가를 받아 기일 혹은 시간을 정하여 퇴거를 명하고, 3년 이내 동일한 거리 내에 출입·기숙 혹은 주거를 금지할 수 있다……

제5조. 인심의 동란 혹은 내란의 예비 혹은 음모를 꾀하는 자가 있어 치안을 방해할 우려가 있는 지방에 대해, 내각이 임시로 필요하다고 생각하는 경우, 그 지방에 한해 기한을 정해 다음 각 항의 전부 혹은 일부를 명령할 수 있다.

1. 무릇 공중(公衆)의 집회는 옥내·옥외를 불문하고 또한 어떤 명의(名義)에 의한 것인지를 따지지 않고, 사전에 경찰관의 허가를 받지 않은 경우에는 모두 이를 금지하는 일.

2. 신문지 및 그 외의 인쇄물은 사전에 경찰관의 검열을 받지 않으면 발행을 금지하는 일.

3. 특별한 이유로 관청의 허가를 받은 자를 제외하고 모든 총기·단총·화약·도검·사입장(仕込杖) 류에 대한 휴대·운반·판매를 금지하는 일.

4. 여행자의 출입을 검사하고 여권 제도를 설치하는 일.

…[89] [전문은 부록 참조]

이러한 법들은 모두 헌정을 요구하는 단체들을 억압하기 위하여 고안되었다. 신문 편집인과 정치인들은 수시로 구속된다. 그러나 이러한 법은 도시의 지식인들을 입을 막는데는 효과적이었지만 지유토의 지방유지와 특히 농민들을 제압하는데는 역부족이었다. 지방에서는 이미 메이지 유신을 전후로 수 없이 많은 민란이 일어난 바 있었고 농민들은 놀라울 정도로 정치적으로 깨어 있었다. 이들은 헌정을 토지개혁과 증세 등에 대해 갖고 있었던 자신들의 불만을 표현하고 정책에 직접적인 영향을 미칠 수 있는 방편으로 이해하기 시작하면서 도시의 지식인들이나 상인들보다 더 강하게 정부에 저항한다.

1882~4년에는 토쿄의 북부와 동부 지역에서 지유토의 이름으로 민란이 일어났지만 내용이나 구성원에 있어서는 전통적인 민란이었다. 일본의 정치인들은 민란이라는 지극히 전근대적인 민심표시 방식도 근대적인 이념과 제도 하에서 새로운 정치적 추동력을 얻고 이용될 수 있음을 깨닫는다.[90]

이토의 헌법초안

헌법제정을 약속한 메이지 정부 지도부의 가장 큰 고민은 자신들의 권력 기반이 「신의 후예」라고 일컫는 천황의 전제 권력이라는 사실이었다. 이는 당시 일본 국민들 사이에 널리 퍼져있던 인식이다. 동시에 많은 일본인들에게 서구화는 매우 나쁜 것으로 인식되고 있었다. 따라서 문제는 일본의 전통적인 천황관과 가치관을 서양의 가치와 제도와 어떻게 조화시킬 것인가였다.[91]

「메이지 과두」는 헌법제정 작업을 이토 히로부미에게 맡기기로 한다. 이토는 1882년 3월 요코하마를 떠나 베를린으로 직행한다. 그는 베를린에서 독일의 저명한 헌법학자 루돌프 나이스트(Rudolph Gneist, 1816.8.13.~1895.7.22.)와 그의 제자인 앨버트 모쓰(Albert Mosse, 1846.10.1.~1925.5.31.)를 찾는다. 그 다음 이토는 비엔나로 가서 로렌즈 폰 슈타인(Lorenz von Stein, 1815.11.18.~1890.9.23.)의 강의를 듣는다.[92] 이토는 영국으로 건너가 허버트 스펜서(Herbert Spencer, 1820.4.27.~1903.12.8.)의 의회론 강의를 듣기도 하지만 프로이센의 영향은 절대적이었다.[93] 8월, 이와쿠라에게 보낸 편지에서 이토는 「나는 국가의 기본적인 내용이나 체제를 이해하게 되었습니다……」고 한다.

루돌프 나이스트   알베르 모쓰

이토는 1883년 여름 귀국한다. 그러나 귀국 후 귀족제도, 내각제도, 관료제도 정비에 여념이 없었기에 헌법초안 작업은 1886년에야 본격적으로 시작한다. 이토를 보좌한 것은 독일에서 특별히 초청하여 온 모쓰, 1878년부터 일본 외무성 고문 역할을 하고 있던 독일인 헤르만 뢰슬러(Carl Friedrich Hermann Roesler, 1834.12.18.~1894.12.2.), 당시 일본에서 헌법문제에 가장 정통했으며 오쿠보와 이와쿠라에게 헌법문제를 자문하였던 이노우에 고와시(井上 毅, 1844.2.6.~1895.3.15.), 다이조칸 비서 겸 영어 통역인 이토 미요지(伊東 巳代治, 1857.5.7.~1934.2.19.) 그리고 이와쿠라 사절단 일원으로 미국으로 건너가 일본인 최초로 하버드대학을 졸업한 후 귀국하여 겐로인(원로원) 비서를 맡고 있던 가네코 겐타로 (가네코에 대한 자세한 논의는 제 2권, 제 3부, 제 2장, 「2. 이와쿠라 사절단의 여정」 참조)등이었다.[94] 헌법 초안 작업은 이토의 감독 하에 비밀리에, 여론의 영향을 받지 않으면서 천천히 진행된다.

1888년 5월 초안이 제출 된다. 뢰슬러는 초안에서 프로이센의 모델

허버트 스펜서

로렌츠 폰 슈타인

에 따라 천황의 권리를 규정한다. 천황은 내각의 수반으로 내각이 제시하는 안들을 결정한다. 유일한 제한은 모든 결정을 담당 장관이 같이 서명해야 하는 것뿐이었다. 그러나 이는 이토 등이 원하던 것이 아니었다.

메이지 유신의 주체 세력은 천황이 모든 정통성의 근원임을 누구보다도 잘 알았고 정부에 대한 지지를 확보하는데 이를 적극적으로 활용하였다. 「오개조서문」과 같이 중요한 포고문은 모두 천황 명의로 공표하였다. 천황은 각종 사안에 대하여 신민들을 훈계하는 선언문을 반포하고 국가의 공식 행사는 물론 지방을 순회하면서 공식 석상에 모습을 드러냈다.[95]

그럼에도 불구하고 천황이

뢰슬러의 일본제국 헌법초안

헤르만 뢰슬러

이노우에 고와시

이토 미요지

가네코 겐타로

구체적으로 정치에 어떻게 참여 할지에 대해서는 의견이 엇갈렸다. 천황부에서는 천황이 신토의 논리 상 절대군주인 만큼 이에 걸 맞는 교육과 훈련을 받고 추밀원(樞密院)과 내각의 모든 결정에 직접 간여하여야 한다고 주장했다. 그러나 메이지 정부의 실권자들은 이러한 주장을 거부 한다. 이들이 볼 때 천황은 오히려 일상적인 정치로부터 격리 되어 상징적인 존재로 남는 것이 더 중요했다. 반대파들을 제압하는 마지막 수단으로 천황을 거명할 수 있는 것이 중요했기 때문이다. 내각이나 추밀원은 자신들이 이미 합의 한 사안만 천황의 재가를 받도록 한다. 합의에 이르지 못할 경우 가장 고위 정치 고문들이 공동 명의로 천황에게 안을 올릴 수 있도록 한다. 이것 마저도 실패할 경우에만 천황이 직접 결정을 하도록 한다.[96]

이토는 1885년 내각의 역할을 규정하는 안을 공표할 때 이러한 논의를 반영한다. 1888년에는 추밀원에 올린 상소에서 천황의 역할은 통치하는 것이 아니라 초월적인 권위를 바탕으로 정부가 작동하는 틀을 규정하고 보존하는 역할이라고 한다. 유럽에서는 이러한 역할이 기독교나 헌법이론이 제공하지만 일본의 신토나 불교는 이러한 합의의 기반을 제공할 수 없고 헌법의 전통도 없기 때문에 「우리나라의 기초가 될 수 있는 유일한 제도는 천황가 밖에 없다」고 한다.[97] 그러면서 「우리 헌법의 제 1원칙은 천황의 주권에 대한 존중이다」, 「유럽의 권력분점 이론이나 군주와 인민들의 공동 통치는 일본에서는 거부해야 한다.」고 한다.

지금 헌법을 제정하고자 할 때에 우리나라의 기축(基軸)이 무엇인지 확정해야만 한다. 기축 없이 정치를 인민의 망의(妄議)에 맡길 경우 제도의 통기(統紀)를 잃고 말아 국가 역시 폐망한다. 국가가 국가로서 생존하여 인민을 통치하기 위해서는 무엇보다도 먼저 사려 깊게 통치의 효용을 잃지 않도록 힘써야 한다. 유럽에서는 헌법정치의 맹아가 생겨난 지 천여 년이 되어 인민이 이 제도에 익숙할 뿐 아니라, 종교라는 것이 기축을 이뤄 사람 마음에 깊게 침투하여 인심이 여기에 통일되어 있다. 그러나 우리나라에서는 종교라는 것의 힘이 미약하여 한 국가의 기축이 될 수 있을만한 것이 못 된다. 불교는 한 때 융성하여 상하 인심을 한데 묶어냈지만, 오늘날에 와서는 이미 쇠퇴한 바 있다. 신도는 조종의 유훈에 기초하여 이를 조술(祖述)했다고 하지만 종교로서 인심을 통일시키기에는 힘이 미약하다. 우리나라에서 기축이 될 수 있는 것이 오로지 황실뿐이다. 따라서 이 헌법 초안에서는 여기에 중점을 두고 군권(君權)을 존중하여 속박하지 않도록 힘써야 한다. … 군권을 기축으로 하여 이를 훼손하는 일이 없어야 하며, 주권을 분할한 저 유럽의 정신을 구태여 따를 필요는 없다.[98]

이토는 뢰슬러의 초안에서 천황의 정치적 책임에 대한 부분을 삭제하고 천황이 신성한 존재로 만세일가의 후예로 통치하면서 신민들과의 특별한 관계를 기반으로 「고쿠타이(國體, 국체)」의 기반을 제공하는 존재로 부각시킨다. 제 1장에서는 천황을 「신성불가침한 존재」로 규정한다. 그리고 그의 정통성의 기반은 개인으로서의 정통성이 아니라 만세일가의 후예로서의 정통성이었다. 그는 신민에 우선하는 존재였지만 직접 통치자로서가 아니라 태초로부터 이어져온 천황가의 후예로서였다. 이로써 메이지 헌법은 전통 사상의 법적인 기반을 마련한다.[99]

역설적으로 천황은 「고쿠타이」를 체화하고 상징하는 존재로 설정됨으로써 바쿠후 시절과 마찬가지로 초월적이지만 정치권력은 없는 존재가 되어버린다. 그 대신 「코쿠타이」를 대표하는 신적인 존재로 재설정하기 위하여 다양한 신화와 종교적인 제도가 마련된다. 1889년 도쿄제국대학의 야츠카 호즈미(穗積 八束, 1860. 3. 20.~1912. 10. 5.)는 천황에 대한 복종을 국가의 대표에 대한 종교적인 신앙으로 해석한다. 「가족의 수뇌에게 충성하는 것은 조상들의 혼에 복종하는 것이고 천황은 천황가의 선조들을 대표하여 옥좌에 앉아 있는 것이기 때문에 그에 대한 복종은 곧 이들에 대한 복종이다」고 한다.[100]

이를 위하여 정부가 신토를 본격적으로 지원하기 시작하면서 국교로 승격시킨다. 반면 일본의 전통 종교인 불교는 엄청난 탄압에 직면한다. 십년 동안 18,000개의 불교사찰이 폐쇄되고 사전(寺田)들이 압수된다. 1871년 부터는 천황가에서 불교 예식이 중단 된다. 유교는 메이지 정부의 지도층이 새로운 국가건설에 필요한 윤리관을 갖고 있다고 생각하여 오히려 강조된다. 신토는 불교로부터 분리 되어 유교와 합치면서 1868년부터 국가의 지원을 받기 시작 한다.[101]

헌법공표

1889년 2월 11일, 황거(皇居)에서 헌법이 공표된다.[102]

짐은 국가의 융창(隆昌)과 신민(臣民)의 경복(慶福)을 중요[中心]한 영광[欣榮]으로 삼아, 짐이 조종(祖宗)으로부터 승계한 대권(大權)에 의거하여 현재와 장래의 신민에 대하여 이 불마(不磨)의 대전(大典)을 선포(宣布)하노라. 생각컨대 우리 조(祖宗)께서는 신민조선(臣民祖先)의 협력보익(協力輔翼)에 의해 우리 제국을 처음으로 세우시고[肇造] 무궁히 하시었다. 이는 우리 신성한 조종의 위덕(威德)과 함께 신민이 충실용무(忠実勇武)하여 애국하고 순공(殉公)함으로써 이와 같은 광휘(光輝)로운 국사(國史)의 성적(成跡)을 남긴 것이다. 짐은 우리 신민은 곧 조종의 충량(忠良)한 신민의 자손임을 회상(回想)하니, 그러한 짐의 뜻을 봉체(奉體)하고 짐의 일을 장순(奬順)하며, 더불어 화충협동(和衷協同)하여 더욱 더 우리 제국의 광영(光榮)을 중외(中外)에 선양(宣揚)하고, 조종의 유업을 영구히 공고하도록 하려는 희망을 함께 하여, 이 부담을 나눌 것을 마다하지 않을 것임을 의심하지 않노라.[103]

메이지 헌법을 뒷받침 한 정치철학은 로렌즈 폰 슈타인의 「사회적 군주제(social monarchy)」였다. 폰 슈타인에 의하면 군주의 역할은 사

메이지 헌법 선포식. 도요하라 치카노부 (豊原周延, 1838~1912) 작 「憲法発布略図」

회를 구성하는 다양한 구성원 간의 상충하는 이해관계를 조정하는 것이었다. 즉, 사회 전체의 일반 의지를 대표하는 동시에 계급 투쟁을 초월하면서 강자가 약자를 착취하는 것을 막는 것이었다.

폰 슈타인이 본래 추구하였던 군주의 공적인 역할은 메이지 헌법에서는 제거되었지만 사회 융화의 중요성은 유교적인 사상을 이어받으면서 부국강병을 추구하던 메이지 정부의 지도부에게는 안성 맞춤이었다. 이들은 정부에 대해 반대 목소리를 내는 것은 국가를 약화시키는 악으로 규정하였다.[104] 이토는 「과도한 민주주의의 엄습」을 막고 「작고 강한 조직」을 만들 것을 역설한다.

> 우리는 행정부의 효율성을 제고하기 위해서 행정부의 모든 행위를 비판적으로만 보려는 극단적인 민주주의 이론의 공격으로부터 보호해야 한다. 왜냐하면 분명한 것은 우리 나라와 같이 나라의 크기와 인구가 작은 곳에서는 이를 보완하기 위해서는 모든 조직을 단단한 일체성과 행정의 효율성으로 보완해야 한다는 사실이다.[105]

천황은 결국 선전포고, 조약 체결권과 군대에 대한 통수권을 갖게

된다. 또한 법령을 선포할 수 있는 권한과 국회를 정회시키거나 해산
시키는 권한도 갖는다. 국가 예산에 대해서도 중요한 부분들은 국회를
거치지 않도록 한다. 만일 국회가 예산을 통과시키지 못하면 전년도의
예산을 그대로 적용하도록 한다. 예산에 관련해서 국회가 가진 유일한
권한은 새로운 세금을 징수하는 것을 막을 수 있는 것 뿐이었다. 결국
국회는 국정을 좌우할 수 있는 권한을 갖지 못한다. 더구나 임명직인
귀족원(貴族院, 상원)도 선출직인 중의원(衆議院, 하원)과 같은 권한을 갖
게 한다. 상원은 천황이 임명하거나 세습귀족들이 참여함으로써 자연
히 정부 정책을 지지하도록 한다.[106]

1890년 치러진 중의원 선거에서는 1년 이상 일본 본토에 거주하고
15엔 이상의 직접 국세를 내는 25세 이상의 남자에게만 투표권이 주
어졌다. 당시 일본 전체 인구의 1.13%에 불과했다. 처음 개원 한 중의
원(하원)은 정당 간 정책과 이해관계를 조정하는 장 보다는 의회주의자
들과 정부 간 권력투쟁의 장으로 전락한다.

내각은 국회를 제압 할 수 있는 충분한 권한을 갖고 있었다. 반면 중
의원은 내각을 제어할 수 있는 아무런 권한이 없었다. 의회주의자들
이 원하는대로 헌법을 개정하기 위해서는 천황이 주도하고 내각이 허
가해야만 가능하였다. 의회주의자들이 정부에 맞설 수 있는 유일한 방
법은 정부의 정책에 사사건건 반대하는 것 뿐이었다. 그 결과 정치인
들은 모든 것에 반대만 하는 훼방꾼으로 인식되기 시작하였고 의회는
해산을 수 없이 반복함으로써 막대한 재정만 축내는 기구로 전락한다.

그런 의미에서 메이지 헌법은 본래의 목적이었던 정치적, 사회적 통
합을 가져오는데 실패한다. 개인의 권리를 보호하는 기제로 작동하는
데도 실패한다. 국민의 권리는 「법의 테두리 내에서」 또는 「평화와 질
서를 해치지 않는 한도 내에서」만 인정된다.[107]

5. 교육개혁

사쓰마의 사무라이 집안 출신 모리 아리노리(森 有礼, 1847.8.23. ~1889.2.12.)는 1865년, 18세의 나이에 영국으로 유학을 떠난다. 그는 영국에서 화학, 물리학, 수학 등을 공부하고 토마스 레이크 해리스(Thomas Lake Harris)라는 신비주의 영성 지도자의 제자가 된다. 모리는 기독교로 개종 한 후 해리스가 만든 「새로운 삶의 형제들(Brotherhood of the New Life)」이라는 공동체를 따라 미국의 뉴욕주로 이주 한다. 메이지 유신이 일어나자 해리스는 모리에게 고국으로 돌아가 새 정부에서 일할 것을 종용한다.

영어를 유창하게 구사하는 모리는 일본의 초대 주미공사를 역임하고 이와쿠라 사절단이 미국을 방문 했을때 그들을 안내하면서 미국의 교육 제도를 집중 연구하여 정부에 제출한다. 주 청 공사를 역임하기도 한 그는 주 영국 공사에 임명된다. [주 청 공사로 조선 문제에 개입한 모리에 대한 논의는 제 2권 제 3부, 제 5장, 「4. 청의 의중을 떠보는 일본」 참조]. 영국에서는 이타가키 다이스케를 허버트 스펜서에게 소개하기도 한다.[108]

모리는 호기심 많고 성격이 급했으며 자신만만했다. 그는 사무라이들이 칼을 차고 다니는 것을 금지할 것, 일본어 대신 영어를 사용할 것 등을 주장한다. 결혼에 있어서도 남녀가 평등해야 한다며 후쿠자와 유키치에게 부부를 동등 한 위치에 놓는 결혼 계약서를 써줄 것을 부탁하기도 한다.

메이지 초기의 교육

모리는 1885년, 이토 히로부미의 첫 내각 교육상에 임명된다. 모리가 교육성을 맡으면서 물려받은 교육제도는 1872년 다이조칸 명의로

반포된 「학사장려에 관한 지도
서」, 속칭 「학제 서문」에 기반한
것이었다.

모리 아리노리

　사람들이 스스로 입신(立身)하
고, 재산[産]을 다스리며, 사업
[業]을 성대히 하여, 이로서 그
생[生]을 다하게 되는 연유[所
以]는 다른 것이 아니다. 신체
[身]를 수양하고, 지식[智]을 열
고, 재능과 기예[才藝]를 신장
하는 것은 배움[學] 없이는 할 수 없는 것이다. 이것이 학교가 설립[設]된
연유[所以]이니, 일상에서 사용하는[日用常行] 언어·서도[書]·산수[算]를
시작으로, 사관(士官)·농상(農商)·백공(百工)·기예(技藝) 및 법률·정치·천
문(天文)·의료 등에 이르기까지, 무릇 사람이 영위하는 것 가운데 배움[學]이
없는 곳이 없다. 사람이 그 재능[才] 있는 바에 응하여 면려(勉勵)하며 종
사한 후에야 비로소 생(生)을 다스리고, 재산[産]을 흥하게 하며, 사업[業]
을 성대히 할 수 있는 것이다. 따라서 학문은 몸[身]을 세우는 재원[財本]
이라 할 수 있으니, 사람이라면 누구든 배우지[學] 않을 수 있겠는가? 도
로에서 헤매고, 기아(飢餓)에 빠지고, 가정[家]이 무너지고, 신체[身]를 잃
어버린 자들은 필경 배우지 못하여[不學] 이러한 과오를 낳게 된 것이다.
종래 학교가 설립[設]된 것은 오래된 일이지만, 혹여 그 도(道)를 얻지 못
하여 사람들이 그 방향을 오해하니, 학문은 사인(士人) 이상의 일이라 하
며, 농·공·상(農工商) 및 부녀자의 경우에는 이를 도외시[度外]하니, 학문
이 어떤 것인지 논변[辨]하지 않는다. 또한 사인(士人) 이상으로 드물게 배
운 자도 걸핏하면 국가를 위한다고 주창할 뿐 입신(立身)의 기반[基]임을

알지 못하여, 혹여 사장(詞章)·기송(記誦)의 말[末]을 좇아 공리(空理)·허담(虛談)의 길[途]에 빠지니, 그 논변[論]은 고상(高尙)하지만 몸소 행하고 일을 시행하는 것은 능히 하지 못하는 경우가 적지 않다. 이것이 곧 구습[沿襲]의 폐해[智弊]이니, 문명이 널리 퍼지지 않고, 재예(才藝)가 신장되지 않아, 빈핍(貧乏)·파산(破産)·상가(喪家)한 자가 많은 연유[所以]이다. 따라서 사람으로서 배우지[學] 않는 자가 있어서는 안되며, 배움에 있어 그 마땅한 취지[旨]를 오해해서는 안되는 것이다. 이에 이번[今般] 문부성에서 학제를 정하여, 이에 따라 학칙을 개정하고, 포고하기에 이르렀다. 지금[自今] 이후 일반의 인민(人民), 화·사족(華士族), 졸·농·공·상(卒農工商) 및 부녀자#문부성 제22호에서 화·사족의 아래에 졸(卒)이라는 글자[字]를 더함#는 반드시 마을[邑]에 배우지 못한[不學]의 집[戶]이 없고, 집에 배우지 못한[不學] 사람이 없도록 해야 할 일이다. 사람의 부형(父兄)된 자는 마땅히 이 뜻을 몸[體]에 새겨, 애육(愛育)의 정을 두터이 하여 그 자제(子弟)로 하여금 반드시 배움[學]에 종사하도록 하지 않으면 안되는 것이다. 고상(高上)한 학문[學]에 이르러서는 그 사람의 재능에 맡기지만, 어린[幼童] 자제가 남녀의 구별없이 소학(小學)에 종사하도록 하지 않는 것은 그 부형의 과실[越度]이라 할 일이다. 단, 종래 구습[沿襲]의 폐학문(弊學問)은 사족 이상의 일로서, 국가를 위한다고 주창하며 학비 및 그 의식의 비용[用]에 이르기까지 대부분을 관(官)에 의지[依賴]하니, 이를 지급[給]하지 않으면 배우지 않을 일이라고 생각하며 일생을 자포자기[自棄]하는 자가 적지 않다. 이는 모두 미혹함이 심한 것이니, 지금[自今] 이후 이러한 폐단[弊]을 고쳐 일반 인민이 다른 일을 단념하고, 스스로 분연히 반드시 학문[學]에 종사하려는 양심을 얻어야 할 일이다. 위와 같이 지도를 내리니, 지방관은 변방[邊隅]의 소민(小民)에 이르기까지 빈 틈 없이[不洩樣便] 마땅한 해석[宜解譯]을 더하여 상세히 타일러[精細申論], 문부성 규칙에 따라 학문이 널리 미칠[及致] 수 있도록 방법을 세워 시행할[設可施行] 일이다.[109]

「학제」는 전국을 8개의 대학 지역으로 나누고 각 대학 지역에 32개의 중학을, 각 중학 지역에 210개의 초등학교를 세우는 것을 목표로 하였다. 모델은 프랑스였다. 당시 일본의 교육제도는 지역에 따라 천차만별이었다. 관건은 메이지 유신 이전에 각 한이 사무라이 교육기관으로 설립했던 학교들을 신분과 계급에 차별을 두지 않고 교육하는 근대식 학교로 탈바꿈 시키는 것이었다. 뿐만 아니라 전국에 흩어져 있는 수 많은 사립학교와 공립학교들을 하나의 국가교육제도의 틀 속에 수렴해야 했다.[110]

「학제」가 표명한 야심찬 목표를 달성하기 위해서는 중앙집권화와 막대한 재원이 필요했다. 그럼에도 불구하고 일본의 교육정책당국은 이를 밀어부친다. 메이지 정부의 목표는 「보통교육(popular education)」이었다. 재정적인 한계 때문에 지역간의 편차가 일시에 해소 될 수는 없었지만 놀랍게 빠른 속도로 두메 산골까지도 학교가 설립된다. 1875년 조사에 의하면 당시 2만 개 정도의 초등학교가 있었다. 이 중 40%는 불교 사찰 내에 세워졌고 33%는 가정집에, 그리고 18%만이 새 독자 건물을 갖고 있었다.[111] 1905년이 되면 초등교육은 보편화된다.[112]

대부분의 초등 학교에서는 후쿠자와 유키치의 책들이 교재로 광범위하게 채택되었고 중학교에서는 미국의 감리교 교육자이자 경제학자였던 웨이랜드(Francis Wayland, 1796.3.11. ~1865.9.30.)의 『도덕과학의 기초(Elements of Moral Science)』가 널리 읽혔다. 외국어 학교도 유지들과 외국인 선교사들에 의해서 많이 세워졌지만 정부도 수 많은 외국어 학교를 설립하였다. 1870년대에는 전국 156개 영어 학교에서 6천 명의 학생들이 수업하고 있었다.[113]

그러나 1880년대에 들어서면서 교육정책은 혼선을 빚기 시작한다. 자유민권운동가들도 많은 학교를 세운다. 또 메이지 정부의 적극적인 개방 정책으로 외국의 수 많은 사상과 사조들이 물밀 듯 들어오면서 일본을 휩쓸었고 젊은이들이 열광했다. 당시만 해도 교육성을 비롯한 대부분의 정부 부처들, 지방의 유지들은 큰 예산을 들여 외국인 교사들을 초빙하여 일본 학교에서 가르치도록 하였고 또 수 많은 학생들을 해외로 유학 보내고 있었다.[114]

리로이 제인스

저명한 언론인이자 역사학자 도쿠토미 소호(德富 蘇峰, 1863.3.14. ~1957.11.2.)는 구마모토에서 리로이 제인스(Leroy Lansing Janes, 1838~1909)의 학생으로 시작하여 7년 간 7개 학교에서 수학하면서 유교, 영어, 기독교 등 수 많은 사상과 사조를 배우고 익힌다. 제인스는 미국 육사 출신으로 1871년 구마모토의 번주인 호소카와 가문의 초청으로 「구마모토 요가코(熊本洋学校, 구마모토 양학교)」에서 수학, 역사, 지리, 자연과학을 모두 영어로 가르친다. 그는 서양의 윤리도덕, 기독교 사상도 가르쳤고 그의 제자 30명이 기독교로 개종한다. 1876년 구마모토의 보수파의 반대로 학교가 문을 닫자 그는 그해 교토에서 개교한 「도시샤(同志社, 동지사)」대학으로 자리를 옮긴다.[115]

메이지 교육의 보수화

지역유지들과 공동체들이 세운 학교들과 정부 사이에 교육 과정의 내용과 방향에 대한 갈등과 알력이 빚어지자 일본의 교육당국은 정부

의 지휘권을 강화하고자 한다. 마침, 일본의 보수주의자들은 메이지 정부의 개방성과 서양학문과 가치관의 범람에 대하여 강력하게 반대하면서 일본의 전통가치와 도덕을 지킬 것을 주창하고 나선다. 대표적인 인물이 메이지 천황의 교사였던 유학자 모토다 에이후(元田永孚, 1818.10.30.~1891.1.22.)다. 그는 자유민권주의자들이나 선교사가 세운 학교들을 「정치토론하는 무리(政談ノ徒)」라고 비판하고 외국의 학문 사조를 배우는 것도 아울러 비판한다.[116]

1879년 메이지의 「교학성지(教学聖旨)」를 발표한 것도 모토다였다.[117]

교육[教学]의 요결[要]은 인·의·충·효(仁義忠孝)를 분명히 하고 지식·재능·기예[智識才芸]를 탐구하여, 이로서 도(道)를 다하는 데 있으니, 이는 우리 조훈(祖訓)·국전(国典)의 대의[大旨]로서, 상하 일반이 가르침[教]으로 삼는 바이다. 그런데 근래[輓近] 오로지 지식·재능·기예[智識才芸]만을 숭상[尚]하고 문명개화의 말(末)로 나아가니, 품행을 망치고, 풍속을 상하게 하는 자가 적지 않다. 그 연유[所以]는 유신의 초기[始首]에 누습(陋習)을 깨고 지식을 세계에 펼친다는 탁견에 따라, 일시에 서양의 장점[所長]을 취하여 날로 새로워지게[日新] 되었으나, 그러한 류(流)의 폐단[流弊]으로 인·의·충·효(仁義忠孝)를 뒤로하고 헛되이 서양풍[洋風]을 다툼에 있다. 이에 장래가 우려되는 바, 마침내 군신·부자(君臣父子)의 대의를 알지 못하기에 이를지도 모르니, 이는 우리나라[我邦] 교육[教学]의 본의(本意)가 아닌 것이다. 따라서 지금 이후[自今以往], 조종(祖宗)의 훈전(訓典)에 기초하여 오로지 인·의·충·효(仁義忠孝)를 분명히 하고, 도덕학은 공자(孔子)를 주(主)로 하여 사람들이 성실·품행을 숭상[尚]하도록 하며, 상위 각 과[上各科]의 학문[学]은 그 능력[才器]에 따라 더욱 증진[長進]시키니, 도덕·재능·기예[道徳才芸]가 본말을 모두 갖추고[本末全備], 대중지정(大中至正)의 교육[教学]이 천하에 만연[布満]하도록 하면, 우리나라[我

邦] 독립의 정신이 세계[字內]에 부끄러운 바 없게 될 것이다. 소학(小学) 조목(条目) 2건 1. 인·의·충·효(仁義忠孝)의 마음은 사람 모두에게 있으나, 유소년[幼少] 초기에 그 뇌수(脳髓)에 감각(感覚)시켜 배양하지 않으면, 다른 것들[物事]이 먼저 귀에 들어가 선입주(先入主)하면 나중에 어찌할 수 없게 된다. 따라서 해당 나이[当世]

모토다 에이후

에 소학교에서 그림[絵図] 설치·준비하여, 고금의 충신(忠臣)·의사(義士)·효자(孝子)·절부(節婦)의 화상(画像)·사진(写真)을 게시하고, 유년생 입교 초기에 먼저 그 화상(画像)을 보여주며 그 행실[行事]의 개략을 설명[説諭]함으로써, 충효의 대의를 첫번째로 뇌수에 감각(感覚)시킬 필요가 있다. 그리한 후에 여러 사물[諸物]의 상태[名状]를 알게 하면, 장차[後来] 충효의 성(性)을 양성할 수 있을 것이며, 박물(博物)을 배움[学]에 본말(本末)을 그르치는 일이 없을 것이다. 1. 지난 가을[去秋] 각 현(縣)의 학교를 순람(巡覧)하고 친히 생도들의 수업[芸業]을 시험하였는데, 더러 농·상(農商)의 자제로서, 그 설명하는 바, 더러는 고상(高尚)한 공론(空論)뿐이고, 심하게는 유창하게 서양어[洋語]를 말하지만 그 나라말[邦語]을 번역할 수 없었으니, 그러한 자들은 다음에 졸업하여 집에 돌아가도 본업(本業)으로 나아가기 어려우며, 또한 고상한 공론으로는 관리[官]가 되어도 무용(無用)할 것이다. 또한 그 박문(博聞)을 자랑하며 장상(長上)을 모멸하고 현관(県官)의 방해가 되는 일도 적지 않을 것이다. 이는 모두 교육[教学]이 그 도(道)를 얻지 못한 폐해로서, 농·상(農商)에게는 농·상의 학과를 설치하여,

고상(高尙)으로 나아가지 않고 실지에 기반함으로써, 다음에 학업을 마쳤을 때 그 본업으로 돌아가 더욱 그 업(業)을 성대히 할 수 있도록 하는 교칙이 있기를 바란다.[118]

이때부터 점차 외국어와 외국의 문물을 배우기 보다는 윤리도덕과 일본 문학을 강조하기 시작한다. 교육의 목표가 신민의 교육, 군인-신민의 배양에 촛점을 맞추기 시작한다.[119]

그 반대 극단에는 후쿠자와 유키치가 있었다. 후쿠자와는 교육의 목표는 비실용적이고 비경제적인 유교나 전통주의 대신 자립정신과 실용주의 정신을 기르는 것이라고 주장한다. 후쿠자와의 책이 큰 인기를 끌고 있었다는 사실은 모토다와 같은 유학자들에게는 큰 문제였다.[120]

실용주의적인 정치인이었던 이토 히로부미는 모토다처럼 전국민의 교육을 완벽하게 통제하려고 하는 것에 반대한다. 그는 보다 개방적이고 다양성을 추구하는 교육을 원하였다. 그러나 당시 헌법제정에 여념이 없던 이토는 교육 문제에 보다 깊숙히 간여하지 못한다. 그는 그 대신 모도타가 초안한 칙령을 신랄하게 비판한 후 천황의 교사직 자리를 폐지해버린다.

그러나 교육성은 점차 보수주의자들의 손에 들어간다. 1881년 초등학교 교사들에게 내린 훈령에서는 「황실에 대한 충성, 애국, 부모에 대한 효도, 윗사람에 대한 공경, 친구들에 대한 신의, 아랫사람들에 대한 자애, 그리고 자신에 대한 존중이야말로 인간도덕의 대도이다.」라고 한다.

사람을 지도하여 선량하게 하는 것이 박식[多識]하게 하는 것에 비해 더욱 긴요하기 때문에, 교원은 특히 도덕 교육에 힘 써 생도로 하여금 황실에 충성[忠]하고 국가를 사랑[愛]하며 부모에게 효도[孝]하고, 장상(長上)

을 공경[敬]하며 붕우(朋友)를 신뢰[信]하고, 어린이[卑幼]를 자애[慈]하며, 또한 자기를 중시[重]하는 등, 무릇 인륜의 대도(大道)에 통달[通曉]하도록 하고, 항상[且常] 자기 몸소[身] 그 모범이 되어, 생도에게 덕성으로 훈염(薰染)하고 선행으로 감화(感化)하는 것을 그 의무[務]로 한다.[121]

이때부터는 학교에서 윤리도덕을 주제로 한 서양 교재들을 번역하여 사용하는 것을 금지한다. 유교에 대한 강조는 니시무라 시게키(西村 茂樹, 1828.4.26.~1902.8.18.)가 문부성 편집국장에 임명되어 교과서 집필을 주도하게 되면서 시작된다. 니시무라는 사쿠라 한의 사무라이 집안 출신으로 유학과 란가쿠를 공부하였다. 그는 도쿠가와 바쿠후 편에 서서 메이지 유신을 반대하였지만 워낙 학자로 명성이 높아 메이지 정부는 그를 중용한다. 이때부터 니시무라의 「수신론」은 모든 윤리교육의 핵심교제가 된다.[122]

모리의 개혁

이토가 독일에서 헌법을 공부하고 있을 당시 주 영 공사였던 모리 아리노리는 독일로 건너가 이토를 만난다. 이들은 서로 교육 철학에 대한 견해가 같다는 사실을 발견한다. 이토는 독일의 사회학자이자 경제학자인 로렌츠 폰 슈타인의 교육철학에 감화되어 그를 일본에 초빙하고자 하고 있었다. 모리는 당시만 하더라도 전인적인 교육만이 육체적으로, 정신적으로 건강한 젊은이들을 양성할 수 있다고 믿고 있었다. 그러나 당시 일본의 자유민권운동과 정당운동에 비판적이었다. 그리고 그는 점차 일본의 교육은 일본의 전통에 기반해야 한다고 믿기 시작한다.[123]

모리는 당시 대부분의 메이지 지도자들과 마찬가지로 해외 유학을 통하여 더 강한 민족주의자가 된다. 그는 영국과 유럽대륙의 교육제도를 경험하고 연구한 결과 국가를 위하여 헌신하는 엘리트를 양성 하는 것만이 일본을 강하게 만들 수 있는 길이라고 믿는다. 특히 국가와 민족, 인종 간 생존경쟁의 불가피성을 강조하는 스펜서의 사회진화론의 영향을 받은 모리는 강한 일본국가의 건설과 이를 책임질 강력한 엘리트 교육을 무엇보다도 중시하게 된다.[124]

니시무라 시게키. 모리 아리노리, 후쿠자와 유키치 등과 메이로쿠샤를 결성한다.

폰 슈타인이 이토의 초청을 거부하자 이토는 모리에게 일본의 교육정책을 맡아줄 것을 부탁하면서 1885년 「제 1차 이토내각」을 결성할 때 모리에게 문부상을 맡긴다. 당시 많은 보수주의자들은 미국에서 교육받은 모리의 임명을 강력하게 반대한다. 그러나 이토는 끝내 모리를 문부상에 앉힌다. 모리는 문부상에 임명되자마자 곧 3개의 교육법령을 공포하여 제 2차 세계대전이 끝날때까지 지속되는 일본의 교육체제를 일군다.[125]

「도쿄대학」은 도쿠가와 바쿠후가 설립한 일본 최초의 서양학문 교육기관이었던 「반쇼시라베쇼(蕃書調所)」에서 그 연원을 찾지만 당시 후쿠자와가 설립한 게이오나 오쿠마가 정부를 떠나 1882년에 설립한 와세다 등 사립대학에 뒤떨어져 있었다. 「게이오」나 「와세다」, 그리고 그외 근대법과 서양의 언어를 가르치는 사립학교들의 졸업생들은 언론, 기업체 등에서 활약하면서 자유민권운동에도 가담하고 있었다.[126]

모리는 우선 도쿄대학을 「제국대학」이라고 명명함으로써 다른 학교들과의 차별성을 부각시킨다. 「도쿄제국대학」의 졸업생들은 다른 학교의 졸업생들과 달리 시험을 치지 않고도 정부 관료로 발탁되도록 한다. 학비는 전액 정부가 부담한다. 도쿄대학의 우등생들은 천황이 직접 치하하였고 정부 관료로서 유망한 미래가 보장되었다. 학생들은 대부분 관료, 군, 지주, 대상인, 기업가, 산업가 등 중상류층의 자제들 중에서 선발하였고 소수는 전 다이묘와 부호들의 천거와 장학금을 받은 지방의 학생들이었다. 그러나 지역적 차별은 없었다. 학생들은 메이지 과두들의 고향 출신들에 특혜를 주지 않았고 전국에서 엘리트들을 선발하였다.[127]

제국대학을 졸업 하고 관직에 나아가면 예외 없이 해외 유학을 다녀올 기회가 주어졌다. 교수진은 졸업생으로 구성되었고 학장들은 천황이 임명하였고 총장은 천황이 귀족원(貴族院)에 임명하였다. 1937년 「진지고신로쿠(인사흥신록, 人事興信録)」 조사에 의하면 고위관료의 73.6%와 법조계의 49.7%가 도쿄제국대학 출신이었다.[128]

모리는 중학제도도 철저하게 엘리트 주의에 기반해서 개혁한다. 1872년 「학제」가 제시했던 중등교육안은 정부예산으로는 감당할 수 없는 것이었다. 모리는 제국대학 입학시험을 준비하는 학생들이 다니는 특수 중학교와 일반 중학교를 가른다. 특수 중학교는 문부성 관할로 정부가 직접 운영하도록 한 반면 일반 학교들은 현에서 책임지도록 한다.[129]

초등교육은 학생들에게 국가의 중요성을 가르치고 국가에 봉사할 수 있는 정신을 기르는 것이 목적이라고 모리는 생각했다. 따라서 애국적인 부모들이 자식들의 초등교육비를 대는 것은 당연하다고 생각했다. 부족한 재정은 지역사회에서 부담하도록 한다. 초등학교 4년 교육이 의무화되고 무료화되는 1900년까지 일본의 지역사회는 초등교육의 재정을 대느라 허덕인다. 특히 마쓰카타 긴축정책 시기에는 일부 지역에서는 학교 등록률이 떨어지기도 했다.[130]

이 당시 일본 교육제도는 교사의 부족에 허덕였다. 메이지 유신 초기에는 사무라이 출신들이나 지역학교의 교사들을 고용하였으나 교육의 질이나 수준에 있어서 심한 편차를 보인다. 더구나 같은 지역 출신들을 그 지역 학교의 교사로 고용하는 것은 교육 현장의 정치화로 이어질 가능성이 높았다. 이 문제를 해결하기 위해 모리는 지방의 학교에 파견할 교사들을 교육하고 훈련하는 사범대학을 도쿄에 설립한다. 사범학교 졸업생들은 졸업 후 10년 동안 교사로 봉직해야 했다. 사범학교 입학생은 엄선되었다. 입학생은 현지사, 시장 등의 추천서를 받아야 했고 그리고 나서도 3개월 간의 관찰 기간을 두었다.[131]

모리의 국가주의

모리는 학문의 자유를 보장하는 고등교육과 규율과 규범을 강조하는 교육을 철저하게 구분한다. 그는 건강한 몸과 정신의 중요성을 누구보다도 잘 알았다. 그러나 불행히도 그는 이 문제를 해결하기 위해서 군사교관제도를 도입한다. 모리는 군대를 교육에 이용하려고 하였지만 이는 결국 교사와 교장들에게 절대적인 권위와 권한을 부여함으로써 기강과 규율을 강조하는 획일주의를 낳고 궁극적으로 지적인 탐구와 학문의 자유를 억압하는 결과를 가져온다.[132]

모리의 국가주의적 경향은 추밀원에서 헌법 제정을 논하는 과정에서 여실히 드러난다. 그는 의회는 자문기구일 뿐 입법권을 가져서는 결코 안된다고 주장하면서 의회를 강화시킬 수 있는 모든 조항에 끝까지 반대하였다. 그리고 천황의 위엄에 조금이라도 손상이 가도록 하는 일도 결코 있어서는 안된다고 한다. 이토는 자주 모리의 장광설을

끊어야 했다.[133]

역설적으로 모리는 광적인 천황주의자에게 암살당한다. 메이지 헌법이 선포된 1889년 2월 11일 모리는 헌법 선포식에 참석하기 위해 정장을 한 채 자신의 마차를 기다리고 있었다. 그 때 한 젊은 학생이 다가와 그를 칼로 찌른다. 그는 학생들의 불만을 전하고 싶다면서 모리에게 면담을 요청하였으나 거절 당했던 청년이었다. 모리의 경호원은 그자리에서 청년을 죽인다. 그러나 의사들은 헌법 선포식에 참석 하느라 제시간에 오지 못한다. 의사들이 도착했을 때 모리는 이미 숨을 거둔 후였다. 향년 42세였다.

암살자의 품안에서 격문이 발견된다.

> 문부대신 모리 아리노리는 이세신궁을 방문하면서 신성한 장소에 오를 때 신발을 벗지 않았으며 신성한 발을 지팡이로 거둬 올리고 안을 들여다 봤으며 신궁에 예를 갖추지도 않고 떠났다.[134]

신토에서 가장 성스럽게 여기는 이세신궁(伊勢神宮)에서 신발을 벗지 않고 들어갔기 때문에 죽인다는 것이었다.

모리가 죽자 그가 끝까지 반대하던 일본 교육의 유교화가 본격적으로 추진된다. 1890년 10월 3일 모토다가 초안 한 「교육칙어」가 반포된다. 당시 일본의 제 3대 총리에 취임한 야마가타 아리토모는 「군사칙어」에 준하는 일반 학생들을 위한 칙어가 필요하다는데 동의한다. 천황은 모리의 후임으로 문부대신에 임명된 요시카와 아키마사(芳川顯正)에게 「일본사람들은 외국의 사조에 너무 쉽게 휩쓸리고 혼란스러워 한다. 그들을 위해서 이 나라의 도덕적 근본을 확실히 규정할 필요가 있다」고 한다.[135]

「교육칙어」는 그로부터 1945년 2차 세계대전 종전까지 일본제국의 이념적 기초를 제공한다. 전국 각 학교에 교육 칙어와 천황의 초상이 배포 되었고 모든 학생들은 천황의 초상을 보면서 칙어를 암송해야 했고 교사들은 불이 나면 천황의 초상과 교육칙어부터 구해야 했다. 칙어는 공자나 유교를 직접적으로 언급하지 않는다. 모토다는 그러기를 원했지만 이토를 비롯한 다른 근대주의자들의 반대에 부딪쳐 타협할 수 밖에 없었다. 그 대신 내용은 철저하게 유교에 기반한 것이었다. 다만 교육칙어가 담고 있는 가치들은 모두 유교의 것이 아닌 일본 고유의 전통에 기인하는 것으로 포장된다.[136]

> 짐이 생각컨대 황조황종(皇祖皇宗)[1]이 나라를 열어 굉원(宏遠)한 덕을 세움이 심후(深厚)하도다.
>
> 우리 신민이 지극한 충과 효로써 억조의 마음을 하나로 하여 대대로 그 아름다움을 이루는 바가 우리 국체(國體)의 정화(精華)인 바, 교육의 연원 또한 실로 여기에 있다.
>
> 그대들 신민은 부모에게 효도하고, 형제에게 우애하며, 부부 간에 서로 화목하고, 붕우 간에 서로 신의하며, 스스로는 공손하고 겸손하며, 박애를 여러 사람에게 미치고, 학문을 닦고 기술을 익혀 그로써 지능을 계발하고, 덕과 재능을 성취하며, 나아가 공익을 넓혀 세상의 의무를 다하고, 항상 국헌을 중시하고 국법에 따라, 일단 유사시에는 의용(義勇)으로 봉공(奉公)하여 그로써 천양무궁(天壤無窮)한 황운(皇運)을 지켜야 한다.
>
> 이와 같이 된다면 하나하나 짐의 충량한 신민이라 부를 뿐만 아니라, 족히 그대들 선조의 유풍(遺風)을 현창(顯彰)할 수 있을 것이다.
>
> 이러한 도는 실로 우리 황조황종의 유훈(遺訓)으로[2] 자손인 천황과 신민이 함께 준수해야 할 것들이다.
>
> 이는 고금을 통하여 그릇되지 않고, 이를 중외(中外)에 베풀더라도 도리에 어긋나는 바가 없다.

짐은 그대들 신민과 더불어 이를 항상 잊지 않고 지켜서 모두 한결같이 덕을 닦기를 바라는 바이다.[137]

메이지 유신을 연 메이지 천황의 「5개조의 서문(五箇条の御誓文)」은 제 1조, 「널리 회의를 열어, 공론에 따라 나라의 정치를 정한다」로 시작하여 제 5조, 「지식을 세계에서 구하여, 황국의 기반을 크게 진작시킨다.」로 끝난다. 「교육 칙어」는 「국체」와 「황조황종의 유훈」을 일본의 근간으로 제시한다. 일본은 다시 닫히기 시작한다.

6. 군사개혁

일본이 전통 무사계급을 폐지하고 신식군대를 창설하기 시작할 당시는 서구의 열강들 역시 군의 근대화를 본격적으로 추진하던 시기였다. 모든 나라들이 이탈리아와 독일의 통일전쟁과 보불전쟁(프로이센-프랑스 전쟁, 1870)의 교훈을 반영하여 군의 체제를 혁신하고 있던 시대였다. 산업 혁명은 병력의 기동성과 무기의 파괴력에도 혁명적인 변화를 가져왔으며 인구의 급격한 증가는 징집을 통한 국민 총동원을 가능케 한다. 이에 따라 군의 조직과 전략, 전술, 무기체계등이 새롭게 정립되고 있었다. 대부분이 사무라이 출신들이었던 메이지 정부의 지도부가 이러한 변화의 물결을 놓칠 리 없었다.[138]

메이지 유신 직후 일본의 군대는 프랑스의 모델을 따른다. 프랑스는 도쿠가와 바쿠후 말기부터 일본군의 근대화를 도왔고 메이지 정부의 지도부 역시 프랑스의 군사 이론과 제도를 숭상하였다. 1870년에는 모든 한(번) 정부로 하여금 육군은 프랑스, 해군은 영국 모델을 따를 것을 명령한다.[139]

징병제

1872년에는 「징집령」이 반포된다. 야마가타 아리토모의 역할이 결정적이었다. 징병제도를 처음 제안한 것은 오무라 마스지로(大村 益次郞, 1824.5.30.~1869.12.7.)였다. 메이지 유신 직전 조슈 군의 근대화 책임을 맡은 그는 야마가타 아리토모, 다카스기 신사쿠 등과 함께 「기헤이타이」를 창설한다. 기헤이타이는 일본 역사상 최초의 사무라이와 평민 혼성군이었다. 기헤이타이는 「제 2차 조슈정벌」과 「보신전쟁」 당시 사무라이들로만 구성된 도쿠가와 바쿠후의 군대를 격파하면서 위력을 떨친다. [기헤이타이에 대한 자세한 논의는 제 2권, 제 1장, 19. 「판적봉환과 메이지 유신 체제의 형성」 참조.]

평민군의 위력을 실감한 오무라였기에 유신 정부의 군대를 창설하는 임무를 맡자 사무라이 계급을 폐지하고 징집된 평민들로 구성된 근대식 군대의 창설을 밀어부친다. 그러나 오무라는 1869년 사무라이 계급의 폐지에 반대하는 보수주의자들에 의하여 암살된다. (오무라 마스지로에 대한 자세한 논의는 제 2권, p. 146 참조).

일본 신식군대 창설의 책임은 그의 수제자 야마가타 아리토모가 이어 받는다. 1869년~1870년 사이고 쓰구미치(사이고 다카모리의 동생)와 함께 프랑스와 독일의 육군을 연구하기 위하여 유럽 유학길에 올랐던 야마가타는 스승 오무라의 암살 후 귀국하여 군 개혁을 주도한다. 1872년 4월에는 육군성과 해군성이 창설된다.[140]

야마가타는 사무라이 계급의 반대를 무릅쓰고 징집제도를 도입하여 평민군으로 구성된 근대 육군을 창설함으로써 오무라에게서, 그리고 프랑스와 독일에서 배운 것을 실행에 옮긴다.[141] 그가 징집제도를 그토록 중시한 것은 비단 평민군의 전투력 때문만이 아니었다. 그는 징집제도야말로 막강한 신식군대를 양성하는 가장 효과적인 방편일 뿐만 아니라 더 나아가 근대국민을 양성하는 지름길이라고 생각하였다.

대개 남자는 태어나서 6세에 소학교[小學]에 들어가고 13세에 중학교[中學]로 진학하며 19세에 그 학업[業]을 마치고 20세에 병적에 편입되니, 수년이 지나면 마침내 국내에 지아비[夫]로서 병정(兵丁)아닌 자가 없고 국민[一民]으로서 학문[文事]을 알지 못하는 자 없게 되는 것이다. 이 때 국내[海內]에 문무(文武)의 대학교로 간주하고, 정정당당하고 엄밀한 규칙을 세워 간이(簡易)한 양법(良法)을 시행하니, 병력[兵員]이 점차 증가하게 되면 병제(兵制)의 대전(大典) 역시 대 변혁하지 않을 수 없는 것이다.[142]

1873년 1월 반포된 「징집령」은 프랑스의 제도를 따라 20세의 모든 남성을 징집 대상으로 삼았고 3년 간의 현역 군복무를 마친 후 4년 간 예비역으로 복무 하도록 했다.[143] 예외조항도 프랑스의 것을 그대로 따랐다.[144] 세금을 대신 내거나 큰 아들의 경우에는 징집대상에서 제외되었다. 결국 대부분의 징집 인원은 가난한 집안의 무학력자들이었다. 더구나 정부예산의 부족으로 군대의 규모는 클 수가 없었다. 세이난 전쟁이 일어나기 전 일본의 육군은 3만 3천 명에 불과했다.[145]
한편 프랑스의 군사 고문단은 징집령 반포 6개월 전에 일본에 도착한다. 16명의 장교로 구성된 고문단은 원래 3년 계약으로 도일하지만 1880년 7월까지 머문다.[146] 일본군의 사관학교는 이들이 창설한다. 1875년 1월 첫 입교한 생도 155명 중 40명은 프랑스어를 구사할 줄 알았다. 같은 해 군기창과 폭약공장, 무기제조공장, 사격훈련장도 갖춘다.[147] 프랑스 고문단은 여단 단위까지의 조직, 훈련, 명령 체계 등을 가르쳤고 포술도 전수한다. 일본은 매년 10명의 장교를 프랑스로 유학을 보낸다. 1880년에서 1890년까지 일본에 무관을 둔 외국 공관은 프랑스 밖에 없었다.

그러나 프랑스는 일본군에 기본적인 전술과 편제는 전수하였지만 전략과 참모부에 대해서는 가르치지 않는다. 일본은 아직 개발 도상국 이었기 때문에 우선 기본에 충실해야 한다는 이유에서였다.[148] 일본군은 이에 대해 불만이 많았다. 그러나 이때까지만 해도 일본군대의 존재 이유는 주로 경찰을 도와 국내질서를 지키는 것이었다. 급격한 정치, 경제, 사회 개혁은 불만 세력들을 양산하였고 이로 인하여 수 많은 민란과 사무라이 반란이 일어났다. 특히 신분제 철폐와 징집군의 창설로 존재 이유를 상실하였을 뿐만 아니라 정부의 긴축정책으로 연금마저 급격히 줄어들면서 생활고를 겪기 시작한 사무라이들이 지속적으로 반란을 일으킨다.[149]

프로이센군 모델

마지막이자 가장 컸던 사무라이 반란이었던 1877년의 「세이난 전쟁」은 프랑스의 모델을 따라 창설되고 있던 일본 육군의 한계를 노출시킨다. 정부군은 사이고 다카모리가 이끄는 사쓰마의 사무라이들이 일으킨 이 난을 간신히 평정한다. 그러나 그 과정에서 육군은 지휘체계, 병참체계, 전략과 전술의 부족을 절감한다. 이때부터 일본은 보불전쟁에서 프랑스를 격파한 프로이센의 육군을 모델로 하기 시작한다.[150] 1878년에는 프로이센 육군을 따라 「총참모부」를 설립한다. 1883년에는 상급 장교들의 교육을 위한 「참모대학」도 설립한다.[151]

이를 주도한 것은 가쓰라 타로(桂 太郞, 1848.1.4.~1913.10.10.)였다.[152] 가쓰라는 조슈의 사무라이 출신으로 존황양이파에서 활약하였고 「보신전쟁」에 참가하면서 메이지 유신의 성공에 기여한다. 메이지 정부는 그를 독일에 보내 군사학을 공부하게 한다. 그는 1875년~1878년, 그리고 1884년~1885년 두 차례에 걸쳐 주 독일 일본 대

사관에서 무관으로 근무하면서 프로이센 군이 주도하는 통일된 독일 육군의 이론과 제도를 배운다.[153]

가쓰라 타로

1884년에는 일본의 군사 사절단이 독일, 이탈리아, 오스트리아, 러시아, 미국을 방문하였고 이 여정에서 독일군의 메켈 소령(Klemens Wilhelm Jacob Meckel, 1842.3.28.~1905.7.5.)을 일본군 참모대학의 강사로 고용한다. 1885년 3월 일본에 도착한 메켈은 곧바로 전략과 참모본부 운용 등의 주제에 대한 강연을 시작한다. 같은 해 가을 메켈은 일본제국육군 최초의 야전훈련을 실시한다. 1875년에서 1887년까지 프랑스군의 영향하에 운영되었던 육군사관학교는 프로이센 모델을 따라 완전히 재편된다.[154]

메켈은 일본군을 사단과 연대 단위로 재편함으로써 기동력을 높이고 군부대들을 철도로 연결시킴으로써 병참과 운송력을 강화시키고, 포병과 공병을 독자적인 지휘부를 가진 연대로 재편하고, 징병제를 개혁하여 예외가 없도록 한다. 그후 군의관 학교, 공병학교, 포병학교 등이 잇달아 창설된다.

야콥 메켈

메켈이 일본군의 고문 역할을 한 것은 3년(1885~1888)에 불과하였지만 그는 일본군에 클라우스비츠의 군사이론을 전수하였고 프로이센군의 전쟁게임(Kriegspiel)을 도입함으로써 전략과 전술의 기획력을 획기적으로 높인다. 그는 일본육군의 최고위 장교 60명을 전략, 전술, 조직에 관하여 훈련시킴으로써 일본육군을 독일화시키는데 성공한다. 일본군이 청일전쟁(1894~1895)에서 일방적인 승리를 거둘 수 있었던 것은 메켈의 개혁 덕분이었다.

해외 원정군 창설

「세이난 전쟁」이후 일본군이 처한 대내외적인 환경 역시 급격하게 변한다. 국내 불만세력들이 반란을 일으킬 여지는 점차 줄어들기 시작한 반면 국제정세가 요동을 치면서 해외에서 전쟁을 치를 수 있는 군대의 필요성이 대두되기 시작한다. 특히 1880년대 들어서면서 심화되기 시작한 조선 정정의 불안과 조선을 둘러싼 청, 러시아와의 점증하는 갈등은 해외 원정을 치를 수 있는 군대의 필요성을 일깨운다.[155] 이러한 입장을 대변한 것은 당시 갓 조성된 참모본부의 젊은 장교들이었던 가쓰라 타로와 가와카미 소로쿠의 상소였다.

미우라 고로(三浦 梧楼, 1847.1.1~1926.1.28.)등 일부 군인들은 군의 확대 필요성에 이의를 제기한다. 가쓰라 타로와 가와카미 소로쿠 참모차장은 다음과 같은 상소를 올려 군확장의 반대의견을 일축한다.

대저 세계[宇内] 크고 작은 국가[邦國]에서 군(軍)을 창건하고, 병(兵)을 양성함에, 목적이 두 가지 있다. 첫 번째는 단지 적국의 습격[襲来]을 방어하고, 또한 국외중립(局外中立)을 지키는 것에 있다. 유럽[欧洲] 제 2등국의 목적이 바로 이것이다. 두 번째는 크게 무위를 빛내며, 국가가 위급[緩]

急]한 때[秋]에 이르면, 병력으
로 자웅(雌雄)을 호소하여, 조
금도 외국[外邦]으로부터 모멸
[侮]을 받지 않고, 소위 타동(他
働)의 병력(兵)을 양성하는 것
이니, 유럽[歐洲] 여러 강국, 즉
제 1등국의 목적이 이것이다.
우리나라[本邦]의 군제는 건설
(建設) 이래로 시일[日]이 아직
일천하여, 모든 일[百事]이 정
돈되지는 못했다고 하나, 그 목

가와카미 소로쿠

적으로 하는 바는 결코 제 1에 그치지 않으니, 곧 제 2 여러 강국의 예에
있다.[156]

　일본군의 지도부는 일찌감치부터 청을 주적으로 간주하였다. 1879
~80년, 당시 중령이었던 가쓰라는 수 차례 중국으로 건너가 중국의 군
사준비 태세를 정탐하고 이를 바탕으로 청군의 규모, 자질, 사기 등을
분석한 6권의 자료를 만든다. 동시에 중국과의 전쟁 계획도 수립한다.
당시 가쓰라는 일본군 3개 사단을 다롄에 상륙시켜 점령한 후 푸젠을
공격하면서 베이징으로 진격하는 계획을 기초한다.[157]
　이 보고서를 바탕으로 참모장 야마가타 아리토모는 일본군을 청군
에 필적할 만한 규모와 수준으로 유지할 것을 제안한다. 그는 동북 아
시아의 점증하는 불안정성을 감안 할 때 중국과의 전쟁은 가능성은 점
점 높아지고 있다고 한다. 비록 청의 전통적인 군대인 팔기군이나 녹
영군은 더 이상 군대로써의 기능을 상실했지만 청이 양무운동을 전개
하면서 상하이와 톈진, 푸저우 등에 새로운 무기창과 조선소를 세웠

음을 상기시킨다.

푸저우(福州)에는 큰 조선소를 설치하여 크고 작은 함선[船艦]을 제조하고, 광저우(廣州), 푸저우(福州), 항저우(杭州), 상하이(上海), 난징(南京), 지난(濟南), 톈진(天津) 등 각지에 조병국(造兵局)을 건설하여 성대히 총포, 탄약을 제조하였으며, 다구(太沽), 베이탕(北塘), 스푸(芝罘), 우송(吳淞), 장인(江陰), 전장(鎭江), 우룽산(烏龍山), 난징(南京), 주장(九江), 한커우(漢口), 닝보(寧波), 샤먼(廈門), 푸저우(福州), 광저우(廣州) 등의 요충지[要衝]에는 모두 포대를 건축하였습니다. 또한 이홍장(李鴻章)의 향용(鄕勇) 2만은 영국식[英式]의 정병(精兵)이며, 산둥(山東)의 순무(巡撫)도 독일[日耳曼] 사관(士官)을 초빙하여 그 향용(鄕勇)을 훈련시켰으니, 기타 양강(兩江), 민절(閩浙), 호광(湖廣), 양광(兩廣) 등의 총독(總督)도 각 향용(鄕勇)을 모집[徵募]하여 앞다투어 서양식[西法] 훈련에 종사하도록 했습니다.[158]

그는 또한 청이 유럽이나 일본식으로 징집군을 창설한다면 850만 대군을 거느린 막강한 군대가 될 것이라며 이에 대비할 것을 역설한다.[159]

만약 유럽[歐洲]의 징병법을 모방하여 평시 100분의 1을 모집한다면 425만 명을 얻고, 전시 100분의 2를 뽑는다면 850만을 얻을 수 있습니다. 청나라가 실로 최근[近日]의 상황[狀]처럼 병제(兵制)의 개혁을 빠르게[駸駸]하고 그치지 않는다면 끝내 만국과 나란히 설[橫行] 수 있게 될 것입니다…. 지금 만국이 각기 국강(國彊)을 지켜 각기 독립을 유지하고 있습니다. 인접국[隣邦]의 병비(兵備)가 점차 굳건해지면 우리나라[本邦]의 병비(兵備) 역시 소홀히 할 수 없는 것입니다. 제방(堤防)이 치밀[周密]하지 않아 틈[罅隙] 한번 생기면 균열[遺裂]이 사방[四出]으로 나 복구할 수 없는 지경에 이르게 될 것입니다. 북쪽[北地]에 강한 러시아[強露]가 이웃[界]하고 있음은 말할 것도 없으니, 서쪽 인접국[西隣]이 결국 강해지게[強] 되면, 우리와 조선은 그 사이에 끼게 됩니다. 이에 춘추(春秋) 정(鄭), 위(衛)가 진(晋), 초(楚)를 대하는 것과 같이, 열국(列國)이 권모술수[權謀]를 서로 다툴 때, 우(虞)에 길[路]을 빌려 괵(虢)을 치는 것과 같은 변[變]이 없을 것이라고 보장할 수 없는 것입니다. 필경 우리의 강함[強]을 믿지 않으면 달리 믿을 것이 없다는 것은 자명[明嘶]한 이치[理]입니다. [전문은 부록5: 「진린방병비략표」 상소]

그러나 야마가타의 거듭된 종용에도 불구하고 메이지 정부의 민간 지도자들은 군대 증강 제안을 받아들이지 않는다. 겉잡을 수 없는 인플레, 급등하는 이자율, 급증하는 수입, 그리고 늘어만 가는 외화 유출로 인하여 마쓰카타 재무상은 1880년부터 세금을 올리는 한편 강력한 재정 긴축정책을 추진 중이었다.[160] 이러한 상황에서 군비를 대폭 증강하는 것은 불가능해 보였다.

그러나 1882년 여름 조선에서 일어난 「임오군란」은 일본정부에게 원정을 치를 수 있는 강력한 군대의 중요성을 다시금 일깨워준다. 조선에서 군란이 일어나자 청은 곧바로 원정군을 파병하여 우월한 군사력을 바탕으로 상황을 장악할 수 있었던 반면 제한된 군사력을 가진 일본은 시종일관 수동적으로 대응할 수 밖에 없었다. 수송선 한척도 없는 해군과 4만에 불과한 육군 병력으로는 일본의 국익을 보호할 수 없음이 자명해졌다. 야마가타는 절망한다.[161]

1882년 9월, 이와쿠라 토모미는 다이조칸에서 해양국가 일본에게는 강한 해군이 필수임을 역설한다. 만일 조선이나 중국을 상대로 전쟁이 일어난다면 당시의 해군력으로는 일본이 큰 위기에 빠질 수 밖에 없을 것이라고 한다. 일본이 조선이나 중국을 공격하기 위하여 해군을 보낸다면 일본 본토는 적의 공격에 노출될 수 밖에 없을 것이고 반면 본토를 지키는데 해군력을 집중한다면 조선이나 중국을 공격할 수 없을 것이라고 한다. 해군력을 증강하고 있는 중국이 언젠가 일본을 겁박하더라도 일본은 자신을 지킬 수 없을 것이라고 한다. 따라서 세금을 올리더라도 해군력을 증강하는 것은 필수라고 역설 한다. 이에 강력한 재정 긴축 정책을 추진 중이던 마쓰카타도 국가안보를 위해서라면 어떻게 해서든지 육해군을 증강할 수 있는 재정을 확보해야 한다는데 동의한다.[162]

일본의 군비는 1880년대 내내 꾸준히 자란다. 1880년 정부 재정의 19%였던 군비는 1886년에는 25%, 그리고 1890년에는 31%로 증가한다. 1883년에는 육군이 각기 3개 대대로 편성된 28개 보병 연대, 3개 중대로 편성된 7개의 기병연대, 2개 야포대대와 1개 산포(山砲, Mountain artillery) 대대로 편성된 7개의 포병연대, 7개의 공병대대와 7개의 수송대대로 대폭 증강된다.[163] 새로운 육군의 편제가 대륙에서의 전쟁을 목적으로 설계 되었음은 자명했다. 만일 국내 방어가 주 목적이었다면 고정된 포를 증강해야 했고 대규모 기병대, 공병대, 수송대가 필요없었기 때문이다. 해군 역시 10척에 불과했던 함대를 42척으로 늘릴 계획을 수립한다. 1885년부터는 12척의 전함을 새로 구매하거나 건조하기 시작한다.[164]

1883년에는 징병제 개혁을 통해 예외를 없애고 예비역 기간을 9년으로 늘리면서 평화시에는 7만 3천군을 유지하고 전시에는 20만군을 갖출 수 있도록 한다. 「청일전쟁」이 일어나는 1894년에 이르면 일본군은 일본이 자체적으로 생산하는 현대무기로 중무장한 군대로 다시 태어난다.[165]

일본의 육군 참모본부는 아시아 대륙에서의 전쟁을 위한 전쟁 계획들을 보다 구체적으로 수립하기 시작한다. 육군의 대표적인 중국통인 오가와 마사지 대령은 1879년과 1886년 중국을 방문한 후 일본이 독립을 유지하기 위해서는 구미열강이 중국을 분할하기 전에 일본이 먼저 분할시키는 방법 밖에 없다고 주장하면서 이에 따른 계획을 초안한다. 오가와의 계획은 8개 사단을 중국에 상륙시켜 그 중 5개 사단은 베이징을 공격하고 3개 사단은 양쯔강 유역의 주요 거점들을 점령함으로써 상군(湘軍)이 북상하는 것을 막는 것을 골자로 한다. 그는 중국과의 전쟁 준비에 5년 정도가 필요할 것으로 예상했다. 물론 이 계획은 실현 가능성이 거의 없는 것으로 폐기되지만 일본군이 얼마나 치밀하게 중국과의 전쟁을 준비했는지 보여준다.[166]

이러한 전쟁 시나리오보다 중요한 것은 일본 군대의 전투력을 획기적으로 향상시킨 대규모 육-해군 공동 훈련들이었다. 1890년 아이치현에서 벌어진 훈련에는 31,759명의 군대와 4,266필의 말, 20척의 전함, 3척의 수송선이 참가한다. 1892년 가을에는 유사한 규모의 훈련이 도치기에서 벌어진다. 이 훈련들은 상륙작전과 철도의 이용, 예비군의 동원 등을 골자로 하였다. 이러한 훈련을 바탕으로 일본 육군은 해외원정을 위한 병참체계를 수립하기 시작한다.[167]

「군인칙유」

1881년에는 「켐페이타이(헌병대)」가 창설된다. 켐페이타이는 군인들의 충성심을 확인하는 역할을 한다.[168] 일본 제국군에서 무엇보다도 중요한 것은 천황에 대한 충성이었다. 제국 육군과 해군은 천황의 소유였다. 천황 자신도 1880년대에 들어서면서 군복을 입기 시작한다. 일본의 전통에 따르면 천황은 평화와 「문(文)」의 상징이었다. 그러나 제국군대가 창설되면서 일본의 천황은 유럽의 군주를 따라 군과 「무(武)」를 상징하는 존재로 다시 태어난다. 황실의 왕자들은 모두 군인이 되어야 했으며 한동안 군의 합참의장은 황실에서만 나올 수 있었다. 천황과 제국군 간의 밀접한 관계는 지역주의, 계급갈등을 극복할 수 있는 가장 중요한 기제로 간주되었다.[169]

1882년 메이지 천황은 「군진초쿠유(軍人敕諭, 군인칙유)」를 반포한다.

짐이 어려서 황위를 계승했을 당시에 정이대장군(征夷大將軍)이 정권을 반환했고 다이묘(大名)와 쇼묘(小名)는 판적을 봉환했다. 얼마 지나지 않아 국내가 통일되어 고대의 제도가 부활되었다. 이것은 문무의 충성스럽고 훌륭한 신하가 짐을 보좌한 공적이며, 백성을 생각하는 역대 천황의 유덕(遺德)이며, 아울러 짐의 신민이 마음으로 옳고 그른 도리를 판별하여 그야말로 막중한 대의를 알았기 때문이다. 그래서 이 시기에 병제를 고쳐 국위를 발휘하게 해야 한다고 생각하고, 지난 십오 년 동안 육해군의 제도를 오늘날처럼 정한 것이다. 군의 대권은 짐이 통수하며, 그 운용은 신하에게 맡기더라도 대강(大綱)은 짐이 친히 장악하여 신하에게 맡기지 않는다. 자손에 이르도록 이 뜻을 잘 전해 천황이 정치와 군사의 대권을 장악하는 의의를 존속시켜 또다시 중세 이후처럼 올바른 제도를 잃는 일이 없기를 바란다.

짐은 너희들 군인의 대원수이다. 짐은 너희를 수족처럼 의지하며 너희들은 짐을 머리로서 받들어 그 관계는 특히 깊어지지 않으면 안 된다. 짐이 국가를 보호하고 하늘의 은혜에 따르고 조상의 은총에 보답할 수 있는 것도 너희들 군인이 직무를 다할 지의 여부에 달려 있다. 나라의 위신에 그늘이 있으면 너희들은 짐과 근심을 함께 하라. 짐의 무위가 발휘되어 영광스럽게 빛난다면 짐과 너희들은 명예를 함께 할 것이다. 너희들이 모두 직분을 지키고 짐과 마음을 하나로 하여 국가의 방위에 힘을 다한다면 우리나라의 백성은 오래도록 태평을 구가할 것이며 우리나라의 위신은 크게 세계에 빛날 것이다. 짐이 너희들 군인에게 거는 기대는 이토록 크다. 그러므로 여기에 훈계해야 할 것이 있다. 그것을 아래와 같이 언급한다.

하나, 군인은 충절을 다하는 것을 본분으로 해야 한다. 우리나라에서 태어난 자라면 누가 나라에 보답하려는 마음이 없겠는가. 하물며 군인인 자는 이 마음이 굳건하지 않으면 아무런 도움이 되지 않을 것이다……

하나, 군인은 예의를 바르게 하라. 군인은 위로는 원수에서 아래로는 일개 병졸에 이르기까지 계급이 있고 통제에 속할 뿐만 아니라 동일한 계급이라도 연차에 차이가 있어, 연차가 새로운 자는 오랜 자를 따라야 한다……

하나, 군인은 무용(武勇)을 존중해야 한다. 무용은 우리나라에서 예로부터 존중 받아 왔으므로 우리나라의 신민인 자는 무용이 없으면 안 된다. 하물며 군인은 전투에 임하여 적에 맞서는 직무이므로 한시라도 무용을 잊으면 되겠는가……

하나, 군인은 신의를 중시해야 한다. 신의를 지키는 것은 상식인데, 특히 군인이 신의가 없다면 하루라도 대오 속에 들어가는 것은 어렵다……

하나. 군인은 검소함을 기본으로 삼아야 한다. 검소함을 전혀 명심하지 않으면, 문약에 빠지고 경박해져서 사치스럽고 호화로움을 즐겨 결국에는 탐관이 되고 오직(汚職)에 빠져 각오도 아주 비루해져 절조도 무용도 소용 없이 사람들에게 지탄받기에 이르는 것이다...[170]

군과 천황이 일심동체라는 사실은 천황의 군복착용, 군사행진 참석, 사관학교 졸업식 참석등을 통해서 확인된다.

해군과 경찰

사이고의 몰락에도 불구하고 일본 해군의 주도권은 사쓰마 군벌이 잡는다. 일본 육군의 창설에서 1926년까지 72명의 장군 중 30%가 조슈출신이었던 반면 해군은 44명의 제독 중 44%가 사쓰마 출신이었다.[171] 사쓰마 군벌의 주도하에 일본 해군은 1888년 사관학교를 창설하고 1893년 포병학교를 설립한다. 1891년에는 독자적인 참모부를 설립한다.[172]

그러나 메이지 정부에게 해군은 육군만큼 시급한 과제가 아니었다. 우선 일본이 국제조약체계 내에서 활동하는 한 강력한 해군이 필요한 것은 아니었다. 더구나 해군은 막대한 예산을 필요로 했다. 특히 늘 부족한 외화가 많이 필요했다. 해군 장교를 훈련시키는 것은 육군보다 훨씬 긴 기간이 필요했고 국내에서는 대부분 제공할 수도 없었다. 가장 강력한 전함들은 아직도 모두 외국에서 사와야 했다. 그러한 이유로 해군 사관학교는 1888년에나, 그리고 해군 참모본부는 1891년에나 창설된다.[173] 1894년, 「청일전쟁」 직전 일본의 해군은 비록 정예이긴 했지만 구미열강의 함대에 비해서는 보잘것없었다. 총 57,000톤에 불과한 28척의 현대식 전함에 24척의 어뢰정이 전부였다.[174]

일본해군의 모델은 처음부터 영국이었다. 장교들은 영국에 유학을 보내고 10년씩 영국배를 타면서 배우도록 한다. 일본해군의 전함들은 대부분 영국조선소에서 건조된다.[175]

야마가타는 경찰제도를 정착시키는데도 진력한다. 1872년 법무성과 현 지사 지휘 하에 설립된 경찰은 원래 프랑스의 「gendarmerie」 모델을 따랐으나 1883년에서 1890년까지 내무경을 역임한 야마가타 아리토모에 의해서 내무부 산하로 편입되면서 독일모델에 따라 훈련을 받으면서 언론과 정치권을 통제하는 힘을 부여받는다.[176] 야마가타는 독일 경찰 고문을 초빙하고 각 현마다 경찰학교를 설립하고 국립경찰대학의 졸업생들을 교관으로 파견한다. 군대와 마찬가지로 공식적인 훈련과 전문성이 강조된다. 그리고 경찰조직은 중앙조직으로부터 지방의 가장 작은 단위까지 침투한다. 1885년에는 3,068개였던 파출소는 1890년에는 무려 11,357개에 이른다.[177]

「조선은 일본의 이익선」

야먀가타 역시 다른 메이지 과두들과 마찬가지로 조선반도를 군사적으로 점령하는 것 보다는 국제적인 합의를 통해서 조선의 독립을 보장하는 외교적인 해결책을 우선시 했다. 그러면서도 군사적 준비태세는 물론 「주권선」과 「이익선」을 정확히 파악하고 지키는 전략이 필요함을 설파한다.[178]

국가 독립, 자위의 방도[道]로 두 가지가 있으니, 첫 번째는 이른바 주권선(主權線)을 수호[守禦]하여 타인의 침해를 허락하지 않는 것이며, 두 번째는 이익선(利益線)을 방어[防護]하여 자기의 유리함[形勝]을 잃지 않는 것이다. 주권선이 무엇인고 하면 강토(疆土)가 바로 그것이며, 이익선이 무엇인고 하면 인접국[隣國],접촉한 형세[勢], 우리 주권선의 안위(安危)와 긴밀하게 서로 관계되는 구역이 바로 그것이다. 무릇 국가로서 주권선을 가지지 않는 곳 없고, 또한 마찬가지로 이익선을 가지지 않는 곳도 없다. 외교 및 병비(兵備)의 요결은 오직 그 두 선(線)을 기반[基礎]으로 존립한다. 지금[方今] 열국(列國)의 사이[際]에 서서 국가의 독립을 유지하려면, 단지 주권선을 수호[守禦]하는 것만으로는 충분치 않으니, 반드시 나아가 이익선을 방어[防護]하여 항시 유리한[形勝] 위치에 서지 않으면 안 되는 것이다. 그렇다면 이익선을 방어[防護]하는 방도[道]가 무엇인고 하니, 각국의 행하는 바, 만약 우리에게 불리한 것이 있을 경우 우리가 책임을 지고 이를 배제하고, 어쩔 수 없을 경우에는 힘[强力]으로 우리의 의지를 달성하는 것이다. 이익선을 방어(防護)할 수 없는 나라는 그 주권선으로 물러나 지키려[退守] 해도, 역시 다른 나라의 원조에 의지하여 겨우 침해를 면할 수 있을 뿐이니, 결국 완전한 독립국[邦國]이기를 바랄 수 없는 것이다.

　지금 우리나라[我邦]의 현황, 홀연(屹然)히 스스로를 지키기에 충분하니, 어떤 나라[邦國]도 감히 우리 강토(疆土)를 엿볼[窺覦] 생각[念]을 하지 못함은 누구도 의심하지 않을 바이나, 나아가 이익선을 방어(防護)하고 이로서 자위의 계획[計]을 굳건히 하는 것에 있어서는 불행히도 완전히 앞의 경우와 달리, 보지 못한 바이다.[179]

　야마가타는 여기서 조선이 일본의 「이익선」의 초점이라는 중요한 전략적 선언을 한다.

　우리나라[我邦] 이익선의 초점은 바로 조선에 있다. 시베리아[西伯利] 철도가 이미 중앙아세아로 나아갔으니, 수년 뒤 준공에 이르면 러시아 수도[露都]를 출발하여 십 수일이면 말(馬)에게 흑룡강(黑龍江)의 물을 마시게 할 수 있을 것이다. 우리[吾시는 시베리아[西伯利] 철도 완성의 날이 곧 조선의 다사다난[多事]한 날이 될 것임을 잊어서는 안되며, 또한 조선이 다사다난[多事]할 때에는 곧 동양에 일대변동(一大變動)이 발생할 계기[機]가 될 것임을 잊어서는 안 된다. 그러니 조선의 독립을 유지함에 하등의 보장 있는 지가 어찌 우리 이익선에 심한[急劇]한 통증[刺衝]을 느끼는 바가 아니겠는가? [전문은 부록6: 야마가타 「외교정략론」 참조]

　가와카미 소로쿠 육군참모차장(川上 操六, 1848.11.11.~1899.5.11.) 같

이 중국과의 일전을 불사하겠다는 군인들도 있었다. 1893년 중국과 조선을 둘러본 가와카미는 일본군의 군사력으로 중국군을 조선에서 충분히 축출할 수 있다며 전쟁을 주장했다. 그러나 이토 히로부미 총리, 무츠 무네미쓰 외무경과 같은 민간 지도자들은 일본이 전쟁을 일으킬 경우 구미열강의 개입을 걱정하면서 전쟁을 통한 문제해결을 꺼렸다. 이들이 결국 무력으로 조선문제를 해결하겠다고 결정하게 되는 계기는 동학난으로 인한 조선의 걷잡을 수 없는 붕괴였다.[180]

7. 불평등 조약의 재협상

「임오군란(1882년)」과 「갑신정변(1884년)」으로 조선에 대한 일본의 영향력은 급격히 떨어진다. 이홍장은 조선의 정정을 안정시키고자 보다 강력한 개입 정책을 펴기 시작하면서 원세개를 파견하여 조선을 직접 통치한다. 원세개는 조선의 내정에만 간섭하는 것이 아니라 대외무역에서도 일본이 점해오던 절대적인 지위를 위협할 정도로 중국 경제력을 조선에 깊숙이 침투시킨다.

그러나 이러한 상황에서도 일본의 우선순위는 구미열강과의 불평등 조약 재협상이었다. 불평등 조약은 일본으로 하여금 관세를 마음대로 걷지 못하게 함으로써 일본의 산업발전에 심대한 저해요인이 된다. 또한 불평등 조약의 치외법권 조항은 일본의 열등한 지위를 끊임없이 상기시켜주는 굴욕의 상징이었다. 문제는 더 심각해지고 있었다. 1880년대에 들어서면서 구미열강은 급격히 지구 곳곳에서 부와 자원을 약탈하고 시장을 점유해 나가고 있었다.[181]

이 때 후쿠자와 유키치의 「탈아입구론」이 나온다.

보차(輔車)·순치(脣齒)는 이웃나라[隣國]가 서로 돕는 모습을 비유한[喩] 것이겠으나, 지금 중국[支那]·조선은 우리 일본을 위해 조금[一毫]도 원조가 되지 않을 뿐만 아니라, 서양 문명인의 눈에는 삼국의 지리가 서로 접해 있기 때문에, 때로는 이들을 동일시하니, 중[支]·한에 대한 평가를 우리 일본에 부여[命]하는 의미도 없지 않다. 예를 들어, 중국[支那]·조선의 정부가 고풍(古風)의 전제국[專制]라서 법률이 근거하는 바가 없으면 서양인은 일본도 역시 무법률국[無法律の國]인가 하고 의심하고, 중국[支那]·조선의 지사[士人]가 혹닉(惑溺)이 심하여 과학이 무엇인지를 알지 못하면 서양의 학자는 일본도 역시 음양오행의 나라인가 하고 생각하며, 중국인[支那人]이 비굴하여 부끄러움을 알지 못하면 일본인의 의협심[義俠]도 이에 가려지고, 조선국에서 사람에게 내리는 형벌이 참혹하면 일본인도 역시 함께 무정한가 하고 추론[推量]되는 것과 같이, 이러한[是等] 사례를 헤아리자면 열거[枚擧]할 수 없을 지경이다. 이를 비유하면 서로 이웃해 있는 한 마을 한 고을[一村一町]의 사람들[者共]이 어리석고 무법하며 더욱이 잔인·무정(無情)할 경우, 설령 그 마을[町村] 안의 한 집안[一家人]이 정당한 일[人事]에 주의하더라도 타인의 추악함[醜]에 가려져 파묻히는[埋没] 것과 다르지 않은 것이다. 그 영향이 사실로 나타나 간접적으로 우리 외교 상의 장애[故障]가 되는 일이 실로 적지 않으니, 이는 우리 일본국의 일대 불행이라 할 수 있을 것이다. 그렇다면 오늘날의 계책[謀]을 세움에, 우리나라가 이웃나라의 개명(開明)을 기다려 함께 아시아를 부흥시킬 여유[猶豫]가 없으니 오히려 그 대열[伍]을 벗어나 서양 문명국과 진퇴를 함께하고, 중국[支那]·조선과 접촉[接]하는 방법[法] 역시 이웃나라라는 이유로 특별히 해석[會釋]하지 않고, 실제 서양인이 그들과 접촉[接]하는 풍습[風]에 따라 처분해야 할 뿐이다. 나쁜 친구[惡友]와 친하게 지내는 자는 함께 나쁜 친구가 되는 것을 면할 수 없으니, 우리는 마음으로 아시아·동방의 나쁜 친구를 사절할 것이다. [전문은 부록7 참조]

중국이 「아편전쟁」에서 「청불전쟁」에 이르기까지 서구와의 대결에서 그 허약함을 여실히 드러내면서 일본 역시 중국과 같은 처지가 될 것을 걱정한다. 시급한 것은 일본이 하루빨리 아시아의 후진국이 아닌 구미열강과 모든 면에서 어깨를 나란히 하는 선진국으로 인식되는 것이었다. 아시아 전체가 구미열강의 식민지로 전락하기 전에 일본이라도 하루빨리 정신을 차리고 선진국으로, 아시아의 열강으로 도약해야 하는 것이었다. 외무대신 이노우에 가오루는 다음과 같이 말한다.

　　본 대신(大臣)은 청컨대, 본 대신이 이에 대처[處]하는 의견, 즉 이러한 우환을 미연에 방지하는 방법[所以]의 의견을 개진하고자 한다. 본 대신이 생각건대, 이에 대처[處]하는 길[道]은 우리 제국 및 인민을 개화[化]하여, 흡사 유럽국[欧洲邦國]처럼, 흡사 유럽인민처럼 되도록 하는 것뿐이다. 즉 간곡히 충언[切言]하자면, 유럽과 같은 일신 제국[欧洲的一新帝國]을 동양의 대표[表]로 창출[造出]하는 것뿐이다. 일국인민(一國人民)은 그 분자(分子)인 각국인민(各國人民)이 우선 용감·활발한 인민이 되지 않으면, 스스로 강대해질 수 없다. 즉 일본 인민의 자치의 제도[制]와 활발한 행동은 일본 국민을 강대하게 하고 일본 정부를 강성하게 하여, 만사[萬] 부족함이 없게 할 것이다. 왜냐하면 우리 정부는 본디 우리 국민을 대표하는 것에 불과하다 할 수 있는데, 그렇다면 곧 어떻게 이러한 과감한[敢爲] 기상과 독립·자치의 정신을 우리 3,800만 인민의 뇌리에 주입할 수 있을 것인가? 본 대신의 소견을 말하자면, 우리 인민으로 하여금 유럽 인민과 접촉[觸擊]하도록 하여, 각기 스스로 불편함을 느끼고 불리함을 깨달아, 서양[泰西]의 활발한 지식을 흡수[吸取]하도록 하는 것에 있을 뿐이다. 즉 우리나라 사람이 각기 스스로 문명개화에 필요[要]한 활발한 지식과 과감한 기상을 구비하게 되면, 우리 제국이 비로소 실제 문명의 지위[域]에 오를 수 있게 되는 것이다. 본 대신은 우리 황제폐하의 위령(威靈)에 각 대신과 함께 맹세하였으니, 이러한 신 제국(新帝國)을 동양의 대표[表]로 창조[造出]하고자 한다. 그렇다면 그 수단 역시 실제 내·외인의 왕래·교통을 자유·자재로 만드는 것에 있다. 이에 반해, 지금 외국무역과 자유교통이 만국 교제 상의 특출한 형태[形象]인 시기[秋]임에도, 우리 제국은 일부분을 제외하고 외국인으로부터 폐쇄하여 내지(內地)로 들어오는 것을 허

젊은 시절의 이노우에 가오루

락하지 않으니, 이는 단지 고루·배리(背理)한 일일 뿐만 아니라, 실로 외국인이 불평[苦情]을 토로하게끔 하는 구실을 부여할 우려[虞]가 있다. 그런데 혹자[議者]가 말하기를, 지금 갑자기 우리나라를 외국인에게 전면개방[全開]할 경우, 크게 우리나라의 경제를 해치게 될 것이라고 하는데, 본 대신이 그렇지 않은 까닭[所以]을 제시하고자 한다.[182]

이를 위해서는 외교적으로 대등한 지위를 얻지 않으면 안되었고 대등한 지위를 얻기 위해서는 일본도 서구의 법대로 살 수 있음을 보여줘야 한다고 생각했다. 따라서 모든 것을 서구의 관습에 맞추어야 한다고 주장한다. 그리고 조약항이 없어지고 치외법권지역이 없어지기 위해서는 외국인들도 일본 어느곳에서든지 살 수 있게 되어야 한다고 한다. 그러나 많은 일본인들에게 불평등 조약의 유일하게 좋은 점은 서구인들을 개항장에 가둬놓을 수 있다는 것이었다. 따라서 많은 일본인들은 이노우에에 반대한다. 그러나 이노우에는 일본인들이 서구인

로쿠메이칸

들과 일상에서 많이 접할 수록 일본의 근대화가 촉진되고 선진 인종과
의 교류가 많아질 수록 얻는 것이 많을 것이라고 한다.[183]

이노우에는 그러나 점진적으로 일본인의 법적인 평등을 획득하는
방법을 따른다. 그는 서양인들이 관련되는 재판에는 외국인 판사들이
재판을 하는 안을 받아들이고자 한다. 이를 위해서 이노우에는 일본
의 외국인 대표들과 1886년 5월에서 1887년 4월까지 1년에 걸쳐 협
의를 한다. 결국 일본의 법체제를 완전히 근대화하기 전까지는 외국
인들과 관련된 재판에 있어서는 외국인 판사들이 다수로 한다는 원칙
에 어쩔 수 없이 동의한다. 그러나 이러한 사실이 알려지자 일본의 여
론은 들끓는다.

이노우에는 일본도 서양의 관습을 모두 따른다는 것을 증명하기 위
하여 수 많은 행사를 개최한다. 대표적인 것이 1887년 「로쿠메이
칸(鹿鳴館)」에서 개최한 무도회였다. 「로쿠메이칸」은 빅토리아 양식의
화려한 건물이었다. 비판자들은 이러한 것이 모두 서양에 아부하기 위
한 것이라고 거세게 비판한다.[184] 헌법제정 과정에서 배제된 이들은 정
부가 일본 국가의 명예를 훼손하고 비굴하게 행동하였다고 거세게 비

로쿠메이칸의 무도회. 도요하라 치카노부(豊原周延, 1838~1912) 1888년 작.

판한다.[185] 이노우에는 사임한다.

이노우에 후임으로는 오쿠마 시계노부가 임명된다. 오쿠마는 1881 년 헌법개정 문제로 정부와 결별한 후 자유민권운동파에 합류하여 왔다. 이토와 이노우에 등은 불평등 조약 재협상 문제가 자유민권파의 지속적인 반대와 비판 속에 표류하자 한때 동지였던 오쿠마에게 이 사안을 맡기기로 한다.

오쿠마는 구미열강과의 협상을 모두 비밀리에 진행한다. 그리고 모든 열강들과 동시에 협상을 진행하기 보다는 영국과의 양자협상에 집중한다. 오쿠마는 영국과의 협상에서 외국인 판사들이 외국인 관련 재판을 주재하는 것은 일본의 새 법전이 완성된 다음으로 미룬다는 합의를 비밀리에 한다. 그러나 영국의 「타임즈」지가 오쿠마의 제안들을 보도 해버린다. 또 다시 전국적으로 정부를 비판하는 여론이 들끓고 겐로인(원로원)에는 이 건과 관련하여 3백 건의 상소가 올라온다.

자유민권주의자들이 오쿠마에 대한 격렬한 비판을 이어가는 와중에 극우 단체인 「겐요샤(玄洋社)」는 오쿠마의 암살을 시도한다. 겐요샤는 이노우에 가오루가 외상직에 있을 때도 그의 「타협적인 자세」를 비판하면서 후쿠오카에서 그를 암살하려고 하지만 결국은 시도도 못하고 끝난다. 오쿠마는 서양인들과 협상을 하는데 강력하게 일본의 입장을 고수하지 않음으로써 천황의 존엄에 먹칠을 하였다고 한다.

젠요샤는 구루시마 츠네요시에게 오쿠마 암살을 지시한다. 그는 처음에는 칼로 오쿠마를 암살하려하지만 호위가 삼엄한 것을 알고는 폭탄을 사용하기로 한다. 그는 도야마 미쓰루(頭山 満, 1855.5.27. ~1944.10.5.)에게 폭탄을 구해줄 것을 요청하였고 도야마는 오이 겐타로(大井憲太郎, 1843.9.3.~1922.10.15.) 에게 부탁하여 폭탄을 얻는다. 1889년 10월 18일, 늦은 오후, 구루시마는 외무성으로 되돌아가고 있던 오쿠마가 탄 마차에 폭탄을 투척한다. 오쿠마는 목숨은 건지지만 다리를 잃는다. 암살에 성공했다고 생각한 구루시마는 그 자리에서 자결한다.[186]

여론은 오쿠마나 정부보다는 암살 기도범들의 「우국충정」에 더 우호적이었다. 오쿠마 암살범으로 젠요사 회원 40여 명이 수사 대상에 오르지만 결국 1명만 투옥되고 나머지는 이듬해 3월 모두 석방된다.[187] 일본정부는 결국 조약 재협상을 중단한다.[188]

오쿠마는 몇주 후 외무경 자리를 사임한다.[189] 구로다 기요타가 총리도 사표를 내고 내각은 해산된다. 그 뒤를 이어 야마가타 아리토모가 총리대신이 된다.

그러나 불평등조약 재협상 문제는 야마가타 내각도, 그 뒤를 이은 마쓰카타 내각에서도 진전을 보지 못한다. 오쿠마의 후임으로 아오키, 에노모토 등이 외무경을 역임하지만 본격적인 협상은 1893년 말에 가서야 무츠 무네미쓰가 외상을 맡으면서 재개된다.[190]

1892년, 마쓰카타의 뒤를 이어 다시 이토가 총리대신이 된다. 이때 중의원은 천황에게 직접 상소를 올려 만일 구미열강들이 재협상에 응하지 않으면 일본이 일방적으로 조약들을 파기할 것을 제안한다. 이토

는 하원을 해산시킨다.[191]

결국 1894년 7월 16일 무츠 무네미쓰 외무경은 영국과 새로운 조약에 합의 한다. 이 조약은 영사재판부, 즉 외국인들의 재판을 외국인 판사들이 주재하는 조항을 폐지한다. 관세자주권 역시 5년 후에 완전히 되찾기로 한다. 열강 중 가장 강한 영국과 조약 재협상에 성공하면서 다른 열강과의 조약들도 모두 재협상된다.[192]

그러나 이때가 되면 오쿠마의 가이신토, 고토 쇼지로파, 오이 겐타로파 등 자유민권파는 모두 극우세력과 함께 재협상에서 약한 모습을 보이는 정부를 지속적으로 공격하면서 보다 강경한 대외정책을 요구하고 나선다.[193] 이들은 특히 조선문제에 있어서 보다 적극적이고 강경한 전쟁개입을 요구하는 목소리를 높인다. 메이지 정부는 머뭇거린다. 어떤 것이 현실적인 조선정책인지, 어떻게 해야 야권의 강경파 목소리를 잠재울지 결정을 못한다.

8. 오사카 사건과 극우파의 태동

1885년 2월 27일, 「갑신정변」이 발생한지 3개월이 채 안 되었을 때 겐로인(원로원)은 「조선변사내유(朝鮮変事内諭)」를 지방관들에게 내린다. 「내유」란 「드러나지 않게 타이름」을 뜻한다.

작년 12월에 조선 한성의 변에 대해 청국과의 교섭한 사건에 관하여 앞으로 이토(伊藤)참의를 특파전권대사로서 청국에 파견하여 교섭 전권을 위임함. 외국과의 교섭의 건이나 사태의 중대에 있어서 각국의 현재 형세와 장래의 결과를 관찰하여 국가 영원의 대계를 그르치는 관계를 온전히 하고, 올바른 마무리의 방향을 취하는 것이 천황의 염려(예려(叡慮))임. 각관

들은 조정의 염려를 몸과 마음에 깊이 새길 것.[194]

갑신정변에 대해서 함부로 얘기하지 말 것을 경고하는 내용이었다.

주 조선 공사 다케조에 신이치로(竹添進一郎, 1842~1917)가 조선 내정에 개입하지 말라는 정부의 훈령을 받았음에도 불구하고 갑신정변에 연루 된 것을 메이지 정부가 얼마나 곤혹스러워했고 청과의 협상 과정에서 불리한 내용이 불거지는 것을 막고자 전전긍긍했는지 알 수 있다. [이노우 가쿠고로와 갑신정변에 대한 논의는 제 2권, 제 3부, 제 11장, 「2. 거사」, 「3. 청군의 개입」, 「4. 갑신정변의 사후 처리」 참조.]

1885년 4월 18일 이토 히로부미와 이홍장이 체결한 「톈진조약」은 갑신정변의 책임소재나 배상문제를 해결하지 못한채 미제로 남긴다. 주요 합의 내용은 청과 일본이 모두 조선 주둔 군대를 철수 할 것, 청이나 일본인은 조선의 군사 훈련관이 될 수 없다는 것, 그리고 조선에 변란이 생겨 군대를 투입할 경우 상대국에 알릴 것 등이었다.

그러나 메이지 정부는 5월이 되어도 조약의 내용을 공개하지 않는다. 1885년 5월 12일자 『유빈호치신문(郵便報知新聞)』은 정부가 조약 내용을 하루 속히 공개할 것을 요구한다. 「우리는 톈진조약이 공개되기를 바란다…. 이토 대사가 일본으로 돌아온지 이미 수일이 지났다. 그런데 왜 정부는 조약의 조항들을 공개하지 않는가?」[195]

정부는 5월 27일에야 조약을 공개 한다. 그러나 조약의 조항들만 공개되었을 뿐 아무런 설명이 없었다. 곧바로 여러 신문이 조약 내용을 보도하였지만 일체의 해설 없이 정부의 발표문을 그대로 옮기기만 한다. 「갑신정변」에 대한 일본 조야의 관심, 이노우에의 조선방문, 그리고 이토가 청에 중재하러 떠날 때 받았던 지대한 대중의 관심 등을 고려할 때 이처럼 무미건조하게 「톈진조약」의 내용이 보도된 것은 정부 검열 때문이었다. 후쿠자와 유키치의 『지지신보』, 『도쿄-요코하마 마이니치』, 『유빈호치』 등의 주요 신문들이 평소 정부에 대해 매우 비판적이었다는 사실에 비추어볼 때 이는 확실했다.[196]

청과 「톈진조약」을 체결 한 후 일본정부는 일본으로 망명한 조선의 개화파와 이들을 지지하는 일본의 자유민권주의자들이 문제를 일으키지 않도록 손을 쓴다. 김옥균, 박영효 등 친일개화파들이 「치토세마루호」로 일본에 망명하고자 나가사키에 도착하자 정부에서는 아무도 이들을 마중하지 않았다. 김옥균 등은 후쿠자와 유키치에게로 가서 자신들을 의탁한다. 일본 정부가 냉대하자 박영효, 서광범, 서재필 등은 일본을 떠나 미국 망명길에 오르고 김옥균만 일본에 남는다. 일본의 여론이 들끓는다.

이러한 상황에서 1885년 11월 23일, 「오사카사건(大阪事件)」이 터진다. 오이 겐타로와 고바야시 구스오 등 자유민권운동 지도자들이 오사카 호텔에서 경찰에 구속된다. 구속 사유는 이들이 군사를 이끌고 조선으로 건너가 김옥균, 박영효 등 친일개화파들이 권력을 잡도록 돕고자 하였다는 것이었다. 경찰은 오사카와 나가사키 지역에서 일당 130명을 추가로 구속한다.

이들은 조선에 건너가서 배포할 격문도 소지하고 있었다.

일본의 의도(義徒, 의(義)를 주창하는 무리)가 우내(宇內, 천하) 인사(人士)들에게 격문을 고하노라.

조선은 자주지방(自主之邦)이다. 이씨가 나라를 세우고 영토를 넓혔으며 본래 스스로 나라를 다스려서 타국의 간섭에 의지하지 않았는데, 청조(清朝)가 그 병력으로 그것을 빼앗아 속방(屬邦)으로 만들어서 책봉(冊封)을 받고 조공(朝貢)을 바치게 했으며, 그 국권(國權)을 압살하고 자유를 침탈해서 자기의 명령을 따르게 했다. 그러나 조선은 단고(單孤, 외톨이, 고아)해서 오늘날까지 이를 막지 못했다. 국인(國人)들이 모두 분노가 쌓여 이를 갈고, 눈물을 삼키고 가슴을 치면서 하늘에 원통함을 울부짖고 있다. 우내 인사들은 이를 보고 들으면서도 괴이하게 여길 것이 아니라고 하는 것인가? 아니면 포악함이 아니라고 여기는 것인가?

무릇 열국(列國)이 대치(大峙)해서 각자 나라를 다스리니, 타국이 침략해서 자기에게 예속시키는 것이 어찌 포악함이 아니겠는가? 지금 조선은 군주부터 서민에 이르기까지 선대의 업적을 회복해서 자주지방(自主之邦)을 만들기를 바라고 있다. 그러나 청은 나라가 크고 인구가 많은 것을 믿고서 그 왕을 위협하고, 왕의 생부를 유폐(幽閉)하고, 왕후를 욕보이고, 그 백성에게 고통을 주었다. 또 군대로 그 왕궁을 핍박해서 정리(正理)를 내버리고 대의(大義)를 무너뜨려서 그 패학(悖虐, 도리에 어긋나고 잔인함)과 낭려(狼戾, 거칠고 사나움)가 그치지를 않는다. 그 죄가 가득차고 그 악이 하늘에 닿도록 넘쳤으니, 누가 청의 포악함에 분개하지 않으며, 조선의 실정을 가엾게 여기지 않겠는가?

조선의 상하가 자주(自主)에 용감함이 이와 같은 데도 아직 그 공을 이루지 못하고, 청이 거리낌 없이 포악함을 자행하는 것은, 조선 조정의 몇몇 무리가 붕당을 이루고 떼 지어 사대(事大)를 주창해서 조선의 사정을 청에 밀통하기 때문이다. 이들 몇몇 무리들은 비겁하고 나약해서 큰 절개를 알지 못하는 자가 아니면 간사해서 나라를 팔아먹는 좀벌레 같은 도적이니, 조선의 의인들이 그들의 살을 씹기를 바란 것이 오래됐다. 또 대체로 청나라 사람은 본성이 견양(犬羊, 노예나 죄수가 된 듯 다른 사람에게 운명을 맡기는 무기력한 사람)처럼 돼서 어리석기가 마치 돼지 같으며, 완고하고 총명하지 못한 데다가 거만하고 방탕하다. 스스로는 중화(中華)라고 하나, 누군들 오랑캐[夷]가 아니라고 하겠는가? 우내의 문명(文明)을 가로막은 것이 이미 적지 않은데, 또 다른 나라를 속여서 그들이 좋은 운수를 얻는 것마저 지연시킨다. 예전에 프랑스 인들과 월남(越南)을 다투다가 예봉이 부러져서 징벌할 수 없게 되자 조선 내정에 더욱 간섭했으니, 이것을 참을 수 있다면 참지 못할 일이 무엇이겠는가?

우리는 항상 자유대의(自由大義)로 천하에 섰으니 통분하고 강개하지 않을 수 없다. 아아! 청의 포악함을 미워할 만하고, 조선의 실정을 불쌍히 여길 만하도다. 우리는 천명에 순응해서 이제 천리(天吏, 천명을 받을어 백성을 다스리는 자)가 되어 청의 죄를 드러내고 하늘을 대신해서 위엄을 떨쳐서, 조선의 선업(先業, 선대의 업적)을 회복해서 자주지방(自主之邦)으로 만들고자 한다. 이로써 청나라 사람의 굴레를 벗어나고 그 포악한 종적(蹤迹)을 끊어서 구미문명(歐美文明)의 교화를 전파하는 것이 참으로 조선국왕의 마음이요, 조선국민의 마음이다.

비록 그러하나 우리가 어찌 일 만들기를 좋아해서 그런 것이겠는가? 자유대의(自由大義)를 소홀히 할 수 없기 때문이다. 미국 13개 주가 영국에 대항할 때, 프랑스 인들이 크게 힘을 써서 그들이 자주지방이 되는 것을 도왔다. 프랑스도 열국이요, 영국도 열국인데, 13개 주는 영국의 식민지였다. 영국 식민지의 난이 프랑스에 무슨 관계가 있었겠는가? 그런데도 프랑스가 크게 힘을 써서 마침내 천고의 미담이 되었으니, 자유대의를 소홀히 할 수 없음이 참으로 이와 같은 것이다. 하물며 우리는 이제 천리(天吏)가 되어 하늘을 대신하여 위엄을 떨칠 것이니, 어찌 국경의 차이를 따질 것이 있겠는가?

아아! 우리의 마음은 지성(至誠)으로써 스스로 맹세하고, 신명을 던져서 의(義)에 죽을 것이니 어찌 반드시 완전한 성공을 기약하겠는가? 그러나 사(邪)는 정(正)을 이기지 못하고 역(逆)은 순(順)에 대적할 수 없으니, 원악대추(元惡大醜, 악하고 추한 것들의 우두머리, 청나라)는 오직 현륙(顯戮, 죄인을 처형하고 그 시체를 거리에 전시하는 일)을 당할 것이다. 그 공을 이루기 위해서는 때를 놓쳐서는 안 된다. 이에 격문을 포고하니, 부디 천하만세(天下萬世)는 우리의 마음이 저 하늘에 빛나는 해와 달 같음을 알기

바란다. 자유대의를 해치는 자들은 모두 함께 두려워해야 할 것이다.[197]

이들은 자신들이 조선독립의 첫 총성을 울리면 많은 유럽과 미국의 혁명 단체들이 자신들을 도울 것이라고 믿었다.[198]

조선의 반응

오사카 사건은 조선을 발칵 뒤집어 놓는다. 김옥균이 일본의 낭인들과 함께 8척의 배에 나눠타고 조선으로 향했다는 소문이 파다했다. 샌프란시스코의 선교사들은 그곳에 도착한 박영효, 서광범, 서재필 등 개화파들을 돕고 있으며 이들은 음모를 짜면서 민중전을 위협하였고 미국은 이들에게 폭약을 제공하기로 하였다는 소문도 돌았다.[199]

이 당시 조선조정이 얼마나 당황했는지는 폴크 중위의 보고서에 잘 나타난다.

이달 13일, 두 명의 조선 관리가 관복을 입은 채 늦은 오후에 찾아왔습니다. 그들은 국왕전하가 저에게 김옥균(작년 12월 음모의 주동자)의 지휘하에 원정대가 일본을 출발하였다는 소식에 대하여 어떻게 생각하는지 제 의견을 물어보라고 하셔서 왔다고 하였습니다. 그들에 의하면 국왕께서는 중국대표가 주 일본 중국공사로부터 받은 전보 (12월 13일)에 의하면 김옥균이 renegade 일본 무사들과 8척의 목판선을 타고 시모노세키를 출항하여 겉으로는 다른 일본 항구를 향해 가는 척을 하지만 실제로는 조선을 향하여 오고 있으며 많은 양의 총탄을 선적하였다는 것입니다. 그 관리에 의하면 이 소식은 조정의 왕족과 관료들이 매우 당황하고 있다는 것입니다.

저는 이들에게 그런 소식을 들은 것이 없다고 말해주고 걱정할 아무런 근거가 없다고 하였습니다. 그리고 아마 뭔가 오류가 있을 것이며 일본이 그런 원정대가 출항하는 것을 허락할리가 없다고 하였습니다.

같은 날 더 늦은 시간에 영국의 총영사 베이버(Baber)는 찾아와서 흥분한 상태에서 다음과 같이 말했습니다. 그는 그날 오후 중국 공사관을 찾아갔는데 거기에서 주일 중국공사가 보냈다는 바로 그 전보를 보았는데 그 내용은 제가 궁으로부터 나온 관리들이 전한 것과 같이 김옥균의 원정대에 대한 똑같은 내용이었습니다. 중국 대표는 이홍장 총독에게 전보를 쳤으며 중국의 전함들을 보내 조선해안을 순찰하도록 할 것을 제안하였으며 김옥균이 무장한 무리들과 곧 상륙하거나 이미 상륙하였으며 조선의 세력을 규합하여 한양으로 향할 것이라는 것이었습니다. 바버 총영사는 중국대표에게 이 소식을 일본 대표에게도 곧바로 알려야하지 않겠냐고 하였지만 원세개는 거절하였습니다. 베이버씨는 곧바로 베이징에 있는 영국 대표에게 전보로 중국의 전보내용을 전하고 제물포에 군함을 보낼 것을 요청하였다고 합니다.

그날 저녁 베이버씨는 일본의 대리공사를 만나 그가 일본정부로부터 김옥균 원정대에 대한 아무런 소식도 받지 못하였음을 알게 되었습니다.

저는 베이버씨에게 제가 들은 것을 모두 전하였고 일본이 그런 원정대가 출항을 하거나 무장을 하는 것을 허락했을리가 없다고 하였습니다. 그리고 또한 주일 중국공사는 그런 원정대가 무장을 하고 출발하는 것을 알았는데 일본정부가 몰랐다는 것은 있을 수 없는 일이라고 하였습니다.

다음날 국왕은 다시한번 저에게 정보가 있는지 물어왔고 제가 몇가지 질문을 하자 중국대표가 조선 정부에게 더 많은 정보를 요청하는 전보를 보내면서 조선정부에게는 원정대에 관련해서는 일본 대리공사와 연락을 취하지 말 것을 종용하였다고 합니다.

같은달 15일, 영국 군함이 츠푸(?)를 출발하여 제물포에 도착하였고 며칠후에는 또 한척이 도착하였습니다. 중국의 군함 3척도 도착하였습니다.

저는 제물포에 정박해 있던 미국 군함 마리온호 선장에게 전갈을 해 무슨 일이 벌어졌었는지 알리고 그가 들었을지 모를 과장된 얘기들이나 소문에 귀기울이지 말 것을 종용하였습니다.

15일 저녁때 궁으로부터 관리가 나와 중국의 대표가 주일 중국공사로부터 두번째 전보를 받았는데 내용인즉 김옥균이 군사를 이끌고 조선으로 출항하려고 하였으나 중국공사가 김옥균의 의도를 간파하여 일본 외무성을 통하여 일본정부에 이를 알려서 김옥균과 그의 무리들을 체포하도록 하였다고 합니다. 궁으로부터 파견된 관리는 국왕께서 일본에서 실제로 무슨 일이 벌어졌었는지에 대해 의심을 하고 계시면 국왕께서는 저에게 일본에 직접 전보를 쳐서 자세한 내용을 알아보라고 부탁을 하라고 하셨다고 하였습니다. 저는 이에 대해 이는 제 영역과 임무를 벗어나는 일이며 한양 내에서, 여기에 있는 일본대표와 협의하는 것이 올바른 방법이라고 하였습니다.[200]

이 소문으로 중국, 영국, 미국 등이 군함을 제물포로 급파한다. 그러나 물론 김옥균의 원정대는 오지 않았다. 일본정부가 친일개화파들을 도우려는 자유민권주의자들을 철저하게 탄압하였기 때문이다.

재판

오이 등 주동자들은 모두 구속되어 재판에 회부된다. 재판에서도 이들은 자신들이 정당했음을 주장한다.

우리들은 조선에 대해, 일반적으로, 소위 전쟁을 하려 했는가 하면 절대 그렇지 않다. 보통 전쟁의 원인은, 상대의 무례한 죄를 묻거나 또는 상대를 침략하기 위해 일어나는 것이지만, 우리의 거사이유는 이러한 문죄(問

罪), 침략이라는 두 가지를 품고 있지 아니한 것이다. 그저 동정연민과 환난상구(艱難相救, 어려울 때 서로 도움)를 하려 한 반짝이고 의로운 마음에서 비롯된 것이므로 이러한 내용을 세계각국에 널리 밝히는 동시에 천하후세에도 분명히 알려야 한다고 생각한다. 그러나 이렇게 이야기 함은, 세상 사람들은 (우리가)움직이게 되면 괴이히 여기기 때문이며, 이러한 것은 이미 국토가 다르기 때문에 결코 가능할 리 없다는 짧은 식견에 사로잡힘을 벗어나기 어렵기 때문이나 다른 종교가를 보노라면 그들은 강과 바다에 의지하여 나라를 나눈 것이 아니라 사해 모든 형제들을 품고 있지 아니한가. 즉, 우리보다 연배 있는 이는 아버지이자 어머니이며 젊은이는 동생이다. 특히 조선처럼 우리와 태고이래 이웃국가의 친근함이 있는 그들이 나태함 속에 잠을 자다 눈을 뜨는 때, 우리는 일대 경종을 울려 깨우는 것이 이치에 맞으며 정을 다하는 것이 아닌가. 안타까운 이 조선의 풍속은 지극히 야만스러운 아프리카와 같아 죄를 지으면 삼족에 이르는 잔인가혹한 나라로, 아시아에서 우리와 가장 가까운 위치에 있다. 게다가 그 잔인한 제도를 눈에 두어 수수방관하고 있으니 우리 자유주의를 받아드린 자로서 결단코 묵시할 수 없는 바, 분연히 몸을 일으켜 이 일대 암초를 제거하고자 할 따름이다. 즉, 우리는 일본인이나 몸은 조선땅에 두어 조선의 사직을 위태롭게 하는 두적(蠹賊)을 없애고자 분기한 것이다. 성패는 모두 하늘에 있으며 미쳤다 하거나 어리석다 함도 그저 타인의 평가에 맡기니 우리는 스스로를 두어 의군이라 칭하며 성패와 이둔(利鈍)을 돌아보지 아니하고 이러한 뜻을 전국의 뜻있는 자에게 보내어 소매를 휘날리며 이를 던지노라. 바람의 울림에 응하는 자 곧 실로 인위적으로 있게 하는 곳이 아닌 천의(天意)에서 나온 것으로 받아들이는 것도 사람, 누가 이것을 불가능하다 하겠는가. 더욱이 뜻있는 자는 모두 귀중한 생명재산을 돌아보지 아니하고 흙먼지와 같이 여기고, 부모형제를 뒤로 하고 계림(鷄林)의 귀신이 될 것을 기대하니 삼척(三尺)의 검에 몸을 맡기고 스산한 바람, 역수(易水)를 건

넌다. 이로서 이 거사의 부정불의(不正不義) 없음을 알아야 할 것이다.[201]

당시 재판을 맡았던 판사 중 한명은 훗날 다음과 같이 회고하였다. 「도쿄의 장관들도 재판을 보러 왔다. 그리고 정부는 고소내용이 사실 인지 아닌지는 따지지도 않은 채 피고들을 모두 유죄판결을 내리도록 압력을 행사하였다.」[202] 1886년 9월 19일, 판결이 나온다. 오이와 고 바야시는 6년, 이소야마는 5년 형을 받는다.[203] 피고들은 재심을 청구 한다. 1888년 3월, 원심이 파기되고 나고야에서 새로운 재판이 열린 다. 그러나 원래 6년 수감형이 오히려 9년으로 늘어난다.[204] 이들은 결 국 1889년 2월, 메이지 헌법의 선포를 기념하여 내려진 대 사면령때 석방된다.[205]

음모 가담자들

오이 겐타로는 1843년 부젠한(규슈현의 오이타)의 사무라이 집안에 서 태어났다. 한학을 공부한 후에는 나가사키로 가서 난학을 배운다. 1862년에는 에도로 가서 「가이세이조(開城所)」에서 수학한다. 가이세 이조는 1857년 문을 연 일본 최초의 서양학문 교육기관인 「반쇼시라 베쇼」의 새 명칭이었다. [반쇼시라베쇼에 대해서는 제 2권, 제 3부, 제 1장, 「7. 바쿠후와 조슈, 사쓰마의 개방 정책」 참조.] 이곳에서 그는 프랑스법을 최초 로 연구한 미츠쿠리 린쇼(箕作麟祥, 1864.9.19.~1897.11.29.) 밑에서 공 부하면서 처음으로 민권과 민주주의에 대해서 배운다.[206]

그 후 기이한(紀伊藩)의 군사제도를 근대화 하는 작업에 참여 하 고 메이지 유신 후에는 일본군 현대화 작업에 참여한다. 그리고 메이 지 정부 초기 법무대신 에토 신페이 밑에서 일하면서 1873년 프랑스 법전을 번역해서 출간 한다. 그러나 그의 상관이었던 에토 신페이가

1874년 「사가의 난」을 일으켰다 실패하고 오쿠보의 손에 죽자 1875년 겐로인(元老院, 원로원)의 비서가 되지만 1876년 결국 정부를 떠난다. [사가의 난에 대해서는 제 2권, 제 3부, 제 4장, 「2. 사이고 대 오쿠보」참조.]

오이는 정부에 몸을 담고 있을 때부터 이미 가명으로 글들을 발표했다. 헌정은 문명화된 선진국에서만 가능하다면서 일본에서는 시기상조라는 정부의 입장을 신랄하게 비판하는 내용들이었다. 이는 정부가 일본국민을 능멸하는 것이며 만일 일본 국민이 후진적이라면 그것은 선진화 할 수 있는 기회가 주어지지 않았기 때문이라고 반박하는 한편 일본의 징집 제도 역시 전제적인 정부의 잘못된 정책이라고 비판한다.[207]

정부를 떠난 오이는 자유민권운동에 뛰어 들면서 대표적인 이론가로 부상한다.[208] 자유민권운동의 창시자 이타가키 다이스케는 보통 선거권을 도입하는 것은 시기상조라는 입장이었다. 또한 사족 출신들이 평민들을 큰 형처럼 돌봐 줄 것이라고 하였다. 그러나 오이는 처음부터 보통 선거권을 적극 주장하면서 사회에서 소외 받은 계층의 이익을 대변 한다.[209] 1882년 오이는 지유토(자유당)의 간부가 된다. 그의 명성과 법학자로서의 배경은 그를 자유민권운동의 가장 인기 있는 지도자로 부각시킨다. 변호사였던 오이는 민권을 옹호하면서 반정부 행위로 구속된 사람들을 적극 변호하였다. 그는 또한 일본에 서양문물을 도입하는 것을 적극 주장하였고 의회제와 대의제를 도입할 것을 주창하였다.[210]

당시 35세 였던 이소야마 세이베이는 히타치의 부유한 사케 상인 집안 출신으로 일찍부터 자유민권운동에 뛰어들었다. 오이는 이소야마를 「행동대장」으로 지목했다. 아리아 쇼고는 30세로 도쿄 근교의 시모쓰케노쿠니의 부농출신이었다. 어렸을 때 한학과 영어를 공부한 그의 부인은 에토 신페이의 조카였다. 그는 의회의 중요성을 일찍이 주장하

오이 겐타로

였고 이러한 「민의」를 다이조칸과 겐로인에 전달하려 하였으나 무시
당하자 글과 연설로 이를 주장하다 수차례 구속된다. 타시로 쭈에키치
는 후쿠시마현 출신으로 원래는 대장장이(blacksmith)였으나 검술에
도 능했다. 그는 자유민권운동을 돕기 위해 위조 지폐를 만들다가 구
속되었고 1883년의 후쿠시마 사건 때는 반역죄로 다른 자유민권운동
가들과 함께 구속되었다.[211] 유일한 여성 멤버였던 카게야마 히데코는
21세로 오카야마 출신이었다. 영어와 영문학에 능했던 그는 초등학교
선생을 지냈고 여성해방을 주장하였고 훗날 도쿄에서 여성을 위한
야학을 운영하고 「세계부인」이라는 여성잡지를 출판한다.[212]

　　이들은 1885년 2월부터 거사를 계획하기 시작한다. 문제는 군자금
이었다. 당시 경제공황에 시달리던 일본에서 군자금을 모금하는 일은
쉽지 않았다. 몇 명은 인근의 사찰을 털기로 한다. 그들이 난입한 절
에는 나이든 스님이 있었다. 돈을 요구하자 스님은 바로 전날 사찰의
현찰을 모두 나라의 은행에 입금하였다고 하면서 1엔을 건넸다. 이에

난입한 자들이 절을 뒤지기 시작하자 스님은 급히 종을 울린다. 결국 이들은 320엔을 찾아서 달아난다.[213]

10월말 이소야마가 그나마 모았던 군자금을 가지고 달아난다. 고바야시와 오이는 모든 단원들을 오사카로 불러모아 「군사회의」를 연다. 그들은 이소야마를 축출하고 그 대시 아라이를 총 사령관에 임명한다. 오이가 자금을 모으는데 성공

카게야마 히데코

하자 아라이, 이나가키 등은 폭탄 등의 무기를 지참하고 11월 20일 나가사키로 향한다. 이들은 나가사키로부터 조선으로 출항할 예정이었다. 그러나 경찰은 오사카 부근에서 평소보다 많은 절도와 강도 행위가 일어나는 것을 수상히 여겨 수사를 진행하다 고바야시와 오이를 오사카 호텔에서 구속한다.[214]

이노우에 가쿠고로

「오사카 사건」이 터진 직후 일본 정부는 외무성 관료 쿠리노와 경찰을 한양으로 파견하여 이노우에 가쿠고로를 구속하고자 한다. 김옥균과 친일개화파를 적극 돕던 이노우에 가쿠고로(井上角五郞, 1859.10.~1938.9.23.)는 1885년 3월 외무경 이노우에 가오루를 만나 그의 「나약함」을 강하게 비판하면서 다시는 그를 보지 않겠다고 한바 있다. 후쿠자와 유키치는 이노우에 가쿠고로를 달래면서 외무경은 청과의 전

쟁을 회피하고자 할 뿐이라고 한다. 후쿠자와는 「탈아론」을 발표하면서 조선의 개화를 돕는 것을 포기한다. 그러나 가쿠고로는 다시 한양으로 돌아가 조선의 개화를 지속해 보고자 한다.

가쿠고로는 조선 외무아문에 보호를 요청하였고 조선의 외무대신 김윤식은 정치적인 망명범을 보호해야한다는 국제법 조문을 들어 가쿠고로를 일본 측에 넘기길 거부한다. 이노우에 가쿠고로는 한양에서 계속해서 신문을 발행한다.[215]

이노우에 가쿠고로는 결국 조선의 개화가 불가능함을 깨닫고 절망하면서 1886년 12월 말 미국으로 간다. 그는 미국에서 일본 이민 실험을 시도한다. 1887년 6월 샌프란시스코에 도착한 가쿠고로는 미국의 이민국을 방문하고 캘리포니아 칼라베소스 카운티에 땅 50에이커를 산다.[216] 그는 이곳에서 일본 이민자들을 모아서 성공적인 공동체를 만들 수 있다는 판단이 서자 일본으로 되돌아가 후쿠자와에게 캘리포니아 샌 요아킨 지역에 일본인 농민들을 위한 공동체 설립을 논의하고자 한다.

그러나 그는 도쿄에 도착하자마자 「갑신정변」과 「오사카 사건」에 연루된 혐의로 경찰에 구속된다. 그는 이것이 이노우에 가오루 외무경의 짓이라고 생각했다. 재판에서 일본 검찰은 이노우에 가쿠고로가 김옥균, 박영효 등과 연락하기 위하여 사용한 암호표를 제시한다. 가쿠고로는 이를 찢어서 호텔 메이드에게 태우라고 하였지만 그 여자는 태우지 않고 오히려 경찰에 이를 넘겼다. 검찰은 또한 가쿠고로가 조선문제와 관련하여 1885년 다이조칸에 보낸 편지를 문제삼았다. 그 편지에서 가쿠고로는 이노우에 가오루 외무경과 톈진조약을 신랄하게 비판하였다.

검사는 이어서 후쿠자와와 가쿠고로의 연관성을 제기하면서 「갑신정변」도 후쿠자와가 도모한 것이고 다이조칸에 보낸 편지의 진정한

필자도 후쿠자와가 아니냐고 추궁한다. 가쿠고로는 자신이 편지를 썼으며 자신만이 암호를 사용했고 자신이 단독으로 갑신정변에 개입하였을 뿐 후쿠자와는 아무런 관련이 없다고 한다. 그리고 가쿠고로는 오히려 이노우에 가오루 외무경이 자신에게 조선문제에 개입할 「영감」을 제공하였다고 한다. 이에 후쿠자와도 재판에 참고인으로 불려나온다.

이노우에 가쿠고로

가쿠고로는 결국 외무경과 이토 총리를 모욕한 죄, 조선의 외무경 등에게 거짓말을 한 죄, 거짓 내용을 담은 글들을 출판한 죄로 1년 형을 받는다. 그는 실제로 1년 정도 복역하지만 그 역시 1889년 2월 11일, 메이지 헌법이 선포되면서 사면된다.[217]

자유민권운동과 팽창주의

「오사카 사건」은 실현 가능성이 없는 유치하고 황당한 시도였으나 자유민권운동이 일본의 대외관계에 천착하게 되는 전환점이 된다. 오이가 「오사카 사건」을 일으킨 1885년 말 경이면 자유민권운동은 이미 초기의 역동성을 상실하기 시작한다. 이타가키 등 대표적인 자유민권주의자들은 자신들이 그토록 비판하던 정부에 들어감으로써 자유민권운동의 정통성에 심대한 타격을 입는다. 「마스카타 디플레」는 극단주의를 낳았고 정부는 이를 철저히 탄압하였다.

특히 1881년 메이지 천황이 헌법제정을 약속하자 헌정주의를 주장하면서 메이지정권에 도전했던 자유민권운동가들은 허를 찔린다. 뿐만 아니라 헌법제정 과정에서도 철저하게 제외된다. 이토 히로부미가 헌법 초안에서 공표에 이르기까지 전 과정을 장악함으로써 자유민권주의자들은 자신들의 의견을 전혀 반영시킬 수 없었다. 자신들의 가장 주된 주장인 헌법제정이 정부의 주도하에 적극적으로 이루어지면서 자유민권운동은 정치적 주도권을 정부에 완전히 빼앗긴다.

어젠다를 빼앗기고 방향감을 상실한 가운데 정부의 탄압마저 가중되자 자유민권운동가들은 적극적인 대외정책을 요구하는 것이 많은 국민과 여론의 지지를 받는다는 사실을 깨달으면서 점점더 강력한 대외정책, 팽창적인 대외정책을 요구하기 시작한다.

이들은 우선 이웃 나라들의 개혁을 지지함으로서 일본과 친한 정부를 만드는 것을 과제로 삼기 시작한다. 조선은 당연히 가장 가까운 이웃으로 그 첫번째 대상이 된다. 후쿠자와 유키치가 김옥균을 돕고자 했던 이유이고 오이가 오사카 사건을 일으키는 이유다.[218]

만일 조선의 개혁주의자들을 도와 조선에서 근대개혁을 추진하고 자유민권을 신장할 수 있게 된다면 일본정부에게도 보다 급진적인 개혁을 할 수 있도록 압력을 넣을 수 있을 것이라고 생각했다. 특히 오이는 이러한 시도가 실패 하더라도 일본의 자유주의자들이 외국에서 자유민권을 위하여 목숨을 바친다면 이를 방관한 일본 정부에 대한 비판적인 여론이 형성될 것이고 그렇게 되면 일본 정부도 어쩔 수 없이 개혁을 거부하는 이웃 나라를 상대로 전쟁을 일으킬 수 밖에 없을 것이라고 생각했다. 그리고 전쟁을 일으킨다면 정부도 국론통일을 위하여 일본 국민들에게 참정권을 줄 수밖에 없을 것이라고 생각한다.[219]

이는 아시아의 이웃 나라에게도 도움이 될 수 있는 정책이라고 생각했다. 일본이 앞장서서 근대화를 하고 자유민권에 기반한 정치제도를 도입하면서 아시아의 모범이 될 수 있다면 이는 모두에게 좋은 일이었다. 조선의 김옥균, 중국의 손문, 필리핀의 에밀리오 아귀날도 등은 모두 같은 생각을 했고 일본의 자유주의자들에게 의존했다.

그러나 다른 한편으로는 만일 조선이나 중국, 필리핀 등이 근대화를 거부하고 부패한 중세봉건 국가로 남고자 한다면 이들 나라에서 근대화를 촉진시키기 위해서 전쟁을 일으켜야 한다는 논리도 성립된다. 이는 물론 제국주의적 논리와 일치한다. 실제로 「대동아공영권」 이론의 근간을 이루는 이웃 아시아국가들을 돕고 해방시킨다는 논리는 바로 오이 등의 자유민권주의자들이 개발한다.[220]

일본 자유민권 운동의 1차적 동기는 어디까지나 메이지 체제와 메이지 과두들에 대한 비판과 저항이었다. 「정한론」을 부르짖던 이타가키 다이스케나 고토 쇼지로는 「정한론」이 무산되자 메이지 정부를 주도하던 조슈-사쓰마 연합을 반대하기 위한 방편으로 자유민권운동을 시작한다. 이타가키가 수차례 정부의 종용에 따라 정부에 들어갔다 나왔다 한 것이 이를 방증한다. 고토 쇼지로 등이 김옥균을 비롯한 조선의 친일개화파를 적극 도운 이유도 조선문제에 개입하는 것에 소극적이었던 메이지 정부를 비판하기 위해서였다. 「오사카 사건」을 일으켰던 오이 역시 갑신정변 이후 일본정부가 톈진조약을 맺으면서 청에 약한 모습을 보이고 조선에서 손을 떼는 모습을 보이자 메이지 정부의 대외정책을 비판하는 방편으로 「오사카 사건」을 일으켰다.

그럼에도 불구하고 자유민권운동과 이들의 조선 개화당 지지는 당시 아시아가 구미열강 주도의 근대 국제질서속에 급속히 편입되는 과정에 나름대로의 논리를 갖고 있었다. 특히 자유민권운동은 「범아시아주의(pan-Asianism)」와 밀접한 관계 속에서 일어난다.

19세기 일본의 서구화, 근대화 시도는 근대화 개혁에 실패한 다른 아시아의 국가들의 운명을 피하기 위한 몸부림이었다. 특히 청의 굴욕과 몰락은 일본의 지도층에게 구미열강의 침략성을 적나라하게 보여주었고 일본도 같은 나락으로 떨어지는 것을 막는 유일한 방법은 급격하고 근본적인 개혁만 뿐이라고 생각했다.

그러나 일본의 근대화 추구는 방어적인 논리에만 근거한 것이 아니었다. 또 다른 동인은 일본이 다른 아시아의 국가들과 힘을 합쳐 서구의 열강에 맞서야 한다는 것과 일본이 주도적인 역학을 해야 한다는 것이었다. 일본이 아시아를 대표하고 이끌어야 한다는 의식은 메이지 시대 내내 일본정치 담론의 중요한 축을 형성하고 있었다.

특히 일본의 자유민권주의 사상가들과 지도자들은 아시아공동체에 대한 강한 의식을 갖고 있었다. 이들은 자신들의 자유민권사상을 아시아 전체에 퍼프려야 한다고 믿었다.[221] 이동인, 김옥균, 윤웅렬, 어윤중 등 일본을 방문하는 조선인들은 물론 일본 주재 청 공사관의 하여장, 황준헌 등이 적극 참여한 「흥아회」는 일본의 자유주의 지식인들이 주도한 대표적인 범아시아주의 단체였다. [흥아회와 조선의 인사들과의 관련에 대해서는 제 II권, p. 326, 334-336, 341, 353, 409 참조.] 자유민권주의자들이 메이지 정부가 아시아의 문제에 대해서 무관심하고 오직 구미열강의 눈치만 보고 그들의 요구를 만족 시키는 것에만 모든 노력을 기울이고 있다고 비판했던 이유다.

일본의 자유민권주의자들은 특히 루소의 사상을 적극 수용하면서 민주주의나 개인의 인권보다는 국민통합, 일반의지를 강조한다. 민주주의는 국민을 하나로 엮어줄 수 있는 기제라고 생각하였고 이를 바탕으로 일본이 보다 효과적으로 구미열강이 일본과 아시아을 침범하는 것을 막을 수 있을 것이라고 생각한다. 서구의 축출, 「양이」는 애초부터 이들의 목표였다.

자유민권운동가들의 강력한 대외정책을 요구하는 경향은 1890년 헌법이 공표되면서 더욱 격렬해진다. 이토를 필두로 한 헌법초안자들이 자신들의 권력을 보호할 장치를 많이 만들어놨음에도 불구하고 그 반대파들은 모든 방법을 동원하여 정부의 일에 훼방을 놓는다. 내각은 수없이 바뀐다.

「지유토」와 「카이신토」는 앞장서서 정부를 반대했고 대부분의 언론도 자유민권주의자들의 주장을 옹호하면서 정부에 비판적이었다. 자신들이 요구하던 헌정이 이루어졌지만 이들은 메이지 헌법이 진정한 헌정체제가 아니라면서 민의가 제대로 반영되는 체제를 요구한다. 진정한 의미의 의원내각제, 즉, 의회가 내각과 정부에 대해 우위를 점하는 그러한 체제로 바꿀 것을 주장한다. 이 목적을 달성하기 위하여 의회는 모든 수단과 방법을 동원하여 정부를 공격하고 의회의 우위를 확보하려고 한다.

이들이 선택한 방법 중 가장 효과적인 것은 외교정책이었다. 유신정부를 구미열강에 굴욕적으로 행동하는 비겁한 정부로 비판하는 것이 정치적으로 효과적이라는 사실을 알게 된다.[222]

갑신정변에 깊이 간여하였던 이노우에 가쿠고로는 1890년 메이지 헌법 공표 기념 사면으로 출옥하자마자 지유토와 다이도 당을 대표하여 의원에 당선된다. 「다이도 클럽」은 정부가 불평등조약 재협상에서 약한 모습을 보이는 것을 비판에 집중하고 있었다. 오사카 사건의 주모자였던 오이 겐타로는 1894년 총선에서 의회에 당선되지만 『아주마 심분』을 창간하고 1892년에는 「토요지유토(동양자유당)」을 결성하여 보통선거권의 관철, 노동자와 농민들을 위한 광범위한 복지정책, 불평등 조약 재협상, 그리고 적극적인 대륙진출정책을 주장한다.[223]

오이와 가쿠고로, 후쿠자와 유키치 같은 민권운동가, 자유주의자, 의회주의자들은 유신정부의 대외정책을 공격하기 위하여 역설적이고 이율배반적인 입장을 취할 수 밖에 없게 된다. 이들은 일본이 보다 적극적인 대륙정책을 추구해야 하는 이유가 자유와 평등사상을 확산시켜야 하기 때문이라고 주장한다. 이들이 조선에서 갑신정변을 지지한 것도 같은 이유다. 그러나 일본의

오자키 유키오

국내정치 역학상으로 볼 때 이들 자유주의자들은 오히려 보다 강경한 대륙정책을 요구하면서 때로는 전쟁도 불사해야 된다는 호전론자들이 되는 반면 이토와 같은 유신세력은(oligarchs)는 오히려 상대적으로 소극적인 정책을 추구하면서 전쟁보다는 평화를 선호하는 세력이 된다.[224] 역설적으로 메이지 시대의 일본의 자유주의자, 민권주의자들은 메이지 유신정부의 지도부보다 더 대륙으로의 팽창을 지지하는 세력이 되기 시작한다.

이들의 이율배반적인 주장이 가장 적나라하게 드러나는 것은 이들이 정부가 군비증강을 위한 예산증액을 요구할때마다 부결시키는 동시에 보다 강경한 대륙정책을 요구한 경우들이었다. 1894년 오자키 유키오(尾崎 行雄, 1859.12.4.~1954.10.6.)는 당시 6개의 야당 단체들을 하나로 묶어 이토 내각의 타협적이고 편의주의적인 외교를 한다고 신랄하게 공격한다. 일본 헌정의 신, 의회정치의 아버지로 불리며 63년 동안 의원을 역임한 오자키는 역설적으로 일본이 대륙팽창주의, 그리고 궁극적으로 군국주의로 가는 촉매의 역할을 한다.[225]

「겐요샤」

1890년에 들어서면서 부터는 자유민권운동가들과는 극단적으로 다른 정치세력이 부상하면서 메이지 과두정과 대립하기 시작한다. 그리고 이들은 역설적으로 일본의 외교문제에 있어서는 자유민권운동가들과는 정치적 연대를 맺는다. 극우반동세력은 서양의 제도를 따르기는 커녕 철저한 반-서구주의자들이었다. 「손노조이(尊皇洋夷, 존황양이)」파이면서 사이고 다카모리의 추동자들로 「세이난전쟁」의 실패 후 「로닌(浪人, 낭인, 주군 없는 사무라이)」으로 흩어졌던 이들은 1881년 「겐요샤(玄洋社)」를 결성하면서 다시 조직화된다. 「현양」, 즉 「검은 바다」는 오늘의 대한해협을 일컫는다. 현양사는 큐슈 출신들인 히라오카 고타로, 도야마 미쓰루(頭山 滿, 1855.5.27~1944.10.5.)등이 주도한다.[226]

도야마는 후쿠오카의 사무라이 집안에서 태어난다. 초기에는 큐슈 지방에서 메이지 정부에 대항하여 사무라이 반란을 일으켰지만 체포되어 투옥된다. 그가 감옥에 있는 사이 「세이난전쟁」이 일어나 반란에는 참여하지 못한다. 감옥에서 풀려나자마자 전략을 바꿔 메이지 정권에 저항하고 있는 자유민권운동에 가담하여 자유민권운동의 규슈 지부를 연다.[227]

그러나 이들은 유교전통, 사무라이 전통 등 과거의 전통을 미화시키고 추종하였다. 일본을 메이지 유신 이전의 사무라이 시대로 되돌리고자 한다. 자유민권운동가들 처럼 서구식 제도권 정치에 참여할 의사도 없었다.[228]

이들은 의회주의대신 대륙팽창주의를 자신들의 정치 어젠다로 채택한다. 「정한론」과 사이고 다카모리의 후예로서 어찌보면 당연한 일이었다. 1897년 4월 하코다 로코스케, 도야마 미쓰루, 신도 기혜이타 등이 「코요샤(向陽社)」를 결성한다. 이들은 모두 사무라이 반란에 참여했던 자들이다. 코요샤의 표어는 「고켄카이후쿠(국권회복)」이었다. 1881년 2월에는 「겐요샤」로 이름을 바꾼다. 이때까지만 해도 「겐요샤」의

목표는 자유민권운동을 통하여
강한 나라를 건설하는 것이었
다. 천황을 존숭하고 나라를 사
랑하면서 인민의 권리를 보호
하는 것이었다.[229]

그러나 자유민권운동과도 결
별한 이들은 본연의 모습으로
돌아간다. 사라진 사무라이의
정신, 천황에 대한 충성, 서구
문명의 거대한 파도 앞에서 힘
없이 휩쓸려 가는 동양의 전통

도야마 미쓰루

과 정신과 문화를 되찾겠다고 한다. 이들에게 메이지 정부는 일본의
혼, 아시아의 전통을 팔아넘기는 민족 반역자들이었다.[230]

사무라이 전통에 대한 향수는 메이지 시대에 그리 강한 것이 아니었
다. 「아시아」가 큰 주제도 아니었다. 그러나 메이지 시대의 지도자들
도 급격한 근대화를 추구하는 과정에서 때로는 과거에 대한 향수, 앞
으로의 방향에 대한 불안감이 있었던 것은 분명하다. 「겐요사」는 이러
한 부분을 파고든다. 이들은 메이지 체제의 근본적인 모순 내지는 역
설을 파고든다. 메이지 정권은 「손노조이(존황양이)」의 기치 하에 천황
의 「친정」을 위한 「왕정복고」를 추진하였다. 그러나 실제로는 왕정복
고의 기치 하에 서구 근대의 문명을 도입하고 있었다. 「천황」은 급격
한 근대화를 반대하는 세력을 제압하기 위한 구실에 지나지 않았다.[231]

이러한 모순은 자유민권주의자들도 감히 지적하지 못한다. 비록 서
구의 정치사상과 제도를 신봉하고 추구하였던 이들이었고 메이지 과
두정이 천황을 이용하여 자신들을 탄압하는 것을 알면서도 천황에 대
한 존숭이 근대화와는 근본적으로 배치된다는 사실은 지적하지 못한

다. 그러나 천황이라는 제도 자체는 분명히 근대화와는 거리가 먼「전통」,「과거」지향적이었던 것은 부정할 수 없는 사실이었다. 신격화된 천황, 수백 년의 전통과 예식, 이들을 둘러싼 신비주의는 근대국가 건설과도, 자유민권운동과도 거리가 먼 것들이었다. 오히려 현양사가 복원하고자 하는 사무라이 정신, 유교사회와 어울리는 것이 천황제였다. 국정 경험도 없고 국정에 실질적으로 참여할 기회도 박탈 당했고 서양인들과 직접 협상에 임할 일도 없는 이들은 현실과는 완전히 결별한 채「존황」의 순수한 기치를 마음껏 올릴 수 있었다.[232]

그러나 1890년대 초 까지만 해도 이들은 지도자도 없는 낭인들로써 아무런 구체적인 정책 대안을 제시하지도 못했다. 이들은 기껏 바쿠마쓰(막말: 도쿠가와 바쿠후 말기)의「로닌(浪人)」이나「지지(志士)」처럼 개인적인 복수, 암살 등을 일삼았을 뿐이다. 그러던 차에 이들은 자신들의 반-서구주의, 반-정부주의 이념을 구체화시키고 발산시킬 주제를 발견한다. 다름 아닌「불평등조약 개정」이었다. 이들은 일본이 과감하게 서구가 일본에 일방적으로 강요한 불평등조약을 거부하고 이에 반대하는 자들을 축출할 것을 주장하기 시작한다.

도야마는「예부터 우리의 원칙은「손노조이」다」고 한다.[233]이는 이노우에 가쿠고로, 오이 겐타로, 후쿠자와 유키치 등이 메이지 정부가 구미열강과의 불평등조약 재협상에 임하는 자세가 너무 약하고 소극적이라고 비판 하는 것과 정확히 일치한다. 결국 일본의 자유민권운동가들과 극우는 메이지 정부의 불평등 조약 재협상 문제를 비판하면서 손을 잡는다. 일본의 자유주의가 극우주의와 합치면서 왜곡되기 시작하는 순간이다. 이후로 일본의 자유민권주의자들은 극우주의자들과 함께 메이지 정부의 외교정책을 비판하고 조선문제에 보다 적극적으로 개입할 것을 주장하면서 일본의 대륙팽창 이념에 휩쓸리기 시작한다.[234]

이들이 일본의 해외팽창을 통해서 국력신장을 이룰 것을 주장하기 시작하면서 소위 「타이리쿠 로닌(大陸浪人, 대륙낭인)」이 출현한다. 이들은 정부와 독립적으로 행동하면서 메이지 정부에 반대하고 나라의 미래를 걱정하면서 조선과 중국에 자유주의 사상과 일본의 패권을 동시에 전파하고자 한다. 모순과 역설이 아닐 수 없다.

「겐요샤」는 1882년 조선에서 임오군란이 일어나자 메이지 정부가 조선에서 중국의 개입에 적극적으로 대응하지 않는 것에 분개하여 자원병을 모집하여 직접 행동에 나선다. 히라오카 고타로와 노무라 오시스케는 「세이난 전쟁」에서 반란군에 참여하였다가 함께 옥살이를 했다. 이들의 선발대는 증기여객선을 탈취하여 부산으로 가서 청군과 일전을 벌이고자 한다. 그러나 이들이 부산에 도달했을 때에는 이미 협상이 끝난 후였다. 이들은 메이지 헌법 제정에 주도적으로 참여했던 이노우에 고와시(井上 毅)를 암살하고자 시도하나 이 역시 실패로 돌아간다. 1884년 갑신정변 직후에는 친일개화파를 돕기위해서 군사를 일으키고자 하지만 오이 겐타로가 주도한 오사카 사건이 터지자 정부의 감시가 심해지면서 포기한다.[235]

메이지 헌법이 공표된 후로 메이지 과두정의 가장 강력한 정적은 자유민권운동가들, 지식인들, 언론인, 불만있는 기업인, 농민 등 진정한 의회주의의 정착을 통해 정치참여의 기회를 높이고자 하는 세력들이었다. 이들는 서양의 정치제도와 사상을 흠모하였고 그 중에서도 특히 급진적인 체제와 사상을 받아들인 사람들이었다. 메이지 과두정이 프로이센의 제도를 모델로 삼았다면 이들은 보다 진보적인 미국과 프랑스의 제도를 선호하였다.

이들은 1873년 자신들이 주장하던 「정한론」이 꺾이자 메이지 정부를 떠났다. 에토 신페이는 1874년 사가의 난을 일으켰고 사이고 다카

모리는 1877년 사쓰마의 난(세이난 전쟁)을 일으켰다. 자유민권주의자
들은 이 난에 참여할 것을 고심했다. 그 후 이들은 메이지 정부의 불평
등 조약 협상에서 조금이라도 타협하는 모습을 보이면 여지없이 공격
하면서 강성 대외정책을 요구한다. 이들이 정부의 대외정책을 지지하
게 되는 것은 결국 정부가 조선에 대한 강경책을 도입하고 청나라와의
일전을 불사하게되는「청일전쟁」때다. 이들은 일본의 대륙팽창을 처
음부터 부채질 했고 메이지 정부가 오랜 망설임끝에 팽창주의 대외정
책을 도입하기 시작하자 이를 열렬히 지지한다.[236]

결과적으로 볼 때 자유민권주의 운동은 일본을 민주주의와 자유주
의, 평화주의로 이끄는데는 실패하는 반면 일본을 군국주의, 대외팽
창주의로 이끄는데 있어서는 적극적인 역할을 하게된다.[237] 역사의 아
이러니다.

제 8 장
조선의 잃어버린 10년

제8장

조선의 잃어버린 10년

갑신정변이 일어난 1884년에서 청일전쟁이 발발하는 1894년까지의 10년은 조선에게는 「잃어버린 10년」이었다. 청은 청불전쟁(1884)에서의 패배에도 불구하고 자강운동을 지속한다. 동북아에서는 이홍장의 노련한 외교와 원세개의 노골적인 조선 통치를 통해서 러시아와 일본을 상대로 세력균형을 유지한다. 일본에게 1880년대는 본격적인 부국강병의 기간이었다. 정치, 경제, 교육, 군사, 외교 등 모든 분야에서 성공적인 개혁을 통하여 강력한 근대국가의 모습을 갖춰 나간다.

반면 조선은 같은 기간 동안 국가로서의 모든 면모를 상실한다. 무능한 국정 운영으로 정부 조직은 무너지고 경제는 끝없이 추락한다. 개혁을 위한 청사진도 의지도, 시도도 없었다. 국제정세에 대한 무지와 무능한 외교로 외세가 개입할 수 있는 여지를 끊임없이 제공하는 동시에 열강들 간의 갈등과 충돌의 빌미를 제공함으로써 조선은 동북아시아의 「화약고」로 떠오른다.

1894년 「동학난」이 일어난다. 난을 진압하는데 실패한 조선 조정은 청의 군사개입을 요청한다. 임오군란과 갑신정변과 똑 같은 상황이 재현되는 듯 했다. 그러나 1882년 임오군란과 1884년 갑신정변 때는 청과의 정면충돌을 피하면서 조선에서 물러갔던 일본이지만 1894년에는 피하지도 물러서지도 않는다. 1880년대의 성공적인 부국강병책을 통해 모든 준비를 마친 일본이었다. 더구나 조선의 정정불안과 미숙한 외교로 인하여 청이나 러시아, 또는 다른 열강이 조선에 개입하는 것은 일본의 국익과 안보에 치명적이라는 인식이 일본 지도층에 팽배해 있었다. 청의 통치는 조선의 정정불안을 해소하기는커녕 오히려 방조하고 있다는 인식 역시 팽배해 있었다. 일본은 청에 정면으로 도전한다. 조선의 화약고는 폭발한다. 청일전쟁이었다.

조선은 1885년부터 본격적으로 동북아시아 지정학의 소용돌이에 빨려 들어가기 시작한다. 1885년 4월 15일 영국이 거문도를 점거함으로서 러시아와 영국은 조선에서 첨예하게 대립하였고 청은 10월에 원세개를 조선에 파견하여 직접 조선의 내정과 외치를 챙기도록 함으로써 수백 년 이어오던 속방에 대한 불간섭 정책을 근대 제국주의적 간섭정책으로 전환시킨다.

거문도 사건은 조선이 청의 속방임을 다시 한번 국제적으로 확인시킨 사건이었다. 거문도는 조선의 영토였지만 영국의 거문도 점거를 해결하기 위한 국제 협상은 청의 이홍장이 담당한다. 영국은 조선과는 이 문제를 협상할 생각도 하지 않고 청과 협상함으로써 조선이 청의 속방임을 인정한다. 러시아와 미국, 일본은 모두 영국의 거문도 점거에 항의하지만 조선 영토에 관한 문제를 청이 담당하는 것은 당연한 일로 받아들인다. 일본은 영국의 거문도 점거에 항의하지만 영국의 거문도 요새 건설공사에 수백 명의 일본인 노동자들이 고용되는 것을 막지 않는다.[1] 미국 역시 반대 목소리를 냈지만 영국이 거문도에서 철수할 경우 미국이 거문도를 조차할 방법을 궁리한다.[2]

당시 주 조선 영국 총영사의 직속 상관은 베이징에 상주하는 주 청 영국 공사였다.[3] 1882년 「조영수호통상조약」을 체결할 당시 이홍장은 중국과 조선이 지리적으로 가까울 뿐만 아니라 조선은 중국의 속방이기 때문에 조선 문제는 중국에서 담당하는 것이 좋겠다면서 조선 주

퍼시벌 로웰이 1884년 촬영한 최초의 고종 사진.

재 영국 대표를 중국 주재 영국 공사가 겸직하는 것이 어떠냐고 한다. 주 청 영국 전권 공사 겸 총영사였던 해리 파크스(Harry Smith Parkes, 1828.2.24.~1885.3.22.)는 조선의 낙후된 상황을 볼 때 굳이 비용을 들이면서 조선에 외교관들을 파견할 필요가 없고 총영사만 보내면 될 것이라며 동의한다.[4]

조선으로 하여금 모든 열강과 외교 관계를 맺게 함으로써 조선 반도에서 열강 간의 세력 균형이 이루어지고 이로써 조선을 중국의 영향권 아래 두고자 하는 이홍장의 정책은 성공하고 있었다.[5] 문제는 조선 내부의 정정 불안이었다. 「임오군란」이나 「갑신정변」과 같은 변란이 계속 일어날 경우 열강들의 보다 직접적이고 강력한 개입을 불러올 수 있었기 때문이다. 갑신정변때 청과 무력 충돌 직전까지 갔던 일본도 조선의 정정 불안이야말로 다른 열강의 개입을 부르는 결정적인 요인이라고 생각했다.

조정의 양대 축을 이루고 있던 친청 민씨 척족과 친일개화파 두 세력이 갑신정변으로 모두 궤멸되면서 조선의 정국은 또 다시 표류하고

있었다. 민태호, 민영목, 조영
하, 윤태준, 한규직, 이조연, 유
재현 등 민씨 척족 정권의 거두
들이 친일개화파 손에 죽는다.
정변의 실패로 조정의 또 다른
축을 형성하고 있던 김옥균, 박
영효, 서광범, 서재필 등은 목
숨만 간신히 건져 일본으로 망
명하고 홍영식과 박영효의 동
생 박영교, 서재필의 동생 서재

민영준(민영휘)

창 등은 청군에 의해 사살된다.
비록 정변에는 가담하지 않았지만 친일개화파의 일원이었던 윤치호는
자진해서 상하이로 망명을 떠난다.

정변으로 전면 전쟁 직전까지 갔던 청과 일본은 모두 놀란 가슴을
쓸어내린다. 원세개는 본국의 허락도 없이 자의적으로 군사를 움직여
갑신정변에 개입했다. 다케조에 일본 공사 역시 본국의 허락없이 친
일개화파의 편에 서서 정변에 깊이 개입했다. 이 과정에서 청군과 일
본군은 한양 한복판에서 교전을 벌이면서 본격적인 전쟁으로 확산되
기 일보 직전 상황까지 간다. 「톈진조약」은 유사한 상황을 미연에 방
지하기 위해 체결된다. 청과 일본은 조선문제에 섣불리 간섭하지 않을
것과 불가피하게 개입해야할 경우 상대편에게 미리 통보할 것을 약속
하고 조선에 주둔해 있던 자국 병력을 모두 철수한다. 모든 권력은 32
세의 고종, 33세의 민중전, 32세의 민영준(민영휘), 그리고 24세의 민
영익에게 쏠린다.

청과 일본은 조선조정의 공백이 얼마나 심각한 것인지 뒤늦게 깨닫
는다. 누군가로 하여금 조선의 국정을 책임지고 운영하게끔 하는 동

시에 청과 일본의 국익을 해치지 않도록 해야만 했다. 청과 일본이 동시에 생각해 낸 해결책이 임오군란 이후 바오딩에 구금되어 있던 흥선대원군의 석방과 귀국이었다.

그러나 고종과 민중전, 민씨척족은 거세게 반대한다. 대원군의 귀국을 방지하거나 최소한 지연시키기 위해서 끊임없이 사절을 보내 청측과 협상을 벌이고 로비를 한다. 이홍장은 대원군의 귀국을 결국 밀어부치지만 대원군이 민씨 척족과 협력하여 조선 정정을 바로잡게 한다는 계획은 포기한다. 이때 고종과 묄렌도르프가 러시아를 끌어들여 중국과 다른 열강들을 견제하려던 시도가 발각된다. 이홍장은 조선의 내정과 외치를 보다 확실하게 장악할 필요성을 절감하고 원세개를 파견한다.

그 후 민씨 척족은 1894년 「청일전쟁」까지 때로는 청의 총독인 원세개와 협력하고 때로는 러시아를 끌어들이면서 국정을 농단한다. 민씨척족의 세도는 조선 역사상 있었던 수 많은 세도 정치 중에서도 가장 강력하고 부패했다. 조선의 경제는 걷잡을 수 없이 붕괴한다.

비록 일본의 강제에 의한 개국이었지만 개항은 오랜 쇄국 정책으로 인한 고립 속에서 몰락해가던 조선 경제의 숨통을 트일 수 있는 절호의 기회였다. 그러나 전통적인 주자 성리학적 관점에서 볼 때 무역을 포함한 모든 상행위는 사행심을 조장하는 부도덕하고 비윤리적인 행위였고 따라서 경멸의 대상이었다. 또한 조선의 위정자들과 지식인들은 대외교역이 국내 경제를 위협한다고 생각하였다. 당시의 상식으로는 호화스러운 외국의 산물들을 사들이기 위하여 쌀과 포목 같은 생필품을 외국인들에게 파는 것도 국가 재정을 어렵게 하는 원인이었다. 「개국」도 조선을 살리지 못한다.

1. 거문도 사건 (1885.4.15.)

더 그레이트게임

나폴레옹(Napoleon Bonaparte, 1769.8.1.~1821.5.5.)을 격퇴한 것은 영국과 러시아였다. 나폴레옹 지휘 하에 승승장구하면서 유럽을 호령하던 프랑스의 「대육군(Grande Armée)」은 러시아 원정(1812.6.~12.)에서 러시아군과 「동장군(冬將軍)」에게 궤멸 당한다. 1814년 엘바섬으로 유배된 나폴레옹은 1년 만에 탈출하여 다시 군대를 일으킨다. 그러나 1815년 6월 18일 「워털루전투」에서 영국의 웰링턴(Arthur Wellesley, 1st Duke of Wellington, 1769.5.1.~1852.9.14.)이 이끄는 영국-네덜란드 연합 왕국-하노버 왕국-나사우 공국-브라운슈바이크 공국 연합군과 블뤼허(Gebhard Leberecht von Blücher, 1742.12.16.~1819.9.12.)가 지휘하는 프로이센 연합군에게 패한다. 나폴레옹은 두 번째 유배지인 세인트헬레나섬에서 파란만장한 삶을 마감한다.

공동의 적이 사라지자 영국과 러시아는 본격적인 패권 다툼에 돌입한다. 영국은 전형적인 해양 세력이었던 반면 러시아는 전형적인 대륙 세력이었다. 영국은 바다를 지배하면서 오대양육대주를 아우르는 「해

워털루 전투

나폴레옹 보나파르트　　　　　　　웰링턴 경

가 지지 않는」 제국을 건설한다. 반면 러시아는 동유럽에서 극동아시
아에 이르는 거대한 내륙제국을 건설한다. 1891년에 시작하여 1916
년에 완성되는 「시베리아 횡단 철도」는 러시아가 영국의 해로 장악에
맞서서 육로로 유럽과 아시아를 연결하는 군수송로 겸 무역로를 구축
하고자 한 야심찬 시도였다.

　이 과정에서 영국과 러시아는 끊임없이 부디친다. 『정글북』, 『킴』
의 저자이며 노벨문학상 수상자인 영국의 대문호 러디어드 키플링
(Rudyard Kipling: 1865.12.30.~1936.1.18.)은 19세기 내내 지속된 영
국과 러시아간의 세력다툼을 「더 그레이트게임(The Great Game)」이
라 명명한다.

　러시아의 팽창은 19세기 초반부터 시작된다. 1804-1813년 제 1
차 러시아-페르시아 전쟁을 통해서 캅카스(Cacasus: 흑해와 카스피해 사
이에 있는 지역)의 조지아, 다게스탄, 아제르바이잔을 흡수한 러시아는
1826-1828년 제 2차 러시아-페르시아 전쟁을 일으켜 아르메니아를
복속시키고 오스만 터키제국 동쪽 끝의 이그디르주를 빼앗는다.

그러나 아무리 내륙을 개발한다 하여도 바다로 진출하는 것은 필수였다. 러시아는 발트함대(1703년 창설)와 흑해함대(1783년 창설), 그리고 태평양함대(1731년 창설)를 갖고 있었다. 그러나 칼리닌그라드에 기지를 둔 발트함대는 북유럽에 갇혀 있었다. 대서양으로 나가기 위해서는 영국 해협을 지나야 했다. 크림반도의 세바스토

키플링

폴에 본부를 둔 흑해함대 역시 대서양으로 나가기 위해서는 오스만 터키 제국이 장악하고 있는 보스포러스 해협을 지나 영국이 제해권을 쥐고 있던 지중해를 거쳐야 했다.

한편 원래 오호츠크에 본부를 뒀던 극동함대는 1860년 러시아가 청으로부터 연해주를 할양받은 후 남쪽의 블라디보스톡으로 기지를 옮기지만 연중 평균 4개월 얼어붙는 블라디보스톡항은 함대의 기지로 사용하기에는 부족하였다. 그나마 함대가 태평양으로 진출하기 위해서는 일본이 지키고 있는 쓰시마해협(오늘의 대한해협)을 지나야 했다.

러시아는 끊임없이 바다로 나갈 길을 찾았고 영국은 계속해서 러시아의 시도를 좌절시킨다. 1853~1856년에는 「크림전쟁」이 발발한다. 러시아와 오스만 터키 제국 사이의 국경은 흑해 서쪽연안의 다뉴브강이었다. 러시아는 1853년 다뉴브강 이남의 오스만터키 제국의 영토(오늘의 루마니아)를 침공한다. 당시 터키제국이 「아시아의 병자」로 불리면서 쇠락하고 있던 틈을 타서 흑해에서 지중해로 나가는 전략적 요충인 보스포러스 해협을 점령하기 위해서였다.

크림전쟁 당시의 지도

　그러자 영국은 프랑스, 터키와 연합하여 러시아를 격퇴한다. 전쟁에서 패한 러시아는 개전 당시 점령했던 터키의 영토를 되돌려준 것은 물론 1806~1812년 러시아-터키 전쟁에서 할양 받았던 베사라비아(오늘의 몰도바 공화국)마저 터기에게 돌려주는 굴욕적인 「파리조약」(1856)을 맺는다. 이로서 보스포러스해협을 통해 지중해와 대서양으로 진출하려던 러시아의 남하전략은 실패한다.

　지중해로 나가는 길을 봉쇄 당한 러시아는 내륙을 통한 동진을 본격화하여 1863년에는 카자흐스탄, 1866년에는 부하라 에미르국(오늘의 우즈베키스탄), 1873년에는 히바 칸국(오늘의 북부 투르크메니스탄)을 점령하고 1876년에는 코칸드 칸국(오늘의 키르기스탄과 서부 타지키스탄)을 합병한다.

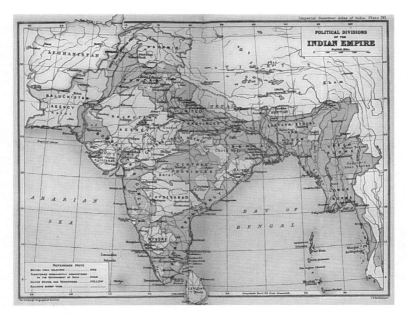

1909년 영국령 인도 지도

　이집트와 팔레스타인, 인도에 보호령과 식민지를 갖고 있던 영국은 러시아가 중앙아시아를 통해 남하하여 페르시아만이나 인도양으로 진출하려는 전략으로 보고 이 역시 봉쇄하고자 한다. 러시아가 인도양으로 진출 할 경우 영국 식민제국의 「보석(crown jewel)」으로 불린 인도를 위협할 것으로 보았기 때문이다.

　러시아의 남하를 막기 위하여 영국은 1878년 「제 2차 영국-아프가니스탄 전쟁」을 일으켜 아프가니스탄을 보호령으로 만들고 오토만제국과 페르시아제국, 히바칸국과 부하라 아미르국을 러시아와 대영제국간의 「완충지대」로 만든다. 1879~1881에 일어난 일리사태 역시 영국과 러시아 간의 「그레이트 게임」의 일환이었다. [해양방어 대 내륙방어 참조]

　러시아는 1858년에는 「아이훈조약」으로 청으로부터 아무르강 이북

제2차 영국-아프간 전쟁 중 칸다하르 전투

지역을 빼앗고 1860년에는 「베이징조약」으로 역시 청으로부터 연해주와 남부 하바로브스크 지역을 할양 받는다. 그리고 1875년에는 일본과의 영토 협정을 통해 사할린을 양도받는다. 러시아의 영토가 극동에 이르면서 러시아와 영국 간의 세력다툼의 초점 역시 극동으로 옮겨온다. 「거문도 사건」은 「더그레이트게임」이 극동 아시아에 도달했다는 신호탄이었다.

1885년 4월 초, 영국 해군이 거문도(영문명: Port Hamilton)를 점거한다. 보스포러스 해협, 페르시아만, 인도양으로 남하하려던 러시아의 시도를 좌절시킨 영국은 태평양으로 진출하려는 러시아의 시도마저 막는다. 영국은 부동항이 필요한 러시아가 원산(Port Lazareth)을 점거하거나 조선으로부터 임차하려 할 것으로 예상했다. 그렇게 될 경우 러시아의 극동함대가 태평양으로 진출하는 것을 막아야 했다. 세개의 섬이 모여서 넓으면서도 잘 보호된 천혜의 항구 거문도는 러시아가 태평양으로 진출하기 위해서는 지날 수 밖에 없는 쓰시마 해협(대한해협)

의 길목을 지키고 있는 요충이었다. 영국이 거문도를 점거한 이유다.

거문도의 전략적 중요성을 간파한 영국은 일찍부터 이 섬에 눈독을 들였다. 거문도가 「포트 해밀턴(Port Hamilton)」이라는 영문명을 갖게 된 것도 1845년 처음 거문도를 측량 한 영국의 측량사가 영국의 해군 장관을 지낸 해밀턴 경(Sir George Hamilton)의 이름을 따서 명명했기 때문이다. 1861년에는 러시아의 전함이 쓰시마(대마도)에 항구시설을 건설하다가 영국의 압력으로 퇴거했던 「포사도닉호 사건」이 발발한 다. [제2권, 제2장 참조]

1875년 7월, 당시 주 일본 영국 공사 해리 파크스(Harry S. Parkes)와 해군 제독 라이더(Admiral Philips Ryder)는 러시아와 일본의 조선 침 공이 임박했다며 영국이 거문도를 선점할 것을 종용한다. 그러나 당시 영국의 외무경 더비 경(Lord Derby)은 영국이 아무런 권한도 없는 땅 을 점거하는 것은 나쁜 선례를 남기게 된다면서 이 제안을 거절한다.[6] 「강화도 조약」 체결 직후인 1876년 여름, 주 일 미국 공사 빙엄 (John Armor Bingham, 1815.1.21.~1900.3.18.)은 영국이 러시아의 조 선 침공을 미연에 방지하기 위해서 제주도(Quelpart Islands)를 점령할 것이라는 소문이 파다하며 극동의 영국 신문들이 이러한 내용을 앞다 투어 보도하고 있다고 미 국무성에 보고한다. 빙엄이 이 보고서에서 「제주도」라고 한 것은 사실 거문도였다. 1885년 거문도 사건이 발발 할때까지 많은 서양인들은 거문도와 제주도를 구분하지 못했다.[7]

영국은 1882년 「조영수호통상조약」을 협상하는 과정에서 조선 조 정에 거문도를 임차해 줄 수 있는지 여부를 타진한다. 영국의 중국 함 대 사령관 윌리스(G.O. Willies)는 1882년 5월 30일 마건충의 주선으 로 조영하와 김홍집을 만나 거문도를 영국 해군에 임차하는 조항을 조 약에 넣을 것을 요구하지만 마건충의 반대로 무산된다.[8] 그 해 말, 중 국과 일본 근해를 측량하는 영국 해군의 「실비아호(*HMS Sylvia*)」의 함장 세인트 존(Henry Craven St. John, 1837~1909)은 러시아가 거문도를 점령할 경우 큰 위협이 될 것이라며 영국이 먼저 거문도를 매입하거나 점령할 것을 제안한다.[9]

더퍼린 후작

그 후 거문도 문제는 잠시 잠잠해지는 듯 했다. 그러나 아프가니탄을 둘러싼 러시아와 영국 간의 대치가 격화되면서 영국 해군은 1884년 12월 초 거문도 근해에 전함을 배치 할 것을 결정한다. 1885년 초부터는 영국 정부 내에서 거문도 문제가 다시 본격 거론되기 시작하고 급기야 4월 초, 영국의 극동함대가 조선이나 청에 아무런 통보도 없이 거문도를 점거한다.[10]

영국이 러시아와 전쟁을 할 경우 러시아의 극동함대가 주둔하고 있는 블라디보스톡을 공격하거나 봉쇄할 수 있는 기지로 사용하기 위해서였다. 영국이 블라디보스톡을 하시라도 봉쇄할 수 있게 될 경우 러시아가 감히 아프가니스탄을 침공할 수 없을 것으로 생각하였다. 영국의 인도 총독 더퍼린 후작(Frederick Temple Hamilton-Temple-Blackwood, 1st Marquess of Dufferin and Ava, 1826.6.21.~1902.2.12.)은 이를 「마치 개의 목을 조름으로써 물고 있는 뼈를 떨어뜨리게 하는 것과 같은 전략」이라고 한다.[11] 거문도 사건은 각축을 벌이는 열강들의 세력다툼이 극동으로 전이되는 결정적인 계기를 마련한다.

이 당시 청은 「청불전쟁」에서 패한 직후였다. 프랑스에게 동남아의 속방 안남을 잃자 동북아의 속방 조선은 어떻게든 지켜내려고 한다. 장패륜이 지휘하는 남양함대(일명 복건함대)가 프랑스해군에 전멸하는 것을 보면서도 이홍장이 휘하의 북양함대를 투입하지 않은 것은 일본의 부상과 러시아의 동진 정책이 본격화되는 가운데 조선에 대한 종주권을 지키고자 한 고육책이었다. 거문도 사건은 조선반도가 청과 일본은 물론, 영국과 러시아에게도 초미의 전략적 관심사로 떠오를 것이라는 이홍장의 예상이 맞았음을 보여준다.

일본은 1880년대 내내 경제발전과 헌법제정, 군비증강, 불평등 조약 재협상 등에 여념이 없었다. 미국 역시 서부개척으로 대외 문제에 눈을 돌릴 겨를이 없었다. 나폴레옹 집권 20년 동안 전 유럽을 상대로 전쟁을 하면서 기진맥진해 있던 프랑스는 유럽에서의 팽창을 포기하고 해외 식민지 건설에 눈을 돌린다. 프랑스는 1850년대부터 아프리카에 진출을 본격화하고 1880년대에는 동남아시아와 남태평양으로 눈길을 돌린다. 1884년의 「청불전쟁」은 이런 맥락에서 일어난다.

독일 역시 1870년 비스마르크가 「보불전쟁」을 통해 독일 통일을 이루기 전까지 유럽의 범위를 벗어나는 국제 문제나 식민지 건설에 눈을 돌릴 겨를이 없었다. 독일 통일 이후에는 바깥세계로 눈을 돌려보지만 이미 영국과 프랑스 등이 세계 곳곳에 식민지를 건설한 후였다. 이는 「청일전쟁」 직후 독일이 「삼국간섭」에 참여하여 일본으로 하여금 요동반도를 중국에 되돌려 주도록 하는 동시에 독일이 칭따오(青島)를 조차하는 이유다.

4월 초, 영국의 거문도 점거 소문을 들은 주 영 청국 공사 증기택(曾紀澤, 1839.12.7.~1890.4.12. 증국변의 아들)은 곧바로 영국 외무성에 소문의 진위 여부를 타진한다. 아직 거문도 진지 구축과 주둔군 배치를 완료하지 못한 영국은 시인도 부인도 하지 않으면서 시간을 끈다.

거문도를 점령한 영국 군인들과 거문도 주민들

증기택은 사태를 그리 심각하게 받아들이지 않았다. 4월 5일 총리아문에 보낸 전문에서 「조선은 자국의 영토를 지킬 능력이 없고 청이 개입하기에는 거문도가 너무나 멀리 떨어져 있기 때문에」 영국과 러시아 중 누가 거문도를 점령하는 것이 청에 더 유리한지만 고려하면 될 것이라고 한다.[12] 이홍장 역시 4월 9일 총리아문에 보낸 전문에 영국의 거문도 점거가 러시아의 남하를 저지할 수 있다고 분석하고 있다. 4월 12일 주 톈진 영국 영사 페틱(W.N. Pethick)과의 면담 후 총리아문에 보낸 전문에서 이홍장은 「영국이 한시적으로 거문도를 점거한 것은 러시아에 대한 방어적인 목적이며 청이나 조선에는 아무런 해가 되지 않는다」고 한다.[13]

영국 외무경 그랜빌(George Leveson-Gower, 2nd Earl Granville, 1815.5.11.~1891.3.31.)은 영국 해군의 거문도 점거가 완료된 후인 4월 16일 증기택에게 평소 같았으면 영국 정부가 청 정부와 사전에 협의를 하였겠지만 이번 경우에는 다른 열강이 이 섬을 점거할 것으로

예상 되어 어쩔 수 없이 사전에
상의 없이 거문도를 점거하게
되었다고 설명한다. 동시에 영
국은 청의 이해에 저촉되는 어
떠한 행동도 취하지 않을 것이
며 이 문제에 대해서 청과 긴밀
하게 협의할 것을 약속한다.[14]

영국의 거문도 점거 소식이
전해지자 일본은 곧바로 우려
를 표명하면서 영국이 조선 조
정과 어떤 협의를 했는지 묻는
다. 영국은 이때야 비로소 조선

프란시스 플렁케트

조정에 거문도 점거가 「한시적」이라고 알린다.[15] 이노우에 가오루 외
무경은 4월 9일 주일 영국 공사 플렁켓(Sir Francis Richard Plunkett,
1835.2.3.~1907)에게 영국이 거문도를 점거한 것은 러시아로 하여금
또 다른 항구나 섬을 점령하도록 부추길 뿐이고 이는 일본에게도 매
우 위험한 일이라고 한다.[16] 그러나 당시 주 일 프랑스 공사는 4월 13
일 이노우에도 영국이 거문도를 점령하는 것이 결국은 러시아를 견제
하고 조선을 지킬 수 있는 길이라고 긍정적으로 생각하게 되었다고 본
국에 보고한다.[17]

주 청 영국 대리공사 오코너(Nicholas Roderick O'Conor, 1843.7.3.
~1908.2.19.)도 4월 21일 이토 히로부미도 러시아 보다는 차라리 영국
이 거문도를 점거하는 것이 낫다고 하면서 그 이유는 영국은 한시적으
로 점거하겠지만 러시아는 영구히 점령해 버릴 것이기 때문이라고 하
였다고 보고한다. 그러나 이노우에 가오루는 오코너에게 우려를 포명
하며 「Port Hamilton(거문도)은 Port Arthur(여순)로 가는 징검다리」

라고 한다. 10년 후 일본은 실제로 「청일전쟁」 후 여순을 중국으로부터 할양받지만 「삼국간섭」으로 포기하게 되고 러시아가 여순을 청으로부터 임차하게 된다. 일본의 지도자들이 극동의 지정학에 얼마나 밝았는지 알수 있다. 그러나 오코너는 당시 보고서에 이노우에의 이러한 발언이 「잘 이해할 수 없었다」고 한다.[18]

주일 러시아 공사 다비도프(Davydov)는 4월 초 이노우에를 만났을 때 그가 거문도 점거 소식에 매우 놀라며 만일 영국이 정말로 섬을 점령하였다면 절대 떠나지 않을 것이라고 생각한다고 자신에게 말했다고 보고한다. 다비도프는 이노우에가 그 섬들의 운명을 걱정하는 것이 아니라 영국이 그처럼 「노골적으로 행동하기 시작한다면 앞으로 일본도 당하게 될 것」을 걱정하였다고 보고한다.[19]

4월 27일, 이노우에는 영국과 러시아가 개전하게 될 경우 일본이 곤경에 처할 것을 걱정하며 플렁켓에게 평화로운 해결을 원한다고 한다. 이노우에는 러시아가 조선에 대한 음모를 꾸미고 있지 않다고 생각했다. 러시아는 블라디보스톡과 시베리아 해안을 영국으로부터 보호하는데 모든 신경을 쓰고 있을 뿐이라고 하였다. 그는 오히려 러시아나 다른 유럽 열강이 나가사키 연안에 있는 고토섬(五島)을 점령할 위험성이 높다고 생각하였다.[20]

이노우에는 그러나 영국의 거문도 점거에 대해 공식적으로 반대하지는 않는다. 다만 플렁켓에게 거문도 점거를 조선 정부와 공식화시키지 말 것을 경고한다. 만일 조선이 거문도를 영국에 공식적으로 임차하거나 팔 경우 러시아가 조선의 다른 영토를 임차하거나 팔 것을 요구할 경우 조선 정부가 거부할 수 없을 것이기 때문이라고 한다.[21]

사태가 점차 심각해짐을 느낀 청이 다시 움직인다. 증기택은 4월 27일 그랜빌 외상에게 「조선은 중국과 접경하고 있을뿐만 아니라 청의 속방」이라면서 영국이 청의 이해관계와 권리를 보장해 준다는 합의를 할 것을 요청한다. 이에 대하여 그랜빌은 거문도에서 나오는 모든 세입을 조선이 청에 내야 되는 조공액수를 제외하고 모두 조선 조정에 돌려주겠다고 한다. 이에 대한 대가로 그랜빌은 영국의 거문도 점거와 통치가 합법적임을 인정해 줄 것을 요청한다. 그러나 영국의 거문도 점거가 얼마나 지속될 것인지는 명시하지 않는다.[22] 증기택은 총리아문에 보낸 5월 1일자 전문에서 그랜빌과 협의한 내용을 바탕으로 양국 간의 합의문에 서명하도록 허락해줄 것을 요청한다.[23]

5월 초 러시아 정부는 직접 영국에 항의한다. 그리고 청에도 영국이 거문도를 점거하는 것에 동의함으로써 영국편을 들었다며 강하게 항의한다. 이홍장은 거문도는 청의 영토가 아니라 조선의 영토이며 따라서 청은 영국의 거문도 점거에 동의한 적도, 허락한 적도 없다고 한다. 러시아는 청과 조선 조정에 만일 영국군이 거문도에서 철수하지 않는다면 러시아도 조선의 다른 섬이나 영토를 점령할 것이라고 협박한다.[24] 그러자 총리아문은 5월 4일 증기택에게 전문을 보내 영국과의 협상을 중단하게 하는 한편 조선 조정이 영국과 직접 협상하도록 한다.[25]

5월 4일(음력 3월 20일) 이홍장은 비로소 고종에게 편지를 보낸다. 거문도 점거 후 1달이 지나서였다. 이홍장은 홍콩의 예를 들면서 영국에 거문도를 조차하는 것은 위험하다고 한다. 그러면서 정여창 지휘 하에 군함을 파견하니 조선 관리와 함께 거문도에 가서 상황을 살피도록 할 것을 조언한다.

> 귀국의 제주(濟州) 동북쪽으로 100여 리 떨어진 곳에 거마도(巨磨島)가 있는데, 그것이 바로 거문도입니다. 바다 가운데 외로이 솟아 있으며 서양 이름으로는 해밀턴[哈米敦] 섬이라고 부릅니다. 요즘 영국과 러시아가 아프가니스탄[阿富汗] 경계 문제를 가지고 분쟁을 일으키고 있습니다. 러시

아가 군함을 블라디보스톡[海蔘葳]에 집결시키므로 영국 사람들은 그들이 남하하여 홍콩[香港]을 침략할까봐 거마도에 군사와 군함을 주둔시키고 그들이 오는 길을 막고 있습니다. 이 섬은 조선의 영토에 속한 것으로서 영국 사신이 귀국과 토의하여 수군(水軍)을 주둔시킬 장소로 빌린 적이 있습니다. 그러므로 잠시 빌려서 군함을 정박하였다가 예정된 날짜에 나간다면 혹시 참작해서 융통해줄 수도 있겠지만 만일 오랫동안 빌리고 돌아가지 않으면서 사거나 조차지(租借地)로 만들려고 한다면 단연코 경솔히 허락해서는 안 됩니다. 구라파(歐羅巴) 사람들이 남양(南洋)을 잠식할 때에도 처음에는 다 비싼 값으로 땅을 빌렸다가 뒤에 그만 빼앗아서 자기의 소유로 만들었습니다. 거마도는 듣건대 황폐한 섬이라 하니, 귀국에서 혹시 그다지 아깝지 않은 땅으로 볼 수도 있겠지만 홍콩 지구 같은 것도 영국 사람들이 차지하기 전에는 남방 종족 몇 집이 거기에 초가집을 짓고 산 데 불과하였습니다. 그런데 지금은 점차 경영하여 중요한 진영(鎭營)이 되었고 남양의 관문이 되고 있습니다. 더구나 이 섬은 동해의 요충지로서 중국 위해(威海)의 지부(之罘), 일본의 대마도(對馬島), 귀국의 부산(釜山)과 다 거리가 매우 가깝습니다. 영국 사람들이 러시아를 방어하기 위한 것이라고 변명하지만 어찌 그들의 생각이 따로 있지 않을 줄을 알겠습니까? 이토 히로부미[伊藤博文]는 이전에 나와의 담화에서 영국이 만약 오랫동안 거마도를 차지한다면 일본에 더욱 불리하다고 하였습니다. 만일 귀국이 영국에 빌려준다면 반드시 일본 사람들의 추궁을 받을 것이며, 러시아도 곧 징벌하기 위한 군사를 출동시키지는 않더라도 역시 부근의 다른 섬을 꼭 차지하려고 할 것이니 귀국이 무슨 말로 반대하겠습니까? 이것은 도적을 안내하여 문으로 들어오게 하는 것으로 이웃 나라에 대하여 다시 죄를 짓게 되며 더욱이 큰 실책으로 됩니다. 그뿐 아니라 세계 정세로 보아서도 큰 관계가 있으니, 바라건대, 전하는 일정한 주견을 견지하여 그들의 많은 선물과 달콤한 말에 넘어가지 말기 바랍니다. 이제 정 제독(丁提督)에게 군함을 주어서 이 섬에 보내어 정형(情形)을 조사하게 하는 동시에 귀 정부와 함께 진지하게 토의하게 하니, 잘 생각해서 처리하는 것이 필요합니다.[26]

조선의 반응

영국의 거문도 점령 소식을 접한 폴크 소위는 교섭통상사무아문을 찾는다. 그는 이때 많은 조선 관리들이 영국의 거문도 점령에 대해 매우 불안해하면서 영국에 대하여 매우 격앙되어 있었다고 한다. 조선 관리들은 영국이 조선 정부의 허락도 없이 거문도에 전함을 보내 점거한 것은 적대 행위에 준하는 것이며 「조영수호통상조약」을 위반하는 것이라고 하였다고 한다. 또한 이들은 조선 조정이 이 문제를 조선에 주재하는 외교 사절들에게 알리고 영국에 항의할 것이라고 하였다고 한다.[27]

며칠 후 독판교섭통상사무(외교부 장관) 김윤식이 폴크를 찾아간다. 폴크가 보기에 김윤식은 교섭통상사무아문의 다른 직원들에 비해서는 덜 격앙되어 있었지만 이 사건에 대한 기본적인 태도는 여타 아문의 직원들과 대동소이한 것 같았다고 한다. 그러면서 폴크는 조선이 물론 자국의 권리를 지키는데 소홀히 해서는 안되지만 현 상황에서 영국에 대해 이토록 격앙된 태도를 보이는 것은 시기상조이고 적절치 않은 것 같다고 하면서 아직 영국의 의도를 파악하지 못했고 거문도의 상태에 대한 정확한 정보도 없는 상황에서 그러한 태도를 영국에게 보이는 것은 자제하는 것이 좋을 것이라고 하였다고 한다.[28]

「조선사람들이 바깥세상에 대해 어둡다는 사실과 국내에서도 정보를 효율적으로 전달하는 방식이 부재한 상황」에서 아문의 조선관리들이 유난히 영국에 대해 분개하는 태도를 보이는 것을 이상하게 여긴 폴크는 「조선이 영국과 러시아 사이에서 편들기를 하도록 하는 보이

지 않는 힘이 작동함으로써 조
선을 곤경에 빠뜨릴 가능성이
있음」을 간파한다. 그리고 묄
렌도르프가 그러한 태도를 부
추기고 있다는 사실을 알아낸
다.[29]

폴크를 만난 묄렌도르프는
자신이 러시아와 이미 몇 달 전
부터 협상을 해 왔고 러시아가
조선의 영토를 점령할 리가 없
음을 확신한다고 한다. 따라서

정여창 제독

러시아의 점거에 대한 예방 차원에서 영국이 거문도를 점거 했다는 것
은 어불성설이며 조선은 영국에 강력하게 항의해야 한다고 한다. 그리
고 조선 조정이 제물포와 나가사키를 정기적으로 오가는 독일 증기선
에 관리를 태워보내 거문도를 지날 때 강력한 망원경으로 거문도의 상
황을 정찰하고 오도록 할 예정이라고 한다.[30]

5월 14일 정여창은 청의 군함 2척을 이끌고 마산포에 도착하여 청
관리 한 명과 함께 한양으로 간다.[31] 5월 16일 조선 조정은 이홍장의
의견대로 의정부 유사당상(有司堂上) 엄세영(嚴世永, 1831~1900) 과 교
섭통상사무협판(외교 차관) 묄렌도르프를 정여창과 함께 거문도에 파
견한다.

묄렌도르프와 엄세영이 정여창과 함께 도착했을때 거문도에는 8척
의 영국 군함이 정박해 있었고 거문도의 산위에는 영국기가 펄럭이고
있었다.[32] 주변 해역에는 어뢰가 설치되어 있었다. 묄렌도르프와 엄세
영은 영국 전함 「플라잉피쉬」호의 선장을 만나 항의한다.[33]

「플라잉피쉬」의 함장은 묄렌도르프에게 영국기를 계양한 것은 영국

제독의 명령이었으며 영국이 거문도를 점거한 것은 러시아가 거문도를 점거할 것이라는 첩보를 얻었기 때문이라고 한다. 따라서 거문도를 점거한 것은 임시로 지키기 위한 것이며 방어적인 목적이라고 한다. 이에 묄렌도르프는 조선이 러시아나 영국과 모두 좋은 관계를 유지하고 있다면서 조선의 영토에 영국기를 계양하는 것은 정당화될 수 없는 일이라고 한다.[34]

4월 3일 (양력 5월 16일) 엄세영과 묄렌도르프가 흥양(興陽)의 삼도(三島)에 가서 영국 선주(船主) 막키이를 만났다. 묄렌도르프가 말하기를, 「전에 들으니, 영국 군함이 이 섬에다가 깃발을 세워놓았다고 하므로 사람을 보내서 알아보려고 하던 차에 마침 중국 군함이 바다를 순찰하다가 마산포(馬山浦)에 왔으므로 본국 임금이 정여창(丁汝昌)과 상의하여 윤선(輪船)을 붙여주어 왔습니다. 아까 보니 과연 귀국의 깃발을 세워놓았는데 무슨 의도인지 알지 못하겠습니다.」 하니, 막키이가 말하기를, 「이 깃발을 세운 것은 우리 수군 제독(水軍提督)의 명령을 수행한 것입니다. 본국 정부에서 러시아가 이 섬을 차지하려고 한다는 말을 들었기 때문입니다. 현재 영국이 러시아와 분쟁이 생길 기미가 있기 때문에 먼저 와서 이 섬을 잠시 지킴으로써 보호하는 데 도움이 되게 하려는 것입니다.」 하였습니다. 묄렌도르프가 말하기를, 「조선은 영국과 원래 우호조약(友好條約)을 맺은 나라이며 러시아와도 우호조약을 맺은 나라인데, 지금 귀국의 군함이 조선 땅에 와서 국기를 세워놓는다는 것은 이치상 허락할 수 없으니, 귀 정부에 명백히 전달하여 이런 내용을 알게 한 다음 조선의 수도에 들어가서 각국 공사(公使)들에게 조회(照會)하여 이런 내용을 알게 하여야 할 것입니다.」 하니, 막키이가 말하기를, 「나 역시 조선에서 이 일을 처리하기가 곤란하리라는 것을 잘 알고 있습니다. 원래 정부에 빨리 통지해야 할 것이었으나 우리 정부의 의사도 각하에게 명백히 알리지 못하였습니다. 나는 수군 제독의 명령을 받고 여기에 주둔하고 있으니 각하께서 장기도(長崎島, 나가사키)에 가서 수군 제독과 상의하면 될 것입니다. 지난달 28일에 러시아 군함 1척이 여기에 왔는데 영국의 뜻에 대하여 많은 의혹을 가지고 있었습니다.」하였습니다. 묄렌도르프가 말하기를, 「귀국이 조선 땅에다가 깃발을 세워놓은 것은 사리에 맞지 않습니다. 우리들은 명령을 받고 여기에 왔으므로 조사한 것을 즉시 돌아가서 우리 임금에게 보고할 것이니, 각하도 이 내용을 가지고 귀 수군 제독과 상의한 다음 빨리 귀 정부에 알려서 속히 처리해야 할 것입니다.」하니, 막키이가 말하기를, 「그렇습니다. 모레 나도 장기도(나카사키)에 가려고 합니다. 이달 초하룻날에 영국에서 전보가 왔는데 영국 정부가 러시아주재 영국 공사와 아프가니스탄 사건을 논의하고 해명하였다고 하였습니다. 우리 군함도 이제 분쟁한 일이 없었다는 것을 본국에 보고하겠습니다.」하였습니다.[35]

묄렌도르프는 거문도에서 나가사키로 가서 5월 18일 영국해군의 부사령관인 다월경(Sir William Dowell)을 만나 거문도 점거에 대해 항의한다.

주 청, 주 조선 영국 임시대리공사를 겸직하고 있던 오코너(N. R. O'Conor)는 5월 19일, 영국이 거문도를 임시로 점거했다고 조선 조정에 공식 통보한다. 그러자 5월 20일, 독판교섭통상사무(외교부 장관) 김윤식은 주 조선 영국 총영사대리 카를스(W. R. Carles)에게 공문을 보내 강력하게 항의한다. 영국이 거문도에서 즉각 철수하지 않을 경우 조선은 더 이상 이 문제를 묵과할 수 없으며 자위의 차원에서 다른 열강들의 「공론」을 물을 수 밖에 없다고 한다.

요즘 국내에서 도는 소문을 듣고 귀국이 거문도(巨文島)에 마음을 두고 있다는 것을 알았습니다. 이 섬은 우리나라 영토에 속하므로 다른 나라에서는 차지할 수 없습니다. 세계 어느 나라의 공법(公法)에도 원래 이런 법은 없으므로 놀랍기도 하고 의심스럽기도 하여 무어라고 말하기 곤란합니다.

일전에 관원을 해도(該島)에 파견하여 실정을 알아보게 하였는데 아직 돌아오기도 전에 귀 영사(領事)가 보낸 조회(照會)를 받았습니다. 이것은 베이징 공사관(北京公使館)에서 발송한 것이었습니다. 적어 보낸 내용을 자세히 읽어보고 비로소 전번의 말이 틀리지 않았다는 것을 알게 되었습니다.

귀국과 같이 우애와 친목을 귀중히 여기고 공법에 밝은 나라가 이런 뜻밖의 행동을 할 줄이야 어떻게 알았겠습니까? 기대에 너무도 어긋나서 놀랍고 이상스러움을 금할 수 없습니다. 귀국이 만약 우의를 중하게 여겨서 과감하게 생각을 돌려 이 섬에서 빨리 떠난다면 어찌 우리나라에만 다행한 일이겠습니까? 만국이 모두 대단하게 여길 것입니다. 만일 그렇게 하지 않는다면 우리나라는 도의상 묵묵히 보고만 있지 않을 것이며, 또한 동맹(同盟)한 각 나라에 성명(聲明)하여 그 공론(公論)을 들을 것입니다. 이 일은 지연시킬 수 없기 때문에 이제 편지를 먼저 보내어 모든 사실을 밝히니, 귀 영사(領事)는 즉시로 회답을 보내주기 바라마지 않습니다.[36]

오코너는 카를스에게 영국으로 일시 귀국한 주 조선 총영사 애스턴이 돌아올때까지 시간을 끌라고 한다.

바로 이때 김윤식은 고종과 묄렌도르프가 러시아와 밀약을 맺기 위하여 수 개월에 걸쳐 여러 경로를 통하여 러시아측과 은밀하게 연락을 취해왔고 논의가 이미 상당히 진행되었다는 놀라운 사실을 알게된다. 사태의 심각성을 깨달은 김윤식이 곧바로 청과 일본 측에 이러한 사실을 알리면서 소위 「제 1차 조러밀약사건」이 터진다.[37]

2. 묄렌도르프와 「제 1차 조러밀약」

묄렌도르프를 조선에 파견한 것은 이홍장이었다. 통리기무아문의 통리교섭통상사무아문참의(외교고문)와 개항장들을 관리하는 정각사 협판(참판)에 임명되고 동전을 주조하는 전환국, 광산을 관리하는 기기 국을 맡으면서 청의 이익을 보호하기 위해서 이홍장이 심어놓은 인물 이었다. 그러나 「목참판」 묄렌도르프는 조선에서 체류하는 시간이 길 어질수록 청 보다는 조선의 입장을 대변하기 시작한다.[38]

묄렌도르프는 조선이 중국의 영향으로부터 벗어나야 한다고, 그리 고 조선의 천적은 일본이라고 생각했다. 일본이 조선에 대한 침탈을 본격화하면 청이 결코 조선에 대한 우선권을 지켜낼 능력이 없음을 일 찍이 간파한 묄렌도르프는 조선이 생존하기 위해서는 다른 외세에 의 존해야 한다고 생각했다.[39]

묄렌도르프의 부인 로잘리 폰 묄렌도르프(Rosalie von Möllendorff)는 남편 전기에 다음과 같이 쓰고 있다.

청국이 자기의 속방이 위급한 상황에 처할 때, 과연 일본으로부터 보호해 줄 수 있을 것인지, 당시의 정세를 볼 줄 아는 사람에게는 매우 회의적으 로 여겨졌다. 따라서 이러한 이유로 조선이 청국 이외의 외세에 의지해야 한다고 남편은 처음부터 분명한 생각을 가지고 있었다. 그때의 상황을 감 안하면 그것은 러시아일 수 밖에 없었다. 러시아는 중국과 정상적인 관계 를 유지하고 있었고, 태평양 연안까지 진출한 이래로 일본과는 적대 관계 가 되었다. 그러므로 러시아의 가장 큰 관심은 조선이 독립국이 되어 자기 나라와 일본 사이에 일종의 완충국으로 존재하게 하는데 있었다. 열강들 가운데 그 어떤 국가도 이 역할을 떠맡을 수는 없었다.[40]

조-러의 협력의 중요성은 러시아 측도 일찍부터 인식하고 있었다. 묄렌도르프가 조선에 부임하기 직전 당시 주 청 러시아 공사였던 뷰초브(Evgenii Karlovich Biutsov, 1837~1904)는 묄렌도르프에게 러시아와 좋은 관계를 유지하는 것은 조선의 국익에 부합하는 일이라며 러시아와 조선 사이의 무역 협정을 맺을수 있도록 묄렌도르프가 적극 나서주기를 부탁한다.[41]

묄렌도르프

묄렌도르프는「조러수호통상조약」체결을 무척 반겼다.

1884년 봄, 조선과 조약을 체결하기 위해 러시아 대표가 입국하기를 기다리고 있었다. 남편은 이 조약의 체결을 매우 원했다. 왜냐 하면 그는 조선 내의 강대국들이 많이 있으면 있을수록 그만큼 더 조선은 일본이나 청국의 영향으로부터 독립할 수 있다고 생각했기 때문이었다.[42]

다음은 당시 묄렌도르프가 부인에게 쓴 편지의 일부분이다.

러시아의 대표 베베르가 지금이라도 이곳에 올는지 모른다오. 러시아와의 조약은 매우 바람직하오. 외세가 조선에 대표부를 두고자 하면 할수록 그만큼 더 우리는 청국과 일본의 영향으로부터 독립할 수 있는 가능성이 높아질 것이오.[43]

1884년 6월, 당시 주 톈진 러시아 영사 베베르(Karl Ivanovich Weber)는 「조러수호통상조규」 체결을 위하여 조선에 들어온다. 협판교섭통상사무 묄렌도르프는 독판교섭통상사무 김병시와 함께 「조러조약」 체결에 나선다.[44] 묄렌도르프는 당시 중국이 이 조약을 내심 반대하고 있었다고 한다. 「중국은 이 조약이 가져올 파장을 너무나 걱정한 나머지 이러한 우려는 조선 사람들에게도 전염되었다.」[45] 다행히 협상은 별 문제없이 진행되고 조약은 6월에 체결된다.

1884년 8월, 묄렌도르프는 베이징 주재 러시아 무관에게 강대국들이 벨기에의 중립을 보장하듯이 러시아, 영국, 일본 등이 조선을 공동으로 보호하는 협약을 맺을 것을 제안한다. 묄렌도르프는 만일 러시아가 이를 주도하지 않는다면 조선은 곧 영국의 보호령으로 전락할 것이라고 한다. 그러나 러시아 무관은 이러한 문제는 자신이 결정할 수 없으며 본국 정부에 직접 문의할 것을 제안한다. 묄렌도르프는 즈푸(芝罘: 옌타이, 연태)의 러시아 해군제독에게 같은 제안을 한다. 러시아 제독 역시 본국 정부에 문의할 것을 제안하면서 우선은 러시아에게만 조선의 보호를 요청할 것을 제안한다.[46]

이에 묄렌도르프는 곧바로 나가사키 주재 러시아 영사를 통하여 영국이 조선을 보호령으로 만들 계획을 갖고 있고 거문도를 할양받을 계획을 갖고 있다면서 이를 미연에 방지하기 위하여 러시아가 조선과 보호조약을 체결할 것을 제안한다. 묄렌도르프는 우선 러시아가 제물포에 전함들을 배치시킬 것과 200명의 군사를 보내 고종을 호위할 것을 제안한다.[47]

영국이 조선을 보호령으로 만들기 위해서 기회를 노리고 있다는 묄렌도르프의 주장에 러시아 조정은 놀란다. 러시아의 입장에서는 조선 문제로 중국이나 구미열강들과 마찰을 빚고 싶은 생각이 전혀 없었다. 조선에 대한 믿을 만한 정보도 없는 상황에서 묄렌도르프의 말만 믿을 수 없었던 러시아 정부는 우선 도쿄 주재 러시아 공사 다비도프 (Aleksandr Petrovich Davydov)로 하여금 조선 조정에 영국의 보호령 제안이나 거문도 점거를 받아들이지 않도록 종용할 것을 명한다. 만일 영국이 거문도를 점거할 경우 조선을 둘러싼 국제 세력 균형이 무너질 뿐만 아니라 다른 열강들도 각자 조선으로부터 유사한 댓가들을 받아내려고 할 것이기 때문이라고 설명하도록 한다. 동시에 일본 정부에 영국의 계책에 대해서 알릴 필요가 있다면 정보원은 밝히지 않은채 알려줘도 좋다고 한다.[48]

이때 「갑신정변」이 터진다. 갑신정변 발발 직후 묄렌도르프는 고종의 명을 받아 도쿄 주재 러시아 공사관에 러시아 황제에게 조선을 보호해 줄 것을 요청하는 전보를 보낸다. 주일 러시아 공사 다비도프는 전보의 진의를 파악하기 위하여 스페이어 서기관을 조선으로 급파한다.[49] 스페이어는 갑신정변 직후인 1884년 12월 28일 러시아 순양함 「라즈보이니크(Razboinik)」호로 요코하마를 떠나 인천으로 입항하여 1885년 1월 2일 고종을 알현하고 7일 다시 일본으로 돌아간다.[50] 묄렌도르프는 이러한 내용을 부인에게 보내는 편지에 담았다.

나는 러시아에 전보를 쳤고, 그래서 한 러시아 공사관 비서가 군함을 몰고 와 며칠 동안 이곳에 있소. 이것은 잘 한 일이었어요. 왜냐 하면 러시아가 나에게 모든 후원을 아끼지 않겠다고 약속한 바 있었기 때문이지요.[51]

『고종실록』에도 바로 이 기간에 러시아 군함이 인천에 다녀간 기록이 남아 있다.

1884년 (양) 12월 29일.

니콜라이 기어스   알렉산더 3세

의정부(議政府)에서 ....(중략)... 또 아뢰기를, 「방금 들으니, 러시아 배가 우리나라에 변란이 일어났다는 이유로 제물포(濟物浦)에 와서 정박하고 있다고 합니다. 위문하는 조치가 없어서는 안 되니, 인천 감리 사무(仁川監理事務) 홍순학(洪淳學)으로 하여금 속히 가서 성의를 표시하게 하는 것이 어떻겠습니까? 하니, 모두 윤허하였다.[52]

1885년 1월 5일, 독판교섭통상사무 조병호(趙秉鎬)가 스페이어에게 감사의 서신을 보낸다.

대조선독판교섭통상사무 조(趙)가 조회함.

우리나라는 현재 큰일이 있습니다. 귀국과 우리나라는 비록 수호를 맺었지만 아직 환약(換約, 비준서 교환)을 하지 않았는데, 뜻밖에 귀국이 즉시 귀 참찬을 파견해서 이렇게 와서 도와주셨습니다. 우리나라 신민이 그것에 의지해서 편안해졌으니, 귀 참찬의 기의(氣誼, 의기와 정의)가 출중하여 힘을 써서 일을 잘 처리하신 것을 존경하지 않는 이가 없습니다. 어느 대군주께서 이미 귀 참찬을 인견(引見)해서 직접 후의(厚意)를 전하셨으며, 거듭 본 대신에게 명하여 대신 지극한 감사의 뜻을 전하게 하셨으니, 이는 귀 정부가 특별히 교의(交誼)를 염두에 두어서 격식에 구애받지 않고 모충(謀忠)하여 두 나라의 화목한 정을 돈독히 하셨기 때문입니다. 본 대신은 실로 깊이 존경하여 잊지 않을 것입니다.

글을 갖춰서 조회하니, 부디 귀 정부는 살펴보신 후에 시행하시고 조회를 보내시기 바랍니다.

이상과 같이 대아국주차일본참찬관(大我國駐箚日本參贊官) 시(是)에게 조회함.

갑신년 11월 20일[53]

12월 28일, 러시아의 외무경 기어스(Nikolay Giers, 1820.5.21.~1895.1.26.)는 러시아가 철저하게 중립을 지켜야 하지만 만일 청과 일본 간에 전쟁이 발발할 경우 러시아의 입장에서 청이나 일본의 수중에 떨어지면 불리할 항구들을 러시아 해군이 장악할 것을 제안한다. 러시아 황제 알렉산더 3세는 이에 동의하면서 곧바로 해군성에 이 내용을 전달하도록 한다. 당시 러시아는 극동에 프리깃함 1척과 범선 2척, 수송선 1척 밖에 없었으나 3월 말까지 군함 11척을 더 보낼 수 있을 것이라고 한다.[54]

러시아 조정은 트란스바이칼, 아무르, 연해주, 사할린섬 등을 합쳐서 새로 조성 한 아무르주의 초대 총독 코르프 남작(Baron Andrei Nikolaevich Korf)에게 조선에 대한 정책을 제안할 것을 명한다. 코르프는 조선 반도를 둘러싼 전쟁이 발발할 경우 러시아 육군을 파견할 것을 제안하지만 러시아군의 참모부는 그렇게 할 경우 중국과의 관계를 복잡하게 만들것을 우려하여 제안을 거부한다.[55]

그 대신 기어스 외무경은 12월 29일 주 일본 공사 다비도프로 하여금 일본 정부에게 조선의 항구들을 점령하지 말 것을 종용하라는 전보를 보낸다. 러시아의 입장에서는 조선 반도에서 현상 유지가 가장 중요하다는 것을 전하도록 한다. 그러나 러일 관계를 해칠 것을 우려해 이러한 제안은 매우 조심스럽게 할 것을 명한다.[56]

러시아의 이러한 제의에 이토 히로부미는 조선이 완전한 독립국으로 남아 있기는 힘들 것이라고 답한다. 러시아 조정은 물론 일본이 조선을 보호령으로 삼는 것을 원치 않았다. 그러면서도 갑신정변 이후 계속해서 조선에 주둔하고 있던 청군의 철군을 요구하는 일본의 입장을 지지했다. 중국이 영국의 영향력 하에 있다고 생각한 러시아로서는 일본군 보다 청군의 조선 주둔을 더 큰 위협으로 간주하였다. 따라서 러시아는 청군과 일본군이 조선으로부터 동시에 철병하는 것을 원했다. 청과 일본군이 모두 철군을 한다면 조선에 대한 러시아의 영향력을 키우는 것도 훨씬 쉬워질 수 있다고 생각했기 때문이다.[57]

갑신정변으로 스페이어가 조선에 파견되자 묄렌도르프는 스페이어를 만나 러시아가 조선을 보호령으로 삼아줄 것을 재차 요청한다. 그 댓가로 조선은 러시아의 상회나 상인에게 임대해주는 형태로 동해안의 부동항을 러시아에 제공해 줄 것이라고 한다. 그리고 만일 러시아가 단독으로 조선을 보호령으로 삼을 수 없다면 다른 열강들과 함께 벨기에의 경우처럼 조선의 중립을 보장하는 협정을 맺어줄 것을 요청한다. 스페이어는 1885년 1월 일본으로 돌아가자마자 직속 상관인 다비도프 공사에게 묄렌도르프의 제안을 전한다.[58]

러시아에 접근한 것은 묄렌도르프만이 아니었다. 1885년 1월, 고종은 극비리에 러시아 황제에게 보내는 친서를 써서 전영 영관 권동수(權東壽), 김용원(金鏞元)등 4명에게 준다. 이들은 함경도 경흥부(慶興府)를 거쳐 블라디보스토크로 가서 러시아 연해주의 군무지사에게 고종의 친서를 전하고 5월에 돌아온다.

연해주의 군무지사는 황제에게 보고 한 후 조선이 필요할 경우 러시아는 하시라도 조선을 보호할 준비가 되었다고 답한다. 이때 조선의 사신들은 러시아측의 권유로 비밀 조약을 체결한 것으로 보인다. 이 비밀조약은 조선이 다른 열강의 공격을 받을 경우 러시아가 조선을 보호할 것이며 이에 대한 대가로 조선은 러시아에게 원산항을 임차해주고 조선의 육군과 해군을 훈련시킬 전권을 갖게 하는 등의 내용을 담고 있었던 것으로 추정된다. 조선을 러시아의 보호령으로 만드는 내용이었다.[59]

이러한 내용은 당시 일본의 주 조선 임시대리공사였던 곤도 마스키가 5월 26일 이노우에 가오루 외무경에게 보낸 비밀 전문에 실려있다.

조선의 러시아와의 관계 제1회

작년 11월의 변란 후 얼마 안 있어 조선 국왕은 러시아 블라디보스토크 항의 지방관에게 밀사를 보냈습니다. 한 명은 권씨 성을 가진 자로 과거 블라디보스토크 항에 체류한 적이 있습니다. 또 한 명은 김용원-이전 일본으로와 광산학에 종사한 자-로, 이 두 명이 조선으로 가지고 돌아온 지방관의 답신은 즉시 국왕의 손에 들어갔습니다. 정부의 대신이라 하더라도 일람이 허용되지 않는다는 탐정의 말을 듣고 더욱 구체적으로 조사하던 중, 김 독판(김윤식)이 은밀히 사람을 써서 러시아에서 온 그 밀서를 얻었습니다. 밀서의 내용은, 청일 톈진 조약으로 양국이 군대를 철수하기로 했는데 3조에는 이후 만약 조선에 일이 생겨 양국 중 어느 한 쪽이 군대를 보낸다면 우선 이 사실을 통지한 후에 행한다는 조항이 있다, 이에 비추어 보면 청일 양국은 조선에 현재 주재하고 있는 군대는 철수 하지만 조선에 사건이 생기면 언제라도 군대를 보낼 수 있는 권리를 가진 것이다, 러시아도 조선에 대해서는 청일 양국과 같은 주변국이기에 청일과 같은 권리를 얻는 것이 당연하기에, 위 조약의 비준을 기다려 러시아 정부가 청일 양국 정부에 위와 같은 뜻을 전하려고 계획 중이며, 미리 조선정부에 동의를 받아 놓고 싶다는 취지였으며, 제가 알아 두었으면 하였기에 위 내용을 몰래 저에게 전해주었습니다. 이에 따라 지난 20일 해밀턴 사건(거문도 사건)에 관해 독판과 이야기하던 중 본 건에 관해서도 이야기했습니다. 위에 말한 밀사는 조선 정부가 보낸 것인가, 누가 보낸 것인가, 무슨 목적으로 보낸 것인가 등을 질문하니, 밀사 파견은 정부로서는 전혀 모르는 일이며 지금까지도 그 서간을 보는 것조차 불가능 할 정도이니 추찰하여 달라(국왕의 행동이라는 뜻을 피하려는 듯), 무엇보다 작년 변란 후에 인심이 흉흉하여 조선 정부도 청나라와 일본이 반드시 다시 조선에서 싸울 것이라고 맹신할 정도이며, 당시 묄렌도르프로부터 러시아는 이웃 나라이기에 미리 러시아에 요청하여 만일 청일 양국이 조선에서 전쟁을 하는 날이 오면 러시아에게 그 보호를 요청해야 한다는 발의가 있었지만 의견이 일치되지 않았으며 그 뜻은 폐안 되었다, 하지만 들은 바에 의하면 이번에 조선으로 돌아온 밀사는 위와 같은 목적으로 블라디보스토크 항에 도착하여 지방관을 거쳐 러시아 정부에 보호를 의뢰했다 하니 이것은 매우 기괴한 일이다, 묄렌도르프도 이를 들으면 매우 놀랄 것이며 자신(김윤식)은 외무의 중책을 맡고 있는 자로서 그 사정을 전혀 모르고 있었다는 것이 매우 당혹스럽다, 고 답했습니다. 이 담화를 통한 저의 생각을 말씀드리자면 위 밀사는 묄렌도르프의 발의를 듣고 당시 국왕이 스스로 그 측근과 계획해 몰래 사절을 보내 러시아에 보호를 요청한 것으로 보입니다. 다만 이는 묄렌도르프의 비호 아래 그 뜻을 더한 것인지(묄렌도르프는 원래부터 러시아를 끌어들일 생각을 가지고 있으며 또 근래에는 김홍집, 김윤식 등의 권세가 내관들에 의해 제재 당하는 것을 보고 내관들에게 아첨하고 있다는 정황이 있습니다.) 혹은 단순히 국왕이 두려워한 나머지 독단적으로 밀사를 파견한 것일 수도 있습니다. 상세한 사실 판단은 하기 어렵지만 조선이 러시아에 보호를 의뢰하자 러시아가 청일간 톈진조약에 대해 청일 양국에게 같은 권리를 얻기 위한 청구를 할 것이라는 생각을 가지고 있다는 단서를 독판과의 밀담을 통해 알았기 때문에 우선 위 사실을 보고합니다. 덧붙여 김용원과는 친분이 두텁기에 그를 은밀히 불러 블라디보스토크로 간 양상을 물어보았지만 그 사실을 깊이 숨겼기에 그 내막을 알아낼 수 없었으며 환관에게 손을 써서 가능한 한 위 서간의 사본을 얻기 위해 계획 중에 있습니다.[60]

1885년 2월 16일, 묄렌도르프는 서상우 전권대신과 함께 갑신정변 당시 일본이 입은 피해에 대한 사죄사절단으로 일본에 파견된다. 일본에서 그는 갑신정변의 책임을 미국에 미룬다. 일본의 조선 유학생들이 미국의 잘못된 이론들을 받아들여 일으킨 일이라고 한다.[61]

한복을 입고 다니면서 세련되지 못하게 함부로 말하고 자제할 줄 모르는 묄렌도르프는 일본인, 영국인, 독일인, 프랑스인을 막론하고 모두를 짜증나게 한다. 그를 유일하게 따뜻하게 맞이해준 것은 주 일 러시아공사 다비도프였다.[62]

그가 일본에 도착한 직후 부인에게 쓴 편지에는 다음과 같은 내용이 있다.

이제 나는 부사(副使)의 자격으로 이곳 도쿄에 도착했소. 아름다운 나라를 보게 되니 기쁘구료. 기후는 훌륭하다오. 기온이 차기는 하지만 조선보다는 확실히 온화하오. 우리는 천황을 알현했으며 32곳이나 방문했다오. 독일 공사는 퍽 우호적이었고, 본(Bonn)에서 공부했던 러시아 공사 다비도프(Alexander Petrovich Davydov, 1838~1885)씨 역시 우호적이었소. 또 조선에서 근무했던 공사관 서기 스페이어(A. von Speyer)씨도 이곳에

와 있군요. 우리는 말쑥하게 꾸며진 일본 집에 기거하고 있으며, 일본 음식을 먹고 있소. 그러나 맥주를 마신다오.[63]

묄렌도르프는 일본에 체류하는 동안 다비도프, 스페이어와 계속 만난다. 3월 초, 묄렌도르프는 다비도프에게 친필로 적은 글을 건넨다. 역시 러시아의 도움을 청하는 내용이었다.[64] 그 내용은 그의 일기에도 남아있다. 묄렌도르프는 1885년 3월 2일 자 일기에 이렇게 적고 있다.

그러나 예의 두 국가보다 더 강력한 제3의 힘이 청과 일본의 영향에 균형을 잡아 주지 않는다면, 그 국가의 끊임없는 분쟁은 조선의 평화적인 발전에 저해가 될 것이다. 그러한 국가는 오직 러시아일 수밖에 없다. 러시아의 이해 관계가 동아시아에 충분할 만큼 존재하는 바, 조선이 하나의 부유하고 힘도 가지고 있는 국가가 되는 것이 러시아를 위해 이익이 될 수 있다.

러시아가 어느 정도까지 조선의 문제에 관여할 것인지는 조선에 있는 그 누구도 물론 전망할 수 없다. 그리고 러시아가 조선에 허락할 수 있는 보호 및 후원은 러시아의 이익의 크기에 따라 정해져야 할 것이다. 그렇기 때문에 러시아에 대한 조선의 관계를 조선측에서 그 안을 규정하는 것이 어려울 것이므로 러시아 정부에 위임해야 할 것이다. 이것은 상황에 따라서 찬성의 뜻을 밝혀야 할 것인 바, 내용은 다음과 같아야 할 것이다.

(1) 조선의 중립 및 불가침에 대해 청국과 일본이 공동으로 보장하고 대청국 및 대일본에 관한 상호 보장 관계의 유지.
(2) 군사적 방위 관계.
(3) 조선 영토 불가침에 대한 일반적 보호 관계의 보장

어쨌든 조선 내에서 러시아의 영향력을 중대시키는 것은 유용할 것이다. 최근에 곤경을 치를 때, 한 관리를 한양에 파견하고 그 사실의 공표를 통해서 보여 준 우호적인 관심, 그리고 폰 스페이어 씨의 인격과 등장이 국왕 폐하에게 불러일으킨, 극히 우호적인 인상, 이러한 것들이 위에서 설명한 관점에서 볼 때 지금의 시기를 하나의 좋은 기회로 형성하는 데 기여할 것이다. 이제 방금 일본이 청국에 요구한 것에 응해 청국의 군대가 조선에서 철수하면 일본의 군대도 청국과 동시에 한양을 떠날 것이다.

그에 따라서 조선에서는 자체의 군대를 편제해야 한다는 문제가 생겼다. 일정 수의 유럽인 교관을 채용하는 것이 절대적으로 필요하게 되었다. 현재는 수도에 500명 단위로 이루어진 4개 대대가 있는데 현 정부를 수비하는 데는 이 정도의 수로 충분하다. 만일 그러한 목적으로 러시아의 장교와 하사관이 조선에 몇 년간 파견된다면 조선은 그것으로써 하나의 큰 고용 관계가 실증되는 것이며, 동시에 조선 정부가 미래를 위해서 취하고자 노력하고 있는 길을 다른 국가들에게도 널리 보여 주는 것이다. 만일 러시아가 이것에 대해 준비하고 있음을 밝힌다면, 조선 정부도 서울이나 도쿄 주재 러시아 대표에게 그러한 뜻을 공식적으로 표명해야 할 것이다. 현재로서의 고충은 다음과 같다.

(1) 일본 정부가 반란의 두 번째 시도를 후원하고 있다는 불안이 감돌고 있다. 그러한 일이 일어나지 않도록 안심할 수 있어야만 비로소 국민들이 무역을 할 수 있을 것이다.
(2) 청국과 일본의 군대가 철수한 후, 왕과 정부를 강력하게 지지해 줄 군사력을 증강시키는 일이 필요하다.

이 두 가지 점은 하나로 결합될 수 있다. 충분한 수효만큼의 러시아 교관의 초청을 통해서 믿을 만한 병사들로 이루어진 연대(聯隊)를 두세 개 창설하고 조선이 러시아와 친밀한 관계를 맺고 있다는 사실을 일본이 알게 되다면 그들은 감히 더 이상의 기도(企圖)를 하지 않을 것이다. 그것을 러시아가 보장할 수 있을 것이다. 친밀하고 자주적이며 강하고 유복(裕福)한 조선과 국경을 이루고 있다는 것은 러시아에게는 중요하므로 교관을 보내려고 할 것이다.[65]

묄렌도르프는 다비도프와 만나서는 러시아 장교 4명과 16명의 하사관을 조선에 보낼 것을 제안한다. 그리고 러시아가 거문도를 점령할 것도 제안한다.[66] 그러나 다비도프가 구체적인 답변을 회피하자 동석했던 서상우 전권대사는 러시아 본국 정부에 제안 내용을 전달해 줄 것을 요청한다. 다비도프는 그렇게 하겠다 한다.[67]

다비도프는 본국에 대화 내용을 전하면서 조선은 가난한 나라임으로 필요한 비용을 대기 어려울 것이라고 한다.[68] 다비도프의 보고서를 접한 차르 알렉산더 3세는 곧바로 외무경 기어스에게 조선의 정치상황과 묄렌도르프 제안의 신빙성을 조사하여 러시아 장교들을 조선에 파견할 수 있는 기회를 놓치지 말 것을 지시한다.

이에 기어스는 5월 초대 주 조선 러시아 임시대리대사(charge d'af-faires) 겸 총영사로 부임할 예정인 베베르(Karl Ivanovich Waeber)에게 조선의 내정을 파악할 것과 조선 조정에 러시아에 대한 신뢰를 심어줄 것, 그리고 고종에게 조선과 러시아 관계의 중요성을 일깨워주고 러시아군 장교들을 조선군 교관으로 초청할 것등을 지시하는 훈령을 전달한다. 러시아가 조선을 보호령으로 삼는다는 제안은 상황을 봐서 다른 열강들을 자극하지 않을 수 있는 한에서만 제안할 것을 지시한다.[69] 묄렌도르프는 1885년 4월 5일 조선으로 돌아온다.

4월 초, 영국 해군이 거문도를 점령한다. 묄렌도르프의 예상이 맞았다. 그러나 베베르는 조선에 부임하는 길에 미국을 거쳐서 가을에나 한양에 도착할 예정이었다. 6월 중순, 묄렌도르프가 정여창 제독, 엄세영 정부유사당상(政府有司堂上)과 함께 청 군함을 타고 거문도로 향하고 있을 때 스페이어는 조선으로 향한다.[70] 비베르가 부임할 때까지 러시아와 조선 간의 긴밀한 연락을 유지하기 위해서였다.[71]

한편 5월 18일 묄렌도르프가 정여창과 함께 거문도를 거쳐 나가사키에 도착하자 다비도프는 나가사키 주재 러시아 영사 코시틸레브(Vasilii Iakovlevich Kostylev)를 통하여 묄렌도르프가 3월에 러시아측에 제안한 안에 대한 답이 본국으로부터 왔음을 전한다. 러시아 조정이 자비로 조선에 러시아 교관들을 파견할 것이라는 내용이었다. 코시틸레브는 묄렌도르프를 극진히 대접하였고 동시베리아 총독의 비서가 묄렌도르프 귀국길에 동행한다.[72]

조선으로 돌아온 묄렌도르프는 곧바로 주 조선 영국 총영사 대리인 카를스(W. P. Carles)를 만나 영국이 거문도에서 철군하지 않으면「조영수호통상조약」은 종결될 것이며 영국인들에게는 광산 채광권을 주지 않을 것이라고 협박한다.[73]

묄렌도르프의 이러한 일련의 행동에 일본측은 아연실색한다. 후쿠자와의 신문인『지지신포(시사신보)』는 사설에서 러시아는 조선을 합병시키려고 하는 반면 영국은 조선의 독립을 지켜주고 있다며 조선은 영국의 거문도 점거를 환영했어야 하고 이에 항의하는 것은 어리석기 그지없는 일이라고 한다. 또한 조선 사람들이 세계 정세에 어둡기 때문에 탓할 수도 없겠지만 문명국에서 태어나 교육받고 국제 정세를 잘 아는 묄렌도르프는 조선 조정으로 하여금 영국과 좋은 관계를 유지할 것을 권고하기는 커녕 거문도와 나가사키에까지 가서 영국제독에게 항의를 하는 것을 보면「정신이 오락가락하는 것 같다」고 한다.[74]

애스턴은 6월 4일 조선으로 귀임한다. 영국 정부는 그에게 조선 조정과 협상을 진행할 것과 거문도를 임시로 점거하는 대가로 1년에 5천 파운드씩 조선에 지불할 것을 제안하라고 한다. 훈령은 이러한 제안을 청을 통하여서 하도록 명시한다. 조선에 대한 청의 종주권을 인정하고 있다는 또 하나의 단서다. 그러나 6월 19일, 애스턴이 거문도를 석탄 저장고로만 사용하겠다고 하지만 김윤식은 단호히 거부한다.[75]

스페이어는 한양에 머무는 동안 묄렌도르프와 수 차례 만난다. 묄렌도르프는 스페이어에게 조선과 러시아 간의 동맹을 제안하면서 러시아가 조선을 보호해주는 대가로 조선은 러시아와 접경하고 있는 지역의 영토를 일부 러시아에 할양할 의사가 있으며 러시아 해군의 함정들이 조선의 항구들에 자유롭게 드나들 수 있도록 하겠다고 한다.[76]

스페이어는 묄렌도르프와 회의 후 조선이 러시아 육군교관을 초빙하는 협정 초안과 사유서를 작성하여 통리아문에 회람하고 고종의 재가를 요청한다.[77] 이로서 고종이 묄렌도르프를 통하여 러시아와 비밀 협상을 진행하고 있었다는 사실이 드러난다.

바로 이때 블라디보스톡에서 러시아 측과 접촉했던 권동수, 김용원 등이 한양으로 돌아온다. 독판교섭통상사무(외교부 장관) 김윤식은 이때 비로소 사태의 전말을 처음 전해 듣는다. 놀란 김윤식은 묄렌도르프를 질책하지만 권동수와 김용원의 러시아행은 묄렌도르프도 모르고 있었던 일이었다. 김윤식이 사태의 심각성을 깨닫고 곧바로 청과 일본 측에 알린 것이 이때다.[78]

스페이어와 김윤식의 담판

묄렌도르프로부터 조선 정부가 러시아와의 동맹을 원한다는 얘기를 수 없이 듣고 러시아 조정이 자비를 들여 조선에 교관을 파견하는데 동의했다는 소식까지 전한 스페이어는 당연히 조선 조정의 환영을 받을 것으로 생각했다. 그러나 6월 20일 독판교섭통상사무(외교부 장관) 김윤식을 만난 자리에서 김윤식이 조선의 사신들이 블라디보스톡을 방문하여 러시아의 보호를 요청한 일이나 묄렌도르프가 거듭 러시아와 조선이 동맹을 맺을 것을 제안하고 러시아군 교관들의 파견을 요청한 일을 전혀 모르고 있었다고 하자 스페이어는 놀랄 수 밖에 없었다.[79]

김윤식은 이러한 일들에 대해서 전혀 아는 바가 없다면서 묄렌도르프가 동료이자 친한 친구이지만 이 일을 기밀로 다루었으며 그래서 자신에게 아무말도 안 한 것 같다고 한다. 스페이어는 러시아 정부가 조선에 교관을 파견하기로 결정하였다는 사실을 알리고 자신은 조선과 러시아의 친선우호를 위해서 노력할 것을 지시 받았다고 한다. 그리고 도쿄에서 묄렌도르프와 모든 것을 상의한 후 자신이 조선 조정과 고종에게 올리는 글을 작성했으며 이를 묄렌도르프가 직접 한문으로 번역하였다고 한다.

스페이어는 김윤식이 이 글을 원세개에게 전했다는 소문을 들었는데 사실이냐고 묻는다. 김윤식이 그렇다고 하자 스페이어는 언성을 높이며 「이는 두 제국 간에 비밀리에 진행되고 있는 협상에 대한 매우 중요한 사안입니다. 그런데 왜 그것을 청국인에게 전합니까?」라고 다그친다. 그러자 김윤식은 이 일이 기밀이었는지 몰랐다고 하면서 이처럼 중요한 일을 비밀로 하다가 발각이 되면 오히려 때가 늦을 것이기에 공개하여 모두가 알도록 하는 것이 중요하다고 한다.[80]

스페이어는 점차 흥분하면서 「우리의 국경은 맞닿아 있고 매우 가깝습니다. 조선은 가난하고 약합니다. 만일 조선이 러시아와 긴밀한 관계를 맺는다면 그 어떤 유럽의 국가도 조선을 함부로 대하지 못할 것입니다. 만일 귀국의 영토를 점거하려는 어처구니 없는 일을 해도 러시아 정부가 다 제자리로 돌려 놓을 것입니다. 그리고 러시아와 조선은 모두 중국과 친하기 때문에 러시아와 조선이 가까워진다고 해도 중

국에는 아무런 해가 안될 것입
니다.」라고 한다.[81]

김윤식이 스페이어가 흥분하
는 이유를 묻자

김윤식

귀국 조정은 러시아가 조선의
영토를 탐내고 있다고 생각하
고 있으면서 친하고 가까운 관
계를 맺는 것을 꺼립니다. 이
는 잘못된 생각입니다. 우리나
라는 아직 사용하지도 못하는
광활한 영토를 가지고 있습니다. 그런데 어째서 조선의 영토를 탐내겠습
니까? 혹여 러시아가 조선의 영토를 탐내서 영국이 아무런 통보도 하지 않
고 거문도를 점거하듯이 한다면 귀국은 무력할 것입니다. 우리정부가 이
처럼 하지 않는 것은 무엇이 두려워서가 아닙니다. 실제로 우리는 그럴 계
획이 없으며 그런 말을 하는 사람들의 얘기를 들어서는 안될 것입니다.[82]

스페이어가 이어서 조선이 미국정부에 교관을 파견해줄 것을 요청
했는지 묻자 김윤식은 그렇다고 답한다. 그러자 스페이어는 미군 교
관이 도착할때까지는 최소한 7-8개월이 걸릴 거라고 한다. 왜냐하
면 「미국에는 군주가 없습니다. 사람들은 의회에서 이 문제를 논의해
야 하기 때문」이라고 한다. 김윤식은 고종이 직접 교관을 요청한 상
황이기 때문에 이제 와서 이를 번복할 수는 없다고 한다. 스페이어는
러시아 조정이 미국과 이 문제를 조율하는 것은 아무 문제도 아니라
고 한다. 그러자 김윤식은 러시아와 미국에 대한 교관 요청은 성격이
다르다고 한다. 러시아에 대한 요청은 「고위 관리의 사적인, 개인적인

말」이었던 반면 미국에 대한 요청은 「국왕 전하의 명」이라고 한다.[83]

스페이어가 「미국은 조선과 멀리 떨어져 있어서 조선에 아무런 이득이 될 수 없습니다. 왜 귀국의 조정은 미국과 그토록 가깝게 지내려고 하는 반면 러시아에 대해서는 그럴 마음이 없습니까?」라고 묻자 김윤식은 미국이 조선과 수호통상조약을 맺은 최초의 국가이며 많은 거래를 해 왔으며 따라서 교관도 요청했다고 한다. 그러면서 「만일 약한 나라가 약속을 지키지 못한다면 그 나라는 물론 존속할 수 없을 것입니다.」라고 답한다.[84]

이에 스페이어는 김윤식을 겁박하기 시작한다.

> 만일 귀국 정부가 계속해서 미국 교관을 고용하는 것을 고집한다면 이는 저에 대한 결례이고 따라서 나는 지체하지 않고 이를 우리정부의 상부에 보고할 것입니다. 그러면 공사도 파견되지 않을 것이고 양국관계에는 심각한 문제가 발생할 것입니다.

김윤식이 이는 자신의 책임이 아니라고 하자 스페이어는 더욱 김윤식을 압박한다.

> 우리 나라는 아무리 작은 일이라고 결코 다른 나라에 결코 밀리지 않으며 아무리 작은 무례함이나 모욕도 묵과하지 않습니다. 귀국정부는 무조건 러시아의 군사교관들을 받아들여야 하고 그들의 서비스를 거부할 수 없습니다.[85]

놀란 김윤식은 러시아와 미국의 교관들을 동시에 고용하는 방법을 제안한다. 그러나 스페이어는 만일 미국의 교관들을 파견해 줄 것을 요청했다는 사실을 알게 된다면 러시아의 교관들은 제 역할을 할 수 없을 것이라고 한다. 김윤식이 그 이유를 묻자 그렇게 될 경우 러시아 교관들은 응당한 대우와 보상을 받지 못하게 될 것이라고 한다.

> 만일 미국 교관들 초청을 고집할 경우 나는 여기 더 이상 머무르지 않고 내일 곧바로 돌아갈 것입니다. 귀국 정부는 러시아와 가까와지는 것을 원하지 않는지 모르지만 종래에는 그렇지 않을 수 없게 될 것입니다.[86]

스페이어는 이 문제를 고종에게 직접 아뢸 것을 요구하면서 김윤식이 좀 더 고려할 시간을 요청하자 「이 제안의 유불리는 쉽게 이해할 수 있고 따라서 결정하는데 몇 분 밖에 안 걸릴 것입니다. 이는 빨리 결정해야 할 일입니다. 더 이상 지체할 이유가 무엇입니까? 조심할 것을 경고합니다. 아니면 심각한 결과가 초래될 것입니다.」라고 한다.[87]

김윤식은 묄렌도르프가 번역한 스페이어의 보고서가 고종에게 전달 되었음을 확인하면서 자신이 이 사건에 대해 처음 알게 된 것도 그 보고서를 보았기 때문이라고 한다. 그리고 묄렌도르프에게 이 문제는 청국과 먼저 상의를 하지 않고서는 결정할 수 없다고 했다고 한다. 이에 스페이어는 「만일 내가 얘기한 것에 조금이라도 거짓이 있다면 내 목을 가져가도 좋습니다」고 하면서 자신의 손으로 목을 긋는 시능을 한다.[88]

스페이어의 고종 알현

스페이어는 6월 22일 고종을 알현한다. 당시 구미열강과 일본의 기록에 의하면 청과 민씨 척족의 압력으로 고종 역시 김윤식 못지 않게 강경한 어조로 조선이 이미 미국에 군사교관 파견을 요청하였고 묄렌도르프가 러시아에 요청한 것은 아는바가 없다고 한것으로 기록되어

있다. 그리고 스페이어에게 이 문제를 독판교섭통상사무 김윤식과 상의하라고 한것으로 기록되어있다.[89]

그러나 러시아측 기록에는 전혀 다른 내용이 담겨있다. 스페이어는 6월 22일 아침 일찍 그날 오후로 고종을 알현하는 약속이 잡혔다는 소식을 전해 듣는다. 스페이어는 곧바로 믿을 만한 사람을 통해 고종에게 만일 대신들 앞에서 고종과 자신이 군사교관 문제를 전혀 언급하지 않는다면 이는 오히려 이상하게 생각할 수도 있으니 이 문제에 대해서도 한두 마디 주고 받은 것이 좋을 것이라는 말을 전한다. 고종은 이에 동의하였고 스페이어는 고종을 알현하면서 이 문제에 대해 러시아의 입장을 전한다. 다음은 스페이어가 본국에 보낸 보고서 내용이다.

내 설명을 들은 후 고종은 통리기무아문에 이에 대해 협상을 시작할 것을 지시하겠으며 개인적으로 관심을 갖겠다고 했습니다. 그날 저녁 영중추부사 홍순목이 찾아와 고종이 자신에게 러시아 정부가 원하는 것을 충족시킬 만한 합의에 도달하도록 노력할 것이며 실패할 경우 고종이 그가 약속한 것을 확실히 이행할 것이며 내가 조선을 떠나기 전까지 고종이 사인한 친서를 전달하겠다고 했습니다.[90]

6월 23일 오전, 스페이어는 조선 측과 협상을 재개하기에 앞서 조선에 러시아 교관을 파견하는 것을 청이 무슨 이유로 반대하는지 알아보기 위하여 총판조선상무 진수당을 만난다. 다음은 스페이어 보고서의 일부다.

진수당은 조선 정부가 러시아측과 협상을 하고 있다는 사실을 알렸고 자신은 이에 대하여 찬성도 반대도 하지 않았다고 하였습니다. 그리고 조선 조정이 러시아의 군사교관 파견을 반대하는 이유가 청 때문이라고 하자 매우 놀라했습니다. 그리고 청의 입장에서는 조선이 어느 나라의 군사교 관을 요청하든지 아무런 상관이 없고 이러한 내용을 김윤식에게 글로 전 달하겠다고 약속하였습니다.[91]

스페이어는 이어서 진수당의 말을 모두 믿을 수는 없지만 그가 확 인해 준 내용만으로도 일에 도움이 될 수 있다고 생각하여 대화 내용 을 곧바로 고종에게 전달했고 6월 24일에는 통리아문에도 전했다고 보고한다.[92]

그러나 6월 24일 스페이어를 만난 김윤식은 여전히 미국에 군사교 관 파견을 요청한 것을 취소할 수 없다고 한다. 그리고 스페이어가 아 무런 공식 신임장도 없이 와서 이러한 정부 간 합의를 요구하는 것은 잘못된 일이라고 지적한다. 이때 묄렌도르프가 도착한다. 그는 김윤 식에게 국제 협상에서는 공식문서들이 필요 없으며 협상자들이 서로 를 아는 이상 협상을 시작할 수 있다고 스페이어를 거든다.[93] 스페이어 는 자신이 묄렌도르프를 통해서 보낸 것이 공식문건이라고 하였지만 김윤식은 아니라고 거절한다.[94] 김윤식은 결국 이 사안은 정부가 협의 를 통해서 결정해야 한다고 하자[95] 스페이어는 일어나면서 조선 조정 의 공식적인 결정을 직접 듣고 싶다고 한다. 김윤식은 결정이 나는대 로 스페이어에게 직접 알리겠다고 한다.[96]

조선 조정은 7월 1일 이 사안을 논의한다. 결론은 러시아의 보복을 두려워하면서도 묄렌도르프가 개인적으로 러시아에 접근한 것은 조 선의 공식적인 입장이 아니었으며 스페이어의 협박에 굴복해서는 안 된다는 것이었다.[97]

7월 2일, 김윤식은 스페이어를 다시 만나 러시아의 선의는 고맙지 만 조선은 이미 미국에 군사 교관 파견을 요청해 놓은 상태이기 때문에 러시아에 군사 교관 파견을 요청할 수 없다고 한다. 그리고 러시아의 주 조선 공사가 부임하면 이 문제를 계속 논의하겠다고 한다. 러시아가 조선에 공사를 파견하는 것을 취소할 수도 있다고 스페이어가 협박하지만 김윤식은 이것이 러시아나 스페이어를 무시하는 것이 결코 아니라고 한다. 스페이어는 자리에서 일어나면서 자신이 곧 조선을 떠난다는 사실을 고종에게 알릴 것을 요구한다.[98]

홍순목. 홍영식의 부친으로 갑신정변 때 자결한다

스페이어가 김윤식을 만나고 나온 얼마 후 영중추부사 홍순목이 스페이어를 찾아온다. 홍순목은 6월 24일에서 7월 1일 일주일 간 한양을 비웠다. 통리기무아문이 러시아 건에 대한 최종 결론을 내릴때까지 한양에 없는 것이 본인이 러시아 편에서 암약 중이라는 의혹을 받지 않는 방법이라고 생각한 나머지 한양을 비웠다고 한다.

홍순목은 귀경 후 고종을 알현했는데 러시아와의 협력을 성사시키려던 고종의 의지는 크게 흔들린 상태였다며 「미래에 대한 두려움과 불확실성, 그리고 그 주변 대신들의 러시아에 대한 악감정(ill-disposition) 등이 전하에게 큰 영향을 주었다」고 한다. 고종이 자발적으로 자신에게 러시아와 밀약을 하겠다고 약속했을 때 이미 조선 정부 내에서 반대의 목소리가 있을 것이라는 사실을 알고 한 것 아니냐고 스페이어가 다그치자 홍순목은 「국왕이 보다 용기와 결심을 굳게 하도록」 최선을 다하겠다고 한다.[99]

다음날, 홍순목은 약속대로 스페이어를 만나고 난 직후 고종을 알현하였고 오랜 대화를 통해서 고종에게 러시아와의 약속을 지킬 것을 간하였다고 한다. 그러나 홍순목이 계속 간하자 고종은 화를 냈고 홍순목은 자신은 낙향한 후 어쩌면 러시아로 망명을 떠나야 할지도 모른다고 했다고 한다. 홍순목은 러시아와의 협상을 지지했던 모든 사람들에게도 스페이어가 조선을 떠나는 즉시 모두 몸을 숨길 것을 종용하였다고 한다.[100]

스페이어는 보고서에

홍순목과 같은 생각을 가졌던 사람들 중에 조정 대신들이 볼 때 가장 문제가 있는 사람들은 고종이 갑신정변 직후 블라디보스톡에 사람을 보내 연해주 군무지사를 만나 러시아가 고종을 김옥균 일파로부터 보호해줄 것을 요청한 사람들입니다. 조정의 다른 대신들은 이 사람들 때문에 이 모든 문제가 일어났다고 생각하고 있고 유약한 왕이 자신들을 지켜주지 않을 것을 알기 때문에 조선을 당분간 떠나 있어야 한다고 생각하고 있습니다.

스페이어는 고종이 보낸 사신들이 블라디보스톡에서 러시아측과 논의한 내용도 파악할 수 있으면 좋을 것이라고 한다.[101]

보고서 추신에 스페이어는 다음과 같이 쓰고 있다.

보고서를 완성한 직후 궁에서 사람을 보내와 고종이 약속한 편지를 그날 밤 전달해줄 것이라는 말을 하고 갔습니다. 저는 다음날 아침 7시에 한양을 출발하였지만 그때까지 편지는 도착하지 않았습니다. 이는 조선 국왕이 얼마나 우유부단한 사람인지 각하께서도 적나라하게 보실 수 있는 예입니다.[102]

묄렌도르프의 해임

당시 한양에 상주하던 외교관들은 한결같이 스페이어를 비판했다. 일본의 임시대리 대사 다카히라 고고로(高平小五郎, 1854.1.29.~1926.11.28.)는 본국에 보낸 전문에 스페이어의 실패는 그 자신의 탓일 뿐이라고 한다. 폴크 소위는 스페이어로부터 조선이 사실은 미국의 군사 교관들이 오는 것을 원하지 않고 있다는 말을 듣고 놀란다. 스페이어는 또 폴크에게 만일 영국이 계속해서 거문도를 점거한다면 자신은 그것에 열배가 넘는 조선 영토를 러시아가 차지하도록 할 수 있다고 허세를 부렸다. 폴크 소위는 본국에 보내는 전문에서 스페이어의「허세와 오만한」태도를 비판한다.[103]

스페이어는 김윤식과 담판하면서 본국으로부터 받은 훈령을 어기고 있었다. 그는 공식적인 협상을 진행할 수 있는 아무런 권한을 위임 받은 적도 없었고 합의문에 서명할 권한도 없었다. 그는 오직 조선 국왕이 러시아 말고 다른 나라로부터 군사교관을 받지 않도록 하고 영국이 거문도를 차지하지 못하게 하라는 훈령 밖에는 받은 것이 없었다.[104]

외교적으로 전혀 세련되지 못하고 교만할 뿐만 아니라 허풍이 심했던 스페이어는 모든 사람들을 적으로 만든다. 여기에 묄렌도르프의 거만함도 한몫한다. 주 조선 영국 임시 대리대사 카를스는 5월 27일 묄렌도르프와의 면담 후 본국에 보고서를 보낸다. 카를스는 묄렌도르프가 본인에게 영어로 얘기를 하였기 때문에 묄렌도르프와 동행했던 조선의 관리들은 대화 내용을 전혀 파악하지 못하고 있었으며 조선 관리들은 늘 예의 바르게 행동했고 카를스와 좋은 관계를 유지하려고 노력한 반면 묄렌도르프는 조선 관리나 영국 관리를 무차별로 무시하였다고 보고하고 있다. 5월 27일의 면담장에도 늦게 나타나 조선 관리와 영국 외교관들을 1시간 반이나 기다리게 하였고 나타나서는 사과

한마디 없었다고 한다.[105] 베이징의 영국 임시대리공사도 본국 본부에 보낸 전문에 「묄렌도르프씨의 태도와 오만함을 보고 있으면 그가 오래지 않아 자리에서 쫓겨나게될 것이라고 생각합니다. 더구나 그를 원래 조선에 파견한 이홍장 총독의 분노를 샀습니다」라고 보고한다.[106]

묄렌도르프의 영국에 대한 맹목적인 반대, 러시아가 조선 정부에 원산(Port Lazarev)을 점거할 수 있도록 허가해 줄 것을 요청하였다는 거짓말(이홍장은 이 말을 오코너에게 전달했다.), 러시아가 조선과 보호조약을 맺기 위한 협상을 진행하고 있고 곧 맺게 될 것이라는 거짓말을 보고 겪은 영국은 청 조정에 묄렌도르프를 소환할 것을 요구한다.[107] 청의 총리아문과 이홍장 역시 묄렌도르프가 러시아에 접근한 것에 대해 분노하고 있었다.

그러나 스페이어가 조선을 떠난 7월 초부터 베베르가 부임한 10월 중순까지 조선에는 러시아 외교관이 부재했다. 조선 조정이 러시아와 가까워지는 것을 반대하는 압력을 청과 영국 등이 넣는 동안 러시아의 입장을 지지할 사람은 아무도 없었다.

7월 19일 주 조선 영국 총영사 애스턴은 김윤식을 만나 영국이 거문도를 점거한 것은 영국과 러시아의 관계가 악화되어서가 아니라 조선의 관리들이 도쿄에서 러시아 외교관들과 모의를 하고 있었기 때문이라고 주장한다. 이에 김윤식이 묄렌도르프와 그 주변 관리들이 한 것은 정부의 공식적인 재가 없이 독단으로 한 것이라고 하자 애스턴은 그렇다면 왜 그들은 여전히 관직을 유지하고 있느냐고 힐문한다. 이에 김윤식은 묄렌도르프는 더 이상 러시아와의 관계를 다루고 있지 않으며 「이들은 모두 처벌을 받을 것입니다. 조금만 기다리시오.」라고 답한다.[108]

당시 조정 대신들이나 한양의 외교가에서는 묄렌도르프가 고종이나 조선 조정의 허가 없이는 물론 알리지도 않고 일을 추진했다는 여론이 지배적이었다. 고종은 「조선식」으로 묄렌도르프를 반역 행위로 처벌할 의지를 내보이기도 했다. 그러나 폴크를 비롯한 외교사절들이 묄렌도르프는 여전히 독일 시민이기에 그렇게 하는 것은 위험한 일이라고 조언한다.[109]

7월 말, 묄렌도르프는 통리교섭통상사무아문참의직에서 해임된다. 고종의 밀명을 받들어 블라디보스톡에 가서 러시아 관리들과 접촉했던 조선 관리들은 모두 귀양길에 오른다. 9월, 묄렌도르프는 정각사협판(조선해관 부관장)직에서도 해임된다. 조선 조정은 이홍장에게 묄렌도르프를 다시 청으로 불러서 자리를 줄 것을 제안한다. 묄렌도르프가 러시아를 위해서 일하는 것을 미연에 방지하기 위해서였다. 12월, 청의 군함은 묄렌도르프를 다시 중국으로 데려간다. 묄렌도르프는 이홍장의 개인비서로 일한다.[110]

조선의 독립을 지키기 위해서 러시아를 조선 문제에 개입시키려던 묄렌도르프의 계획은 전혀 엉뚱한 결과를 가져온다. 조선에 대한 청과 영국, 일본, 미국 등의 영향력을 제어시키기는 커녕 조선에 대한 구미 열강의 영향력만 키우는데 성공한다.[111]

거문도 사건 후기

거문도 점거 문제를 해결하기 위한 조선과 영국 간의 협상이 지지부진하자 이홍장이 다시 개입한다. 당시 청은 영국과의 동맹을 협상하고 있었고 분위기는 긍정적이었다. 이홍장은 1885년 7월 1일 조선의 진수당에게 전보를 보낸다.

영국의 거문도 점령은 끝나지 않을 것 같다. 영국은 조선이 거문도를 임시로 임차해줄 것을 요청하면서 그 대가로 연 2만 냥을 제공하겠다고 한다. 거문도의 주민들과 행정은 조선 조정의 관할 하에 두겠다고 한다. 영국은 조선에 절대 해를 입히지 않겠다는 것을 약속하는 밀약을 체결할 용의가 있으며 나에게 중재해 줄 것을 요청했다. 이를 조선 조정에 비밀리에 전달하라. 만일 받아들인다면 협상은 영국 총영사와 진행하면 된다. 만일 조선이 받아들이지 않는다면 이 제안은 공개되어서는 안될 것이다.[112]

이홍장은 영국과의 동맹을 통해서 청과 조선을 일본과 러시아로부터 지키고자 하였다. 그는 한 달 전에 총리아문에 보낸 보고서에서 영국의 거문도 점령은 조선에도, 청의 동북부에도 아무런 위협이 되지 않는다고 한 바 있다. 조선에 대한 가장 직접적인 위협은 일본과 러시아였고 만일 영국의 강력한 함대가 거문도에 주둔 한다면 일본과 러시아의 야욕을 억제함으로써 조선에도 큰 이익이 될 것이라고 했었다.[113]

이노우에는 청이 영국에 항의하기를 원했다. 그는 6월 12일 주 영국 일본 공사 가와세 마사타카(河瀨眞孝, 1840.3.12.~1919.9.29.)에게 훈령을 보내 주 영국 청 공사 증기택을 만나 영국의 거문도 점거가 일시적일 것이라고 자위하지 말라고 전하라고 한다. 영국이 「임시」라고 하는 것은 홍콩과 같이 99년이 될 것이고 「만일 영국이 현재 러시아와의 긴장 관계가 해소되는 대로 철수한다면 다행이겠지만 그렇지 않다면 이는 일본과 청의 이해 관계에 심각한 영향을 미칠 것」이라고 전하도록 한다.[114]

일본은 러시아가 부산을 점거할 가능성을 우려했다. 그러나 대부분의 사람들은 러시아가 라자레프 항(Port Lazarev) 즉, 원산을 원한다고 생각했다. 원산은 부동항일 뿐만 아니라 역시 천혜의 항구였다. 1880년 원산만을 측량한 영국 측량기사는 「세계에서 가장 훌륭한 항구의 하나다. 완벽하게 육지에 둘러싸여 있으며 물은 호수와 같이 잔잔하고 8-10 패덤(fathom) 깊이의 정박지가 거의 무한대로 펼쳐있다」고 보고

한 바 있다.[115]

거문도 문제는 해결되지 않
은 채 잦아든다. 대원군의 귀국
과 원세개의 조선 파견 등으로
조선과 청이 겨를이 없었기 때
문이다. 거문도 문제를 둘러싼
국제협상은 1886년에 들어서
서야 재개된다.

1886년 3월 27일, 이홍장은
주청 영국 대리공사 오코너에
게 영국이 거문도에서 퇴거할
경우 러시아가 거문도를 점거
하지 않겠다는 약속을 받아낸
니콜라스 오코너
다면 영국이 거문도에서 퇴거

할 의향이 있느냐고 묻는다. 물론 자신이 이러한 제안을 러시아 측에
하기 위해서는 러시아가 그런 약속을 할 경우 영국이 반드시 거문도
를 떠날 것을 먼저 약속해야 한다고 한다. 오코너는 거문도가 다른 열
강의 손에 떨어져서는 안되며 러시아는 약속을 하더라도 결코 지키지
않을 것이라고 하면서 이홍장이 그러한 제안을 하는 것 자체를 반대
한다.[116]

영국정부는 결국 거문도를 다른 유럽의 열강이 차지하지 않는다는
것을 청이 보장하거나 그것이 불가능 할 경우 러시아와 다른 열강들이
조선의 영토를 침범하지 않겠다는 공동의 보장을 중국이 받아낼 수 있
다면 거문도에서 퇴거할 뜻을 비춘다.[117]

1886년 7월, 러시아의 외무경 기어스(Nikolay de Girs)는 주러 영국
대사 모리에르(Sir Robert B.D. Morier, 1861.3.31.~1893.11.16.)에게 러

시아가 원산을 점거할 것이라는 소문은 아무 근거가 없다고 확인한다.[118] 8월에는 주 청 러시아 대리공사 니콜라이 라디첸스키(Nikolai Fedorovich Ladyzhenskii)가 이홍장에게 전보를 보내 영국이 거문도를 떠나도 러시아가 거문도를 점거하는 일은 없을 것이라고 확인한다. 7월 말에는 직접 톈진으로 이홍장을 찾아가 조선문제를 논한다.[119]

8월 25일 이홍장과 라디첸스키는 첫 만남에서 다시 한번 러시아가 원산을 차지할 계획이 전혀 없으며 영국이 떠난 거문도를 차지하지도 않을 것이라고 확인한다. 그러나 그러한 보장을 청에게는 하더라도 영국 측에 그런 약속을 할 의향은 없다고 한다.

8월 29일의 두번째 회담에서는 이홍장이 조선이 청의 속국인 동시에 러시아의 인접국임을 인정하고 러시아가 조선의 영토를 침범하지 않겠다고 영구히 보장하며 중국도 조선의 영토에 대한 야심이 없음을 선포하는 내용의 조약을 청과 러시아가 맺을 것을 제안한다. 그러나 라디첸스키는 조선에 대한 러시아와 중국의 불가침조약을 제안한다. 이홍장은 「조선은 중국의 속국이기 때문에 중국은 조선을 보호할 권리가 있고 러시아는 다만 조선과 교역할 권리만 있지 조선을 보호할 권리는 없다. 따라서 러시아는 조선의 영토를 점거하지 않겠다는 서약만 하면 된다」고 한다.[120]

그러나 이홍장과 라디첸스키는 결국 공식조약은 체결하지 않기로 한다. 이홍장은 라디첸스키와의 협상 내용을 주 톈진 영국 영사 브레넌(Byron Brenan)에게 알리면서 러시아는 조선 영토에 대한 야욕이 없으며 어떤 경우에도 조선 영토를 침범하지 않겠다고 약속했다고 한다. 또한 러시아 조정은 주 러시아 청국 공사 유서분(劉瑞芬, 1827~1892)에게 러시아가 조선에 보호령을 설치할 계획은 전혀 없음을 확인했다고 한다. 그리고 러시아는 영국이 거문도에서 퇴거하더라도 거문도를 결

니콜라이 기어스

로버트 모리에르

코 점령하지 않을 것이라고 엄숙하게 언약했다고 전한다. 이홍장은 다시 한번 영국이 거문도에서 퇴거할 것을 종용한다.[121]

이러한 내용을 브레넌으로부터 보고 받은 월섬(Sir John Walsham, 1830.10.29~1905.12.10.) 주 청 영국 공사는 라디첸스키와 이홍장의 약속이 모두 구두로 되어 있는 만큼 총리아문이 공표할 수 있는 기록을 갖고 있어서 필요할 경우 영국 정부에 전달할 수 있도록 준비를 해놓을 것을 요구한다.

11월 3일, 이홍장은 월섬에게 총리아문이 영국이 요구하는 기록을 10월 29일자로 준비하였음을 알린다. 브레넌이 이홍장에게 러시아가 1~2년은 이 약속을 지키더라도 20년 후에도 지킨다는 어떤 보장이 있느냐고 묻자 이홍장은 어차피 이러한 협상은 그렇게 오랫 동안 유지되는 것이 아니라고 한다. 그리고 만일 영국과 러시아 간에 전쟁이 발발하여 영국이 거문도를 한시적으로 사용하는 것에 대해서는 청이 아무런 이의를 제기하지 않을 것이며 물론 거문도를 점거할 이유가 사라지는 즉시 영국이 퇴거 하면 된다고 한다.[122]

거문도에 정박해 있는 영국 전함 콘스탄스(HMS Constance)

11월 20일 영국 정부는 이홍장의 중재를 받아들이고 거문도에서 퇴거할 것을 결정한다. 주 조선 영국 대표는 조선 조정에 거문도가 더 이상 필요없게 되어 퇴거할 것을 알리고 영국군은 1887년 2월 27일 거문도를 떠난다.[123]

영국군이 거문도에서 철수하자 조선은 「천조(天朝)」, 즉 청에 조선을 「내복」처럼 여겨서 지켜주었음에 감사를 표한다. 「내복」은 「외복」과 대비되는 개념이며 「속방」에 불과한 조선을 마치 천자가 직접 통치하는 지역처럼 여겨줘서 고맙다는 뜻이다.

우리나라 거문도를 영국(英國) 사람들이 점거한 지 3년이나 되었는데 물러가라고 독촉하면 그냥 질질 끌기만 하므로, 각 우방들에 조절해서 처리해 달라고 요구하고 싶었으나 혹시 다른 나라와의 좋은 관계를 훼손시키고 도리어 사단을 일으킬까 염려되어 이럭저럭 우선 참고 있으면서 약한 나라의 영토가 줄어드는 것을 부끄럽게 여기고 있었습니다.

그런데 천조(天朝 : 청(淸) 나라)에서 조선을 내복(內服, 천자가 직할하는 사방 천리의 지역)처럼[124] 특별히 생각하고 어느 날 사리에 근거하여 잘못을 책망하니, 그들도 그만 군함을 돌려세우고 모든 시설물들을 철수하여 이지러진 것이 완전하게 되고 기울어졌던 것이 바로 잡혀서, 이후부터는 다른 나라들이 감히 엿볼 수 없게 되었습니다. 그러니 어찌 감격하지 않을 수 있겠습니까? 그래서 자문을 보냅니다.[125]

3. 대원군의 석방과 귀국

러시아를 조선에 개입시키려던 고종과 묄렌도르프의 암약이 밝혀지기 시작한 1885년 6월 5일, 이노우에 가오루 일본 외무경은 청의 주 일본 공사 서승조(徐承祖)를 만나 일본과 청이 함께 조선 정국을 안정시킬 방안을 마련할 것을 제안한다.[126] 7월 3일에는 구체적인 조선 조정 쇄신책을 적어 에노모토 주 청 공사를 통해 이홍장에게 전한다.

1. 조선의 외교방침은 이홍장 총독이 이노우에 외무경과 협의한 후, 조선 국왕에게 전달해서 실시하게 할 것.
2. 내시의 국정 간여를 엄금할 것.
3. 대신의 임용을 신중히 할 것. 그리고 그 인선은 국왕이 이홍장 총독에게 승인을 구하고, 이홍장 총독이 이노우에 외무경에게 내시(內示)한 후에 결정할 것. 현재 묘당의 중신 중에는 김홍집, 김윤식, 어윤중 등이 적임이라고 인정됨.
4. 외교·국방·재정은 특히 중요하므로 김홍집, 김윤식, 어윤중 등을 그 장관으로 임명할 것.
5. 묄렌도르프를 파면하고, 그 후임으로 미국인 가운데 유능한 자를 임용할 것.
6. 청 총판조선상무 진수당을 경질하고, 보다 유능한 자를 후임으로 할 것.

7. 청 주재관은 항상 주 조선 일본 공사와 연락을 취하고, 중대한 사건이 돌발했을 때는 서로 협의할 것.[127]

에노모토는 이홍장에게 대원군의 석방과 귀국을 종용하는 이노우에의 밀서도 전한다.

대원군은 정치적 재간이 부족하지 않습니다. 오직 외교를 좋아하지 않는 것이 유감이지만, 만약 대원군이 지난 날의 생각을 고쳐서 다시 변란을 일으키지 않는다는 조건으로 귀국을 허락해서 국정을 감독하게 한다면 좋은 결과를 얻을 수 있을 것입니다.[128]

이노우에의 밀서가 이홍장에게 전달되었을 때는 청 조정도 대원군을 귀국시키기로 결정한 직후였다. 이홍장은 갑신정변이 수습되자마자 총리아문에 대원군의 귀국을 제안한다. 대원군 본인도 1885년 3월 4일, 그리고 5월 27일 자신은 늙고 병들었다며 귀국시켜줄 것을 청 조정에 거듭 탄원한다. 이에 청 예부는 6월 5일 북양대신 이홍장에게 대원군의 병이 얼마나 중한지를 조사하도록 명할 것을 광서제에게 주청한다.[129]

이하응을 바오딩에 안치(安置)했는데, 언제 석방해서 귀국시킬지에 관해서는, 성심(聖心)께 따로 크게 바르고 지극히 공정하신 저울이 있으니 이하응이 재차 번거롭게 할 일이 아니요, 또한 신 등이 감히 누차 청할 일도 아닙니다. 응당 이러한 뜻을 여기 온 심부름꾼에게 고하고 그 원정문(原呈文)을 돌려보내야 할 것이로되, 일이 외국과 관계되니 신 등이 감히 신청(宸聽: 제왕이 말을 듣는 것)을 막을 수 없나이다. 그가 말한 병세의 위독함의 여부를, 북양대신에게 칙명을 내리시어 적당한 관원에게 맡겨서

은밀히 조사한 후 상주하여 처리하는 일에 대해 엎드려 성재(聖裁)를 기다리옵니다.[130]

문제는 대원군의 귀국에 대한 고종과 민중전의 반응이었다. 대원군과 민씨 척족이 원한 관계라는 사실은 청도 익히 알고 있었다. 고종은 대원군이 바오딩에 억류되어 있는 3년 간 의례적으로 대원군의 문후를 물을 뿐 단 한번도 공식적으로 대원군의 석방을 청 황제에게 주청하지 않았다.[131] 그럼에도 불구하고 이홍장은 대원군과 함께 바오딩에 억류되어있던 대원군의 장자 이재면(李在冕)을 조선으로 보내 조정의 분위기를 살피고 고종에게 대원군의 석방을 청 황제에게 주청할 것을 권하도록 한다.[132]

청이 대원군의 석방을 고려하고 있다는 소식에 조선 조정은 발칵 뒤집힌다. 민중전과 민씨 척족은 대원군의 귀국을 딱히 반대할 명분도 없었지만 자신들의 최대 정적이 귀국하는 것을 방관할 수도 없었다. 고종은 어쩔 수 없이 일단 청 조정에 대원군의 석방을 공식적으로 주청하기 위해서 민종묵을 진주정사(陳奏正使)로, 조병식을 진주부사(陳奏副使) 겸 문후관(問候官)으로 임명한다.[133] 하지만 이들을 베이징으로 파견하기 전 우선 5월 4일 민영익을 톈진의 이홍장에게 급파한다.[134]

톈진에 도착한 민영익은 이홍장을 수차례 만난다. 이홍장은 민영익에게 거듭 대원군과 민씨 척족이 화해할 것을 종용한다. 그러나 민영익은 대원군이 자신의 양부 민승호를 폭사시켰다며 절대로 화해할 수도 없고 그의 귀국에도 동의할 수 없다고 한다. 민영익의 결사적인 반대로 대원군의 석방과 귀국은 지연된다. 대원군의 석방을 종용하는 이노우에 일본 외무경의 밀서는 바로 이때 이홍장에게 전달된다.

이홍장은 7월 17일 일본측의 제안과 자신의 의견을 정리하여 총리아문에 올린다.

이하응의 석방·귀국을 일전에 에노모토가 문의하고 외무경 이노우에의 서함을 보여 주었습니다. 그 내용에, 「이하응은 본디 재간이 있지만, 외교를 좋아하지 않는다. 만약에 과연 생각이 변해서 다시 일을 일으키지 않는다면 돌려보내서 국왕을 돕게 하는 것이 실로 양책이 될 것이다.」라고 했습니다. 하응이 작년 10월후 보도(候補道) 심능호(沈能虎)와 필담한 것을 예전에 초록해서 총리아문에 보냈으니, 아마 검열하셔서 그의 포부를 아셨을 것입니다.

그와 민비(閔妃)사이의 원한이 이미 깊습니다. 처음에 왕비가 피살됐다는 소식을 듣고 오히려 조정에 돌아가서 임금이 잘못을 바로잡고 통치를 국정을 보좌하려고 했는데, 계속해서 왕비가 무양(無恙)하며 은밀히 정권을 잡고 있음을 알고는 오직 생환해서 강호(江湖)에서 은퇴하여 요양하기만을 구할 뿐입니다. 나이가 벌써 예순여섯이며 큰 뜻이 없습니다. 올봄에 그 아들 재면(載冕)을 귀국시켜서 왕의 뜻을 살피고 제가 곁에서 은밀하게 충고하니, 그 국왕이 사신을 보내서 상소를 올려 간청하고자 이미 민종묵에게 파견 명령을 내렸으나, 중도에 오래 지체되어 아직 출발하지 않았습니다. 그것은 민비와 하응의 형세가 양립할 수 없기 때문입니다. 각기 사당(私黨)이 있어서 국인(國人)들이 다른 변고가 생길까 두려워하는데, 국왕은 본래 유약해서 눈치나 살피며 오락가락하고, 또한 자기에게 불편한 부분이 있으니 이것이 가장 융합하기 어려운 이유입니다.

하응이 구금됨을 원망해서 향배(向背)를 예측하기 어렵고, 또 여전히 수구(守舊)의 설을 고집할 것이라는 염려에 관해서는, 예전 일로 비록 원망이 없을 순 없지만 만약 특은(特恩)을 입어서 사면되어 귀국한다면 응당 감격하고 두려워할 바를 알 것입니다. 또한 그도 시국을 크게 깨달아서 외교를 반드시 거부하지 않고, 일본에 의탁하고 러시아와 결탁하는 일을 원치 않을 것이니, 저 국왕이 암약(暗弱)해서 정견(定見)이 없는 것과는 큰 차이가 있습니다. 오직 그 가정(家庭)과 군신(君臣)간에 수고를 아끼지 말고 거듭 권하며 조정해야 할 것입니다.

생각건대, 우선 하응을 위원(委員)과 함께 톈진으로 오게 한 후, 제가 그와 여러 번 밀담을 해서 그의 뜻과 재략(才略)을 알아보는 것이 어떻겠습니까? 그가 진작(振作)해서 훌륭한 일을 하고 다시 내변(內變)을 일으키지 않을지, 혹은 귀국을 명하여 전원에 속세를 떠나 은둔하게 하고 오직 지위를 높이고 녹(祿)을 무겁게 해서 그 부자 간의 은의(恩誼)를 보전하게 할지에 관해서는, 다시 글을 갖추어 상주해서 칙지를 청하는 것이 아마도 온당할 듯 합니다.[135]

총리아문의 재가를 받은 이홍장은 7월 21일 대원군을 톈진으로 소환한다. 대원군의 귀국을 막을 방법이 없음을 깨달은 민영익은 이에 항의하는 서한을 자신의 부하 이명선의 이름으로 이홍장에게 보내고 톈진을 떠난다.

은밀히 아룁니다. 저는 해외의 보잘것없는 자취로서 천하 대사를 논하기에 부족하고, 또 정치하는 자리에 있지 않으니 어찌 감히 국정을 함께 도모하겠습니까마는, 다만 우충(愚衷)이 격동하는 바를, 분수 넘음을 무릅쓰고 감히 미천한 말로 아뢰고자 합니다.

천하의 일은 더 말할 것이 없거니와 우리나라의 일로 말하자면, 강린(強隣) 사이에 끼여 있어서 스스로 떨쳐 일어날 수 없고, 어느 하나 상국(上國)의 힘을 빌려서 처리하지 않는 일이 없으나, 그 요점은 「내수외화(內修外和)」의 네 글자에 지나지 않습니다. 예전에 러시아에 보호를 요청했다는 설 같은 것은 전해지는 소문일 뿐이니, 사실이 아니라고 생각하는 것이 좋을 것입니다. 이 소식이 만약 확실하다면, 범을 길러서 자기를 지키겠다고 하는 것과 무엇이 다르겠습니까? 참으로 한번 약속이 맺어진 뒤에, 진(秦)나라와 연결하는 형세가 이뤄지고 주(周)나라를 높이는 의리가 희미해

질까 두려우니, 중국에 대해서는 또한 어찌하겠습니까?

또 학도를 선발해서 입학시키고 전기를 가설하는 등의 일은, 쉬운 듯 보이지만 사실 어렵습니다. 어째서겠습니까? 왕의 좌우에 있는 신하가 모두 유능한 자들이 아니라서 많은 일이 모두 취약해지고 나라가 날마다 잘못되고 있습니다. 이 무리들은 좋은 일을 이루지 못할 뿐만 아니라, 나쁜 일도 하지 못하는 자들입니다. 그러나 대원군의 사람됨은 좋은 일을 할 수 있고 나쁜 일을 할 수 있으니, 이 때문에 국인(國人)들이 지금까지 그를 생각해서 버리지 못하는 것입니다. 그런데 민씨 일족에 부의(附依)하는 여러 당(黨)은, 러시아도 두려워하지 않고, 영국도 두려워하지 않고, 일본도 두려워하지 않고, 오직 대원군이 귀국하는 것만을 두려워합니다.

무릇 안에서 불화하는 데 밖으로 업신여김을 막은 나라가 있습니까? 한갓 칠우(漆憂: 漆室之憂의 준말로 분수에 넘는 근심을 비유함)만을 가슴에 품고 억울함을 풀 수가 없었습니다. 그러다가 마침 민영익이 서유(西游)한다고 해서, 혹은 은미하게 충고하고 혹은 바로 말해서 톈진으로 가서 중당(中堂: 재상을 비유하는 말로 이홍장을 가리킴)을 만나 천폐(天陛: 중국 황제)께 전주(轉奏)하여 대원군의 귀국을 윤허하는 칙지를 받으라고 권했습니다. 그리고 묵은 원한을 풀려고 하지 말고, 돌아가 왕비에게 곡진히 아뢰어서 서로 편안할 수 있도록 힘쓰라고 했습니다. 이는 비단 이(李)·민(閔)의 두 성(姓)이 안전을 보장할 수 있는 방도일 뿐만 아니라, 신민(紳民) 중에 대원군을 생각하는 자들에게는 그 희망에 꼭 부합할 것이요, 대원군을 두려워하는 자들에게는 조금 수습할 줄 알게 할 것입니다. 그렇게 한다면 혹시 대원군도 이로 인해 감동해서 나라를 위해 힘을 쓸 것이요, 무수한 사람들이 죽지 않고 살 것이니, 이 또한 음공(陰功: 세상이 모르는 숨은 공덕)의 일입니다.

생각건대, 양쪽을 조제(調劑)할 수 있는 것은 이 사람밖에 없다고 보았습니다. 누차 권한 다음에 그가 유람 차 압록강을 건널 때 따라와서 중당의 영문(營門)에 왔으며, 국왕과 왕비의 명을 받들어 직접 바오딩에 가서 대원군을 위문하고 그것을 기회로 예전의 혐의를 풀라는 지시까지 받았습니다. 그러나 아직까지 주저하면서 결행하지 못한 것은 혹시라도 왕비의 뜻을 거스를까 우려해서요, 또한 대원군이 귀국한 후에 그가 일을 일으키지 않으리라고 보장하기 어렵기 때문입니다. 이제 톈진을 떠나서 다른 곳으로 가려고 하니, 여러 하문(下問)하신 것에 대해서는 답변을 드리기 어렵습니다.

최근에 들으니 대원군이 귀국할 기미가 있다고 했습니다. 만약 그것이 사실이라면 민씨 일족을 안도케 할 한 가지 방책을 시행할 수 없을 것이니 애석합니다. 이는 이씨를 비호하려고 이러한 말씀을 드리는 것이 아닙니다. 또 듣건대, 어떤 자가 베이징에 와서 유언비어를 퍼뜨리면서 대원군이 석방·귀국되지 않기를 기도한다고 했습니다. 만약 그것이 사실이라면, 좋건 나쁘건 나라를 위해서 힘을 쓸 수 있는 인물을 어찌 없애겠습니까? 나라가 장차 러시아의 속국이 될지, 영국의 속국이 될지, 일본의 속국이 될지 알 수 없으니 이는 참으로 한 수라도 늦출 수 없습니다.

지금 바로 민영익을 은밀히 부르십시오. 다른 사람을 대동하지 않게 하시고, 반복해서 타일러서 인도하십시오. 먼저 간찰을 보내서 중개를 하신 다음에 날짜를 정해서 그를 바오딩에 보내시되, 이 계책이 저에게서 나온 것을 알리지 마십시오. 화(禍)만 초래할 뿐 무익할 것입니다. 만일 부르지 않는 것이 좋다고 생각하신다면, 반드시 사람을 공관에 보내서 감시하고 다른 곳에 가지 못하게 하십시오. 그리고 한편으로 주청(奏請)해서 칙지를 받아 대원군을 석방·귀국시키고, 그에게 국사를 맡기되 요란은 일으키지 않게 하신다면 크게 다행이겠습니다.

위급한 마음을 가누지 못하여 이처럼 자세히 아뢰었사오니, 부디 정신을 가다듬어 살펴주시옵소서.[136]

편지를 받고 놀란 이홍장은 사람을 보내 민영익을 다시 부르지만 민영익은 즈푸(芝罘, 옌타이)에서 이홍장에게 다시 편지 한 통을 보내고는 홍콩으로 가버린다.[137] 민영익은 이듬해인 1886년 7월까지 귀국하지 않고 홍콩에 머문다.[138]

한편, 이홍장의 명을 받은 후보도(候補道) 허검신(許鈐身)은 7월 30일 대원군을 바오딩에서 톈진으로 호송하여 온다. 8월 1일 대원군을 만난 이홍장은 그에게 다음과 같이 이른다:

예전에 체포되어 중화(中華)에 왔으니, 실로 무지한 국인(國人)들이 이름을 빙자해서 사단을 일으키지나 않을까 우려했다. 그러나 바오딩에 온 이후로 성은(聖恩)으로 곡진히 보살펴 주었으니 응당 은혜에 감격해서 받들 줄을 알아서 원망이 없으리라. 이제 다만 귀국한 후 어떻게 자처(自處)할 것이며, 어떻게 국인들로 하여금 다시 사단을 빚지 않게 할 것인지만 결정하면 될 것이다. 흉험(凶險)한 설계(設計)에 다시 빠지지 않겠다는 그대의 말은, 국왕이 비록 유약하나 천성이 매우 효성스럽고, 여러 신하들은 각각 의견이 있어서 마땅히 대의(大義)를 알 것이니, 자신이 먼저 흉험한 계책을 세우지 않는다면 누가 감히 위험한 계책으로 해를 끼치겠는가? 그대는 본래 총명해서 사리에 통달하니, 부디 이 충고를 양찰하라.[139]

그리고 「숙소로 돌아간 다음 세 번 내 말을 생각하라」고 한다.[140]

이홍장은 8월 3일과 4일, 허검신(許鈐身)에게 대원군을 만나 조선의 국정에 대한 의견을 듣도록 한다. 다음은 대원군의 답변이다.

오늘날 소방(小邦)의 정형(情形)은 제(弟)가(대원군) 차마 말할 수 있는 바가 아니니, 이는 기자(箕子)가 은(殷)나라의 일을 입에 올리지 않는 것과 마찬가지입니다. 부디 양해하십시오. 형께서(허검신) 왕비의 국정 간여 여부에 관해 누누이 질문하시니, 제가 어찌 감히 사적인 감정으로 진실을 토로하지 않을 수 있겠습니까? 소방의 위태로운 이러한 지경에 이른 것은 무슨 이유입니까? 국정(國政)이 날로 망가지고 뇌물이 자행되어 관직에 임명되는 사람은 모두 민문(閔門)의 친척과 재산이 많은 자들뿐이니 백성을 도탄에 빠지게 합니다. 재부(財賦: 재물과 부세) 는 비유하자면 사람의 피와 살과 같습니다. 본방(本邦)은 원래 작은 나라라서 설령 절약해서 경비를 줄이더라도 배비(排備: 안배, 준비) 하기 어렵습니다. 더구나 기강이 씻은 듯 사라져서 한갓 건납(愆納: 조세를 기한내에 바치지 못하는 것) 만을 일삼고 여간한 세입은 모두 사적인 용도로 들어가서, 안으로는 국재(國財)가 고갈되고 밖으로는 민심이 크게 불안하니, 「나라는 나라요, 백성은 백성이다.」 (나라와 백성이 서로 관계없이 따로 존재한다) 라고 할 만합니다. 이렇게 하고도 소국(小國)이 위태롭지 않은 경우는 들어본 적이 없습니다. 어제 중당(中堂)께서 제(弟)에게 누차 순문(詢問)하셨습니다. 이는 나라의 시정(施政)에 관계되니, 저와 무슨 관계가 있겠습니까? 그러나 국사를 생각하면 한밤중에도 잠을 이루지 못하고 저도 모르는 사이에 눈물이 흘러 얼굴을 적십니다. 이는 실로 국왕이 스스스 잘못한 것이 아닙니다. 이는 사적인 말이 아니니 깊이 양찰하십시오.

제 생각에는 좋은 방법이 있습니다. 왕비가 국정에 간여하면 소방(小邦)이 비록 중조(中朝)에서 곡진히 비호해주는 은혜를 받더라도 몇 년이 지나지 않아 반드시 보전키 어려워 질 것 입니다. 엄지(嚴旨)를 내려서 왕비가 국정에 간섭하지 못하게 하고, 대신(大臣) 한 명을 특파해서 왕경(王京)에 주재시키면서 대소(大小) 사무(事務)를 처리하게 하신다면, 국세(國勢)를 지탱할 수 있고 민심 또한 안정시킬 수 있을 것입니다. 다만 각국이 주시하고 있으니 중조(中朝)에서 특사를 파견해서 왕경(王京)에 주재하며 사무를 처리한다면 비록 장애가 있겠지만, 작은 것을 돌아봐서 큰 것을 잃는 것과 비교한다면 그 경중(輕重)이 어떠 합니까? 이 방법이 아니면 삼한

(三韓) 한 구역은 필시 천조(天朝)의 소유가 아니게 될 것입니다. 이것 말고는 다른 도리가 없습니다.

절실한 질문을 받았기에 이에 사실을 폭로하는 것이니, 혹시 중당께서 비밀리에 하순하시면 또한 제 말씀대로 사실에 따라 고하시되, 형은 꼭 비밀을 지키십시오. 옛날 고려 시대에 원(元)나라 조정에서 특별히 엄지(嚴旨)를 내려서 고려 대신 오기(吳祁)[141]를 체포해 가서 서안(西安)으로 유배 보내고, 정동행성(征東行省)[142]을 특파한 전례가 있습니다. 하물며 오늘날의 사세(事勢)가 당시에 비견할 정도가 아님에 있어서겠습니까?[143]

대원군은 민중전과 「민문」, 즉 민씨 척족의 국정 농단이 결국은 나라를 멸망의 길로 이끌 것이라고 경고한다. 그리고 이를 막을 수 있는 유일한 방법은 청이 대신을 파견하여 한양에 상주시켜 민중전과 민씨 척족 세력을 제어하는 것이라며 고려 때 원나라가 정동행성을 설치하여 고려 내정에 간섭한 전례를 따를 것을 제안한다. 다른 나라의 눈도 있어 문제의 소지도 없지 않지만 조선을 잃는 것에 비하면 아무것도 아니라고 덧붙인다.

이홍장은 민씨 척족과 대원군을 화해시키는 것이 불가능하다는 것, 따라서 대원군이 조선의 정국을 안정시키는 역할을 할 것으로 기대하는 것도 부질 없음을 깨닫는다. 그렇다고 대원군을 더 이상 청에 구금시킬 명분도 없었다. 유일한 방법은 대원군이 귀국 후 정치에 간섭하지 않고 조용히 지내도록 하는 것이었다. 이홍장은 8월 8일 다음과 같은 보고서를 총리아문에 올린다.

조선의 시국이 변고가 많아서, 지난 6월 3일에 이하응이 귀국에 관한 공함(公函)을 받고 제가 초6일에 상세히 답신했습니다. 곧이어 초10일에 이하응을 톈진으로 데려와서 순문(詢問)하고 관찰할 것을 명한 칙유(勅諭)를 받고, 즉시 도원(道員) 허검신을 바오딩으로 급히 파견했습니다. 그는 이하응과 함께 6월 19일에 톈진에 도착했습니다. 제가 명령을 전하고 그와 반복해서 밀담을 했는데, 하응은 오직 생환해서 은퇴하여 한가로이 요양하기만을 바랄 뿐, 국사에는 간여하기를 원치 않았습니다. 그래서 바로 설파하지 않고, 다시 톈진해관도 주복과 허검신 등에게 날마다 그를 찾아가 한담(閑談)하고 일체를 개도(開導: 뜻을 열어 주고 앞에서 인도함) 하게 했더니, 그가 비로소 속내를 다 토로했습니다.

그의 뜻을 총괄하건대, 왕비가 정치에 간여하고 민당(閔黨)이 권력을 농단하고 있으니 물러나서 그들을 피하기에도 겨를이 없을 것인데, 어찌 자신이 감히 일어나서 일을 맡겠느냐는 것이었습니다. 또 특별히 엄지(嚴旨)를 내려서 왕비가 정치에 간여치 못하게 해도 여전히 안에서 간여할 우려가 있으니, 반드시 원(元)나라 때의 고사를 따라 대신(大臣)을 감국(監國)으로 흠파(欽派: 황제가 사신을 직접 파견하는 일)하고, 행성(行省)을 설치해서 왕과 왕비가 감히 임의로 행동하지 못하게 해줄 것을 청했습니다.

생각건대, 이러한 논의는 관계되는 바가 중대합니다. 원나라 때 여러 차례 감국을 파견했으나 사권(事權: 권력)이 일정하지 않아서 더욱 분란을 초래했습니다. 만약 조선왕을 폐위하고 다시 행성을 설치한다면 거동이 크게 기굴(寄崛: 홀로 우뚝 솟아서 범상치 않음) 할 것입니다. 더구나 오늘날에는 각국이 이미 조선과 입약(立約)해서 통상(通商)을 하고 있고, 러시아와 일본이 옆에서 호시탐탐 노리고 있습니다. 이들이 필시 틈을 타서 옆에서 교란할 것입니다. 다스리려고 하다가 도리어 어지러움을 초래할 것이니, 사세로 볼 때 아마도 실행하기 어려울 듯합니다.

이보다 앞서 왕비의 조카 민영익이 봄에 톈진에 와서 하응의 석방과 귀국 여부를 탐문했습니다. 저는 그에게 직접 「조만간 귀국할 것이니 너는 국왕과 왕비의 명을 교칭(矯稱: 사칭) 해서 바오딩으로 가서 안부를 묻고 이 기회에 양가의 원혐(怨嫌)을 풀라.」라고 했습니다. 그러나 영익은, 사람됨이 비록 명달(明達)하지만 주저하면서 감히 스스로 결정하지 못했습니다. 그러더니 6월 17일에 영익의 수원(隨員) 이명선이 갑자기 밀함(密函) 한 통을 보냈는데, 영익은 대원군이 곧 귀국한다는 말을 듣고 다른 곳으로 떠난다는 내용이었습니다. 제가 급히 사람을 보내서 알아보니, 영익은 이미 그날 밤에 설명도 없이 서양 화륜선을 타고 남쪽으로 떠나 버렸습니다. 이 한 가지 일만 봐도 하응과 왕비 사이를 조화시키기 어려움을 알 수 있습니다.

하응이 정병(政柄: 정권)을 놓은 뒤로 민비가 정치에 간여한 지 오래됐고, 세자가 또 그 친생(親生)이요, 당여(黨與)가 조정에 가득하니 안팎으로 연결되어 뿌리가 깊습니다. 가령 엄지(嚴旨)를 내려서 정사에 간여치 못하게 하더라도, 왕이 유약해서 따를 수 없는데 어찌하겠습니까?

최근에 병선(兵船)이 조선에서 돌아와서 보고하기를, 중국과 일본이 철병한 후 러시아 사신이 아직 한성에 도착하지 않아서 오히려 평안하고 무사하다고 했습니다. 하응은 지금 나라가 이미 망했다고 하지만, 본래 이는 위태로운 말로 듣는 이를 놀라게 하려는 것입니다. 하지만 이 괴려(乖戾)를 조장한다면, 반드시 위망(危亡)의 기틀이 아니라고 할 수도 없습니다. 조정에서는 심사숙려하시옵소서. 만약 구장(舊章)을 경솔히 고쳐서 속방(屬邦)의 내정에 간여하기를 원치 않으신다면, 반드시 경려(勁旅: 정예부대)를 미리 준비해서 동성(東省)의 변경에 주둔시켜 불우의 사태를 막고 급박한 상황에 대비하시옵소서. 하응과 관련해서는, 본래 종전에 큰 죄가 없으니 잠깐 본국을 떠나게 한 것은 바로 일시적인 권의(權宜: 형편에 맞게 취하는 조치)의 계책이었습니다. 이제 이미 3년간 구속됐고, 늙고 병든 한 몸이 칠순이 됐습니다. 만약 죽지 않는다면 한갓 후회만을 남길 것이니 은혜를 베풀어서 고향으로 돌려보내고, 잠시 강제로 국정에 간여치 못하게 해서 내란을 피하는 것이 마땅할 듯합니다. 왕비는 그가 귀국해서 국외인(局外人)이 된 것을 보더라도, 하응의 성세(聲勢: 명성과 위세)가 여전하므로 어쩌면 조금 신경을 쓰면서 제멋대로 하지 못할 수도 있습니다. 또 국왕이 아비를 생각함은 자식의 천성이니, 혹시 은밀히 그를 도와서 조금 이나마 추향(趨向: 대세를 쫓아감)이 생길지도 모를 일입니다.

이상의 사정은 감히 대번에 복주(覆奏)할 수 없습니다. 부디 속히 고명한 결단을 알려 주시어 그에 따라 처리하게 하시옵소서.[144]

그러나 고종과 민중전은 끝까지 대원권의 귀국을 반대한다. 대원군의 귀국을 영구히 막을수는 없더라도 그의 귀국을 다만 몇 년만이라도 지연 시키고자 한다. 그것도 안되면 귀국하는대로 국내에서 유배를 보내는 방안도 강구한다. 조선 조정은 김명규(金明奎) 동부승지에게 이러한 내용이 담긴 고종의 밀지를 주어 톈진으로 보낸다. 다음은 8월 20일 이홍장과 김명규가 톈진에서 만나 나눈 대화다.

김명규: 대원군은 임오변란의 수괴로 국인(國人)들이 용납할 수 없으며, 그의 사면과 귀국으로 인해 화란(禍亂)이 일어날 것입니다.」

이홍장: 대원군이 바오딩 부에 안치된 뒤로 조선에 화란이 속출한 것을 보면 대원군과 관계없이 민씨 일족의 책임이다. 또 왕비가 최고의 부귀영화를 누리고 있는데 그 시아비인 대원군이 이처럼 불우한 상황에 빠져 있는 것은 아마도 인륜에 어긋난 것이다.

김명규: 뜻이 그러하시니 참으로 황공합니다. 태공(太公)과 왕비가 상능(上能: 서로 가까이하며 화목함) 하지 않으니 국인(國人)들이 모두 호인이라고 해도 반드시 변란이 일어날 것입니다. 지금의 계책으로는, 우선 3,4년을 기다려서 폐방(廢邦)의 민지(民志)가 안정되기를 천천히 기다렸다가, 역당(逆黨)과 요얼(妖孽: 요망스러운 사람)을 차례로 복법(伏法: 법에 따라

사형에 처함) 한 후 다시 사면령을 내리시는 것이 좋겠습니다. 만약 그렇게 할 수 없다면, 부디 공정하고 염명(廉明: 청렴결백) 한 사람을 파견해서 멀리 떨어진 곳에서 군대를 거느리고 태공을 옹호(擁護: 유폐하고 감시하겠다는 뜻을 완곡하게 표현한 말)하며, 그 식솔을 데려가서 세상에 왕래하지 못하게 하고, 서찰 또한 노봉(露鋒)해서 바오딩 부에서의 규칙과 똑같이 하는 것이 아마 도리에 맞을 것입니다.

이홍장: 각하는 거의 편단(偏袒: 한편에 치우쳐서 비호하는 것)을 하고 있습니다. 국왕에게는 그 아비를 금고(禁錮)할 수 있는 이치가 없고, 왕비는 내정(內政: 궁궐 또는 집안의 일)을 보좌하니 본래 외사(外事)에 간여해서는 안 됩니다. 설령 상능(上能)하지 못한다고 해도 어찌 그 일흔 살 노옹(老翁)을 한가롭게 지내지도 못하게 한단 말입니까? 어찌 병사를 보내서 간수를 둘 필요가 있습니까?[145]

고종과 민중전은 이홍장 외에도 톈진의 청 관료들에게 많은 뇌물을 뿌리면서 대원군의 귀국을 막거나 지연시키려고 끝까지 노력하지만 실패한다.

결국 그 동안 출발하지 않고 있던 민종묵 진주정사와 조병식 부사가 9월 20일 베이징에 도착한다. 예부를 찾은 진주정사 일행은 대원군의 귀국을 탄원하는 고종의 상주문과 진헌예물을 전달한다. 광서제는 바로 다음날인 9월 21일 대원군을 석방하고 이홍장으로 하여금 조선에까지 호송하라는 칙지를 내린다.[146]

그리고 예부로 하여금 그 국왕에게 이 일은 짐이 법외(法外)로 인정(仁政)을 베푼 것임을 알리게 하라. 이하응은 마땅히 넓은 은혜에 영원히 감대(感戴)해서 그 만년을 신중히 처신해야 하리라. 그 국왕 또한 앞 수레의 실책을 통렬히 거울로 삼아서 참소하는 자들을 물리치고 말 잘하는 간신을 멀리하며, 어진 신하를 가까이하고 이웃나라와 좋게 지내서, 끊임없이 마음을 가다듬어 국가를 잘 통치할 것을 생각하라.

이홍장은 원세개로 하여금 대원군을 호송하도록 한다. 대원군은 10월 2일 톈진에서 북양함대의 「진해(鎭咳)」함을 타고 출발하여 이튿날인 10월 3일 인천에 도착한다. 1882년 8월 26일 청국으로 압송된지 3년 만의 귀국이었다.

대원군이 귀국한다는 소식이 전해지자 대규모 환영인파가 제물포에 모인다.

대원군이 도착하였다는 소식은 무척 빠르게 퍼져서 4일 오전에는 7,000~8,000명의 한양 사람들이 그를 환영하기 위해서 제물포에 모여들었습니다. 조정은 고위직 관료 한명을 내보냈고 국왕전하는 그의 고참 내시 두명을 보냈습니다.[147]

대원군 일행은 인천의 청 공관에서 이틀을 묵은 후 10월 5일 청 북양함대의 육전대(해병대) 40명의 호위를 받으면서 한양에 입성한다. 제물포까지 마중을 나갔던 환영인파도 함께 귀경한다. 남대문에 대원군을 환영하기 위한 임시 가건물이 세워지고 고종과 청의 총판상무 진수당 등이 마중을 나간다.[148] 고종은 운집한 인파로부터 가려진 채 가건물에서 대원군을 영접한다. 하루종일 수많은 인파가 한양시내를 가득 메운다. 고종은 가건물에서 곧바로 환궁하고 대원군은 그의 사저인 운현궁으로 간다.[149] 대원군은 10월 6일 입궐하여 고종을 알현한다.[150]

민중전은 전혀 다른 방식으로 시아버지 대원군을 맞이한다. 1885년 9월 9일은 「임오군란」 당시 고향으로 피신했던 민중전은 난이 진압되고 환궁한지 3년이 되는 날이었다. 이 날을 기념하기 위하여 궁에서는 한양 주재 외국 공관의 외교관들도 모두 초청한 화려한 연회가 열렸다. 같은 날 민중전은 임오군란 당시 대원군을 도왔다고 의심받던 사람들을 다시 색출해내기 시작한다. 10월 5일부터는 한양의 모든 감옥들이 체포된 사람들로 넘치기 시작한다.[151]

민중전은 10월 5일과 6일, 용의자 중 무위영 포수 김춘영, 훈련도감의 나팔수 이영식 등 관리 3명을 능지처참하고 그들의 시신을 대원군이 입경하는 길가에 버릴 것을 명한다.[152] 군중들이 대원군을 환영하는 것을 저지하려는 목적에서였다. 한양주재 외교관들은 민중전의 이러한 행태가 오히려 군중들을 흥분시켜서 위험에 빠뜨리는 일이라면서 조선 조정을 공개적으로 비판한다. 10월 9일, 원세개는 더 이상의 처형을 금지시키고 저자거리에 널린 시신들을 모두 치우도록 한다.[153]

한편 고종은 대원군이 입경한 당일 그를 철저한 감시 하에 두라는 교지를 내린다.

> 대원군께서 이제 돌아오셨으니, 나의 정사(情私)[154]가 기쁘고 다행스러움을 어찌 이루 다 말하겠는가? 그러나 방금 황상(皇上, 청 황제) 유지(諭旨)를 보니, 석방한 이후에 오히려 더 불안하다는 구절이 있었으니, 그 은혜에 감격해서 송덕(頌德)하는 와중에도 다시 크게 답답한 것이 있다. 몇 해 전의 사건을 어찌 다시 입에 올리겠는가마는, 그것은 모두 잡류(雜類)가 까닭 없이 출입하면서 유언비어와 비방을 일으켜서 대원군께 누를 끼친 데서 연유한 것이다. 생각이 여기에 미치니 나도 모르게 통탄스럽다. 또 사체(事體)로 말하더라도 예모(禮貌)가 본디 크게 구별되니, 모든 존봉(尊奉)하는 절목에 대해 다시 예조에 명해서 묘당에서 의논한 후 마련해서 들이도록 하라. 그리고 조신(朝紳)과 할 일 없는 잡인들이 시도때도 없이 왕래하지 못하게 하라. 만약 혹시라도 무례하게 굴어서 예전의 습관을 답습

한다면, 위제지율(違制之律)[155]로 다스릴 것이다.[156]

청이 민중전과 민씨 척족의 결사적인 반대에도 불구하고 대원군을 귀국시키자「임오군란」이후 형성된 청과 민씨 척족 간의 강력한 연대는 급격히 약화되기 시작한다. 이러한 조선 정세의 민감한 변화는 대원군의 귀국 직후 그를 예방한 미국 공사관의 폴크 소위의 보고서에 잘 나타난다.

저는 이 나라의 관습과 공식 예법에 따라 237호 보고서에 보고드린대로 귀국한 전 섭정이자 조선 국왕의 부친인 대원군을 예방하였습니다.
저는 대원군을 그의 사저인 작은 궁으로 예방하였습니다. 대원군은 저를 사랑방 앞 계단에서 우아한 위엄을 갖추고 맞이하면서 제 손을 잡고 가벼운 다과가 준비된 사랑채 안으로 인도하였습니다.
대원군은 나이에 비해 놀라웁게 젊음을 유지하고 있었습니다. 68세이지만 50세를 갓 넘은 것 같이 보였습니다. 그의 큰 결단력과 의지, 그리고 높은 식견이 그의 표정에서 읽을 수 있었습니다. 그는 말과 행동에서 모두 민첩하였습니다.
대화는 솔직했고 기분이 좋았습니다. 그는 자신이 서구의 예법을 잘 모른다며 중국에서 격리되어서 사는 동안 외국인들 한두명 밖에 만나보지 못했다고 하였습니다. 그는 또 자신이 조선에서 은퇴자의 삶을 살도록 종용받았고 국왕의 아버지로 받는 대접에 만족하면서 살라고 하였다고 하였습니다. 그는 저에게 많은 것을 물어보았습니다. 그 중 몇 개는 정치적인 문제였는데 저는 가급적이면 조심스럽게 답하였습니다. 제가 자리에서 일어나자 그는 자신이 늙고 병들었으며 어쩌면 저에게 답방을 할 수 없을지도 모르니 자신을 비공식적으로라도 자주 찾아달라고 하였습니다.
그러나 대원군은 이달 11일 답방을 하였고 자신을 예방했던 다른 주재국 외교관들도 답방을 하였습니다. 답방을 와서는 중국과 고종이 자신의 이름을 사용하지 말고 간단히 「대원군」으로 불리는 것을 원한다고 하였습니다. 그가 공사관을 나가면서 나의 고참 하인중 한명에게 「자네가 조선사람이란 사실을 항상 잊지 말아라. 그리고 너희는 비록 외국인의 집에서 일하지만 나라를 위하여 할 수 있는 모든 것을 다 하라.」고 말하는 것을 들었습니다.

대원군을 관찰한 제 결론은 그는 기력과 지력을 볼 때 그가 조정에 적극적으로 참여하는 것을 막을 방법은 없다고 보여집니다.

중국의 관리들은 그를 높이 받들고 친절하게 대하면서 조선에 대한 자신들의 정책을 대원군이 지지해줄 것을 바라고 있다는 것이 자명합니다. 그러나 그들은 동시에 걱정도 많이하면서 그를 감시하는데 게을리 하지 않고 있습니다.

대원군은 여왕(민비)의 집안과 원수지간이며 그들은 그가 귀국하는 것을 어떻게 해서든 막아보려고 하였습니다.

여왕과 그의 집안은 대원군이 자신들을 상대로 또 다른 음모를 꾸미는 것을 두려워하고 있으며 대원군을 귀국시킴으로해서 여왕의 집안과 중국 사이에는 금이 가기 시작했습니다. 지금까지는 여왕의 일파가 중국의 일방적인 지지를 받으며 중국에 모든 것을 중국에 기꺼이 의지하여 왔지만 이제부터는 조선정국의 새로운 장이 열리고 있습니다.[157]

그러나 폴크 소위의 예상은 틀렸다. 민중전과 민씨 척족은 대원군을 철저하게 제어하는데 성공한다. 이는 이홍장도 이미 깨달은 바였다. 따라서 더 이상 대원군과 민씨 척족간의 협치를 종용하지 않고 대원군이 말썽만 안 일으키도록 오히려 감시한다. 그 대신 원세개를 보내 조선을 보다 철저히 통제하고자 한다.

4. 청의 조선통치

「갑신정변」 직후 일본과 맺은 「톈진조약」으로 비록 군사력을 동원할 수는 없게 되었지만 청은 노련한 방식으로 조선의 내정과 외치, 경제를 장악한다. 조선의 전신망 부설을 주도하여 한양과 베이징을 전신으로 연결함으로써 조선에 대한 정보를 실시간으로 주고 받아볼 수 있게 된 이홍장과 원세개는 조선 정국에 대한 청의 장악력을 전에 없이 높인다. 조선 해관을 개설하고 무역을 장악함으로써 식민지에 대한 경제적 침투를 앞세우는 서구열강 특유의 제국주의 정책을 그대로 따른다. 외교적으로는 조선이 청의 속방임을 거듭 확인시키는 정책을 추진함으로써 조선에 대한 종주권을 지켜낸다. 「제2차 조러비밀협약」 사건과 조선의 주 미 공사관 개설 당시 터진 「영약삼단」 사건이 대표적인 예다.

이홍장은 조선에 적극 개입하는 것을 극도로 꺼렸다. 구미열강과 일본에게 조선에 개입할 수 있는 구실을 제공하는 것이 두려웠기 때문이다. 무력으로 조선을 지킬 힘이 없던 청으로서는 조선이 스스로 청의 속방임을 적극 천명하고 모든 외교 문제를 청에게 일임하고 있는 이상 굳이 조선 내정에 개입할 필요가 없다고 생각했다. 그러나 「임오군란」 과 「갑신정변」은 이홍장의 생각을 바꿔 놓는다.

특히 대원군의 귀국에 대한 고종과 민씨 척족의 강력한 반발과 끈질긴 방해 공작에 놀란 이홍장은 조선 조정을 보다 강하게 장악해야할 필요성을 절감한다. 속방의 내정과 외치에는 일절 간섭하지 않는다는 과거의 원칙을 고수해서는 조선 정국의 안정을 꾀할 수도, 청의 국익을 보호할 수도 없음을 깨닫는다. 「임오군란」과 「갑신정변」이 일어난 것도 속방에 대한 불간섭 원칙을 고수하고자 하였기 때문이다. 두 번다 원세개 등이 적극적으로 개입하지 않았다면 조선 정국이 어느 방향으로 흘렀을지 모를 일이었다.

더구나 두 사건은 모두 청과 일본 간의 무력충돌을 불러 일으켰고 양국은 전쟁 일보 직전의 상황까지 치달았았다. 조선 정국이 또다시 혼란에 빠지게 된다면 청과 일본이 본의 아니게 휘말릴 것이 자명했다. 일본 역시 바로 이점을 우려하고 있었다. 이노우에가 이홍장에게 대원군의 귀국을 적극적으로 제안한 이유다. 여기에 「갑신정변」 이후 청의 보수파인 청의파(淸議派) 역시 청이 보다 적극적으로 조선문제에 개입할 것을 요구한다. 대원군도 마찬가지였다.[158]

이홍장은 묄렌도르프를 대신하여 조선의 외교부와 세관을 담당할 관리를 파견할 궁리를 시작한다. 7월 16일 고종에게 친서를 보내 묄렌도르프 사건은 불행한 일이었지만 조선이 외국인 고문들을 고용하는 것은 절대 필요하다면서 앞으로는 미국인 고문들만 고용할 것을 제안한다.[159]

이홍장은 7월 말에 묄렌도르프를 공식 해임한다. 민영익과 흥선대원군은 중국인을 선임할 것을 종용하지만 이홍장은 「최소한 천명의 경호 군사가 필요할 것이다」면서 이 안을 거절한다.[160] 이홍장은 장고를 거듭한 끝에 전 주 상하이 미국 총영사 데니(O. N. Denny, 1838.9.4~1900.6.30.)를 조선의 새 외교고문으로 임명한다. 이홍장은 8월 20일 고종에게 이 사실을 알린다. 데니는 1886년 초 조선에 부임한다.[161]

일본의 외무경 이노우에 가오루는 이홍장에게 조선에 파견할 총독으로 당시 총판조선상무 진수당보다 능력 있는 인물을 파견할 것을 제안한바 있었다. 이홍장도 진수당이 정직하지만 능력은 부족하다는 점에 동의한다. 진수당은 조선의 무역만 담당하고 있었다. 조선의 국정에 간섭할 권한은 주어지지 않았다.

고종도 민영익을 통하여 이홍장에게 조선의 국정을 담당할 능력있는 인물을 보내 달라는 요청을 한다. 이홍장은 총리아문에 조선에 중국인 관리를 파견함으로써 조청 관계의 성격을 근본적으로 바꿀 것을 제안한다. 앞으로는 외국과의 조약 협상, 주요 외교, 군사, 재정부 인사는 모두 청 조정의 사전 승인을 받도록 한다.

대원군의 귀국문제가 불거지면서 묄렌도르프를 대신할 관리를 파견하는 일은 잠시 미뤄진다. 10월에 진수당이 귀국을 허락해줄 것을 요청하자 이홍장은 원세개를 조선의 외교와 무역을 담당할 행정책임자로 보낼 것을 윤허해 달라는 상소를 올린다.

> 진수당이 임명되었을 당시에는 조선이 개국하는 초기 단계였습니다. 이제 개항장과 교역이 증가하였고 모든 국가의 공사들이 한양에 주재하고 있습니다. 이러한 변화로 인하여 새로 임명되는 관리는 막후에서 기획하고 관리하는 역할을 해줘야만 합니다. 따라서 그의 권한과 직위도 보다 높일 필요가 있습니다. … 서양의 관습을 따르자면 속국에 임명되는 관리들은 외교부에서 임명합니다. 신이 이 관리를 파견하고 총리아문에서 임명장을 주도록 윤허해주시기를 바랍니다.[162]

1885년 10월 30일, 원세개는 「주차조선총리교섭통상사의승용도」에 임명된다. 이는 총리아문의 품계상 총영사에 해당하는 직급이었다. 당시 청이 해외 공관에 파견하는 공관장의 평균 직급보다 낮은 직급이었다.[163]

이홍장은 일부러 원세개의 직급과 직책을 모호하게 놔둔다. 조선 주재 외교사절들과 같은 직책을 줄 경우 청이 조선의 독립을 인정하는 것이 되기 때문이었다. 반면, 영국의 인도 총독과 같은 직책을 줄 경우 청은 속방인 조선의 내정과 외치에 간섭하지 않는다는 주장이 거짓으

로 드러날 수밖에 없었기 때문이다.[164]

원세개는 임명되기 전에도 청이 보다 강하게 조선의 내정과 외치를 장악해야 한다고 주장한다. 1884년 12월에는 청이 조선에 총독을 보내서 정치와 외교를 장악할 것을 주장한다. 그 다음 달에는 조선을 청에 완전히 복속시키고 조선을 담당할 총리를 임명할 것을 주장한다.

조선에 부임한 원세개는 자신의 직책이 영국의 인도 총독에 준하는 것으로 행세한다. 이는 청 조정도, 이홍장도 원하는 것이 아니었지만 원세개의 명함에는 분명 「총독」이라고 써 있었고 조선 주재 외교관들도 그를 총독으로 여겼다. 원세개의 비서인 탕샤오이(唐紹儀, 1862.1.2.~1938.9.30.)는 1885년 11월 19일 폴크 소위가 왜 원세개의 명함에 「공사(Resident Minister)」 대신 「총독(Resident)」이라고 새겨져 있는지 묻자 「아, 아니요, 청나라는 한양에 있는 청의 대표에게 공사라는 직책을 줄 수가 없습니다. 왜냐하면 그렇게 하면 조선이 독립국이라는 것을 인정하는 것이기 때문이죠.」라고 답한다.[165]

조선 주재 미국 외교관들은 원세개를 「공사(minister)」라고 불렀다. 휴 딘스모어 공사는 「우리는 조약상 원세개가 「총독(resident)」이라는 호칭을 사용하는 것을 인정할 수 없습니다.」라고 한다.[166]

그러나 청은 과거와는 다른 방식으로 조선에 대한 청의 영향력을 유지해야 했다. 더 이상 청의 군사력에 의존할 수 없었다. 「톈진조약」을 통하여 청군과 일본군이 모두 조선에서 철수할 것에 합의하였기 때문이다. 이홍장과 이토는 조선군을 훈련시킬 교관을 청이나 일본이 아닌 제 3국에서 초빙한다는 원칙에도 합의한 바 있다. 따라서 「갑신정변」 이전처럼 청의 장교들이 조선의 군대를 훈련시키고 근대화시키면서 조선의 내정에 개입할 수 있는 여지는 사라진다.

이는 역설적으로 조선군의 몰락을 가져온다. 일본군 장교를 초빙하여 훈련시킨 최초의 근대군인 별기군은 「임오군란」으로 해체되고 원세개 등의 청군 장교들은 「갑신정변」 이후 더 이상 조선군을 조련할 수 없게 된다. 일본도, 청도 조선군을 훈련시킬 수 없게 되면서 조선군은 속절없이 무너진다.

「갑신정변」 당시만 하더라도 원세개의 조련을 받은 조선군은 청군과 함께 개화파의 일본군을 격퇴시킬 수 있었다. 그러나 톈진조약 이후로 조선군은 국운이 다할 때까지 다시는 전투에서 승리하지 못한다. 10년 후에 일어나는 동학난을 진압하지 못하는 것은 물론 「청일전쟁」 이후 급격히 부상하기 시작한 일본의 세력을 견제하는데 아무런 역할을 못한다.[167]

청은 조선의 군대에서만 손을 뗀 것이 아니었다. 1885년 이후로는 더 이상 조선의 「자강」을 도모하지 않는다. 이홍장은 1870년 중반부터 조선과 구미열강 간의 조약 체결을 적극 주선하는 동시에 조선에도 당시 청에서 자신이 주도하던 「자강운동」을 적극 권장하고 도왔다. 그러나 갑신정변 이후에는 조선의 자주적인 근대화를 돕는 것을 포기한다. 민씨 척족들을 통하여 도모하던 소극적인 개혁마저 중단한다.

물론 조선에 대한 청의 종주권이나 조선 내정 간섭을 포기한 것은 아니었다. 다음은 폴크 소위가 미 국무장관에게 보내는 보고서 내용이다.

원장군(원세개)이 조선의 총리교섭통상사에 임명되었다는 사실은 그가 지난 12월의 혁명 시도 (갑신정변)를 전후하여 당시 중국군의 사령관으로 보인 태도를 볼 때 중요한 일이라고 생각됩니다. 그는 젊고 정력이 넘치며 활동적입니다. 이홍장 총독으로부터 많은 표창을 받았고 가장 신임받는 영민한 부하 중 하나입니다.

제가 8월 17일자로 보낸 215호 보고서에도 말씀드렸듯 지난 12월의 사건 이전에는 원장군이 한양의 청군과 조선군의 실질적인 사령관이었

습니다. 서울에는 아직도 지난
12월 모반자들의 정권을 무너
뜨리기 위하여 원장군이 취한
조치들을 기념하기 위하여 세
운 비석들이 많이 있습니다.

원장군은 저를 찾아와서
는 데니(Owen Nickerson
Denny)가 조선정부의 고문으
로 오게 되었음을 알리면서 데
니씨가 중국의 부름으로 오게
된다면 조선이 자신의 제안들
을 은연중에 따르게 될 것이라
고 좋아했습니다.

오웬 니커슨 데니

이는 중국의 관료가 처음으로 자신의 입으로 중국이 조선의 외교와 내
정을 자유롭게 하게 내버려 두지 않을 것이라고 한 것이었기에 꽤 놀라웠
습니다. 물론 중국이 조선을 억압적이고 강한 손길로 조정하고 있다는 것
은 이미 오래전부터 익히 알고 있었던 사실입니다.[168]

1) 전보망 부설

이홍장과 원세개는 조선을 지도하여 조선의 근대화를 꾀하기 보다
는 다른 열강들과 마찬가지로 조선에 대한 영향력을 극대화시키는 한
편 경제적인 실리를 추구하는 전형적인 제국주의 정책을 채택한다. 대
표적인 것이 조선의 전보 가설이었다.[169]

전보의 중요성을 일찍 터득한 일본은 다케조에 공사를 보내 민영
목과 2달 여에 걸친 협상을 통하여 1883년 3월 나가사키에서 쓰시

마를 거쳐 조선에 이르는 해저 케이블을 매설하는데 합의한다. 공사는 10월부터 시작됐다. 해저 케이블 매설은 Danish Great Northern Telegraph Company의 증기선을 이용하였다. 케이블은 이듬해인 1884년 1월 조선 땅에 도달하였고 3월 22일 왜관의 서남쪽 끝에 전보국이 개설된다.[170] 이로써 조선은 처음으로 외부 세계와 근대 통신망을 통해 연결된다.

그러나 한양을 포함한 조선의 나머지 지역은 외부 세계와 여전히 고립되어 있었다. 조선의 소식이 외부 세계로 전달되는 것은 증기선을 통하여, 또는 육로를 통하여 한양에서 부산으로, 부산에서 전보로 나가사키로, 그리고 일본으로부터 전보를 통하여 전 세계로 전달되었다. 조선의 소식이 세계로 전달되는 유일한 통로가 일본이었다. 당시 주일 청 공사 여서창(黎庶昌 1837~1896)은 일본이 조선으로부터의 모든 정보를 독점하도록 놔 두는 것은 위험하다고 청 조정에 경고한다.[171]

청이 조선과의 통신 수단의 중요성을 인식하게 된 것 계기는 「갑신정변」이었다. 청 조정이 「갑신정변」 소식을 전해 들은 것은 정변 발발 몇일 후였고 사태를 파악하고 대응할 수 있었던 때는 사태가 이미 어느 정도 진정된 후였다. 청이 그나마 상황을 장악할 수 있었던 것은 원세개가 조정의 재가도 받지 않은 채 독자적으로 군사를 움직였기 때문이다.

이는 청 조정의 입장에서는 다행스러운 일이었지만 동시에 현지에 있는 청 관리에 대한 조정의 통제가 얼마나 허술한지를 단적으로 보여주었다. 원세개의 판단이 옳았기에 망정이지 혹시 잘못되어서 구미열강의 개입을 불러왔거나 청이 조선을 직접 통치한다는 인상을 대외적으로 확인시키는 결과를 가져왔다면 이는 이홍장의 입장에서는 받아들일 수 없는 결과였다. 더구나 진수당의 후임으로 조선에 파견한 원세개는 조선 내정에 사사건건 개입하고자 한다. 이홍장으로서는 원세개를 보다 철저히 감독하기 위해서라도 청과 조선 간에 보다 긴밀한 연락망이 필요했다.

마침 갑신정변의 사후처리를 위해 청이 조선에 보낸 오대징(吳大澂)도 여순에서 한양까지 지상 케이블을 부설할 것을 제안한다. 이에 이홍장은 고종에게 전보망의 중요성을 설득하고 고종은 1885년 5월 청에 공식적으로 전보케이블 부설을 요청한다.[172] 이 소식을 전해 들은 일본의 전보망 담당자들은 청이 전보를 부설하게 놔 두어서는 안된다며 부산과 한양, 인천을 연결하는 케이블을 부설할 것을 제안하지만 갑신정변 후 조선 정책에 소극적이었던 일본 정부는 이들의 제안을 거부한다.[173]

6월 6일(음) 조선과 청은 「중조전선조약(中朝電線條約)」을 체결한다.

제1조. 중국 독판 전보 상국(督辦電報商局)은 현재 조선 국왕을 상담하도록 명을 받은 북양 대신(北洋大臣) 이중당(李中堂)을 받들어 인천항(仁川港)에서 한성(漢城)을 거쳐 의주(義州)까지 육로 전선 1,130리의 가설과 경비 차입의 요청을 들어 신속히 설치해준다. 모든 경비는 조선에서 연한을 정하여 차관을 갚는다. 특별히 여기에 대해서는 화전국(華電局)에서 차관을 대여하고 인원을 파견하여 집행한다.

제2조. 조선에서 육로 전선을 창설하는 것은 조선 국왕이 중국에 차관(借款)을 협의 신청하여 설치하는데, 특히 화전국에서 관평(關平:세관의 표준 저울. 1냥(兩)이 고평(庫平) 1,013량에 해당함)으로 은 10만 냥을 공금에서 대부한다. 5년 후 조선 정부에서 20년으로 나누어 매년 5,000냥씩 반환하되 이자는 받지 않는다. 아울러 전선에 능숙한 이사(理事)·학생·기술자 등을 파견하여 적절하게 담당시켜서 완급을 대비하여 알맞게 처리한다.

제3조. 조선 정부는 중국 전국(電局)의 입체금(立替金)으로 전선을 창설하여 조선 정부에 도움을 받는 것이 적지 않다. 수륙의 전선이 준공된 이후 전신(電信)이 통하는 날로부터 25년 이내에는 다른 나라 정부 및 각국 공사(公司)에서 조선의 지상과 해안에 전선을 대신 가설하는 것은 본국의 권한을 침해하는 것이며 화전국의 이익을 손상하는 것이므로 허가하지 못한다. 더욱이 조선 정부에서 확충하거나 증설할 때에는 화전국에 청부하여 분쟁을 면한다.

제4조. 이 조항의 전선을 대신 가설하는 데 필요한 중국과 서양의 자재·기계·도구와 중국 관원, 서양 기술자, 사사(司事), 학생, 직공, 감독 등의 월급·식비·여비 등 각 항목은 모두 차관 내에서 사실을 조사하여 지불한다. 단 필요한 조선의 목재 및 인부 등은 전국에서 조선 정부에 자문으로 조회하여 근방에서 채벌하고 고용하며, 전국은 그 대가를 지불하지 않음으로써 차관을 절약한다. 일체 응용되는 자재 등의 문건을 조선 경내로 반입하는 것에 대해서는 전부 세금을 면제한다.

제5조. 전국의 이사·실습생·기술자 등은 반드시 능숙한 사람이 아니고서는 처리할 수 없으니 조선 정부에서 차관을 받아 청산하기 이전에는 중국 전국에서 대신 관리하며, 한편으로는 조선 사람들을 뽑아 전국에서 학습을 시켜 점차 숙련하게 한다. 단 이 전선은 상보(商報)가 얼마 되지 않으니 매달 전국의 경비는 전국에서 명세서를 제출하고 조선 정부로부터 지급받는다. 중국 및 조선 정부의 관보(官報)는 인장을 찍어 전국에 보낸 것은 전보 요금을 받지 않으나 나머지는 모두 상보로 귀속시킨다.

제6조. 이 조약의 차관은 은 10만 냥을 화압(畫押)한 다음 전보국(電報局)에서 톈진(天津)의 회풍은행(匯豐銀行)에 대신 예탁해놓고 계속 찾아다 쓴

다. 준공 뒤에는 전국에서 정산서를 작성하여 북양 대신(北洋大臣) 및 조선 정부에 보내면 장부를 대조 검토하여 잉여 은량이 있으면 그대로 회풍은행에 두고 다른 데 유용하지 못하게 하여 각종 수리비로 비축하며, 전국에서 청산을 완전히 끝내면 수리비도 조선에서 마련한다.

제7조. 전선의 공사가 시작되면 조선에서는 연도의 지방관이 잘 돌보아주며 허가 맡지 않은 곳의 군사나 백성들이 방해나 손해를 끼치지 못하도록 단속하게 한다. 이후로 정실(情實) 부정이 공사에 생기면 전국의 이사는 조선 정부에 자문으로 조회하여 엄격히 구명 처리함으로써 영원히 보호를 받는다.

제8조. 전선이 가설되면 수리하고 순시하는 것이 가장 중요하니, 중국의 예에 비추어 20리마다 순시원 1명을 파견한다. 공사가 시작될 때에 즉시 공사장에 딸려 보내 학습을 시키다가 공사의 순차에 따라서 담당 지역에 나누어 파견하여 항상 순찰하고 수리하게 하며, 전국에 귀속시켜 통제 관리한다. 순찰과 수리 규정은 전국 내에서 전보를 수발하는 규례 및 중국 전국의 장정에 따라 처리하는데 따로 찍어서 반포한다.[174]

건설은 빠른 속도로 진행되어 한양과 인천간의 전보 케이블은 1885년 9월에 완성되고 한양에 전보국이 열린다.[175] 10월에는 평양, 그리고 11월 말에는 의주까지 연결하는 전보 케이블망이 완성된다. 이로써 조선은 외부세계와 본격적으로 연결되기 시작한다.[176]

그러나 1888년까지 한양-부산간 전보는 연결되지 않는다. 한양에서 외부세계로 나가는 전보는 인천을 통하여 톈진으로 가던지 아니면 평양-의주-심양-베이징을 통해야 했다. 일본은 다른 나라와 마찬가지로 청이 부설한 전보망에 의존할 수 밖에 없었다.

이 전보망은 청의 의도대로 갑자기 작동이 멈출때도 있었고 보안을 보장 받을 수 없었다. 「오사카 사건」때 일본은 한양에 있는 일본 공사관과 연락하기 위하여 도쿄 주재 하와이

한성전보총국

영사에게 부탁하여 한양의 미국 공사관의 폴크에게 전보를 전달하여 그로 하여금 일본 영사관에 전해줄 것을 부탁해야 했다. 폴크는 첫 번째 전보는 전달했지만 그 이후로는 전달할 것을 거부한다.[177]

청이 조선의 전보망을 독점하기 시작하자 일본과 러시아가 격렬하게 항의한다. 일본은 부산-나가사키 해저 케이블 매설 당시 조선과 일본이 맺은 계약에 의하면 일본이 조선에서의 모든 케이블 부설에 대한 독점권을 갖고 있다며 위약금은 물론 기타 다른 방법으로 보상할 것을 요구한다. 그러나 청과 조선은 조-일간의 계약은 지상 케이블이 아닌 해저 케이블에만 해당하는 것이라고 얼버무린다.

일부 조선 관리들이 한양-부산 케이블 매설권을 일본에게 줄 것을 주장하자 원세개는 부산주재 청 통상사무인 담갱요(譚賡堯)와 함께 교섭통상사무아문 독판(交涉通商事務衙門督辦) 김윤식을 찾아가 한양-부산 케이블 매설권을 다른 나라에 넘기면 절대로 안된다고 설득한다. 이는 비단 일본에만 해당되는 것이 아니었다. 이홍장은 러시아가 한양-원산선 전보망 매설권을 갖게 되면 조선에 대한 러시아의 영향력이 급격히 강화될 것으로 우려하였다. 이에 이홍장은 원세개를 통하여 청이 원산선 매설권을 확보하도록 거듭 지시한다.[178]

일본 외무성은 하루빨리 한양-부산 전보망을 부설하길 원했다. 조선조정은 일본에게 부설권을 주지는 않았지만 한양-부산간 전보를 1887년 4월 20일까지 완성할 것을 일본 정부에 약속한다. 그러나 공사는 계속해서 지연된다. 기다리다 못한 스기무라 임시 대리공사는 2월 4일 외무독판 김윤식에게 문의 한다.

서한으로 말씀 드린 바와 같이, 올해 4월 20일(음력[貴曆] 3월 27일)이 남로 전선 완공[成工] 기일입니다. 그런데 지난 겨울[客冬] 측량사 귀경 후 아직 기공(起工)과 관련하여 상세한 보고[詳報]가 접수되지 않았습니다. 이는 조약 상 기한으로 홀시(忽視)할 수 없는 일[義]이니, 공사 상황[模樣]이 어떻게 되고 있는지 파악[承知]하고자, 이에 대한 귀하 의견을 얻고자 합니다. 배상[敬具][179]

이에 대하여 김윤식은 2월 14일 회신한다.

귀력[貴曆] 메이지 20년 2월 4일, 귀하께서 남로 전선 공사 건과 관련하여 조회(照會)하셨습니다. 이에 남로 전선[南線] 공사에 대해 조사한 바, 지난 겨울 서양 기술자[洋工]를 파견하여 측량을 마쳤고, 목간[桿料]을 비치(備置)하였으나, 엄동(嚴冬)이 지나기를 기다리며 잠시 중단된 상태이며, 현지의 얼음이 녹으면 감독 기술자[督工]에게 의뢰해 가설을 시작함으로써, 조약 기한에 부합하려 합니다. 귀 대리공사께 사조[査照]하면 번거로우실까 이에 글로 회답[照覆] 합니다.[180]

스기무라는 이노우에 가오루 외무경에게 2월 15일 전보를 보낸다.

남로(南路) 전신 공사는 작년 중 선로의 측량과 전주(電柱) 벌채(伐採)를 마쳤으며, 올해 눈이 녹기[雪解]를 기다려 가선(架線)에 착수해야 할 상황입니다. 그런데 이번 달 2일 혹자[或方]로부터「지금 해당 정부에서는 궐내(闕內)의 전기등을 비롯해 미국으로부터 연병농상(練兵農桑)의 교사를 고용[雇入]하기 위해 약정하였는데, 그 비용이 많아[多端] 통신공사가 약간 지연될 수밖에 없다」라는 비보(密報)를 듣게 되었습니다. 이에 다음날 3일, 다케다(武田) 서기생(書記生)을 외아문에 파견하여 김독판에게 질의[糺]하였으나 명료한 답변[返答]을 얻을 수 없었고, 잇달아 서한으로 재촉[催促]한 뒤, 동 11일 소관이 외아문에 가서 동(同) 독판을 면회하고 상세히 공사 상황[都合]을 질의[糺]하였습니다. 이에 김씨는 공사 방법에 관해 좀더 결정할 사항이 있으니, 잠시 유예를 하기를 원한다는 취지로 의뢰하였고, 3일 내에 답변[返答]할 것을 약속하며 귀관(歸館)하였습니다.[181]

그러나 공사는 계속 지연된다. 원세개가 전보 부설에 필요한 독일 장비들을 들여오는 계약을 본인이 보증하겠다고 나선다. 이 과정에서 4개월이 또 지연된다. 스기무라는 3월 21일 또 다시 이노우에 외무경에게 전보를 보낸다.

해당 전선 공사 건[儀]과 관련하여, 최근 김독판(金督辦)으로부터의 보고[報知]에 따르면, 건축사 핼리팩스[182]씨와의 고용계약[雇入方]을 해지[破談]하고 다시금 지난 겨울[客冬] 덴마크인[丁抹人][183]이 시행한 측량에 의거하여 가선(架線)을 준비[手筈]하고 있으며, 전선 및 기계류의 경우, 5개월 이내를 기한으로 하여, 독일 상사[獨商] 세창양행(世昌洋行)에 탁송[仕送]을 의뢰하는 계약[結約]을 어제 맺었다고 합니다. 이에 따라 지금부터 5개월 내에 겨우 전선 및 기계류를 취득[取寄]할 수 있는 상황이기 때문에, 가선(架線)의 완성[落成]까지는 7, 8개월도 걸릴 수 있는 것입니다. 이는 심히 태만[怠慢]한 것이라고 말할 수 있겠습니다.[184]

일본 정부는 계속되는 지연에 1887년 겨울 이전에 완성할 것을 요구한다. 일본 관리는 전보 부설공사가 시작될 때까지 외무아문 문 앞에 앉아 있을 것임을 경고한다. 그러나 독일제 전보 부품들을 실은 배가 홍해에서 난파하면서 공사는 또 다시 지연된다. 한양-부산 전보망은 1888년 6월 9일에야 완공된다.[185]

한양-부산 간 전보망이 완성되자 딘스모어 미국공사는 베이야드 국무장관에게 전문을 보낸다.

각하께 서울과 부산 간에 조선 정부가 주도한 전보망을 통하여 연락을 할 수 있게 되었음을 알려드릴 수 있게 되어 영광입니다. 서울과 부산 사이에는 3개의 중간 전보국들이 있고 전체 길이는 400마일입니다. 전보세는 영어 단어 당 20센트 입니다. 이 전보선의 완성으로 우리는 부산까지 들어와 있는 케이블과 직접 연결됨으로써 중국회사로부터 어느 정도 벗어날 수 있게 되었습니다. 새 전보선은 전적으로 조선 사람들이 조정하고 운영합니다.[186]

서울-원산선은 1891년에 완성된다.[187]

청이 주도한 조선의 전보 망이 완성된 후 일본은 불공정한 요금에 대해 거듭 항의한다. 일본은 한양-인천-의주선의 요금이 한양-부산선 요금에 비해 훨씬 저렴한 사실을 지적하면서 공정한 요금을 요구한다. 또한 한양-부산선과 한양-인천선을 연결시킬 것도 요구한다. 그러나 청의 조선전보 감독 진통서(陳通書)는 「한양-부산선은 조선의 것이며 인천-의주 선은 청의 것이다. 따라서 일본의 요구는 재고의 가치가 없다」고 선언한다. 일본은 조선과 직접 협상을 시도하지만 결과는 조선과 청 이외의 제 3국의 관리들이 전보를 사용할 때에는 요금을 반으로 깎아준다는 것뿐이었다. 반면 청의 관리들은 이미 전보를 무료로 사용하고 있었다.[188]

조선 역시 전보망에 대한 권리를 확보하고자 시도한다. 청은 한양-

부산 선상에 있는 전보국들에 조선 견습생들을 파견하여 배울 수 있도록 허용하는 동시에 전보 운영비용을 일부 부담한다. 그러나 청은 철저하게 조선의 전보망을 장악하면서 일본이 전보선을 확보하는 것을 막는 동시에 조선이 독자적으로 전보선을 운영하는 것도 막는다.[189]

1888년 말, 조선의 관리들은 원세개에게 조선이 인천-한양-의주 선을 운영할 수 있도록 허락해 줄 것을 요청한다. 그러나 원세개는 이것이 「의주전보합의」를 위반하는 것이라고 하면서 거절한다. 이홍장 역시 이에 동의한다. 이홍장과 원세개는 조선 조정이 1890년 프랑스로부터 차관을 도입하여 전보 케이블 부설을 위하여 청으로부터 빌린 돈을 갚는 것도 반대한다.

조선과 외부 세계를 연결해 주는 전보망을 건설하고 장악함으로써 청은 조선에서 일어나는 모든 사건들에 대한 소식을 즉시 접하고 즉각 반응할 수 있게 된다. 조선 내부의 정황을 즉각 파악하고 장악할 수 있게 되었음은 물론이다. 동시에 조선 주재 청 관리들에 대한 장악력도 높인다. 원세개는 다시는 「갑신정변」 당시처럼 본국으로부터의 훈령도 없이 자율적으로 결정하고 행동할 수 없게 된다.[190] 청은 「톈진조약」으로 조선으로부터 군대를 철수해야 했지만 전보망을 장악함으로써 여전히 막강한 영향력을 유지할 수 있었다.

2) 해관의 설립

대원군이 귀국한 중국배 편에는 청이 묄렌도르프의 후임으로 조선 세관 담당관으로 임명된 메릴(Henry F. Merrill)도 타고 있었다.

관세가 무엇인지, 해관이 어떤 역할을 하는 것인지 모르는 조선 조정은 1882년도까지 관세를 부과하지도, 해관을 설치하지도 않는다. 1876년 「강화도 조약」 이후 조선의 대외 무역을 완전히 장악하고 있던 일본은 조선과의 교역에 있어서 아무런 관세도 안 내고 있었다.(자세한 내용은 제 2권, 제 6장 참조.) 1882년 5월 22일 「조미수호통상조약」이 체결되자마자 마건충은 조선 측에 해관을 설치할 것을 종용한다. 그러나 임오군란이 발발함으로서 모든 논의는 미루어진다. 그해 9월 청이 임오군란을 진압해 준 것에 대한 감사 사절로 청에 파견된 조영하, 김홍집, 이조연 등은 이홍장과 만나 조선과 청간의 공식적인 무역을 시작하는 「조청상민수륙무역장정」을 체결한다.(자세한 내용은 제 2권, 제 9장 참조)

「조청상민수륙무역장정」이 체결되기 며칠 전, 조영하는 해관 설치를 위한 자금 50만 냥을 빌려줄 것을 청 조정에 요청한다. 그는 마건충, 그리고 당시 조-청 무역의 대표적인 상인이었던 탕팅슈와 차관협상을 벌인다. 탕은 당시 「윤선초상국(輪船招商局, China Merchants Steam Navigation Company)」과 「카이핑 광산(K'aip'ing Mines)」의 대표였다. 이홍장의 지원으로 10월 1일, 「윤선초상국」이 차관중 30만 냥을, 그리고 「카이핑 광산」이 20만 냥을 조선 조정에 빌려주기로 하는 계약서에 서명한다. 조선 측에서는 조영하와 김홍집이, 중국 측에서는 탕팅슈가 서명했다.

차관은 전액 무역진흥을 위해 쓰이도록 명시하였다. 이자율은 연 8% 고정금리, 그리고 상환은 5년 후에 시작하여 12년 내에 모두 상환하도록 한다. 이 융자에 대한 담보는 조선 세관의 세수였다. 만일 이것으로 부족할 경우 조선 정부는 홍삼에 대한 세금으로 충당하거나 카이핑 광산에 새로운 채굴권을 줄 것을 약속한다. 계약은 고종이 비준하면 발효하기로 한다.[191]

조선 해관 총세무사에 임명된 묄렌도르프는 1883년 1월 민영익, 이조연등과 함께 상하이로 건너가 고종의 비준서를 전하고 구체적인 송

금방법을 논한다. 그러나 예상치 않게 협상은 불발하고 만다. 탕팅슈는 차관이 어떻게 쓰여질 것인지 세밀한 보고를 받을 것을 요구하였고 청조정의 보증 없이는 돈을 빌려줄 수 없다고 버틴다. 결국 협상이 난관에 봉착하자 조선의 사신들은 톈진으로 가서 이홍장이 직접 이 문제를 중재해 줄 것을 부탁한다. 민영익과 묄렌도르프는 2월 18일 이홍장을 만난다. 이홍장은 곧바로 윤선초상국으로 하여금 조선 조정에 20만 냥을 빌려줄 것을 명한다.[192]

묄렌도르프는 청으로부터 받은 20만 냥을 해관건설비와 운영비에 충당한다. 그는 조선 해관에 다수의 서양인들과 중국인들 그리고 일본인 한 명을 고용한다. 대부분 상하이에 거주하고 있던 서양인들이었다. 이들은 1883년 여름 조선에 입국한다.[193]

인천세관이 업무를 시작하여 처음으로 관세를 거둔 것은 1883년 6월 16일이었다.[194] 관세율은 「조미수호통상조약」에서 합의한 것에 따라 관세 5%, 수출세 5%였다. 7월 25일에는 「조일통상장정」이 체결된다. 무역과 관세의 중요성을 뒤늦게 깨달은 조선 조정은 1876년 강화도 조약때부터 이어져 온 일본의 무관세 무역 관행을 시정하고자 일본과 새로운 무역조약을 체결하고자 한다.

처음에는 소극적이었던 일본이지만 임오군란 이후 반일감정이 높아지자 어쩔 수 없이 협상에 응한다. 묄렌도르프의 적극적인 중재로 조선 측의 전권대신인 독판교섭통상사무(督辦交涉通商事務) 민영목(閔泳穆)과 일본 측 전권대신인 판리공사(辦理公使) 다케조에(竹添進一郎)는 10여 일에 걸친 협상 끝에 새로운 통상장정을 체결한다.[195] [제 2권, 제 10장 참조] 조선이 관세를 부과하기 시작하는 날짜는 11월 3일로 합의한다.[196]

「조일통상장정」이 체결되자 묄렌도르프는 10월 초에 부산으로 내려가 머물면서 동래부사 김선건과의 협의 하에 부산 해관을 설치한다.

그리고 「조일통상장정」에서 약속한대로 11월 3일부터 부산세관은 관세를 징수하기 시작한다.[197] 묄렌도르프는 부산 세관장에 독일인 로밧(W. N. Lovatt)을, 원산에는 영국인 라이트(F. W. Wright)를 그리고 인천에는 역시 영국인 스트리플링(A. B. Stripling)을 임명한다.

초기 해관의 운영은 엉망이었다. 묄렌도르프는 과도한 인력을 각 해관에 배치함으로써 각 해관이 세수로는 인건비도 충당할 수 없었다. 조선 정부가 상대적으로 인건비가 싼 일본 세관원들을 고용할 것을 제안하였지만 묄렌도르프는 일언지하에 거절한다.[198]

그 뿐이 아니었다. 일관된 관세율이 책정되지 않은 관계로 각국의 상인들, 그리고 다른 무역항의 상인들은 조선 해관의 징세에 대해 수많은 이의를 제기한다. 중국의 상인들은 해상 무역에 대해서는 아무런 관세 조약이 없었던 관계로 최혜국 대우와 가장 낮은 관세를 요구한다. 청의 총판조선상무위원(總辦朝鮮商務委員) 진수당은 11월 3일 이전까지 인천의 중국상인들이 과도한 관세를 냈었다면서 보상을 요구한다. 그 결과 중국 상인들은 수정된 「조-영통상조약」의 세율을 적용받는다.

1884년 여름에는 부산의 중국 상인들도 같은 세율을 적용해 달라고 요구한다. 그러자 통리교섭통상사무아문은 부산의 로밧에게 부산에서도 인천과 같은 세율을 적용할 것을 명한다. 일본 상인들도 최혜국대우를 해줄 것을 요구한다. 결국 1884년 8월 세 개항항의 세관장들은 일본 상인들에게도 최혜국대우를 적용하여 「조영수호통상조약」에서 명시한 가장 낮은 세율을 적용할 것을 명한다. 세율이 어느 정도 일관성을 갖게된 것은 1884년 가을이 되어서다.[199]

또 다른 문제는 어떤 화폐로 관세를 징수하느냐의 문제였다. 원산에서는 세관장이 외화를 받고자 하였지만 현지의 일본 영사는 조선의 화

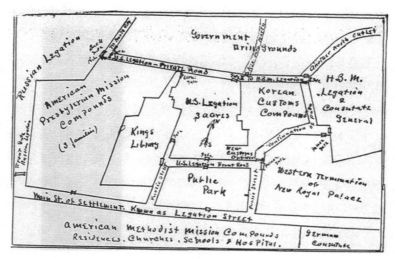

조선해관의 위치를 나타내는 당시 지도

페로 받을 것을 요구하였다.[200]

이처럼 초기의 많은 문제에도 불구하고 조선 해관은 조선 조정의 중
요한 세수원이 된다.[201] 매년 첫 3개월의 세수로 해관의 운영비와 임금
등을 충달할 수 있었고 조선 정부는 나머지 세수를 다양한 용도에 사
용하였다. 묄렌도르프는 해관의 세수로 1882년 임오군란으로 발생한
일본에 대한 보상금의 일부도 갚을 수 있었다.[202]

묄렌도르프의 후임으로는 미국인 메릴(Henry F. Merrill)이 조선해관
총세무사에 임명된다.

특별히 미국인 메릴 헨리〔墨賢理 : Merrill, Henry〕[메리르]에게 호조 참
의(戶曹參議)의 직함을 제수하고, 이어 총세무사(總稅務司)로 차하(差下)
하라고 명하였다.[203]

메릴을 이홍장에게 천거한 것은 중국해관 총세무사 하트(Robert

Hart)였다. 하트는 이홍장이 묄렌도르프를 조선 해관의 총세무사로 임명할 당시 자신과 상의 하지 않은 것에 대해 불만을 품고 있었다. 그러나 묄렌도르프의 후임을 천거해 달라는 이홍장의 청을 받자 그는 자신의 심복인 메릴을 추천한다.[204]

메릴을 톈진으로 부른 이홍장은 그를 조선에 보내는 것은 하트가 아니라 자신이란 것을 분명히 한다. 그리고 메릴에게 청 해관의 모든 규칙과 규율을 엄격히 준수할 것과 조선의 내정에 절대 간섭하지 말 것을 명한다.[205] 한편 그를 천거했던 중국 해관장 하트(Hart)는 1888년 5월 29일 편지를 보내 「당신은 황제의 신하다. 따라서 힘이 닿는데까지 조공국에 대한 상국의 권리를 보호해야 한다」고 한다.

> 내가 이미 일전에 한번 썼듯이 당신이 조선의 입장을 동정하고 중국의 간섭과 거부권 행사에 분노를 느낄 수도 있습니다. 그러나 당신은 황제의 사람이며 따라서 당신의 힘이 닿는데까지 - 중국을 짜증나게하는 것이 얼마나 위험한지를 지적하고, 독립을 추구하는 것이 얼마나 무모한지, 그리고 공개적으로 종주국의 편에 서는 것이 얼마나 현실적으로 맞는 일이고 평안한 일인지 등을 지적함으로써 조공권을 지켜야 합니다. 조선이 「바람을 피우면」 그는 모든 연인들을 다 잃을 것이며 결국은 그중 한명의 돈의 힘에 먹혀버릴 것입니다. 그러나 만일 조선이 담대히 중국과 약혼하였음을 선포한다면 다른 구혼자들은 모두 포기할 것이며 좋은 남자 중국이 그녀(조선)의 안녕을 보장해줄 것입니다.[206]

메릴이 조선에 부임해서 해관 총세무사의 업무를 보기 시작한 것은 1885년 10월 23일이다. 그는 인력을 대폭 줄이고 인천, 부산, 원산 등 세 개항항의 세관업무를 통일하기 시작한다. 기존의 세 개항항의 세관장도 해고하고 자신의 밑에서 중국 해관에서 경험을 쌓은 인물들로 대체한다. 그는 세수를 올리기 위해서 홍삼재배를 확대할 것을 적극 종용하는 한편 홍삼 수출 금지령을 폐지할 것을 제안한다. 또한 밀수를 엄격하게 규제하기 시작한다. 메릴의 부임 이후 조선해관의 세수는 급증하기 시작하여 조선 조정의 든든한 재원이 된다.[207]

그러나 메릴의 부임 이후 조선 해관의 연말 보고서는 중국 해관의 보고서의 부록으로 실리기 시작한다. 당시 미국 공사관의 폴크는 이러한 상황을 국무장관에게 다음과 같이 보고하고 있다:

> 조선 해관은 마치 중국 해관에 흡수된 것처럼 보이게 만들었습니다. 가장 확실한 증거는 조선의 『해관총서』가 (제가 이미 본부에 사본을 보낸 바 있습니다) 『중국해관총서』의 일부로 기재되어 있다는 사실입니다. 마치 조선이 중국의 일개 성에 불과하다는 것처럼 말입니다.[208]

3) 점증하는 청의 조선무역 장악력

조선은 1882년 서방 국가들과의 조약체결을 통해 본격적으로 쇄국에서 벗어나기 시작한다. 조약 체결과 개항, 상인들의 도래로 서구와의 외교, 무역을 통한 접촉이 늘기 시작은 하지만 가장 큰 혜택은 일본과 중국 상인들에게 돌아갔다. 한성과의 접근성 때문에 인천은 조선이 바깥 세상과 교류하는 가장 중요한 거점이 된다. 부산은 여전히 일본이 장악하고 있었지만 조선이 바깥 세상과 만나는 유일한 통로로서의 독보적인 지위는 상실한다. 반면 원산은 중요한 항구로 자라지 못한다. 인천에서도 서양인들은 극소수였다. 일본과 중국 상인들이 인천을 장악하였고 조선과의 무역을 놓고 치열한 경쟁을 벌인다.[209]

조선 조정은 중국의 적극적인 주선으로 해관을 설치하지만 무역의 중요성에 대해 인식하지 못한다. 통상조약을 체결하고 부산, 원산, 인천 등을 개항하고 외국상인들의 거주와 장사를 허용하지만 조선인들이 외국상인들과 적극적으로 교역하고 경쟁할 수 있는 제도적, 재정적 뒷받침은 하지 않는다. 조선 조정은 대외교역이 경제의 일부분이라고 생각하지도 않았다. 따라서 조선의 대외경쟁력을 키울 수 있는 어떠한 개혁도 시도하지 않는다.[210] 교역은 외부의 압력에 의해서 어쩔 수 없이 하는 것이었다. 조선 조정은 대외교역을 조선시대 삼포나 왜관을 허용하는 정도로 밖에 이해하지 못한다.

그러나 고종과 민중전, 민씨 척족은 대외교역이 자신들의 사적인 이익에 도움이 될 수 있음은 일찍 깨닫는다. 따라서 고종이 추진한 대부분의 해외교역, 계약은 개인과 왕실의 이익을 위한 것이었다.

1883년까지만 해도 조선의 대외무역은 일본 상인들이 장악하고 있었다. 반면 1884년, 1885년의 기록들은 중국 상인들이 점차 세력을 키워가고 있음을 보여준다. 같은 기간 동안 조-일 교역량은 급격히 감소한다.

조선의 수출은 수입에 비하면 보잘것없었다. 1885년에는 전체 교역량의 19%에 불과했고 1886년에도 21%였다. 대표적인 수출품목은 소가죽이었고 뒤를 이어 쌀과 콩, 그리고 사금이 주종을 이루었다.[211] 1880년대까지 미곡은 전체 수출의 40%를 차지하였지만 1890년대 후반에는 80%를 넘는다. 특히 쌀 수출은 1890년대부터 급증한다. 일본이 본격적인 산업혁명기에 접어들면서 조선 쌀에 대한 수요가 급증하였기 때문이다. 1890년 이전에 일본에서 수입한 조선 쌀은 정제 상태가 열악한 백미로 주로 오사카, 고베 등지의 도시 하층민과 노동자가 소비하였다. 그러나 1890년대 이후로는 일본이 조선의 현미를 수입하기 시작한다.[212]

수입의 가장 큰 비중은 직물, 대부분이 면포가 차지했다. 1880년대까지 직물은 전체수입의 60-70%를 차지했고 1890년대에도 50-60%에 이르렀다. 그 다음으로는 맥주 등의 음료, 석유, 성냥과 같은 생활용품이었다.[213]

1880년대까지만 해도 직물의 대부분은 영국 등 유럽으로부터 수입되었다. 1885년 조선이 수입한 직물의 80% 이상이 영국산이었다. 영국산 면제품은 중국 상하이로 들여와 다시 일본의 나가사키로 가서 일본상인을 통하여 조선에 수출되는 구조였다.[214] 이는 단순히 섬유제품을 팔아서 이윤을 남기기보다는 판 돈으로 조선에서 곡물을 구입해서 일본에 수출하기 위해서였다. 섬유제품류의 원가와 일본시장에서의 조선 곡물의 판매가의 차익을 노렸다.[215]

그러나 1888년 중국과 조선을 직접 잇는 해운 항로가 개설됨으로써 중국 상인들은 영국산 직물들을 일본을 거치지 않고 조선으로 직접 수출함으로써 비용을 절감할 수 있게 된다. 외국산 직물을 수입하여 조선으로 재 수출하던 일본 상인들은 큰 타격을 입는다. 일본이 조선으로 수출하는 모든 물품의 50%에 달했던 영국산 직물 수출은 급감한다.[216]

일본으로 수출되는 쌀은 1870년대 후반 급증하다가 1880년대에는 계속된 흉작, 「임오군란」, 「갑신정변」의 발발로 수출이 거의 중단된다. 그러나 1890년대 이후에는 일본으로의 쌀 수출이 다시 급증한다.[217] 조선의 소가죽은 군화제조 등 일본의 군수공업의 수요로 개항초기부터 수출이 꾸준히 는다.[218]

개항기 수출은 연평균 9.2%, 수입은 연평균 15.4%씩 성장한다.[219] 워낙 닫혀있던 조선 경제가 부분적으로나마 개방되면서 저평가되어 있던 쌀 가격이 오르자 오래 침체되어 있던 조선의 농업생산력도 회복되기 시작한다.[220] 1884년 갑신정변을 전후로 급감했던 조선의 대외무역은 다시 자라기 시작하여 1880년대 말에 이르면 초기보다 3배

로 큰다.[221]

대중 무역의 비중이 급격히 늘면서 조선 무역의 구심점도 부산에서 인천으로 옮겨간다. 수도 한성과 가까운 지리적 여건 때문에 대부분의 외국 상인들은 인천이 개항하자 인천을 거점으로 삼기 시작한다. 부산과 원산은 상대적으로 침체될 수 밖에 없었다. 1883~1884년 사이 부산의 수입은 50%, 수출은 70% 급감한다.[222]

1885년 이후 청의 조선무역 장악력은 급증한다. 1888년 3월 19일 인천의 일본영사 스즈키 미츠요시는 외무성 차관 아오키 슈조에게 전문을 보내 청의 「윤선초상국(輪船招商局, China Merchants Steam Navigation Company)」이 인천과 옌타이, 상하이를 직접 잇는 해운서비스를 개시함으로써 일본 상인들의 입지가 어려워질 것임을 경고한다.

당 항구의 우선회사(郵船會社)에 대해 청국 상민(商民)이 크게 불만족을 나타내고 있는 상황에 대해서는 이미 수 차례 보고 드린 바 있습니다. 이에 동 회사 지배인에게 때때로 설유(設諭)도 했습니다만, 효력[效]이 없었을 뿐만 아니라 최근에는 그 인망 없음[不人望ナル事]이 한층 심해져 우리 상민들 역시 크게 불평을 가지게 되었습니다. 지난번 동 회사의 지배인이 대두(大豆)의 운임을 인상하려 했을 때 상민 일동이 회합하여, 이후 일절 우선회사에는 화물을 위탁하지 않고 외국상선을 고용해 오사카-인천 간 정기항로를 개설하겠다고 결의한 지경에 이르렀습니다. … 나아가 청국 상인[淸商]이 경성 주재 청국 공사에게 청국 상선의 당 항구로의 정기항로를 개설해달라고 상신한 것이 채용되어, 머지 않아 초상국에서 증기선[汽船]을 파견하여 차츰 상하이-인천 간의 정기항로가 열리게 되는 일이 확정되었다는 풍문이 있습니다. 그 항로는 상하이에서 옌타이를 경유해 당 항구에 내항하는 것으로, 귀로 역시 위의 노선을 역으로 항해[返航]하는 것입니다. 위의 왕래[往返] 항로가 결과적으로 확실해질 경우, 나가사키(長崎)에서 당 항구에 이르는 우선회사의 이익은 그다지 손실을 입지 않을 것으로 보입니다만, 상하이에서 당 항에 회조(回漕)하는 화물에서 발생하는 상업이익[商利]의 경우에는 크게 관계되는 사항입니다. 혹여 해당 초상국에서 당 항에 주재하는 우리 상민이 우선회사에 대해 크게 불만족심을 가지고 있음을 통찰하여, 위 항로를 일변하여 상하이에서 나가사키를 경유해 당 항구에 왕복하는 항로를 개설하게 될 경우에는 우선회사가 입는 장해(障害)가 막대할 것입니다.[223]

상하이의 일본 영사 다카히라 고고로(高平小五郎, 1854.1.29.~1926.11.28.)는 오쿠마 시게노부(大隈重信) 외무대신에게 원세개가 이홍장에게 보낸 편지를 입수했다면서 그 내용을 번역하여 보낸다.

조선은 대대로 제후국[藩封]이며 아시아주[亞洲]에서 가장 중요한 곳[關鍵]입니다. 그런데 오직 일본만이 수시로 중국과 균형[衡]을 다투기를 바랍니다. 근일 한국[韓]에서 일본의 상무(商務)가 가장 진흥(振興)하여 정돈[整飭]되어 있습니다. 조선 3개 항구[三口], 즉 원래 부산에 왜상(倭商) 1,500여명, 원산에 400여명이 있었던 것을 제외하고, 인천에만 수년 이래 도합 700여명에 이를 지경입니다. 한성(漢城)은 이 절반 정도로 내지(內地)에 유역통상(游歷通商)하는 자 또한 팔도에 보편적입니다. 그 정부가 특별히 상선 하나를 파견하여 부산, 원산을 거쳐 해삼위(海參威)(블라디보스토크[浦鹽港]를 말함)에 이르도록 하여 한국의 동해를 둘렀으며, 또 상선 하나를 파견하여 부산, 인천을 거쳐 한국의 서해를 둘렀으며, 다시 상선 하나를 파견하여 나가사키에서 인천, 옌타이를 경유하여 톈진에 이르도록 하여 중국과 한국[支那中韓] 사이의 항로를 유역통상[歷通]하고 있습니다. 항해선[海船]은 매월 그 정부에 2,700~2,800원 내지는

2,300~2,400원을 지불[津貼]합니다. 나아가 인천, 부산, 원산의 3항구에 각각 병선(兵船)을 파견하여 상시 주호(駐護)하고 있으며, 석탄 창고[煤庫 (セキタン)] 및 해군 회관[水師公所](해군 상륙소를 일컫는 말)을 건설하였습니다. 혹자[說者]는 일본이 신흥국[新造]으로서, 중국과 체면(體面)을 다투기를 바라는 것에 불과하다고 말합니다. 그러나 소관(小官)이 속으로 생각컨대, 일본이 원래 부유[殷實富庶]한 것도 아닌데 매년 지속적으로 큰돈[數寓鉅款]을 들어 이런 허명(虛名)을 사려 하는 것이겠습니까? 참으로 갑신(메이지 17년) 이후 조선과 원수[寇仇]됨이 깊어졌고 또한 다시 만날 수 없는 것은, 그 이전에 농단[愚弄]의 계책[計] 중에 시행하지 않은 것이 없음을 알기 때문입니다. 이에 화평유화파[惟和平柔懦]인 선비[士] 타카히라(高平) / 곤도(近藤)와 같은 자를 파견하여 관원[使員]을 충당한 것입니다. 그간의 교섭[周旋]을 통해 불화[釁端]를 종식시키고, 힘써 상무(商務)를 흥기(興起)시켜 상민을 소집하는데 집중하고 있습니다. 반근식고(盤根 植固)가 중국에 수 배이니, 그 마음씀과 계획함이 처음부터 오늘날을 위해 계획된 것이라 하겠습니다. 매년 중국상선은 상화(商貨)가 많지 않아 배를 파견하여 왕래할 수 없었습니다. 조선에 주재한 상민은 모두 왜상에 의지[仰息]하고 있으나, 왜상은 일을 각박[忌刻]하게 하니 농단(壟斷)하려는 뜻입니다. 화상(華商)은 승선하여 왕래[往返]하는 바다에서 때로는 그 화물을 절도 당했으나 배상을 인정받지 못하거나 때로는 그 물건을 압류[積壓]당했으나 돌려받지[交卸] 못하기도 했습니다. 이처럼 왜상이 사무를 선점하게 되었으며, 자연히 화상은 점차 뒤로 밀려나게 되었습니다. 소관이 감독(督飭)하여, 각각 분변(分辨)하고 누누이 논박[駁詰]해 배상을 촉구[催索]하였으며, 이에 따라 가볍게는 위탁을 연기하거나[推托延綏] 무겁게는 적재하여 상종[相能]하지 않았음은 물론입니다. 혹여 다른 배에 탈수 없고 반드시 그 배에 탑재[搭附]하지 않을 수 없을 때에는, 형세가 이러하다[勢之]고 힘써 기다리고 인내[隱忍]하는 수밖에 없을 것입니다. 근

래 화상이 일본의 사정[庶盛]을 살펴 보니, 통계에 따르면, 인천과 한성에 500여인이 있으며, 인천 1개 항구의 진출구화(進出口貨)만 작년 1년 동안 5십여만원, 납세가 4만 2천여원에 달합니다. 전년과 비교하면 인원수와 화물수가 그 2배를 넘는 상황입니다. 일본인이 점차 이익을 나누게 될 것 심히 혐오[嫌忌]하여 백방으로 억압[勒抑]하니, 상인 등이 실로 그 곤고(困苦)를 이겨낼 수 없었습니다. 이에 각각 분변(分辨)하여 때때로 힐책(詰責)하였음에도 불구하고, 교묘한 궤변[狡展詭避]로 핑계를 삼아 왔습니다. 이에 해당 상인 등이 번갈아 상소[呈訴]를 올려, 「중국 상선에 왕래의 명령을 내려, 왜인의 농단을 면하게 하고 속방의 상무를 굳건히 할 것을 청원[請稟]」하는 지경에 이르렀습니다. 또한 세무를 맡고 있는 여러 서양인의 말에 의거하면 「서양국가[西國]의 상례(商例)에 무릇 타국에 주재[駐紮]하는 자는 매번 상무의 크고 작음[盈細]에 따라 권세[勢權]의 경중을 저울질[衡]하는 것이다. 서국과 조선의 관계 없음이 매우 심하여 상무가 소소[寥寥]하니, 조선이 이미 중국의 속방임을 고려하여, 힘을 다해 법을 세우고 배를 파견하여 왕래하여, 이익[興利]의 요결[要]을 취하고 상무가 번창[興旺]하도록 해야 할 것이다. 그런데 어찌 이를 타국에 넘겨 자연적 이권(利權)을 견고히 하지 않을 수 있겠는가? 일본에 맡겨두어 속방의 상무를 농단하도록 하고, 이를 좋은 계책[良圖]으로 삼을 수 있겠는가?」라고 합니다. 소관이 수 차례 생각하건대[再四籌維], 이에 따라 각 상인이 법을 세워 윤선(輪船)을 임대[包租]하자는 의논[議]을 내게 된 것입니다. 상인의 계획[計]에 따르면 매년 상하이 및 옌타이에서 인천에 이르는 항비가 1만원에 지나지 않으며, 분개함이 쌓이고 사정이 급하니[積憤情急], 매년 1만 2천원을 내어 임대[包租]의 비용으로 삼기를 바라고[情愿] 있습니다. 이는 상인[電商]들이 초상국[局]에 거듭[迭次] 엎드려 바라는 바[盛道仍覆]이니, 운임[駛費]도 마련되지 않아 결국 중지(中止)될 경우 그 상인 등이 얻는 것이 없을 것이라고 합니다[云云].[224]

1888년 여름, 일본 외무성은 원세개가 중국 상인들이 일본배에 화물을 선적하는 것을 금지시켰다는 소식을 듣고 청 조정에 공식 항의를 제기하였다가 이내 취소한다. 아오키 슈조 일본 외무성 차관은 부산과 한양, 인천과 원산의 일본 영사관에 일본 상인들이 중국 상인들과 보다 효과적으로 경쟁할 수 있도록 조치할 것을 명한다.[225]

원산의 일본 영사 와타나베는 「어떻게 하면 원산의 일본인 거주지에서 중국인들을 쫓아낼 것인가」에 대한 보고서를 낸다.

당 원산 항의 우리 거류지 내에 잡거하는 외국인(중국인 제외)을 관리[取締]하는 일[義]에 관해서는 작년 이래로 누누이 비견(鄙見)을 아뢰었으며, 또한 작년 11월 비밀송 제1025호를 통해 훈령하신 바도 있었습니다. 이후 종래의 임거(賃居) 외국인 세관리(稅官吏) 중에 혹은 세관 관사로 이전한 자도 있고, 혹은 스스로 우리 거류지 밖에 가옥을 건축한 자도 있으며, 혹은 세관 건물 안[構内]으로 이주한 자 등이 있어 현재[目下] 거류지 내에 임거하는 자는 겨우 1명밖에 불과합니다. 그런데 근래 중국 상인[支那商]의 도래가 점차 증가하고 있으며, 모두 우리 거류지 내의 가옥을 임차하여 무역에 종사하고 있습니다. 대부분은 거류지 중심부[咽喉]의 가옥을 빌려 조선 상인[朝鮮商]이 왕래하는 요충지[要路]를 점유하니, 이익이 있는 물품의 매매는 항시 그들에게 점유 당하였으니 근심[憾]이 없을 리 없습니다. 또한 무지몽매[無謀]한 우리 상인[我商]은 눈 앞의 작은 이익에 혹해, 앞장서서 가옥을 임차해주겠다고 나서고 있습니다만, 중국 상인이 은밀하게 그 소유를 바란다는 의심 역시 하지 않을 수 없습니다. 위와 같은 상황에서 곰곰이 생각컨대, 스스로 무역에 종사하여 근소한 이익을 보는 것 보다 차라리 가옥을 임대하여 안전한 수입을 얻으려고 하는 무기무력(無気無力)한 자들이 한 층 많아진다면, 점차 중국의 상업을 도와주게 되어, 차후 우리 상인의 자금력[資力]이 궁핍해지기에 이를 것이라는 두려움이 없을 수 없습니다. 결코 우리 선량[純良]한 무역상이 불이익[不利]을 논변[論]할 때까지 기다릴 수 없는 일[義]입니다. .... 본디 중국인을 우리 거류지에 잡거 할 수 있도록 한 것은 특별한 허가[特許]에 따른 일[義]로, 우리에게 불리(不利)한 점이 있음을 인정한다면, 단지 사정[都合]이 있어 잡거 사절한다고 신청[申立]할 수도 있겠습니다만, 지금까지 수년간 잡거를 승인[相許]한 일[義]이 있는데 지금 돌연히 거절하는 것으로, 결코 납득[允當]하지 않을 우려가 있으니, 위와 같이 온건하게 논거[辭柄] 하는 것입니다. 또한 올해 12월까지는 유예를 주고 그 기한까지 중국인이 임차한 가옥은 남김없이 본래의 주인[貸主]에게 명도[明渡]하게끔 하는 조처를 취하는 것입니다. 이것이 바로 올해 12월까지 중국인 잡거를 사절하는 방책[方取計]입니다. 지급난분(至急何分)한 일[義]로서 살피시기를 바라며 이처럼 품의 드리옵니다.[226]

4) 제 2차 조러 비밀 협약 사건

초대 주 조선 러시아 공사(실제 직급은 총영사와 대리공사) 베베르는 10월에 부임한다. 한양의 외교가에서는 베베르가 도착하면 묄렌도르프와 스페이어가 추진하다 무산되었던 조선과 러시아간의 밀약 문제가 다시 불거질 것으로 긴장하고 있었다. 폴크는 국무성에 보내는 보고서에서 러시아 공사는 여러 척의 전함의 호위를 받으면서 올 것이고 많은 월급을 받으며 한양에서 가장 화려한 건물을 사용할 것이라고 보고한다.[227]

베베르는 10월 3일, 대원군과 같은 날 제물포에 도착하여 10월 6일 한양에 입경한다. 그는 러시아가 조선을 보호령으로 삼는다던가 군사교관을 파견하는 등의 사안에 대해서는 일체 언급하지 말라는 훈령을 받고 온다. 조선의 관리들이 이러한 문제를 제기할 경우에도 본국에 전달만 할 뿐 직접 언급을 하지 말라는 지시도 받았다. 그리고 주 베이징 공사 포포브(Popov)와 함께 거문도를 점거한 영국군의 철수를 위해서 노력을 할 것을 명령받는다. 그러나 가장 중요한 임무는 1884년 조인한 「조러수호통상조약」의 비준서 교환이었다.[228]

베베르는 「조러수호통상조약」 비준을 위한 협의를 이용하여 조선과 러시아간의 육상 무역을 위한 협상을 시작한다. 그는 우선 두만강 내륙에 무역 거점을 열 것을 제안한다. 그러나 조선은 두만강 어귀의 항구들을 대안으로 제시한다. 내륙은 청과 러시아 간의 국경 분쟁에 휘말릴 가능성이 있었기 때문이다.[229]

폴크 소위에 의하면 베베르가 조선 조정을 대하는 태도는 매우 부드러웠으며 조선 측에서 매우 흡족해했다고 한다. 베베르는 스페이어의 행동으로 조선 측이 베베르의 부임에 대해서도 불편한 심기를 갖고 있다는 사실을 알고 있었다. 그는 스페이어의 과격한 행동은 젊음이 가져온 과욕에서 비롯된 것이라고 점잖게 해명하면서 세련되게 행동한다.[230]

베베르와 김윤식은 1885년 10월 16일, 「조러수호통상조약」 비준서를 교환한다. 이를 축하하기 위하여 조선 통상사무아문 주최 만찬이 열렸고 베베르는 곧 조선을 떠가게 된 묄렌도르프에게 조선과 러시아 간의 조약을 협상한 공으로 러시아 훈장을 수여한다.[231]

베베르는 다시 한번 육로 상의 교역을 위한 협정에 대한 얘기를 꺼낸다. 그러나 베베르는 이를 강하게 밀어부치지는 않는다. 1886년 1월, 베베르는 폴크에게 조선 정부가 교역지점을 선정하기 위하여 장교들을 파견하여 두만강 유역의 지도를 만드는 일을 질질 끌고 있다고 불평한다. 당시 청은 이를 반대하고 있었다. 그리고 조선측에서는 당시 가난을 피하여 국경을 넘어 러시아로 건너간 2만-4만에 이르는 조선 사람들을 러시아정부가 받아준 것에 대해 강한 불만을 품고 있

던 참이었다.[232]

1886년 여름, 베베르는 김윤식에게 육로를 통한 조러 간의 교역에 대한 규정 초안을 전한다. 조선측에서 아무런 답이 없자 베베르는 10월 5일 조선 조정과 이 문제를 논하기 위한 면담을 신청한다. 베베르는 육상교역이 양국관계를 더욱 돈독히 하고 양국의 국민들의 교류를 보호할 것이라고 한다.

이때 「제 2차 조러밀약」 사건이 터진다. 1886년 8월 13일, 원세개는 민영익으로부터 입수했다는 비밀 문건을 이홍장에게 전보로 보낸다.[233] 조선의 내무총리대신(영의정) 심순택이 주 조선 러시아 공사 베베르에게 보낸 문건이라고 한다.

> 본론만 알립니다. 폐방(敝邦)은 한 모퉁이에 치우쳐 있어서 비록 독립자주(獨立自主)했지만 끝내 타국의 관할(管轄)을 면치 못하니 우리 대군주께서 크게 부끄럽게 여기고 근심하고 계십니다. 이제 힘을 쏟아 진흥(振興)해서, 예전 제도를 모두 개혁하고 영원히 타국의 통제를 받지 않으려고 하지만 끝내 우려되는 바가 있습니다. 폐방과 귀국은 목의(睦誼)가 매우 돈독하고 순치(脣齒)[234]의 형세가 있으니 타국과 본디 구별되는 바가 있습니다. 부디 귀 대신께서는 귀 정부에 품고(稟告)해서, 협력하고 묵윤(默允)[235]하며 온 힘을 다해 폐방을 보호해서 영원히 변치 않게 하시기를 바랍니다. 우리 대군주께서는 천하각국(天下各國)과 일률평행(一律平行)하시니, 혹시 타국과 불화가 생기면 귀국에서 병함을 파견·원조해서 반드시 타당하게 처리해 주기를 깊이 바라는 바입니다. 이와 같이 진심을 알리니 살펴주시기 바랍니다. 훈안(勳安)을 송축합니다.
>
> 대조선 개국 495년 병술(丙戌) 7월 일
> 봉칙(奉勅) 내무총리대신 심순택

대아국흠명대신(大我國欽命大臣) 위(韋)[236][237]

원세개의 전보를 받아 본 이홍장은 우선 8월 15일 주 러시아 청 공사 유서분(劉瑞芬, 1827~1892)에게 이 밀서가 러시아 정부에 전달이 되었는지 확인해 보도록 전보를 보낸다.[238]

최근에 조선에 있는 원세개로부터 밀전(密電)이 있었다. 조선 정부가 러시아에 보호를 구해서, 이미 밀함을 보내어 베베르에게 전달을 요청하고, 러시아 조정은 병선을 파견해서 원조할 것을 윤허했다고 한다. 조선이 수천 년 동안 중국의 속방이었음은 천하가 모두 아는 사실이다. 러시아와 중국은 평소에 우호가 있다. 은밀히 탐문하고 계산해서 러시아가 그 밀함을 접수하지 않게 하고, 조선은 무사하니 파병하지 않게 해야 한다.[239]

원세개는 8월 16일 조선과 러시아 간의 관계가 더 이상 가까워지는 것을 막기 위해 고종과 그 주변의 친러파 인물들을 청으로 납치할 것을 주장하는 전보를 이홍장에게 보낸다.

제 관견(管見)으로는 한(韓)이 비록 러시아에 글을 보냈으나 러시아 군대는 신속히 올 수 없으니, 그 인아(引俄)의 형적이 크게 드러나기를 기다렸다가 중국이 먼저 수군을 파견하고, 육군을 조금 태워서 칙지를 받아 신속하게 보낸 다음에 이 혼군(昏君)을 폐위하고 이씨 중에 현명한 자를 따로 옹립하는 것만 못합니다. 그리고 나서 수 천 명의 병사가 그 뒤를 따른다면, 러시아는 중국 군대가 먼저 들어온 것과 한(韓)이 새 군주로 바뀐 것을 보고 손을 뗄 것입니다. 또 지금 인심이 와해되고 각국이 원망 · 비방하고 있으니, 유지(諭旨)를 분명히 내려서 다시 대헌(大憲)(이홍장)을 통해 이하응에게 새 군주를 돕게 하신다면, 며칠 내로 안정되어 처리가 어렵지 않을

것입니다. 만약 러시아 군대가 먼저 들어오기를 기다린다면 아마도 중국은 손쓰기 어려울 것입니다.[240]

원세개는 8월 16일, 서리독판교섭통상사무(외교차관) 서상우 등을 불러 단도직입적으로 심순택이 실제로 고종 명의의 비밀 편지를 러시아 측에 보냈는지 다그친다.[241] 이때 마침 이홍장으로부터 이번 사태에 대해 물어보는 전문을 받은 고종의 고문 데니(O. N. Denny)가 원세개를 찾는다.

데니가 청 공관에 도착 했을 때는 원세개가 조선의 고위 관료들을 큰 소리로 꾸짖고 있을 때였다. 대원군은 방금 자리를 뜬 상황이었지만 민영익은 아직 자리에 있었다. 폴크 중위는 당시 상황을 다음과 같이 전하고 있다.

원세개는 조선과 러시아 간의 밀약을 알고 있으며 그 증거로 고종의 옥새가 찍힌 문건을 갖고 있다고 했습니다. 그리고 그 내용은 조선을 러시아의 보호령으로 만드는 것이라고 하였습니다. 그는 매우 흥분하여 청은 어떤 위험도 감수하며 이러한 움직임에 종지부를 찍을 것이라면서 군사 7만5천을 불러서 죽을 때까지 싸우겠다는 등등 계속해서 지껄였습니다.

데니 판사는 원세개가 갖고 있다는 국왕의 옥새가 찍혔다는 합의 문건을 보자고 하면서 그것은 분명 위조 된 것이라고 강하게 주장 하였습니다. 그는 이어서 원세개의 무분별한 흥분을 꾸짖으면서 그의 그러한 언행이 중대한 혼란을 낳을 것이고 이는 한양에 있는 모든 외국인들을 위험에 빠뜨릴 것이라고 하였습니다. 원세개는 본국으로부터 조선과 러시아 간의 밀약에 대해 정보를 받았고 자신이 이러한 것에 대하여 모른다고 이홍장 총독에게 꾸지람을 받았다고 했습니다. 데니 판사는 그런 소식이 청에까지 전해졌다면 그것은 어디까지나 원세개 자신이 꾸며낸 것에 불과하며 청이 소위 밀약을 발견한 것이 아니라 원세개가 그를 꾸며내어 자신의 오류투성이 가정을 전보로 보냈다고 하였습니다.[242]

데니는 베베르도 만난다. 베베르는 매우 침착하고 조용하게 자신의 명예를 걸고 이러한 밀약에 대해 아무것도 아는 바가 없다고 한다.[243] 고종과 러시아 외무성도 그러한 비밀 편지의 존재를 극구 부인한다.[244] 조선 조정은 일부 간신들이 고종 몰래 편지를 쓰고 옥새를 위조하여 보낸 것이라고 한다. 8월 17일에는 이와 같은 내용을 의정부와 통리아문이 원세개에게 보낸다.

조선서리독판교섭통상사무(朝鮮署理督辦交涉通商事務) 서(徐)가 은밀히 조회를 보냅니다.

본 아문(衙門)에서는 어제 간세(奸細)한 무리가 우리 정부의 공문을 날조해서 러시아 공사에게 보내 보호를 요청했다는 등의 사실을 들었습니다. 우리 국왕과 정부는 실로 이 일을 전혀 알지 못했으니, 듣자마자 경악해서 마음을 진정할 수 없었습니다. 바로 러시아 공사에게 문빙(文憑)의 반환을 청했으나, 그 공사는 한 마디로 의아해했다고 합니다. 전혀 형적이 없어서 조사할 도리가 없으니 어찌 애타는 마음을 억누르겠습니까? 폐방(弊邦)은 황상(皇上)의 자소지은(字小之恩)을 특별히 입어서, 내복(內服)과 동일하게 간주해서 수전(殊典)으로 대우하신 것이 하늘과 더불어 끝이 없고, 또 몇 년 전에 다시 재조지은(再造之恩)을 입었습니다. 동토(東土)의 모든 생명을 머금은 것들이 천조(天朝)의 비호 덕분이니 누군들 감격하며 떠 받들지 않겠습니까? 그런데 뜻밖에 아무 이유 없이 유언비어가 날조하고 무함해서, 충정이 도리어 청천백일 하에 쉽게 가리고 말았습니다. 생각이 여기에 미치니 모골이 송연하고 간담이 서늘해집니다. 이른바 「문빙」

은 애초에 파악할 수 없고, 유언비어는 저절로 허망한 데로 돌아갈 것이니 다시 따질 필요가 없습니다. 하지만 국왕께서는 이 말을 들으시고는, 큰 무함을 받았는데도 천조(天朝)에 충정을 드러내지 못할 것을 우려하셔서, 저희 정부에 정실(情實)을 고하게 하시고, 다시 본 아문에 은밀히 고하라고 명하셨습니다.

귀 총리께서는 상세히 살펴보셔서 양찰하십시오. 아울러 총서(總署)의 여러 왕공(王公) 대인들과 북양대신께 전달해서, 실정을 통촉하여 폐방(弊邦)이 무함받았음을 밝히고 억울함을 풀게 하신다면 뼛속까지 사무치는 감격이 또 어떻겠습니까? 문서를 갖추어 비밀리에 조회하니, 귀 총리께서는 살펴 보신 후 시행하십시오.

이상과 같이 흠명주차조선총리교섭통상사의(欽命駐箚朝鮮總理交涉通商事宜) 삼품함승용도(三品銜升用道) 원(袁)에게 조회함.

광서 12년 7월 18일[245]

그러나 원세개는 서상우에게 만일 베베르가 밀서를 반환하지 않는다면 통리아문이 베베르에게 밀서가 무효라는 성명을 공식적으로 보낼 것이라고 겁박한다. 또한 이번 사건을 주도 했다는 「간사한 무리」를 처벌 할 것을 요구한다.[246]

이 사건으로 결국 8월 18일 김학우(金鶴羽, 1862~1894), 김가진(金嘉鎭, 1846.1.29.(음)~1922.7.4.), 조존두(趙存斗, ?~?), 김양묵(金良默) 등이 하옥되고 유배당한다.

다음은 이들에 대한 폴크 소위의 인물평이다.

김학우는 학문이 매우 높은 관리로서 국왕전하의 명으로 요코하마의

American Trading Co. of Yokohama로부터 증기선을 구매하는 일을 하고 있었습니다. 그는 그외에도 국왕의 명으로 여러가지 개혁을 이행하고 있었습니다.

김가진은 젊고 유능한 관리로 한학에 조예가 깊고 데니 판사가 국왕과 소통하는 일을 돕고 있었습니다.

조존두(趙存斗)는 죽산의 부사(竹山府使)로 외국인들과 잘 알고 있었고 여러 개혁정책에 관심이 많았습니다.

전양묵은 젊은 관리로 국왕의 명으로 얼마전 도착한 미국교사들이 가르칠 학교를 설립하는 일을 맡고 있었습니다. 그는 저를 도와 미국 공사관의 통역도 하였으며 국왕전하로부터 서양식 개혁을 위한 여러가지 임무를 수행하고 있었습니다.

이들은 외국문명에 대한 지식과 그들 각자의 능력 때문에 국왕의 총애를 받고 있었고 대부분 국왕과 조선조정이 서양인들과 하는 여러 사업에 간여하고 있었습니다. 바로 그렇기 때문에 청국관리들은 이들을 이미 오래전부터 못마땅해 했던 것이 분명합니다.[247]

한편 이홍장은 러시아가 실제로 함대를 파견할 경우에 대비하여 정여창 제독에게 휘하의 북양 함대를 이끌고 인천으로 갈 것을 명한다. 그러나 마침 정여창은 독일에서 갓 들여온 최신 전함 「정원(定遠)」과 「진원(鎭遠)」, 그리고 순양함 「제원(濟遠)」을 이끌고 나가사키에 입항하던 중 청군과 나가사키 경찰 사이에 무력 충돌이 벌어지는 바람에 조선으로 향하지 못한다. 이에 일단 순양함 「제원」만 인천으로 보낸다.

그리고 통령남양수사(統領南洋水師) 오안강(吳安康)에게 휘하 군함 4척을 이끌고 인천으로 가게 한다.[248] 동시에 조선 정세에 정통한 진윤이(陳允頤) 전 총판전선공정사무(總辦電線工程事務)를 한양으로 보내 상황을 살피고 필요하면 대원군을 도와 친러파를 숙청하고 대원군에게 사후처리를 맡기도록 한다. 일본 정부에 청군의 조선 파병을 알리고 고종을 폐위시킬 준비도 한다.[249]

8월 22일, 원세개는 이홍장에게 또 다시 전보를 보낸다.

> 어제 한(韓)에서 채(蔡: 조선과 러시아 사이 밀사 역할을 했던 채현식(蔡賢植))을 몰래 도망치게 한 다음에 은밀히 해쳐서 입을 막았습니다..…지금 신민(臣民)이 서로 싸워서 온 나라가 소란스러우니, 500명 병사만 있으면 반드시 왕을 폐위시키고 여러 소인들을 사로잡아 톈진으로 압송하여 신문할 수 있습니다.[250]

일이 이쯤되자 조선은 술렁이기 시작한다. 그러나 8월 28일 유서분주 러 청국 공사가 전문을 보내온다. 러시아 외무대신이 고종이나 조선 조정으로부터 아무런 밀서를 받은 적이 없으며 만일 그러한 밀서가 전달된다 하더라도 위조 문서로 간주할 것이라고 하였다는 내용이었다. 한편 진윤이는 대원군이 정치적으로 완전히 고립되어 아무런 역할을 할 수 없으며 고종과 조선 조정은 모두 「조러밀약사건」이 청에 발각된 후 극도의 공포에 떨고 있다고 보고한다.[251]

이홍장은 결국 이 사건을 덮기로 한다. 그는 8월 28일 원세개에게 「너는 진정하고 소요를 일으키지 말라」고 이른 후 이 사건의 책임을 지고 사임했던 김윤식을 다시 독판교섭통상사무(외교부 장관)에 복직시키고 통리아문으로 하여금 다음과 같은 공문을 각국 공사관에 보내도록 한다.

은밀히 조회합니다.

본국의 제 분수에 안주하지 못하는 자들이 왕왕 요언(謠言)[252]을 거짓으로 지어내서 문빙(文憑)을 위조하고 국보(國寶)를 베껴서 외인(外人)을 기만합니다. 본 독판이 일찍부터 이를 우려해서 전년에 각국 공관에 조회하기를 「앞으로 외국인과 조선인이 입약(立約)할 때 공사(公私)를 막론하고 만약 본 아문의 개인(蓋印)이 없으면 사약(私約)과 동등하게 간주한다.」고 했으며, 이제 이를 원근(遠近)에 공포했습니다.

지금 어떤 사람이 일본에서 와서 전하기를, 김옥균(金玉均)이 국보가 찍힌 문빙을 휴대하고 있다고 하니 계책을 세워서 체포하려고 합니다. 본 독판이 정부와 회동해서 함께 조사해보니 그것은 위조가 확실합니다. 즉시 대군주께 아뢰자 우리 대군주께서는 깊이 통한(痛恨)해 하시고 이러한 간폐(奸弊)[253]가 아직도 암암리에 그치질 않고 있음을 생각하시어, 본 독판에게 특별히 명해서 다시 성명하게 하셨습니다.

이 때문에 문서를 갖추어 조회하니, 부디 귀 총영사께서는 살펴보시고 이처럼 본 아문의 개인(蓋印)이 없는 불분명한 문빙이 있으면 모두 휴지로 버리시기 바랍니다.

병술년 8월 초6일[254]

문서에 국왕의 옥새가 찍혀 있다하더라도 통리아문의 인장이 안 찍혀 있으면 위조로 간주하라는 내용이었다.

5) 미국 공사관 개설과 영약삼단

1887년 5월 16일 (음)/7월 6일(양) 고종은 민영준(閔泳駿, 민두호의 아들. 후에 민영휘(閔泳徽)로 개명)을 일본 도쿄에 「판리대신」으로 파견한다.

전교하기를,「일본에 파견할 공사를 아직도 보내지 못했으니 이웃 나라와
좋게 지내는 우의에서 볼 때 실로 흠이 된다. 도승지(都承旨) 민영준(閔泳
駿)을 특별히 일본주재 판리 대신(辦理大臣)으로, 부사과(副司果) 김가진
(金嘉鎭)을 참찬관(參贊官)으로 임명하니 동경에 가서 공사의 일을 잘 처
리하도록 하라.」하였다.[255]

데니는 조선이 민영준을 일본에 상주 외교관으로 파견하고 이를 청
나라에 사후 통보하는 것을 보고 조선이 조약을 체결한 나라들에 공관
을 설치하는 것에 대해 청의 반응이 어떨찌 시험해보기로 한다. 이홍
장과 원세개는 조선이 일본에 공관을 개설하고 청에게는 늦게 알린 것
에 대해 불평은 하였지만 큰 문제를 삼지 않았다.[256]

1887년 6월 29일(음)/8월 18일(양), 고종은 박정양을 워싱턴 주재
조선 공사관의 주미 특명전권대사로, 그리고 심상학을 유럽에 개설할
공사관에 대사로 임명한다.

전교하기를,「영국, 독일, 러시아, 이탈리아, 프랑스 5개 나라와 차례로 조
약을 체결하여 우의가 점차 두터워지고 있으니 관리를 특파하고 그 나라
수도에 주재시키는 조치를 취하지 않을 수 없다. 협판내무부사(內務府協
辦) 심상학(沈相學)을 전권 대신(全權大臣)으로 파견하여 영국, 독일, 러시
아, 이탈리아, 프랑스 수도에 가서 편의에 따라 주재하고 겸하여 공사의
직무를 처리하도록 하라.」하였다. 또 하교하기를,「미국과는 제일 먼저
화친을 맺고 상호 관리를 초빙한 지 일년 정도 된다. 그러나 우리나라에서
는 아직도 수도에 주재시킬 사신을 파견하지 못했으니 실상 결함으로 된
다. 협판내무부사 박정양(朴定陽)을 전권 대신으로 특파하여 미국에 가서

수도에 주재하면서 공사의 직무를 처리하도록 하라.」하였다.[257]

　원세개는 이를 이홍장에게 보고한다. 원은 조선 조정이 예산이 없어서 곧바로 공사관을 열 수는 없을 것이라고 하면서도 동시에 한양 주재 외국 외교관들은 만일 조선이 재외공관을 개설하게 되면 조선이 청의 속국이라는 청의 주장이 약해질 것을 걱정한다고 한다.[258] 이에 이홍장은 조선이 청의 속국임을 잊지 않고 이에 걸맞는 예법과 절차만 준수하도록 하라면서 다음과 같은 공문을 1887년 7월 27일(음)/9월 14일 (양) 고종과 청의 각국 주재 공사들에게 보낸다.

　　자문(咨文)을 보내 사실을 분명히 합니다. 조선은 중국의 속방(屬邦)이며, 예로부터 양국 관원 간에 왕래하는 문독(文牘: 공문)에는 모두 체제가 있습니다. 귀 국왕이 예전 태서(泰西) 여러 나라와 통상조약을 의립(議立)할 때, 모두 조회문을 갖추어 「조선은 중국의 속방이며, (속방의) 분수 내에 일체 행해야 할 각 의절(儀節)은 다른 나라와 조금도 관계가 없다.」라고 성명했습니다. 이는 모두 귀 국왕이 자문으로 대신 상주해줄 것을 청한 문서를 조초(照鈔: 덧붙이거나 빼지 않고 그대로 베껴씀)한 것이니 기록이 남아 있습니다. 이제 귀국은 일본에 관원을 파견해서 주찰(駐紮)시켰으며, 또한 태서 각국에도 관원을 보내 통호(通好)하려고 생각하고 있습니다. 다만 태서 및 일본 각국에는 중국 대황제(大皇帝)께서 모두 이미 흠차대신을 파견해서 주찰하고 있습니다. 따라서 피차 왕래하는 문독(文牘)은 마땅히 구장(舊章: 옛법도)을 따라야 하며, 이는 조선이 조약을 맺을 때 조회한 본지(本旨)에 위배되지 않습니다. 조선이 각국에 파견해서 주찰시킨 모든 관원들은, 어떤 직함을 가졌든지 간에, 만약 공무가 있어서 각국에 주재한 중국 대신들과 교섭할 때는 마땅히 정문(呈文)을 쓰고, 왕래할 때는 함첩(銜帖)을 써야 합니다. 또한 각국에 주재한 중국 대신은, 각국에 주재한 조선 관원과 만약 공무가 생겨서 문서를 발송할 때 모두 주필조회(朱筆照會)를 써서 체제에 부합게 할 것입니다. 일체 마땅히 행해야 할 각 의절(儀節)은 실로 다른 나라와는 조금도 관계가 없습니다. 이는 흠명총리각국사무아문 왕대신이 본 각작대신(閣爵大臣)에게 자문하여 공동(公同)으로 핵정(核定: 심사해서 결정함)한 것입니다. 마침 본 각작대신으로부터 자조(咨照)한 것이 도착했습니다. 이에 귀 국왕에게 자문을 보내 사실을 분명히 하니, 살펴본 후 다시 지시를 내려 이를 준수하길 바랍니다.[259]

고종은 1887년 8월 7일(음)/9월 23일(양), 박정양으로 하여금 임지로 떠날 것을 명한다. 그날 저녁 이홍장은 조선 조정이 박정양을 파견하기 전 청의 허락을 받을 것을 요구하는 전보를 보낸다. 영의정 심순택은 고종에게 장계를 올린다.

금일 주찰조선총리교섭통상사의(駐紮朝鮮總理交涉通商事宜) 원세개의 조회를 받았습니다. 그 내용이 다음과 같았습니다. 문화전(文華殿) 대학사(大學士) 이(李: 이홍장)의 전보를 받았습니다. 「총서(總署)에서 칙지를 받들어 전보를 보냈는데, 「조선에서 서국(西國)에 공사를 파견하기 전에 반드시 먼저 지시를 청하고, 윤준(允准)이 끝난 뒤에 다시 보내야 비로소 속방체제(屬方體制)에 부합될 것이라고 하셨다. 한 정부(韓政府)에 이를 신속하게 통지해서 준수하게 하라.」라고 했다.」 귀 정부에 이를 조회하니, 부디 살펴보신 후 받들어 시행하길 바랍니다. 마땅히 품청(稟請)하여 이에 따라 시행해야 할 듯하옵니다.[260]

원세개는 고종이 청을 상대로 죄를 지었다면서 청 관리를 보내 한양도성 밖에서 박정양을 저지하도록 한다.[261] 알렌은 당시 상황을 다음과 같이 기록하고 있다.

전날 저녁 왕실에 인사하고 서울을 떠나 제물포에 도착했다. 박정양 공사는 도성문 밖에서 만나 같이 출발하기로 되어 있었지만 그는 나타나지 않았다. 나는 혼자서 제물포로 향했다. 다음날 나는 국왕이 중국의 대리인 원세개에게 겁을 먹고 박공사를 불러들였다는 사실을 알았다. 원세개는 (박정양 파견에 반대하는) 모든 방법이 실패하자 급기야는 만일 조선의 공사가 미국으로 떠난다면 전쟁을 선포하겠다는 이홍장의 편지를 내보였다고 한다.[262]

바로 다음날인 8월 8일(음)/ 9월 24일(양), 미국 공사 딘스모어(Hugh Dinsmore)가 미 전함 「오마하호」로 일본으로부터 도착한다. 건강상의 이유로 나가사키에 요양차 다녀오는 길이었다. 딘스모어는 상황을 파악하고 박정양 일행이 미국으로 떠날 수 있도록 손을 써보지만 실패한다.[263] 그러나 이 과정에서 원세개가 공사일행의 파견을 저지한 이유를 알아낸다.

딘스모어는 원세개에게 계속 질의를 보내면서 결국 원세개가 박정양 공사일행을 제지한 이유가 조선이 중국의 속방이었기 때문이라는 것을 확실하게 밝혔고 원세개가 이 사실을 증명하기 위하여 조선 국왕이 외국과 조약을 맺을 때 상대국 원수들에게 보낸 조서를 증거로 제시하고 있다는 사실도 알게 되었습니다.[264]

알렌은 제물포로부터 4시간 말을 달려 한양으로 돌아가 곧바로 딘스모어와 주 조선 러시아 공사 베베르를 만난다. 딘스모어는 어떤 위험을 무릅쓰고라도 박정양 공사 일행을 출발시켜야 한다고 하였고 베베르는 각자 본국 정부로부터 훈령을 받을때까지 기다리자고 한다. 훈령 내용이 무엇이든 원세개는 미국과 러시아가 이 사실을 알고 있다는

사실 만으로도 겁을 먹을 것이라고 한다.[265]

그 다음 주 딘스모어 공사는 베이야드 국무장관(Thomas Francis Bayard, 1828.10.29~1898.9.28.) 으로부터 답신을 받지만 그 내용은 딘스모어가 보낸 전보의 내용을 알아볼 수 없어 다시 보내달라는 내용이었다. 과거에도 그랬듯이 조선의 전보망을 장악하고 있던 청이 암호를 뒤섞어 놓기 때문이

휴 딘스모어

었다. 딘스모어가 다시 전보를 보내지만 이것도 제대로 전달되었을지 알 수 없는 일이었다. 알렌은 고종에게 딘스모어를 미국에 급파할 것을 종용한다.[266]

조선 조정에서는 격론이 벌어진다. 데니와 알렌은 고종이 청의 허락을 요청하는 것은 주권이 없음을 인정하는 것이기 때문에 안된다고 주장한다. 조선 주재 미국 공사 딘스모어와 청 주재 미국 공사 덴비(Charles Denby Jr. 1861.11.14~1938.2.15.)는 한양과 베이징의 청 관료들에게 항의한다.[267] 미국의 베이야드 국무장관은 덴비에게 「조선이 미국과 체결한 조약에 따라 미국 주재 외교관을 파견하는데 대한 중국 관리들의 방해가 있었다는 사실에 놀라움과 유감을 표할 것」을 명한다.[268]

고종은 이내 흔들린다. 알렌에게는 박정양의 외아들이 죽어가고 있기 때문에 그가 조선을 떠날 수 없다며 만일 8월 5일(음)/9월 21일(양)

토마스 베이야드   찰스 덴비

까지 박정양이 못 떠나면 그 대신 김아무개라는 다른 사람을 주미공
사로 임명하겠다고 한다. 문제는 김아무개라는 사람이 한양에서 4백
리나 떨어진 곳에 있기 때문에 도착하려면 시간이 꽤 오래 걸릴거라고
한다. 고종은 주 미 공사를 파견하는 것 자체를 포기하고 싶어한다.[269]

이미 한양 집을 처분하고 가족과 함께 제물포의 임시 거처에 머물고
있던 알렌은 더 이상 지체할 수 없어 고종에게 늦어도 11월 10일까지
는 주미 공사가 요코하마에 도착하도록 해야 된다면서 만일 그것이 불
가능할 경우 공사를 미국에 파견하는 이번 시도는 포기하여야 할 것
이라고 말한다. 이미 외국으로부터 너무 많은 말들이 나오기 시작하였
고 박정양의 아들이 아프다는 것은 핑계이며 조선 조정이 11월 10일
까지 주 미 공사를 요코하마에 보내겠다는 전보를 보내오지 않을 경우
알렌은 혼자서 11월 20일에서 30일 사이 미국으로 출발하여 미국 정
부에 고종의 뜻을 전하는 한편 고종이 요청한대로 미국으로부터 2백
만 달러의 차관 협상을 시도하겠다고 한다.[270] 알렌은 8월 10일(음)/9
월 26일(양) 일본 요코하마로 출발한다.

고종은 결국 청의 공식 허락을 받기로 하고 예빈시(禮賓寺) 주부(注簿) 육품관(六品官) 윤규섭(尹奎燮)을 청에 파견한다. 윤규섭은 8월 19일(음)/10월 5일(양) 톈진에서 이홍장을 만나서 조선 조정이 공식적으로 외국에 주재관을 파견하는 것을 허락해줄 것을 요청하는 상주문을 올린다.

가만히 생각건대 소방(小邦)은 대대로 천조(天朝)의 은혜와 비호를 입었습니다. 그 은혜가 마치 하늘이 덮어주고 땅이 실어주는 것과 같이 높고 두터웠으며, 산과 바다처럼 높고도 깊었으니, 무슨 일이라도 뜻을 저버리지 않으셨고 구하는 것이 있으면 반드시 응해 주셨습니다. 외교(外交) 한 가지 일에 이르러서는, 특별히 우리 황제폐하께서 번복(藩服)을 굽어 살피시어 힘껏 유지할 것을 도모하셨으며, 특히 미국과 먼저 통호(通好)하는 것을 윤허하셔서 관원을 파견하여 일처리를 도와 조약을 타당하게 맺을 수 있게 해주셨습니다. 아울러 먼저 각국에 조회하여, 「조선은 중국의 속방이지만 내치외교(內治外交)는 예전부터 모두 자주(自主)하였다.[均得自主]」는 말을 성명(聲明)하여 소방(小邦)으로 하여금 제후국의 법도를 신중히 지키면서도 각국과의 관계에서는 평행상대(平行相待: 평등하게 대함)하게 하시어, 체제(體制)와 교섭(交涉)이 양전(兩全: 두 가지가 모두 온전하게 이뤄짐)으로 귀결되도록 힘쓰셨습니다. 이후 태서(泰西) 각국이 서로 이끌고 올 것이니, 계속해서 화약(和約)을 정할 때 또한 모두 미약(美約: 조미수호통상조약)을 장본(張本)으로 삼아 타선(妥善: 타당하고 훌륭함)을 능히 다할 것입니다. 이는 모두 예전에 상주한 바 있으니 기록에 남아 있을 것입니다. 미국은 환약(換約: 비준교환)한 후, 원약(原約)에 따라 전권대신을 도성(都城)에 파견해서 상주시켰지만, 소방(小邦)은 예전에 사절을 보내 보빙(報聘)만 하고 돌아왔습니다. 태서(泰西) 각국에 이르러선, 모두 보빙을 해야 하지만 겨를이 없었습니다. 그러므로 각국 사신들이 누차 공사를 파견해서 서로 상주케 할 것을 청하는 것입니다. 소방(小邦)은 시국(時局)을 깊이 염려하여 맹약을 실천하려고 생각했습니다. 현재 배신(陪臣) 박정양을 전권대신에 임명해서 파견하였으며, 미국에 도착하면 주찰(駐紮)시키려고 생각하고 있습니다. 이어서 배신(陪臣) 조신희(趙臣熙)를 전권대신에 임명하고 영국·독일·이탈리아·러시아·프랑스 등 5개국에 파견해서, 우선 보빙(報聘)을 행한 후 그대로 주찰하여 돈목사의(敦睦事宜: 국가 간의 우호에 관한 사무)를 처리하게 할 생각입니다. 응당 사실대로 분명히 상주해야 하니, 부디 격외(格外)의 천은(天恩)을 입어 그 배신(陪臣)들이 외국에 가서 사사(使事)를 완수하고 원약(原約)을 이행할 수 있도록 윤허해주시기를 바랄 뿐입니다. 전례(前例)를 거듭 살펴보니, 조공전례(朝貢典禮) 등의 일은 예부(禮部)에 자문(咨文)을 보내면 예부에서 대신 상주하고, 통상교제(通商交際) 등의 일은 총리아문 왕대신과 북양대신 이홍장이 대신 상주하였습니다. 극히 중대한 사건이 아니면 번번이 상주해서는 안 되지만, 이번에는 전보를 통해 유지(諭旨)를 받았습니다. 엎드려 명을 받드는 동안 감사하고 송구한 마음을 이루 말할 수 없었습니다. 이에 감히 독설(瀆褻: 그릇된 말로 상대의 총명을 어지럽힘)을 피하지 않고 속마음을 아룁니다. 신은 두려워 떨며 명을 기다리는 마음을 가누지 못하겠나이다. 공사를 서국(西國)에 파견하기 전에 먼저 지시를 청하며, 윤준(允准)을 얻어 파견을 편하게 하려는 일로 상주하옵니다.[271]

이홍장은 다음날인 8월 20일(음)/10월 6일(양) 이를 예부와 총리외무아문에 전달한다.

홍콩의 민영익

알렌은 나가사키에 도착한지 한 달만인 10월 26일 홍콩으로 가서 민영익을 만나 그로부터 돈을 받아서 나가사키로 돌아오라는 고종의 전갈을 받는다. 나가사키에 돌아올때 쯤이면 미국에 파견하는 공사 일행이 기다리고 있을 것이라는 내용도 포함되어 있었다.[272]

알렌은 11월 6일 홍콩에 도착하여 민영익을 수소문한다. 주 홍콩 미국영사도, 호텔 직원들도 아무도 민영익의 행방을 몰랐다. 11월 7일 홍콩 경찰서를 찾아간 알렌에게 경찰 중 한 명이 민역익과 친구 겸 고문이라면서 민영익의 거처를 알려준다.

민영익은 빅토리아 호텔의 가장 큰 방에서 기거하고 있었다. 알렌은 민영익과 미국 공사관 설치에 관련된 비용 문제를 논의한다. 알렌은 민영익의 방이 너무 크다고 하였고 민영익은 동의하면서 작은 방으로 옮기겠다고 한다.[273]

11월 10일 (목), 알렌은 일기에 다음과 같이 적고 있다.

민영익은 정말로 골치아픈 사람(nuisance) 이다. 그는 미국으로 보내는 사절단의 인원을 줄이자고 한다. 돈에 대해서도 다른 생각이 든 것 같다. 본인이 사절단의 비용을 다 갖고 있으면서 다달이 부쳐주겠다는 제안을 한다. 나는 장시간에 걸친 논쟁 끝에 그런 조건하에서는 사절단에 합류할 수 없다고 하였다. 나는 결국 은행에서 돈을 인출할 때에는 공사와 나의 서명이 있을 때만 가능하도록 하는 조건하에 민영익을 설득하였다. 이는 다른 일행이 사인을 위조하는 것도 막고 또 자금을 마구 인출하여 써버리는 것도 방지할 수 있는 방법이었다.[274]

11월 11일 (금), 알렌은 민영익으로부터 박정양 공사에게 전달할 서신과 방미 사절단 비용 자금 2만 달러를 받는다. 알렌은 홍콩을 떠나며 일기에 다음과 같이 적고 있다.

홍콩의 빅토리아 호텔

이 민영익공이라는 사람은 내가 목숨을 구해준 자다. 그는 왕비의 조카다.
그는 지독한 겁쟁이며 건강이 회복되자마자 조선으로부터 국왕의 돈을 가
지고 홍콩으로 도망쳐 와서 은행에 넣었다. 그는 부자다.[275]

알렌은 11월 17일 홍콩을 출발하여 이튿날인 11월 18일 나가사키
에 도착한다. 나가사키에서 알렌은 슈펠트 제독을 만나 그가 대표하
는 미국 회사가 조선의 광업채굴권에 투자하는 문제를 논한다. 그러
나 슈펠트는 자신이 대표하는 회사가 조선의 광산 투자에 관심이 없
다는 사실을 알린다.

이로서 광산업은 수포로 돌아갈 수 밖에 없고 조선이 중국에 지고 있는 빚
을 갚을 차관을 받는 가능성도 거의 없어졌다. 나는 결국 2백만불 차관을
받는 것에 실패할 것 같다. 미국 사람들이 좀더 앞을 내다 볼 줄 모르는 것
이 안타깝다. 그들은 일본, 중국과의 교역에서도 실패하였는데 이제 조선

이 제발 와서 교역의 주도권을 잡으라고 애걸을 하는데도 망설임으로서 이 좋은 기회마저도 놓치게 될 것이다.[276]

알렌의 주된 임무, 그리고 고종이 박정양 일행을 미국으로 파견하는 가장 중요한 이유는 미국으로부터 2백만 달러의 차관을 받기 위해서였다.

알렌이 홍콩에서 민영익을 만나 미국 여비 2만 달러를 받던 1887년 9월 26일 (음)/11월 11일 (양) 드디어 청은 조선이 미국에 공사를 파견해도 좋다고 허락한다. 이홍장은 원세개에게 다음과 같은 내용의 전문을 보낸다.

한왕(韓王)이 보내온 자문에 따르면, 「전권공사를 태서(泰西) 각국에 파견하는 일은 이미 각국 공사에게 문서로 통보하여 그 정부에 보고되었으니, 사호(使號-공사의 칭호)를 따로 고치는 것은 편치 않을 듯합니다. 타국인의 의심을 살 수 있기 때문입니다. 생각건대 그 공사를 파견했다가 보빙(報聘) 사무를 마치는 대로 돌아오게 하고, 참찬(參贊)으로 대리케하여 경비를 절감하며, 아울러 그 사신에게 태서 국가에 도착한 후 중조(中朝)의 대신과 함께 예전처럼 구례(舊禮)를 신중히 준수케 하여 오직 일을 공근(恭謹)하게 처리하도록 하겠습니다.」라고 했다. 말의 뜻이 손순(遜順)하여 본 대신은 어느 하나 곡진히 체량(體諒: 이해하고 헤아림)하지 않음이 없었다. 오직 상유(上踰)를 받들어서 체제(體制)와 교섭(交涉)을 둘 다 온전히 하는 데 힘쓸 것이며, 각국에 파견한 모든 공사와 중국 간의 왕래는 속방(屬邦)의 체제에 따르고, 혹시 사의(事宜: 어떤 일의 도리)를 다하지 못한 것이 있으면 그때그때 통문(通問: 서로 소식을 전함)하고 상의해서 타흡(妥恰: 일을 타당하게 처리함)을 다하는 데 힘쓰라.[277]

그러나 조건이 있었다. 조선의 사절은 세가지 조건을 준수해야 했
다. 이홍장이 원세개에게 보낸 전문에 나오는 「영약삼단」은 다음과
같다.

하나, 한사(韓使)가 처음 각국에 도착하면 먼저 중국 사관(使館)에 가서 자
세히 보고한 후, 중국 흠차(欽差)에게 해당 국가의 외무부에 인솔해줄 것
을 청해야 한다. 그 뒤로는 구애되지 않는다. 하나, 만약 조회(朝會)·공연
(公讌: 고관들이 참석하는 공식 연회)·수작(酬酢: 말을 주고받음) 등 교제
(交際)가 생기면 한사(韓使)는 중국 흠차(欽差)의 뒤를 따라야 한다. 하나,
관계가 긴중(緊重)한 교섭대사(交涉大事)의 경우 한사(韓使)는 먼저 중국
흠차(欽差)와 밀상(密商)해서 지시를 받아야 한다. 이는 모두 속방(屬邦)의
분수 내에 마땅히 행해야 할 체제로서 각국과는 관계가 없다. 따라서 각국
은 참견할 수 없으니, 바로 유지(諭旨)에서 말한 「사의(事宜)를 다하지 못
한 것은 상의해서 타협(妥協)하라」는 뜻에 해당하는 것이다. 중국과 조선
은 휴척상관(休戚相關: 기쁨과 슬픔을 함께 나눔)의 관계이다. 각 흠차(중
국의 공사)는 모두 명경(名卿: 명망이 있는 公卿)으로 출사(出使)했으니, 반
드시 성심(誠心)으로 한신(韓臣)을 우대할 것이다. 너는 우선 이를 외서(外
署: 외아문)에 통보해서 국왕에게 전달하여 해당 사신으로 하여금 이를 준
수케 하라. 그리고 자문이 도착하는 대로 다시 회신하라.[278]

11월 17일, 딘스모어 미 공사는 이홍장이 원세개에게 보낸 전보를
입수하여 영어로 번역하여 베이야드 미 국무장관에게 보낸다.

장관님 귀하: 저는 이홍장 총독이 한양의 중국 대표인 원세개에게 보내
는 전보의 일부분을 번역하여 첨부합니다. 이 전보에 의하면 원세개는 외
무아문을 통하여 조선 정부에 조선의 대표들은 해외에서 우선 중국 공

사를 예방하고 그에 의해서 당
사국 외무성에 소개되어야 한
다고 합니다. 그리고 모든 공
식모임이나 사교모임에 조선
의 「대표」는 중국의 「공사」에
게 우선순위를 양보하고; 그리
고 외교와 관련된 중요한 사항
에 대해서는 중국의 공사에게
「비밀리에」 자문을 구한 뒤에
행동해야 한다고 합니다.

차알스 샤일레-롱

이와 관련하여 조선의 주미공사는 어제 일행과 함께 미국 전함 오마하에
승선하여 미국으로 가기 위한 여정의 첫 기착지인 나가사키로 떠났습니
다.[279]

　청의 공식적인 허락을 받은 박정양은 드디어 출발한다. 원래 떠
나기로 했던 9월 23일보다 두 달이 지체된 후였다. 당시 미국의 주
조선 총영사 샤일레-롱(Charles Chaillé-Long, 1842~1917, 총영사 재직:
1887.10.28.~1889.8.4.)에 의하면 박정양은 조선을 떠나기를 싫어했고
주미공사로 임명되는 것에 대해서도 자신이 적임자가 아니라고 강하
게 사양했다. 제물포에서 일본으로 가는 배에 오를 당시의 상황을 샤
일레-롱은 다음과 같이 묘사하고 있다.

　박정양은 수 많은 시종들을 데리고 제물포에 도착했다. 그의 경우에는 미
국의 전함 오마하호가 요코하마까지 무료로 태워주기로 했기 때문에 재
정적으로는 아무 문제가 없는 것 같이 보였다. 그러나 그를 배에 태우는데

앞줄 왼쪽부터 이상재, 이완용, 박정양, 이채연. 뒷줄 왼쪽부터 김노미, 이헌용, 강진희, 이종하, 허용업

있어서는 문제가 발생하였다. 그가 막 배에 오르고자 할 때 배가 출항하기
위해서 날카로운 뱃고동 소리가 울렸고 이 소리는 근처의 산에 메아리쳐
돌아왔다. 그러자 박정양은 이것이 악귀들의 울음소리로 생각하여 그를
호위하던 항만노동자들을 뿌리치고 「아이고!」 소리를 지르면서 육지쪽으
로 달아나기 시작하였고 그 뒤를 그의 종들이 따라갔다. 그는 결국 잡혀서
강제로 배에 태워지고 그의 선실에 갇혔다.[280]

11월 19일(토), 주미 공사 사절단 10명이 미국 전함 「오마하호」로
나가사키에 도착한다. 이들은 옷, 김치, 건어물 등이 포함된 엄청난 양
의 짐을 갖고 온다.

짐상자를 짚꾸러미로 싸서 단단히 새끼로 동여 꾸린 짐이 무려 13개로서
함장의 후부 선실 절반을 차지할 정도였다. 박공사는 내가 아무리 말려도
내말은 들은 척도 하지 않고 이 많은 짐 전부를 굳이 자기네들이 묵을 일

본호텔로 끌어다 옮겨달라고 한다.[281]

그런데 일본에 도착한 박정양은 미국으로 떠나는 대신 홍콩을 다녀오겠다고 한다. 이미 홍콩에서 민영익을 만나고 왔고 민영익이 박정양에게 보내는 서신도 전달했던 터라 알렌은 박정양의 홍콩행을 말린다. 그러나 박정양은 홍콩을 가겠다는 주장을 굽히지 않는다. 알렌은 할 수 없이 박정양을 홍콩으로 보낸다.

일요일 나는 공사와 일등서기관 이완용, 통역 이채연, 하인 허용업의 홍콩행 배표를 구했다. 박정양은 내가 아무리 반대를 해도 굳이 홍콩에를 가겠다고 한다. 나는 힘들게 이들을 미국의 우편운반선 제너럴 워드 (SS. General Warder)호에 태웠고 그들은 아침에 떠났다…. 나는 하루종일 공사 일행의 짐 50여개를 요코하마 행 배인 「요코하마마루」에 선적하고 민영익에게 전보를 보내 표를 사는 일을 했다. 우리는 요코하마로 가서 거기에서 박정양 공사 일행을 기다리기로 하였다.[282]

알렌은 요코하마에서 주일본 미국 공사 허바드(Richard Bennett Hubbard, Jr., 1832.11.1 ~1901.7.12.)를 만나 미국에서 2백만 달러 차관을 받는 것에 대한 도움을 요청한다.

공사는 차관에 많은 관심을 보이면서 자신이 할 수 있는 모든 것을 하겠다고 하였다. 그는 베이야드 국무장관, 윌슨 장군(General James H. Wilson)등 다른 사람들에게 보내는 강력한 추천서들을 써줬다. 모스 (Morse) 역시 동업자들에게 강한 추천서를 써줬고 필요한 서류와 금, 광석 샘플 등을 주었다.[283]

박정양은 12월 9일(금) 홍콩 으로부터 돌아온다. 박정양이 홍콩에 가서 무엇을 했는지는 아무런 기록이 없다. 그러나 그 가 민영익을 만난 것은 확실하 다. 그리고 알렌처럼 민영익이 관리하고 있던 고종의 비자금 일부를 여비로 받아왔을 것 또 한 짐작하고도 남음이 있다.

리차드 허바드

박정양 일행이 요코하마에 도착하자마자 알렌은 「오시아 닉(Oceanic)」호에 1등 칸 표 5장, 2등 칸 표 2장, 3등 칸 표 3장을 사 고 짐 40개를 부친다.[284] 박정양 공사 일행은 드디어 12월 10일 요코 하마를 출발하여 미국으로 향한다. 박정양이 9월 23일 고종에게 하직 인사를 하고 한양을 떠나려다 원세개에게 저지 당한지 두달 반이 지 나서다.

일행은 풍랑을 만나 고생스러운 여행을 한다.

조선사람들은 모두 심한 배멀미를 했고 자신들은 물론 다른 사람들에게 도 폐를 끼쳤다. 그들은 1등 칸 표가 5장 밖에 없었음에도 불구하고 나머 지 5명도 1등 칸에서 같이 식사를 하면서 도저히 참을 수 없게 더러웠다. 그들은 결국 차액을 지불하여 1등표 2장을 더 샀다.[285]

공사는 나약하고 못난 인간이다. 통역관은 바보일뿐만 아니라 영어도 한마디 못한다. 서기 이완용과 이하용은 그나마 그 중 났지만 사절단 전체 는 전혀 위신이 서지를 않는다⋯. 그들은 끊임 없이 똥냄새를 풍기고 끝까

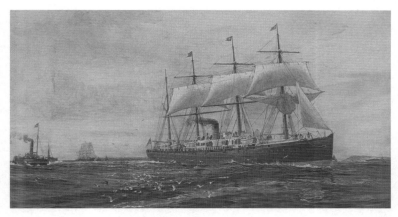
오시아닉 호

지 방에서 담배를 피워 그들의 방은 씻지 않은 체취, 똥, 오줌, 조선 음식,
담배 연기 등의 악취가 진동한다.[286]

일행은 1887년 12월 28일(금) 샌프란시스코에 도착한다. 그러나 중
국 승객 한명이 유사천연두(varioloid)에 걸리면서 승객 전원이 1888
년 1월 1일까지 여객선에 격리 수용된다.[287] 일행은 수요일 기차편으
로 출발하여 일요일 오후에 시카고에 도착한 후 다시 출발하여 워싱턴
에 1월 9일(월) 오후에 도착한다.

고종은 알렌에게는 재외 공관 설치에 대해 청의 허락을 받은 사실을
알리지 않는다. 알렌은 여전히 주 워싱턴 공사관 설립과 주재관 파견
으로 조선이 주권국가임을 대내외에 천명하는 결정적인 계기가 왔다
고 생각하고 있었다.[288]
따라서 워싱턴에 도착한 후 박정양이 청이 지시한 「영약삼단」에 따
를 것을 천명하자 알렌은 격노한다.

에빗 하우스 (1903년 사진)

중국인들은 박공사가 자기네를 먼저 예방하고 자신들에 의해서 미국측
에 소개 되어야 한다고 주장한다. 중국인들은 박공사가 자신들을 먼저 예
방하지 않자 박공사를 찾아 왔다. 어제 박공사는 중국공사관을 먼저 예
방해야 한다고 우겼다. 나는 할 수 있는 말을 다 하고 결국은 마지막 수
단으로 만일 그들이 베이야드 미 국무장관을 예방하기 전에 중국공사관
을 먼저 예방하거나 그들에게 명함을 보낸다면 사표를 내고 떠나버리겠
다고 했다.[289]

그리고 만일 자신의 말을 듣지 않는다면 「국왕이 분명 그의 목을 칠
것이다.」고 엄포를 놓는다.[290] 이에 박정양은 미 국무장관과 클리브랜
드 대통령을 만나기 전 청 공사관을 방문하는 것을 포기한다.[291] 알렌
은 박정양에 대해 「조선이 전국을 샅샅이 뒤지더라도 박정양만큼 이
외교 직책에 부적합한 자를 찾는 것은 불가능했을 것이다」라면서 그
는 「원래도 제정신이 아니었지만 그나마도 자기 나라를 떠나는 순간
모든 정신을 다 잃어버린 자 같다.」고 한다.

클리브랜드 대통령   박정양

　박정양 공사 일행이 베이야드 국무장관을 예방하기로 한 날짜가 1
월 13일(금)로 잡히자 중국 공사는 미 국무성 건물 앞에 와서 기다리고
있겠다고 한다. 그렇게 해서라도 박공사가 중국 공사를 먼저 예방하는
형식을 갖추기 위해서였다. 그러나 1월 13일 박정양 일행은 알렌의 인
솔 하에 아침 일찍 미국무성으로 향한다. 그날은 비도 많이 내리고 있
었다. 중국 공사관 사람들은 아무도 나와 있지 않았다. 박정양 공사 일
행은 1월 17일 (화)에는 클리브랜드 대통령을 예방한다.[292]

　청은 격렬하게 항의한다. 원세개는 12월 1일 독판교섭통상사무 조
병식에게 다음과 같이 조회 한다.

　금일 술각(戌刻: 오후 8시 전후)에 문화전대학사(文華殿大學士) 이(李: 이
　홍장)로부터 다음 전보를 받았습니다. 「주미공사 장음환이 다음 전보를
　보냄. 「한사(韓使: 주미조선공사)가 [11월] 26일에 도착. 박정양은 도
　착 즉시 외부(外部: 미국 국무성)에 조회(照會)를 보냄. 조복(照覆: 조회에

대한 회신)을 받고 [12월] 1일에 접견함. 한사(韓使)가 병을 핑계로 아직 오지 않음. 조금 전에 관원을 보내서 힐문하니, 「단지 함첩(銜帖)·정문(呈文)·주필조회(硃筆照會) 3가지 일만 허락했을 뿐이며[293], 삼단(三端)에 관해서는 (이홍장에게서) 전보가 왔다는 사실만 알고 있다. 우리 정부에서 마땅히 원세개와 협의할 것이다. 아직 명문(明文)은 받지 못했다.」라고 함. 즉시 조선 정부에 재촉해서 속히 박사(朴使: 박정양)에게 전보를 보내 예전 논의에 따라 삼단을 이행하도록 해야 함.」 이를 받고 조사해보니 예전에 삼단을 의준(議准: 심의하여 비준함)한 사실이 있고, 귀 아문의 9월 27일자 조복(照覆)에서는 「이미 전복(電覆)의 내용을 국왕께 상주하였으며, 현재 이 규정을 시행하고 있다.」라고 하였습니다. 본 총리는 이미 이를 북양대신께 상세히 보고했습니다. 그런데 어째서 저 공사는 아직도 명문을 받지 못했다고 하는 것입니까? 대단히 괴이한 일이라 급히 조회하니, 귀 아문에서는 즉시 주 미 전권 공사 박정양에게 전보를 보내서 전에 의준(議准)한 삼단을 준수하게 하며, 아울러 처리 결과를 즉시 회신하여 [북양대신께] 보고할 수 있게 하십시오.[294]

12월 3일, 원세개는 같은 내용의 항의서를 다시 보낸다.

어젯밤 주미전권공사가 정장(定章)을 위배한 사건과 관련하여 부상(傅相: 이홍장)께서 보내신 전보의 내용을 즉시 귀 아문에 조회(照會)했습니다. 금일 오후에 또 부상께서 보내신 전보를 받았습니다. 내용은 다음과 같습니다.

「장 대신(주미청국공사 장음환)의 29일자 전보에, 「방금 한사(韓使)를 먼저 수용하는 일로 미국 국무성에서 회견함.[295] 국무성에서는 말하길, 「한국은 중국의 속방[中屬]이다. 미국은 조약을 체결할 때 중국의 뜻을 승인했다. 우애롭게 대하도록 힘쓸 것이다.」라고 함. 그런데 고유사(告由使)

가 공관에 와서 말하길, 한사(韓使)가 내일 가서 알현하고 국서 전달을 상의한다고 하니 응당 모순됨[枘鑿]을 면할 것임. 우리는 우리의 도리를 다했을 뿐 원래 은혜를 베풀어 환심을 사려는 것이 아니었는데, 저 공사는 아직도 와서 뵙지 않고 있으니 매우 교만함. 이런 식으로 대응해 나간다면 외교를 그르칠까 우려됨. 조선 조정 및 원세개에게 타전하시기 바람.」이라고 했음. 조선국왕[韓王]이 예전에 대리 상주를 청한 자문(咨文)은 말뜻이 공순(恭順)했는데, 어째서 박 공사는 겉으로는 이를 받드는 척 하면서 은밀히 위배하는 것인가? 힐책하기 바람.」

이를 받고 조사해보니 부상(傅相)께서 칙지를 받들어 삼단(三端)을 타당하게 계획하셨으니, 제1관에 「한사(韓使)가 처음 각국에 도착하면 먼저 중국 사관(使館)에 가서 보고한 후, 중국 흠차(欽差)에게 해당 국가의 외무부에 인솔해줄 것을 청해야 한다. 그 뒤로는 구애되지 않는다.」라고 되어 있었습니다. 즉시 귀 아문에 조회했더니, 귀 아문에서 9월 27일에 보내온 조복(照覆)에 「이미 국왕께 다시 아뢰었으며, 현재 그에 따라 시행 중이다.」라고 했습니다. 또 10월 20일에 국왕이 부상(傅相)께 보내온 감사 자문에도 「이미 박정양, 조신희에게 준수할 것을 명했다.」라고 했습니다. 이와 같이 부상(傅相)께서 칙지를 받들어 삼단을 타당하게 계획하신 사실을, 저 공사는 이미 숙지하고 있고 오래 전에 명을 받았을 것입니다. 그런데 부상(傅相)께서 장 대신의 전보에 의거하여 연달아 보내신 전보에는 「미국공사 박정양이 현지에 부임하여 병을 핑계로 먼저 중국 사관(使館)에 오기로 되어 있는 장정을 전혀 준수하지 않고, 곧장 미국 국무성에 자청하여 접견 시기를 정했다.」라고 하고, 또 「중국 흠차에게 보고하고 외무부에 인솔해줄 것을 청해야 한다는 조항과 관련해서는 아직 명문(明文)을 받지 못했다는 핑계를 대고 있다.」라고 하였습니다.

만약 저 공사의 가속(家屬)이 병에 걸렸다면, 어떻게 미국 국무성과 날짜를 정해서 접견할 수 있겠습니까? 만약 저 공사가 아직 귀 정부의 명문

(明文)을 받지 못한 것이 사실이라면, 귀 정부는 또 어째서 중조(中朝)에 거짓으로 응답해서 기만했단 말입니까? 만약 저 공사가 이미 명문(明文)을 받았는데도 제멋대로 위배한 것이라면 비단 귀 정부의 명령에 감히 불복한 것일 뿐만 아니라 중조(中朝)의 장정을 준수하지 않은 것이니, 국왕의 자문에서 「이미 분부해서 준수하고 있다.」고 한 것이나 귀 아문의 조복(照覆)에서 「이미 국왕께 아뢰어 현재 시행 중이다.」라고 한 것과 크게 다르지 않습니까? 반복해서 생각해봐도 도저히 이해할 수 없습니다. 참으로 장 대신의 전보와 같이, 이런 식으로 대응해 나간다면 외교를 장차 크게 그르칠까 우려됩니다.

또 부상(傅相)께서 9월 24일에 전보를 보내서 삼단을 자세히 서술하셨고, 본 총리는 즉시 같은 달에 칙지에 따라 귀 아문에 조회했습니다. 그리고 이어서 27일에 귀 아문에서 「이미 국왕께 아뢰어 시행하고 있다.」는 조복(照覆)을 받았습니다. 그리고 다시 국왕의 감사 자문에서 「9월 26일에 외무독판이 각 공사에게 신칙했음을 아뢰었다.」라고 했습니다. 주미공사 박정양은 10월 2일에 처음 인천을 떠났는데, 부상(傅相)의 전보는 그가 출발하기 8일이나 앞서 도착했습니다. 그런데도 귀 정부에서 「아직 준수할 것을 명하지 않았다.」라고 하는 것이 말이 됩니까? 저 공사 또한 「아직 명문(明文)을 받지 못했다.」라고 할 수 있습니까? 저 공사가 장 대신에게 (이홍장의) 전보가 온 사실만 알았다고 한 말이 사실이라도, 곧 이어 「아직 명문(明文)을 받지 못했다.」라고 하니 어찌 스스로 모순됨이 이처럼 심합니까? 또 「정부에서 원세개와 타당하게 상의해야 한다.」라고 하는데, 이제 벌써 두 달이 지났는데 본 총리는 아직까지 귀 정부에서 무슨 상의를 하려고 한다는 말을 들은 적이 없으며, 또 예전 귀 아문의 조복(照覆)에서 「이미 아뢰어 시행 중에 있다.」고 했는데 무슨 타당하게 상의할 것이 남아있단 말입니까? 특히 여기서 저 공사의 극심한 날조와 기만을 볼 수 있습니다.

또 장 대신의 전보의 이른바 「저 공사는 아직도 와서 뵙지 않고 있으니 매우 교만함」이라는 것은, 귀 국왕의 9월 23일자 자문에서 「공사들로 하여금 매사 공근(恭謹)하도록 신칙했다.」라고 한 뜻과 크게 어긋나는 듯합니다. 저 공사는 아마도 귀 정부에서 평소 깊이 신뢰하는 인물이었을 것입니다. 그러므로 전권을 맡긴 것인데, 이러한 행동은 실로 생각지도 못한 바입니다. 부상(傅相)께서 보내신 전보에 「국왕이 대리 상주를 청한 자문은 말뜻이 공순(恭順)했는데 어째서 박 공사는 겉으로는 이를 받드는 척하면서 은밀히 위배하는 것인가?」라는 등의 훈유(訓諭)와 본 총리가 삼가 칙지를 받들어 조목 별로 힐책한 내용을 이 서함에 서술해 보내니, 신속하게 조복하여 (이홍장에게) 보고할 수 있게 하시기 바랍니다.[296]

같은 날 또 한번의 독촉장을 보낸다.

알립니다. 이번 달 1일과 2일에 연달아 장 대신의 두 차례 전보에 관한 부상(傅相)의 전보를 받았습니다. 본 총리는 즉시 문서를 갖추어 귀 아문에 서함을 보냈으니 아마 살펴보셨을 것입니다. 사안이 주 미 공사 박정양이 장정을 위반하여 대국(大局)에 장애가 되므로, 귀 아문은 마땅히 긴급하게 처리해서 해당 공사에게 타전하여 조회에 따라 조사한 후 조복(照覆)하여 사체(事體)를 온전히 해야 합니다. 그런데 어째서 아직까지도 회문(回文: 회답)을 보내지 않아 본 총리로 하여금 보고하지 못하게 하는 것입니까? 생각건대 귀 아문은 정체(政體)를 잘 알고 있으니, 결코 중요한 사건을 등한시하여 한갓 지연하는 데 뜻을 두진 않을 것입니다. 모쪼록 속히 고지해서 (이홍장에게) 보고할 수 있게 하십시오. 신속히 회신하시길 바랍니다.[297]

조병식은 12월 5일 답변을 보낸다.

이번 달 2일에 귀 총리께서 보내신 자문을 접수했습니다. 조사해보니 삼단(三端)을 의준(議准: 심의하여 비준함)한 것은 이미 주미전권공사 박정양에게 전달해서 그에 따라 처리하게 했습니다. 해당 공사가 처음 미국에 도착해서 제일단(第一端)을 준수하지 않은 이유는 아직 파악하지 못했습니다. 이 때문에 힐문까지 하시게 했으니, 본 독판은 이를 모두 듣고 참으로 황송하고 미안할 따름입니다. 보내신 문서의 내용은 이번 달 3일에 주미전권공사 박정양에게 전보를 보내서 예전에 의준(議准)한 삼단(三端)에 따라 처리하게 했습니다. 이 때문에 문서를 갖추어 조복(照覆)하니 부디 귀 총리께서는 살펴보신 후 북양대신에게 전해 주시기 바랍니다.[298]

고종과 조선 통리교섭통상사무아문은 공식적으로 박정양의 행태를 비판하고 그가 자발적으로 그렇게 행동한 것이라고 변명한다. 그러나 박정양을 소환하라는 청의 요구에는 시간을 끈다. 그리고 1888년에 가서야 박정양을 건강 상의 이유로 소환한다. 귀국 후에도 명령을 어긴 것에 대한 추궁을 하지 않는다.[299]

고종은 조선이 자주적으로 내정과 외치를 하는 것에 대하여 원세개가 개입하는 것을 싫어했다. 그러나 이는 근대적인 의미의 주권 국가의 군주로 외세의 개입을 거부한 것이 아니었다. 전통적인 조공 관계에서도 조선은 「자주」적으로 내정과 외치를 하도록 되어 있었다. 그는 조선이 청의 속국임을 적극 인정하면서도 동시에 원세개 등이 조선의 내정과 외교에 간섭하는 것을 싫어하였다. 이는 전혀 모순된 것이 아니었다. 청 역시 마찬가지였다. 이홍장은 조선이 청의 속국이지만 이 사실만 분명히 한다면 조선이 제 3국에 공사관을 설치하고 상주 외교관을 파견하는 것을 문제 삼지 않겠다고 하였다.

결국 워싱턴의 조선 공사관 개설과 박정양 특명 전권대사의 파견도 조선이 독립국인지 아니면 청의 속국인지의 문제를 해결하지 못한다.[300] 고종이나 박정양을 포함한 조선 조정의 그 누구도 굳이 이 문제를 해결하고자 하는 의도도, 의지도 없었다. 이들이 보았을 때 양자택일을 하여 중국이든 구미열강이든 한쪽과의 관계를 어렵게 만들 이유가 없었다. 애매한 현상유지가 최상의 정책이었다. 조선이 중국의 속방인지, 주권을 가진 독립국인지의 문제는 「청일전쟁(1894~1895)」을 통해서 해결된다.

5. 실패한 개항

개항 이전 조선의 대외 경제는 중국을 상대로 한 조공 무역과 일본을 상대로 한 교린 무역이 전부였다. 강력한 해금(海禁)정책을 실시함으로써 해상을 통한 중국과의 무역은 불가능했다. 중국과의 모든 무역은 육로를 통해서만 이루어졌다. 일본과의 무역은 왜관을 통한 교역이 전부였다.

16~17세기에는 일본 은이 대거 유입되면서 교역량이 늘었으나 18세기 들어 일본이 은 수출을 금지하면서 교역량도 급감한다. 18세기말 이후에는 홍삼의 수출을 통해 교역량이 다시 는다. 개항 직전 대중 무역은 연간 3백만 엔, 대일 무역은 연간 12만 엔 정도로 추산된다. 이는 당시 국내 총생산의 1.5%정도였다.[301]

개항 전 중국과의 조공무역이나 일본과의 교린무역은 모두 국가의 관리 하에 이루어졌다. 민간인들 간의 교역은 철저하게 봉쇄되어 있었다. 조선 사람들은 살아가는데 필요한 모든 것을 다 자체적으로 생산하고 있었다. 기이한 외국의 물품들을 사들임으로써 모든 이윤을 외국 상인들에게 넘기지 않는다면 조선은 손해를 보지 않고 자급자족하면서 살 수 있다고 생각했다. 따라서 국가경제와 재정을 바로잡기 위해서는 외국과의 교역을 중지해야 한다고 생각했다.[302]

1866년에도 같은 논리에 의거하여 대원군이 서양문물의 수입을 금지한 바 있다. 1876년에도 조선의 위정자들은 똑 같은 논리로 개국에 반대하였지만 일본과의 전쟁을 피하기 위하여 개항을 할 수 밖에 없었다.

그러나 조선 조정은 「강화도 조약」을 맺으면서도 외국산 물품들이 국내에서 유통되는 것을 막기 위하여 신헌에게 조선 쌀의 해외 반출을 금지하는 조항을 넣도록 한다. 물론 이러한 시도는 실패로 돌아간다.[303] 1876년 7월 6일(음)과 8월 24일(양) 체결한 「조일무역규칙(朝日貿易規則)」 제 6칙은 「이후 조선국 항구에 거주하는 일본 인민은 양미(糧米)와 잡곡을 수출, 수입할 수 있다.」고 한다.[304] 그러나 조선 조정은 외교와 통상은 별개라는 사실을 거듭 강조한다. 이 역시 통상을 조정이 통제하려는 의도였다.[305]

조선은 국제무역을 위한 자원도, 경험도, 의지도 없었다. 강화도 조약의 체결도 이러한 세계관에 아무런 변화도 가져오지 못했다. 개항장에서 일본 상인들의 상행위는 어쩔 수 없이 허가해야 하는 것으로 생각했다. 1880년 원산이 제 2의 개항장으로 선정될때까지 강화도 조약의 효력이 미치는 곳은 부산항이 유일했다.[306]

그럼에도 불구하고 개항은 조선이 바깥 세상과 교류하는 방식을 근본적으로 바꿔 놓는다. 조선이 폐쇄 경제에서 개방 경제로 바뀌는 순간이었다.[307] 외국과의 불평등 조약은 외국 상인들이 관세만 내면 국가의 통제를 벗어나 조선의 민간인들과 자유롭게 무역할 수 있는 체제였다. 1882년 「조청상민수륙무역장정」으로 조선과 청 간의 무역도 처음으로 육로가 아닌 개항장을 중심으로 하는 무역 체제로 바뀐다. 그리고 개항 전의 조공무역이 정부간의 교역이었다면 개항이후의 조-중

무역은 민간인들 간의 무역 형태로 자리잡는다.[308]

1882년 이후 무역에 대한 조선 조정과 조선 사람들의 인식은 점차 변하기 시작한다. 외국과의 교역은 더 이상 국내경제에 대한 위협으로 간주되지 않는다. 정부는 전통적으로 상업을 억압하던 정책을 바꾸기 시작하면서 일부 계층에게만 주었던 독점권들을 폐지함으로써 상업을 장려하고자 한다. 이로써 상업이 자유화되고 양반 계층도 상업에 종사하는 것이 가능해졌고 사회적으로도 용인되기 시작한다.

조선인들의 상회 설립도 권장되지만 이들을 재정적으로 뒷받침 해줄 제도적인 장치는 마련되지 않는다. 상업을 터부시하지는 않지만 상업과 경제를 발전 시키고자 하는 국가적인 청사진이나 의지, 이해는 여전히 태부족이었다. 결국 개항 이후에도 조선경제는 기본적으로 비-상업적인 경제로 남는다. 따라서 정부가 아무리 독점권을 폐지하고 특수 상인 계층에 대한 보호를 풀려고 해도 재정적으로 자립이 불가능한 상인들은 결국은 정부의 보호를 요구할 수 밖에 없게 된다.[309]

특히 낙후된 화폐제도는 교역의 발목을 잡는다. 전근대적인 경제 체제는 새로운 조선의 상회들이 자랄수 있는 토양을 제공해주지 못한다. 조선 조정은 여전히 경제에 대한 이해도, 관심도 부족했고 경제발전을 위한 개혁의 필요성도 이해하지도 느끼지도 못했다.[310]

1) 부산

조선은 강화도 조약의 의미를 이해하지 못했다. 「개국」이나 「개항」을 했다는 의식도 물론 없었다. 초량진에서 일본 상인들이 과거와 같이 무역을 할 수 있는 권리를 다시 확인해 준 것 뿐이었다. 변화가 있다면 과거에는 왜관에만 국한되었던 일본 상인들의 활동반경이 넓어졌다는 것 정도였다. 반면, 일본은 페리제독의 미국 함대가 「가나가와 조약」을 통하여 일본을 「개국」시켰듯이 구로다의 함대가 「강화도 조약」을 통하여 조선을 「개국」시켰다고 생각했다.

조선을 개국시킨 일본은 곧바로 조선과의 교역을 증진시키는데 착수한다. 강화도 조약을 체결한 일본의 협상단은 조선의 경제적 가능성을 면밀히 조사한 뒤 초량진에서의 무역을 정상화시키는데 우선순위를 두기로 한다. 이에 일본 정부는 초량진에 무역대표인 「간리칸(管理官, 관리관)」을 파견하여 일본과 조선 간의 무역을 진흥시키고자 한다. 간리칸에게는 동래부사와 동급으로 직접 대할 수 있는 권한을 부여한다. 조선에는 아직 일본 외교관이 상주하고 있지 않았기 때문에 간리칸에게 조-일간의 외교 문제도 전담 하도록 한다.[311]

첫 무역 관리관으로는 외무성의 곤도 마스키(近藤眞鋤, 1840~1892)가 임명된다. 1876년 10월 31일 임명장을 받은 곤도는 3주 후 부산에 부임한다. 곤도는 12월 12일과 13일 동래 부사 홍우창(洪祐昌, 1819~1888)과 만난다. 비록 조약은 체결되었지만 왜관을 둘러싸고 있던 감시 망루의 철거 문제, 일본인 거주지의 세를 주는 문제, 그리고 일본 상인들이 내륙 어디까지 왕래할 수 있는지 그 활동 반경을 설정하는 등 후속 조치들이 아직 많이 남아 있었다.[312]

가장 시급한 것은 부산에 일본인 거주지를 건설하는 일이었다. 곤도는 왜관에서 내륙으로 향하는 쪽에 있는 망루 두개를 철거할 것을 요구하지만 홍우창은 그 망루들이 없이는 일본인들의 움직임을 통제할 수 없을 것을 우려하여 주저한다. 결국 망루 하나만 철거하고 나머지 한개는 조선 조정이 해관(海關) 자리를 정한 후에 철거하기로 한다. 그리고 해관은 조선 사람들이 그 운영 방법을 모르는 관계로 일본의 무역 관리관이 업무를 대신 관장하도록 합의한다.[313]

가장 민감한 문제는 일본 상인들의 행동 반경을 정하는 일이었다. 「조일수호조규」의 「부록」 제 4관은 「이후 부산 항구에서 일본국 인민

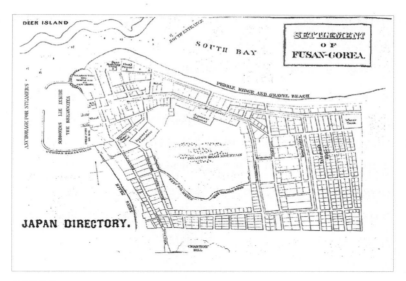

초기 부산 지도

이 통행할 수 있는 도로의 이정(里程)은 부두로부터 기산(起算)하여 동서남북 각 직경 10리로(조선의 이법(里法)) 정한다. 동래부 중의 한 곳에 있어서는 특별히 이 이정 안에서 오갈 수 있다. 일본국 인민은 마음대로 통행하며 조선 토산물과 일본국 물품을 사고 팔 수 있다」고 하였다.[314] 그러나 조일 양측은 「10리」를 측정하는 방법에 대해 이견을 좁히지 못한다.[315]

곤도 마스키와 홍우창은 1877년 1월 30일 부산의 일본인 거주지 관리 규정을 담은 「부산구 조계 조약(釜山口租界條約)」에 서명한다. 후에 인천이나 원산에 건설하게 되는 외국인 거주지와는 달리 부산의 일본인 거주지는 개인이 아닌 일본 정부가 땅을 조선 정부로부터 임대하기로 한다. 임대료는 1년에 50엔으로 책정하고 매년 11월 1일 납부하기로 한다. 일본인 거주지 내의 도로, 하수 등은 일본 정부가 책임지기로 하고 방파제의 유지와 보수는 조선 정부가 책임지기로 한다.[316]

부산 내의 일본인 거주지 관리 규정이 정해지자 「강화도 조약」 체결 1년 만에 2백 개의 일본인 상회가 부산에 문을 연다.[317] 일본 상인들의 유입이 급증하면서 일본인 거주지 건설이 활발히 이루어진다. 길은 「벤텐도리(弁天町)」와 「혼쵸도리(本町通)」의 두개 지역으로 나누어진다. 창고들은 거주지의 해안가를 따라 지어졌고 무역 관리관의 사무실은 항구를 마주보는 혼쵸도리에 세워진다. 1876년 11월에는 우체국이 세워지고 1877년 봄에는 일본 해군 군의관이 상주하는 병원인 「제생의원」이 개원한다. 이 병원은 일본인과 조선인 환자를 모두 받는다. 1878년 초에는 법원이 세워진다. 해관은 1878년 왜관에서 항구의 북쪽으로 옮겨져 일본 배들의 항구세를 걷는 역할을 한다. 일본인 거주지 내의 공공질서 문제는 일본 상인대표들로 구성된 자치위원회가 무역 관리관의 감독 아래 결정하도록 한다.[318]

일본 상인들의 가족들도 부산으로 이주하기 시작하면서 일본인 거주민 숫자가 급격히 늘자 부산의 조선 관리들은 당황한다. 조선 관리들이 항의하자 일본 무역 관리관은 일본 상인들의 행동 반경을 철저히 준수하도록 하고 감독을 강화한다. 조선 조정은 일본인 거주지 외곽에 규검감관(糾檢監官)을 두어 일본인들의 왕래를 규제한다.[319] 1877년 여름에는 3명의 조선 여인이 몰래 일본인 거주지를 드나들다 잡혀서 참수된다. 이 사건으로 동래 부사 홍우창과 부산진 군사령관 임백현은 해임된다.[320] 그러나 일본인 거주민들의 숫자가 늘면서 일본인과 조선인들이 섞이는 것은 일상적인 일이 되어버린다.

교역을 증진시키기 위해서는 안정된 화폐와 금융제도가 필수였다. 일본은 당시 조선의 화폐 경제가 얼마나 낙후되어 있는지 잘 알고 있었다. 따라서 일본 정부는 조선 정부에 새로운 동전을 주조하여 유통시킬 것을 권한다. 그러나 조선 조정은 새로운 동전을 대규모로 주조하여 유통시킬 수 있는 능력도 없었을 뿐만 아니라 여전히 화폐를 사행심만 조장하는 부도덕한 것으로 생각하여 거절한다.

결국 「조일수호조규」의 「부록」 제 7관은 「일본국 인민은 본국의 현행 여러 화폐로 조선국 인민이 소유한 물품과 교환할 수 있으며, 조선국 인민은 그 교환한 일본국의 여러 화폐로 일본국에서 생산한 여러 가지 상품을 살 수 있다. 이러므로 조선국의 지정된 여러 항구에서는 인민들 사이에 서로 통용할 수 있다. 조선국 동전은 일본국 인민이 운수 비용에 사용할 수 있다.」라고 규정한다.[321] 부산에서 일본 화폐를 통용할 수 있도록 한 것이다.

금융의 중요성을 알고 있던 일본 상인들은 부산에 은행을 설립하는 일에도 적극 나선다. 부산에서 조일 무역에 앞장서고 있던 오쿠라 기하치로(大倉 喜八郎, 1837.10.23.~1928.4.5.) [오쿠라에 관한 자세한 내용은 제2권, 제 7장 참조] 는 「다이이치깅코(第一銀行, 제일은행)」 은행장 시부사와 에이이치(渋沢栄一, 1840.3.16.~1931.11.11.) 에게 부산에 지점을 열어줄 것을 부탁한다. 그러나 당시 「다이이치깅코」 은행 내부에서는 부산에 지점을 여는 것은 시기상조라고 반대하는 의견이 비등한다. 그러자 오쿠라와 시부사와는 둘이서 함께 부산에 은행지점을 개설하기로 하고 1877년 8월, 재무성에 10만 엔 대출을 신청한다.

그러나 당시 「세이난 전쟁」을 치르고 있던 일본 정부는 돈을 빌려줄 여력이 없었다. 정부로부터 대출을 받지 못하게 되자 시부사와는 개인적으로 은행을 개설하기로 하고 1878년 봄, 재무성으로부터 5만 엔을 대출 받고 3월 부산에 「다이이치고쿠리츠깅코(第 1 國立銀行, 제1 국립은행)」 지점을 개설하고 6월 8일 영업을 시작한다.[322]

은행지점은 대 성공이었다. 환어음(bill of exchange)발행, 대출, 예금, 환전 등의 서비스를 제공하면서 은행이 번창하자 일본 재무성으로부터 추가로 1만 엔을 더 대출 받아 유동자본화 하여 다양한 금융상품을 제공하면서 무역을 지원한다. 1878년 후반부터는 우표와 수입인

시부사와 에이이치. 좌 1866, 우 1876

1910년대 초의 시부사와 에이이치. 「일본 자본주의의 아
버지」로 불린다.

지를 발행할 권리를 획득하고 일본 무역 관리관의 금융 대행인이 되
고 「토쿄가이조호켄가이샤(東京海上保險会社, 동경해상보험회사)」의 업
무도 대행한다.[323]

일본은행 지점의 개설은 일본 상인들의 든든한 후원자가 된다. 그리
고 일본 엔화가 부산에서 광범위하게 통용되는데 결정적인 역할을 한
다. 상평통보는 부피가 크고 무거워서 소액거래를 위해서도 조선 상인
들은 하인들을 시켜서 돈꾸러미를 대량으로 들고 와야 했다. 조선 화
폐와 일본 화폐 간의 환율도 기복이 심하여 사용이 불편하였다. 그러
나 조선 사람들은 일본 화폐를 사용하는 것을 싫어한다. 결국 큰 규모
의 상거래는 주로 물물 교환형태로 이루어진다. 1879년, 일본 정부는
다시 한번 조선 조정에 새로운 탄광을 열어서 새 동전을 주조하여 유
통시킬 것을 제안한다. 그러나 조선 정부는 이 역시 거절한다.[324]

부산에 진출한 일본 상인들은 일본 정부의 적극적인 지원을 받는
다. 반면 조선 상인들은 조선 조정으로부터 아무런 도움도 받지 못한
다. 왜관 초입에 설치되었던 망루들이 철거된 후 조정의 감독이 소홀

개항초기의 부산항

해지면서 조선인들이 대거 일본인 거주지로 유입된다. 조선 행상인들은 죽과 막걸리를 팔기 시작했고 길거리에 좌판을 깔고 담배와 담뱃대를 팔기도 했다. 일본 상인들에게 고용되는 조선인들도 생기기 시작한다. 그러나 일본 상인들은 믿고 거래할 수 있는 조선 상인들을 찾는데 어려움을 겪는다.

1877년 가을, 일본의 무역 관리관은 조선 관리들의 허가를 받고 무역 박람회를 개최한다. 자유무역의 시대가 열렸음을 축하하는 동시에 양국의 산품이 어떤 것이 있는지 보기 위해서였다. 무역박람회는 매월 10월에 열린다.[325]

그러나 일본인 거주지에 진출한 조선의 행상들은 일본 상인들의 수요를 충족시키지 못한다. 일본 상인들이 거주지역을 벗어나 조선의 내지로 진출하는 것이 금지되어 있는 상황에서 일본인 거주지역으로 물건을 갖고 들어오는 조선 상인들에 의존할 수 밖에 없었다. 부산은 낙동강 어귀에 위치하여 경상도의 산품들을 받을 수 있는 유리한 입지조건을 갖추고 있었다. 낙동강 자체가 물품을 손쉽게 운반할 수 있는 최상의 교통수단도 제공한다.

이러한 여건을 십분 활용하기 위해서 일본 상인들은 낙동강 유역

의 객주와 여각에 의존하기 시
작한다.[326] 이들은 포구에서 활
동하던 상인이며, 객주나 여각
은 각 지방의 상인들이 물품을
싣고 포구에 들어오면 그 상품
의 매매를 중개하고, 부수적으
로 운송, 창고, 숙박, 대출업 등
의 영업도 하였다. 이들은 지방
의 산품들을 구입하여 일본인

개항기 부산부두

거주지로 운송해 온 다음 일본으로부터 수입된 물품으로 교환하여 다
시 보부상을 통하여 내지의 장마당에서 팔게 한다.[327]

이러한 무역구조의 가장 큰 문제점은 조선 상인들의 재정적 취약성
이었다. 이를 보완하기 위하여 일본 상인들은 자신들의 거래처인 조
선 상인들에게 대출을 해 주는 등 그들의 상행위를 보다 원활하게 돕
기 위한 방안들을 모색하기도 했다. 그러나 이는 많은 문제점을 야기
한다. 돈을 빌려간 사람들은 강도를 당하기도 하였고 중간의 중개인
들은 자금을 유용한다. 조선 상인들은 재정이 취약하여 많은 양의 물
품을 살 수 없었다. 부산에서의 무역은 조선 상인들의 부실과 부도로
1880년대 초반 위축된다.[328]

기록에 의하면 1885년 음력 1월에서 5월 사이 부산의 일본상인에
게 돈을 빌린 후 갚지 못하여 고발 당한 조선인은 경상도, 전라도 각지
에 걸쳐 있었고 부채액은 적게는 1백 냥에서 많게는 3천 5백 냥에 이
른다. 1894년 집계에 의하면 조선인들이 부산항의 일본 상인에게 진
부채의 총액은 14만 냥에 달한다.[329]

여기에 부산의 조선 관리들의 부패 역시 무역을 위축시킨다. 관리들
은 대리인들을 시켜 조선 물품을 아주 싼 가격에 매입하여 일본인들

에게 많은 이윤을 남기고 팔기 시작하면서 개인적으로 막대한 이득을 취한다. 그리고 감독의 부실, 때로는 관리들의 적극적인 가담 하에 밀무역이 성행한다.[330] 1882년에 이르면 이러한 관행이 교역을 심각하게 위축시킨다. 일본 상인들은 조선관리들의 부패상을 거듭 고발한다.

2) 원산

1879년 8월에 「원산진개항예약(元山鎭開港豫約)」[331]을 체결 한 후 몇 개월에 걸친 지리한 협상 끝에 1880년 5월 1일 원산이 개항한다. 일본 정부는 원산 개항을 중시했다. 조선반도에 또 하나의 중요한 교두보를 마련하게 되었을 뿐만 아니라 블라디보스톡과의 점증하는 교역을 위한 교두보 역할도 해줄 것으로 기대했기 때문이다. 1880년 2월 28일, 조선의 개항장에 파견된 무역 관리관의 지위는 영사로 격상된다. 곤도 마스키 역시 부산의 영사로 지위가 격상되고 원산에는 마에다 겐이치가 총영사로 부임한다.[332]

조선측에서는 조약이 체결되기도 전에 의정부가 덕원부사를 당상관(정 3품)으로 격상시킨다. 1876년 강화도 조약 체결 직후 제 1차 수신사로 일본을 다녀온 김기수가 1879년 8월 17일 덕원부사에 임명된다.[333] 고종은 사폐하러 온 김기수에게 다음과 같이 하교한다.

> 덕원(德源)은 지금 이미 개항하였으니 예전에 등한히 여기던 때와 같을 수 없다. 이미 수신사(修信使)도 지냈으니 반드시 일본의 정형(情形)과 외교 관계 등의 문제를 자세히 알 것이다. 모름지기 잘 조처해서 두 나라 사이에 말썽이 생기지 않도록 하는 것이 좋겠다. 또 이곳은 능침(陵寢)이 멀지 않으니 경계를 정할 때에 잘 효유(曉諭)하여 그들이 소중한 곳 근처를 왕래하지 않도록 해야 할 것이다.[334]

덕원부의 규정은 동래의 것들을 그대로 따랐다. 덕원부사의 휘하에는 훈도, 어학생, 그리고 동래에서 임시로 보내준 통역관들이 있었다.[335]

1879년 10월 3일, 하나부사 요시모토(花房義質, 1849.2.10.~1917.7.9.)는 원산에 탐사대를 이끌고 나타난다. 「다코마루호」에 부산 무역관리관인 곤도 마스키와 마에다 겐이치, 비서 2명과 다수의 호위 군사, 그리고 14명의 일본 상인도 타고 있었다. 그 중에는 「다이이치긴코(제일은행)」부산 지점장도 포함되어 있었다. 하나부사의 임무는 항구의 상태와 그 지역과 지역민들에 대한 조사였다. 곤도와 마에다는 김기수와 만나 일본인 거주 지역을 구획하는 것과 거주지 내외의 도로망 정비, 그리고 둑의 건설을 논의한다.[336]

영흥만 남쪽 끝에 위치한 원산은 갈마반도가 방파제 역할을 해 준다. 깊은 수심과 쉽게 접근할 수 있는 입지여건을 갖춘 부동항으로 부산과 블라디보스톡 중간 지점에 위치한 원산은 극동의 가장 훌륭한 항구의 하나로 손 꼽혔다. 개항 당시 원산에는 2천 채 정도의 초가집이 있었다. 주민들은 농사, 수산업, 상업, 주조, 짚신, 직물제작 등으로 생계를 이어가고 있었다. 220km 떨어진 한양과의 유일한 교통수단은 도보로 갈 수 있는 좁은 도로가 전부였다.[337]

원산의 일본인 거주지역 건설은 1880년 봄에 시작된다. 마에다 겐이치 총영사는 5월 20일 「아키츠시마마루」를 타고 도착한다. 예상 보다 훨씬 많은 일본 상인들이 고베, 오사카, 그리고 부산에서 그와 합류하여 원산에 도착한다. 배에는 새 항구에서 생활을 시작하는데 필요한 목재와 식료품을 가득 싣고 오느라 오고 싶어하는 상인들 중 많은 이들이 승선하지 못한다. 마에다는 23일 총영사와 우체국장의 임무를 시작한다. 그는 통역사와 호위 군사들도 거느렸다. 며칠 후 그는 덕원부사 김기수와 만나 거주지역 건설문제를 논한다.[338]

일본인 거주 지역의 규모는 부산의 것을 따르기로 한다. 현지 주민들, 특히 유림의 반대에도 불구하고 영사관을 비롯한 몇 채의 집 건설 공사가 원산 서북쪽 3km 정도 떨어진 습지에 시작된다. 처음 이주해 온 일본인들은 일본화된 유럽풍의 집을 일본에서 가져온 목재로 건축한다. 9월 중순이 되면 100채 이상의 집과 석탄 저장고가 완성된다. 도로를 내는 것은 일본, 방파재와 둑을 건설하는 것은 조선의 몫이었다. 조약에 합의한 대로 일본인들은 반경 10리 안에서 자유롭게 이동할 수 있었다. 동래의 경우와 같이 덕원부도 일본인들이 자유롭게 왕래할 수 있었다. 반대로 조선 사람이 사전 허가 없이 일본인 거주 지역에 드나드는 것은 엄격히 금했다.[339]

그러나 원산에서의 무역은 쉽게 활성화되지 않는다. 가장 큰 문제는 사업을 시작하는데 드는 기본 자금이었다. 부산의 경우와 같이 일본 정부는 일본상인들에게 10만 엔 장기융자를 해준다. 그러나 조선 상인들에 대한 조선 정부의 지원은 없었다.

또 다른 장애물은 교통과 운송수단이었다. 원산을 연결하는 항로가 수지를 맞추기 힘들것을 염려한 미쓰비시의 이와사키 야타로는 일본 정부에 첫 5년 간 증기선이 매회 왕복 할 때마다 최소한 2천 엔의 보조금을 줄 것을 요청한다. 일본 정부는 2달에 한번 증기선을 왕복시키는 조건으로 10만 엔을 보조금으로 우선 지급한다. 그러나 일본 상인들은 한 달에 한 번 배를 왕복시킬 것을 요구한다. 1881년 초부터는 일본과 원산을 증기선이 한 달에 한 번 왕복하기 시작한다. 시부사와 에이치의 요청에 따라 일본 정부는 원산에 1만 엔을 더 풀어서 화폐의 유통을 진작시킨다.[340]

일본 거주지는 급속히 팽창한다. 1880년 여름이 되면서 일본인 숫자가 항구를 경비하는 군인과 경찰을 포함하여 200명을 넘는다.

1883년 원산을 방문한 미국 해군 소위 조지 폴크는 원산항의 건축과 상인들의 활력을 볼 때 원산에 정착한 일본인들이 부산의 일본인들보다 우월한 계층으로 보인다고 한다.[341]

원산에는 미쓰비시, 스미토모, 이케다, 다이이치깅코 등의 대표들이 정착한다. 부산에서와 같이 다이이치깅코는 원산의 일본인 관리관(영사관)의 금융거래를 대행한다. 마에다 총영사는 매우 조심스럽게 조선인들과의 거래를 시작한다. 외국인들과 상거래를 하는 것에 대해 조선 사람들이 어떤 반응을 보일지 조심스러웠기 때문이다. 그러나 우려와는 달리 원산 주민들은 교역을 거부하기는커녕 조선의 물건을 살 것을 적극 권장한다.[342]

원산에는 제법 큰 장이 서고 있었다. 장이 서는 날에는 삼베, 담뱃대, 담배, 붓, 먹물, 바늘, 식료품과 같은 현지 산물과 중국으로부터 온 장신구 등이 팔렸다. 곡물, 생선, 야채, 자기, 놋그릇, 소 등도 팔았다. 일본은 부산에서 처럼 일본 물품과 조선 현지 물품을 전시하는 박람회를 개최한다. 수 많은 사람들이 와서 구경을 하지만 물건을 사는 사람은 거의 없었다.[343]

원산의 개항은 부산의 개항에 비하여 순조롭게 진행되었다. 조선, 일본 양측이 부산 개항의 경험으로부터 배웠기 때문이다. 경제적인 측면에서 원산은 규모가 훨씬 큰 부산의 그늘에 가려진다. 그러나 일본은 원산을 개항시킴으로써 조선에 대한 중요한 외교적 교두보를 마련한다.[344]

3) 제물포

제물포에는 개항 당시 15채의 집이 있었다. 군 소재지였던 인천은 제물포 남쪽에 위치해 있었다. 인천에는 185가구 750명이 살고 있었

1885년 부두를 축조 중인 제물포 항

1890년 제물포

다. 기와집은 군수와 그의 부관의 관사, 향교 등 3채 밖에는 없었다고
한다.[345] 제물포가 1883년 1월 1일 개항하면서 군 소재지도 제물포로
이전되면서 제물포가 인천으로 불리게 된다.

인천의 외국인 거주지역은 부산이나 원산의 것과는 달랐다. 부산의
일본인 거주지역은 1876년 강화도 조약으로 왜관의 경계가 사라지고
확장되면서 형성되기 시작하였다. 원산의 일본인 거주지역은 의도적
으로 부산의 모형을 따랐다. 부산이나 원산의 일본인 거주지역은 순
전히 일본사람들의 거주를 위하여 개발되었다. 당시까지만 해도 조선
과 무역을 하는 나라는 일본 밖에 없었다. 조선 조정은 일본 정부로부
터 일년에 50원을 받고 땅을 임대하여주었다. 계약 만료일 등은 명시
하지 않았다. 일본인 거주지역을 유지하고 운영하는 것은 어디까지나
일본 정부의 책임이었으나 조선정부는 이들 지역에 대한 순찰권은 유
지하였다.[346]

인천은 달랐다. 조선 정부는 인천에 모든 외국인들이 함께 거주하
는 지역을 건설하고자 하였다. 일본에 인천을 개방한 것은 구미열강
들과의 수호조약을 체결하기 전의 일이었기 때문에 일본은 일찌감치
인천에 자리잡기 시작한다. 1882년 4월, 부산의 일본인 거주지역 개
발을 주도했던 곤도 마스키는 인천이 공식적으로 개항하기도 전 인천
영사에 임명되어 개항 준비를 시작한다. 그는 해안가에 가까운 곳에
판자집 몇 채를 짓는다.[347] 그해 여름 하나부사는 외무성에 부두와 거

주지 설계와 건설을 추진해줄
것을 거듭 요청한다. 7월 중순
에는 몇 명의 일본 공사관 직
원들이 일본인 거주지역을 구
획한다. 1882년 임오군란으로
일시 중단되었던 작업이 다시
속개되면서 인천항은 공식적
으로 1883년 1월 1일 개항한
다. 8월 30일 추가적인 합의에
따라 3개 개항항의 외국인 여

1890년대 후반의 인천항

행허가 반경이 10리에서 30리로 늘어난다.[348]

　인천이 개항하자 가장 먼저 이주하여 자리잡기 시작한 것은 일본인
들이었다. 1883년 여름이 되면 이미 목조 주택이 여러채 세워진다. 조
선 조정은 일본과 별도의 합의를 하는 것을 꺼렸다. 그러나 일본 상인
들의 급속한 유입과 관세부과 개시일이 다가오면서 별도의 합의는 피
할 수 없게 된다. 가을이 되어 묄렌도르프는 일본이 더 이상 건물을 짓
지 못하도록 하는 합의를 볼 것을 종용한다.

　1883년 9월 30일, 민영목과 다케조에 신이치로는 일본인 거주지
에 관한 합의문에 서명한다. 제1조에 의하면 외국인 거주지의 일부
를 일본인들에게 할당하기로 하고 조선 조정이 공개 입찰에 올리는 땅
을 일본인 개인들이 임차하는 것으로 한다. 임대료는 조선의 무역사
무에게 내기로 한다. 임대료의 1/3은 조선조정이 갖고 나머지 2/3은
일본 영사와 조선의 무역사무가 공동으로 관리하는 공동관리기금에
넣는다. 공동기금은 도로, 수로, 다리, 가로등, 경찰 등 조약항의 관리
에 사용하도록 한다. 조선 조정은 1년 후 이러한 시설들의 공사를 완
성한다.[349]

1883년 이후 일본 상인들은 중국 상인들과 경쟁해야되는 입장이 된다. 1882년 8월 23일 조선과 청이 체결한 「조청상민수륙무역장정」은 중국의 상인들이 한양의 양화진에서 무역을 할 수 있는 특권을 준다. 따라서 인천은 한양에서 장사하는 중국 상인들에게는 물자를 들여오는 항구로 특히 중

애스턴

요해진다. 1883년 말이 되면 인천에 중국 상인들의 가게가 63개나 들어선다.[350]

중국인 거주지역 구획과 건설은 1883년 12월 묄렌도르프와 진수당이 다녀간 후 1884년 1월에 시작된다. 1884년 4월 2일, 중국인 거주지에 대한 조약이 체결된다. 중국인 거주지역은 일본인 거주지역의 북서쪽 언덕으로 결정된다. 진수당은 조선 정부에 빠른 결정을 요구하였고 중국인들의 전통적인 건축자재인 벽돌을 제조할 수 있는 공장 부지에 대한 허가를 내려줄 것을 요청한다.[351]

주일 영국 영사 애스턴(William George Aston, 1841.4.9.~1911.11.22.)은 1883년 봄에 제물포를 방문하여 영국 영사관 부지를 직접 고른다.[352] 조선 정부는 원래 유럽인들의 거주지역을 월미도에 건설할 것을 제안한다. 그러나 서방 국가들의 대표들은 이를 거부한다. 1884년 5월 1일, 푸트 공사는 미국 영사관 부지를 찾았고 파크스 주일 영국 공사와 함께 비공식적으로 유럽인들 거주지역을 선택한다. 1884년 10월 3일, 미국, 영국, 일본, 중국, 독일 등은 조선과 외국인 일반 거주지

에 관한 합의를 조선조정과 체결한다.[353]

　일반외국인 거주지역은 64만 7천 107제곱미터였다. 대부분 언덕에 위치해 있었고 일본인과 중국인 거주지역을 둘러싼 지역이었다. 조선인들은 이 지역 내에서는 개인적으로 땅을 소유하거나 임차할 수 없었다. 다른 외국인들은 일본이나 중국인 거주지역에 거주할 수 없었던 반면 중국인이나 일본인은 일반외국인 거주지역에 거주할 수 있었다.[354]

　외국인 거주지역 외곽에는 「코리아 타운」이 형성된다. 조선 상인들의 유입도 1884년 봄 이후 급속히 늘어난다. 1885년에는 120채의 집에 700명의 조선인이 거주하고 있었다. 초대 「감리인천통상사무」에는 조병직(趙秉稷 1833~1901)이 1883년 9월 19일 임명된다. 조병직은 신사유람단의 일원으로 일본을 다녀왔고 특히 요코하마 항을 시찰하고 왔다. 조병직의 임무는 조선인들과 외국인들의 관계를 관리하고 외국인 대표들과 상의하여 통상과 외국인 거주지역 관련 모든 행정을 책임지는 것이었다. 그는 제물포의 경찰도 맡았지만 1884년 5월에는 별도의 경찰이 임명되고 10명의 순포(경찰)가 배당된다. 감리의 사무소는 해안가의 한옥이었다. 조병직의 후임은 1884년 4월 홍순학(洪淳學, 1842~1892)이 임명된다. 1885년 부터 홍순학은 인천부사도 겸임한다.[355]

　1884년 초 일본인 상점은 거의 100개 점포에 달했다. 일본 영사는 일본인 거주지역의 확장을 신청한다. 유럽풍으로 지어진 일본인 영사관은 제물포에서 가장 화려한 건물이었다. 부둣가에는 수 많은 창고들이 지어졌고 8월에는 병원설립 계획도 수립된다. 1884년 봄부터는 산동과 봉천으로부터 수많은 중국 상인들이 모여들기 시작한다. 이들은 대부분 제물포에 거주하기 보다는 개항항 사이를 오가면서 장사를 했다. 1883년에는 63명이었던 중국인 상인은 이듬해에는 235명으로 는다.[356] 반면 서양인들의 거주지역 개발은 상대적으로 느렸다. 1885

년에도 서양인들의 집은 불과 146채에 불과했다.[357]

　제물포와 한양을 잇는 길은 주로 당나귀와 노새가 손님과 화물을 실어날랐다. 1883년에는 길을 넓히는 공사를 한다. 좋은 말로는 4시간이면 주파할 수 있는 거리였다. 제물포와 한양을 잇는 또 다른 방법은 한강을 통해서 마포나루로 통하는 뱃길이었다. 그러나 조수의 차이를 예측하기 힘들어 대부분은 육로를 선호했다.[358]

　1880년대 초반 한양의 인구는 20만이었다. 한양과 양화진이 개방되면서 1883년 말에서 1884년 말, 한양의 중국인 상인 숫자는 59명에서 352명으로 급증한다. 중국 배들은 인천에서 화물검사를 받고 관세를 내고 나서야 한강을 따라 한양으로 거슬러 올 수 있었다. 마포에서 인천으로 돌아가는 뱃길도 마찬가지 절차를 거쳐야 했다. 한양에는 외국인 거주지를 위한 별도의 조약이나 협약이 체결되지 않았다. 따라서 외국인들은 한양에서 자유롭게 땅을 사고 거주할 수 있었다.[359]

　중국인들에게 부산은 인천만큼 중요하지 않았다. 더구나 일본인들이 독점하고 있는 상권에 진출하는 것은 매우 어려웠다. 1883년 가을, 두 명의 중국인 상인들이 부산에 일본인으로부터 점포를 임대하고 개업한다. 일본 영사는 곧바로 폐점을 명한다. 진수당이 이에 항의하자 조선 조정은 묄렌도르프를 보내 사태를 파악하고 중국인들을 위한 주거지역을 알아보도록 한다. 그는 부산의 감리통상사무공서(監理通商事務公署) 초대 감리로 임명된 이헌영(李鏸永, 1837~1907)과 동행한다. 중국인들의 거주지역은 1884년 8월에야 청의 주 부산 무역 총관인 천웨이훈과 이헌영의 합의로 일본인 거주지역과 조선인 거주지역 사이의 초량에 정한다. 그러나 대부분의 중국 상인들은 인천을 거점으로 하였기 때문에 부산의 중국인 상인 숫자는 적었다.[360]

　원산도 상대적으로 발전하지 못한다. 1883년, 인천이 개항하면서 원산을 통한 한양과 평양의 무역은 인천으로 돌아간다. 일본인을 제외한 다른 외국인들을 위한 거주지역은 개발되지 않는다. 1884년 진수당이 원산을 방문하지만 이미 좋은 땅은 일본인들이 다 차지하고 있어 별도의 중국인 거주지역을 주장하지 않는다. 1884년 말 경에는 63명의 중국인 상인들이 원산에서 장사를 한다고 등록되었지만 대부분은 원산에 거주하지 않았다.[361]

외국인들은 거주지역 바깥에서도 규정된 거리 이내에서는 자유롭게 다니고 장사를 할 수 있었다. 1876년 8월 24일의 추가합의에 따르면 항구에 정박하는 지점으로부터 10리 이내로 활동반경이 제한되었으나 1882년 4월 30일 추가 합의에 따라 세 개의 개항항에서 모두 50리로 늘린다. 1884년 11월 29일에 체결된 합의문에는 100리로 늘어난다.

이 조약들은 외국인들에게 외국인 거주지역 바깥 10리 내에서는 땅과 집을 임대하거나 살수 있도록 한다.[362] 이 경계를 넘어 내륙으로 여행을 하기 위해서는 여권을 받아야 했다. 여권은 해당국 영사가 발행하여 조선 개항항의 감리가 서명해야 했다. 영국과 독일은 이어서 조선 내륙에서 조선의 상품들을 자유롭게 구매하고 동시에 모든 물품들을 팔 수 있는 허가를 받아낸다. 그러자 중국은 1884년 봄에 「수륙장정」제 4조를 개정하여 중국 상인들도 조선 내륙에서 자유롭게 무역을 할 수 있도록 한다.[363]

결국 외국인들을 개항항의 특별 거주지역에 국한시키고자 한 조약들은 모두 그 효력을 상실하고 외국인 상인들은 조선 어디에서나 자유롭게 장사를 할 수 있게 된다.

해운 회사

1901년 상하이 와이탄의 윤선초상국(輪船招商局) 건물

　개항항의 무역은 정기적인 해운이 있어야 가능했다. 1881년 초 부터는 미쓰비시의 증기선이 제물포를 1년에 두 번씩 운항하기 시작한다. 1882년 이후로는 시모노세키와 제물포 사이를 일본의 전함이 1달에 두 번씩 정기적으로 왕래한다. 일반 해운은 1883년 가을에 시작된다. 1883년 10월부터 「미쓰비시증기해운회사」는 1달에 한번 고베-나가사키-부산-제물포 항로를 연다. 미쓰비시 기선은 원산도 1달에 1회 다니기 시작한다.[364]

　청국 총판상무위원(淸國總辦商務委員) 진수당(陳壽棠)은 1883년 가을 「윤선초상(輪船招商局, China Merchants Steam Navigation Company)」을 대표하여 총세무사(總稅務司) 묄렌도르프와 협상을 시작하여 11월 5일 합의에 이른다. 「윤선내왕중국여조선국합약장정(輪船來往中國與朝鮮國合約章程)」이 체결됨으로써 상하이와 인천을 1달에 한번 오가는 정기 항로가 개설된다. 이 합의문은 1년에 한번씩 갱신하는 것으로 조선 정부가 1년 안에 윤선초상국이 보는 손실을 모두 보전해주는 것

을 조건으로 했다. 그 비용은 인천의 세관이 거두는 관세로 충당하기로 한다. 이 합의는 처음부터 중국이 조선에 대한 종주권을 강조하기 위한 정치적인 합의였다.[365]

첫 중국배「푸유(Fuyu)」호가 1883년 12월 17일 인천에 도착한다. 이 배는 진수당과 묄렌도르프를 태우고 부산으로 간다. 진수당은 이 항로가 적자가 날 것을 직감하고 묄렌도르프에게 계약을 수정할 것을 제안한다. 1884년 1월 11일 이 배가 비정기적으로 인천, 부산, 나가사키, 상하이 또는 상하이 나가사키, 원산, 인천, 옌타이를 오가도록 수정된「조중윤선왕래합약장정속약(朝中輪船往來合約章程續約)」을 체결한다. 그럼에도 불구하고 이 항로는 첫 3번의 항해에 적자를 기록하면서 4월에 중단 된다. 중국은 조선 조정에 배상을 요구한다. 이 당시에는 이미 상하이를 오가는 자딘-매터슨의「난징」이라는 증기 전세 배가 운항을 하기 시작한 후였다.[366]

최초의 서양회사

1883년에는 영국회사인「이화양행(怡和洋行, Jardin Matheson & Company)」의 클라크(B.A. Clarke)가 인천에 지점을 개설한다. 이화양행은 조선의 광산에 관심이 있었다. 1883년 7월 18일 9개월 간의 광물 탐사와 그 후 9개월 간의 탄광 설치를 허용하는 계약을 맺는다. 이윤의 30%는 조선 조정에 돌아가도록 한다. 1884년 여름에는 강원도에 탄광이 열려 50명의 인부가 일을 하기 시작한다. 그러나 탄광은 결국 실패하고 그 외에 강원도, 황해도, 평안도와 함경도에 탄광 탐사를 실시하나 지역 주민들의 훼방과 탄광탐사 허가의 대가로 조선 정부가 차관을 요구하자 1884년 탄광사업을 접는다.[367]

이화양행이 조선에 투자하고 싶어 한 또 다른 사업은 해운이었다.

1883년 11월 15일에 체결된 계약으로 상하이와 조선의 개항항을 정기적으로 오가는 증기선 항로가 개설된다. 이 항로에 투입된 「난징(Nanzing)」호는 격주로 운행하기로 한다. 그러나 이 항로는 처음부터 승객과 화물이 없어 적자에 허덕였다. 자르딘은 미쓰비시와 경쟁해야 했다. 자르딘은 부산에서 인천으로 가는 세금으로 거둬들인 쌀을 운반할 계약을 맺고자 하였으나 1884년 여름까지 지속된 협상에도 결론이 나지 않는다. 실적에 실망한 상하이의 이화양행 본부는 1884년 11월 15일부로 인천지부를 닫는다. 「난징호」도 서비스를 중단한다.

이화양행이 조선 사업에 실패한 가장 큰 원인은 조선 정부가 외국인과의 계약 체결을 제대로 하지 못해서였다. 묄렌도르프는 조선 정부를 대표하여 서양 회사들과의 모든 협상과 계약 체결을 주도한다. 그와 그의 조선인 부하들은 한양 주재 외교관들의 끊임없는 로비의 대상이었다. 묄렌도르프는 같은 계약을 두 회사와 동시에 맺는 일이 비일비재하였다. 이 때문에 조선 정부는 수 없이 많은 소송에 휘말린다.[368]

이화양행이 조선 지점을 폐쇄할 즈음, 독일 회사인 「세창양행 (Heinrich Constantin Edward Meyer & Company)」의 카를 볼터 (Carl Wolter) 대표가 「난징호」를 타고 상하이로부터 도착한다. 볼터는 조선 정부에게 조선군 훈련을 위해 독일 교관들을 사용하라고 설득하고자 온다. 독일제 무기도 팔기 위해서였다. 그러나 그의 시도는 결국 실패한다. 독일 정부가 특정 회사의 사업을 위하여 정부가 개입하는 것을 원치 않았기 때문이다. 그럼에도 불구하고 볼터는 장사를 잘한다. 조선 조정은 볼터를 통해 1885년 10월에 조폐 기계를 들여온다.

난징호가 상하이와 조선의 항구를 잇는 항로를 포기한 다음 유일하게 남은 것은 미쓰비시였다. 조선 정부는 볼터의 세창양행으로부터 배를 전세 내어 부산과 인천, 나가사키, 그리고 전라도의 항구를 잇게 한다. 이 항로는 이윤을 낸다. 정부의 쌀을 운송할 수 있는 권리를 땄기

인천의 세창양행 사택

때문이다. 조선 조정은 세창양행이 원하는 탄광 채굴권은 주지 않았
지만 일본에 진 빚을 갚기 위해서 돈을 빌리고 싶어한다. 1886년 1월
2일 체결한 계약에 의하면 세창양행은 조선 조정에 2만 파운드를 빌
려주고 분기마다 10%이자를 붙여서 2년 내에 갚기로 한다. 같은 날
마이어는 증기선으로 목포에서 인천 사이에 세금으로 징수한 쌀을 운
반하는 권리를 획득한다. 그러나 이 두 계약은 모두 청의 거부로 결국
취소된다.[369]

조선의 개항 후 본격적으로 조선 무역에 뛰어든 첫 미국 상인은 월
터 타운센드(Walter D. Townsend)였다. 그는 1884년 4월, 「동남제도
개척사 겸 관포경사」에 임명되어 3번 째 일본을 방문한 김옥균을 만
나 울릉도 벌채권을 수주한다. 5월 초, 타운센드는 김옥균과 함께 조
선에 도착한다. 그후 그는 조선 정부가 운영하는 농장을 대신하여 미
국으로부터 가축을 수입하고 대궐에서 사용할 식기와 가구, 그리고 총
포를 수입한다. 1885년 5월까지 1년 사이에만 17만5천 달러 어치의

장사를 한다. 그는 쌀 무역에도 간여한다. 그러나 그의 울릉도 벌채권은 조선의 통리교섭통상사무아문이 영국 상인 미첼(J.F. Mitchell)과 1884년 12월에 이중 계약을 체결함으로써 타운센드는 통리교섭통상사무아문과 지리한 논쟁을 벌여야 했다.[370]

세창양행 앞의 마이어 (오른쪽 앞줄), 중앙의 조선인은 당시 인천 감리였던 홍순학으로 추정됨

1884년 7월에는 미국인 존 미들턴(John Middleton)과 영국인 헨리 그리블(Henry Gribble)이 미국 회사 미들턴(Middleton and Company)을 대표하여 증기선 운항 회사를 설립하고 조선 조정으로부터 조선의 해안과 강, 개항하지 않은 일부 항구도 항해할 수 있는 권리를 획득한다. 미국인 뉴웰(W.A. Newell)은 1885년 11월 조선 해안에서 진주를 캘 수 있는 권리를 얻는다. 그러나 서양의 상인들은 모두 인천에서만 사업을 한다. 부산이나 원산에 본부를 둔 서양 상인은 없었다.[371]

바뀌는 상업에 대한 인식

외부 세계와의 접촉이 늘면서 상업과 대외 무역에 대한 조선 조정의 인식도 조금씩 변하기 시작한다. 1883년 2월 5일자 『고종 실록』 기사다:

「왕은 말한다. 예로부터 치화(治化)를 다시 새롭게 하려면 먼저 성견(成見 : 고정된 선입견)을 깨기를 기약하여야 한다. 우리나라에서 문벌을 세습

하는 풍속은 이어온 지 오래이다. 귀족은 지서(支庶)가 수없이 뻗어나가 섬기고 길러줄 밑천이 없고, 천한 선비는 문벌이 한미하여 옛날부터 눌려 살았다. 번창하고 싶은 마음이 비록 절실하여도 도와주어 열어주기 어려운 것을 내가 매우 가엾게 여겼다. 지금 통상(通商)과 교섭(交涉)을 시작하니 무릇 관리나 천한 백성의 집은 모두 재화(財貨)를 교역하도록 허락함으로써 부유할 수 있도록 하며, 농(農)·공(工)·상고(商賈)의 자식도 학교에 들어가게 허락하여 경사로이 함께 오르게 하겠다. 오직 재주와 학식이 어떠한지를 보고 출신의 귀천(貴賤)을 따지지 않겠다. 그 관직에 있으며 허투루 작록(爵祿)에 매이고 국시(國是)에 도움이 안 되는 자는 더욱이 이때에 분발하고 스스로 권면하여 거의 동일한 도리와 기풍의 치화(治化)를 이루고, 착한 이를 드러내며 악한 자를 물리치는 권리를 맡으라. 이것을 가지고 팔도(八道)와 사도(四都)에 두루 유시하니 알라.」하였다.[372]

조선도 교역을 통하여 나라를 부유하게 만들수 있는 효과적인 방편이란 사실을 인지하기 시작한다. 교역을 장려하기 위해서는 무엇보다도 교역을 억압했던 관행들을 없애는 것이 중요하다는 것도 인식하기 시작한다. 1883년 7월 26일, 일본과의 무역장정이 체결 된 다음날, 조선정부는 도고의 독점권을 폐지하고 무역에 부과하던 각종 세금을 폐지한다.[373]

통리교섭통상사무아문(統理交涉通商事務衙門)에서 아뢰기를, 「해관 세칙(海關稅則)이 지금 막 시행되었는데 나라를 넉넉하게 하는 정사는 상업을 권장하는 일만한 것이 없고, 상업을 권장하는 방도는 상업을 보호하는 일만한 것이 없습니다. 그렇기 때문에 도고(都賈)와 무명잡세(無名雜稅)를 폐지하라고 전후에 칙교(飭敎)하신 것이 매우 엄절하였던 것입니다. 화물에 전매세를 매기면 장사길이 막히고, 장시나 포구에서 사적으로 세금을 받아내면 세액(稅額)을 좀먹게 됩니다. 폐해의 근원을 막지 않으면 해독이 장차 어디로 돌아가겠습니까? 이제부터 다시 밝히고 만일 법을 두려워하지 않고 종전의 악습을 밟는 자가 있으면 중앙과 지방의 각 궁방(宮房)과 아문(衙門)의 관할을 막론하고 본 아문에서 일일이 적발하고 계품(啓稟)하여 엄하게 금지하는 것이 어떻겠습니까?」하니, 전교하기를, 「이것은 백성과 나라의 생계와 관계되는 것인 만큼 철저히 금지시키지 않을 수 없다. 본 아문에서 각별히 금지시키며, 만일 들리는 것이 있으면 즉시 논품(論稟)하도록 하라.」 하였다.[374]

그러나 상행위에 부과하는 세금은 철폐하였음에도 세금을 받는 대신 정부의 보호를 제공하는 관행은 여전히 계속된다. 징세는 정부가 모든 것을 감독할 수 있는 가장 효과적인 방법인 동시에 정부의 재정도 보충할 수 있었다.[375]

객주와 여각은 개항항의 외국상인과 협업을 통하여 중요한 역할을 담당한다. 그들은 정부의 감독 하에 상의소들을 결성한다. 최초의 상의소는 1883년 원산에 개설된다. 인천에는 1885년 첫 상의소가 열리고 부산에서도 이어서 결성된다. 이 상의소들은 각 개항항의 감리들이 직접 관리하면서 개항항에서 수출되는 물품들을 철저하게 추적한다.[376]

개항항으로 수입된 상품들은 보부상에 의해서 내륙으로 운반된다. 보부상들 역시 전통적으로 정부의 보호 아래 독점권을 누려왔다. 그러나 비변사가 1865년도에 폐지되면서 그들의 보호막이 사라진다. 1883년 이들은 개인 상인들이 급증하기 시작하자 자신들의 전통적인 독점권이 깨진다면서 정부의 보호를 요청한다. 1883년 9월 설립된 「혜상공국」의 설립 목적 중 하나가 보부상의 보호였다.[377]

반면 왕실과 정부가 필요로 하는 물품들을 독점적으로 납품하던 공인(貢人)들은 조정이 외국 상인들과 직접 거래를 시작하면서 큰 타격

을 입는다. 공인들은 대외 무역으로부터 제외 되면서 점점 더 어려워진다.[378]

조선의 전통적인 상행위가 여전히 개항항에서도 주종을 이루지만 혁신도 이루어진다. 서양의 상업 제도와 관행이 들어오면서 조선 상인들도 상회를 설립하기 시작한다. 첫 상회는 1883년 평양에 설립된 「대동상회」다. 이들은 통리교섭통상사무아문의 지원을 받아 내륙으로 진출하고자 할때는 여권을 받을 수 있었고 이로써 현지 교역에 부과되는 각종 세금을 면제 받을 수 있었다.[379]

1884년에는 한양에 「의신상회」가 설립된다. 1884년 말에는 김천과 부산에 지사를 연다. 「의신상회」 역시 정부의 보호를 받는다. 1884년 가을에는 「순신창 상회(順信昌商會)」가 인천에 문을 연다. 그러나 조합의 형태를 띠었던 이 상회들은 정부의 보호에도 불구하고 1885년에 이르면 재정난에 빠진다.[380]

1882년 이후 조선은 항구만 외국 상인에게 개방한 것이 아니라 자국민들도 해외로 진출할 수 있도록 허락한다. 「조청상민수륙무역장정」은 여권을 가진 조선인들이 중국에서 무역에 참여할 수 있도록 한다. 1882년 11월, 조선 조정은 처음으로 조선 사람들이 증기선이나 범선을 구매할 수 있도록 함으로써 수백 년에 걸친 해금령이 해제된다.[381]

1885년 4월 조선 사람이 처음으로 일본으로부터 증기선을 구입한다. 1887년에는 최소한 2척의 증기선이 조선인 소유였다. 이 배들은 외국 선적의 배들과 마찬가지로 무역항의 감리소와 해관에 등록을 하고 운영해야했다. 이 배들은 주로 조선의 항구들을 왕래했다. 몇몇 조선 상인들은 1884년 봄부터 톈진과 상하이에 진출하기 시작한다. 일본에 건너가 무역을 시작하는 조선 상인들도 생긴다.[382]

조선 사람들도 중국으로 건너가 무역을 시작함으로써 「조청상민수륙무역장정」에 의거해서 조선의 대표를 중국에 파견해야 될 필요가 생긴다. 청의 주선으로 조선은 1883년 11월 톈진에 조선 무역관이 상주할 수 있는 건물을 짓는다. 1883년 10월 3일(음)/1883년 11월 2일(양) 조선의 첫 주 중 주재관으로 공조 참판 김선근(金善根, 1823~?)을 파견하기로 결정한다.[383]

이러한 변화에도 불구하고 중국, 일본과 교역하는 조선 상인들은 재정적으로 취약한 소규모 상인들이었다. 이들은 불규칙하게 물건을 구매하여 개항항에 가져올 수 밖에 없었다. 반면 서양 상인들의 조선 상품 구매는 조선 상인들에게 맡기는 방법 밖에 없었다. 그러나 이 과정에서 수 많은 폐단과 사건이 발생한다. 조선 사람들에게 선금으로 자금을 대 주는 경우에는 강도를 당하던지 착복당한다. 조선 내륙에서 거래를 하는 중국 상인들은 흔히 강도를 당한다.[384]

근본적인 문제는 조선 상인들의 부실한 재정기반이었다. 1884년 여름, 통리교섭통상사무아문은 외국인이 조선 사람에 돈을 빌려줄 경우 보증인을 세워야 한다는 규정을 만든다. 그리고 조선 사람과 외국인 간의 모든 계약은 통리교섭통상사무아문의 허가를 받도록 한다.[385]

그러나 돈의 부족은 끊임없이 무역의 발전을 저해한다. 조선 경제에서 화폐가 차지하는 비중은 여전히 미미했다. 당시 가장 많이 통용되던 화폐인 상평통보는 무게나 크기가 들쭉날쭉했다. 1883년 봄 환율은 1 멕시코 달러가 400냥이었다. 그러나 여름이 되어서는 500~520냥으로 떨어진다. 그해 여름 당오전이 발행되었지만 화폐의 정착과 환율의 안정에 아무런 도움을 주지 못한다.

조선 조정은 당오전의 주조를 위해 일본으로부터 동을 대거 수입한다. 당오전은 60%가 구리, 40%가 납이었지만 조잡하게 만든 동전은 크기가 들쭉날쭉하였고 어떤 동전은 지정된 것보다 3배나 많은 철이 들어갔다. 당오전은 발행과 함께 가치가 폭락하기 시작한다. 1884년 가을에는 당오전 200냥이 1멕시코 달러였다. 당오전은 조정의 거듭된 종용에도 불구하고 널리 통용되지 않는다. 당오전의 남발은 물가 폭등을 불러온다. 결국 대부분의 무역은 여전히 물물교환으로 이루어지던지 다이이치깅코가 발행한 어음으로 이루어진다. 당오전 대신 오히려 중국의 화폐와 멕시코 달러가 개항항에서 더 널리 사용된다.[386]

개항항들은 조선 조정의 통제로부터 벗어나면서 민간 무역의 중심이 된다. 조선의 개항항과 중국, 일본의 개항항들을 오가는 정기 해운 항로가 개설되고 개항장들을 잇는 전보망이 부설되고 외국 은행 지점들이 설립되면서 국제 금융망이 형성됨으로써 외국 상인들과 조선인 객주 간의 무역이 활성화 된다.[387] 개항 후 조선에도 생기기 시작한 새로운 상인계층은 개항장 객주들이었다.

개항 초기에는 기존의 객주와는 달리 중개독점권이나 기타 영업에 대한 제한 없이 자유롭게 활동할 수 있었다. 그러나 개항장 무역이 활발해지면서 조선 조정은 개항장 객주를 선정하는 등 개입과 통제를 시작한다. 관청의 허가를 받아 형성된 상회사는 상업세를 내는 대신 정부의 비호 하에 성장한다. 그러나 1880년대 말부터 외국 상인들이 직접 내지에 들어가서 장사를 할 수 있게 되면서 산지의 객주와 직접 상품을 매매하면서 개항장 객주의 상권도 위축되어 간다.[388]

자유무역체제가 구축되고 근대적 무역설비가 도입되고 산업혁명의 산물인 각종 공산품이 공급되면서 무역은 급격히 증가한다. 조선과 일본의 경제가 교역을 통하여 급격히 통합되기 시작한다. 조선의 대표적인 대일 수출품목으로 쌀, 콩 등이 부상하면서 조선의 미곡의 가격이 급등하여 대일 교역 조건이 유리해지면서 수출이 급속히 는다. 이는 다시 조선 상인들의 구매력을 높이면서 수입을 촉진한다.[389] 1910년에 이르면 조선의 대외 무역액은 개항전에 비하여 10~15배 증가

한다.[390]

수출은 90% 이상이 일본으로 갔다. 대 청 수출은 10% 정도 였다. 수입 역시 일본으로부터의 수입이 60~70%, 청으로부터의 수입이 30~40%였다.[391] 조선의 주된 수출품은 쌀과 콩, 광산물 등 1차 산품이 주종이었다. 1차 산품을 수출하고 공산품을 수입하는 구조가 굳어진다.

개항전의 무역 물품은 비단, 금, 은, 인삼 등 지배계급이 소비하는 사치품목이 주종을 이루었다. 반면 개항 이후의 무역은 일반 대중이 필요로 하는 미곡, 면화, 콩, 직물, 수공업품, 광업 등 경제 전반에 영향을 미치는 것들이었다.[392]

조선의 쌀과 콩에 대한 일본의 수요가 급증하면서 가격 역시 상승하였고 이는 생산의 증가로 이어진다. 수출항에 인접한 지역의 논부터 생산요소의 투입이 이루어지면서 생산성이 증가하기 시작하였고 1890년경에는 일본 쌀 품종이 도입, 재배된다. 일본의 조선 쌀 수입이 급증하면서 이 기회를 잘 활용한 사람들은 대지주로 급성장한다.[393]

반면 면포나 담배 등이 수입되면서 국내의 면화, 연초 재배는 급격히 위축된다. 공산품의 수입으로 조선의 가내 직물업, 수공업은 타격을 입는다. 특히 외국의 값싼 면제품이 수입되면서 가내 면업은 몰락한다. 1900년에 이르면 국내 면포 소비량의 1/3을 외국 면포가 차지한다. 중국의 비단과 마포의 수입 역시 가내 수공업에 의존하던 조선의 경쟁 산업을 몰락시킨다. 제염업, 주조업, 야철수공업, 자기, 유기 수공업, 제지업 등도 타격을 받는다.[394] 반면 금 수출이 늘면서 광산업이 발달한다.[395]

개항으로 해외 자본의 유입이 본격적으로 시작된다. 주로 차관의 형태로 무역보조설비 구축, 농공업에 대한 투자가 주종을 이루는 자본유입은 조선 경제를 국제경제체제에 끌어들이기 시작한다.

1882~1894년 사이 일본은 60만 엔 정도의 차관을, 중국은 153만 엔 의 차관을 조선에 제공한다. 차관은 그러나 대부분 배상금과 부채 지불에 사용되면서 조선의 산업발전에는 별로 기여하지 못한다.[396]

일본 정부는 조선의 개항 직후부터 적극적으로 일본 상인들의 무역활동을 보조한다. 일본 은행들의 조선지점의 예금은 1878년 0.4만 엔에서 1906년에는 1,393.9만 엔으로, 대출은 같은 기간 동안 1.7만 엔에서 1,028.8만 엔으로 급증한다. 일본의 은행들은 자금력이 없는 일본 상인에게 자본을 융자해줌으로써 무역활동을 뒷받침한다. 일본 상인들은 은행으로부터 받은 융자금을 조선 상인들에게 빌려주면서 조선의 생산품을 확보하였다.[397]

미쓰비시와 같은 일본 해운회사들은 정부의 적극적인 지원으로 일본과 조선간의 항로를 장악하고 무역을 뒷받침한다. 조선의 포구에 들어오는 외국 배는 1879년까지도 연간 1만톤을 넘지 않았으나 1910년에는 100만톤에 달한다.[398]

개항으로 대외무역이 증대되면서 화폐의 이용은 급증한다. 그러나 조선 조정은 확대일로의 화폐경제에 신뢰할 수 있는 화폐를 제조, 유통하여 적극적으로 대응하기 보다는 왕실과 조정의 이익만을 챙기기 위하여 악화를 남발한다.[399] 당오전은 상평통보(당일전)에 비해 명목가치는 5배였지만 실질 가치는 2~3배 밖에 안됐다. 1884년까지 대량으로 발행되었다고 폐해로 인해 중단된 당오전은 1888년부터 다시 대량으로 주조, 유통된다. 정부 외에도 민간이 정부를 대신해서 주조하고 사주전(私鑄錢)의 밀수 등을 통하여 1891년 당일전(상평통보)의 유통량은 2천 만 냥이었던 것에 비해 당오전은 7천 700만냥이나 유통된다. 결국 1년도 못 가 당오전의 가치는 명목가치의 반 이하로 폭락한다.[400]

화폐 가치의 하락은 인플레를 유발하여 하급관리, 군인, 도시와 농촌의 임금 노동자들의 생계를 압박한다. 정부가 필요로 하는 물자를

독점적으로 조달하던 공인(貢
人)계층도 몰락한다.[401]

반면 안정된 가치를 유지할
뿐만 아니라 유통에 편리한 일
본의 엔화는 1890년대에 들
어서면 개항장뿐만 아니라 농
촌에서도 대규모로 유통된다.
1894년에는 조선 전체 화폐총
량의 10% 이상인 100~150만
엔이 유통된다.[402]

오미와 초베에

1891년에는 1원 은화, 10문 동화, 5문 동화를 주조하여 은본위제를
채택하는 「신식화폐조례」를 발표하지만 청의 간섭, 정부의 몰이해로
실패로 돌아간다. 1894년 「신식화폐장정」도 백동화 남발로 오히려 화
폐제도를 더욱 문란케 한다.[403]

조선 주조국은 1887년부터 동전 제조에 필요한 구리등을 조달하는
데 어려움을 겪으면서 일본 상인과 계약을 시도하지만 원세개의 개입
으로 실패한다. 1891년, 조선정부는 오사카의 오미와 초베에(大三輪長
兵衛)를 주조국 장으로 임명하는 계약을 맺고 화폐 개혁을 맡긴다. 요
코하마쇼킨긴코(橫浜正金銀行, Yokohama Shōkin Ginkō)는 20만 엔에 가
까운 자금을 조선 정부에 대출하여 줌으로써 조선의 화폐 개혁에 힘
을 실어주고자 한다.

그러나 이 시도 역시 난관에 봉착한다. 가장 심각한 문제는 청의 반
대였다. 원세개는 동전에 청 황제의 연호가 새겨지지 않았다는 것과
조선을 「대조선」이라고 호칭한 것에 시비를 건다. 당시 주조국은 새
동전에 조선이 건국된 1392년을 기준으로 조선 501년이라고 새기기
로 결정했었다. 결국 동전 제조는 중단된다.[404]

6. 조선내정의 난맥상

경제에 대한 관념이 없던 고종과 민중전, 민씨 척족은 끊임없는 사치를 이어간다. 그리고 불어나는 적자를 메우기 위해 악화를 남발하고 매관, 매직, 매과(과거 시험 자격을 돈을 주고 파는 행위)를 일삼았을 뿐만 아니라 개항 후에는 대규모 해외 차입을 한다. 정부의 보장만 있으면 외국의 은행들이나 기업들이 돈을 빌려준다는 사실을 안 후에 왕실의 해외 차입 규모는 겉잡을 수 없이 커진다.

1) 재정의 고갈

고종의 청전유통금지와 같은 정책은 조선 조정의 재정을 고갈시킨다. [청전유통금지에 관해서는 제 1권, 제 2부, 제 7장, 6.고종의 친정과 조선 경제의 몰락 참조]

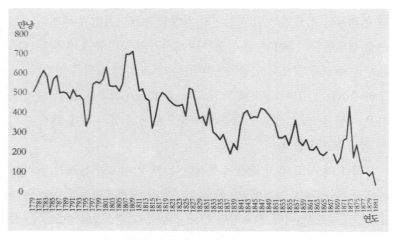

[도표 1] [중앙 각사의 연말 시재 총액의 추이 (1779-1881), 출처: 이영훈, 『한국경제사 I 』 pp. 558]

[표1] 고종 원년~ 고종21년 전 국토(田畓)의 출세 실 결수(出稅實結數)[405]

연도	결수
고종 원년 (1863)	776,709 결
고종 11년 (1874)	805,303 결
고종 21년 (1884)	799,123 결

[표2] 고종 2년~ 고종22년 전 국토(田畓)의 전세 징수표(田稅徵收表)[406]

세목	품명	고종 2년(1865)	고종 12년(1875)	고종 22년 (1885)
전세	콩(大豆)	40,172석	45,941석	44,462석
전세	좁쌀(粟)	3,277석	2,342석	2,363석
전세	쌀(米)	96,631석	103,038석	90,145석
전세	무명(木綿)	1,116.71필	1,206.76필	1,152.24필
전세	삼베(麻布)	135.10필	140.21필	138.29필
전세	현금(錢)	111,506냥	111,506냥	83,055냥

　　민씨 정권은 만성 적자였다. 표3은 대원군 섭정의 마지막 해인 1873년과 1886년의 조정의 재정 상태를 비교한다. 1886년은 조정이 재정 보고서를 마지막으로 공표한 해다.

[표3] 국고 현황[407]

품목	1873	1880	1886
금(黃金)	151 냥	144 냥	58 냥
은(銀子)	154,933 냥	63,405 냥	7,266 냥
현금(錢文)	1,635,498 냥	141,829 냥	151,353 냥
청전(淸錢)	---	644 냥	44 냥
무명(木)	5,330 동 24필	484동 26필	353 동 4필
삼베(布子)	1,559 동 13필	386동 2필	213 동 28필
명주(綿紬)	87 동 30필	---	---
모시(苧布)	38 동 30필	---	---
쌀(米)	205,794 석	90,747석	16,921 석
노란콩(太)	38,320 석	11,697석	12,674 석
좁쌀(田米)	1,476석	4,170석	235 석
피잡곡(皮雜穀)	38 석	524석	---

물론 통리기무아문과 같은 신식 정부 부처 설립, 해외 공관 설치와 상주 주재원 파견 비용, 일본으로의 보상금 지급 등을 위하여 막대한 재정을 지출해야 했다. 그러나 재정 파탄의 근본적인 원인은 왕실의 사치와 낭비, 비효율적인 국정 운영이었다.

1886년 이후에 재정 보고서가 발표 되지 않은 것은 재정이 완전히 고갈되었기 때문일 것이다. 대원군도 경복궁 중건, 병인양요, 신미양요 등 외세의 침략에 대비하기 위한 군비 증강 등을 위하여 막대한 재정을 투입하였고 부족한 재정을 채우기 위하여 당백전 발행과 청전 유통 등 잘못된 화폐 정책을 펴기도 하였다. 그럼에도 불구하고 대원군 시대 조정의 재정 건전성은 민씨 척족 시대의 재정 상태에 비해서는 양호한 편이었다.

1888년 8월 26일(음) 고종과 김병시(金炳始, 1832~1898)의 대화는 당시 조정도 국가 재정 상태의 심각성을 이해하고 있음을 보여준다. 그리고 국가 재정의 고갈이 백성들의 삶에 얼마나 큰 고통을 주는지도 알고 있음을 보여준다.

좌의정(左議政) 김병시(金炳始)가 아뢰기를,「현재 가장 급하고 절실한 문제는 민사(民事)입니다. 백성들이 없으면 어떻게 나라가 되겠습니까? 백성들은 지금 곤경에 처하여 있습니다. 근거 없는 말이 한번 나돌면 민심이 쉽게 소란해집니다. 게다가 탐욕스러운 관리들까지 침해하는데다가 핍박하고 재물을 긁어 들여, 이 불쌍하고 곤궁에 처한 백성들이 살아갈 수 없으니, 백성의 위태로움이 참으로 두려울 지경입니다. 재원(財源)은 나라의 혈맥이니, 재원이 고갈되면 나라에 폐단이 없을 수 없습니다. 지금 재물을 만들어 내는 방도가 여러 갈래여서 생산이 빠를수록 용도는 더욱 부족해지니 그것을 수습할 수 있는 방도는 오직 제도를 만들어 절약하는 데 있습니다.

재정 적자를 악화의 남발로 충당하려는 것이 얼마나 어리석은지 김병시는 조목 조목 아뢴다. 특히 주조소를 관청마다 설치하여 마구 돈을 찍어내는 행위를 비판한다.

대체로 재물에 경중이 있는 것은 자연적인 형세입니다. 돈을 많이 주조해낼수록 물건 값은 따라서 올라가는 것인데, 어찌하여 한 관청을 운영하기 위하여 한 개의 주조소(鑄造所)를 설치할 수 있겠습니까?

전환국(典圜局)에서 주조하는 돈이 어떤 형태의 돈인지는 모르겠으나 기계와 그 건물의 비용만도 이미 몇 백만 냥이 되는데, 사용하기도 전에 말썽이 일어나 나라의 재물을 소모하고 민심을 어겼습니다. 지난날의 낭비는 따질 수 없으나 앞으로의 절약에 대해서는 그래도 빨리 손을 써야 하는 만큼 즉시 혁파하소서. 그리고 여러 곳에 주전소를 설치한 것도 모리배들에게 농간 당하는 것에 불과합니다. 만약 부득이해서 주조한다면 한 곳만 두는 것이 좋을 것 같습니다.

고종은 긴축재정의 필요성은 인정하나 악화를 남발하는 것은 외국과의 통상에 필요하다면서 후에 다시 논하자고 한다.

전환국의 일에 대해서는 뜻한 바가 있는 만큼 다시 논의해야 하겠다. 외국과 통상하려면 이 돈을 쓰지 않을 수 없다.」하였다.

그러자 김병시는 지금이 외국과의 교류에 관심을 가질 때가 아님을 지적한다. 그리고 나라가 가난할 수는 있지만 「가난한 것도 나라마다 정도가 있다」면서 조선 정부의 총체적인 부실을 질타한다.

김병시가 아뢰기를, 「전하께서는 요즘 외국의 일에 많은 관심을 가지고 계시는데, 잘 모르겠습니다만 크고 작은 나라, 잘 살고 못사는 나라를 막론하고 천하 각 국에 우리나라와 같은 곳이 있겠습니까? 여러 나라들도 다 부강한 것은 아니지만 가난한 것도 나라마다 정도가 있는 것입니다. 지금 나라의 형편을 돌아보면 어느 한 가지도 이렇다 할 만한 것이 없으니, 기강이 섰습니까, 민심이 안정되었습니까, 군사 제도가 정비되었습니까? 각 국의 제도를 본받으려 한다면 반드시 다스리는 법과 정사 계책에 볼 만한 것이 있어야 하겠는데, 지금 구하고자 하는 것은 기계나 완구에 불과하여, 실용적인 우리의 것을 허비하면서 저들의 쓸데없는 물건을 가져오니 비단 손해만 볼 뿐 아니라 치욕을 당하기에 충분합니다. 이것이 분하고 통탄할 일입니다.

김병시는 이어서 「조치를 취한 것을 보면 모든 것이 어긋나는」 고종의 판단력 자체에 대해 노골적으로 의문을 제기한다.

「현재 백성과 나랏일에 대한 계책이 위기에 처하여 어리석은 부녀자와 어린아이들까지도 걱정하고 있습니다. 전하의 슬기로 환히 꿰뚫어 보시고 간곡하게 잘 다스리려고 하지 않은 적이 없건만, 조치를 취한 것을 보면 모든 것이 어긋나고 있습니다. 이것은 혹시 전하의 이목에 막힘이 있어 미처 두루 통찰하지 못해서가 아닙니까? 매번 명령이 내릴 때마다 조정에서는 까마득히 그 내용을 이해하지 못하거나 혹은 승정원(承政院)을 경유하지 않는 것도 있으니, 전하께서 함께 일을 의논하는 자는 누구입니까?

『상서(尙書)』에 이르기를, 「사람들에게 물어보라.」라고 하였고, 또 이르기를, 「의견을 물어보니, 다 같았다.」라고 하였습니다. 지금 조정에 가득 찬 계책과 숱한 사람들의 의견이 역시 여러 사람들에게 알아본 것이고 의논함에 같은 의견이 나온 것이라고 할 수 있겠습니까? 그들은 모두가 공로를 탐내고 이득을 추구하며 출세의 요행수를 바라는 자들인 만큼 나라를 위하여 심원한 계책을 세우는 자들은 아닙니다. 간혹 간절한 말과 정직한 논의가 있어도 사람들이 떠들어 대며 시비를 걸고 사리에 어둡다고 주장하며 또 명예를 노린다고 몰아대어 도리어 조소와 비난을 당하게 되는데, 이것은 바른 말이 들어올 길이 없기 때문입니다. 나라의 형세가 이처럼 위태롭고 언로(言路)가 이처럼 막힌 것은 실로 전하께서 간언을 받아들여 시행하는 것을 제대로 못하는 것이 원인입니다. 그래서 좋은 말은 들어오지 못하고 잡된 말들이 들어오는 것입니다. 삼가 바라건대, 전하께서 깊이 살피시어 간사한 것과 바른 것을 구별하시고 단호히 용단을 내리시어 과감히 시행하시기를 신은 축원합니다.」

징세를 맡고 있는 호조판서(戶曹判書) 정범조(鄭範朝, 1833~1898)는 재정이 고갈된지 오래임을 고한다.

「본조의 폐단이 이제 극도에 달하여 낱낱이 진달하기 어려울 정도이니, 내달 이후로는 창고에 저축된 것도 없고 정해진 예산도 없습니다. 각 도와 각 고을의 세납을 엄하게 신칙하도록 이미 묘당(廟堂)에서 연석(筵席)을 통해 여쭙고 기한을 정했습니다. 그러나 지금 해가 다 지나가는데도 아직 대부분 납부하지 못하고 있습니다. 아전 무리들이 농간을 부리며 도적질한 것이 아니면 선주(船主)들이 횡령한 것이니, 법과 기강으로 따져볼 때 참으로 놀랍기 그지없습니다.

그러나 고종이 채택하는 방법은 결국 돈을 더 찍어내는 것 뿐이다.

전교하기를, 「지금 골고루 나누어줄 방책에 대하여 지난번에 묘당(廟堂)에서 회의하여 품처(稟處)하게 했는데, 지금 가장 긴급한 것은 요식과 군량을 마련할 수 없는 것이다. 그런데 어찌 늑장을 부리면서 수습할 방도를 생각하지 않겠는가? 특별히 주전소(鑄錢所)의 돈 100만 냥을 내려보내 내무부(內務府)에서 호조(戶曹), 선혜청(宣惠廳), 친군영(親軍營)과 각 군영에 적당히 나누어 주어 조정에서 염려하는 지극한 뜻을 보여주도록 하라.」하였다.[408]

그럼에도 불구하고 외국인 고용인들의 봉급 역시 체납한다.

고종(高宗) 25년(年) 5월(月) 7일(日)(무오(戊午)) 「아메리카」합중국(合衆國) 판리공사(辦理公使) 「딘스모아」는 우리 나라가 약정(約定)을 준수(遵守)치 않고 교련교관(教鍊教官) 「다이」에 대하여 월급(月給) 건기(愆期)가 3삭(朔)이나 되었음을 항의(抗議)하다.[409]

1886년 6월 15일, 딘스모어는 고종에게 미국의 군사교관들의 급료가 밀린 것에 대해 항의 하는 편지를 보낸다.

전하, 제가 또 다시 조선의 장교들이 군사교관을 대하는 태도에 대해서 항의를 해야하는 것을 안타깝게 생각합니다. 제가 처음 조선에 도착했을 때부터 저는 조선 정부로부터 미국의 군사 교관들이 와서 조선의 젊은이들을 가르치고 군사들을 훈련시켜 달라는 거듭되고 다급한 요청을 받아 왔습니다.

2) 왕실의 사치

황현(黃玹, 1856.1.18.~1910.9.7.)의 『매천야록, (梅泉野錄)』은 민중전의 사치에 대해 자세하게 서술하고 있다.

원자(元子)가 태어나면서부터 궁중에서는 잘 되기를 비는 제사가 절제가 없이 팔도강산으로 두루 돌아다니며 지냈고, 임금 또한 마음대로 연회를 베풀어서 상(賞)으로 주는 것이 헤아릴 수 없었다. 양전(兩殿)이 하루 허비하는 비용이 천금(千金)이나 되어 내수사(內需司)가 소장한 것으로는 지출을 감당할 수 없었다. 그래서 끝내 호조나 선혜청에서 공금을 취해다 썼는데 관리책임자는 그것이 위반이라는 것을 말하는 이는 한 사람도 없었다. 1년이 채 못 되어서 대원군이 여축해 놓은 것을 모두 탕진하였다. 그래서 매관(賣官) 매과(賣科) 등 온갖 폐정(弊政)이 계속해서 생겨났다.[410]

명산 사찰을 찾아다니며 기도하였는데 세자의 복을 빌기 위해서였다. (이에) 독경하는 소경과 무당들이 각 고을에 횡행하여 이들을 맞이하고 전별(餞別)하는 일이 이어졌다. 금강산은 세상에서 흔히 일만이천봉이라 하는데 매 봉우리마다 바치는 귀중한 예물의 값이 만 꿰미에 이르렀다. 남자중이든 여자중이든 간에 (따라다니며) 인연(夤緣)이 되어 그들이 거처하는 절집으로서 조금이라도 이름이 있다고 하면 원당(願堂)을 세우지 않은 곳이 없었다. 그것을 이름하여 「축리(祝釐)」라 하였다. 시골 사람 가운데 중 떼거리를 잘못 건드려 형을 받고 집안을 망친 경우도 많았다.[411]

중전(中殿) 민비가 충주에 피난하고 있을 때 무당이 찾아와서 대궐로 돌아올 수 있는 시기를 점치게 하였는데 「시일을 어기지 말라」하여 중전은 신기하게 여기고 그를 데리고 환궁했다. 몸이 좋지 않을 때 무당의 손이 아픈 곳을 만지면 아픈 증세가 점점 줄어들어 날로 효험이 커졌다. 매일 중궁전에 머물러 그의 말이라면 듣지 않는 것이 없었다고 한다. 무당이 말하

기를, 「자기는 관웅장의 영(靈)을 받은 딸이니 마땅히 묘(廟)를 지어 받을
게 해달라」 하자, 중전이 그대로 좇았고, 그 무당을 진령군(眞靈君)에 봉
했다. 무당은 시도 때도 없이 양전(兩殿)을 뵈었으며 웅장한 복장으로 단
장을 하기도 하였다. 양전은 그를 가리켜 웃어 말하기를, 「군(君)이 되어
믿음직하군!」 하면서 상으로 헤아릴 수 없는 많은 금과 보화를 주었다. 화
(禍)와 복(福)이 그녀의 말 한마디에 매어 있었으니 수령과 번곤(藩閫)이
가끔 그의 손에서 나왔다. 이에 부끄러움도 모르는 경재(卿宰)들이 다투어
아첨했으며, 그 무당을 누이라 부르기도 하고 의자(義子) 맺기를 원하기
까지 하였다. 趙秉式(趙秉式)·윤영신(尹榮信)·정태호(鄭泰好)가 더욱 심
했다. 그 무당에게는 김창렬(金昌烈)이라는 아들이 있었는데 비옥(緋玉)을
걸치고 다녔다고 한다. 어떤 이가 말하기를 그 무당은 본래 제천과 청풍
사이에 살았었다고 한다.[412]

『매천야록』의 기술은 당시 조선 조정의 재정을 분석해 보면 모두 사
실임이 드러난다. 왕실 지출의 가장 큰 용도는 「고사」와 「다례」였다.
1893년에만 총 29회의 고사와 다례가 행해졌으며 조정 관료나 외국
손님을 접대를 목적으로 음식을 하사 하거나 연회를 개최 한 것도 37
회에 달했다.[413] 1893년에는 고사, 다례, 연회에 사용된 식재료 등으로
총 지출 444만 냥 중 247만 냥이 지출되었다. 1894년에는 고종의 생
일을 축하하기 위한 연회에 220만 냥을 사용한다. 연회가 끝난 후에는
일본에서 수입한 쟁반에 음식을 담아 보자기에 싸서 지게꾼에게 지워
빈객들의 집으로 배달한다.[414] 조선 왕조 역사 상 궁중에서 이처럼 사
치스러운 연회를 수 없이 열어 국고를 탕진한 전례는 없다.[415]

조선 후기 왕실의 재정은 두 기관이 담당하였다. 첫 번째는 호조
또는 선혜청이었다. 호조와 선혜청은 왕실이 필요로 하는 각종 물
자를 「공상(供上)」을 통해서 조달하였다. 「공상」이란 왕실에 공물을

바칠 수 있는 「공인(貢人)」으로 지정된 사람들이 왕실이 필요로 하는 물자를 공급하고 「공가(貢價)」를 지급 받는 방식이었다.[416] 18세기 후반에서 19세기 초반에 이르는 조선 왕조의 재정과 군정을 정리한 『만기요람(萬機要覽)』에 따르면 왕실이 공상을 통하여 조달할 수 있는 물품은 230여 종으로 정해져 있었다.[417]

황현

따라서 그 이외의 물품을 조달하기 위해서는 다른 경로를 통할 수 밖에 없었는데 그것이 「내탕(內帑)」이었다. 「내탕」은 「1사 4궁(一司四宮)」의 체제를 갖췄다. 「1사」란 내수사(內需司)를 지칭하였고 「4궁」은 수진궁(壽進宮), 명례궁(明禮宮), 용동궁(龍洞宮), 어의궁(於義宮) 등이었다.[418]

조선조는 왕실재정과 조정의 재정을 구분하지 않았다. 이는 명의 제도를 그대로 도입한 것이다. 명 태조(明 太祖) 주원장(朱元璋, 1328.10.21.~1398.6.2. 재위: 1368~1398)은 국가의 재정과 황제 개인의 소득을 구분하지 않았고 정부의 지출과 황제의 지출도 구분 짓지 않았다.[419] 명 태조는 성리학적 왕도 정치의 이념에 입각하여 자신은 물론, 후대의 황제들, 정부 관료도 모두 근검 절약하고 청렴 결백한 삶을 살 것을 요구하고 기대하였다. 따라서 제국을 운영 할 관리의 숫자를 8천 명으로 대폭 줄이는 한편 관료와 군인들의 봉급도 돈이 아닌 물품, 주로 쌀로 지급하였다. 그 대신 황제는 자애로운 아버지와 같이 자신의 관료들과 모든 것을 나눈다는 논리였다.[420]

중국 황실의 가장 중요 한 역할 중 하나는 수 많은 궁중 예식을 거행하는 것이었다. 이를 위하여 장엄한 궁궐들을 끊임없이 건축하고 대관식, 황실의 결혼식 등 수 많은 예식들을 화려하게 거행하였다. 모두 엄청난 재정을 투입해야 했지만 어디까지가 황실의 비용이고 어디까지가 국가의 비용인지 구분 할 방법이 없었다. 궁의 재정을 담당하는 부서도 따로 없었고 자금성의 비용을 따로 기록한 장부도 없었다.[421]

명의 제도를 그대로 답습한 조선 역시 소위 「궁부일체」의 이념에 입각하여 왕실 재정과 국가 재정을 구분하지 않았다. 호조와 선혜청을 통한 왕실과 조정의 재정 운영 역시 왕과 대관들의 검소한 생활과 청렴 결백한 도덕성을 전제로 한 제도였다. 그러나 현실은 이러한 이상만으로는 운영할 수 없었다. 1사 4궁이 추가로 설치되었던 이유다.[422]

1사 4궁은 면세 특권이 부여된 궁방전(宮房田)을 보유하고 여기에서 나오는 수입으로 왕실의 재정을 충당하였다. 조정 부처의 공식적인 통제를 전혀 받지 않았기 때문에 「사장(私藏)」 또는 「사재(私財)」 라고 부르기도 하였다.[423]

이러한 「비공식적」인 왕실 재정 충당 방안은 많은 비판을 낳았고 폐지 논란도 반복적으로 일어났지만 현실적으로 왕실이 필요로 하는 물자를 공급하는데 없어서는 안될 통로로 1906년까지 존속한다.[424]

때문에 궁방의 재정을 살펴보면 당시 왕실의 재정 상태를 알 수 있다. 4궁 중 명례궁은 왕비전 소속으로 궁중의 주방에 각종 식재료를 공급하였다.[425] 1853~54년 명례궁의 수입은 연평균 3만 2,954냥이었다. 이중 52%가 「공상」을 통하여 조달되었다. 궁방전으로부터의 수입은 26.5%였다.

그러나 1892~1893년의 수입은 1853~1854년도에 비해 무려 88배나 증가한다. 물가 상승률을 감안하면 3.8배 증가한 수치다. 액수만 늘어난 것이 아니다. 공상은 비용의 5%에 불과했던 반면 고종과 민중전의 하사금인 「내하(內下)」가 무려 88%에 달한다. 1882년 38,100냥에 불과했던 내하는 1887~1888년에 50만 냥을, 1894년에는 270만 냥을 넘는다.[426] 「내하」란 임금이 관청이나 신하에게 공식적인 하사 이외에 돈이나 물품을 내려주는 것을 뜻했다. 왕실의 살림이 궁방전이나 공상과 같이 공식적인 경로를 통하여 조달된 것이 아니라 왕과 왕비의 「사비」로 충당된 것이다.[427]

그렇다면 고종과 민중전은 어디에서 「내하」로 내릴 수 있는 사비를 취득한 것인가? 명례궁의 수입부에 의하면 내하는 대부분 당오전이었다. 민태호가 주도하여 주조하기 시작한 당오전이 고종과 민중전에 의해서 왕실의 사비로 사용된 것이다.

대원군이 경복궁 중건을 목적으로 당백전을 발행하고 청전을 유통했을 때 「왕도 정치」의 이념에 입각해서 이를 반대한 것이 고종이었다. 대원군을 권좌에서 물러나게 한 가장 직접적인 이유도 대원군이 화폐를 유통시키면서까지 궁궐을 증축하는 등 「패도 정치」를 하였기 때문이다. 고종이 친정을 시작한 후 첫 정책으로 청전 유통을 금지시킨 것도 「왕도 정치」를 펴기 위해서였다. 그러나 명례궁의 재정 기록에서 볼 수 있듯이 고종은 왕실의 비용을 충당하기 위하여 화폐를 남발하는 악성 인플레 정책, 즉 「패도 정치」를 서슴치 않았다.

3) 악화의 남발

1883년 1월 22일, 민태호(閔台鎬, 1834~1884)는 「주조당상」에 임명된다. 그리고 3월 1일 동전 발행을 위한 임시 주조국을 설치할 것을 명받는다.

전교하기를, 「행 좌찬성(行左贊成) 민태호(閔台鎬)를 주전 당상(鑄錢堂上)으로 차하(差下)하고, 그가 주관하게 하라.」 하였다. 또 전교하기를, 「권지협판교섭통상사무(權知協辦交涉通商事務) 민영익(閔泳翊)을 해관사무(海關事務)로 위임하여 톈진(天津)과 상하이(上海) 등지에 보내되, 하직 인사는 하지 말고 갔다 오게 하라.」하였다.[428]

그러나 「주전소」를 남설하다보니 동과 연이 모자란다.

통리군국사무아문(統理軍國事務衙門)에서 아뢰기를, 「주전소(鑄錢所)를 많은 곳에 설치하니 동(銅)과 연(鉛)이 모자랍니다. 만리창(萬里倉) 주전소를 단천부(端川府)로 옮겨, 주전소 당상(鑄錢所堂上)이 주관하여 거행하게 하는 것이 어떻겠습니까?」하니, 윤허하였다.[429]

3월 26일, 영의정 홍순목은 「당오전」발행을 제안한다.

총리대신(總理大臣) 홍순목(洪淳穆)을 소견(召見)하였다. 홍순목이 아뢰기를, 「최근에 와서 재정이 극도로 어려워졌으므로 지금 돈을 주조하여 통용하는데, 아직도 부족합니다. 신의 생각에는 당오전(當五錢)과 지금 주조하고 있는 돈과 은표(銀標)를 함께 통용하면 장애가 없을 것 같습니다.」하니, 하교하기를, 「이것은 시급한 일이니, 아뢴 대로 하라.」하였다. 홍순목이 아뢰기를, 「당오전을 주조하도록 윤허를 받았습니다. 군국사무 협판(軍國事務協辦) 박정양(朴定陽)이 책임지고 관리하게 하는 것이 어떻겠습니까?」하니, 윤허하였다.[430]

당오전 주조는 민태호의 감독 하에 금위영, 강화도(당시 군수는 김윤식), 의주 등 3곳에서 진행된다.[431] 「당오전」은 같은 양의 구리가 들어간 소전에 액면가만 다섯 배로 올린 동전이었다. 인플레가 생길 것은 자명한 이치였다. 그나마 주조 기술의 낙후로 소전에 들어가는 구리의 양도 들쭉날쭉이었다.[432] 소잡한 주조기술은 수 많은 위조를 낳는다.

재정상태가 지속적으로 악화되자 1883년 8월 7일에는 화폐주조를 일원화하고 한양에 처음으로 상설 전환국을 설치 한다. 새로 설립된 전환국 역시 민태호가 장악하여 그의 수하들로 채운다. 전환국은 조선 최초로 화폐 발행을 전담하는 정부기구를 설치하였다는데 의미가 있다. 「왕도 정치」에서 벗어나 현실을 직시하면서 화폐 경제의 필요성을 조선조정이 처음으로 인정한 것이다. 그러나 근대 주조기계를 도입하고 화폐 주조 전문가를 외국으로부터 초빙하여 제대로 된 동전을 발행하기 시작한 것은 1884년 3월 14일 묄렌도르프가 전환국을 맡으면서부터다.

고종은 당오전을 물쓰듯 쓴다.

> 전교하기를, 「군향 공가(軍餉貢價) 및 각 아문(衙門)의 요포(料布)를 아직 내주지 못한 수량이 매우 많다고 하니, 일이 몹시 답답하다. 새로 주조한 당오전(當五錢) 7만 냥을 묘당(廟堂)으로 하여금 우선 적당히 고루 분배하게 하여 나라에서 돌봐주는 뜻을 보이라.」 하였다.[433]

> 전교하기를, 「주소(鑄所)의 당오전(當五錢) 5만냥을 묘당(廟堂)에서 각 아문(衙門)에 나누어 주어 아직 지급하지 못한 공가(貢價)와 요포(料布)를 적당히 배분하게 하라.」 하였다.[434]

> 의정부(議政府)에서, 「삼가 하교하신 대로 당오전(當五錢) 5만 냥 중에서 호조(戶曹)에 2만 5,000냥, 선혜청(宣惠廳)에 1만 8,000냥, 병조(兵曹)에 7,000냥을 배분하였습니다.」라고 아뢰었다.[435]

1876년 강화도조약 당시 조선의 동전 유통량은 대략 2천만 냥으로

추산된다. 그러던 것이 1893
년에 이르면 7-8천 만 냥으로
늘어난다. 당오전이 대략 5천
만 냥 가까이 발행된 것이다.[436]
이렇게 급히, 대규모로 발행된
화폐가 정확이 어떻게 사용되
었는지는 기록조차 남은 것이
없다. 대부분 왕실과 당오전 발
행을 주도한 민씨 척족이 사용
했을 것으로 추정할 뿐이다.[437]

당오전

당오전의 발행은 대규모 인플레를 유발한다. 1882년 한성에서 찹쌀
1석은 18냥이었으나 1894년에는 144냥으로 치솟는다. 소금은 5냥에
서 40냥으로 8배 뛴다. 다른 물품들도 마찬가지였다.[438] 1884년 봄부
터 11월 사이의 일년도 안 되는 기간에 물가는 약 300% 앙등한 반면
같은 기간 임금은 60%밖에 안 오른다.[439]

당오전을 남발하여 왕실 재정을 충당하였음에도 불구하고 명례궁
은 적자를 면치 못한다. 1893년 명례궁의 총 지출은 444만 냥이었으
며 적자는 150만 냥에 달했다. 1883년에서 1892년까지 누적 채무는
68만냥에 달하였다.[440] 적자는 모두 차입을 통하여 메꾼다. 누구로부
터 차입한 돈인지는 기록이 없다. 다만 당시 국정을 완전히 장악하고
있던 민중전과 민씨 척족이 돈을 차입하는 것은 어렵지 않은 일이었을
것으로 짐작해볼 뿐이다.

적자를 메우는 방법은 다양했다. 당오전의 남발 외에도 궁에서 일하
는 사람들, 궁속들의 급여를 체불하기도 하였고 궁에 물품을 납품하
는 공인들에게 물품만 받고 대금은 나중에 지불하는 선진배후수(先進
排後受)가 관행이 되기 시작한다.[441] 그 결과 채권자인 공인들과 상인들

은 물가 앙등으로 채권의 가치가 하락하면서 재정 위기에 몰린다.[442]

왕실이 호화스러운 생활을 유지할 수 있었던 것은 당오전의 남발, 무분별한 차입 외에도 궁속과 상인을 수탈하였기 때문이다. 급격히 악화되는 농업생산성, 국가재정의 고갈에도 불구하고 조선의 왕실은 씀씀이를 줄이고 근검절약하는 「왕도 정치」를 실천하기 보다 악성인플레 정책을 통하여 경제를 파탄시킨다. 그리고 변제할 의사도 능력도 없는 차입을 일삼는 한편 궁속과 상인들에게 재정위기를 전가시키면서 전례없는 사치를 이어간다.[443]

4) 매관, 매직, 매과

고종과 민중전, 민씨 척족이 사치를 위한 재정을 조달하는 방법 중에는 매관매직과 매과(賣科)도 있었다.

1880~1894년 사이 조정은 일년에 평균 3회 과거를 실시한다. 이는 19세기 평균의 2배였다. 또한 매년 평균 71.5명의 과거 급제자가 배출되었는데 이 역시 1864년 이전까지 평균 31.4명의 2배에 달한다. 1880~1894년 사이에는 19세기 전체 과거 급제자의 28.7%를 배출한다.[444]

여흥 민씨 응시생들은 특별 대우를 받는다. 19세기에 과거에 급제한 민씨 80명 중 38명은 민중전의 직계 조상인 민유정의 후손들이다. 그리고 1877년 이후 치러진 과거에서는 민씨 출신 중 16와 17세에 과거에 급제한 인물도 나온다. 이처럼 어린 나이에 과거에 급제하는 것은 그 이전에는 없던 일이다.[445]

『고종시대사』에 의하면 1890년에는 과거가 13회, 1891년에는 40회, 1892년에는 27회, 1893년에는 12회, 그리고 1894년에는 3회 치러졌다. 이 중 17회는 생원, 진사 등 학위를 따기 위한 전통적인 과거였지만 나머지는 「비정규적」인 시험들이었다. 이러한 비정규적인 시험들은 때로는 무려 10만 명의 응시생들이 몰렸다. 그리고 이러한 거대 규모의 과거 응시생들 중 많은 인원들은 「직부전시(直赴殿試)」, 즉 곧바로 궁으로 들어가서 다음 단계 과거에 응시할 수 있는 자격이 주어졌다. 1891년에는 71명에게 이러한 특권이 주어진다.[446]

민씨 척족은 과거제도를 인적자원 개발과 조정의 인적자원 충원을 위하여 사용하지 않았다. 모든 인적자원은 민씨 집안에서 배출하고 모든 관직은 민씨들이 독식하고 있었기 때문에 과거는 민씨들을 선발하는 절차에 불과했다. 그럼에도 불구하고 이처럼 전대미문의 대규모 과거시험이 반복적으로, 지속적으로 치러진 이유는 학위와 직부전시 특권을 응시생들에게 팔아서 돈을 벌기 위해서였다.[447] 조선의 인사제도는 완전히 붕괴한다.

관직의 가격은 정해져 있었다. 많게는 도 관찰사 자리가 5만 달러, 적게는 작은 지방관 자리가 5백 달러 정도였다.[448] 일본의 대리공사 스기무라 후카시(杉村濬, 1848~1906)는 당시 조선의 관직이 얼마에 거래되고 있는지 직급에 따라 조사한 것을 본국에 보고한다.

1893년 지방관 관직 거래액[449]

관직명	거래 금액
8도 관찰사 (종2품)	20,000~50,000냥
부사 (종3품)	5,000냥
군수 또는 현령 (종4~5품)	1,000~2,000냥

매관매직을 통한 수입을 극대화하기 위해서 관료의 재임기간은 짧아질 수 밖에 없었다. 다음 표는 1893년 4월 28일~1894년 4월 27일

1년 사이에 6조의 판서와 참판, 한성부윤(서울시장)과 8도 관찰사, 주요 도시의 판윤들이 얼마나 자주 바뀌었는지 보여준다.

1893. 4. 28 ~ 1894. 4. 27 인사변화 빈도[450]

6조	당상관	당하관
이조	7	9
호조	3	6
예조	7	9
병조	5	25
형조	18	35
공조	24	18

지방	판윤/관찰사	판윤	좌윤	우윤
한성부		17	26	27
경기도	6			
강원도	1			
함경도	3			
황해도	3			
평안도	1			
충청도	3			
경상도	2			
전라도	2			
강화부	2			
수원부	3			
광주부	1			
개성부	3			
춘천부	1			

조선의 정치, 행정 제도는 급변하는 상황에 적응하지 못했다. 인사충원 제도는 왕조 초기부터 도입된 문, 무 양반을 배출하는 과거제가 여전히 유지되고 있었다. 음서제도 혈연, 지연이 지배하였다. 전문가는 「쟁이」로 비하되었다. 1886년 최초의 근대 관료 교육기관인 「육영공원」이 설립되어 3명의 미국인 교사들이 영어, 수학, 자연, 역사, 세계지리, 정치학 등을 가르쳤지만 전통적인 관료의 저항에 부딪치며 아무런 효과도 거두지 못하고 1894년 문을 닫는다.[451]

해외, 특히 일본으로 유학을 떠나는 학생의 수는 점차 증가하였지만 귀국 후 정부에서 중요한 직책에 중용된 경우는 거의 없었다. 1884~1894년 10년간 전통 유교가 아닌 근대 교육을 받고 정부관료에 발탁된 경우는 162명 중 10명, 즉 6.2%에 불과하였다. 물론 이들마저 대부분이 양반출신들이었다.[452] 새로운 피는 전혀 수혈되지 않고 있었다. 민의가 반영될 수 있는 제도도 물론 없었다. 안동 김씨, 풍양 조씨, 여흥 민씨로 이어지는 세도는 조선의 인재 발굴제도를 완전히 마비시킨다.

5) 민씨척족의 권력독점

동학난과 청일전쟁이 발발하기 직전인 1893년 당시 조선 조정의 주요 관직자 72명 중 13명의 여흥 민씨가 전체 94개의 관직 중 22개의 관직을 차지하고 있었다. 나머지 72개의 관직은 27개 성씨와 외국인들이 나누어 갖고 있었다. 여흥 민씨 다음으로는 왕실이었던 전주 이씨 5명이 6개의 관직을 차지하고 있었다. 양주 조씨는 4명이 6개의 관직을, 광산 김씨는 5명이 5관직을, 반남 박씨는 3명이 5관직을, 청송 심씨와 안동 김씨는 각기 3명이 3관직을 차지하고 있었다. 나머지 집안들은 한명이 한 직책 정도를 갖고 있었다.[453]

1893년 대표 성씨 가문의 정부 관리, 관직 수[454]

성씨 가문(Clans)	관리 수(No. of Officials)	관직 수(No. of Posts)
여흥 민씨	13	22
전주 이씨	5	6
양주 조씨	4	6
광산 김씨	5	5
반남 박씨	3	5
청송 심씨	3	3
안동 김씨	3	3
청주 한씨	1	3
파평 윤씨	2	2
우봉 이씨	2	2
고령 박씨	2	2
청풍 김씨	2	2
연안 김씨	1	2
한산 이씨	1	1
경주 이씨	1	1
한양 조씨	1	1
임천 조씨	1	1
풍양 조씨	1	1
밀양 박씨	1	1
안동 권씨	1	1
남양 홍씨	1	1
달성 서씨	1	1
진주 강씨	1	1
죽산 안씨	1	1
영월 엄씨	1	1
광주 노씨	1	1
기계 유씨	1	1
외국인들	7	7
합계	72	94
합계(조선인만)	65	87

민씨 세도의 특징은 영의정, 좌의정, 우의정 등 최고위직은 차지하지 않았다는 점이다. 직위는 높지만 실권은 없는 의정부보다는 내무부나 통리교섭통상사무아문(외교부) 처럼 조정을 실질적으로 움직이는

부처들을 장악하였다. 특히 1884년 통리군국사무아문을 대체한 내무부는 조선 정부의 재정과 군사를 담당하는 막강한 부처로 부상한다.[455] 스기무라 후카시가 작성한 조선 조정의 조직도는 민씨 척족의 세도가 어느 정도였는지 적나라하게 보여준다.

표2- 1883년 조선정부 내무부 관리 구성[456]

각 아문	관직명	인명	관직명	인명	관직명	인명
내무부	총리대신	심순택(沈舜澤)	협판	이종건(李鐘健)	참의	김가진(金嘉鎭)
	독판	김영수(金永壽)	협판	한규설(韓圭卨)	참의	김가진(金嘉鎭)
	독판	민영준(閔泳駿)	협판	조병호(趙秉鎬)	참의	성기운(成岐運)
	독판	민영익(閔泳翊)	협판	민영달(閔泳達)	참의	이용태(李容泰)
	독판	김수현(金壽鉉)	협판	민병석(閔丙奭)	참의	민영주(閔泳柱)
	독판	조병식(趙秉式)	협판	이완용(李完用)		
	독판	민응식(閔應植)	협판	신정희(申正熙)		
	독판	민영소(閔泳韶)	협판	박제순(朴齊純)		
			협판	박정양(朴定陽)		
			협판	민영규(閔泳奎)		
			협판	민병승(閔丙承)		
			협판	조동희(趙同熙)		
			협판	LeGendre (李仙得)		
			협판	Greathouse (具禮)		

재정을 담당하던 부처만 보면 사정은 더 심각하다.

1893년 주요 경제 기관장[457]

기관명	기관장
선혜청	민영준
호조	박정양
친군영	민영준
병조	민영소
전환국	박정양
광무국	민영익

다음은 군의 현황이다.

1893~1894년 주요 군사기관과 지휘관[458]

구분	부대명	창설연도	지휘관	
호위군	호위청	1892	김병시	
중앙군	장위영	1888	한규설	
중앙군	통위영	1888	민영준	
중앙군	총어영	1888	이종건	
중앙군	경리청	1892	민영준	
지방군	평양감영 (친군 기영 또는 친군 서영)	1885	민병석	
지방군	강화영 (심영)	1887	민응식	
지방군	전주영 (무남영)	1893	김학진	
지방군	춘천영 (진무영)	1894	민두호	
지방군	함경영 (부경)	1894	민종묵	
해군	해영 (해연총제영)	1893	민응식	
비정규군	보부청 (상리국)	1885	민영익	한규설

중앙부처를 제외한 지방관들 중 종 2품 이상인 여흥 민씨는 다음과 같다.

1894년 이전의 민씨 척족들의 협판 이상 관직 현황[459]

이름	직책명	재직연도
민영규	경기관찰사(京畿觀察使)	1892
민영달	의정부좌참찬(議政府右參贊)	1893
민종묵	독판교섭통상사무(督辦交涉通商事務)	1889-1892
민영상	수원부 유수(水原府留守)	1891
민두호	춘천부 유수(春川府留守)	1890-1894
민세호	공조 판서(工曹判書)	1894
민영우	형조 판서(刑曹判書)	1893
민정식	전라도 관찰사(全羅道觀察使)	1890-1893
민치서	판의금부사(判義禁府使)	1889
민형식	강원도 관찰사(江原道觀察使)	1893-1894

이들 외에도 1885-1894년 사이에 20명의 여흥 민씨들이 참판이나 지방의 육군 또는 해군의 중책을 맡는다. 『고종시대사』에 이름이 올라 있는 여흥 민씨는 80명이 넘는다. 그 중 부정과 부패로 가장 악명이 높았던 민영준(민영휘), 민형식, 민영주, 민영은, 민병석, 민영선, 민명식 등 7명은 1894년 갑오개혁 때 유배된다.[460]

6) 해외차입의 급증

만성적인 재정 적자에 시달린 왕실과 민씨 척족에게 조선의 개항은 추가로 자금을 조달할 수 있는 기회를 제공해 준다. 해관, 탄광 등의 이권, 개항장의 독점 상인들로 부터 징수하는 세금, 인삼 전매권, 화폐 발행 등이 새로운 재원으로 부상한다. 특히 국왕이나 척족, 조정의 「보증」만 있으면 받을수 있었던 외국의 차관은 또 다른 「도덕적 해이(moral hazard)」의 온상이 된다.

1884년의 재정 수입은 20년 전의 것과 대동소이했고 대원군이 집권하고 있던 때 보다 오히려 줄었다. 따라서 국정을 운영하기 위해서는 외국에서부터 돈을 빌려오는 방법 밖에는 없었다. 실제로 개항 이후 조선의 많은 대외 정책은 일본, 미국 등 외국으로부터 차관을 들여오려는 시도의 일환이었다. 김옥균이 일본에 건너가서 차관을 받으려고 수 차례 시도할 때는 물론 미국에 공사관을 여는 것도 미국으로부터 돈을 빌려올 수 있는 길을 열기 위해서였다.[461]

조선이 외국으로부터 돈을 얼마나 빌렸는지 자세한 기록이 남은 것은 없다. 조선 조정에는 외국으로부터의 차관을 전담하는 부서가 없었다. 따라서 고종 자신이 외국으로부터 돈을 빌리는 경우도 있었지만 때로는 정부 관료, 심지어는 조선 정부의 외국인 고문들도 조정의 허락도 없이 외국으로부터 정부의 이름으로 돈을 빌렸다.[462]

기록이 남아있는 해외 차입금의 규모도 어마어마하다. 조선 조정은 1892년 5월 9일 일본 제일은행 인천 지점으로부터 은냥 5천 엔을 빌린다.[463]

> 신정왕후(神貞王后) 대상(大祥) 등 내용급수(內用急需)에 충당(充當)하기 위하여 일본(日本)의 제일국립은행 인천지점(第一國立銀行仁川支店)에서 은(銀) 5,000엔(元)을 차관(借款)케 하고 또 인천(仁川)·부산(釜山) 양 항의 감리(兩港監理)에게 발관(發關)하여 양항세은(兩港稅銀) 중 각각 5,000엔식(元式)을 급속(急速) 상송(上送)하게 하다.[464]

인천과 부산의 감리로부터도 도합 은냥 1만 엔을 거둬 조대비의 일년상을 치르는 비용으로 사용한다.[465]

조선 조정은 1893년에는 독일회사 「세창양행」으로부터 전운서(轉運署: 세미(稅米) 운송업무를 관장하던 관서)에서 운영할 증기선을 구입하기 위하여 10만 냥을 빌린다.[466]

> 「도이취」국상사(國商社) 세창양행(世昌洋行)(Messrmeyer Co.)으로부터 은(銀) 100,000량(兩)을 차관(借款)하여 년리(年利) 1할(割)·2개년(箇年) 기한(期限)으로 상청(償淸)할 것과 또 해양행선박(該洋行船舶)으로 명년(明年) 3월 20일부터 목포(木浦) 등처의 미곡(米穀)을 인천(仁川)으로 운반(運搬)하되 선임(船賃)을 매(每) 1,000포당(包當) 150포(包)로 할 것 등을 해양행(該洋行)과 합약(合約)하다.[467]

미국인 타운센드(Walter D. Townsend)로부터도 13만 5천 멕시코 달러를 빌려 배를 사는데 사용한다. 그리고 빚 독촉을 받자 원세개의 중재로 「동순타이(同順泰)」와 다른 중국인들로부터 돈을 빌려 갚는다.[468]

앞서 본국 정부(本國政府)에서는 구선(購船) 등을 위하여 일본 국립제일은행(日本國立第一銀行)과 미국상인(美國商人) 타운센드(W.D.Townsend, 湯生)로부터 양은(洋銀) 140,000여원(餘元)을 차관(借款)하였던 바 이의 상환 독촉(償還督促)이 심하므로 독판교섭통상사무(督辦交涉通商事務) 조병직(趙秉稷)과 전운서 총무관(轉運署總務官) 정병하(鄭秉夏)가 청국(淸國)의 총리교섭통상사의(總理交涉通商事宜) 원세개(袁世凱)에게 상청(商請)하여 다시 청국(淸國)으로부터 은(銀) 140,000량(兩)을 차관(借款)하여 일(日)·미채(美債)를 청산(淸算)하기로 하다. 이 때에 본국(本國)에서는 인천(仁川)·한성(漢城) 사이의 한강 수로(漢江水路)에 타국(他國) 소륜선(小輪船)이 운행(運行)하는 것을 부허(不許)하고 있었으므로 일본 상인(日本商人)이 표면(表面)으로는 한국선박(韓國船舶)이라 칭탁(稱託)하고 그들의 소륜선(小輪船) 2척(隻)으로 인천(仁川)·한성(漢城) 간(間)의 강로(江路)를 독점(獨占) 운행(運行)하여 자못 이권(利權)을 얻고 있었으므로 원세개(袁世凱)는 북양대신(北洋大臣) 리홍장(李鴻章)의 허락을 얻어 청국(淸國)이 금번(今番) 차관(借款)을 주는 대신(代身) 청한(淸韓) 양국 상민(兩國商民)이 합작(合作)으로 공사(公司)를 설립(設立)하고 청상(淸商)이 소륜선(小輪船)을 구조(購造)하여 청상(淸商)의 화물(貨物)과 본국(本國)의 매년(每年) 발교(撥交)하는 조미(漕米) 100,000석(石)의 운수(運輸)를 담당케 하자고 제의(提議)하므로 본국(本國)에서는 이를 허락하고 이 날 전운서총무관(轉運署總務官) 정병하(鄭秉夏)와 재한청국상사(在韓淸國商事) 동순태(同順泰) 주인(主人) 담이시(譚以時)가 회동(會同)하여 조규(條規)를 정립압인(訂立押印)하고 원세개(袁世凱)와 조병직(趙秉稷)은 이를 감정(監訂)하고 청국(淸國)의 출사경비항(出使經費項) 중에서 고평은(庫平銀) 100,000량(兩)을 동순태(同順泰) 출명(出名)으로써 발차(發借)하고 월리(月利) 6리(厘)로 100개월(個月)에 분할(分割)하여 인천(仁川)·부산(釜山) 양해관세은(兩海關稅銀)에서 상환(償還)키로 하다. 그리고 별도로 청한륜선공사

(淸韓輪船公司)를 창설(創設)하고 소기선(小汽船) 2척(隻)을 조성(造成)하여 본국(本國) 접운국(接運局) 소속선(所屬船)으로 하되 동순태(同順泰)로 하여금 이를 15년간 관리케 하다.[469]

그 이후에도 조정은 돈을 계속 빌린다. 청일 전쟁 직후 일본이 파악한 1895년 12월 말 현재 조선 조정의 각종 부채는 다음과 같았다.[470]

외무아문		단위: 엔
	외국채 원리(元利) 미제고(未濟高)	688,992,000
	고용[雇] 외국인 급료 체납고[滯リ高]	22,933,000
	계	711,925,000
탁지아문	호조 각 공납[貢] 체불[未下]	157,121,230
	선혜청 공납[貢價] 및 여러가지[各樣] 체불[未下]	285,231,604
	각 청 과록(科祿) 및 항식(恒式) 체불[未下]	453,713,734
	공납[貢] 체불[未下] 조사 미제(未濟) 견적고(見積高)	50,000,000
	계	946,066,568
총계		1,657,991,568

위의 표 중에서 상환을 필요로 하는 것은 문무관(文武官)의 체불[未拂] 급료 등으로서 그 금액[高] 47만 6천여 엔입니다. 또한 청국 정부 및 상사(商社)에 대한 부채 50만 6천 엔의 금액은 지금 곧 상환할 필요가 없는 것이나, 위 가운데에는 세관의 수입을 저당하여 이에 대한 선취권(先取權)을 부여한 것이 있습니다. 당국의 재정 상, 외국과의 관계는 단지 위 청국 정부 및 위 상사에 대한 부채 한 종류에 그치지 않으니, 평화는 종국적으로 이를 완제(完濟)하도록 했을 때 다른 나라와의 관계를 완전히 끊고 장래의 우리 재정 감독 상에 따르도록 하는 것이 가장 긴요하다 하겠습니다.

또한 다음의 2항, 즉 호조 각 공납[貢] 체불[未拂]과 선혜청 공납[貢] 및 여러가지 미지불[未拂]은 이제까지 상인에게 명해 상납하도록 한 물품 대가의 미지불[未拂] 류로서, 총계 44만2천여 엔이 됩니다. 또한 이 항 가운데에는 10년 혹은 20년을 경과한 것도 혼재되어 있으나, 대부분[多分]은 작년 이래의 미지불[未拂]과 관계된 것으로서, 당국이 종래의 습관에 따르면, 이와 같은 것은 하나하나 정확하게 수취하지 못한 사정도 있습니다. 따라서 이제[此際]에 이를 처분할 때에도 통상적인 지불 의무[通常價務] 이행의 예에 따를 필요가 있으니, 이를 무이자[無利足]의 공채로 교환[仕換]해주고 대략[大凡] 7개월부로 지급[拂渡]하는 것도 가능할 것입니다.[472]

구별	차입금고(高)	이율	원금상환[償却]고	원금상환 미제고	이자연체고	이상 원리 미제고 합계	
정금은행	120,500엔	년 8주(朱)471	94,400엔	계미조 (癸未條) 12,050엔	1,928엔	26,992엔	
				갑오조 (甲午條) 12,050	964		
초상국(招商國)	은210,000냥	월 8리	90,000냥	120,000냥	19,800냥	199,714엔	
				환산 171,429엔	28,286엔		
청국 정부로부터 차입한 전신(電信) 공채	은100,000냥	무이자[利息]	41,500냥	58,500냥		83,571엔	
				〃 83,571엔			청국 정부 및 청국,영국 상사(商社)로 부터의 부채고 합계[共計] 50만6천엔
동 순태(同順泰)	은100,000냥	월 6리	32,500냥	67,500냥		96,429엔	
				〃 96,429엔			
상동[同上]	은100,000냥	월 6리	27,000냥	73,000냥		104,286엔	
				〃 104,286엔			
홍콩, 상하이 뱅크	흑은(黑銀) 50,000	〃 7리 5 모(毛)	28,000	23,000		22,000엔	
제일국립 은행	130,000	100엔 당 하루[日計] 2전(錢) 2리		130,000엔		130,000엔	
부산 차관	미상	미상	미상	미상	미상	25,000	
계						687,992	
그레이트 하우스 급료 연체						16,933	
다이(ダイ) 상동[同上]						6,000	
합계						710,925	

「청일전쟁」과 「갑오개혁」 전야의 조선조정은 이미 파산상태였다.[473] 보다 못한 원세개는 조선조정의 재정상태를 비판하면서 고종에게 절약할 것을 종용한다.

수입을 타산해서 지출하는 것은 옛날이나 오늘이나 다같이 그러한 것입니다. 근래에 창고의 저축이 줄어들고 국채(國債)가 늘어났으나 사실을 놓고 말하면 한 가지도 효과 있게 쓰이지 못하고 다 중요하지 않은 일에 이용되었으며, 소인들은 한갓 나라의 부강을 도모한다는 명색 밑에 저들의 이익만을 추구했던 것입니다. 전환국(典圜局)·제약국(製藥局)·기기국(機器局)을 설치하며 윤선(輪船)을 사오는 등과 같은 문제들이 어찌 좋은 일이 아니겠습니까? 그러나 조선의 형편을 놓고 논한다면 이런 것부터 할 것이 아니라 먼저 내정을 바로잡아 재물을 마련할 길을 열고 절약하는 일에 힘써서 나라의 재정이 넉넉해지고 집집마다 사람마다 풍족하게 되었다는 것이 인정된 다음에 차례로 시행해서 부강을 서서히 도모해야 합니다. 만일 재정의 출입을 타산하지 않고 단지 겉치레만 많이 한다면 앞으로 성과는 없고 낭비만 날로 더해질 것이며 재정은 고갈되어 더욱 빈약해질 것이니 지금 고치지 않고서는 안 됩니다.[474]

7) 고종

고종에 대한 국내외의 평을 보면 그가 얼마나 무능한 군주였는지, 몰락하는 조선을 견인하기에는 얼마나 부족한 인물이었는지 여실히 드러난다. 이홍장은 고종을 「본래 유약해서 눈치나 살피고 오락가락」하는 인물이라고 평한다. 「암약(暗弱)해서 정견(定見)이 없다」고도 한다.[475] 이사벨라 버드 비숍은 「자기의 주관이 없고 일을 끝까지 밀어부칠 줄도 모른다」고 한다. 「사안들에 대한 큰 틀을 파악하는 능력을 결여」하고 있고 「그의 의지박약은 치명적」이라고 한다.

왕조는 기울고 있고 국왕은 친화력이 있고 심성은 착하지만 의지가 박약하고 술수를 부리는 자들에게 늘 이용당한다. 이는 왕비의 강력한 영향력이 사라진 이후 더 심하된 듯하다. 나는 그가 근본적으로, 그리고 자신이보기에도 나라를 사랑하는 군주라고 생각한다. 그는 개혁을 가로막기는커녕 대부분의 제안을 받아들였다. 그러나 불행히도 그는 매번 맨 마지막으로 얘기하는 사람의 말에 늘 설득당하고 자기의 주관이 없고 일을 끝까지 밀어부칠줄도 모른다. 따라서 아무리 훌륭한 개혁안도 그의 의지박약으로 결국은 실패로 돌아가고 만다. 입헌제를 통하여 전제주의를 제어할수만 있다면 모든 것이 훨씬 좋아질 수 있겠지만 이는 말할 필요도 없이외국의 개입없이는 성공할 수 없는 일이다.[476]

그는 군주로서 매우 부지런하다. 그는 모든 부처의 사안들을 알고 있고 무수히 많은 보고서와 상소문을 받고 읽으면서 정부의 대소사를 다 챙긴다. 사람들은 흔히 국왕이 한사람으로서는 도저히 할 수 없는 많은 일을 한다고 한다. 그러나 동시에 그는 사안들에 대한 큰 틀을 파악하는 능력을 결여하고 있다. 그의 심성은 너무나도 착하고 진보적인 아이디어들을 좋아한다. 만일 그가 좀더 강한 의지와 지적인 능력의 소유자였다면, 그리고형편없는 사람들의 말에 그토록 쉽게 휩쓸리지만 않는다면 좋은 군주가되었을수도 있다. 그러나 그의 의지박약은 치명적이다.[477]

영국의 쿠르존 경(George Nathaniel Curzon, 1859.1.11~1925.3.20.)은 고종은 그의 부친인 흥선대원군처럼 「편협하지는 않지만 그의 결단력은 물려받지 못했다」면서 「지금의 어려운 상황을 감당하기에는 아무런 준비가 되어있지 않았다」고 평한다.

국왕전하는 매우 친화력있는 성격을 갖고 있으며 그가 개인적으로 얼마나 매력적인 성정과 태도를 갖고있는지는 이미 수 많은 사람들이 전한다. 그는 그의 부친처럼 편협하지는 않지만 그의 결단력은 물려받지 못했다. 그가 받은 교육이나 자라온 전통으로 보나 그는 지금의 어려운 상황을 감당하기에는 아무런 준비가 되어있지 않았다. 따라서 그의 목표의식이 늘 흔들리고 과단성 있는 행동을 할 수 없는 것을 설명할 수 있는 것은 많다. 그는 새로운 발견이나 발명을 즐기고 깊은 호기심을 갖고 있지만 그 나라와 사람들이 공유하는 미신으로부터 자유롭지도 않다. 역사는 다음과 같은 놀라운 사실을 기록할 것이다. 일본과 조선은 공히 개인적으로 그다지 강하지도 특출하지도 않은 군주 밑에서 금세기 후반부에 공히 역사상 최대의 혁명을 겪고 있다는 사실을.[478]

김병시는 고종에게 「조치를 취한 것을 보면 모든 것이 어긋나고 있습니다. 이것은 혹시 전하의 이목에 막힘이 있어 두루 통찰하지 못해서가 아닙니까」하고 묻는다.[479]

고종에 대한 윤치호의 평가 역시 가혹하리만치 부정적이다.

조선에는 국왕이라고 할 수 있는 사람이 없다. 그는 자신의 안위에 조금이라도 위협이 오는 소리가 들리면 겁에 질리는 나약한 인간이다.[480]

7. 청일전쟁 전야의 조선

1887년 6월 21일 휴 딘스모어 주 조선 미국 공사는 베이야드 미 국무장관에게 다음과 같은 내용의 전문을 보낸다.

제가 보기에 조선의 정국은 점차 위기로 치닫고 있습니다. 중국은 서서히, 그러나 확실하게 이 정부와 왕을 더욱 강한 손길로 옥죄이고 있습니다. 조선 사람들 사이에서는 이에 저항하고자 하는 정신이 거의 죽어버린 것 같습니다. 그리고 많은 외국의 대표들도 이에 암묵적으로 따라가는 것 같습니다. 영국의 총영사와 같은 사람들은 조선이 중국의 속국이며 자치능력이 없다고 공공연하게 얘기합니다. 일본의 언론보도를 보면 일본 정부도 조선이 중국에 흡수되는 것을 반대하지 않고 놔두기로 결정한 것 같습니다..… 여기 (조선)의 일본 대표는 중국이 점차 조선을 잠식해들어가는 것에 대해 무관심한 듯 합니다.

조선 사람들은 중국 사람들에 대해 특별한 애정이나 강한 애착을 갖고 있는 것 같아 보이지는 않습니다. 오히려 그 반대로 일반 조선사람들은 중국사 람들을 매우 싫어합니다. 그러나 그들은 중국을 두려워하고 이 두려움 때문에 점차 중국에 종속되어 가고 있습니다. 장관님께서도 아시다시피 몇 년전 까지만 하더라도 중국과 조선의 관계는 고래의 예법을 준수하면서 서로 「형제지국」으로 지냈으며 조선은 중국인들이 조선 땅에 임시로라도 거주하는 것을 불허했습니다. 그러나 중국은 이제 「형」으로서 「동생」이 열강들과 교류하는데서 직면할 위험으로부터 보호해야 한다는 핑계하에 조선에 관리들을 상주시키고 있습니다. 그런데 조선과 열강간의 교류는 중국이 솔선해서 시작한 것입니다.

중국의 대표는 조선을 때로는 겁박하고 때로는 사심없이 친절을 베푸는 척하는 모습을 보이면서 끊임없이 상소를 올리고, 무언가를 제공하고, 강요하고, 지도합니다.

조선과 조약을 체결한 국가들의 대표들은 동양의 예법에 따라 조선의 왕을 알현할 때면 궁궐 문 밖에서 가마에서 내려 걸어서 궁의 많은 문들을 지나 정전에 도달하지만 「황제의 총독」(Resident)은 가마에 탄 채 군사들의 호위를 받으면서 왕의 바로 면전에까지 들어갑니다. 조선 사람들은 처음에는 이에 항의를 하였지만 제가 듣기로는 이내 역겨운 굴종(sickly acquiescence)으로 일관하고 있습니다.

...

인간적으로 저는 언젠가는 상황이 변하여 이 나라가 자유롭고 아무런 제약 없이 자신들의 뜻대로 나라를 세울 수 있는 때가 오기를 바라마지 않습니다. 그러나 모든 상황을 고려할 때 현재로서는 독립된 조선의 미래는 어둡기만 합니다.[481]

알렌은 1892년 8월 12일 미국의 국무장관에게 당시 조선의 상황을 설명하는 전문을 보낸다. 그는 당시 우의정 조병세가 고종에게 올린 사직 상소를 영어로 번역하여 동봉한다.

신이 이제 물러가려고 하면서 구구한 소회가 있어 감히 황송함을 무릅쓰고 우러러 진달합니다. 오늘날 시국에 대한 걱정과 백성들의 곤궁이 어찌 이와 같이 수습할 수 없는 지경에 이를 줄 생각이나 했겠습니까? **나라가 나라 구실을 못하니 일마다 한심합니다.** 삼가 생각건대, 우리 전하께서는 밤낮으로 정사를 잘 하려고 부지런히 힘쓰지 않는 것은 아닙니다. 그러나 좌우에서 모시는 신하들은 그저 순종하는 것을 위주로 삼고 임금의 뜻에 거스르려 하지 않으며, 조정의 관리들은 입을 다물고 있는 것이 고질로 되어 바른 말을 들을 수가 없습니다. 전하께서 이런 상황에서 비록 정사의 잘되고 잘못되는 것을 듣고자 하나 가능하겠습니까?

죄인을 다루는 옥사(獄事)는 임금의 위엄을 보이는 기본 수단이니 진실로 함부로 원칙이 흔들려서는 안 되는 것입니다. 이미 중한 죄를 범하여 응당 죽여야 할 사람을 살리니, 법의 기강이 어찌 해이되지 않을 수 있으며 백성들을 어떻게 징계하겠습니까?

현재 나라의 일에서 가장 깨끗하게 해야 할 것은 지방 관리들이 공무를 빙자하여 탐오(貪汚)를 일삼는 것입니다. 이 때문에 팔도(八道)의 백성들이 하루도 편안하지 못한데 방백(方伯)의 전최(殿最)가 엄하지 못하고 암행어사(暗行御史)의 조사도 공정하지 못합니다. 지금 삼남(三南)의 수령(守令)이 모두 선정을 하고 있지만, 규탄하여 내쫓을 자가 어찌 그저 지극히 쇠잔하고 궁핍한 작은 고을의 수령뿐이겠습니까? 잘 다스리고 잘 다스리지 못하는 것은 곧 가릴 수 없는 소문이 있을 것인데 마땅히 내쫓아야 할 자를 내쫓지 않는다면 어찌 나라에 떳떳한 형벌이 있다고 말할 수 있겠습니까?

나라를 경영하려면 벼슬하는 사람들에게 녹봉을 주어야 하고 일을 시킨 사람에게 요미(料米)를 주어야 할 것입니다. 그런데 어찌하여 근년에는 달마다 내주지 못하는 것입니까? 그런데 유사(有司)가 된 자는 당연한 것으로 간주하여 조처할 생각을 하지 않으니, 다만 나라의 체면만 훼손시킬 뿐만이 아니라 녹봉(祿俸)을 받고 요미를 받는 사람들이 장차 어떻게 입에 풀칠이나 해 나갈 수 있겠습니까? 비유하자면 사가(私家)에서 주인이 종에게 월급은 주지 않고 그저 일만 시키는 것과 같습니다. 명분과 의리가 엄격하여 힘써 일은 하지만 어찌 원망이 없겠습니까? 이것도 급선무에 속하는 것입니다.

당장 백성의 병통으로 가장 치유하기 어려운 것은 화폐(貨幣)의 폐단입니다. 1분(分)을 가지고 5분으로 쓰고 5분을 가지고 1푼으로 쓰니 물건 값이 날마다 올라가고 인심이 야박하게 되는 것입니다. 서울과 지방에서 떠도는 소문에는 변고란 변고는 모두 망라되어 있습니다. 이 지경에 이른 국법은 이웃 나라에서 들을까 부끄럽습니다.

의정부로 말하면, 크고 작은 일을 막론하고 이제 결재를 받거나 복계(覆啓)를 해야 할 것을 반드시 다 위에서 결재해 주기를 청하니, 안으로 각사(各司)와 밖으로 각도(各道)의 거행이 자연 지체되는 경우가 많습니다.

그런데 어찌하여 나라의 형편과 백성의 걱정이 이렇게 극도에 이르렀단 말입니까? 임금은 있어도 신하가 없다는 한탄이 오늘보다 더 심한 때는 없습니다. 만일 혹시라도 이렇게 세월을 보낸다면 나라의 장래가 어느 지경에 이르게 될지 알 수 없습니다. 오직 바라건대, 전하께서는 정사에 과단성을 발휘하고 한결같이 공평하게 하여 나라의 형세를 공고히 하고 백성들이 안정될 수 있도록 하소서.[482]

그로부터 약 3달 후인 1892년 11월 10일 역시 미국무장관에게 보내는 전문에서 어거스틴 허드(Augustine F. Heard, Jr., 1827~1905) 미국공사는 알렌이 3개월 전에 보낸 전문을 언급하면서 조병세가 묘사한 당시 조선의 상황은 「전혀 과장된 것이 아니다」고 한다.[483]

조선의 국고가 비었다는 것은 공공연한 사실입니다. 관리들은 월급을 받지 못하기 때문에 어쩔 수 없이 자신들의 앞가림을 하기 위해 수단과 방법을 가리지 않습니다. 그리고 일단 잘못된 길로 들어서면 자신들의 필요가 충족된 다음에도 멈추지 않습니다. 백성들은 억압되고 있습니다. 관직은 가장 돈을 많이 내는 사람에게 돌아가고 그리고 그사람은 또 곧바로 해임되고 새 구매자를 찾습니다. 정부의 높은 직위에 있는 사람들이 저지르는 부정과 부패는 아무런 제재를 받지 않습니다.

정부는 빚을 갚고 관리들에게 봉급을 줄 돈은 없는데도 불구하고 궁중의 예식들과 불필요한 사치품들에 거금을 탕진합니다. 불만이 사회에 팽배해 있고 얼마가지 않아서 무슨 일이 일어날 것만 같은 불안감에 사로잡혀 있습니다. 여왕(민중전)이 우두머리인 민씨 집안은 왕국의 모든 권력과 부를 완전히 장악하고 있으며 원한의 대상입니다. 만일 진정으로 실력을 갖춘 지도자가 나타난다면 그 주변을 혁명을 원하는 세력이 곧바로 모여들 것입니다….

저는 지금 혁명이 나더라도 지금보다는 나은 사람들이 권력을 잡게 되지 않을까하는 생각이 들 정도입니다. 지금보다 더 나쁜 정권이 들어서는 것은 불가능할 것 같습니다. 국왕은 친절하고 착한 사람이지만 필요한 개혁을 밀어부칠 수 있는 능력이나 용기, 힘은 없는 사람입니다.[484]

결론

결론

　종교개혁을 통하여 가톨릭 교회로 대표되는 서구의 봉건질서를 무너뜨리고 그 신학적, 제도적 대안을 제시한 칼뱅주의는 19세기 말 조선에 전파되면서 주자성리학으로 대표되는 조선의 봉건질서를 개혁의 대상으로 삼는다. 주자성리학이 고려의 불교사회를 근본적으로 다른 사회로 만들고자 하였듯이 개신교는 조선의 성리학 사회를 개혁하고자 한다.

　개신교가 조선에 빠른 속도로 뿌리를 내릴 수 있었던 것은 미국 선교사들이 전교를 시작한 시점이 조선의 주자성리학 사상과 체제가 급속히 붕괴하고 있던 때였기 때문이다. 청과 일본, 러시아 등이 모두 조선에 영향력을 행사하고 지정학적, 경제적 이권을 획득하기 위해서 경쟁하고 있던 때에 조선에 온 미국 선교사들은 조선 사람들의 병을 고쳐주고 그들을 교육시키는데 헌신한다.

　조선을 찾은 미국 선교사들은 복음주의 개신교(Evangelical Protestantism)라는 지극히 미국적인 기독교를 전파한다. 칼뱅주의와 복음주의가 혼합된 미국 특유의 개신교는 민주주의와 자유주의를 체화하고 있었다. 사실 이들에게 민주주의와 자유주의, 기독교는 같은 것이었다. 기독교의 정치적 표현이 자유개인주의, 자유민주주의, 자유시장주의였다. 그러나 지정학은 개신교를 통한 조선사회의 근대화를 기다려주지 않는다.

1884~1894년은 몰락하고 있던 조선에게는 기회이기도 했다. 비록 외세의 강압에 의한 개국이었지만 개항은 국제경제체제에 편입할 수 있는 절호의 기회였다. 청과 일본, 영국과 러시아 간의 세력균형이 유지되고 있었고 미국은 조선에 대해 관심이 없었던 시기다. 그러나 거듭된 정변으로 결국 국권을 장악한 것은 고종과 민중전, 민씨 척족이었다. 이들이 무지와 무능, 권력욕과 재물욕에 눈이 어두워 국정을 농단하고 있을 때 청의 원세개는 노련한 정국운영으로 조선의 내치와 외교, 무역을 장악한다.

그러나 일본이 명치유신을 통한 부국강병에 성공하면서 지정학에 다시 관심을 보이기 시작한다. 메이지 일본의 지도자들은 초기에는 조선의 개화에 대하여 상당한 관심과 지지를 표명하였지만 재정적으로나 군사적으로는 아무런 도움도 주지 못했다. 일본은 갑신정변 당시만 하더라도 조선의 개화파들을 군사적으로 지원할 수 있는 육군도, 해군도 없었다. 「마쓰카타 디플레」와 같은 정부 재정 긴축 정책으로 조선의 개화파들을 재정적으로 지원할 수도 없었다. 조선과 청에서 반일감정이 조성되는 것을 극도로 피했기에 주변국들을 자극하는 행동도 자제했다.[1]

일본은 갑신정변을 일으킨 친일개화파가 몰락한 이후 조선 내의 개혁을 추동 할 수 있는 세력을 찾는데 실패한다. 점증하는 청의 영향력을 제어할 아무런 방도도 찾지 못한다. 더구나 일본에 대한 조선의 감정은 오히려 점차 악화되어갔다. 특히 일본이 갑신정변의 주모자들을 조선 정부에 넘겨주는 것을 거부하자 조-일 관계는 더욱 악화된다. 스기무라 후카시는 1894년 「조선 사람들은 외적을 말할 때 제일 먼저 일본을 가리킨다. 그들은 일본 사람들을 야수로 간주하는 듯 하다」고 한다.[2]

한편, 일본의 군사력은 점차 강해지고 있었지만 제국 군을 건설한 야마가타 아리토모 조차도 전쟁보다는 외교적인 해결책을 모색하는 것을 우선순위로 생각했다. 특히 이토 히로부미와 외무경 무츠 무네미츠는 청과 전쟁이 일어날 경우 서구 열강의 개입을 걱정하였다. 전쟁은 최후의 수단으로만 생각했다.

그럼에도 불구하고 일본이 결국 청과의 전쟁을 시작하게 되는 것은 조선이 완전히 붕괴되는 모습을 보이기 시작했기 때문이다. 1893년 전라도와 충청도의 농민들이 동요하기 시작한다. 1894년이 되면 동학난이 본격화된다. 창성 전투에서 관군을 이기고 5월에는 전주를 점령한다. 조정은 마비된다. 일본은 조선이 독립을 유지할 수 있을지 걱정하기 시작한다. 동학이 반외세를 기치로 내걸기도 하였지만 그 보다는 정부가 동학을 진압하지 못하는 상황이 더 당혹스러웠다.

3월 28일, 고종과 민중전의 사주를 받은 홍종우가 일본에 있던 김옥균을 상하이로 유인하여 암살한다. 자객들은 같은 시기에 일본에서 박영효 암살도 시도하지만 실패한다. 청은 홍종우와 김옥균의 시신을 청의 군함에 실어 조선으로 돌려보낸다. 조선에 도착한 김옥균의 시신은 도륙되어 전국에 전시하도록 하였고 홍종우는 영웅 대접을 받는다. 김옥균의 부관참시와 함께 갑신정변 이후 10년간 옥에 갇혀 있던 그의 생부 김병태는 교수형에 처해진다.

그렇지 않아도 메이지 정부의 대외정책이 나약하다고 비판하던 반정부세력들은 김옥균 암살 사건을 계기로 정부의 조선 정책비판에 초점을 맞추기 시작한다. 조선정책은 일본정부의 나약한 대외정책의 상징이 되어버린다. 자유민권주의자들을 지지하는 신문들은 일제히 김옥균이 문명을 위한 순교자이며 청과 조선 정부가 그의 암살을 사주하고 방조했으며 일본정부도 그를 박대해왔다는 사실을 대서특필한다. 겐요샤의 극우파들은 김옥균을 애도하는데 앞장서면서 일본 정부가 그의 죽음을 방치한 것은 곧 일본의 명예를 실추시킨 일이라고 한다.

이런 상황에서 다급해진 조선 조정이 청에게 파병을 요청하고 청이 이에 6월 6일 조선에 군대를 진주시키자 일본은 갑신정변 직후에 이홍장과 이토 히로부미가 맺은 톈진조약을 핑계로 조선에 대규모 군대를 파병한다. 임오군란과 갑신정변 때 같이 청군 앞에서 물러서야 할 정도로 약한 일본이 아니었다. 청일전쟁은 이렇게 시작된다.

주(註)

서론

1. 신복룡, 김운경 역주, 『묄렌도르프 자전』 (서울: 집문당), p. 101.

2. George G. McCune and John A. Harrison, eds., *Korean-American Relations, Vol. 1.* (Berkeley: University of California Press, 1951.) p. 96.

3. 백낙준, 『한국개신교사: 1832-1910』 (서울: 연세대학교 출판부, 2010), pp. 114-115.

4. 김명구, 『한국 기독교사 1-1945년까지』 (서울: 예영커뮤니케이션, 2018), pp. 91-92.

5. 알렉시스 드 토크빌, 이용재 역, 『미국의 민주주의』 (서울: 아카넷, 2018), p. 503.

6. https://www.cnbc.com/2020/07/31/apple-surpasses-saudi-aramco-to-become-worlds-most-valuable-company.html

7. https://www.businessinsider.com/how-todays-tech-giants-compare-to-massive-companies-of-empires-past-2017-12

8. Samuel F. Moore, 「An Incident in the Streets of Seoul」. Chung-Shin Park, *Protestantism and Politics in Korea*, (Seattle : University of Washington Press, 2003) p. 120에서 재인용.

제1장 신의 한 수

1. 호러스 알렌, 김원모 옮김, 『알렌의 일기』 (서울: 단국대학교 출판부, 2017), p. 30.

2. 위의 책, pp. 30-31.

3. 위의 책, pp. 32-33.

4. 위의 책, p. 37.

5. 위의 책, p. 39.

6. 위의 책, p. 47.

7. 위의 책, p. 48.

8. 위의 책, pp. 48-50

9. 위의 책, p. 51.

10. 위의 책, p. 51.

11. 위의 책, p. 59.

12. 위의 책, p. 63.

13. 위의 책, p. 68.

14. 위의 책, p. 79.

15. Everett N. Hunt, Jr., *Protestant Pioneers in Korea*, (Maryknoll: Orbis Books, 1980).

16. 『고종실록』 고종 20년(1883) 6월 5일(음 5월 1일)(계축) 1번째기사.

17. Harold J. Noble, 「The Korean Mission to the United States in 1883: The First Embassy Sent by Korea to an Occidental Nation」 *Transactions of the Royal Asiatic Society Korea Branch, Vol. XIII*, 1929, pp. 1-21.

18. 위의 글, pp. 1-21

19. *The New York Times*, Sep 14, 1883, 「Visitors From The Hermit Nation」

20. Samuel Hawley, ed., *America's Man in Korea: The Private Letters of George C. Foulk, 1884-1887* (Lanham, MD: Lexington Books, 2008,) p. 2.

21. 위의 책, p. 3.

22. 위의 책, p. 3.

23. 위의 책, p. 3.

24. 위의 책, p. 4에서 재인용.

25. 위의 책, p. 4.

26. 「최경석」『한민족대백과사전』, http://encykorea.aks.ac.kr/Contents/Index?contents_id=E0057172

27. 이광린, 『개화당 연구』 (서울: 일조각, 1975,) p. 223.

28. Donald B. Southerton, *Intrepid Americans, Bold Koreans: Early Ko-*

rean Trade, Concessions, and Entrepreneurship (iUniverse, 2005,)
「Appendix A.」

29. 위의 책, 「Appendix A.」

30. Samuel Hawley, p. 4.

31. 위의 책, p. 5.

32. 위의 책, pp. 5-6.

33. 위의 책, p. 6.

34. Marilyn Southard Warshawsky, *John Franklin Goucher: Citizen of the World,* (CreateSpace Independent Publishing Platform, 2016,) p. 124.

35. Martin Vail to John F. Goucher, June 1, 1882, Series 3: Japan, box 14, folder 3, MRL 12: Goucher Papers, Burke Library. 위의 책, p. 126.

36. 위의 책, p. 126.

37. 위의 책, p. 126.

38. Methodist Episcopal Church, *Annual report of the Missionary Society of the Methodist Episcopal Church* (New York : Missionary Society of the Methodist Episcopal Church, 1884), p. 204.

39. R.S. MaClay, 「Korea's Permit to Christianity,」 pp. 287-288.

40. 위의 글, p. 288.

41. 위의 글, p. 287.

42. 위의 글, p. 287.

43. 위의 글, p. 287.

44. 위의 글, p. 287.

45. 위의 글, p. 288.

46. Warshawsky, p. 127.

47. 위의 글, p. 288.

48. 위의 글, p. 288.

49. 위의 글, p. 288.

50. Chan-Hie Kim, 「Robert Samuel Maclay (1824-1907): the Pioneer of the American Protestant Mission in Korea」, *Methodist History,* 39:3(April 2001), pp. 167-180, 177.

51. Warshawsky, p. 128에서 재 인용.

52. Chan-Hie Kim, 앞의 글, p. 177.

53. 송병기 역, 『국역 윤치호 일기 1』, (서울: 연세대학교 출판부, 2001), p. 144.

54. Warshawsky, 앞의 책, p. 128

55. 위의 책, p. 128.

56. 위의 책, p. 128.

57. 위의 책, p. 128.

58. 위의 책, p. 128.

59. 위의 책, p. 128.

60. 위의 책, p. 128.

61. R.S. Maclay, 「Commencement of the Korea Metodist Episcopal Mission」, *The Gospel in All Lands,* 1896, p. 501

62. 위의 글, p. 502.

63. Barclay, 「Expanding Program in Foreign Missions」, Barclay, Wade Crawford, *The Methodist Episcopal Church, 1845-1939, Widening Horizons, 1845-95, Volume 3* (The Board of Missions of The Methodist Church, 1957), pp. 664~757, p.743. Warshawsky, p.129 에서 재 인용.

64. 백낙준, p. 117

65. Henry G.Appenzeller to J.M.Reid, June 29, 1886, Series 2: Correspondence, box2, folder 1, MRL 8: Appenzeller papers, Burke Library. Warshawsky, p.130에서 재 인용.

66. Lillias H. Underwood, *Underwood of Korea* (New York: Fleming H. Revell Company, 1918,) p. 19.

67. 위의 책, p. 22.

68. 위의 책, p. 33.

69. 백낙준, pp. 114-115.

70. Lillias H. Underwood, p. 36.

71. 백낙준, pp. 116.

72. 김명구, 『한국 기독교사1-1945년까지』(서울: 예영커뮤니케이션, 2018), p. 92.

1. Isabella Bird Bishop, *Korea And Her Neighbors: A Narrative Travel, with an Account of the Recent Vicissitudes and Present Position of the Country* (Seoul: Yonsei University Press, 1970,) p. 372.

2. Daniel L. Gifford, *Every-Day Life in Korea: A Collection of Studies and Stories* (Chicago, New York, Toronto: Fleming H. Revell Company, 1898,) p. 57.

3. *Annual Report of the Board of Foreign Missions of the Methodist Episcopal Church, Korea Mission: 1884-1943* (서울: 한국기독교역사연구소, 2012), p. 12.

4. 샤를르 달레 원저, 한응열, 최석우 역주, 『한국천주교회사』 (서울: 한국교회사 연구소, 1979,), p. 183.

5. I. B. 비숍 지음, 신복룡 역주, 『조선과 그 이웃 나라들』 (서울: 집문당, 2012,), p. 334.

6. Henry A. Rhodes, ed., *History of the Korea Mission, Presbyterian Church, U.S.A. 1884-1934* (Seoul, Chosen Mission Presbyterian Church U.S.A., 1934) p. 90.

7. Lilias H. Underwood, *Fifteen Years Among the Top-Knots, or Life In Korea* (Seoul: Kyung-In Publishing Co, 1977,) p. 9.

8. 이대근 외, 『새로운 한국경제발전사: 조선후기에서 20세기 고도성장까지』 (서울: 나남, 2008), p. 109.

9. Gilbert Rozman, 「Castle Towns in Transition,」 Marius B. Jansen and Gilbert Rozman, eds., *Japan in Transition From Tokugawa to Meiji* (Princeton, NJ: Princeton University Press, 1986,) pp. 318-346, pp. 321-322.

10. Richard von Glahn, *The Economic History of China: From Antiquity to the Nineteenth Century* (Cambridge: Cambrdige University Press, 2016,) p. 372.

11. 이대근 외, 앞의 책, p. 101.

12. 위의 책, p. 101.

13. 이영훈, 『한국 경제사 I: 한국인의 역사적 전개』(서울: 일조각, 2017), p. 576.

14. Martina Deuchler, *Confucian Gentlemen and Barbarian Envoys: The Opening of Korea, 1875-1885* (Seattle: University of Washington Press, 1977,), p. 67.

15. 위의 책, p. 67.

16. 위의 책, p. 68.

17. 『고종실록』, 고종 19년(1882) 12월 5일(정사) 5번째기사.

18. 『승정원일기』, 고종 25년(1888) 4월 13일.

19. 『고종실록』, 고종 25년 (1888) 5월 2일 계축 3번째기사.

20. 달레, p. 15.

21. Gari Keith Ledyard, 「Charles Dallet,」 https://web.archive.org/web/20070809200905/http://koreaweb.ws/pipermail/korean-studies_koreaweb.ws/2000-May/002759.html

22. 위의 글.

23. 달레, p. 59.

24. 위의 책, p. 74.

25. 위의 책, p. 77.

26. 위의 책, pp. 74-75.

27. 위의 책, p. 75.

28. 위의 책, pp. 105-106.

29. 위의 책, pp. 106-107.

30. 위의 책, pp. 107-108.

31. Daniel L. Gifford, p. 57.

32. 비숍, p. 358.

33. Bishop, p. 372.

34. Lilias H. Underwood, p. 2.

35. 달레, pp. 252-253.

36. 위의 책, pp. 247-248.

37. Lilias H. Underwood, p. 4.

38. 사를르 달레, 앞의 책, p. 59.

39. 비숍, 앞의 책, p. 70.

40. Isabella Bird Bishop, 앞의 책, pp. 387-88.

41. 샤를르 달레, 앞의 책, p. 195.

42. *Annual Report,* 앞의 책, p. 12.

43. 위의 책, p. 12.

44. 이덕주, 『스크랜턴: 어머니와 아들의 조선 선교 이야기』 (서울: 공옥출판사, 2015), p. 196.

45. *Annual Report,* 앞의 책, pp. 18-19.

46. 위의 책, p. 19.

47. 위의 책, p. 19.

48. Lilias H. Underwood, *Fifteen Years Among the Top-Knots,* 앞의 책, p. 84.

49. Daniel L. Gifford, 앞의 책, pp. 58-59.

50. 위의 책, pp. 58-59.

51. 위의 책, p. 59.

52. 샤를르 달레, 앞의 책, p. 183.

53. George Heber Jones, 「The Status of Woman in Korea,」 *The Korean Repository, Vol. 3,* June 1896, pp 223-229, p. 228.

54. Warshawsky, 앞의 책, p. 129.

55. 샤를르 달레, 앞의 책, p. 184.

56. Daniel L. Gifford, 앞의 책, pp. 60-61.

57. 샤를르 달레, 앞의 책, p. 191.

58. 비숍, 앞의 책, p. 334.

59. 샤를르 달레, 앞의 책, pp. 59-60.

60. Lilias H. Underwood, *Fifteen Years Among the Top-Knots,* 앞의 책, p. 11.

61. 위의 책, p. 9.

62. 위의 책, p. 9.

63. 위의 책, pp. 9-10.

64. Daniel L. Gifford, 앞의 책, p. 107.

1. John F.Goucher, interview by Frank G. Porter, July 1922, box 7, *Rev. John F. Goucher Papers,* Baltimore-Washington Conference Archives. Ewha Archives, Story of Ewha, 27 http://lib.ewha. ac.kr/search/detail/CATTOT000001533403?mainLink=/search/ tot&briefLink=/search/tot/result?folder_id=null_A_q=The+Story+of+Ewha%2C+from+History+to+Future+_A_st=KWRD_A_si=-TOTAL

2. Gunshik Shim, 「Methodist Medical Mission in Korea,」 *Methodist History,* 46:1 (October 2007), pp. 34-46, p. 38.

3. 위의 글, pp. 34-46, 38.

4. *Notable American Women: the Modern Period: A Biographical Dictionary:* Google books, p. 300.

5. 위의 책, p. 300.

6. 위의 책, p. 300.

7. 위의 책, p. 300.

8. 위의 책, p. 300.

9. 위의 책, pp. 300-301.

10. Warshawsky, p. 129.

11. 「엘린우드에게 보내는 언더우드의 편지, 1885년 7월 6일자」. 김명구, 『한국 기독교사 1 - 1945년까지』 (서울: 예영커뮤니케이션, 2018), p.111.에서 재인용.

12. Horace H. Underwood, *Modern Education in Korea* (New York: International Press, 1926,) pp. 18-21, 김명구, p.113.에서 재인용.

13. Warshawsky, p. 129.

14. 이덕주, p. 160.

15. Griffis, p.174. Warshawsky, p.131.

16. 이덕주, p. 161.

17. Warshawsky, p. 128.

18. William B. Scranton, 「Korea,」 *Christian Advocate,* January 26, 1888, p. 67.

19. 김정권, 「초기 한국교회와 신분 갈등: 홍문동교회의 사례를 중심으로」, 『한국교회사학회지』, 제 11집, pp. 67-99, p. 71.

20. 『승동교회백년사, 1893-1993』, p. 59. 김정권, p. 72.에서 재인용.

21. 김정권, p. 72.

22. http://www.100thcouncil.com/bbs/board.php?bo_table=missionary&wr_id=24

23. 김정권, 앞의 글, p. 74.

24. Samuel. F. Moore, 「The Butchers of Korea」 F. Ohlinger, H.G. Appenzeller, George Heber Jones, eds., *The Korean Repository, Vol. 5,* pp. 127 - 132, p. 131.

25. 위의 글, p. 130.

26. 위의 글, p. 131.

27. 위의 글, p. 132.

28. 위의 글, p. 131.

29. S. F. Moore to Dr. Elinwood, June 7, 1895. 김정권, 앞의 글, p. 83-84. 에서 재인용.

30. 위의 글, p. 84에서 재인용

31. 위의 글, pp. 87-88에서 재인용

32. George Heber Jones, 「The Status of Woman in Korea」 *The Korean Repository, Vol. 3,* June 1896, pp 223-229, pp. 228-229.

33. L. C. Rothweiler, 「What Shall We Teach in Our Girls' Schools?」, F. Ohlinger, H.G. Appenzeller, George Heber Jones, *The Korean Repository, Vol. 1,* March 1892, p. 93.

34. HWF, April 1886. p. 249. 이덕주, p. 143에서 재인용.

35. Ewha Archives, *The Story of Ewha, from History to Future* (Seoul: Ewha University Press, 2013), 19. http://lib.ewha.ac.kr/search/detail/CATTOT000001533403?mainLink=/search/tot&briefLink=/search/tot/result?folder_id=null_A_q=The+Story+of+Ewha%2C+-from+History+to+Future+_A_st=KWRD_A_si=TOTAL

36. Mary F. Scranton, 「Woman's Work in Korea」, pp. 4-5. 이덕주, p. 144 에서 재인용.

37. 이덕주, p. 162.

38. W. B. Scranton's letter to Dr. J. M. Reid, April 21, 1887. 이덕주, p. 161에서 재인용.

39. W. B. Scranton's letter to Dr. J. M. Reid, April 21, 1887. 이덕주, p. 162에서 재인용.

40. 위의 책, p. 163.

41. HWF, July 1887, p. 11. 위의 책, p. 164에서 재인용.

42. HWF, July 1887, p. 11. 위의 책, p. 165에서 재인용.

43. 위의 책, pp. 213-214.

44. http://encykorea.aks.ac.kr/Contents/Item/E0076581

45. 전삼덕, 「내 생활의 략력」, 『승리의 생활』, 8-9쪽, 이덕주, pp. 389-390에서 재인용.

46. Harry A. Rhodes, ed., *History of the Korea Mission, Presbyterian Church, U.S.A.: 1884-1934* (Seoul: Chosen Mission Presbyterian Church, U.S.A., 1934) p. 76.

47. 위의 책, p. 77.

48. Chalres Allen Clark, *The Korean Church and the Nevius Methods* (New York: Fleming H. Revell Company, 1930,) p. 115.

49. 위의 책, p. 116.

50. 달레 원저, p. 135.

51. 위의 책, p. 136.

52. William Elliot Griffis, *A Modern Pioneer in Korea; the Life Story of Henry G. Appenzeller* (New York: Fleming H. Revell Company, 1912,) p. 187.

53. 위의 책, pp. 187-8.

54. 위의 책, p. 188.

55. Henry A. Rhodes, p. 90.

56. Griffis, pp. 189-90.

57. 위의 책, p. 190.

58. 민경배, 『한국기독교회사』 (개정판) (서울: 대한기독교출판사, 1981,) p. 169.

59. Lak-Geoon George Paik, *The History of Protestant Missions in Korea, 1832-1910* (Seoul: Yonsei University Press, 1980,) pp. 51-52.

60. 1882년 가을 대영성서공회에 보낸 편지. RBFBS, Vol. 110 (1914), p. 239. 민경배, p. 169에서 재인용.

61. Paik, p. 52.

62. 민경배, p. 169.

63. 위의 책, p. 169.

64. *Quarterly Review,* Vol. 144, Jan. 1883, London, p. 187. 민경배, p. 169에서 재인용.

65. 민경배, p. 170.

66. Paik, p. 51.

67. 위의 책, p. 52.

68. 위의 책, p. 53.

69. 민경배, p. 166.

70. 김명구, p. 56.

71. 위의 책, p. 56.

72. 위의 책, p. 58.

73. 백낙준, p. 158.

74. W. D. Reynolds, 「The Contribution of the Bible Societies to the Christianization of Korea,」 *The Korea Mission Field, Vol. 12, No. 5* (May 1916), p. 127. 백낙준, p. 159에서 재인용.

75. M. E. North Report for 1890, p. 273, *The Korea Repository, Vol. 2, No. 5 (May 1895),* p. 196. 백낙준, 위의 책, p. 159에서 재인용.

76. 백낙준, p. 160.

77. Griffis, p. 192.

78. 백낙준, p. 143.

79. Kenneth M. Wells, *New God, New Nation: Protestants and Self-Reconstruction Nationalism in Korea 1896-1937* (Honolulu: University of Hawaii Press, 1990,) p. 28.

80. Lilias H. Underwood, pp. 9-10.

81. 위의 책, p. 183.

82. 위의 책, pp. 183-184

83. 위의 책, p. 184.

84. 위의 책, p. 184.

85. 위의 책, pp. 184-185.

86. 위의 책, p. 185.

87. 위의 책, pp. 185.

88. 위의 책, pp. 186-187.

89. 「초기 한국교회의 예배: 예배 형성기(1870-1900)를 중심으로」 http://theologia.kr/board_service/33823

제4장 종교개혁과 칼뱅

1. Reid, W. Stanford, *Trumpeter of God* (New York: Charles Scribner's Sons, 1974.)

2. John Aberth, *From the Brink of the Apocalypse: Confronting Famine, War, Palague and Death in the Later Middle Ages* (London and New York: Routledge, 2010,) pp. 7-42 참조.

3. Emmanuel Le Roy Ladurie, *The French Peasantry 1450-1660.* Translated by Alan Sheridan. (Berkeley: University of California Press, 1987,) p. 32.

4. Bruce Gordon, *Calvin* (New Haven: Yale University Press, 2009,) e-book, location 250.

5. Peter Mack, *A History of Renaissance Rhetoric* (Oxford: Oxford University Press, 2011,) p. 36.

6. Diarmaid MacCulloch, *The Renaissance* (New York: Penuin Books, 2003,) p. 93.

7. 위의 책, pp. 94~95.

8. 위의 책, p. 97.

9. 위의 책, p. 97.

10. 위의 책, p. 97.

11. *De causis coruptarum atrium, II*, MacCulloch, p. 97에서 재인용.

12. 위의 책, p. 98.

13. 위의 책, p. 99.

14. 위의 책, p. 99.

15. 위의 책, p. 99.

16. 위의 책, p. 100.

17. 위의 책, p. 118.

18. 위의 책, p. 118.

19. 위의 책, p. 118.

20. 위의 책, p. 119.

21. 위의 책, p. 119.

22. 위의 책, p. 119.

23. 위의 책, p. 120.

24. 위의 책, p. 120.

25. 위의 책, p. 120.

26. Bruce Gordon, 앞의 책, location 151.

27. 위의 책, location 157.

28. 위의 책, location 165.

29. 위의 책, location 172.

30. 위의 책, location 180.

31. 위의 책, location 180에서 재 인용.

32. 위의 책, location 180.

33. 위의 책, location 181.

34. 위의 책, location 188.

35. 위의 책, location 196.

36. 위의 책, location 196.

37. 위의 책, location 203.

38. 위의 책, location 349.

39. 위의 책, location 357.

40. 위의 책, location 393.

41. 위의 책, location 401.

42. 위의 책, location 357.

43. 위의 책, location 364.

44. 위의 책, location 544.

45. 위의 책, location 558.

46. 위의 책, location 566.

47. 위의 책, location 566.

48. 위의 책, location 566.

49. 위의 책, location 574.

50. 위의 책, location 581.

51. 위의 책, location 221.

52. 위의 책, location 228.

53. 위의 책, location 228.

54. 위의 책, location 256.

55. 위의 책, location 242.

56. 위의 책, location 249.

57. 위의 책, location 256.

58. 위의 책, location 263.

59. 위의 책, location 278.

60. 위의 책, location 285.

61. 위의 책, location 285.

62. 위의 책, location 292.

63. 위의 책, location 299.

64. 위의 책, location 306.

65. 위의 책, location 306.

66. 위의 책, location 306.

67. 위의 책, location 313.

68. 위의 책, location

69. 위의 책, location 321.

70. 위의 책, location 328.

71. 위의 책, location 597.

72. 위의 책, location 605.

73. 위의 책, location 605.

74. 위의 책, location 613.

75. 위의 책, location 619.

76. 위의 책, location 624에서 재 인용.

77. 위의 책, location 672.

78. 위의 책, location 694.

79. 위의 책, location 987.

80. 위의 책, location 999.

81. 칼뱅, 「시편 주석」 서문.

82. T. H. L. Parker, *John Calvin* (Tring, Hertfordshire, England: Lion Publishing, 1975,) p. 74-76.

83. 위의 책, pp. 103-107.

84. Diarmaid, p. 246.

85. 위의 책, p. 246.

86. 위의 책, p. 247.

87. 위의 책, p. 247.

88. 위의 책, p. 248.

89. 위의 책, p. 248.

90. Michael Walzer, *The Revolution of the Saints: A Study in the Origins of Radical Politics* (New York: Atheneum, 1969,) p. 23.

91. 위의 책, p. 23

92. John Calvin, *The Institutes of the Christian Religion,* I, xiii, 3, 21; I, xiv, 4. 위의 책, p. 24에서 재인용.

93. John Calvin, The Institutes of the Christian Religion, III, xxiv, 4. 위의 책, p. 24에서 재인용.

94. John Calvin, *The Institutes of the Christian Religion,* III, xxiv, 4. 위의 책, p. 25에서 재인용.

95. John Calvin, *The Institutes of the Christian Religion,* III, xxiv, 4. 위의 책, p. 25에서 재인용.

96. 위의 책, p. 26에서 재인용

97. Walzer, p. 27

98. 위의 책, pp. 27-28

99. 위의 책, p. 28.

100. 위의 책, p. 28.

101. 위의 책, p. 29.

102. 위의 책, p. 30.

103. 위의 책, p. 30.

104. Calvin, Job, sermon 136, p. 718. 위의 책, p. 31에서 재인용.

105. 위의 책, p. 32.

106. 위의 책, p. 32.

107. 위의 책, p. 32.

108. 위의 책,, p. 32.

109. 위의 책, p. 33.

110. Calvin, Fifth Book of Moses, sermon 142, p. 872; Institutes, IV, xx, 3-

111. Walzer, p. 34.

112. 위의 책, p. 34.

113. 위의 책, p. 34.

114. David M. Loades, *Mary Tudor: A Life* (Oxford: Basil Blackwell, 1989,)
p. 326.

115. Eamon Duffy, *Fires of Faith: Catholic England Under Mary Tudor*
(New Haven, CT: Yale University Press,) p. 79.

116. 위의 책, pp. 93-95.

117. 위의 책, p. 95.

118. 위의 책, p. 96.

119. 위의 책, p. 97.

120. Anthony Gilby, An Admonition to England and Scotland to Call
Them to Repentance (1558). 위의 책, p. 97에서 재인용

121. Walzer, p. 98.

122. John Knox, The Copy of an Epistle (1559), Works, V, p. 486. 위의 책,
p. 98에서 재인용.

123. Anthony Gilby, An Admonition to England and Scotland to Call
Them to Repentance (1558). 위의 책, p. 98에서 재인용

124. Christopher Goodman, How Superior Powers Ought to be Obeyed (1559), 위의 책, p. 98에서 재인용.

125. Joh Knox, Works, III, p. 338, 위의 책, p. 99에서 재인용.

126. Knox, Godly Letter, Works, III, p. 108, 위의 책, p. 99에서 재인용.

127. 위의 책, p. 99.

128. Knox, *Godly Letter, Works,* III, p. 184, 위의 책, pp. 99-100에서 재인용.

129. Knox, Faithful Admonition, *Works,* III, p. 285, Knox, 「Godly Letter」, *Works,* III, p. 108, 위의 책, p. 100에서 재인용.

130. 위의 책, p. 110.

131. 위의 책, p. 110.

132. 위의 책, p. 110.

133. 위의 책, p. 112.

134. 위의 책, p. 113.

135. 위의 책, p. 151.

136. 위의 책, p. 152.

137. 위의 책, p. 153.

138. 위의 책, p. 154.

139. 위의 책, p. 158.

140. 위의 책, p. 158-159.

141. 위의 책, p. 160.

142. 위의 책, p. 174.

143. 위의 책, p. 174.

144. 위의 책, pp. 176-177.

145. Geoffrey Fenton, A Form of Christian Policy, p. 13. 위의 책, p. 184에서 재인용.

146. John Stockwood, A Sermon Preached at Paul's Cross (London, 1578,) pp. 55-56. 위의 책, p. 187에서 재인용.

147. Robert Cleaver and John Dod, A Plain and Familiar Exposition of the Thirteenth and Fourteenth Chapters of the Proverbs of Solomon (London, 1609,) p. 119. 위의 책, p. 187에서 재인용.

148. John Milton, *Works,* ed. F.A. Patterson, et al. (New York, 1932), II,

part II, pp. 394. 위의 책, p. 193에서 재인용.

149. *The Poetry of George Withers,* ed. Frank Sedgwick (London, 1902,) I, p. 121. 위의 책, p. 194에서 재인용.

150. 위의 책, p. 196.

151. 위의 책, p. 188.

152. Dod and Cleaver, 위의 책, p. 189에서 재인용.

153. Decker, *The Seven Deadly Sins of Land (1606).* 위의 책, p. 189. 에서 재인용.

154. William Scott, 「Essay of Drapery」 (London, 1635), p. 104. 위의 책, p. 190에서 재인용.

155. *The Works of John Knox,* ed. David Laing, Vol. 3, p. 439. Steven J. Lawson, *John Knox: Fearless Faith,* Christian Focus, 2014, location 195에서 재 인용.

156. John Knox, *The History of the Reformation of Religion within the Realm of Scotland* (898, repr.; Edinburgh: Banner of Truth, 2010,), p. 65. Lawson, location 211에서 재인용.

157. *Lawson,* location 296.

158. 위의 책, location 317.

159. 위의 책, location 355.

160. 위의 책, location 782.

161. Knox, *The Works of John Knox,* Vol. 6, p. 21. 위의 책, location 791에서 재인용.

162. 위의 책, location 791.

163. 위의 책, location 804.

164. Knox, *The History of the Reformation of Religion Within the Realm of Scotland,* pp. 174-7. 위의 책, location 818에서 재인용.

165. 위의 책, location 818.

166. Knox, *The Works of John Knox, Vol. 6* (Edinburgh: James Thin, 1895,) p. 78. 위의 책, location 828에서 재인용.

167. John Calvin, *Tracts and Letters, Vol. 7:* Letters, Part 4, 1559-1564, edited by Jules Bonnet, tr. By Marcus Robert Gilchrist *1858, repr.;

Edinburgh: Banner of Truth, 2009,) p. 73. 위의 책, location 829에서 재인용.

168. Knox, *The Works of John Knox, Vol. 6* (Edinburgh: James Thin, 1895,) p. 241. 위의 책, location 845에서 재인용.

169. Knox, *The Works of John Knox, Vol. 6* (Edinburgh: James Thin, 1895,) p. 473. 위의 책,, location 856에서 재인용.

170. John Calvin: *Tracts and Letters, Vol. 7*, p. 73. 위의 책, location 863에서 재인용.

171. 위의 책, location 868.

172. Arthur Herman, *How the Scots Invented the Modern World: The True Story of How Western Europe's Poorest Nation Created Our World and Everything in It* (New yOrk: Broadway Books, 2001,) p. 15.

173. 위의 책, p. 15.

174. 위의 책, p. 17.

175. 위의 책, p. 18.

176. 위의 책, p. 19.

177. 위의 책, p. 20.

178. David Hume, *The History of England from the invasion of Julius Caesar to the accession of Henry VII*, p. 425.

179. Herman, p. 21.

180. What though on hamely fare we dine,
     Wear hodden grey, an' a that;
     Gie fools their silks, and knaves their wine;
     A Man's a Man for a' that:
     For a' that, and a' that,
     Their tinsel show, an' a' that;
     The honest man, tho' e'er sae poor,
     Is king o' men for a' that.

181. Herman, pp. 22-23.

182. 위의 책, p. 23.

183. 위의 책, p. 24.

184. 위의 책, p. 25.

185. 위의 책, p. 26.

186. Friedrich Schiller, *The History of the Revolt of the United Netherlands Against Spanish Rule* (1788), 「Introduction.」

187. Philip Gorski, *The Disciplinary Revolution: Calvinism and the Rise of the State in Early Modern Europe* (Chicago: University of Chicago Press, 2003,) p. 40.

188. 위의 책, p. 41.

189. 위의 책, p. 42.

190. 위의 책, p. 42.

191. 위의 책, p. 42.

192. 위의 책, p. 43.

193. Act of Abjuration 서문

194. 앞의 책, p. 43.

195. 위의 책, p. 44.

196. 위의 책, p. 44.

197. 위의 책, p. 45.

198. 위의 책, p. 48.

199. 위의 책, pp. 48-49.

200. 위의 책, p. 51.

201. 위의 책, p. 53.

202. 위의 책, p. 54.

203. Jonathan Scott, *How the Old World Ended: Anglo-Dutch-American Revolution, 1500-1800* (New Haven and London: Yale University Press, 2019,) p. 28.

204. Hourly History, *The Dutch East India Company: A History from Beginning to End* (https://read.amazon.com/, 2017,) p. 6.

205. Milton Giles, *Nathaniel's Nutmeg or, The True and Incredible Adventures of the Spice Trade Who Changed the Course of History* (New York: Penguin Books, 1999,) p. 134.

206. Hourly History, *The Dutch East India Company*, p. 7.

207. 앞의 책, p. 7.

208. 위의 책, p. 8.

209. 위의 책, p. 9.

210. Thomas Hobbes, *Behemoth,* in English Works, ed. W. Molesworth (Londong, 1839-1845), p. VI, 282. Walzer, p. 114에서 재인용.

211. J. Jewel to Peter Martyr in 1559, Zurich Letters, second series, ed. And trans. H. Robinson (Cambridge, 1842-1845,) p. 23. 위의 책, p. 116에서 재인용.

212. 위의 책, p. 117.

213. 위의 책, p. 117.

214. William Whittingham, *A Brief Discourse of the Troubles Begun at Frankfurt in the Year 1554,* ed. John Arber (London, 1908), p. clxxxvii. 위의 책, p. 118에서 재인용

215. 위의 책, p. 118.

216. Anthony Gilby, *To My Loving Bretheren that is Troubled About the Popish Apparel, Two Short and Comfortable Epistles* (n. p., 1588). 위의 책, p. 118에서 재인용

217. 위의 책, p. 119.

218. 위의 책, p. 120.

219. *An Admonition to Parliament, in Puritan Manifestoes, p. 11.* 위의 책, p. 120에서 재인용.

220. 위의 책, p. 119..

221. 위의 책, p. 121.

222. John Penry, *A Treatise Wherein is Manifestly Proved That Reformation and Those That···Favor the Same Are Unjustly Charged to be Enemies Unto Her Majesty and the State*(n.p., 1590), sig. 4 verso. 위의 책, p. 122에서 재인용.

223. 위의 책, p. 123.

224. 위의 책, p. 140.

225. 위의 책, p. 141.

226. Hourly History, *English Civil War:* A History from Beginning to

End (2016), p. 3. https://www.amazon.com/dp/B01M70PHTW/ref=docs-os-doi_

227. Diarmaid, 앞의 책, p. 529.

228. Hourly History, *English Civil War,* p. 5.

229. Diarmaid, p. 530.

230. Hourly History, *English Civil War,* p. 5.

231. 위의 책, p. 6.

232. 위의 책, p. 7.

233. 위의 책, p. 8.

234. 위의 책, p. 9.

235. 위의 책, p. 10.

236. Diarmaid, p. 539.

237. 위의 책, p. 540.

238. 위의 책, p. 541.

239. 위의 책, p. 547.

제5장 미국의 청교도 혁명

1. 알렉시스 드 토크빌, 이용재 역, 『미국의 민주주의』 (서울: 아카넷, 2018), p. 76.

2. https://kr.usembassy.gov/ko/education-culture-ko/infopedia-usa-ko/famous-speeches-ko/george-washingtons-first-inaugural-address-1789-ko/

3. https://avalon.law.yale.edu/19th_century/jefinau1.asp

4. https://www.ourdocuments.gov/doc.php?flash=false&doc=38&page=transcript

5. https://www.ourdocuments.gov/doc.php?flash=false&doc=91&page=transcript

6. https://obamawhitehouse.archives.gov/blog/2009/01/21/president-barack-obamas-inaugural-address

7. Robert N. Bellah, 「Civil Religion in America,」 *Daedalus*, Winter 1967, Vol. 96, No. 1, pp. 1-21, p. 3.

8. 위의 글, p. 3.

9. George Washington's *Farewell Address.* 위의 글, p. 4에서 재 인용.

10. 위의 글, p. 4.

11. 위의 글, p. 4.

12. 위의 글, p. 5.

13. 위의 글, p. 5.

14. Sacvan Bercovitch, *The American Jeremiad* (Madison: University of Wisconsin Press, 2012,) p. xliii.

15. 위의 글, p. xliii.

16. 위의 글, p. xliv.

17. 위의 글, p. xliv.

18. Donald M. Scott, 「The Religious Origins of Manifest Destiny.」 Divining America, TeacherServe©. National Humanities Center, p. 2. 「http://nationalhumanitiescenter.org/tserve/nineteen/nkeyinfo/mandestiny.htm」

19. Tvetan Todorov, *The Conquest of America: The Question of the the Other* (New York: Harper & Row, 1982.)

20. Diarmaid, p. 549.

21. 위의 책, p. 550.

22. 위의 책, p. 551.

23. Donald M. Scott, 「The Religious Origins of Manifest Destiny.」 앞의 글.

24. Jonathan Scott, *How the Old World Ended:* 앞의 책, p. 29. 19세기에 영국와 아일랜드를 떠나서 영국의 해외 식민지에 정착한 이주민은 2천2백5십만에 달한다. 1790년에서 1930년 사이에 영국계가 정착한 지역의 인구는 1천 2백만에서 2억으로 자란다. 이는 인도, 중국, 러시아, 스페인 등 어느 제국의 인구보다도 많이 증가한 숫자다.

25. Anders Stephanson, *Manifest Destiny: American Expansion and the Empire of Right* (New York: Hill and Wang, 1995,) pp. 3-4.

26. 위의 책, p. 4.

27. Thomas S. Kidd, *God of Liberty: A Religious History of the American Revolution* (New York: Basic Books, 2010,) p. 20.

28. Stephanson, pp. 3-4.

29. 위의 책, pp. 3-4.

30. Samuel Eliot, *Builders of the Bay Colony.* Boston: Northeastern University Press, 1981,) p. 12.

31. Francis, Bremer (2003). *John Winthrop: America's Forgotten Founder.* New York: Oxford University Press,) p. 138.

32. 위의 책, p. 138.

33. 위의 책, p. 164.

34. Mark A. Noll, *The Old Religion in a New World: The History of North American Christianity* (Grand Rapids, Michigan: Wm. B. Erdmans Publishing Co., 2002,) p. 38.

35. MacCulloch, p. 635.

36. 위의 책, p. 636.

37. Noll, p. 38.

38. Stephanson, p. 7.

39. 위의 책, p. 7.

40. 위의 책, p. 8.

41. 위의 책, p. 8.

42. 위의 책, p. 9.

43. 위의 책, p. 10.

44. 위의 책, pp. 10-11.

45. 위의 책, pp. 11-12.

46. Morison, p. 12.

47. Philip Gorski, *American Covenant: A History of Civil Religion from the Puritans to the Present* (Princeton & Oxford: Princeton University Press, 2017,) p. 57.

48. 위의 책, p. 58.

49. 위의 책, p. 59.

50. John Cotton, *A Discourse about Civil Government in a New Planta-*

tion Whose Design Is Religion (Cambridge, MA: Samuel Green and Marmaduke Johnson, 1663,) 5.7. 위의 책, p. 59에서 재인용.

51. Walker, 「Creeds and Platforms of Congregationalists, p. 237. 위의 책, p. 60에서 재인용.

52. Hall, *Puritans in the New World,* p. 174. 위의 책, p. 60에서 재인용.

53. Bruce T. Murray, *Religious Liberty in America: The First Amendment in Historical and Contemporary Perspective* (Amherst: University of Massachusetts Press and Foundation for American Communications, 2008,) p. 17. 위의 책, p. 60에서 재인용.

54. 위의 책, p. 60.

55. 위의 책, p. 61.

56. Noll, p. 41.

57. Donald M. Scott,

58. Kidd, p. 20.

59. 위의 책, p. 21.

60. 위의 책, p. 22.

61. Noll, p. 49.

62. 위의 책, pp. 49-50.

63. 위의 책, p. 50.

64. 위의 책, p. 51.

65. 위의 책, pp. 51-52.

66. 위의 책, p. 52.

67. 위의 책, p. 53.

68. 위의 책, pp. 53-54.

69. 위의 책, p. 53.

70. William R. Hutchison, *Errand to the World: American Protestant Thought and Foreign Missions* (Chicago: University of Chicago Press, 1987,) p. 40에서 재인용.

71. Stephanson, 앞의 책, p. 12.

72. Jonathan Edwards, ed., Harvey G. Townsend, *The Philosophy of Jonathan Edwards: From His Private Notebook* (Eugene, Oregon,

Wipf & Stock, 2009,) p. 208. 위의 책, p.41에서 재인용.

73. Stephanson, 앞의 책, p. 13.

74. Kidd, pp. 23-24.

75. 위의 책, p. 24.

76. 위의 책, p. 25.

77. 위의 책, p. 18.

78. Heinz Schiling, *Aufbruch und Krise: Deutschland, 1517-1648* (Berlin: Siedler, 1988,) p. 369. 위의 책, p. 18에서 재인용.

79. 위의 책, p. 18.

80. 위의 책, p. 20.

81. 위의 책, p. 20.

82. 위의 책, p. 21.

83. 위의 책, p. 21.

84. 위의 책, p. 21.

85. 위의 책, p. 22.

86. 위의 책, p. 27.

87. 위의 책, p. 27.

88. 위의 책, p. 28.

제6장   청의 자강운동

1. William T. Rowe, *China's Last Empire: The Great Qing* (Cambridge, MA: The Belknap Press of Harvard University Press, 2009,) p. 202.

2. Jung Chang, *Empress Dowager Cixi: The Concubine Who Launched Modern China* (New York: Anchor Books, 2013,) p. 36.

3. Rowe, p. 201.

4. Jonathan Spence, *The Search for Modern China (New York: Norton, 1990,),* p. 216.

5. Rowe, p. 203.

6. 위의 책, p. 202.

7. John King Fairbank, *The United States & China, Fourth Edition* (Cambridge, MA: Harvard University Press, 1980,) p. 196.

8. Jung Chang, p. 39.

9. 위의 책, p. 39.

10. *Cambridge History of China,* John K. Fairbank, ed., *Vol. 10, Late Ch'ing, 1800-1911, Part I,* Cambridge: Cambridge University Press, 1978,) p. 419.

11. Jung Chang, p. 40.

12. 위의 책, p. 40.

13. 위의 책, p. 39.

14. *Cambridge History of China, Vol. 10,* p. 419.

15. 위의 책, p. 419.

16. 위의 책, p. 417.

17. Jung Chang, p. 40.

18. Spence, p. 217.

19. Jung Chang, 앞의 책, p. 41.

20. *Cambridge History of China, Vol. 10,* p. 419.

21. Jung Chang, p. 41.

22. *Cambridge History of China, Vol. 10,* p. 419.

23. Jung Chang, p. 43.

24. 위의 책, p. 43.

25. 위의 책, p. 44.

26. 위의 책, p. 44

27. 위의 책, p. 45.

28. *Cambridge History of China, Vol. 10,* p. 420.

29. Jung Chang, p. 45.

30. 위의 책, p. 45.

31. *Cambridge History of China, Vol. 10,* p. 420.

32. Jung Chang, pp. 45-46.

33. 위의 책, p. 46.

34. 위의 책, p. 46.

35. *Cambridge History of China, Vol. 10,* p. 420.

36. Jung Chang, p. 47.

37. 위의 책, p. 47.

38. http://www.dartmouth.edu/~qing/WEB/KUEI-LIANG.html

39. *Cambridge History of China, Vol. 10,* p. 420.

40. Jung Chang, p. 48.

41. *Cambridge History of China, Vol. 10,* p. 420.

42. Jung Chang, p. 48.

43. 위의 책, p. 49.

44. *Cambridge History of China, Vol. 10,* pp. 421-422.

45. Jung Chang, p. 49.

46. 「Bruce to Earl Russel, 12 November 1861, F.O. 17/356, National Archives, London. Jung Chang, pp. 49-50에서 재 인용.

47. 위의 책, p. 49.

48. 위의 책, p. 49.

49. Spence, pp. 217-218.

50. *Cambridge History of China, Vol. 10,* 앞의 책, p. 148.

51. 위의 책, p. 148.

52. 위의 책, p. 148.

53. 魏源,『魏源集』, (北京 :中華書局,1976), p. 411. Kwang-Ching Liu, 「The Beginnings of China's Modernization,」 Samuel C. Chu & Kwang-Ching Liu, eds., *Li Hung-chang and China's Early Modernization* (Abindgon: Routledge, 2015), pp. 3-14, p. 4.

54. *Cambridge History of China, Vol. 10,* p. 149.

55. Rowe, p. 161.

56. 조영헌,『대운하와 중국 상인: 회-양 지역 휘주 상인 성장사, 1415-1784』(서울: 민음사, 2014),

57. Kwang-Ching Liu, p. 4.

58. 魏源,『魏源集』(北京 :中華書局,1976), p. 411.1~10.

59. 『易經』乾卦, 象曰:「天行健 , 君子以自强不息.」

60. 魏源, p. 187.

61. Kwang-Ching Liu, p. 4.

62. 劉廣京,「衛源之哲學與經世思想」,『近世中國經世思想研討會論文集』(台北: 中央研究院近代史研究所, 1984), p. 373.

63. 밤에 순찰할 때 치는 딱따기를 뜻하는 말로, 전쟁을 비유함.

64. 공물과 부세(賦稅)

65. 『서경(書經)』에서 말하는 나라를 다스리는 데 필요한 여덟 가지 정사로 식량[食]·재화[財]·제사[祀]·토지[司空]·교육[司徒]·도적을 살피는 것[司冦]·사절을 영접하는 것[賓]·군대를 양성하는 것[師]을 가리킨다.

66. 劉廣京, p. 373에서 재인용. Kwang-Ching Liu, 앞의 글, pp. 3-14, p. 4.

67. 위의 글, p. 369 에서 재인용.

68. 위의 글, p. 369 에서 재인용.

69. 위의 글, p. 369 에서 재인용.

70. Kwang-Ching Liu, pp. 3-14, p. 5.

71. *Cambridge History of China, Vol. 10*, p. 153.

72. 위의 책, p. 154.

73. 위의 책, p. 154.

74. 위의 책, p. 150.

75. *Cambridge History of China, Vol. 11, Late Ch'ing, 1800-1911, Part 2*, p. 156.

76. 위의 책, pp. 156-157.

77. 위의 책, p. 157.

78. 위의 책, p. 157.

79. 위의 책, p. 158.

80. 위의 책, p. 158에서 재인용.

81. 위의 책, p. 158에서 재 인용.

82. 위의 책, p. 158에서 재인용.

83. 위의 책, p. 159.

84. 王爾敏, 晚清 政治思想史論, (臺北 : 華世出版社, 民國58) [1969], p. 209, 呂實強, 丁日昌與自强運動, (臺北 : 中央研究院 近代史研究所, 民國61) 1972, p. 233. 1874년 상소: *Cambridge History of China, Vol. 11*, 위의 책, p. 156

85. Kwang-Ching Liu, pp. 3-14, p. 6 각주 13

86. 원문은 「將附麗於我」로서, 여기서 「麗」는 고려, 즉 조선을 가리킨다. 영어 본 문에서는 이 구절을 「they will be subordinate to us」라고 하여 일본이 굴 복하는 것처럼 번역했는데, 오역이다.

87. 잘못된 일인 줄 알면서도 따라 한다는 의미이다.

88. 이익이 모이는 곳, 재원(財源)

89. 蔣廷黻,『近代中國外交史資料輯要. 上』(臺北 ： 臺灣商務印書館, 1972), pp. 365-366. Kwang-Ching Liu, 앞의 글, pp. 3-14, p. 6

90. 위의 책, pp. 363-364.

91. *Cambridge History of China, Vol. 11,* p. 166.

92. 위의 책, p. 169.

93. 위의 책, p. 169.

94. 위의 책, p. 170-171.

95. 위의 책, p. 171.

96. 위의 책, p. 171.

97. 위의 책, p. 172.

98. 위의 책, p. 168.

99. 위의 책, p. 168.

100. 위의 책, p. 518.

101. 위의 책, pp. 518-519.

102. 위의 책, pp. 507-508.

103. 위의 책, pp. 507-508.

104. 위의 책, p. 508.

105. Mary C. Wright, *The Last Stand of Chinese Conservatism: The T'ung-Chih Restoration, 1862-1874* (New York: Atheneum, 1966,) p. 222.

106. 위의 책, p. 223.

107. 위의 책, p. 224.

108. 위의 책, p. 224.

109. *Cambridge History of China, Vol. 10, Late Ch'ing, 1800-1911, Part I,* John K. Fairbank, ed., (Cambridge: Cambridge University Press,

1978,) p. 253.

110. *Cambridge History of China, Vol. 11, Late Ch'ing, 1800-1911, Part 2*, p. 157.

111. 위의 책, p. 157.

112. Wright, p. 224.

113. 위의 책, p. 225.

114. 蔣廷黻, pp. 351-352. Liu, p. 6

115. Wright, p. 225.

116. 위의 책, p. 227.

117. 위의 책, p. 223.

118. 위의 책, p. 223.

119. 위의 책, p. 223에서 재인용.

120. Jonathan D. Spence, *To Change China: Western Advisers in China* (New York: Penguin Books, 1980,) p. 102.

121. 위의 책, p. 105.

123. 위의 책, p. 106 에서 재 인용.

124. *Cambridge History of China, Vol. 10*, p. 514.

125. Jung Chang, p. 64.

126. Cambridge History of China, Vol. 10, p. 514.

127. Spence, *To Change China*, p. 112.

128. *Cambridge History of China, Vol. 10*, p. 514.

129. Spence, *The Search for Modern China*, p. 203.

130. *Cambridge History of China, Vol. 10*, p. 514.

131. 위의 책, p. 514.

132. 위의 책, p. 515.

133. 위의 책, p. 515.

134. 위의 책, p. 514.

135. Spence, *The Search for Modern China*, p. 203.

136. 위의 책, p. 204.

137. *Cambridge History of China, Vol. 10*, p. 516.

138. 위의 책, p. 516.

139. Spence, *The Search for Modern China,* p. 197.

140. Teng Ssu-yü and John K. Fairbank, *China's Response to the West : a Documentary Survey, 1839-1923* (Cambridge: Harvard University Press, 1954), pp. 51-53.

141. Spence, *The Search for Modern China,* p. 197.

142. 위의 책, p. 198..

143. *Cambridge History of China, Vol. 10,* p. 519.

144. 위의 책, p. 519.

145. 위의 책, p. 520.

146. 위의 책, p. 520.

147. 李鴻章, 『李文忠公(鴻章)全集』 (台北 : 文海出版社, 1980), pp.322~323, 9:34b:6~11. Kwang-Ching Liu, 「The Beginnings of China's Modernization,」 Samuel C. Chu & Kwang-Ching Liu, eds., Li Hung-chang and China's Early Modernization (Abindgon: Routledge, 2015,) pp. 3-14, p. 6.

148. *Cambridge History of China, Vol. 10,* p. 521.

149. 위의 책, p. 523.

150. 위의 책, p. 521.

151. 위의 책, p. 521.

152. 위의 책, p. 522.

153. 위의 책, p. 522.

154. 위의 책, p. 522.

155. 위의 책, p. 524.

156. 위의 책, p. 520.

157. 위의 책, p. 525.

158. Wright, p. 242.

159. *Cambridge History of China, Vol. 10,* p. 526.

160. 위의 책, p. 526.

161. 동시에 여러 방면에 주의를 기울임.

162. 「制器尙象」은 『주역』에 「역에는 성인의 도가 네 가지 있으니, 이것을 써서 말하는 자는 그 언사(言辭)를 숭상하고, 이것을 써서 움직이는 자는 그 변화를

숭상하고, 이것을 써서 기물을 만드는 자는 그 모양을 숭상하고, 이것을 써서 점을 치는 자는 그 점괘를 숭상한다.[易有聖人之道四焉 以言者尙其辭 以動者尙其變 以制器者尙其象 以卜筮者尙其占]」라는 구절에서 유래한 것으로, 제조술을 뜻한다.

163. 지식과 기교

164. 楊逸 편,『海上墨林 広方言館全案 粉墨叢談』(上海:上海古籍出版社, 1989), p. 108. *Cambridge History of China, Vol. 10*, p. 526.

165. 위의 책 p. 526.

166. 위의 책, 526-527.

167. 위의 책, p. 527.

168. 위의 책, p. 527.

169. 위의 책, p. 528.

170. 위의 책, p. 528.

171. 동문관 천문·산학 장정 6조 안[酌擬同文館學習天文算學章程六條], 籌辦夷務始末, 6, 同治朝, (臺北：國風出版社, 1963), pp.1128~1129, 46.47(esp. line 3), 48b(line 5).

172. 籌辦夷務始末, 6, 同治朝, (臺北：國風出版社, 1963), p.1138, 47.16b

173. *Cambridge History of China*, pp. 528-529.

174. 籌辦夷務始末, 6, 同治朝, p.1138, 47.16b.

175. *Cambridge History of China, Vol. 10*, p. 529.

176. 위의 책, p. 529.

177. 籌辦夷務始末, 6, 同治朝, pp.1142~1143, 47.24 (esp.line 10) ~ 47.25 (esp.line1).

178. *Cambridge History of China, Vol. 10*, p. 530.

179. 위의 책, p. 530.

180. 「총리각국사무아문 공친왕 등의 상주문」, 籌辦夷務始末, 6, 同治朝, pp.1154~1155, 48.14 (esp.lines 2~4 and 7~8)

181. *Cambridge History of China, Vol. 10*, p. 530.

182. 위의 책, p. 530.

183. 위의 책, p. 531.

184. 위의 책, p. 531.

185. 위의 책, p. 531.

186. 위의 책, p. 532.

187. 위의 책, p. 538.

188. 籌辦夷務始末, 5, 同治朝, pp.389, 15.33a:5~33b:8.

189. *Cambridge History of China, Vol. 10,* p. 538.

190. 「기(羈)」는 말의 굴레이고, 「미(縻)」는 소의 코뚜레로, 우마(牛馬)를 얽어매 듯이 속박해서 복속시킴을 비유하는 말이다. 중국이 주변 오랑캐를 다루는 전통적 방법으로, 관계를 끊지도 않고 가깝게 하지도 않은 채 견제와 통제를 통해 그 세력 하에 포섭하는 방식을 의미한다. 『한서(漢書)』 권25 「교사지 하(郊祀志 下)」에 「천자는 오히려 기미 정책을 쓰고 끊어버리지 않는다.(天 子猶羈縻不絶)」라고 하였다.

191. 하학(下學)은 원래 인정(人情)이나 사물의 이치를 뜻하는 말로, 『논어(論語)』 「헌문(憲問)」에 「나는 하늘을 원망하지도 않고 사람을 탓하지도 않는다. 아 래로는 사람의 일을 배우고 위로는 하늘의 이치를 터득하려고 노력하는데, 나를 알아주는 분은 아마도 하늘뿐일 것이다.(子曰 不怨天 不尤人 下學而上 達 知我者 其天乎)」라고 한 구절에서 유래했다. 여기서는 과학기술과 같은 「형이하학」을 뜻하는 것으로 보인다.

192. 거리낌 없이 논함.

193. 「滬」는 상하이다. 「甬」은 닝보(寧波)를 가리키는 것으로 생각된다.

194. 「荔秋」는 앞에서 나온 진란빈(陳蘭彬)의 호이다.

195. 吳汝綸 編, 『李文忠公(鴻章)全集』, 朋僚函稿 卷1-20 遷移蠶池口敎堂函稿1卷. 海軍函稿卷1-卷4(台北: 文海出版社, 1980), p. 2742, 10.27b:2~10.28a:10.

196. 籌辦夷務始末, 7, 同治朝, pp.1956~1957, 85.15b

197. *Cambridge History of China, Vol. 10,* p. 539.

198. 위의 책, p. 539.

199. 위의 책, p. 540.

200. 위의 책, p. 540.

201. 위의 책, p. 540.

202. Spence, *The Search for Modern China,* p. 221.

203. 심보정 자신을 가리킴.

204. 원문은 '六事之籌'인데 미상이다.

205. 복건선정학당(福建船政學堂)은 전학당과 후학당으로 나뉘었는데, 전학당에서는 조선(造船), 터빈기계 및 설비 등을, 후학당에서는 항해 및 조종술을 가르쳤다.

206. 강판(鋼板)으로 제작한 선각(船殼). 선각은 항해에 필요한 장비 및 기관을 제외한 배의 골격과 외곽 구조물을 뜻한다.

207. 左宗棠 [外]著, 『船政奏議彙編』, (臺北 : 臺灣大通書局), pp.517:8~518:10.

208. *Cambridge History of China, Vol. 10,* p. 541.

209. 위의 책, p. 541.

210. 위의 책, p. 541.

211. 위의 책,, p. 88.

212. 위의 책, p. 88.

213. 위의 책, p. 89.

214. 위의 책,, p. 90.

215. 위의 책, p. 90.

216. 위의 책, p. 90.

217. 위의 책, p. 90.

218. 위의 책, p. 90.

219. 위의 책, p. 91.

220. 위의 책, p. 91.

221. 위의 책, p. 90.

222. 위의 책, pp. 91-92.

223. 위의 책, p. 92.

224. 위의 책, p. 92.

225. 위의 책, p. 92.

226. 위의 책, p. 93.

227. 위의 책, p. 93.

228. S.C.M. Paine, 「Chinese Diplomacy in Disarray: The Treaty of Livadia,」 *Imperial Rivals: China, Russia, and Their Disputed Frontier.* (New York: M.E. Sharpe, 1996,) pp. 133-145.

229. *Cambridge History of China, Vol. 11,* p. 93.

230. 위의 책, p. 93.

231. 위의 책, p. 93.

232. 위의 책, p. 94.

233. 郭强 編, 『清季外交史料全書』 第6卷 (北京: 學苑出版社, 1999), pp.1272~1273, 18.19a:10~19b:9, 16 Jan. 1880. (1272쪽~1273쪽 18권 19a:10~19b:9)

234. *Cambridge History of China, Vol. 11,* p. 94.

235. 위의 책, pp. 94-95.

236. 위의 책, p. 95.

237. 위의 책, p. 96.

238. 위의 책, p. 96.

239. 위의 책, p. 96.

240. 위의 책, p. 96.

241. 위의 책, p. 97.

242. 위의 책, p. 97.

243. 신승하 저, 『근대중국: 개혁과 혁명-중화제국 마지막 왕조의 몰락(上)』,(서울: 대명출판사,) pp. 335-337.

244. *Cambridge History of China, Vol. 11,* p. 97.

245. 위의 책, p. 97.

246. 위의 책, p. 97.

247. 위의 책, p. 99.

248. 위의 책, p. 99.

249. 위의 책, p. 99.

250. 위의 책, pp. 99-100.

251. 위의 책, p. 100.

252. 위의 책, p. 100.

253. 위의 책, p. 100.

254. Spence, *The Search for Modern China,* p. 221.

255. 위의 책, p. 221.

256. 위의 책, p. 221.

257. *Cambridge History of China,* p. 100.

258. Jonathan Spence, The Search for Modern China, pp. 221-222.

259. *Cambridge History of China, Vol. 11, Late Ch'ing, 1800-1911, Part 2*, p. 100.

260. 위의 책, pp. 100-101.

261. 위의 책, p. 101.

262. 위의 책, p. 101.

263. 위의 책, p. 172.

264. 위의 책, p. 173.

265. 위의 책, p. 173.

266. 위의 책, p. 173.

267. 위의 책, p. 173.

268. 위의 책, p. 174.

269. http://history.sina.com.cn/bk/gds/2014-01-11/215465697.shtml

270. 황제나 황후를 높이는 말.

271. 이 글은 1875년 6월 1일(양력 7월 11일)에 이홍장이 곽숭도(郭嵩燾)에게 보낸 서한 중 일부임.

272. 吳汝綸 編, p. 2742, 17.13:1~8.

273. *Cambridge History of China, Vol. 11*, p. 174.

274. 위의 책, p. 175.

275. 위의 책, p. 175.

276, John King Fairbank, *The United States & China, Fourth Edition* (Cambridge, MA: Harvard University Press, 1980,) p. 200

277. *Cambridge History of China, Vol. 11*, p. 176.

278. 위의 책, p. 176.

279. 위의 책, p. 187.

280. Joseph R. Levenson, *Confucian China and Its Modern Fate: A Trilogy* (Berkeley and Los Angeles: University of California Press, 1958, 1964, 1965,) p. 59.

281. 위의 책, p. 59.

282. 위의 책, p. 60.

283. 위의 책, pp. 60-61.

284. 위의 책, p. 61.

285. 위의 책, p. 61.

286. 위의 책, p. 61.

287. 위의 책, p. 64.

288. 위의 책, p. 62.

289. 위의 책, p. 71.

290. 위의 책, p. 70.

291. 위의 책, p. 71.

292. Fairbank, *The United States & China,* p. 197.

293. Immanuel Hsu, *The Rise of Modern China* (Oxford: Oxford University Press, 2000), p. 282-291. Jonathan Fenby, *Modern China: The Fall and Rise of a Great Power, 1850 to the Present* (New York: Harper Collins, 2008,) p. 38.

294. Fenby, *Modern China:* p. 39.

295. 위의 책 p. 39.

296. 위의 책 p. 39.

297. Benjamin Schwartz, *In Search of Wealth and Power: Yen Fu and the West* (Cambridge, MA: Belknap Press of Harvard University Press, 1964,) pp. 14-15.

298. 위의 책 p. 15.

299. Fairbank, *The United States & China,* p. 198.

300. 위의 책 p. 199.

301. 위의 책 p. 200.

제7장 일본의 부국강병

1.   Marius B. Jansen, *The Making of Modern Japan* (Cambridge, MA: Belknap Press 2002,) p. 375.

2.   위의 책, p. 372.

3.   위의 책, p. 642.

4.   위의 책, p. 641.

5. 위의 책, p. 646.

6. 「詔勅 (明治十七年七月七日)」, 『官報. 1884年07月08日』 (大蔵省印刷局, 1884), p. 1.

7. 메이지 17년 7월 7일자 조칙(詔勅), W. W. McLaren eds., 「Imperial Rescript Addressed to the New Nobility (July 6, 1884)」, *Japanese Government Documents* (Tokyo, Japan: Asiatic Society of Japan, 1914), pp. 88-89, 「詔勅 (明治十七年七月七日)」, 『官報. 1884年07月08日』 (大蔵省印刷局, 1884), p.1.

8. 이토 히로부미, 화족령, W. W. McLaren eds., 「The Rehabilition of the Nobility (Notif. Of the Imp. Household Department, July 6, 1884)」, *Japanese Government Documents* (Tokyo, Japan: Asiatic Society of Japan, 1914), pp. 89-90, 伊藤博文, 「華族令 (明治十七年宮内省達無号)」, 『官報. 1884年07月07日』 (大蔵省印刷局, 1884), pp. 2-3.

9. *Cambridge History of Japan, Vol. 5: The Nineteenth Century,* Marius B. Jansen, Ed., (Cambridge: Cambridge University Press, 1989,) p. 647.

10. 위의 책, p. 648.

11. 위의 책, p. 648.

12. 위의 책, p. 648.

13. 「明治18年太政官達第69号」, 『官報 (號外, 1885年12月22日)』 (太政官文書局, 1885), pp.1~2.

14. 官制改定ノ詔(内閣改制ノ詔)(明治18年12月23日). 『公文類聚・第九編・明治十八年・第一巻』.

15. *Cambridge History of Japan, Vol. 5:* pp. 648-649.

16. 위의 책, p. 650.

17. 위의 책, p. 650.

18. 위의 책, pp. 650-651.

19. W. G. Beasley, *The Rise of Modern Japan, Second Edition* (New York: St. Martin's Press, 1995,) p. 61.

20. 위의 책, pp. 62-63.

21. Jansen, *The Making of Modern Japan,* p. 373.

22. 위의 책, p. 373.

23. 위의 책, p. 373.

24. Beasley, 앞의 책, p. 105.

25. 위의 책, pp. 106-107

26. 松方正義、「日本銀行創立旨趣ノ説明」(明治15年 3月), Thomas C. Smith, *Political change and industrial development in japan government enterprise: 1868-1880,* p.95.

27. Beasley, p. 107.

28. 위의 책, p. 108.

29. Jansen, *The Making of Modern Japan*, p. 374.

30. 위의 책, p. 374.

31. 위의 책, p. 374.

32. Beasley, p. 104.

33. 위의 책, p. 104.

34. Jansen, *The Making of Modern Japan,* p. 375.

35. 伊藤博文、春畝公追頌會 編、「公の條約改正に關する建議」(明治四年辛未二月 二十八日),『伊藤博文傳』(春畝公追頌會,1940), pp.593-595, Marius B. Jansen, 『The Making of Modern Japan』, p.375 에서 재 인용.

36. Jansen, *The Making of Modern Japan,* p. 375.

37. 위의 책, p. 376.

38. 위의 책, p. 376.

39. 위의 책, p. 376.

40. 위의 책, p. 376.

41. *Cambridge History of Japan, Vol. 5:* p. 402.

42. 위의 책, p. 402.

43. Donald Keene, *Emperor of Japan: Meiji and His World, 1852-1912* (New York: Columbia University Press, 2002,) p. 239.

44. Jansen, *The Making of Modern Japan*, p. 377.

45. 「民撰議院設立建白書 (明治7年 1月 17日)」,『古沢滋関係文書13』, 国立国会 図書館.

46. 위의 글.

47.　Keene, p. 361.

48.　Jansen, *The Making of Modern Japan*, p. 379.

49.　*Cambridge History of Japan, Vol. 5,* p. 404.

50.　위의 책, p. 405.

51.　위의 책, p. 407.

52.　위의 책, p. 409.

53.　위의 책, p. 380.

54.　위의 책, p. 410.

55.　위의 책, p. 411.

56.　위의 책, p. 412.

57.　위의 책, p. 412.

58.　Jansen, *The Making of Modern Japan*, p. 380.

59.　위의 책, p. 381.

60.　위의 책, p. 382.

61.　위의 책, p. 382.

62.　위의 책, p. 382.

63.　위의 책, p. 386.

64.　위의 책, p. 379-380.

65.　위의 책, p. 380.

66.　Keene, p. 240.

67.　Jansen, *The Making of Modern Japan*, p. 380.

68.　위의 책, p. 380.

69.　*Cambridge History of Japan, Vol. 5,* p. 651.

70.　위의 책, p. 651.

71.　위의 책, p. 652.

72.　위의 책, p. 652.

73.　Beasley, p. 73.

74.　*Cambridge History of Japan, Vol. 5,* p. 652.

75.　오쿠보 도시미치,「메이지 6년(1873) 오쿠보 참의 기초 정체에 관한 의견서」, 메이지 6년(1873), 11월, 大久保利通,『明治六年大久保参議起草政體ニ関スル意見書』, 明治6年[11月], pp.1-13.

76. *Cambridge History of Japan, Vol. 5,* p. 654.

77. Beasley, p. 73.

78. 위의 책, p. 73.

79. 山県有朋,「立憲政禮ニ関スル建議」 (明治十二年十二月).

80. 伊藤博文,「立憲政體ニ關スル建議」(明治十三年十二月). 송경호 역.

81. 大隈重信,「立憲政體ニ關閱スル建議」 (明治十四年三月). 송경호 역

82. Beasley, p. 74.

83. Beasley, p. 75.

84. 「國會開設の勅諭」(明治十四年十月十二日) Ishii Ryosuke, *Japanese Legislation in Meiji Era* (Tokyo: Pan-Pacific Press, 1958), pp.720~721.

85. Beasley, 앞의 책, p. 73.

86. 위의 책, p. 75.

87. 신문지조례 (메이지 8년(1875) 태정관 포고 제 111호). W. W. McLaren eds., 「The Newspaper Press Law (Notification No. 111 , June 28, 1875)」, *Japanese Government Documents* (Tokyo, Japan: Asiatic Society of Japan, 1914), pp. 539-543, 「新聞紙条例(明治8年太政官布告第111号)」, 『太政官布告. 明治8年 第101-207号』(太政官, 1877).

88. Beasley, p. 75.

89. W. W. McLaren eds., 「Peace Preservation Regulations (Hoan-Jorei) (Imp. Rescript, Dec. 25, 1887)」, *Japanese Government Documents* (Tokyo, Japan: Asiatic Society of Japan, 1914), pp. 502-504, 「保安条例(明治20年勅令第67号)」, 『官報 (號外, 1887年12月25日)』(內閣官報局, 1887). [전문은 부록 참조]

90. Beasley, p. 76.

91. *Cambridge History of Japan, Vol. 5,* p. 660.

92. 위의 책, p. 660.

93. Beasley, p. 77.

94. *Cambridge History of Japan, Vol. 5,* p. 660.

95. Beasley, p. 79.

96. 위의 책, p. 79.

97. 위의 책, p. 80.

98. 1888년 이토 히로부미 「추밀원 제국헌법 제정회의」의 개회사 일부. 『樞密院會議議事錄』 1, 東京大學 出版會, 1984, p. 22; 김항, 「예외적 예외로서의 천황-근대일본의 헌법과 주권」, 『대동문화연구』 70권 (2010), p. 377에서 재인용.

99. Beasley, p. 80.

100. 위의 책, p. 81.

101. 위의 책, p. 81.

102. 위의 책, p. 77.

103. 大日本帝國憲法 헌법발포칙어(憲法發布勅語) (明治22年2月11日)

104. Beasley, 앞의 책, p. 77.

105. 伊藤博文, 「帝国憲法制定の由来」, 大隈重信 編, 『開国五十年史』上卷 (開国五十年史発行所, 1907~1908), pp. 119-138, p. 129; Ito Hirobumi, 「Some Reminiscences of the Grant of the New Constitution', Okuma Shigenobu, ed., Marcus B. Huish, trans., *Fifty Years of New Japan, Vol. I* (London: Smith, Elder, & Co., 1909) p. 127.

106. Beasley, p. 78.

107. 위의 책, p. 78.

108. Jansen, *The Making of Modern Japan,* p. 402.

109. 『法令全書（第五卷ノ一）』（内閣官報局編、原書房、昭和49年10月15日発行）（復刻原本＝明治22年刊）。

110. Jansen, *The Making of Modern Japan,* p. 403.

111. 위의 책, p. 403.

112. 위의 책, p. 404.

113. 위의 책, p. 404.

114. 위의 책, p. 405.

115. 위의 책, p. 464.

116. 勝田守一, 中內敏夫 著. 『日本の学校』(東京: 岩波書店, 1964) p. 111.

117. 일본문부과학성, http://www.mext.go.jp/b_menu/hakusho/html/others/detail/1317297.htm

118. 元田永孚, 「教学聖旨大旨」（明治十二年）内示, 『教育勅語渙発関係資料集 第一巻』、国民精神文化研究所、1938年3月.

119. Jansen, *The Making of Modern Japan*, p. 406.

120. 위의 책, p. 406.

121. 小学校教員心得（明治十四年六月十八日文部省達第十九号）.

122. Jansen, *The Making of Modern Japan*, p. 406.

123. 위의 책, pp. 406-407.

124. 위의 책, p. 407.

125. 위의 책, p. 407.

126. 위의 책, p. 408.

127. 위의 책, p. 408.

128. 위의 책, p. 408.

129. 위의 책, p. 409.

130. 위의 책, p. 409.

131. 위의 책, p. 409.

132. 위의 책, p. 409.

133. 위의 책, p. 410.

134. 위의 책, p. 410.

135. 위의 책, p. 410.

136. 위의 책, p. 410.

137. https://namu.wiki/w/%EA%B5%90%EC%9C%A1%EC%97%90%20
%EA%B4%80%ED%95%9C%20%EC%B9%99%EC%96%B4

138. Jansen, *The Making of Modern Japan,* pp. 39-397.

139. 위의 책, p. 397.

140. *Cambridge History of Japan, Vol.5,* p. 643.

141. Beasley, p. 63.

142. 山縣陸軍大輔,「論主一賦兵」（明治 5年）, Marius B. Jansen, *The Making of Modern Japan,* p. 398.

143. Beasley, p. 64.

144. James H. Buck,「Civilian Control of the Military in Japan,」 Claude E. Welch, Jr. Ed., *Civilian Control of the Military: Theory and Cases from Developing Countries* (Albany: State University of New York Press, 1976,) pp. 149-186, p. 156.

145. Jansen, *The Making of Modern Japan*, p. 398.

146. Buck, p. 157.

147. Beasley, p. 64.

148. Buck, p. 157.

149. Beasley, p. 64.

150. Buck, p. 157.

151. Beasley, p. 64.

152. Jansen, *The Making of Modern Japan,* p. 397.

153. 위의 책, p. 397.

154. Buck, p. 161

155. Peter Duus, *The Abacus and the Sword: The Japanese Penetration of Korea, 1895-1910,* (Berkeley: University of California Press, 1998,) pp. 61-62.

156. 德富猪一郎 編,「陸軍省官制の改革と行政機關の整理」,『公爵桂太郎傳（乾巻）』, 故桂公爵記念事業会(1917), pp.411-414, 桂太郎・川上操六・川崎祐名,「大山陸軍卿宛意見書」(明治18年12月) (가쓰라 다로(桂太郎)・가와카미 소로쿠(川上操六)・가와사키 스케나(川崎祐名),「오야마(大山) 육군경(陸軍卿) 앞[宛] 의견서」(메이지 18년 12월)). Marius B. Jansen, *The Making of Modern Japan,* p. 400에서 재 인용.

157. Duus, p. 61.

158. 山縣参謀本部長,「進鄰邦兵備略表」(上奏) (明治十三年十一月三十日) (야마가타[山形] 참모본부장,「진린방병비략표(進鄰邦兵備略表)」(상소[上奏])(메이지 13년(1880) 11월 30일)

159. Duus, pp. 61-61.

160. 위의 책, p. 62.

161. 위의 책, p. 62.

162. 위의 책, p. 62.

163. 위의 책, p. 62.

164. 위의 책, p. 63.

165. Beasley, pp. 64-65.

166. Duus, p. 63.

167. 위의 책, p. 63.

168. *Cambridge History of Japan, Vol. 5*, p. 646.

169. Jansen, *The Making of Modern Japan*, p. 398.

170. 형진의 · 임경화 편역, 『일본 신민족주의 전환기에 『국체의 본의』를 읽다』 (서울: 어문학사, 2017, pp. 210~215.

171. Jansen, *The Making of Modern Japan*, p. 397.

172. *Cambridge History of Japan, Vol. 5*, p. 646.

173. Beasley, p. 65.

174. 위의 책,p. 65.

175. Jansen, *The Making of Modern Japan,* p. 397.

176. *Cambridge History of Japan, Vol. 5*, p. 646.

177. Jansen, *The Making of Modern Japan*, p. 401.

178. Duus, p. 64.

179. 山縣總理大臣,「外交政略論」(明治二十三年三月) (야마가타(山縣) 총리대신,「외교정략론(外交政略論)」(메이지 23년(1890) 3월).

180. Duus, p. 65.

181. Jansen, *The Making of Modern Japan*, p. 427.

182. 이노우에 가오루(井上馨),「의견서 (메이지 20년(1887) 7월 9일)」. 井上馨,「意見書 (明治 20年 7月 9日)」, 井上馨侯伝記編纂会 編,『世外井上公伝 (第3巻)』, (内外書籍、昭和8-9) 、pp. 912-915.

183. Jansen, *The Making of Modern Japan*, p. 427.

184. 위의 책, p. 427.

185. 위의 책, p. 427.

186. Hilary Conroy, *The Japanese Seizure of Korea: 1868-1910: A Study of Realism and Idealism in International Relations* (Philadelphia: University of Pennsylvania Press, 1960,) pp. 218-219. Eiko Maruko Siniawer, *Ruffians, Yakuza, Nationalists: The Violent Politics of Modern Japan, 1860-1960* (Ithaca: Cornell University Press, 2008,) pp. 54-55.

187. Siniawer, p. 55.

188. Conroy, p. 219

189. Jansen, *The Making of Modern Japan*, p. 428.

190. Conroy, p. 219.

191. Jansen, p. 429.

192. 위의 책, p. 429.

193. Conroy, p. 219.

194. 「朝鮮変事内諭」(明治28年2月27日)『元老院日誌 第4巻』(三一書房, 大日方 純夫、我部政男 編1982).

195. Conroy, pp. 170-171.

196. 위의 책, pp. 170-171.

197. 다보하시 기요시(田保橋潔), 김종학 옮김, 『근대 일선관계의 연구』下 (서울 일조각, 2016), pp. 143 ~ 145 에서 재인용.

198. Conroy, p. 165.

199. 위의 책, p. 175.

200. *Korean-American Relations,* Vol. 1 The Initial Period, 1883-1886, pp. 141-142.

201. 石川 諒一「自由黨大阪事件」『自由黨大阪事件出版局』(1933) p. 145~147荒 川紘, 「水戸学の思想と教育」, 『人文論集 : 静岡大学人文学部社会学科・ 言語文化学科研究報告 / 静岡大学人文学部 編』54 (1) (2003), pp.1 ~ 42, p. 2.

202. Conroy, p. 175.

203. 위의 책, p. 166.

204. 위의 책, p. 175.

205. 위의 책, p. 175.

206. Marius B. Jansen, 「Oi Kentaro: Radicalism and Chauvinism,」 *The Far Eastern Quarterly,* Vol. 11, No. 3 (May, 1952), pp. 305-316, p. 307.

207. 위의 글, pp. 305-316, p. 308.

208. Conroy, p. 165.

209. Jansen, 「Oi Kentaro: Radicalism and Chauvinism」, p. 308.

210. Conroy, pp. 162-63.

211. 위의 책, p. 163.

212. 위의 책, p. 164.

213. 위의 책, p. 165.

214. 위의 책, p. 165.

215. 위의 책, p. 166.

216. 위의 책, pp. 175-176.

217. 위의 책, p. 176.

218. Jansen, p. 309.

219. 위의 글, p. 309.

220. 위의 글, p. 309.

221. 위의 글, p. 305.

222. Conroy, pp. 212-213.

223. 위의 책, p. 213.

224. 위의 책, p. 214.

225. 위의 책, p. 214.

226. 위의 책, p. 215.

227. Jansen, *The Making of Modern Japan*, p. 604.

228. Conroy, p. 215.

229. Eiko Maruko Siniawer, *Ruffians, Yakuza, Nationalists: The Violent Politics of Modern Japan, 1860-1960* (Ithaca: Cornell University Press, 2008,) p. 53.

230. Conroy, p. 215.

231. 위의 책, pp. 215-16.

232. 위의 책, p. 216.

233. Jansen, 「The Japanese and Sun Yat-sen」, p. 40.

234. Conroy, pp. 216-217.

235. Siniawer, p. 54.

236. Jansen, 「Oi Kentaro: Radicalism and Chauvinism,」, p. 306.

237. 위의 책, p. 305.

제8장 조선의 잃어버린 10년

1.   George Alexander Lensen, *Balance of Intrigue: International Rival-*

ry in Korea & Manchuria, 1884-1899 (Tallahassee, FL: University Presses of Florida, 1982,) p. 58.

2. Kirk W. Larson, *Tradition, Treaties, and Trade: Qing Imperialism and Choson Korea, 1850-1910* (Harvard University Asia Center, Cambridge, MA: Harvard University Press, 2008), pp. 175-176.

3. Tyler Dennett, *Americans in Eastern Asia: A Critical Study of the Policy o the United States with Reference to China, Japan and Korea in the 19th Century* (New York: Barnes & Noble, 1941,) p. 475.

4. Parkes to Granville, Dec. 16, 1883, BDFA, I-E-2, pp. 216-19, 김용구, 『세계관 충돌과 한말 외교사, 1866-1882』 (서울: 문학과지성사, 2004,) p. 402.

5. Larson, p. 176.

6. Lensen, p. 54.

7. 「Bingham to Fish, No. 427 (August 11, 1876) and Enclosure, *Japan. Legation Despatches* Vol. 32. 빙엄이 인용한 극동의 영국신문들은 요코하마의 Japan Gazett, Shanghai Courier, China Gazett 등이었다. Frederick Foo Chien, *The Opening of Korea: A Study of Chinese Diplomacy, 1876-1885* (Hamden, CT: The Shoe String Press, 1967,) p. 169.

8. 김용구, p. 378. Frederick Foo Chien, *The Opening of Korea: A Study of Chinese Diplomacy, 1876-1885* (Hamden, CT: The Shoe String Press, 1967,) p. 170.

9. Chien, p. 170.

10. 위의 책, p. 170.

11. Lensen, pp. 54-55.

12. Chien, p. 170.

13. 위의 책, p. 171.

14. 위의 책, p. 170.

15. 위의 책, p. 171.

16. Lensen, p. 55. Plunkett to Earl Granville, no. 4, Tel., Tokyo, April 9, 1885, Records created and inherited by the Foreign Office in UK (「FO」) 405/35/5.

17. 위의 책, p. 55.

18. 위의 책, Lensen, p. 55.

19 위의 책, p. 57.

20. Plunkett to Earl Granville, no. 121, Tokyo, April 27, 1885, 「Confidential,」 Records created and inherited by the Foreign Office in UK (「FO」) 405/35/41. Lensen, p. 57.

21. Lensen, p. 57.

22. Chien, p. 171.

23. 위의 책, p. 171.

24. Granville to O'Conor, no. 93A, Foreign Office, May 6, 1886, 「Confidential,」 Records created and inherited by the Foreign Office in UK (「FO」) 405/35/16.

25. Chien, p. 172.

26. 『고종실록』 22권, 고종 22년 3월 20일, 기미, 7번째기사.

27. George M. McCune & John A. Harrison, eds., *Korean-American Relations: Documents Pertaining to the Far Eastern Diplomacy of the United States, Vol. I: The Initial Period, 1883-1886* (Berkeley and Los Angeles, University of California Press, 1951,) p. 74.

28. 위의 책, p. 74.

29. 위의 책, p. 74.

30. 위의 책, p. 74.

31. 위의 책, p. 75.

32. 위의 책, p. 37.

33. 위의 책, p. 37. 플라잉피쉬호는 임오군란 당시 성난 조선의 폭도들을 피해 제물포에서 월미도로 피신하던 하나부사 일본공사와 그 부하 직원들을 구출하여 나가사키로 귀국시켰던 배다. [제 1권, 364페이지 참조].

34. 위의 책, p. 37.

35. 『고종실록』 22권, 고종 22년 4월 3일 신미 2번째기사.

36. 『고종실록』 고종 22년(1885) 4월 7일 (을해) 1번째 기사

37. 다보하시, 『근대 일선관계의 연구』 下, p. 38.

38. Lensen, p. 31.

39. 위의 책, p. 32.

40. 묄렌도르프, p. 86.

41. Lensen, p. 33.

42. 묄렌도르프, p. 93.

43. 위의 책, p. 94.

44. 다보하시, 『근대 일선관계의 연구』下, p. 33.

45. 묄렌도르프, p. 95.

46. Lensen, p. 33.

47. 위의 책, p. 33.

48. 위의 책, p. 33.

49. 다보하시, 『근대 일선관계의 연구』下, pp. 34-35.

50. 위의 책, p. 35.

51. 묄렌도르프, pp. 105-106.

52. 『고종실록』고종 21년(1884) 11월 13일 (계축) 1번째 기사. (양) 12월 29일.

53. 다보하시, 『근대 일선관계의 연구』下, p. 35.

54. Lensen, p. 34.

55. 위의 책, p. 34.

56. 위의 책, p. 34.

57. 위의 책, p. 34.

58. 위의 책, pp. 34-35.

59. Chien, p. 177.

60. ゆまに書房, 『伊藤博文文書』第十一巻 祕密書類 朝鮮交涉三, p. 57.

61. Lensen, p. 35.

62. 위의 책, p. 35.

63. 묄렌도르프, p. 106.

64. Lensen, p. 35.

65. 묄렌도르프, pp. 107~108.

66. Lensen, p. 36.

67. 위의 책, p. 81.

68. 위의 책, p. 36.

69. 위의 책, p. 36.

70. Foulk to Bayard, 191. Lensen endnote 22 (p. 37)

71. Martina Deuchler, *Confucian Gentlemen and Barbarian Envoys: The Opening of Korea, 1876-1885* (Seattle and London: University of Washington Press, 1977,) p. 215.

72. Lensen, p. 37.

73. 위의 책, p. 37.

74. 위의 책, p. 38.

75. Chien, p. 174.

76. Lensen, p. 38.

77. 다보하시, 『근대 일선관계의 연구』 下, p. 38.

78. 위의 책, p. 38.

79. Lensen, p. 38.

80. 위의 책, p. 38.

81. 위의 책, pp. 38-39.

82. 위의 책, p. 39.

83. 위의 책, p. 39.

84. 위의 책, p. 39.

85. 위의 책, p. 340.

86. 위의 책, p. 40.

87. 위의 책, p. 40.

88. 위의 책, p. 40.

89. 위의 책, pp. 40-41

90. 위의 책, p. 41.

91. 위의 책, p. 41.

92. 위의 책, p. 42.

93. Chien, p. 179.

94. Lensen, p. 44.

95. Chien, p. 170

96. Lensen, p. 44.

97. 위의 책, p. 45.

98. 위의 책, p. 46.

99. 위의 책, p. 46.

100. 위의 책, p. 46.

101. 위의 책, p. 46.

102. 위의 책, pp. 46-47.

103. 위의 책, p. 47.

104. 위의 책, p. 47.

105. 위의 책, p. 51.

106. 위의 책, p. 51.

107. 위의 책, p. 52.

108. 위의 책, p. 52.

109. 위의 책, p. 52.

110. 위의 책, pp. 51-52.

111. 위의 책, p. 53.

112. Chien, p. 174.

113. 위의 책, p. 175.

114. Lensen, p. 57.

115. Memorandum by Sir E. Hertslet, Foreign Office, Feb 4, 1886, EA, FO 405-36, p. 325. Lensen, p. 59.

116. O'Conor to Rosebery, no. 109, Peking, Mar. 27, 1886, 「Confidential, 」 Records created and inherited by the Foreign Office in UK (「FO」) 405/36/31. Lensen, p. 63.

117. Currie to MaCartney, Foreign Office, Apr. 14, 1886, Records created and inherited by the Foreign Office in UK (「FO」) 405/36/23. Lensen, p. 63.

118. Morier to Rosebery, no. 259A, St. Petersburgh, July 25, 1886, EA, FO 405-36, p. 342. Lensen, p. 63.

119. T. F. Tsiang, 「Sino-Japanese Diplomatic Relations, 1870-1894,」 *Chinese Social and Political Science Review* 17 (1933), 1-106, pp. 98-99. Lensen, p. 63.

120. Lensen, p. 64.

121. 위의 책, p. 67. Walsham to the Iddesleigh, Peking, October 6, 1886,

1886, Records created and inherited by the Foreign Office in UK (「FO」) 405/36/91.

122. 위의 책, p. 68. Brenan to Walsham, Tien-tsin, November 3, 1886, Records created and inherited by the Foreign Office in UK (「FO」) 405/36/135.

123. H. B. Morse, *The International Relations of the Chinese Empire 3* (Shanghai, 1966), p. 12. 327.52 M836i v.2. Lensen, p. 68.

124. 『고종실록』, 고종 24년 4월 17일 갑술 2번째기사. 국역고종실록은 「내복」을 「자기의 영토」로 번역하였다.

125. 『고종실록』, 고종 24년 4월 17일 갑술 2번째기사.

126. 다보하시, 『근대 일선관계의 연구』 下, p. 44

127. 다보하시, 하권, p. 43.

128. 위의 책, p. 44.

129. 위의 책, p. 45.

130. 다보하시 기요시(田保橋潔), 김종학 옮김, 『근대 일선관계의 연구』 下 (서울: 일조각, 2016), p. 45.

131. 『고종실록』 1882년 12월 14일 (고종 19년 11월 5일), 『고종실록』 1882년 12월 15일 (고종 19년 11월 6일), 『고종실록』 1884년 12월 18일 (고종 21년 11월 2일) 기사 참조.

132. 다보하시, 하권, p. 46.

133. 『일성록』 고종 22년(1885) 3월 20일.

134. 다보하시, 하권, p. 46.

135. 위의 책, pp. 46~47.

136. 위의 책, p.48, 각주12, 『李文忠公全集』(譯署函稿) 17권, 「議赤灘李昰應」

137. 위의 책, 하권, p. 48.

138. Foulk, *Korean-American Relations, Vol. 1 The Initial Period, 1883-1886*, p. 150.

139. 다보하시, 『근대 일선관계의 연구』 下, p. 48에서 재인용

140. 위의 책, p. 49.

141. 오기(吳祈, 생몰년 미상): 고려 충렬왕 때 급제해서 승지 등 여러 관직을 역임했다. 충렬왕과 충선왕 부자 사이에서 이간질하고 충신들을 모함해서 해쳤

다는 죄목으로 원나라로 송치됐다. 오잠(吳潛)이라고도 하며, 『高麗史』125
권, 列傳 38, 姦臣, 吳潛傳에 실려있다.

142. 정동행성(征東行省): 원(元)나라가 고려 개경(開京)에 설치한 관청이다. 충렬
    왕 6년(1280) 원 세조(世祖)가 일본을 정벌할 때 정동행중서성(征東行中書
    省)이라는 관청을 개경에 두었는데, 일본 정벌을 그만둔 뒤로는 이를 정동행
    성(征東行省)으로 고치고 고려의 내정을 감시했다. 다만, 정동 행성의 장(長)
    에 해당하는 좌승상(左丞相) 직에는 항상 고려왕이 임명됐고, 원나라의 관
    인으로 규정된 평장정사(平章政事)·좌우승(左右丞)·참지정사(參知政事)등은
    실제로는 비워 두고 있었다는 점에서 원나라와의 연락기관; 혹은 의례적인
    기관으로 보기도 한다. 원문에는 「東征行省」이라고 잘못 표기되었다.

143. 다보하시, 『근대 일선관계의 연구』下, pp. 49~50.

144. 위의 책, pp. 50~52.

145. 위의 책, p. 53.

146. 위의 책, p. 54.

147. *Korean-American Relations, Vol. 1*, p. 133.

148. 다보하시, 『근대 일선관계의 연구』下, p. 54.

149. *Korean-American Relations, Vol. 1*, p. 133.

150. 다보하시, 『근대 일선관계의 연구』下, p. 54.

151. *Korean-American Relations, Vol. 1*, p. 134.

152. 다보하시, 『근대 일선관계의 연구』下, p. 54.

153. *Korean-American Relations, Vol. 1*, p. 134.

154. 정사(情私): 친족 사이의 사사로운 정

155. 위제지율(違制之律): 제도를 위반한 죄에 대한 형률

156. 다보하시, 『근대 일선관계의 연구』下, pp. 55~56.

157. *Korean-American Relations, Vol. 1*, pp. 135-136.

158. Larson, p. 130.

159. Chien, p. 190.

160. 위의 책, p. 190.

161. 위의 책, p. 190.

162. 위의 책, pp. 191-192.

163. 위의 책, p. 192.

164. Lensen, p. 69.

165. *Korean-American Relations, Vol. 1,* p. 137.

166. Dinsmore to Bayard, no. 14, DS, Seoul, May 3, 1887, p. 69에서 재인용.

167. Larson, p. 133.

168. *Korean-American Relations, Vol. 1,* p. 135.

169. Larson, p. 133.

170. Deuchler, p. 187.

171. Larson, p. 136.

172. 위의 책, p. 136.

173. 위의 책, p. 136.

174. 『고종실록』 고종 22년(1885) 6월 6일(계유) 2번째기사

175. Deuchler, p. 187.

176. 김정기, 「1876-189년 청의 조선정책연구」, 서울대학교 박사학위 논문, 1994. 139.

177. Foulk to Sec. State, Dec. 29, 1885, No. 265 (confidential).

178. Larson, p. 137-38.

179. 外務省 編, 「一○七」, 『日本外交文書 (第20卷)』, (日本國際連合協會, 1954), pp.272-273.

180. 위의 글, pp.272-273.

181. 위의 글, pp. 272-273.

182. (역주) 溪來百士 (T. E. Halifax)로 추정

183. (역주) 彌倫斯 (H. J. Mühlensteth)로 추정

184. 外務省 編, p. 275.

185. Conroy, pp. 191-92.

186. No. 307. Mr. Dinsmore to Mr. Bayard.

187. Larson, p. 137.

188. 위의 책, p. 138.

189. 위의 책, p. 138.

190. Lensen, p. 70. Larson, p. 140.

191. Deuchler, p. 174-75.

192. 위의 책, p. 175.

193. 위의 책, p. 175.

194. 위의 책, p. 175.

195. 『한민족문화대백과』,　http://encykorea.aks.ac.kr/Contents/Index?-contents_id=E0052539

196. Deuchler, p. 175.

197. 위의 책, p. 175.

198. 위의 책, p. 176.

199. 위의 책, p. 176.

200. 위의 책, p. 176.

201. 『한국관세사』, 94-95.

202. Woo, 「The Historical Development of Korean Tariff and Customs Administration, 1875-1958.

203. 『고종실록』 고종 22년 (1885) 9월 7일 임인 2번째기사.

204. Deuchler, p. 177.

205. 위의 책, p. 177.

206. Hosea Ballou Morse, *The International Relations of The Chinese Empire, Vol.Ⅲ The Period of Subjection 1894-1911* (New York: Paragon Book Gallery, 1910), pp.15~16 에서 재인용.

207. Deuchler, p. 177.

208. Foulk to Secretary of State, April 23, 1886, KAR, I: 148.

209. Deuchler, p. 197.

210. 위의 책, p. 197.

211. 위의 책, p. 196.

212. 이영훈, 『한국 경제사 I: 한국인의 역사적 전개』 (서울: 일조각, 2017), p. 594.

213. 위의 책, p. 595.

214. 위의 책, p. 595.

215. 하원호, 한국근대 경제사연구 (서울: 신서원, 1997년), p. 24.

216. Deuchler, p. 196.

217. 하원호, p. 24.

218. 위의 책, p. 25.

219. 이영훈, 『한국 경제사 I: 한국인의 역사적 전개』 (서울: 일조각, 2017), p. 596.

220. 위의 책, p. 576.

221. Deuchler, p. 196.

222. 위의 책, p. 196.

223. 外務省 編,「一○八」,『日本外交文書 (第21卷)』, (日本國際連合協會, 1954), pp.312-313.

224. 위의 책, pp.313-317.

225. 위의 책, pp.324-325. 113. 7월 5일 #오쿠마 외무대신 으로부터 청국주차 시오다 공사 앞# 초상국의 처치에 대해 청국 정부와 담판(談判) 해야 한다는 취지[旨]의 훈령(訓令)의 건.

226. 위의 책, pp.326~342. 기밀 제17호 중국인[支那人]의 우리 거류지 내에 잡거를 거절하는 건[義]에 대한 품의[伺]

227. Foulk to Bayard, no. 214, Seoul, Aug. 16, 1885, USDD, Korea, 134/2.

228. Lensen, p. 70.

229. 위의 책, p. 70.

230. Foulk to Bayard, no. 238, Seoul, Oct. 14, 1885, USDD, Korea, 134/2.

231. Lensen, p. 71.

232. 위의 책, p. 71.

233. Jerome Ch'en, *Yuan Shi-k'ai,* 2nd ed. (Stanford: Stanford University Press, 1972,) p. 20.

234. 순치(脣齒): 입술과 이로 운명을 함께하는 밀접한 관계를 비유한다. 순망치한(脣亡齒寒)의 줄임말이다.

235. 묵윤(默允): 은밀히 찬성해서 허락함

236. 베베르의 한문 음역이 「韋貝」이기 때문에 이렇게 쓴 것이다.

237. 다보하시,『근대 일선관계의 연구』下, p. 59

238. 위의 책, p. 63.

239. 위의 책, p. 63.

240. 위의 책, p. 61.

241. 위의 책, p. 61.

242. *Korean-American Relations, Vol. 1*, p. 150.

243. 위의 책, p. 151.

244. Ch'en, p. 21.

245. 다보하시, 『근대 일선관계의 연구』下, pp. 61~62.

246. 위의 책, p. 62

247. *Korean-American Relations, Vol. 1*, p. 151.

248. 다보하시, 『근대 일선관계의 연구』下, pp. 63-64.

249. 위의 책, p. 64.

250. 위의 책, p. 64.

251. 위의 책, p. 64.

252. 요언(謠言): 뜬소문

253. 간폐(奸弊): 남을 기만해서 폐단을 일으킴

254. 다보하시, 『근대 일선관계의 연구』下, p. 65.

255. 『고종실록』 고종 24년(1887) 7월 6일(음 5월 16일)(임신) 2번째 기사.

256. Lee Yur Bok, 「Establishment of a Korean Legations,」 p. 6.

257. 『고종실록』, 고종 24년(1887) 6월 29일(을묘) 1번째 기사.

258. 「Young-ik Lew, Yuan Shi-k'ai's Residency,」 p.88.

259. 郭廷以·李毓澍 主編, 『清季中日韓關係史料』第4卷, (臺北：中央研究院近代史研究所, 1972), p.2343.

260. 위의 책, pp.2364~2365.

261. Larson, p. 180.

262. 알렌, pp. 515-516.

263. 위의 책, p. 516.

264. 위의 책, p. 516.

265. 위의 책, p. 517.

266. 위의 책, p. 518.

267. Yur Bok Lee, p. 11.

268. Mr. Bayard to Mr. Denby, Department of State, China, October 6, 1887, 「Papers Relating to the Foreign Relations of the UnitedStates, Transmitted to Congress, With the Annual Message of the President,December 3, 1888, Part I」, Document 147

269. 알렌, p. 518.

270. 위의 책, p. 519.

271. 郭廷以·李毓澍 主編, 『清季中日韓關係史料』第4卷, (臺北：中央研究院近代史

研究所, 1972), pp.2364~2365.

272. 알렌, p. 520.

273. 위의 책, p. 522.

274. 위의 책, pp. 522-523.

275. 위의 책, p. 524.

276. 위의 책, p. 525.

277. 郭廷以·李毓澍 主編, 『淸季中日韓關係史料』第4卷, (臺北 : 中央硏究院近代史
研究所, 1972), pp.2378~2382.

278. 위의 책, pp.2378~2382.

279. Dinsmore to Bayard

280. Colonel Chaille-Long, *My Life in Four Continents, Vol 2.* (London:
Hutchinson and Co. Paternoster Row, 1912), p. 348.

281. 알렌, pp. 525-526.

282. 위의 책, p. 526.

283. 위의 책, p. 528.

284. 위의 책, p. 529.

285. 위의 책, pp. 529-530.

286. 위의 책, p. 530.

287. 위의 책, p. 532.

288. Larson, p. 181.

289. 알렌, p. 533.

290. Harrington, *God, Mammon, and the Japanese,* pp.236-237 에서 재
인용.

291. Larson, p. 181.

292. 알렌, p. 533.

293. 정문(呈文)은 하급기관이 상급기관에 대해 사용하는 공문서 양식이며, 함
첩(銜帖)은 관원의 위계와 관직 등을 기록한 일종의 카드, 주필(硃筆)은 붉은
글씨로 적는다는 뜻으로 일반적으로 중국 황제가 상주에 비답을 내릴 때 붉
은 글씨로 적었다. 따라서 조선공사가 외국에 나가서 중국공사에게 정문과
첩정을 사용하고, 중국공사가 주필로 조회를 보내는 것은 양국의 상하관계를
분명히 한다는 의미가 있었다. 1887년 5월과 6월 사이에 조선정부에서 해외

공사를 파견한다는 소식이 전해지자 원세개는 7월 24일 그 대책으로 정문, 함첩, 주필조회를 시행할 것을 이홍장에게 건의했다. 조선 외아문에서는 8월 1일 각국 공사들에게 이를 이행시키겠다는 조복(照覆)을 원세개에게 보냈다.

294. 『舊韓國外交文書(구한국외교문서)』, 제8권: 淸案(청안), No.680 (고종 24년 12월 1일) 주미공사 박정양의 속방관계 3개조 불이행에 대한 항의(駐美公使 朴定陽의 屬邦關係 三個條 不履行에 對한 抗議) (淸案 13冊)

295. 주미청국공사 장음환은 11월 28일 박정양과 미국 국무성 간에 국서봉정에 관한 논의가 있었음을 파악하고, 박정양이 미국 국무성에 출두하기 전에 직접 국무성을 방문하여 조선이 중국의 속국임을 재확인하고 자신들이 먼저 수용하겠다고 주장했다.

296. 『舊韓國外交文書(구한국외교문서)』, 제8권: 淸案(청안), No.685 (고종 24년 12월 3일) 685. 동상 주미공사 박정양의 3개조 부준에 대한 항의(同上駐美公使 朴定陽의 三個條不遵에 對한 抗議) (淸案 13冊)

297. 위의 책, No.686. (고종 24년 12월 3일) 686. 동상건에 관한 회답 재촉구 (同上件에 關한 回答再促求) (淸案 13 冊)

298. 위의 책, No.687. (고종 24년 12월 5일) 687. 동상건 주미전권 박정양에 전 칙사회답 (同上件 駐美全權 朴定陽에 電飭事回答) (淸案 13 冊).

299. Larson, p. 181.

300. 위의 책, p. 180.

301. 이헌창 「개항기, 식민지기 국제경제관계」, 이대근 외, 『새로운 한국경제발전사: 조선후기에서 20세기 고도성장까지』 (서울: 나남, 2008), pp. 141-164, p. 144.

302. Deuchler, p. 68.

303. 위의 책, p. 68.

304. 함재봉, 『한국 사람 만들기 II』, (서울: 아산서원, 2017,) p. 450.

305. Deuchler, p. 69.

306. 위의 책, p. 67.

307. 이영훈, 『한국 경제사 I: 』, p. 591.

308. 이헌창, p. 146.

309. Deuchler, pp. 195-196.

310. 위의 책, p. 196.

311. 위의 책, p. 70.

312. 위의 책, p. 70

313. 위의 책, p. 70

314. 함재봉, 『한국 사람 만들기 II』, p. 447.

315. Deuchler, pp. 70-71

316. 위의 책,, p. 71.

317. 위의 책, p. 72.

318. 위의 책, p. 72.

319. 위의 책, p. 72.

320. 위의 책, p. 73.

321. 제 2권, p. 448.

322. Deuchler, p. 73.

323. 위의 책, pp. 73-74.

324. 위의 책, p. 74.

325. 위의 책, p. 74.

326. 위의 책, p. 74.

327. 위의 책, p. 75.

328. 위의 책, p. 75.

329. 하원호, p. 33.

330. Deuchler, p. 75.

331. 『고종실록』고종 16년(1879) 7월 13일 (을유) 2번째 기사.

332. Deuchler, p. 78.

333. 위의 책, p. 78.

334. 『고종실록』고종 16년(1879) 7월 8일 (경진) 1번째기사

335. Deuchler, p. 78.

336. 元山每日新聞社. 東朝鮮 (元山: 元山每日新聞社, 1910), p. 53. Deuchler, p. 78.

337. 이행, 홍언필, 『新增東國輿地勝覽』, 49: 11-12. 元山每日新聞社, 『東朝鮮』 (元山: 元山每日新聞社, 1910), pp. 5-6. The Korean Repository, Correspondence, No. 1, 1892. Buckingham, B. H., George C Foulk and Walter McLean. Observations upon the Korean coast, Japanese-Ko-

rean ports and Siberia, made during a Journey from the Asiatic Station to the United States through Siberia and Europe, June 3 to September 8, 1882 (Washington, 1883), pp. 17-18. Deuchler, p. 79.

338. 日本外交文書. 第13卷(明治13年／1880年). Nos. 144-146, pp. 404-405. 元山每日新聞社,『東朝鮮』(元山: 元山每日新聞社, 1910), p. 53. Deuchler, p. 79.

339. Deuchler, p. 79.

340. 위의 책, p. 80.

341. 『일성록』고종 17 년 (1880) 6 월 3 일(경진). Buckimgham, B. H., George C Foulk and Walter McLean. Observations upon the Korean coast, Japanese-Korean ports and Siberia, made during a Journey from the Asiatic Station to the United States through Siberia and Europe, June 3 to September 8, 1882 (Washington, 1883), p. 18. 議政府,『倭使日記』17.7.18. 元山每日新聞社. 東朝鮮 (元山: 元山每日新聞社, 1910), p. 7.

342. Deuchler, p. 80.

343. 위의 책, pp. 80-81.

344. 위의 책, p. 81.

345. *Korean Repository, 4:* 377-378 (1897), Bishop, p. 30.

346. Deuchler, p. 178.

347. 위의 책, p. 179.

348. 위의 책,, p. 179.

349. 위의 책, p. 179.

350. 위의 책, p. 180.

351. 위의 책, p. 180.

352. 위의 책, p. 180.

353. 위의 책, p. 181.

354. 위의 책, p. 181.

355. 위의 책, p. 182.

356. 위의 책, p. 182.

357. 위의 책, p. 183.

358. 위의 책, p. 183.

359. 위의 책, p. 183.

360. 위의 책, p. 184.

361. 위의 책, p. 185.

362. 위의 책, p. 185.

363. 위의 책, p. 186.

364. 위의 책, p. 186.

365. 위의 책, p. 186.

366. 위의 책, p. 187.

367. 위의 책, p. 190.

368. 위의 책, p. 190.

369. 위의 책, pp. 190-191.

370. 위의 책, p. 191.

371. 위의 책, pp. 191-192.

372. 『국역비변사등록 263책』, 고종 19년 12월. 신분을 막론하고 재능과 學問에 따라 登用하라는 傳敎(1882-12-28(음))

373. Deuchler, p. 192.

374. 『고종실록』 고종 20년(1883) 6월 23일(신미) 1번째기사

375. Deuchler, p. 192.

376. 위의 책, p. 193.

377. 위의 책, p. 193. 한우근, 『한국개항기의 상업연구』 (서울: 일조각, 1985), p. 152.

378. Deuchler, p. 193.

379. Deuchler, p. 193.

380. 統理交涉通商事務衙門, 『統理交涉通商事務衙門日記』(高宗) 20.8.15; 20.9.6; 20.9.16; 21.4.22; 21.6.29; 21.7.9; 22.8.22. 김윤식, 『陰晴史』(刊寫地未詳, 1883), p. 227. 仁川府廳 編, 『仁川府史』 (仁川府, 1933), p. 1023. 統理交涉通商事務衙門, 『八道四都三港口日記』(高宗) 21.10.14. 한우근, 『한국개항기의 상업연구』 (서울: 일조각, 1985), pp. 204-215. Deuchler, pp. 193-194.

381. Deuchler, p. 194.

382. 統理交涉通商事務衙門, 『統理交涉通商事務衙門日記』(高宗) 21.3.19;

21.4.25; 21.5.14; 21.6.22; 21.7.16; 21.7.27; 22.2.18; 22.2.19; 22.7.8. 『구한국외교문서 1』 일안(日案) 1, Nos. 446-447, pp. 221-222. Deuchler, p. 194.

383. 『승정원일기』 고종 20 년 (1883) 10 월 3 일 (경술)

384. Deuchler, p. 194.

385. 統理交涉通商事務衙門, 『統理交涉通商事務衙門日記』(高宗) 21.4.13; 21.4.21; 21.4 28; 21.5.4; 21.6.2; 21.6.11; 21.6.24; 21.9.6; 21.9.7; 21.9.8; 21.9.10; 22.2.1; 22.6.23. 統理交涉通商事務衙門, 『八道四都三港口日記』(高宗) 21.6.22; 21.9.16; 21.10.6; 22.2.2.

386. 『일성록』 고종 19 년 (1882) 10 월 7 일 (경신). 『일성록』 고종 19 년 (1882) 12 월 5 일 (정사). 『일성록』 고종 20 년 (1883) 2 월 26 일 (정축). 『일성록』 고종 20 년 (1883) 9 월 13 일 (경인). 『일성록』 고종 21 년 (1884) 6 월 1 일 (계유). 『일성록』 고종 21 년 (1884) 6 월 22 일 (갑오). 仁川府廳 編, 『仁川府史』 (仁川府, 1933), pp. 1205-1209. 원유한, 「당고전 고,」 『역사학보』 35/36(1967), p. 337. HC36/4778, 「Report on the Trade of Corea for the Year 1883,」 by W. G. Aston to Parkes. Anglo-American and Chinese diplomatic materials relating to Korea, 1887-1897 Diplomatic Despatches, Korea, Foulk's 167, April 30, 1885. 주한미국공사관·영사관기록 : 1882-1905, 7, 1894-1897, 한림대학교 . 아시아문화연구소. 951.59 000 너. Deuchler, p. 195.

387. 이헌창, p. 146.

388. 하원호, p. 31.

389. 이헌창, pp. 146-147.

390. 위의 책, pp. 141-164, p. 147.

391. 이영훈, 『한국 경제사 I』, pp. 593-594.

392. 이헌창, p. 148.

393. 위의 책, p. 149.

394. 위의 책, p. 149.

395. 위의 책, p. 149.

396. 위의 책, p. 149.

397. 위의 책, p. 150.

398. 위의 책, p. 150.

399. 하원호, p. 33.

400. 위의 책, p. 33.

401. 위의 책, p. 34.

402. 위의 책, p. 34.

403. 위의 책, p. 35.

404. Conroy, p. 193.

405. 진단학회, 『한국사 최근세편』, (서울 을유문화사, 1950), p. 467.

406. 위의 책, p. 467.

407. 위의 책, pp. 467~468, Lew Young Ick, 「The Kabo reform movement Korean and Japanese reform efforts in Korea, 1894」, Ph.D. diss., Harvard, 1972, p. 29.

408. 『고종실록』, 고종 26년(1889) 9월 25일 (무진) 2번째기사.

409. 『고종시대사』, 고종 25년 (1888), 5월 7일 (무오).

410. 황현, 이장희 옮김, 『매천야록』 上 (서울: 명문당, 2008), p. 149.

411. 위의 책, p. 257.

412. 위의 책, p. 363.

413. 이영훈, p. 582.

414. 이영훈, 「대한제국기 황실재정의 기초와 성격」, 『경제사학』 제 51호, 2011년 12월, pp. 3-29, p. 13.

415. 위의 글, p. 14.

416. 조영준, 「19세기 왕실재정의 위기상황과 전가실태: 수진궁 재정의 사례분석」, 『경제사학』 제 44호, 47-80페이지, p. 47.

417. 위의 글, p. 47.

418. 위의 글, p. 48.

419. Ray Huang, *Taxation and Governmental Finance in Sixteenth-Century Ming China* (Cambridge: Cambridge University Press, 1974,) p. 6.

420. 위의 책, p. 9.

421. 위의 책, p. 9.

422. 조영준, p. 48.

423. 위의 글, p. 48.

424. 이영훈, 『한국 경제사 I』, p. 580.

425. 위의 책, 580 페이지.

426. 이영훈, 「대한제국기 황실재정의 기초와 성격」, p. 11.

427. 이영훈, 『한국 경제사 I』, p. 580.

428. 『고종실록』 고종 19년(1882) 1월 22일(음 12월 14일)(병인) 1번째기사

429. 『고종실록』 고종 20년(1883) 3월 1일(음 1월 22일)(갑진) 2번째기사

430. 『고종실록』 고종 20년(1883) 3월 26일(음 2월 18일)(기사) 2번째기사.

431. 『일성록』 고종 20년(1883) 2월 21일, 『일성록』 고종 20년(1883) 4월 11일, 『일성록』 고종 20년(1883) 6월 3일

432. Deuchler, p. 156.

433. 『고종실록』, 고종 20년 (1883) 5월 4일 (계미) 2번째기사.

434. 『고종실록』, 고종 20년 (1883) 6월 29일 (정축) 1번째기사.

435. 『고종실록』, 고종 20년 (1883) 7월 1일 (기묘) 2번째기사.

436. 이영훈, 『한국 경제사 I』 (서울: 일조각, 2017), p. 578.

437. 위의 책, p. 579.

438. 위의 책, p. 579.

439. 원유한, 「당오전고」, 『역사학보』, 제35·36호 (1967), pp. 313~339, p. 336.

440. 이영훈, p.581.

441. 조영준, p. 73.

442. 위의 글, p. 75.

443. 위의 글, p. 76.

444. Lew, 「The Kabo Reform Movement」, p. 22.

445. 위의 논문, p. 23.

446. 위의 논문, p. 23.

447. 위의 논문, pp. 23-24.

448. Homer B Hulbert, *The Passing of Korea,* Yonsei University Press, Seoul, Korea, 1969, p. 51.

449. Lew, 「The Kabo Reform Movement」, p.25, 杉村濬, 「對韓意見書」, 伊藤博文 編, 金子堅太郎 等 校訂, 『祕書類纂; 朝鮮交涉資料』下巻, (東京; 祕書類纂刊行会, 1936), p. 203.

450. Lew, 「The Kabo reform movement」 p.26.

451. Vipan Chandra, *Imperialism, Resistance, and Reform in Late Nineteenth-Century Korea: Enlightenment and the Independence Club* (Institute of East Asian Studies, University of California, 1988,) p. 55.

452. C. Kenneth Quinones, The Impact of Kabo Reforms upon Political Allocation in Late Yi Korea, 1884-1902, *Occasional Papers on Korea* (Seattle), no. 4, September 1975, p. 7.

453. Lew, 「The Kabo Reform Movement」, p. 5.

454. 위의 논문, pp.5-6.

455. 위의 논문, p. 7.

456. 外務省 編, 「二一四. 五月六日」, 『日本外交文書 (第26卷)』, (日本國際連合協會, 1954), pp. 434-437. 일본외교문서 디지털컬렉션(日本外交文書デジタルコレクション) 참조 (URL: https://www.mofa.go.jp/mofaj/annai/honsho/shiryo/archives/index.html)

457. Lew, 「The Kabo Reform Movement」, pp. 9-10.

458. 위의 논문, pp. 10-11.

459. Lew, 「The Kabo reform movement」, p. 14.

460. 위의 논문, p. 14.

461. Larson, p. 146.

462. 위의 책, p. 149.

463. Lew, 「The Kabo reform movement」, p. 33.

464. 『고종시대사』, 고종 29년(1892), 음 4월 13일(신축)/양 5월 9일, 출전:『통리교섭통상사무아문일기(統理交涉通商事務衙門日記)』, 고종 29년(1892) 4월 12일, 4월 13일, 4월 16일.

465. Lew, 「The Kabo Reform Movement」, p. 33.

466. 위의 논문, p. 33.

467. 『고종시대사』, 고종 22년(1885), 11월 28일(임술).

468. Lew, 「The Kabo Reform Movement」, pp. 33-34.

469. 『고종시대사』, 고종 29년(1892), 10월 6일(임인).

470. Larsen, p. 149, 外務省 編, 「二二二」, pp.335-337.

471. (역주) 朱를 銖의 약자로 본다면, 銖는 1할의 10분의 1(=分=步) 혹은 1할의

100분의 일(=厘)의의미를 모두 가지고 있음.

472. 外務省 編,「二二二」, pp.335-337.

473. Lew,「The Kabo Reform Movement」, p. 34.

474.『고종실록』고종 23년(1886) 7월 29일(경신), (양) 8월 28일. 3번째 기사.

475. 다보하시,『근대 일선관계의 연구』下, p.47.

476. Bishop, p.255.

477. 위의 책, p.257.

478. Hon. George N. Curzon, M.P., *Problems of the Far East: Japan - Korea - China (London: Longmans,* Green, and Co., 1894), p. 156.

479.『고종실록』고종 25년(1888) 8월 26일(을사) 1번째 기사.

480.『윤치호 영문 일기 5』1897년 9월

481. Hugh A. Dinsmore, *Korean-American Relations, vol. II,* pp. 11-13.

482.『고종실록』고종 29년 (1892) 윤6월 5일(신유) 1번째기사.

483. McCune and Harrison, *Korean-American Relations, II,* p. 304.

484. 위의 책, pp. 303-304.

결론

1. Duus, p. 60.
2. 위의 책, p. 207.

참고문헌 Bibliography

고문헌

『고종시대사』

『고종실록』

『교섭통상사무아문일기(統理交涉通商事務衙門日記)』

『舊韓國外交文書(구한국외교문서)』

『국역 비변사등록』

『승정원일기』

『仁川府史』(仁川府廳 編, 1933)

『일성록』

『八道四都三港口日記』(統理交涉通商事務衙門)

『倭使日記』

『漢城旬報』

논문 및 단행본

김명구, 『한국 기독교사 1 - 1945년까지』(서울: 예영커뮤니케이션, 2018.)

김용구, 『세계관 충돌과 한말 외교사, 1866-1882』(서울: 문학과지성사, 2004.)

김정권, 「초기 한국교회와 신분 갈등: 홍문동교회의 사례를 중심으로」, 『한국교회
　　사학회지』, 제 11집, pp. 67-99.

김항, 「예외적 예외로서의 천황-근대일본의 헌법과 주권」, 『대동문화연구』 70
　　권 (2010).

다보하시 기요시(田保橋潔), 김종학 옮김, 『근대 일선관계의 연구』下 (서울 일조
　　각, 2016), p. 44

다보하시 기요시(田保橋潔), 김종학 옮김, 『근대 일선관계의 연구』 下 (서울: 일조
    각, 2016), pp. 49~50.

달레, 샤를르 원저, 한응열, 최석우 역주, 『한국천주교회사』 (서울: 한국교회사연
    구소, 1990), p. 135.

로크, 존, 남경태 옮김, 『시민정부』 (파주: 효형출판, 2012.)

묄렌도르프 지음, 신복룡, 김운경 역주, 『묄렌도르프 자전 (외)』 (서울: 집문당,
    1999.)

민경배, 『한국기독교회사 (개정판)』 (서울: 대한기독교출판사, 1981.)

백낙준, 『한국개신교사: 1832-1910』 (서울: 연세대학교 출판부, 2010.)

송병기 역, 『국역 윤치호 일기 1』 (서울: 연세대학교 출판부, 2001.)

신승하, 『근대중국: 개혁과 혁명-중화제국 마지막 왕조의 몰락(上) (서울: 대명출
    판사, 2015.)

알렌, 호러스, 김원모 옮김, 『알렌의 일기』 (서울: 단국대학교 출판부, 2017.)

원유한, 「당오전고」, 『역사학보』, 제35·36호 (1967), pp. 313~339.

윤치호, 『윤치호 영문 일기』

이광린, 『개화당 연구』 (서울: 일조각, 1975.)

이대근 외, 『새로운 한국경제발전사: 조선후기에서 20세기 고도성장까지』 (서울:
    나남, 2008.)

이덕주, 『스크랜턴: 어머니와 아들의 조선 선교 이야기』 (서울: 공옥출판사, 2015.)

이영훈, 『한국 경제사 I: 한국인의 역사적 전개』 (서울: 일조각, 2017.)

_____, 「대한제국기 황실재정의 기초와 성격」, 『경제사학』 제 51호, 2011년 12
    월, pp. 3-29.

이헌창, 「개항기, 식민지기 국제경제관계」, 이대근 외, 『새로운 한국경제발전사:
    조선후기에서 20세기 고도성장까지』 (서울: 나남, 2008), pp. 141-164.

조영준, 「19세기 왕실재정의 위기상황과 전가실태: 수진궁 재정의 사례분석」, 『경
    제사학』 제 44호, pp. 47-80.

조영헌, 『대운하와 중국 상인: 회-양 지역 휘주 상인 성장사, 1415-1784』 (서울:
    민음사, 2014.)

『주한미국공사관·영사관기록: 1882-1905, 7, 1894-1897』, 한림대학교 아시아
    문화연구소.

진단학회, 『한국사 최근세 편』, (서울: 을유문화사, 1950.)

토크빌, 알렉시스 드, 이용재 역, 『미국의 민주주의』 (서울: 아카넷, 2018.)

하원호, 『한국근대 경제사연구』 (서울: 신서원, 1997년.)

함재봉, 『한국 사람 만들기 I (개정판)』(경기도: H 프레스, 2020.)

_____, 『한국 사람 만들기 II』(서울: 아산서원, 2017.)

한국관세연구소, 『韓國關稅史』 (서울: 한국관세연구소, 1985.)

한우근, 『한국개항기의 상업연구』 (서울: 일조각, 1985.)

형진의, 임경화 편역, 『일본 신민족주의 전환기에 〈「국체의 본의」를 읽다』 (서울: 어문학사, 2017.)

황현, 이장희 옮김, 『매천야록, 上』 (서울: 명문당, 2008.)

후쿠자와 유키치, 「사설(속칭 「탈아론」)」, 『시사신보』, 1885(메이지18)년 3월 16 일자.

Aberth, John, *From the Brink of the Apocalypse: Confronting Famine, War, Palague and Death in the Later Middle Ages* (London and New York: Routledge, 2010.)

Baird, William M. Baird, 「Notes on a Trip into Northern Korea,」 The Independent, May, 1897.

Beasley, W. G., *The Rise of Modern Japan, Second Edition* (New York: St. Martin's Press, 1995.)

Bellah, Robert N., 「Civil Religion in America,」 Daedalus, Winter 1967, Vol. 96, No. 1, pp. 1-21.

Bercovitch, Sacvan, *The American Jeremiad* (Madison: University of Wisconsin Press, 2012.)

Bishop, Isabella Bird, *Korea and Her Neighbors: A Narrative Travel, with an Account of the Recent Vicissitudes and Present Position of the Country* (Seoul: Yonsei University Press, 1970.)

Bremer, Francis, *John Winthrop: America's Forgotten Founder* (New York: Oxford University Press, 2003,)

Buck, James H., 「Civilian Control of the Military in Japan」, Claude E. Welch ed., *Civilian Control of the Military: Theory and Cases from Developing Countries* (New York: SUNY Press, 1976,) pp. 149~186.

Buckimgham, B. H., George C Foulk and Walter McLean. *Observations upon the Korean coast, Japanese-Korean ports and Siberia, made during a Journey from the Asiatic Station to the United States through Siberia and Europe, June 3 to September 8, 1882* (Washington, 1883)

Calvin, John, *The Institutes of the Christian Religion* (Edinburgh: Hendrickson Publishers, Inc., 2007.)

Cambridge History of China, Vol. 10, Late Ch'ing, 1800-1911, Part I, Fairbank, John King, ed. (Cambridge: Cambridge University Press, 1978.)

Cambridge History of Japan, Vol. 5: The Nineteenth Century, Jansen, Marius B., ed. (Cambridge: Cambridge University Press, 1989.)

Ch'en, Jerome, *Yuan Shi-k'ai,* 2nd ed. (Stanford: Stanford University Press, 1972.)

Chaille-Long, Colonel, *My Life in Four Continents,* Vol 2. (London: Hutchinson and Co. Paternoster Row, 1912.)

Chandra, Vipan, *Imperialism, Resistance, and Reform in Late Nineteenth-Century Korea: Enlightenment and the Independence Club* (Berkeley and Los Angeles: Institute of East Asian Studies, University of California, 1988.)

Chang, Jung, *Empress Dowager Cixi: The Concubine Who Launched Modern China* (New York: Anchor Books, 2013.)

Chien, Frederick Foo, *The Opening of Korea: A Study of Chinese Diplomacy, 1876-1885* (Hamden, CT: The Shoe String Press, 1967.)

Clark, Chalres Allen, *The Korean Church and the Nevius Methods* (New York: Fleming H. Revell Company, 1930.)

Conroy, Hilary, *The Japanese Seizure of Korea: 1868-1910: A Study of Realism and Idealism in International Relations* (Philadelphia: University of Pennsylvania Press, 1960.)

Cook, Harold F., *Korea's 1884 Incident* (Seoul: Taewon Publishing Company, 1972).

Curzon, George N., *Problems of the Far East: Japan - Korea - China* (London: Longmans, Green, and Co., 1894.)

Dennett, Tyler, *Americans in Eastern Asia: A Critical Study of the Policy o the United States with Reference to China, Japan and Korea in the 19th Century* (New York: Barnes & Noble, 1941.)

Deuchler, Martina, *Confucian Gentlemen and Barbarian Envoys: The Opening of Korea, 1876-1885* (Seattle and London: University of Washington Press, 1977.)

Duffy, Eamon, *Fires of Faith: Catholic England Under Mary Tudor* (New Haven, CT: Yale University Press, 2009.)

Duus, Peter, *The Abacus and the Sword: The Japanese Penetration of Korea, 1895-1910* (Berkeley: University of California Press, 1998.)

Edwards, Jonathan, 「Images or Shadows of Divine Things,」 ed., Perry Miller (New Haven: Yale Univ. Press, 1948.)

Ewha Archives, *The Story of Ewha, from History to Future* (Seoul: Ewha University Press, 2013), 19. http://lib.ewha.ac.kr/search/detail/CATTOT000001533403?mainLink=/search/tot&briefLink=/search/tot/result?folder_id=null_A_q=The+Story+of+Ewha%2C+-from+History+to+Future+_A_st=KWRD_A_si=TOTAL

Fairbank, John King, *The United States & China, Fourth Edition* (Cambridge, MA: Harvard University Press, 1980.)

Fenby, Jonathan, *Modern China: The Fall and Rise of a Great Power, 1850 to the Present* (New York: Harper Collins, 2008.)

George M. McCune & John A. Harrison, eds., *Korean-American Relations: Documents Pertaining to the Far Eastern Diplomacy of the United States, Vol. I: The Initial Period, 1883-1886* (Berkeley and Los Angeles: University of California Press, 1951.)

Gifford, Daniel L., *Every-Day Life in Korea: A Collection of Studies and Stories* (Chicago, New York, Toronto: Fleming H. Revell Company, 1898.)

Giles, Milton, *Nathaniel's Nutmeg or, The True and Incredible Adven-*

tures of the Spice Trade Who Changed the Course of History (New York: Penguin Books, 1999.)

Glahn, Richard von, *The Economic History of China: From Antiquity to the Nineteenth Century* (Cambridge: Cambridge University Press, 2016.)

Gordon, Bruce, *Calvin* (New Haven: Yale University Press, 2009,) e-book.

Gorski, Philip, *American Covenant: A History of Civil Religion from the Puritans to the Present* (Princeton & Oxford: Princeton University Press, 2017.)

_____, *The Disciplinary Revolution: Calvinism and the Rise of the State in Early Modern Europe* (Chicago: University of Chicago Press, 2003.)

Griffis, William Elliot, *A Modern Pioneer in Korea; the Life Story of Henry G. Appenzeller* (New York: Fleming H. Revell Company, 1912.)

Fred Harvey Harrington, *God, Mammon, and the Japanese: Dr. Horace N. Allen and Korean-American relations, 1884-1905* (Madison, Wisconsin: University of Wisconsin Press, 1944.)

Hawley, Samuel, ed., *America's Man in Korea: The Private Letters of George C. Foulk, 1884-1887* (Lanham, MD: Lexington Books, 2008.)

Herman, Arthur, *How the Scots Invented the Modern World: The True Story of How Western Europe's Poorest Nation Created Our World and Everything in It* (New York: Broadway Books, 2001.)

Hourly History, *English Civil War: A History from Beginning to End* (2016.) https://www.amazon.com/dp/B01M70PHTW/ref=docs-os-doi_

_____, *The Dutch East India Company: A History from Beginning to End* (2017) https://www.a mazon.com/s?k=hourly+history+the+dutch&ref=nb_sb_noss

Hsu, Immanuel, *The Rise of Modern China* (Oxford: Oxford University Press, 2000.)

Huang, Ray, *Taxation and Governmental Finance in Sixteenth-Century Ming China* (Cambridge: Cambridge University Press, 1974.)

Hulbert, Homer B., *The Passing of Korea,* (Seoul: Yonsei University Press, 1969.)

Hunt Jr., Everett N., *Protestant Pioneers in Korea,* American Society of Missiology Series, no. 1 (Maryknoll: Orbis Books, 1980.)

Ishii Ryosuke, *Japanese Legislation in Meiji Era* (Tokyo: Pan-Pacific Press, 1958.)

Ito Hirobumi, 'Some Reminiscences of the Grant of the New Constitution', Okuma Shigenobu, ed., Marcus B. Huish, trans., *Fifty Years of New Japan, Vol. I* (London: Smith, Elder, & Co., 1909) p. 127.

Jansen, Marius B., 「Oi Kentaro: Radicalism and Chauvinism,」 *The Far Eastern Quarterly,* Vol. 11, No. 3 (May, 1952), pp. 305-316.

_____, *The Making of Modern Japan* (Cambridge, MA: Belknap Press 2002.)

_____, *The Japanese and Sun Yat-sen* (Stanford: Stanford University Press, 1970.)

Stephen J. Lawson, *John Knox: Fearless Faith* (Christian Focus Publications, 2014) e-book.

Jones, George Heber, 「The Status of Woman in Korea,」 *The Korean Repository, Vol. 3,* June 1896, pp 223-229.

Keene, Donald, *Emperor of Japan: Meiji and His World, 1852-1912* (New York: Columbia University Press, 2002.)

Kidd, Thomas S., *God of Liberty: A Religious History of the American Revolution* (New York: Basic Books, 2010.)

Kim, Chan-Hie. 「Robert Samuel Maclay (1824-1907): the pioneer of the American Protestant mission in Korea.」 *Methodist History,* vol. 39, no. 3, 2001.

Knox, John, *The History of the Reformation of Religion within the Realm of Scotland* (898, repr.; Edinburgh: Banner of Truth, 2010.)

The Korean Repository

Ladurie, Emmanuel Le Roy, *The French Peasantry 1450-1660.* Translated by Alan Sheridan. (Berkeley and Los Angeles: University of California Press, 1987.)

Larson, Kirk W., *Tradition, Treaties, and Trade: Qing Imperialism and Choson Korea, 1850-1910* (Harvard University Asia Center, Cambridge, MA: Harvard University Press, 2008.)

Lee Yur-Bok, 「Establishment of a Korean Legation in the United States, 1887-1890: A Study of Conflict Between Confucian World Order and Modern International Relations」 (University of Illinois, Center for Asian Studies, 1983.)

Lensen, George Alexander, *Balance of Intrigue: International Rivalry in Korea & Manchuria, 1884-1899* (Tallahassee, FL: University Presses of Florida, 1982.)

Levenson, Joseph R., *Confucian China and Its Modern Fate: A Trilogy* (Berkeley and Los Angeles: University of California Press, 1958, 1964, 1965.)

Lew, Young Ick, 「The Kabo Reform Movement: Korean and Japanese Reform Efforts in Korea, 1894,」 Ph.D. Thesis, Harvard University, April 1972.

Liu Kwang-Ching, 「The Beginnings of China's Modernization,」 Samuel C. Chu & Kwang-Ching Liu, eds., *Li Hung-chang and China's Early Modernization* (Abindgon: Routledge, 2015.)

Loades, David M., *Mary Tudor: A Life* (Oxford: Basil Blackwell, 1989.)

MacCulloch, Diarmaid, *The Reformation* (New York: Penguin Books, 2005.)

Mack, Peter, *A History of Renaissance Rhetoric* (Oxford: Oxford University Press, 2011.)

McLaren, W. W. eds., 「The Newspaper Press Law (Notification No. 111 , June 28, 1875)」, Japanese Government Documents (Tokyo, Japan: Asiatic Society of Japan, 1914), pp. 539-543,

_____, 「Imperial Rescript Addressed to the New Nobility (July 6, 1884)」, *Japanese Government Documents* (Tokyo, Japan: Asiatic Society of Japan, 1914.)

_____, 「Peace Preservation Regulations (Hoan-Jorei) (Imp. Rescript, Dec. 25, 1887)」, *Japanese Government Documents* (Tokyo, Japan: Asiatic Society of Japan, 1914,) pp. 502-504.

_____, 「The Rehabilitation of the Nobility (Notification Of the Imp. Household Department, July 6, 1884)」, *Japanese Government Documents* (Tokyo, Japan: Asiatic Society of Japan, 1914.)

Methodist Episcopal Church, *Annual report of the Missionary Society of the Methodist Episcopal Church* (New York: Missionary Society of the Methodist Episcopal Church, 1884), p. 204.

Moore, Samuel., 「The Butchers of Korea,」 F. Ohlinger, H.G. Appenzeller, George Heber Jones, eds., *The Korean Repository, Vol. 5,* pp. 127-132, p. 131.

Morison, Samuel Eliot, *Builders of the Bay Colony. Boston:* Northeastern University Press, 1981)

Morse, Hosea Ballou, *The International Relations of The Chinese Empire, Vol.Ⅲ The Period of Subjection 1894-1911* (New York: Paragon Book Gallery, 1910.)

Murray, Bruce T., *Religious Liberty in America: The First Amendment in Historical and Contemporary Perspective* (Amherst: University of Massachusetts Press and Foundation for American Communications, 2008.)

The New York Times, 「Visitors From The Hermit Nation,」 September 14, 1883.

Noble, Harold J., 「The Korean Mission to the United States in 1883: The First Embassy Sent by Korea to an Occidental Nation,」 *Transactions of the Royal Asiatic Society Korea Branch,* Vol. XIII, 1929, pp. 1-21.

Noll, Mark A., *The Old Religion in a New World: The History of North American Christianity* (Grand Rapids, Michigan: Wm. B. Erdmans Publishing Co., 2002.)

Notable American Women: the Modern Period: A Biographical Dictio-

nary: Google books, p. 300.

Paik, Lak-Geoon George, *The History of Protestant Missions in Korea, 1832-1910* (Seoul: Yonsei University Press, 1980.)

Paine, S.C.M., 「Chinese Diplomacy in Disarray: The Treaty of Livadia,」 *Imperial Rivals: China, Russia, and Their Disputed Frontier.* (New York: M.E. Sharpe, 1996,) pp. 133–145.

Park Chung-shin, *Protestantism and Politics in Korea* (Seattle and London: University of Washington Press, 2003.)

Quinones, C. Kenneth, The Impact of Kabo Reforms upon Political Allocation in Late Yi Korea, 1884-1902, *Occasional Papers on Korea* (Seattle), no. 4, September 1975.

Reynolds, W. D., 「The Contribution of the Bible Societies to the Christianization of Korea,」 *The Korea Mission Field,* Vol. 12, No. 5 (May 1916.)

Rhodes, Harry A., ed., *History of the Korea Mission, Presbyterian Church, U.S.A.: 1884-1934* (Seoul: Chosen Mission Presbyterian Church, U.S.A., 1934)

Rothweiler, L. C., 「What Shall We Teach in Our Girls' Schools?」, F. Ohlinger, Appenzeller, H.G., George Heber Jones, *The Korean Repository, Vol. 1,* March 1892, p. 93.

Rowe, William T., *China's Last Empire: The Great Qing* (Cambridge, MA: The Belknap Press of Harvard University Press, 2009.)

Rozman, Gilbert, 「Castle Towns in Transition,」 Marius B. Jansen and Gilbert Rozman, eds., *Japan in Transition From Tokugawa to Meiji* (Princeton, NJ: Princeton University Press, 1986,) pp. 318-346.

Schiller, Friedrich, *The History of the Revolt of the United Netherlands Against Spanish Rule* (1788), 「Introduction.」

Schwartz, Benjamin, *In Search of Wealth and Power: Yen Fu and the West* (Cambridge, MA: Belknap Press of Harvard University Press, 1964,)

Scott, Jonathan, *How the Old World Ended: Anglo-Dutch-American Rev-*

olution, 1500-1800 (New Haven and London: Yale University Press, 2019,) p. 28.

Scranton, William B., 「Korea,」 Christian Advocate, January 26, 1888.

Shim Gunshik, 「Methodist Medical Mission in Korea,」 *Methodist History*, 46:1 (October 2007), pp. 34-46.

Siniawer, Eiko Maruko, *Ruffians, Yakuza, Nationalists: The Violent Politics of Modern Japan, 1860-1960* (Ithaca: Cornell University Press, 2008.)

Southerton, Donald B., *Intrepid Americans, Bold Koreans: Early Korean Trade, Concessions, and Entrepreneurship* (iUniverse, 2005.)

Spence, Jonathan D., *To Change China: Western Advisers in China* (New York: Penguin Books, 1980.)

_____, *The Search for Modern China* (New York: W.W. Norton & Co., 1990.)

Stanford, Reid, W., *Trumpeter of God* (New York: Charles Scribner's Sons, 1974.)

Stephanson, Anders, *Manifest Destiny: American Expansion and the Empire of Right* (New York: Hill and Wang, 1995.)

Teng Ssu-yü and John K. Fairbank, *China's Response to the West: a Documentary Survey, 1839-1923* (Cambridge: Harvard University Press, 1954.)

Todorov, Tvetan, *The Conquest of America: The Question of the the Other* (New York: Harper & Row, 1982.)

Tsiang, T. F., 「Sino-Japanese Diplomatic Relations, 1870-1894,」 *Chinese Social and Political Science Review 17* (1933), pp. 1-106.

Underwood, Horace H., *Modern Education in Korea* (New York: International Press, 1926.)

Underwood, Lilias H., *Fifteen Years Among the Top-Knots, or Life In Korea* (Seoul: Kyung-In Publishing Co, 1977.)

Walzer, Michael, *The Revolution of the Saints: A Study in the Origins of Radical Politics* (New York: Atheneum, 1969.)

Warshawsky, Marilyn Southard, *John Franklin Goucher: Citizen Of The World,* (CreateSpace Independent Publishing Platform, 2016.)

Woo, Philip M., 「The Historical Development of Korean Tariff and Customs Administration, 1875-1958,」 Ph.D. diss., New York University, 1963.

Wright, Mary C., *The Last Stand of Chinese Conservatism: The T'ung-Chih Restoration, 1862-1874* (New York: Atheneum, 1966.)

중국어 자료

郭强 編, 『清季外交史料全書』 第6卷 (北京: 學苑出版社, 1999.)

郭廷以·李毓澍 主編, 『清季中日韓關係史料』 第4卷, (臺北: 中央研究院近代史研究所, 1972.)

劉廣京, 「衛源之哲學與經世思想」, 『近世中國經世思想研討會論文集』 (台北: 中央研究院近代史研究所, 1984.)

呂實强, 『丁日昌與自强運動』, (臺北: 中央研究院 近代史研究所, 民國61(1972).)

吳汝綸 編, 『李文忠公(鴻章)全集』, 朋僚函稿 卷1-20 (台北; 文海出版社, 1980.)

王爾敏, 『晚清 政治思想史論』, (臺北: 華世出版社, 民國58 (1969).)

魏源, 『魏源集』 (北京: 中華書局, 1976.)

蔣廷黻, 『近代中國外交史資料輯要. 上』 (臺北: 臺灣商務印書館, 1972.)

籌辦夷務始末, 『同治朝』, (臺北: 國風出版社, 1963.)

일본어 자료

『官報. 1884年07月08日』 (大蔵省印刷局, 1884.)

ゆまに書房, 『伊藤博文文書』 第十一卷 祕密書類 朝鮮交涉三.

桂太郎·川上操六·川崎祐名, 「大山陸軍卿宛意見書」 (明治18年12月).

官制改定ノ詔(内閣改制ノ詔)(明治18年12月23日). 『公文類聚·第九編·明治十八年·第一卷』.

大久保利通,『明治六年大久保参議起草政體ニ関スル意見書』, 明治6年〔11月〕

大隈重信,「立憲政體ニ關関スル建議」(明治十四年三月).

大日本帝國憲法 (憲法發布勅語) (明治22年2月11日)

徳富猪一郎 編,「陸軍省官制の改革と行政機關の整理」,『公爵桂太郎傳 (乾巻) 』,
　　　故桂公爵記念事業会(1917).

「明治18年太政官達第69号」,『官報 (號外, 1885年12月22日)』 (太政官文書局,
　　　1885), pp.1~2.

「民撰議院設立建白書 (明治7年 1月 17日)」,『古沢滋関係文書13』, 国立国会図書
　　　館.

『法令全書 (第五巻ノ一) 』 (内閣官報局編、原書房、昭和49年10月15日発行)

「保安条例(明治20年勅令第67号)」,『官報 (號外, 1887年12月25日)』(内閣官報局,
　　　1887).

福沢諭吉,「社説 (脱亜論) 」,『時事新報』、1885 (明治18) 年 3月 16日.

山縣陸軍大輔,「論主一賦兵」(明治 5年)

山県有朋,「立憲政禮ニ関スル建議」 (明治12年12月).

山縣参謀本部長,「進鄰邦兵備略表」(上奏) (明治13年11月30日)

山縣總理大臣,「外交政略論」(明治23年3月)

杉村濬,「對韓意見書」, 伊藤博文 編, 金子堅太郎 等 校訂,『祕書類纂; 朝鮮交渉資料』
　　　下巻, (東京; 祕書類纂刊行会, 1936).

石川 諒一「自由黨大阪事件」『自由黨大阪事件出版局』(1933).

小学校教員心得 (明治14年6月18日文部省達第十九号).

松方正義,「日本銀行創立旨制ノ説明」(明治15年 3月),

「新聞紙条例(明治8年太政官布告第111号)」,『太政官布告. 明治8年 第101-207
　　　号』(太政官, 1877).

外務省 編,「二二二」,『日本外交文書 (第28巻)』, (日本國際連合協會, 1954),

元山毎日新聞社,『東朝鮮』(元山: 元山毎日新聞社, 1910)

元田永孚,「教学聖旨大旨」(明治12年) 内示,『教育勅語渙発関係資料集 第一巻』
　　　、(国民精神文化研究所、1938年3月).

伊藤博文,「帝国憲法制定の由来」, 大隈重信 編,『開国五十年史』上巻 (開国五十年
　　　史発行所, 1907~1908).

伊藤博文,「華族令 (明治十七年宮内省達無号)」,『官報. 1884年07月07日』(大蔵省

印刷局, 1884)

伊藤博文,「立憲政體ニ關スル建議」(明治13年12月)

伊藤博文, 春畝公追頌會 編、「公の條約改正に關する建議」(明治4年辛未2月28日),
　　　『伊藤博文傳』(春畝公追頌會,1940).

「朝鮮変事内謨」(明治28年2月27日)『元老院日誌 第4巻』(三一書房, 大日方純夫、我
　　　部政男 編, 1982).

井上馨、「意見書（明治　20年　7月　9日）」, 井上馨侯伝記編纂会 編、『世外井上公
　　　伝（第3巻）』、(内外書籍、昭和8-9).

第一銀行八十年史編纂室,『第一銀行史』(東京: 第一銀行八十年史編纂室, 1957).

「詔勅（明治17年7月7日）」, 『官報. 1884年07月08日』(大蔵省印刷局, 1884),
　　　p.1.

『樞密院會議議事錄』1, 東京大學 出版會, 1984.

荒川紘,「水戸学の思想と教育」,『人文論集：静岡大学人文学部社会学科・言語文化
　　　学科研究報告 / 静岡大学人文学部 編』54 (1) (2003).

부록

부록 1: 「야마가타 건의서」

야마가타 아리토모(山県有朋), 「입헌정체에 관한 건의 (立憲政禮ニ閗ス
ル建議)」

신(臣) 아리토모(有朋) 삼가 생각건대, 대명(大命)의 유신으로부터 지금에
이르기까지 이미 12년이 되었으니, 그 동안 조정의 개혁[更革]과 세풍(世風)
의 변화가 한둘이 아닙니다. 조강(朝綱)의 성대[恢張]함은 이미 멀고 연희(延
喜)의 성대(聖代)함을 앞질렀으니, 성덕(聖德)의 융성[隆邵]함은 떨쳐내고
고진(高津)의 은혜[仁澤]에 견줄 수 있을 것입니다. 정무 상 시행[施設]한 바
모두 세무(世務)에 반드시 해야 할 것이 아닌 바 없으니, 증기, 선차(船車),
우편, 전신, 대·소학교의 설치, 지조세법의 개정, 징병의 전령(典令), 형법
및 여러 법률[諸律]의 수정, 권업(勸業)·권농(勸農)의 방법, 화폐[錢幣]의 정
비[定則], 도량형[量衡]의 확정[正表], 상업[商行]을 열고, 결사(結社)의 업을
성대히 한 것은 무릇 농본(農本)을 두텁게 하고 공업을 근면히 하며 상업[商
賈]을 장려하고 국가를 부유하게 하는 것으로, 근본[本]을 두텁게 하는 방략
(方略)에 다하지 않은 바 없으며, 더불어 육해군을 확장[皇張]하여 안으로 누
르고 밖을 방어하는 방책 역시 다하지 않은 바 없는 것입니다.

서구의 여러 나라가 스스로 문명이라고 과칭(誇稱)하나, 그 큰 조목[大節
目]에 있어 역시 그들도 이와 같은 정도에 지나지 않습니다. 단지 우리나라
는 연소상천(年所尚淺)에 불과하여, 아직 성숙[情熟]에 이르지 못하였을 뿐
이니, 정부의 시행[施設], 계획[區畵] 배치[布置]하는 바는 그들과 마찬가지
인 것입니다. 그런데 삼가 그 민심을 살피면, 오히려 그와 다른 결과에 이
르렀으니, 그 연유가 무엇이겠습니까? 지금 민심의 향방[歸向]을 살피면 정

부를 봉대(奉戴)하지 않고, 정령(政令)에 감복(甘服)하지 않으며, 자칫하면 의심[猜疑]을 품는 지경입니다. 위에서 다스리는 바는 그와 같은 연유이나, 아래에 드러내는 바, 그 결과는 이와 같은 것은 본디 무엇 때문이겠습니까? 조정(朝廷)에서 시행[施設], 계획[區畵] 배치[布置]하는 바는 모두 이로서 민생을 부후안악(富厚安樂)하게 하려는 것에 다름 없으며, 전례 없이 한 점의 사의(私意)나 그 백성을 방해하는 바 없으나, 그럼에도 불구하고 민심이 감사[感戴]하지 않고 오히려 흩어지는[睽離] 기색을 보이니, 의심[猜疑]을 그치지 않는 바, 일반적인[尋常] 도리로 이해[理會]할 수 없는 것이라면, 지금 파악하여 심히 그 연유를 추궁하지 않을 수 없는 것입니다.

대저 유신의 업이 크고 성대하다 하나, 점진을 따르지 않고서야 그 완성을 이룰 수 있겠습니까? 점진을 따르지 않는다면 하룻밤[日暮]에 도(道)에서 멀어질 우려가 없을 수 없는 것입니다. 간간히 급진 질주[疾驅]하고 전후 도치[錯置]하여 적절함을 잃은 바가 있으니 이것이 그 첫 번째이며, 유신의 성업에 따라 구염오속(舊染汚俗)을 일선(一洗)하고, 치교체명(治敎體明)의 선미 함에 순치(馴致)하였다고 하나, 일이 크게 경솔하여 외형에 그쳐 겉만 고치고 속은 고치지 못한[革面] 지경[域]에 이르러 아직 변화[豹變]의 효과[效]를 보지 못하니 이것이 그 두 번째입니다. 유신 12년 간 시행[施設]한 바, 크게 구습을 폐하고 신법[新法]으로 돌아감에 따라 그 간 행복을 얻은 자도 있으나, 또한 이로 인해 재산[産]을 잃거나, 직업[業]을 잃어, 활로를 찾지 못한 자 분명히 할 수 없으며, 또한 사족과 같이 수장[首]으로서 그 점(點) 가운데 있는 자나, 농상(農商)의 경우 예전부터[舊來] 부호라고 칭하였던 자도, 오늘날 곤궁[窮途]에 비탄하는 무리[輩]에게 비굴[指屈]하기 그지없으니, 이것이 그 세 번째입니다.

유신 이래 해외의 법제를 모방하니, 천하가 당연[翕然]히 법률로 사회를 유지해야 한다는 것을 알 것이나, 이에 따라 도덕·습관을 진정한 사회의 법도[綱紀]로 삼아야 한다는 것에 대해서는 일절 망각하게 되었습니다. 무릇 그 폐풍(弊風)이 선양하는 바, 그 해악은 한 가지로 그치지 않으니, 소년·자제가 이에 교화[觀化]되어, 안으로는 부형(父兄)을 모욕[輕侮]하고, 밖으로는 장상(長上)을 멸시하기에 이렀으니, 곧 사제 간의 경우에도 오히려 고용인[雇人]으로 스승[師]을 만나는 상황[狀]입니다. 더욱이 풍속이 야박[漓薄]해짐에 따라, 재물[財利]에 대한 경쟁하여 일고, 권리[權義]를 다투니, 어찌 아주 작은 것[錙銖]에 비하겠습니까? 더욱이 해외 자유설이 인구에 회자되어 오만자사(傲慢自肆)를 착각하여 진정[眞個]한 자유의 주의라 하며 따르니, 능히 자기 한 사람의 신체[身]를 다스려[律] 일을 간수[幹]하지 못하는 자인데, 관리에 항론하고 장상[尊長]을 능멸[凌轢]하며 스스로 득의한 기세[得色]를 가지는 것입니다. 그들이 충후측달[忠厚惻怛]하여 위를 사랑하고 사람을 궁휼히 여기는 정(情), 일소(一掃)되어 땅에서 떨어졌고, 부조투박[浮躁偸薄]한 풍속[風]이 만연[一般]하니, 역시 무엇으로 예의염치(禮義廉恥)를 논하겠습니까? 위가 명령하여 이리 된 것이 아니라고 하나, 법률로 파지(把持)하는 것의 폐단으로 점차 이러한 지경에 이르렀을 따름입니다. 서리[履霜]를 경계하지 않으면 장차 얼음[堅氷]에 으르게 되니, 이 네 가지는 어떻겠습니까? 무릇 이러한 바, 앞서 언급 바와 같이, 소위 민심의 향방[歸向]이 정부를 봉대(奉戴)하지 않고, 정령에 감복(甘服)하지 않으며, 자칫하면 의심[猜疑]을 품게 된 근원[源]에 지나지 않는 것입니다.

외형에 있어 이를 살피면 정령(政令)의 연유[因由]가 하나도 이러한 결과에 이를만한 것이 없다고 하나, 그 내실에 있어 이를 살피면, 어찌 과연 연유 없다고 할 수 있겠습니까? 그러니 그러한 자들이 연유[因由]된 바, 역시 어찌 멈출 수 있으나 멈추지 않는 바이겠습니까? 이는 모두 형세[事勢]의 필연에서 나오는 바이니, 이익과 해악이 서로 고르다는 점에 따라 하나를 거행하면 다른 하나 역시 따라 오는 것입니다. 유신의 성업은 다행히 성덕(聖德)의 홍대(洪大)함에 따라, 중간에 어려운 일[中間難事]이 없는 것에 다름 없으나, 오늘날의 태평을 지킬 수 있을 뿐, 그 정한(征韓)의 분운(紛紜)으로 내각이 거의 어그러진[離乖] 지경에 이르렀으니, 사가(佐賀)의 반란[役]이 발발하고 야마구치(山口)의 사변[變]이 일어나 마침내 메이지 10년(1877) 세이난(西南)의 대란이 되었으나, 중간 대만의 사건과 조선 강화만의 사건으로 인해 전란[兵革]을 일으킨 넷으로 하여금 움직이지 못하도록 하여 쉬게 한 것이 그 중 하나입니다. 그러한 때로 말미암아 민심의 향방[歸向]이 오직 중앙정부에 있지 않으니, 훗날 고려[後顧傍慮]해야 할 일 모두 용이[容易]하지 않은 것입니다. 다행히 성덕(聖德)이 융성하고 묘의(廟議)가 확고[確定]하니, 위력(偉力)으로 능히 성공[功]을 아뢸 수 있으나, 처음부터 태산을 움직일 수 없는 것과 같은 것이니, 어찌 능히 이를 제압(制壓)한다 말할 수 있겠습니까?

오늘날에 이르러 민심의 향방[歸向]이 정부를 봉대(奉戴)하지 않고 정령에 감복(甘服)하지 않으며 자칫하면 의심[猜疑]을 품는 것은 의연(依然)한 바로, 지난 날[舊日]과 다를 바 없으나, 곰곰이 작금의 형세를 살피건대, 안으로는 민심이 흩어지는[睽離] 상황[狀]이 보이고, 밖으로는 이웃나라와의 관계와 조약의 개정이 있으니, 지금 정사의 기축(機軸)을 공고히 하지 않을 수 없는 것입니다. 이를 행하는 법을 행정[行]·의정[議]·사법[法]의 3권(權)으로 정립(鼎立), 확장(擴張), 개혁(釐正)하는 것이 급무이니, 혹 그리하지 않으면 불시[不虞]에 변(變)이 있으리라는 우려는 다시 생각할 필요 없는 것입니다. 그 풍속[風]이 점진[漸]하는 바, 조정의 위신[朝威]이 점차 가벼워지고 윗전[在上]을 공경[敬戴]하는 마음[志念]이 점차 줄어들어, 정부는 헛되이 불평[怨讟]하는 부(府)에 지나지 않게 되었으니, 결국 신하[臣子]들이 말하기를, 참을 수 없다고 하는 일 역시 헤아릴 수 없을 지경입니다. 이것이 신(臣)이 깊이 우려하는 바이니, 기우(杞憂)이겠으나 역시 월권[越俎]이라는 말이 없을 수 없는 것입니다.

정치[政]를 행함에 있어 민심을 정부로 돌리는[歸向] 일, 반드시 신기(新奇)에서 비롯되는 바가 아니니, 그저 심상인토(尋常人土)가 항시 말하는 바를 적절히 행하는 것에 다름 아닙니다. 이는 곧 국헌을 확립하는 것뿐으로, 정부에서 또한 이에 대해 살피는 바 있으니, 메이지 9년(1876) 모월 원로원에 하문하여 헌법을 초안 하라고 한 조칙[詔]을 꼽을 수 있을 것입니다. 이는 마땅히 조만간 제정에 되어야 할 바이나, 그 일 역시 용이(容易)하지 않습니다. 헌법[國憲]은 천하제도의 대강령[綱紀]에 의거하여 확립하고, 만세에 드리워 후세 성자신손(聖子神孫)이 그 백성과 함께 이를 지키며, 움직일 수 없는 지극[元極]한 바로서, 본디 일조일석(一朝一夕)에 제정을 이룰 수 있는 것이 아닙니다. 때에 이르러 대략 그 강령을 정하고, 내각추기(內閣樞機)의 정치[政]와 여러 관(官)·성(省)의 권한 역시 이에 의존하도록 하여 그르치는 바 없도록 하면, 방략[廟謨]의 방향 역시 일정해지니, 민심이 돌릴[歸向] 수 있을 것이라 기약할 수 있을 뿐입니다.

무릇 헌법 가운데 황통일계는 감히 침범[犯瀆]할 수 없는 것임을 서술한 법전[典], 본디 논할 필요도 없는 것이지만, 오늘날에 이르러서는 이미 땅 문서[地券]를 하부하여 토지소유권을 인민에 부여함에 따라 황실이 향유하는 바 역시 한량 없지 않습니다. 향유하는 바에 이미 한량 있을 때에는 황실의 사고(私庫)와 사탕사유(私帑私有) 역시 이에 따라 별치(別置)하지 않을 수 없는 것입니다. 시세[勢]에 따라 그리 할 수밖에 없는 것이니, 역시 친왕(親王)의 녹제(祿制)의 경우에도 이에 따라 그 제도[制]를 세우지 않을 수 없는 것입니다. 법령의 조관(條款)을 반포천행(頒布踐行)하기 위해 명철(明哲)하고 의심 없는 바를 집록(集錄)하여, 이를 정부의 행정에서 이루고, 국회[議院]의 권한에 참조하며, 사법의 판결에서 보이고, 각부의 정사[庶政]에 참고하더라도, 수미상합(首尾相合)하여 좌우(左右)가 근원[源]에서 만나게 되니 저어한격(齟齬扞格)의 우려가 없는 바입니다. 이를 선포하니, 어찌 국민이 함께 이를 준수[遵守]하기에 족하지 않겠습니까? 이와 같은 것이 반드시 어려운 일[難事]은 아니니, 행정, 의정, 사법의 3권을 나누어, 오늘날 대략 그 규모를 이루었으니, 이를 한층 엄정히 하고, 그 구역을 정하여 행정권이 다른 두 권(權)을 간섭[掣肘]하는 일이 없도록 하며, 또한 이를 헌법에 명시[載] 한다면 모순되는 바가 없을 것입니다. 이와 같은 것은 일조일석 간에 능히 바로잡을[辨] 수 없는 것이나, 정성스럽게[心誠] 이를 구하기를 수년에 이르면, 점차 그 경험에 따라 지당한 지위에 도달할 수 있을 것입니다.

더욱 지난(至難)한 일은 군민양권(君民兩權)의 제정에 있으니, 유신의 서문(誓文)에 기초하여 마침내 메이지 8년(1875)에 성칙[聖詔]을 내려 점차 입헌의 정체로 순치[馴致]하였습니다. 이제[於是] 근년[比年] 지방관 회의를 열어, 올해 부현(府縣), 군구(郡區) 회(會)를 열었으니, 그 일의 순서[緖]에 따른 바로서 종래의 목적을 달성하기 위한 순서라 말할 수 있을 것입니다. 일이 이미 이에 이르게 된 이상, 일약(一躍)하여 민회(民會)라 명하는 것도 실로 그 당연하나, 소위 민회(民會)라고 하는 것은 곧 군민이 권한[權]을 분할하는 것으로, 그 지요지대(至要至大)함이 본래부터 부현회(府縣會)와 비교할 수 없는 것이며 또한 그 취지[旨趣]를 달리 하는 것입니다. 따라서 그 법전[典]을 거행하는 것은 헌법[國憲] 제정의 두뇌를 만드는 것과 같으니, 기타의 지부(支部)의 경우에는 본디 어려운 일[難事]이 아닙니다. 민회가 이처럼 지중(至重)하기 때문에, 그 설립[起立] 역시 용이[容易]할 수 없으니, 가장 진중(愼重)을 더하지 않을 수 없는 바입니다. 오늘날의 형세가, 조만간 이에 이르지 않을 수 없음은 지자(智者)를 기다리지 않고도 알 수 있는 바입니다. 신(臣) 아리토모(有朋) 간절히 생각건대, 무릇 일이 이처럼 지중지대(至重至大)하니, 형세[勢]가 어찌할 수 없는 바라고 하더라도, 추기(樞機)에 관한 것이며 어쩌면 오히려 큰 화[大禍]를 야기할 우려가 있는 일이기 때문에, 마땅히 성언(聲言)을 우선하기보다 그 실행을 우선해야 할 것입니다. 이에 은밀히 그 실(實)을 행하여 실험한 뒤, 한격저어(扞格齟齬)한 우려가 없을 때 비로소 그 명칭[名]을 고쳐 이를 성언(聲言)하더라도 역시 늦지 않은 것입니다.

따라서 지금 계획[計]을 세우니, 특선의회[特撰議會]를 여는 것이 바로 지금[方今] 전략상 얻을 수 있는 계책[策]입니다. 무릇 특선[特撰]할 때는 지혜[智]롭고 현명[賢]한 자를 선거하여 이를 선발[撰拔]해야 할 것입니다. 지금 다행히 이미 부·현회가 설립되어 있어, 그 중 뛰어난[巨擘]자는 어떤 부·현에 있더라도 볼 수 있고 알 수 있으니, 그들 중 덕식 있는 자를 발탁하여 이로서 하나의 의회를 열고, 먼저 헌법[國憲]의 조건(條件)을 의논[議]하도록 하고, 이에 겸해 천하의 입법에 관한 여러 종의 사항으로 나아가게 하여, 이를 수년 간 경험하여 시험한 뒤, 마침내 여기에 입법의 대권(大權)을 부여[寄]하기에 족하다고 한다면, 그 때에 이르러 이를 바꾸어 민회로 삼을 수 있는 것입니다. 혹은 특선의회[特撰議會]의 명칭[名]을 설치하지 않고, 부·현회 중에서 투표로 2, 3명을 선출하여 하나의 의회를 설치하는 것도 적절한 방법이 될 수 있습니다. 또한 이미 경험을 시험한 뒤에, 각찬매찬(各撰媒撰)의 법을 참오착종(參伍錯綜)하여, 세월이 지나 민회로 삼는 것 역시 가능할 것입니다. 또한 이 의회에 본디 처음부터 민회라는 명칭[名]을 부가[假]하지 않고, 그 집한해산권도 처음에는 오직 정부의 손에 있으니, 그 의결한 바 역시 반드시 시행[必行]해야 하는 것은 아니라고 정할 수 있을 것입니다.

이에 혹자가 말하기를, 이는 마치 두 번째 원로원을 설치하는 것과 같으니, 단지 관리의 녹봉[官祿]과 여러 비용[諸費]을 배(倍)로 하는 바에 불과하다 합니다. 그 말 역시 극히 일리[理] 있으나, 원로원은 황족·관리 가운데 4, 5등 이상에 이르는 인재를 기다리는 바이며, 의회는 각 부·현 의회 가운데[會中] 15세 이상의 인재를 기다리는 바라고 한다면, 역시 모두 동체(同體)라고 할 수 없는 것입니다. 조정(朝廷)이 정성스럽게[心誠] 이를 추구하여 장래 결국 민회로 변화시키려 하는 목적이 어찌 그러한 바이겠습니까? 혹은 말하기를 그처럼 권한을 협소(狹小)하게 하면, 의회는 단지 정부관리의 뜻에 종속[謏從]되어 아무런 이익도 없는 것이나 마찬가지라고 합니다. 그 역시 그렇지 않으니, 왜냐하면, 서구 각국의 인민은 정부에 의견을 표명할 권리[權]가 있다고 하나, 우리나라가 지금 급히 서구 각국과 비교했을 때, 이로 인해 야기될 우려가 하나에 그치기를 바랄 수 없는 것입니다. 그러니 단지 이를 통해 단서를 열 수 있는 일이라면, 어찌 일에 이익이 없다고 하며 이를 간엽(幹葉)해야 할 뿐이겠습니까? 세상[世]에 또한 혹자는 이것이 권모(權謀)에 나와 정경(正經)에 어긋난다고 말하는 바 있을 것입니다. 그러나 본디 정략은 일을 진중히 하려는 성의(誠意)에서 나온 것입니다. 무릇 천하의 일을 정경(正經)만으로 하여, 이해(利害)를 바라지 않는 자 있겠습니까? 일이 진실로 이익[利]을 얻으면, 그것이 곧 정경(正經)인 것입니다.

의회를 장래 민회를 일으키기 위한 확고[確乎]한 기반으로 삼는 것이 대의(大意)이니, 그 절목(節目)과 같은 것은 본디 구체적일 필요가 없습니다. 이러한 방략에 따라 민회가 점차 성립하게 되고, 헌법도 이에 따라 확립되기에 이르면, 앞서 언급한 바와 같은, 민심이 정부를 봉대(奉戴)하지 않고, 정령에 감복(甘服)하지 않으며, 자칫하면 의심[猜疑]을 품는다는 세 가지 우환[三患]이 실로 치료[醫癒]될 것이니, 다시금 변동이 있어도 민심을 고려할 걱정이 없을 것입니다. 이는 신(臣) 구구한 마음에 근심[杞憂]이 지극[至]하여 견딜 수 없어, 한 번 폐하를 위해 말씀 드리기를 바란 것입니다.

본디 신이 상술[纏述]한 연유[所以]는 오직 정략(政略)의 활동을 통해 기회(機會)를 운전(運轉)하고, 실제 적절하게 이를 시행하기를 바라기 때문입니다. 그러나 애석[咄嗟]하게도 능히 이를 바로잡지[辨] 못한다면, 이를 위해 약간의 시일을 부여하지 않을 수 없을 것입니다. 이를 요약하면, 선후완급(先後緩急)에 있으니, 오직 성칙[聖詔]의 취지[趣意]를 관철하여, 이로서 민심을 수렴[收攬]하고, 정략의 순서를 얻기를 바라는 것에 다름 아닌 것입니다. 그러니 여타의 좋은 방법[良法]이 있어서 이로서 민심을 만족[饜足]시킬 수 있는 수단[術]이 생긴다면, 신(臣) 역시 무슨 말을 하겠습니까? 신(臣)이 폐하를 위해 계획[謀]한 바 역시 전문(前文)의 외경(外更)에 염려할 일 없는 것입니다. 이것이 신(臣)이 숨기기[忌諱]를 바라지 않고, 극언(極言)하는 연유[所以]입니다. 신 아리토모 삼가 아뢰옵니다.

메이지 12년(1879) 12월
육군중장 겸 참의(參議) 야마가타 아리토모(山縣有朋)

부록 2: 「이토 건의서」

이토 히로부미(伊藤博文), 「입헌정체에 관한 건의 (立憲政體ニ關スル建議)」

신(臣) 히로부미 황공하옵게도 실로 중직을 맡아, 깊이 시대의 어려움[時難]을 고려하여 가만히 생각컨대, 작금의 일, 실로 전례 없는[曠古] 세운(世運)이 일어, 풍조(風潮)의 형세[勢]에 이르고 변혁의 계기[機]에 임하게 되었습니다. 이에 따라 신진경조(新進輕躁)한 설(說)이 뒤따를 수밖에 없으며, 종래의 구습 또한 일관[一概]되게 준수하기 어려우니, 계기[機]를 맞아 변화[變]를 통제[制]하고 보호[調護]하는 방법이 있을 것입니다. 마땅한 조치[措置宜]를 이루어 점차 나아가는 바가 있지 않다면, 만세구안(萬世久安)의 기초[基] 장차 무엇으로 희망할 수 있겠습니까? 대저, 이제 중흥의 업이 겨우 그 완성을 고하려 하나, 작금의 일[時事], 돌연 위기가 닥쳐오는 것과 같으니, 이로 인해 무사히 안주할 수만은 없는 것입니다. 신이 청컨대 먼저 그 원인된 바를 논하고, 연후에 마땅한 처치에 대해 이르려고 합니다.

제1. 유신의 정치[政]는 옛 것을 고치고 새 것을 펼치는 것이니, 그 큰 것을 폐번치현(廢藩置縣)으로 꼽습니다. 폐번의 거행[擧]은 실로 부득이한 것이나, 병제(兵制)에 변화[變]가 일어나 번국(藩國)의 사족이 이에 따라 녹(祿)을 잃고 재산[産]을 잃었으니, 그러한 자가 전국에 기 10만에 이릅니다. 이들은 모두 새로운 정치[新政]을 기뻐할 수 없는 자들로서, 자칫하면 구습을 그리워하며 불평을 토로하고, 불길함[不祥]을 호소하기에 급급하니 이를 면할 길 없습니다. 그 중 극단적인 자들은 일변하여 급격한 논설[論]을 주창하며 정부에 저항하고, 세상의 변화[世變]를 성급[激成]히 하여, 이로써 스스로 만족하기에 이른 후에야 그치려 합니다. 이는 형세[勢]에 따른 바로, 오직 사족이 무가[武門]의 세상[世]에서 실로 평민의 위에 서, 일찍이 녹봉[常祿]을 받고, 항시 재산을 가졌으며, 교육을 받아, 국사를 스스로 임하는 것을 습관[習]처럼 하였으니, 오늘날에 이르러서도 역시 정담(政淡)을 즐기며 좇으며 기절의론(氣節議論)하는 사족[士]이 대개 그들 중에서 나오는 것입니다. 시세[勢]의 상류에 머물며, 서민은 오로지 그 어루만질 것으로만 보니, 이를 사람 몸에 비유하자면, 사족은 역시 근골(筋骨)과 같고, 평민은 역시 피육(皮肉)과 같아, 근골의 움직이는 바를 피육이 따르는 것과 같습니다. 대저 사족들 [士類]의 원망[怨氣]이 단결(團結)할 경우, 이로서 조야(朝野)를 가로막고[阻隔] 왕화(王化)를 옹색하게 하기에 충분할 것입니다. 오늘날 사족의 향배는 이미 왕실에 순순하지 않으니, 이에 천하의 위기[禍機] 왕왕 그 안에 내재되어 있다 하겠습니다.

　제2. 한 지역[一鄕]의 인심은 통제[制]할 수 있으나, 일국의 물정(物情)은 다스리기[治] 어려우며, 일국의 형세는 도울 수 있으나, 세계[宇內]의 기풍[風氣]은 되돌리기 어려우니, 오늘날[現今] 세상의 변화[世變]는 세계[宇內] 대세가 변천[推致]하는 바로서, 한 나라 혹은 한 주(州)의 사단(事端)이 아닙니다. 지금으로부터 100년, 유럽(欧洲)에서 변혁의 설(說)이 처음 프랑스[佛朗西]에서 일어난 이후, 점차 각지[各側]로 전파[浸淫]되어, 서로 돕고 서로 뒷받침하여 세월이 지나 대세를 이룬 것으로, 무릇 정치가 있는[有政] 나라는 빠르건 늦건 그 변화[變]를 피할 수 없는 일입니다. 이처럼 옛 것을 바꾸고 새 것으로 나아감에 있어, 격심하여 난(亂)에 이르는 경우도 있으니, 난(亂)이 지금까지 전전(輾轉)하여 아직 그치지 않는 것도 있습니다. 명군현상(明君賢相)이 그 계기[機]에 앞서 그 변화[變]를 제어[制]하고, 일보(一輔)하여 나라를 굳건히 하는 경우도 있습니다. 이를 요약하면, 모두 전재(專裁)의 풍습[風]을 버리고, 인민과 정치 권력[權]을 나누지 않을 수 없다는 것입니다. 지금 유럽[欧洲]의 문물이 빠르게[駸駸] 우리나라에 들어왔으며, 이에 정체(政體)에 대한 새로운 설[新說] 역시 사족들 사이에 이루어지고 있습니다. 수년 사이 도시와 시골[都鄙]에 만연(漫延)하여 급히 방어[防遏]할 수밖에 없으나, 간사한 무리[間徒]가 어지러운 말[紛言]을 하여 사람들이 듣고 일어나고, 경조망작(輕躁妄作)하여 윗사람의 뜻[上意]을 알지 못하며, 병 없음에 신음[呻吟]하여 광폭인(狂暴人)을 혹하는 경우도 있습니다. 이에 그 유래한 바를 통찰[通觀]하건대, 이 또한 모두 천하[寰宇]에서 일어난 기풍[風氣]의 영향을 받은 것으로, 예컨대 비를 맞아 풀이 자라는 것과 같으니 심히 괴이하다 할 것은 아닙니다.

이상 2개의 원인은 모두 천보시운(天步時運)이 일으키는 일로서, 전혀 인간[人事]이 행한 바가 아닌 것입니다. 오늘날 정부의 임무[任]는 실로 알선조호(斡旋調護)하여 시세[勢]에 순응하고 계기[機]에 편승하는 것으로, 이를 제어[制]함도 격해지지 않고 이를 따름도 느려지지 않도록 하여, 진보가 순서[序]를 좇아 완급을 적당히 하니, 세월을 누적[積累]하여 표준(標準)에 적응[馴致]하는 것에 있습니다. 어찌 공모(共謀)를 삼가야 할 뿐이겠습니까?

원로원을 경장(更張)하여 원로의관(元老議官)을 화족 중에 뽑을 것을 청구하는 일

신(臣)이 간절히 아뢰옵건대, 국회는 아직 급히 일으킬 수 없는 것입니다. 신(臣) 등은 맹세컨대, 추호[一毫]도 권력[權]을 탐하거나 직위[位]를 굳건히 하려는 마음[念]을 흉중[胸中]에 품은 적 없습니다. 오직 국회(國會)를 일으켜 군민공치(君民共治)의 대국(大局)을 성취함은 심히 바랄만한 일이라 하겠습니다만, 이는 국체의 변경에 관계된 실로 전례없는[曠古] 큰 일로서, 결코 급조하여 이룰 수 있는 일이 아닙니다. 이에 지금 먼저 기초[基址]를 단단히 하고, 다음으로 주춧돌[柱礎]을 구축하여, 끝으로 집과 지붕[屋茨]을 세우는 것처럼, 거행의 순서[次序]에는 무릇 완급이 있습니다. 이는 이미 폐하께서 밝게[明睿] 비추신[洞照] 바임은 부언할 필요도 없을 것입니다. 신(臣)이 삼가 유럽[歐洲]의 입헌국을 관찰하건대, 상하양원은 마치 차의 양 바퀴와 같아서, 둘이 서로를 제어[制]함으로써 평형을 이루게 됩니다. 제왕국의 경우에는 원로원#즉 상원#을 설치하니, 이는 국가를 보호[保持]함에 있어

가장 긴요[要用]한 것으로, 대저 유럽[歐洲] 각국에서는 이를 서민 중에 노련한 자[老成]에서 선출하거나, 훈망석학(勳望碩學)에서 취하지만, 제왕국에서는 대개 이를 귀족 중에서 취하니, 이는 곧 황실[帝室]을 부지(扶持)하고 옛 것을 보수(保守)하기 위함[所以] 입니다.

신(臣) 간절히 생각컨대, 오늘날 점진적 방도[道]에 따라, 시세의 변화[時變]를 제어[制]하고 서서히 개혁[釐革]하기를 바란다면, 먼저 원로원을 경장(更張)하고 명실상부(名實相副)하도록 하지 않고 어찌 그리할 수 있겠습니까? 원로원을 명실상부하도록 한다는 것은 이를 곧 화사족(華士族) 중에서 취한다는 것입니다. 메이지 8년에 원로원을 설치한 것은 실로 입헌 점진의 성의(聖意)에서 비롯된 것으로, 기도(木戸) 와 오오쿠보(大久保) 여러 신하가 대계[大猷]를 고한 것 역시, 이에 의거하여 조야(朝野)를 보호[調護]함을 목적[主]으로 하는 바에 다름 없습니다. 단지 창조 당시 먼저 그 규모를 정하는 것에 머물러, 아직 그 실용을 거두는 데에는 이르지 못하였으니, 이를 경장윤식(更張潤飾)하여 명실상부하도록 하기에 이르면, 이로서 오늘날 얻는 바가 있을 것입니다. 지금 천하의 인물품류(人物品流)를 개론할 때, 국사를 담당하여 문명을 솔선할 뛰어난 자로 사족을 희망하지 않을 수 없습니다. 사족의 위치는 본디 마땅히 귀족의 일부라 할 수 있으니, 사족은 능히 밝게 화족의 아래에 세워 둘 수 있는 것입니다. 원로원관(元老議官)은 오로지 화사족 가운데 공선[公撰]하고 아울러 국가의 훈구(勳舊)와 사서(士庶)의 석학을 수용하여 100명으로 정원으로 하고, 봉급을 주고 기한을 정해 징집하여, 무릇 법률의 문안(文案)은 모두 그 의결[議]을 경과하도록 하면, 첫째로는 이로서 사족을 영용(榮用)하고 그 보효(報效)를 거두어 영원히 왕실의 보익(輔翼)이 되도록 할 수 있으며, 둘째로는 이로서 장래를 위해 앞서 양원 평균의 기반으로 삼을 수 있으며, 셋째로는 이로서 조야(朝野)의 평균을 지키고 보호[調護]의 뜻[意]을 잃지 않을 수 있으며, 넷째로는 이로서 8년의 성적(成績)을 잇고 선배의 유산[遺圖]을 좇아, 점진 노선[塗轍]을 밟을 수 있는 것입니다.

공선검사관[公撰檢査官]을 설치할 것을 청하는 일

신(臣) 또한 간절히 생각컨대, 원로원관을 화사족 가운데 선출하여 공의

(公議)를 넓히는 일 외에, 나아가 검사원(檢查院) 인원 외의 관리[員外官]를 부현회원(府縣會員) 중에 분별하여 이로서 재정(財政)에 대한 공론(公議)을 점차 여는 일, 역시 입헌의 첫 단계[初步]로 삼아야 할 것입니다. 대저 어떤 나라를 막론하고, 무릇 국민이 정부에 향해 시혐(猜嫌)의 마음을 품고 관리를 적시(敵視)하기에 이르는 것은 대개 그 남용후감(濫用厚歛)을 의심하는 것에 다름 아닙니다. 본디 입헌국으로서 역시 우선 재정을 일으켜 국민과 공공부담(公共負擔)하는 것을 최대의 의무로 하지 않는 곳이 없습니다. 우리나라 유신 이래 도쿠가와씨[德川氏] 적폐(積弊)의 흔적[餘]이 남아 있으며, 더욱이 전란이 이어지고 외교가 빈번히 비상을 요하니 자본[貲]이 풍부[浩瀚]하지 않습니다. 이에 육해군을 흥하고, 재판법을 개량하며, 교육을 성대히 하고, 경찰을 엄하게 하며, 감옥을 건축[造]하고, 철도전신을 창설하며, 도로를 개통하니, 무릇 이처럼 인민에게 이익을 주고 공익이 열리는 일은 나라의 전력을 다하여 일시에 함께 거행하였으며, 또 다른 일방으로는 지조를 개정하여 농민을 풍요롭게 하고, 자본을 나누어[捐予]주어 백공(百工)을 일하게 하는 등, 무릇 윗사람이 손해보고 아랫사람이 이익보는 일 가운데 행하지 않은 바 없으니, 10년간 국고가 궁핍을 고하는 것 역시 오로지 이러한 연유입니다. 대저 정부가 조심[用心]해야 할 바 그 첫째가 공명(公明)으로, 천하에 대한 애매기사(曖昧欺詐)한 거행이 아니니, 이는 후세에 증명될 것으로 추호[一毫]도 독난불경(瀆亂不經)한 치욕[羞] 있지 않을 것입니다. 단 그 사유를 해석하지 못하는 자들이 즐겨 당국을 지적하고, 심하게는 모함하여 날조의 설(說)을 이르게 되었으나, 이는 정부가 구설(口舌)로 변론[辨]할 바가 아닙니다. 단지 진실[誠]을 밝히고 공(公)을 보임으로써, 인민에게 더욱 재정(財政)의 정확함을 확인[見證]시켜주는 한 방법만이 있을 뿐입니다. 지금 일단 부현의원 인원 중에 공선[公撰]하여, 조사원원외관(檢查院員外官)으로 삼아 봉급을 주어, 관선조사관[官撰檢查官]과 서로 평형토록 하고, 그 권한과 같은 것도 오로지 회계검사에 그치도록 하여, 감히 예산[用財]의 대정(大政)에 간섭하는 일을 허하지 않으니, 첫째로는 이로서 재정을 공의(公議)하는 길[道]로 삼고, 둘째로는 이로서 인민이 실무(實務)에 익숙[慣熟]하도록 함으로써 경험하는 바 있게 하는 것입니다. 대저 이 두 가지 의견[議]이 혹 거행된다면, 행정의 일, 이전에 비해서는 제한[限束]되는 바 있음을 면할 수 없으나, 이로서 여러 신하[臣]의 책임[責] 역시 더불

어 한층 중대해질 것입니다. 한번 제어(制御)의 방법[道]을 틀리게 되면 점차 물의가 늘어나고 알력이 격해져, 이로서 사변(事變)이 일어나기에 충분해질지도 모릅니다. 따라서 더욱이 사전에 진중하지 않을 수 없는 바이며, 그 조직, 권한, 선거의 방법, 조목[節目], 역시 모두 치안의 관건(關鍵)에 다름 아니니, 각 의견[閣議]을 순차적으로 시행할 수밖에 없는 것입니다. 그 재제단행(裁制斷行)함에 이르러서는 첫째로 황상(皇上) 폐하의 명예가 드높아 질 것입니다.

재가[聖裁]로 단행하여 천하의 방향을 정할 것을 청하는 일

천하의 방향 정해지지 않으면, 천하의 인심을 무엇으로 저지하겠습니까? 한편으로[方] 지금 도시와 시골[都鄙]에서 시끄럽게 공의(公議)를 명분[名]으로 소란[亂階]을 선동하니, 지금과 같은 때에 윗사람이 일정불기(一定不拔)한 의견[議]에 따라 대계[大猷]를 밝히고, 주상의 뜻[上意]이 있는 바를 계시(啓示)하여, 이로서 인심(人心)을 방범(防範)하지 않으면, 백성이 서로 좇아 다사(多事)를 위하고, 동복서기(東伏西起)하여 방궤(防潰)에 수결(水決)할 것이니, 그 광폭, 한번 창궐하면 끝내 수습[收給]할 수 없는 지경에 이르게 될까 두렵습니다. 이전에 정부가 명령[令]한 것들 가운데에도 혹 표준은 제시하였으나 아직 순서의 상세[詳]함에는 이르지 못한 바가 있으니, 모르는 자는 이를 보고 허투루[許] 말하기를 행하여도 결실을 맺지 못한다고 합니다. 원망하는 자들[徒]은 보신[戊辰]의 어서(御誓)와 을해(乙亥)의 칙유(勅諭)에 인록(引綠)하여, 홀로 견강부회[附會]의 설(說)을 말하기에 이르렀으니, 이에 정부는 적당한 뜻[意]을 더하여 우선 유지정리(維持整理)하고 계칙(戒飭)을 가르쳐 논의해야 할 일입니다.

지금 8년 이래의 계책[廟猷]을 널리 받들어[推廣] 조급한 인심을 방범(防範)하기를 바란다면, 신(臣) 간절히 아뢰옵건대, 황상 폐하께서 친히 재가[聖裁]로 단행하시어 지성(至誠)을 개시(開示)하고, 목표[主]를 천하에 포고함에 점진을 의의[議]로 삼아, 인민으로 하여금 밝게 성모(聖謨)가 있음을 알게 하시기를 기원합니다. 또한 입법의 대권[大柄]을 나누어 인민과 이를 공유[公]하는 일은 그 여탈(予奪)의 권한[權]이 첫째로 오직 폐하께서 전유

하시는 것이라는 점은 신하로서 감히 의의(擬議)할 바가 아니며, 그 완급조만(緩急早晚)에 대해서도 역시 오직 폐하께서 시기(時)를 헤아려 적절히 제어[制]하시는 것이니, 이에 대해 인민이 감히 쟁경핍박(爭競逼迫)할 수 있는 바가 아닌 것입니다. 폐하께서 앞서 점차 입헌의 정치[政]를 시작할 것이라는 조칙[詔]을 내리셨으니, 속행의 시기[期] 역시 이에 따라 세월이 누적[積累]된 후에 있을 것이며, 그 간의 조종(操縱) 역시 손에 있는 것입니다. 신 간절히 생각컨대, 이는 폐하께서 반드시 중시하여 스스로 임하시는 바이니, 지금 실로 성조(聖詔)를 환발(渙發)하여, 대의(大義)를 조시(昭示)하시면, 천하의 신민 가운데 마음을 왕실에 두는 자는 반드시 그 향하는 바를 알게 될 것이고, 이에 무지한 백성 역시 그를 좇아 광폭한 말에 혹하게 되는 일을 면하게 될 것이니, 이는 신(臣)이 참으로 바라 마지않는 바이옵니다.

신(臣) 또한 아뢰오니, 폐하의 성덕숙성(聖德夙成)이 멀리 천고(千古)에 이르고, 천운의 변화[易] 역시 이전[前世]과는 다르니, 지금 이전[已往]보다 더욱[愈] 정성을 다하여, 대권[大柄]을 총람(總攬)하고 정의(定義)를 주지(主持)하여, 위기를 바꾸어 평안(安)으로 삼고 점차 진보하여 이로서 대국을 완성하는 일은 첫째로 아뢰옵건대 폐하의 건강부식(乾剛不息)에 의지할 뿐이니, 이는 곧 구구절절 언사(言辭)할 필요 없는 것입니다. 신(臣) 히로부미(博文) 성황성공(誠惶誠恐)하여 전률(戰慄)을 그칠 수 없사오니, 삼가 아룁니다.

메이지 13년(1880) 12월 14일 참의(参議) 이토 히로부미(伊藤博文)

부록 3: 「오쿠마 건의서」

오쿠마 시게노부(大隈重信), 「입헌정체에 관계된 건의 (立憲政體二關閱スル建議)」

신(臣) 삼가 생각컨대, 근본을 세운 뒤 가지와 잎[枝葉]을 쌓는 것처럼, 대강령[大綱]을 거행한 뒤 세목(細目)을 정해야 할 것입니다. 오늘날 정무(政務) 가운데 응당 세워야 할 근본이 있고, 응당 거행해야 할 대강령[大綱]이 있습니다. 지금 조정회의[廟議]에서 메이지 8년의 성칙(聖勅), 국회[國議院]

설립의 건에 대하여 의견을 논술(論述)하여 진행하고 있습니다. 이에 수감채납(垂鑒採納)을 허하시니 어찌 이보다 더한 행복이 있겠습니까? 신(臣) 시게노부(重信) 성황성공(誠惶誠恐)하여, 돈수근언(頓首謹言)하옵니다.

메이지 14년 3월참의 오쿠마 시게노부(大隈重信)

별지로 말씀 올립니다.

제1. 국회[國議院] 개설[開立]의 년월을 공포해야 할 건

인심이 크게 나아갔으나 법제가 심히 뒤쳐졌을 경우에는 그 폐단[弊]이 법제를 폭압[暴壓]할 것이며, 인심이 아직 뒤쳐져 있는데 법제가 크게 나아갔을 때에는 법제가 나라에 이익이 되지 않을 것입니다. 따라서 그 나아간 바 아직 심히 많지 않으니, 그 뒤쳐진 바가 점차 적은 때에 이르러, 법제를 개진(改進)함으로써 인심에 부합하게 하는 것이 곧 치국(治國)의 양도(良圖)인 것입니다.

작년[去歲] 이래 국회[國議院]의 개설을 청원하는 자가 적지 않으며, 그 인품소행(人品素行)에 대한 여러 품평이 있으나, 요약컨대 인민이 그와 같이 청원하도록 이르게 된 것은 곧 인심이 점차 나아가고 있다는 징조[兆候]이니, 충분히[自餘] 일반의 인심을 살피건대, 그 뒤쳐진 바 역시 심히 희소하다 할 수 있습니다. 이는 곧 법제를 개진하여 국회[國議院]를 세울 시기가 점차 이제 무르익었다고 말할 수 있는 것입니다.

인심이 점차 나아가고 법제가 점차 뒤쳐질 경우, 인심이 첫째로 주목[注著]하는 바가 바로 법제의 개진이 되었습니다. 이에 따라 인민에게 긴요한 외국에 대응[對峙]하는 사상(思想)이나 내국(內國)을 개량하는 사상은 거의 그 마음 속[胸裏]에서 멀어지게[放離] 되고, 오직 법제 개혁의 한 가지[一途]에 열중하기에 이르게 되니, 이 역시 국가에게 불이익[不利]인 바입니다.

따라서 민지(民智)의 수준[度位]을 살펴 국내의 태평[淸平]을 모색하고,

법제를 개진함으로써 점차 입헌의 정치[政]를 베푸는 성칙(聖勅)의 결행이 있어야 하는 것입니다. 이것이 바로 오늘날에 응당 거행해야 할 대강령[大綱]이며, 응당 세워야 할 근본인 것입니다. 청컨대 속히 국회[議院] 개설[開立]의 년월일을 포고하고, 헌법제정의 위원을 정하며, 의사당의 창건[創築]에 착수[著手]하도록 하시옵소서. (개설[開立]의 년월일에 대해서는 제5장[隙]에서 상세히 설명하겠습니다)

제2. 국민[國人]의 기대[興望]를 살펴 정부의 현관(顯官)을 임용할 일

군주가 인물을 임용발탁(任用抜擢)함에 있어 본디 국민[國人]의 기대[興望]를 살펴야 하지만, 독재 정체[治體]에서는 국민이 기대를 표시할 방도[地所]가 없기 때문에, 혹은 공적을 살피고, 혹은 이행(履行)을 구하여, 그 가운데 가장 국민에게 촉망 받아 모범[叡鑒]이 되는 인물을 채용[延用]하여 정무의 고문(顧問)으로 삼는 것도 어쩔 수 없는 것입니다. 혹 정체(政體)에 국민의 기대를 표시할 방도[地所]가 있다면, 그 기대를 살펴 인물을 임용해야 하는 것은 물론이니, 그와 같이 하면 곧 발탁[撰抜]이 분명해지고 사람을 얻음에 황실이 더욱 존엄[尊]해 질 것입니다.

입헌의 정체에서 그 기대를 표시할 방도[地所]가 무엇인가 하면, 바로 국회[國議院]입니다. 그리고 무엇을 기대라고 일컫는가 하면, 바로 의원 과반수의 촉망(屬望)이니, 몇 명으로부터 촉망을 받는 자는 곧 과반수를 이룬 정당의 수령(首領)입니다. 대저 국회의원[國議員]은 국민이 추천[推撰]한 자로, 이는 그 사상을 표시하는 바에 따른 것이기 때문에, 추천[推撰]을 받은 의원의 기대[望]는 곧 국민의 기대[望]인 것이니, 국민 과반수가 보지숭경(保持崇敬)하는 정당의 영수(領袖)로 추앙[仰慕]된 인물이 그 어찌 촉망 받는 자가 아니겠습니까?

바로 입헌 정체[治體]는 성주(聖主)께서 합당[恰當]한 인물을 용이[容易]하게 모범[叡鑒]으로 삼으실 수 있는 좋은 방도[好地所]인 셈이니, 오직 감식발찬(鑒識抜撰)의 형세[勢]를 면할 뿐 아니라, 국가로 하여금 상시 강녕을 향유할 수 있도록 하는 것입니다. 왜 그러한가 하면, 채용[撰用]된 인물

은 인민의 참정의 방도[地所]인 국회[國議院]에서 과반수를 점유하였기 때문에, 밖으로는 바로 입법부를 좌우할 권한[權]을 쥐고, 또한 성주(聖主)의 은총을 받아 정부에 서서 자기 당의 인물을 중요[顯要]한 곳[地]에 배포하기 때문에, 안으로는 곧 행정의 실권을 잡을 수 있는 것이니, 이로서 내외가 거스르지 않고 정사[庶政]가 한 곳[一源]에서 나오니 사무가 비로소 정돈되는 것입니다.

그 정체[治體]는 입헌이나, 그 나라는 강녕한 강복을 향유하지 못하고 혹여 때때로 문요분란(紊擾紛亂)한 세태에 이르러 열국치란(列國治亂)의 자취[迹]를 거스르지 못하는 경우가 있습니다. 이들이 불행에 빠진[陷入] 원인[病源]은 상시 집정자가 그 지위를 권련애석(眷戀愛惜)하여 버리지 못해, 당시 군주가 그 총애[寵遇]한 현관(顯官)을 능히 파면하지 못한 것에서 비롯되었으니, 입법부에서 촉망을 받은 정당의 수령과 행정 현관 사이에서 알력이 발생하지 않는 바가 없게 되는 것입니다. 유명한 입헌국인 영국의 경우에도, 1782년 이전에는 바로 이와 같은 상황[狀勢]이었으나, 적년누세(積年累歲)의 경험에 따라 그 해 이후[以降]로는 군주 역시 기대를 살펴 현관을 채용[撰用]하고 국회[國議院] 중 다수 정당의 수령인 신청인[請人]에게 중직을 부여하게 되었으니, 그 이래로 정부와 의원 사이에 다시는 알력의 자취를 찾아볼 수 없게 되었으며, 이 나라에서 정당 간의 경쟁[爭]은 항시 국회[議院]에서 일어날 뿐, 다시는 정부에까지 미치지 않았습니다.

이처럼 입헌정체의 묘용(妙用)은 그 실(實)에 있으며 그 형식[形]에 있지 않습니다. 입법, 행정, 사법의 3권을 분리하여 인민에게 참정의 권리(權理)를 부여하는 것은 그 형식[形]이며, 국회[議院]에서 다수[最盛] 정당의 영수(領袖)인 인물을 채용[延用]하여 그를 중요[顯要]한 지위에 두고 정사[庶政]를 한 곳에 귀속시키는 것은 그 실(實)입니다. 혹여 그 형식[形]을 취하되 실(實)을 놓친다면, 입헌의 정체[治體]는 단지 국가분란(國家紛亂)의 단서를 여는 일에 불과할 것입니다. 전술한 바와 같이, 군주의 인재등용 책임에 대해 논한 것도, 일국강녕(一國康寧)의 정리(政理)를 논한 것도, 열국치란(列國治亂)의 실례를 조감[鑑照]한 것도, 정부의 현관(顯官)에 다수 정당의 영수(領袖)인 인물을 임용하지 않을 수 없는 바입니다.

그러나 인지(人智)가 박약하여, 한 번[一同] 국민의 기대[興望]를 얻은 정당도, 그 시정(施政)의 여부[巧拙]에 따라 또한 기대[衆望]를 잃고 국회[議院] 중 다수 세력이 도리여 다른 정당으로 이전되는 때가 있습니다. 이러한 경우에는 성주(聖主) 역시 그 기대[衆望]를 살피어, 새롭게 세력[新勢]을 얻은 정당 가운데 인물을 다시금 현관(顯官)으로 채용[拔撰]하지 않을 수 없습니다. 국회[議院]가 정당의 성쇠에 따르는 것과 같이, 현관(顯官)의 경질 역시 정연한 질서가 있는 것이 긴요하니, 그 신진교대(新陳交代) 간에 있어야 할 순서는 다음과 같이 요약할 수 있습니다.

내각을 새롭게 조직할 때에는 성주(聖主)가 친재[御親裁]로서 국회[議院] 중 다수를 점하는 것으로 감식(鑒識)된 정당의 수령을 불러, 내각을 조직하라는 취지[旨]를 위임[御委任]해야 합니다. 그 때 그 내칙(內勅)을 받은 수령은 그 정당 중에 영수(領袖)인 인물을 중요[顯要]한 제관(諸官)에 배치하여 조직을 구성하고, 그 후에 공연봉칙(公然奉勅)하여 내각에 들어가야 합니다. (내각의 조직을 위임하는 것은 통례 상 정당의 수령에게 하는 것이나, 때에 따라 그 당의 다른[自餘] 사람에게 명할 수 있습니다. 단 그런 경우에도, 행정장(行政長)은 오직 그 수령이 되지 않으면 안 되는 것입니다. 영국에서도 때에 따라 이러한 예가 있음을 볼 수 있습니다.) 그 다수 정당을 감식(鑒識)하는 것은 정당에 관계되지 않은 궁방(宮方) 혹은 삼대신(三大臣)에게 고문(顧問)을 맡겨야 할 것입니다.

내각을 조직한 정당이 점차 국회[議院]에서 실세(失勢)할 경우에는 정부에서 하부(下付)한 중대한 의안이 반대 당으로부터 공격 당해, 속속 국회[議院]에서 폐안(廢案)될 것입니다. 이는 곧 내각 정당의 실세(失勢) 조짐[兆候]인 것이니, 이와 같은 경우에는 정사[庶政]가 한 곳에서 나올 수 없기 때문에, 실세(失勢)한 정당이 이 때 퇴직하는 것을 상례[常]로 합니다.

실세(失勢)의 조짐[兆候]이 이미 현연(現然)했음에도 그 정당이 위세[勢威]를 권연(眷戀)하며 아직 행정부를 떠나지 않을 경우, 득세한 반대당에서 국회[議院]에서 「내각행정의 현관(顯官)이 국회[議院]에서 신용을 잃었는지 여부에 대한」 결의를 동의(動議)할 수 있습니다. 이 동의(動議)에 따라 의결[取決]하여, 신용을 잃은 것으로 결정될 경우에는 국회[議院]에서 성주(聖主)에게 봉서(奉書)하여 내각이 이미 국회[議院]로부터 신용을 잃었으니, 속히 친재경찬(親裁更撰)이 있어야 한다는 취지(旨)로 청원할 수 있습니다. 실세(失勢) 정당이 아직 퇴직하지 않은 경우, 성주(聖主)는 국회[議院]의 요구[求]에 응해, 이를 파면해야 합니다. (영국 등의 예에 따르면, 실세(失勢)의 조짐[兆候]이 나타남과 동시에 퇴직하는 것을 상례[常]로 합니다)

그러나 집정(執政) 정당이 이미 국회[議院]에서 실세(失勢)의 조짐[兆]을 보였으며 신용을 잃었다는 의결[議決]을 받기에 이르렀으나, 널리 국민의 의사[意想]를 살피건대, 실(實)로 여전히 우리 정부에 다수의 촉망(屬望)이 있다고 인식[洞識]되고, 지금의 의원[國議員]이 잘못 선출[誤撰]된 것으로 생각할 경우, 성주(聖主)의 윤허[允許]를 받아 성주(聖主) 특유(特有)의 의원 해산권으로 바로 이를 해산하고, 그 개찬의원(改撰議員)으로 우리 정당이 다수 되기를 바랄 수 있다. 만약 다수가 된다면 내각을 영속할 수 있으나, 혹 소수가 된다면 즉시 퇴직하지 않을 수 없다. 해산권이 바로 각 정당의 최후의 의뢰(依賴)라고 할 수 있을 것이다. (그 권한[權]은 남용을 삼가야 할 것으로, 수시로 사용[當用]하면 큰 해악[大害]을 낳으니, 영국의 경우에도 그 예는 양3회(兩三回)에 지나지 않습니다) 이상 정당 경질의 순서는 대저 영국의 예에 의거한 것입니다.

제3. 정당관(政黨官)과 영구관(永久官)을 분별할 일

앞서 언급한 바와 같이, 정당의 성쇠에 따라 현관(顯官)이 경질될 경우, 그 경질이 전부에 미치게 될 것인지 아니면 일부[幾分]에 머물 것인지가 곧 중요한 의문일 것입니다. 무릇 제반의 사무는 높은 수준의 습숙(習熟)을 요하는 것입니다. 관아의 일의 경우, 그 세세[細瑣]한 조건은 대개 구법고례(舊法古例)를 참조하니, 이에 따라 다소의 비용[費額]으로 지체[掩滯] 없이 가장 많은 일을 해결[辨]하기를 바란다면, 속료하리(屬僚下吏)의 영속근무(永續勤務)야말로 가장 긴요한 일입니다. 그러니 이런 관리를 항시 정당과 함께 경질하게 되면, 그 불리불편(不利不便)함은 감히 말할 수 없을 정도일 것입니다. 또한 여러[幾寓] 관리의 진퇴를 정당의 성쇠에 이어두면, 각 파벌[派] 간 알력으로 세전폭격(勢轉暴激)이 극에 이르게 될 것입니다. 따라서 관리 가운데 그 직책[職] 지명(指命)을 내리지만 실무[細務]를 직접[親執] 하지 않는 자와, 지명에 복종[服事]하여 실무[細務]를 직접[親執] 하는 자를 구별하여, 갑(甲)을 정당관(政黨官)으로 하여 정당과 함께 진퇴시키고, 을(乙)을 영구관(永久官)(즉, 비정당관(非政黨官))으로 하여 종신근속(終身勤續)하도록 해야 하는 것입니다. 또한 상등관인(上等官人) 가운데 그 지위가 중직에 있으나, 한 나라의 치안공평(治安公平)을 유지[保持]하기 위해, 정당에 관여하지 않을 수 없는 자들이 있으니, 이들은 중립영구관(中立永久官)으로 하여 일종의 종신으로 삼아야 할 것입니다 (영국의 예에 따릅니다).

정당관의 종류를 대략 기록[略記]하면, 참의(参議), 각 성(省)의 경보(卿輔) 및 여러[諸] 국장(局長), 시강(侍講), 시종장(侍従長) 등이 있습니다. 이상의 정당관들은 대개 의원(議員)으로 상하원에 예석할 수 있는 자들입니다. (대저 영국의 예에 의거한 것으로, 정당관 및 비정당관의 구별은 헌법제정 때 다시 상세히 의논[詳議]할 필요가 있기 때문에 지금은 오직 대략[大要]을 아뢰오니, 이하 역시 마찬가지입니다) 영구관의 종류는 각 관청의 장·차관, 국장을 제외한 그 이하의 주임관(奏任官) 및 속관(屬官) 등으로, 이들 관리는 의원(議員)이지 아닌 자들입니다 (같은 예). 중립 영구관으로는 3대신(정당에 관여하지 않고 성주(聖主)를 보좌·봉행하며, 내각 조직[組立]을 위해 다수[最盛] 정당에 내칙을 내릴 경우 등에는 고문(顧問)으로서 공평히 국익을 고려해야 하기 때문에 비정당관이 되기를 바라며, 대신삼위(大臣三位)를 무인직관(無人則關)의 관리[官]로 정해야 할 것입니다) 및 군관, 경시관, 법관이 있으니, 이상 3종의 직책[職]은 모두 국내 치안공평을 유지[保持]하기 위한 것들이기 때문에, 가장 불편중정(不偏中正)한 미덕[令德]을 갖추기를 바라야 하는 것입니다. 만약 이들 관인(官人) 중에 열심히 정당에 관여하는 자가 있을 경우, 다른 당을 탄압하기 위해 더러는 재판권 등을 이용하여 국내의 치안을 저해하고, 더러는 그 공평을 잃어 사회의 소란을 양생하기에 이르게 될 것입니다. 따라서 그 중립불편(中立不偏)의 미덕[令德]을 귀감[見倣]으로 삼아야 할 것이니, 이상의 관인들 역시 의원(議員)이 되는 것을 허하지 않는 것입니다 (같은 예).

영구관은 곧 비정당관이므로, 만약 정당에 간여한 흔적[迹]이 있을 경우 그 수장[主長]되는 자를 퇴직시킬 수 있다. 왜냐하면 정당관인 수장[主長]과의 관계로 인해 공사(公事)에 불이익[不利] 있는 바가 많기 때문이다 (같은 예).

제4. 신재(宸裁)로 헌법을 제정할 일

법규가 이미 세워져 사람이 이에 의거할 때에는 일이 번번히 정순[定]하나, 법규가 아직 세워지지 않았을 때 사람이 먼저 모일 경우 일의 움직임이 정순[定]하지 않은 것입니다. 지금 전례 없는[無前] 정체[治體]를 천하에 실시하니, 그 완성에 긴요한 것은 사회 강녕의 질서입니다. 고삐와 채찍[彎策]이 한번 끊어지면 육마분일(六馬奔逸)하여 질서를 쉽게 수복할 수 없는 법이니, 먼저 신재(宸裁)로 헌법을 제정하고 이에 의거하여 의원(國議員)을 소집하기를 바라며, 위 헌법 제정에 덧붙여 내각에서 위원을 정하여 속히 착수[著手]할 것을 기망(冀望)하는 바입니다.

헌법의 제정은 중요한 건[際件]으로, 그 중[就中] 상원의 조직, 하원 의원[下議員]의 선거권[撰擧權], 피선거권[被撰擧權] 등의 경우에는 가장 심밀(深密)한 주의[用意]를 요하는 것입니다. 그러나 이러한 건에 대해서는 헌법 제정 때 상진(上陳)할 것이니, 지금 굳이 췌언(贅言)하지 않겠습니다. 전술한 바와 같이, 입헌 정체[治體]의 묘용(妙用)은 대개 그 실(實)에 있으니, 헌법은 극히 간단히 하여 대강령[大綱]에 머무를 것을 요합니다. 또한 헌법은 두 종의 성질을 구비할 것을 요하는데, 두 종이 무엇인고 하면, 그 제1종은 치국정권(治國政權)이 귀속되는 바를 분명히 하는 것이고, 그 제2종은 인민 각자의 인권을 분명히 하는 것입니다. 정당의 정치[政]가 행해짐에 인권을 견고히 하는 헌장(憲章)이 없을 경우 간단히 말할 수 없는 폐해가 있을 것이니, 이것이 바로 인권을 분명[詳明]히 하는 헌장을 헌법에 첨부(添附) 하기를 바라는 이유[所以]인 것입니다.

제5. 메이지 15년 말에 의원(議員)을 선거하고 16년 초[首]에 국회[國議院]를 열어야 할 일

입헌정치의 진체(眞體)는 정당의 정치[政]이니, 입법·행정의 양부(兩部)를 일체(一體)로 삼아 정사(庶政)가 한 곳에서 나올 경우, 좋은 결과를 얻게 될 것임은 이미 이미 전술한 바입니다. 필경 입법의 정치[政]란 세상[社界] 질서를 문란하게 하지 않고 국민이 사상을 평온하게 표시하도록 함에 있는 것입니다. 지금 국내에 정당이 없을 때 돌연[卒然] 국회[國議院]를 열면, 가령 하루 아침에 허다[幾多]한 정당이 생겨[生出]나게 되겠지만, 그 근본이 견고하지 않고 일반 인민 역시 어떤 정당이 어떤 주의를 주장[持張]하는 지 알지 못하여, 정당의 위세(勢威)가 빈번히 부침하게 될 것입니다. 이에 따라 그 혼란분봉요(混亂紛縫擾)한 참태(慘態)가 정치 상에 출현[現出]하게 되는 것이니, 사회의 질서를 유지[保持]하는 수단[治具]이 오히려 이를 문란하게 할 우려가 되는 셈이니 어지 삼가[戒愼]하지 않을 수 있겠습니까?

정당이 설립[峙立]되지 않은 것은 대개 이를 만드는 방법[地所]가 없기 때문으로, 입헌의 정체[治體]가 정해졌음이 공시(公示)되면, 정당 맹아의 발생도 응당 빨라지게 될 것입니다. 이리하여 한 해 혹은 한 해 반의 년월을 경과하게 되면, 각 정당의 주장[持說]이 크게 세상에 나타날 것이고, 국민 역시 갑을피차(甲乙彼此)의 득실을 판정하여 각자 스스로 그 유파(琉派)를 세우기에 이를 것이니, 이 때 의원(議員)을 선거[撰擧]하여 국회[議院]를 개설[開立]하면, 능히 사회의 질서를 유지[保持]하고 입헌 정체[治體]의 진리(眞利)를 얻을 수 있을 것입니다.

따라서 국회개설[議院開立]의 포고는 크게 조속하지 않을 것을 요하니, 개설[開立]의 시기를 졸연급거(卒然急遽) 해서는 안될 것입니다. 이러한 사항을 이치[理]에 따라 고찰하건대, 올해 헌법을 제정하여 15년 초 혹은 올해 말에 이를 공포(公布)하고, 15년 말에 의원(議員)을 소집하여 16년 초를 최초 개설[開立]의 시기[期]로 정할 것을 기망(冀望)하는 바이니, 이와 같이 하여도 큰 문제[大過] 없을 것으로 사료되옵니다.

제6. 시정(施政)의 주의(主義)를 정해야 할 일
무릇 정당은 허다[幾多]한 원인에 따라 성립하는 것이나, 역시 오직 시정주의(施政主義)의 대체(大體)를 공유하여 서로 결집한 것입니다. 정당의 성쇠를 좌우하는 원인[所以]은 바로 그 시정주의가 인심을 얻느냐 그렇지 못하느냐에 있으며, 또한 각 정당이 서로 인심을 얻기를 바라며 공격하는 점역시 각자 주장하는 시정주의에 있으니, 결국 정당의 경쟁[爭]은 바로 시정주의의 경쟁[爭]이며 그 승패는 바로 시정주의의 승패인 셈입니다. 전술한 바와 같이, 입헌 정체[治體]를 정립하여 국민의 기대[輿望]를 살펴 정부의 현관(顯官)을 임명하기에 이르렀을 때에는 곧 정당을 성립시키지 않으면 안됩니다. 정당을 성립하려고 할 때에는 곧 그 주장[持張]하는 시정주의를 정하지 않으면 안되니, 따라서 현 내각에서 일파(一派)의 정당이 형성되기를 바란다면, 그 성립에 가장 긴요한 것은 바로 시정주의를 정하는 한 가지 일에 있습니다. 따라서 국회[國議院] 설립의 년월을 공포한 이후, 바로현 내각의 시정주의를 정하기를 간절히 바라는 바입니다. 시정주의에 대해서는 시게노부(重信)가 소견(所見)이 있사오니, 다음 번 따로 이를 구진(具陳)하겠사옵니다.

제7. 총론

입헌 정치[政]는 정당 정치[政]이며 정당의 경쟁[爭]은 주의(主義)의 경쟁[爭]이니, 그 주의가 국민 과반수가 기대[保持]하는 바일 경우 그 정당이 정권[政柄]을 얻게 되고, 그 반대라면 정권[政柄]을 잃게 될 것입니다. 이것이바로 입헌의 진정(眞政)이며 또한 진리(眞利)가 있는 바이니, 혹 그 형체는 갖추었으나 그 진정(眞情)을 버린다면, 단지 국토의 불행일 뿐 아니라 집정자의 우환[禍患]이 될 것이며, 단지 집정자 당시의 우환[禍患]일 뿐 아니라그 연권(戀權)의 오명을 후세에 유전하기에 이를 것입니다.

설사 결청명백(潔淸明白)한 심사(心事)로 정치[政]를 천하에 행하더라도혹여 연권자리(戀權自利)의 마음이 있다는 의심받게 되는 것이 곧 집정자의 공통된 걱정[通患]입니다. 따라서 지금 입헌 정치[政]를 시행하려 할 때, 입헌국 현행의 통례[通則]에 반하여 그 진리(眞利)를 버리고 오히려 연권(戀權)의 흔적[痕]을 보인다면, 집정자로서 어찌 국민에게 저어[齟齬]되지 않는 바이겠으며, 그리하여 연권(戀權)은 오히려 빠른 실권(失權)의 종자가되지 않겠습니까?

권세를 기각(弃却)하는 것은 본디 인정(人情)에 따라 힘든 일입니다. 국가의 이익을 생각함에 열중[熱渴]하는 자만이 오직 능히 이를 할 수 있을 뿐입니다. 정부에 강대한 위력을 비축한 오늘날의 집정자로서, 위세[勢威]를 권연(眷戀)하지 않고 입헌정치의 진체(眞體)를 고정(固定)한다면, 그 덕을 후대[後昆]에 표시하기에 충분할 것입니다. 또한 가령 사회의 훼예(毀譽)에 관여하지 않음으로써 역시 스스로 원하는 바를 중심(中心)에 결연(快然)할 수 있을 것입니다.

세상 사람들이 당연하게 말하듯, 나라[邦國]의 치란(治亂)은 대개 정치의 관습에서 생기는 것입니다. 따라서 사회의 질서를 문란하게 하지 않고 정온(靜穩)한 정당 경질의 새로운 예[新例]를 정립함으로써, 정치 상 국민에게 강녕한 강복을 향유토록 하는 단서를 밝히는 일, 이 어찌 오늘날 집정관이 응당 행해야 할[應爲] 급무가 아니겠습니까? 위와 같이 삼가 의견을 올리옵니다.

부록 4: 「이와쿠라 건의서」

이와쿠라 도모미(岩倉具視), 「입헌정체에 관한 의견서 (立憲政禮ニ關スル意見書)」

요전[先日] 이래로, 점차 논의[御談合]하게 된 헌법 운운하는 건에 대해 아직 단서를 열지 못한 가운데, 이 도모미(具視) 불행히도 질병[病氣]으로 말미를 청한[請暇] 일, 공축유감(恐縮遺憾) 지극할 따름입니다. 이제 다음의 세 가지 건에 대해 양공(兩公) 깊이 그 주지[主意]를 말씀 올리고자 합니다.

1. 헌법 제정과 관련하여, 그 조목에 대해서는 의논백출(議論百出)하여, 결정하기 용이[容易]하지 않은 어려운 상황[場合]에 이를 수 있다는 점 헤아릴 수 없는 바 입니다. 따라서 먼저 폐하의 생각[宸衷]에 따라 결단하여, 그 대강령의 여러 조(條)를 확호부동(碓乎不動)한 성유(聖猷)로 정하시고, 폐하의 친필[宸筆]로 대신들에게 하부하시어, 헌법 기초(起草)의 표준을 제시[指

示]하시옵소서. 그 일 실로 전국(全局)의 안목(眼目)으로, 장래 백 년에 이를 것이니, 분분한 의논[紛議]을 재단한 귀감[鏡鑑]이 될 것입니다. 양공(兩公) 참으로 삼가 아뢰고자 합니다.

1. 헌법 기초(起草) 절차[手續]의 건은 다음의 세 가지 방법 중에 어떤 것을 결정하시기를 바랍니다. 1. 공식[公然]적으로 헌법 조사 위원을 설치하는 일2. 궁 내에 중서국(中書局) 혹은 내기국(內記局)을 설치하고, 대신 한 사람에게 그 총괄[總裁]을 명하여, 내밀하게 헌법을 기초(起草)하고, 완성이 되면 내각의 의결[議]에 붙이는 일3. 대신 참의 3, 4인이 내밀하게 칙지(勅旨)를 받들어 헌법을 기초하고, 안(案)이 완성되면 완성된 내각의 의결[議]에 붙이는 일

1. 위 헌법 기초는 국가의 대요건(大要件)이니, 내각일치(內閣一致)하지 않으면 완전무결하게 안(案)이 완성될 수 있을지 의심스러운 바입니다. 이에 다음과 같이 기초(起草)의 절차[手續]가 결정될 때까지 중참의(衆參儀)의 의견이 일치하도록 총괄[取纏]하기를 바라니, 양공(兩公)으로 도타운 배려를 바랍니다.

1. 헌법 기초(起草)와 관련하여, 무릇 대강령을 삼아야 할 조건을 별지에 기재하였으니,성상(聖上)께서 참고하시기를 바라며 삼가 아뢰옵니다. 위의 조목들은 소견[愚考]을 일필(一筆)한 것입니다.

7월 도모미(具視)

태정대신 앞(殿)
좌대신 앞(殿)

별지헌법 기초(起草)를 명하신[可被仰出候] 바와 관련하여, 먼저 대강령 여러 건을 성단(聖斷)하신 다면, 기타의 조목은 그 주지(主旨)에 의거하여 기초할 수 있는 사태(沙汰)에 이를 것이라고 생각하는 바입니다.

대강령(大綱領) 1. 흠정헌법의 체재를 활용[用]할 일 1. 제위계상법은 조종(祖宗)이래의 유구한 규범[遺範]이니, 별도로 황실의 헌칙(憲則)에 기재하고, 제국의 헌법에 기재할 필요는 없는 일 1. 천황이 육해군 통솔권을 가지는 일 1. 천황이 선전강화(宣戰講和) 및 외국과의 조약체결[締約]권을 가지는 일 1. 천황이 화폐를 주조권을 가지는 일 1. 천황이 대신 이하 문무중관(文武重官)을 임면(任免)권을 가지는 일 1. 천황이 위계훈장(位階勳章) 및 귀호(貴號) 등의 수여권을 가지는 일 1. 천황이 특별사면[恩赦]권을 가지는 일 1. 천황이 국회[議院] 개폐 및 해산권을 가지는 일 1. 대신은 천황에 대해 무거운 책임을 가지는 일1. 법률명령에 대신이 서명할 일 1. 입법권을 나누기 위해 원로원, 민선원(民選院)을 설치할 일 1. 원로원은 특선의원[特撰議員]과 화·사족 가운데 공선의원[公撰議員]으로 조직할 일 1. 민선의원[民撰議員]의 의원 선거[撰擧]법은 재산의 제한을 활용할 일 1. 세계(歲計)의 예산을 정부와 국회[議院]가 협동할 수 없을 경우, 모두 전년도의 예산에 의거하여 시행할 일 1. 신민 일반의 권리 및 의무를 정할 일 1. 국회[議院]의 권한에 관한 일

2. 재판소의 권한에 관한 일헌법 기초(起草)를 명하신[可被仰出] 것에 대하여, 기초위원(起草委員)이 자기의 의견[意想]을 활용함에, 일가(一家)의 사의(私議)가 섞이는 것과 같은 일은 없어야 할 것이니, 대체(大體)의 목적을 사전에 일정하게 하지 않으면, 단지 헛되이[架空] 의논[議]를 허비하고, 혹여 잘못된 주의(主義)에 이를 수 있으니, 이에 깊이 우려되는 바입니다. 따라서 위의 중대한 조목들을 우선 성충(聖衷)에 따라 결단하고, 기초위원(起草委員)에 하부하여, 기타의 절목은 다음의 근본적 주의[根本之主義]에 의거하여 기초할 것을 명해야 한다고 생각하는 바입니다.

강령(綱領)
1. 흠정헌법의 체재를 활용할 일
흠정이 국약주의[國約之主義]를 잃지 않을 일

1. 점진주의[漸進之主義]를 잃지 않을 일

첨부[附]. 유럽[歐洲] 각국의 성법(成法)을 취사선택[取捨]하는 것에 대하여, 프로이센[孚國]의 헌법이 또한 점진주의에 적당한 일

프로이센[孚國]이 최초로 헌법을 발하였을 때, 분운(紛紜)이 생겨난 역사[事跡]는 별도로 구진(具陳)할 것

1. 황실[帝室] 계승법[繼嗣法]은 조종(祖宗) 이래의 규범에 의거하니, 새롭게 헌법에 기재할 필요 없는 일1. 성상(聖上)께서 직접 육해군을 통솔하고, 외국에 대해 선전강화(宣戰講和)하며, 외국과 조약을 맺고, 화폐를 주조하며, 훈위(勳位)를 수여하고, 특별사면[恩赦]를 행하시는 등의 일1. 성상(聖上)께서 몸소 대신 이하 문무 중신(重臣)을 채택하고 진퇴시키는 일

첨부[附]. 내각재신(內閣宰臣)은 의원(議員)의 내외(內外)에 구애되지 않는 일

내각의 조직은 국회[議院]가 좌우하도록 맡기지 않을 것

1. 대신집정(大臣執政)의 책임은 근본적 대정(大政)에 관계된#정체(政體)의 개혁, 강토(疆土)의 분할양여(分割讓與), 국회[議院]의 개폐, 화전(和戰)의 공포(公布), 외국조약의 중대사와 같은 것을 근본적 대정이라고 할 수 있음 # 사무에 대해 각자의 책임이 돌아가니, 연대책임의 법에 따르지 않을 일

첨부[附]. 법률·명령에 이를 주관(主管)하는 집정(執政)이 서명할 일1. 입법권을 나누기 위해, 원로원, 민선의원[民撰議院]을 설치할 일1. 원로원은 특선의원[特撰議員]과 화·사족 가운데 공선의원[公撰議員]으로 조직할 일1. 민선의원[民撰議院]의 선거법은 재산제한을 활용해야 하며, 단 화·사족은 재산에 구애되지 않는 특허(特許)를 부여해야 할 일1. 무릇 의안(議案)은 정부가 발표할 일1. 세계(歲計)의 예산에 대하여, 정부와 국회[議院]가 협동할 수 없어 징세기한 전에 의결을 마치지 못한 경우, 혹은 국회해산[議院解散]의 상황[場合]에 이르렀거나, 혹은 국회[議院] 스스로 해산[退散]하였거나, 혹은 국회[議院]의 집회에 정해진 인원수를 충족시키지 못하여 결의

(決議)할 수 없을 경우, 정부가 전년의 예산에 의거하여 시행할 수 있는 일

1. 일반인민의 권리 각 건(件)#각국의 헌법#을 참작함

의견 제1.

입헌 정치[政]를 행하여 국회[民會]를 여는데 있어, 우선 그 시기가 적당[適度]한지, 그리고 입헌정체 중에 어떤 제도가 가장 우리 국체(國體)와 민속(民俗)에 적합한지를 강구하는 것이야말로 불가결(不可闕)한 요용일 것입니다. 지금 그 시기가 이미 무르익었다고 가정하면, 다음은 제도의 마땅함[事宜]을 묻는 단계[場合]에 도착하게 될 것입니다. 유럽[欧洲] 각국에서 행해지고 있는 입헌 정체의 목표[標的]가 대저 동일하다 하나, 그 방법과 순서는 각각 그 나라의 개화 정도[度]와 국체·민속에 따라 다소의 차이[異同]가 있습니다. 이는 곧 국회의 권한[權]에 대소의 차이가 있다는 것입니다. 국회의 권한[權]이 작은 것은 겨우 입법을 의논[議]하는데 참여[參預]하는 것에 그치고, 강대한 것은 정령(政令)의 실권을 장악하기에 이릅니다. 국회[議院]의 세력은 각국이 상이[異同]한데, 그 가운데 최대지강(最大至強)한 세력을 가진 것으로 영국 국회[議院]만한 것이 없습니다#단 공화국을 제외하고#. 영국 국회[議院]는 단지 입법권뿐만 아니라, 이에 겸해 행정의 실권도 장악[把握]하고 있어, 영국 속담[諺]에 영국 국회[議院]는 못하는 일이 없으니, 단지 남자를 여자로 만들고, 여자를 남자로 만드는 일만 능히 하지 못할 뿐이라고 합니다. 그렇다면 무엇으로 영국 국회[議院]가 행정의 실권을 장악[把握]했다고 말할 수 있는 것인고 하니, 영국의 관습법[習慣法]에 따라 영국 왕은 스스로 정치를 행하지 않고, 오직 내각재상(內閣宰相)에게 책임을 지우고, 내각재상은 바로 국회[議院] 다수가 진퇴(進退)한 바이며, 내각은 다수정당의 수령이 조직하는 것이니, 국회[議院]에서 정당 다수의 변경이 생길 때마다, 이에 따라 내각재상이 변경되는 것으로, 이리저리[輾轉] 서로 바뀌니 일륜(一輪)이 움직이면 이륜(二輪)이 응하는 것과 다르지 않습니다.
　국왕은 첫째로 국회[議院]의 다수(多數)에 의해 제어[制]되어, 정당의 영수(嬴輪)에게 맡겨두고 형식[式]에 따라 만들어진 말[成說]을 선하(宣下)하는 것이 불과하니, 왼팔 오른팔이 바람 속의 깃발과 같을 뿐입니다. 따라서

명목[名] 상으로는 행정권이 모두 국왕에게 속한다고 하지만, 실제[實]로는 행정 장관을 국회[議院] 가운데 한 정당의 수령이 반드시 취하니, 행정의 실권은 실제[實]로 국회[議院]의 정당이 장악[把握] 중인 셈입니다.

명목[名] 상으로는 국왕과 국회[議院]가 주권을 나눈다고 칭하지만, 실제[實]로 주권은 오직 국회[議院]에 있으니, 국왕은 단지 실속 없는 지위[虛器]에 옹립된 것에 불과한 것입니다. 영국 말에 국왕은 국민을 통솔하지만 직접 국정을 살피지 않는다는 말은 바로 이것입니다. 그 실제 형태[實形], 마치 우리나라 옛날[中古來]에 정치의 실권이 무문(武門)에 귀속되어 있던 것과 다름 없습니다.

이에 반해, 프로이센[普魯西]의 경우에는 국왕이 국민을 통솔할 뿐만 아니라, 실제로 국정을 살피니, 입법권은 국회[議院]와 나누지만, 행정권은 전부 왕의 수중에 있어 타인에게 양여하지 않습니다. 이에 국왕은 국회[議院] 정당의 다소(多少)에 구애되지 않고 그 재상집정(宰相執政)을 선임[撰任]할 수 있으니, 단 실제 사정에 따르면, 대개는 국회[議院]가 희망[輿望]하는 사람을 채용한다고 합니다. 그러나 그 권한[權域]을 논(議)하자면 결코 국회[議院] 정당에 좌지우지되는 일 없는 것입니다.

이처럼 두 가지가 상이[異同]한 가운데, 정치학자[政學論者]의 학설[說] 역시 일정하지 않으나, 대개(大槩) 각국의 국체, 인정(人情)에 따라 능히 동일할 수 없다고 말하는 것으로 귀결됩니다. 그러니 만약 영국으로 하여금 갑자기 프로이센[普國]의 제도[制]를 본받으라고 하면 급작스런 내란을 면치 못할 것이며, 또한 프로이센으로 하여금 영국이 하는 바를 배우라고 하면 역시 평화가 문란해짐을 면치 못할 것입니다. 이처럼 지금 우리나라에서 입헌 정치[政]를 일으켜 국회를 개설하려 하는 것은 실로 새로운 창조[新創]에 관계되는 바이니, 마땅히 일진(一進)하여 영국의 정당 정부를 모방하여 집정(執政)의 진퇴를 전부 국회[議院]의 다수에게 맡길 것인지, 혹은 마땅히 점진주의에 기반하여 국회[議院]에 오직 입법권만을 부여하고 행정장관의 조직은 오직 천자의 채택에 속하도록 하여 프로이센의 현황을 적용[比擬]할 것인지, 이 둘 사이의 취사선택은 이로부터 영원한 기본(基本)을 세우고 백년의 이해(利害)를 드리울 바이니, 실로 오늘날 방략[廟謨] 중에 최요지중(最要至重)한 문제라 할 것입니다.

영국은 관습법[慣法]에 따라 정당 결성이 대저 양당으로 귀결되니, 따라서 한 당이 소수가 되면 곧 다른 한 당이 다수가 됩니다. 지금 우리나라는 정당이 아직 결성되지 않았으며, 설사[縱令] 결성된다 하더라도, 반드시 소수당[數小黨]들이 제각기 분립하여 일대단결(一大團結)하지 못할 것입니다. 이런 상태에서 현재 내각이 소수가 되어 파면된다고 가정하면, 그 후 이를 대신할 당은 어찌 중망(衆望)이 귀속된 바, 다수가 집결한 바이겠습니까? 소수당들은 반드시 재갈[鑣]을 나란히 하며 경쟁[競立]하고 서로 합일(合一)하지 못하고, 현재[現成]의 정부를 공격할 때에는 일시적으로 성세(聲勢)를 합치겠지만, 이를 통해 각자의 바람[勝欲]을 달성하여 다른 한 당이 그 지위[位地]를 대신해 내각을 조성하려 할 경우, 그 외의 여러 당이 반드시 경쟁[爭競] 세력[勢]을 구성할 것입니다. 행정권의 지위[位地]가 하나의 경쟁구역[爭區]에 불과해져, 돌아가며 서로 공격하고 갑이 쓰러지면 을이 넘어지고, 안정되는 바 없으니, 장차 정무가 어찌 되겠으며, 국사(國事)의 완급이 무엇인지 물을 겨를 조차 없어, 시종으로 권력[力]을 병기[兵刃]로 삼는 지경에 이르게 됨을 면치 못할 것이니, 바로 이것이 피차사정(彼此事情)이 같지 않은 일, 그 첫 번째입니다.

영국에서 각국(各局), 각과(各課)의 장(長) 및 법관 류(類)를 영구관(永久官)으로 삼는 것을 제외하고, 그 외에 여러 성(省)의 경보(卿輔), 서기장, 여러 관리[諸官]는 모두 한 정당에서 조직하는 것입니다. 이에 국회[議院]의 다수가 일변(一變)하여 내각의 개편[更替]있을 때마다, 중요한 여러 관리[諸官]들이 일시에 퇴직하는 것을 관습으로 합니다. 지금 우리나라에서 내각이 일변(一變)했다고 가정하면, 참의(參議) 및 각 성(省)의 장·차관 및 중요 서기관이 일시에 그 후임으로 교대할 사람을 구해야 하니, 재야의 준걸(俊傑) 가운데 두, 세 명의 저명한 사람을 제외한다면, 그 외는 어찌 중망(衆望)이 귀속된 바이며, 인심이 속하는 바이겠습니까? 어찌 소년재자(少年才子)가 궐기하여 쟁진(爭進)하는 바에 맡겨둘 수 있겠습니까? 바로 이것이 피차사정(彼此事情)이 같지 않은 일, 그 두 번째입니다.

경신(更新) 이래 폐하의 덕화[王化]가 아직 인심으로 흘러 들어가지[挾洽] 않았으니, 폐번(廢藩)의 거행[擧]을 원망하는 기색[氣]이 바로 정부를 향해 모여 있습니다. 지금 만약 급작스럽게 영국 정당 정부의 법을 본받아, 여론 [民言]의 다수에 따라 정부를 개편[更替]하는 경로[塗轍]를 밟을 경우, 오늘 국회를 일으키면, 내일 내각을 일변(一變)하게 될 것이라는 점은 거울[鏡] 보듯 분명한 바입니다. 논자[議者]가 내각의 개편[更替]을 서두르는 것은 나라의 평안을 돕기 때문[所以]이라고 말하나, 앞의 논자[議者]는 혹

영국의 성적(成績)에 심취하여 우리나라의 사정을 반조(反照)하지 않았다는 의심을 면할 수 없을 것입니다. 입헌의 대사(大事)는 이제 시작[草創]에 불과하며, 아직 실제 경험[徵驗]을 거치지 않은 바입니다. 그처럼 일시에 급진하면, 사후 후회[悔]를 남기거나, 혹은 부여한 뒤에 다시 빼앗는 부득이한 상황이 생길 수 있으니, 차라리 프로이센[普國]을 본받아, 점차 진행함으로써 후일의 여지를 남길 수 있을 것이라 믿습니다.

의견 제2.

내각 집정을 천자가 선임(選任)하는 것으로 하고, 국회에 의해 좌우되지 않기를 바라니, 이는 다음의 3개 항에 의거한 바입니다.

제1. 헌법에서 「천자는 대신 이하 칙임제관(勅任諸官)을 선임(選任)하고, 또한 이를 진퇴(進退) 한다」고 명시[明文]해야 할 것입니다. 이를 명시[明文] 하면 설령[縱令] 실제로는 집정대신이 가능한 중망(衆望)있는 사람을 채용하고, 극히 여론에 배반되는 사람은 파면하지 않을 수 없겠으나, 진퇴의 대권(大權)이 오직 천자에게 있음에 따라, 재신(宰臣) 역시 천자의 지우(知遇)와 국가의 경뢰(慶賴)에 의지하여 중의분언(衆議紛言)에 좌우되지 않고 그 의견을 일정하게 할 수 있으며, 확연불발(確然不拔)한 경로[針路]를 취하여 설령[縱令] 한 두 가지 사항[議事]에 있어 국회[議院]에서 소수가 되더라도, 종시로 내각의 대국(大局)을 온전히 할 수 있어, 매번[旦夕] 조정의 계획[廟猷]이 변경되는 지경에 이르지 않을 것입니다. 프로이센의 헌법에 의거한 바입니다.

제2. 헌법에서 재상의 책임을 정하여 그 연대의 경우[場合]와 각개분담(各個分擔)의 경우[場合]를 구분해야 할 것입니다. #프랑스[佛國] 1875년의 헌법에 「재상은 정부의 대정(大政)에 관해서는 연대하여 책임져야 하며, 각국(各國)의 직무[職掌]에 관해서는 각자 책임져야 한다」고 되어 있음# 혹 영국을 본받아, 여러 대신이 일개(一概)로 연대하여 책임을 부과하도록 할 경우, 한 성(省)의 장관의 직무 상에 실책[失錯]이 있어 국회[議院]가 힐책할 때마다 다른 각 성(省)의 장관 역시 이에 따라 일동 퇴직하게 되니, 이러한 경우 내각은 쉽게[容易] 국회[議院]의 공격받아 개편[更替]이 빈번해져 하나의 경쟁구역[爭區]이 되기에 이를 것은 필연입니다. 그 이치[理]에 따라 이를 논하자면, 혹 한 집정(執政)의 과실을 반드시 여러 집정의 책임으로 귀속시킬 경우, 무릇 행정 사무가 각 부(部)의 분임전장(分任專掌)이 있다는 것에 구애되지 않고, 반드시 사전에 여러 집정의 공의(公議)를 거치지 않을 수 없게 되니, 이로서 오히려 각자 분담한 책임이 경감되는 지경에 이르는 것입니다. 영국에 연대책임의 법이 있는 것은 그 내각 집정을 일개 정당의 집합체로, 한 개인과 동일하게 간주하기 때문입니다. 본래 행정 사무에 성(省)을 나누고 직무[職]를 정한 이치[理]는 본디 입헌 국회[議院]의 여러 의원[數員]이 합동하여 하나의 집합체를 결성하는 것과 동일하지 않은 바입니다.

제3. 헌법에서 프로이센의 다음과 같은 한 가지 조항[一條]을 본받지 않을 수 없습니다. 프로이센 헌법 제109조에 말하기를 「구세(舊稅)는 그 힘을 보전한다」고 하니, 이를 설명하면 혹 세계(歲計) 예산에 관해 정부와 국회가 협동하지 못할 때에는 전년의 예산이 그 효력[效]을 가질 수 있다고 말하는 것입니다. 이 한 가지 조항은 프로이센의 건국헌법에서 항시 행정권을 유지하는 방법[所以] 가운데 핵심[主腦]입니다. 이 한 가지 조항이 없을 경우, 국회[議院]가 혹 내각을 공격하여 내각의 중대법안을 소수가 되도록 했으나 내각이 천자의 보호에 의거하여 퇴진하지 않으면, 국회[議院]가 그 의사[議]를 고집하기 위해 오로지 징세에 항거하며 국고 수요의 자료(資料)를 공납(貢納)하지 않는 것을 한 방법[一法]으로 삼을 뿐입니다. 이는 국회[議院]는 그 권력[力]으로 능히 입국(立國)의 생명인 조세를 거부할 수 있기 때문이니, 영국 외에 벨기에[白耳義], 이탈리아[伊太里] 등 여러 나라의 경우에도 역시 마찬가지로 모두 국회[議院]를 통해 정당 내각을 조직함에 따라,

국회[議院]의 중망(衆望)을 사기 위해 노력하는 것입니다. 지금 과연 프로이센을 모방하여 내각이 국회[議院]의 바깥[外]에 있기를 바라니, 그렇다면 또한 반드시 프로이센 세법의 조항에 의거하지 않을 수 없는 바이니, 그리하지 않을 경우, 천자는 재상을 퇴진시킬 수 있다는 조항 역시 실로 유명무실하게 될 것입니다. 이상 3개 항은 점진주의를 유지하고 영원히 나라의 홍복(洪福)을 보전하기 위해 필요한 것이라고 믿습니다.

의견 제3.

위의 의견 제2[二議]에서 게재한 3개 항목 중에, 제3항은 유럽[欧洲] 가운데 오직 프로이센[普魯西]에서만 그 예를 찾아볼 수 있는 바로서, 프로이센[普國] 건국법에 그 조항이 있음은 정치학자[政論學者]가 만족하지 않는 바입니다. 정치학자[政論家]의 설(說)에 따르면, 프로이센의 국헌(國憲)은 어느 정도[幾分] 압제(壓制)임을 면치 못하는 것으로, 프로이센의 국회[議院]는 완전히 기력(氣力) 없는 것이라 합니다.

원로원에서 상주(上奏)한 헌법 초안 제8편(篇) 제2조에 「법률에서 승인하지 않는 조세를 부과할 수 없다」고 하니, 이는 곧 분명히 징세[賦税]의 전권을 국회에 부여하는 것입니다. 그 조항에 따르면 정부 징세의 법안에 혹 국회[議院]가 이의 있는 바가 있을 경우, 인민은 조세를 납부[課出]할 의무를 면하게 되니, 국고가 이에 따라 자급(資給)할 수 없게 되는 것입니다. 징세[賦税]의 전권이 이미 국회[議院]에 있을 경우, 호랑이가 산모퉁이[崿]를 지는 것과 같으니, 내각을 퇴진시키고 왕명을 좌우하여 무엇으로도 감히 이를 막을 수 없으니, 이는 급진 정치학자[政論家]를 십분 만족시키는 바일 것입니다.

또한 제1항 및 제2항에서, 집정(執政)의 진퇴를 오직 천자에게 귀속시키고, 또한 연대책임을 면하게 한다는 것 역시, 현재 국헌(國憲)을 주창하는 논자(論者)의 설(說)과 상반되는 바입니다. 고준샤(交詢社)에서 기초(起草)한 사의헌법안(私擬憲法案)은 제9조에 「내각 재상은 협동일치(協同一致)하여 내외의 정무를 행하고, 연대하여 책임져야 한다」, 제12조에 「수상(首相)

은 대중[衆庶]의 희망[望]에 따라 천황이 친히 이를 임명하고, 그 외의 재상은 수상의 추천에 따라 이를 임명해야 한다」, 제13조에 「내각 재상은 원로의원 혹은 국회의원에 한한다」, 제17조에 「내각의 의견과 입법 양원(兩院)의 중의(衆議)가 서로 부합하지 않을 경우에는 혹 내각 재신이 그 직을 내려놓고, 천황의 특권으로 국회[國會院]을 해산하는 것을 그 징계로 한다」 운운하고 있습니다. 이상의 각 조항들의 요지[主意]는 내각 집정으로 하여금 연대책임을 지도록 하고, 그가 국회[議院]에 부합하지 않을 경우에는 빈번히 그 직을 내려놓게 하고 의회[議員] 중에 중망(衆望)있는 자로 이를 교체하는 것이니, 소위 정당 내각 신진교체(新陳交替)의 설(說)로서, 실로 영국을 모범(模範)으로 본받은 바입니다.

이에 생각건대, 오늘날 급진론이 점차 조야(朝野)의 사이에 침염(浸染)하여, 일시(一時)에 풍조(風潮)의 세력[勢]이 누적[積重]된 것에 편승하여, 반드시 최상극점(最上極點)에 이르러서야 그 후 멈추려 하는 것입니다. 이에 깊이 우려하는 바는 당국자가 혹 이론에 심취하여, 깊이 각국의 상이[異同]함을 궁리하지 않고, 영원한 결과를 생각하지 않은채, 단지 눈 앞의 신기(新奇)에 열중하여, 내각의 조직을 중의(衆議)가 좌우하는 바에 맡기기를 바라는 일이 있는 것입니다. 한번 부여한 권리는 흐르는 땀[流汗]을 다시 돌릴 수 없는 것처럼, 단지 국체를 망가뜨리는 일이 있을 뿐만 아니라, 이 세상[世]의 안녕과 국민의 홍복(洪福)을 계획함에 있어, 역시 혹 장래 공리억상(空理臆想)의 바깥으로 빠져 나와 후회해도 돌아갈 수 없는 지경에 이르게 될 것입니다.

입헌의 대사(大事)는 실로 비상(非常)한 변혁으로서, 조정의 계획[廟猷]이 원대하고 일정하여 돌이킬 수 없는 것이 아니라면, 중의분요(衆議紛擾)를 무엇으로 저지할 수 있을 지 알 수 없습니다. 점진주의는 일시(一時)에 세론(世論)이 만족하지 못하는 바이니, 앞의 의견 3항에서와 같이, 이를 실제로 시행함에 있어 물의(物議)를 격동시키고, 시끄럽게[囂々] 싸우고[喧嘩], 팔을 들어 서로 다투는 일 역시 헤아릴 수 없습니다. 그 확연불발(確然不拔)하여 영구히 확고함은, 오직 우리 천황의 성단(聖斷)과 상보[輔相]하여 대신(大臣) 계책[畵策]이 잘못되지 않음에 의지할 뿐이니, 앞서 구구히 말씀드린 바[衷實] 실로 앙망(仰望)하기 그지 없습니다.

메이지 14년(1881) 7월
도모미(具視)

부록 5: 「진린방병비략표」

야마가타[山形] 참모본부장, 「진린방병비략표(進鄰邦兵備略表)」(상소[上奏])

인접국[鄰邦]의 병비(兵備) 전략[略]에 대한 상소[表]

신(臣) 아리토모(有朋) 말씀 올립니다. 현재[方今] 만국이 대치하니, 각자의 강역(疆域)을 지키는 병력[兵]이 강하지 않으면 독립할 수 없는 것입니다. 지금 수호조규(修好條規)로 외교관계[交際]를 수립하고, 만국공법(萬國公法)으로 불화[釁隙]의 곡직(曲直)을 판별합니다. 그러나 논자(論者)가 말하기를, 스스로 보호할 수 있어야 한다고 하니, 이는 강자가 의(儀)를 명분으로 사익을 꾀하고, 약자는 구실을 들어 불쌍히 여기는 마음[哀情]에 호소하는 도구[具]에 불과할 뿐이기 때문입니다. 논자(論者)는 또한 말하기를, 옛날[古昔] 오랑캐[戎狄]의 군대[兵]는 초절진멸(勦絶殄滅)하여 종족을 섬멸하는데 그치지만, 지금의 구미각국은 그렇지 않고 오직 그 병력을 마비시켜 타자를 굴복시키는 것을 용병(用兵)의 목적으로 삼으니, 이에 국가를 약탈하고 사직(社稷)을 망하게 한다고 합니다.

어찌 그러한가 하면, 이렇게 하지 않을 수 없는 것으로, 오직 각자 손익이 어떠한가에 따른 것일 뿐입니다. 폴란드[波蘭]가 3국으로 분열된 것과 같은 것도, 인도가 영국에 병탄된 것과 같은 것도, 그 나라를 약탈하고 사직을 망하게 하는 것에 다름 아닙니다. 러시아[露]가 종교[教法]로 터키[土]에 불화[釁]를 일으키고, 영국[英]이 아편으로 청에 불화[隙]를 일으키니, 이 또한 모두 명분[名]을 들어 이익[利]을 꾀하는 것일 뿐입니다.

유럽[歐洲] 각국의 전법·전략(戰法戰略) 그 방식[揆]을 동일하게 하고, 총포·전함(銃砲戰艦) 그 정교함[巧]을 다투니, 우리가 보유하고 발명[明]한 것은 그들 역시 이를 발명합니다. 세력[勢]의 많고 적음[衆寡]에 따라 낭탐호시(狼貪虎視)하니, 서로 분쟁[釁隙]을 이용하여 우세한[逞] 자가 없도록 합니다. 그러니 현재[方今] 유럽[歐洲]에서는 병력[兵]의 많고 적음[多寡]을 논하는 일이 국가의 빈부를 논하는 것보다 시급한 바입니다.

형세가 이미 이와 같아 각국의 병제(兵制) 역시 인구에 상응[應]하니, 상비군[常備]이 많게는 70 분의 1, 적어도 100 분의 1 이상이며, 또한 전시 정원은 많게는 15 분의 1, 적어도 20 분의 1로 삼고 있습니다. 어찌 역시 내외 국채를 비교[計較]하고, 세입·세출[歲入出]이 서로 균형[相償]하지 않지 않는 것을 염려할 겨를[暇]이 있겠습니까? 곧 이탈리아[意太利] 한 나라를 예로 들면, 그 인구는 2천 2백만에 지나지 않지만, 상비군[常備ノ兵]의 수는 실로 14만여명에 이릅니다.

작은 것[小]이 큰 것[大]에 제어[役]당하고 적은 것[寡]이 많은 것[衆]에 제어[役] 당하는 것은 옛날[古]부터 그러했다고 하나, 오늘날의 형세[勢]가 가장 심하다 하겠습니다. 그러니 의리(義理)를 변리(辨理)하고 인애(仁愛)의 도(道)로 좋은 관계[鄰好]를 수호[修]하여 만국 모두 행복한[熙々] 지경[域]에 들어가기를 바라더라도 과연 그리할 수 있겠습니까? 대저 유럽[歐洲] 각국의 정치[政]를 장악한 자는 우두머리가 되고자 경쟁하며 서로 시의(猜疑)하니 꿈[夢寐]에도 잊을 수 없는 바입니다. 일시적인 느슨함[弛懈], 약간[一毫]의 실수[蹉鉄]도 곧바로 타국이 이용하는 바가 되어, 감히 태만[荒怠]하지 않으니, 그 고난[艱苦] 역시 상상할 수 있을 것입니다. 내치(內治)를 공고히 하고 외방(外防)을 치밀[周密]히 하여 작은 불화[寸釁分隙]도 상호간에 이용할 수 없게 하는 것 역시 속일 수 없는 바입니다.

이 역시 지구 상의 변동전화(變動轉化)로, 자연스러운 형세[理勢]에 따른 것이니, 그치기를 바라더라도 어찌할 수 없는 것입니다. 그러니 그 변동전화(變動轉化)가 어찌 오직 유럽[歐洲]뿐이겠습니까? 백 년 이래 동방(東方)을 선동하여 터키[土耳其], 페르시아[比耳西亞], 인도에 이르렀고, 50년 이내로 청나라에 이르렀으며, 30년 이내 마침내 우리나라[本邦]에 이르게 되었으니, 서방(西方)으로 향해 300년 내 아메리카[亞墨利加]에 이식된 것과 접촉[接附]하여 마침내 지구 면에 하나의 고리[環帶]를 이루게 된 것입니다.

유럽[歐洲]의 경우에는 4대주 가운데 폭[幅員]이 가장 협소하고, 인종의 근본[本]이 동일하며, 종교의 기원이 동일하고, 풍속의 양상[狀]이 균등하였으나, 나폴레옹 1세[拿破崙一世]가 이를 일소하고 정치·병제(兵制) 모두가 하나의 기축(機軸)에서 나오도록 하였으니, 오늘날[現今]에 이르게 점차 기이[愈出愈奇]해졌다고 하나, 정치의 대략과 병제(兵制)의 대강령[大綱]에 있어서는 그 범위를 벗어나지 못하여, 마침내 오늘날[現今] 열국(列國)의 풍속[風]에 순응[馴致]하게 된 것입니다.

터키[土耳] 동쪽[其以]의 여러 나라[諸國]의 경우에는 인종의 근본[本]이 동일하지 않고 혹 같다 해도 갈라져 나온[支別] 지 오래이며, 종교의 기원을 달리하고, 풍속의 양상[狀]이 동일하지 않으니, 정치·병제(兵制)가 변동·전화(變動轉化)의 형세[勢]에 대응함에 있어 허다한 어려움[硬難]이 없을 수 없는 것입니다. 그러나 이치[理]와 형세[勢]가 극에 달하면 조만간 이에 격동되어 유럽 열국[歐洲列國]과 대치·병립(對峙並立)하는 지경에 이르지 않을 수 없으니, 과연 자연스러운 형세[理勢]에 따른 필연이라 하겠습니다. 이럴 때 편안[恬熙]히 기뻐하여 우유자적[優游] 안주[安]하며, 계기[機]가 있어도 살피지 않고 분쟁의 발단[衅]이 생겨도 대비[備]하지 않는다면, 다른 사람이 반드시 그 폐단[弊]을 이용할 것이니, 땅을 할양[割]하고 금을 배상[償]하며 국체를 더럽히고 독립을 잃게 될 것이 실로 두려울 따름입니다.

청나라는 넓이[廣袤] 392만 4천 방리(方里), 인구 4억 2천 5백만여, 옥토[地沃]에 재풍(財豊)하며, 병력[兵]은 수 백만 이상으로, 그 넓이[幅員]와 인구는 거의 유럽 전체[歐全洲]에 버금갑니다. 그러나 영(英)·불(佛) 동맹군[兵]이 한번 톈진[天津]을 돌파하니 다구[大沽]에서 패퇴[敗]하여 베이징[京城]을 지키지 못했으니, 천자[帝]가 러허[熱河]에서 다행히 성하(城下)의 맹세[盟]를 맺어 겨우 화친[成]을 맺을 수 있었습니다.
이는 분명한[昭昭] 전례[殷鑑]로서, 오늘날 병비(兵備)의 시급함은 마치 목말라[渴] 마시는 것[飮]이며 배고파[飢] 먹는 것[食]에 해당하는 셈입니다. 신민으로 하여금 삶[生]을 즐기고 부귀에 안존하게 하여, 그 기백[氣膽]을 열고[開暢] 애국의 뜻[志]을 일으켜 진취하려는 계획[計] 역시 병력이 없다면 할 수 없는 것입니다. 병력[兵]이 강해야 국민의 의지와 기개[志氣]가 비로소 왕성할 수 있고, 국민의 자유를 비로소 말할 수 있으며, 국민의 권리를 비로소 논할 수 있고, 외교[交際]의 균형[平行]을 비로소 지킬 수 있으니, 교역[互市]의 이익을 비로소 제어할 수 있고, 국민의 노력이 비로소 축적될 수 있으니, 이로서 국민의 부귀[富實]를 비로소 지킬 수 있는 것입니다.

이처럼 부국과 강병은 예나 지금이나[古今] 서로 본말(本末)을 이루는 바[相成]입니다. 그 자연스러운 형세에 따르면, 유럽[歐洲] 각국이 병비(兵備)에 급급한 것 역시 이상하지 않을 것입니다. 지금 만약 부국[富厚]이 본(本)이고 강병은 말(末)이라고 한다면, 민심은 나날이 사리(私利)로 떠나 공리(公利)가 있는 바 알지 못하고, 폐륜[倫薄]의 기풍[風]이 다달이 장려되며, 위미(萎靡)한 폐단[弊]이 해마다 이루어지니, 언변[利口]과 허식을 풍습으로 삼게 될 것입니다. 실로 한번 그와 같이 되어 버리면, 질박[質直]·검소[質直]·충후(忠厚)·용감(勇敢)·염치(廉恥)를 중시하고 절의(節義)를 소중히 여기는 기풍[風]이 일소되어, 일단 불화[釁隙]가 생기면 군주[君]를 배반하고 나라를 파는 매국노[賊群]가 일어나 막을 수 없게 될 것입니다.

따라서 소위 강병(强兵)이라는 것은 본디 강탈[攘奪]을 주로 하고 화란(禍亂)을 즐기는 것을 일컫는 것이 아니라, 기풍[風尙]을 유지하여 폐륜[倫薄]에 빠지지 않고, 창고(倉庫)를 충실히 하여 공허(空虛)에 이르지 않는 정략(政略)인 것입니다. 그러니 화란(禍亂)이 아직 움트지 않았더라도 이에 종사(從事)하지 않을 수 없는 것일 터인데, 하물며 이미 명확[炳然]히 볼 수 있는 상황에서는 어찌해야 하겠습니까? 강병(强兵)의 책략[略]은 오직 유럽 열국[歐洲列國]만 그리하는 것이 아니며, 단지 오늘날 만국 모두를 예로 들 수 없기 때문[所以]일 뿐입니다.

우리 일본 제국은 동방의 끝자락[首地]에 위치해 변동전화(變動轉化)의 형세에 맞닥뜨리는 것이 가장 늦었지만, 이전 패정(霸政)의 말기[澆季]에 이르러[際會], 폐하께서 신무(神武)·예명(睿明)하시어 정무[萬機]를 혁신[鼎

新]하고, 법제[百度]를 회복[恢張]하였으며, 병제(兵制)의 경우에도 이에 따라 강령[綱]과 조목[目]을 제시하여, 서양법[西法]을 절충하고 전례를 떨쳐내[奮套] 오랜 관습[故慣]을 일소하였으니, 새롭게 정예견리(精銳堅利)한 전법(戰法)에 종사하기에 이르렀습니다. 이에 해마다[頻年] 내·외의 우환이 없지 않았음에도 바로 평정[戡定]의 성공[功]을 아뢸 수 있었으니, 우리나라[本邦]의 체면을 손상시키는 일 없었고, 모욕[外侮] 받는 지경에 이르지 않았으니, 이는 실로 폐하께서 영명(英明)한 개혁[更革]을 일으키신 바에 따른 것이라 하겠습니다.

그러나 오늘날 아직은 작은 성공[小成]에 안주해서는 안될 것입니다. 메이지 초년부터 해·육군[海陸]의 병비(兵備)가 날로 개혁[更革]되어왔지만, 대체적[大體]인 변혁[變改]으로서 아직 상세[詳悉]의 영역[域]에 이르지는 못한 것입니다. 진대(鎭臺)·진수부(鎭守府) 등의 시설이 있었으나 연해 방어 등의 일에 대해서는 아직 그 성공[功]을 아뢸 수 없습니다. 메이지 초 폐하의 성무(聖武)로 능히 수백 년 내의 곤란[盤根]을 뿌리 뽑고 완고한 백성[頑民]을 징계하였으니, 국내에 작은[小醜] 봉기가 있어도 그 자리[立地]에서 소멸[勦滅]하여 점차 소강된 것과 같은 것은 모두 국내의 작은 일[小事]로서, 외국[他邦]에 대항[抗衡]하는 큰 일[大事]은 아니었습니다. 중간에 대만·조선 등의 사건이 있었으니, 만약 파열(破裂)에 이르렀다면 그 화를 헤아릴 수 없었겠지만[不測], 다행히 화평[和好]으로 귀결되었습니다. 생각건대 이것도 일시적인 것이고 저것도 일시적인 것이니, 아직 이 일시적인 것으로 저 일시적인 것의 본보기[例]로 삼을 수 없을 것입니다.

어찌 지금[目今] 소강되었다 하여 이후[今後]의 큰 일[大事]을 살피지 않을 수 있겠습니까? 수성(守成)의 어려움이 창업(創業)보다 더할 것인데, 외침을 방어(防遏)하는 어려움을 내란을 안정[戡定]시키는 것에 견줄 수 없겠습니까? 더욱이 세상[世]이 점차 소강에 익숙해져 폐륜[倫薄]·위미(萎靡)의 기풍[風]이 점차 만연해진다면 어떻게 되겠습니까?

메이지 초년 폐하 소의간식(宵衣肝食)하시며 정성[精]을 다하여 정치[治]를 계획하니, 신료(臣僚)·백사(百司) 역시 분연히 일을 이루고자 하는 기풍[風]이 일었으나, 요즘[頃者] 신료들이 일을 이루고자 하며 작신고무(作新鼓舞)하는 바가 예전[昔日]같지 않습니다. 이는 시세에 따른 것이겠으나, 역시 편안함[安]에 익숙해진 것에 다름 아니지 않겠습니까? 이에 병비(兵備)·해방(海防)과 같은 일을 신(臣)이 누누이 논하였으나 귀 기울여 듣는 자가 적은 것입니다. 지금 소강에 안주하며 일시적 안정[姑息]을 일로 삼는 것이 만연하여, 시세가 향하는 바를 바라지 않으니, 한번 형세[勢]가 기울어져 일이 닥쳤을 때 뒤늦게 후회[噬臍]해도 돌이킬 수 없을 것입니다.

소위 동방론(東方論)이라는 것이 점차 아세아·동방에 만연하니, 점차 그 근저(根底)가 견고해지고 있습니다. 지난번[曩者] 러시아·터키[露土] 간의 투쟁이 있었고, 그 만신창이[瘡痍]가 아직 낫기도 전에 또한 아프가니스탄(亞弗業斯但)의 전쟁이 있었습니다. 청·러[淸露] 간의 일리[伊犁] 분쟁[紛紜]은 거기서 유래한 가장 오래된[最久] 일로서, 금년에 이르러 청·러[淸露]의 의견[廟議]이 서로 충돌[牴梧]하여 마침내 개전[開釁]에 이르게 된 것입니다. 이러한 사건은 모두 근저가 서로 연관[根底相連]되어 불화[隙]에 따라 싹[萌芽]을 틔운 것으로, 원인[毒因]이 아직 없어지지 않았으니 종양이 어떤 부분[部]에든 생기게 되는 것입니다. 이처럼 동방론이 조만간 파열할 것이라는 것은 세상[世]의 정론으로, 원인[毒因]이 오래[愈久]될수록 궤열(潰裂)의 형세[勢] 역시 더욱 가혹[酷]해지는 것은 당연한 이치[理]이니, 재앙[禍殃]이 하루하루 닥쳐오고 있는 셈입니다.

우리나라[本邦]가 청·러[淸露] 모두와 동맹이라면 관계없는 것[局外]이 본디 당연하며, 공법(公法)의 조규(條規) 역시 중립을 인정지만, 사변이 발생하면 예상 밖의 일이 많이 발생할 것입니다. 또한 자연[天然]적 위치가 이미 순치(唇齒)의 형태[形]를 이루고 있으니, 강풍[颶風]의 영향[環門] 어찌 모든 배[全船]에 미치지 않겠습니까? 도로에 싸우는 자가 있으면 옆 사람[傍人]이 필시 상해를 입을 것이고, 집안[蕭牆]을 조사[閱]하면 집안 사람[家人] 모두 이 환난[禍難]에 관계되는 것은 자연스러운 형세[勢]인 것입니다. 논자(論者)가 혹 말하기를, 지금 러시아·터키[露土] 간의 전쟁이 조만간 잦아들 것이라 합니다. 그러나 프로이센[普]·오스트리아[墺]·영국[英]·이탈리아[伊]가 각각 그 이익[利]을 꾀하니 러시아가 그 희망[企望]을 달성하도록 하지 않으니, 러시아[露]가 아직 각국의 견제를 벗어날 수 없는 것입니다.

동양[東]을 살핌에 무엇이 시급한가 생각하면, 포획을 우선시하고 그 어려움은 뒤로 하는 것이 전쟁국[戰國]의 일반적 상태[常態]이니, 실로 포획할 것이 있다면 어찌 동서(東西)를 가리겠습니까? 절도[盜竊]의 우려가 없다고 믿고 밤에 문을 잠그지 않았다는 말은 아직 들어보지 못했습니다. 하물며 최근[近日]의 형세[勢]를 보면 일리[伊犂]의 사고가 있었으며, 조선 정탐[探偵]에 대한 신문이 있었으니, 그 형세[勢]의 급급[駸駸]함 어떻겠습니까? 일을 살필 수 있고 사려할 수 있는 자라면 먼저 이 땅을 위하지 않을 수 없는 것이며, 만약 이 땅을 위하기를 바란다면 병비(兵備)보다 급한 것이 없습니다. 회맹왕래(會盟往來) 역시 믿고 안주할 수 없는 것이니, 그들이 우리 말에 낙부(諾否)를 표명하도록 하는 것 역시 병력의 강약에 따른 것일 뿐입니다.

병비(兵備)의 일 다단(多端)하니, 보루(堡壘)의 설비, 총포의 정리(精利), 함선(船艦)의 견고[堅牢], 조련의 완숙[調熟], 탄환의 제조, 양식(糧食)의 자급(資給), 운수·통신의 편리, 피복·기구·의약·마필(馬匹) 등의 일에 이르기까지 급무가 아닌 것이 없습니다. 이에 그 대강령[大綱]을 논해야 국면의 배치[布置]가 적절해질 수 있을 것입니다. 이를 바로잡는 것[正]이 신(臣)의 본분[職分]이니 낮 밤으로 강구하여 획책(畫策)에 일조하기를 바랄 뿐입니다.

배치[布置]가 적절해지기를 바란다면, 지리(地理)를 강구하는 것보다 우선되는 것은 없습니다. 신(臣) 부사(部事)에 임명되고부터 오직 내·외의 지리지지(地理地誌)를 집집검토(集輯檢討)함으로써 장래[異日]의 참고로 삼고자 하였습니다. 아래[此書]는 인접국[鄰邦]의 현재[現今] 병비(兵備)를 기록[摘載]한 것으로, 그를 알고 나를 아는 것은 병법의 요결(要訣)이니, 지금 인접국[鄰邦]과 교전하고자 하는 소의(素意)가 아닙니다. 그러나 이쪽과 연횡(連衡)하고 저쪽과 합종(合縱)하거나, 혹은 엄정히 중립을 지켜 시세의 변화[變]를 미리 기약할 수 없는 것이니, 그 지리·병비(兵備)에 대해 상세히 검토[究討]하지 않을 수 없는 것입니다. 하물며 동방론이 파열될 염려가 있는 지경에 이르렀으니, 신(臣)이 부사(部事)로서 하루도 소홀히 할 수 없는 것입니다.

청나라의 병비(兵制)는 현재[現今] 날로 변혁[更革]하여 변동하며 일정치 않아[常無] 그상세[詳悉]를 알 수 없지만, 병력[兵數]은 대략 100만 이상 이지만, 인원이 극히 많고 비용[資費]이 극히 과하여, 전체적인 제도는 아직 고쳐지지 않았습니다. 민간의 풍속[民風]이 아직 옛 법[舊條]에 안주하여, 병기(兵器) 역시 도(刀)·창(槍)·궁(弓)·전(箭)·화승총(火繩銃) 등을 사용하는 자가 그 태반[大半]에 이르고, 대오(隊伍)·진영(陣營)의 방법[法], 부서(部署)·호령(號令)의 규정[節] 역시 구습을 따르니, 아직은 갑작스럽게 강해졌다 [强]고 말할 수는 없을 것입니다. 더욱이 강토[壤地]가 광대하고, 도로가 요원(遼遠)하며, 사막이 많다는 점 등으로 인해 배치[布置]가 적절해지지 못하여, 병력[兵數] 100만이 있지만 응원분합(應援分合)은 아직 그 뜻대로 되지 않고 있습니다.

함풍제[咸豊]의 베이징(北京) 전투[役]에서 영(英)·불(佛) 동맹군은 겨우 2만으로 결국 그 뜻[志]을 이룰 수 있었습니다. 당시 청 조정[清廷]은 정략·병략(兵略) 모두 잃었으니, 중국이 스스로의 존대(尊大)함으로 사방[四隣]의 소약·미개국을 대하던 방식으로 유럽[歐洲]의 노련[百練]한 군대[兵]와 대적하여 패배하게 된 것은 당연한 것입니다. 그 이래로 점차 세월이 지나 각국과의 외교[交際]가 날로 친밀해짐에 따라 청나라 역시 옛 방식[古轍]을 고수할 수 없었습니다. 학생을 구미(歐米)로 유학 보내고, 사절[星使]을 각 맹약국에 주재[差駐]시키는 등 점점 외정(外情)을 살피지 않을 수 없었으니, 이를 시작으로 병기·전함 모두 서양법[西法]이 뛰어남[長所]을 알게 되었으니, 이로서 정략·병기 모두 한 발 나아갔다고 말할 수 있을 것입니다.

우리나라[本邦]의 경우에는 유신의 성업을 맞아 모든 일[百事]이 갑자기 개혁[更革]되어 구습을 일선(一洗)하였으니, 이를 청나라와 비교하면 겨우 일착(一着)을 면한 것과 같습니다. 이는 본디 성덕(聖德)에 따른 바라고 하겠으나, 그 물리(物理)를 참고[照考]하면 대단히 요연(瞭然)한 바가 있습니다. 지금 청나라 판도(版圖)의 크기, 그 18성(省)의 넓이[幅員]가 대략 우리나라[本邦]의 10배가 되며, 4억만의 인구 역시 우리나라[本邦]의 10여배가 됩니다. 사물[物]에 대소의 구별이 있어, 이를 물에 던지면 침윤(浸潤)의 느림과 빠름[遲速]이 있고, 이를 불에 던지면 용해(鎔解)의 빠름과 늦음[早晩]

이 있는 것처럼, 국가에는 넓고 좁음[廣狹]의 차이가 있는 것이니, 그 변동
전화(變動轉化)에 어찌 문제가 없을 수 있겠습니까?

청나라의 변화가 우리에게 수착(數着)을 양보[讓]하였으니 그 어려움[硬
難]에 직면하는 것 역시 우리의 몇 배[數倍]에 이르기에 다름 아닐 것입니
다. 인사(人事)와 물리(物理)는 반드시 이처럼 대조할 수 있는 것이 아니라
고 하지만, 변천(變遷)이 사람들의 교제관화(交際観化)에서 시작되는 것이
라면 역시 일리[理]가 없다고 말할 수 없을 것입니다. 하물며 우리의 지형
은 사변(四邊) 모두 바다에 접해있어 교통이 극히 용이[易]한데 반해, 그들
의 지형은 북서남(北西南)의 대부분이 좁은 길[隘路]이어서 서구 문물의[西
化] 수입의 편리함[便]이 결여되어 있으니 오죽하겠습니까? 이 역시 지형
에 따른 바입니다.

5년 이래 청 조정[淸廷]이 누누이 외교[交際] 상의 어려움[艱險]에 직면하
여 상처[刺衝]받은 바가 심하니, 이에 따라 병비(兵備)가 날로 개혁에 이르
는 바 역시 선명하지 않았습니다. 그 나라 민속(民俗)은 적개심[氣]이 본디
왕성한데, 원명원(圓明園)의 패적(敗績)은 실로 급소를 찌르는 교훈[頂上一
針]으로, 그들이 와신상담[嘗膽]하게끔 하는 기념비인 셈입니다. 어찌 능히
오래도록 속수무책[束手]하며 다른 사람의 능멸[凌侮]을 감수하겠습니까?

따라서 병제(兵制)의 개혁과 연해[邊海]의 방어를 오늘날의 급무로 삼아
근면[亹勉]하기를 그치지 않았으니, 푸저우(福州)에는 큰 조선소를 설치하
여 크고 작은 함선[船艦]을 제조하고, 광저우(廣州)·푸저우(福州)·항저우(杭
州)·상하이(上海)·난징(南京)·지난(濟南)·톈진(天津) 등 각지에 조병국(造兵
局)을 건설하여 성대히 총포·탄약을 제조하였으며, 다구(太沽)·베이탕(北
塘)·즈푸(芝罘)·우송(吳淞)·장인(江陰)·전장(鎭江)·우룽산(烏龍山)·난징(南
京)·주장(九江)·한커우(漢口)·닝보(寧波)·샤먼(廈門)· 푸저우(福州)·광저우
(廣州) 등의 요충지[要衝]에는 모두 포대를 건축하였습니다. 또한 이홍
장(李鴻章)의 향용(鄕勇) 2만은 영국식[英式]의 정병(精兵)이며, 산둥(山東)
의 순무(巡撫)도 독일[日耳曼] 사관(士官)을 초빙하여 그 향용(鄕勇)을 훈련
시켰으니, 기타 양강(兩江)·민절(閩浙)·호광(湖廣)·양광(兩廣) 등의 총독(總

督)도 각 향용(鄕勇)을 모집[徵募]하여 앞다투어 서양식[西法] 훈련에 종사하도록 했습니다.

메이지 7년(1874)에는 다구(太沽)·베이탕(北塘)·푸저우(福州) 등 외의 포대가 교착(較着)되는 바를 보지 못했으나, 이후 매년 그 수가 증가하였으며, 건축도 이에 따라 그 방법[法]을 새롭게 하였으니, 흉장(胸墻)의 경사에서 복도(覆道)·원대(圓臺)와 같은 것에 이르기까지 유럽의 제도[歐制]를 따르게 되었습니다. 또한 그곳에 크루프 및 암스트롱 등의 거포(巨砲)를 구비했으니, 지금 그 숫자, 일이 있어 징발[徵]한다면, 함풍제[咸豐] 말(末) 다구(太沽)에서 철제 활당포(鐵製滑膛砲) 혹은 나무포[木砲]를 구비하여 적의 간담[敵膽]을 빼앗으려 했던 것과는 다르다는 것을 알 수 있습니다.

메이지 12년(1879)에는 베이탕(北塘)·다구(太沽)의 요충지[要衝]에서 건축에 전력(全力) 다했으니, 이는 적이 상륙하여 즈리(直隷)를 돌파하는 것을 방어함으로써 베이징(北京)의 방어에 여유가 있도록 하기 위한 것이었으나, 올해 다시금 북쪽[北岸]에 요충지[要衝]를 선별하여 증축하도록 하기에 이르렀습니다. 메이지 8년(1876) 광저우(廣州)의 조병국(造兵局)에서 병졸이 운용하는 후장시조총(後裝施條銃)을 제조하였으나, 미국 육군 장관(將官) 오프턴(オプトン)씨의 방문[來觀] 보고서에 기재되어 세상[世]의 웃음거리가 되었지만, 작년에는 상하이(上海) 조병국(造兵局)에서 레밍턴(レミントン)의 후장시조총(後裝施條銃)을 하루 평균 11정(挺)을 제조하기에 이르렀습니다. 또한 요즘[頃者] 들리는 바로는, 당시 구베이커우(古北口)의 향용보병(鄕勇步兵) 2대대(大隊)와 기병 1대대, 장자커우(張家口)의 팔기보군(八旗步軍) 2대대, 쉬안화푸(宣化府)의 기병[驍騎] 1대대는 모두 서양총[洋銃]으로 교체했다고 합니다. 격오지[僻遠ノ地]가 이러할진대 경성근방(京城近傍)과 연해요충(沿海要衝)의 경우는 이로 미루어 짐작할 수 있을 것입니다. 이미 서양법[西法]의 편리[利便]를 알아 그 구습을 일설(一說)하는 것 역시 과연 머지 않았다 하겠습니다.

청나라가 광대하여 아직 철도를 건설하지 않아 내지(內地)의 교통이 빠를 수 없으니, 전국 100만의 병력[兵] 모두가 변고[機變]에 대응할 수는 없을 것입니다. 그러나 일이 생기면 하루 아침에 즈리(直隷) 지방 10만의 병마

(兵馬)가 그 자리[立地]에 구비[辨]될 수 있으며, 또한 40일 내로 선양(盛京)·산시(山西)·산둥(山東)·허난(河南)·산시(陝西) 등의 여러 둔영[戍]에서 원조[來援]할 수 있을 것입니다. 또한 남방에서는 양쯔강[長江]에 증기선[汽船]이 수로로 후베이(湖北)의 이창(宜昌)을 통과하여 상당한 편리함[便]을 얻었으니, 이에 따라 양쯔강[長江] 연안 여러 성(省)의 병마(兵馬)가 며칠이면 변고[機變]에 대응할 수 있을 것입니다.

연해에서는 50여 척[艘]의 군함이 있으며, 장강에는 600여대(隊)의 수군[水師]이 있으니, 본디 함풍제·동치제[咸豊同治]의 청나라 때와 같다고 말할 수 없습니다. 청나라 100만의 병력[兵]은 그 인구 4억 2천 5백만에 비례하면, 겨우 420 분의 1에 불과한 것입니다. 만약 유럽[歐洲]의 징병법을 모방하여 평시 100 분의 1을 모집한다면 425만명을 얻고, 전시 100 분의 2를 뽑는다면 850만을 얻을 수 있습니다. 청나라가 실로 최근[近日]의 상황[狀]처럼 병제(兵制)의 개혁을 빠르게[駸々]하고 그치지 않는다면 끝내 만국과 나란히 설[橫行] 수 있게 될 것입니다.

어찌 동양의 우두머리[雄]라고 칭할 수 있을 뿐이겠습니까? 인접국[隣邦] 병비(兵備)의 강함은 한편으로는 기쁜 것이지만 다른 한편으로는 두려운 것입니다. 그것이 아세아 동방에 강한 도움[強援]이 된다면 본디 기뻐하는 것으로 족하겠으나, 그들과 불화[釁隙]를 일으키게 된다면 두려워하지 않을 수 없는 것입니다. 만약 인접국[隣邦]이 피폐·쇠퇴하여 유럽[歐洲] 각국이 먹이[餌]로 삼는다면, 순치(唇齒)의 형세[勢]인 우리 역시 이에 따라 압박을 받게 되며, 동방이 서로 대치한다면 오래도록 화평[和好]을 보전할 수 없게 될 것입니다.

지금 만국이 각기 국강(國疆)을 지켜 각기 독립을 유지하고 있습니다. 인접국[隣邦]의 병비(兵備)가 점차 굳건해지면 우리나라[本邦]의 병비(兵備) 역시 소홀히 할 수 없는 것입니다. 제방(堤防)이 치밀[周密]하지 않아 틈[罅隙] 한번 생기면 균열[遭裂]이 사방[四出]으로 나 복구할 수 없는 지경에 이르게 될 것입니다. 북쪽[北地]에 강한 러시아[強露]가 이웃[界]하고 있음은 말할 것도 없으니, 서쪽 인접국[西隣]이 결국 강해지게[強] 되면, 우리와 조선은 그 사이에 끼게 됩니다. 이에 춘추(春秋) 정(鄭)·위(衛)가 진(晋)·초(楚)

를 대하는 것과 같이, 열국(列國)이 권모술수[權謀]를 서로 다툴 때, 우(虞)에 길[路]을 빌려 괵(虢)을 치는 것과 같은 변[變]이 없을 것이라고 보장할 수 없는 것입니다. 필경 우리의 강함[强]을 믿지 않으면 달리 믿을 것이 없다는 것은 자명[明嘯]한 이치[理]입니다.

논자(論者) 혹 말하기를, 우리는 해국(海國)으로 사방[四境]에 험한 파도가 있어 인접국[隣國]의 갑작스러운 압박을 받을 수 없으니, 위안[胡元]의 일이 바로 그것이라고 합니다. 신(臣)이 생각건대, 이는 실로 믿을 수 없는 것을 믿는 것입니다. 사면이 바다로 둘러싸인 나라는 사면이 동시에 적을 맞닥뜨릴 우려가 있는 것입니다. 어찌 대륙열국(大陸列國)이 한 쪽으로 적을 맞닥뜨려도 다른 한 쪽은 평화롭게[好和] 관계 없는 것[局外]과 같은 논리[同論]일 수 있겠습니까? 또한 대해(大海)는 만국이 공유하는 것이니, 영(英)·불(佛)과 동·서경 160도 차이가 나고 러시아[白露]와 남·북위 40도 차이가 나지만, 하루 아침에 일이 생기면 그 함선[船艦]이 2개월을 넘기지 않고 우리 탄환이 명중 가능한 거리로 들어올 수 있으니, 이는 대륙 여러나라[諸邦]의 길을 빌리는 것과 전혀 다른[累] 것입니다.

또한 험한 파도를 믿을 수 있다고 하지만 신(臣)은 아직 이를 믿지 못합니다. 옛날[昔時]에는 항해의 길(道)이 분명하지 않았습니다. 쿠빌라이[忽必烈]가 포악[暴怒]하고 거만[謾]하여 대군[大兵]을 일으켰지만, 10만의 병력[兵]이 물고기 뱃속[魚腹]에 매장된 바 있습니다. 그러나 이는 태풍[颶風]의 힘일 뿐, 어찌 험한 파도 때문이겠습니까? 지금은 항해술이 크게 열려 풍랑의 발생에도 대략 정해진 시간이 있다는 것을 알고 있습니다. 더욱이 증기선[汽船]·철갑함[甲鐵] 등의 정교함[巧]으로 인해 전투가 단지 며칠 만에 결정됩니다. 어찌 날을 지연시키며 때를 기다려 태풍[颶風]이 일어나기를 기다릴 수 있겠습니까?

더욱이 우리 지형은 구불구불[蜿蜒] 긴 뱀[長蛇]과 같으니, 배·등·머리·꼬리[腹背首尾]로 적을 맞닥뜨리기 쉽습니다. 교토(西京)는 바다로부터 심히 떨어져 있고, 도쿄만(東京灣)과 오사카만(大阪灣)은 요새가 견고하고 보대(堡臺)가 단단하니 금탕(金湯)을 무색하게 하기에 충분합니다. 그러나 시모노세키(馬關)·쓰가루(津輕)가 만약 적의 거점[敵據]이 된다면 갑자기 한 방향의 교통이 차단되고, 그 땅의 인민이 적에게 항복[降伏]하지 않는다 하더라도 교통이 한번 단절되면 우리가 가지지 못하는 것과 같습니다. 혹 강화[媾和]가 이루어지더라도 이를 위해 엄청난 금액[鉅萬]의 배상[償賠]이 필요하게 될 것입니다. 어찌 그 지역의 수년 간의 조세(租稅)로 능히 변제할 수 있는 바이겠습니까? 또한 한번 땅을 할양[割棄]하면 우리는 이미 나라를 완성할 수 없게 되는 것입니다. 사지(四肢)에 종기[疽]가 생기는 것처럼, 매년 한 부분[一肢]을 잃는다면 심장은 결국 무엇을 가질 수 있겠습니까? 더욱 우려되는 바는, 이키(壹岐)·쓰시마(對馬)·오키(隱岐)·사도가(佐渡) 등과 같이 우리 방어의 제1선에 관계되는 곳입니다. 만약 이곳이 적의 거점[敵據]이 된다면 그 이익·불이익[利不利]을 막론하고, 우리의 체면에 크게 관계되는 것입니다. 또한 적이 이곳에 식량을 쌓고 병기를 모아 장기전[持久]의 계책[計]을 이용한다면 장차 그 우환을 견딜 수 없게 될 것이다.

공수상관(攻守相關)은 병법의 요결(要訣)이나, 지금 우리나라[本邦]는 해륙정전(海陸政戰)의 방략(方略)에 있어서는 전략[略]·대경(大經)·구획(區畵)이 분명하다 하겠으나, 방어[防守]의 방략(方略)에 대해서는 아직 실마리[緖]를 찾지 못하고 있습니다. 단지 도쿄만(東京灣)의 한 가지 일이 겨우 계획[經畵]되어 준공 시기[期]도 아득[杳]하니, 진애(津涯)를 알 수 없는 것입니다. 하물며 최후의 방어선이 이럴진대, 제2, 제1은 어떻겠습니까? 이것이 바로 지금 더욱 관심을 가져야 할 일이니, 그 일에 관계된 이익[益] 크다면 그 마음을 씀씀이도 더욱 깊어야 한다는 것은 변함없는 이치[常理]입니다.

폐하 유신의 성업은 크다 하겠습니다만, 이 나라 안의 일에 관계된 것으로, 이를 전국의 흥폐존망(興廢存亡)과 관계된 외국[外邦]과의 관계에 비교하자면 전혀[夐然] 같지 않은 것입니다. 메이지 초년부터 오늘날에 이르기까지 크고 작은 어려움[硬難]이 없지 않았지만, 그것은 작은 일이었으며, 지금부터 그 이후는 큰 일[大事]인 바, 그 어려움[硬難] 역시 클 것이기 때문에 마음 씀씀이도 역시 깊지 않을 수 없는 것입니다. 폐하께서 이와 같은 큰 일[大事]을 이해[了]하시어, 우리나라[本邦]의 독립을 위협[危懼]하는 바 없고, 그 체면에 한 점의 모욕[汚黷]도 받을 걱정이 없는 지경에 이르지 못한다면,

유신의 성공[功]은 아직 모든 국면[全局]을 다하지 못한 것입니다.

최근[頃者] 나라의 계획[國計]이 고난[艱難]을 고하고 있는데, 지금 이처럼 원대한 계획[計]을 진행하려는 것은 망상[迂濶]에 불과한 것 같으나, 역시 연미지급[燃眉ノ急]한 상황이 아니라고 말할 수 없습니다. 지금 설령[縱令] 비용[資費]을 내지 않더라도 조만간 궁핍한 처지[逼處]에 처하지 않을 수 없으니, 만약 오늘날 착수[經始] 방법을 수립하지 않는다면 유사시에 회복[復]할 수 없게 될 것입니다. 지금 인접국[隣邦]의 병비(兵備)·전략[略]을 올리는 것은 신(臣)의 본분[職分]에 따른 것으로, 삼가 논급함이 이와 같으니, 폐하께서 신청(神聽)하시기를 바라옵니다. 신(臣) 아리토모(有朋) 성공성황(誠恐誠惶) 그지 없습니다. 삼가 상주(上奏)합니다.

메이지 13년(1880) 11월 30일
참모본부장 야마가타 아리토모(山縣有朋)

부록 6: 야마가타 「외교정략론」

야마가타(山縣), 「외교정략론(外交政略論)」

아리토모 (有朋) 가만히 생각건대, 국가[國]에 자위(自衛)의 계획[計]이 없으면, 그 국가는 국가가 아니게 되는 것이다. 만약 국가의 형세[國勢]가 위태로워지면, 타국[外]이 업신여겨도[侮] 막을 수 없으니, 오직 신민(臣民)만이 각개(各個)의 행복을 보존할 수 있음은 일찍이 사서[史乘]에서 그 선례를 보지 못한 바이다.

국가의 독립을 유지(維持)·진장(振張)하는 것은 우리[吾人]의 공동목적으로서, 그 일정한 방향은 단지 정부의 벗어날 수 없는 방침[針路]일 뿐만 아니라, 장래 정사(政事) 상의 분합(分合)에 어떤 변화가 생기더라도[現出], 무릇 제국의 신민(臣民)된 자는 동심협력(同心協力)하여 그 노선[進線]을 취합[湊合]하고 영원히 그 공동목적의 달성을 그르치지 않도록 해야 하는 것이다. 지금 아직 국가 독립·자위를 위한 장계(長計)를 내리지 않았으니, 빈틈없이 준비[綢繆]하여 평안무사(平安無事)한 때에 하루아침의 불우[不虞]를 도모[圖]하여, 묘의(廟議)를 다하여 장래[前途]의 방향을 일정하게 할 필요가 있음을 믿는 바이다.

국가 독립·자위의 방도[道]로 두 가지가 있으니, 첫 번째는 이른바 주권선(主權線)을 수호[守禦]하여 타인의 침해를 허락하지 않는 것이며, 두 번째는 이익선(利益線)을 방어[防護]하여 자기의 유리함[形勝]을 잃지 않는 것이다. 주권선이 무엇인고 하면 강토(疆土)가 바로 그것이며, 이익선이 무엇인고 하면 인접국[隣國]·접촉한 형세[勢], 우리 주권선의 안위(安危)와 긴밀하게 서로 관계되는 구역이 바로 그것이다. 무릇 국가로서 주권선을 가지지 않는 곳 없고, 또한 마찬가지로 이익선을 가지지 않는 곳도 없다. 외교 및 병비(兵備)의 요결은 오직 그 두 선(線)을 기반[基礎]으로 존립한다. 지금[方今] 열국(列國)의 사이[際]에 서서 국가의 독립을 유지하려면, 단지 주권선을 수호[守禦]하는 것만으로는 충분치 않으니, 반드시 나아가 이익선을 방어[防護]하여 항시 유리한[形勝] 위치에 서지 않으면 안 되는 것이다. 그렇다면 이익선을 방어[防護]하는 방도[道]가 무엇인고 하니, 각국의 행하는 바, 만약 우리에게 불리한 것이 있을 경우 우리가 책임을 지고 이를 배제하고, 어쩔 수 없을 경우에는 힘[强力]으로 우리의 의지를 달성하는 것이다. 이익선을 방어[防護]할 수 없는 나라는 그 주권선으로 물러나 지키려[退守] 해도, 역시 다른 나라의 원조에 의지하여 겨우 침해를 면할 수 있을 뿐이니, 결국 완전한 독립국[邦國]이기를 바랄 수 없는 것이다.

지금 우리나라[我邦]의 현황, 흘연(屹然)히 스스로를 지키기에 충분하니, 어떤 나라[邦國]도 감히 우리 강토(疆土)를 엿볼[窺覦] 생각[念]을 하지 못함은 누구도 의심하지 않을 바이나, 나아가 이익선을 방어(防護)하고 이로서 자위의 계획[計]을 굳건히 하는 것에 있어서는 불행히도 완전히 앞의 경우와 달리, 보지 못한 바이다.

우리나라[我邦] 이익선의 초점은 바로 조선에 있다. 시베리아[西伯利] 철도가 이미 중앙아세아로 나아갔으니, 수년 뒤 준공에 이르면 러시아 수도[露都]를 출발하여 십 수일이면 말(馬)에게 흑룡강(黑龍江)의 물을 마시게 할 수 있을 것이다. 우리[吾人]는 시베리아[西伯利] 철도 완성의 날이 곧 조선의 다사다난[多事]한 날이 될 것임을 잊어서는 안되며, 또한 조선이 다사다난[多事]할 때에는 곧 동양에 일대변동(一大變動)이 발생할 계기[機]가 될 것임을 잊어서는 안 된다. 그러니 조선의 독립을 유지함에 하등의 보장 있는 지가 어찌 우리 이익선에 심한[急劇]한 통증[刺衝]을 느끼는 바가 아니겠는가?

다른 한편으로, 캐나다[加奈陀]에서 철도 신 선로[新線]의 완성을 보고하니, 영국에서 동양에 도달하는 거리가 단축되어 실로 9,250리면 우리 요코하마(橫濱)에 도달할 수 있으니, 소서(蘇西)를 경유하는 곧 구(舊) 항로 13,750리와 비교하면, 4,500리의 감차(減差)를 얻은 셈이다. 서구가 무사한 때는 곧 그들 각국의 원략(遠略)이 진행되는 때가 되니, 동양의 유리재원(遺利財源)은 실로 호랑이 사이에 놓인 고기와 같으며, 아프가니스탄[阿富汗]에 일이 없으면 반드시 조선 바다에 있을 것이다. 요즘[近時] 중국[支那] 정부 역시 급히 경계하며 병비(兵備)를 정돈하고 함선을 만들며, 유럽[歐洲] 강국과 동맹 조약[約]을 맺고 있다고 한다. 장래 동양의 사정은 종횡착종(縱橫錯綜)하여, 실로 수년이면 하루 아침에 우리나라[我邦]가 평화의 지위에 서있기에 곤란함을 느끼게 될 것이다. 또한[加之], 우리 외교의 위치로 한번 잃은 권리를 회복하여 평등완전(平等完全)한 지경[域]에 이르도록 하는 것은 본디 지난한 일이니, 구구절절[區々]한 이론(理論)으로도 능히 이룰 수 있는 바가 아닌 것이다. 지금 한 서양인[西人]의 말을 인용하는 것으로 충분할 것이니, 그가 말하기를, 나라의 병력은 적을 두려워하게[畏怖] 하고, 친구를 부르는 것이다. 이는 또한 역사서[史乘] 및 각국의 현황[現狀]에도 명증[徵明]한 바이다. 무릇 나라가 강성해지는 연유[所以], 모두 경쟁의 결과에 따르지 않은 바 없지만, 우리나라[我邦]는 불행히도 실로 바다 한가운데[海中] 고립되어, 사방[四隣]에 밀접(密接)한 우환이 없으니, 이에 따라 전국민[朝野]이 좁은 소견[小局]에 안주하고 무사함에 익숙[習熟]하여, 진취[進爲]적 기상이 부족한 것을 면할 길 없는 것이다. 오늘날에 이르러 국민인지 아닌지를 불문하고 인접국[隣邦]의 이익에 의존하니, 타국의 점유를 방지하기 위해 그 나라 스스로 중립을 깨지 않는 한 타국이 이를 침해하지 않는 것을 조약[約]으로 삼는다고 말할 수 있다. 이 조약[約]의 성립은, 역시 이익을 가지는 한 대국[大邦]이 이를 주창하고, 다른 여러 나라[諸邦]가 이에 화답[和]하며 회의를 열어 성약조인(成約調印)하여, 이를 선고함에 따른 것이다. 그 조약[約]이 한번 성립되면, 연맹 중 한 나라[一邦]가 그 조약[約]을 어기는 일이 있을 때, 혹은 연맹에 따르지 않는 한 나라[一邦]가 중립을 인정하지 않고 이를 침범하는 일 있을 때, 연맹의 각 나라[各邦]가 힘[强力]으로 그 중립을 보호하지 않을 수 없는 것이다.

지금 우리나라[我邦]가 각국을 유도하여 스스로 연합[聯約]의 맹주가 되기에는 정세가 허락하지 않는 바가 있다. 단, 다른 한 나라[一邦]가 먼저 주장[首唱]했다고 가정하면, 우리나라[我邦]가 그 연맹원[聯盟者]의 위치를 취함은 아마 필수(必須)적인 것으로, 피할 수 없는 것과 같다.

시기(時機)가 다가옴에 본디 정해진 규칙[常則] 없으나, 묘의(廟議)가 일단 정해지면, 때[時]를 이용하고 기회[機]에 뛰어드는 일 역시 어렵지 않을 것이다. 조선의 중립은 단지 청나라가 희망[冀望]하는 바일 뿐만 아니라, 영국[英]·독일[獨] 두 나라 역시 간접적인 이해(利害)를 가지는 바이니, 그 중에서도[就中] 영국의 경우에는 동양에 대한 이익선에 필수적인 경쟁 지역[必爭ノ地]이 아니지 않을 것이다. 이전에 듣기로, 이홍장은 오래도록 조선의 항구중립(恒久中立)·공동보호(共同保護) 책략[策]을 품어왔으며, 영국[英]·독일[獨]의 책사(策士) 중에도 역시 왕왕 그 설(說)을 가진 자가 있다고 한다.

해당 지역[地]에 대한 대계(大計)는 그 첫 번째로 영국[英]·독일[獨] 두 나라로 하여금 동양 공동이익의 범위 내에 연합하도록 힘쓰는 것으로, 외교상 두 나라 가운데 한쪽으로 기울지 않고, 시기 일단 무르익기를 기다려 두 나라 혹은 두 나라 가운데 한쪽이 일(日)·청(淸) 양국 사이에 소개거중(紹介居仲)하도록 하는 것이다. 그 두 번째는 청나라와 관계[交際]를 두텁게 하는 데 힘쓰는 것이다. 세 번째는 조선에 파견하는 공사로 전국(全局)에서 기무(機務)에 숙련된 자를 발탁하는 것이다.

만일 이러한 일이 이루어진다면, 그 밖에[他] 또한 간접적인 이익이 클 것이니, 곧 일(日)·청(淸) 양국이 조선의 공동보호주(共同保護主)가 되어 동양의 세력 균형[均勢]을 낳을 것이고, 양국의 장래에 동주상무(同舟尙武)의 기풍이 고무진기(鼓舞振起)되어 이를 위약(萎弱)하게할 수 없을 것이다.

이익선을 방어[防護]하고, 이를 통해 독립을 완성시키려 할 때 실제로 시행해야 할 계획[計畵]은 어떤 것인가?

외교의 일은 실력(實力) 여하에 따른 것이니, 공언(空言)으로 먼 길[遠路]에 힘쓸 수 없는 것이며, 오직 자동(自動)의 작용에 따라야 할 뿐만 아니라, 또한 타동(他動)의 변화에 따라 임기응변[臨機]을 바라지 않을 수 없는 것이다. 따라서 대세를 보고 대국(大局)을 살펴, 필경 피할 수 없는 이해(利害)가 있을 경우에는 미리 목적을 정하고, 이를 장래 진행할 지표[標據]로 삼지 않을 수 없다. 우리나라[我邦]의 이해(利害)에 긴요[緊切]한 바가 바로 조선국의 중립이다. 메이지 8년(1875)의 조약으로 각국에 앞서 그 독립을 인정한 이래로, 때에 따라 완급[弛張]이 있었지만 역시 그 선로를 따르지 않은 바 없다. 18년(1885)에 톈진조약[天津條約]을 맺게 되었으니, 이에 따라 조선의 독립은 시베리아[西伯利] 철도 완성을 보고하는 날과 그 운명[運]을 박빙(薄氷)으로 하게되된 것이다. 조선이 독립을 가질 수 없어 마치 베트남[安南]·미얀마[緬甸]와 같이[續] 된다면, 동양의 상류(上流)는 이미 다른 사람이 점유한 것이 되어버린다. 이에 따라 직접적으로 그 위험을 받는 자가 일(日)·청(淸) 양국이니, 우리 쓰시마 제도(對馬諸島)의 주권선은 머리 위[頭上]에 추(匁)를 달고 있는 형세[勢]에 처하게 되는 셈이다. 청나라의 최근 정세[近情]를 살피면, 이미 전력을 다하여 다른 사람의 점유에 항거할 결의가 있는 것 같다. 양국 간에 톈진조약(天津條約)을 유지하는 것이 지난(至難)한 정세가 발생했으니, 만약 조선의 독립을 유지[保持]하려 한다면 톈진조약(天津條約)에서 상호간에 파병을 금지하는 조항[條款]은 실로 그것에 장애가 되는 바다. 장래의 장기적 책략[長策]은 끝내 톈진조약(天津條約)을 유지함에 있는지도, 혹은 또한 다시 한 걸음 나아가 연합보호(聯合保護)의 책략[策]에 따라 조선이 공법상 항구중립(恒久中立)의 위치를 지키도록 함에 있는지도 모른다. 이것이 오늘날의 문제인 것이다.

지금 항구중립은 유럽[欧洲]에서 「스위스」, 「벨기에」, 「세르비아」, 「룩

셈부르크」4개국의 예와 같이, 그 나라가 스스로 이를 요구하려는 생각[想]이 있고, 교제의 정[交誼]이 기약할 수 없이 친밀하다. 이에 따라 오래도록 청나라 정부의 원한[積怨]인 류큐(琉球) 문제와 같은 것도 역시 자연스럽게 소멸[消滅]하여, 흔적도 없음에 이를 것이다.

위에 언급한 바와 같이, 이익선을 보호하려는 외교정책[外政]에 있어 필요 불가결한 것은 첫 번째가 병비(兵備)이고, 두 번째가 교육이다. 현재 칠사단(七師團)을 설립하여 이로서 주권선을 수호[守禦]할 수 있을 것이라 기대하니, 이를 점차 충실[完充]하여 예비(豫備)·후비(後備)의 병력[兵數]을 합쳐 대략 그 수 20만명에 이르게 되면, 이로서 이익선을 방어[防護]하기에 충분할 것이다. 또한 해군의 충실을 게을리하지 않아, 년(年)을 기약하여 목적을 일정하게 하고, 사업을 계속하여 중간에 퇴보하지 않음이 더욱 필요한 바이다.

국가의 강약은, 국민의 충성[忠愛]의 기풍[風氣]이 곧 그 본질[元質]되지 않는 바 없으니, 국민이 부모의 나라[邦]를 사랑[愛戀]하여, 죽음으로라도 스스로 지키려는 마음[念]이 없다면, 공사(公私)의 법률이 있다 하더라도, 나라로서 하루도 스스로 존재할 수 없는 것이다.

국민의 애국심[念]은 오직 교육의 힘으로 이를 양성·유지[保持]할 수 있다. 유럽[歐洲] 각국을 관찰하면, 보통교육에 의거하여 국어와 그 국가의 역사 및 그 밖의 교과 방법을 통해, 애국심[念]을 지능발달의 초기에 훈육[薰陶]하여 자연스럽게 [油然] 발생시켜, 이에 따라 제2의 천성을 이루도록 하니, 이에 병사[兵]가 되면 용맹한 무사[勇武ノ士]가 될 것이고, 관(官)으로 나아가면 선량한 관리[純良ノ吏]가 될 것이며, 부자상전(父子相傳)하며 이웃[隣]이 서로 감화하니, 한 나라에 당파의 차이[異同], 각개이익(各個利益)의 유무[消長]에 관계없이, 국가의 독립과 국기(國旗)의 영광[光榮]을 공동 목적으로 하는 일대주의(一大主義)에 대해서는 모두 다 한 점으로 돌아가 주사주합(注射湊合)하지 않는 바 없는 것이다. 국가의 국가 됨은 오직 이러한 일대본질[一大元質]이 있는 것에 의존할 뿐이니, 이 일은 주임자(主任者)의 계획[經畫]하는 바에 속하는 바로, 여기서 이를 상론(詳論)하지 않는다.

이상의 두 가지 사항은 나라의 독립을 완전히 하기 위해 필요한 조건이다.

다시 마지막으로, 한 마디로 우리[吾人]의 주의를 표명해야 할 바가 있다. 지금 끝내 주권선을 지키는 것에 머물지 않고, 나아가 이익선을 지킴으로써 나라의 독립을 완전하게 하는 일은 본디 하루 아침에 공언(空言)으로 능히 이룰 수 있는 바가 아니다. 필히 장래 20수년을 기약하여, 촌(寸)을 쌓고 척(尺)을 누적해야 성적(成績)을 볼 수 있는 지경에 도달하지 않을 수 없는 것이다. 이에 그 20수년 간은 바로 우리[吾人]가 와신상담[嘗膽坐薪]하는 날로서, 지금 묘의(廟議)를 정한다면, 후대[後人] 반드시 우리[吾人]의 뜻[志]을 잇는 자 있을 것이다. 이 역시 이를 완만히 할 수 없는 연유[所以]인 것이다.

(메이지 23년(1890) 3월)

부록 7: 「탈아입구론」

후쿠자와 유키치, 「사설(속칭 「탈아론」)」, 『시사신보』, 1885(메이지18)년 3월 16일자

세계 교통의 길이 편리해져 서양 문명의 바람이 동쪽으로 점차 불어오니, 풀도 기운[気]도 그 바람을 맞지 않는 것이 없다. 서양의 인물은 고금이 크게 다르지 않지만, 그 거동은 예전에 지둔(遲鈍)했던 것에 반해 지금은 활발한데, 이는 오직 교통의 이기(利器)를 이용하여 시세[勢]에 편승하였기 때문이다. 그러니 지금 당장[方今当用] 국가를 위하며 이 문명 동점(東漸)의 시세[勢]에 대항하여 이를 끝내 막고 말겠다는 각오가 있다면 어찌 할 수도 있을 것이라 말하겠으나, 실제 세계 중의 현상을 시찰하여 사실상 불가함을 아는 자는 세태[世]에 밀려 문명의 바다에 부침(浮沈)하고, 문명의 파도를 타고, 더불어 문명의 고락을 함께할 수밖에 없는 것이다.

문명은 마치 홍역[麻疹]의 유행과도 같다. 지금[目下] 도쿄(東京)의 홍역은 사이고쿠(西國) 나가사키(長崎) 지방으로부터 동점(東漸)하여, 봄기운[春暖]과 함께 점차[次第] 만연하게 된 것이다. 이럴 경우, 유형병의 해악[害]을 막고자 하더라도 어떤 수단이 있을 수 있겠는가? 결코 방법[術]이 없을 것이 분명하다. 유해하기만 한[有害一遍] 유행병의 경우에도 더욱이 그 기세[勢]를 막을 수 없는데, 하물며 이해상반(利害相伴)하며 항시 이익이 더 큰 문명의 경우는 어떻겠는가? 당연히 이를 막지 않는 데 그칠 것이 아니라, 힘써 그것이 만연하도록 돕고, 국민으로 하여금 빨리 그 기풍(氣風)에 젖도록 하는 것이 지식인[智者]이 할 일인 것이다.

　서양 근대[近時] 문명이 우리 일본에 들어온 것은 가에이(嘉永)의 개국을 그 발단으로 한다. 국민이 마침내 이를 채용해야 함을 알고 점차 활발한 기풍을 가지게 되었으나, 진보의 길[道]에 고풍노대(古風老大)한 정부가 가로막고 있어 어쩔 수 없다. 정부를 보존하자면 문명은 결코 들어올 수 없는데, 왜냐하면 근대[近時] 문명은 일본의 구투(舊套)와 양립할 수 없는 것으로, 구투를 벗으려면 동시에 정부 역시 폐멸(廢滅)할 수밖에 없기 때문이다. 그렇다면 곧 문명을 막아 그 침입을 멈출 수 있을 것인가? 그리하면 일본국은 독립할 수 없을 것이니, 왜냐하면 세계 문명의 싸움[喧嘩]·번망[繁劇]이 동양 외딴 섬[孤島]의 독수(獨睡)를 허하지 않을 것이기 때문이다.

　이에 우리 일본의 지사들[士]은 국가를 중시하고 정부를 경시하는 대의에 기초하여, 또한 다행스럽게도 황실의 신성존엄에 의뢰하여, 마침내 구 정부를 타도하고 신 정부를 수립하였으니, 나라 가운데 조야(朝野)의 구별 없이 모두 서양 근대[近時] 문명을 채택하여, 단지 일본이 구태를 벗어날 뿐 아니라, 아시아 전체[全洲]에 새로운 하나의 기축(機軸)을 내어 주의(主義)로 삼아야 할 것이니, 이는 오직 탈아(脫亞)라는 두 글자에 있을 뿐이다.

　우리 일본의 국토는 아시아의 동편[東邊]에 있지만, 국민의 정신은 이미 아시아의 고루함을 벗고 서양의 문명으로 나아갔다. 그러나 불행한 일은 이웃[近隣] 나라들에 있는데, 하나가 중국[支那]이고, 다른 하나가 조선이다. 이 두 나라의 인민도 고래(古來) 아시아 류(流)의 정교풍속(政教風俗)에 따라 양육되었다는 점은 우리 일본국과 다르지 않지만, 그 인종의 유래가 달라서인지 아니면 동일[同樣]한 정교풍속 속에 살면서도 유전(遺傳)·교육의 취지가 같지 않은 점이 있기 때문인지, 일본·중국[支]·한국 삼국을 서로 비교하면 중국[支]·한국이 서로 닮은 상황[狀]이다.

중국[支]·한국은 일본 비해 서로 가까워 두 나라 사람들[者共]이 한 몸을 이루고 또한 한 나라와 같은 관계로, 개진의 길을 알지 못한다. 교통이 지극히 편리한[交通至便] 세상 가운데, 문명의 사물을 견문[聞見]하지 못했을 리 없는데도 이목(耳目)의 견문[聞見]으로는 마음을 움직이기에 충분하지 않았으니, 그 고풍구관(古風舊慣)에 연연[戀々] 하는 정서[情]는 백년·천년 전의 옛날과 다르지 않은 것이다. 이 문명 일신(日新)의 활극장에서 교육의 일을 논함에 유교주의를 말하니, 학교의 교지(教旨)는 인·의·예·지(仁義禮智)라고 칭하고, 하나부터 열까지 외견의 허식만을 일로 삼으니 그 실제에 대해서는 진리·원칙의 식견[知見]이 없을 뿐이겠는가? 도덕조차 땅에 떨어져 잔인[殘刻]·몰염치[不廉恥]가 극에 달하지만, 항시 오연(傲然)하여 자성(自省)하는 기색[念]이 없는 것 같다. 우리들이 이 두 나라를 보고 있으면, 지금 문명 동점(東漸)의 풍조에 임하여, 도저히 그 독립을 유지할 길이 없다. 다행히 그 나라 가운데 지사(志士)가 출현하여, 먼저 국사개진(國事開進)의 수단[手]을 시작하여 크게 그 정부를 개혁하고, 우리 유신처럼 대거(大擧)를 기회로 삼아 우선 정부를 고치고 함께 인심을 일신(一新)한 것과 같은 활동이 있다면 각별하겠으나, 혹여 그렇지 않다면 지금부터 몇 년 지나지 않아 망국(亡國)하여 그 국토를 세계문명의 여러나라[諸國]가 분할하게 될 것임은 한 점의 의심도 없는 일이다. 왜냐하면 홍역[痲疹]과 같은 문명개화의 유행에 임하여, 중[支]·한 양국은 그 전염의 순리[天然]에 역행하여 무리하게 이를 피하려 하며, 집 안에 폐거(閉居)하여 공기의 유통을 막으니 질식[窒塞]하는 지경에 이를 뿐이기 때문이다.

보차(輔車)·진치(唇齒)는 이웃나라[隣國]가 서로 돕는 모습을 비유한[喩] 것이겠으나, 지금 중국[支那]·조선은 우리 일본을 위해 조금[一毫]도 원조가 되지 않을 뿐만 아니라, 서양 문명인의 눈에는 삼국의 지리가 서로 접해 있기 때문에, 때로는 이들을 동일시하니, 중[支]·한에 대한 평가를 우리 일본에 부여[命]하는 의미도 없지 않다. 예를 들어, 중국[支那]·조선의 정부가 고풍(古風)의 전제국[專制]라서 법률이 근거하는 바가 없으면 서양인은 일본도 역시 무법률국[無法律の國]인가 하고 의심하고, 중국[支那]·조선의 지사[士人]가 혹닉(惑溺)이 심하여 과학이 무엇인지를 알지 못하면 서양의 학자는 일본도 역시 음양오행의 나라인가 하고 생각하며, 중국인[支那人]이 비굴하여 부끄러움을 알지 못하면 일본인의 의협심[義俠]도 이에 가려지고, 조선국에서 사람에게 내리는 형벌이 참혹하면 일본인도 역시 함께 무정한가 하고 추론[推量]되는 것과 같이, 이러한[是等] 사례를 헤아리자면 열거[枚擧]할 수 없을 지경이다. 이를 비유하면 서로 이웃해 있는 한 마을 한 고을[一村一町]의 사람들[者共]이 어리석고 무법하며 더욱이 잔인·무정(無情)할 경우, 설령 그 마을[町村] 안의 한 집안[一家人]이 정당한 일[人事]에 주의하더라도 타인의 추악함[醜]에 가려져 파묻히는[湮沒] 것과 다르지 않은 것이다.

그 영향이 사실로 나타나 간접적으로 우리 외교 상의 장애[故障]가 되는 일이 실로 적지 않으니, 이는 우리 일본국의 일대 불행이라 할 수 있을 것이다. 그렇다면 오늘날의 계책[謀]을 세움에, 우리나라가 이웃나라의 개명(開明)을 기다려 함께 아시아를 부흥시킬 여유[猶豫]가 없으니 오히려 그 대열[伍]을 벗어나 서양 문명국과 진퇴를 함께하고, 중국[支那]·조선과 접촉[接]하는 방법[法] 역시 이웃나라라는 이유로 특별히 해석[會釋]하지 않고, 실제 서양인이 그들과 접촉[接]하는 풍습[風]에 따라 처분해야 할 뿐이다. 나쁜 친구[惡友]와 친하게 지내는 자는 함께 나쁜 친구가 되는 것을 면할 수 없으니, 우리는 마음으로 아시아·동방의 나쁜 친구를 사절할 것이다.

색인

한국 사람 만들기 III
친미기독교파 1

초판 1쇄 발행 2020년 12월 18일
초판 2쇄 발행 2021년 1월 12일
초판 3쇄 발행 2021년 5월 20일
초판 4쇄 발행 2022년 12월 22일
초판 5쇄 발행 2024년 7월 18일

지은이   함재봉
펴낸곳   H 프레스
펴낸이   함재봉
신고   2019년 12월 30일
신고번호제 2019-24호
주소   경기도 광주시 천진암로 995-57
전화   010-2671-2949
이메일   cehahm@gmail.com

ISBN   979-11-971035-6-8 04910
ISBN   979-11-971035-0-6 (세트)

값 40,000 원

※ 이 도서의 국립중앙도서관 출판예정도서목록(CIP)은 서지정보유통지원시스템 홈페이지
   (http://seoji.nl.go.kr)와 국가자료공동목록시스템(http://www.nl.go.kr/kollsnet)에서
   이용하실 수 있습니다.(CIP제어번호:CIP2020028450)